Webster's Spanish-English Dictionary for Students

FEDERAL
STREET
PRESS

A Division of Merriam-Webster, Incorporated
Springfield, Massachusetts

This 2003 edition published by
Federal Street Press
A Division of Merriam-Webster, Incorporated
P.O. Box 281
Springfield, MA 01102

Federal Street Press books are available for bulk purchase for sales promotion and premium use. For details write the manager of special sales, Federal Street Press, P.O. Box 281, Springfield, MA 01102

ISBN 13   978-1-892859-57-0

Printed in the United States of America
08 09 10 11 12   15 14 13 12

Contents

Preface

This Spanish-English Dictionary is a concise reference to the core vocabulary of Spanish and English. Its 40,000 entries and over 50,000 translations provide up-to-date coverage of the basic vocabulary and idioms in both languages. In addition, the book includes many specifically Latin-American words and phrases.

This book shares many details of presentation with larger Spanish-English dictionaries, but for reasons of conciseness it also has a number of features uniquely its own. Users need to be familiar with the following major features of this dictionary.

Main entries follow one another in strict alphabetical order, without regard to intervening spaces or hyphens. The Spanish letter combinations *ch* and *ll* are alphabetized within the letters *C* and *L;* however, the Spanish letter *ñ* is alphabetized separately between *N* and *O*.

Homographs (words spelled the same but having different meanings or parts of speech) are run on at a single main entry if they are closely related. Run-on homograph entries are replaced in the text by a boldfaced swung dash (as **haber** . . . *v aux* . . . — ∼ *nm* . . .). Homographs of distinctly different origin (as **date**[1] and **date**[2]) are given separate entries.

Run-on entries for related words that are not homographs may also follow the main entry. Thus we have the main entry **calcular** *vt* followed by run-on entries for — **calculador, -dora** *adj* . . . — **calculadora** *nf* . . . and — **cálculo** *nm*. However, if a related word falls later in the alphabet than a following unrelated main entry, it will be entered at its own place; **ear** and its run-on — **eardrum** precede the main entry **earl** which is followed by the main entry **earlobe**.

Variant spellings appear at the main entry separated by *or* (as **judgment** *or* **judgement, paralyze** *or Brit* **paralyse**, or **cacahuate** *or* **cacahuete**).

Inflected forms of English verbs, adjectives, adverbs, and nouns are shown when they are irregular (as **wage** . . . **waged, waging; ride** . . . **rode, ridden; good** . . . **better, best;** or **fly** . . . *n, pl* **flies**) or when there might be doubt about their spelling (as **ego** . . . *n, pl* **egos**). Inflected forms of Spanish irregular verbs are shown in the section Conjugation of Spanish Verbs on page v; numerical references to this table are included at the main entry (as **poseer** {20} *vt*). Irregular plurals of Spanish nouns or adjectives are shown at the main entry (as **ladrón, -drona** *n, mpl* **-drones**).

Cross-references are provided to lead the user to the appropriate main entry (as **mice** → **mouse** or **sobrestimar** → **sobreestimar**).

The grammatical function of entry words is indicated by an italic **functional label** (as *vt, adj,* or *nm*). Italic **usage labels** may be added at the entry or sense as well (as **timbre** *nm* . . . **4** *Lat* : postage stamp, **center** *or Brit* **centre** . . . *n* . . ., or **garra** *nf* . . . **2** *fam* : hand, paw). These labels are also included in the translations (**bag** *n* . . . **2** HANDBAG : bolso *m*, cartera *f Lat*).

Usage notes are occasionally placed before a translation to clarify meaning or use (as **que** *conj* . . . **2** (*in comparisons*) : than).

Synonyms may appear before the translation word(s) in order to provide context for the meaning of an entry word or sense (as **sitio** *nm* . . . **2** ESPACIO : room, space; or **meet** . . . *vt* . . . **2** SATISFY : satisfacer).

Bold notes are sometimes used before a translation to introduce a plural sense or a common phrase using the main entry word (as **mueble** *nm* . . . **2** ∼s *nmpl* : furniture, furnishings, or **call** . . . *vt* . . . **2** ∼ **off** : cancelar). Note that when an entry word is repeated in a bold note, it is replaced by a swung dash.

Conjugation of Spanish Verbs

Simple Tenses

-AR Verbs (hablar)		-ER Verbs (comer)		-IR Verbs (vivir)	
PRESENT INDICATIVE TENSE					
hablo	hablamos	como	comemos	vivo	vivimos
hablas	habláis	comes	coméis	vives	vivís
habla	hablan	come	comen	vive	viven
PRESENT SUBJUNCTIVE TENSE					
hable	hablemos	coma	comamos	viva	vivamos
hables	habléis	comas	comáis	vivas	viváis
hable	hablen	coma	coman	viva	vivan
PRETERIT INDICATIVE TENSE					
hablé	hablamos	comí	comimos	viví	vivimos
hablaste	hablasteis	comiste	comisteis	viviste	vivisteis
habló	hablaron	comió	comieron	vivió	vivieron
IMPERFECT INDICATIVE TENSE					
hablaba	hablábamos	comía	comíamos	vivía	vivíamos
hablabas	hablabais	comías	comíais	vivías	vivíais
hablaba	hablaban	comía	comían	vivía	vivían
IMPERFECT SUBJUNCTIVE TENSE					
hablara	habláramos	comiera	comiéramos	viviera	viviéramos
hablaras	hablarais	comieras	comierais	vivieras	vivierais
hablara	hablaran	comiera	comieran	viviera	vivieran
or		*or*		*or*	
hablase	hablásemos	comiese	comiésemos	viviese	viviésemos
hablases	hablaseis	comieses	comieseis	vivieses	vivieseis
hablase	hablasen	comiese	comiesen	viviese	viviesen
FUTURE INDICATIVE TENSE					
hablaré	hablaremos	comeré	comeremos	viviré	viviremos
hablarás	hablaréis	comerás	comeréis	vivirás	viviréis
hablará	hablarán	comerá	comerán	vivirá	vivirán
FUTURE SUBJUNCTIVE TENSE					
hablare	habláremos	comiere	comiéremos	viviere	viviéremos
hablares	hablareis	comieres	comiereis	vivieres	viviereis
hablare	hablaren	comiere	comieren	viviere	vivieren
CONDITIONAL TENSE					
hablaría	hablaríamos	comería	comeríamos	viviría	viviríamos
hablarías	hablaríais	comerías	comeríais	vivirías	viviríais
hablaría	hablarían	comería	comerían	viviría	vivirían
IMPERATIVE TENSE					
	hablemos		comamos		vivamos
habla	hablad	come	comed	vive	vivid
hable	hablen	coma	coman	viva	vivan
PRESENT PARTICIPLE (GERUND) TENSE					
hablando		comiendo		viviendo	
PAST PARTICIPLE TENSE					
hablado		comido		vivido	

Compound Tenses

1. Perfect Tenses

The perfect tenses are formed with *haber* and the past participle:

PRESENT PERFECT
> he hablado, etc. (*indicative*);
> haya hablado, etc. (*subjunctive*)

PAST PERFECT
> había hablado, etc. (*indicative*);
> hubiera hablado, etc. (*subjunctive*)
> *or*
> hubiese hablado, etc. (*subjunctive*)

PRETERIT PERFECT
> hube hablado, etc. (*indicative*)

FUTURE PERFECT
> habré hablado, etc. (*indicative*)

CONDITIONAL PERFECT
> habría hablado, etc. (*indicative*)

2. Progressive Tenses

The progressive tenses are formed with *estar* and the present participle:

PRESENT PROGRESSIVE
> estoy llamando, etc. (*indicative*);
> esté llamando, etc. (*subjunctive*)

IMPERFECT PROGRESSIVE
> estaba llamando, etc. (*indicative*);
> estuviera llamando, etc. (*subjunctive*)
> *or*
> estuviese llamando, etc. (*subjunctive*)

PRETERIT PROGRESSIVE
> estuve llamando, etc. (*indicative*)

FUTURE PROGRESSIVE
> estaré llamando, etc. (*indicative*)

CONDITIONAL PROGRESSIVE
> estaría llamando, etc. (*indicative*)

PRESENT PERFECT PROGRESSIVE
> he estado llamando, etc. (*indicative*);
> haya estado llamando, etc. (*subjunctive*)

PAST PERFECT PROGRESSIVE
> había estado llamando, etc. (*indicative*);
> hubiera estado llamando, etc. (*subjunctive*)
> *or*
> hubiese estado llamando, etc. (*subjunctive*)

Irregular Verbs

The *imperfect subjunctive*, the *future subjunctive*, the *conditional*, and most forms of the *imperative* are not included in the model conjugations, but can be derived as follows:

The *imperfect subjunctive* and the *future subjunctive* are formed from the third person plural form of the preterit tense by removing the last syllable (*-ron*) and adding the appropriate suffix:

PRETERIT INDICATIVE, THIRD PERSON PLURAL (querer)	quisieron
IMPERFECT SUBJUNCTIVE (querer)	quisiera, quisieras, etc. *or* quisiese, quisieses, etc.
FUTURE SUBJUNCTIVE (querer)	quisiere, quisieres, etc.

The conditional uses the same stem as the future indicative:

FUTURE INDICATIVE (poner)	pondré, pondrás, etc.
CONDITIONAL (poner)	pondría, pondrías, etc.

The third person singular, first person plural, and third person plural forms of the *imperative* are the same as the corresponding forms of the present subjunctive.

The second person singular form of the *imperative* is generally the same as the third person singular of the present indicative. Exceptions are noted in the model conjugations list.

The second person plural (*vosotros*) form of the *imperative* is formed by removing the final *-r* of the infinitive form and adding a *-d* (ex.: *oír → oíd*).

Model Conjugations of Irregular Verbs

The model conjugations below include the following simple tenses: the *present indicative* (*IND*), the *present subjunctive* (*SUBJ*), the *preterit indicative* (*PRET*), the *imperfect indicative* (*IMPF*), the *future indicative* (*FUT*), the second person singular form of the *imperative* (*IMPER*) when it differs from the third person singular of the present indicative, the *gerund* or *present participle* (*PRP*), and the *past participle* (*PP*). Each set of conjugations is preceded by the corresponding infinitive form of the verb, shown in bold type. Only tenses containing irregularities are listed, and the irregular verb forms within each tense are displayed in bold type.

Each irregular verb entry in the Spanish-English section of this dictionary is cross-referenced by number to one of the following model conjugations. These cross-reference numbers are shown in curly braces { } immediately following the entry's functional label.

1 **abolir** *(defective verb)* : *IND* abolimos, abolís *(other forms not used)*; *SUBJ (not used)*; *IMPER (only second person plural is used)*

2 **abrir** : *PP* abierto

3 **actuar** : *IND* **actúo, actúas, actúa**, actuamos, actuáis, **actúan**; *SUBJ* **actúe, actúes, actúe**, actuemos, actuéis, **actúen**; *IMPER* **actúa**

4 **adquirir** : *IND* **adquiero, adquieres, adquiere**, adquirimos, adquirís, **adquieren**; *SUBJ* **adquiera, adquieras, adquiera**, adquiramos, adquiráis, **adquieran**; *IMPER* **adquiere**

5 **airar** : *IND* **aíro, aíras, aíra**, airamos, airáis, **aíran**; *SUBJ* **aíre, aíres, aíre**, airemos, airéis, **aíren**; *IMPER* **aíra**

6 **andar** : *PRET* **anduve, anduviste, anduvo, anduvimos, anduvisteis, anduvieron**

7 **asir** : *IND* **asgo**, ases, ase, asimos, asís, asen; *SUBJ* **asga, asgas, asga, asgamos, asgáis, asgan**

8 **aunar** : *IND* **aúno, aúnas, aúna**, aunamos, aunáis, **aúnan**; *SUBJ* **aúne, aúnes, aúne**, aunemos, aunéis, **aúnen**; *IMPER* **aúna**

9 **avergonzar** : *IND* **avergüenzo, avergüenzas, avergüenza**, avergonzamos, avergonzáis, **avergüenzan**; *SUBJ* **avergüence, avergüences, avergüence**, avergoncemos, avergoncéis, **avergüencen**; *PRET* **avergoncé**; *IMPER* **avergüenza**

Conjugation of Spanish Verbs

10 **averiguar** : *SUBJ* **averigüe, averigües, averigüe, averigüemos, averigüéis, averigüen;** *PRET* **averigüé,** averiguaste, averiguó, averiguamos, averiguasteis, averiguaron

11 **bendecir** : *IND* **bendigo, bendices, bendice,** bendecimos, bendecís, **bendicen;** *SUBJ* **bendiga, bendigas, bendiga, bendigamos, bendigáis, bendigan;** *PRET* **bendije, bendijiste, bendijo, bendijimos, bendijisteis, bendijeron;** *IMPER* **bendice**

12 **caber** : *IND* **quepo,** cabes, cabe, cabemos, cabéis, caben; *SUBJ* **quepa, quepas, quepa, quepamos, quepáis, quepan;** *PRET* **cupe, cupiste, cupo, cupimos, cupisteis, cupieron;** *FUT* **cabré, cabrás, cabrá, cabremos, cabréis, cabrán**

13 **caer** : *IND* **caigo,** caes, cae, caemos, caéis, caen; *SUBJ* **caiga, caigas, caiga, caigamos, caigáis, caigan;** *PRET* caí, **caíste, cayó, caímos, caísteis, cayeron;** *PRP* **cayendo;** *PP* **caído**

14 **cocer** : *IND* **cuezo, cueces, cuece,** cocemos, cocéis, **cuecen;** *SUBJ* **cueza, cuezas, cueza, cozamos, cozáis, cuezan;** *IMPER* **cuece**

15 **coger** : *IND* **cojo,** coges, coge, cogemos, cogéis, cogen; *SUBJ* **coja, cojas, coja, cojamos, cojáis, cojan**

16 **colgar** : *IND* **cuelgo, cuelgas, cuelga,** colgamos, colgáis, **cuelgan;** *SUBJ* **cuelgue, cuelgues, cuelgue, colguemos, colguéis, cuelguen;** *PRET* **colgué,** colgaste, colgó, colgamos, colgasteis, colgaron; *IMPER* **cuelga**

17 **concernir** (*defective verb; used only in the third person singular and plural of the present indicative, present subjunctive, and imperfect subjunctive*) see 25 **discernir**

18 **conocer** : *IND* **conozco,** conoces, conoce, conocemos, conocéis, conocen; *SUBJ* **conozca, conozcas, conozca, conozcamos, conozcáis, conozcan**

19 **contar** : *IND* **cuento, cuentas, cuenta,** contamos, contáis, **cuentan;** *SUBJ* **cuente, cuentes, cuente,** contemos, contéis, **cuenten;** *IMPER* **cuenta**

20 **creer** : *PRET* creí, **creíste, creyó, creímos, creísteis, creyeron;** *PRP* **creyendo;** *PP* **creído**

21 **cruzar** : *SUBJ* **cruce, cruces, cruce, crucemos, crucéis, crucen;** *PRET* **crucé,** cruzaste, cruzó, cruzamos, cruzasteis, cruzaron

22 **dar** : *IND* **doy,** das, da, damos, **dais,** dan; *SUBJ* **dé,** des, **dé,** demos, **deis,** den; *PRET* **di, diste, dio, dimos, disteis, dieron**

23 **decir** : *IND* **digo, dices, dice,** decimos, decís, **dicen;** *SUBJ* **diga, digas, diga, digamos, digáis, digan;** *PRET* **dije, dijiste, dijo, dijimos, dijisteis, dijeron;** *FUT* **diré, dirás, dirá, diremos, diréis, dirán;** *IMPER* **di;** *PRP* **diciendo;** *PP* **dicho**

24 **delinquir** : *IND* **delinco,** delinques, delinque, delinquimos, delinquís, delinquen; *SUBJ* **delinca, delincas, delinca, delincamos, delincáis, delincan**

25 **discernir** : *IND* **discierno, disciernes, discierne,** discernimos, discernís, **disciernen;** *SUBJ* **discierna, disciernas, discierna,** discernamos, discernáis, **disciernan;** *IMPER* **discierne**

26 **distinguir** : *IND* **distingo,** distingues, distingue, distinguimos, distinguís, distinguen; *SUBJ* **distinga, distingas, distinga, distingamos, distingáis, distingan**

27 **dormir** : *IND* **duermo, duermes, duerme,** dormimos, dormís, **duermen;** *SUBJ* **duerma, duermas, duerma, durmamos, durmáis, duerman;** *PRET* dormí, dormiste, **durmió,** dormimos, dormisteis, **durmieron;** *IMPER* **duerme;** *PRP* **durmiendo**

28 **elegir** : *IND* **elijo, eliges, elige,** elegimos, elegís, **eligen;** *SUBJ* **elija, elijas, elija, elijamos, elijáis, elijan;** *PRET* elegí, elegiste, **eligió,** elegimos, elegisteis, **eligieron;** *IMPER* **elige;** *PRP* **eligiendo**

29 **empezar** : *IND* **empiezo, empiezas, empieza,** empezamos, empezáis, **empiezan;** *SUBJ* **empiece, empieces, empiece, empecemos, empecéis, empiecen;** *PRET* **empecé,** empezaste, empezó, empezamos, empezasteis, empezaron; *IMPER* **empieza**

30 **enraizar** : *IND* **enraízo, enraízas, enraíza,** enraizamos, enraizáis, **enraízan;** *SUBJ* **enraíce, enraíces, enraíce, enraicemos, enraicéis, enraícen;** *PRET* **enraicé,** enraizaste, enraizó, enraizamos, enraizasteis, enraizaron; *IMPER* **enraíza**

31 **erguir** : *IND* **irgo** *or* **yergo**, **irgues** *or* **yergues**, **irgue** *or* **yergue**, erguimos, erguís, **irguen** *or* **yerguen**; *SUBJ* **irga** *or* **yerga**, **irgas** *or* **yergas**, **irga** *or* **yerga**, **irgamos**, **irgáis**, **irgan** *or* **yergan**; *PRET* erguí, erguiste, **irguió**, erguimos, erguisteis, **irguieron**; *IMPER* **irgue** *or* **yergue**; *PRP* **irguiendo**

32 **errar** : *IND* **yerro**, **yerras**, **yerra**, erramos, erráis, **yerran**; *SUBJ* **yerre**, **yerres**, **yerre**, erremos, erréis, **yerren**; *IMPER* **yerra**

33 **escribir** : *PP* **escrito**

34 **estar** : *IND* **estoy**, **estás**, **está**, estamos, estáis, **están**; *SUBJ* **esté**, **estés**, **esté**, estemos, estéis, **estén**; *PRET* **estuve**, **estuviste**, **estuvo**, **estuvimos**, **estuvisteis**, **estuvieron**; *IMPER* **está**

35 **exigir** : *IND* **exijo**, exiges, exige, exigimos, exigís, exigen; *SUBJ* **exija**, **exijas**, **exija**, **exijamos**, **exijáis**, **exijan**

36 **forzar** : *IND* **fuerzo**, **fuerzas**, **fuerza**, forzamos, forzáis, **fuerzan**; *SUBJ* **fuerce**, **fuerces**, **fuerce**, **forcemos**, **forcéis**, **fuercen**; *PRET* **forcé**, forzaste, forzó, forzamos, forzasteis, forzaron; *IMPER* **fuerza**

37 **freír** : *IND* **frío**, **fríes**, **fríe**, **freímos**, freís, **fríen**; *SUBJ* **fría**, **frías**, **fría**, **friamos**, **friáis**, **frían**; *PRET* freí, **freíste**, **frió**, **freímos**, **freísteis**, **frieron**; *IMPER* **fríe**; *PRP* **friendo**; *PP* **frito**

38 **gruñir** : *PRET* gruñí, gruñiste, **gruñó**, gruñimos, gruñisteis, **gruñeron**; *PRP* **gruñendo**

39 **haber** : *IND* **he**, **has**, **ha**, **hemos**, habéis, **han**; *SUBJ* **haya**, **hayas**, **haya**, **hayamos**, **hayáis**, **hayan**; *PRET* **hube**, **hubiste**, **hubo**, **hubimos**, **hubisteis**, **hubieron**; *FUT* **habré**, **habrás**, **habrá**, **habremos**, **habréis**, **habrán**; *IMPER* **he**

40 **hacer** : *IND* **hago**, haces, hace, hacemos, hacéis, hacen; *SUBJ* **haga**, **hagas**, **haga**, **hagamos**, **hagáis**, **hagan**; *PRET* **hice**, **hiciste**, **hizo**, **hicimos**, **hicisteis**, **hicieron**; *FUT* **haré**, **harás**, **hará**, **haremos**, **haréis**, **harán**; *IMPER* **haz**; *PP* **hecho**

41 **huir** : *IND* **huyo**, **huyes**, **huye**, huimos, huís, **huyen**; *SUBJ* **huya**, **huyas**, **huya**, **huyamos**, **huyáis**, **huyan**; *PRET* huí, huiste, **huyó**, huimos, huisteis, **huyeron**; *IMPER* **huye**; *PRP* **huyendo**

42 **imprimir** : *PP* **impreso**

43 **ir** : *IND* **voy**, **vas**, **va**, **vamos**, **vais**, **van**; *SUBJ* **vaya**, **vayas**, **vaya**, **vayamos**, **vayáis**, **vayan**; *PRET* **fui**, **fuiste**, **fue**, **fuimos**, **fuisteis**, **fueron**; *IMPF* **iba**, **ibas**, **iba**, **íbamos**, **ibais**, **iban**; *IMPER* **ve**; *PRP* **yendo**; *PP* **ido**

44 **jugar** : *IND* **juego**, **juegas**, **juega**, jugamos, jugáis, **juegan**; *SUBJ* **juegue**, **juegues**, **juegue**, **juguemos**, **juguéis**, **jueguen**; *PRET* **jugué**, jugaste, jugó, jugamos, jugasteis, jugaron; *IMPER* **juega**

45 **lucir** : *IND* **luzco**, luces, luce, lucimos, lucís, lucen; *SUBJ* **luzca**, **luzcas**, **luzca**, **luzcamos**, **luzcáis**, **luzcan**

46 **morir** : *IND* **muero**, **mueres**, **muere**, morimos, morís, **mueren**; *SUBJ* **muera**, **mueras**, **muera**, **muramos**, **muráis**, **mueran**; *PRET* morí, moriste, **murió**, morimos, moristeis, **murieron**; *IMPER* **muere**; *PRP* **muriendo**; *PP* **muerto**

47 **mover** : *IND* **muevo**, **mueves**, **mueve**, movemos, movéis, **mueven**; *SUBJ* **mueva**, **muevas**, **mueva**, movamos, mováis, **muevan**; *IMPER* **mueve**

48 **nacer** : *IND* **nazco**, naces, nace, nacemos, nacéis, nacen; *SUBJ* **nazca**, **nazcas**, **nazca**, **nazcamos**, **nazcáis**, **nazcan**

49 **negar** : *IND* **niego**, **niegas**, **niega**, negamos, negáis, **niegan**; *SUBJ* **niegue**, **niegues**, **niegue**, **neguemos**, **neguéis**, **nieguen**; *PRET* **negué**, negaste, negó, negamos, negasteis, negaron; *IMPER* **niega**

50 **oír** : *IND* **oigo**, **oyes**, **oye**, **oímos**, oís, **oyen**; *SUBJ* **oiga**, **oigas**, **oiga**, **oigamos**, **oigáis**, **oigan**; *PRET* oí, **oíste**, **oyó**, **oímos**, **oísteis**, **oyeron**; *IMPER* **oye**; *PRP* **oyendo**; *PP* **oído**

51 **oler** : *IND* **huelo**, **hueles**, **huele**, olemos, oléis, **huelen**; *SUBJ* **huela**, **huelas**, **huela**, olamos, oláis, **huelan**; *IMPER* **huele**

Conjugation of Spanish Verbs

52 **pagar** : *SUBJ* **pague, pagues, pague, paguemos, paguéis, paguen;** *PRET* **pagué,** pagaste, pagó, pagamos, pagasteis, pagaron

53 **parecer** : *IND* **parezco,** pareces, parece, parecemos, parecéis, parecen; *SUBJ* **parezca, parezcas, parezca, parezcamos, parezcáis, parezcan**

54 **pedir** : *IND* **pido, pides, pide,** pedimos, pedís, **piden;** *SUBJ* **pida, pidas, pida, pidamos, pidáis, pidan;** *PRET* pedí, pediste, **pidió,** pedimos, pedisteis, **pidieron;** *IMPER* **pide;** *PRP* **pidiendo**

55 **pensar** : *IND* **pienso, piensas, piensa,** pensamos, pensáis, **piensan;** *SUBJ* **piense, pienses, piense,** pensemos, penséis, **piensen;** *IMPER* **piensa**

56 **perder** : *IND* **pierdo, pierdes, pierde,** perdemos, perdéis, **pierden;** *SUBJ* **pierda, pierdas, pierda,** perdamos, perdáis, **pierdan;** *IMPER* **pierde**

57 **placer** : *IND* **plazco,** places, place, placemos, placéis, placen; *SUBJ* **plazca, plazcas, plazca, plazcamos, plazcáis, plazcan;** *PRET* plací, placiste, plació *or* **plugo,** placimos, placisteis, placieron *or* **pluguieron**

58 **poder** : *IND* **puedo, puedes, puede,** podemos, podéis, **pueden;** *SUBJ* **pueda, puedas, pueda,** podamos, podáis, **puedan;** *PRET* **pude, pudiste, pudo, pudimos, pudisteis, pudieron;** *FUT* **podré, podrás, podrá, podremos, podréis, podrán;** *IMPER* **puede;** *PRP* **pudiendo**

59 **podrir** *or* **pudrir** : *PP* **podrido** *(all other forms based on* pudrir*)*

60 **poner** : *IND* **pongo,** pones, pone, ponemos, ponéis, ponen; *SUBJ* **ponga, pongas, ponga, pongamos, pongáis, pongan;** *PRET* **puse, pusiste, puso, pusimos, pusisteis, pusieron;** *FUT* **pondré, pondrás, pondrá, pondremos, pondréis, pondrán;** *IMPER* **pon;** *PP* **puesto**

61 **producir** : *IND* **produzco,** produces, produce, producimos, producís, producen; *SUBJ* **produzca, produzcas, produzca, produzcamos, produzcáis, produzcan;** *PRET* **produje, produjiste, produjo, produjimos, produjisteis, produjeron**

62 **prohibir** : *IND* **prohíbo, prohíbes, prohíbe,** prohibimos, prohibís, **prohíben;** *SUBJ* **prohíba, prohíbas, prohíba,** prohibamos, prohibáis, **prohíban;** *IMPER* **prohíbe**

63 **proveer** : *PRET* proveí, **proveíste, proveyó, proveímos, proveísteis, proveyeron;** *PRP* **proveyendo;** *PP* **provisto**

64 **querer** : *IND* **quiero, quieres, quiere,** queremos, queréis, **quieren;** *SUBJ* **quiera, quieras, quiera,** queramos, queráis, **quieran;** *PRET* **quise, quisiste, quiso, quisimos, quisisteis, quisieron;** *FUT* **querré, querrás, querrá, querremos, querréis, querrán;** *IMPER* **quiere**

65 **raer** : *IND* rao *or* **raigo** *or* **rayo,** raes, rae, raemos, raéis, raen; *SUBJ* **raiga** *or* **raya, raigas** *or* **rayas, raiga** *or* **raya, raigamos** *or* **rayamos, raigáis** *or* **rayáis, raigan** *or* **rayan;** *PRET* **raí, raíste, rayó, raímos, raísteis, rayeron;** *PRP* **rayendo;** *PP* **raído**

66 **reír** : *IND* **río, ríes, ríe, reímos,** reís, **ríen;** *SUBJ* **ría, rías, ría, riamos, riáis, rían;** *PRET* reí, **reíste, rió, reímos, reísteis, rieron;** *IMPER* **ríe;** *PRP* **riendo;** *PP* **reído**

67 **reñir** : *IND* **riño, riñes, riñe,** reñimos, reñís, **riñen;** *SUBJ* **riña, riñas, riña, riñamos, riñáis, riñan;** *PRET* reñí, reñiste, **riñó,** reñimos, reñisteis, **riñeron;** *PRP* **riñendo**

68 **reunir** : *IND* **reúno, reúnes, reúne,** reunimos, reunís, **reúnen;** *SUBJ* **reúna, reúnas, reúna,** reunamos, reunáis, **reúnan;** *IMPER* **reúne**

69 **roer** : *IND* roo *or* **roigo** *or* **royo,** roes, roe, roemos, roéis, roen; *SUBJ* roa *or* **roiga** *or* **roya,** roas *or* **roigas** *or* **royas,** roa *or* **roiga** *or* **roya,** roamos *or* **roigamos** *or* **royamos,** roáis *or* **roigáis** *or* **royáis,** roan *or* **roigan** *or* **royan;** *PRET* roí, **roíste, royó, roímos, roísteis, royeron;** *PRP* **royendo;** *PP* **roído**

70 **romper** : *PP* **roto**

71 **saber** : *IND* **sé,** sabes, sabe, sabemos, sabéis, saben; *SUBJ* **sepa, sepas, sepa, sepamos, sepáis, sepan;** *PRET* **supe, supiste, supo, supimos, supisteis, supieron;** *FUT* **sabré, sabrás, sabrá, sabremos, sabréis, sabrán**

72 **sacar** : *SUBJ* **saque, saques, saque, saquemos, saquéis, saquen;** *PRET* **saqué,** sacaste, sacó, sacamos, sacasteis, sacaron

73 **salir** : *IND* **salgo**, sales, sale, salimos, salís, salen; *SUBJ* **salga, salgas, salga, salgamos, salgáis, salgan;** *FUT* **saldré, saldrás, saldrá, saldremos, saldréis, saldrán;** *IMPER* **sal**

74 **satisfacer** : *IND* **satisfago,** satisfaces, satisface, satisfacemos, satisfacéis, satisfacen; *SUBJ* **satisfaga, satisfagas, satisfaga, satisfagamos, satisfagáis, satisfagan;** *PRET* **satisfice, satisficiste, satisfizo, satisficimos, satificisteis, satisficieron;** *FUT* **satisfaré, satisfarás, satisfará, satisfaremos, satisfaréis, satisfarán;** *IMPER* **satisfaz** *or* **satisface;** *PP* **satisfecho**

75 **seguir** : *IND* **sigo, sigues, sigue,** seguimos, seguís, **siguen;** *SUBJ* **siga, sigas, siga, sigamos, sigáis, sigan;** *PRET* seguí, seguiste, **siguió,** seguimos, seguisteis, **siguieron;** *IMPER* **sigue;** *PRP* **siguiendo**

76 **sentir** : *IND* **siento, sientes, siente,** sentimos, sentís, **sienten;** *SUBJ* **sienta, sientas, sienta, sintamos, sintáis, sientan;** *PRET* sentí, sentiste, **sintió,** sentimos, sentisteis, **sintieron;** *IMPER* **siente;** *PRP* **sintiendo**

77 **ser** : *IND* **soy, eres, es, somos, sois, son;** *SUBJ* **sea, seas, sea, seamos, seáis, sean;** *PRET* **fui, fuiste, fue, fuimos, fuisteis, fueron;** *IMPF* **era, eras, era, éramos, erais, eran;** *IMPER* **sé;** *PRP* **siendo;** *PP* **sido**

78 **soler** *(defective verb; used only in the present, preterit, and imperfect indicative, and the present and imperfect subjunctive) see* 47 **mover**

79 **tañer** : *PRET* tañí, tañiste, **tañó,** tañimos, tañisteis, **tañeron;** *PRP* **tañendo**

80 **tener** : *IND* **tengo, tienes, tiene,** tenemos, tenéis, **tienen;** *SUBJ* **tenga, tengas, tenga, tengamos, tengáis, tengan;** *PRET* **tuve, tuviste, tuvo, tuvimos, tuvisteis, tuvieron;** *FUT* **tendré, tendrás, tendrá, tendremos, tendréis, tendrán;** *IMPER* **ten**

81 **traer** : *IND* **traigo,** traes, trae, traemos, traéis, traen; *SUBJ* **traiga, traigas, traiga, traigamos, traigáis, traigan;** *PRET* **traje, trajiste, trajo, trajimos, trajisteis, trajeron;** *PRP* **trayendo;** *PP* **traído**

82 **trocar** : *IND* **trueco, truecas, trueca,** trocamos, trocáis, **truecan;** *SUBJ* **trueque, trueques, trueque, troquemos, troquéis, truequen;** *PRET* **troqué,** trocaste, trocó, trocamos, trocasteis, trocaron; *IMPER* **trueca**

83 **uncir** : *IND* **unzo,** unces, unce, uncimos, uncís, uncen; *SUBJ* **unza, unzas, unza, unzamos, unzáis, unzan**

84 **valer** : *IND* **valgo,** vales, vale, valemos, valéis, valen; *SUBJ* **valga, valgas, valga, valgamos, valgáis, valgan;** *FUT* **valdré, valdrás, valdrá, valdremos, valdréis, valdrán**

85 **variar** : *IND* **varío, varías, varía,** variamos, variáis, **varían;** *SUBJ* **varíe, varíes, varíe,** variemos, variéis, **varíen;** *IMPER* **varía**

86 **vencer** : *IND* **venzo,** vences, vence, vencemos, vencéis, vencen; *SUBJ* **venza, venzas, venza, venzamos, venzáis, venzan**

87 **venir** : *IND* **vengo, vienes, viene,** venimos, venís, **vienen;** *SUBJ* **venga, vengas, venga, vengamos, vengáis, vengan;** *PRET* **vine, viniste, vino, vinimos, vinisteis, vinieron;** *FUT* **vendré, vendrás, vendrá, vendremos, vendréis, vendrán;** *IMPER* **ven;** *PRP* **viniendo**

88 **ver** : *IND* **veo, ves, ve, vemos, veis, ven;** *PRET* **vi, viste, vio, vimos, visteis, vieron;** *IMPER* **ve;** *PRP* **viendo;** *PP* **visto**

89 **volver** : *IND* **vuelvo, vuelves, vuelve,** volvemos, volvéis, **vuelven;** *SUBJ* **vuelva, vuelvas, vuelva,** volvamos, volváis, **vuelvan;** *IMPER* **vuelve;** *PP* **vuelto**

90 **yacer** : *IND* **yazco** *or* **yazgo** *or* **yago,** yaces, yace, yacemos, yacéis, yacen; *SUBJ* **yazca** *or* **yazga** *or* **yaga, yazcas** *or* **yazgas** *or* **yagas, yazca** *or* **yazga** *or* **yaga, yazcamos** *or* **yazgamos** *or* **yagamos, yazcáis** *or* **yazgáis** *or* **yagáis, yazcan** *or* **yazgan** *or* **yagan;** *IMPER* yace *or* **yaz**

Irregular English Verbs

INFINITIVE	PAST	PAST PARTICIPLE
arise	arose	arisen
awake	awoke	awoken *or* awaked
be	was, were	been
bear	bore	borne
beat	beat	beaten *or* beat
become	became	become
befall	befell	befallen
begin	began	begun
behold	beheld	beheld
bend	bent	bent
beseech	beseeched *or* besought	beseeched *or* besought
beset	beset	beset
bet	bet	bet
bid	bade *or* bid	bidden *or* bid
bind	bound	bound
bite	bit	bitten
bleed	bled	bled
blow	blew	blown
break	broke	broken
breed	bred	bred
bring	brought	brought
build	built	built
burn	burned *or* burnt	burned *or* burnt
burst	burst	burst
buy	bought	bought
can	could	—
cast	cast	cast
catch	caught	caught
choose	chose	chosen
cling	clung	clung
come	came	come
cost	cost	cost
creep	crept	crept
cut	cut	cut
deal	dealt	dealt
dig	dug	dug
do	did	done
draw	drew	drawn
dream	dreamed *or* dreamt	dreamed *or* dreamt
drink	drank	drunk *or* drank
drive	drove	driven
dwell	dwelled *or* dwelt	dwelled *or* dwelt
eat	ate	eaten
fall	fell	fallen
feed	fed	fed
feel	felt	felt
fight	fought	fought
find	found	found
flee	fled	fled
fling	flung	flung
fly	flew	flown

INFINITIVE	PAST	PAST PARTICIPLE
forbid	forbade	forbidden
forecast	forecast	forecast
forego	forewent	foregone
foresee	foresaw	foreseen
foretell	foretold	foretold
forget	forgot	forgotten *or* forgot
forgive	forgave	forgiven
forsake	forsook	forsaken
freeze	froze	frozen
get	got	got *or* gotten
give	gave	given
go	went	gone
grind	ground	ground
grow	grew	grown
hang	hung	hung
have	had	had
hear	heard	heard
hide	hid	hidden *or* hid
hit	hit	hit
hold	held	held
hurt	hurt	hurt
keep	kept	kept
kneel	knelt *or* kneeled	knelt *or* kneeled
know	knew	known
lay	laid	laid
lead	led	led
lean	leaned	leaned
leap	leaped *or* leapt	leaped *or* leapt
learn	learned	learned
leave	left	left
lend	lent	lent
let	let	let
lie	lay	lain
light	lit *or* lighted	lit *or* lighted
lose	lost	lost
make	made	made
may	might	—
mean	meant	meant
meet	met	met
mow	mowed	mowed *or* mown
pay	paid	paid
put	put	put
quit	quit	quit
read	read	read
rend	rent	rent
rid	rid	rid
ride	rode	ridden
ring	rang	rung
rise	rose	risen
run	ran	run
saw	sawed	sawed *or* sawn
say	said	said
see	saw	seen
seek	sought	sought
sell	sold	sold

Irregular English Verbs

INFINITIVE	PAST	PAST PARTICIPLE
send	sent	sent
set	set	set
shake	shook	shaken
shall	should	—
shear	sheared	sheared *or* shorn
shed	shed	shed
shine	shone *or* shined	shone *or* shined
shoot	shot	shot
show	showed	shown *or* showed
shrink	shrank *or* shrunk	shrunk *or* shrunken
shut	shut	shut
sing	sang *or* sung	sung
sink	sank *or* sunk	sunk
sit	sat	sat
slay	slew	slain
sleep	slept	slept
slide	slid	slid
sling	slung	slung
smell	smelled *or* smelt	smelled *or* smelt
sow	sowed	sown *or* sowed
speak	spoke	spoken
speed	sped *or* speeded	sped *or* speeded
spell	spelled	spelled
spend	spent	spent
spill	spilled	spilled
spin	spun	spun
spit	spit *or* spat	spit *or* spat
split	split	split
spoil	spoiled	spoiled
spread	spread	spread
spring	sprang *or* sprung	sprung
stand	stood	stood
steal	stole	stolen
stick	stuck	stuck
sting	stung	stung
stink	stank *or* stunk	stunk
stride	strode	stridden
strike	struck	struck
swear	swore	sworn
sweep	swept	swept
swell	swelled	swelled *or* swollen
swim	swam	swum
swing	swung	swung
take	took	taken
teach	taught	taught
tear	tore	torn
tell	told	told
think	thought	thought
throw	threw	thrown
thrust	thrust	thrust
tread	trod	trodden *or* trod
wake	woke	woken *or* waked
waylay	waylaid	waylaid
wear	wore	worn
weave	wove *or* weaved	woven *or* weaved

INFINITIVE	PAST	PAST PARTICIPLE
wed	wedded	wedded
weep	wept	wept
will	would	—
win	won	won
wind	wound	wound
withdraw	withdrew	withdrawn
withhold	withheld	withheld
withstand	withstood	withstood
wring	wrung	wrung
write	wrote	written

Abbreviations in this Work

adj	adjective
adv	adverb
adv	adverbial phrase
algn	alguien (someone)
art	article
Brit	Great Britain
conj	conjunction
conj phr	conjunctive phrase
esp	especially
etc	et cetera
f	feminine
fam	familiar or colloquial
fpl	feminine plural
interj	interjection
Lat	Latin America
m	masculine
mf	masculine or feminine
mpl	masculine plural
n	noun
nf	feminine noun
nfpl	feminine plural noun
nfs & pl	invariable singular or plural feminine noun
nm	masculine noun
nmf	masculine or feminine noun
nmfpl	plural noun invariable for gender
nmfs & pl	noun invariable for both gender and number
nmpl	masculine plural noun
nms & pl	invariable singular or plural masculine noun
npl	plural noun
ns & pl	noun invariable for plural
pl	plural
pp	past participle
prep	preposition
prep phr	prepositional phrase
pron	pronoun
s.o.	someone
sth	something
usu	usually
v	verb
v aux	auxiliary verb
vi	intransitive verb
v impers	impersonal verb
vr	reflexive verb
vt	transitive verb

Spanish-English
Dictionary

A

a¹ *nf* : a, first letter of the Spanish alphabet

a² *prep* **1** : to **2** ~ **las dos** : at two o'clock **3 al día siguiente** : (on) the following day **4** ~ **pied** : on foot **5 de lunes** ~ **viernes** : from Monday until Friday **6 tres veces** ~ **la semana** : three times per week **7** ~ **la** : in the manner of, like

abadía *nf* : abbey

abajo *adv* **1** : down, below, downstairs **2** ~ **de** *Lat* : under, beneath **3 de** ~ : (at the) bottom **4 hacia** ~ : downwards

abalanzarse {21} *vr* : hurl oneself, rush

abandonar *vt* **1** : abandon, leave **2** RENUNCIAR A : give up — **abandonarse** *vr* **1** : neglect oneself **2** ~ **a** : give oneself over to — **abandonado, -da** *adj* **1** : abandoned, deserted **2** DESCUIDADO : neglected **3** DESALIÑADO : slovenly — **abandono** *nm* **1** : abandonment, neglect **2 por** ~ : by default

abanico *nm* : fan — **abanicar** {72} *vt* : fan

abaratar *vt* : lower the price of — **abaratarse** *vr* : become cheaper

abarcar {72} *vt* **1** : cover, embrace **2** *Lat* : monopolize

abarrotar *vt* : pack, cram — **abarrotes** *nmpl* *Lat* **1** : groceries **2 tienda de** ~ : grocery store

abastecer {53} *vt* : supply, stock — **abastecimiento** *nm* : supply, provisions — **abasto** *nm* **1** : supply **2 no dar** ~ **a** : be unable to cope with

abatir *vt* **1** : knock down, shoot down **2** DEPRIMIR : depress — **abatirse** *vr* **1** : get depressed **2** ~ **sobre** : swoop down on — **abatido, -da** *adj* : dejected, depressed — **abatimiento** *nm* : depression, dejection

abdicar {72} *v* : abdicate — **abdicación** *nf*, *pl* **-ciones** : abdication

abdomen *nm*, *pl* **-dómenes** : abdomen — **abdominal** *adj* : abdominal

abecé *nm* : ABC — **abecedario** *nm* : alphabet

abedul *nm* : birch

abeja *nf* : bee — **abejorro** *nm* : bumblebee

aberración *nf*, *pl* **-ciones** : aberration

abertura *nf* : opening

abeto *nm* : fir (tree)

abierto, -ta *adj* : open

abigarrado, -da *adj* : multicolored

abismo *nm* : abyss, chasm — **abismal** *adj* : vast, enormous

abjurar *vi* ~ **de** : abjure

ablandar *vt* : soften (up) — **ablandarse** *vr* : soften

abnegarse {49} *vr* : deny oneself — **abnegado, -da** *adj* : self-sacrificing — **abnegación** *nf*, *pl* **-ciones** : self-denial

abochornar *vt* : embarrass — **abochornarse** *vr* : get embarrassed

abofetear *vt* : slap

abogado, -da *n* : lawyer — **abogacía** *nf* : legal profession — **abogar** {52} *vi* ~ **por** : plead for, defend

abolengo *nm* : lineage

abolir {1} *vt* : abolish — **abolición** *nf*, *pl* **-ciones** : abolition

abollar *vt* : dent — **abolladura** *nf* : dent

abominar *vt* : abominate — **abominable** *adj* : abominable — **abominación** *nf*, *pl* **-ciones** : abomination

abonar *vt* **1** : pay (a bill, etc.) **2** : fertilize (the soil) — **abonarse** *vr* : subscribe — **abonado, -da** *n* : subscriber — **abono** *nm* **1** : payment, installment **2** FERTILIZANTE : fertilizer **3** : season ticket (to the theater, etc.)

abordar *vt* **1** : tackle (a problem) **2** : accost, approach (a person) **3** *Lat* : board — **abordaje** *nm* : boarding

aborigen *nmf*, *pl* **-rígenes** : aborigine — ~ *adj* : aboriginal, native

aborrecer {53} *vt* : abhor, detest — **aborrecible** *adj* : hateful — **aborrecimiento** *nm* : loathing

abortar *vi* : have a miscarriage — *vt* : abort — **aborto** *nm* : abortion, miscarriage

abotonar *vt* : button — **abotonarse** *vr* : button up

abovedado, -da *adj* : vaulted

abrasar *vt* : burn, scorch — **abrasarse** *vr* : burn up — **abrasador, -dora** *adj* : burning

abrasivo, -va *adj* : abrasive — **abrasivo** *nm* : abrasive

abrazar {21} *vt* : hug, embrace — **abrazarse** *vr* : embrace — **abrazadera** *nf* : clamp — **abrazo** *nm* : hug, embrace

abrebotellas *nms & pl* : bottle opener — **abrelatas** *nms & pl* : can opener

abrevadero *nm* : watering trough

abreviar *vt* **1** : shorten, abridge **2** : abbreviate (a word) — **abreviación** *nf*, *pl* **-ciones** : shortening — **abreviatura** *nf* : abbreviation

abridor *nm* : bottle opener, can opener

abrigar {52} *vt* **1** : wrap up (in clothing) **2** ALBERGAR : cherish, harbor — **abrigarse** *vr*

: dress warmly — **abrigado, -da** *adj* **1**
: sheltered **2** : warm, wrapped up (of persons) — **abrigo** *nm* **1** : coat, overcoat **2**
REFUGIO : shelter, refuge
abril *nm* : April
abrillantar *vt* : polish, shine
abrir {2} *vt* **1** : open **2** : unlock, undo — *vi*
: open up — **abrirse** *vr* **1** : open up **2**
: clear up (of weather)
abrochar *vt* : button, fasten — **abrocharse**
vr : fasten, do up
abrogar {52} *vt* : annul, repeal
abrumar *vt* : overwhelm — **abrumador,**
-dora *adj* : overwhelming, oppressive
abrupto, -ta *adj* **1** ESCARPADO : steep **2**
ÁSPERO : rugged, harsh **3** REPENTINO
: abrupt
absceso *nm* : abscess
absolución *nf, pl* **-ciones 1** : absolution **2**
: acquittal (in law)
absoluto, -ta *adj* **1** : absolute, unconditional
2 en absoluto : not at all — **absolutamente** *adv* : absolutely
absolver {89} *vt* **1** : absolve **2** : acquit (in
law)
absorber *vt* **1** : absorb **2** : take up (time, energy, etc.) — **absorbente** *adj* **1** : absorbent
2 INTERESANTE : absorbing — **absorción**
nf, pl **-ciones** : absorption — **absorto, -ta**
adj : absorbed, engrossed
abstemio, -mia *adj* : abstemious — **~** *n*
: teetotaler
abstenerse {80} *vr* : abstain, refrain — **abstención** *nf, pl* **-ciones** : abstention — **abstinencia** *nf* : abstinence
abstracción *nf, pl* **-ciones** : abstraction —
abstracto, -ta *adj* : abstract — **abstraer**
{81} *vt* : abstract — **abstraerse** *vr* : lose
oneself in thought — **abstraído, -da** *adj*
: preoccupied
absurdo, -da *adj* : absurd, ridiculous — **absurdo** *nm* : absurdity
abuchear *vt* : boo, jeer — **abucheo** *nm*
: booing
abuelo, -la *n* **1** : grandfather, grandmother **2**
abuelos *nmpl* : grandparents
abulia *nf* : apathy, lethargy
abultar *vi* : bulge, be bulky — *vt* : enlarge,
expand — **abultado, -da** *adj* : bulky
abundar *vi* : abound, be plentiful — **abundancia** *nf* : abundance — **abundante** *adj*
: abundant
aburrir *vt* : bore — **aburrirse** *vr* : get bored
— **aburrido, -da** *adj* **1** : bored **2** TEDIOSO
: boring — **aburrimiento** *nm* : boredom
abusar *vi* **1** : go too far **2 ~ de** : abuse —
abusivo, -va *adj* : outrageous, excessive —
abuso *nm* : abuse
abyecto, -ta *adj* : abject, wretched

acá *adv* : here, over here
acabar *vi* **1** : finish, end **2 ~ de** : have just
(done something) **3 ~ con** : put an end to
4 ~ por : end up (doing sth) — *vt* : finish —
acabarse *vr* : come to an end — **acabado,**
-da *adj* **1** : finished, perfect **2** AGOTADO
: old, worn-out — **acabado** *nm* : finish
academia *nf* : academy — **académico, -ca**
adj : academic
acaecer {53} *vi* : happen, occur
acallar *vt* : quiet, silence
acalorar *vt* : stir up, excite — **acalorarse** *vr*
: get worked up — **acalorado, -da** *adj*
: emotional, heated
acampar *vi* : camp — **acampada** *nf* **ir de ~**
: go camping
acanalado, -da *adj* **1** : grooved **2** : corrugated (of iron, etc.)
acantilado *nm* : cliff
acaparar *vt* **1** : hoard **2** MONOPOLIZAR
: monopolize
acápite *nm Lat* : paragraph
acariciar *vt* **1** : caress **2** : cherish (hopes,
ideas, etc.)
ácaro *nm* : mite
acarrear *vt* **1** : haul, carry **2** OCASIONAR
: give rise to — **acarreo** *nm* : transport
acaso *adv* **1** : perhaps, maybe **2 por si ~**
: just in case
acatar *vt* : comply with, respect —
acatamiento *nm* : compliance, respect
acatarrarse *vr* : catch a cold
acaudalado, -da *adj* : wealthy, rich
acaudillar *vt* : lead
acceder *vi* **1** : agree **2 ~ a** : gain access to,
enter
acceso *nm* **1** : access **2** ENTRADA : entrance
3 : attack, bout (of an illness) — **accesible**
adj : accessible
accesorio *nm* : accessory — **accesorio, -ria**
adj : incidental
accidentado, -da *adj* **1** : eventful, turbulent
2 : rough, uneven (of land, etc.) **3** HERIDO
: injured — **~** *n* : accident victim
accidental *adj* : accidental — **accidentarse**
vr : have an accident — **accidente** *nm* **1**
: accident **2** : unevenness (of land)
acción *nf, pl* **-ciones 1** : action **2** ACTO
: act, deed **3** : share, stock (in finance) —
accionar *vt* : activate — *vi* : gesticulate —
accionista *nmf* : stockholder
acebo *nm* : holly
acechar *vt* : watch, stalk — **acecho** *nm*
estar al ~ por : be on the lookout for
aceite *nm* : oil — **aceitar** *vt* : oil — **aceitera**
nf **1** : oilcan **2** : cruet (in cookery) **3** *Lat*
: oil refinery — **aceitoso, -sa** *adj* : oily
aceituna *nf* : olive
acelerar *v* : accelerate — **acelerarse** *vr*

: hurry up — **aceleración** *nf, pl* **-ciones** : acceleration — **acelerador** *nm* : accelerator

acelga *nf* : (Swiss) chard

acentuar {3} *vt* **1** : accent **2** ENFATIZAR : emphasize, stress — **acentuarse** *vr* : stand out — **acento** *nm* **1** : accent **2** ÉNFASIS : stress, emphasis

acepción *nf, pl* **-ciones** : sense, meaning

aceptar *vt* : accept — **aceptable** *adj* : acceptable — **aceptación** *nf, pl* **-ciones 1** : acceptance **2** ÉXITO : success

acequia *nf* : irrigation ditch

acera *nf* : sidewalk

acerbo, -ba *adj* : harsh, caustic

acerca *prep* **~ de** : about, concerning

acercar {72} *vt* : bring near or closer — **acercarse** *vr* : approach, draw near

acero *nm* **1** : steel **2 ~ inoxidable** : stainless steel

acérrimo, -ma *adj* **1** : staunch, steadfast **2** : bitter (of an enemy)

acertar {55} *vt* : guess correctly — *vi* **1** ATINAR : be accurate **2 ~ a** : manage to — **acertado, -da** *adj* : correct, accurate

acertijo *nm* : riddle

acervo *nm* : heritage

acetona *nf* : acetone, nail-polish remover

achacar {72} *vt* : attribute, impute

achacoso, -sa *adj* : sickly

achaparrado, -da *adj* : squat, stocky

achaque *nm* : aches and pains

achatar *vt* : flatten

achicar {72} *vt* **1** : make smaller **2** ACOBARDAR : intimidate **3** : bail out (water) — **achicarse** *vr* : become intimidated

achicharrar *vt* : scorch, burn to a crisp

achicoria *nf* : chicory

aciago, -ga *adj* : fateful, unlucky

acicalar *vt* : dress up, adorn — **acicalarse** *vr* : get dressed up

acicate *nm* **1** : spur **2** INCENTIVO : incentive

ácido, -da *adj* : acid, sour — **acidez** *nf, pl* **-deces** : acidity — **ácido** *nm* : acid

acierto *nm* **1** : correct answer **2** HABILIDAD : skill, sound judgment

aclamar *vt* : acclaim — **aclamación** *nf, pl* **-ciones** : acclaim, applause

aclarar *vt* **1** CLARIFICAR : clarify, explain **2** : rinse (clothing) **3 ~ la voz** : clear one's throat — *vi* : clear up — **aclararse** *vr* : become clear — **aclaración** *nf, pl* **-ciones** : explanation — **aclaratorio, -ria** *adj* : explanatory

aclimatar *vt* : acclimatize — **aclimatarse** *vr* **~ a** : get used to — **aclimatación** *nf, pl* **-ciones** : acclimatization

acné *nm* : acne

acobardar *vt* : intimidate — **acobardarse** *vr* : become frightened

acodarse *vr* **~ en** : lean (one's elbows) on

acoger {15} *vt* **1** REFUGIAR : shelter **2** RECIBIR : receive, welcome — **acogerse** *vr* **1** : take refuge **2 ~ a** : resort to — **acogedor, -dora** *adj* : cozy, welcoming — **acogida** *nf* **1** : welcome **2** REFUGIO : refuge

acolchar *vt* : pad

acólito *nm* MONAGUILLO : altar boy

acometer *vt* **1** : attack **2** EMPRENDER : undertake — *vi* **~ contra** : rush against — **acometida** *nf* : attack, assault

acomodar *vt* **1** ADAPTAR : adjust **2** COLOCAR : put, make a place for — **acomodarse** *vr* **1** : settle in **2 ~ a** : adapt to — **acomodado, -da** *adj* : well-to-do — **acomodaticio, -cia** *adj* : accommodating, obliging — **acomodo** *nm* : job, position

acompañar *vt* **1** : accompany **2** ADJUNTAR : enclose — **acompañamiento** *nm* : accompaniment — **acompañante** *nmf* **1** COMPAÑERO : companion **2** : accompanist (in music)

acompasado, -da *adj* : rhythmic, measured

acondicionar *vt* : fit out, equip — **acondicionado, -da** *adj* : equipped

acongojar *vt* : distress, upset — **acongojarse** *vr* : get upset

aconsejar *vt* : advise — **aconsejable** *adj* : advisable

acontecer {53} *vi* : occur, happen — **acontecimiento** *nm* : event

acopiar *vt* : gather, collect — **acopio** *nm* : collection, stock

acoplar *vt* : couple, connect — **acoplarse** *vr* : fit together — **acoplamiento** *nm* : connection, coupling

acorazado, -da *adj* : armored — **acorazado** *nm* : battleship

acordar {19} *vt* **1** : agree (on) **2** *Lat* : award — **acordarse** *vr* : remember

acorde *adj* **1** : in agreement **2 ~ con** : in keeping with — **~** *nm* : chord (in music)

acordeón *nm, pl* **-deones** : accordion

acordonar *vt* **1** : cordon off **2** : lace up (shoes)

acorralar *vt* : corner, corral

acortar *vt* : shorten, cut short — **acortarse** *vr* : get shorter

acosar *vt* : hound, harass — **acoso** *nm* : harassment

acostar {19} *vt* : put to bed — **acostarse** *vr* **1** : go to bed **2** TUMBARSE : lie down

acostumbrar *vt* : accustom — *vi* **~ a** : be in the habit of — **acostumbrarse** *vr* **~ a** : get used to — **acostumbrado, -da** *adj* **1** HABITUADO : accustomed **2** HABITUAL : usual

acotar *vt* **1** ANOTAR : annotate **2** DELIMITAR : mark off (land) — **acotación** *nf, pl*

-ciones : marginal note — **acotado, -da** *adj* : enclosed

acre *adj* **1** : pungent **2** MORDAZ : harsh, biting

acrecentar {55} *vt* : increase — **acrecentamiento** *nm* : growth, increase

acreditar *vt* **1** : accredit, authorize **2** PROBAR : prove — **acreditarse** *vr* : prove oneself — **acreditado, -da** *adj* **1** : reputable **2** : accredited (in politics, etc.)

acreedor, -dora *adj* : worthy — ~ *n* : creditor

acribillar *vt* **1** : riddle, pepper **2** ~ **a** : harass with

acrílico *nm* : acrylic

acrimonia *nf or* **acritud** *nf* **1** : pungency **2** RESENTIMIENTO : bitterness, acrimony

acrobacia *nf* : acrobatics — **acróbata** *nmf* : acrobat — **acrobático, -ca** *adj* : acrobatic

acta *nf* **1** : certificate **2** : minutes *pl* (of a meeting)

actitud *nf* **1** : attitude **2** POSTURA : posture, position

activar *vt* **1** : activate **2** ESTIMULAR : stimulate, speed up — **actividad** *nf* : activity — **activo, -va** *adj* : active — **activo** *nm* : assets *pl*

acto *nm* **1** ACCIÓN : act, deed **2** : act (in theater) **3 en el** ~ : right away

actor *nm* : actor — **actriz** *nf, pl* **-trices** : actress

actual *adj* : present, current — **actualidad** *nf* **1** : present time **2** ~**es** *nfpl* : current affairs — **actualizar** {21} *vt* : modernize — **actualización** *nf, pl* **-ciones** : modernization — **actualmente** *adv* : at present, nowadays

actuar {3} *vi* **1** : act, perform **2** ~ **de** : act as

acuarela *nf* : watercolor

acuario *nm* : aquarium

acuartelar *vt* : quarter (troops)

acuático, -ca *adj* : aquatic, water

acuchillar *vt* : knife, stab

acudir *vi* **1** : go, come **2** ~ **a** : be present at, attend **3** ~ **a** : turn to

acueducto *nm* : aqueduct

acuerdo *nm* **1** : agreement **2 de** ~ : OK, all right **3 de** ~ **con** : in accordance with **4 estar de** ~ : agree

acumular *vt* : accumulate — **acumularse** *vr* : pile up — **acumulación** *nf, pl* **-ciones** : accumulation — **acumulador** *nm* : storage battery — **acumulativo, -va** *adj* : cumulative

acunar *vt* : rock

acuñar *vt* **1** : mint (money) **2** : coin (a word)

acuoso, -sa *adj* : watery

acupuntura *nf* : acupuncture

acurrucarse {72} *vr* : curl up, nestle

acusar *vt* **1** : accuse **2** MOSTRAR : reveal, show — **acusación** *nf, pl* **-ciones** : accusation, charge — **acusado, -da** *adj* : prominent, marked — ~ *n* : defendant

acuse *nm* ~ **de recibo** : acknowledgment of receipt

acústica *nf* : acoustics — **acústico, -ca** *adj* : acoustic

adagio *nm* **1** REFRÁN : adage, proverb **2** : adagio (in music)

adaptar *vt* **1** : adapt **2** AJUSTAR : adjust, fit — **adaptarse** *vr* ~ **a** : adapt to — **adaptable** *adj* : adaptable — **adaptación** *nf, pl* **-ciones** : adaptation — **adaptador** *nm* : adapter (in electricity)

adecuar {8} *vt* : adapt, make suitable — **adecuarse** *vr* ~ **a** : be appropriate for — **adecuado, -da** *adj* : suitable, appropriate

adelantar *vt* **1** : advance, move forward **2** PASAR : overtake **3** : pay in advance — **adelantarse** *vr* **1** : move forward, get ahead **2** : be fast (of a clock) — **adelantado, -da** *adj* **1** : advanced, ahead **2** : fast (of a clock) **3 por** ~ : in advance — **adelante** *adv* **1** : ahead, forward **2** ¡~! : come in! **3 más** ~ : later on, further on — **adelanto** *nm* **1** : advance **2** *or* ~ **de dinero** : advance payment

adelgazar {21} *vt* : make thin — *vi* : lose weight

ademán *nm, pl* **-manes 1** GESTO : gesture **2** ~**es** *nmpl* : manners **3 en** ~ **de** : as if to

además *adv* **1** : besides, furthermore **2** ~ **de** : in addition to, as well as

adentro *adv* : inside, within — **adentrarse** *vr* ~ **en** : go into, get inside of

adepto, -ta *n* : follower, supporter

aderezar {21} *vt* : season, dress — **aderezo** *nm* : dressing, seasoning

adeudar *vt* **1** : debit **2** DEBER : owe — **adeudo** *nm* **1** DÉBITO : debit **2** *Lat* : debt

adherirse {76} *vr* : adhere, stick — **adherencia** *nf* : adherence — **adhesión** *nf, pl* **-siones 1** : adhesion **2** APOYO : support — **adhesivo, -va** *adj* : adhesive — **adhesivo** *nm* : adhesive

adición *nf, pl* **-ciones** : addition — **adicional** *adj* : additional

adicto, -ta *adj* : addicted — ~ *n* : addict

adiestrar *vt* : train

adinerado, -da *adj* : wealthy

adiós *nm, pl* **adioses 1** : farewell **2** ¡~! : good-bye!

aditamento *nm* : attachment, accessory

aditivo *nm* : additive

adivinar *vt* **1** : guess **2** PREDECIR : foretell — **adivinación** *nf, pl* **-ciones** : guessing, pre-

diction — **adivinanza** *nf* : riddle — **adivino,
-na** *n* : fortune-teller
adjetivo *nm* : adjective
adjudicar {72} *vt* : award — **adjudicarse** *vr*
: appropriate — **adjudicación** *nf, pl*
-ciones : awarding
adjuntar *vt* : enclose (with a letter, etc.) —
adjunto, -ta *adj* : enclosed, attached — ~
n : assistant
administración *nf, pl* **-ciones** 1 : administration 2 : administering (of a drug, etc.) 3
DIRECCIÓN : management — **administrador, -dora** *n* : administrator, manager
— **administrar** *vt* 1 : manage, run 2 : administer (a drug, etc.) — **administrativo,
-va** *adj* : administrative
admirar *vt* : admire — **admirarse** *vr* : be
amazed — **admirable** *adj* : admirable —
admiración *nf, pl* **-ciones** 1 : admiration 2
ASOMBRO : amazement — **admirador,
-dora** *n* : admirer
admitir *vt* 1 : admit 2 ACEPTAR : accept —
admisible *adj* : admissible, acceptable —
admisión *nf, pl* **-siones** 1 : admission 2
ACEPTACIÓN : acceptance
ADN *nm* : DNA
adobe *nm* : adobe
adobo *nm* : marinade
adoctrinar *vt* : indoctrinate — **adoctrinamiento** *nm* : indoctrination
adolecer {53} *vi* ~ **de** : suffer from
adolescente *adj & nmf* : adolescent — **adolescencia** *nf* : adolescence
adonde *conj* : where
adónde *adv* : where
adoptar *vt* : adopt (a child), take (a decision)
— **adopción** *nf, pl* **-ciones** : adoption —
adoptivo, -va *adj* : adopted, adoptive
adoquín *nm, pl* **-quines** : cobblestone
adorar *vt* : adore, worship — **adorable** *adj*
: adorable — **adoración** *nf, pl* **-ciones**
: adoration, worship
adormecer {53} *vt* 1 : make sleepy 2 EN-
TUMECER : numb — **adormecerse** *vr* : doze
off — **adormecimiento** *nm* : drowsiness —
adormilarse *vr* : doze
adornar *vt* : decorate, adorn — **adorno** *nm*
: ornament, decoration
adquirir {4} *vt* 1 : acquire 2 COMPRAR
: purchase — **adquisición** *nf, pl* **-ciones** 1
: acquisition 2 COMPRA : purchase
adrede *adv* : intentionally, on purpose
adscribir {33} *vt* : assign, appoint
aduana *nf* : customs (office) — **aduanero,
-ra** *adj* : customs — ~ *n* : customs officer
aducir {61} *vt* : cite, put forward
adueñarse *vr* ~ **de** : take possession of
adular *vt* : flatter — **adulación** *nf, pl*

-ciones : adulation, flattery — **adulador,
-dora** *adj* : flattering — ~ *n* : flatterer
adulterar *vt* : adulterate
adulterio *nm* : adultery — **adúltero, -ra** *n*
: adulterer
adulto, -ta *adj & n* : adult
adusto, -ta *adj* : stern, severe
advenedizo, -za *n* : upstart
advenimiento *nm* : advent, arrival
adverbio *nm* : adverb — **adverbial** *adj* : adverbial
adversario, -ria *n* : adversary, opponent —
adverso, -sa *adj* : adverse — **adversidad**
nf : adversity
advertir {76} *vt* 1 AVISAR : warn 2 NOTAR
: notice — **advertencia** *nf* : warning
adviento *nm* : Advent
adyacente *adj* : adjacent
aéreo, -rea *adj* : aerial, air
aerobic *nm* : aerobics *pl*
aerodinámico, -ca *adj* : aerodynamic
aeródromo *nm* : airfield
aerolínea *nf* : airline
aeromozo, -za *n* : flight attendant, steward
m, stewardess *f*
aeronave *nf* : aircraft
aeropuerto *nm* : airport
aerosol *nm* : aerosol, spray
afable *adj* : affable — **afabilidad** *nf* : affabil-
ity
afán *nm, pl* **afanes** 1 ANHELO : eagerness 2
EMPEÑO : effort, hard work — **afanarse** *vr*
: toil — **afanosamente** *adv* : industriously,
busily — **afanoso, -sa** *adj* 1 : eager 2
TRABAJOSO : arduous
afear *vt* : make ugly, disfigure
afección *nf, pl* **-ciones** : ailment, complaint
afectar *vt* : affect — **afectación** *nf, pl*
-ciones : affectation — **afectado, -da** *adj*
: affected
afectivo, -va *adj* : emotional
afecto *nm* : affection — **afecto, -ta** *adj* ~ **a**
: fond of — **afectuoso, -sa** *adj* : affectionate, caring
afeitar *vt* : shave — **afeitarse** *vr* : shave —
afeitada *nf* : shave
afeminado, -da *adj* : effeminate
aferrarse {55} *vr* : cling, hold on
afianzar {21} *vt* : secure, strengthen — **afianzarse** *vr* : become established
afiche *nm Lat* : poster
afición *nf, pl* **-ciones** 1 : penchant, fondness
2 PASATIEMPO : hobby — **aficionado, -da** *n*
1 ENTUSIASTA : enthusiast, fan 2 AMATEUR
: amateur — **aficionarse** *vr* ~ **a** : become
interested in
afilar *vt* : sharpen — **afilado, -da** *adj* : sharp
— **afilador** *nm* : sharpener
afiliarse *vr* ~ **a** : join, become a member of

— **afiliación** *nf, pl* **-ciones** : affiliation — **afiliado, -da** *adj* : affiliated

afín *adj, pl* **afines** : related, similar — **afinidad** *nf* : affinity, similarity

afinar *vt* **1** : tune **2** PULIR : perfect, refine

afirmar *vt* **1** : state, affirm **2** REFORZAR : strengthen — **afirmación** *nf, pl* **-ciones** : statement, affirmation — **afirmativo, -va** *adj* : affirmative

afligir {35} *vt* **1** : afflict **2** APENAR : distress — **afligirse** *vr* : grieve — **aflicción** *nf, pl* **-ciones** : grief, sorrow — **afligido -da** *adj* : sorrowful, distressed

aflojar *vt* : loosen, slacken — *vi* : ease up — **aflojarse** *vr* : become loose, slacken

aflorar *vi* : come to the surface, emerge — **afloramiento** *nm* : outcrop

afluencia *nf* : influx — **afluente** *nm* : tributary

afortunado, -da *adj* : fortunate, lucky — **afortunadamente** *adv* : fortunately

afrentar *vt* : insult — **afrenta** *nf* : affront, insult

africano, -na *adj* : African

afrontar *vt* : confront, face

afuera *adv* **1** : out **2** : outside, outdoors — **afueras** *nfpl* : outskirts

agachar *vt* : lower — **agacharse** *vr* : crouch, stoop

agalla *nf* **1** BRANQUIA : gill **2 tener ~s** *fam* : have guts

agarrar *vt* **1** ASIR : grasp **2** *Lat* : catch — **agarrarse** *vr* : hold on, cling — **agarradera** *nf Lat* : handle — **agarrado, -da** *adj fam* : stingy — **agarre** *nm* : grip, grasp — **agarrón** *nm, pl* **-rones** : tug, pull

agasajar *vt* : fête, wine and dine — **agasajo** *nm* : lavish attention

agave *nm* : agave

agazaparse *vr* : crouch down

agencia *nf* : agency, office — **agente** *nmf* : agent, officer

agenda *nf* **1** : agenda **2** LIBRETA : notebook

ágil *adj* : agile — **agilidad** *nf* : agility

agitar *vt* **1** : agitate, shake **2** : wave, flap (wings, etc.) **3** PERTURBAR : stir up — **agitarse** *vr* **1** : toss about **2** INQUIETARSE : get upset — **agitación** *nf, pl* **-ciones 1** : agitation, shaking **2** INTRANQUILIDAD : restlessness — **agitado, -da** *adj* **1** : agitated, excited **2** : choppy, rough (of the sea)

aglomerar *vt* : amass — **aglomerarse** *vr* : crowd together

agnóstico, -ca *adj & n* : agnostic

agobiar *vt* **1** : oppress **2** ABRUMAR : overwhelm — **agobiado, -da** *adj* : weary, weighed down — **agobiante** *adj* : oppressing, oppressive

agonizar {21} *vi* : be dying — **agonía** *nf* **1** : death throes **2** PENA : agony — **agonizante** *adj* : dying

agorero, -ra *adj* : ominous

agostar *vt* : wither

agosto *nm* : August

agotar *vt* **1** : deplete, use up **2** CANSAR : exhaust, weary — **agotarse** *vr* **1** : run out, give out **2** CANSARSE : get tired — **agotado, -da** *adj* **1** CANSADO : exhausted **2** : sold out — **agotador, -dora** *adj* : exhausting — **agotamiento** *nm* : exhaustion

agraciado, -da *adj* **1** : attractive **2** AFORTUNADO : fortunate

agradar *vi* : be pleasing — **agradable** *adj* : pleasant, agreeable — **agrado** *nm* **1** : taste, liking **2 con ~** : with pleasure

agradecer {53} *vt* : be grateful for, thank — **agradecido, -da** *adj* : grateful — **agradecimiento** *nm* : gratitude

agrandar *vt* : enlarge — **agrandarse** *vr* : grow larger

agrario, -ria *adj* : agrarian, agricultural

agravar *vt* **1** : make heavier **2** EMPEORAR : aggravate, worsen — **agravarse** *vr* : get worse

agraviar *vt* : insult — **agravio** *nm* : insult

agredir {1} *vt* : attack

agregar {52} *vt* : add, attach — **agregado, -da** *n* : attaché — **agregado** *nm* : aggregate

agresión *nf, pl* **-siones** : aggression, attack — **agresividad** *nf* : aggressiveness — **agresivo, -va** *adj* : aggressive — **agresor, -sora** *n* : aggressor, attacker

agreste *adj* : rugged, wild

agriar *vt* : sour — **agriarse** *vr* **1** : turn sour (of milk, etc.) **2** : become embittered

agrícola *adj* : agricultural — **agricultura** *nf* : agriculture, farming — **agricultor, -tora** *n* : farmer

agridulce *adj* **1** : bittersweet **2** : sweet-and-sour (in cooking)

agrietar *vt* : crack — **agrietarse** *vr* **1** : crack **2** : chap

agrimensor, -sora *n* : surveyor

agrio, agria *adj* : sour

agrupar *vt* : group together — **agruparse** *vr* : form a group — **agrupación** *nf, pl* **-ciones** : group, association — **agrupamiento** *nm* : grouping

agua *nf* **1** : water **2 ~ oxigenada** : hydrogen peroxide **3 ~s negras** *or* **~s residuales** : sewage

aguacate *nm* : avocado

aguacero *nm* : downpour

aguado, -da *adj* **1** : watery **2** *Lat fam* : soft, flabby — **aguar** {10} *vt* **1** : water down, dilute **2 ~ la fiesta** *fam* : spoil the party

aguafuerte *nm* : etching

aguanieve *nf* : sleet

aguantar *vt* **1** SOPORTAR : bear, withstand **2** SOSTENER : hold — *vi* : hold out, last — **aguantarse** *vr* **1** : resign oneself **2** CONTENERSE : restrain oneself — **aguante** *nm* **1** : patience **2** RESISTENCIA : endurance

aguardar *vt* : await

aguardiente *nm* : clear brandy

aguarrás *nm* : turpentine

agudo, -da *adj* **1** : acute, sharp **2** : shrill, high-pitched (in music) — **agudeza** *nf* **1** : sharpness **2** : witticism

agüero *nm* : augury, omen

aguijón *nm*, *pl* **-jones** **1** : stinger (of an insect) **2** ESTÍMULO : goad, stimulus — **aguijonear** *vt* : goad

águila *nf* : eagle

aguja *nf* **1** : needle **2** : hand (of a clock) **3** : spire (of a church)

agujero *nm* : hole

agujeta *nf* **1** *Lat* : shoelace **2** ~s *nfpl* : (muscular) stiffness

aguzar {21} *vt* **1** : sharpen **2** ~ **el oído** : prick up one's ears

ahí *adv* **1** : there **2 por** ~ : somewhere, thereabouts

ahijado, -da *n* : godchild, godson *m*, goddaughter *f*

ahínco *nm* : eagerness, zeal

ahogar {52} *vt* **1** : drown **2** ASFIXIAR : smother — **ahogarse** *vr* : drown — **ahogo** *nm* : breathlessness

ahondar *vt* : deepen — *vi* : elaborate, go into detail

ahora *adv* **1** : now **2** ~ **mismo** : right now

ahorcar {72} *vt* **1** : hang, kill by hanging — **ahorcarse** *vr* : hang oneself

ahorita *adv Lat fam* : right now

ahorrar *vt* : save, spare — *vi* : save up — **ahorrarse** *vr* : spare oneself — **ahorro** *nm* : saving

ahuecar {72} *vt* **1** : hollow out **2** : cup (one's hands)

ahumar {8} *vt* : smoke, cure — **ahumado, -da** *adj* : smoked

ahuyentar *vt* : scare away, chase away

airado, -da *adj* : irate, angry

aire *nm* **1** : air **2** ~ **acondicionado** : air-conditioning **3 al** ~ **libre** : in the open air, outdoors — **airear** *vt* : air, air out

aislar {5} *vt* **1** : isolate **2** : insulate (in electricity) — **aislamiento** *nm* **1** : isolation **2** : (electrical) insulation

ajar *vt* **1** : crumple, wrinkle **2** ESTROPEAR : spoil

ajedrez *nm* : chess

ajeno, -na *adj* **1** : someone else's **2** EXTRAÑO : alien **3** ~ **a** : foreign to

ajetreado, -da *adj* : hectic, busy — **aje-**

trearse *vr* : bustle about — **ajetreo** *nm* : hustle and bustle

ají *nm*, *pl* **ajíes** *Lat* : chili pepper

ajo *nm* : garlic

ajustar *vt* **1** : adjust, adapt **2** ACORDAR : agree on **3** SALDAR : settle — **ajustarse** *vr* : fit, conform — **ajustable** *adj* : adjustable — **ajustado, -da** *adj* **1** : close, tight **2** CEÑIDO : tight-fitting — **ajuste** *nm* : adjustment

ajusticiar *vt* : execute, put to death

al (*contraction of* **a** *and* **el**) → **a**²

ala *nf* **1** : wing **2** : brim (of a hat)

alabanza *nf* : praise — **alabar** *vt* : praise

alacena *nf* : cupboard, larder

alacrán *nm*, *pl* **-cranes** : scorpion

alado, -da *adj* : winged

alambre *nm* : wire

alameda *nf* **1** : poplar grove **2** : tree-lined avenue — **álamo** *nm* : poplar

alarde *nm* : show, display — **alardear** *vi* : boast

alargar {52} *vt* **1** : extend, lengthen **2** PROLONGAR : prolong — **alargarse** *vr* : become longer — **alargador** *nm* : extension cord

alarido *nm* : howl, shriek

alarmar *vt* : alarm — **alarma** *nf* : alarm — **alarmante** *adj* : alarming

alba *nf* : dawn

albahaca *nf* : basil

albañil *nm* : bricklayer, mason

albaricoque *nm* : apricot

albedrío *nm* **libre** ~ : free will

alberca *nf* **1** : reservoir, tank **2** *Lat* : swimming pool

albergar {52} *vt* : house, lodge — **albergue** *nm* **1** : lodging **2** REFUGIO : shelter **3** ~ **juvenil** : youth hostel

albóndiga *nf* : meatball

alborear *v impers* : dawn — **albor** *nm* : dawning — **alborada** *nf* : dawn

alborotar *vt* : excite, stir up — *vi* : make a racket — **alborotarse** *vr* : get excited — **alborotado, -da** *adj* : excited, agitated — **alborotador, -dora** *n* : agitator, rioter — **alboroto** *nm* : ruckus

alborozar {21} *vt* : gladden — **alborozo** *nm* : joy

álbum *nm* : album

alcachofa *nf* : artichoke

alcalde, -desa *n* : mayor

alcance *nm* **1** : reach **2** ÁMBITO : range, scope

alcancía *nf* : money box

alcantarilla *nf* : sewer, drain

alcanzar {21} *vt* **1** : reach **2** LLEGAR A : catch up with **3** LOGRAR : achieve, attain — *vi* **1** : suffice, be enough **2** ~ **a** : manage to

alcaparra *nf* : caper
alcázar *nm* : fortress, castle
alce *nm* : moose, European elk
alcoba *nf* : bedroom
alcohol *nm* : alcohol — **alcohólico, -ca** *adj* & *n* : alcoholic — **alcoholismo** *nm* : alcoholism
aldaba *nf* : door knocker
aldea *nf* : village — **aldeano, -na** *n* : villager
aleación *nf, pl* **-ciones** : alloy
aleatorio, -ria *adj* : random
aleccionar *vt* : instruct, teach
aledaño, -ña *adj* : bordering — **aledaños** *nmpl* : outskirts
alegar {52} *vt* : assert, allege — *vi Lat* : argue — **alegato** *nm* **1** : allegation (in law) **2** *Lat* : argument
alegoría *nf* : allegory — **alegórico, -ca** *adj* : allegorical
alegrar *vt* : make happy, cheer up — **alegrarse** *vr* : be glad — **alegre** *adj* **1** CONTENTO : glad, happy **2** : colorful, bright — **alegremente** *adv* : happily — **alegría** *nf* : joy, cheer
alejar *vt* **1** : remove, move away **2** ENAJENAR : estrange — **alejarse** *vr* : move away, drift apart — **alejado, -da** *adj* : remote — **alejamiento** *nm* **1** : removal **2** : estrangement (of persons)
alemán, -mana *adj, mpl* **-manes** : German — **alemán** *nm* : German (language)
alentar {55} *vt* : encourage — **alentador, -dora** *adj* : encouraging
alergia *nf* : allergy — **alérgico, -ca** *adj* : allergic
alero *nm* : eaves *pl*
alertar *vt* : alert — **alerta** *adv* : on the alert — **alerta** *adj* & *nf* : alert
aleta *nf* **1** : fin, flipper **2** : small wing
alevosía *nf* : treachery — **alevoso, -sa** *adj* : treacherous
alfabeto *nm* : alphabet — **alfabético, -ca** *adj* : alphabetical — **alfabetismo** *nm* : literacy — **alfabetizar** {21} *vt* **1** : teach literacy **2** : alphabetize
alfalfa *nf* : alfalfa
alfarería *nf* : pottery
alféizar *nm* : sill, windowsill
alfil *nm* : bishop (in chess)
alfiler *nm* **1** : pin **2** BROCHE : brooch — **alfiletero** *nm* : pincushion
alfombra *nf* : carpet, rug — **alfombrilla** *nf* : small rug, mat
alga *nf* : seaweed
álgebra *nf* : algebra
algo *pron* **1** : something **2** ~ **de** : some, a little — ~ *adv* : somewhat, rather
algodón *nm, pl* **-dones** : cotton
alguacil *nm* : constable, bailiff

alguien *pron* : somebody, someone
alguno, -na *adj* (**algún** *before masculine singular nouns*) **1** : some, any **2** (*in negative constructions*) : not any, not at all **3 algunas veces** : sometimes — ~ *pron* **1** : one, someone, somebody **2 algunos, -nas** *pron pl* : some, a few
alhaja *nf* : jewel
alharaca *nf* : fuss
aliado, -da *n* : ally — ~ *adj* : allied — **alianza** *nf* : alliance — **aliarse** {85} *vr* : form an alliance
alias *adv* & *nm* : alias
alicaído, -da *adj* : depressed
alicates *nmpl* : pliers
aliciente *nm* **1** : incentive **2** : attraction (to a place)
alienar *vt* : alienate — **alienación** *nf, pl* **-ciones** : alienation
aliento *nm* **1** : breath **2** ÁNIMO : encouragement, strength
aligerar *vt* **1** : lighten **2** APRESURAR : hasten, quicken
alimaña *nf* : pest, vermin
alimentar *vt* : feed, nourish — **alimentarse** *vr* ~ **con** : live on — **alimentación** *nf, pl* **-ciones** **1** : feeding **2** NUTRICIÓN : nourishment — **alimenticio, -cia** *adj* : nourishing — **alimento** *nm* : food, nourishment
alinear *vt* : align, line up — **alinearse** *vr* ~ **con** : align oneself with — **alineación** *nf, pl* **-ciones** **1** : alignment **2** : lineup (in sports)
aliño *nm* : dressing, seasoning — **aliñar** *vt* : season, dress
alisar *vt* : smooth
alistarse *vr* : join up, enlist — **alistamiento** *nm* : enlistment
aliviar *vt* : relieve, soothe — **aliviarse** *vr* : recover, get better — **alivio** *nm* : relief
aljibe *nm* : cistern, tank
allá *adv* **1** : there, over there **2 más** ~ : farther away **3 más** ~ **de** : beyond
allanar *vt* **1** : smooth, level out **2** *Spain* : break into (a house) **3** *Lat* : raid — **allanamiento** *nm* **1** *Spain* : breaking and entering **2** *Lat* : raid
allegado, -da *n* : close friend, relation
allí *adv* : there, over there
alma *nf* : soul
almacén *nm, pl* **-cenes** **1** : warehouse **2** *Lat* : shop, store **3 grandes almacenes** : department store — **almacenamiento** *or* **almacenaje** *nm* : storage — **almacenar** *vt* : store
almádena *nf* : sledgehammer
almanaque *nm* : almanac
almeja *nf* : clam
almendra *nf* **1** : almond **2** : kernel (of nuts, fruit, etc.)

almiar *nm* : haystack
almíbar *nm* : syrup
almidón *nm, pl* **-dones** : starch — **almi-donar** *vt* : starch
almirante *nm* : admiral
almohada *nf* : pillow — **almohadilla** *nf* : small pillow, pad — **almohadón** *nm, pl* **-dones** : bolster, large cushion
almorranas *nfpl* : hemorrhoids, piles
almorzar {36} *vi* : have lunch — *vt* : have for lunch — **almuerzo** *nm* : lunch
alocado, -da *adj* : crazy, wild
áloe *or* **aloe** *nm* : aloe
alojar *vt* : house, lodge — **alojarse** *vr* : lodge, room — **alojamiento** *nm* : lodging, accommodations *pl*
alondra *nf* : lark
alpaca *nf* : alpaca
alpinismo *nm* : mountain climbing — **alpin-ista** *nmf* : mountain climber
alpiste *nm* : birdseed
alquilar *vt* : rent, lease — **alquilarse** *vr* : be for rent — **alquiler** *nm* : rent, rental
alquitrán *nm, pl* **-tranes** : tar
alrededor *adv* **1** : around, about **2** ~ **de** : approximately — **alrededor de** *prep phr* : around — **alrededores** *nmpl* : outskirts
alta *nf* : discharge (of a patient)
altanería *nf* : haughtiness — **altanero, -ra** *adj* : haughty
altar *nm* : altar
altavoz *nm, pl* **-voces** : loudspeaker
alterar *vt* **1** : alter, modify **2** PERTURBAR : disturb — **alterarse** *vr* : get upset — **al-teración** *nf, pl* **-ciones 1** : alteration **2** AL-BOROTO : disturbance — **altera- do, -da** *adj* : upset
altercado *nm* : altercation, argument
alternar *vi* **1** : alternate **2** ~ **con** : socialize with — *vt* : alternate — **alternarse** *vr* : take turns — **alternativa** *nf* : alternative — **alter-nativo, -va** *adj* : alternating, alternative — **alterno, -na** *adj* : alternate
Alteza *nf* : Highness
altiplano *nm* : high plateau
altitud *nf* : altitude
altivez *nf, pl* **-veces** : haughtiness — **altivo, -va** *adj* : haughty
alto, -ta *adj* **1** : tall, high **2** RUIDOSO : loud — **alto** *adv* **1** ARRIBA : high **2** : loud, loudly — ~ *nm* **1** ALTURA : height, eleva-tion **2** : stop, halt — ~ *interj* : halt!, stop! — **altoparlante** *nm Lat* : loudspeaker
altruista *adj* : altruistic — **altruismo** *nm* : altruism
altura *nf* **1** : height **2** ALTITUD : altitude **3 a la** ~ **de** : near, up by
alubia *nf* : kidney bean

alucinar *vi* : hallucinate — **alucinación** *nf, pl* **-ciones** : hallucination
alud *nm* : avalanche
aludir *vi* : allude, refer — **aludido, -da** *adj* **darse por** ~ : take it personally
alumbrar *vt* **1** : light, illuminate **2** PARIR : give birth to — **alumbrado** *nm* : (electric) lighting — **alumbramiento** *nm* : childbirth
aluminio *nm* : aluminum
alumno, -na *n* : pupil, student
alusión *nf, pl* **-siones** : allusion
aluvión *nm, pl* **-viones** : flood, barrage
alzar {21} *vt* : lift, raise — **alzarse** *vr* : rise (up) — **alza** *nf* : rise — **alzamiento** *nm* : up-rising
ama → **amo**
amabilidad *nf* : kindness — **amable** *adj* : kind, nice
amaestrar *vt* : train
amagar {52} *vt* **1** : show signs of **2** AME-NAZAR : threaten — *vi* : be imminent — **amago** *nm* **1** INDICIO : sign **2** AMENAZA : threat
amainar *vi* : abate
amamantar *v* : breast-feed, nurse
amanecer {53} *v impers* : dawn — *vi* : wake up — ~ *nm* : dawn, daybreak
amanerado *adj* : affected, mannered
amansar *vt* **1** : tame **2** APACIGUAR : soothe — **amansarse** *vr* : calm down
amante *adj* ~ **de** : fond of — ~ *nmf* : lover
amañar *vt* : rig, tamper with
amapola *nf* : poppy
amar *vt* : love
amargar {52} *vt* : make bitter — **amargado, -da** *adj* : embittered — **amargo, -ga** *adj* : bitter — **amargo** *nm* : bitterness — **amar-gura** *nf* : bitterness, grief
amarillo, -lla *adj* : yellow — **amarillo** *nm* : yellow
amarrar *vt* **1** : moor **2** ATAR : tie up
amasar *vt* **1** : knead **2** : amass (a fortune, etc.)
amateur *adj & nmf* : amateur
amatista *nf* : amethyst
ambages *nmpl* **sin** ~ : without hesitation, straight to the point
ámbar *nm* : amber
ambición *nf, pl* **-ciones** : ambition — **ambi-cionar** *vt* : aspire to — **ambicioso, -sa** *adj* : ambitious
ambiente *nm* **1** AIRE : atmosphere **2** MEDIO : environment, surroundings *pl* — **ambien-tal** *adj* : environmental
ambigüedad *nf* : ambiguity — **ambiguo, -gua** *adj* : ambiguous
ámbito *nm* : domain, sphere
ambos, -bas *adj & pron* : both
ambulancia *nf* : ambulance

ambulante *adj* : traveling, itinerant
ameba *nf* : amoeba
amedrentar *vt* : intimidate
amén *nm* **1** : amen **2 ~ de** : in addition to
amenazar {21} *vt* : threaten — **amenaza** *nf* : threat, menace
amenizar {21} *vt* : make pleasant, enliven — **ameno, -na** *adj* : pleasant
americano, -na *adj* : American
ameritar *vt Lat* : deserve
ametralladora *nf* : machine gun
amianto *nm* : asbestos
amiba → **ameba**
amígdala *nf* : tonsil — **amigdalitis** *nf* : tonsilitis
amigo, -ga *adj* : friendly, close — **~** *n* : friend — **amigable** *adj* : friendly
amilanar *vt* : daunt — **amilanarse** *vr* : lose heart
aminorar *vt* : diminish
amistad *nf* : friendship — **amistoso, -sa** *adj* : friendly
amnesia *nf* : amnesia
amnistía *nf* : amnesty
amo, ama *n* **1** : master *m*, mistress *f* **2 ama de casa** : homemaker, housewife **3 ama de llaves** : housekeeper
amodorrado, -da *adj* : drowsy
amolar {19} *vt* **1** : grind, sharpen **2** MOLESTAR : annoy
amoldar *vt* : adapt, adjust — **amoldarse** *vr* **~ a** : adapt to
amonestar *vt* : admonish, warn — **amonestación** *nf, pl* **-ciones** : admonition, warning
amoníaco *or* **amoniaco** *nm* : ammonia
amontonar *vt* : pile up — **amontonarse** *vr* : pile up (of things), form a crowd (of persons)
amor *nm* : love
amordazar {21} *vt* : gag
amorío *nm* : love affair — **amoroso, -sa** *adj* **1** : loving **2** *Lat* : sweet, lovable
amortado, -da *adj* : black-and-blue
amortiguar {10} *vt* : muffle, soften, tone down — **amortiguador** *nm* : shock absorber
amortizar {21} *vt* : pay off — **amortización** *nf* : repayment
amotinar *vt* : incite (to riot) — **amotinarse** *vr* : riot, rebel
amparar *vt* : shelter, protect — **ampararse** *vr* **1 ~ de** : take shelter from **2 ~ en** : have recourse to — **amparo** *nm* : refuge, protection
ampliar {85} *vt* **1** : expand **2** : enlarge (a photograph) — **ampliación** *nf, pl* **-ciones** **1** : expansion, enlargement **2** : extension (of a building)

amplificar {72} *vt* : amplify — **amplificador** *nm* : amplifier
amplio, -plia *adj* : broad, wide, ample — **amplitud** *nf* **1** : breadth, extent **2** ESPACIOSIDAD : spaciousness
ampolla *nf* **1** : blister **2** : vial, ampoule — **ampollarse** *vr* : blister
ampuloso, -sa *adj* : pompous
amputar *vt* : amputate — **amputación** *nf, pl* **-ciones** : amputation
amueblar *vt* : furnish (a house, etc.)
amurallar *vt* : wall in
anacardo *nm* : cashew nut
anaconda *nf* : anaconda
anacrónico, -ca *adj* : anachronistic — **anacronismo** *nm* : anachronism
ánade *nmf* : duck
anagrama *nm* : anagram
anales *nmpl* : annals
analfabeto, -ta *adj & n* : illiterate — **analfabetismo** *nm* : illiteracy
analgésico *nm* : painkiller, analgesic
analizar {21} *vt* : analyze — **análisis** *nm* : analysis — **analítico, -ca** *adj* : analytical, analytic
analogía *nf* : analogy — **análogo, -ga** *adj* : analogous
ananá *or* **ananás** *nm, pl* **-nás** : pineapple
anaquel *nm* : shelf
anaranjado, -da *adj* : orange-colored
anarquía *nf* : anarchy — **anarquista** *adj & nmf* : anarchist
anatomía *nf* : anatomy — **anatómico, -ca** *adj* : anatomic, anatomical
anca *nf* **1** : haunch **2 ~s de rana** : frogs' legs
ancestral *adj* : ancestral
ancho, -cha *adj* : wide, broad, ample — **ancho** *nm* : width
anchoa *nf* : anchovy
anchura *nf* : width, breadth
anciano, -na *adj* : aged, elderly — **~** *n* : elderly person
ancla *nf* : anchor — **anclar** *v* : anchor
andadas *nfpl* **1** : tracks **2 volver a las ~** : go back to one's old ways
andadura *nf* : walking, journey
andaluz, -luza *adj & n, mpl* **-luces** : Andalusian
andamio *nm* : scaffold
andanada *nf* **1** : volley **2 soltar una ~** : reprimand
andanzas *nfpl* : adventures
andar {6} *vi* **1** CAMINAR : walk **2** IR : go, travel **3** FUNCIONAR : run, work **4 ~ en** : rummage around in **5 ~ por** : be approximately — *vt* : cover, travel — **~** *nm* : gait, walk

andén *nm, pl* **-denes 1 :** (train) platform **2** *Lat* : sidewalk
andino, -na *adj* : Andean
andorrano, -na *adj* : Andorran
andrajos *nmpl* : tatters — **andrajoso, -sa** *adj* : ragged
anécdota *nf* : anecdote
anegar {52} *vt* : flood — **anegarse** *vr* **1** : be flooded **2** AHOGARSE : drown
anemia *nf* : anemia — **anémico, -ca** *adj* : anemic
anestesia *nf* : anesthesia — **anestésico, -ca** *adj* : anesthetic — **anestésico** *nm* : anesthetic
anexar *vt* : annex, attach — **anexo, -xa** *adj* : attached — **anexo** *nm* : annex
anfibio, -bia *adj* : amphibious — **anfibio** *nm* : amphibian
anfiteatro *nm* : amphitheater
anfitrión, -triona *n, mpl* **-triones** : host, hostess *f*
ángel *nm* : angel — **angelical** *adj* : angelic, angelical
angloparlante *adj* : English-speaking
anglosajón, -jona *adj, mpl* **-jones** : Anglo-Saxon
angosto, -ta *adj* : narrow
anguila *nf* : eel
ángulo *nm* **1** : angle **2** ESQUINA : corner — **angular** *adj* : angular — **anguloso, -sa** *adj* : angular
angustiar *vt* **1** : anguish, distress **2** INQUIETAR : worry — **angustiarse** *vr* : get upset — **angustia** *nf* **1** : anguish **2** INQUIETUD : worry — **angustioso, -sa** *adj* **1** : anguished **2** INQUIETANTE : distressing
anhelar *vt* : yearn for, crave — **anhelante** *adj* : yearning, longing — **anhelo** *nm* : longing
anidar *vi* : nest
anillo *nm* : ring
ánima *n* : soul
animación *nf, pl* **-ciones 1** VIVEZA : liveliness **2** BULLICIO : hustle and bustle — **animado, -da** *adj* : cheerful, animated — **animador, -dora** *n* **1** : (television) host **2** : cheerleader
animadversión *nf, pl* **-siones** : animosity
animal *nm* : animal — ~ *nmf* : brute, beast — ~ *adj* : brutish
animar *vt* **1** ALENTAR : encourage **2** ALEGAR : cheer up — **animarse** *vr* **1** : liven up **2** ~ **a** : get up the nerve to
ánimo *nm* **1** : spirit, soul **2** HUMOR : mood, spirits *pl* **3** ALIENTO : encouragement
animosidad *nf* : animosity, ill will
animoso, -sa *adj* : spirited, brave
aniquilar *vt* : annihilate — **aniquilación** *n, pl* **-ciones** : annihilation

anís *nm* : anise
aniversario *nm* : anniversary
ano *nm* : anus
anoche *adv* : last night
anochecer {53} *vi* : get dark — ~ *nm* : dusk, nightfall
anodino, -na *adj* : insipid, dull
anomalía *nf* : anomaly
anonadado, -da *adj* : dumbfounded
anónimo, -ma *adj* : anonymous — **anonimato** *nm* : anonymity
anorexia *nf* : anorexia
anormal *adj* : abnormal — **anormalidad** *nf* : abnormality
anotar *vt* **1** : annotate **2** APUNTAR : jot down — **anotación** *nf, pl* **-ciones** : annotation, note
anquilosarse *vr* **1** : become paralyzed **2** ESTANCARSE : stagnate — **anquilosamiento** *nm* **1** : paralysis **2** ESTANCAMIENTO : stagnation
ansiar {85} *vt* : long for — **ansia** *nf* **1** INQUIETUD : uneasiness **2** ANGUSTIA : anguish **3** ANHELO : longing — **ansiedad** *nf* : anxiety — **ansioso, -sa** *adj* **1** : anxious **2** DESEOSO : eager
antagónico, -ca *adj* : antagonistic — **antagonismo** *nm* : antagonism — **antagonista** *nmf* : antagonist
antaño *adv* : yesteryear, long ago
antártico, -ca *adj* : antarctic
ante[1] *nm* **1** : elk, moose **2** GAMUZA : suede
ante[2] *prep* **1** : before, in front of **2** : in view of **3** ~ **todo** : above all
anteanoche *adv* : the night before last
anteayer *adv* : the day before yesterday
antebrazo *nm* : forearm
anteceder *vt* : precede — **antecedente** *adj* : previous, prior — ~ *nm* : precedent — **antecesor, -sora** *n* **1** : ancestor **2** PREDECESOR : predecessor
antedicho, -cha *adj* : aforesaid
antelación *nf, pl* **-ciones 1** : advance notice **2 con** ~ : in advance
antemano *adv* **de** ~ : beforehand
antena *nf* : antenna
antenoche → **anteanoche**
anteojos *nmpl* **1** : glasses, eyeglasses **2** ~ **bifocales** : bifocals
antepasado, -da *n* : ancestor
antepecho *nm* : ledge
antepenúltimo, -ma *adj* : third from last
anteponer {60} *vt* **1** : place before **2** PREFERIR : prefer
anterior *adj* **1** : previous, earlier **2** DELANTERO : front — **anterioridad** *nf* **con** ~ : beforehand, in advance — **anteriormente** *adv* : previously
antes *adv* **1** : before, earlier **2** ANTERIOR-

MENTE : previously **3** PRIMERO : first **4**
MEJOR : rather **5** ~ **de** : before, previous to
6 ~ **que** : before
antesala *nf* : waiting room
antiaéreo, -rea *adj* : antiaircraft
antibiótico *nm* : antibiotic
anticipar *vt* **1** : move up (a date, etc.) **2**
: pay in advance — **anticiparse** *vr* **1** : be
early **2** ADELANTARSE : get ahead — **anticipación** *nf, pl* **-ciones 1** : anticipation **2**
con ~ : in advance — **anticipado, -da** *adj*
1 : advance, early **2 por** ~ : in advance —
anticipo *nm* **1** : advance (payment) **2**
: foretaste
anticoncepción *nf, pl* **-ciones** : contraception — **anticonceptivo, -va** *adj* : contraceptive — **anticonceptivo** *nm* : contraceptive
anticongelante *nm* : antifreeze
anticuado, -da *adj* : antiquated, outdated
anticuario, -ria *n* : antique dealer — **anticuario** *nm* : antique shop
anticuerpo *nm* : antibody
antídoto *nm* : antidote
antier → **anteayer**
antiestético, -ca *adj* : unsightly
antifaz *nm, pl* **-faces** : mask
antífona *nf* : anthem
antigualla *nf* : relic, old thing
antiguo, -gua *adj* **1** : ancient, old **2** ANTE-
RIOR : former **3** ANTICUADO : old-fashioned
4 muebles antiguos : antique furniture —
antiguamente *adv* **1** : long ago **2** ANTES
: formerly — **antigüedad** *nf* **1** : antiquity **2**
: seniority (in the workplace) **3** ~**es** *nfpl*
: antiques
antihigiénico, -ca *adj* : unsanitary
antihistamínico *nm* : antihistamine
antiinflamatorio, -ria *adj* : anti-inflamma-
tory
antílope *nm* : antelope
antinatural *adj* : unnatural
antipatía *nf* : aversion, dislike — **antipático,
-ca** *adj* : unpleasant
antirreglamentario, -ria *adj* : unlawful
antirrobo, -ba *adj* : antitheft
antisemita *adj* : anti-Semitic — **anti-
semitismo** *nm* : anti-Semitism
antiséptico, -ca *adj* : antiseptic — **antiséptico** *nm* : antiseptic
antisocial *adj* : antisocial
antítesis *nf* : antithesis
antojarse *vr* **1** APETECER : crave **2** PARECER
: seem, appear — **antojadizo, -za** *adj*
: capricious — **antojo** *nm* : whim, craving
antología *nf* : anthology
antorcha *nf* : torch
antro *nm* : dive, den
antropófago, -ga *nmf* : cannibal
antropología *nf* : anthropology

anual *adj* : annual, yearly — **anualidad** *nf*
: annuity — **anuario** *nm* : yearbook, annual
anudar *vt* : knot — **anudarse** *vr* : tie, knot
anular *vt* : annul, cancel — **anulación** *nf, pl*
-ciones : annulment, cancellation
anunciar *vt* **1** : announce **2** : advertise
(products) — **anunciante** *nmf* : advertiser
— **anuncio** *nm* **1** : announcement **2** *or* ~
publicitario : advertisement
anzuelo *nm* **1** : fishhook **2 morder el** ~
: take the bait
añadir *vt* : add — **añadidura** *nf* **1** : additive,
addition **2 por** ~ : in addition, further-
more
añejo, -ja *adj* : aged, vintage
añicos *nmpl* **hacer(se)** ~ : smash to pieces
añil *adj & nm* : indigo (color)
año *nm* **1** : year **2 Año Nuevo** : New Year
añorar *vt* : long for, miss — **añoranza** *nf*
: nostalgia
añoso, -sa *adj* : aged, old
aorta *nf* : aorta
apabullar *vt* : overwhelm
apacentar {55} *vt* : pasture, graze
apachurrar *vt Lat* : crush
apacible *adj* : gentle, mild
apaciguar {10} *vt* : appease, pacify —
apaciguarse *vr* : calm down
apadrinar *vt* **1** : be a godparent to **2** : sponsor (an artist, etc.)
apagar {52} *vt* **1** : turn or switch off **2** EX-
TINGUIR : extinguish, put out — **apagarse**
vr **1** EXTINGUIRSE : go out **2** : die down —
apagado, -da *adj* **1** : off, out **2** : dull, subdued (of colors, sounds, etc.) — **apagador**
nm Lat : (light) switch — **apagón** *nm, pl*
-gones : blackout
apalancar {72} *vt* **1** LEVANTAR : jack up **2**
ABRIR : pry open — **apalancamiento** *nm*
: leverage
apalear *vt* : beat up, thrash
aparador *nm* **1** : sideboard **2** *Lat* : shop
window
aparato *nm* **1** : machine, appliance, apparatus **2** : system (in anatomy) **3** OSTENTA-
CIÓN : ostentation — **aparatoso, -sa** *adj* **1**
: ostentatious **2** ESPECTACULAR : spectacular
aparcar {72} *v Spain* : park — **apar-
camiento** *nm Spain* **1** : parking **2** : parking
lot
aparcero, -ra *n* : sharecropper
aparear *vt* : mate, pair up — **aparearse** *vr*
: mate
aparecer {53} *vi* **1** : appear **2** PRESENTARSE
: show up — **aparecerse** *vr* : appear
aparejar *vt* **1** : rig (a ship) **2** : harness (an
animal) — **aparejado, -da** *adj* **llevar** ~
: entail — **aparejo** *nm* **1** : equipment, gear

2 : harness (for an animal) **3** : rigging (for a ship)

aparentar *vt* **1** : seem **2** FINGIR : feign — **aparente** *adj* : apparent, seeming

aparición *nf, pl* **-ciones 1** : appearance **2** FANTASMA : apparition — **apariencia** *nf* **1** : appearance, look **2 en ~** : apparently

apartado *nm* **1** : section, paragraph **2 ~ postal** : post office box

apartamento *nm* : apartment

apartar *vt* **1** ALEJAR : move away **2** SEPARAR : set aside, separate — **apartarse** *vr* **1** : move away **2** DESVIARSE : stray — **aparte** *adv* **1** : apart, separately **2** ADEMÁS : besides

apasionar *vt* : excite, fascinate — **apasionarse** *vr* : get excited — **apasionado, -da** *adj* : passionate, excited — **apasionante** *adj* : exciting

apatía *nf* : apathy — **apático, -ca** *adj* : apathetic

apearse *vr* **1** : dismount **2** : get out of or off (a vehicle)

apedrear *vt* : stone

apegarse {52} *vr* **~ a** : become attached to, grow fond of — **apegado, -da** *adj* : devoted — **apego** *nm* : fondness

apelar *vi* **1** : appeal **2 ~ a** : resort to — **apelación** *nf, pl* **-ciones** : appeal

apellido *nm* : last name, surname — **apellidarse** *vr* : have for a last name

apenar *vt* : sadden — **apenarse** *vr* **1** : grieve **2** *Lat* : become embarrassed

apenas *adv* : hardly, scarcely — **~** *conj* : as soon as

apéndice *nm* : appendix — **apendicitis** *nf* : appendicitis

apercibir *vt* **1** : warn **2** *Lat* : notice — **apercibirse** *vr* **~ de** : notice — **apercibimiento** *nm* : warning

aperitivo *nm* **1** : appetizer **2** : aperitif

apero *nm* : tool, implement

apertura *nf* : opening

apesadumbrar *vt* : sadden — **apesadumbrarse** *vr* : be weighed down

apestar *vi* : stink — **apestoso, -sa** *adj* : stinking, foul

apetecer {53} *vt* : crave, long for — **apetecible** *adj* : appealing

apetito *nm* : appetite — **apetitoso, -sa** *adj* : appetizing

ápice *nm* **1** : apex, summit **2** PIZCA : bit, smidgen

apilar *vt* : pile up — **apilarse** *vr* : pile up

apiñar *vt* : pack, cram — **apiñarse** *vr* : crowd together

apio *nm* : celery

apisonadora *nf* : steamroller

aplacar {72} *vt* : appease, placate — **aplacarse** *vr* : calm down

aplanar *vt* : flatten, level

aplastar *vt* : crush — **aplastante** *adj* : overwhelming

aplaudir *v* : applaud — **aplauso** *nm* **1** : applause **2** : acclaim

aplazar {21} *vt* : postpone, defer — **aplazamiento** *nm* : postponement

aplicar {72} *vt* : apply — **aplicarse** *vr* : apply oneself — **aplicable** *adj* : applicable — **aplicación** *nf, pl* **-ciones** : application — **aplicado, -da** *adj* : diligent

aplomo *nm* : aplomb

apocarse {72} *vr* : belittle oneself — **apocado, -da** *adj* : timid — **apocamiento** *nm* : timidity

apodar *vt* : nickname

apoderar *vt* : empower — **apoderarse** *vr* **~ de** : seize — **apoderado, -da** *n* : agent, proxy

apodo *nm* : nickname

apogeo *nm* : peak, height

apología *nf* : defense, apology

apoplegía *nf* : stroke, apoplexy

aporrear *vt* : bang on, beat

aportar *vt* : contribute — **aportación** *nf, pl* **-ciones** : contribution

apostar[1] {19} *v* : bet, wager

apostar[2] *vt* : station, post

apostillar *vt* : annotate — **apostilla** *nf* : note

apóstol *nm* : apostle

apóstrofo *nm* : apostrophe

apostura *nf* : elegance, grace

apoyar *vt* **1** : support **2** INCLINAR : lean, rest — **apoyarse** *vr* **~ en** : lean on, rest on — **apoyo** *nm* : support

apreciar *vt* **1** ESTIMAR : appreciate **2** EVALUAR : appraise — **apreciable** *adj* : considerable — **apreciación** *nf, pl* **-ciones 1** : appreciation **2** VALORACIÓN : appraisal — **aprecio** *nm* **1** : appraisal **2** ESTIMA : esteem

aprehender *vt* : apprehend — **aprehensión** *nf, pl* **-siones** : apprehension, capture

apremiar *vt* : urge — *vi* : be urgent — **apremiante** *adj* : pressing, urgent — **apremio** *nm* : urgency

aprender *v* : learn — **aprenderse** *vr* : memorize

aprendiz, -diza *n, mpl* **-dices** : apprentice, trainee — **aprendizaje** *nm* : apprenticeship

aprensión *nf, pl* **-siones** : apprehension, dread — **aprensivo, -va** *adj* : apprehensive

apresar *vt* : capture, seize — **apresamiento** *nm* : seizure, capture

aprestar *vt* : make ready — **aprestarse** *vr* : get ready

apresurar *vt* : speed up — **apresurarse** *vr* : hurry — **apresuradamente** *adv* : hurriedly, hastily — **apresurado, -da** *adj* : in a rush

apretar {55} *vt* **1** : press, push (a button) **2** : tighten (a knot, etc.) **3** ESTRECHAR : squeeze — *vi* **1** : press (down) **2** : fit too tightly — **apretón** *nm, pl* **-tones 1** : squeeze **2** ~ **de manos** : handshake — **apretado, -da** *adj* **1** : tight **2** *fam* : tight-fisted

aprieto *nm* : predicament, jam

aprisa *adv* : quickly

aprisionar *vt* : imprison

aprobar {19} *vt* **1** : approve of **2** : pass (an exam, etc.) — *vi* : pass — **aprobación** *nf, pl* **-ciones** : approval

apropiarse *vr* ~ **de** : take possession of, appropriate — **apropiación** *nf, pl* **-ciones** : appropriation — **apropiado, -da** *adj* : appropriate

aprovechar *vt* : take advantage of, make good use of — *vi* : be of use — **aprovecharse** *vr* ~ **de** : take advantage of — **aprovechado, -da** *adj* **1** : diligent **2** OPORTUNISTA : opportunistic

aproximar *vt* : bring closer — **aproximarse** *vr* : approach — **aproximación** *nf, pl* **-ciones** : approximation — **aproximadamente** *adv* : approximately — **aproximado, -da** *adj* : approximate

apto, -ta *adj* **1** : suitable **2** CAPAZ : capable — **aptitud** *nf* : aptitude, capability

apuesta *nf* : bet, wager

apuesto, -ta *adj* : elegant, good-looking

apuntalar *vt* : prop up, shore up

apuntar *vt* **1** : aim, point **2** ANOTAR : jot down **3** SEÑALAR : point at **4** : prompt (in theater) — **apuntarse** *vr* **1** : sign up **2** : score, chalk up (a victory, etc.) — **apunte** *nm* : note

apuñalar *vt* : stab

apurar *vt* **1** : hurry, rush **2** AGOTAR : use up **3** PREOCUPAR : trouble — **apurarse** *vr* **1** : worry **2** *Lat* : hurry up — **apuradamente** *adv* : with difficulty — **apurado, -da** *adj* **1** : needy **2** DIFÍCIL : difficult **3** *Lat* : rushed — **apuro** *nm* **1** : predicament, jam **2** *Lat* : hurry

aquejar *vt* : afflict

aquel, aquella *adj, mpl* **aquellos** : that, those

aquél, aquélla *pron, mpl* **aquéllos 1** : that (one), those (ones) **2** : the former

aquello *pron* : that, that matter

aquí *adv* **1** : here **2** AHORA : now **3 por** ~ : hereabouts

aquietar *vt* : calm — **aquietarse** *vr* : calm down

ara *nf* **1** : altar **2 en** ~**s de** : for the sake of

árabe *adj* : Arab, Arabic — ~ *nm* : Arabic (language)

arado *nm* : plow

arancel *nm* : tariff

arándano *nm* : blueberry

araña *nf* **1** : spider **2** LÁMPARA : chandelier

arañar *v* : scratch, claw — **arañazo** *nm* : scratch

arar *v* : plow

arbitrar *v* **1** : arbitrate **2** : referee, umpire (in sports) — **arbitraje** *nm* : arbitration — **arbitrario, -ria** *adj* : arbitrary — **arbitrio** *nm* **1** : (free) will **2** JUICIO : judgment — **árbitro, -tra** *n* **1** : arbitrator **2** : referee, umpire (in sports)

árbol *nm* : tree — **arboleda** *nf* : grove

arbusto *nm* : shrub, bush

arca *nf* **1** : ark **2** COFRE : chest

arcada *nf* **1** : arcade **2** ~**s** *nfpl* : retching

arcaico, -ca *adj* : archaic

arcano, -na *adj* : arcane, secret

arce *nm* : maple tree

archipiélago *nm* : archipelago

archivar *vt* : file — **archivador** *nm* : filing cabinet — **archivo** *nm* **1** : file **2** : archives *pl*

arcilla *nf* : clay

arco *nm* **1** : arch **2** : bow (in sports, music, etc.) **3** : arc (in geometry) **4** ~ **iris** : rainbow

arder *vi* : burn

ardid *nm* : scheme, ruse

ardiente *adj* **1** : burning **2** FOGOSO : ardent

ardilla *nf* **1** : squirrel **2** ~ **listada** : chipmunk

ardor *nm* **1** : burning **2** ENTUSIASMO : passion, ardor

arduo, -dua *adj* : arduous

área *nf* : area

arena *nf* **1** : sand **2** PALESTRA : arena — **arenoso, -sa** *adj* : sandy, gritty

arenque *nm* : herring

arete *nm* *Lat* : earring

argamasa *nf* : mortar

argentino, -na *adj* : Argentinian, Argentine

argolla *nf* : hoop, ring

argot *nm* : slang

argüir {41} *vt* **1** : argue **2** DEMOSTRAR : prove, show — *vi* : argue

argumentar *vt* : argue, contend — **argumentación** *nf, pl* **-ciones** : (line of) argument — **argumento** *nm* **1** : argument, reasoning **2** TRAMA : plot, story line

árido, -da *adj* : dry, arid — **aridez** *nf, pl* **-deces** : aridity

arisco, -ca *adj* : surly

aristocracia *nf* : aristocracy — **aristócrata**

nmf : aristocrat — **aristocrático, -ca** *adj* : aristocratic

aritmética *nf* : arithmetic — **aritmético, -ca** *adj* : arithmetic, arithmetical

armar *vt* 1 : arm 2 MONTAR : assemble — **arma** *nf* 1 : arm, weapon 2 ~ **de fuego** : firearm — **armada** *nf* : navy — **armado, -da** *adj* : armed — **armadura** *nf* 1 : armor 2 ARMAZÓN : framework — **armamento** *nm* : armament, arms *pl*

armario *nm* 1 : (clothes) closet 2 : cupboard, cabinet

armazón *nmf, pl* **-zones** : frame, framework

armisticio *nm* : armistice

armonizar {21} *vt* 1 : harmonize 2 : reconcile (differences, etc.) — *vi* : harmonize, go together — **armonía** *nf* : harmony — **armónica** *nf* : harmonica — **armónico, -ca** *adj* : harmonic — **armonioso, -sa** *adj* : harmonious

arnés *nm, pl* **-neses** : harness

aro *nm* 1 : hoop, ring 2 *Lat* : earring

aroma *nm* : aroma, scent — **aromático, -ca** *adj* : aromatic

arpa *nf* : harp

arpón *nm, pl* **-pones** : harpoon

arquear *vt* : arch, bend — **arquearse** *vr* : bend, bow

arqueología *nf* : archaeology — **arqueológico, -ca** *adj* : archaeological — **arqueólogo, -ga** *n* : archaeologist

arquero, -ra *n* 1 : archer 2 PORTERO : goalkeeper, goalie

arquetipo *nm* : archetype

arquitectura *nf* : architecture — **arquitecto, -ta** *n* : architect — **arquitectónico, -ca** *adj* : architectural

arrabal *nm* 1 : slum 2 ~**es** *nmpl* : outskirts

arracimarse *vr* : cluster together

arraigar {52} *vi* : take root, become established — **arraigarse** *vr* : settle down — **arraigado, -da** *adj* : deeply rooted, well established — **arraigo** *nm* : roots *pl*

arrancar {72} *vt* 1 : pull out, tear off 2 : start (an engine), boot (a computer) — *vi* 1 : start an engine 2 : get going — **arranque** *nm* 1 : starter (of a car) 2 ARREBATO : outburst 3 **punto de** ~ : starting point

arrasar *vt* 1 : destroy, devastate 2 LLENAR : fill to the brim

arrastrar *vt* 1 : drag 2 ATRAER : draw, attract — *vi* : hang down, trail — **arrastrarse** *vr* 1 : crawl, creep 2 HUMILLARSE : grovel — **arrastre** *nm* 1 : dragging 2 : trawling (for fish)

arrear *vt* : urge on

arrebatar *vt* 1 : snatch, seize 2 CAUTIVAR : captivate — **arrebatarse** *vr* : get carried away — **arrebatado, -da** *adj* : hotheaded, rash — **arrebato** *nm* : outburst

arreciar *vi* : intensify, worsen

arrecife *nm* : reef

arreglar *vt* 1 COMPONER : fix 2 ORDENAR : tidy up 3 SOLUCIONAR : solve, work out — **arreglarse** *vr* 1 : get dressed (up) 2 **arreglárselas** *fam* : get by, manage — **arreglado, -da** *adj* 1 : fixed, repaired 2 ORDENADO : tidy 3 SOLUCIONADO : settled, sorted out 4 ATAVIADO : smart, dressed-up — **arreglo** *nm* 1 : arrangement 2 REPARACIÓN : repair 3 ACUERDO : agreement

arremangarse {52} *vr* : roll up one's sleeves

arremeter *vi* : attack, charge — **arremetida** *nf* : attack, onslaught

arremolinarse *vr* 1 : crowd around, mill about 2 : swirl (about)

arrendar {55} *vt* : rent, lease — **arrendador, -dora** *n* : landlord, landlady *f* — **arrendamiento** *nm* : rent, rental — **arrendatario, -ria** *n* : tenant, renter

arrepentirse {76} *vr* 1 : regret, be sorry 2 : repent (for one's sins) — **arrepentido, -da** *adj* : repentant — **arrepentimiento** *nm* : regret, repentance

arrestar *vt* : arrest, detain — **arresto** *nm* : arrest

arriar *vt* : lower

arriba *adv* 1 (*indicating position*) : above, overhead 2 (*indicating direction*) : up, upwards 3 : upstairs (of a house) 4 ~ **de** : more than 5 **de** ~ **abajo** : from top to bottom

arribar *vi* 1 : arrive 2 : dock, put into port — **arribista** *nmf* : parvenu, upstart — **arribo** *nm* : arrival

arriendo → **arrendimiento**

arriesgar {52} *vt* : risk, venture — **arriesgarse** *vr* : take a chance — **arriesgado, -da** *adj* : risky

arrimar *vt* : bring closer, draw near — **arrimarse** *vr* : approach

arrinconar *vt* 1 : corner, box in 2 ABANDONAR : push aside

arrobar *vt* : entrance — **arrobarse** *vr* : be enraptured — **arrobamiento** *nm* : rapture, ecstasy

arrodillarse *vr* : kneel (down)

arrogancia *nf* : arrogance — **arrogante** *adj* : arrogant

arrojar *vt* 1 : hurl, cast 2 EMITIR : give off, spew out 3 PRODUCIR : yield — **arrojarse** *vr* : throw oneself — **arrojado, -da** *adj* : daring — **arrojo** *nm* : boldness, courage

arrollar *vt* 1 : sweep away 2 DERROTAR : crush, overwhelm 3 : run over (with a vehicle) — **arrollador, -dora** *adj* : overwhelming

arropar *vt* : clothe, cover (up) — **arroparse** *vr* : wrap oneself up

arroyo *nm* **1** RIACHUELO : stream **2** : gutter (in a street)

arroz *nm, pl* **arroces** : rice

arrugar {52} *vt* : wrinkle, crease — **arrugarse** *vr* : get wrinkled — **arruga** *nf* : wrinkle, crease

arruinar *vt* : ruin, wreck — **arruinarse** *vr* **1** : be ruined **2** EMPOBRECERSE : go bankrupt

arrullar *vt* : lull to sleep — *vi* : coo — **arrullo** *nm* **1** : lullaby **2** : cooing (of doves)

arrumbar *vt* : lay aside

arsenal *nm* : arsenal

arsénico *nm* : arsenic

arte *nmf* (*usually m in singular, f in plural*) **1** : art **2** HABILIDAD : skill **3** ASTUCIA : cunning, cleverness **4** → **bello**

artefacto *nm* : artifact, device

arteria *nf* : artery

artesanía *nm* **1** : craftsmanship **2** : handicrafts *pl* — **artesanal** *adj* : handmade — **artesano, -na** *n* : artisan, craftsman

ártico, -ca *adj* : arctic

articular *vt* : articulate — **articulación** *nf, pl* **-ciones 1** : articulation, pronunciation **2** COYUNTURA : joint

artículo *nm* **1** : article **2** ~s de primera necesidad : essentials **3** ~s de tocador : toiletries

artífice *nmf* : artisan, craftsman

artificial *adj* : artificial

artificio *nm* **1** HABILIDAD : skill **2** APARATO : device **3** ARDID : artifice, ruse — **artificioso, -sa** *adj* : cunning, deceptive

artillería *nf* : artillery

artilugio *nm* : gadget

artimaña *nf* : ruse, trick

artista *nmf* **1** : artist **2** ACTOR : actor, actress *f* — **artístico, -ca** *adj* : artistic

artritis *nms & pl* : arthritis — **artrítico, -ca** *adj* : arthritic

arveja *nf Lat* : pea

arzobispo *nm* : archbishop

as *nm* : ace

asa *nf* : handle

asado, -da *adj* : roasted, grilled — **asado** *nm* : roast — **asador** *nm* : spit — **asaduras** *nfpl* : offal, entrails

asalariado, -da *n* : wage earner — ~ *adj* : salaried

asaltar *vt* **1** : assault **2** ROBAR : mug, rob — **asaltante** *nmf* **1** : assailant **2** ATRACADOR : mugger, robber — **asalto** *nm* **1** : assault **2** ROBO : mugging, robbery

asamblea *nf* : assembly, meeting

asar *vt* : roast, grill — **asarse** *vr fam* : roast, feel the heat

asbesto *nm* : asbestos

ascender {56} *vi* **1** : ascend, rise up **2** : be promoted (in a job) **3** ~ **a** : amount to — *vt* : promote — **ascendencia** *nf* : ancestry, descent — **ascendiente** *nmf* : ancestor — ~ *nm* : influence — **ascensión** *nf, pl* **-siones** : ascent — **ascenso** *nm* **1** : ascent, rise **2** : promotion (in a job) — **ascensor** *nm* : elevator

asco *nm* **1** : disgust **2 hacer** ~s **de** : turn up one's nose at **3 me da** ~ : it makes me sick

ascua *nf* **1** : ember **2 estar en** ~s *fam* : be on edge

asear *vt* : clean, tidy up — **asearse** *vr* : get cleaned up — **aseado, -da** *adj* : clean, tidy

asediar *vt* **1** : besiege **2** ACOSAR : harass — **asedio** *nm* **1** : siege **2** ACOSO : harassment

asegurar *vt* **1** : assure **2** FIJAR : secure **3** : insure (a car, house, etc.) — **asegurarse** *vr* : make sure

asemejarse *vr* **1** : be similar **2** ~ **a** : look like, resemble

asentar {55} *vt* **1** : set down **2** INSTALAR : set up, establish **3** *Lat* : state — **asentarse** *vr* **1** : settle **2** ESTABLECERSE : settle down — **asentado, -da** *adj* : settled, established

asentir {76} *vi* : assent, agree — **asentimiento** *nm* : assent

aseo *nm* : cleanliness

asequible *adj* : accessible, attainable

aserrar {55} *vt* : saw — **aserradero** *nm* : sawmill — **aserrín** *nm, pl* **-rrines** : sawdust

asesinar *vt* **1** : murder **2** : assassinate — **asesinato** *nm* **1** : murder **2** : assassination — **asesino, -na** *n* **1** : murderer, killer **2** : assassin

asesorar *vt* : advise, counsel — **asesorarse** *vr* ~ **de** : consult — **asesor, -sora** *n* : advisor, consultant — **asesoramiento** *nm* : advice, counsel

asestar {55} *vt* **1** : aim (a weapon) **2** : deal (a blow)

aseverar *vt* : assert — **aseveración** *nf, pl* **-ciones** : assertion

asfalto *nm* : asphalt

asfixiar *vt* : asphyxiate, suffocate — **asfixiarse** *vr* : suffocate — **asfixia** *nf* : asphyxiation, suffocation

así *adv* **1** : like this, like that, thus **2** ~ **de** : so, that (much) **3** ~ **que** : so, therefore **4** ~ **que** : as soon as **5** ~ **como** : as well as — ~ *adj* : such, like that — ~ *conj* AUNQUE : even though

asiático, -ca *adj* : Asian, Asiatic

asidero *nm* : handle

asiduo, -dua *adj* : frequent, regular

asiento *nm* : seat

asignar *vt* **1** : assign, allocate **2** DESTINAR

: appoint — **asignación** *nf, pl* **-ciones 1**
: assignment **2** SUELDO : salary, pay —
asignatura *nf* : subject, course
asilo *nm* **1** : asylum, home **2** REFUGIO
: refuge, shelter — **asilado, -da** *n* : inmate
asimilar *vt* : assimilate — **asimilarse** *vr* ~
a : resemble
asimismo *adv* **1** : similarly, likewise **2**
TAMBIÉN : as well, also
asir {7} *vt* : seize, grasp — **asirse** *vr* ~ **a**
: cling to
asistir *vi* ~ **a** : attend, be present at — *vt*
: assist — **asistencia** *nf* **1** : attendance **2**
AYUDA : assistance — **asistente** *nmf* **1** : assistant **2 los** ~**s** : those present
asma *nf* : asthma — **asmático, -ca** *adj*
: asthmatic
asno *nm* : ass, donkey
asociar *vt* : associate — **asociarse** *vr* **1**
: form a partnership **2** ~ **a** : join, become
a member of — **asociación** *nf, pl* **-ciones**
: association — **asociado, -da** *adj* : associate, associated — ~ *n* : associate, partner
asolar {19} *vt* : devastate
asomar *vt* : show, stick out — *vi* : appear,
show — **asomarse** *vr* **1** : appear **2** : stick
one's head out (of a window)
asombrar *vt* : amaze, astonish — **asom-
brarse** *vr* : be amazed — **asombro** *nm*
: amazement, astonishment — **asombroso,
-sa** *adj* : amazing, astonishing
asomo *nm* **1** : hint, trace **2 ni por** ~ : by
no means
aspaviento *nm* : exaggerated gestures, fuss
aspecto *nm* **1** : aspect **2** APARIENCIA : appearance, look
áspero, -ra *adj* : rough, harsh — **aspereza**
nf : roughness, harshness
aspersión *nf, pl* **-siones** : sprinkling — **aspersor** *nm* : sprinkler
aspiración *nf, pl* **-ciones 1** : breathing in **2**
ANHELO : aspiration
aspiradora *nf* : vacuum cleaner
aspirar *vi* ~ **a** : aspire to — *vt* : inhale,
breathe in — **aspirante** *nmf* : applicant,
candidate
aspirina *nf* : aspirin
asquear *vt* : sicken, disgust
asquerosidad *nf* : filth, foulness — **asqueroso, -sa** *adj* : disgusting, sickening
asta *nf* **1** : flagpole **2** CUERNO : antler, horn
3 : shaft (of a spear) — **astado, -da** *adj*
: horned
asterisco *nm* : asterisk
asteroide *nm* : asteroid
astigmatismo *nm* : astigmatism
astillar *vt* : splinter — **astilla** *nf* : splinter,
chip
astillero *nm* : shipyard

astral *adj* : astral
astringente *adj & nm* : astringent
astro *nm* **1** : heavenly body **2** : star (of
movies, etc.)
astrología *nf* : astrology
astronauta *nmf* : astronaut — **astronáutica**
nf : astronautics
astronave *nf* : spaceship
astronomía *nf* : astronomy — **astronómico,
-ca** *adj* : astronomical — **astrónomo, -ma**
n : astronomer
astucia *nf* **1** : astuteness **2** ARDID : cunning,
guile — **astuto, -ta** *adj* **1** : astute **2**
TAIMADO : crafty
asueto *nm* : time off, break
asumir *vt* : assume — **asunción** *nf, pl*
-ciones : assumption
asunto *nm* **1** : matter, affair **2** NEGOCIO
: business
asustar *vt* : scare, frighten — **asustarse** *vr*
~ **de** : be frightened of — **asustadizo, -za**
adj : jumpy, skittish — **asustado, -da** *adj*
: frightened, afraid
atacar {72} *v* : attack — **atacante** *nmf* : attacker
atado *nm* : bundle
atadura *nf* : tie, bond
atajar *vt* : block, cut off — *vi* ~ **por** : take a
shortcut through — **atajo** *nm* : shortcut
atañer {79} *vi* ~ **a** : concern, have to do
with
ataque *nm* **1** : attack, assault **2** ACCESO : fit
3 ~ **de nervios** : nervous breakdown
atar *vt* : tie up, tie down — **atarse** *vr* : tie
(up)
atardecer {53} *v impers* : get dark — ~ *nm*
: late afternoon, dusk
atareado, -da *adj* : busy
atascar {72} *vt* **1** : block, clog **2** ESTORBAR
: hinder — **atascarse** *vr* **1** OBSTRUIRSE
: become obstructed **2** : get bogged down
— **atasco** *nm* **1** : blockage **2** EMBOTEL-
LAMIENTO : traffic jam
ataúd *nm* : coffin
ataviar {85} *vt* : dress (up) — **ataviarse** *vr*
: dress up — **atavío** *nm* : attire
atemorizar {21} *vt* : frighten — **atemori-
zarse** *vr* : get scared
atención *nf, pl* **-ciones 1** : attention **2**
prestar ~ : pay attention **3 llamar la** ~
: attract attention — ~ *interj* : attention!,
watch out!
atender {56} *vt* **1** : attend to **2** CUIDAR
: look after **3** : heed (advice, etc.) — *vi* : pay
attention
atenerse {80} *vr* ~ **a** : abide by
atentamente *adv* **1** : attentively **2 le
saluda** ~ : sincerely yours

atentar {55} *vi* ~ **contra** : make an attempt on — **atentado** *nm* : attack
atento, -ta *adj* 1 : attentive, mindful 2 CORTÉS : courteous
atenuar {3} *vt* 1 : dim (lights), tone down (colors, etc.) 2 DISMINUIR : lessen — **atenuante** *nmf* : extenuating circumstances
ateo, atea *adj* : atheistic — ~ *n* : atheist
aterciopelado, -da *adj* : velvety, downy
aterido, -da *adj* : frozen stiff
aterrar {55} *vt* : terrify — **aterrador, -dora** *adj* : terrifying
aterrizar {21} *vi* : land — **aterrizaje** *nm* : landing
aterrorizar {21} *vt* : terrify
atesorar *vt* : hoard, amass
atestar {55} *vt* 1 : crowd, pack 2 : testify to (in law) — **atestado, -da** *adj* : stuffed, packed
atestiguar {10} *vt* : testify to
atiborrar *vt* : stuff, cram — **atiborrarse** *vr* : stuff oneself
ático *nm* 1 : penthouse 2 DESVÁN : attic
atildado, -da *adj* : smart, neat
atinar *vi* : be on target
atípico, -ca *adj* : atypical
atirantar *vt* : tighten
atisbar *vt* 1 : spy on 2 VISLUMBRAR : catch a glimpse of — **atisbo** *nm* : sign, hint
atizar {21} *vt* 1 : poke (a fire) 2 : rouse, stir up (passions, etc.) — **atizador** *nm* : poker
atlántico, -ca *adj* : Atlantic
atlas *nm* : atlas
atleta *nmf* : athlete — **atlético, -ca** *adj* : athletic — **atletismo** *nm* : athletics
atmósfera *nf* : atmosphere — **atmosférico, -ca** *adj* : atmospheric
atolondrado, -da *adj* 1 : scatterbrained 2 ATURDIDO : bewildered, dazed
átomo *nm* : atom — **atómico, -ca** *adj* : atomic — **atomizador** *nm* : atomizer
atónito, -ta *adj* : astonished, amazed
atontar *vt* : stun, daze
atorar *vt* : block — **atorarse** *vr* : get stuck
atormentar *vt* : torment, torture — **atormentarse** *vr* : torment oneself, agonize — **atormentador, -dora** *n* : tormenter
atornillar *vt* : screw
atorrante *nmf Lat* : bum, loafer
atosigar {52} *vt* : harass, annoy
atracar {72} *vi* : dock, land — *vt* : hold up, mug — **atracarse** *vr fam* ~ **de** : gorge oneself with — **atracadero** *nm* : dock, pier — **atracador, -dora** *n* : robber, mugger
atracción *nf, pl* **-ciones** : attraction
atraco *nm* : holdup, robbery
atractivo, -va *adj* : attractive — **atractivo** *nm* : attraction, appeal
atraer {81} *vt* : attract

atragantarse *vr* : choke
atrancar {72} *vt* : block, bar — **atrancarse** *vr* : get blocked, get stuck
atrapar *vt* : trap, capture
atrás *adv* 1 DETRÁS : back, behind 2 ANTES : before, earlier 3 **para** ~ *or* **hacia** ~ : backwards
atrasar *vt* 1 : put back (a clock) 2 DEMORAR : delay — *vi* : lose time — **atrasarse** *vr* : fall behind — **atrasado, -da** *adj* 1 : late, overdue 2 : backward (of countries, etc.) 3 : slow (of a clock) — **atraso** *nm* 1 RETRASO : delay 2 : backwardness 3 ~s *nmpl* : arrears
atravesar {55} *vt* 1 CRUZAR : cross 2 TRASPASAR : pierce 3 : lay across (a road, etc.) 4 : go through (a situation) — **atravesarse** *vr* : be in the way
atrayente *adj* : attractive
atreverse *vr* : dare — **atrevido, -da** *adj* 1 : bold 2 INSOLENTE : insolent — **atrevimiento** *nm* 1 : boldness 2 DESCARO : insolence
atribuir {41} *vt* 1 : attribute 2 : confer (powers, etc.) — **atribuirse** *vr* : take credit for
atribular *vt* : afflict, trouble
atributo *nm* : attribute
atrincherar *vt* : entrench — **atrincherarse** *vr* : dig oneself in
atrocidad *nf* : atrocity
atronador, -dora *adj* : thunderous
atropellar *vt* 1 : run over 2 : violate, abuse (a person) — **atropellarse** *vr* : rush — **atropellado, -da** *adj* : hasty — **atropello** *nm* : abuse, outrage
atroz *adj, pl* **atroces** : atrocious
atuendo *nm* : attire
atufar *vt* : vex — **atufarse** *vr* : get angry
atún *nm, pl* **atunes** : tuna
aturdir *vt* 1 : stun, shock 2 CONFUNDIR : bewilder — **aturdido, -da** *adj* : dazed, bewildered
audaz *adj, pl* **-daces** : bold, daring — **audacia** *nf* : boldness, audacity
audible *adj* : audible
audición *nf, pl* **-ciones** 1 : hearing 2 : audition (in theater, etc.)
audiencia *nf* : audience
audífono *nm* 1 : hearing aid 2 ~s *nmpl Lat* : headphones, earphones
audiovisual *adj* : audiovisual
auditar *vt* : audit — **auditor, -tora** *n* : auditor
auditorio *nm* 1 : auditorium 2 PÚBLICO : audience
auge *nm* 1 : peak 2 : (economic) boom
augurar *vt* : predict, foretell — **augurio** *nm* : omen
augusto, -ta *adj* : august

aula *nf* : classroom
aullar {8} *vi* : howl — **aullido** *nm* : howl
aumentar *vt* : increase, raise — *vi* : increase, grow — **aumento** *nm* : increase, rise
aun *adv* **1** : even **2** ~ **así** : even so
aún *adv* **1** : still, yet **2 más** ~ : furthermore
aunar {8} *vt* : join, combine — **aunarse** *vr* : unite
aunque *conj* **1** : though, although, even if **2** ~ **sea** : at least
aureola *nf* **1** : halo **2** FAMA : aura
auricular *nm* **1** : telephone receiver **2** ~**es** *nmpl* : headphones
aurora *nf* : dawn
ausentarse *vr* : leave, go away — **ausencia** *nf* : absence — **ausente** *adj* : absent — ~ *nmf* **1** : absentee **2** : missing person (in law)
auspicios *nmpl* : sponsorship, auspices
austero, -ra *adj* : austere — **austeridad** *nf* : austerity
austral *adj* : southern
australiano, -na *adj* : Australian
austriaco *or* **austríaco, -ca** *adj* : Austrian
auténtico, -ca *adj* : authentic, genuine — **autenticidad** *nf* : authenticity
auto *nm* : auto, car
autoayuda *nf* : self-help
autobiografía *nf* : autobiography — **autobiográfico, -ca** *adj* : autobiographical
autobús *nm, pl* **-buses** : bus
autocompasión *nf* : self-pity
autocontrol *nm* : self-control
autocracia *nf* : autocracy
autóctono, -na *adj* : indigenous, native
autodefensa *nf* : self-defense
autodidacta *adj* : self-taught
autodisciplina *nf* : self-discipline
autoestop → **autostop**
autografiar *vt* : autograph — **autógrafo** *nm* : autograph
autómata *nm* : automaton
automático, -ca *adj* : automatic — **automatización** *nf, pl* **-ciones** : automation — **automatizar** {21} *vt* : automate
automotor, -triz *adj, fpl* **-trices** : self-propelled
automóvil *nm* : automobile — **automovilista** *nmf* : motorist — **automovilístico, -ca** *adj* : automobile, car
autonomía *nf* : autonomy — **autónomo, -ma** *adj* : autonomous
autopista *nf* : expressway, highway
autopropulsado, -da *adj* : self-propelled
autopsia *nf* : autopsy
autor, -tora *n* **1** : author **2** : perpetrator (of a crime)
autoridad *nf* : authority — **autoritario, -ria** *adj* : authoritarian

autorizar {21} *vt* : authorize, approve — **autorización** *nf, pl* **-ciones** : authorization — **autorizado, -da** *adj* **1** PERMITIDO : authorized **2** : authoritative
autorretrato *nm* : self-portrait
autoservicio *nm* **1** : self-service restaurant **2** SUPERMERCADO : supermarket
autostop *nm* **1** : hitchhiking **2 hacer** ~ : hitchhike — **autostopista** *nmf* : hitchhiker
autosuficiente *adj* : self-sufficient
auxiliar *vt* : aid, assist — ~ *adj* : auxiliary — ~ *nmf* **1** : assistant, helper **2** ~ **de vuelo** : flight attendant — **auxilio** *nm* **1** : aid, assistance **2 primeros** ~**s** : first aid
avalancha *nf* : avalanche
avalar *vt* : guarantee, endorse — **aval** *nm* : guarantee, endorsement
avanzar {21} *v* : advance, move forward — **avance** *nm* : advance — **avanzado, -da** *adj* : advanced
avaricia *nf* : greed, avarice — **avaricioso, -sa** *adj* : avaricious, greedy — **avaro, -ra** *adj* : miserly — ~ *n* : miser
avasallar *vt* : overpower, subjugate — **avasallador, -dora** *adj* : overwhelming
ave *nf* : bird
avecinarse *vr* : approach
avecindarse *vr* : settle, take up residence
avellana *nf* : hazelnut
avena *nf* **1** : oats *pl* **2** *or* **harina de** ~ : oatmeal
avenida *nf* : avenue
avenir {87} *vt* : reconcile, harmonize — **avenirse** *vr* : agree, come to terms
aventajar *vt* : be ahead of, surpass
aventar {55} *vt* **1** : fan **2** : winnow (grain) **3** *Lat* : throw, toss
aventurar *vt* : venture, risk — **aventurarse** *vr* : take a risk — **aventura** *nf* **1** : adventure **2** RIESGO : risk **3** AMORÍO : love affair — **aventurado, -da** *adj* : risky — **aventurero, -ra** *adj* : adventurous — ~ *n* : adventurer
avergonzar {9} *vt* : shame, embarrass — **avergonzarse** *vr* : be ashamed, be embarrassed
averiar {85} *vt* : damage — **averiarse** *vr* : break down — **avería** *nf* **1** : damage **2** : breakdown (of an automobile) — **averiado, -da** *adj* **1** : damaged, faulty **2** : broken down (of an automobile)
averiguar {10} *vt* **1** : find out **2** INVESTIGAR : investigate — **averiguación** *nf, pl* **-ciones** : investigation, inquiry
aversión *nf, pl* **-siones** : aversion, dislike
avestruz *nm, pl* **-truces** : ostrich
aviación *nf, pl* **-ciones** : aviation — **aviador, -dora** *n* : aviator
aviar {85} *vt* : prepare, make ready

ávido, -da *adj* : eager, avid — **avidez** *nf, pl*
-**deces** : eagerness
avío *nm* **1** : preparation, provision **2** ~s
nmpl : gear, equipment
avión *nm, pl* **aviones** : airplane — **avioneta**
nf : light airplane
avisar *vt* **1** : notify **2** ADVERTIR : warn —
aviso *nm* **1** : notice **2** ADVERTENCIA
: warning **3** *Lat* : advertisement, ad **4 estar**
sobre ~ : be on the alert
avispa *nf* : wasp — **avispón** *nm, pl* **-pones**
: hornet
avispado, -da *adj fam* : clever, sharp
avistar *vt* : catch sight of
avivar *vt* **1** : enliven, brighten **2** : arouse
(desire, etc.) **3** : intensify (pain)
axila *nf* : underarm, armpit
axioma *nm* : axiom
ay *interj* **1** : oh! **2** : ouch!, ow!
ayer *adv* : yesterday — ~ *nm* : yesteryear,
days gone by
ayote *nm Lat* : pumpkin
ayudar *vt* : help, assist — **ayudarse** *vr* ~
de : make use of — **ayuda** *nf* : help, assistance — **ayudante** *nmf* : helper, assistant
ayunar *vi* : fast — **ayunas** *nfpl* **en** ~ : fast-
ing — **ayuno** *nm* : fast

ayuntamiento *nm* **1** : town hall, city hall
(building) **2** : town or city council
azabache *nm* : jet
azada *nf* : hoe — **azadonar** *vt* : hoe
azafata *nf* : stewardess *f*
azafrán *nm, pl* **-franes** : saffron
azalea *nf* : azalea
azar *nm* **1** : chance **2 al** ~ : at random —
azaroso, -sa *adj* : hazardous (of a journey,
etc.), eventful (of a life)
azorar *vt* **1** : alarm **2** DESCONCERTAR : embarrass — **azorarse** *vr* : get embarrassed
azotar *vt* : beat, whip — **azote** *nm* **1** LÁTIGO
: whip, lash **2** CALAMIDAD : scourge
azotea *nf* : flat or terraced roof
azteca *adj* : Aztec
azúcar *nmf* : sugar — **azucarado, -da** *adj*
: sugary — **azucarera** *nf* : sugar bowl —
azucarero, -ra *adj* : sugar
azufre *nm* : sulphur
azul *adj & nm* : blue — **azulado, -da** *adj*
: bluish
azulejo *nm* **1** : ceramic tile **2** *Lat* : bluebird
azur *n* : azure, sky blue
azuzar {21} *vt* : incite, urge on

B

b *nf* : b, second letter of the Spanish alphabet
babear *vi* : drool, slobber — **baba** *nf* : saliva,
drool
babel *nmf* : bedlam
babero *nm* : bib
babor *nm* : port (side)
babosa *nf* : slug — **baboso, -sa** *adj* **1**
: slimy **2** *Lat fam* : silly
babucha *nf* : slipper
babuino *nm* : baboon
bacalao *nm* : cod
bache *nm* **1** : pothole, rut **2** DIFICULTADES
: bad time
bachiller *nmf* : high school graduate —
bachillerato *nm* : high school diploma
bacon *nm Spain* : bacon
bacteria *nf* : bacterium
bagaje *nm* : baggage, luggage
bagatela *nf* : trinket
bagre *nm* : catfish
bahía *nf* : bay
bailar *v* : dance — **bailarín, -rina** *n, mpl*

-rines : dancer — **baile** *nm* **1** : dance **2** FI-
ESTA : dance party, ball
bajar *vt* **1** : bring down, lower **2** DESCENDER
: go down, come down — *vi* : descend, drop
— **bajarse** *vr* ~ **de** : get out of, get off —
baja *nf* **1** : fall, drop **2** CESE : dismissal **3**
PERMISO : sick leave **4** : (military) casualty
— **bajada** *nf* **1** : descent, drop **2** PENDIENTE
: slope
bajeza *nf* : lowness, meanness
bajío *nm* : sandbank, shoal
bajo, -ja *adj* **1** : low, lower **2** : short (in
stature) **3** : soft, faint (of sounds) **4** VIL
: base, vile — **bajo** *adv* **1** : low **2 habla**
más ~ : speak more softly — ~ *nm* **1**
: ground floor **2** DOBLADILLO : hem **3**
: bass (in music) — ~ *prep* : under, below
— **bajón** *nm, pl* **-jones** : sharp drop, slump
bala *nf* **1** : bullet **2** : bale (of cotton, etc.)
balada *nf* : ballad
balancear *vt* **1** : balance **2** : swing (one's
arms, etc.), rock (a boat) — **balancearse** *vr*
: swing, sway — **balance** *nm* **1** : balance **2**

: balance sheet — **balanceo** *nm* : swaying, rocking
balancín *nm, pl* **-cines 1** : seesaw **2** MECE-DORA : rocking chair
balanza *nf* : scales *pl,* balance
balar *vi* : bleat
balaustrada *nf* : balustrade, banister
balazo *nm* **1** DISPARO : shot **2** : bullet wound
balbucear *vi* **1** : stammer, stutter **2** : babble (of a baby) — **balbuceo** *nm* : stammering, muttering, babbling
balcón *nm, pl* **-cones** : balcony
balde *nm* **1** : bucket, pail **2 en ～** : in vain
baldío, -día *adj* **1** : uncultivated **2** INÚTIL : useless — **baldío** *nm* : wasteland
baldosa *nf* : floor tile
balear *vt Lat* : shoot (at) — **baleo** *nm Lat* : shot, shooting
balido *nm* : bleat
balín *nm, pl* **-lines** : pellet
balística *nf* : ballistics — **balístico, -ca** *adj* : ballistic
baliza *nf* **1** : buoy **2** : beacon (for aircraft)
ballena *nf* : whale
ballesta *nf* **1** : crossbow **2** : spring (of an automobile)
ballet *nm* : ballet
balneario *nm* : spa
balompié *nm* : soccer
balón *nm, pl* **-lones** : ball — **baloncesto** *nm* : basketball — **balonvolea** *nm* : volleyball
balsa *nf* **1** : raft **2** ESTANQUE : pond, pool
bálsamo *nm* : balsam, balm — **balsámico, -ca** *adj* : soothing
baluarte *nm* : bulwark, bastion
bambolear *vi* : sway, swing — **bambolearse** *vr* : sway, rock
bambú *nm, pl* **-búes** *or* **-bús** : bamboo
banal *adj* : banal
banana *nf Lat* : banana — **banano** *nm Lat* : banana
banca *nf* **1** : banking **2** BANCO : bench — **bancario, -ria** *adj* : bank, banking — **bancarrota** *nf* : bankruptcy — **banco** *nm* **1** : bank **2** BANCA : stool, bench, pew **3** : school (of fish)
banda *nf* **1** : band, strip **2** : band (in music) **3** PANDILLA : gang **4** : flock (of birds) **5 ～ sonora** : sound track — **bandada** *nf* : flock (of birds), school (of fish)
bandazo *nm* : lurch
bandeja *nf* : tray, platter
bandera *nf* : flag, banner
banderilla *nf* : banderilla
banderín *nm, pl* **-rines** : pennant, small flag
bandido, -da *n* : bandit
bando *nm* **1** : proclamation, edict **2** PARTIDO : faction, side

bandolero, -ra *n* : bandit
banjo *nm* : banjo
banquero, -ra *n* : banker
banqueta *nf* **1** : stool, footstool **2** *Lat* : sidewalk
banquete *nm* : banquet
bañar *vt* **1** : bathe, wash **2** SUMERGIR : immerse **3** CUBRIR : coat, cover — **bañarse** *vr* **1** : take a bath **2** : go swimming — **bañera** *nf* : bathtub — **bañista** *nmf* : bather — **baño** *nm* **1** : bath, swim **2** BAÑERA : bathtub **¿donde está el ～?** : where is the bathroom? **4 ～ María** : double boiler
baqueta *nf* **1** : ramrod **2 ～s** *nfpl* : drumsticks
bar *nm* : bar, tavern
barajar *vt* **1** : shuffle (cards) **2** CONSIDERAR : consider — **baraja** *nf* : deck of cards
baranda *nf* : rail, railing — **barandal** *nm* : handrail, banister
barato, -ta *adj* : cheap — **barato** *adv* : cheap, cheaply — **barata** *nf Lat* : sale, bargain — **baratija** *nf* : trinket — **baratillo** *nm* : secondhand store, flea market
barba *nf* **1** : beard, stubble **2** BARBILLA : chin
barbacoa *nf* : barbecue
barbaridad *nf* **1** : barbarity, cruelty **2 ¡qué ～!** : that's outrageous! — **barbarie** *nf* : barbarism, savagery — **bárbaro, -ra** *adj* : barbaric
barbecho *nm* : fallow land
barbero, -ra *n* : barber — **barbería** *nf* : barbershop
barbilla *nf* : chin
barbudo, -da *adj* : bearded
barca *nf* **1** : boat **2 ～ de pasaje** : ferryboat — **barcaza** *nf* : barge — **barco** *nm* : boat, ship
barítono *nm* : baritone
barman *nm* : bartender
barnizar {21} *vt* **1** : varnish **2** : glaze (ceramics) — **barniz** *nm, pl* **-nices 1** : varnish **2** : glaze (on ceramics)
barómetro *nm* : barometer
barón *nm, pl* **-rones** : baron — **baronesa** *nf* : baroness
barquero *nm* : boatman
barquillo *nm* : wafer, cone
barra *nf* **1** : bar, rod, stick **2** : counter (of a bar, etc.)
barraca *nf* **1** : hut, cabin **2** CASETA : booth, stall
barranco *nm or* **barranca** *nf* : ravine, gorge, gully
barredera *nf* : street-sweeping machine
barrenar *vt* : drill — **barrena** *nf* : drill, auger
barrer *v* : sweep
barrera *nf* : barrier

barreta *nf* : crowbar
barriada *nf* : district, quarter
barrica *nf* : cask, keg
barricada *nf* : barricade
barrido *nm* : sweep, sweeping
barriga *nf* : belly
barril *nm* **1** : barrel, keg **2 de ~** : draft
barrio *nm* **1** : neighborhood **2 ~ bajo** : slums *pl*
barro *nm* **1** : mud **2** ARCILLA : clay **3** GRANO : pimple, blackhead — **barroso, -sa** *adj* : muddy
barrote *nm* : bar (on a window)
barrunto *nm* **1** : suspicion **2** INDICIO : sign, indication
bártulos *nmpl* : things, belongings
barullo *nm* : racket, ruckus
basa *nf* : base, pedestal — **basar** *vt* : base — **basarse** *vr* **~ en** : be based on
báscula *nf* : scales *pl*
base *nf* **1** : base **2** FUNDAMENTO : basis, foundation **3 ~ de datos** : database — **básico, -ca** *adj* : basic
basquetbol *or* **básquetbol** *nm Lat* : basketball
bastar *vi* : be enough, suffice — **bastante** *adv* **1** : fairly, rather **2** SUFICIENTE : enough — **~** *adj* : enough, sufficient — **~** *pron* : enough
bastardo, -da *adj & n* : bastard
bastidor *nm* **1** : frame **2** : wing (in theater) **3 entre ~es** : behind the scenes, backstage
bastilla *nf* : hem
bastión *nf, pl* **-tiones** : bastion, stronghold
basto, -ta *adj* : coarse, rough
bastón *nm, pl* **-tones** **1** : cane, walking stick **2** : baton (in parades)
basura *nf* : garbage, rubbish — **basurero, -ra** *n* : garbage collector
bata *nf* **1** : bathrobe, housecoat **2** : smock (of a doctor, laboratory worker, etc.)
batallar *vi* : battle, fight — **batalla** *nf* **1** : battle, fight, struggle **2 de ~** : ordinary, everyday — **batallón** *nm, pl* **-llones** : battalion
batata *nf* : yam, sweet potato
batear *v* : bat, hit — **bate** *nm* : baseball bat — **bateador, -dora** *n* : batter, hitter
batería *nf* **1** : battery **2** : drums *pl* **3 ~ de cocina** : kitchen utensils *pl*
batir *vt* **1** : beat, whip **2** DERRIBAR : knock down — **batirse** *vr* : fight — **batido** *nm* : milk shake — **batidor** *nm* : eggbeater, whisk — **batidora** *nf* : electric mixer
batuta *nf* : baton
baúl *nm* : trunk, chest
bautismo *nm* : baptism — **bautismal** *adj* : baptismal — **bautizar** {21} *vt* : baptize — **bautizo** *nm* : baptism, christening

baya *nf* : berry
bayeta *nf* : cleaning cloth
bayoneta *nf* : bayonet
bazar *nm* : bazaar
bazo *nm* : spleen
bazofia *nf fam* : rubbish, hogwash
beato, -ta *adj* : blessed
bebé *nm* : baby
beber *v* : drink — **bebedero** *nm* : watering trough — **bebedor, -dora** *n* : (heavy) drinker — **bebida** *nf* : drink, beverage — **bebido, -da** *adj* : drunk
beca *nf* : grant, scholarship
becerro, -rra *n* : calf
befa *nf* : jeer, taunt
beige *adj & nm* : beige
beisbol *or* **béisbol** *nm* : baseball — **beisbolista** *nmf* : baseball player
beldad *nf* : beauty
belén *nf, pl* **-lenes** : Nativity scene
belga *adj* : Belgian
beliceño, -ña *adj* : Belizean
bélico, -ca *adj* : military, war — **belicoso, -sa** *adj* : warlike
beligerancia *nf* : belligerence — **beligerante** *adj & nmf* : belligerent
belleza *nf* : beauty — **bello, -lla** *adj* **1** : beautiful **2 bellas artes** : fine arts
bellota *nf* : acorn
bemol *adj & nm* : flat (in music)
bendecir {11} *vt* **1** : bless **2 ~ la mesa** : say grace — **bendición** *nf, pl* **-ciones** : benediction, blessing — **bendito, -ta** *adj* **1** : blessed, holy **2** DICHOSO : fortunate **3 ¡bendito sea Dios!** : thank goodness!
benefactor, -tora *n* : benefactor
beneficiar *vt* : benefit, assist — **beneficiarse** *vr* : benefit, profit — **beneficiario, -ria** *n* : beneficiary — **beneficio** *nm* **1** : gain, profit **2** BIEN : benefit — **beneficioso, -sa** *adj* : beneficial — **benéfico, -ca** *adj* : charitable
benemérito, -ta *adj* : worthy
beneplácito *nm* : approval, consent
benévolo, -la *adj* : benevolent, kind — **benevolencia** *nf* : benevolence, kindness
bengala *nf or* **luz de ~** : flare
benigno, -na *adj* **1** : mild **2** : benign (in medicine) — **benignidad** *nf* : mildness, kindness
benjamín, -mina *n, mpl* **-mines** : youngest child
beodo, -da *adj & n* : drunk
berenjena *nf* : eggplant
berrear *vi* **1** : bellow, low **2** : bawl, howl (of a person) — **berrido** *nm* **1** : bellowing **2** : howl, scream (of a person)
berro *nm* : watercress
berza *nf* : cabbage

besar *vt* : kiss — **besarse** *vr* : kiss (each other) — **beso** *nm* : kiss

bestia *nf* : beast, animal — **bestial** *adj* : bestial, brutal — **bestialidad** *nf* : brutality

betabel *nm Lat* : beet

betún *nm, pl* **-tunes** : shoe polish

bianual *adj* : biannual

biberón *nm, pl* **-rones** : baby's bottle

Biblia *nf* : Bible — **bíblico, -ca** *adj* : biblical

bibliografía *nf* : bibliography — **bibliográfico, -ca** *adj* : bibliographic, bibliographical

biblioteca *nf* : library — **bibliotecario, -ria** *n* : librarian

bicarbonato *nm* ~ **de soda** : baking soda

bicentenario *nm* : bicentennial

bíceps *nms & pl* : biceps

bicho *nm* : small animal, bug

bicicleta *nf* : bicycle — **bici** *nf fam* : bike

bicolor *adj* : two-tone

bidón *nm, pl* **-dones** : large can, drum

bien *adv* **1** : well, good **2** CORRECTAMENTE : correctly, right **3** MUY : very, quite **4** DE BUENA GANA : willingly **5** ~ **que** : although **6 más** ~ : rather — **bien** *adj* **1** : all right, well **2** AGRADABLE : pleasant, nice **3** SATISFACTORIO : satisfactory **4** CORRECTO : correct, right — **bien** *nm* **1** : good **2** ~**es** *nmpl* : property, goods

bienal *adj & nf* : biennial

bienaventurado, -da *adj* : blessed, fortunate

bienestar *nm* : welfare, well-being

bienhechor, -chora *n* : benefactor

bienintencionado, -da *adj* : well-meaning

bienvenido, -da *adj* : welcome — **bienvenida** *nf* **1** : welcome **2 dar la** ~ **a** : welcome (s.o.)

bife *nm Lat* : steak

bifocales *nmpl* : bifocals

bifurcarse {72} *vr* : fork — **bifurcación** *nf, pl* **-ciones** : fork, branch

bigamia *nf* : bigamy

bigote *nm* **1** : mustache **2** ~**s** *nmpl* : whiskers (of an animal)

bikini *nm* : bikini

bilingüe *adj* : bilingual

bilis *nf* : bile

billar *nm* : pool, billiards

billete *nm* **1** : bill, banknote **2** BOLETO : ticket — **billetera** *nf* : billfold, wallet

billón *nm, pl* **-llones** : trillion

bimensual, -suale *adj* : twice a month — **bimestral** *adj* : bimonthly

binario, -ria *adj* : binary

bingo *nm* : bingo

binoculares *nmpl* : binoculars

biodegradable *adj* : biodegradable

biofísica *nf* : biophysics

biografía *nf* : biography — **biográfico, -ca**

adj : biographical — **biógrafo, -fa** *n* : biographer

biología *nf* : biology — **biológico, -ca** *adj* : biological, biologic — **biólogo, -ga** *n* : biologist

biombo *nm* : folding screen

biomecánica *nf* : biomechanics

biopsia *nf* : biopsy

bioquímica *nf* : biochemistry — **bioquímico, -ca** *adj* : biochemical

biotecnología *nf* : biotechnology

bipartidista *adj* : bipartisan

bípedo *nm* : biped

biquini → **bikini**

birlar *vt fam* : swipe, pinch

bis *adv* **1** : twice (in music) **2** : A (in an address) — ~ *nm* : encore

bisabuelo, -la *n* : great-grandfather *m*, great-grandmother *f*

bisagra *nf* : hinge

bisecar {72} *vt* : bisect

biselar *vt* : bevel

bisexual *adj* : bisexual

bisiesto *adj* **año** ~ : leap year

bisnieto, -ta *n* : great-grandson *m*, great-granddaughter *f*

bisonte *nm* : bison, buffalo

bisoño, -ña *n* : novice

bistec *nm* : steak

bisturí *nm* : scalpel

bisutería *nf* : costume jewelry

bit *nm* : bit (unit of information)

bizco, -ca *adj* : cross-eyed

bizcocho *nm* : sponge cake

bizquear *vi* : squint — **bizquera** *nf* : squint

blanco, -ca *adj* : white — **blanco, -ca** *n* : white person — **blanco** *nm* **1** : white **2** DIANA : target, bull's-eye **3** : blank (space) — **blancura** *nf* : whiteness

blandir {1} *vt* : wave, brandish

blando, -da *adj* **1** : soft, tender **2** DÉBIL : weak-willed **3** INDULGENTE : lenient — **blandura** *nf* **1** : softness, tenderness **2** DEBILIDAD : weakness **3** INDULGENCIA : leniency

blanquear *vt* **1** : whiten, bleach **2** : launder (money) — *vi* : turn white — **blanqueador** *nm Lat* : bleach

blasfemar *vi* : blaspheme — **blasfemia** *nf* : blasphemy — **blasfemo, -ma** *adj* : blasphemous

bledo *nm* **no me importa un** ~ *fam* : I couldn't care less

blindaje *nm* : armor, armor plating — **blindado, -da** *adj* : armored

bloc *nm, pl* **blocs** : (writing) pad

bloquear *vt* **1** OBSTRUIR : block, obstruct **2** : blockade — **bloque** *nm* **1** : block **2** : bloc

(in politics) — **bloqueo** *nm* **1** OBSTRUC-
CIÓN : blockage **2** : blockade
blusa *nf* : blouse — **blusón** *nm, pl* **-sones**
: smock
boato *nm* : showiness
bobina *nf* : bobbin, reel
bobo, -ba *adj* : silly, stupid — ~ *n* : fool,
simpleton
boca *nf* **1** : mouth **2** ENTRADA : entrance **3**
~ **arriba** : faceup **4** ~ **abajo** : facedown,
prone **5** ~ **de riego** : hydrant
bocacalle *nf* : entrance (to a street)
bocado *nm* **1** : bite, mouthful **2** : bit (of a
bridle) — **bocadillo** *nm Spain* : sandwich
bocajarro *nm* a ~ : point-blank
bocallave *nf* : keyhole
bocanada *nf* **1** : swallow, swig **2** : puff,
gust (of smoke, wind, etc.)
boceto *nm* : sketch, outline
bochorno *nm* **1** VERGÜENZA : embarrassment **2** : muggy weather — **bochornoso,**
-sa *adj* **1** VERGONZOSO : embarrassing **2**
: muggy, sultry
bocina *nf* **1** : horn **2** : mouthpiece (of a telephone) — **bocinazo** *nm* : honk, toot
boda *nf* : wedding
bodega *nf* **1** : wine cellar **2** : warehouse **3**
: hold (of a ship or airplane) **4** *Lat* : grocery
store
bofetear *vt* : slap — **bofetada** *nf or* **bofetón**
nm : slap (in the face)
boga *nf* : fashion, vogue
bohemio, -mia *adj & n* : bohemian
boicotear *vt* : boycott — **boicot** *nm, pl* **-cots**
: boycott
boina *nf* : beret
bola *nf* **1** : ball **2** *fam* : fib
bolera *nf* : bowling alley
boleta *nf Lat* : ticket — **boletería** *nf Lat*
: ticket office
boletín *nm, pl* **-tines** **1** : bulletin **2** ~ **de**
noticias : news release
boleto *nm* : ticket
boliche *nm* **1** : bowling **2** BOLERA : bowling
alley
bolígrafo *nm* : ballpoint pen
bolillo *nm* : bobbin
boliviano, -na *adj* : Bolivian
bollo *nm* : bun, sweet roll
bolo *nm* **1** : bowling pin **2** ~s *nmpl* : bowling
bolsa *nf* **1** : bag **2** *Lat* : pocketbook, purse
3 **la Bolsa** : the stock market — **bolsillo** *nm*
: pocket — **bolso** *nm Spain* : pocketbook,
handbag
bomba *nf* **1** : bomb **2** ~ **de gasolina** : gas
pump
bombachos *nmpl* : baggy trousers
bombardear *vt* : bomb, bombard — **bom-**

bardeo *nm* : bombing, bombardment —
bombardero *nm* : bomber (airplane)
bombear *vt* : pump — **bombero, -ra** *n* : firefighter
bombilla *nf* : lightbulb — **bombillo** *nm Lat*
: lightbulb
bombo *nm* **1** : bass drum **2** a ~s y platillos
: with a great fanfare
bombón *nm, pl* **-bones** : candy, chocolate
bonachón, -chona *adj, mpl* **-chones** *fam*
: good-natured
bonanza *nf* **1** : fair weather (at sea) **2** PROS-
PERIDAD : prosperity
bondad *nf* : goodness, kindness — **bonda-**
doso, -sa *adj* : kind, good
boniato *nm* : sweet potato
bonificación *nf, pl* **-ciones** **1** : bonus, extra
2 DESCUENTO : discount
bonito, -ta *adj* : pretty, lovely
bono *nm* **1** : bond **2** VALE : voucher
boquear *vi* : gasp — **boqueada** *nf* : gasp
boquerón *nm, pl* **-rones** : anchovy
boquete *nm* : gap, opening
boquiabierto, -ta *adj* : open-mouthed,
speechless
boquilla *nf* : mouthpiece (of a musical instrument)
borbollar *vi* : bubble
borbotar *or* **borbotear** *vi* : boil, bubble, gurgle — **borbotón** *nm, pl* **-tones** **1** : spurt **2**
salir a borbotones : gush out
bordar *v* : embroider — **bordado** *nm* : embroidery, needlework
borde *nm* **1** : border, edge **2** **al** ~ **de** : on
the verge of — **bordear** *vt* : border — **bor-**
dillo *nm* : curb
bordo *nm* a ~ : aboard, on board
borla *nf* **1** : pom-pom, tassel **2** : powder
puff
borracho, -cha *adj & n* : drunk — **bor-**
rachera *nf* : drunkenness
borrar *vt* : erase, blot out — **borrador** *nm* **1**
: rough draft **2** : eraser (for a blackboard)
borrascoso, -sa *adj* : stormy
borrego, -ga *n* : lamb, sheep — **borrego** *nm*
Lat : false rumor, hoax
borrón *nm, pl* **-rrones** **1** : smudge, blot **2**
~ **y cuenta nueva** : let's forget about it —
borroso, -sa *adj* **1** : blurry, smudgy **2** IN-
DISTINTO : vague, hazy
bosque *nm* : woods, forest — **boscoso, -sa**
adj : wooded
bosquejar *vt* : sketch (out) — **bosquejo** *nm*
: outline, sketch
bostezar {21} *vi* : yawn — **bostezo** *nm*
: yawn
bota *nf* : boot
botánica *nf* : botany — **botánico, -ca** *adj*
: botanical

botar *vt* **1** : throw, hurl **2** *Lat* : throw away **3** : launch (a ship) — *vi* : bounce

bote *nm* **1** : small boat **2** *Spain* : can **3** TARRO : jar **4** SALTO : bounce, jump

botella *nf* : bottle

botín *nm, pl* **-tines 1** : ankle boot **2** DESPOJOS : booty, plunder

botiquín *nm, pl* **-quines 1** : medicine cabinet **2** : first-aid kit

botón *nm, pl* **-tones 1** : button **2** YEMA : bud — **botones** *nmfs & pl* : bellhop

botulismo *nm* : botulism

boutique *nf* : boutique

bóveda *nf* : vault

boxear *vi* : box — **boxeador, -dora** *n* : boxer — **boxeo** *nm* : boxing

boya *nf* : buoy — **boyante** *adj* **1** : buoyant **2** PRÓSPERO : prosperous, thriving

bozal *nm* **1** : muzzle **2** : halter (for a horse)

bracear *vi* **1** : wave one's arms **2** NADAR : swim, crawl

bracero, -ra *n* : day laborer

bragas *nf Spain* : panties

bragueta *nf* : fly, pants zipper

braille *adj & nm* : braille

bramante *nm* : twine, string

bramar *vi* **1** : bellow, roar **2** : howl (of the wind) — **bramido** *nm* : bellow, roar

brandy *nm* : brandy

branquia *nf* : gill

brasa *nf* : ember

brasier *nm Lat* : brassiere

brasileño, -ña *adj* : Brazilian

bravata *nf* **1** : boast, bravado **2** AMENAZO : threat

bravo, -va *adj* **1** : fierce, savage **2** : rough (of the sea) **3** *Lat* : angry — *~ interj* : bravo!, well done! — **bravura** *nf* **1** FEROCIDAD : fierceness **2** VALENTÍA : bravery

braza *nf* **1** : breaststroke **2** : fathom (measurement) — **brazada** *nf* : stroke (in swimming)

brazalete *nm* **1** : bracelet **2** : (cloth) armband

brazo *nm* **1** : arm **2** : branch (of a river, etc.) **3** *~* derecho : right-hand man **4** *~*s *nmpl* : hands, laborers

brea *nf* : tar

brebaje *nm* : concoction

brecha *nf* : breach, gap

brécol *nm* : broccoli

bregar {52} *vi* **1** LUCHAR : struggle **2** TRABAJAR : work hard — **brega** *nf* andar a la *~* : struggle

breña *nf or* **breñal** *nm* : scrubland, brush

breve *adj* **1** : brief, short **2** en *~* : shortly, in short — **brevedad** *nf* : brevity, shortness — **brevemente** *adv* : briefly

brezal *nm* : moor, heath — **brezo** *nm* : heather

bricolaje *or* **bricolage** *nm* : do-it-yourself

brida *nf* : bridle

brigada *nf* **1** : brigade **2** EQUIPO : gang, team, squad

brillar *vi* : shine, sparkle — **brillante** *adj* : brilliant, shiny — *~ nm* : diamond — **brillantez** *nf* : brilliance — **brillo** *nm* **1** : luster, shine **2** ESPLENDOR : splendor — **brilloso, -sa** *adj* : shiny

brincar {72} *vi* : jump about, frolic — **brinco** *nm* : jump, skip

brindar *vi* : drink a toast — *vt* : offer, provide — **brindarse** *vr* : offer one's assistance — **brindis** *nm* : drink, toast

brío *nm* **1** : force, determination **2** ÁNIMO : spirit, verve — **brioso, -sa** *adj* : spirited, lively

brisa *nf* : breeze

británico, -ca *adj* : British

brizna *nf* **1** : strand, thread **2** : blade (of grass)

brocado *nm* : brocade

brocha *nf* : paintbrush

broche *nm* **1** : fastener, clasp **2** ALFILER : brooch

brocheta *nf* : skewer

brócoli *nm* : broccoli

bromear *vi* : joke, fool around — **broma** *nf* : joke, prank — **bromista** *adj* : fun-loving, joking — *~ nmf* : joker, prankster

bronca *nf fam* : fight, row

bronce *nm* : bronze — **bronceado, -da** *adj* : suntanned — **bronceado** *nm* : tan — **broncearse** *vr* : get a suntan

bronco, -ca *adj* **1** : harsh, rough **2** : untamed, wild (of a horse)

bronquitis *nf* : bronchitis

broqueta *nf* : skewer

brotar *vi* **1** : bud, sprout **2** : stream, gush (of a river, tears, etc.) **3** : arise (of feelings, etc.) **4** : break out (in medicine) — **brote** *nm* **1** : outbreak **2** : sprout, bud, shoot (of plants)

brujería *nf* : witchcraft — **bruja** *nf* **1** : witch **2** *fam* : old hag — **brujo** *nm* : warlock, sorcerer — **brujo, -ja** *adj* : bewitching

brújula *nf* : compass

bruma *nf* : haze, mist — **brumoso, -sa** *adj* : hazy, misty

bruñir {38} *vt* : burnish, polish

brusco, -ca *adj* **1** SÚBITO : sudden, abrupt **2** TOSCO : brusque, rough — **brusquedad** *nf* : abruptness, brusqueness

brutal *adj* : brutal — **brutalidad** *nf* : brutality

bruto, -ta *adj* **1** : brutish, stupid **2** : crude (of petroleum, etc.), uncut (of diamonds) **3** peso *~* : gross weight — *~ n* : brute

bucal *adj* : oral
bucear *vi* **1** : dive, swim underwater **2** ~ **en** : delve into — **buceo** *nm* : (underwater) diving
bucle *nm* : curl
budín *nm, pl* **-dines** : pudding
budismo *nm* : Buddhism — **budista** *adj & nmf* : Buddhist
buenamente *adv* **1** : easily **2** VOLUNTARIA-MENTE : willingly
buenaventura *nf* **1** : good luck **2 decir la** ~ **a uno** : tell s.o.'s fortune
bueno, -na *adj* (**buen** *before masculine singular nouns*) **1** : good **2** AMABLE : kind **3** APROPIADO : appropriate **4** SALUDABLE : well, healthy **5** : nice, fine (of weather) **6 buenos días** : hello, good day **7 buenas noches** : good night **8 buenas tardes** : good afternoon, good evening — **bueno** *interj* : OK!, all right!
buey *nm* : ox, steer
búfalo *nm* : buffalo
bufanda *nf* : scarf
bufar *vi* : snort — **bufido** *nm* : snort
bufet *or* **bufé** *nm* : buffet-style meal
bufete *nm* **1** : law practice **2** MESA : writing desk
bufo, -fa *adj* : comic — **bufón, -fona** *n, mpl* **-fones** : buffoon, jester — **bufonada** *nf* : wisecrack
buhardilla *nf* : attic, garret
búho *nm* : owl
buitre *nm* : vulture
bujía *nf* : spark plug
bulbo *nm* : bulb (of a plant)
bulevar *nm* : boulevard
búlgaro, -ra *adj* : Bulgarian
bulla *nf* : uproar, racket

bulldozer *nm* : bulldozer
bullicio *nm* **1** : uproar **2** AJETREO : hustle and bustle — **bullicioso, -sa** *adj* : noisy, boisterous
bullir {38} *vi* **1** : boil **2** AJETREARSE : bustle, stir
bulto *nm* **1** : package, bundle **2** VOLUMEN : bulk, size **3** FORMA : form, shape **4** PRO-TUBERANCIA : lump, swelling
bumerán *nm, pl* **-ranes** : boomerang
buñuelo *nm* : fried pastry
buque *nm* : ship
burbujear *vi* : bubble — **burbuja** *nf* : bubble
burdel *nm* : brothel
burdo, -da *adj* : coarse, rough
burgués, -guesa *adj & n, mpl* **-gueses** : bourgeois — **burguesía** *nf* : bourgeoisie
burlar *vt* : trick, deceive — **burlarse** *vr* ~ **de** : make fun of — **burla** *nf* **1** MOFA : mockery, ridicule **2** BROMA : joke, trick
burlesco, -ca *adj* : comic, funny
burlón, -lona *adj, mpl* **-lones** : mocking
burocracia *nf* : bureaucracy — **burócrata** *nmf* : bureaucrat — **burocrático, -ca** *adj* : bureaucratic
burro, -rra *n* **1** : donkey **2** *fam* : dunce — ~ *adj* : stupid — **burro** *nm* **1** : sawhorse **2** *Lat* : stepladder
bus *nm* : bus
buscar {72} *vt* **1** : look for, seek **2 ir a** ~ **a uno** : fetch s.o. — *vi* : search — **busca** *nf* : search — **búsqueda** *nf* : search
busto *nm* : bust (in sculpture)
butaca *nf* **1** : armchair **2** : seat (in a theatre)
butano *nm* : butane
buzo *nm* : diver
buzón *nm, pl* **-zones** : mailbox
byte *nm* : byte

C

c *nf* : c, third letter of the Spanish alphabet
cabal *adj* **1** : exact **2** COMPLETO : complete — **cabales** *nmpl* **no estar en sus** ~ : not be in one's right mind
cabalgar {52} *vi* : ride — **cabalgata** *nf* : cavalcade
caballa *nf* : mackerel
caballería *nf* **1** : cavalry **2** CABALLO : horse, mount — **caballeriza** *nf* : stable
caballero *nm* **1** : gentleman **2** : knight (rank) — **caballerosidad** *nf* : chivalry — **caballeroso, -sa** *adj* : chivalrous

caballete *nm* **1** : ridge (of a roof) **2** : easel (for a canvas) **3** : bridge (of the nose)
caballito *nm* **1** : rocking horse **2** ~**s** *nmpl* : merry-go-round
caballo *nm* **1** : horse **2** : knight (in chess) **3** ~ **de fuerza** : horsepower
cabaña *nf* : cabin, hut
cabaret *nm, pl* **-rets** : nightclub, cabaret
cabecear *vi* **1** : shake one's head, nod **2** : pitch, lurch (of a boat)
cabecera *nf* **1** : head (of a bed, etc.) **2**

: heading (in a text) **3 médico de ~** : family doctor

cabecilla *nmf* : ringleader

cabello *nm* : hair — **cabelludo, -da** *adj* : hairy

caber {12} *vi* **1** : fit, go (into) **2 no cabe duda** : there's no doubt

cabestro *nm* : halter

cabeza *nf* **1** : head **2 de ~** : head first — **cabezada** *nf* **1** : butt (of the head) **2 dar ~s** : nod off

cabezal *nm* : bolster, headrest

cabida *nf* **1** : room, capacity **2 dar ~ a** : accomodate, find room for

cabina *nf* **1** : booth **2** : cab (of a truck, etc.) **3** : cabin, cockpit (of an airplane)

cabizbajo, -ja *adj* : downcast

cable *nm* : cable

cabo *nm* **1** : end, stub **2** TROZO : bit **3** : corporal (in the military) **4** : cape (in geography) **5 al fin y al ~** : after all **6 llevar a ~** : carry out, do

cabra *nf* : goat

cabriola *nf* **1** : leap, skip **2 hacer ~s** : prance around

cabrito *nm* : kid (goat)

cacahuate *or* **cacahuete** *nm* : peanut

cacao *nm* **1** : cacao (tree) **2** : cocoa (drink)

cacarear *vi* : crow, cackle — *vt fam* : boast about

cacería *nf* : hunt

cacerola *nf* : pan, saucepan

cacharro *nm* **1** *fam* : thing, piece of junk **2** *fam* : jalopy **3 ~s** *nmpl* : pots and pans

cachear *vt* : search, frisk

cachemir *nm or* **cachemira** *nf* : cashmere

cachete *nm Lat* : cheek — **cachetada** *nf Lat* : slap

cacho *nm* **1** *fam* : piece, bit **2** *Lat* : horn

cachorro, -rra *n* **1** : cub **2** PERRITO : puppy

cactus *or* **cacto** *nm* : cactus

cada *adj* : each, every

cadalso *nm* : scaffold

cadáver *nm* : corpse

cadena *nf* **1** : chain **2** : (television) channel **3 ~ de montaje** : assembly line

cadencia *nf* : cadence

cadera *nf* : hip

cadete *nmf* : cadet

caducar {72} *vi* : expire — **caducidad** *nf* : expiration

caer {13} *vi* **1** : fall, drop **2 ~ bien a uno** : be to one's liking **3 dejar ~** : drop **4 me cae bien** : I like her, I like him — **caerse** *vr* : drop, fall (down)

café *nm* **1** : coffee **2** : café — **~** *adj Lat* : brown — **cafetera** *nf* : coffeepot — **cafetería** *nf* : coffee shop, cafeteria — **cafeína** *nf* : caffeine

caída *nf* **1** : fall, drop **2** PENDIENTE : slope

caimán *nm, pl* **-manes** : alligator

caja *nf* **1** : box, case **2** : checkout counter, cashier's desk (in a store) **3 ~ fuerte** : safe **4 ~ registradora** : cash register — **cajero, -ra** *n* **1** : cashier **2** : (bank) teller — **cajetilla** *nf* : pack (of cigarettes) — **cajón** *nm, pl* **-jones** **1** : drawer (in furniture) **2** : large box, crate

cajuela *nf Lat* : trunk (of a car)

cal *nf* : lime

cala *nf* : cove

calabaza *nf* **1** : pumpkin, squash, gourd **2 dar ~s a** *fam* : give the brush-off to — **calabacín** *nm, pl* **-cines** *or* **calabacita** *nf Lat* : zucchini

calabozo *nm* **1** : prison **2** CELDA : cell

calamar *nm* : squid

calambre *nm* **1** ESPASMO : cramp **2** : (electric) shock

calamidad *nf* : calamity

calar *vt* **1** : soak (through) **2** PERFORAR : pierce — **calarse** *vr* : get drenched

calavera *nf* : skull

calcar {72} *vt* **1** : trace **2** IMITAR : copy, imitate

calcetín *nm, pl* **-tines** : sock

calcinar *vt* : char

calcio *nm* : calcium

calcomanía *nf* : decal

calcular *vt* : calculate, estimate — **calculador, -dora** *adj* : calculating — **calculadora** *nf* : calculator — **cálculo** *nm* **1** : calculation **2** : calculus (in mathematics and medicine) **3 ~ biliar** : gallstone

caldera *nf* **1** : cauldron **2** : boiler (for heating, etc.) — **caldo** *nm* : broth, stock

calefacción *nf, pl* **-ciones** : heating, heat

calendario *nm* : calendar

calentar {55} *vt* : heat (up), warm (up) — **calentarse** *vr* : get warm, heat up — **calentador** *nm* : heater — **calentura** *nf* : temperature, fever

calibre *nm* **1** : caliber **2** DIÁMETRO : bore, diameter — **calibrar** *vt* : calibrate

calidad *nf* **1** : quality **2 en ~ de** : as, in the capacity of

cálido, -da *adj* : hot, warm

calidoscopio *nm* : kaleidoscope

caliente *adj* **1** : hot **2** ACALORADO : heated, fiery

calificar {72} *vt* **1** : qualify **2** EVALUAR : rate **3** : grade (an exam, etc.) — **calificación** *nf, pl* **-ciones** **1** : qualification **2** EVALUACIÓN : rating **3** NOTA : grade — **calificativo, -va** *adj* : qualifying — **calificativo** *nm* : qualifier, epithet

caligrafía *nf* : penmanship

calistenia *nf* : calisthenics

cáliz *nm, pl* **-lices** : chalice
caliza *nf* : limestone
callar *vi* : keep quiet, be silent — *vt* **1** : silence, hush **2** OCULTAR : keep secret — **callarse** *vr* : remain silent — **callado, -da** *adj* : quiet, silent
calle *nf* : street, road — **callejear** *vi* : wander about the streets — **callejero, -ra** *adj* **1** : street **2 perro callejero** : stray dog — **callejón** *nm, pl* **-jones 1** : alley **2 ~ sin salida** : dead-end street
callo *nm* : callus, corn
calma *nf* : calm, quiet — **calmante** *adj* : soothing — *~ nm* : tranquilizer — **calmar** *vt* : calm, soothe — **calmarse** *vr* : calm down — **calmo, -ma** *adj Lat* : calm — **calmoso, -sa** *adj* **1** : calm **2** LENTO : slow
calor *nm* **1** : heat, warmth **2 tener ~** : be hot — **caloría** *nf* : calorie
calumnia *nf* : slander, libel — **calumniar** *vt* : slander, libel
caluroso, -sa *adj* **1** : hot **2** : warm, enthusiastic (of applause, etc.)
calvo, -va *adj* : bald — **calvicie** *nf* : baldness
calza *nf* : wedge
calzada *nf* : roadway
calzado *nm* : footwear — **calzar** {21} *vt* **1** : wear (shoes) **2** : put shoes on (s.o.)
calzones *nmpl Lat* : panties — **calzoncillos** *nmpl* : underpants, briefs
cama *nf* : bed
camada *nf* : litter, brood
camafeo *nm* : cameo
cámara *nf* **1** : chamber **2** *or* **~ fotográfica** : camera **3** : house (in government)
camarada *nmf* : comrade — **camaradería** *nf* : camaraderie
camarero, -ra *n* **1** : waiter, waitress *f* **2** : steward *m*, stewardess *f* (on a ship, etc.) — **camarera** *nf* : chambermaid *f*
camarón *nm, pl* **-rones** : shrimp
camarote *nm* : cabin, stateroom
cambiar *vt* **1** : change **2** CANJEAR : exchange — *vi* **1** : change **2** : shift gears (of an automobile) — **cambiarse** *vr* **1** : change (clothing) **2** : move (to a new address) — **cambiable** *adj* : changeable — **cambio** *nm* **1** : change **2** CANJE : exchange **3 en ~** : on the other hand
camello *nm* : camel
camilla *nf* : stretcher — **camillero** *nm* : orderly (in a hospital)
caminar *vi* : walk — *vt* : cover (a distance) — **caminata** *nf* : hike
camino *nm* **1** : road, path **2** RUTA : way **3 a medio ~** : halfway (there) **4 ponerse en ~** : set out
camión *nm, pl* **-miones 1** : truck **2** *Lat* : bus — **camionero, -ra** *n* **1** : truck driver **2** *Lat*

: bus driver — **camioneta** *nm* : light truck, van
camisa *nf* **1** : shirt **2 ~ de fuerza** : straitjacket — **camiseta** *nf* : T-shirt, undershirt — **camisón** *nm, pl* **-sones** : nightshirt, nightgown
camorra *nf fam* : fight, trouble
camote *nm Lat* : sweet potato
campamento *nm* : camp
campana *nf* : bell — **campanada** *nf* : stroke (of a bell), peal — **campanario** *nm* : bell tower — **campanilla** *nf* : (small) bell
campaña *nf* **1** : countryside **2** : (military or political) campaign
campeón, -peona *n, mpl* **-peones** : champion — **campeonato** *nm* : championship
campesino, -na *n* : peasant, farm laborer — **campestre** *adj* : rural, rustic
camping *nm* **1** : campsite **2 hacer ~** : go camping
campiña *nf* : countryside
campo *nm* **1** : field **2** CAMPIÑA : countryside, country **3** CAMPAMENTO : camp
camuflaje *nm* : camouflage — **camuflar** *vt* : camouflage
cana *nf* : gray hair
canadiense *adj* : Canadian
canal *nm* **1** : canal **2** MEDIO : channel **3** : (radio or television) channel — **canalizar** {21} *vt* : channel
canalete *nm* : paddle (of a canoe)
canalla *nf* : rabble — *~ nmf fam* : swine, bastard
canapé *nm* **1** : canapé **2** SOFÁ : sofa, couch
canario *nm* : canary
canasta *nf* : basket — **canasto** *nm* : large basket
cancelar *vt* **1** : cancel **2** : pay off, settle (a debt) — **cancelación** *nf, pl* **-ciones 1** : cancellation **2** : payment in full (of a debt)
cáncer *nm* : cancer — **canceroso, -sa** *adj* : cancerous
cancha *nf* : court, field (for sports)
canciller *nm* : chancellor
canción *nf, pl* **-ciones 1** : song **2 ~ de cuna** : lullaby — **cancionero** *nm* : songbook
candado *nm* : padlock
candela *nf* : candle — **candelabro** *nm* : candelabra — **candelero** *nm* **1** : candlestick **2 estar en el ~** : be in the limelight
candente *adj* : red-hot
candidato, -ta *n* : candidate — **candidatura** *nf* : candidacy
cándido, -da *adj* : naïve — **candidez** *nf* **1** : simplicity **2** INGENUIDAD : naïveté
candil *nm* : oil lamp — **candilejas** *nfpl* : footlights
candor *nm* : naïveté, innocence

canela *nf* : cinnamon
cangrejo *nm* : crab
canguro *nm* : kangaroo
caníbal *nmf* : cannibal — **canibalismo** *nm* : cannibalism
canicas *nfpl* : (game of) marbles
canino, -na *adj* : canine — **canino** *nm* : canine (tooth)
canjear *vt* : exchange — **canje** *nm* : exchange, trade
cano, -na *adj* : gray, gray-haired
canoa *nf* : canoe
canon *nm, pl* **cánones** : canon
canonizar {21} *vt* : canonize
canoso, -sa *adj* : gray, gray-haired
cansar *vt* : tire (out) — *vi* : be tiring — **cansarse** *vr* : get tired — **cansado, -da** *adj* **1** : tired **2** PESADO : tiresome — **cansancio** *nm* : fatigue, weariness
cantalupo *nm* : cantaloupe
cantar *v* : sing — ~ *nm* : song — **cantante** *nmf* : singer
cántaro *nm* **1** : pitcher, jug **2 llover a ~s** *fam* : rain cats and dogs
cantera *nf* : quarry (excavation)
cantidad *nf* **1** : quantity, amount **2 una ~ de** : lots of
cantimplora *nf* : canteen, water bottle
cantina *nf* **1** : canteen, cafeteria **2** *Lat* : tavern, bar
canto *nm* **1** : singing, song **2** BORDE, LADO : edge **3 de ~** : on end, sideways **4 ~ rodado** : boulder — **cantor, -tora** *adj* **1** : singing **2 pájaro ~** : songbird — **~** *n* : singer
caña *nf* **1** : cane, reed **2 ~ de pescar** : fishing pole
cáñamo *nm* : hemp
cañería *nf* : pipes, piping — **caño** *nm* **1** : pipe **2** : spout (of a fountain) — **cañón** *nm, pl* **-ñones 1** : cannon **2** : barrel (of a gun) **3** : canyon (in geography)
caoba *nf* : mahogany
caos *nm* : chaos — **caótico, -ca** *adj* : chaotic
capa *nf* **1** : cape, cloak **2** : coat (of paint, etc.), coating (in cooking) **3** ESTRATO : layer, stratum **4** : (social) class
capacidad *nf* **1** : capacity **2** APTITUD : ability
capacitar *vt* : train, qualify — **capacitación** *nf, pl* **-ciones** : training
caparazón *nm, pl* **-zones** : shell
capataz *nmf, pl* **-taces** : foreman
capaz *adj, pl* **-paces 1** : capable, able **2** ESPACIOSO : spacious
capellán *nm, pl* **-llanes** : chaplain
capilla *nf* : chapel
capital *adj* **1** : capital **2** PRINCIPAL : chief, principal — ~ *nm* : capital (assets) — ~

nf : capital (city) — **capitalismo** *nm* : capitalism — **capitalista** *adj & nmf* : capitalist, capitalistic — **capitalizar** {21} *vt* : capitalize
capitán, -tana *n, mpl* **-tanes** : captain
capitolio *nm* : capitol
capitular *vi* : capitulate, surrender — **capitulación** *nf, pl* **-ciones** : surrender
capítulo *nm* : chapter
capó *nm* : hood (of a car)
capote *nm* : cloak, cape
capricho *nm* : whim, caprice — **caprichoso, -sa** *adj* : whimsical, capricious
cápsula *nf* : capsule
captar *vt* **1** : grasp **2** ATRAER : gain, attract (interest, etc.) **3** : harness (waters)
capturar *vt* : capture, seize — **captura** *nf* : capture, seizure
capucha *nf* : hood (of clothing)
capullo *nm* **1** : cocoon **2** : (flower) bud
caqui *adj & nm* : khaki
cara *nf* **1** : face **2** ASPECTO : appearance **3** *fam* : nerve, gall **4 ~ a** *or* **de ~ a** : facing
carabina *nf* : carbine
caracol *nm* **1** : snail **2** *Lat* : conch **3** RIZO : curl
carácter *nm, pl* **-racteres 1** : character **2** ÍNDOLE : nature — **característica** *nf* : characteristic — **característico, -ca** *adj* : characteristic — **caracterizar** {21} *vt* : characterize
caramba *interj* : oh my!, good grief!
carámbano *nm* : icicle
caramelo *nm* **1** : caramel **2** DULCE : candy
carátula *nf* **1** CARETA : mask **2** : jacket (of a record, etc.) **3** *Lat* : face (of a watch)
caravana *nf* **1** : caravan **2** REMOLQUE : trailer
caray → caramba
carbohidrato *nm* : carbohydrate
carbón *nm, pl* **-bones 1** : coal **2** : charcoal (for drawing) — **carboncillo** *nm* : charcoal — **carbonero, -ra** *adj* : coal — **carbonizar** {21} *vt* : char — **carbono** *nm* : carbon —
carburador *nm* : carburetor — **carburante** *nm* : fuel
carcajada *nf* : loud laugh, guffaw
cárcel *nf* : jail, prison — **carcelero, -ra** *n* : jailer
carcinógeno *nm* : carcinogen
carcomer *vt* : eat away at — **carcomido, -da** *adj* : worm-eaten
cardenal *nm* **1** : cardinal **2** CONTUSIÓN : bruise
cardíaco *or* **cardiaco, -ca** *adj* : cardiac, heart
cárdigan *nm, pl* **-gans** : cardigan
cardinal *adj* : cardinal
cardiólogo, -ga *n* : cardiologist

cardo *nm* : thistle
carear *vt* : bring face-to-face
carecer {53} *vi* ~ **de** : lack — **carencia** *nf* : lack, want — **carente** *adj* ~ **de** : lacking (in)
carestía *nf* **1** : high cost **2** ESCASEZ : dearth, scarcity
careta *nf* : mask
cargar {52} *vt* **1** : load **2** : charge (a battery, a purchase, etc.) **3** LLEVAR : carry **4** ~ **de** : burden with — *vi* **1** : load **2** ~ **con** : pick up, carry away — **carga** *nf* **1** : load **2** CARGAMENTO : freight, cargo **3** RESPONS-ABILIDAD : burden **4** : charge (in electricity, etc.) — **cargado, -da** *adj* **1** : loaded, burdened **2** PESADO : heavy, stuffy **3** : charged (of a battery) **4** FUERTE : strong, concentrated — **cargamento** *nm* : cargo, load — **cargo** *nm* **1** : charge **2** PUESTO : position, office
cariarse *vr* : decay (of teeth)
caribe *adj* : Caribbean
caricatura *nf* **1** : caricature **2** : (political) cartoon — **caricaturizar** *vt* : caricature
caricia *nf* : caress
caridad *nf* **1** : charity **2** LIMOSNA : alms *pl*
caries *nfs & pl* : cavity (in a tooth)
cariño *nm* : affection, love — **cariñoso, -sa** *adj* : affectionate, loving
carisma *nf* : charisma — **carismático, -ca** *adj* : charismatic
caritativo, -va *adj* : charitable
cariz *nm, pl* **-rices** : appearance, aspect
carmesí *adj & nm* : crimson
carmín *nm, pl* **-mines** *or* ~ **de labios** : lipstick
carnada *nf* : bait
carnal *adj* **1** : carnal **2** primo ~ : first cousin
carnaval *nm* : carnival
carne *nf* **1** : meat **2** : flesh (of persons or fruits) **3** ~ **de cerdo** : pork **4** ~ **de gallina** : goose bumps **5** ~ **de ternera** : veal
carné *nm* → **carnet**
carnero *nm* **1** : ram, sheep **2** : mutton (in cooking)
carnet *nm* **1** ~ **de conducir** : driver's license **2** ~ **de identidad** : identification card, ID
carnicería *nf* **1** : butcher shop **2** MATANZA : slaughter — **carnicero, -ra** *n* : butcher
carnívoro, -ra *adj* : carnivorous — **carnívoro** *nm* : carnivore
carnoso, -sa *adj* : fleshy
caro, -ra *adj* **1** : expensive **2** QUERIDO : dear — **caro** *adv* : dearly
carpa *nf* **1** : carp **2** TIENDA : tent
carpeta *nf* : folder

carpintería *nf* : carpentry — **carpintero, -ra** *n* : carpenter
carraspear *vi* : clear one's throat — **carraspera** *nf* **1** : hoarseness **2** tener ~ : have a frog in one's throat
carrera *nf* **1** : running, run **2** COMPETICIÓN : race **3** : course (of studies) **4** PROFESIÓN : career, profession
carreta *nf* : cart, wagon
carrete *nm* : reel, spool
carretera *nf* : highway, road
carretilla *nf* : wheelbarrow
carril *nm* **1** : lane (of a road) **2** : rail (for a railroad)
carrillo *nm* : cheek
carrito *nm* : cart, trolley
carrizo *nm* : reed
carro *nm* **1** : wagon, cart **2** *Lat* : automobile, car — **carrocería** *nf* : body (of an automobile)
carroña *nf* : carrion
carroza *nf* **1** : carriage **2** : float (in a parade)
carruaje *nm* : carriage
carrusel *nm* : merry-go-round, carousel
carta *nf* **1** : letter **2** NAIPE : playing card **3** : charter (of an organization, etc.) **4** MENÚ : menu **5** MAPA : map, chart
cartel *nm* : poster, bill — **cartelera** *nf* : billboard
cartera *nf* **1** : briefcase **2** BILLETERA : wallet **3** *Lat* : pocketbook, handbag — **cartterista** *nmf* : pickpocket
cartero, -ra *nm* : mail carrier, mailman *m*
cartílago *nm* : cartilage
cartilla *nf* **1** : primer, reader **2** : booklet, record (of a savings account, etc.)
cartón *nm, pl* **-tones 1** : cardboard **2** : carton (of cigarettes, etc.)
cartucho *nm* : cartridge
casa *nf* **1** : house **2** HOGAR : home **3** EM-PRESA : company, firm **4** ~ **flotante** : houseboat
casar *vt* : marry — *vi* : go together, match up — **casarse** *vr* **1** : get married **2** ~ **con** : marry — **casado, -da** *adj* : married — **casamiento** *nm* **1** : marriage **2** BODA : wedding
cascabel *nm* : small bell
cascada *nf* : waterfall
cascanueces *nms & pl* : nutcracker
cascar {72} *vt* : crack (a shell, etc.) — **cascarse** *vr* : crack, chip — **cáscara** *nf* : skin, peel, shell — **cascarón** *nm, pl* **-rones** : eggshell
casco *nm* **1** : helmet **2** : hull (of a boat) **3** : hoof (of a horse) **4** : fragment (of ceramics, etc.) **5** : center (of a town) **6** ENVASE : empty bottle

caserío *nm* **1** *Spain* : country house **2** POBLADO : hamlet

casero, -ra *adj* **1** : homemade **2** DOMÉSTICO : domestic, household — ～ *n* : landlord, landlady *f*

caseta *nf* : booth, stall

casete → **cassette**

casi *adv* **1** : almost, nearly **2** (*in negative phrases*) : hardly

casilla *nf* **1** : compartment, pigeonhole **2** CASETA : booth **3** : box (on a form)

casino *nm* **1** : casino **2** : (social) club

caso *nm* **1** : case **2 en ～ de** : in the event of **3 hacer ～** : pay attention **4 no venir al ～** : be beside the point

caspa *nf* : dandruff

cassette *nmf* : cassette

casta *nf* **1** : lineage, descent **2** : breed (of animals) **3** : caste (in India)

castaña *nf* : chestnut

castañetear *vi* : chatter (of teeth)

castaño, -ña *adj* : chestnut (color)

castañuela *nf* : castanet

castellano *nm* : Spanish, Castilian (language)

castidad *nf* : chastity

castigar {52} *vt* **1** : punish **2** : penalize (in sports) — **castigo** *nm* **1** : punishment **2** : penalty (in sports)

castillo *nm* : castle

casto, -ta *adj* : chaste, pure — **castizo, -za** *adj* : pure, traditional (in style)

castor *nm* : beaver

castrar *vt* : castrate

castrense *adj* : military

casual *adj* : chance, accidental — **casualidad** *nf* **1** : coincidence **2 por ～** *or* **de ～** : by chance — **casualmente** *adv* : by chance

cataclismo *nm* : cataclysm

catalán, -lana *adj, mpl* **-lanes** : Catalan — **catalán** *nm* : Catalan (language)

catalizador *nm* : catalyst

catalogar {52} *vt* : catalog, classify — **catálogo** *nm* : catalog

catapulta *nf* : catapult

catar *vt* : taste, sample

catarata *nf* **1** : waterfall **2** : cataract (in medicine)

catarro *nm* RESFRIADO : cold

catástrofe *nf* : catastrophe, disaster — **catastrófico, -ca** *adj* : catastrophic, disastrous

catecismo *nm* : catechism

cátedra *nf* : chair (at a university)

catedral *nf* : cathedral

catedrático, -ca *n* : professor

categoría *nf* **1** : category **2** RANGO : rank **3 de ～** : first-rate — **categórico, -ca** *adj* : categorical

católico, -ca *adj & n* : Catholic — **catolicismo** *nm* : Catholicism

catorce *adj & nm* : fourteen — **catorceavo** *nm* : fourteenth

catre *nm* : cot

cauce *nm* **1** : riverbed **2** VÍA : channel, means *pl*

caucho *nm* : rubber

caución *nf, pl* **-ciones** : security, guarantee

caudal *nm* **1** : volume of water, flow **2** RIQUEZA : wealth

caudillo *nm* : leader, commander

causar *vt* : cause, provoke — **causa** *nf* **1** : cause **2** RAZÓN : reason **3** : case (in law) **4 a ～ de** : because of

cáustico, -ca *adj* : caustic

cautela *nf* : caution — **cauteloso, -sa** *adj* : cautious — **cautelosamente** *adv* : cautiously, warily

cautivar *vt* **1** : capture **2** ENCANTAR : captivate — **cautiverio** *nm* : captivity — **cautivo, -va** *adj & n* : captive

cauto, -ta *adj* : cautious

cavar *v* : dig

caverna *nf* : cavern, cave

cavidad *nf* : cavity

cavilar *vi* : ponder

cayado *nm* : crook, staff

cazar {21} *vt* **1** : hunt **2** ATRAPAR : catch, bag — *vi* : go hunting — **caza** *nf* **1** : hunt, hunting **2** : game (animals) — **cazador, -dora** *n* : hunter

cazo *nm* **1** : saucepan **2** CUCHARÓN : ladle — **cazuela** *nf* : casserole

CD *nm* : CD, compact disc

cebada *nf* : barley

cebar *vt* **1** : bait **2** : feed, fatten (animals) **3** : prime (a firearm, etc.) — **cebo** *nm* CARNADA : bait **2** : charge (of a firearm)

cebolla *nf* : onion — **cebolleta** *nf* : scallion, green onion — **cebollino** *nm* : chive

cebra *nf* : zebra

cecear *vi* : lisp — **ceceo** *nm* : lisp

cedazo *nm* : sieve

ceder *vi* **1** : yield, give way **2** DISMINUIR : diminish, abate — *vt* : cede, hand over

cedro *nm* : cedar

cédula *nf* : document, certificate

cegar {49} *vt* **1** : blind **2** TAPAR : block, stop up — *vi* : be blinded, go blind — **ceguera** *nf* : blindness

ceja *nf* : eyebrow

cejar *vi* : give in, back down

celada *nf* : trap, ambush

celador, -dora *n* : guard, warden

celda *nf* : cell (of a jail)

celebrar *vt* **1** : celebrate **2** : hold (a meeting), say (Mass) **3** ALEGRARSE DE : be happy about — **celebrarse** *vr* : take place

— **celebración** *nf, pl* **-ciones** : celebration — **célebre** *adj* : famous, celebrated — **celebridad** *nf* : celebrity

celeridad *nf* : swiftness, speed

celeste *adj* **1** : celestial, heavenly **2** *or* **azul ~** : sky blue — **celestial** *adj* : celestial, heavenly

celibato *nm* : celibacy — **célibe** *adj* : celibate

celo *nm* **1** : zeal **2 en ~** : in heat **3 ~s** *nmpl* : jealousy **4 tener ~s** : be jealous

celofán *nm, pl* **-fanes** : cellophane

celoso, -sa *adj* **1** : jealous **2** DILIGENTE : zealous

célula *nf* : cell — **celular** *adj* : cellular

celulosa *nf* : cellulose

cementerio *nm* : cemetery

cemento *nm* **1** : cement **2 ~ armado** : reinforced concrete

cena *nf* : supper, dinner

cenagal *nm* : bog, quagmire — **cenagoso** *adj* : swampy

cenar *vi* : have dinner, have supper — *vt* : have for dinner or supper

cenicero *nm* : ashtray

cenit *nm* : zenith

ceniza *nf* : ash

censo *nm* : census

censurar *vt* **1** : censor **2** REPROBAR : censure, criticize — **censura** *nf* **1** : censorship **2** REPROBACIÓN : censure, criticism

centavo *nm* **1** : cent **2** : centavo (unit of currency)

centellear *vi* : sparkle, twinkle — **centella** *nf* **1** : flash **2** CHISPA : spark — **centelleo** *nm* : twinkling, sparkle

centenar *nm* : hundred — **centenario** *nm* : centennial

centeno *nm* : rye

centésimo, -ma *adj* : hundredth

centígrado *adj* : centigrade, Celsius

centigramo *nm* : centigram

centímetro *nm* : centimeter

centinela *nmf* : sentinel, sentry

central *adj* : central — **~** *nf* : main office, headquarters — **centralita** *nf* : switchboard — **centralizar** {21} *vt* : centralize

centrar *vt* : center — **centrarse** *vr* **~ en** : focus on — **céntrico, -ca** *adj* : central — **centro** *nm* **1** : center **2** : downtown (of a city) **3 ~ de mesa** : centerpiece

centroamericano, -na *adj* : Central American

ceñir {67} *vt* **1** : encircle **2** : fit (s.o.) tightly — **ceñirse** *vr* **~ a** : limit oneself to — **ceñido, -da** *adj* : tight

ceño *nm* **1** : frown **2 fruncir el ~** : knit one's brow, frown

cepillo *nm* **1** : brush **2** : (carpenter's) plane

3 ~ de dientes : toothbrush — **cepillar** *vt* **1** : brush **2** : plane (wood)

cera *nf* **1** : wax, beeswax **2** : floor wax, furniture wax

cerámica *nf* **1** : ceramics *pl* **2** : (piece of) pottery

cerca¹ *nf* : fence — **cercado** *nm* : enclosure

cerca² *adv* **1** : close, near **2 ~ de** : near, close to **3 ~ de** : nearly, almost — **cercano, -na** *adj* : near, close — **cercanía** *nf* **1** : proximity **2 ~s** *nfpl* : outskirts

cercar {72} *vt* **1** : fence in **2** RODEAR : surround

cerciorarse *vr* **~ de** : make sure of

cerco *nm* **1** : circle, ring **2** ASEDIO : siege **3** *Lat* : fence

cerda *nf* : bristle

cerdo *nm* **1** : pig, hog **2 ~ macho** : boar

cereal *adj & nm* : cereal

cerebro *nm* : brain — **cerebral** *adj* : cerebral

ceremonia *nf* : ceremony — **ceremonial** *adj* : ceremonial — **ceremonioso, -sa** *adj* : ceremonious

cereza *nf* : cherry

cerilla *nf* : match — **cerillo** *nm* *Lat* : match

cerner {56} *or* **cernir** *vt* : sift — **cernerse** *vr* **1** : hover **2 ~ sobre** : loom over — **cernidor** *nm* : sieve

cero *nm* : zero

cerrar {55} *vt* **1** : close, shut **2** : turn off (a faucet, etc.) **3** : bring to an end — *vi* **1** : close up, lock up **2** : close down (a business, etc.) — **cerrarse** *vr* **1** : close, shut **2** TERMINAR : come to a close, end — **cerrado, -da** *adj* **1** : closed, shut, locked **2** : overcast (of weather) **3** : sharp (of a curve) **4** : thick, broad (of an accent) — **cerradura** *nf* : lock — **cerrajero, -ra** *n* : locksmith

cerro *nm* : hill

cerrojo *nm* : bolt, latch

certamen *nm, pl* **-támenes** : competition, contest

certero, -ra *adj* : accurate, precise

certeza *nf* : certainty — **certidumbre** *nf* : certainty

certificar {72} *vt* **1** : certify **2** : register (mail) — **certificado, -da** *adj* : certified, registered — **certificado** *nm* : certificate

cervato *nm* : fawn

cerveza *nf* **1** : beer **2 ~ de barril** : draft beer — **cervecería** *nf* **1** : brewery **2** BAR : beer hall, bar

cesar *vi* : cease, stop — *vt* : dismiss, lay off — **cesación** *nf, pl* **-ciones** : cessation, suspension — **cesante** *adj* **1** : laid off **2** *Lat* : unemployed — **cesantía** *nf* *Lat* : unemployment

cesárea *nf* : cesarean (section)

cese *nm* **1** : cessation, stop **2** DESTITUCIÓN : dismissal

césped *nm* : lawn, grass

cesta *nf* : basket — **cesto** *nm* **1** : (large) basket **2** ～ **de basura** : wastebasket

cetro *nm* : scepter

chabacano *nm Lat* : apricot

chabola *nf Spain* : shack, shanty

chacal *nm* : jackal

cháchara *nf fam* : gabbing, chatter

chacra *nf Lat* : (small) farm

chafar *vt fam* : flatten, crush

chal *nm* : shawl

chaleco *nm* : vest

chalet *nm Spain* : house

chalupa *nf* **1** : small boat **2** *Lat* : small stuffed tortilla

chamarra *nf* : jacket

chamba *nf Lat fam* : job

champaña *or* **champán** *nm* : champagne

champiñón *nm, pl* -**ñones** : mushroom

champú *nm, pl* -**pús** *or* -**púes** : shampoo

chamuscar {72} *vt* : scorch

chance *nm Lat* : chance, opportunity

chancho *nm Lat* : pig

chanclos *nmpl* : galoshes

chantaje *nm* : blackmail — **chantajear** *vt* : blackmail

chanza *nf* : joke, jest

chapa *nf* **1** : sheet, plate **2** INSIGNIA : badge — **chapado, -da** *adj* **1** : plated **2 chapado a la antigua** : old-fashioned

chaparrón *nm, pl* -**rrones** : downpour

chapotear *vi* : splash

chapucero, -ra *adj* : shoddy, sloppy — **chapuza** *nf* : botched job

chapuzón *nm, pl* -**zones** : dip, short swim

chaqueta *nf* : jacket

charca *nf* : pond — **charco** *nm* : puddle

charlar *vi* : chat — **charla** *nf* : chat, talk — **charlatán, -tana** *adj, mpl* -**tanes** : talkative — ～ *n* **1** : chatterbox **2** FARSANTE : charlatan

charol *nm* **1** : patent leather **2** BARNIZ : varnish

chasco *nm* **1** : trick, joke **2** DECEPCIÓN : disappointment

chasis *nms & pl* : chassis

chasquear *vt* **1** : click (the tongue), snap (one's fingers) **2** : crack (a whip) — **chasquido** *nm* **1** : click, snap **2** : crack (of a whip)

chatarra *nf* : scrap (metal)

chato, -ta *adj* **1** : pug-nosed **2** APLANADO : flat

chauvinismo *nm* : chauvinism — **chauvinista** *adj* : chauvinist, chauvinistic

chaval, -vala *n fam* : kid, boy *m*, girl *f*

checo, -ca *adj* : Czech — **checo** *nm* : Czech (language)

chef *nm* : chef

cheque *nm* : check — **chequera** *nf* : checkbook

chequear *vt Lat* **1** : check, inspect, verify **2** : check in (baggage) — **chequeo** *nm* **1** : (medical) checkup **2** *Lat* : check, inspection

chica → **chico**

chicano, -na *adj* : Chicano, Mexican-American

chícharo *nm Lat* : pea

chicharrón *nm, pl* -**rrones** : pork rind

chichón *nm, pl* -**chones** : bump

chicle *nm* : chewing gum

chico, -ca *adj* : little, small — ～ *n* : child, boy *m*, girl *f*

chiflar *vt* : whistle at, boo — *vi Lat* : whistle — **chiflado, -da** *adj fam* : crazy, nuts — **chiflido** *nm* : whistling

chile *nm* : chili pepper

chileno, -na *adj* : Chilean

chillar *vi* **1** : shriek, scream **2** CHIRRIAR : screech, squeal — **chillido** *nm* **1** : scream **2** CHIRRIDO : screech, squeal — **chillón, -llona** *adj, mpl* -**llones** : shrill, loud

chimenea *nf* **1** : chimney **2** HOGAR : fireplace

chimpancé *nm* : chimpanzee

chinche *nf* : bedbug

chino, -na *adj* : Chinese — **chino** *nm* : Chinese (language)

chiquillo, -lla *n* : kid, child

chiquito, -ta *adj* : tiny — ～ *n* : little child, tot

chiribita *nf* : spark

chiripa *nf* **1** : fluke **2 de** ～ : by sheer luck

chirivia *nf* : parsnip

chirriar {85} *vi* **1** : squeak, creak **2** : screech (of brakes, etc.) — **chirrido** *nm* **1** : squeak, creak **2** : screech (of brakes)

chisme *nm* : (piece of) gossip — **chismear** *vi* : gossip — **chismoso, -sa** *adj* : gossipy — ～ *n* : gossip

chispear *vi* : spark — **chispa** *nf* : spark

chisporrotear *vi* : crackle, sizzle — **chisporroteo** *nm* : crackle

chiste *nm* : joke, funny story — **chistoso, -sa** *adj* : funny, witty

chivo, -va *n* : kid, young goat

chocar {72} *vi* **1** : crash, collide **2** ENFRENTARSE : clash — **chocante** *adj* **1** : striking, shocking **2** *Lat* : unpleasant, rude

choclo *nm Lat* : ear of corn, corncob

chocolate *nm* : chocolate

chofer *or* **chófer** *nm* **1** : chauffeur **2** CONDUCTOR : driver

choque *nm* **1** : shock **2** : crash, collision (of vehicles) **3** CONFLICTO : clash

chorizo *nm* : chorizo, sausage

chorrear *vi* **1** : drip **2** BROTAR : pour out, gush — **chorro** *nm* **1** : stream, jet **2** HILO : trickle

chovinismo → **chauvinismo**

choza *nf* : hut, shack

chubasco *nm* : downpour, squall

chuchería *nf* **1** : knickknack, trinket **2** DULCE : sweet

chueco, -ca *adj Lat* : crooked

chuleta *nf* : cutlet, chop

chulo, -la *adj fam* : cute, pretty

chupar *vt* **1** : suck **2** ABSORBER : absorb **3** *fam* : guzzle — *vi* : suckle — **chupada** *nf* : suck, sucking — **chupete** *nm* **1** : pacifier **2** *Lat* : lollipop

churro *nm* **1** : fried dough **2** *fam* : botch, mess

chusco, -ca *adj* : funny

chusma *nf* : riffraff, rabble

chutar *vi* : shoot (in soccer)

cianuro *nm* : cyanide

cicatriz *nf, pl* **-trices** : scar — **cicatrizar** {21} *vi* : form a scar, heal

cíclico, -ca *adj* : cyclical

ciclismo *nm* : cycling — **ciclista** *nmf* : cyclist

ciclo *nm* : cycle

ciclón *nm, pl* **-clones** : cyclone

ciego, -ga *adj* : blind — **ciegamente** *adv* : blindly

cielo *nm* **1** : sky **2** : heaven (in religion)

ciempiés *nms & pl* : centipede

cien *adj* : a hundred, hundred — ～ *nm* : one hundred

ciénaga *nf* : swamp, bog

ciencia *nf* **1** : science **2 a** ～ **cierta** : for a fact

cieno *nm* : mire, mud, silt

científico, -ca *adj* : scientific — ～ *n* : scientist

ciento *adj* (*used in compound numbers*) : one hundred — ～ *nm* **1** : hundred, group of a hundred **2 por** ～ : percent

cierre *nm* **1** : closing, closure **2** BROCHE : fastener, clasp

cierto, -ta *adj* **1** : true **2** SEGURO : certain **3 por** ～ : as a matter of fact

ciervo, -va *n* : deer, stag *m*, hind *f*

cifra *nf* **1** : number, figure **2** : sum (of money, etc.) **3** CLAVE : code, cipher — **cifrar** *vt* **1** : write in code **2** ～ **la esperanza en** : pin all one's hopes on

cigarrillo *nm* : cigarrette — **cigarro** *nm* **1** : cigarette **2** PURO : cigar

cigüeña *nf* : stork

cilantro *nm* : cilantro, coriander

cilindro *nm* : cylinder — **cilíndrico, -ca** *adj* : cylindrical

cima *nf* : peak, summit

címbalo *nm* : cymbal

cimbrar *or* **cimbrear** *vt* : shake, rock — **cimbrarse** *or* **cimbrearse** *vr* : sway

cimentar {55} *vt* **1** : lay the foundation of **2** : cement, strengthen (relations, etc.) — **cimientos** *nmpl* : base, foundation(s)

cinc *nm* : zinc

cincel *nm* : chisel — **cincelar** *vt* : chisel

cinco *adj & nm* : five

cincuenta *adj & nm* : fifty — **cincuentavo, -va** *adj* : fiftieth — **cincuentavo** *nm* : fiftieth

cine *nm* : cinema, movies *pl* — **cinematográfico, -ca** *adj* : movie, film

cínico, -ca *adj* : cynical — ～ *n* : cynic — **cinismo** *nm* : cynicism

cinta *nf* **1** : ribbon, band **2** ～ **adhesiva** : adhesive tape **3** ～ **métrica** : tape measure **4** ～ **magnetofónica** : magnetic tape

cinto *nm* : belt, girdle — **cintura** *nf* : waist — **cinturón** *nm, pl* **-rones 1** : belt **2** ～ **de seguridad** : seat belt

ciprés *nm, pl* **-preses** : cypress

circo *nm* : circus

circuito *nm* : circuit

circulación *nf, pl* **-ciones 1** : circulation **2** TRÁFICO : traffic — **circular** *vi* **1** : circulate **2** : drive (a vehicle) — ～ *adj* : circular

círculo *nm* : circle

circuncidar *vt* : circumcise — **circuncisión** *nf, pl* **-siones** : circumcision

circundar *vt* : surround

circunferencia *nf* : circumference

circunscribir {33} *vt* : confine, limit — **circunscribirse** *vr* ～ **a** : limit oneself to — **circunscripción** *nf, pl* **-ciones** : district, constituency

circunspecto, -ta *adj* : circumspect, cautious

circunstancia *nf* : circumstance — **circunstancial** *adj* : chance — **circunstante** *nmf* **1** : bystander **2 los** ～**s** : those present

circunvalación *nf, pl* **-ciones 1** : encircling **2 carretera de** ～ : bypass

cirio *nm* : candle

ciruela *nf* **1** : plum **2** ～ **pasa** : prune

cirugía *nf* : surgery — **cirujano, -na** *n* : surgeon

cisma *nf* : schism

cisne *nm* : swan

cisterna *nf* : cistern

cita *nf* **1** : appointment, date **2** REFERENCIA : quote, quotation — **citación** *nf, pl* **-ciones** : summons — **citar** *vt* **1** : quote, cite **2** CONVOCAR : make an appointment with **3** : summon (in law) — **citarse** *vr* ～ **con** : arrange to meet

cítrico *nm* : citrus (fruit)
ciudad *nf* : city, town — **ciudadano, -na** *n* 1 : citizen 2 HABITANTE : resident — **ciudadanía** *nf* : citizenship
cívico, -ca *adj* : civic
civil *adj* : civil — ~ *nmf* : civilian — **civilidad** *nf* : civility — **civilización** *nf, pl* **-ciones** : civilization — **civilizar** {21} *vt* : civilize
cizaña *nf* : discord, rift
clamar *vi* : clamor, cry out — **clamor** *nm* : clamor, outcry — **clamoroso, -sa** *adj* : clamorous, loud
clan *nm* : clan
clandestino, -na *adj* : clandestine, secret
clara *nf* : egg white
claraboya *nf* : skylight
claramente *adv* : clearly
clarear *v impers* 1 : dawn 2 ACLARAR : clear up — *vi* : be transparent
claridad *nf* 1 : clarity, clearness 2 LUZ : light
clarificar {72} *vt* : clarify — **clarificación** *nf, pl* **-ciones** : clarification
clarín *nm, pl* **-rines** : bugle
clarinete *nm* : clarinet
clarividente *adj* 1 : clairvoyant 2 PERSPICAZ : perspicacious — **clarividencia** *nf* 1 : clairvoyance 2 PERSPICACIA : farsightedness
claro *adv* 1 : clearly 2 POR SUPUESTO : of course, surely — ~ *nm* 1 : clearing, glade 2 ~ **de luna** : moonlight — **claro, -ra** *adj* 1 : clear, bright 2 : light (of colors) 3 EVIDENTE : clear, evident
clase *nf* 1 : class 2 TIPO : sort, kind
clásico, -ca *adj* : classic, classical — **clásico** *nm* : classic
clasificar {72} *vt* 1 : classify, sort out 2 : rate, rank (a hotel, a team, etc.) — **clasificarse** *vr* : qualify (in competitions) — **clasificación** *nf, pl* **-ciones** 1 : classification 2 : league (in sports)
claudicar {72} *vi* : back down
claustro *nm* : cloister
claustrofobia *nf* : claustrophobia — **claustrofóbico, -ca** *adj* : claustrophobic
cláusula *nf* : clause
clausurar *vt* : close (down) — **clausura** *nf* : closure, closing
clavado *nm Lat* : dive
clavar *vt* 1 : nail, hammer 2 HINCAR : drive in, plunge
clave *nf* 1 CIFRA : code 2 SOLUCIÓN : key 3 : clef (in music) — ~ *adj* : key
clavel *nm* : carnation
clavicémbalo *nm* : harpsichord
clavícula *nf* : collarbone
clavija *nf* 1 : peg, pin 2 : (electric) plug

clavo *nm* 1 : nail 2 : clove (spice)
claxon *nm, pl* **cláxones** : horn (of an automobile)
clemencia *nf* : clemency, mercy — **clemente** *adj* : merciful
clerical *adj* : clerical — **clérigo, -ga** *n* : clergyman, cleric — **clero** *nm* : clergy
cliché *nm* 1 : cliché 2 : negative (of a photograph)
cliente, -ta *n* : customer, client — **clientela** *nf* : clientele, customers *pl*
clima *nm* 1 : climate 2 AMBIENTE : atmosphere — **climático, -ca** *adj* : climatic
climatizar {21} *vt* : air-condition — **climatizado, -da** *adj* : air-conditioned
clímax *nm* : climax
clínica *nf* : clinic — **clínico, -ca** *adj* : clinical
clip *nm, pl* **clips** : (paper) clip
cloaca *nf* : sewer
cloquear *vi* : cluck — **cloqueo** *nm* : cluck, clucking
cloro *nm* : chlorine
clóset *nm Lat, pl* **clósets** : (built-in) closet, cupboard
club *nm* : club
coacción *nf, pl* **-ciones** : coercion — **coaccionar** *vt* : coerce
coagular *v* : clot, coagulate — **coagularse** *vr* : coagulate — **coágulo** *nm* : clot
coalición *nf, pl* **-ciones** : coalition
coartada *nf* : alibi
coartar *vt* : restrict, limit
cobarde *nmf* : coward — ~ *adj* : cowardly — **cobardía** *nf* : cowardice
cobaya *nf* : guinea pig
cobertizo *nm* : shelter, shed
cobertor *nm* : bedspread
cobertura *nf* 1 : cover 2 : coverage (of news, etc.)
cobijar *vt* : shelter — **cobijarse** *vr* : take shelter — **cobija** *nf Lat* : blanket — **cobijo** *nm* : shelter
cobra *nf* : cobra
cobrar *vt* 1 : charge, collect 2 : earn (a salary, etc.) 3 ADQUERIR : acquire, gain 4 : cash (a check) — *vi* : be paid — **cobrador, -dora** *n* 1 : collector 2 : conductor (of a bus, etc.)
cobre *nm* : copper
cobro *nm* : collection (of money), cashing (of a check)
cocaína *nf* : cocaine
cocción *nf, pl* **-ciones** : cooking
cocear *vi* : kick
cocer {14} *vt* 1 : cook 2 HERVIR : boil
coche *nm* 1 : car, automobile 2 : coach (of a train) 3 *or* ~ **de caballos** : carriage 4 ~ **fúnebre** : hearse — **cochecito** *nm* : baby

carriage, stroller — **cochera** *nf* : garage, carport

cochino, -na *n* : pig, hog — ~ *adj fam* : dirty, filthy — **cochinada** *nf fam* : dirty thing — **cochinillo** *nm* : piglet

cocido, -da *adj* **1** : boiled, cooked **2 bien** ~ : well-done — **cocido** *nm* : stew

cociente *nm* : quotient

cocina *nf* **1** : kitchen **2** : (kitchen) stove **3** : (art of) cooking, cuisine — **cocinar** *v* : cook — **cocinero, -ra** *n* : cook, chef

coco *nm* : coconut

cocodrilo *nm* : crocodile

coctel *or* **cóctel** *nm* **1** : cocktail **2** FIESTA : cocktail party

codazo *nm* **1** : nudge **2 dar un** ~ **a** : elbow, nudge

codicia *nf* : greed — **codiciar** *vt* : covet — **codicioso, -sa** *adj* : covetous, greedy

código *nm* **1** : code **2** ~ **postal** : zip code **3** ~ **morse** : Morse code

codo *nm* : elbow

codorniz *nf, pl* **-nices** : quail

coexistir *vi* : coexist

cofre *nm* : chest, coffer

coger {15} *vt* **1** : take (hold of) **2** ATRAPAR : catch **3** : pick up (from the ground) **4** : pick (fruit, etc.) — **cogerse** *vr* : hold on

cohechar *vt* : bribe — **cohecho** *nm* : bribe, bribery

coherencia *nf* : coherence — **coherente** *adj* : coherent — **cohesión** *nf, pl* **-siones** : cohesion

cohete *nm* : rocket

cohibir {62} *vt* **1** : restrict **2** : inhibit (a person) — **cohibirse** *vr* : feel inhibited — **cohibido, -da** *adj* : inhibited, shy

coincidir *vi* **1** : coincide **2** ~ **con** : agree with — **coincidencia** *nf* : coincidence

cojear *vi* **1** : limp **2** : wobble (of furniture, etc.) — **cojera** *nf* : limp

cojín *nm, pl* **-jines** : cushion — **cojinete** *nm* **1** : pad, cushion **2** : bearing (of a machine)

cojo, -ja *adj* **1** : lame **2** : wobbly (of furniture) — ~ *n* : lame person

col *nf* **1** : cabbage **2** ~ **de Bruselas** : Brussels sprout

cola *nf* **1** : tail **2** FILA : line (of people) **3** : end (of a line) **4** PEGAMENTO : glue **5** ~ **de caballo** : ponytail

colaborar *vi* : collaborate — **colaboración** *nf, pl* **-ciones** : collaboration — **colaborador, -dora** *n* **1** : collaborator **2** : contributor (to a periodical)

colada *nf Spain* **1** : laundry **2 hacer la** ~ : do the washing

colador *nm* : colander, strainer

colapso *nm* : collapse

colar {19} *vt* : strain, filter — **colarse** *vr* : sneak in, gate-crash

colcha *nf* : bedspread, quilt — **colchón** *nm, pl* **-chones** : mattress — **colchoneta** *nf* : mat

colear *vi* : wag its tail

colección *nf, pl* **-ciones** : collection — **coleccionar** *vt* : collect — **coleccionista** *nmf* : collector — **colecta** *nf* : collection (of donations)

colectividad *nf* : community — **colectivo, -va** *adj* : collective — **colectivo** *nm* **1** : collective **2** *Lat* : city bus

colector *nm* : sewer

colega *nmf* : colleague

colegio *nm* **1** : school **2** : (professional) college — **colegial, -giala** *n* : schoolboy *m*, schoolgirl *f*

colegir {28} *vt* : gather

cólera *nm* : cholera — ~ *nf* : anger, rage — **colérico, -ca** *adj* **1** : bad-tempered **2** FURIOSO : angry

colesterol *nm* : cholesterol

coleta *nf* : pigtail

colgar {16} *vt* **1** : hang **2** : hang up (a telephone) **3** : hang out (laundry) — *vi* : hang up — **colgante** *adj* : hanging — ~ *nm* : pendant

colibrí *nm* : hummingbird

cólico *nm* : colic

coliflor *nf* : cauliflower

colilla *nf* : (cigarette) butt

colina *nf* : hill

colindar *vi* ~ **con** : be adjacent to — **colindante** *adj* : adjacent

coliseo *nm* : coliseum

colisión *nf, pl* **-siones** : collision — **colisionar** *vi* ~ **contra** : collide with

collar *nm* **1** : necklace **2** : collar (for pets)

colmar *vt* **1** : fill to the brim **2** : fulfill (a wish, etc.) **3** ~ **de** : shower with — **colmado, -da** *adj* : heaping

colmena *nf* : beehive

colmillo *nm* **1** : canine (tooth) **2** : fang (of a dog, etc.), tusk (of an elephant)

colmo *nm* **1** : height, limit **2 ¡eso es el** ~**!** : that's the last straw!

colocar {72} *vt* **1** PONER : place, put **2** : find a job for — **colocarse** *vr* **1** SITUARSE : position oneself **2** : get a job — **colocación** *nf, pl* **-ciones** **1** : placement, placing **2** EMPLEO : position, job

colombiano, -na *adj* : Colombian

colon *nm* : (intestinal) colon

colonia *nf* **1** : colony **2** PERFUME : cologne **3** *Lat* : residential area — **colonial** *adj* : colonial — **colonizar** {21} *vt* : colonize — **colonización** *nf, pl* **-ciones** : colonization — **colono, -na** *n* : settler, colonist

coloquial *adj* : colloquial — **coloquio** *nm* 1 : talk, discussion 2 CONGRESO : conference
color *nm* : color — **colorado, -da** *adj* : red — **colorear** *vt* : color — **colorete** *nm* : rouge — **colorido** *nm* : colors *pl*, coloring
colosal *adj* : colossal
columna *nf* 1 : column 2 ~ **vertebral** : spine, backbone — **columnista** *nmf* : columnist
columpiar *vt* : push (on a swing) — **columpiarse** *vr* : swing — **columpio** *nm* : swing
coma¹ *nm* : coma
coma² *nf* : comma
comadre *nf* 1 : godmother of one's child, mother of one's godchild 2 *fam* : (female) friend — **comadrear** *vi fam* : gossip
comadreja *nf* : weasel
comadrona *nf* : midwife
comandancia *nf* : command headquarters, command — **comandante** *nmf* 1 : commander 2 : major (in the military) — **comando** *nm* 1 : commando 2 *Lat* : command
comarca *nf* : region, area
combar *vt* : bend, curve
combatir *vt* : combat, fight against — *vi* : fight — **combate** *nm* 1 : combat 2 : fight (in boxing) — **combatiente** *nmf* : combatant, fighter
combinar *vt* 1 : combine 2 : put together, match (colors, etc.) — **combinarse** *vr* : get together — **combinación** *nf, pl* **-ciones** 1 : combination 2 : connection (in travel)
combustible *nm* : fuel — ~ *adj* : combustible — **combustión** *nf, pl* **-tiones** : combustion
comedia *nf* : comedy
comedido, -da *adj* : moderate
comedor *nm* : dining room
comensal *nmf* : diner, dinner guest
comentar *vt* 1 : comment on, discuss 2 MENCIONAR : mention — **comentario** *nm* 1 : comment, remark 2 ANÁLISIS : commentary — **comentarista** *nmf* : commentator
comenzar {29} *v* : begin, start
comer *vt* 1 : eat 2 *fam* : eat up, eat into — *vi* 1 : eat 2 CENAR : have a meal 3 **dar de** ~ : feed — **comerse** *vr* : eat up
comercio *nm* 1 : commerce, trade 2 NEGOCIO : business — **comercial** *adj* : commercial — **comercializar** {21} *vt* : market — **comerciante** *nmf* : merchant, dealer — **comerciar** *vi* : do business, trade
comestible *adj* : edible — **comestibles** *nmpl* : groceries, food
cometa *nm* : comet — ~ *nf* : kite
cometer *vt* 1 : commit 2 ~ **un error** : make a mistake — **cometido** *nm* : assignment, task

comezón *nf, pl* **-zones** : itchiness, itching
comicios *nmpl* : elections
cómico, -ca *adj* : comic, comical — ~ *n* : comic, comedian
comida *nf* 1 ALIMENTO : food 2 *Spain* : lunch 3 *Lat* : dinner 4 **tres** ~**s al día** : three meals a day
comienzo *nm* : beginning
comillas *nfpl* : quotation marks
comino *nm* : cumin
comisario, -ria *n* : commissioner — **comisaría** *nf* : police station
comisión *nf, pl* **-siones** 1 : commission 2 COMITÉ : committee
comité *nm* : committee
como *conj* 1 : as, since 2 **sí** : if — ~ *prep* 1 : like, as 2 **así** ~ : as well as — ~ *adv* 1 : as 2 APROXIMADAMENTE : around, about
cómo *adv* 1 : how 2 ~ **no** : by all means 3 **¿**~ **te llamas?** : what's your name?
cómoda *nf* : chest of drawers
comodidad *nf* : comfort, convenience
comodín *nm, pl* **-dines** : joker (in playing cards)
cómodo, -da *adj* 1 : comfortable 2 ÚTIL : handy, convenient
comoquiera *adv* 1 : in any way 2 ~ **que** : however
compacto, -ta *adj* : compact
compadecer {53} *vt* : feel sorry for — **compadecerse** *vr* ~ **de** : take pity on
compadre *nm* 1 : godfather of one's child, father of one's godchild 2 *fam* : buddy
compañero, -ra *n* : companion, partner — **compañerismo** *nm* : companionship
compañía *nf* : company
comparar *vt* : compare — **comparable** *adj* : comparable — **comparación** *nf, pl* **-ciones** : comparison — **comparativo, -va** *adj* : comparative
comparecer *vt* : appear (before a court, etc.)
compartimiento *or* **compartimento** *nm* : compartment
compartir *vt* : share
compás *nm, pl* **-pases** 1 : compass 2 : rhythm, time (in music)
compasión *nf, pl* **-siones** : compassion, pity — **compasivo, -va** *adj* : compassionate
compatible *adj* : compatible — **compatibilidad** *nf* : compatibility
compatriota *nmf* : compatriot, fellow countryman
compeler *vt* : compel
compendiar *vt* : summarize — **compendio** *nm* : summary
compensar *vt* : compensate for — **compensación** *nf, pl* **-ciones** : compensation
competir {54} *vi* : compete — **competencia** *nf* 1 : competition, rivalry 2 CAPACI-

DAD : competence — **competente** *adj* : competent — **competición** *nf, pl* **-ciones** : competition — **competidor, -dora** *n* : competitor
compilar *vt* : compile
compinche *nmf fam* : friend, chum
complacer {57} *vt* : please — **complacerse** *vr* ~ **en** : take pleasure in — **complaciente** *adj* : obliging, helpful
complejidad *nf* : complexity — **complejo, -ja** *adj* : complex — **complejo** *nm* : complex
complementar *vt* : complement — **complementario, -ria** *adj* : complementary — **complemento** *nm* **1** : complement **2** : object (in grammar)
completar *vt* : complete — **completo, -ta** *adj* **1** : complete **2** PERFECTO : perfect **3** LLENO : full — **completamente** *adv* : completely
complexión *nf, pl* **-xiones** : constitution, build
complicar {72} *vt* **1** : complicate **2** IMPLICAR : involve — **complicación** *nf, pl* **-ciones** : complication — **complicado, -da** *adj* : complicated, complex
cómplice *nmf* : accomplice — ~ *adj* : conspiratorial, knowing
complot *nm, pl* **-plots** : conspiracy, plot
componer {60} *vt* **1** : make up, compose **2** : compose, write (a song) **3** ARREGLAR : fix, repair — **componerse** *vr* ~ **de** : consist of — **componente** *adj & nm* : component, constituent
comportarse *vr* : behave — **comportamiento** *nm* : behavior
composición *nf, pl* **-ciones** : composition — **compositor, -tora** *n* : composer, songwriter
compostura *nf* **1** : composure **2** REPARACIÓN : repair
comprar *vt* : buy, purchase — **compra** *nf* **1** : purchase **2 ir de** ~**s** : go shopping — **comprador, -dora** *n* : buyer, shopper
comprender *vt* **1** : comprehend, understand **2** ABARCAR : cover, include — **comprensible** *adj* : understandable — **comprensión** *nf, pl* **-siones** : understanding — **comprensivo, -va** *adj* : understanding
compresa *nf* **1** : compress **2** *or* ~ **higiénica** : sanitary napkin
compresión *nf, pl* **-siones** : compression — **comprimido** *nm* : pill, tablet — **comprimir** *vt* : compress
comprobar {19} *vt* **1** VERIFICAR : check **2** DEMOSTRAR : prove — **comprobación** *nf, pl* **-ciones** : verification, check — **comprobante** *nm* **1** : proof **2** RECIBO : receipt, voucher

comprometer *vt* **1** : compromise **2** ARRIESGAR : jeopardize **3** OBLIGAR : commit, put under obligation — **comprometerse** *vr* **1** : commit oneself **2** ~ **con** : get engaged to — **comprometedor, -dora** *adj* : compromising — **comprometido, -da** *adj* **1** : compromising, awkward **2** : engaged (to be married) — **compromiso** *nm* **1** : obligation, commitment **2** : (marriage) engagement **3** ACUERDO : agreement **4** APURO : awkward situation
compuesto, -ta *adj* **1** : compound **2** ~ **de** : made up of, consisting of — **compuesto** *nm* : compound
compulsivo, -va *adj* : compelling, urgent
computar *vt* : compute, calculate — **computadora** *nf or* **computador** *nm* **1** : computer **2** ~ **portátil** : laptop computer — **cómputo** *nm* : calculation
comulgar {52} *vi* : receive Communion
común *adj, pl* **-munes 1** : common **2** ~ **y corriente** : ordinary **3 por lo** ~ : generally
comuna *nf* : commune — **comunal** *adj* : communal
comunicar {72} *vt* : communicate — **comunicarse** *vr* **1** : communicate **2** ~ **con** : get in touch with — **comunicación** *nf, pl* **-ciones** : communication — **comunicado** *nm* : communiqué — **comunicativo, -va** *adj* : communicative
comunidad *nf* : community
comunión *nf, pl* **-niones** : communion, Communion
comunismo *nm* : Communism — **comunista** *adj & nmf* : Communist
con *prep* **1** : with **2** A PESAR DE : in spite of **3** (*before an infinitive*) : by **4** ~ **(tal) que** : so long as
cóncavo, -va *adj* : concave
concebir {54} *v* : conceive — **concebible** *adj* : conceivable
conceder *vt* **1** : grant, bestow **2** ADMITIR : concede
concejal, -jala *n* : councilman, alderman
concentrar *vt* : concentrate — **concentrarse** *vr* : concentrate — **concentración** *nf, pl* **-ciones** : concentration
concepción *nf, pl* **-ciones** : conception — **concepto** *nm* **1** : concept **2** OPINIÓN : opinion
concernir {17} *vi* ~ **a** : concern — **concerniente** *adj* ~ **a** : concerning
concertar {55} *vt* **1** : arrange, coordinate **2** (*used before an infinitive*) : agree **3** : harmonize (in music) — *vi* : be in harmony
concesión *nf, pl* **-siones 1** : concession **2** : awarding (of prizes, etc.)
concha *nf* : shell

conciencia *nf* **1** : conscience **2** CONO-
CIMIENTO : consciousness, awareness —
concientizar {21} *vt Lat* : make aware —
concientizarse *vr Lat* ~ **de** : realize
concienzudo, -da *adj* : conscientious
concierto *nm* **1** : concert **2** : concerto (musical composition)
conciliar *vt* : reconcile — **conciliación** *nf, pl*
-**ciones** : reconciliation
concilio *nm* : council
conciso, -sa *adj* : concise
conciudadano, -na *n* : fellow citizen
concluir {41} *vt* : conclude — *vi* : come to
an end — **conclusión** *nf, pl* -**siones** : conclusion — **concluyente** *adj* : conclusive
concordar {19} *vi* : agree — *vt* : reconcile
— **concordancia** *nf* : agreement — **concordia** *nf* : harmony, concord
concretar *vt* : make concrete, specify —
concretarse *vr* : become definite, take
shape — **concreto, -ta** *adj* **1** : concrete **2**
DETERMINADO : specific **3 en** ~ : specifically — **concreto** *nm Lat* : concrete
concurrir *vi* **1** : come together, meet **2** ~ **a**
: take part in — **concurrencia** *nf* : audience,
turnout — **concurrido, -da** *adj* : busy,
crowded
concursar *vi* : compete, participate — **concursante** *nmf* : competitor — **concurso** *nm*
1 : competition **2** CONCURRENCIA : gathering **3** AYUDA : help, cooperation
condado *nm* : county
conde, -desa *n* : count *m*, countess *f*
condenar *vt* **1** : condemn, damn **2** : sentence (a criminal) — **condena** *nf* **1** : condemnation **2** SENTENCIA : sentence — **condenación** *nf, pl* -**ciones** : condemnation,
damnation
condensar *vt* : condense — **condensación**
nf, pl -**ciones** : condensation
condesa *nf* → **conde**
condescender {56} *vi* **1** : acquiesce, agree
2 ~ **a** : condescend to — **condescendiente** *adj* : condescending
condición *nf, pl* -**ciones** **1** : condition, state
2 CALIDAD : capacity, position — **condicional** *adj* : conditional
condimento *nm* : condiment, seasoning
condolerse {47} *vr* : sympathize — **condolencia** *nf* : condolence
condominio *nm* **1** : joint ownership **2** *Lat*
: condominium
condón *nm, pl* -**dones** : condom
conducir {61} *vt* **1** DIRIGIR : direct, lead **2**
MANEJAR : drive — *vi* **1** : drive **2** ~ **a**
: lead to — **conducirse** *vr* : behave
conducta *nf* : behavior, conduct
conducto *nm* : conduit, duct
conductor, -tora *n* : driver

conectar *vt* **1** : connect **2** ENCHUFAR : plug
in — *vi* : connect
conejo, -ja *n* : rabbit — **conejera** *nf* : (rabbit) hutch
conexión *nf, pl* -**xiones** : connection —
conexo, -xa *adj* : connected
confabularse *vr* : conspire, plot
confeccionar *vt* : make (up), prepare —
confección *nf, pl* -**ciones** **1** : making,
preparation **2** : tailoring, dressmaking
confederación *nf, pl* -**ciones** : confederation
conferencia *nf* **1** : lecture **2** REUNIÓN : conference
conferir {76} *vt* : confer, bestow
confesar {55} *v* : confess — **confesarse** *vr*
: go to confession — **confesión** *nf, pl*
-**siones** **1** : confession **2** CREDO : religion,
creed
confeti *nm* : confetti
confiar {85} *vi* : trust — *vt* : entrust — **confiable** *adj* : trustworthy, reliable — **confiado, -da** *adj* **1** : confident **2** CRÉDULO
: trusting — **confianza** *nf* **1** : trust **2** : confidence (in oneself)
confidencia *nf* : confidence, secret — **confidencial** *adj* : confidential — **confidencialidad** *nf* : confidentiality — **confidente** *nmf*
1 : confidant, confidante *f* **2** : (police) informer
configuración *nf, pl* -**ciones** : configuration, shape
confín *nm, pl* -**fines** : boundary, limit —
confinar *vt* **1** : confine **2** DESTERRER
: exile
confirmar *vt* : confirm — **confirmación** *nf,*
pl -**ciones** : confirmation
confiscar {72} *vt* : confiscate
confitería *nm* : candy store
confitura *nf* : jam
conflagración *nf, pl* -**ciones** **1** : war, conflict **2** INCENDIO : fire
conflicto *nm* : conflict
confluencia *nf* : junction, confluence
conformar *vt* : shape, make up — **conformarse** *vr* RESIGNARSE : resign oneself **2**
~ **con** : content oneself with — **conforme**
adj **1** : content, satisfied **2** ~ **a** : in accordance with — ~ *conj* : as — **conformidad**
nf **1** : agreement **2** RESIGNACIÓN : resignación
confortar *vt* : comfort — **confortable** *adj*
: comfortable
confrontar *vt* **1** : confront **2** COMPARAR
: compare — *vi* : border — **confrontarse** *vr*
~ **con** : face up to — **confrontación** *nf, pl*
-**ciones** : confrontation
confundir *vt* : confuse, mix up — **confundirse** *vr* : make a mistake, be confused

— **confusión** *nf, pl* **-siones** : confusion — **confuso, -sa** *adj* **1** : confused **2** INDISTINTO : hazy, indistinct — **congelar** *vt* : freeze — **congelarse** *vr* : freeze — **congelación** *nf, pl* **-ciones** : freezing — **congelado, -da** *adj* : frozen — **congelador** *nm* : freezer

congeniar *vi* : get along

congestión *nf, pl* **-tiones** : congestion — **congestionado, -da** *adj* : congested

congoja *nf* : anguish, grief

congraciarse *vr* : ingratiate oneself

congratular *vt* : congratulate

congregar {52} *vt* : bring together — **congregarse** *vr* : congregate — **congregación** *nf, pl* **-ciones** : congregation, gathering

congreso *nm* : congress — **congresista** *nmf* : member of congress

conjeturar *vt* : guess, conjecture — **conjetura** *nf* : guess, conjecture

conjugar {52} *vt* : conjugate — **conjugación** *nf, pl* **-ciones** : conjugation

conjunción *nf, pl* **-ciones** : conjunction

conjunto, -ta *adj* : joint — **conjunto** *nm* **1** : collection **2** : outfit (of clothing) **3** GRUPO : band **4 en** ~ : as a whole

conjurar *vt* : ward off — *vi* : conspire, plot

conllevar *vt* : entail

conmemorar *vt* : commemorate — **conmemoración** *nf, pl* **-ciones** : commemoration — **conmemorativo, -va** *adj* : commemorative

conmigo *pron* : with me

conminar *vt* : threaten

conmiseración *nf, pl* **-ciones** : pity, commiseration

conmocionar *vt* : shock — **conmoción** *nf, pl* **-ciones** **1** : shock, upheaval **2** *or* ~ **cerebral** : concussion

conmover {47} *vt* **1** : move, touch **2** SACUDIR : shake (up) — **conmoverse** *vr* : be moved — **conmovedor, -dora** *adj* : moving, touching

conmutador *nm* **1** : (electric) switch **2** *Lat* : switchboard

cono *nm* : cone

conocer {18} *vt* **1** : know **2** : meet (a person), get to know (a city, etc.) **3** RECONOCER : recognize — **conocerse** *vr* **1** : meet, get to know each other **2** : know oneself — **conocedor, -dora** *adj* & *n* : expert — **conocido, -da** *adj* : well-known — ~ *n* : acquaintance — **conocimiento** *nm* **1** : knowledge **2** SENTIDO : consciousness

conque *conj* : so

conquistar *vt* : conquer — **conquista** *nf* : conquest — **conquistador, -dora** *adj* : conquering — **conquistador** *nm* : conqueror

consabido, -da *adj* **1** : well-known **2** HABITUEL : usual

consagrar *vt* **1** : consecrate **2** DEDICAR : devote — **consagración** *nf, pl* **-ciones** : consecration

consciencia *nf* → **conciencia** — **consciente** *adj* : conscious, aware

consecución *nf, pl* **-ciones** : attainment

consecuencia *nf* **1** : consequence **2 en** ~ : accordingly — **consecuente** *adj* : consistent

consecutivo, -va *adj* : consecutive

conseguir {75} *vt* **1** : get, obtain **2** ~ **hacer algo** : manage to do sth

consejo *nm* **1** : advice, counsel **2** : council (assembly) — **consejero, -ra** *n* : adviser, counselor

consenso *nm* : consensus

consentir {76} *vt* **1** : allow, permit **2** MIMAR : pamper, spoil — *vi* : consent — **consentimiento** *nm* : consent, permission

conserje *nmf* : caretaker, janitor

conservar *vt* **1** : preserve **2** GUARDAR : keep, conserve — **conservarse** *vr* : keep — **conserva** *nf* **1** : preserve(s) **2** ~**s** *nfpl* : canned goods — **conservación** *nf, pl* **-ciones** : conservation, preservation — **conservador, -dora** *adj* & *n* : conservative — **conservatorio** *nm* : conservatory

considerar *vt* **1** : consider **2** RESPETAR : respect — **considerable** *adj* : considerable — **consideración** *nf, pl* **-ciones** **1** : consideration **2** RESPETO : respect — **considerado, -da** *adj* **1** : considerate **2** RESPETADO : respected

consigna *nf* **1** ESLOGAN : slogan **2** ORDEN : orders **3** : checkroom (for baggage)

consigo *pron* : with her, with him, with you, with oneself

consiguiente *adj* **1** : consequent **2 por** ~ : consequently

consistir *vi* ~ **en** **1** : consist of **2** : lie in, consist in — **consistencia** *nf* : consistency — **consistente** *adj* **1** : firm, solid **2** ~ **en** : consisting of

consolar {19} *vt* : console, comfort — **consolarse** *vr* : console oneself — **consolación** *nf, pl* **-ciones** : consolation

consolidar *vt* : consolidate — **consolidación** *nf, pl* **-ciones** : consolidation

consomé *nm* : consommé

consonante *adj* : consonant, harmonious — ~ *nf* : consonant

consorcio *nm* : consortium

conspirar *vi* : conspire, plot — **conspiración** *nf, pl* **-ciones** : conspiracy — **conspirador, -dora** *n* : conspirator

constancia *nf* **1** : record, evidence **2** PERSEVERANCIA : perseverance — **constante**

adj : constant — **constantemente** *adv* : constantly, continually

constar *vi* **1** : be evident, be clear **2** ~ **de** : consist of

constatar *vt* **1** : verify **2** AFIRMAR : state, affirm

constelación *nf, pl* -**ciones** : constellation

consternación *nf, pl* -**ciones** : consternation

constipado, -da *adj* estar ~ : have a cold — **constipado** *nm* : cold — **constiparse** *vr* : catch a cold

constituir {41} *vt* **1** FORMAR : constitute, form **2** FUNDAR : establish, set up — **constituirse** *vr* ~ **en** : set oneself up as — **constitución** *nf, pl* -**ciones** : constitution — **constitucional** *adj* : constitutional — **constitutivo, -va** *adj* : constituent — **constituyente** *adj & nm* : constituent

constreñir {67} *vt* **1** : force, compel **2** RESTRINGIR : restrict, limit

construir {41} *vt* **1** : build, construct — **construcción** *nf, pl* -**ciones** : construction, building — **constructivo, -va** *adj* : constructive — **constructor, -tora** *n* : builder

consuelo *nm* : consolation, comfort

consuetudinario, -ria *adj* : customary

cónsul *nmf* : consul — **consulado** *nm* : consulate

consultar *vt* : consult — **consulta** *nf* : consultation — **consultor, -tora** *n* : consultant — **consultorio** *nm* : office (of a doctor or dentist)

consumar *vt* **1** : consummate, complete **2** : commit (a crime)

consumir *vt* : consume — **consumirse** *vr* : waste away — **consumición** *nf, pl* -**ciones** **1** : consumption **2** : drink (in a restaurant) — **consumido, -da** *adj* : thin, emaciated — **consumidor, -dora** *n* : consumer — **consumo** *nm* : consumption

contabilidad *nf* **1** : accounting, bookkeeping **2** : accountancy (profession) — **contable** *nmf Spain* : accountant, bookkeeper

contactar *vi* ~ **con** : get in touch with, contact — **contacto** *nm* : contact

contado, -da *adj* : numbered, few — **contado** *nm* al ~ : (in) cash

contador, -dora *n Lat* : accountant — **contador** *nm* : meter

contagiar *vt* **1** : infect **2** : transmit (a disease) — **contagiarse** *vr* **1** : be contagious **2** : become infected (with a disease) — **contagio** *nm* : contagion, infection — **contagioso, -sa** *adj* : contagious, infectious

contaminar *vt* : contaminate, pollute — **contaminación** *nf, pl* -**ciones** : contamination, pollution

contar {19} *vt* **1** : count **2** NARRAR : tell — *vi* **1** : count **2** ~ **con** : rely on, count on

contemplar *vt* **1** MIRAR : look at, behold **2** CONSIDERAR : contemplate — **contemplación** *nf, pl* -**ciones** : contemplation

contemporáneo, -nea *adj & n* : contemporary

contender {56} *vi* : contend, compete — **contendiente** *nmf* : competitor

contener {80} *vt* **1** : contain **2** RESTRINGIR : restrain, hold back — **contenerse** *vr* : restrain oneself — **contenedor** *nm* : container — **contenido, -da** *adj* : restrained — **contenido** *nm* : contents *pl*

contentar *vt* : please, make happy — **contentarse** *vr* ~ **con** : be satisfied with — **contento, -ta** *adj* : glad, happy, contented

contestar *vt* : answer — *vi* : reply, answer back — **contestación** *nf, pl* -**ciones** : answer, reply

contexto *nm* : context

contienda *nf* **1** COMBATE : dispute, fight **2** COMPETICIÓN : contest

contigo *pron* : with you

contiguo, -gua *adj* : adjacent

continente *nm* : continent — **continental** *adj* : continental

contingencia *nf* : contingency — **contingente** *adj & nm* : contingent

continuar {3} *v* : continue — **continuación** *nf, pl* -**ciones** **1** : continuation **2** a ~ : next, then — **continuidad** *nf* : continuity — **continuo, -nua** *adj* **1** : continuous, steady **2** FRECUENTE : continual

contorno *nm* **1** : outline **2** ~s *nmpl* : surrounding area

contorsión *nf, pl* -**siones** : contortion

contra *prep* **1** : against **2** en ~ : against — ~ *nm* los pros y los ~s : the pros and cons

contraatacar {72} *v* : counterattack — **contraataque** *nm* : counterattack

contrabajo *nm* : double bass

contrabalancear *vt* : counterbalance

contrabandista *nmf* : smuggler — **contrabando** *nm* **1** : smuggling **2** : contraband (goods)

contracción *nf, pl* -**ciones** : contraction

contrachapado *nm* : plywood

contradecir {11} *vt* : contradict — **contradicción** *nf, pl* -**ciones** : contradiction — **contradictorio, -ria** *adj* : contradictory

contraer {81} *vt* **1** : contract **2** ~ **matrimonio** : get married — **contraerse** *vr* : contract, tighten up

contrafuerte *nm* : buttress

contragolpe *nm* : backlash

contralto *nmf* : contralto

contrapartida *nf* : compensation

contrapelo: a ~ *adv phr* : the wrong way
contrapeso *nm* : counterbalance
contraponer {60} *vt* **1** : counter, oppose **2** COMPARAR : compare
contraproducente *adj* : counterproductive
contrariar {85} *vt* **1** : oppose **2** MOLESTAR : vex, annoy — **contrariedad** *nf* **1** : obstacle **2** DISGUSTO : annoyance — **contrario, -ria** *adj* **1** OPUESTO : opposite **2** al contrario : on the contrary **3** ser ~ a : be opposed to
contrarrestar *vt* : counteract
contrasentido *nm* : contradiction (in terms)
contraseña *nf* : password
contrastar *vt* **1** : check, verify **2** RESISTIR : resist — *vi* : contrast — **contraste** *nm* : contrast
contratar *vt* **1** : contract for **2** : hire, engage (workers)
contratiempo *nm* **1** : mishap **2** DIFICULTAD : setback
contrato *nm* : contract — **contratista** *nmf* : contractor
contraventana *nf* : shutter
contribuir {41} *vi* **1** : contribute **2** : pay taxes — **contribución** *nf, pl* **-ciones 1** : contribution **2** IMPUESTO : tax — **contribuyente** *nmf* **1** : contributor **2** : taxpayer
contrincante *nmf* : opponent
contrito, -ta *adj* : contrite
controlar *vt* **1** : control **2** COMPROBAR : monitor, check — **control** *nm* **1** : control **2** VERIFICACIÓN : inspection, check — **controlador, -dora** *n* : controller
controversia *nf* : controversy
contundente *adj* **1** : blunt **2** : forceful, convincing (of arguments, etc.)
contusión *nf, pl* **-siones** : bruise
convalecencia *nf* : convalescence — **convaleciente** *adj & nmf* : convalescent
convencer {86} *vt* : convince, persuade — **convencerse** *vr* : be convinced — **convencimiento** *nm* : conviction, belief
convención *nf, pl* **-ciones** : convention — **convencional** *adj* : conventional
convenir {87} *vi* **1** : be suitable, be advisable **2** ~ en : agree on — **conveniencia** *nf* **1** : convenience **2** : suitability (of an action, etc.) — **conveniente** *adj* **1** : convenient **2** ACONSEJABLE : suitable, advisable **3** PROVECHOSO : useful — **convenio** *nm* : agreement, pact
convento *nm* : convent, monastery
converger {15} *or* **convergir** *vi* : converge
conversar *vi* : converse, talk — **conversación** *nf, pl* **-ciones** : conversation
conversión *nf, pl* **-siones** : conversion — **converso, -sa** *n* : convert
convertir {76} *vt* : convert — **convertirse**

vr ~ **en** : turn into — **convertible** *adj & nm* : convertible
convexo, -xa *adj* : convex
convicción *nf, pl* **-ciones** : conviction — **convicto, -ta** *adj* : convicted
convidar *vt* : invite — **convidado, -da** *n* : guest
convincente *adj* : convincing
convite *nm* **1** : invitation **2** : banquet
convivir *vi* : live together — **convivencia** *nf* : coexistence, living together
convocar {72} *vt* : convoke, call together
convulsión *nf, pl* **-siones 1** : convulsion **2** TRASTORNO : upheaval — **convulsivo, -va** *adj* : convulsive
conyugal *adj* : conjugal — **cónyuge** *nmf* : spouse, partner
coñac *nm* : cognac, brandy
cooperar *vi* : cooperate — **cooperación** *nf, pl* **-ciones** : cooperation — **cooperativa** *nf* : cooperative, co-op — **cooperativo, -va** *adj* : cooperative
coordenada *nf* : coordinate
coordinar *vt* : coordinate — **coordinación** *nf, pl* **-ciones** : coordination — **coordinador, -dora** *n* : coordinator
copa *nf* **1** : glass, goblet **2** : cup (in sports) **3 tomar una** ~ : have a drink
copia *nf* : copy — **copiar** *vt* : copy
copioso, -sa *adj* : copious, abundant
copla *nf* **1** : (popular) song **2** ESTROFA : verse, stanza
copo *nm* **1** : flake **2** *or* ~ **de nieve** : snowflake
coquetear *vi* : flirt — **coqueteo** *nm* : flirting, flirtation — **coqueto, -ta** *adj* : flirtatious — ~ *n* : flirt
coraje *nm* **1** : valor, courage **2** IRA : anger
coral¹ *nm* : coral
coral² *adj* : choral — ~ *nf* : choir, chorale
Corán *nm* **el** ~ : the Koran
coraza *nf* **1** : armor plating **2** : shell
corazón *nm, pl* **-zones 1** : heart **2** : core (of fruit) **3 mi** ~ : my darling — **corazonada** *nf* **1** : hunch **2** IMPULSO : impulse
corbata *nf* : tie, necktie
corchete *nm* **1** : hook and eye, clasp **2** : square bracket (punctuation mark)
corcho *nm* : cork
cordel *nm* : cord, string
cordero *nm* : lamb
cordial *adj* : cordial — **cordialidad** *nf* : cordiality
cordillera *nf* : mountain range
córdoba *nf* : córdoba (Nicaraguan unit of currency)
cordón *nm, pl* **-dones 1** : cord **2** ~ **policial** : (police) cordon **3 cordones** *nmpl* : shoelaces

cordura *nf* : sanity
corear *vt* : chant
coreografía *nf* : choreography
cornamenta *nf* : antlers *pl*
corneta *nf* : bugle
coro *nm* **1** : chorus **2** : (church) choir
corona *nf* **1** : crown **2** : wreath, garland (of flowers) — **coronación** *nf, pl* **-ciones** : coronation — **coronar** *vt* : crown
coronel *nm* : colonel
coronilla *nf* **1** : crown (of the head) **2 estar hasta la ~** : be fed up
corporación *nf, pl* **-ciones** : corporation
corporal *adj* : corporal, bodily
corporativo, -va *adj* : corporate
corpulento, -ta *adj* : stout
corral *nm* **1** : farmyard **2** : pen, corral (for animals) **3** *or* **corralito** : playpen
correa *nf* **1** : strap, belt **2** : leash (for a dog, etc.)
corrección *nf, pl* **-ciones** **1** : correction **2** : correctness, propriety (of manners) — **correccional** *nm* : reformatory — **correctivo, -va** *adj* : corrective — **correcto, -ta** *adj* **1** : correct, right **2** CORTÉS : polite
corredizo, -za *adj* : sliding
corredor, -dora *n* **1** : runner, racer **2** AGENTE : agent, broker — **corredor** *nm* : corridor, hallway
corregir {28} *vt* : correct — **corregirse** *vr* : mend one's ways
correlación *nf, pl* **-ciones** : correlation
correo *nm* **1** : mail **2 ~ aéreo** : airmail
correr *vi* **1** : run, race **2** : flow (of a river, etc.) **3** : pass (of time) — *vt* **1** : run **2** RECORRER : travel over, cover **3** : draw (curtains) — **correrse** *vr* **1** : move along **2** : run (of colors)
corresponder *vi* **1** : correspond **2** PERTENECER : belong **3** ENCAJAR : fit **4 ~ a** : reciprocate, repay — **corresponderse** *vr* : write to each other — **correspondencia** *nf* **1** : correspondence **2** : connection (of a train, etc.) — **correspondiente** *adj* : corresponding, respective — **corresponsal** *nmf* : correspondent
corretear *vi* : run about, scamper
corrida *nf* **1** : run **2** *or* **~ de toros** : bullfight — **corrido, -da** *adj* **1** : straight, continuous **2** *fam* : worldly
corriente *adj* **1** : current **2** NORMAL : common, ordinary **3** : running (of water, etc.) — **~** *nf* **1** : current (of water, electricity, etc.), draft (of air) **2** TENDENCIA : tendency, trend — **~** *nm* **al ~ 1** : up-to-date **2** ENTERADO : aware, informed
corrillo *nm* : clique, circle — **corro** *nm* : ring, circle (of people)
corroborar *vt* : corroborate

corroer {69} *vt* **1** : corrode (of metals) **2** : erode, wear away — **corroerse** *vr* : corrode
corromper *vt* **1** : corrupt **2** PUDRIR : rot — **corrompido, -da** *adj* : corrupt
corrosión *nf, pl* **-siones** : corrosion — **corrosivo, -va** *adj* : corrosive
corrupción *nf, pl* **-ciones** **1** : corruption **2** DESCOMPOSICIÓN : decay, rot — **corrupto, -ta** *adj* : corrupt
corsé *nm* : corset
cortar *vt* **1** : cut **2** RECORTAR : cut out **3** QUITAR : cut off — *vi* : cut — **cortarse** *vr* **1** : cut oneself **2** : be cut off (on the telephone) **3** : curdle (of milk) **4 ~ el pelo** : have one's hair cut — **cortada** *nf Lat* : cut — **cortante** *adj* : cutting, sharp
cortauñas *nms & pl* : nail clippers
corte[1] *nm* **1** : cutting **2** ESTILO : cut, style **3 ~ de pelo** : haircut
corte[2] *nf* **1** : court **2 hacer la ~ a** : court, woo — **cortejar** *vt* : court, woo
cortejo *nm* **1** : entourage **2** NOVIAZGO : courtship **3 ~ fúnebre** : funeral procession
cortés *adj* : courteous, polite — **cortesía** *nf* : courtesy, politeness
corteza *nf* **1** : bark **2** : crust (of bread) **3** : rind, peel (of fruit)
cortina *nm* : curtain
corto, -ta *adj* **1** : short **2** ESCASO : scarce **3** *fam* : timid, shy **4 ~ de vista** : nearsighted — **cortocircuito** *nm* : short circuit
corvo, -va *adj* : curved, bent
cosa *nf* **1** : thing **2** ASUNTO : matter, affair **3 ~ de** : about **4 poca ~** : nothing much
cosechar *v* : harvest, reap — **cosecha** *nf* **1** : harvest, crop **2** : vintage (of wine)
coser *v* : sew
cosmético, -ca *adj* : cosmetic — **cosmético** *nm* : cosmetic
cósmico, -ca *adj* : cosmic
cosmopolita *adj* : cosmopolitan
cosmos *nm* : cosmos
cosquillas *nfpl* **1** : tickling **2 hacer ~** : tickle — **cosquilleo** *nm* : tickling sensation, tingle
costa *nf* **1** : coast, shore **2 a toda ~** : at any cost
costado *nm* **1** : side **2 al ~** : alongside
costar {19} *v* : cost
costarricense *or* **costarriqueño, -ña** *adj* : Costa Rican
coste *nm* → **costo** — **costear** *vt* : pay for
costero, -ra *adj* : coastal
costilla *nf* **1** : rib **2** CHULETA : chop, cutlet
costo *nm* : cost, price — **costoso, -sa** *adj* : costly
costra *nf* : scab

costumbre *nf* **1** : custom, habit **2 de** ~ : usual

costura *nf* **1** : sewing, dressmaking **2** PUN- TADAS : seam — **costurera** *nf* : dressmaker

cotejar *vt* : compare

cotidiano, -na *adj* : daily

cotizar {21} *vt* : quote, set a price on — **co- tización** *nf, pl* **-ciones** : quotation, price — **cotizado, -da** *adj* : in demand

coto *nm* : enclosure, reserve

cotorra *nf* **1** : small parrot **2** *fam* : chatter- box — **cotorrear** *vi fam* : chatter, gab

coyote *nm* : coyote

coyuntura *nf* **1** : joint **2** SITUACIÓN : situa- tion, moment

coz *nm, pl* **coces** : kick (of an animal)

cráneo *nf* : cranium, skull

cráter *nm* : crater

crear *vt* : create — **creación** *nf, pl* **-ciones** : creation — **creativo, -va** *adj* : creative — **creador, -dora** *n* : creator

crecer {53} *vi* **1** : grow **2** AUMENTAR : in- crease — **crecido, -da** *adj* **1** : full-grown **2** : large (of numbers) — **creciente** *adj* **1** : growing, increasing **2** : crescent (of the moon) — **crecimiento** *nm* **1** : growth **2** AUMENTO : increase

credenciales *nfpl* : credentials

credibilidad *nf* : credibility

crédito *nm* : credit

credo *nm* : creed

crédulo, -la *adj* : credulous, gullible

creer {20} *v* **1** : believe **2** SUPONER : sup- pose, think — **creerse** *vr* : regard oneself as — **creencia** *nf* : belief — **creíble** *adj* : be- lievable, credible — **creído, -da** *adj fam* : conceited

crema *nf* : cream

cremación *nf, pl* **-ciones** : cremation

cremallera *nf* : zipper

cremoso, -sa *adj* : creamy

crepe *nmf* : crepe, pancake

crepitar *vi* : crackle

crepúsculo *nm* : twilight, dusk

crespo, -pa *adj* : curly, frizzy

crespón *nm, pl* **-pones** : crepe (fabric)

cresta *nf* **1** : crest **2** : comb (of a rooster)

cretino, -na *n* : cretin

creyente *nmf* : believer

criar {85} *vt* **1** : nurse (a baby) **2** EDUCAR : bring up, rear **3** : raise, breed (animals) — **cría** *nf* **1** : breeding, rearing **2** : young ani- mal — **criadero** *nm* : farm, hatchery — **cri- ado, -da** *n* : servant, maid *f* — **criador, -dora** *n* : breeder — **crianza** *nf* : upbring- ing, rearing

criatura *nf* **1** : creature **2** NIÑO : baby, child

crimen *nm, pl* **crímenes** : crime — **criminal** *adj & nmf* : criminal

críquet *nm* : cricket (game)

crin *nf* : mane

criollo, -lla *adj & n* : Creole

cripta *nf* : crypt

crisantemo *nm* : chrysanthemum

crisis *nf* **1** : crisis **2** ~ **nerviosa** : nervous breakdown

crispar *vt* **1** : tense (muscles), clench (one's fist) **2** IRRITAR : irritate, set on edge — **crisparse** *vr* : tense up

cristal *nm* **1** : crystal **2** VIDRIO : glass, piece of glass — **cristalería** *nf* : glassware — **cristalino, -na** *adj* : crystalline — **cristal- ino** *nm* : lens (of the eye) — **cristalizar** {21} *vi* : crystallize

cristiano, -na *adj & n* : Christian — **cris- tianismo** *nm* : Christianity — **Cristo** *nm* : Christ

criterio *nm* **1** : criterion **2** JUICIO : judg- ment, opinion

criticar {72} *vt* : criticize — **crítica** *nf* **1** : criticism **2** RESEÑA : review, critique — **crítico, -ca** *adj* : critical — ~ *n* : critic, re- viewer

croar *vi* : croak

cromo *nm* : chromium, chrome

cromosoma *nm* : chromosome

crónica *nf* **1** : chronicle **2** : (news) report

crónico, -ca *adj* : chronic

cronista *nmf* : reporter, newscaster

cronología *nf* : chronology — **cronológico, -ca** *adj* : chronological

cronometrar *vt* : time, clock — **cronómetro** *nm* : chronometer, stopwatch

croqueta *nf* : croquette

croquis *nms & pl* : (rough) sketch

cruce *nm* **1** : crossing **2** : crossroads, inter- section **3** ~ **peatonal** : crosswalk

crucero *nm* **1** : cruise **2** : cruiser (ship)

crucial *adj* : crucial

crucificar {72} *vt* : crucify — **crucifijo** *nm* : crucifix — **crucifixión** *nf, pl* **-fixiones** : crucifixion

crucigrama *nm* : crossword puzzle

crudo, -da *adj* **1** : harsh, crude **2** : raw (of food) — **crudo** *nm* : crude oil

cruel *adj* : cruel — **crueldad** *nf* : cruelty

crujir *vi* : rustle, creak, crackle, crunch — **crujido** *nm* : rustle, creak, crackle, crunch — **crujiente** *adj* : crunchy, crisp

cruzar {21} *vt* **1** : cross **2** : exchange (words) — **cruzarse** *vr* **1** : intersect **2** : pass each other — **cruz** *nf, pl* **cruces** : cross — **cruzada** *nf* : crusade — **cruzado, -da** *adj* : crossed — **cruzado** *nm* : crusader

cuaderno *nm* : notebook

cuadra *nf* **1** : stable **2** *Lat* : (city) block

cuadrado, -da *adj* : square — **cuadrado** *nm* : square

cuadragésimo, -ma *adj* : fortieth, forty- — ~ *n* : fortieth, forty- (in a series)
cuadrar *vi* **1** : conform, agree **2** : add up, tally (numbers) — *vt* : square — **cuadrarse** *vr* : stand at attention
cuadrilátero *nm* **1** : quadrilateral **2** : ring (in sports)
cuadrilla *nf* : gang, group
cuadro *nm* **1** : square **2** PINTURA : painting **3** DESCRIPCIÓN : picture, description **4** : staff, management (of an organization) **5** CUADRADO : check, square **6** : (baseball) diamond
cuadrúpedo *nm* : quadruped
cuadruple *adj* : quadruple — **cuadruplicar** {72} *vt* : quadruple
cuajar *vi* **1** : curdle **2** COAGULAR : clot, coagulate **3** : set (of pudding, etc.) **4** AFIANZARSE : catch on — *vt* **1** : curdle **2** ~ **de** : fill with
cual *pron* **1 el** ~**, la** ~**, los** ~**es, las** ~**es** : who, whom, which **2 lo** ~ : which **3 cada** ~ : everyone, everybody — ~ *prep* : like, as
cuál *pron* : which (one), what (one) — ~ *adj* : which, what
cualidad *nf* : quality, trait
cualquiera (**cualquier** *before nouns*) *adj, pl* **cualesquiera** : any, whatever — ~ *pron, pl* **cualesquiera** : anyone, whatever
cuán *adv* : how
cuando *conj* **1** : when **2** SI : since, if **3** ~ **más** : at the most **4 de vez en** ~ : from time to time — ~ *prep* : during, at the time of
cuándo *adv* **1** : when **2 ¿desde** ~**?** : since when?
cuantía *nf* **1** : quantity, extent **2** IMPORTANCIA : importance — **cuantioso, -sa** *adj* : abundant, considerable
cuanto *adv* **1** : as much as **2** ~ **antes** : as soon as possible **3 en** ~ : as soon as **4 en** ~ **a** : as for, as regards — **cuanto, -ta** *adj* : as many, whatever — ~ *pron* **1** : as much as, all that, everything **2 unos cuantos, unas cuantas** : a few
cuánto *adv* : how much, how many — **cuánto, -ta** *adj* : how much, how many — ~ *pron* : how much, how many
cuarenta *adj & nm* : forty — **cuarentavo, -va** *adj* : fortieth — **cuarentavo** *nm* : fortieth
cuarentena *nf* : quarantine
Cuaresma *nf* : Lent
cuartear *vt* : quarter, divide up — **cuartearse** *vr* : crack, split
cuartel *nm* **1** : barracks *pl* **2** ~ **general** : headquarters **3 no dar** ~ : show no mercy

cuarteto *nm* : quartet
cuarto, -ta *adj* : fourth — ~ *n* : fourth (in a series) — **cuarto** *nm* **1** : quarter, fourth **2** HABITACIÓN : room
cuarzo *nm* : quartz
cuatro *adj & nm* : four — **cuatrocientos, -tas** *adj* : four hundred — **cuatrocientos** *nms & pl* : four hundred
cuba *nf* : cask, barrel
cubano, -na *adj* : Cuban
cubeta *nf* **1** : keg, cask **2** *Lat* : pail, bucket
cúbico, -ca *adj* : cubic, cubed — **cubículo** *nm* : cubicle
cubierta *nf* **1** : cover, covering **2** : (automobile) tire **3** : deck (of a ship) — **cubierto** *nm* **1** : cutlery, place setting **2 a** ~ : under cover
cubo *nm* **1** : cube **2** *Spain* : pail, bucket **3** : hub (of a wheel)
cubrecama *nm* : bedspread
cubrir {2} *vt* : cover — **cubrirse** *vr* **1** : cover oneself **2** : cloud over
cucaracha *nf* : cockroach
cuchara *nf* : spoon — **cucharada** *nf* : spoonful — **cucharilla** *or* **cucharita** *nf* : teaspoon — **cucharón** *nm, pl* **-rones** : ladle
cuchichear *vi* : whisper — **cuchicheo** *nm* : whisper
cuchilla *nf* **1** : (kitchen) knife **2** ~ **de afeitar** : razor blade — **cuchillada** *nf* : stab, knife wound — **cuchillo** *nm* : knife
cuclillas *nfpl* **en** ~ : squatting, crouching
cuco *nm* : cuckoo — **cuco, -ca** *adj fam* : pretty, cute
cucurucho *nm* : ice-cream cone
cuello *nm* **1** : neck **2** : collar (of clothing)
cuenca *nf* **1** : river basin **2** : (eye) socket — **cuenco** *nm* **1** : bowl **2** CONCAVIDAD : hollow
cuenta *nf* **1** : calculation, count **2** : (bank) account **3** FACTURA : check, bill **4** : bead (for a necklace, etc.) **5 darse** ~ : realize **6 tener en** ~ : bear in mind
cuento *nm* **1** : story, tale **2** ~ **de hadas** : fairy tale
cuerda *nf* **1** : cord, rope, string **2** ~**s vocales** : vocal cords **3 dar** ~ **a** : wind up
cuerdo, -da *adj* : sane, sensible
cuerno *nm* **1** : horn **2** : antlers *pl* (of a deer)
cuero *nm* **1** : leather, hide **2** ~ **cabelludo** : scalp
cuerpo *nm* **1** : body **2** : corps (in the military, etc.)
cuervo *nm* : crow
cuesta *nf* **1** : slope **2 a** ~**s** : on one's back **3** ~ **abajo** : downhill **4** ~ **arriba** : uphill
cuestión *nf, pl* **-tiones** : matter, affair — **cuestionar** *vt* : question — **cuestionario** *nm* **1** : questionnaire **2** : quiz (in school)

cueva *nf* : cave
cuidar *vt* **1** : take care of, look after **2** : pay attention to (details, etc.) — *vi* **1** ~ **de** : look after **2** ~ **de que** : make sure that — **cuidarse** *vr* : take care of oneself — **cuidado** *nm* **1** : care **2** PREOCUPACIÓN : worry, concern **3 tener** ~ : be careful **4** ¡cuidado! : watch out!, careful! — **cuidadoso, -sa** *adj* : careful — **cuidadosamente** *adv* : carefully
culata *nf* : butt (of a gun) — **culatazo** *nf* : kick, recoil
culebra *nf* : snake
culinario, -ria *adj* : culinary
culminar *vi* : culminate — **culminación** *nf, pl* **-ciones** : culmination
culo *nm fam* : backside, bottom
culpa *nf* **1** : fault, blame **2** PECADO : sin **3 echar la** ~ **a** : blame **4 tener la** ~ : be at fault — **culpabilidad** *nf* : guilt — **culpable** *adj* : guilty — ~ *nmf* : culprit, guilty party — **culpar** *vt* : blame
cultivar *vt* : cultivate — **cultivo** *nm* **1** : farming, cultivation **2** ~s : crops
culto, -ta *adj* : cultured, educated — **culto** *nm* **1** : worship **2** : (religious) cult — **cultura** *nf* : culture — **cultural** *adj* : cultural
cumbre *nf* : summit, top
cumpleaños *nms & pl* : birthday
cumplido, -da *adj* **1** : complete, full **2** CORTÉS : courteous — **cumplido** *nm* : compliment, courtesy
cumplimentar *vt* **1** : congratulate **2** CUMPLIR : carry out — **cumplimiento** *nm* : carrying out, performance
cumplir *vt* **1** : accomplish, carry out **2** : keep (a promise), observe (a law, etc.) **3** : reach (a given age) — *vi* **1** : expire, fall due **2** ~ **con el deber** : do one's duty — **cumplirse** *vr* **1** : expire **2** REALIZARSE : come true
cúmulo *nm* **1** : heap, pile **2** : cumulus (cloud)

cuna *nf* **1** : cradle **2** ORIGEN : birthplace
cundir *vi* **1** PROPAGARSE : spread, propagate **2** : go a long way
cuneta *nf* : ditch (in a road), gutter (in a street)
cuña *nf* : wedge
cuñado, -da *n* : brother-in-law *m*, sister-in-law *f*
cuota *nf* **1** : fee, dues **2** CUPO : quota **3** *Lat* : installment, payment
cupo *nm* **1** : quota, share **2** *Lat* : capacity, room
cupón *nm, pl* **-pones** : coupon
cúpula *nf* : dome, cupola
cura *nf* : cure, treatment — ~ *nm* : priest — **curación** *nf, pl* **-ciones** : healing — **curar** *vt* **1** : cure **2** : dress (a wound) **3** CURTIR : tan (hides) — **curarse** *vr* : get well
curiosear *vi* **1** : snoop, pry **2** : browse (in a store) — *vt* : look over — **curiosidad** *nf* : curiosity — **curioso, -sa** *adj* **1** : curious, inquisitive **2** RARO : unusual, strange
currículum *nm, pl* **-lums** *or* **currículo** *nm* : résumé, curriculum vitae
cursar *vt* **1** : take (a course), study **2** ENVIAR : send, pass on
cursi *adj fam* : affected, pretentious
cursiva *nf* : italics *pl*
curso *nm* **1** : course **2** : (school) year **3 en** ~ : under way **4 en** ~ : current
curtir *vt* **1** : tan **2** : harden (skin, features, etc.) — **curtiduría** *nf* : tannery
curva *nf* **1** : curve, bend **2** ~ **de nivel** : contour — **curvo, -va** *adj* : curved, bent
cúspide *nf* : apex, peak
custodia *nf* : custody — **custodiar** *vt* : guard, look after — **custodio, -dia** *n* : guardian
cutáneo, -nea *adj* : skin
cutícula *nf* : cuticle
cutis *nms & pl* : skin, complexion
cuyo, -ya *adj* **1** : whose, of whom, of which **2 en cuyo caso** : in which case

D

d *nf* : d, fourth letter of the Spanish alphabet

dádiva *nf* : gift, handout — **dadivoso, -sa** *adj* : generous

dado, -da *adj* **1** : given **2 dado que** : provided that, since — **dados** *nmpl* : dice

daga *nf* : dagger

daltónico, -ca *adj* : color-blind

dama *nf* **1** : lady **2 ~s** *nfpl* : checkers

damnificar {72} *vt* : damage, injure

danés, -nesa *adj* : Danish — **danés** *nm* : Danish (language)

danzar {21} *v* : dance — **danza** *nf* : dance, dancing

dañar *vt* : damage, harm — **dañarse** *vr* **1** : be damaged **2** : hurt oneself — **dañino, -na** *adj* : harmful — **daño** *nm* **1** : damage, harm **2 ~s y perjuicios** : damages

dar {22} *vt* **1** : give **2** PRODUCIR : yield, produce **3** : strike (the hour) **4** MOSTRAR : show — *vi* **1 ~ como** : consider, regard as **2 ~ con** : run into, meet **3 ~ contra** : knock against **4 ~ para** : be enough for — **darse** *vr* **1** : happen **2 ~ contra** : bump into **3 ~ por** : consider oneself **4 dárselas de** : pose as

dardo *nm* : dart

dársena *nf* : dock

datar *vt* : date — *vi ~ de* : date from

dátil *nm* : date (fruit)

dato *nm* **1** : fact **2 ~s** *nmpl* : data

de *prep* **1** : of **2 ~ Managua** : from Managua **3 ~ niño** : as a child **4 ~ noche** : at night **5 las tres ~ la mañana** : three o'clock in the morning **6 más ~ 10** : more than 10

deambular *vi* : wander about, stroll

debajo *adv* **1** : underneath **2 ~ de** : under, underneath **3 por ~** : below, beneath

debatir *vt* : debate — **debatirse** *vr* : struggle — **debate** *nm* : debate

deber *vt* : owe — *v aux* **1** : have to, should **2** (*expressing probability*) : must — **deberse** *vr ~ a* : be due to — *~ nm* **1** : duty **2 ~es** *nmpl* : homework — **debido, -da** *adj ~ a* : due to, owing to

débil *adj* : weak, feeble — **debilidad** *nf* : weakness — **debilitar** *vt* : weaken — **debilitarse** *vr* : get weak — **débilmente** *adv* : weakly, faintly

débito *nm* **1** : debit **2** DEUDA : debt

debutar *vi* : debut — **debut** *nm, pl ~s* : debut — **debutante** *nf* : debutante *f*

década *nf* : decade

decadencia *nf* : decadence — **decadente** *adj* : decadent

decaer {13} *vi* : decline, weaken

decano, -na *n* : dean

decapitar *vt* : behead

decena *nf* : ten, about ten

decencia *nf* : decency

decenio *nm* : decade

decente *adj* : decent

decepcionar *vt* : disappoint — **decepción** *nf, pl* **-ciones** : disappointment

decibelio *or* **decibel** *nm* : decibel

decidir *vt* : decide, determine — *vi* : decide — **decidirse** *vr* : make up one's mind — **decididamente** *adv* : definitely, decidedly — **decidido, -da** *adj* : determined, resolute

decimal *adj* : decimal

décimo, -ma *adj & n* : tenth

decimoctavo, -va *adj* : eighteenth — *~ n* : eighteenth (in a series)

decimocuarto, -ta *adj* : fourteenth — *~ n* : fourteenth (in a series)

decimonoveno, -na *or* **decimonono, -na** *adj* : nineteenth — *~ n* : nineteenth (in a series)

decimoquinto, -ta *adj* : fifteenth — *~ n* : fifteenth (in a series)

decimoséptimo, -ma *adj* : seventeenth — *~ n* : seventeenth (in a series)

decimosexto, -ta *adj* : sixteenth — *~ n* : sixteenth (in a series)

decimotercero, -ra *adj* : thirteenth — *~ n* : thirteenth (in a series)

decir {23} *vt* **1** : say **2** CONTAR : tell **3 es ~** : that is to say **4 querer ~** : mean — **decirse** *vr* **1** : tell oneself **2 ¿cómo se dice...en español?** : how do you say...in Spanish? — *~ nm* : saying, expression

decisión *nf, pl* **-siones** : decision — **decisivo, -va** *adj* : decisive

declarar *vt* : declare — *vi* : testify — **declararse** *vr* **1** : declare oneself **2** : break out (of a fire, an epidemic, etc.) — **declaración** *nf, pl* **-ciones** : statement

declinar *v* : decline

declive *nm* **1** : decline **2** PENDIENTE : slope

decolorar *vt* : bleach — **decolorarse** *vr* : fade

decoración *nf, pl* **-ciones** : decoration — **decorado** *nm* : stage set — **decorar** *vt* : decorate — **decorativo, -va** *adj* : decorative

decoro *nm* : decency, decorum — **decoroso, -sa** *adj* : decent, proper

decrecer {53} *vi* : decrease
decrépito, -ta *adj* : decrepit
decretar *vt* : decree — **decreto** *nm* : decree
dedal *nm* : thimble
dedicar {72} *vt* : dedicate — **dedicarse** *vr*
~ **a** : devote oneself to — **dedicación** *nf,*
pl **-ciones** : dedication — **dedicatoria** *nf*
: dedication, inscription
dedo *nm* 1 : finger 2 ~ **del pie** : toe
deducir {61} *vt* 1 INFERIR : deduce 2 DE-
SCONTAR : deduct — **deducción** *nf, pl*
-ciones : deduction
defecar {72} *vi* : defecate
defecto *nm* : defect — **defectuoso, -sa** *adj*
: defective, faulty
defender {56} *vt* : defend — **defenderse** *vr*
: defend oneself — **defensa** *nf* : defense —
defensiva *nf* : defensive — **defensivo, -va**
adj : defensive — **defensor, -sora** *n* 1 : defender 2 *or* **abogado defensor** : defense
counsel
deferencia *nf* : deference — **deferente** *adj*
: deferential
deficiencia *nf* : deficiency — **deficiente** *adj*
: deficient
déficit *nm, pl* **-cits** : deficit
definir *vt* : define — **definición** *nf, pl*
-ciones : definition — **definitivo, -va** *adj* 1
: definitive 2 **en definitiva** : in short
deformar *vt* 1 : deform 2 : distort (the truth,
etc.) — **deformación** *nf, pl* **-ciones** : distortion — **deforme** *adj* : deformed — **deformidad** *nf* : deformity
defraudar *vt* 1 : defraud 2 DECEPCIONAR
: disappoint
degenerar *vi* : degenerate — **degenerado,
-da** *adj* : degenerate
degradar *vt* 1 : degrade 2 : demote (in the
military)
degustar *vt* : taste
dehesa *nf* : pasture
deidad *nf* : deity
dejar *vt* 1 : leave 2 ABANDONAR : abandon
3 PERMITIR : allow — *vi* ~ **de** : quit — **de-
jado, -da** *adj* : slovenly, careless
dejo *nm* 1 : aftertaste 2 : (regional) accent
delantal *nm* : apron
delante *adv* 1 : ahead 2 ~ **de** : in front of
delantera *nf* 1 : front 2 **tomar la** ~ : take
the lead — **delantero, -ra** *adj* : front, forward — ~ *n* : forward (in sports)
delatar *vt* : denounce, inform against
delegar {52} *vt* : delegate — **delegación** *nf,*
pl **-ciones** : delegation — **delegado, -da** *n*
: delegate, representative
deleitar *vt* : delight, please — **deleite** *nm*
: delight
deletrear *vi* : spell (out)
delfín *nm, pl* **-fines** : dolphin

delgado, -da *adj* : thin
deliberar *vi* : deliberate — **deliberación** *nf,*
pl **-ciones** : deliberation — **deliberado, -da**
adj : deliberate, intentional
delicadeza *nf* 1 : delicacy, daintiness 2
SUAVIDAD : gentleness 3 TACTO : tact —
delicado, -da *adj* 1 : delicate 2 SENSIBLE
: sensible 3 DISCRETO : tactful
delicia *nf* : delight — **delicioso, -sa** *adj* 1
: delightful 2 RICO : delicious
delictivo, -va *adj* : criminal
delimitar *vt* : define, set the boundaries of
delincuencia *nf* : delinquency, crime —
delincuente *adj* & *nmf* : delinquent, criminal — **delinquir** {24} *vi* : break the law
delirante *adj* : delirious — **delirar** *vi* 1 : be
delirious 2 ~ **por** *fam* : rave about —
delirio *nm* 1 : delirium 2 ~ **de grandeza**
: delusions of grandeur
delito *nm* : crime
delta *nm* : delta
demacrado, -da *adj* : emaciated
demandar *vt* 1 : sue 2 PEDIR : demand 3
Lat : require — **demanda** *nf* 1 : lawsuit 2
PETICIÓN : request 3 **la oferta y la** ~ : supply and demand — **demandante** *nmf*
: plaintiff
demás *adj* : rest of the, other — ~ *pron* 1
lo (la, los, las) ~ : the rest, others 2 **por**
~ : extremely 3 **por lo** ~ : otherwise 4 **y**
~ : and so on
demasiado *adv* 1 : too 2 : too much — ~
adj : too much, too many
demencia *nf* : madness — **demente** *adj* : insane, mad
democracia *nf* : democracy — **demócrata**
nmf : democrat — **democrático, -ca** *adj*
: democratic
demoler {47} *vt* : demolish — **demolición**
nf, pl **-ciones** : demolition
demonio *nm* : devil, demon
demorar *v* : delay — **demorarse** *vr* : take a
long time — **demora** *nf* : delay
demostrar {19} *vt* 1 : demonstrate 2
MOSTRAR : show — **demostración** *nf, pl*
-ciones : demonstration
demudar *vt* : change, alter
denegar {49} *vt* : deny, refuse — **denegación** *nf, pl* **-ciones** : denial, refusal
denigrar *vt* 1 : denigrate 2 INJURIAR : insult
denominador *nm* : denominator
denotar *vt* : denote, show
densidad *nf* : density — **denso, -sa** *adj*
: dense
dental *adj* : dental — **dentado, -da** *adj*
: toothed, notched — **dentadura** *nf* ~ **postiza** : dentures *pl* — **dentífrico** *nm* : toothpaste — **dentista** *nmf* : dentist

dentro *adv* **1** : in, inside **2** ~ **de poco** : soon, shortly **3 por** ~ : inside
denuedo *nm* : courage
denunciar *vt* **1** : denounce **2** : report (a crime) — **denuncia** *nf* **1** : accusation **2** : (police) report
departamento *nm* **1** : department **2** *Lat* : apartment
depender *vi* **1** : depend **2** ~ **de** : depend on — **dependencia** *nf* **1** : dependence, dependency **2** SUCURSAL : branch office — **dependiente** *adj* : dependent — **dependiente, -ta** *n* : clerk, salesperson
deplorar *vt* : deplore, regret
deponer {60} *vt* : remove from office, depose
deportar *vt* : deport — **deportación** *nf, pl* **-ciones** : deportation
deporte *nm* : sport, sports *pl* — **deportista** *nmf* : sportsman *m*, sportswoman *f* — **deportivo, -va** *adj* **1** : sporty **2 artículos deportivos** : sporting goods
depositar *vt* **1** : put, place **2** : deposit (in a bank, etc.) — **depósito** *nm* **1** : deposit **2** ALMACÉN : warehouse
depravado, -da *adj* : depraved
depreciarse *vr* : depreciate — **depreciación** *nf* : depreciation
depredador *nm* : predator
deprimir *vt* : depress — **deprimirse** *vr* : get depressed — **depresión** *nf, pl* **-siones** : depression
derecha *nf* **1** : right side **2** : right wing (in politics) — **derechista** *adj* : right-wing — **derecho** *nm* **1** : right **2** LEY : law — ~ *adv* **1** : straight — **derecho, -cha** *adj* **1** : right, right-hand **2** VERTICAL : upright **3** RECTO : straight
deriva *nf* **1** : drift **2 a la** ~ : adrift — **derivación** *nf, pl* **-ciones** : derivation — **derivar** *vi* **1** : drift **2** ~ **de** : derive from
derramamiento *nm* ~ **de sangre** : bloodshed
derramar *vt* **1** : spill **2** : shed (tears, blood) — **derramarse** *vr* : overflow — **derrame** *nm* **1** : spilling **2** : discharge, hemorrhage
derrapar *vi* : skid — **derrape** *nm* : skid
derretir {54} *vt* : melt, thaw — **derretirse** *vr* **1** : melt, thaw **2** ~ **por** *fam* : be crazy about
derribar *vt* **1** : demolish **2** : bring down (a plane, a tree, etc.) **3** : overthrow (a government, etc.)
derrocar {72} *vt* : overthrow
derrochar *vt* : waste, squander — **derrochador, -dora** *n* : spendthrift — **derroche** *nm* : extravagance, waste
derrotar *vt* : defeat — **derrota** *nf* : defeat
derruir {41} *vt* : demolish, tear down

derrumbar *vt* : demolish, knock down — **derrumbarse** *vr* : collapse, break down — **derrumbamiento** *nm* : collapse — **derrumbe** *nm* : collapse
desabotonar *vt* : unbutton, undo
desabrido, -da *adj* : bland
desabrochar *vt* : unbutton, undo — **desabrocharse** *vr* : come undone
desacato *nm* **1** : disrespect **2** : contempt (of court) — **desacatar** *vt* : defy, disobey
desacertado, -da *adj* : mistaken, wrong — **desacertar** {55} *vi* : be mistaken — **desacierto** *nm* : mistake, error
desaconsejar *vt* : advise against — **desaconsejable** *adj* : inadvisable
desacreditar *vt* : discredit
desactivar *vt* : deactivate
desacuerdo *nm* : disagreement
desafiar {85} *vt* : defy, challenge — **desafiante** *adj* : defiant
desafilado, -da *adj* : blunt
desafinado, -da *adj* : out-of-tune, off-key
desafío *nm* : challenge, defiance
desafortunado, -da *adj* : unfortunate — **desafortunadamente** *adv* : unfortunately
desagradar *vt* : displease — **desagradable** *adj* : disagreeable, unpleasant
desagradecido, -da *adj* : ungrateful
desagrado *nm* **1** : displeasure **2 con** ~ : reluctantly
desagravio *nm* : amends, reparation
desagregarse {52} *vr* : disintegrate
desaguar {10} *vi* : drain, empty — **desagüe** *nm* **1** : drainage **2** : drain (of a sink, etc.)
desahogar {52} *vt* **1** : relieve **2** : give vent to (anger, etc.) — **desahogarse** *vr* : let off steam, unburden oneself — **desahogado, -da** *adj* **1** : roomy **2** ADINERADO : comfortable, well-off — **desahogo** *nm* **1** : relief **2 con** ~ : comfortably
desahuciar *vt* **1** : deprive of hope **2** DESALOJAR : evict — **desahucio** *nm* : eviction
desaire *nm* : snub, rebuff — **desairar** *vt* : snub, slight
desalentar {55} *vt* : discourage — **desaliento** *nm* : discouragement
desaliñado, -da *adj* : slovenly
desalmado, -da *adj* : heartless, cruel
desalojar *vt* **1** : evacuate **2** DESAHUCIAR : evict
desamparar *vt* : abandon — **desamparo** *nm* : abandonment, desertion
desamueblado, -da *adj* : unfurnished
desangrarse *vr* : lose blood, bleed to death
desanimar *vt* : discourage — **desanimarse** *vr* : get discouraged — **desanimado, -da** *adj* : downhearted, despondent — **desánimo** *nm* : discouragement

desanudar *vt* : untie

desaparecer {53} *vi* : disappear — **desaparecido, -da** *n* : missing person — **desaparición** *nf*, *pl* **-ciones** : disappearance

desapasionado, -da *adj* : dispassionate

desapego *nm* : indifference

desapercibido, -da *adj* : unnoticed

desaprobar {19} *vt* : disapprove of — **desaprobación** *nf*, *pl* **-ciones** : disapproval

desaprovechar *vt* : waste

desarmar *vt* **1** : disarm **2** DESMONTAR : dismantle, take apart — **desarme** *nm* : disarmament

desarraigar {52} *vt* : uproot, root out

desarreglar *vt* **1** : mess up **2** : disrupt (plans, etc.) — **desarreglado, -da** *adj* : disorganized — **desarreglo** *nm* : untidiness, disorder

desarrollar *vt* : develop — **desarrollarse** *vr* : take place — **desarrollo** *nm* : development

desarticular *vt* **1** : break up, dismantle **2** : dislocate (a bone)

desaseado, -da *adj* **1** : dirty **2** DESORDENADO : messy

desastre *nm* : disaster — **desastroso, -sa** *adj* : disastrous

desatar *vt* **1** : undo, untie **2** : unleash (passions) — **desatarse** *vr* **1** : come undone **2** DESENCADENARSE : break out, erupt

desatascar {72} *vt* : unclog

desatender {56} *vt* **1** : disregard **2** : neglect (an obligation, etc.) — **desatento, -ta** *adj* : inattentive

desatinado, -da *adj* : foolish, silly

desautorizado, -da *adj* : unauthorized

desavenencia *nf* : disagreement

desayunar *vi* : have breakfast — *vt* : have for breakfast — **desayuno** *nm* : breakfast

desbancar {72} *vt* : oust

desbarajuste *nm* : disorder, confusion

desbaratar *vt* : ruin, destroy — **desbaratarse** *vr* : fall apart

desbocarse {72} *vr* : run away, bolt

desbordar *vt* **1** : overflow **2** : exceed (limits) — **desbordarse** *vr* : overflow — **desbordamiento** *nm* : overflow

descabellado, -da *adj* : crazy

descafeinado, -da *adj* : decaffeinated

descalabrar *vt* : hit on the head — **descalabro** *nm* : misfortune, setback

descalificar {72} *vt* : disqualify — **descalificación** *nf*, *pl* **-ciones** : disqualification

descalzarse {21} *vr* : take off one's shoes — **descalzo, -za** *adj* : barefoot

descaminar *vt* : mislead, lead astray

descansar *v* : rest — **descanso** *nm* **1** : rest **2** : landing (of a staircase) **3** : intermission (in theater), halftime (in sports)

descapotable *adj* & *nm* : convertible

descarado, -da *adj* : insolent, shameless

descargar {52} *vt* **1** : unload **2** : discharge (a firearm, etc.) — **descarga** *nf* **1** : unloading **2** : discharge (of a firearm, of electricity, etc.) — **descargo** *nm* **1** : unloading **2** : discharge (of a duty, etc.) **3** : defense (in law)

descarnado, -da *adj* : scrawny, gaunt

descaro *nm* : insolence, nerve

descarrilar *vi* : derail — **descarrilarse** *vr* : be derailed

descartar *vt* : reject — **descartarse** *vr* : discard

descascarar *vt* : peel, shell, husk

descender {56} *vt* **1** : go down **2** BAJAR : lower — *vi* **1** : descend **2** ~ **de** : be descended from — **descendencia** *nf* **1** : descendants *pl* **2** LINAJE : lineage, descent — **descendiente** *nmf* : descendant — **descenso** *nm* **1** : descent **2** : drop, fall (in level, in temperature, etc.)

descifrar *vt* : decipher, decode

descolgar {16} *vt* **1** : take down **2** : pick up, answer (the telephone)

descolorarse *vr* : fade — **descolorido, -da** *adj* : faded, discolored

descomponer {60} *vt* : break down — **descomponerse** *vr* **1** : rot, decompose **2** *Lat* : break down — **descompuesto, -ta** *adj* *Lat* : out of order

descomunal *adj* : enormous

desconcertar {55} *vt* : disconcert, confuse — **desconcertante** *adj* : confusing — **desconcierto** *nm* : confusion, bewilderment

desconectar *vt* : disconnect

desconfiar {85} *vi* ~ **de** : distrust — **desconfiado, -da** *adj* : distrustful — **desconfianza** *nf* : distrust

descongelar *vt* **1** : thaw, defrost **2** : unfreeze (assets)

descongestionante *nm* : decongestant

desconocer {18} *vt* : not know, fail to recognize — **desconocido, -da** *adj* : unknown — ~ *n* : stranger

desconsiderado, -da *adj* : inconsiderate

desconsolar *vt* : distress — **desconsolado, -da** *adj* : heartbroken — **desconsuelo** *nm* : grief, sorrow

descontar {19} *vt* : discount

descontento, -ta *adj* : dissatisfied — **descontento** *nm* : discontent

descontinuar *vt* : discontinue

descorazonado, -da *adj* : discouraged

descorrer *vt* : draw back

descortés *adj*, *pl* **-teses** : rude — **descortesía** *nf* : discourtesy, rudeness

descoyuntar *vt* : dislocate

descrédito *nm* : discredit

descremado, -da *adj* : nonfat, skim
describir {33} *vt* : describe — **descripción**
nf, pl **-ciones** : description — **descriptivo,**
-va *adj* : descriptive
descubierto, -ta *adj* **1** : exposed, uncovered
2 al descubierto : in the open — **descu-**
bierto *nm* : deficit, overdraft
descubrir {2} *vt* **1** : discover **2** REVELAR
: reveal — **descubrimiento** *nm* : discovery
descuento *nm* : discount
descuidar *vt* : neglect — **descuidarse** *vr* **1**
: be careless **2** ABANDONARSE : let oneself
go — **descuidado, -da** *adj* **1** : careless,
sloppy **2** DESATENDIDO : neglected — **des-**
cuido *nm* : neglect, carelessness
desde *prep* **1** : from (a place), since (a time)
2 ~ luego : of course
desdén *nm* : scorn, disdain — **desdeñar** *vt*
: scorn — **desdeñoso, -sa** *adj* : disdainful
desdicha *nf* **1** : misery **2** DESGRACIA : misfortune — **desdichado, -da** *adj* : unfortunate, unhappy
desear *vt* : wish, want — **deseable** *adj* : desirable
desecar *vt* : dry up
desechar *vt* **1** : throw away **2** RECHAZAR
: reject — **desechable** *adj* : disposable —
desechos *nmpl* : rubbish
desembarazarse {21} *vr* **~ de** : get rid of
desembarcar {72} *vi* : disembark — *vt* : unload — **desembarcadero** *nm* : jetty, landing pier — **desembarco** *nm* : landing
desembocar {72} *vi* **~ en 1** : flow into **2**
: lead to (a result) — **desembocadura** *nf* **1**
: mouth (of a river) **2** : opening, end (of a
street)
desembolsar *vt* : pay out — **desembolso**
nm : payment, outlay
desembragar *vi* : disengage the clutch
desempacar {72} *v Lat* : unpack
desempate *nm* : tiebreaker
desempeñar *vt* **1** : play (a role) **2** : redeem
(from a pawnshop) — **desempeñarse** *vr*
: get out of debt
desempleo *nm* : unemployment — **desem-**
pleado, -da *adj* : unemployed
desempolvar *vt* : dust
desencadenar *vt* **1** : unchain **2** : trigger,
unleash (protests, crises, etc.) — **desenca-**
denarse *vr* : break loose
desencajar *vt* **1** : dislocate **2** DESCONECTAR
: disconnect
desencanto *nm* : disillusionment
desenchufar *vt* : disconnect, unplug
desenfadado, -da *adj* : carefree, confident
— **desenfado** *nm* : confidence, ease
desenfrenado, -da *adj* : unrestrained — **de-**
senfreno *nm* : abandon, lack of restraint
desenganchar *vt* : unhook

desengañar *vt* : disillusion — **desengaño**
nm : disappointment
desenlace *nm* : ending, outcome
desenmarañar *vt* : disentangle
desenmascarar *vt* : unmask
desenredar *vt* : untangle — **desenredarse**
vr **~ de** : extricate oneself from
desenrollar *vt* : unroll, unwind
desentenderse {56} *vr* **~ de** : want nothing to do with
desenterrar {55} *vt* : dig up, disinter
desentonar *vi* **1** : be out of tune **2** : clash
(of colors, etc.)
desenvoltura *nf* : confidence, ease
desenvolver {89} *vt* : unfold, unwrap — **de-**
senvolverse *vr* : unfold, develop
desenvuelto, -ta *adj* : confident, self-
assured
deseo *nm* : desire — **deseoso, -sa** *adj*
: eager, anxious
desequilibrar *vt* : throw off balance — **de-**
sequilibrado, -da *adj* : unbalanced — **de-**
sequilibrio *nm* : imbalance
desertar *vt* : desert — **deserción** *nf, pl*
-ciones : desertion — **desertor, -tora** *n* : deserter
desesperar *vt* : exasperate — *vi* : despair —
desesperarse *vr* : become exasperated —
desesperación *nf, pl* **-ciones** : desperation, despair — **desesperado, -da** *adj*
: desperate, hopeless
desestimar *vt* : reject
desfalcar {72} *vt* : embezzle — **desfalco**
nm : embezzlement
desfallecer {53} *vi* **1** : weaken **2** DESMA-
YARSE : faint
desfavorable *adj* : unfavorable
desfigurar *vt* **1** : disfigure, mar **2** : distort
(the truth)
desfiladero *nm* : mountain pass, gorge
desfilar *vi* : march, parade — **desfile** *nm*
: parade, procession
desfogar {52} *vt* : vent — **desfogarse** *vr*
: let off steam
desgajar *vt* : tear off, break apart — **desga-**
jarse *vr* : come off
desgana *nf* **1** : lack of appetite **2** : lack of
enthusiasm, reluctance
desgarbado, -da *adj* : gawky, ungainly
desgarrar *vt* : tear, rip — **desgarrador,**
-dora *adj* : heartbreaking — **desgarro** *nm*
: tear
desgastar *vt* : wear away, wear down —
desgaste *nm* : deterioration, wear and tear
desgracia *nf* **1** : misfortune **2 caer en ~**
: fall into disgrace **3 por ~** : unfortunately
— **desgraciadamente** *adv* : unfortunately
— **desgraciado, -da** *adj* : unfortunate
deshabitado, -da *adj* : uninhabited

deshacer {40} *vt* **1** : undo **2** DESTRUIR : destroy, ruin **3** DISOLVER : dissolve **4** : break (an agreement), cancel (plans, etc.) — **deshacerse** *vr* **1** : come undone **2** ～ **de** : get rid of **3** ～ **en** : lavish, heap (praise, etc.) —
deshecho, -cha *adj* **1** : undone **2** DESTROZADO : destroyed, ruined
desheredar *vt* : disinherit
deshidratar *vt* : dehydrate
deshielo *nm* : thaw
deshilachar *vt* : unravel — **deshilacharse** *vr* : fray
deshonesto, -ta *adj* : dishonest
deshonrar *vt* : dishonor, disgrace — **deshonra** *nf* : dishonor — **deshonroso, -sa** *adj* : dishonorable
deshuesar *vt* **1** : pit (a fruit) **2** : bone, debone (meat)
desidia *nf* **1** : indolence **2** DESASEO : sloppiness
desierto, -ta *adj* : deserted, uninhabited — **desierto** *nm* : desert
designar *vt* : designate — **designación** *nf, pl* **-ciones** : appointment (to an office, etc.)
designio *nm* : plan
desigual *adj* **1** : unequal **2** DISPAREJO : uneven — **desigualdad** *nf* : inequality
desilusionar *vt* : disappoint, disillusion — **desilusión** *nf, pl* **-siones** : disappointment, disillusionment
desinfectar *vt* : disinfect — **desinfectante** *adj & nm* : disinfectant
desinflar *vt* : deflate — **desinflarse** *vr* : deflate, go flat
desinhibido, -da *adj* : uninhibited
desintegrar *vt* : disintegrate — **desintegrarse** *vr* : disintegrate — **desintegración** *nf, pl* **-ciones** : disintegration
desinteresado, -da *adj* : unselfish, generous — **desinterés** *nm* : unselfishness
desistir *vi* ～ **de** : give up
desleal *adj* : disloyal — **deslealtad** *nf* : disloyalty
desleír {66} *vt* : dilute, dissolve
desligar {52} *vt* **1** : untie **2** SEPARAR : separate — **desligarse** *vr* : extricate oneself
desliz *nm, pl* **-lices** : slip, mistake — **deslizar** {21} *vt* : slide, slip — **deslizarse** *vr* : slide, glide
deslucido, -da *adj* : dingy, tarnished
deslumbrar *vt* : dazzle — **deslumbrante** *adj* : dazzling, blinding
deslustrar *vt* : tarnish, dull
desmán *nm, pl* **-manes** : outrage, excess
desmandarse *vr* : get out of hand
desmantelar *vt* : dismantle
desmañado, -da *adj* : clumsy
desmayar *vi* : lose heart — **desmayarse** *vr* : faint — **desmayo** *nm* : faint

desmedido, -da *adj* : excessive
desmejorar *vt* : impair — *vi* : deteriorate
desmemoriado, -da *adj* : forgetful
desmentir {76} *vt* : deny — **desmentido** *nm* : denial
desmenuzar {21} *vt* **1** : crumble **2** EXAMINAR : scrutinize — **desmenuzarse** *vr* : crumble
desmerecer {53} *vt* : be unworthy of — *vi* : decline in value
desmesurado, -da *adj* : excessive
desmigajar *vt* : crumble
desmontar *vt* **1** : dismantle, take apart **2** ALLANAR : level — *vi* : dismount
desmoralizar {21} *vt* : demoralize
desmoronarse *vr* : crumble
desnivel *nm* : unevenness
desnudar *vt* : undress, strip — **desnudarse** *vr* : get undressed — **desnudez** *nf, pl* **-deces** : nudity, nakedness — **desnudo, -da** *adj* : nude, naked — **desnudo** *nm* : nude
desnutrición *nf, pl* **-ciones** : malnutrition
desobedecer {53} *v* : disobey — **desobediencia** *nf* : disobedience — **desobediente** *adj* : disobedient
desocupar *vt* : empty, vacate — **desocupado, -da** *adj* **1** : vacant **2** DESEMPLEADO : unemployed
desodorante *adj & nm* : deodorant
desolado, -da *adj* **1** : desolate **2** DESCONSOLADO : devastated, distressed — **desolación** *nf, pl* **-ciones** : desolation
desorden *nm, pl* **desórdenes** : disorder, mess — **desordenado, -da** *adj* : untidy — **desordenadamente** *adv* : in a disorderly way
desorganizar {21} *vt* : disorganize — **desorganización** *nf, pl* **-ciones** : disorganization
desorientar *vt* : disorient, confuse — **desorientarse** *vr* : lose one's way
desovar *vi* : spawn
despachar *vt* **1** : deal with (a task, etc.) **2** ENVIAR : dispatch, send **3** : wait on, serve (customers) — **despacho** *nm* **1** : dispatch, shipment **2** OFICINA : office
despacio *adv* : slowly
desparramar *vt* : spill, scatter, spread
despavorido, -da *adj* : terrified
despecho *nm* **1** : spite **2 a** ～ **de** : despite, in spite of
despectivo, -va *adj* **1** : pejorative **2** DESPRECIATIVO : contemptuous
despedazar {21} *vt* : tear apart
despedir {54} *vt* **1** : see off **2** DESTITUIR : dismiss, fire **3** DESPRENDER : emit — **despedirse** *vr* : say good-bye — **despedida** *nf* : farewell, good-bye
despegar {52} *vt* : detach, unstick — *vi*

: take off — **despegado, -da** *adj* : cold, distant — **despegue** *nm* : takeoff

despeinar *vt* : ruffle (hair) — **despeinado, -da** *adj* : disheveled, unkempt

despejar *vt* : clear, free — *vi* : clear up — **despejado, -da** *adj* **1** : clear, fair **2** LÚCIDO : clear-headed

despellejar *vt* : skin (an animal)

despensa *nf* : pantry, larder

despeñadero *nm* : precipice

desperdiciar *vt* : waste — **desperdicio** *nm* **1** : waste **2** ~**s** *nmpl* : scraps

desperfecto *nm* : flaw, defect

despertar {55} *vi* : awaken, wake up — *vt* : wake, rouse — **despertador** *nm* : alarm clock

despiadado, -da *adj* : pitiless, merciless

despido *nm* : dismissal, layoff

despierto, -ta *adj* : awake

despilfarrar *vt* : squander — **despilfarrador, -dora** *n* : spendthrift — **despilfarro** *nm* : extravagance, wastefulness

despistar *vt* : throw off the track, confuse — **despistarse** *vr* : lose one's way — **despistado, -da** *adj* **1** : absentminded **2** DESORIENTADO : confused — **despiste** *nm* **1** : absentmindedness **2** ERROR : mistake

desplazar {21} *vt* : displace — **desplazarse** *vr* : travel

desplegar {49} *vt* : unfold, spread out — **despliegue** *nm* : display

desplomarse *vr* : collapse

desplumar *vt* **1** : pluck **2** *fam* : fleece

despoblado, -da *adj* : uninhabited, deserted — **despoblado** *nm* : deserted area

despojar *vt* : strip, deprive — **despojos** *nmpl* **1** : plunder **2** RESTOS : remains, scraps

desportillar *vt* : chip — **desportillarse** *vr* : chip — **desportilladura** *nf* : chip, nick

despota *nmf* : despot

despotricar *vi* : rant (and rave)

despreciar *vt* : despise, scorn — **despreciable** *adj* **1** : despicable **2 una cantidad ~** : a negligible amount — **desprecio** *nm* : disdain, scorn

desprender *vt* **1** : detach, remove **2** EMITIR : give off — **desprenderse** *vr* **1** : come off **2** DEDUCIRSE : be inferred, follow — **desprendimiento** *nm* ~ **de tierras** : landslide

despreocupado, -da *adj* : carefree, unconcerned

desprestigiar *vt* : discredit — **desprestigiarse** *vr* : lose face

desprevenido, -da *adj* : unprepared

desproporcionado, -da : out of proportion

despropósito *nm* : (piece of) nonsense, absurdity

desprovisto, -ta *adj* ~ **de** : lacking in

después *adv* **1** : afterward **2** ENTONCES : then, next **3** ~ **de** : after **4 después (de) que** : after **5** ~ **de todo** : after all

despuntado, -da *adj* : blunt, dull

desquiciar *vt* : drive crazy

desquitarse *vr* **1** : retaliate **2** ~ **con** : take it out on, get back at — **desquite** *nm* : revenge

destacar {72} *vt* : emphasize — *vi* : stand out — **destacado, -da** *adj* : outstanding

destapar *vt* : open, uncover — **destapador** *nm.Lat* : bottle opener

destartalado, -da *adj* : dilapidated

destellar *vi* : flash, sparkle — **destello** *nm* : sparkle, twinkle, flash

destemplado, -da *adj* **1** : out of tune **2** MAL : out of sorts **3** : unpleasant (of weather)

desteñir {67} *vt* : fade, bleach — *vi* : run, fade — **desteñirse** *vr* : fade

desterrar {55} *vt* : banish, exile — **desterrado, -da** *n* : exile

destetar *vt* : wean

destiempo *adv* a ~ : at the wrong time

destierro *nm* : exile

destilar *vt* : distill — **destilería** *nf* : distillery

destinar *vt* **1** : assign, allocate **2** NOMBRAR : appoint — **destinado, -da** *adj* : destined — **destinatario, -ria** *n* : addressee — **destino** *nm* **1** : destiny **2** RUMBO : destination

destituir {41} *vt* : dismiss — **destitución** *nf*, *pl* -**ciones** : dismissal

destornillar *vt* : unscrew — **destornillador** *nm* : screwdriver

destreza *nf* : skill, dexterity

destrozar {21} *vt* : destroy, wreck — **destrozos** *nmpl* : damage, destruction

destrucción *nf*, *pl* -**ciones** : destruction — **destructivo, -va** *adj* : destructive — **destruir** {41} *vt* : destroy

desunir *vt* : split, divide

desusado, -da *adj* **1** : obsolete **2** INSÓLITO : unusual — **desuso** *nm* **caer en** ~ : fall into disuse

desvaído, -da *adj* **1** : pale, washed-out **2** BORROSO : vague, blurred

desvalido, -da *adj* : destitute, needy

desvalijar *vt* : rob

desván *nm*, *pl* -**vanes** : attic

desvanecer {53} *vt* : make disappear — **desvanecerse** *vr* **1** : vanish **2** DESMAYARSE : faint

desvariar {85} *vi* : be delirious — **desvarío** *nm* : delirium

desvelar *vt* : keep awake — **desvelarse** *vr* : stay awake — **desvelo** *nm* **1** : sleeplessness **2** ~**s** *nmpl* : efforts

desvencijado, -da *adj* : dilapidated, rickety

desventaja *nf* : disadvantage

desventura *nf* : misfortune
desvergonzado, -da *adj* : shameless — **desvergüenza** *nf* : shamelessness
desvestir {54} *vt* : undress — **desvestirse** *vr* : get undressed
desviación *nf, pl* **-ciones 1** : deviation **2** : detour (in a road) — **desviar** {85} *vt* : divert, deflect — **desviarse** *vr* **1** : branch off **2** APARTARSE : stray — **desvío** *nm* : diversion, detour
detallar *vt* : detail — **detallado, -da** *adj* : detailed, thorough — **detalle** *nm* **1** : detail **2** **al** ~ : retail — **detallista** *adj* : retail — ~ *nmf* : retailer
detectar *vt* : detect — **detective** *nmf* : detective
detener {80} *vt* **1** : arrest, detain **2** PARAR : stop **3** RETRASAR : delay — **detenerse** *vr* **1** : stop **2** DEMORARSE : linger — **detención** *nf, pl* **-ciones** : arrest, detention
detergente *nm* : detergent
deteriorar *vt* : damage — **deteriorarse** *vr* : wear out, deteriorate — **deteriorado, -da** *adj* : damaged, worn — **deterioro** *nm* : deterioration, damage
determinar *vt* **1** : determine **2** MOTIVAR : bring about **3** DECIDIR : decide — **determinarse** *vr* : decide — **determinación** *nf, pl* **-ciones 1** : determination **2 tomar una** ~ : make a decision — **determinado, -da** *adj* **1** : determined **2** ESPECÍFICO : specific
detestar *vt* : detest
detonar *vi* : explode, detonate — **detonación** *nf, pl* **-ciones** : detonation
detrás *adv* **1** : behind **2** ~ **de** : in back of **3 por** ~ : from behind
detrimento *nm* **en** ~ **de** : to the detriment of
deuda *nf* : debt — **deudor, -dora** *n* : debtor
devaluar {3} *vt* : devalue — **devaluarse** *vr* : depreciate
devastar *vt* : devastate — **devastador, -dora** *adj* : devastating
devenir {87} *vi* **1** : come about **2** ~ **en** : become, turn into
devoción *nf, pl* **-ciones** : devotion
devolución *nf, pl* **-ciones** : return
devolver {89} *vt* **1** RESTITUIR : give back **2** : refund, pay back — *vi* : vomit — **devolverse** *vr Lat* : return, come back
devorar *vt* : devour
devoto, -ta *adj* : devout — ~ *n* : devotee
día *nm* **1** : day **2** : daytime **3 al** ~ : up-to-date **4 en pleno** ~ : in broad daylight
diabetes *nf* : diabetes — **diabético, -ca** *adj* & *n* : diabetic
diablo *nm* : devil — **diablillo** *nm* : imp, rascal — **diablura** *nf* : prank — **diabólico, -ca** *adj* : diabolic, diabolical

diafragma *nm* : diaphragm
diagnosticar {72} *vt* : diagnose — **diagnóstico, -ca** *adj* : diagnostic — **diagnóstico** *nm* : diagnosis
diagonal *adj* & *nf* : diagonal
diagrama *nm* : diagram
dial *nm* : dial (of a radio, etc.)
dialecto *nm* : dialect
dialogar {52} *vi* : have a talk — **diálogo** *nm* : dialogue
diamante *nm* : diamond
diámetro *nm* : diameter
diana *nf* **1** : reveille **2** BLANCO : target, bull's-eye
diario, -ria *adj* : daily — **diario** *nm* **1** : diary **2** PERIÓDICO : newspaper — **diariamente** *adv* : daily
diarrea *nf* : diarrhea
dibujar *vt* **1** : draw **2** DESCRIBIR : portray — **dibujante** *nmf* : draftsman *m*, draftswoman *f* — **dibujo** *nm* **1** : drawing **2** ~**s animados** : (animated) cartoons
diccionario *nm* : dictionary
dicha *nf* **1** ALEGRÍA : happiness **2** SUERTE : good luck — **dicho** *nm* : saying, proverb — **dichoso, -sa** *adj* **1** : happy **2** AFORTUNADO : lucky
diciembre *nm* : December
dictar *vt* **1** : dictate **2** : pronounce (a sentence), deliver (a speech) — **dictado** *nm* : dictation — **dictador, -dora** *n* : dictator — **dictadura** *nf* : dictatorship
diecinueve *adj* & *nm* : nineteen — **diecinueveavo, -va** *adj* : nineteenth
dieciocho *adj* & *nm* : eighteen — **dieciochoavo, -va** *or* **dieciochavo, -va** *adj* : eighteenth
dieciséis *adj* & *nm* : sixteen — **dieciseisavo, -va** *adj* : sixteenth
diecisiete *adj* & *nm* : seventeen — **diecisieteavo, -va** *adj* : seventeenth
diente *nm* **1** : tooth **2** : prong, tine (of a fork, etc.) **3** ~ **de ajo** : clove of garlic **4** ~ **de león** : dandelion
diesel *adj* & *nm* : diesel
diestra *nf* : right hand — **diestro, -tra** *adj* **1** : right **2** HÁBIL : skillful
dieta *nf* : diet — **dietético, -ca** *adj* : dietetic, dietary
diez *adj* & *nm, pl* **dieces** : ten
difamar *vt* : slander, libel — **difamación** *nf, pl* **-ciones** : slander, libel
diferencia *nf* : difference — **diferenciar** *vt* : distinguish between — **diferenciarse** *vr* : differ — **diferente** *adj* : different
diferir {76} *vt* : postpone — *vi* : differ
difícil *adj* : difficult — **dificultad** *nf* : difficulty — **dificultar** *vt* : hinder, obstruct
difteria *nf* : diphtheria

difundir *vt* **1** : spread (out) **2** : broadcast (television, etc.)

difunto, -ta *adj & n* : deceased

difusión *nf, pl* **-siones** : spreading

digerir {76} *vt* : digest — **digerible** *adj* : digestible — **digestión** *nf, pl* **-tiones** : digestion — **digestivo, -va** *adj* : digestive

dígito *nm* : digit — **digital** *adj* : digital

dignarse *vr* ~ **a** : deign to

dignatario, -ria *n* : dignitary — **dignidad** *nf* : dignity — **digno, -na** *adj* : worthy

digresión *nf, pl* **-ciones** : digression

dilapidar *vt* : waste, squander

dilatar *vt* **1** : expand, dilate **2** PROLONGAR : prolong **3** POSPONER : postpone

dilema *nm* : dilemma

diligencia *nf* **1** : diligence **2** TRÁMITE : procedure, task — **diligente** *adj* : diligent

diluir {41} *vt* : dilute

diluvio *nm* **1** : flood **2** LLUVIA : downpour

dimensión *nf, pl* **-siones** : dimension

diminuto, -ta *adj* : minute, tiny

dimitir *vi* : resign — **dimisión** *nf, pl* **-siones** : resignation

dinámico, -ca *adj* : dynamic

dinamita *nf* : dynamite

dínamo *or* **dinamo** *nmf* : dynamo

dinastía *nf* : dynasty

dineral *nm* : large sum, fortune

dinero *nm* : money

dinosaurio *nm* : dinosaur

diócesis *nfs & pl* : diocese

dios, diosa *n* : god, goddess *f* — **Dios** *nm* : God

diploma *nm* : diploma — **diplomado, -da** *adj* : qualified, trained

diplomacia *nf* : diplomacy — **diplomático, -ca** *adj* : diplomatic — ~ *n* : diplomat

diputación *nf, pl* **-ciones** : delegation — **diputado, -da** *n* : delegate

dique *nm* : dike

dirección *nf, pl* **-ciones** **1** : address **2** SENTIDO : direction **3** GESTIÓN : management **4** : steering (of an automobile) — **direccional** *nf Lat* : turn signal, blinker — **directa** *nf* : high gear — **directiva** *nf* : board of directors — **directivo, -va** *adj* : managerial — ~ *n* : manager, director — **directo, -ta** *adj* **1** : direct **2** DERECHO : straight — **director, -tora** *n* **1** : director, manager **2** : conductor (of an orchestra) — **directorio** *nm* : directory — **directriz** *nf, pl* **-trices** : guideline

dirigencia *nf* : leaders *pl*, leadership — **dirigente** *nmf* : director, leader

dirigible *nm* : dirigible, blimp

dirigir {35} *vt* **1** : direct, lead **2** : address (a letter, etc.) **3** ENCAMINAR : aim **4** : conduct (music) — **dirigirse** *vr* **1** ~ **a** : go towards **2** ~ **a algn** : speak to s.o., write to s.o.

discernir {25} *vt* : discern, distinguish — **discernimiento** *nm* : discernment

disciplinar *vt* : discipline — **disciplina** *nf* : discipline

discípulo, -la *n* : disciple, follower

disco *nm* **1** : disc, disk **2** : discus (in sports) **3** ~ **compacto** : compact disc

discordante *adj* : discordant — **discordia** *nf* : discord

discoteca *nf* : disco, discotheque

discreción *nf, pl* **-ciones** : discretion

discrepancia *nf* **1** : discrepancy **2** DESACUERDO : disagreement — **discrepar** *vi* : differ, disagree

discreto, -ta *adj* : discreet

discriminar *vt* **1** : discriminate against **2** DISTINGUIR : distinguish — **discriminación** *nf, pl* **-ciones** : discrimination

disculpar *vt* : excuse, pardon — **disculparse** *vr* : apologize — **disculpa** *nf* **1** : apology **2** EXCUSA : excuse

discurrir *vi* **1** : pass, go by **2** REFLEXIONAR : ponder, reflect

discurso *nm* : speech, discourse

discutir *vt* **1** : discuss **2** CUESTIONAR : dispute — ~ *vi* : argue — **discusión** *nf, pl* **-siones** **1** : discussion **2** DISPUTA : argument — **discutible** *adj* : debatable

disecar {72} *vt* : dissect — **disección** *nf, pl* **-ciones** : dissection

diseminar *vt* : disseminate, spread

disentería *nf* : dysentery

disentir {76} *vi* ~ **de** : disagree with — **disentimiento** *nm* : disagreement, dissent

diseñar *vt* : design — **diseñador, -dora** *n* : designer — **diseño** *nm* : design

disertación *nf, pl* **-ciones** **1** : lecture **2** : (written) dissertation

disfrazar {21} *vt* : disguise — **disfrazarse** *vr* ~ **de** : disguise oneself as — **disfraz** *nm, pl* **-fraces** **1** : disguise **2** : costume (for a party, etc.)

disfrutar *vt* : enjoy — *vi* : enjoy oneself

disgustar *vt* : upset, annoy — **disgustarse** *vr* **1** : get annoyed **2** ENEMISTARSE : fall out (with s.o.) — **disgusto** *nm* **1** : annoyance, displeasure **2** RIÑA : quarrel

disidente *adj & nmf* : dissident

disimular *vt* : conceal, hide — *vi* : pretend — **disimulo** *nm* : pretense

disipar *vt* **1** : dispel **2** DERROCHAR : squander

diskette *nm* : floppy disk, diskette

dislexia *nf* : dyslexia — **disléxico, -ca** *adj* : dyslexic

dislocar {72} *vt* : dislocate — **dislocarse** *vr* : become dislocated

disminuir {41} *vt* : reduce — *vi* : decrease,

drop — **disminución** *nf, pl* **-ciones** : decrease

disociar *vt* : dissociate

disolver {89} *vt* : dissolve — **disolverse** *vr* : dissolve

disparar *vi* : shoot, fire — *vt* : shoot — **dispararse** *vr* : shoot up, skyrocket

disparatado, -da *adj* : absurd — **disparate** *nm* : nonsense, silly thing

disparejo, -ja *adj* : uneven — **disparidad** *nf* : difference, disparity

disparo *nm* : shot

dispensar *vt* **1** : dispense, distribute **2** DISCULPAR : excuse

dispersar *vt* : disperse, scatter — **dispersarse** *vr* : disperse — **dispersión** *nf, pl* **-siones** : scattering

disponer {60} *vt* **1** : arrange, lay out **2** ORDENAR : decide, stipulate — *vi* ~ **de** : have at one's disposal — **disponerse** *vr* ~ **a** : be ready to — **disponibilidad** *nf* : availability — **disponible** *adj* : available

disposición *nf, pl* **-ciones 1** : arrangement **2** APTITUD : aptitude **3** : order, provision (in law) **4 a** ~ **de** : at the disposal of

dispositivo *nm* : device, mechanism

dispuesto, -ta *adj* : prepared, ready

disputar *vi* **1** : argue **2** COMPETIR : compete — *vt* : dispute — **disputa** *nf* : dispute, argument

disquete → **diskette**

distanciar *vt* : space out — **distanciarse** *vr* : grow apart — **distancia** *nf* : distance — **distante** *adj* : distant

distinguir {26} *vt* : distinguish — **distinguirse** *vr* : distinguish oneself, stand out — **distinción** *nf, pl* **-ciones** : distinction — **distintivo, -va** *adj* : distinctive — **distinto, -ta** *adj* **1** : different **2** CLARO : distinct, clear

distorsión *nf, pl* **-siones** : distortion

distraer {81} *vt* **1** : distract **2** DIVERTIR : entertain — **distraerse** *vr* **1** : get distracted **2** ENTRETENERSE : amuse oneself — **distracción** *nf, pl* **-ciones 1** : amusement **2** DESPISTE : absentmindedness — **distraído, -da** *adj* : distracted, absentminded

distribuir {41} *vt* : distribute — **distribución** *nf, pl* **-ciones** : distribution — **distribuidor, -dora** *n* : distributor

distrito *nm* : district

disturbio *nm* : disturbance

disuadir *vt* : dissuade, discourage — **disuasivo, -va** *adj* : deterrent

diurno, -na *adj* : day, daytime

divagar {52} *vi* : digress

diván *nm, pl* **-vanes** : divan, couch

divergir {35} *vi* **1** : diverge **2** ~ **en** : differ on

diversidad *nf* : diversity

diversificar {72} *vt* : diversify

diversión *nf, pl* **-siones** : fun, entertainment

diverso, -sa *adj* : diverse

divertir {76} *vt* : entertain — **divertirse** *vr* : enjoy oneself, have fun — **divertido, -da** *adj* : entertaining

dividendo *nm* : dividend

dividir *vt* **1** : divide **2** REPARTIR : distribute

divinidad *nf* : divinity — **divino, -na** *adj* : divine

divisa *nf* **1** : currency **2** EMBLEMA : emblem

divisar *vt* : discern, make out

división *nf, pl* **-siones** : division — **divisor** *nm* : denominator

divorciar *vt* : divorce — **divorciarse** *vr* : get a divorce — **divorciado, -da** *n* : divorcé *m*, divorcée *f* — **divorcio** *nm* : divorce

divulgar {52} *vt* **1** : divulge, reveal **2** PROPAGAR : spread, circulate

dizque *adv Lat* : supposedly, apparently

doblar *vt* **1** : double **2** PLEGAR : fold **3** : turn (a corner) **4** : dub (a film) — *vi* : turn — **doblarse** *vr* **1** : double over **2** ~ **a** : give in to — **dobladillo** *nm* : hem — **doble** *adj & nm* : double — ~ *nmf* : stand-in, double — **doblemente** *adv* : doubly — **doblegar** {52} *vt* : force to yield — **doblegarse** *vr* : give in — **doblez** *nm, pl* **-bleces** : fold, crease

doce *adj & nm* : twelve — **doceavo, -va** *adj* : twelfth — **docena** *nf* : dozen

docente *adj* : teaching

dócil *adj* : docile

doctor, -tora *n* : doctor — **doctorado** *nm* : doctorate

doctrina *nf* : doctrine

documentar *vt* : document — **documentación** *nf, pl* **-ciones** : documentation — **documental** *adj & nm* : documentary — **documento** *nm* : document

dogma *nm* : dogma — **dogmático, -ca** *adj* : dogmatic

dólar *nm* : dollar

doler {47} *vi* **1** : hurt **2 me duelen los pies** : my feet hurt — **dolerse** *vr* ~ **de** : complain about — **dolor** *nm* **1** : pain **2** PENA : grief **3** ~ **de cabeza** : headache **4** ~ **de estómago** : stomachache — **dolorido, -da 1** : sore **2** AFLIGIDO : hurt — **doloroso, -sa** *adj* : painful

domar *vt* : tame, break in

domesticar {72} *vt* : domesticate, tame — **doméstico, -ca** *adj* : domestic

domicilio *nm* : home, residence

dominar *vt* **1** : dominate, control **2** : master (a subject, a language, etc.) — **dominarse** *vr* : control oneself — **dominación** *nf, pl* **-ciones** : domination — **dominante** *adj* : dominant

domingo *nm* : Sunday — **dominical** *adj*
periódico ~ : Sunday newspaper
dominio *nm* **1** : authority **2** : mastery (of a
subject) **3** TERRITORIO : domain
dominó *nm, pl* **-nós** : dominoes *pl* (game)
don¹ *nm* : courtesy title preceding a man's
first name
don² *nm* **1** : gift **2** TALENTO : talent —
donación *nf, pl* **-ciones** : donation — **don-
ador, -dora** *n* : donor
donaire *nm* : grace, charm
donar *vt* : donate — **donante** *nmf* : donor —
donativo *nm* : donation
donde *conj* : where — ~ *prep Lat* : over by
dónde *adv* **1** : where **2** ¿de ~ eres?
: where are you from? **3** ¿por ~? : whereabouts?
dondequiera *adv* **1** : anywhere **2** ~ que
: wherever, everywhere
doña *nf* : courtesy title preceding a woman's
first name
doquier *adv* por ~ : everywhere
dorar *vt* **1** : gild **2** : brown (food) — **dorado, -da** *adj* : gold, golden
dormir {27} *vt* : put to sleep — *vi* : sleep —
dormirse *vr* : fall asleep — **dormido, -da**
adj **1** : asleep **2** ENTUMECIDO : numb —
dormilón, -lona *n* : sleepyhead, late riser —
dormitar *vi* : doze — **dormitorio** *nm* **1**
: bedroom **2** : dormitory (in a college)
dorso *nm* : back
dos *adj & nm* : two — **doscientos, -tas** *adj*
: two hundred — **doscientos** *nms & pl*
: two hundred
dosel *nm* : canopy
dosis *nfs & pl* : dose, dosage
dotar *vt* **1** : provide, equip **2** ~ de : endow
with — **dotación** *nf, pl* **-ciones 1** : endow-
ment, funding **2** PERSONAL : personnel —
dote *nf* **1** : dowry **2** ~s *nfpl* : gift, talent
dragar {52} *vt* : dredge — **draga** *nf* : dredge
dragón *nm, pl* **-gones** : dragon
drama *nm* : drama — **dramático, -ca** *adj*
: dramatic — **dramatizar** {21} *vt* : dramatize — **dramaturgo, -ga** *n* : dramatist, playwright
drástico, -ca *adj* : drastic
drenar *vt* : drain — **drenaje** *nm* : drainage
droga *nf* : drug — **drogadicto, -ta** *n* : drug
addict — **drogar** {52} *vt* : drug — **droga-
rse** *vr* : take drugs — **droguería** *nf* : drug-
store
dromedario *nm* : dromedary
dual *adj* : dual
ducha *nf* : shower — **ducharse** *vr* : take a
shower
ducho, -cha *adj* : experienced, skilled
duda *nf* : doubt — **dudar** *vt* : doubt — *vi* ~
en : hesitate to — **dudoso, -sa** *adj* **1**
: doubtful **2** SOSPECHOSO : questionable
duelo *nm* **1** : duel **2** LUTO : mourning
duende *nm* : elf, imp
dueño, -na *n* **1** : owner **2** : landlord, landlady *f*
dulce *adj* **1** : sweet **2** : fresh (of water) **3**
SUAVE : mild, gentle — ~ *nm* : candy,
sweet — **dulzura** *nf* : sweetness
duna *nf* : dune
dúo *nm* : duo, duet
duodécimo, -ma *adj* : twelfth — ~ *n*
: twelfth (in a series)
dúplex *nms & pl* : duplex (apartment)
duplicar {72} *vt* **1** : double **2** : duplicate,
copy (a document, etc.) — **duplicado, -da**
adj : duplicate — **duplicado** *nm* : copy
duque *nm* : duke — **duquesa** *nf* : duchess
durabilidad *nf* : durability
duración *nf, pl* **-ciones** : duration, length
duradero, -ra *adj* : durable, lasting
durante *prep* **1** : during **2** ~ una hora : for
an hour
durar *vi* : endure, last
durazno *nm Lat* : peach
duro *adv* : hard — **duro, -ra** *adj* **1** : hard **2**
SEVERO : harsh — **dureza** *nf* **1** : hardness **2**
SEVERIDAD : harshness

E

e¹ *nf* : e, fifth letter of the Spanish alphabet
e² *conj* (*used instead of* **y** *before words beginning with* i *or* hi) : and
ebanista *nmf* : cabinetmaker
ébano *nm* : ebony
ebrio, -bria *adj* : drunk
ebullición *nf, pl* **-ciones** : boiling
echar *vt* **1** : throw, cast **2** EXPULSAR : expel, dismiss **3** : give off, emit (smoke, sparks, etc.) **4** BROTAR : sprout **5** PONER : put (on) **6** ～ **a perder** : spoil, ruin **7** ～ **de menos** : miss — **echarse** *vr* **1** : throw oneself **2** ACOSTARSE : lie down **3** ～ **a** : start (to)
eclesiástico, -ca *adj* : ecclesiastic — ～ *nm* : clergyman
eclipse *nm* : eclipse — **eclipsar** *vi* : eclipse
eco *nm* : echo
ecología *nf* : ecology — **ecológico, -ca** *adj* : ecological — **ecologista** *nmf* : ecologist
economía *nf* **1** : economy **2** : economics (science) — **economico, -ca** *adj* **1** : economic, economical **2** BARATO : inexpensive — **economista** *nmf* : economist — **economizar** {21} *v* : save
ecosistema *nm* : ecosystem
ecuación *nf, pl* **-ciones** : equation
ecuador *nm* : equator
ecuánime *adj* **1** : even-tempered **2** : impartial (in law)
ecuatoriano, -na *adj* : Ecuadorian, Ecuadorean, Ecuadoran
ecuestre *adj* : equestrian
edad *nf* **1** : age **2 Edad Media** : Middle Ages *pl* **3 ¿qué** ～ **tienes?** : how old are you?
edición *nf, pl* **-ciones** **1** : publishing, publication **2** : edition (of a book, etc.)
edicto *nm* : edict
edificar {72} *vt* : build — **edificio** *nm* : building
editar *vt* **1** : publish **2** : edit (a film, a text, etc.) — **editor, -tora** *n* **1** : publisher **2** : editor — **editorial** *adj* : publishing — ～ *nm* : editorial — ～ *nf* : publishing house
edredón *nm, pl* **-dones** : (down) comforter, duvet
educar {72} *vt* **1** : educate **2** CRIAR : bring up, raise **3** : train (the body, the voice, etc.) — **educación** *nf, pl* **-ciones** **1** : education **2** MODALES : (good) manners *pl* — **educado, -da** *adj* : polite — **educador, -dora** *n* : educator — **educativo, -va** *adj* : educational
efectivo, -va *adj* **1** : effective **2** REAL : real

— **efectivo** *nm* : cash — **efectivamente** *adv* **1** : really **2** POR SUPUESTO : yes, indeed — **efecto** *nm* **1** : effect **2 en** ～ : in fact **3** ～**s** *nmpl* : goods, property — **efectuar** {3} *vt* : bring about, carry out
efervescente *adj* : effervescent — **efervescencia** *nf* : effervescence
eficaz *adj, pl* **-caces** **1** : effective **2** EFICIENTE : efficient — **eficacia** *nf* **1** : effectiveness **2** EFICIENCIA : efficiency
eficiente *adj* : efficient — **eficiencia** *nf* : efficiency
efímero, -ra *adj* : ephemeral
efusivo, -va *adj* : effusive
egipcio, -cia *adj* : Egyptian
ego *nm* : ego — **egocéntrico, -ca** *adj* : egocentric — **egoísmo** *nm* : egoism — **egoísta** *adj* : egoistic — ～ *nmf* : egoist
egresar *vi* : graduate — **egresado, -da** *n* : graduate — **egreso** *nm* : graduation, commencement
eje *nm* **1** : axis **2** : axle (of a wheel, etc.)
ejecutar *vt* **1** : execute, put to death **2** REALIZAR : carry out — **ejecución** *nf, pl* **-ciones** : execution
ejecutivo, -va *adj & n* : executive
ejemplar *adj* : exemplary — ～ *nm* **1** : copy, issue **2** EJEMPLO : example — **ejemplificar** {72} *vt* : exemplify — **ejemplo** *nm* **1** : example **2 por** ～ : for example
ejercer {86} *vt* **1** : practice (a profession) **2** : exercise (a right, etc.) — *vi* ～ **de** : practice as, work as — **ejercicio** *nm* **1** : exercise **2** : practice (of a profession, etc.)
ejército *nm* : army
el, la *art, pl* **los, las** : the — **el** *pron* (*referring to masculine nouns*) **1** : the one **2** ～ **que** : he who, whoever, the one that
él *pron* : he, him
elaborar *vt* **1** : manufacture, produce **2** : draw up (a plan, etc.)
elástico, -ca *adj* : elastic — **elástico** *nm* : elastic — **elasticidad** *nf* : elasticity
elección *nf, pl* **-ciones** **1** : election **2** SELECCIÓN : choice — **elector, -tora** *n* : voter — **electorado** *nm* : electorate — **electoral** *adj* : electoral
electricidad *nf* : electricity — **eléctrico, -ca** *adj* : electric, electrical — **electricista** *nmf* : electrician — **electrificar** {72} *vt* : electrify — **electrizar** {21} *vt* : electrify, thrill — **electrocutar** *vt* : electrocute
electrodo *nm* : electrode
electrodoméstico *nm* : electric appliance

electromagnético, -ca *adj* : electromagnetic

electrón *nm, pl* **-trones** : electron — **electrónico, -ca** *adj* : electronic — **electrónica** *nf* : electronics

elefante, -ta *n* : elephant

elegante *adj* : elegant — **elegancia** *nf* : elegance

elegía *nf* : elegy

elegir {28} *vt* **1** : elect **2** ESCOGER : choose, select — **elegible** *adj* : eligible

elemento *nm* : element — **elemental** *adj* **1** : elementary, basic **2** ESENCIAL : fundamental

elenco *nm* : cast (of actors)

elevar *vt* **1** : raise, lift **2** ASCENDER : elevate (in a hierarchy), promote — **elevarse** *vr* : rise — **elevación** *nf, pl* **-ciones** : elevation — **elevador** *nm* **1** : hoist **2** *Lat* : elevator

eliminar *vt* : eliminate — **eliminación** *nf, pl* **-ciones** : elimination

elipse *nf* : ellipse — **elíptico, -ca** *adj* : elliptical, elliptic

elite *or* **élite** *nf* : elite

elixir *or* **elíxir** *nm* : elixir

ella *pron* : she, her — **ello** *pron* : it — **ellos, ellas** *pron pl* **1** : they, them **2 de ellos, de ellas** : theirs

elocuente *adj* : eloquent — **elocuencia** *nf* : eloquence

elogiar *vt* : praise — **elogio** *nm* : praise

eludir *vt* : avoid, elude

emanar *vi* ~ **de** : emanate from

emancipar *vt* : emancipate — **emanciparse** *vr* : free oneself — **emancipación** *nf, pl* **-ciones** : emancipation

embadurnar *vt* : smear, daub

embajada *nf* : embassy — **embajador, -dora** *n* : ambassador

embalar *vt* : wrap up, pack — **embalaje** *nm* : packing

embaldosar *vt* : pave with tiles

embalsamar *vt* : embalm

embalse *nm* : dam, reservoir

embarazar {21} *vt* **1** : make pregnant **2** IMPEDIR : restrict, hamper — **embarazada** *adj* : pregnant — **embarazo** *nm* **1** : pregnancy **2** IMPEDIMENTO : hindrance, obstacle — **embarazoso, -sa** *adj* : embarrassing

embarcar {72} *vt* : load — **embarcarse** *vr* : embark, board — **embarcación** *nf, pl* **-ciones** : boat, craft — **embarcadero** *nm* : pier, jetty — **embarco** *nm* : embarkation

embargar {52} *vt* **1** : seize, impound **2** : overwhelm (with emotion, etc.) — **embargo** *nm* **1** : embargo **2** : seizure (in law) **3 sin** ~ : nevertheless

embarque *nm* : loading (of goods), boarding (of passengers)

embarrancar {72} *vi* : run aground

embarullarse *vr fam* : get mixed up

embaucar {72} *vt* : trick, swindle — **embaucador, -dora** *n* : swindler

embeber *vt* : absorb — *vi* : shrink — **embeberse** *vr* : become absorbed

embelesar *vt* : enchant, delight — **embelesado, -da** *adj* : spellbound

embellecer {53} *vt* : embellish, beautify

embestir {54} *vt* : attack, charge at — *vi* : charge, attack — **embestida** *nf* **1** : attack **2** : charge (of a bull)

emblema *nm* : emblem

embobar *vt* : amaze, fascinate

embocadura *nf* **1** : mouth (of a river, etc.) **2** : mouthpiece (of an instrument)

émbolo *nm* : piston

embolsarse *vr* : put in one's pocket

emborracharse *vr* : get drunk

emborronar *vt* **1** : smudge, blot **2** GARABATEAR : scribble

emboscar {72} *vt* : ambush — **emboscada** *nf* : ambush

embotar *vt* : dull, blunt

embotellar *vt* : bottle (up) — **embotellamiento** *nm* : traffic jam

embrague *nm* : clutch — **embragar** {52} *vi* : engage the clutch

embriagarse {52} *vr* : get drunk — **embriagado, -da** *adj* : intoxicated, drunk — **embriagador, -dora** *adj* : intoxicating — **embriaguez** *nf* : drunkenness

embrión *nm, pl* **-briones** : embryo

embrollo *nm* : tangle, confusion

embrujar *vt* : bewitch — **embrujo** *nm* : spell, curse

embrutecer *vt* : brutalize

embudo *nm* : funnel

embuste *nm* : lie — **embustero, -ra** *adj* : lying — ~ *n* : liar, cheat

embutir *vt* : stuff — **embutido** *nm* : sausage, cold meat

emergencia *nf* : emergency

emerger {15} *vi* : emerge, appear

emigrar *vi* **1** : emigrate **2** : migrate (of animals) — **emigración** *nf, pl* **-ciones** **1** : emigration **2** : migration (of animals) — **emigrante** *adj & nmf* : emigrant

eminente *adj* : eminent — **eminencia** *nf* : eminence

emitir *vt* **1** : emit **2** EXPRESAR : express (an opinion, etc.) **3** : broadcast (on radio or television) **4** : issue (money, stamps, etc.) — **emisión** *nf, pl* **-siones** **1** : emission **2** : broadcast (on radio or television) **3** : issue (of money, etc.) — **emisora** *nf* : radio station

emoción *nf, pl* **-ciones** : emotion — **emocional** *adj* : emotional — **emocionante** *adj*

1 : moving, touching 2 APASIONANTE : exciting, thrilling — **emocionar** *vt* 1 : move, touch 2 APASIONAR : excite, thrill — **emocionarse** *vr* 1 : be moved 2 APASIONARSE : get excited — **emotivo, -va** *adj* 1 : emotional 2 CONMOVEDOR : moving

empacar {72} *vt Lat* : pack

empachar *vt* : give indigestion to — **empacharse** *vr* : get indigestion — **empacho** *nm* : indigestion

empadronarse *vr* : register to vote

empalagoso, -sa *adj* : excessively sweet, cloying

empalizada *nf* : palisade (fence)

empalmar *vt* : connect, link — *vi* : meet, converge — **empalme** *nm* 1 : connection, link 2 : junction (of a railroad, etc.)

empanada *nf* : pie, turnover — **empanadilla** *nf* : meat or seafood pie

empanar *vt* : bread (in cooking)

empantanar *vt* : flood — **empantanarse** *vr* 1 : become flooded 2 : get bogged down

empañar *vt* 1 : steam (up) 2 : tarnish (one's reputation, etc.) — **empañarse** *vr* : fog up

empapar *vt* : soak — **empaparse** *vr* : get soaking wet

empapelar *vt* : wallpaper

empaquetar *vt* : pack, package

emparedado, -da *adj* : walled in, confined — **emparedado** *nm* : sandwich

emparejar *vt* : match up, pair — **emparejarse** *vr* : pair off

emparentado, -da *adj* : related, kindred

empastar *vt* : fill (a tooth) — **empaste** *nm* : filling

empatar *vi* : result in a draw, be tied — **empate** *nm* : draw, tie

empedernido, -da *adj* : inveterate, hardened

empedrar {55} *vt* : pave (with stones) — **empedrado** *nm* : paving, pavement

empeine *nm* : instep

empeñar *vt* : pawn — **empeñarse** *vr* 1 : insist, persist 2 ENDEUDARSE : go into debt 3 ～ **en** : make an effort to — **empeñado, -da** *adj* 1 : determined, committed 2 ENDEUDADO : in debt — **empeño** *nm* 1 : determination, effort 2 **casa de** ～**s** : pawnshop

empeorar *vi* : get worse — *vt* : make worse

empequeñecer {53} *vt* : diminish, make smaller

emperador *nm* : emperor — **emperatriz** *nf*, *pl* **-trices** : empress

empezar {29} *v* : start, begin

empinar *vt* : raise — **empinarse** *vr* : stand on tiptoe — **empinado, -da** *adj* : steep

empírico, -ca *adj* : empirical

emplasto *nm* : poultice

emplazar {21} *vt* 1 : summon, subpoena 2 SITUAR : place, locate — **emplazamiento**

nm 1 : location, site 2 CITACIÓN : summons, subpoena

emplear *vt* 1 : employ 2 USAR : use — **emplearse** *vr* 1 : get a job 2 USARSE : be used — **empleado, -da** *n* : employee — **empleador, -dora** *n* : employer — **empleo** *nm* 1 : occupation, job 2 USO : use

empobrecer {53} *vt* : impoverish — **empobrecerse** *vr* : become poor

empollar *vi* : brood (eggs) — *vt* : incubate

empolvarse *vr* : powder one's face

empotrar *vt* : fit, build into — **empotrado, -da** *adj* : built-in

emprender *vt* : undertake, begin — **emprendedor, -dora** *adj* : enterprising

empresa *nf* 1 COMPAÑÍA : company, firm 2 TAREA : undertaking — **empresarial** *adj* : business, managerial — **empresario, -ria** *n* 1 : businessman *m*, businesswoman *f* 2 : impresario (in theater), promoter (in sports)

empujar *v* : push — **empuje** *nm* : impetus, drive — **empujón** *nm*, *pl* **-jones** : push, shove

empuñar *vt* : grasp, take hold of

emular *vt* : emulate

en *prep* 1 : in 2 DENTRO DE : into, inside (of) 3 SOBRE : on 4 ～ **avión** : by plane 5 ～ **casa** : at home

enajenar *vt* : alienate — **enajenación** *nf*, *pl* **-ciones** : alienation

enagua *nf* : slip, petticoat

enaltecer {53} *vt* : praise, extol

enamorar *vt* : win the love of — **enamorarse** *vr* : fall in love — **enamorado, -da** *adj* : in love — ～ *n* : lover, sweetheart

enano, -na *adj* & *n* : dwarf

enarbolar *vt* 1 : hoist, raise 2 : brandish (arms, etc.)

enardecer {53} *vt* : stir up, excite

encabezar {21} *vt* 1 : head, lead 2 : put a heading on (an article, a list, etc.) — **encabezamiento** *nm* 1 : heading 2 : headline (in a newspaper)

encabritarse *vr* : rear up

encadenar *vt* 1 : chain, tie (up) 2 ENLAZAR : connect, link

encajar *vt* : fit (together) — *vi* 1 : fit 2 CUADRAR : conform, tally — **encaje** *nm* : lace

encalar *vt* : whitewash

encallar *vi* : run aground

encaminar *vt* : direct, aim — **encaminarse** *vr* ～ **a** : head for — **encaminado, -da** *adj* ～ **a** : aimed at, designed to

encandilar *vt* : dazzle

encanecer {53} *vi* : turn gray

encantar *vt* : enchant, bewitch — *vi* **me encanta esta canción** : I love this song — **encantado, -da** *adj* 1 : delighted 2

HECHIZADO : bewitched — **encantador, -dora** *adj* : charming, delightful — **encantamiento** *nm* : enchantment, spell — **encanto** *nm* **1** : charm, fascination **2** HECHIZO : spell

encapotarse *vr* : cloud over — **encapotado, -da** *adj* : overcast

encapricharse *vr* ~ **con** : be infatuated with

encapuchado, -da *adj* : hooded

encaramar *vt* : lift up — **encaramarse** *vr* ~ **a** : climb up on

encarar *vt* : face, confront

encarcelar *vt* : imprison — **encarcelamiento** *nm* : imprisonment

encarecer {53} *vt* : increase, raise (price, value, etc.) — **encarecerse** *vr* : become more expensive

encargar {52} *vt* **1** : put in charge of **2** PEDIR : order — **encargarse** *vr* ~ **de** : take charge of — **encargado, -da** *adj* : in charge — ~ *n* : manager, person in charge — **encargo** *nm* **1** : errand **2** TAREA : assignment, task **3** PEDIDO : order

encariñarse *vr* ~ **con** : become fond of

encarnar *vt* : embody — **encarnación** *nf, pl* **-ciones** : embodiment — **encarnado, -da** *adj* **1** : incarnate **2** ROJO : red

encarnizarse {21} *vr* ~ **con** : attack viciously — **encarnizado, -da** *adj* : bitter, bloody

encarrilar *vt* : put on the right track

encasillar *vt* : pigeonhole

encauzar {21} *vt* : channel

encender {56} *vt* **1** : light, set fire to **2** PRENDER : switch on, start **3** AVIVAR : arouse (passions, etc.) — **encenderse** *vr* **1** : get excited **2** RUBORIZARSE : blush — **encendedor** *nm* : lighter — **encendido, -da** *adj* : lit, on — **encendido** *nm* : ignition (switch)

encerar *vt* : wax, polish — **encerado, -da** *adj* : waxed — **encerado** *nm* : blackboard

encerrar {55} *vt* **1** : lock up, shut away **2** CONTENER : contain

encestar *vi* : score (in basketball)

enchilada *nf* : enchilada

enchufar *vt* : plug in, connect — **enchufe** *nm* : plug, socket

encía *nf* : gum (tissue)

encíclica *nf* : encyclical

enciclopedia *nf* : encyclopedia — **enciclopédico, -ca** *adj* : encyclopedic

encierro *nm* **1** : confinement **2** : sit-in (at a university, etc.)

encima *adv* **1** : on top **2** ADEMÁS : as well, besides **3** ~ **de** : on, over, on top of **4 por** ~ **de** : above, beyond

encinta *adj* : pregnant

enclenque *adj* : weak, sickly

encoger {15} *v* : shrink — **encogerse** *vr* **1** : shrink **2** : cower, cringe **3** ~ **de hombros** : shrug (one's shoulders) — **encogido, -da** *adj* **1** : shrunken **2** TÍMIDO : shy

encolar *vt* : glue, stick

encolerizar {21} *vt* : enrage, infuriate — **encolerizarse** *vr* : get angry

encomendar {55} *vt* : entrust

encomienda *nf* **1** : charge, mission **2** *Lat* : parcel

encono *nm* : rancor, animosity

encontrar {19} *vt* **1** : find **2** : meet, encounter (difficulties, etc.) — **encontrarse** *vr* **1** : meet **2** HALLARSE : find oneself, be — **encontrado, -da** *adj* : contrary, opposing

encorvar *vt* : bend, curve — **encorvarse** *vr* : bend over, stoop

encrespar *vt* **1** : curl **2** IRRITAR : irritate — **encresparse** *vr* **1** : curl one's hair **2** IRRITARSE : get annoyed **3** : become choppy (of the sea)

encrucijada *nf* : crossroads

encuadernar *vt* : bind (a book) — **encuadernación** *nf, pl* **-ciones** : bookbinding

encuadrar *vt* **1** : frame **2** ENCAJAR : fit **3** COMPRENDER : contain, include

encubrir {2} *vt* : conceal, cover (up) — **encubierto, -ta** *adj* : covert — **encubrimiento** *nm* : cover-up

encuentro *nm* : meeting, encounter

encuestar *vt* : poll, take a survey of — **encuesta** *nf* **1** : investigation, inquiry **2** SONDEO : survey — **encuestador, -dora** *n* : pollster

encumbrado, -da *adj* : eminent, distinguished

encurtir *vt* : pickle

endeble *adj* : weak, feeble — **endeblez** *nf* : weakness, frailty

endemoniado, -da *adj* : wicked

enderezar {21} *vt* **1** : straighten (out) **2** : put upright, stand on end

endeudarse *vr* : go into debt — **endeudado, -da** *adj* : indebted, in debt — **endeudamiento** *nm* : debt

endiablado, -da *adj* **1** : wicked, diabolical **2** : complicated, difficult

endibia *or* **endivia** *nf* : endive

endosar *vt* : endorse — **endoso** *nm* : endorsement

endulzar {21} *vt* **1** : sweeten **2** : soften, mellow (a tone, a response, etc.) — **endulzante** *nm* : sweetener

endurecer {53} *vt* : harden — **endurecerse** *vr* : become hardened

enema *nm* : enema

enemigo, -ga *adj* : hostile — ～ *n* : enemy
— **enemistad** *nf* : enmity — **enemistar** *vt*
: make enemies of — **enemistarse** *vr* ～
con : fall out with
energía *nf* : energy — **enérgico, -ca** *adj*
: energetic, vigorous, forceful
enero *nm* : January
enervar *vt* **1** : enervate, weaken **2** *fam* : get
on one's nerves
enésimo, -ma *adj* **por enésima vez** : for the
umpteenth time
enfadar *vt* : annoy, make angry — **enfadarse** *vr* : get annoyed — **enfado** *nm*
: anger, annoyance — **enfadoso, -sa** *adj*
: annoying
enfatizar {21} *vt* : emphasize — **énfasis**
nms & pl : emphasis — **enfático, -ca** *adj*
: emphatic
enfermar *vt* : make sick — *vi* : get sick —
enfermedad *nf* : sickness, disease — **enfermería** *nf* : infirmary — **enfermero, -ra** *n*
: nurse — **enfermizo, -za** *adj* : sickly — **enfermo, -ma** *adj* : sick — ～ *n* : sick person,
patient
enflaquecer {53} *vi* : lose weight
enfocar {72} *vt* **1** : focus (on) **2** : consider
(a problem, etc.) — **enfoque** *nm* : focus
enfrascarse {72} *vr* ～ **en** : immerse oneself in, get caught up in
enfrentar *vt* **1** : confront, face **2** : bring face
to face — **enfrentarse** *vr* ～ **con** : confront, clash with — **enfrente** *adv* **1** : opposite **2** ～ **de** : in front of
enfriar {85} *vt* : chill, cool — **enfriarse** *vr* **1**
: get cold **2** RESFRIARSE : catch a cold —
enfriamiento *nm* **1** : cooling off **2**
CATARRO : cold
enfurecer {53} *vt* : infuriate — **enfurecerse**
vr : fly into a rage
enfurruñarse *vr fam* : sulk
engalanar *vt* : decorate — **engalanarse** *vr*
: dress up
enganchar *vt* : hook, snag, catch — **engancharse** *vr* **1** : get caught **2** ALISTARSE : enlist
engañar *vt* **1** EMBAUCAR : trick, deceive **2**
: cheat on, be unfaithful to — **engañarse** *vr*
1 : deceive oneself **2** EQUIVOCARSE : be
mistaken — **engaño** *nm* : deception, deceit
— **engañoso, -sa** *adj* : deceptive, deceitful
engatusar *vt* : coax, cajole
engendrar *vt* **1** : beget **2** : engender, give
rise to (suspicions, etc.)
englobar *vt* : include, embrace
engomar *vt* : glue
engordar *vt* : fatten — *vi* : gain weight
engorroso, -sa *adj* : bothersome
engranar *v* : mesh, engage — **engranaje** *nm*
: gears *pl*

engrandecer {53} *vt* **1** : enlarge **2** ENALTE-
CER : exalt
engrapar *vt Lat* : staple — **engrapadora** *nf
Lat* : stapler
engrasar *vt* : lubricate, grease — **engrase**
nm : lubrication
engreído, -da *adj* : conceited
engrosar {19} *vt* : swell — *vi* : gain weight
engrudo *nm* : paste
engullir {38} *vt* : gulp down, gobble up
enhebrar *vt* : thread
enhorabuena *nf* : congratulations *pl*
enigma *nm* : enigma — **enigmático, -ca** *adj*
: enigmatic
enjabonar *vt* : soap (up), lather
enjaezar {21} *vt* : harness
enjalbegar {52} *vt* : whitewash
enjambrar *vi* : swarm — **enjambre** *nm*
: swarm
enjaular *vt* **1** : cage **2** *fam* : jail
enjuagar {52} *vt* : rinse — **enju- ague** *nm* **1**
: rinse **2** ～ **bucal** : mouthwash
enjugar {52} *vt* **1** : wipe away (tears) **2**
: wipe out (debt)
enjuiciar *vt* **1** : prosecute **2** JUZGAR : try
enjuto, -ta *adj* : gaunt, lean
enlace *nm* **1** : bond, link **2** : junction (of a
highway, etc.)
enlatar *vt* : can
enlazar {21} *vt* : join, link — *vi* ～ **con** : link
up with
enlistarse *vr Lat* : enlist
enlodar *vt* : cover with mud
enloquecer {53} *vt* : drive crazy — **enlo-
quecerse** *vr* : go crazy
enlosar *vt* : pave, tile
enlutarse *vr* : go into mourning
enmarañar *vt* **1** : tangle **2** COMPLICAR
: complicate **3** CONFUNDIR : confuse — **en-
marañarse** *vr* **1** : get tangled up **2** CON-
FUNDIRSE : become confused
enmarcar {72} *vt* : frame
enmascarar *vt* : mask
enmendar {55} *vt* **1** : amend **2** CORREGIR
: emend, correct — **enmendarse** *vr* : mend
one's ways — **enmienda** *nf* **1** : amendment
2 CORRECCIÓN : correction
enmohecerse {53} *vr* **1** : become moldy **2**
OXIDARSE : rust
enmudecer {53} *vt* : silence — *vi* : fall silent
ennegrecer {53} *vt* : blacken
ennoblecer {53} *vt* : ennoble, dignify
enojar *vt* **1** : anger **2** MOLESTAR : annoy —
enojarse *vr* ～ **con** : get upset with —
enojo *nm* **1** : anger **2** MOLESTIA : annoyance — **enojoso, -sa** *adj* : annoying
enorgullecer {53} *vt* : make proud —
enorgullecerse *vr* ～ **de** : pride oneself on
enorme *adj* : enormous — **enormemente**

adv : enormously, extremely — **enormidad** *nf* : enormity
enraizar {30} *vi* : take root
enredadera *nf* : climbing plant, vine
enredar *vt* **1** : tangle up, entangle **2** CONFUNDIR : confuse **3** IMPLICAR : involve — **enredarse** *vr* **1** : become entangled **2** ~ **en** : get mixed up in — **enredo** *nm* **1** : tangle **2** EMBROLLO : confusion, mess — **enredoso, -sa** *adj* : tangled up, complicated
enrejado *nm* **1** : railing **2** REJILLA : grating, grille **3** : trellis (for plants)
enrevesado, -da *adj* : complicated
enriquecer {53} *vt* : enrich — **enriquecerse** *vr* : get rich
enrojecer {53} *vt* : redden — **enrojecerse** *vr* : blush
enrolar *vt* : enlist — **enrolarse** *vr* ~ **en** : enlist in
enrollar *vt* : roll up, coil
enroscar {72} *vt* **1** : roll up **2** ATORNILLAR : screw in
ensalada *nf* : salad
ensalzar {21} *vt* : praise
ensamblar *vt* : assemble, fit together
ensanchar *vt* **1** : widen **2** AMPLIAR : expand — **ensanche** *nm* **1** : widening **2** : (urban) expansion, development
ensangrentado, -da *adj* : bloody, bloodstained
ensañarse *vr* : act cruelly
ensartar *vt* : string, thread
ensayar *vi* : rehearse — *vt* : try out, test — **ensayo** *nm* **1** : essay **2** PRUEBA : trial, test **3** : rehearsal (in theater, etc.)
enseguida *adv* : right away, immediately
ensenada *nf* : inlet, cove
enseñar *vt* : teach **2** MOSTRAR : show — **enseñanza** *nf* **1** EDUCACIÓN : education **2** INSTRUCCIÓN : teaching
enseres *nmpl* **1** : equipment **2** ~ **domésticos** : household goods
ensillar *vt* : saddle (up)
ensimismarse *vr* : lose oneself in thought
ensombrecer {53} *vt* : cast a shadow over, darken
ensoñación *nf, pl* **-ciones** : fantasy, daydream
ensordecer {53} *vt* : deafen — *vi* : go deaf — **ensordecedor, -dora** *adj* : deafening
ensortijar *vt* : curl
ensuciar *vt* : soil — **ensuciarse** *vr* : get dirty
ensueño *nm* : daydream, fantasy
entablar *vt* : initiate, start
entallar *vt* : tailor, fit (clothing) — *vi* : fit
entarimado *nm* : floorboards, flooring
ente *nm* **1** : being **2** ORGANISMO : body, organization

entender {56} *vt* **1** : understand **2** OPINAR : think, believe — *vi* **1** : understand **2** ~ **de** : know about, be good at — **entenderse** *vr* **1** : understand each other **2** LLEVARSE BIEN : get along well — ~ *nm* **a mi** ~ : in my opinion — **entendido, -da** *adj* **1** : understood **2 eso se da por** ~ : that goes without saying **3 tener** ~ : be under the impression — **entendimiento** *nm* **1** : understanding **2** INTELIGENCIA : intellect
enterar *vt* : inform — **enterarse** *vr* : find out, learn — **enterado, -da** *adj* : well-informed
entereza *nf* **1** HONRADEZ : integrity **2** FORTALEZA : fortitude **3** FIRMEZA : resolve
enternecer {53} *vt* : move, touch
entero, -ra *adj* **1** : whole **2** TOTAL : absolute, total **3** INTACTO : intact — **entero** *nm* : integer, whole number
enterrar {55} *vt* : bury
entibiar *vt* : cool (down) — **entibiarse** *vr* : become lukewarm
entidad *nf* **1** : entity **2** ORGANIZACIÓN : body, organization
entierro *nm* **1** : burial **2** : funeral (ceremony)
entomología *nf* : entomology — **entomólogo, -ga** *n* : entomologist
entonar *vt* : sing, intone — *vi* : be in tune
entonces *adv* **1** : then **2 desde** ~ : since then
entornado, -da *adj* : half-closed, ajar
entorno *nm* : surroundings *pl*, environment
entorpecer {53} *vt* **1** : hinder, obstruct **2** : numb, dull (wits, reactions, etc.)
entrada *nf* **1** : entrance, entry **2** BILLETE : ticket **3** COMIENZO : beginning **4** : inning (in baseball) **5** ~**s** *nfpl* : income **6 tener** ~**s** : have a receding hairline
entraña *nf* **1** : core, heart **2** ~**s** *nfpl* VÍSCERAS : entrails, innards — **entrañable** *adj* : close, intimate — **entrañar** *vt* : involve
entrar *vi* **1** : enter **2** EMPEZAR : begin — *vt* : introduce, bring in
entre *prep* **1** : between **2** : among
entreabrir {2} *vt* : leave ajar — **entreabierto, -ta** *adj* : half-open, ajar
entreacto *nm* : intermission
entrecejo *nm* **fruncir el** ~ : knit one's brows, frown
entrecortado, -da *adj* : faltering (of the voice), labored (of breathing)
entrecruzar {21} *vi* : intertwine
entredicho *nm* : doubt, question
entregar {52} *vt* : deliver, hand over — **entregarse** *vr* : surrender — **entrega** *nf* **1** : delivery **2** DEDICACIÓN : dedication, devotion **3** ~ **inicial** : down payment

entrelazar {21} *vt* : intertwine — **entrelazarse** *vr* : become intertwined
entremés *nm, pl* **-meses 1** : hors d'oeuvre **2** : short play (in theater)
entremeterse → **entrometerse**
entremezclar *vt* : mix (up)
entrenar *vt* : train, drill — **entrenarse** *vr* : train — **entrenador, -dora** *n* : trainer, coach — **entranamiento** *nm* : training
entrepierna *nf* : crotch
entresacar {72} *vt* : pick out, select
entresuelo *nm* : mezzanine
entretanto *adv* : meanwhile — ~ *nm* **en el** ~ : in the meantime
entretener {80} *vt* **1** : entertain **2** DESPISTAR : distract **3** RETRASAR : delay, hold up — **entretenerse** *vr* **1** : amuse oneself **2** DEMORARSE : dawdle — **entretenido, -da** *adj* : entertaining — **entretenimiento** *nm* **1** : entertainment, amusement **2** PASATIEMPO : pastime
entrever {88} *vt* : catch a glimpse of, make out
entrevistar *vt* : interview — **entrevista** *nf* : interview — **entrevistador, -dora** *n* : interviewer
entristecer {53} *vt* : sadden
entrometerse *vr* : interfere — **entrometido, -da** *adj* : meddling, nosy — *n* : meddler
entroncar {72} *vi* : be related, be connected
entumecer {53} *vt* : make numb — **entumecerse** *vr* : go numb — **entumecido, -da** *adj* **1** : numb **2** : stiff (of muscles, etc.)
enturbiar *vt* : cloud — **enturbiarse** *vr* : become cloudy
entusiasmar *vt* : fill with enthusiasm — **entusiasmarse** *vr* : get excited — **entusiasmo** *nm* : enthusiasm — **entusiasta** *adj* : enthusiastic — ~ *nmf* : enthusiast
enumerar *vt* : enumerate, list — **enumeración** *nf, pl* **-ciones** : enumeration, count
enunciar *vt* : enunciate — **enunciación** *nf, pl* **-ciones** : enunciation
envalentonar *vt* : make bold, encourage — **envalentonarse** *vr* : be brave
envanecerse {53} *vr* : become vain
envasar *vt* **1** : package **2** : bottle, can — **envase** *nm* **1** : packaging **2** RECIPIENTE : container **3** : jar, bottle, can
envejecer {53} *v* : age — **envejecido, -da** *adj* : aged, old — **envejecimiento** *nm* : aging
envenenar *vt* : poison — **envenenamiento** *nm* : poisoning
envergadura *nf* **1** ALCANCE : scope **2** : span (of wings, etc.)
envés *nm, pl* **-veses** : reverse side
enviar {85} *vt* : send — **enviado, -da** *n* : envoy, correspondent

envidiar *vt* : envy — **envidia** *nf* : envy, jealousy — **envidioso, -sa** *adj* : jealous, envious
envilecer {53} *vt* : degrade, debase — **envilecimiento** *nm* : degradation
envío *nm* **1** : sending, shipment **2** : remittance (of funds)
enviudar *vi* : be widowed
envolver {89} *vt* **1** : wrap **2** RODEAR : surround **3** IMPLICAR : involve — **envoltorio** *nm or* **envoltura** *nf* : wrapping, wrapper
enyesar *vt* **1** : plaster **2** ESCAYOLAR : put in a plaster cast
enzima *nf* : enzyme
épico, -ca *adj* : epic — **épica** *nf* : epic
epidemia *nf* : epidemic — **epidémico, -ca** *adj* : epidemic
epilepsia *nf* : epilepsy — **epiléptico, -ca** *adj & n* : epileptic
epílogo *nm* : epilogue
episodio *nm* : episode
epitafio *nm* : epitaph
epíteto *nm* : epithet
época *nf* **1** : epoch, period **2** ESTACIÓN : season
epopeya *nf* : epic poem
equidad *nf* : equity, justice
equilátero, -ra *adj* : equilateral
equilibrar *vt* : balance — **equilibrado, -da** *adj* : well-balanced — **equilibrio** *nm* **1** : balance, equilibrium **2** JUICIO : good sense
equinoccio *nm* : equinox
equipaje *nm* : baggage, luggage
equipar *vt* : equip
equiparar *vt* **1** IGUALAR : make equal **2** COMPARAR : compare — **equiparable** *adj* : comparable
equipo *nm* **1** : equipment **2** : team, crew (in sports, etc.)
equitación *nf, pl* **-ciones** : horseback riding
equitativo, -va *adj* : equitable, fair, just
equivaler {84} *vi* : be equivalent — **equivalencia** *nf* : equivalence — **equivalente** *adj & nm* : equivalent
equivocar {72} *vt* : mistake, confuse — **equivocarse** *vr* : make a mistake — **equivocación** *nf, pl* **-ciones** : error, mistake — **equivocado, -da** *adj* : mistaken, wrong — **equívoco, -ca** *adj* : ambiguous — **equívoco** *nm* : misunderstanding
era *nf* : era
erario *nm* : public treasury, funds *pl*
erección *nf, pl* **-ciones** : erection
erguir {31} *vt* : raise, lift — **erguirse** *vr* : rise (up) — **erguido, -da** *adj* : erect, upright
erigir {35} *vt* : build, erect — **erigirse** *vr* ~ **en** : set oneself up as

erizarse {21} *vr* : bristle, stand on end — **erizado, -da** *adj* : bristly
erizo *nm* **1** : hedgehog **2** ~ **de mar** : sea urchin
ermitaño, -ña *n* : hermit
erosionar *vt* : erode — **erosión** *nf, pl* **-siones** : erosion
erótico, -ca *adj* : erotic
erradicar {72} *vt* : eradicate
errar {32} *vt* : miss — *vi* **1** : be wrong, be mistaken **2** VAGAR : wander — **errado, -da** *adj Lat* : wrong, mistaken
errata *nf* : misprint
errático, -ca *adj* : erratic
error *nm* : error — **erróneo, -nea** *adj* : erroneous, mistaken
eructar *vi* : belch, burp — **eructo** *nm* : belch, burp
erudito, -ta *adj* : erudite, learned
erupción *nf, pl* **-ciones** **1** : eruption **2** SARPULLIDO : rash
esa, ésa → **ese, ése**
esbelto, -ta *adj* : slender, slim
esbozar {21} *vt* : sketch, outline — **esbozo** *nm* : sketch, outline
escabechar *vt* : pickle — **escabeche** *nm* : brine (for pickling)
escabel *nm* : footstool
escabroso, -sa *adj* **1** : rugged, rough **2** ESPINOSO : thorny, difficult **3** ATREVIDO : shocking, risqué
escabullirse {38} *vr* : slip away, escape
escalar *vt* : climb, scale — *vi* : escalate — **escala** *nf* **1** : scale **2** ESCALERA : ladder **3** : stopover (of an airplane, etc.) — **escalada** *nf* : ascent, climb — **escalador, -dora** *n* ALPINISTA : mountain climber
escaldar *vt* : scald
escalera *nf* **1** : stairs *pl*, staircase **2** ESCALA : ladder **3** ~ **mecánica** : escalator
escalfar *vt* : poach
escalinata *nf* : flight of stairs
escalofrío *nm* : shiver, chill — **escalofriante** *adj* : chilling, horrifying
escalonar *vt* **1** : stagger, spread out **2** : terrace (land) — **escalón** *nm, pl* **-lones** : step, rung
escama *nf* **1** : scale (of fish or reptiles) **2** : flake (of skin) — **escamoso, -sa** *adj* : scaly
escamotear *vt* **1** : conceal **2** ~ **algo a algn** : rob s.o. of sth
escandalizar {21} *vt* : scandalize — **escandalizarse** *vr* : be shocked — **escándalo** *nm* **1** : scandal **2** ALBOROTO : scene, commotion — **escandaloso, -sa** *adj* **1** : shocking, scandalous **2** RUIDOSO : noisy
escandinavo, -va *adj* : Scandinavian
escáner *nm* : scanner

escaño *nm* **1** : seat (in a legislative body) **2** BANCO : bench
escapar *vi* : escape, run away — **escaparse** *vr* **1** : escape **2** : leak out (of gas, water, etc.) — **escapada** *nf* : escape
escaparate *nm* : store window
escapatoria *nf* : loophole, way out
escape *nm* **1** : leak (of gas, water, etc.) **2** : exhaust (from a vehicle)
escarabajo *nm* : beetle
escarbar *vt* **1** : dig, scratch, poke **2** ~ **en** : pry into
escarcha *nf* : frost (on a surface)
escarlata *adj & nf* : scarlet — **escarlatina** *nf* : scarlet fever
escarmentar {55} *vi* : learn one's lesson — **escarmiento** *nm* : lesson, punishment
escarnecer {53} *vt* : ridicule, mock — **escarnio** *nm* : ridicule, mockery
escarola *nf* : escarole, endive
escarpa *nf* : steep slope — **escarpado, -da** *adj* : steep
escasear *vi* : be scarce — **escasez** *nf, pl* **-seces** : shortage, scarcity — **escaso, -sa** *adj* **1** : scarce **2** ~ **de** : short of
escatimar *vt* : be sparing with, skimp on
escayolar *vt* : put in a plaster cast — **escayola** *nf* **1** : plaster (for casts) **2** : plaster cast
escena *nf* **1** : scene **2** ESCENARIO : stage — **escenario** *nm* **1** : setting, scene **2** ESCENA : stage — **escénico, -ca** *adj* : scenic
escepticismo *nm* : skepticism — **escéptico, -ca** *adj* : skeptical — ~ *n* : skeptic
esclarecer {53} *vt* : shed light on, clarify
esclavo, -va *n* : slave — **esclavitud** *nf* : slavery — **esclavizar** {21} *vt* : enslave
esclerosis *nf* ~ **múltiple** : multiple sclerosis
esclusa *nf* : floodgate, lock (of a canal)
escoba *nf* : broom
escocer {14} *vi* : sting
escocés, -cesa *adj, mpl* **-ceses** **1** : Scottish **2** : tartan, plaid — **escocés** *nm, pl* **-ceses** : Scotch (whiskey)
escoger {15} *vt* : choose — **escogido, -da** *adj* : choice, select
escolar *adj* : school — ~ *nmf* : student, pupil
escolta *nmf* : escort — **escoltar** *vt* : escort, accompany
escombros *nmpl* : ruins, rubble
esconder *vt* : hide, conceal — **esconderse** *vr* : hide — **escondidas** *nfpl* **1** *Lat* : hide-and-seek **2 a** ~ : secretly, in secret — **escondite** *nm* **1** : hiding place **2** : hide-and-seek (game) — **escondrijo** *nm* : hiding place
escopeta *nf* : shotgun
escoplo *nm* : chisel

escoria *nf* **1** : slag **2** : dregs *pl* (of society, etc.)

escorpión *nm, pl* **-piones** : scorpion

escote *nm* **1** : (low) neckline **2 pagar a ~** : go Dutch

escotilla *nf* : hatchway

escribir {33} *v* : write — **escribirse** *vr* **1** : write to one another, correspond **2** : be spelled — **escribiente** *nmf* : clerk — **escrito, -ta** *adj* : written — **escritos** *nmpl* : writings — **escritor, -tora** *n* : writer — **escritorio** *nm* : desk — **escritura** *nf* **1** : handwriting **2** : deed (in law)

escroto *nm* : scrotum

escrúpulo *nm* : scruple — **escrupuloso, -sa** *adj* : scrupulous

escrutar *vt* **1** : scrutinize **2** : count (votes) — **escrutinio** *nm* **1** : scrutiny **2** : count (of votes)

escuadra *nf* **1** : square (instrument) **2** : fleet (of ships), squad (in the military) — **escuadrón** *nm, pl* **-drones** : squadron

escuálido, -da *adj* **1** : skinny **2** SUCIO : squalid

escuchar *vt* **1** : listen to **2** *Lat* : hear — *vi* : listen

escudo *nm* **1** : shield **2** *or* **~ de armas** : coat of arms

escudriñar *vt* : scrutinize, examine

escuela *nf* : school

escueto, -ta *adj* : plain, simple

esculpir *v* : sculpt — **escultor, -tora** *n* : sculptor — **escultura** *nf* : sculpture

escupir *v* : spit

escurrir *vt* **1** : drain **2** : wring out (clothes) — *vi* **1** : drain **2** : drip-dry (of clothes) — **escurrirse** *vr* **1** : drain **2** *fam* : slip away — **escurridizo, -da** *adj* : slippery, evasive — **escurridor** *nm* **1** : dish drainer **2** COLADOR : colander

ese, esa *adj, mpl* **esos** : that, those

ése, ésa *pron, mpl* **ésos** : that one, those ones *pl*

esencia *nf* : essence — **esencial** *adj* : essential

esfera *nf* **1** : sphere **2** : dial (of a watch) — **esférico, -ca** *adj* : spherical

esfinge *nf* : sphinx

esforzar {36} *vt* : strain — **esforzarse** *vr* : make an effort — **esfuerzo** *nm* : effort

esfumarse *vr* : fade away, vanish

esgrimir *vt* **1** : brandish, wield **2** : make use of (an argument, etc.) — **esgrima** *nf* **1** : fencing **2 hacer ~** : fence

esguince *nm* : sprain, strain

eslabonar *vt* : link, connect — **eslabón** *nm, pl* **-bones** : link

eslavo, -va *adj* : Slavic

eslogan *nm, pl* **-lóganes** : slogan

esmaltar *vt* : enamel — **esmalte** *nm* **1** : enamel **2 ~ de uñas** : nail polish

esmerado, -da *adj* : careful

esmeralda *nf* : emerald

esmerarse *vr* : take great care

esmeril *nm* : emery

esmoquin *nm, pl* **-móquines** : tuxedo

esnob *nmf, pl* **esnobs** : snob — **~** *adj* : snobbish

eso *pron* (*neuter*) **1** : that **2 ¡~ es!** : that's it!, that's right! **3 en ~** : at that point, then

esófago *nm* : esophagus

esos, ésos → **ese, ése**

espabilarse *vr* **1** : wake up **2** DARSE PRISA : get moving — **espabilado, -da** *adj* **1** : awake **2** LISTO : bright, clever

espaciar *vt* : space out, spread out — **espacial** *adj* : space — **espacio** *nm* **1** : space **2 ~ exterior** : outer space — **espacioso, -sa** *adj* : spacious

espada *nf* **1** : sword **2 ~s** *nfpl* : spades (in playing cards)

espagueti *nm* *or* **espaguetis** *nmpl* : spaghetti

espalda *nf* **1** : back **2 ~ s** *nfpl* : shoulders, back

espantar *vt* : scare, frighten — **espantarse** *vr* : become frightened — **espantajo** *nm* *or* **espantapájaros** *nms & pl* : scarecrow — **espanto** *nm* : fright, fear — **espantoso, -sa** *adj* **1** : frightening, horrific **2** TERRIBLE : awful, terrible

español, -ñola *adj* : Spanish — **español** *nm* : Spanish (language)

esparadrapo *nm* : adhesive bandage

esparcir {83} *vt* : scatter, spread — **esparcirse** *vr* **1** : be scattered, spread out **2** DIVERTIRSE : enjoy oneself

espárrago *nm* : asparagus

espasmo *nm* : spasm — **espasmódico, -ca** *adj* : spasmodic

espátula *nf* : spatula

especia *nf* : spice

especial *adj & nm* : special — **especialidad** *nf* : specialty — **especialista** *nmf* : specialist — **especializarse** {21} *vr* **~ en** : specialize in — **especialmente** *adv* : especially

especie *nf* **1** : species **2** CLASE : type, kind

especificar {72} *vt* : specify — **especificación** *nf, pl* **-ciones** : specification — **específico, -ca** *adj* : specific

espécimen *nm, pl* **especímenes** : specimen

espectáculo *nm* **1** : show, performance **2** VISIÓN : spectacle, view — **espectacular** *adj* : spectacular — **espectador, -dora** *n* : spectator

espectro *nm* **1** : spectrum **2** FANTASMA : ghost

especulación nf, pl **-ciones** : speculation
espejo nm : mirror — **espejismo** nm 1 : mirage 2 ILUSIÓN : illusion
espeluznante adj : terrifying, hair- raising
esperar vt 1 : wait for 2 CONTAR CON : expect 3 ～ **que** : hope (that) — vi : wait — **espera** nf : wait — **esperanza** nf : hope, expectation — **esperanzado, -da** adj : hopeful — **esperanzar** {21} vt : give hope to
esperma nmf 1 : sperm 2 ～ **de ballena** : blubber
esperpento nm : (grotesque) sight, fright
espesar vt : thicken — **espesarse** vr : thicken — **espeso, -sa** adj : thick, heavy — **espesor** nm : thickness, density — **espesura** nf 1 ESPESOR : thickness 2 : thicket
espetar vt : blurt (out)
espiar {85} vt : spy on — vi : spy — **espía** nmf : spy
espiga nf : ear (of wheat, etc.)
espina nf 1 : thorn 2 : (fish) bone 3 ～ **dorsal** : spine, backbone
espinaca nf 1 : spinach (plant) 2 ～**s** nfpl : spinach (food)
espinazo nm : spine, backbone
espinilla nf 1 : shin 2 GRANO : blackhead, pimple
espinoso, -sa adj 1 : prickly 2 : bony (of fish) 3 : difficult, thorny (of problems, etc.)
espionaje nm : espionage
espiral adj & nf : spiral
espirar v : breathe out, exhale
espíritu nm 1 : spirit 2 **Espíritu Santo** : Holy Spirit — **espiritual** adj : spiritual — **espiritualidad** nf : spirituality
espita nf : spigot, faucet
espléndido, -da adj 1 : splendid 2 GENEROSO : lavish — **esplendor** nm : splendor
espliego nm : lavender
espolear vt : spur on
espoleta nf : fuse
espolvorear vt : sprinkle, dust
esponja nf 1 : sponge 2 **tirar la** ～ : throw in the towel — **esponjoso, -sa** adj : spongy
espontaneidad nf : spontaneity — **espontáneo, -nea** adj : spontaneous
espora nf : spore
esporádico, -ca adj : sporadic
esposo, -sa n : spouse, wife f, husband m — **esposar** vt : handcuff — **esposas** nfpl : handcuffs
esprintar vi : sprint (in sports) — **esprint** nm : sprint
espuela nf : spur
espumar vt : skim — **espuma** nf 1 : foam, froth 2 : (soap) lather 3 : head (on beer) — **espumoso, -sa** adj 1 : foamy, frothy 2 : sparkling (of wine)

esqueleto nm : skeleton
esquema nf : outline, sketch
esquí nm 1 : ski 2 : skiing (sport) 3 ～ **acuático** : waterskiing — **esquiador, -dora** n : skier — **esquiar** {85} vi : ski
esquilar vt : shear
esquimal adj : Eskimo
esquina nf : corner
esquirol nm : strikebreaker, scab
esquivar vt 1 : evade, dodge (a blow) 2 EVITAR : avoid — **esquivo, -va** adj : shy, elusive
esquizofrenia nf : schizophrenia — **esquizofrénico, -ca** adj & n : schizophrenic
esta, ésta → **este¹, éste**
estable adj : stable — **estabilidad** nf : stability — **estabilizar** {21} vt : stabilize
establecer {53} vt : establish — **establecerse** vr : establish oneself, settle — **establecimiento** nm : establishment
establo nm : stable
estaca nf : stake — **estacada** nf 1 : (picket) fence 2 **dejar en la** ～ : leave in a lurch
estación nf, pl **-ciones** 1 : season 2 ～ **de servicio** : gas station — **estacionar** v : park — **estacionamiento** nm : parking — **estacionario, -ria** adj : stationary
estadía nf Lat : stay
estadio nm 1 : stadium 2 FASE : phase, stage
estadista nmf : statesman
estadística nf : statistics — **estadístico, -ca** adj : statistical
estado nm 1 : state 2 ～ **civil** : marital status
estadounidense adj & nmf : American (from the United States)
estafar vt : swindle, defraud — **estafa** nf : swindle, fraud — **estafador, -dora** n : cheat, swindler
estallar vi 1 : explode 2 : break out (of war, an epidemic, etc.) 3 ～ **en llamas** : burst into flames — **estallido** nm 1 : explosion 2 : report (of a gun) 3 : outbreak (of war, etc.)
estampar vt : stamp, print — **estampa** nf 1 : print, illustration 2 ASPECTO : appearance — **estampado, -da** adj : printed
estampida nf : stampede
estampilla nf : stamp
estancarse {72} vr 1 : stagnate 2 : come to a halt — **estancado, -da** adj : stagnant
estancia nf 1 : stay 2 HABITACIÓN : (large) room 3 Lat : (cattle) ranch
estanco, -ca adj : watertight
estándar adj & nm : standard — **estandarizar** {21} vt : standardize
estandarte nm : standard, banner
estanque nm 1 : pool, pond 2 : reservoir (for irrigation)

estante *nm* : shelf — **estantería** *nf* : shelves *pl*, bookcase

estaño *nm* : tin

estar {34} *v aux* : be — *vi* **1** : be **2** : be at home **3** QUEDARSE : stay, remain **4¿cómo estás?** : how are you? **5 ~ a** : cost **6 ~ bien (mal)** : be well (sick) **7 ~ para** : be in the mood for **8 ~ por** : be in favor of **9 ~ por** : be about to — **estarse** *vr* : stay, remain

estarcir {83} *vt* : stencil

estárter *nm* : choke (of an automobile)

estatal *adj* : state, national

estático, -ca *adj* **1** : static **2** INMÓVIL : unmoving, still — **estática** *nf* : static

estatua *nf* : statue

estatura *nf* : height

estatus *nm* : status, prestige

estatuto *nm* : statute — **estatutario, -ria** *adj* : statutory

este¹, esta *adj, mpl* **estos** : this, these

este² *adj* : eastern, east — **este** *nm* **1** : east **2** : east wind **3 el Este** : the Orient

éste, ésta *pron, mpl* **éstos 1** : this one, these ones *pl* **2** : the latter

estela *nf* **1** : wake (of a ship) **2** : trail (of smoke, etc.)

estera *nf* : mat

estéreo *adj & nm* : stereo — **estereofónico, -ca** *adj* : stereophonic

estereotipo *nm* : stereotype

estéril *adj* **1** : sterile **2** : infertile — **esterilidad** *nf* **1** : sterility **2** : infertility — **esterilizar** {21} *vt* : sterilize

estética *nf* : aesthetics — **estético, -ca** *adj* : aesthetic

estiércol *nm* : dung, manure

estigma *nm* : stigma — **estigmatizar** {21} *vt* : stigmatize

estilarse {21} *vr* : be in fashion

estilo *nm* **1** : style **2** MANERA : fashion, manner — **estilista** *nmf* : stylist

estima *nf* : esteem, regard — **estimación** *nf, pl* **-ciones 1** : esteem **2** VALORACIÓN : estimate — **estimado, -da** *adj* **Estimado señor** : Dear Sir — **estimar** *vt* **1** : esteem, respect **2** VALORAR : value, estimate **3** CONSIDERAR : consider

estimular *vt* **1** : stimulate **2** ALENTAR : encourage — **estimulante** *adj* : stimulating — **~** *nm* : stimulant — **estímulo** *nm* : stimulus

estío *nm* : summertime

estipular *vt* : stipulate

estirar *vt* : stretch (out), extend — **estirado, -da** *adj* **1** : stretched, extended **2** ALTANERO : stuck-up, haughty — **estiramiento** *nm* **~ facial** : face-lift — **estirón** *nm, pl* **-rones** : pull, tug

estirpe *nf* : lineage, stock

estival *adj* : summer

esto *pron* (*neuter*) **1** : this **2 en ~** : at this point **3 por ~** : for this reason

estofa *nf* **1** : class, quality **2 de baja ~** : low-class

estofar *vt* : stew — **estofado** *nm* : stew

estoicismo *nm* : stoicism — **estoico, -ca** *adj* : stoic, stoical — **~** *n* : stoic

estómago *nm* : stomach — **estomacal** *adj* : stomach

estorbar *vt* : obstruct — *vi* : get in the way — **estorbo** *nm* **1** : obstacle **2** MOLESTIA : nuisance

estornino *nm* : starling

estornudar *vi* : sneeze — **estornudo** *nm* : sneeze

estos, éstos → este, éste

estrabismo *nm* : squint

estrado *nm* : platform, stage

estrafalario, -ria *adj* : eccentric, bizarre

estragar {52} *vt* : devastate — **estragos** *nmpl* **1** : ravages **2 hacer ~ en** *or* **causar ~ entre** : wreak havoc with

estragón *nm* : tarragon

estrangular *vt* : strangle — **estrangulación** *nf* : strangulation

estratagema *nf* : stratagem

estrategia *nf* : strategy — **estratégico, -ca** *adj* : strategic

estrato *nm* : stratum

estratosfera *nf* : stratosphere

estrechar *vt* **1** : narrow **2** : strengthen (a bond) **3** ABRAZAR : embrace **4 ~ la mano a uno** : shake s.o.'s hand — **estrecharse** *vr* : narrow — **estrechez** *nf, pl* **-checes 1** : narrowness **2 estrecheces** *nfpl* : financial problems — **estrecho, -cha** *adj* **1** : tight, narrow **2** ÍNTIMO : close — **estrecho** *nm* : strait

estrella *nf* **1** : star **2** DESTINO : destiny **3 ~ de mar** : starfish — **estrellado, -da** *adj* **1** : starry **2** : star-shaped

estrellar *v* : crash — **estrellarse** *vr* **~ contre** : smash into

estremecer {53} *vt* : cause to shudder — *vi* : tremble, shake — **estremecerse** *vr* : shudder, shiver (with emotion) — **estremecimiento** *nm* : shaking, shivering

estrenar *vt* **1** : use for the first time **2** : premiere, open (a film, etc.) — **estrenarse** *vr* : make one's debut — **estreno** *nm* : debut, premiere

estreñirse {67} *vr* : be constipated — **estreñimiento** *nm* : constipation

estrépito *nm* : clamor, din — **estrepitoso, -sa** *adj* : noisy, clamorous

estrés *nm, pl* **estreses** : stress — **estresante** *adj* : stressful — **estresar** *vt* : stress (out)

estría *nf* : groove

estribaciones *nfpl* : foothills

estribar *vi* **~ en** : stem from, lie in

estribillo *nm* : refrain, chorus

estribo *nm* **1** : stirrup **2** : running board (of a vehicle) **3** CONTRAFUERTE : buttress **4** **perder los ~s** : lose one's temper

estribor *nm* : starboard

estricto, -ta *adj* : strict

estridente *adj* : strident, shrill

estrofa *nf* : stanza, verse

estropajo *nm* : scouring pad

estropear *vt* **1** : ruin, spoil **2** DAÑAR : damage — **estropearse** *vr* **1** : go bad **2** AVERIARSE : break down — **estropicio** *nm* : damage, havoc

estructura *nf* : structure — **estructural** *adj* : structural

estruendo *nm* : din, roar — **estruendoso, -sa** *adj* : thunderous

estrujar *vt* : squeeze

estuario *nm* : estuary

estuche *nm* : kit, case

estuco *nm* : stucco

estudiar *v* : study — **estudiante** *nmf* : student — **estudiantil** *adj* : student — **estudio** *nm* **1** : study **2** OFICINA : studio, office **3** **~s** *nmpl* : studies, education — **estudioso, -sa** *adj* : studious

estufa *nf* : stove, heater

estupefaciente *adj & nm* : narcotic — **estupefacto, -ta** *adj* : astonished

estupendo, -da *adj* : stupendous, marvelous

estúpido, -da *adj* : stupid — **estupidez** *nf, pl* **-deces** : stupidity

estupor *nm* **1** : stupor **2** ASOMBRO : amazement

etapa *nf* : stage, phase

etcétera : et cetera, and so on

éter *nm* : ether

etéreo, -rea *adj* : ethereal

eterno, -na *adj* : eternal — **eternidad** *nf* : eternity — **eternizarse** {21} *vr* : take forever

ética *nf* : ethics — **ético, -ca** *adj* : ethical

etimología *nf* : etymology

etíope *adj* : Ethiopian

etiqueta *nf* **1** : tag, label **2** PROTOCOLO : etiquette **3 de ~** : formal, dressy — **etiquetar** *vt* : label

étnico, -ca *adj* : ethnic

eucalipto *nm* : eucalyptus

Eucaristía *nf* : Eucharist, communion

eufemismo *nm* : euphemism — **eufemístico, -ca** *adj* : euphemistic

euforia *nf* : euphoria — **eufórico, -ca** *adj* : euphoric

europeo, -pea *adj* : European

eutanasia *nf* : euthanasia

evacuar *vt* : evacuate, vacate — *vi* : have a bowel movement — **evacuación** *nf, pl* **-ciones** : evacuation

evadir *vt* : evade, avoid — **evadirse** *vr* : escape

evaluar {3} *vt* : evaluate — **evaluación** *nf, pl* **-ciones** : evaluation

evangelio *nm* : gospel — **evangélico, -ca** *adj* : evangelical — **evangelismo** *nm* : evangelism

evaporar *vt* : evaporate — **evaporarse** *vr* : evaporate, disappear — **evaporación** *nf, pl* **-ciones** : evaporation

evasión *nf, pl* **-siones** **1** : evasion **2** FUGA : escape — **evasiva** *nf* : excuse, pretext — **evasivo, -va** *adj* : evasive

evento *nm* : event

eventual *adj* **1** : temporary **2** POSIBLE : possible — **eventualidad** *nf* : possibility, eventuality

evidencia *nf* **1** : evidence, proof **2 poner en ~** : demonstrate — **evidenciar** *vt* : demonstrate, show — **evidente** *adj* : evident — **evidentemente** *adv* : evidently, apparently

evitar *vt* **1** : avoid **2** IMPEDIR : prevent — **evitable** *adj* : avoidable

evocar {72} *vt* : evoke

evolución *nf, pl* **-ciones** : evolution — **evolucionar** *vi* : evolve

exacerbar *vt* **1** : exacerbate **2** IRRITAR : irritate

exacto, -ta *adj* : precise, exact — **exactamente** *adv* : exactly — **exactitud** *nf* : precision, accuracy

exagerar *v* : exaggerate — **exageración** *nf, pl* **-ciones** : exaggeration — **exagerado, -da** *adj* : exaggerated

exaltar *vt* **1** : exalt, extol **2** EXCITAR : excite, arouse — **exaltarse** *vr* : get worked-up — **exaltado, -da** *adj* : worked up, hotheaded

examen *nm, pl* **exámenes** **1** : examination, test **2** ANÁLISIS : investigation — **examinar** *vt* **1** : examine **2** ESTUDIAR : study, inspect — **examinarse** *vr* : take an exam

exánime *adj* : lifeless

exasperar *vt* : exasperate, irritate — **exasperación** *nf, pl* **-ciones** : exasperation

excavar *v* : excavate — **excavación** *nf, pl* **-ciones** : excavation

exceder *vt* : exceed, surpass — **excederse** *vr* : go too far — **excedente** *adj & nm* : surplus, excess

excelente *adj* : excellent — **excelencia** *nf* **1** : excellence **2 Su Excelencia** : His/Her Excellency

excéntrico, -ca *adj & n* : eccentric — **excentricidad** *nf* : eccentricity

excepción *nf, pl* **-ciones** : exception — **excepcional** *adj* : exceptional

excepto *prep* : except (for) — **exceptuar** {3} *vt* : exclude, except

exceso *nm* 1 : excess 2 ~ **de velocidad** : speeding — **excesivo, -va** *adj* : excessive

excitar *vt* : excite, arouse — **excitarse** *vr* : get excited — **excitable** *adj* : excitable — **excitación** *nf, pl* **-ciones** : excitement, agitation, arousal — **excitante** *adj* : exciting

exclamar *v* : exclaim — **exclamación** *nf, pl* **-ciones** : exclamation

excluir {41} *vt* : exclude — **exclusión** *nf, pl* **-siones** : exclusion — **exclusivo, -va** *adj* : exclusive

excomulgar {52} *vt* : excommunicate — **excomunión** *nf, pl* **-niones** : excommunication

excremento *nm* : excrement

exculpar *vt* : exonerate

excursión *nf, pl* **-siones** : excursion — **excursionista** *nmf* 1 : tourist, sightseer 2 : hiker

excusar *vt* 1 : excuse 2 EXIMIR : exempt — **excusarse** *vr* : apologize — **excusa** *nf* 1 : excuse 2 DISCULPA : apology

exento, -ta *adj* : exempt

exequias *nfpl* : funeral rites

exhalar *vt* 1 : exhale 2 : give off (an odor, etc.)

exhaustivo, -va *adj* : exhaustive — **exhausto, -ta** *adj* : exhausted, worn-out

exhibir *vt* : exhibit, show — **exhibición** *nf, pl* **-ciones** : exhibition

exhortar *vt* : exhort, admonish

exigir {35} *vt* : demand, require — **exigencia** *nf* : demand, requirement — **exigente** *adj* : demanding

exiguo, -gua *adj* : meager

exiliar *vt* : exile — **exiliarse** *vr* : go into exile — **exiliado, -da** *adj* : exiled, in exile — ~ *n* : exile — **exilio** *nm* : exile

eximir *vt* : exempt

existir *vi* : exist — **existencia** *nf* 1 : existence 2 ~**s** *nfpl* MERCANCÍA : goods, stock — **existente** *adj* : existing

éxito *nm* 1 : success, hit 2 **tener** ~ : be successful — **exitoso, -sa** *adj Lat* : successful

éxodo *nm* : exodus

exorbitante *adj* : exorbitant

exorcizar {21} *vt* : exorcize — **exorcismo** *nm* : exorcism

exótico, -ca *adj* : exotic

expandir *vt* : expand — **expandirse** *vr* : spread — **expansión** *nf, pl* **-siones** : expansion — **expansivo, -va** *adj* : expansive

expatriarse {85} *vr* 1 : emigrate 2 EXIL-IARSE : go into exile — **expatriado, -da** *adj & n* : expatriate

expectativa *nf* 1 : expectation, hope 2 ~**s** *nfpl* : prospects

expedición *nf, pl* **-ciones** : expedition

expediente *nm* 1 : expedient 2 DOCUMENTOS : file, record 3 INVESTIGACIÓN : inquiry, proceedings

expedir {54} *vt* 1 : issue 2 ENVIAR : dispatch — **expedito, -ta** *adj* : free, clear

expeler *vt* : expel, eject

expendedor, -dora *n* : dealer, seller

expensas *nfpl* 1 : expenses 2 **a** ~ **de** : at the expense of

experiencia *nf* : experience

experimentar *vi* : experiment — *vt* 1 : experiment with, test out 2 SENTIR : experience, feel — **experimentado, -da** *adj* : experienced — **experimental** *adj* : experimental — **experimento** *nm* : experiment

experto, -ta *adj & n* : expert

expiar {85} *vt* : atone for

expirar *vi* 1 : expire 2 MORIR : die

explayar *vt* : extend — **explayarse** *vr* 1 : spread out 2 HABLAR : speak at length

explicar {72} *vt* : explain — **explicarse** *vr* : understand — **explicación** *nf, pl* **-ciones** : explanation — **explicativo, -va** *adj* : explanatory

explícito, -ta *adj* : explicit

explorar *vt* : explore — **exploración** *nf, pl* **-ciones** : exploration — **explorador, -dora** *n* : explorer, scout — **exploratorio, -ria** *adj* : exploratory

explosión *nf, pl* **-siones** 1 : explosion 2 : outburst (of anger, laughter, etc.) — **explosivo, -va** *adj* : explosive — **explosivo** *nm* : explosive

explotar *vt* 1 : exploit 2 : operate, run (a factory, etc.), work (a mine) — *vi* : explode — **explotación** *nf, pl* **-ciones** 1 : exploitation 2 : running (of a business), working (of a mine)

exponer {60} *vt* 1 : expose 2 : explain, set out (ideas, theories, etc.) 3 EXHIBIR : exhibit, display — *vi* : exhibit — **exponerse** *vr* ~ **a** : expose oneself to

exportar *vt* : export — **exportaciones** *nfpl* : exports — **exportador, -dora** *n* : exporter

exposición *nf, pl* **-ciones** 1 : exposure 2 : exhibition (of objects, art, etc.) 3 : exposition, setting out (of ideas, etc.) — **expositor, -tora** *n* 1 : exhibitor 2 : exponent (of a theory, etc.)

exprés *nms & pl* 1 : express (train) 2 *or* **café** ~ : espresso

expresamente *adv* : expressly, on purpose

expresar *vt* : express — **expresarse** *vr* : express oneself — **expresión** *nf, pl* **-siones**

: expression — **expresivo, -va** *adj* **1** : expressive **2** CARIÑOSO : affectionate

expreso, -sa *adj* : express — **expreso** *nm* : express train, express

exprimir *vt* **1** : squeeze **2** EXPLOTAR : exploit — **exprimidor** *nm* : squeezer, juicer

expuesto, -ta *adj* **1** : exposed **2** PELIGROSO : risky, dangerous

expulsar *vt* : expel, eject — **expulsión** *nf, pl* **-siones** : expulsion

exquisito, -ta *adj* **1** : exquisite **2** RICO : delicious — **exquisitez** *nf* **1** : exquisiteness **2** : delicacy, special dish

éxtasis *nms & pl* : ecstasy — **extático, -ta** *adj* : ecstatic

extender {56} *vt* **1** : spread out **2** : draw up (a document), write out (a check) — **extenderse** *vr* **1** : extend, spread **2** DURAR : last — **extendido, -da** *adj* **1** : widespread **2** : outstretched (of arms, wings, etc.)

extensamente *adv* : extensively

extensión *nf, pl* **-siones 1** : extension **2** AMPLITUD : expanse **3** ALCANCE : range, extent — **extenso, -sa** *adj* : extensive

extenuar {3} *vt* : exhaust, tire out

exterior *adj* **1** : exterior, external **2** EXTRANJERO : foreign — ~ *nm* **1** : outside **2 en el** ~ : abroad — **exteriorizar** {21} *vt* : show, reveal — **exteriormente** *adv* : outwardly, externally

exterminar *vt* : exterminate — **exterminación** *nf, pl* **-ciones** : extermination — **exterminio** *nm* : extermination

externo, -na *adj* : external

extinguir {26} *vt* **1** : extinguish (a fire) **2** : put an end to, wipe out — **extinguirse** *vr* **1** : go out (of fire, light, etc.) **2** : become extinct — **extinción** *nf, pl* **-ciones** : extinction — **extinguidor** *nm Lat* : fire extinguisher — **extinto, -ta** *adj* : extinct — **extintor** *nm* : fire extinguisher

extirpar *vt* : remove, eradicate

extorsión *nf, pl* **-siones 1** : extortion **2** MOLESTIA : trouble

extra *adv* : extra — ~ *adj* **1** ADICIONAL : additional **2** : top-quality — ~ *nmf* : extra (in movies) — ~ *nm* : extra (expense)

extraditar *vt* : extradite

extraer {81} *vt* : extract — **extracción** *nf, pl* **-ciones** : extraction — **extracto** *nm* **1** : extract **2** RESUMEN : abstract, summary

extranjero, -ra *adj* : foreign — ~ *n* : foreigner — **extranjero** *nm* : foreign countries *pl*

extrañar *vt* : miss (someone) — **extrañarse** *vr* : be surprised — **extrañeza** *nf* : surprise — **extraño, -ña** *adj* **1** : foreign **2** RARO : strange, odd — ~ *n* : stranger

extraoficial *adj* : unofficial

extraordinario, -ria *adj* : extraordinary

extrasensorial *adj* : extrasensory

extraterrestre *adj & nmf* : extraterrestrial

extravagante *adj* : extravagant, outrageous — **extravagancia** *nf* : extravagance, outlandishness

extraviar {85} *vt* : lose, misplace — **extraviarse** *vr* : get lost — **extravío** *nm* : loss

extremar *vt* : carry to extremes — **extremarse** *vr* : do one's utmost — **extremadamente** *adv* : extremely — **extremado, -da** *adj* : extreme — **extremidad** *nf* **1** : tip, end **2** ~**es** *nfpl* : extremities — **extremista** *adj & nmf* : extremist — **extremo, -ma** *adj* **1** : extreme **2 en caso** ~ : as a last resort — **extremo** *nm* **1** : end **2 en** ~ : in the extreme, extremely **3 en ultimo** ~ : as a last resort

extrovertido -da *adj* : extroverted — ~ *n* : extrovert

exuberante *adj* : exuberant — **exuberancia** *nf* : exuberance

exudar *vt* : exude

eyacular *vi* : ejaculate — **eyaculación** *nf, pl* **-ciones** : ejaculation

F

f *nf* : f, sixth letter of the Spanish alphabet
fabricar {72} *vt* **1** : manufacture **2** CON-
STRUIR : build, construct **3** INVENTAR : fabricate — **fábrica** *nf* : factory — **fabricación**
nf, pl **-ciones** : manufacture — **fabricante**
nmf : manufacturer
fábula *nf* **1** : fable **2** MENTIRA : story, lie
fabuloso, -sa *adj* : fabulous
facción *nf, pl* **-ciones 1** : faction **2** ~**es**
nfpl RASGOS : features
faceta *nf* : facet
facha *nf* : appearance, look
fachada *nf* : façade
facial *adj* : facial
fácil *adj* **1** : easy **2** PROBABLE : likely —
facilemente *adv* : easily, readily — **facilidad** *nf* **1** : facility, ease **2** ~**es** *nfpl* : facilities, services — **facilitar** *vt* **1** : facilitate **2**
PROPORCIONAR : provide, supply
facsímil *or* **facsímile** *nm* **1** COPIA : facsimile, copy **2** : fax
factible *adj* : feasible
factor *nm* : factor
factoría *nf* : factory
factura *nf* **1** : bill, invoice **2** HECHURA
: making, manufacture — **facturar** *vt* **1**
: bill for **2** : check in (baggage, etc.)
facultad *nf* **1** : faculty, ability **2** AUTORIDAD
: authority **3** : school (of a university) —
facultativo, -va *adj* : optional
faena *nf* **1** : task, job **2** ~**s domésticas**
: housework
fagot *nm* : bassoon
faisán *nm, pl* **-sanes** : pheasant
faja *nf* **1** : sash **2** : girdle, corset **3** : strip (of
land)
fajo *nm* : bundle, sheaf
falda *nf* **1** : skirt **2** : side, slope (of a mountain)
falible *adj* : fallible
fálico, -ca *adj* : phallic
fallar *vi* **1** : fail, go wrong — *vt* **1** : pronounce
judgment on **2** ERRAR : miss — **falla** *nf* **1**
: flaw, defect **2** : (geological) fault
fallecer {53} *vi* : pass away, die — **fallecimiento** *nm* : demise, death
fallido, -da *adj* : failed, unsuccessful
fallo *nm* **1** : error **2** SENTENCIA : sentence,
verdict
falo *nm* : phallus, penis
falsear *vt* : falsify, distort — **falsedad** *nf* **1**
: falseness **2** MENTIRA : falsehood, lie —
falsificación *nf, pl* **-ciones** : forgery, fake
— **falsificador, -dora** *n* : forger — **falsi-**

ficar {72} *vt* **1** : counterfeit, forge **2**
ALTERAR : falsify — **falso, -sa** *adj* **1** : false,
untrue **2** FALSIFICADO : counterfeit, forged
falta *nf* **1** CARENCIA : lack **2** DEFECTO : defect, fault, error **3** AUSENCIA : absence **4**
: offense, misdemeanor (in law) **5** : foul (in
sports) **6 hacer** ~ : be lacking, be needed
7 sin ~ : without fail — **faltar** *vi* **1** : be
lacking, be needed **2** : be missing **3**
QUEDAR : remain, be left **4 ¡no faltaba
más!** : don't mention it! — **falto, -ta** *adj* ~
de : lacking (in)
fama *nf* **1** : fame **2** REPUTACIÓN : reputation
famélico, -ca *adj* : starving
familia *nf* : family — **familiar** *adj* **1** : famil-
ial, family **2** CONOCIDO : familiar **3** : informal (of language, etc.) — ~ *nmf* : relation,
relative — **familiaridad** *nf* : familiarity —
familiarizarse {21} *vr* ~ **con** : familiarize
oneself with
famoso, -sa *adj* : famous
fanático, -ca *adj* : fanatic, fanatical — ~ *n*
: fanatic — **fanatismo** *nm* : fanaticism
fanfarria *nf* : fanfare
fanfarrón, -rrona *adj, mpl* **-rrones** *fam*
: boastful — ~ *n fam* : braggart — **fanfar-
ronear** *vi* : boast, brag
fango *nm* : mud, mire — **fangoso, -sa** *adj*
: muddy
fantasear *vi* : fantasize, daydream — **fantasía** *nf* **1** : fantasy **2** IMAGINACIÓN : imagination
fantasma *nm* : ghost, phantom — **fantasmal**
adj : ghostly
fantástico, -ca *adj* : fantastic
fardo *nm* : bundle
farfullar *v* : jabber, gabble
farmacéutico, -ca *adj* : pharmaceutical —
~ *n* : pharmacist — **farmacia** *nf* : drug-
store, pharmacy
faro *nm* **1** : lighthouse **2** : headlight (of an
automobile) — **farol** *nm* **1** LINTERNA
: lantern **2** FAROLA : streetlight — **farola** *nf*
1 : lamppost **2** FAROL : streetlight
farsa *nf* : farce — **farsante** *nmf* : charlatan,
fraud
fascículo *nm* : installment, part (of a publication)
fascinar *vt* : fascinate — **fascinación** *nf, pl*
-ciones : fascination — **fascinante** *adj*
: fascinating
fascismo *nm* : fascism — **fascista** *adj &*
nmf : fascist
fase *nf* : phase

fastidiar *vt* : annoy, bother — *vi* : be annoying or bothersome — **fastidio** *nm* : annoyance — **fastidioso, -sa** *adj* : annoying, bothersome
fatal *adj* **1** : fateful **2** MORTAL : fatal **3** *fam* : awful, terrible — **fatalidad** *nf* **1** : fate, destiny **2** DESGRACIA : misfortune
fatídico, -ca *adj* : fateful, momentous
fatiga *nf* : fatigue — **fatigado, -da** *adj* : weary, tired — **fatigar** {52} *vt* : tire — **fatigarse** *vr* : get tired — **fatigoso, -sa** *adj* : fatiguing, tiring
fatuo, -tua *adj* **1** : fatuous **2** PRESUMIDO : conceited
fauna *nf* : fauna
favor *nm* **1** : favor **2 a ～ de** : in favor of **3 por ～** : please — **favorable** *adj* **1** : favorable **2 ser ～ a** : be in favor of — **favorecedor, -dora** *adj* : flattering — **favorecer** {53} *vt* **1** AYUDAR : favor **2** : look well on, suit — **favoritismo** *nm* : favoritism — **favorito, -ta** *adj & n* : favorite
fax *nm* : fax — **faxear** *vt* : fax
faz *nf, pl* **faces** : face, countenance
fe *nf* **1** : faith **2 dar ～ de** : bear witness to **3 de buena ～** : in good faith
fealdad *nf* : ugliness
febrero *nm* : February
febril *adj* : feverish
fecha *nf* **1** : date **2 ～ de caducidad** *or* **～ de vencimiento** : expiration date **3 ～ límite** : deadline — **fechar** *vt* : date, put a date on
fechoría *nf* : misdeed
fécula *nf* : starch (in food)
fecundar *vt* **1** : fertilize (an egg) **2** : make fertile — **fecundo, -da** *adj* : fertile
federación *nf, pl* **-ciones** : federation — **federal** *adj* : federal
felicidad *nf* **1** : happiness **2 ¡～es!** : best wishes!, congratulations!, happy birthday! — **felicitación** *nf, pl* **-ciones** : congratulation — **felicitar** *vt* : congratulate — **felicitarse** *vr* **～ de** : be glad about
feligrés, -gresa *n, mpl* **-greses** : parishioner
felino, -na *adj & n* : feline
feliz *adj, pl* **-lices 1** : happy **2** AFORTUNADO : fortunate **3 Feliz Navidad** : Merry Christmas
felpa *nf* **1** : plush **2** : terry cloth (for towels, etc.)
felpudo *nm* : doormat
femenino, -na *adj* **1** : feminine **2** : female (in biology) — **femenino** *nm* : feminine (in grammar) — **femineidad** *nf* : femininity — **feminismo** *nm* : feminism — **feminista** *adj & nmf* : feminist
fenómeno *nm* : phenomenon — **fenomenal**

adj **1** : phenomenal **2** *fam* : fantastic, terrific
feo, fea *adj* **1** : ugly **2** DESAGRADABLE : unpleasant, nasty
féretro *nm* : coffin
feria *nf* **1** : fair, market **2** FIESTA : festival, holiday **3** *Lat fam* : small change — **feriado, -da** *adj* **día feriado** : public holiday
fermentar *v* : ferment — **fermentación** *nf, pl* **-ciones** : fermentation — **fermento** *nm* : ferment
feroz *adj, pl* **-roces** : ferocious, fierce — **ferocidad** *nf* : ferocity, fierceness
férreo, -rrea *adj* **1** : iron **2 vía férrea** : railroad track
ferretería *nf* : hardware store
ferrocarril *nm* : railroad, railway — **ferroviario, -ria** *adj* : rail, railroad
ferry *nm, pl* **ferrys** : ferry
fértil *adj* : fertile, fruitful — **fertilidad** *nf* : fertility — **fertilizante** *nm* : fertilizer — **fertilizar** *vt* : fertilize
fervor *nm* : fervor, zeal — **ferviente** *adj* : fervent
festejar *vt* **1** : celebrate **2** AGASAJAR : entertain, wine and dine — **festejo** *nm* : celebration, festivity
festín *nm, pl* **-tines** : banquet, feast
festival *nm* : festival — **festividad** *nf* : festivity — **festivo, -va** *adj* **1** : festive **2 día festivo** : holiday
fetiche *nm* : fetish
fétido, -da *adj* : foul-smelling, fetid
feto *nm* : fetus — **fetal** *adj* : fetal
feudal *adj* : feudal
fiable *adj* : reliable — **fiabilidad** *nf* : reliability
fiado, -da *adj* : on credit — **fiador, -dora** *n* : bondsman, guarantor
fiambres *nfpl* : cold cuts
fianza *nf* **1** : bail, bond **2 dar ～** : pay a deposit
fiar {85} *vt* **1** : guarantee **2** : sell on credit — *vi* **ser de ～** : be trustworthy — **fiarse** *vr* **～ de** : place trust in
fiasco *nm* : fiasco
fibra *nf* **1** : fiber **2 ～ de vidrio** : fiberglass
ficción *nf, pl* **-ciones** : fiction
ficha *nf* **1** : token **2** TARJETA : index card **3** : counter, chip (in games) — **fichar** *vt* : file, index — **fichero** *nm* **1** : card file **2** : filing cabinet
ficticio, -cia *adj* : fictitious
fidedigno, -na *adj* : reliable, trustworthy
fidelidad *nf* : fidelity, faithfulness
fideo *nm* : noodle
fiebre *nf* **1** : fever **2 ～ del heno** : hay fever **3 ～ palúdica** : malaria
fiel *adj* **1** : faithful, loyal **2** PRECISO : accu-

rate, reliable — ~ *nm* **1** : pointer (of a scale) **2 los ~es** : the faithful — **fielmente** *adv* : faithfully
fieltro *nm* : felt
fiero, -ra *adj* : fierce, ferocious — **fiera** *nf* : wild animal, beast
fierro *nm Lat* : iron (bar)
fiesta *nf* **1** : party **2** DIA FESTIVO : holiday, feast day
figura *nf* **1** : figure **2** FORMA : shape, form — **figurar** *vi* **1** : figure (in), be included (among) **2** DESTACAR : stand out — *vt* : represent — **figurarse** *vr* : imagine
fijar *vt* **1** : fasten, affix **2** CONCRETAR : set, fix — **fijarse** *vr* **1** : settle **2 ~ en** : notice, pay attention to — **fijo, -ja** *adj* **1** : fixed, firm **2** PERMANENTE : permanent
fila *nf* **1** : line, file, row **2 ponerse en ~** : line up
filantropía *nf* : philanthropy — **filantrópico, -ca** *adj* : philanthropic — **filántropo, -pa** *n* : philanthropist
filatelia *nf* : philately, stamp collecting
filete *nm* : fillet
filial *adj* : filial — ~ *nf* : affiliate, subsidiary
filigrana *nf* **1** : filigree **2** : watermark (on paper)
filipino, -na *adj* : Filipino
filmar *vt* : film, shoot — **filme** *or* **film** *nm* : film, movie
filo *nm* **1** : edge **2 dar ~ a** : sharpen
filón *nm, pl* **-lones 1** : vein (of minerals) **2** *fam* : gold mine
filoso, -sa *adj Lat* : sharp
filosofía *nf* : philosophy — **filosófico, -ca** *adj* : philosophical — **filósofo, -fa** *n* : philosopher
filtrar *v* : filter — **filtrarse** *vr* : leak out, seep through — **filtro** *nm* : filter
fin *nm* **1** : end **2** OBJETIVO : purpose, aim **3 en ~** : well, in short **4 ~ de semana** : weekend **5 por ~** : finally, at last
final *adj* : final — ~ *nm* : end, conclusion — ~ *nf* : final (in sports) — **finalidad** *nf* : purpose, aim — **finalista** *nmf* : finalist — **finalizar** {21} *v* : finish, end — **finalmente** *adv* : finally
financiar *vt* : finance, fund — **financiero, -ra** *adj* : financial — ~ *n* : financier — **finanzas** *nfpl* : finance
finca *nf* **1** : farm, ranch **2** *Lat* : country house
fingir {35} *v* : feign, pretend — **fingido, -da** *adj* : false, feigned
finito, -ta *adj* : finite
finlandés, -desa *adj* : Finnish
fino, -na *adj* **1** : fine **2** DELGADO : slender **3** REFINADO : refined **4** AGUDO : sharp, keen

— **finura** *nf* **1** : fineness **2** REFINAMIENTO : refinement
firma *nf* **1** : signature **2** : (act of) signing **3** EMPRESA : firm, company
firmamento *nm* : firmament, sky
firmar *v* : sign
firme *adj* **1** : firm, resolute **2** ESTABLE : steady, stable — **firmeza** *nf* **1** : strength, resolve **2** ESTABILIDAD : firmness, stability
fiscal *adj* : fiscal — ~ *nmf* : district attorney — **fisco** *nm* : (national) treasury
fisgar {52} *vt* : pry into — *vi* : pry — **fisgón, -gona** *n, mpl* **-gones** : snoop, busybody
física *nf* : physics — **físico, -ca** *adj* : physical — ~ *n* : physicist — **físico** *nm* : physique
fisiología *nf* : physiology — **fisiológico, -ca** *adj* : physiological — **fisiólogo, -ga** *n* : physiologist
fisioterapia *nf* : physical therapy — **fisioterapeuta** *nmf* : physical therapist
fisonomía *nf* : features *pl*, appearance
fisura *nf* : fissure
fláccido, -da *or* **flácido, -da** *adj* : flaccid, flabby
flaco, -ca *adj* **1** : thin, skinny **2** DÉBIL : weak
flagrante *adj* : flagrant
flamante *adj* **1** : bright, brilliant **2** NUEVO : brand-new
flamenco, -ca *adj* **1** : flamenco (of music or dance) **2** : Flemish — **flamenco** *nm* **1** : flamingo **2** : flamenco (music or dance)
flaquear *vi* : weaken, flag — **flaqueza** *nf* **1** : thinness **2** DEBILIDAD : weakness
flash *nm* : flash
flatulencia *nf* : flatulence
flauta *nf* **1** : flute **2 ~ dulce** : recorder — **flautín** *nm, pl* **-tines** : piccolo — **flautista** *nmf* : flutist
flecha *nf* : arrow
fleco *nm* **1** : fringe **2** *Lat* : bangs *pl*
flema *nf* : phlegm — **flemático, -ca** *adj* : phlegmatic
flequillo *nm* : bangs *pl*
fletar *vt* **1** : charter, rent **2** *Lat* : transport — **flete** *nm* **1** : charter **2** : shipping (charges) **3** *Lat* : transport, freight
flexible *adj* : flexible — **flexibilidad** *nf* : flexibility
flirtear *vi* : flirt
flojo, -ja *adj* **1** SUELTO : loose, slack **2** DÉBIL : weak **3** PEREZOSO : lazy — **flojera** *nf fam* : lethargy
flor *nf* : flower — **flora** *nf* : flora — **floral** *adj* : floral — **floreado, -da** *adj* : flowered — **florear** *vi Lat* : flower, bloom — **florecer** {53} *vi* **1** : bloom, blossom **2** PROSPERAR : flourish — **floreciente** *adj* : flourishing — **florero** *nm* : vase — **florido, -da** *adj* : flow-

ery — **florista** *nmf* : florist — **floritura** *nf* : frill, flourish

flota *nf* : fleet

flotar *vi* : float — **flotador** *nm* **1** : float **2** : life preserver (for a swimmer) — **flotante** *adj* : floating, buoyant — **flote: a ～** *adv phr* : afloat

flotilla *nf* : flotilla, fleet

fluctuar {3} *vi* : fluctuate — **fluctuación** *nf, pl* **-ciones** : fluctuation

fluir {41} *vi* : flow — **fluidez** *nf* **1** : fluidity **2** : fluency (of language, etc.) — **fluido, -da** *adj* **1** : fluid **2** : fluent (of language) — **fluido** *nm* : fluid — **flujo** *nm* : flow

fluorescente *adj* : fluorescent

fluoruro *nm* : fluoride

fluvial *adj* : river

fobia *nf* : phobia

foca *nf* : seal (animal)

foco *nm* **1** : focus **2** : spotlight, floodlight (in theater, etc.) **3** *Lat* : lightbulb

fofo, -fa *adj* : flabby

fogata *nf* : bonfire

fogón *nm, pl* **-gones** : burner

fogoso, -sa *adj* : ardent

folklore *nm* : folklore — **folklórico, -ca** *adj* : folk, traditional

follaje *nm* : foliage

folleto *nm* : pamphlet, leaflet

fomentar *vt* : promote, encourage — **fomento** *nm* : promotion, encouragement

fonda *nf* : boarding house

fondear *vt* : sound out, examine — *vi* : anchor

fondillos *nmpl* : seat (of pants, etc.)

fondo *nm* **1** : bottom **2** : rear, back, end **3** PROFUNDIDAD : depth **4** : background (of a painting, etc.) **5** *Lat* : slip, petticoat **6 ～s** *nmpl* : funds, resources **7 a ～** : thoroughly, in depth **8 en el ～** : deep down

fonético, -ca *adj* : phonetic — **fonética** *nf* : phonetics

fontanería *nf Spain* : plumbing — **fontanero, -ra** *n Spain* : plumber

footing *nm* **1** : jogging **2 hacer ～** : jog

forajido, -da *n* : bandit, outlaw

foráneo, -nea *adj* : foreign, strange

forastero, -ra *n* : stranger, outsider

forcejear *vi* : struggle — **forcejeo** *nm* : struggle

forense *adj* : forensic

forja *nf* : forge — **forjar** *vt* **1** : forge **2** CREAR, FORMAR : build up, create

forma *nf* **1** : form, shape **2** MANERA : manner, way **3 en ～** : fit, healthy **4 ～s** *nfpl* : appearances, conventions — **formación** *nf, pl* **-ciones 1** : formation **2** EDUCACIÓN : training

formal *adj* **1** : formal **2** SERIO : serious **3** FI-ABLE : dependable, reliable — **formalidad** *nf* **1** : formality **2** SERIEDAD : seriousness **3** FIABILIDAD : reliability

formar *vt* **1** : form, shape **2** CONSTITUIR : constitute **3** EDUCAR : train, educate — **formarse** *vr* **1** DESARROLLARSE : develop, take shape **2** EDUCARSE : be educated

formato *nm* : format

formidable *adj* **1** : tremendous **2** *fam* : fantastic, terrific

fórmula *nf* : formula

formular *vt* **1** : formulate, draw up **2** : make, lodge (a complaint, etc.)

formulario *nm* : form

fornido, -da *adj* : well-built, burly

foro *nm* : forum

forraje *nm* : forage, fodder — **forrajear** *vi* : forage

forrar *vt* **1** : line (a garment) **2** : cover (a book) — **forro** *nm* **1** : lining **2** CUBIERTA : book cover

fortalecer {53} *vt* : strengthen — **fortaleza** *nf* **1** : fortress **2** FUERZA : strength **3** : (moral) fortitude

fortificar {72} *vt* : fortify — **fortificación** *nf, pl* **-ciones** : fortification

fortuito, -ta *adj* : fortuitous, chance

fortuna *nf* **1** SUERTE : fortune, luck **2** RIQUEZA : wealth, fortune **3 por ～** : fortunately

forzar {36} *vt* **1** : force **2** : strain (one's eyes) — **forzosamente** *adv* : necessarily — **forzoso, -sa** *adj* : necessary, inevitable

fosa *nf* **1** : pit, ditch **2** TUMBA : grave **3 ～s nasales** : nostrils

fósforo *nm* **1** : phosphorus **2** CERILLA : match — **fosforescente** *adj* : phosphorescent

fósil *nm* : fossil

foso *nm* **1** : ditch **2** : pit (of a theater) **3** : moat (of a castle)

foto *nf* : photo

fotocopia *nf* : photocopy — **fotocopiadora** *nf* : photocopier — **fotocopiar** *vt* : photocopy

fotogénico, -ca *adj* : photogenic

fotografía *nf* **1** : photography **2** : photograph, picture — **fotografiar** {85} *vt* : photograph — **fotográfico, -ca** *adj* : photographic — **fotógrafo, -fa** *n* : photographer

fotosíntesis *nf* : photosynthesis

fracasar *vi* : fail — **fracaso** *nm* : failure

fracción *nf, pl* **-ciones 1** : fraction **2** : faction (in politics) — **fraccionamiento** *nm Lat* : housing development

fractura *nf* : fracture — **fracturarse** *vr* : fracture, break (a bone)

fragancia *nf* : fragrance, scent — **fragante** *adj* : fragrant

fragata *nf* : frigate
frágil *adj* **1** : fragile **2** DÉBIL : frail, delicate
— **fragilidad** *nf* **1** : fragility **2** DEBILIDAD : frailty
fragmento *nm* : fragment
fragor *nm* : clamor, din
fragoso, -sa *adj* : rough, rugged
fragua *nf* : forge — **fraguar** {10} *vt* **1** : forge **2** IDEAR : concoct — *vi* : harden, solidify
fraile *nm* : friar, monk
frambuesa *nf* : raspberry
francés, -cesa *adj, mpl* -**ceses** : French — **francés** *nm* : French (language)
franco, -ca *adj* **1** : frank, candid **2** : free (in commerce) — **franco** *nm* : franc
francotirador, -dora *n* : sniper
franela *nf* : flannel
franja *nf* **1** : stripe, band **2** FLECO : fringe
franquear *vt* **1** : clear (a path, etc.) **2** : cross over (a doorstep, etc.) **3** : pay postage on (mail) — **franqueo** *nm* : postage
franqueza *nf* : frankness
frasco *nm* : small bottle, vial, flask
frase *nf* **1** : phrase **2** ORACIÓN : sentence
fraternal *adj* : brotherly, fraternal — **fraternidad** *nf* : brotherhood, fraternity — **fraternizar** {21} *vi* : fraternize — **fraterno, -na** *adj* : brotherly, fraternal
fraude *nm* : fraud — **fraudulento, -ta** *adj* : fraudulent
fray *nm* (*used in titles*) : brother, friar
frazada *nf Lat* : blanket
frecuencia *nf* **1** : frequency **2 con ~** : often, frequently — **frecuentar** *vt* : frequent, haunt — **frecuente** *adj* : frequent
fregadero *nm* : kitchen sink
fregar {49} *vt* **1** : scrub, wash **2** *Lat fam* : annoy — *vi Lat fam* : be a pest
fregona *nf Spain* : mop
freír {37} *vt* : fry
frenar *vt* **1** : brake **2** RESTRINGIR : curb, check
frenesí *nm* : frenzy — **frenético, -ca** *adj* : frantic, frenzied
freno *nm* **1** : brake **2** : bit (of a bridle) **3** CONTROL : check, restraint
frente *nm* **1** : front **2** : facade (of a building) **3 al ~ de** : at the head of **4 ~ a** : opposite **5 de ~** : (facing) forward **6 hacer ~ a** : face up to, brave — **~** *nf* : forehead
fresa *nf* : strawberry
fresco, -ca *adj* **1** : fresh **2** FRÍO : cool **3** *fam* : insolent, nervy — **fresco** *nm* **1** : fresh air **2** FRESCOR : coolness **3** : fresco (art or painting) — **frescor** *nm* : coolness, cool air — **frescura** *nf* **1** : freshness **2** FRÍO : coolness **3** *fam* : nerve, insolence
fresno *nm* : ash (tree)

frialdad *nf* **1** : coldness **2** INDIFERENCIA : indifference
fricción *nf, pl* -**ciones** **1** : friction **2** MASAJE : rubbing, massage — **friccionar** *vt* : rub
frigidez *nf* : frigidity
frigorífico *nm Spain* : refrigerator
frijol *nm Lat* : bean
frío, fría *adj* **1** : cold **2** INDIFERENTE : cool, indifferent — **frío** *nm* **1** : cold **2** INDIFERENCIA : coldness, indifference **3 hacer ~** : be cold (outside) **4 tener ~** : be cold, feel cold
frito, -ta *adj* **1** : fried **2** *fam* : fed up
frívolo, -la *adj* : frivolous — **frivolidad** *nf* : frivolity
fronda *nf* **1** : frond **2** *or* **~s** *nfpl* : foliage — **frondoso, -sa** *adj* : leafy
frontera *nf* : border, frontier — **fronterizo, -za** *adj* : border, on the border — **frontero, -ra** *adj* : facing, opposite
frotar *vt* : rub — **frotarse** *vr* **~ las manos** : rub one's hands
fructífero, -ra *adj* : fruitful
frugal *adj* : frugal, thrifty — **frugalidad** *adj* : frugality
fruncir {83} *vt* **1** : gather (in pleats) **2 ~ el ceño** : frown **3 ~ la boca** : purse one's lips
frustrar *vt* : frustrate — **frustrarse** *vr* : fail — **frustración** *nf, pl* -**ciones** : frustration — **frustrado, -da** *adj* **1** : frustrated **2** FRACASADO : failed, unsuccessful — **frustrante** *adj* : frustrating
fruta *nf* : fruit — **frutilla** *nf Lat* : strawberry — **fruto** *nm* **1** : fruit **2** RESULTADO : result, consequence
fucsia *adj & nm* : fuchsia
fuego *nm* **1** : fire **2** : flame, burner (on a stove) **3 ~s artificiales** *nmpl* : fireworks **4 ¿tienes fuego?** : have you got a light?
fuelle *nm* : bellows
fuente *nf* **1** : fountain **2** MANANTIAL : spring **3** ORIGEN : source **4** PLATO : platter, serving dish
fuera *adv* **1** : outside, out **2** : abroad, away **3 ~ de** : outside of, beyond **4 ~ de** : aside from, in addition to
fuerte *adj* **1** : strong **2** : bright (of colors), loud (of sounds) **3** EXTREMO : intense **4** DURO : hard — **~** *adv* **1** : strongly, hard **2** : loudly **3** MUCHO : abundantly, a lot — **~** *nm* **1** : fort **2** ESPECIALIDAD : strong point
fuerza *nf* **1** : strength **2** VIOLENCIA : force **3** PODER : power, might **4 ~s armadas** *nfpl* : armed forces **5 a ~ de** : by dint of **6 a la ~** : necessarily
fuga *nf* **1** : flight, escape **2** : fugue (in music) **3** ESCAPE : leak — **fugarse** {52} *vr* : flee, run away — **fugaz** *adj, pl* -**gaces** : fleeting — **fugitivo, -va** *adj & n* : fugitive

fulano, -na *n* : so-and-so, what's-his-name, what's-her-name

fulgor *nm* : brilliance, splendor

fulminar *vt* **1** : strike with lightning **2** : strike down (with an illness, etc.) — **fulminante** *adj* : devastating

fumar *v* : smoke — **fumarse** *vr* **1** : smoke **2** *fam* : squander — **fumador, -dora** *n* : smoker

funámbulo, -la *n* : tightrope walker

función *nf, pl* **-ciones 1** : function **2** TRABAJOS : duties *pl* **3** : performance, show (in theater) — **funcional** *adj* : functional — **funcionamiento** *nm* **1** : functioning **2** en **~** : in operation — **funcionar** *vi* **1** : function, run, work **2 no funciona** : out of order — **funcionario, -ria** *n* : civil servant, official

funda *nf* **1** : cover, sheath **2** *or* **~ de almohada** : pillowcase

fundar *vt* **1** ESTABLECER : found, establish **2** BASAR : base — **fundarse** *vr* **~** en : be based on — **fundación** *nf, pl* **-ciones** : foundation — **fundador, -dora** *n* : founder — **fundamental** *adj* : fundamental, basic — **fundamentalmente** *adv* : basically — **fundamentar** *vt* **1** : lay the foundations for **2** BASAR : base — **fundamento** *nm* **1** : foundation **2 ~s** *nmpl* : fundamentals

fundir *vt* **1** : melt down, smelt **2** FUSIONAR : fuse, merge — **fundirse** *vr* **1** : blend, merge **2** DERRETIRSE : melt **3** : burn out (of a lightbulb) — **fundición** *nf, pl* **-ciones 1** : smelting **2** : foundry

fúnebre *adj* **1** : funeral **2** LÚGUBRE : gloomy

funeral *adj* : funeral, funerary — **~** *nm* **1** : funeral **2 ~es** *nmpl* EXEQUIAS : funeral (rites) — **funeraria** *nf* : funeral home

funesto, ta *adj* : terrible, disastrous

fungir {35} *vi Lat* : act, function

furgón *nm, pl* **-gones 1** : van, truck **2** : freight car (of a train) **3 ~ de cola** : caboose — **furgoneta** *nf* : van

furia *nf* **1** CÓLERA : fury, rage **2** VIOLENCIA : violence — **furibundo, -da** *adj* : furious — **furioso, -sa** *adj* **1** : furious, irate **2** INTENSO : intense, violent — **furor** *nm* : fury

furtivo, -va *adj* : furtive

furúnculo *nm* : boil

fuselaje *nm* : fuselage

fusible *nm* : fuse

fusil *nm* : rifle — **fusilar** *vt* : shoot (by firing squad)

fusión *nf, pl* **-siones 1** : fusion **2** UNIÓN : union, merger — **fusionar** *vt* **1** : fuse **2** UNIR : merge — **fusionarse** *vr* : merge

futbol *or* **fútbol** *nm* **1** : soccer **2 ~ americano** : football — **futbolista** *nmf* : soccer player, football player

fútil *adj* : trifling, trivial

futuro, -ra *adj* : future — **futuro** *nm* : future

G

g *nf* : g, seventh letter of the Spanish alphabet

gabán *nm, pl* **-banes** : topcoat, overcoat

gabardina *nf* **1** : trench coat, raincoat **2** : gabardine (fabric)

gabinete *nm* **1** : cabinet (in government) **2** : (professional) office

gacela *nf* : gazelle

gaceta *nf* : gazette

gachas *nfpl* : porridge

gacho, -cha *adj* : drooping

gaélico, -ca *adj* : Gaelic

gafas *nfpl* **1** : eyeglasses **2 ~ de sol** : sunglasses

gaita *nf* : bagpipes *pl*

gajo *nm* : segment (of fruit)

gala *nf* **1** : gala **2 de ~** : formal **3 hacer ~ de** : display, show off **4 ~s** *nfpl* : finery

galáctico, -ca *adj* : galactic

galán *nm, pl* **-lanes 1** : leading man (in theater) **2** *fam* : boyfriend

galante *adj* : gallant — **galantear** *vt* : court, woo — **galantería** *nf* **1** : gallantry **2** CUMPLIDO : compliment

galápago *nm* : (aquatic) turtle

galardón *nm, pl* **-dones** : reward

galaxia *nf* : galaxy

galera *nf* : galley

galería *nf* **1** : corridor **2** : gallery, balcony (in a theater)

galés, -lesa *adj, mpl* **-leses** : Welsh

galgo *nm* : greyhound

galimatías *nms & pl* : gibberish

gallardía *nf* **1** : bravery **2** ELEGANCIA : elegance — **gallardo, -da** *adj* **1** : brave **2** APUESTO : elegant, good-looking

gallego, -ga *adj* : Galician

galleta *nf* **1** : (sweet) cookie **2** : (salted) cracker

gallina *nf* **1** : hen **2** ~ **de Guinea** : guinea fowl — **gallinero** *nm* : henhouse, (chicken) coop — **gallo** *nm* : rooster, cock

galón *nm, pl* **-lones 1** : gallon **2** : stripe (military insignia)

galopar *vi* : gallop — **galope** *nm* : gallop

galvanizar {21} *vt* : galvanize

gama *nf* **1** : range, spectrum **2** : scale (in music)

gamba *nf* : large shrimp, prawn

gamuza *nf* **1** : chamois (animal) **2** : chamois (leather), suede

gana *nf* **1** : desire, wish **2** APETITO : appetite **3 de buena** ~ : willingly, heartily **4 de mala** ~ : unwillingly **5 no me da la** ~ : I don't feel like it **6 tener** ~**s de** : feel like, be in the mood for

ganado *nm* **1** : cattle *pl*, livestock **2** ~ **ovino** : sheep *pl* **3** ~ **porcino** : swine *pl* — **ganadería** *nf* **1** : cattle raising **2** GANADO : livestock

ganador, -dora *adj* : winning — ~ *n* : winner

ganancia *nf* : profit

ganar *vt* **1** : earn **2** : win (in games, etc.) **3** CONSEGUIR : gain **4** ADQUERIR : get, obtain **5** ~ **a algn** : win over s.o., beat s.o. — *vi* : win — **ganarse** *vr* **1** : win, gain **2** ~ **la vida** : make a living

gancho *nm* **1** : hook **2** HORQUILLA : hairpin **3** *Lat* : (clothes) hanger

gandul, -dula *adj & n fam* : good-for-nothing — **gandul** *nm Lat* : pigeon pea

ganga *nf* : bargain

gangrena *nf* : gangrene

gángster *nmf* : gangster

ganso, -sa *n* : goose, gander *m* — **gansada** *nf* : silly thing, nonsense

gañir {38} *vi* : yelp — **gañido** *nm* : yelp

garabatear *v* : scribble — **garabato** *nm* : scribble

garaje *nm* : garage

garantizar {21} *vt* : guarantee — **garante** *nmf* : guarantor — **garantía** *nf* **1** : guarantee, warranty **2** FIANZA : surety

garapiñar *vt* : candy (fruits, etc.)

garbanzo *nm* : chickpea, garbanzo

garbo *nm* : grace, elegance — **garboso, -sa** *adj* : graceful, elegant

gardenia *nf* : gardenia

garfio *nm* : hook, gaff

garganta *nf* **1** : throat **2** CUELLO : neck **3** DESFILADERO : ravine, gorge — **gargantilla** *nf* : necklace

gárgara *nf* **1** : gargling, gargle **2 hacer** ~**s** : gargle

gárgola *nf* : gargoyle

garita *nf* **1** : sentry box **2** CABAÑA : cabin, hut

garito *nm* : gambling den

garra *nf* **1** : claw, talon **2** *fam* : hand, paw

garrafa *nf* : decanter, carafe — **garrafón** *nm, pl* **-fones** : large decanter or bottle

garrapata *nf* : tick

garrocha *nf* **1** : lance, pike **2** *Lat* : pole (in sports)

garrote *nm* : club, cudgel

garúa *nf Lat* : drizzle

garza *nf* : heron

gas *nm* **1** : gas **2** ~ **lacrimógeno** : tear gas

gasa *nf* : gauze

gaseosa *nf* : soda, soft drink

gasolina *nf* : gasoline, gas — **gasoil** *or* **gasóleo** *nm* : diesel fuel — **gasolinera** *nf* : gas station, service station

gastar *vt* **1** : spend **2** CONSUMIR : consume, use up **3** DESPERDICIAR : squander, waste — **gastarse** *vr* **1** : spend **2** DETERIORARSE : wear out — **gastado, -da** *adj* **1** : spent **2** : worn-out (of clothing, etc.) — **gastador, -dora** *n* : spendthrift — **gasto** *nm* **1** : expense, expenditure **2** ~**s generales** : overhead

gástrico, -ca *adj* : gastric

gastronomía *nf* : gastronomy — **gastrónomo, -ma** *n* : gourmet

gatas: a ~ *adv phr* : on all fours

gatear *vi* : crawl, creep

gatillo *nm* : trigger — **gatillero** *nm Mex* : gunman

gato, -ta *n* : cat — **gatito, -ta** *n* : kitten — **gato** *nm* : jack (for an automobile)

gaucho *nm* : gaucho

gaveta *nf* : drawer

gavilla *nf* **1** : sheaf **2** PANDILLA : gang

gaviota *nf* : gull, seagull

gay *adj* : gay (homosexual)

gaza *nf* : loop

gazpacho *nm* : gazpacho

géiser *nm* : geyser

gelatina *nf* : gelatin

gema *nf* : gem

gemelo, -la *adj & n* : twin — **gemelo** *nm* **1** : cuff link **2** ~**s** *nmpl* : binoculars

gemir {54} *vi* : moan, groan, whine — **gemido** *nm* : moan, groan, whine

gen *or* **gene** *nm* : gene

genealogía *nf* : genealogy — **genealógico, -ca** *adj* : genealogical

generación *nf, pl* **-ciones** : generation

generador *nm* : generator

general *adj* **1** : general **2 en** ~ *or* **por lo** ~ : in general, generally — ~ *nmf* : general — **generalidad** *nf* **1** : generalization **2** MAYORÍA : majority — **generalizar** {21} *vi* : generalize — *vt* : spread (out) — **gener-**

alizarse *vr* : become widespread — **generalmente** *adv* : usually, generally
generar *vt* : generate
género *nm* **1** : kind, sort **2** : gender (in grammar) **3** ~ **humano** : human race — **genérico, -ca** *adj* : generic
generoso, -sa *adj* **1** : generous, unselfish **2** : ample (in quantity) — **generosidad** *nf* : generosity
génesis *nfs & pl* : genesis
genética *nf* : genetics — **genético, -ca** *adj* : genetic
genial *adj* **1** : brilliant **2** ESTUPENDO : great, terrific
genio *nm* **1** : genius **2** CARÁCTER : temper, disposition **3** : genie (in mythology)
genital *adj* : genital — **genitales** *nmpl* : genitals
genocidio *nm* : genocide
gente *nf* **1** : people **2** *fam* : relatives *pl*, folks *pl* **3 ser buena** ~ : be nice, be kind
gentil *adj* **1** AMABLE : kind **2** : gentile (in religion) — **gentileza** *nf* : kindness, courtesy
gentío *nm* : crowd, mob
gentuza *nf* : riffraff, rabble
genuflexión *nf, pl* **-xiones** : genuflection
genuino, -na *adj* : genuine
geografía *nf* : geography — **geográfico, -ca** *adj* : geographic, geographical
geología *nf* : geology — **geológico, -ca** *adj* : geologic, geological
geometría *nf* : geometry — **geométrico, -ca** *adj* : geometric, geometrical
geranio *nm* : geranium
gerencia *nf* : management — **gerente** *nmf* : manager
geriatría *nf* : geriatrics — **geriátrico, -ca** *adj* : geriatric
germen *nm, pl* **gérmenes** : germ
germinar *vi* : germinate, sprout
gestación *nf, pl* **-ciones** : gestation
gesticular *vi* : gesticulate, gesture — **gesticulación** *nf, pl* **-ciones** : gesticulation
gestión *nf, pl* **-tiones 1** : procedure, step **2** ADMINISTRACIÓN : management — **gestionar** *vt* **1** : negotiate, work towards **2** ADMINISTRAR : manage, handle
gesto *nm* **1** : gesture **2** : (facial) expression **3** MUECA : grimace
gigante *adj & nm* : giant — **gigantesco, -ca** *adj* : gigantic
gimnasia *nf* : gymnastics — **gimnasio** *nm* : gymnasium, gym — **gimnasta** *nmf* : gymnast
gimotear *vi* : whine, whimper
ginebra *nf* : gin
ginecología *nf* : gynecology — **ginecólogo, -ga** *n* : gynecologist

gira *nf* : tour
girar *vi* : turn (around), revolve — *vt* **1** : turn, twist, rotate **2** : draft (checks) **3** : transfer (funds)
girasol *nm* : sunflower
giratorio, -ria *adj* : revolving
giro *nm* **1** : turn, rotation **2** LOCUCIÓN : expression **3** ~ **bancario** : bank draft **4** ~ **postal** : money order
giroscopio *nm* : gyroscope
gis *nm* *Lat* : chalk
gitano, -na *adj & n* : Gypsy
glaciar *nm* : glacier — **glacial** *adj* : glacial, icy
gladiador *nm* : gladiator
glándula *nf* : gland
glasear *vt* : glaze, ice (cake, etc.) — **glaseado** *nm* : icing
glicerina *nf* : glycerin
globo *nm* **1** : globe **2** : balloon **3** ~ **ocular** : eyeball — **global** *adj* **1** : global **2** TOTAL : total, overall
glóbulo *nm* : blood cell, corpuscle
gloria *nf* : glory
glorieta *nf* **1** : bower, arbor **2** *Spain* : rotary, traffic circle
glorificar {72} *vt* : glorify
glorioso, -sa *adj* : glorious
glosario *nm* : glossary
glotón, -tona *adj, mpl* **-tones** : gluttonous — ~ *n* : glutton — **glotonería** *nf* : gluttony
glucosa *nf* : glucose
gnomo *nm* : gnome
gobernar {55} *v* **1** : govern, rule **2** DIRIGIR : direct, manage **3** : steer (a boat, etc.) — **gobernación** *nf, pl* **-ciones** : governing, government — **gobernador, -dora** *n* : governor — **gobernante** *adj* : ruling, governing — ~ *n* : ruler, leader — **gobierno** *nm* : government
goce *nm* : enjoyment
gol *nm* : goal (in sports)
golf *nm* : golf — **golfista** *nmf* : golfer
golfo *nm* : gulf
golondrina *nf* **1** : swallow **2** ~ **de mar** : tern
golosina *nf* : sweet, candy — **goloso, -sa** *adj* : fond of sweets
golpe *nm* **1** : blow **2** PUÑETAZO : punch **3** : knock (on a door, etc.) **4 de** ~ : suddenly **5 de un** ~ : all at once **6** ~ **de estado** : coup d'etat — **golpear** *vt* **1** : hit, punch **2** : slam, bang (a door, etc.) — *vi* : knock (at a door)
goma *nf* **1** CAUCHO : rubber **2** PEGAMENTO : glue **3** *or* ~ **elástica** : rubber band **4** ~ **de mascar** : chewing gum **5** ~ **de borrar** : eraser
gong *nm* : gong

gordo, -da *adj* **1** : fat, plump **2** GRUESO
: thick **3** : fatty (of meat) **4** *fam* : big, serious — ~ *n* : fat person — **gorda** *nf Lat*
: thick corn tortilla — **gordo** *nm* **1** GRASA
: fat **2** : jackpot (in a lottery) — **gordura** *nf*
: fatness, flab
gorgotear *vi* : gurgle, bubble
gorila *nm* : gorilla
gorjear *vi* **1** : chirp, tweet **2** : gurgle (of a
baby) — **gorjeo** *nm* : chirping
gorra *nf* **1** : cap, bonnet **2 de** ~ *fam* : for
free
gorrear *vt fam* : bum, scrounge
gorrión *nm, pl* **-rriones** : sparrow
gorro *nm* **1** : cap, bonnet **2 de** ~ *fam* : for
free
gota *nf* **1** : drop **2** : gout (in medicine) —
gotear *vi* : drip, leak — **goteo** *nm* : drip,
dripping — **gotera** *nf* : leak
gótico, -ca *adj* : Gothic
gozar {21} *vi* **1** : enjoy oneself **2** ~ **de**
algo : enjoy sth
gozne *nm* : hinge
gozo *nm* **1** : joy **2** PLACER : enjoyment,
pleasure — **gozoso, -sa** *adj* : joyful, glad
grabar *vt* **1** : engrave **2** : record, tape —
grabación *nf, pl* **-ciones** : recording —
grabado *nm* : engraving — **grabadora** *nf*
: tape recorder
gracia *nf* **1** : grace **2** FAVOR : favor, kindness
3 HUMOR : humor, wit **4** ~**s** *nfpl* : thanks
5 ¡(muchas) ~**s**! : thank you (very much)!
— **gracioso, -sa** *adj* : funny, amusing
grada *nf* **1** : step, stair **2** : row (in a theater,
etc.) **3** ~**s** *nfpl* : bleachers, grandstand —
gradación *nf, pl* **-ciones** : gradation, scale
— **gradería** *nf* : rows *pl*, stands *pl* — **grado**
nm **1** : degree **2** : grade (in school) **3 de**
buen ~ : willingly
graduar {3} *vt* **1** : regulate, adjust **2** MAR-
CAR : calibrate **3** : confer a degree on (in
education) — **graduarse** *vr* : graduate
(from a school) — **graduación** *nf, pl*
-ciones **1** : graduation **2** : alcohol content,
proof — **graduado, -da** *n* : graduate —
gradual *adj* : gradual — **gradualmente** *adv*
: little by little, gradually
gráfico, -ca *adj* : graphic — **gráfica** *nf*
: graph — **gráfico** *nm* **1** : graph **2** : graphic
(in computers)
gragea *nf* : pill, tablet
grajo *nm* : rook (bird)
gramática *nf* : grammar — **gramatical** *adj*
: grammatical
gramo *nm* : gram
gran → **grande**
grana *nf* : scarlet
granada *nf* **1** : pomegranate **2** : grenade (in
the military)

granate *nm* : garnet
grande *adj* (**gran** *before singular nouns*) **1**
: large, big **2** ALTO : tall **3** : great (in quality, intensity, etc.) **4** *Lat* : grown-up —
grandeza *nf* **1** : greatness **2** NOBLEZA : nobility — **grandiosidad** *nf* : grandeur —
grandioso, -sa *adj* : grand, magnificent
granel: a ~ *adv phr* **1** : in bulk **2** : in abundance
granero *nm* : barn, granary
granito *nm* : granite
granizar {21} *v impers* : hail — **granizada** *nf*
: hailstorm — **granizado** *nm* : iced drink —
granizo *nm* : hail
granja *nf* : farm — **granjero, -ra** *n* : farmer
grano *nm* **1** : grain **2** SEMILLA : seed **3**
: (coffee) bean **4** BARRO : pimple
granuja *nmf* : rascal
grapa *nf* : staple — **grapadora** *nf* : stapler —
grapar *vt* : staple
grasa *nf* **1** : grease **2** : fat (in cooking, etc.)
— **grasiento, -ta** *adj* : greasy, oily — **graso,**
-sa *adj* : fatty, greasy, oily — **grasoso, -sa**
adj Lat : greasy, oily
gratificar {72} *vt* **1** : give a tip or bonus to **2**
SATISFACER : gratify, satisfy — **gratifi-**
cación *nf, pl* **-ciones** **1** : bonus, tip, reward
2 SATISFACCIÓN : gratification
gratis *adv & adj* : free
gratitud *nf* : gratitude
grato, -ta *adj* : pleasant, agreeable
gratuito, -ta *adj* **1** : gratuitous, unwarranted
2 GRATIS : free
grava *nf* : gravel
gravar *vt* **1** : tax **2** CARGAR : burden —
gravamen *nm, pl* **-vámenes** **1** : burden,
obligation **2** IMPUESTO : tax
grave *adj* **1** : grave, serious **2** : deep, low
(of a voice, etc.) — **gravedad** *nf* : gravity
gravilla *nf* : gravel
gravitar *vi* **1** : gravitate **2** ~ **sobre** : weigh
on — **gravitación** *nf, pl* **-ciones** : gravita-
tion
gravoso, -sa *adj* : costly, burdensome
graznar *vi* : caw, quack, honk — **graznido**
nm : caw, quack, honk
gregario, -ria *adj* : gregarious
gremio *nm* : guild, (trade) union
greñas *nfpl* : shaggy hair, mop
griego, -ga *adj* : Greek — **griego** *nm*
: Greek (language)
grieta *nf* : crack, crevice
grifo *nm Spain* : faucet, tap
grillete *nm* : shackle
grillo *nm* **1** : cricket **2** ~**s** *nmpl* : fetters,
shackles
grima *nf* **dar** ~ : annoy, irritate
gringo, -ga *adj & n Lat fam* : Yankee, gringo
gripe *nf or* **gripa** *nf Lat* : flu, influenza

gris *adj & nm* : gray
gritar *v* : shout, scream, cry — **grito** *nm* **1** : shout, scream, cry **2 dar ~s** : shout
grosella *nf* : currant
grosería *nf* **1** : vulgar remark **2** DES-CORTESÍA : rudeness — **grosero, -ra** *adj* **1** : coarse, vulgar **2** DESCORTÉS : rude
grosor *nm* : thickness
grotesco, -ca *adj* : grotesque, hideous
grúa *nf* : crane, derrick
grueso, -sa *adj* **1** : thick **2** CORPULENTO : stout, heavy — **gruesa** *nf* : gross — **grueso** *nm* **1** GROSOR : thickness **2** : main body, mass **3 en ~** : wholesale
grulla *nf* : crane (bird)
grumo *nm* : lump, clot — **grumoso, -sa** *adj* : lumpy
gruñir {38} *vi* **1** : growl, grunt **2** *fam* : grumble — **gruñido** *nm* **1** : growl, grunt **2** *fam* : grumble — **gruñón, -ñona** *adj, mpl* **-ñones** *fam* : grumpy, grouchy — **~** *n fam* : grouch
grupa *nf* : rump, hindquarters *pl*
grupo *nm* : group
gruta *nf* : grotto
guacamayo *nm or* **guacamaya** *nf Lat* : macaw
guacamole *nm* : guacamole
guadaña *nf* : scythe
guagua *nf Lat* **1** : baby **2** AUTOBÚS : bus
guajalote, -ta *or* **guajolote, -ta** *n Lat* : turkey
guante *nm* : glove
guapo, -pa *adj* : handsome, good-looking
guaraní *nm* : Guarani (language of Paraguay)
guarda *nmf* **1** : keeper, custodian **2** GUARDIÁN : security guard — **guardabarros** *nms & pl* : fender — **guardabosque** *nmf* : forest ranger — **guardacostas** *nmfs & pl* : coast guard vessel — **guardaespaldas** *nmfs & pl* : bodyguard — **guardameta** *nmf* : goalkeeper — **guardapolvo** *nm* : overalls *pl* — **guardar** *vt* **1** : keep **2** PROTEGER : guard, protect **3** RESERVAR : save — **guardarse** *vr* **~ de 1** : refrain from **2** : guard against — **guardarropa** *nm* **1** : cloakroom, checkroom **2** ARMARIO : wardrobe
guardería *nf* : nursery, day-care center
guardia *nf* **1** : guard, vigilence **2** TURNO : duty, watch — **~** *nmf* **1** : guard **2** *or* **~ municipal** : police officer — **guardián, -diana** *n, mpl* **-dianes 1** : guardian, keeper **2** GUARDA : security guard

guarecer {53} *vt* : shelter, protect — **guarecerse** *vr* : take shelter
guarida *nf* **1** : den, lair (of animals) **2** : hideout (of persons)
guarnecer {53} *vt* **1** : adorn, garnish **2** : garrison (an area) — **guarnición** *nf, pl* **-ciones 1** : garnish, trimming **2** : (military) garrison
guasa *nf fam* **1** : joke **2 de ~** : in jest — **guasón, -sona** *adj, mpl* **-sones** *fam* : joking, witty — **~** *n fam* : joker
guatemalteco, -ca *adj* : Guatemalan
guayaba *nf* : guava
gubernamental *or* **gubernativo, -va** *adj* : governmental
guepardo *nm* : cheetah
güero, -ra *adj Lat* : blond, fair
guerra *nf* **1** : war, warfare **2** LUCHA : conflict, struggle — **guerrear** *vi* : wage war — **guerrero, -ra** *adj* **1** : war, fighting **2** BELICOSO : warlike — **~** *n* : warrior — **guerrilla** *nf* : guerrilla warfare — **guerrillero, -ra** *adj & n* : guerrilla
gueto *nm* : ghetto
guiar {85} *vt* **1** : guide, lead **2** ACONSEJAR : advise — **guiarse** *vr* : be guided by, go by — **guía** *nf* **1** : guidebook **2** ORIENTACIÓN : guidance — **~** *nmf* : guide, leader
guijarro *nm* : pebble
guillotina *nf* : guillotine
guinda *nf* : morello (cherry)
guiñar *vi* : wink — **guiño** *nm* : wink
guión *nm, pl* **guiones 1** : script, screenplay **2** : hyphen, dash (in punctuation) — **guionista** *nmf* : scriptwriter, screenwriter
guirnalda *nf* : garland
guisa *nf* **1** : manner, fashion **2 a ~ de** : by way of **3 de tal ~** : in such a way
guisado *nm* : stew
guisante *nm* : pea
guisar *vt* : cook — **guiso** *nm* : stew, casserole
guitarra *nf* : guitar — **guitarrista** *nmf* : guitarist
gula *nf* : gluttony
gusano *nm* **1** : worm **2** : maggot (larva)
gustar *vt* **1** *Lat* : taste — *vi* **1** : be pleasing **2 como guste** : as you like **3 me gustan los dulces** : I like sweets — **gusto** *nm* **1** : taste **2** PLACER : pleasure, liking **3 a ~** : comfortable, at ease **4 al ~** : to taste **5 mucho ~** : pleased to meet you — **gustoso, -sa** *adj* **1** : tasty **2** AGRADABLE : pleasant **3 hacer algo ~** : do sth willingly
gutural *adj* : guttural

H

h *nf* : h, eighth letter of the Spanish alphabet

haba *nf* : broad bean

habanero, -ra *adj* : Havanan — **habano** *nm* : Havana cigar

haber {39} *v aux* **1** : have, has **2** ~ **de** : must — *v impers* **1 hay** : there is, there are **2 hay que** : it is necessary (to) **3 ¿qué hay?** *or* **¿qué hubo?** : how's it going? — ~ *nm* **1** : assets *pl* **2** : credit side (in accounting) **3** ~**es** *nmpl* : income, earnings

habichuela *nf* **1** : bean **2** ~ **verde** : string bean

hábil *adj* **1** : able, skillful **2** LISTO : clever **3 horas** ~**es** : business hours — **habilidad** *nf* : ability, skill

habilitar *vt* **1** : equip, furnish **2** AUTORIZAR : authorize

habitar *vt* : inhabit — *vi* : reside, dwell — **habitable** *adj* : habitable, inhabitable — **habitación** *nf, pl* **-ciones** **1** : room, bedroom **2** MORADA : dwelling, abode **3** : habitat (in biology) — **habitante** *nmf* : inhabitant, resident — **hábitat** *nm* : habitat

hábito *nm* : habit — **habitual** *adj* : habitual, usual — **habituar** {3} *vt* : accustom, habituate — **habituarse** *vr* ~ **a** : get used to

hablar *vi* **1** : speak, talk **2** ~ **de** : mention, talk about **3** ~ **con** : talk to, speak with — *vt* **1** : speak (a language) **2** DISCUTIR : discuss — **hablarse** *vr* **1** : speak to each other **2 se habla inglés** : English spoken — **habla** *nf* **1** : speech **2** IDIOMA : language, dialect **3 de** ~ **inglesa** : English-speaking — **hablador, -dora** *adj* : talkative — ~ *n* : chatterbox — **habladuría** *nf* **1** : rumor **2** ~**s** *nfpl* : gossip — **hablante** *nmf* : speaker

hacedor, -dora *n* : creator, maker

hacendado, -da *n* : landowner, rancher

hacer {40} *vt* **1** : do, perform **2** CONSTRUIR, CREAR : make **3** OBLIGAR : force, oblige — *vi* : act — *v impers* **1** ~ **calor/viento** : be hot/be windy **2** ~ **falta** : be necessary **3 hace mucho tiempo** : a long time ago **4 no lo hace** : it doesn't matter — **hacerse** *vr* **1** VOLVERSE : become **2** : pretend (to be) **3** ~ **a** : get used to **4 se hace tarde** : it's getting late

hacha *nf* **1** : hatchet, ax **2** ANTORCHA : torch

hachís *nm* : hashish

hacia *prep* **1** : toward, towards **2** CERCA DE : near, around, about **3** ~ **abajo** : downward **4** ~ **adelante** : forward

hacienda *nf* **1** : estate, ranch **2** BIENES : property **3** *Lat* : livestock **4 Hacienda** : department of revenue

hacinar *vt* : stack

hada *nf* : fairy

hado *nm* : fate

halagar {52} *vt* : flatter — **halagador, -dora** *adj* : flattering — **halago** *nm* : flattery — **halagüeño, -ña** *adj* **1** : flattering **2** PROMETEDOR : promising

halcón *nm, pl* **-cones** : hawk, falcon

halibut *nm, pl* **-buts** : halibut

hálito *nm* : breath

hallar *vt* **1** : find **2** DESCUBRIR : discover, find out — **hallarse** *vr* : be, find oneself — **hallazgo** *nm* : discovery, find

halo *nm* : halo

hamaca *nf* : hammock

hambre *nf* **1** : hunger **2** INANICIÓN : starvation, famine **3 tener** ~ : be hungry — **hambriento, -ta** *adj* : hungry, starving — **hambruna** *nf* : famine

hamburguesa *nf* : hamburger

hampa *nf* : underworld — **hampón, -pona** *n, mpl* **-pones** : criminal, thug

hámster *nm* : hamster

hándicap *nm* : handicap (in sports)

hangar *nm* : hangar

haragán, -gana *adj, mpl* **-ganes** : lazy, idle — ~ *n* : slacker, idler — **haraganear** : be lazy, loaf

harapiento, -ta *adj* : ragged, in rags — **harapos** *nmpl* : rags, tatters

harina *nf* : flour

hartar *vt* **1** : glut, satiate **2** FASTIDIAR : annoy — **hartarse** *vr* **1** : gorge oneself **2** CANSARSE : get fed up — **harto, -ta** *adj* **1** : full, satiated **2** CANSADO : tired, fed up — **harto** *adv* : extremely, very — **hartura** *nf* **1** : surfeit **2** ABUNDANCIA : abundance, plenty

hasta *prep* **1** : until, up until (in time) **2** : as far as, up to (in space) **3 ¡**~ **luego!** : see you later! **4** ~ **que** : until — ~ *adv* : even

hastiar {85} *vt* **1** : make weary, bore **2** ASQUEAR : sicken — **hastiarse** *vr* ~ **de** : get tired of — **hastío** *nm* **1** : weariness, tedium **2** REPUGNANCIA : disgust

hato *nm* **1** : flock, herd **2** : bundle (of possessions)

haya *nf* : beech

haz *nm, pl* **haces** **1** : bundle, sheaf **2** : beam (of light)

hazaña *nf* : feat, exploit

hazmerreír *nm fam* : laughingstock

he {39} *v impers* ~ **aquí** : here is, here are, behold

hebilla *nf* : buckle
hebra *nf* : strand, thread
hebreo, -brea *adj* : Hebrew — **hebreo** *nm* : Hebrew (language)
hecatombe *nm* : disaster
hechizo *nm* **1** : spell **2** ENCANTO : charm, fascination — **hechicería** *nf* : sorcery, witchcraft — **hechicero, -ra** *n* : sorcerer, sorceress *f* — **hechizar** {21} *vt* **1** : bewitch **2** CAUTIVAR : charm
hecho, -cha *adj* **1** : made, done **2** : ready-to-wear (of clothing) **3** ~ **y derecho** : full-fledged, mature — **hecho** *nm* **1** : fact **2** SUCESO : event **3** ACTO : act, deed **4 de** ~ : in fact — **hechura** *nf* **1** : making, creation **2** FORMA : shape, form **3** : build (of the body) **4** ARTESANÍA : workmanship
heder {56} *vi* : stink, reek — **hediondez** *nf*, *pl* **-deces** : stench — **hediondo, -da** *adj* : stinking — **hedor** *nm* : stench
helar {55} *v* : freeze — **helarse** *vr* : freeze up, freeze over — **helado, -da** *adj* **1** : freezing cold **2** CONGELADO : frozen — **helada** *nf* : frost — **heladería** *nf* : ice-cream parlor — **helado** *nm* : ice cream — **heladora** *nf* : freezer
helecho *nm* : fern
hélice *nf* **1** : propeller **2** ESPIRAL : spiral, helix
helicóptero *nm* : helicopter
helio *nm* : helium
hembra *nf* **1** : female **2** MUJER : woman
hemisferio *nm* : hemisphere
hemorragia *nf* **1** : hemorrhage **2** ~ **nasal** : nosebleed
hemorroides *nfpl* : hemorrhoids, piles
henchir {54} *vt* : stuff, fill
hender {56} *vt* : cleave, split — **hendidura** *nf* : crevice, fissure
henequén *nm*, *pl* **-quenes** : sisal
heno *nm* : hay
hepatitis *nf* : hepatitis
heraldo *nm* : herald
herbolario, -ria *n* : herbalist
heredar *vt* : inherit — **heredad** *nm* : rural property, estate — **heredero, -ra** *n* : heir, heiress *f* — **hereditario, -ria** *adj* : hereditary
hereje *nmf* : heretic — **herejía** *nf* : heresy
herencia *nf* **1** : inheritance **2** : heredity (in biology)
herir {76} *vt* **1** : injure, wound **2** : hurt (feelings, pride, etc.) — **herida** *nf* : injury, wound — **herido, -da** *adj* **1** : injured, wounded **2** : hurt (of feelings, pride, etc.) — ~ *n* : injured person, casualty
hermano, -na *n* : brother *m*, sister *f* — **hermanastro, -tra** *n* : half brother *m*, half sister *f* — **hermandad** *nf* : brotherhood
hermético, -ca *adj* : hermetic, watertight

hermoso, -sa *adj* : beautiful, lovely — **hermosura** *nf* : beauty
hernia *nf* : hernia
héroe *nm* : hero — **heroico, -ca** *adj* : heroic — **heroína** *nf* **1** : heroine **2** : heroin (narcotic) — **heroísmo** *nm* : heroism
herradura *nf* : horseshoe
herramienta *nf* : tool
herrero, -ra *n* : blacksmith
herrumbre *nf* : rust
hervir {76} *v* : boil — **hervidero** *nm* **1** : mass, swarm **2** : hotbed (of intrigue, etc.) — **hervidor** *nm* : kettle — **hervor** *nm* **1** : boiling **2** ENTUSIASMO : fervor, ardor
heterogéneo, -nea *adj* : heterogeneous
heterosexual *adj* & *nmf* : heterosexual
hexágono *nm* : hexagon — **hexagonal** *adj* : hexagonal
hez *nf*, *pl* **heces** : dregs *pl*, scum
hiato *nm* : hiatus
hibernar *vi* : hibernate — **hibernación** *nf*, *pl* **-ciones** : hibernation
híbrido, -da *adj* : hybrid — **híbrido** *nm* : hybrid
hidalgo, -ga *n* : nobleman *m*, noblewoman *f*
hidratante *adj* : moisturizing
hidrato *nm* ~ **de carbono** : carbohydrate
hidráulico, -ca *adj* : hydraulic
hidroavión *nm*, *pl* **-aviones** : seaplane
hidroeléctrico, -ca *adj* : hydroelectric
hidrofobia *nf* : rabies
hidrógeno *nm* : hydrogen
hidroplano *nm* : hydroplane
hiedra *nf* **1** : ivy **2** ~ **venenosa** : poison ivy
hiel *nm* **1** : bile **2** AMARGURA : bitterness
hielo *nm* **1** : ice **2** FRIALDAD : coldness **3 romper el** ~ : break the ice
hiena *nf* : hyena
hierba *nf* **1** : herb **2** CÉSPED : grass **3 mala** ~ : weed — **hierbabuena** *nf* : mint
hierro *nm* **1** : iron **2** ~ **fundido** : cast iron
hígado *nm* : liver
higiene *nf* : hygiene — **higiénico, -ca** *adj* : hygienic
higo *nm* : fig
hijo, -ja *n* **1** : son *m*, daughter *f* **2 hijos** *nmpl* : children, offspring — **hijastro, -tra** *n* : stepson *m*, stepdaughter *f*
hilar *v* **1** : spin **2** ~ **delgado** : split hairs — **hilado** *nm* : yarn, thread
hilaridad *nf* : hilarity
hilera *nf* : file, row
hilo *nm* **1** : thread **2** LINO : linen **3** ALAMBRE : wire **4** : trickle (of water, etc.) **5** ~ **dental** : dental floss
hilvanar *vt* **1** : baste, tack **2** : put together (ideas, etc.)
himno *nm* **1** : hymn **2** ~ **nacional** : national anthem

hincapié *nm* **hacer ~ en** : emphasize, stress
hincar {72} *vt* : drive in, plunge — **hincarse**
vr **~ de rodillas** : kneel (down)
hinchar *vt Spain* : inflate, blow up — **hincharse** *vr* **1** : swell (up) **2** *Spain fam* : stuff
oneself — **hinchado, -da** *adj* **1** : swollen **2**
POMPOSO : pompous — **hinchazón** *nf, pl*
-zones : swelling
hindú *adj & nmf* : Hindu — **hinduismo** *nm*
: Hinduism
hinojo *nm* : fennel
hiperactivo, -va *adj* : hyperactive
hipersensible *adj* : oversensitive
hipertensión *nf, pl* **-siones** : hypertension,
high blood pressure
hípico, -ca *adj* : equestrian, horse
hipil → **huipil**
hipnosis *nfs & pl* : hypnosis — **hipnótico,
-ca** *adj* : hypnotic — **hipnotismo** *nm* : hypnotism — **hipnotizador, -dora** *n* : hypnotist
— **hipnotizar** {21} *vt* : hypnotize
hipo *nm* **1** : hiccup, hiccups *pl* **2 tener ~**
: have hiccups
hipocondríaco, -ca *adj* : hypochondriacal
— **~** *n* : hypochondriac
hipocresía *nf* : hypocrisy — **hipócrita** *adj*
: hypocritical — **~** *nmf* : hypocrite
hipodérmico, -ca *adj* : hypodermic
hipódromo *nm* : racetrack
hipopótamo *nm* : hippopotamus
hipoteca *nf* : mortgage — **hipotecar** {72} *vt*
: mortgage
hipótesis *nfs & pl* : hypothesis — **hipotético, -ca** *adj* : hypothetical
hiriente *adj* : hurtful, offensive
hirsuto, -ta *adj* **1** : hairy **2** : bristly, wiry (of
hair)
hirviente *adj* : boiling
hispano, -na *or* **hispánico, -ca** *adj & n*
: Hispanic — **hispanoamericano, -na** *adj*
: Latin-American — **~** *n* : Latin American
— **hispanohablante** *or* **hispanoparlante**
adj : Spanish-speaking
histeria *nf* : hysteria — **histérico, -ca** *adj*
: hysterical — **histerismo** *nm* : hysteria
historia *nf* **1** : history **2** CUENTO : story —
historiador, -dora *n* : historian — **historial**
nm : record, background — **histórico, -ca**
adj **1** : historical **2** IMPORTANTE : historic,
important — **historieta** *nf* : comic strip
hito *nm* : milestone, landmark
hocico *nm* : snout, muzzle
hockey *nm* : hockey
hogar *nm* **1** : home **2** CHIMENEA : hearth,
fireplace — **hogareño, -ña** *adj* **1** : home-
loving **2** DOMÉSTICO : home, domestic
hoguera *nf* : bonfire
hoja *nf* **1** : leaf **2** : sheet (of paper) **3 ~ de
afeitar** : razor blade — **hojalata** *nf* : tinplate

— **hojaldre** *nm* : puff pastry — **hojear** *vt*
: leaf through — **hojuela** *nf Lat* : flake
hola *interj* : hello!, hi!
holandés, -desa *adj, mpl* **-deses** : Dutch
holgado, -da *adj* **1** : loose, baggy **2** : comfortable (of an economic situation, a victory, etc.) — **holgazán, -zana** *adj, mpl*
-zanes : lazy — **~** *n* : slacker, idler — **holgazanear** *vi* : laze about, loaf — **holgura** *nf*
1 : looseness **2** BIENESTAR : comfort, ease
hollín *nm, pl* **-llines** : soot
holocausto *nm* : holocaust
hombre *nm* **1** : man **2 el ~** : mankind **3**
~ de estado : statesman **4 ~ de negocios** : businessman
hombrera *nf* **1** : shoulder pad **2** : epaulet
(of a uniform)
hombría *nf* : manliness
hombro *nm* : shoulder
hombruno, -na *adj* : mannish
homenaje *nm* **1** : homage **2 rendir ~ a**
: pay tribute to
homeopatía *nf* : homeopathy
homicidio *nm* : homicide, murder — **homicida** *adj* : homicidal, murderous — **~** *nmf*
: murderer
homogéneo, -nea *adj* : homogeneous
homólogo, -ga *adj* : equivalent — **~** *n*
: counterpart
homosexual *adj & nmf* : homosexual — **homosexualidad** *nf* : homosexuality
hondo, -da *adj* : deep — **hondo** *adv* : deeply
— **hondonada** *nf* : hollow — **hondura** *nf*
: depth
hondureño, -ña *adj* : Honduran
honesto, -ta *adj* **1** : decent, honorable — **hon-
estidad** *nf* : honesty, integrity
hongo *nm* **1** : mushroom **2** : fungus (in
botany and medicine)
honor *nm* : honor — **honorable** *adj* : honorable — **honorario, -ria** *adj* : honorary —
honorarios *nmpl* : payment, fee — **honra** *nf*
: honor — **honradez** *nf, pl* **-deces** : honesty,
integrity — **honrado, -da** *adj* : honest, upright — **honrar** *vt* : honor — **honrarse** *vr* : be
honored — **honroso, -sa** *adj* : honorable
hora *nf* **1** : hour **2** : (specific) time **3** CITA
: appointment **4 a la última ~** : at the last
minute **5 ~ punta** : rush hour **6 media ~**
: half an hour **7 ¿qué ~ es?** : what time is
it? **8 ~s de oficina** : office hours **9 ~s
extraordinarias** : overtime
horario *nm* : schedule, timetable
horca *nf* **1** : gallows *pl* **2** : pitchfork (in
agriculture)
horcajadas: a ~ *adv phr* : astride
horda *nf* : horde
horizonte *nm* : horizon — **horizontal** *adj*
: horizontal

horma *nf* **1** : form, mold, last **2** : shoe tree
hormiga *nf* : ant
hormigón *nm, pl* **-gones** : concrete
hormigueo *nm* : tingling, pins and needles
hormiguero *nm* **1** : anthill **2** : swarm (of people)
hormona *nf* : hormone
horno *nm* **1** : oven (for cooking) **2** : small furnace, kiln — **hornada** *nf* : batch — **hornear** *vt* : bake — **hornillo** *nf* : portable stove
horóscopo *nm* : horoscope
horquilla *nf* **1** : hairpin, bobby pin **2** HORCA : pitchfork
horrendo, -da *adj* : horrendous, awful — **horrible** *adj* : horrible — **horripilante** *adj* : horrifying — **horror** *nm* **1** : horror, dread **2** ATROCIDAD : atrocity — **horrorizar** {21} *vt* : horrify, terrify — **horrorizarse** *vr* : be horrified — **horroroso, -sa** *adj* : horrifying, dreadful
hortaliza *nf* : (garden) vegetable — **hortelano, -na** *n* : truck farmer — **horticultura** *nf* : horticulture
hosco, -ca *adj* : sullen, gloomy
hospedar *vt* : put up, lodge — **hospedarse** *vr* : stay, lodge — **hospedaje** *nm* : lodging
hospital *nm* : hospital — **hospitalario, -ria** *adj* : hospitable — **hospitalidad** *nf* : hospitality — **hospitalizar** {21} *vt* : hospitalize
hostería *nf* : small hotel, inn
hostia *nf* : host (in religion)
hostigar {52} *vt* **1** : whip **2** ACOSAR : harass, pester
hostil *adj* : hostile — **hostilidad** *nf* : hostility
hotel *nm* : hotel — **hotelero, -ra** *adj* : hotel — ~ *n* : hotel manager, hotelier
hoy *adv* **1** : today **2 de** ~ **en adelante** : from now on **3** ~ **(en) día** : nowadays **4** ~ **mismo** : this very day
hoyo *nm* : hole — **hoyuelo** *nm* : dimple
hoz *nf, pl* **hoces** : sickle
huarache *nm* : huarache (sandal)
hueco, -ca *adj* **1** : hollow, empty **2** ESPONJOSO : soft, spongy **3** RESONANTE : resonant — **hueco** *nm* **1** : hollow, cavity **2** : recess (in a wall, etc.) **3** ~ **de escalera** : stairwell
huelga *nf* **1** : strike **2 declararse en** ~ : go on strike — **huelguista** *nmf* : striker
huella *nf* **1** : footprint **2** VESTIGIO : track, mark **3** ~ **digital** *or* ~ **dactilar** : fingerprint
huérfano, -na *n* : orphan — ~ *adj* : orphaned
huerta *nf* : truck farm — **huerto** *nm* **1** : vegetable garden **2** : (fruit) orchard
hueso *nm* **1** : bone **2** : pit, stone (of a fruit)

huésped, -peda *n* : guest — **huésped** *nm* : host (organism)
huesudo, -da *adj* : bony
huevo *nm* **1** : egg **2** ~**s estrellados** : fried eggs **3** ~**s revueltos** : scrambled eggs — **hueva** *nf* : roe
huida *nf* : flight, escape — **huidizo, -za** *adj* **1** : shy **2** FUGAZ : fleeting
huipil *nm* *Lat* : traditional embroidered blouse or dress
huir {41} *vi* **1** : escape, flee **2** ~ **de** : shun, avoid
hule *nm* **1** : oilcloth **2** *Lat* : rubber
humano, -na *adj* **1** : human **2** COMPASIVO : humane — **humano** *nm* : human (being) — **humanidad** *nf* **1** : humanity, mankind **2** BENEVOLENCIA : humaneness **3** ~**es** *nfpl* : humanities — **humanismo** *nm* : humanism — **humanista** *nmf* : humanist — **humanitario, -ria** *adj & n* : humanitarian
humear *vi* : smoke, steam — **humareda** *nf* : cloud of smoke
humedad *nf* **1** : dampness **2** : humidity (in meteorology) — **humedecer** {53} *vt* : moisten, dampen — **humedecerse** *vr* : become moist — **húmedo, -da** *adj* **1** : moist, damp **2** : humid (in meteorology)
humildad *nf* : humility — **humilde** *adj* : humble — **humillación** *nf, pl* **-ciones** : humiliation — **humillante** *adj* : humiliating — **humillar** *vt* : humiliate — **humillarse** *vr* : humble oneself
humo *nm* **1** : smoke, steam, fumes **2** ~**s** *nmpl* : airs, conceit
humor *nm* **1** : mood, temper **2** GRACIA : humor **3 de buen** ~ : in a good mood — **humorismo** *nm* : humor, wit — **humorista** *nmf* : humorist, comedian — **humorístico, -ca** *adj* : humorous
hundir *vt* **1** : sink **2** : destroy, ruin (a building, plans, etc.) — **hundirse** *vr* **1** : sink **2** DERRUMBARSE : collapse — **hundido, -da** *adj* : sunken — **hundimiento** *nm* **1** : sinking **2** DERRUMBE : collapse
húngaro, -ra *adj* : Hungarian
huracán *nm, pl* **-canes** : hurricane
huraño, -ña *adj* : unsociable
hurgar {52} *vi* ~ **en** : rummage around in
hurón *nm, pl* **-rones** : ferret
hurra *interj* : hurrah!, hooray!
hurtadillas: a ~ *adv phr* : stealthily, on the sly
hurtar *vt* : steal — **hurto** *nm* **1** ROBO : theft **2** : stolen property
husmear *vt* : sniff out, pry into — *vi* : nose around
huy *interj* : ow!, ouch!

I

i *nf* : i, ninth letter of the Spanish alphabet
ibérico, -ca *adj* : Iberian — **ibero, -ra** *or*
íbero, -ra *adj* : Iberian
iceberg *nm, pl* **-bergs** : iceberg
icono *nm* : icon
ictericia *nf* : jaundice
ida *nf* **1** : outward journey **2** ~ **y vuelta**
: round-trip **3** ~**s y venidas** : comings and
goings
idea *nf* **1** : idea **2** OPINIÓN : opinion
ideal *adj & nm* : ideal — **idealismo** *nm* : ide-
alism — **idealista** *adj* : idealistic — ~ *nmf*
: idealist — **idealizar** {21} *vt* : idealize
idear *vt* : devise, think up
ídem *nm* : the same, ditto
identidad *nf* : identity — **idéntico, -ca** *adj*
: identical — **identificar** {72} *vt* : identify
— **identificarse** *vr* **1** : identify oneself **2**
~ **con** : identify with — **identificación** *nf,*
pl **-ciones** : identification
ideología *nf* : ideology — **ideológico, -ca**
adj : ideological
idílico, -ca *adj* : idyllic
idioma *nm* : language — **idiomático, -ca** *adj*
: idiomatic
idiosincrasia *nf* : idiosyncrasy — **idiosin-**
crásico, -ca *adj* : idiosyncratic
idiota *adj* : idiotic — ~ *nmf* : idiot — **id-**
iotez *nf* : idiocy
ídolo *nm* : idol — **idolatrar** *vt* : idolize —
idolatría *nf* : idolatry
idóneo, -nea *adj* : suitable, fitting — **idonei-**
dad *nf* : fitness, suitability
iglesia *nf* : church
iglú *nm* : igloo
ignición *nf, pl* **-ciones** : ignition
ignífugo, -ga *adj* : fire-resistant, fireproof
ignorar *vt* **1** : ignore **2** DESCONOCER : be
unaware of — **ignorancia** *nf* : ignorance —
ignorante *adj* : ignorant — ~ *nmf* : ignorant person
igual *adv* **1** : in the same way **2 por** ~
: equally — ~ *adj* **1** : equal **2** IDÉNTICO
: the same **3** LISO : smooth, even **4** SEME-
JANTE : similar — ~ *nmf* : equal, peer —
igualar *vt* **1** : make equal **2** : be equal to **3**
NIVELAR : level (off) — **igualdad** *nf* **1**
: equality **2** UNIFORMIDAD : uniformity —
igualmente *adv* : likewise
iguana *nf* : iguana
ijada *nf* : flank
ilegal *adj* : illegal
ilegible *adj* : illegible

ilegítimo, -ma *adj* : illegitimate — **ilegitimi-**
dad *nf* : illegitimacy
ileso, -sa *adj* : unharmed
ilícito, -ta *adj* : illicit
ilimitado, -da *adj* : unlimited
ilógico, -ca *adj* : illogical
iluminar *vt* : illuminate — **iluminarse** *vr*
: light up — **iluminación** *nf, pl* **-ciones** **1**
: illumination **2** ALUMBRADO : lighting
ilusionar *vt* : excite — **ilusionarse** *vr* : get
one's hopes up — **ilusión** *nf, pl* **-siones** **1**
: illusion **2** ESPERANZA : hope — **ilusion-**
ado, -da *adj* : excited
iluso -sa *adj* : naïve, gullible — ~ *n*
: dreamer, visionary — **ilusorio, -ria** *adj*
: illusory
ilustrar *vt* **1** : illustrate **2** ACLARAR : explain
— **ilustración** *nf, pl* **-ciones** **1** : illustration
2 SABER : learning **3 la Ilustración** : the
Enlightenment — **ilustrado, -da** *adj* **1** : il-
lustrated **2** ERUDITO : learned —
ilustrador, -dora *n* : illustrator
ilustre *adj* : illustrious
imagen *nf, pl* **imágenes** : image, picture
imaginar *vt* : imagine — **imaginarse** *vr*
: imagine — **imaginación** *nf, pl* **-ciones**
: imagination — **imaginario, -ria** *adj*
: imaginary — **imaginativo, -va** *adj* : imaginative
imán *nm, pl* **imanes** : magnet — **imantar** *vt*
: magnetize
imbécil *adj* : stupid, idiotic — ~ *nmf* : idiot
imborrable *adj* : indelible
imbuir {41} *vt* ~ **de** : imbue with
imitar *vt* **1** COPIAR : imitate, copy **2** : impersonate — **imitación** *nf, pl* **-ciones** **1** COPIA
: imitation, copy **2** : impersonation — **imi-**
tador, -dora *n* : impersonator
impaciencia *nf* : impatience — **impacientar**
vt : make impatient, exasperate —**impa-**
cientarse *vr* : grow impatient — **impa-**
ciente *adj* : impatient
impacto *nm* : impact
impar *adj* : odd — ~ *nm* : odd number
imparcial *adj* : impartial — **imparcialidad**
nf : impartiality
impartir *vt* : impart, give
impasible *adj* : impassive
impasse *nm* : impasse
impávido, -da *adj* : fearless
impecable *adj* : impeccable, spotless
impedir {54} *vt* **1** : prevent **2** DIFICULTAR
: impede, hinder — **impedido, -da** *adj* : dis-

abled — **impedimento** *nm* : obstacle, impediment
impeler *vt* : drive, propel
impenetrable *adj* : impenetrable
impenitente *adj* : unrepentant
impensable *adj* : unthinkable — **impensado, -da** *adj* : unexpected
imperar *vi* **1** : reign, rule **2** PREDOMINAR : prevail — **imperante** *adj* : prevailing
imperativo, -va *adj* : imperative — **imperativo** *nm* : imperative
imperceptible *adj* : imperceptible
imperdible *nm* : safety pin
imperdonable *adj* : unforgivable
imperfección *nf, pl* **-ciones** : imperfection — **imperfecto, -ta** *adj* : imperfect — **imperfecto** *nm* : imperfect (tense)
imperial *adj* : imperial — **imperialismo** *nm* : imperialism — **imperialista** *adj & nmf* : imperialist
impericia *nf* : lack of skill
imperio *nm* **1** : empire **2** DOMINIO : rule — **imperioso, -sa** *adj* **1** : imperious **2** URGENTE : pressing, urgent
impermeable *adj* **1** : waterproof **2** ~ **a** : impervious to — ~ *nm* : raincoat
impersonal *adj* : impersonal
impertinente *adj* : impertinent — **impertinencia** *nf* : impertinence
ímpetu *nm* **1** : impetus **2** ENERGÍA : energy, vigor **3** VIOLENCIA : force — **impetuoso, -sa** *adj* : impetuous — **impetuosidad** *nf* : impetuosity
impío, -pía *adj* : impious, ungodly
implacable *adj* : implacable
implantar *vt* **1** : implant **2** ESTABLECER : establish, introduce
implemento *nm Lat* : implement, tool
implicar {72} *vt* **1** : involve, implicate **2** SIGNIFICAR : imply — **implicación** *nf, pl* **-ciones** : implication
implícito, -ta *adj* : implicit
implorar *vt* : implore
imponer {60} *vt* **1** : impose **2** : command (respect, etc.) — *vi* : be imposing — **imponerse** *vr* **1** : assert oneself, command respect **2** PREVALECER : prevail — **imponente** *adj* : imposing, impressive — **imponible** *adj* : taxable
impopular *adj* : unpopular — **impopularidad** *nf* : unpopularity
importación *nf, pl* **-ciones** **1** : importation **2 importaciones** *nfpl* : imports — **importado, -da** *adj* : imported — **importador, -dora** *adj* : importing — ~ *n* : importer
importancia *nf* : importance — **importante** *adj* : important — **importar** *vi* **1** : matter, be important **2 no me importa** : I don't care

— *vt* **1** : import **2** ASCENDER A : amount to, cost
importe *nm* **1** : price **2** CANTIDAD : sum, amount
importunar *vt* : bother — **importuno, -na** *adj* **1** : inopportune **2** MOLESTO : bothersome
imposible *adj* : impossible — **imposibilidad** *nf* : impossibility
imposición *nf, pl* **-ciones** **1** : imposition **2** IMPUESTO : tax
impostor, -tora *n* : impostor
impotente *adj* : powerless, impotent — **impotencia** *nf* : impotence
impracticable *adj* **1** : impracticable **2** INTRANSITABLE : impassable
impreciso, -sa *adj* : vague, imprecise — **imprecisión** *nf, pl* **-siones** **1** : vagueness **2** ERROR : inaccuracy
impredecible *adj* : unpredictable
impregnar *vt* : impregnate
imprenta *nf* **1** : printing **2** : printing shop, press
imprescindible *adj* : essential, indispensable
impresión *nf, pl* **-siones** **1** : impression **2** IMPRENTA : printing — **impresionable** *adj* : impressionable — **impresionante** *adj* : impressive — **impresionar** *vt* **1** : impress **2** CONMOVER : affect, move — *vi* : make an impression — **impresionarse** *vr* **1** : be impressed **2** CONMOVERSE : be affected
impreso, -sa *adj* : printed — **impreso** *nm* **1** FORMULARIO : form **2** ~**s** *nmpl* : printed matter — **impresor, -sora** *n* : printer — **impresora** *nf* : (computer) printer
imprevisible *adj* : unforeseeable — **imprevisto, -ta** *adj* : unexpected, unforeseen
imprimir {42} *vt* **1** : print **2** DAR : impart, give
improbable *adj* : improbable — **improbabilidad** *nf* : improbability
improcedente *adj* : inappropriate
improductivo, -va *adj* : unproductive
improperio *nm* : insult
impropio, -pia *adj* **1** : inappropriate **2** INCORRECTO : incorrect
improvisar *v* : improvise — **improvisado, -da** *adj* : improvised, impromptu — **improvisación** *nf, pl* **-ciones** : improvisation — **improviso: de** ~ *adv phr* : suddenly
imprudente *adj* : imprudent, rash — **imprudencia** *nf* : imprudence, carelessness
impúdico, -ca *adj* : shameless, indecent
impuesto *nm* **1** : tax **2** ~ **sobre la renta** : income tax
impugnar *vt* : challenge, contest
impulsar *vt* : propel, drive — **impulsividad**

nf : impulsiveness — **impulsivo, -va** *adj* : impulsive — **impulso** *nm* **1** : drive, thrust **2** MOTIVACIÓN : impulse

impune *adj* : unpunished — **impunidad** *nf* : impunity

impuro, -ra *adj* : impure — **impureza** *nf* : impurity

imputar *vt* : impute, attribute

inacabable *adj* : interminable, endless

inaccesible *adj* : inaccessible

inaceptable *adj* : unacceptable

inactivo, -va *adj* : inactive — **inactividad** *nf* : inactivity

inadaptado, -da *adj* : maladjusted — ~ *n* : misfit

inadecuado, -da *adj* **1** : inadequate **2** INAPROPIADO : inappropriate

inadmisible *adj* : inadmissible

inadvertido, -da *adj* **1** : unnoticed **2** DISTRAÍDO : distracted — **inadvertencia** *nf* : oversight

inagotable *adj* : inexhaustible

inaguantable *adj* : unbearable

inalámbrico, -ca *adj* : wireless, cordless

inalcanzable *adj* : unreachable, unattainable

inalterable *adj* **1** : unchangeable **2** : impassive (of character) **3** : fast (of colors)

inanición *nf, pl* **-ciones** : starvation, famine

inanimado, -da *adj* : inanimate

inaplicable *adj* : inapplicable

inapreciable *adj* : imperceptible

inapropiado, -da *adj* : inappropriate

inarticulado, -da *adj* : inarticulate

inasequible *adj* : unattainable

inaudito, -ta *adj* : unheard-of, unprecedented

inaugurar *vt* : inaugurate — **inauguración** *nf, pl* **-ciones** : inauguration — **inaugural** *adj* : inaugural

inca *adj* : Inca, Incan

incalculable *adj* : incalculable

incandescencia *nf* : incandescence — **incandescente** *adj* : incandescent

incansable *adj* : tireless

incapacitar *vt* : incapacitate, disable — **incapacidad** *nf* : incapacity, inability — **incapaz** *adj, pl* **-paces** : incapable

incautar *vt* : confiscate, seize

incendiar *vt* : set fire to, burn (down) — **incendiarse** *vr* : catch fire — **incendiario, -ria** *adj* : incendiary — ~ *n* : arsonist — **incendio** *nm* **1** : fire **2** ~ **premeditado** : arson

incentivo *nm* : incentive

incertidumbre *nf* : uncertainty

incesante *adj* : incessant

incesto *nm* : incest — **incestuoso, -sa** *adj* : incestuous

incidencia *nf* **1** : impact **2** SUCESO : inci-

dent — **incidental** *adj* : incidental — **incidente** *nm* : incident

incidir *vi* ~ **en 1** : fall into (a habit, mistake, etc.) **2** INFLUIR EN : affect, influence

incienso *nm* : incense

incierto, -ta *adj* : uncertain

incinerar *vt* **1** : incinerate **2** : cremate (a corpse) — **incineración** *nf, pl* **-ciones 1** : incineration **2** : cremation (of a corpse) — **incinerador** *nm* : incinerator

incipiente *adj* : incipient

incisión *nf, pl* **-siones** : incision

incisivo, -va *adj* : incisive — **incisivo** *nm* : incisor

incitar *vt* : incite, rouse

incivilizado, -da *adj* : uncivilized

inclinar *vt* : tilt, lean — **inclinarse** *vr* **1** : lean (over) **2** ~ **a** : be inclined to — **inclinación** *nf, pl* **-ciones 1** : inclination **2** LADEAR : incline, tilt

incluir {41} *vt* **1** : include **2** ADJUNTAR : enclose — **inclusión** *nf, pl* **-siones** : inclusion — **inclusive** *adv* : up to and including — **inclusivo, -va** *adj* : inclusive — **incluso** *adv* : even, in fact — **incluso, -sa** *adj* : enclosed

incógnito, -ta *adj* **1** : unknown **2 de** ~ : incognito

incoherente *adj* : incoherent — **incoherencia** *nf* : incoherence

incoloro, -ra *adj* : colorless

incombustible *adj* : fireproof

incomible *adj* : inedible

incomodar *vt* **1** : inconvenience **2** ENFADAR : bother, annoy — **incomodarse** *vr* **1** : take the trouble **2** ENFADARSE : get annoyed — **incomodidad** *nf* : discomfort — **incómodo, -da** *adj* **1** : uncomfortable **2** INCONVENIENTE : inconvenient, awkward

incomparable *adj* : incomparable

incompatible *adj* : incompatible — **incompatibilidad** *nf* : incompatibility

incompetente *adj* : incompetent — **incompetencia** *nf* : incompetence

incompleto, -ta *adj* : incomplete

incomprendido, -da *adj* : misunderstood — **incomprensible** *adj* : incomprehensible — **incomprensión** *nf, pl* **-siones** : lack of understanding

incomunicado, -da *adj* **1** : isolated **2** : in solitary confinement

inconcebible *adj* : inconceivable

inconcluso, -sa *adj* : unfinished

incondicional *adj* : unconditional

inconformista *adj & nmf* : nonconformist

inconfundible *adj* : unmistakable

incongruente *adj* : incongruous

inconmensurable *adj* : vast, immeasurable

inconsciente *adj* **1** : unconscious, unaware **2** IRREFLEXIVO : reckless — ~ *nm* **el** ~

: the unconscious — **inconsciencia** *nf* **1** : unconsciousness **2** INSENSATEZ : thoughtlessness

inconsecuente *adj* : inconsistent — **inconsecuencia** *nf* : inconsistency

inconsiderado, -da *adj* : inconsiderate

inconsistente *adj* **1** : flimsy **2** : watery (of a sauce, etc.) **3** : inconsistent (of an argument) — **inconsistencia** *nf* : inconsistency

inconsolable *adj* : inconsolable

inconstante *adj* : changeable, unreliable — **inconstancia** *nf* : inconstancy

inconstitucional *adj* : unconstitutional

incontable *adj* : countless

incontenible *adj* : irrepressible

incontestable *adj* : indisputable

incontinente *adj* : incontinent — **incontinencia** *nf* : incontinence

inconveniente *adj* **1** : inconvenient **2** INAPROPIADO : inappropriate — ~ *nm* : obstacle, problem — **inconveniencia** *nf* **1** : inconvenience **2** : tactless remark

incorporar *vt* **1** AGREGAR : incorporate, add **2** : mix (in cooking) — **incorporarse** *vr* **1** : sit up **2** ~ **a** : join — **incorporación** *nf, pl* **-ciones** : incorporation

incorrecto, -ta *adj* **1** : incorrect **2** DESCORTÉS : impolite

incorregible *adj* : incorrigible

incrédulo, -la *adj* : incredulous — **incredulidad** *nf* : incredulity, disbelief

increíble *adj* : incredible, unbelievable

incrementar *vt* : increase — **incremento** *nm* : increase

incriminar *vt* **1** : incriminate **2** ACUSAR : accuse

incrustar *vt* : set, inlay — **incrustarse** *vr* : become embedded

incubar *vt* : incubate — **incubadora** *nf* : incubator

incuestionable *adj* : unquestionable

inculcar {72} *vt* : instill

inculpar *vt* : accuse, charge

inculto, -ta *adj* **1** : uneducated **2** : uncultivated (of land)

incumplimiento *nm* **1** : noncompliance **2** ~ **de contrato** : breach of contract

incurable *adj* : incurable

incurrir *vi* ~ **en 1** : incur (expenses, etc.) **2** : fall into, commit (crimes)

incursión *nf, pl* **-siones** : raid

indagar {52} *vt* : investigate — **indagación** *nf, pl* **-ciones** : investigation

indebido, -da *adj* : undue

indecente *adj* : indecent, obscene — **indecencia** *nf* : indecency, obscenity

indecible *adj* : inexpressible

indecisión *nf, pl* **-siones** : indecision — **in-**

indeciso, -sa *adj* **1** : undecided **2** IRRESOLUTO : indecisive

indefenso, -sa *adj* : defenseless, helpless

indefinido, -da *adj* : indefinite — **indefinidamente** *adv* : indefinitely

indeleble *adj* : indelible

indemnizar {21} *vt* : indemnify, compensate — **indemnización** *nf, pl* **-ciones** : compensation

independiente *adj* : independent — **independencia** *nf* : independence — **independizarse** {21} *vr* : become independent

indescifrable *adj* : indecipherable

indescriptible *adj* : indescribable

indeseable *adj* : undesirable

indestructible *adj* : indestructible

indeterminado, -da *adj* : indeterminate

indicar {72} *vt* **1** : indicate **2** MOSTRAR : show — **indicación** *nf, pl* **-ciones 1** : sign, indication **2 indicaciones** *nfpl* : directions — **indicador** *nm* **1** : sign, signal **2** : gauge, dial, meter — **indicativo, -va** *adj* : indicative — **indicativo** *nm* : indicative (mood)

índice *nm* **1** : indication **2** : index (of a book, etc.) **3** : index finger **4** ~ **de natalidad** : birth rate

indicio *nm* : indication, sign

indiferente *adj* **1** : indifferent **2 me es** ~ : it doesn't matter to me — **indiferencia** *nf* : indifference

indígena *adj* : indigenous, native — ~ *nmf* : native

indigente *adj & nmf* : indigent — **indigencia** *nf* : poverty

indigestión *nf, pl* **-tiones** : indigestion — **indigesto, -ta** *adj* : indigestible

indignar *vt* : outrage, infuriate — **indignarse** *vr* : become indignant — **indignación** *nf, pl* **-ciones** : indignation — **indignado, -da** *adj* : indignant — **indignidad** *nf* : indignity — **indigno, -na** *adj* : unworthy

indio, -dia *adj* **1** : American Indian **2** : Indian (from India)

indirecta *nf* **1** : hint **2 lanzar una** ~ : drop a hint — **indirecto, -ta** *adj* : indirect

indisciplina *nf* : lack of discipline — **indisciplinado, -da** *adj* : undisciplined

indiscreto, -ta *adj* : indiscreet — **indiscreción** *nf, pl* **-ciones 1** : indiscretion **2** : tactless remark

indiscriminado, -da *adj* : indiscriminate

indiscutible *adj* : indisputable

indispensable *adj* : indispensable

indisponer {60} *vt* **1** : upset, make ill **2** ENEMISTAR : set against, set at odds — **indisponerse** *vr* **1** : become ill **2** ~ **con** : fall out with — **indisposición** *nf, pl*

-ciones : indisposition, illness — **indispuesto, -ta** *adj* : unwell, indisposed
indistinto, -ta *adj* : indistinct
individual *adj* : individual — **individualidad** *nf* : individuality — **individualizar** {21} *vt* : individualize — **individuo** *nm* : individual
indivisible *adj* : indivisible
índole *nf* 1 : nature, character 2 TIPO : type, kind
indolente *adj* : indolent, lazy — **indolencia** *nf* : indolence, laziness
indoloro, -ra *adj* : painless
indómito, -ta *adj* : indomitable
indonesio, -sia *adj* : Indonesian
inducir {61} *vt* 1 : induce 2 DEDUCIR : infer
indudable *adj* : beyond doubt — **indudablemente** *adv* : undoubtedly
indulgente *adj* : indulgent — **indulgencia** *nf* : indulgence
indultar *vt* : pardon, reprieve — **indulto** *nm* : pardon, reprieve
industria *nf* : industry — **industrial** *adj* : industrial — **~** *nmf* : industrialist, manufacturer — **industrialización** *nf, pl* **-ciones** : industrialization — **industrializar** {21} *vt* : industrialize — **industrioso, -sa** *adj* : industrious
inédito, -ta *adj* : unpublished
inefable *adj* : inexpressible
ineficaz *adj, pl* **-caces** 1 : ineffective 2 INEFICIENTE : inefficient
ineficiente *adj* : inefficient — **ineficiencia** *nf* : inefficiency
inelegible *adj* : ineligible
ineludible *adj* : unavoidable, inescapable
inepto, -ta *adj* : inept — **ineptitud** *nf* : ineptitude
inequívoco, -ca *adj* : unequivocal
inercia *nf* : inertia
inerme *adj* : unarmed, defenseless
inerte *adj* : inert
inesperado, -da *adj* : unexpected
inestable *adj* : unstable — **inestabilidad** *nf* : instability
inevitable *adj* : inevitable
inexacto, -ta *adj* 1 : inexact 2 INCORRECTO : incorrect, wrong
inexistente *adj* : nonexistent
inexorable *adj* : inexorable
inexperiencia *nf* : inexperience — **inexperto, -ta** *adj* : inexperienced, unskilled
inexplicable *adj* : inexplicable
infalible *adj* : infallible
infame *adj* 1 : infamous, vile 2 *fam* : horrible — **infamia** *nf* : infamy, disgrace
infancia *nf* : infancy — **infanta** *nf* : infanta, princess — **infante** *nm* 1 : infante, prince 2 : infantryman (in the military) — **infantería**

nf : infantry — **infantil** *adj* 1 : child's, children's 2 INMADURO : childish
infarto *nm* : heart attack
infatigable *adj* : tireless
infectar *vt* : infect — **infectarse** *vr* : become infected — **infección** *nf, pl* **-ciones** : infection — **infeccioso, -sa** *adj* : infectious — **infecto, -ta** *adj* 1 : infected 2 : foul, sickening
infecundo, -da *adj* : infertile
infeliz *adj, pl* **-lices** : unhappy — **infelicidad** *nf* : unhappiness
inferior *adj & nmf* : inferior — **inferioridad** *nf* : inferiority
inferir {76} *vt* 1 DEDUCIR : infer 2 : cause (harm or injury)
infernal *adj* : infernal, hellish
infestar *vt* : infest
infiel *adj* : unfaithful — **infidelidad** *nf* : infidelity
infierno *nm* 1 : hell 2 **el quinto ~** *fam* : the middle of nowhere
infiltrar *vt* : infiltrate — **infiltrarse** *vr* : infiltrate
infinidad *nf* 1 : infinity 2 **una ~ de** : countless — **infinitivo** *nm* : infinitive — **infinito, -ta** *adj* : infinite — **infinito** *nm* : infinity
inflación *nf, pl* **-ciones** : inflation — **inflacionario, -ria** *or* **inflacionista** *adj* : inflationary
inflamar *vt* : inflame — **inflamable** *adj* : flammable, inflammable — **inflamación** *nf, pl* **-ciones** : inflammation — **inflamatorio, -ria** *adj* : inflammatory
inflar *vt* 1 : inflate 2 EXAGERAR : exaggerate — **inflarse** *vr* **~ de** : swell (up) with
inflexible *adj* : inflexible — **inflexión** *nf, pl* **-xiones** : inflection
infligir {35} *vt* : inflict
influencia *nf* : influence — **influenciar** → **influir**
influenza *nf* : influenza
influir {41} *vt* : influence — *vi* **~ en** *or* **~ sobre** : have an influence on — **influjo** *nm* : influence — **influyente** *adj* : influential
información *nf, pl* **-ciones** 1 : information 2 NOTICIAS : news 3 : directory assistance (on the telephone)
informal *adj* 1 : informal 2 IRRESPONSABLE : unreliable
informar *v* : inform — **informarse** *vr* : get information, find out — **informante** *nmf* : informant — **informática** *nf* : information technology — **informativo, -va** *adj* : informative — **informatizar** {21} *vt* : computerize
informe *adj* : shapeless — **~** *nm* 1 : report 2 **~s** *nmpl* : information, data 3 **~s** *nmpl* : references (for employment)

infortunado, -da *adj* : unfortunate — **infortunio** *nm* : misfortune

infracción *nf, pl* **-ciones** : violation, infraction

infraestructura *nf* : infrastructure

infrahumano, -na *adj* : subhuman

infranqueable *adj* **1** : impassable **2** INSUPERABLE : insurmountable

infrarrojo, -ja *adj* : infrared

infrecuente *adj* : infrequent

infringir {35} *vt* : infringe

infructuoso, -sa *adj* : fruitless

infundado, -da *adj* : unfounded, baseless

infundir *vt* : instill, infuse — **infusión** *nf, pl* **-siones** : infusion

ingeniar *vt* : invent, think up

ingeniería *nf* : engineering — **ingeniero, -ra** *n* : engineer

ingenio *nm* **1** : ingenuity **2** AGUDEZA : wit **3** MÁQUINA : device, apparatus **4** ~ **azucarero** *Lat* : sugar refinery — **ingenioso, -sa** *adj* **1** : ingenious **2** AGUDO : clever, witty — **ingeniosamente** *adv* : cleverly

ingenuidad *nf* : naïveté, ingenuousness — **ingenuo, -nua** *adj* : naive

ingerir {76} *vt* : ingest, consume

ingle *nf* : groin

inglés, -glesa *adj, mpl* **-gleses** : English — **inglés** *nm* : English (language)

ingrato, -ta *adj* **1** : ungrateful **2 un trabajo ingrato** : a thankless task — **ingratitud** *nf* : ingratitude

ingrediente *nm* : ingredient

ingresar *vt* : deposit — *vi* ~ **en** : enter, be admitted into, join — **ingreso** *nm* **1** : entrance, entry **2** : admission (into a hospital, etc.) **3** ~**s** *nmpl* : income, earnings

inhábil *adj* **1** : unskillful, clumsy **2** ~ **para** : unsuited for — **inhabilidad** *nf* : unskillfulness

inhabitable *adj* : uninhabitable — **inhabitado, -da** *adj* : uninhabited

inhalar *vt* : inhale — **inhalación** *nf* : inhalation

inherente *adj* : inherent

inhibir *vt* : inhibit — **inhibición** *nf, pl* **-ciones** : inhibition

inhóspito, -ta *adj* : inhospitable

inhumano, -na *adj* : inhuman, inhumane — **inhumanidad** *nf* : inhumanity

iniciar *vt* : initiate, begin — **iniciación** *nf, pl* **-ciones** **1** : initiation **2** COMIENZO : beginning — **inicial** *adj & nf* : initial — **iniciativa** *nf* : initiative — **inicio** *nm* : start, beginning

inigualado, -da *adj* : unequaled

ininterrumpido, -da *adj* : uninterrupted

injerirse {76} *vr* : interfere — **injerencia** *nf* : interference

injertar *vt* : graft — **injerto** *nm* : graft

injuriar *vt* : insult — **injuria** *nf* : insult — **injurioso, -sa** *adj* : insulting, abusive

injusticia *nf* : injustice, unfairness — **injusto, -ta** *adj* : unfair, unjust

inmaculado, -da *adj* : immaculate

inmaduro, -ra *adj* **1** : immature **2** : unripe (of fruit) — **inmadurez** *nf* : immaturity

inmediaciones *nfpl* : surrounding area

inmediato, -ta *adj* **1** : immediate **2** CONTIGUO : adjoining **3 de** ~ : immediately, right away **4** ~ **a** : next to, close to — **inmediatamente** *adv* : immediately

inmejorable *adj* : excellent

inmenso, -sa *adj* : immense, vast — **inmensidad** *nf* : immensity

inmerecido, -da *adj* : undeserved

inmersión *nf, pl* **-siones** : immersion

inmigrar *vi* : immigrate — **inmigración** *nf, pl* **-ciones** : immigration — **inmigrante** *adj & nmf* : immigrant

inminente *adj* : imminent, impending — **inminencia** *nf* : imminence

inmiscuirse {41} *vr* : interfere

inmobiliario, -ria *adj* : real estate, property

inmodesto, -ta *adj* : immodest

inmoral *adj* : immoral — **inmoralidad** *nf* : immorality

inmortal *adj & nmf* : immortal — **inmortalidad** *nf* : immortality

inmóvil *adj* : motionless, still — **inmovilizar** {21} *vt* : immobilize

inmueble *nm* : building, property

inmundicia *nf* : filth, trash — **inmundo, -da** *adj* : dirty, filthy

inmunizar {21} *vt* : immunize — **inmune** *adj* : immune — **inmunidad** *nf* : immunity — **inmunización** *nf, pl* **-ciones** : immunization

inmutable *adj* : unchangeable

innato, -ta *adj* : innate

innecesario, -ria *adj* : unnecessary, needless

innegable *adj* : undeniable

innoble *adj* : ignoble

innovar *vt* : introduce — *vi* : innovate — **innovación** *nf, pl* **-ciones** : innovation — **innovador, -dora** *adj* : innovative — ~ *n* : innovator

innumerable *adj* : innumerable

inocencia *nf* : innocence — **inocente** *adj & nmf* : innocent — **inocentón, -tona** *adj, mpl* **-tones** : naive — ~ *n* : simpleton, dupe

inocular *vt* : inoculate — **inoculación** *nf, pl* **-ciones** : inoculation

inocuo, -cua *adj* : innocuous

inodoro, -ra *adj* : odorless — **inodoro** *nm* : toilet

inofensivo, -va *adj* : inoffensive, harmless

inolvidable *adj* : unforgettable

inoperable *adj* : inoperable

inoperante *adj* : ineffective
inopinado, -da *adj* : unexpected
inoportuno, -na *adj* : untimely, inopportune
inorgánico, -ca *adj* : inorganic
inoxidable *adj* **1** : rustproof **2 acero ~** : stainless steel
inquebrantable *adj* : unwavering
inquietar *vt* : disturb, worry — **inquietarse** *vr* : worry — **inquietante** *adj* : disturbing, worrisome — **inquieto, -ta** *adj* : anxious, worried — **inquietud** *nf* : anxiety, worry
inquilino, -na *n* : tenant
inquirir {4} *vi* : make inquiries — *vt* : investigate
insaciable *adj* : insatiable
insalubre *adj* : unhealthy
insatisfecho, -cha *adj* **1** : unsatisfied **2** DESCONTENTO : dissatisfied
inscribir {33} *vt* **1** : enroll, register **2** GRABAR : inscribe, engrave — **inscribirse** *vr* : register — **inscripción** *nf, pl* **-ciones 1** : inscription **2** REGISTRO : registration
insecto *nm* : insect — **insecticida** *nm* : insecticide
inseguro, -ra *adj* **1** : insecure **2** PELIGROSO : unsafe **3** DUDOSO : uncertain — **inseguridad** *nf* **1** : insecurity **2** PELIGRO : lack of safety **3** DUDA : uncertainty
inseminar *vt* : inseminate — **inseminación** *nf, pl* **-ciones** : insemination
insensato, -ta *adj* : senseless, foolish — **insensatez** *nf* : foolishness, thoughtlessness
insensible *adj* **1** : insensitive, unfeeling **2** : numb (in medicine) **3** IMPERCEPTIBLE : imperceptible — **insensibilidad** *nf* : insensitivity
inseparable *adj* : inseparable
insertar *vt* : insert
insidia *nf* : snare, trap — **insidioso, -sa** *adj* : insidious
insigne *adj* : noted, famous
insignia *nf* **1** : insignia, badge **2** BANDERA : flag
insignificante *adj* : insignificant, negligible
insincero, -ra *adj* : insincere
insinuar {3} *vt* : insinuate — **insinuarse** *vr* **~ en** : worm one's way into — **insinuación** *nf, pl* **-ciones** : insinuation — **insinuante** *adj* : insinuating, suggestive
insípido, -da *adj* : insipid
insistir *v* : insist — **insistencia** *nf* : insistence — **insistente** *adj* : insistent
insociable *adj* : unsociable
insolación *nf, pl* **-ciones** : sunstroke
insolencia *nf* : insolence — **insolente** *adj* : insolent
insólito, -ta *adj* : rare, unusual
insoluble *adj* : insoluble

insolvencia *nf* : insolvency, bankruptcy — **insolvente** *adj* : insolvent, bankrupt
insomnio *nm* : insomnia — **insomne** *nmf* : insomniac
insondable *adj* : unfathomable
insonorizado, -da *adj* : soundproof
insoportable *adj* : unbearable
insospechado, -da *adj* : unexpected
insostenible *adj* : untenable
inspeccionar *vt* : inspect — **inspección** *nf, pl* **-ciones** : inspection — **inspector, -tora** *n* : inspector
inspirar *vt* : inspire — *vi* : inhale — **inspirarse** *vr* : be inspired — **inspiración** *nf, pl* **-ciones 1** : inspiration **2** RESPIRACIÓN : inhalation — **inspirador, -dora** *adj* : inspirational
instalar *vt* : install — **instalarse** *vr* : settle — **instalación** *nf, pl* **-ciones** : installation
instancia *nf* **1** : request **2 en última ~** : ultimately, as a last resort
instantáneo, -nea *adj* : instantaneous, instant — **instantánea** *nf* : snapshot — **instante** *nm* **1** : instant **2 a cada ~** : frequently, all the time **3 al ~** : immediately
instar *vt* : urge, press
instaurar *vt* : establish — **instauración** *nf, pl* **-ciones** : establishment
instigar {52} *vt* : incite, instigate — **instigador, -dora** *n* : instigator
instinto *nm* : instinct — **instintivo, -va** *adj* : instinctive
institución *nf, pl* **-ciones** : institution — **institucional** *adj* : institutional — **institucionalizar** {21} *vt* : institutionalize — **instituir** {41} *vt* : institute, establish — **instituto** *nm* : institute — **institutriz** *nf, pl* **-trices** : governess
instruir {41} *vt* : instruct — **instrucción** *nf, pl* **-ciones 1** : instruction **2 instrucciones** *nfpl* : instructions, directions — **instructivo, -va** *adj* : instructive — **instructor, -tora** *n* : instructor
instrumento *nm* : instrument — **instrumental** *adj* : instrumental
insubordinarse *vr* : rebel — **insubordinado, -da** *adj* : insubordinate — **insubordinación** *nf, pl* **-ciones** : insubordination
insuficiente *adj* : insufficient, inadequate — **insuficiencia** *nf* **1** : insufficiency, inadequacy **2 ~ cardíaca** : heart failure
insufrible *adj* : insufferable
insular *adj* : insular, island
insulina *nf* : insulin
insulso, -sa *adj* **1** : insipid, bland **2** SOSO : dull
insultar *vt* : insult — **insultante** *adj* : insulting — **insulto** *nm* : insult
insuperable *adj* : insurmountable

insurgente *adj & nmf* : insurgent

insurrección *nf, pl* **-ciones** : insurrection, uprising

intachable *adj* : irreproachable

intacto, -ta *adj* : intact

intangible *adj* : intangible

integrar *vt* : integrate — **integrarse** *vr* : become integrated — **integración** *nf, pl* **-ciones** : integration — **integral** *adj* **1** : integral **2 pan ∼** : whole grain bread — **íntegro, -gra** *adj* **1** : honest, upright **2** ENTERO : whole, complete — **integridad** *nf* **1** RECTITUD : integrity **2** TOTALIDAD : wholeness

intelecto *nm* : intellect — **intelectual** *adj & nmf* : intellectual

inteligencia *nf* : intelligence — **inteligente** *adj* : intelligent — **inteligible** *adj* : intelligible

intemperie *nf* **a la ∼** : in the open air, outside

intempestivo, -va *adj* : untimely, inopportune

intención *nf, pl* **-ciones** : intention, intent — **intencionado, -da** *adj* **1** : intended **2 bien ∼** : well-meaning **3 mal ∼** : malicious — **intencional** *adj* : intentional

intensidad *nf* : intensity — **intensificar** {72} *vt* : intensify — **intensificarse** *vr* : intensify — **intensivo, -va** *adj* : intensive — **intenso, -sa** *adj* : intense

intentar *vt* : attempt, try — **intento** *nm* **1** : intention **2** TENTATIVA : attempt

interactuar {3} *vi* : interact — **interacción** *nf, pl* **-ciones** : interaction — **interactivo, -va** *adj* : interactive

intercalar *vt* : insert, intersperse

intercambio *nm* : exchange — **intercambiable** *adj* : interchangeable — **intercambiar** *vt* : exchange, trade

interceder *vi* : intercede

interceptar *vt* : intercept — **intercepción** *nf, pl* **-ciones** : interception

intercesión *nf, pl* **-siones** : intercession

interés *nm, pl* **-reses** : interest — **interesado, -da** *adj* **1** : interested **2** EGOISTA : selfish — **interesante** *adj* : interesting — **interesar** *vt* : interest — *vi* : be of interest — **interesarse** *vr* : take an interest

interfaz *nf, pl* **-faces** : interface

interferir {76} *vi* : interfere — *vt* : interfere with — **interferencia** *nf* : interference

interino, -na *adj* : temporary, interim — **interiormente** *adv* : inwardly

interior *adj* : interior, inner — **∼** *nm* : interior, inside — **interiormente** *adv* : inwardly

interjección *nf, pl* **-ciones** : interjection

interlocutor, -tora *n* : speaker

intermediario, -ria *adj & n* : intermediary

intermedio, -dia *adj* : intermediate — **intermedio** *nm* : intermission

interminable *adj* : interminable, endless

intermisión *nf, pl* **-siones** : intermission, pause

intermitente *adj* : intermittent — **∼** *nm* : blinker, turn signal

internacional *adj* : international

internar *vt* : commit, confine — **internarse** *vr* : penetrate — **internado** *nm* : boarding school — **interno, -na** *adj* : internal — **∼** *n* **1** : boarder **2** : inmate (in a jail, etc.)

interponer {60} *vt* : interpose — **interponerse** *vr* : intervene

interpretar *vt* **1** : interpret **2** : play, perform (in theater, etc.) — **interpretación** *nf, pl* **-ciones** : interpretation — **intérprete** *nmf* **1** TRADUCTOR : interpreter **2** : performer (of music)

interrogar {52} *vt* : interrogate, question — **interrogación** *nf, pl* **-ciones 1** : interrogation **2 signo de ∼** : question mark — **interrogativo, -va** *adj* : interrogative — **interrogatorio** *nm* : interrogation, questioning

interrumpir *v* : interrupt — **interrupción** *nf, pl* **-ciones** : interruption — **interruptor** *nm* : (electrical) switch

intersección *nf, pl* **-ciones** : intersection

intervalo *nm* : interval

intervenir {87} *vi* **1** : take part **2** MEDIAR : intervene — *vt* **1** : tap (a telephone) **2** INSPECCIONAR : audit **3** OPERAR : operate on — **intervención** *nf, pl* **-ciones 1** : intervention **2** : audit (in business) **3** *or* **∼ quirúrgica** : operation — **interventor, -tora** *n* : inspector, auditor

intestino *nm* : intestine — **intestinal** *adj* : intestinal

intimar *vi* **∼ con** : become friendly with — **intimidad** *nf* **1** : private life **2** AMISTAD : intimacy

intimidar *vt* : intimidate

íntimo, -ma *adj* **1** : intimate, close **2** PRIVADO : private

intolerable *adj* : intolerable — **intolerancia** *nf* : intolerance — **intolerante** *adj* : intolerant

intoxicar {72} *vt* : poison — **intoxicación** *nf, pl* **-ciones** : poisoning

intranquilizar {21} *vt* : make uneasy — **intranquilizarse** *vr* : be anxious — **intranquilidad** *nf* : uneasiness, anxiety — **intranquilo, -la** *adj* : uneasy, worried

intransigente *adj* : unyielding, intransigent

intransitable *adj* : impassable

intransitivo, -va *adj* : intransitive

intrascendente *adj* : unimportant, insignificant

intravenoso, -sa *adj* : intravenous

intrépido, -da *adj* : intrepid, fearless
intrigar {52} *v* : intrigue — **intriga** *nf* : intrigue — **intrigante** *adj* : intriguing
intrincado, -da *adj* : intricate, involved
intrínseco, -ca *adj* : intrinsic — **intrínsecament** *adv* : intrinsically, inherently
introducción *nf, pl* **-ciones** : introduction — **introducir** {61} *vt* **1** : introduce **2** METER : insert — **introducirse** *vr* ~ **en** : penetrate, get into — **introductorio, -ria** *adj* : introductory
intromisión *nf, pl* **-siones** : interference
introvertido, -da *adj* : introverted — ~ *n* : introvert
intrusión *nf, pl* **-siones** : intrusion — **intruso, -sa** *adj* : intrusive — ~ *n* : intruder
intuir {41} *vt* : sense — **intuición** *nf, pl* **-ciones** : intuition — **intuitivo, -va** *adj* : intuitive
inundar *vt* : flood — **inundarse** *vr* ~ **de** : be inundated with — **inundación** *nf, pl* **-ciones** : flood
inusitado, -da *adj* : unusual, uncommon
inútil *adj* **1** : useless **2** INVÁLIDO : disabled — **inutilidad** *nf* : uselessness — **inutilizar** {21} *vt* **1** : make useless **2** INCAPACITAR : disable
invadir *vt* : invade
invalidez *nf, pl* **-deces 1** : invalidity **2** : disability (in medicine) — **inválido, -da** *adj* & *n* : invalid
invalorable *adj Lat* : invaluable
invariable *adj* : invariable
invasión *nf, pl* **-siones** : invasion — **invasor, -sora** *adj* : invading — ~ *n* : invader
invencible *adj* : invincible
inventar *vt* **1** : invent **2** : fabricate, make up (a word, an excuse, etc.) — **invención** *nf, pl* **-ciones 1** : invention **2** MENTIRA : lie, fabrication
inventario *nm* : inventory
inventiva *nf* : inventiveness — **inventivo, -va** *adj* : inventive — **inventor, -tora** *n* : inventor
invernadero *nm* : greenhouse
invernal *adj* : winter
inverosímil *adj* : unlikely
inversión *nf, pl* **-siones 1** : inversion, reversal **2** : investment (of money, time, etc.)
inverso, -sa *adj* **1** : inverse **2** CONTRARIO : opposite **3 a la inversa** : the other way around, inversely
inversor, -sora *n* : investor
invertebrado, -da *adj* : invertebrate — **invertebrado** *nm* : invertebrate
invertir {76} *vt* **1** : invert, reverse **2** : invest (money, time, etc.) — *vi* : make an investment
investidura *nf* : investiture
investigar {52} *vt* **1** : investigate **2** ESTU-

DIAR : research — *vi* ~ **sobre** : do research into — **investigación** *nf, pl* **-ciones 1** : investigation **2** ESTUDIO : research — **investigador, -dora** *n* : investigator, researcher
investir {54} *vt* : invest
inveterado, -da *adj* : deep-seated, inveterate
invicto, -ta *adj* : undefeated
invierno *nm* : winter
invisible *adj* : invisible — **invisibilidad** *nf* : invisibility
invitar *vt* : invite — **invitación** *nf, pl* **-ciones** : invitation — **invitado, -da** *n* : guest
invocar {72} *vt* : invoke — **invocación** *nf, pl* **-ciones** : invocation
involuntario, -ria *adj* : involuntary
invulnerable *adj* : invulnerable
inyectar *vt* : inject — **inyección** *nf, pl* **-ciones** : injection, shot — **inyectado, -da** *adj* **ojos inyectados** : bloodshot eyes
ion *nm* : ion — **ionizar** {21} *vt* : ionize
ir {43} *vi* **1** : go **2** FUNCIONAR : work, function **3** CONVENIR : suit **4 ¿cómo te va?** : how are you? **5** ~ **con prisa** : be in a hurry **6** ~ **por** : follow, go along **7 vamos** : let's go — *v aux* **1** ~ **a** : be going to, be about to **2** ~ **caminando** : take a walk **3 vamos a ver** : we shall see — **irse** *vr* : go away, be gone
ira *nf* : rage, anger — **iracundo, -da** *adj* : irate, angry
iraní *adj* : Iranian
iraquí *adj* : Iraqi
iris *nms & pl* **1** : iris (of the eye) **2 arco** ~ : rainbow
irlandés, -desa *adj, mpl* **-deses** : Irish
ironía *nf* : irony — **irónico, -ca** *adj* : ironic, ironical
irracional *adj* : irrational
irradiar *vt* : radiate, irradiate
irrazonable *adj* : unreasonable
irreal *adj* : unreal
irreconciliable *adj* : irreconcilable
irreconocible *adj* : unrecognizable
irrecuperable *adj* : irretrievable
irreductible *adj* : unyielding
irreemplazable *adj* : irreplaceable
irreflexivo, -va *adj* : rash, unthinking
irrefutable *adj* : irrefutable
irregular *adj* : irregular — **irregularidad** *nf* : irregularity
irrelevante *adj* : irrelevant
irreparable *adj* : irreparable
irreprimible *adj* : irrepressible
irreprochable *adj* : irreproachable
irresistible *adj* : irresistible
irresoluto, -ta *adj* : indecisive, irresolute
irrespetuoso, -sa *adj* : disrespectful
irresponsable *adj* : irresponsible — **irresponsabilidad** *nf* : irresponsibility

irreverente *adj* : irreverent
irreversible *adj* : irreversible
irrevocable *adj* : irrevocable
irrigar {52} *vt* : irrigate — **irrigación** *nf, pl*
-ciones : irrigation
irrisorio, -ria *adj* : laughable, ridiculous
irritar *vt* : irritate — **irritarse** *vr* : get annoyed — **irritable** *adj* : irritable — **irritación** *nf, pl* -ciones : irritation — **irritante**
adj : irritating
irrompible *adj* : unbreakable
irrumpir *vi* ~ **en** : burst into

isla *nf* : island
islámico, -ca *adj* : Islamic, Muslim
islandés, -desa *adj, mpl* -deses : Icelandic
isleño, -ña *n* : islander
israelí *adj* : Israeli
istmo *nm* : isthmus
italiano, -na *adj* : Italian — **italiano** *nm*
: Italian (language)
itinerario *nm* : itinerary
izar {21} *vt* : hoist, raise
izquierda *nf* : left — **izquierdista** *adj & nmf*
: leftist — **izquierdo, -da** *adj* : left

J

j *nf* : j, tenth letter of the Spanish alphabet
jabalí *nm, pl* -líes : wild boar
jabalina *nf* : javelin
jabón *nm, pl* -bones : soap — **jabonar** *vt*
: soap (up) — **jabonera** *nf* : soap dish —
jabonoso, -sa *adj* : soapy
jaca *nf* : pony
jacinto *nm* : hyacinth
jactarse *vr* : boast, brag — **jactancia** *nf*
: boastfulness, bragging — **jactancioso,
-sa** *adj* : boastful
jadear *vi* : pant, gasp — **jadeante** *adj* : panting, breathless — **jadeo** *nm* : gasp, panting
jaez *nm, pl* jaeces 1 : harness 2 **jaeces**
nmpl : trappings
jaguar *nm* : jaguar
jaiba *nf Lat* : crab
jalapeño *nm Lat* : jalapeño pepper
jalar *v Lat* : pull, tug
jalea *nf* : jelly
jaleo *nm fam* 1 : uproar, racket 2 **armar un**
~ : raise a ruckus
jalón *nm, pl* -lones *Lat* : pull, tug
jamaicano, -na *or* **jamaiquino, -na** *adj* : Ja-
maican
jamás *adv* 1 : never 2 **para siempre** ~
: for ever and ever
jamelgo *nm* : nag (horse)
jamón *nm, pl* -mones 1 : ham 2 ~ **serrano**
: cured ham
Januká *nmf* : Hanukkah
japonés, -nesa *adj, mpl* -neses : Japanese
— **japonés** *nm* : Japanese (language)
jaque *nm* 1 : check (in chess) 2 ~ **mate**
: checkmate
jaqueca *nf* : headache, migraine
jarabe *nm* : syrup
jardín *nm, pl* -dines 1 : garden 2 ~ **infan-**

til *or* ~ **de niños** *Lat* : kindergarten — **jardinería** *nf* : gardening — **jardinero, -ra** *n*
: gardener
jarra *nf* : pitcher, jug — **jarro** *nm* : pitcher —
jarrón *nm, pl* -rrones : vase
jaula *nf* : cage
jauría *nf* : pack of hounds
jazmín *nm, pl* -mines : jasmine
jazz *nm* : jazz
jeans *nmpl* : jeans
jefe, -fa *n* 1 : chief, leader 2 PATRÓN : boss
3 ~ **de cocina** : chef — **jefatura** *nf* 1
: leadership 2 SEDE : headquarters
jengibre *nm* : ginger
jeque *nm* : sheikh, sheik
jerarquía *nf* 1 : hierarchy 2 RANGO : rank
— **jerárquico, -ca** *adj* : hierarchical
jerez *nm, pl* -reces : sherry
jerga *nf* 1 : coarse cloth 2 ARGOT : jargon,
slang
jerigonza *nf* 1 : jargon 2 GALIMATÍAS : gibberish
jeringa *or* **jeringuilla** *nf* : syringe —
jeringar {52} *vt fam* : annoy, pester
jeroglífico *nm* : hieroglyphic
jersey *nm, pl* -seys : jersey
jesuita *adj & nm* : Jesuit
Jesús *nm* : Jesus
jilguero *nm* : goldfinch
jinete *nmf* : horseman, horsewoman *f,* rider
jirafa *nf* : giraffe
jirón *nm, pl* -rones : shred, tatter
jitomate *nm Lat* : tomato
jockey *nmf, pl* -keys : jockey
jocoso, -sa *adj* : humorous, jocular
jofaina *nf* : washbowl
jolgorio *nm* : merrymaking
jornada *nf* 1 : day's journey 2 : working

day — **jornal** *nm* : day's pay — **jornalero, -ra** *n* : day laborer

joroba *nf* : hump — **jorobado, -da** *adj* : hunchbacked, humpbacked — ~ *n* : hunchback — **jorobar** *vt fam* : annoy

jota *nf* **1** : iota, jot **2 no veo ni** ~ : I can't see a thing

joven *adj, pl* **jóvenes** : young — ~ *nmf* : young man *m*, young woman *f*, youth

jovial *adj* : jovial, cheerful

joya *nf* : jewel — **joyería** *nf* : jewelry store — **joyero, -ra** *n* : jeweler — **joyero** *nm* : jewelry box

juanete *nm* : bunion

jubilación *nf, pl* **-ciones** : retirement — **jubilado, -da** *adj* : retired — ~ *nmf* : retiree — **jubilar** *vt* : retire, pension off — **jubilarse** *vr* : retire — **jubileo** *nm* : jubilee

júbilo *nm* : joy, jubilation — **jubiloso, -sa** *adj* : joyous, jubilant

judaísmo *nm* : Judaism

judía *nf* **1** : bean **2** *or* ~ **verde** : green bean, string bean

judicial *adj* : judicial

judío, -día *adj* : Jewish — ~ *n* : Jew

judo *nm* : judo

juego *nm* **1** : game **2** : playing (of children, etc.) **3** *or* ~**s de azar** : gambling **4** CONJUNTO : set **5 estar en** ~ : be at stake **6 fuera de** ~ : offside (in sports) **7 hacer** ~ : go together, match **8** ~ **de manos** : conjuring trick **9 poner en** ~ : bring into play

juerga *nf fam* : spree, binge

jueves *nms & pl* : Thursday

juez *nmf, pl* **jueces 1** : judge **2** ÁRBITRO : umpire, referee

jugar {44} *vi* **1** : play **2** : gamble (in a casino, etc.) **3** APOSTAR : bet **4** ~ **(al) tenis** : play tennis — *vt* : play — **jugarse** *vr* : risk, gamble (away) — **jugada** *nf* **1** : play, move **2** TRETA : (dirty) trick — **jugador, -dora** *n* **1** : player **2** : gambler

juglar *nm* : minstrel

jugo *nm* **1** : juice **2** SUSTANCIA : substance, essence — **jugoso, -sa** *adj* **1** : juicy **2** SUSTANCIAL : substantial, important

juguete *nm* : toy — **juguetear** *vi* : play — **juguetería** *nf* : toy store — **juguetón, -tona** *adj, mpl* **-tones** : playful

juicio *nm* **1** : judgment **2** RAZÓN : reason, sense **3 a mi** ~ : in my opinion — **juicioso, -sa** *adj* : wise, sensible

julio *nm* : July

junco *nm* : reed, rush

jungla *nf* : jungle

junio *nm* : June

juntar *vt* **1** UNIR : join, unite **2** REUNIR : collect — **juntarse** *vr* **1** : join (together) **2** REUNIRSE : meet, get together — **junta** *nf* **1** : board, committee **2** REUNIÓN : meeting **3** : (political) junta **4** : joint, gasket — **junto, -ta** *adj* **1** : joined **2** PRÓXIMO : close, adjacent **3** (*used adverbially*) : together **4** ~ **a** : next to **5** ~ **con** : together with — **juntura** *nf* : joint

Júpiter *nm* : Jupiter

jurar *v* **1** : swear **2** ~ **en falso** : commit perjury — **jurado** *nm* **1** : jury **2** : juror, member of a jury — **juramento** *nm* : oath

jurídico, -ca *adj* : legal

jurisdicción *nf, pl* **-ciones** : jurisdiction

jurisprudencia *nf* : jurisprudence

justamente *adv* **1** : fairly, justly **2** PRECISAMENTE : precisely, exactly

justicia *nf* : justice, fairness

justificar {72} *vt* **1** : justify **2** DISCULPAR : excuse, vindicate — **justificación** *nf, pl* **-ciones** : justification

justo, -ta *adj* **1** : just, fair **2** EXACTO : exact **3** APRETADO : tight — **justo** *adv* **1** : just, exactly **2** ~ **a tiempo** : just in time

juvenil *adj* : youthful — **juventud** *nf* **1** : youth **2** JÓVENES : young people

juzgar {52} *vt* **1** : try (a case in court) **2** ESTIMAR : judge, consider **3 a** ~ **por** : judging by — **juzgado** *nm* : court, tribunal

K

k *nf* : k, eleventh letter of the Spanish alphabet

kaki → caqui

karate *or* **kárate** *nm* : karate

kilo *nm* : kilo — **kilogramo** *nm* : kilogram

kilómetro *nm* : kilometer — **kilometraje** *nm* : distance in kilometers, mileage — **kilométrico, -ca** *adj fam* : end- less

kilovatio *nm* : kilowatt

kiosco *nm* → quiosco

L

l *nf* : l, twelfth letter of the Spanish alphabet

la *pron* **1** : her, it **2** (*formal*) : you **3** ~ **que** : the one who — ~ *art* → **el**

laberinto *nm* : labyrinth, maze

labia *nf fam* : gift of gab

labio *nm* : lip

labor *nf* **1** : work, labor **2** TAREA : task **3** ~**es domésticas** : housework — **laborable** *adj* **día** ~ : business day — **laborar** *vi* : work — **laboratorio** *nm* : laboratory, lab — **laborioso, -sa** *adj* : laborious

labrar *vt* **1** : cultivate, till **2** : work (metals), carve (stone, wood) **3** CAUSAR : cause, bring about — **labrado, -da** *adj* **1** : cultivated, tilled **2** : carved, wrought — **labrador, -dora** *n* : farmer — **labranza** *nf* : farming

laca *nf* **1** : lacquer **2** : hair spray

lacayo *nm* : lackey

lacerar *vt* : lacerate

lacio, -cia *adj* **1** : limp **2** : straight (of hair)

lacónico, -ca *adj* : laconic

lacra *nf* : scar

lacrar *vt* : seal — **lacre** *nm* : sealing wax

lacrimógeno, -na *adj* **gas lacrimógeno** : tear gas — **lacrimoso, -sa** *adj* : tearful

lácteo, -tea *adj* **1** : dairy **2 Vía Láctea** : Milky Way

ladear *vt* : tilt — **ladearse** *vr* : lean

ladera *nf* : slope, hillside

ladino, -na *adj* : crafty

lado *nm* **1** : side **2 al** ~ : next door, nearby **3 al** ~ **de** : beside, next to **4 de** ~ : sideways **5 por otro** ~ : on the other hand **6 por todos** ~**s** : everywhere, all around

ladrar *vi* : bark — **ladrido** *nm* : bark

ladrillo *nm* : brick

ladrón, -drona *n, mpl* **-drones** : thief

lagarto *nm* : lizard — **lagartija** *nf* : (small) lizard

lago *nm* : lake

lágrima *nf* : tear

laguna *nf* **1** : lagoon **2** VACÍO : gap

laico, -ca *adj* : lay, secular — ~ *n* : layman *m*, layperson

lamentar *vt* **1** : regret, be sorry about **2 lo lamento** : I'm sorry — **lamentarse** *vr* : lament — **lamentable** *adj* **1** : deplorable **2** TRISTE : sad, pitiful — **lamento** *nm* : lament, moan

lamer *vt* **1** : lick **2** : lap (against) — **lamida** *nf* : lick

lámina *nf* **1** PLANCHA : sheet **2** DIBUJO : plate, illustration — **laminar** *vt* : laminate

lámpara *nf* : lamp

lampiño, -ña *adj* : beardless, hairless

lana *nf* **1** : wool **2 de** ~ : woolen

lance *nm* **1** : event, incident **2** : throw (of dice, etc.) **3** RIÑA : quarrel

lanceta *nf* : lancet

lancha *nf* **1** : boat, launch **2** ~ **motora** : motorboat

langosta *nf* **1** : lobster **2** : locust (insect) — **langostino** *nm* : prawn, crayfish

languidecer {53} *vi* : languish — **languidez** *nf, pl* **-deces** : languor — **lánguido, -da** *adj* : languid, listless

lanilla *nf* : nap (of fabric)

lanudo, -da *adj* : woolly

lanza *nf* : spear, lance

lanzar {21} *vt* **1** : throw **2** : shoot (a glance), give (a sigh, etc.) **3** : launch (a missile, a project) — **lanzarse** *vr* : throw oneself — **lanzamiento** *nm* : throwing, launching

lapicero *nm* : (mechanical) pencil

lápida *nf* : tombstone

lapidar *vt* : stone

lápiz *nm, pl* **-pices 1** : pencil **2** ~ **de labios** : lipstick

lapso *nm* : lapse (of time) — **lapsus** *nms & pl* : lapse, slip (of the tongue)

largar {52} *vt* **1** AFLOJAR : loosen, slacken **2** *fam* : give — **largarse** *vr fam* : go away, beat it — **largo, -ga** *adj* **1** : long **2 a la larga** : in the long run **3 a lo largo** : lengthwise **4 a lo largo de** : along — **largo** *nm* : length — **largometraje** *nm* : feature film — **largueza** *nf* : generosity

laringe *nf* : larynx — **laringitis** *nfs & pl* : laryngitis

larva *nf* : larva

las → **el**

lascivo, -va *adj* : lascivious, lewd

láser *nm* : laser

lastimar *vt* : hurt — **lastimarse** *vr* : hurt oneself — **lástima** *nf* **1** : pity **2 dar** ~ : be pitiful **3 me dan** ~ : I feel sorry for them **4 ¡qué** ~**!** : what a shame! — **lastimero, -ra** *adj* : pitiful, wretched — **lastimoso, -sa** *adj* : pitiful, terrible

lastre *nm* : ballast

lata *nf* **1** : tinplate **2** : (tin) can **3** *fam* : nuisance, bore **4 dar (la) lata a** *fam* : bother, annoy

latente *adj* : latent

lateral *adj* : side, lateral

latido *nm* **1** : beat, throb **2** ~ **del corazón** : heartbeat

latifundio *nm* : large estate
látigo *nm* : whip — **latigazo** *nm* : lash
latín *nm* : Latin (language)
latino, -na *adj* **1** : Latin **2** : Latin-American
— ~ *n* : Latin American — **latinoameri-cano, -na** *adj* : Latin-American — ~ *n*
: Latin American
latir *vi* : beat, throb
latitud *nf* : latitude
latón *nm, pl* **-tones** : brass
latoso, -sa *adj fam* : annoying
laúd *nm* : lute
laudable *adj* : laudable
laureado, -da *adj* : prize-winning
laurel *nm* **1** : laurel **2** : bay leaf (in cooking)
lava *nf* : lava
lavar *vt* : wash — **lavarse** *vr* **1** : wash one-self **2** ~ **las manos** : wash one's hands —
lavable *adj* : washable — **lavabo** *nm* **1**
: sink **2** RETRETE : lavatory, toilet —
lavadero *nm* : laundry room — **lavado** *nm*
: wash, washing — **lavadora** *nf* : washing
machine — **lavamanos** *nms & pl* : wash-bowl — **lavandería** *nf* : laundry (service) —
lavaplatos *nms & pl* **1** : dishwasher **2** *Lat*
: kitchen sink — **lavativa** *nf* : enema —
lavatorio *nm* : lavatory, washroom —
lavavajillas *nms & pl* : dishwasher
laxante *adj & nm* : laxative — **laxo, -xa** *adj*
: loose
lazo *nm* **1** VÍNCULO : link, bond **2** LAZADA
: bow **3** : lasso, lariat — **lazada** *nf* : bow,
loop
le *pron* **1** : (to) her, (to) him, (to) it **2** *(for-mal)* : (to) you **3** *(as direct object)* : him,
you
leal *adj* : loyal, faithful — **lealtad** *nf* : loy-alty, allegiance
lebrel *nm* : hound
lección *nf, pl* **-ciones** **1** : lesson **2** : lecture
(in a classroom)
leche *nf* **1** : milk **2** ~ **descremada** *or* ~
desnatada : skim milk **3** ~ **en polvo**
: powdered milk — **lechera** *nf* : milk jug —
lechería *nf* : dairy store — **lechero, -ra** *adj*
: dairy — ~ *n* : milkman *m*, milk dealer
lecho *nm* : bed
lechón, -chona *n, mpl* **-chones** : suckling
pig
lechoso, -sa *adj* : milky
lechuga *nf* : lettuce
lechuza *nf* : owl
lector, -tora *n* : reader — **lectura** *nf* **1** : read-ing **2** ESCRITOS : reading matter
leer {20} *v* : read
legación *nf, pl* **-ciones** : legation
legado *nm* **1** : legacy **2** ENVIADO : legate,
emissary
legajo *nm* : dossier, file

legal *adj* : legal — **legalidad** *nf* : legality —
legalizar {21} *vt* : legalize — **legalización**
nf, pl **-ciones** : legalization
legar {52} *vt* : bequeath
legendario, -ria *adj* : legendary
legible *adj* : legible
legión *nf, pl* **-giones** : legion — **legionario,
-ria** *n* : legionnaire
legislar *vi* : legislate — **legislación** *nf, pl*
-ciones : legislation — **legislador, -dora** *n*
: legislator — **legislatura** *nf* : legislature
legítimo, -ma *adj* **1** : legitimate **2** GENUINO
: authentic — **legitimidad** *nf* : legitimacy
lego, -ga *adj* **1** : secular, lay **2** IGNORANTE
: ignorant — ~ *n* : layman *m*, layperson
legua *nf* : league
legumbre *nf* : vegetable
leído, -da *adj* : well-read
lejano, -na *adj* : distant, far away — **lejanía**
nf : distance
lejía *nf* : bleach
lejos *adv* **1** : far (away) **2 a lo** ~ : in the
distance **3 de** ~ *or* **desde** ~ : from afar **4**
~ **de** : far from
lelo, -la *adj* : silly, stupid
lema *nm* : motto
lencería *nf* **1** : linen **2** : (women's) lingerie
lengua *nf* **1** : tongue **2** IDIOMA : language **3**
morderse la ~ : hold one's tongue
lenguado *nm* : sole, flounder
lenguaje *nm* : language
lengüeta *nf* **1** : tongue (of a shoe) **2** : reed
(of a musical instrument)
lengüetada *nf* **beber a** ~**s** : lap (up)
lente *nmf* **1** : lens **2** ~**s** *nmpl* : eyeglasses
3 ~**s de contacto** : contact lenses
lenteja *nf* : lentil — **lentejuela** *nf* : sequin
lento, -ta *adj* : slow — **lento** *adv* : slowly —
lentitud *nf* : slowness
leña *nf* : firewood — **leñador, -dora** *n* : lum-berjack, woodcutter — **leño** *nm* : log
león, -ona *n, mpl* **leones** : lion, lioness *f*
leopardo *nm* : leopard
leotardo *nm* : leotard, tights *pl*
lepra *nf* : leprosy — **leproso, -sa** *n* : leper
lerdo, -da *adj* **1** TORPE : clumsy **2** TONTO
: slow-witted
les *pron* **1** : (to) them, (to) you **2** *(as direct
object)* : them, you
lesbiano, -na *adj* : lesbian — **lesbiana** *nf*
: lesbian — **lesbianismo** *nm* : lesbianism
lesión *nf, pl* **-siones** : lesion, wound — **le-sionado, -da** *adj* : injured, wounded — **le-sionar** *vt* **1** : injure, wound **2** DAÑAR
: damage
letal *adj* : lethal
letanía *nf* : litany
letárgico, -ca *adj* : lethargic — **letargo** *nm*
: lethargy

letra *nf* **1** : letter **2** ESCRITURA : handwriting **3** : lyrics *pl* (of a song) **4** ~ **de cambio** : bill of exchange **5** ~**s** *nfpl* : arts — **letrado, -da** *adj* : learned — **letrero** *nm* : sign, notice

letrina *nf* : latrine

leucemia *nf* : leukemia

levadizo, -za *adj* **puente levadizo** : drawbridge

levadura *nf* **1** : yeast **2** ~ **en polvo** : baking powder

levantar *vt* **1** : lift, raise **2** RECOGER : pick up **3** CONSTRUIR : erect, put up **4** ENCENDER : rouse, stir up **5** ~ **la mesa** *Lat* : clear the table — **levantarse** *vr* **1** : rise, stand up **2** : get out of bed **3** SUBLEVARSE : rise up — **levantamiento** *nm* **1** : raising, lifting **2** SUBLEVACIÓN : uprising

levante *nm* **1** : east **2** : east wind

levar *vt* ~ **anclas** : weigh anchor

leve *adj* **1** : light, slight **2** : minor, trivial (of wounds, sins, etc.) — **levedad** *nf* : lightness — **levemente** *adv* : lightly, slightly

léxico *nm* : vocabulary, lexicon

ley *nf* **1** : law **2 de (buena)** ~ : genuine, pure (of metals)

leyenda *nf* **1** : legend **2** : caption (of an illustration, etc.)

liar {85} *vt* **1** : bind, tie (up) **2** : roll (a cigarette) **3** CONFUNDIR : confuse, muddle — **liarse** *vr* : get mixed up

libanés, -nesa *adj, mpl* **-neses** : Lebanese

libelo *nm* **1** : libel **2** : petition (in court)

libélula *nf* : dragonfly

liberación *nf, pl* **-ciones** : liberation, deliverance

liberal *adj & nmf* : liberal — **liberalidad** *nf* : generosity, liberality

liberar *vt* : liberate, free — **libertad** *nf* **1** : freedom, liberty **2** ~ **bajo fianza** : bail **3** ~ **condicional** : parole **4 en** ~ : free — **libertar** *vt* : set free

libertinaje *nm* : licentiousness — **libertino, -na** *n* : libertine

libido *nf* : libido

libio, -bia *adj* : Libyan

libra *nf* **1** : pound **2** ~ **esterlina** : pound sterling

librar *vt* **1** : free, save **2** : wage, fight (a battle) **3** : draw, issue (a check, etc.) — **librarse** *vr* ~ **de** : free oneself from, get rid of

libre *adj* **1** : free **2** : unoccupied (of space), spare (of time) **3 al aire** ~ : in the open air **4** ~ **de impuestos** : tax-free

librea *nf* : livery

libro *nm* **1** : book **2** ~ **de bolsillo** : paperback — **librería** *nf* : bookstore — **librero, -ra** *n* : bookseller — **librero** *nm Lat* : bookcase — **libreta** *nf* : notebook

licencia *nf* **1** : license, permit **2** PERMISO : permission **3** : (military) leave — **licenciado, -da** *n* **1** : graduate **2** *Lat* : lawyer — **licenciar** *vt* : dismiss, discharge — **licenciarse** *vr* : graduate — **licenciatura** *nf* : degree

licencioso, -sa *adj* : licentious

liceo *nm* : high school

licitar *vt* : bid for

lícito, -ta *adj* **1** : lawful, legal **2** JUSTO : just, fair

licor *nm* **1** : liquor **2** : liqueur — **licorera** *nf* : decanter

licuadora *nf* : blender — **licuado** *nm* : milk shake — **licuar** {3} *vt* : liquefy

lid *nf* **1** : fight **2 en buena** ~ : fair and square

líder *adj* : leading — ~ *nmf* : leader — **liderato** *or* **liderazgo** *nm* : leadership

lidia *nf* : bullfight — **lidiar** *v* : fight

liebre *nf* : hare

lienzo *nm* **1** : cotton or linen cloth **2** : canvas (for a painting) **3** PARED : wall

liga *nf* **1** : league **2** *Lat* : rubber band **3** : garter (for stockings) — **ligadura** *nf* **1** ATADURA : tie, bond **2** : ligature (in medicine or music) — **ligamento** *nm* : ligament — **ligar** {52} *vt* : bind, tie (up)

ligero, -ra *adj* **1** : light, lightweight **2** LEVE : slight **3** ÁGIL : agile **4** FRÍVOLO : lighthearted, superficial — **ligeramente** *adv* : lightly, slightly — **ligereza** *nf* **1** : lightness **2** : flippancy (of character), thoughtlessness (of actions) **3** AGILIDAD : agility

lija *nf* : sandpaper — **lijar** *vt* : sand

lila *nf* : lilac

lima *nf* **1** : file **2** : lime (fruit) **3** ~ **para uñas** : nail file — **limar** *vt* : file

limbo *nm* : limbo

limitar *vt* : limit — *vi* ~ **con** : border on — **limitación** *nf, pl* **-ciones** : limitation, limit — **límite** *nm* **1** : limit **2** CONFÍN : boundary, border **3** ~ **de velocidad** : speed limit **4 fecha** ~ : deadline — **limítrofe** *adj* : bordering

limo *nm* : slime, mud

limón *nm, pl* **-mones** **1** : lemon **2** ~ **verde** *Lat* : lime — **limonada** *nf* : lemonade

limosna *nf* **1** : alms **2 pedir** ~ : beg — **limosnero, -ra** *n* : beggar

limpiabotas *nmfs & pl* : bootblack

limpiaparabrisas *nms & pl* : windshield wiper

limpiar *vt* **1** : clean, wipe (away) **2** ~ **en seco** : dry-clean — **limpieza** *nf* **1** : cleanliness **2** : (act of) cleaning — **limpio** *adv* : cleanly, fairly — **limpio, -pia** *adj* **1** : clean, neat **2** HONRADO : honest **3** NETO : net, clear

limusina *nf* : limousine

linaje *nm* : lineage, ancestry

linaje *nm* : lineage, ancestry
linaza *nf* : linseed
lince *nm* : lynx
linchar *vt* : lynch
lindar *vi* ~ **con** : border on — **lindante** *adj* : bordering — **linde** *nmf or* **lindero** *nm* : boundary
lindo, -da *adj* **1** : pretty, lovely **2 de lo lindo** *fam* : a lot
línea *nf* **1** : line **2** ~ **de conducta** : course of action **3 en** ~ : on-line **4 guardar la** ~ : watch one's figure — **lineal** *adj* : linear
lingote *nm* : ingot
lingüista *nmf* : linguist — **lingüística** *nf* : linguistics — **lingüístico, -ca** *adj* : linguistic
linimento *nm* : liniment
lino *nm* **1** : flax (plant) **2** : linen (fabric)
linóleo *nm* : linoleum
linterna *nf* **1** FAROL : lantern **2** : flashlight
lío *nm* **1** : bundle **2** *fam* : mess, trouble **3** *fam* : (love) affair
liofilizar {21} *vt* : freeze-dry
liquen *nm* : lichen
liquidar *vt* **1** : liquefy **2** : liquidate (merchandise, etc.) **3** : settle, pay off (a debt, etc.) — **liquidación** *nf, pl* **-ciones 1** : liquidation **2** REBAJA : clearance sale — **líquido, -da** *adj* **1** : liquid **2** NETO : net — **líquido** *nm* : liquid
lira *nf* : lyre
lírico, -ca *adj* : lyric, lyrical — **lírica** *nf* : lyric poetry
lirio *nm* : iris
lisiado, -da *adj* : disabled — ~ *n* : disabled person — **lisiar** *vt* : disable, cripple
liso, -sa *adj* **1** : smooth **2** PLANO : flat **3** SENCILLO : plain **4 pelo** ~ : straight hair
lisonjear *vt* : flatter — **lisonja** *nf* : flattery
lista *nf* **1** : stripe **2** ENUMERACIÓN : list **3** : menu (in a restaurant) — **listado, -da** *adj* : striped
listo, -ta *adj* **1** : clever, smart **2** PREPARADO : ready
listón *nm, pl* **-tones 1** : ribbon **2** : strip (of wood)
lisura *nf* : smoothness
litera *nf* : bunk bed, berth
literal *adj* : literal
literatura *nf* : literature — **literario, -ria** *adj* : literary
litigar {52} *vi* : litigate — **litigio** *nm* **1** : litigation **2 en** ~ : in dispute
litografía *nf* **1** : lithography **2** : lithograph (picture)
litoral *adj* : coastal — ~ *nm* : shore, seaboard
litro *nm* : liter

liturgia *nf* : liturgy — **litúrgico, -ca** *adj* : liturgical
liviano, -na *adj* **1** LIGERO : light **2** INCONSTANTE : fickle
lívido, -da *adj* : livid
llaga *nf* : sore, wound
llama *nf* **1** : flame **2** : llama (animal)
llamar *vt* **1** : call **2** : call up (on the telephone) — *vi* **1** : phone, call **2** : knock, ring (at the door) — **llamarse** *vr* **1** : be called **2 ¿cómo te llamas?** : what's your name? — **llamada** *nf* : call — **llamado, -da** *adj* : named, called — **llamamiento** *nm* : call, appeal
llamarada *nf* **1** : blaze **2** : flushing (of the face)
llamativo, -va *adj* : flashy, showy
llamear *vi* : flame, blaze
llano, -na *adj* **1** : flat **2** : straightforward (of a person, a message, etc.) **3** SENCILLO : plain, simple — **llano** *nm* : plain — **llaneza** *nf* : simplicity
llanta *nf* **1** : rim (of a wheel) **2** *Lat* : tire
llanto *nm* : crying, weeping
llanura *nf* : plain
llave *nf* **1** : key **2** *Lat* : faucet **3** INTERRUPTOR : switch **4 cerrar con** ~ : lock **5** ~ **inglesa** : monkey wrench — **llavero** *nm* : key chain
llegar {52} *vi* **1** : arrive, come **2** ALCANZAR : reach **3** BASTAR : be enough **4** ~ **a** : manage to **5** ~ **a ser** : become — **llegada** *nf* : arrival
llenar *vt* : fill (up), fill in — **lleno, -na** *adj* **1** : full **2 de lleno** : completely — **lleno** *nm* : full house
llevar *vt* **1** : take, carry **2** CONDUCIR : lead **3** : wear (clothing, etc.) **4** TENER : have **5 llevo una hora aquí** : I've been here for an hour — **llevarse** *vr* **1** : take (away) **2** ~ **bien** : get along well — **llevadero, -ra** *adj* : bearable
llorar *vi* : cry, weep — **lloriquear** *vi* : whimper, whine — **lloro** *nm* : crying — **llorón, -rona** *n, mpl* **-rones** : crybaby, whiner — **lloroso, -sa** *adj* : tearful
llover {47} *v impers* : rain — **llovizna** *nf* : drizzle — **lloviznar** *v impers* : drizzle
lluvia *nf* : rain — **lluvioso, -sa** *adj* : rainy
lo *pron* **1** : him, it **2** (*formal, masculine*) : you **3** ~ **que** : what, that which — ~ *art* **1** : the **2** ~ **mejor** : the best (part) **3 sé** ~ **bueno que eres** : I know how good you are
loa *nf* : praise — **loable** *adj* : praiseworthy — **loar** *vt* : praise
lobo, -ba *n* : wolf
lóbrego, -ga *adj* : gloomy
lóbulo *nm* : lobe

local *adj* : local — ~ *nm* : premises *pl* — **localidad** *nf* : town, locality — **localizar** {21} *vt* **1** : localize **2** ENCONTRAR : locate — **localizarse** *vr* : be located

loción *nf, pl* **-ciones** : lotion

loco, -ca *adj* **1** : crazy, insane **2 a lo loco** : wildly, recklessly **3 volverse** ~ : go mad — ~ *n* **1** : crazy person, lunatic **2 hacerse el loco** : act the fool

locomoción *nf, pl* **-ciones** : locomotion — **locomotora** *nf* : engine, locomotive

locuaz *adj, pl* **-cuaces** : talkative, loquacious

locución *nf, pl* **-ciones** : expression, phrase

locura *nf* **1** : insanity, madness **2** INSENSATEZ : crazy act, folly

locutor, -tora *n* : announcer

locutorio *nm* : phone booth

lodo *nm* : mud — **lodazal** *nm* : quagmire

logaritmo *nm* : logarithm

lógica *nf* : logic — **lógico, -ca** *adj* : logical — **logística** *nf* : logistics *pl*

logotipo *nm* : logo

lograr *vt* **1** : achieve, attain **2** CONSEGUIR : get, obtain **3** ~ **hacer** : manage to do — **logro** *nm* : achievement, success

loma *nf* : hill, hillock

lombriz *nf, pl* **-brices** : worm

lomo *nm* **1** : back (of an animal) **2** : spine (of a book) **3** ~ **de cerdo** : pork loin

lona *nf* : canvas

loncha *nf* : slice (of bacon, etc.)

lonche *nm Lat* : lunch — **lonchería** *nf Lat* : luncheonette

longaniza *nf* : sausage

longevidad *nf* : longevity — **longevo, -va** *adj* : long-lived

longitud *nf* **1** : longitude **2** LARGO : length

lonja → **loncha**

loro *nm* : parrot

los, las *pron* **1** : them **2** : you **3 los que, las que** : those who, the ones who — **los** *art* → **el**

losa *nf* **1** : flagstone **2** *or* ~ **sepulcral** : tombstone

lote *nm* **1** : batch, lot **2** *Lat* : plot of land

lotería *nf* : lottery

loto *nm* : lotus

loza *nf* : crockery, earthenware

lozano, -na *adj* **1** : healthy-looking, vigorous **2** : luxuriant (of plants) — **lozanía** *nf*
1 : (youthful) vigor **2** : luxuriance (of plants)

lubricar {72} *vt* : lubricate — **lubricante** *adj* : lubricating — ~ *nm* : lubricant

lucero *nm* : bright star

luchar *vi* **1** : fight, struggle **2** : wrestle (in sports) — **lucha** *nf* **1** : struggle, fight **2** : wrestling (sport) — **luchador, -dora** *n* : fighter, wrestler

lucidez *nf, pl* **-deces** : lucidity — **lúcido, -da** *adj* : lucid

lucido, -da *adj* : magnificent, splendid

luciérnaga *nf* : firefly, glowworm

lucir {45} *vi* **1** : shine **2** *Lat* : appear, seem — *vt* **1** : wear, sport **2** OSTENTAR : show off — **lucirse** *vr* **1** : shine, excel **2** PRESUMIR : show off — **lucimiento** *nm* **1** : brilliance **2** ÉXITO : brilliant performance, success

lucrativo, -va *adj* : lucrative — **lucro** *nm* : profit

luego *adv* **1** : then **2** : later (on) **3 desde** ~ : of course **4 ¡hasta** ~! : see you later! **5** ~ **que** : as soon as — ~ *conj* : therefore

lugar *nm* **1** : place **2** ESPACIO : space, room **3 dar** ~ **a** : give rise to **4 en** ~ **de** : instead of **5 tener** ~ : take place

lugarteniente *nmf* : deputy

lúgubre *adj* : gloomy

lujo *nm* **1** : luxury **2 de** ~ : deluxe — **lujoso, -sa** *adj* : luxurious

lujuria *nf* : lust

lumbre *nf* **1** : fire **2 poner en la** ~ : put on the stove

luminoso, -sa *adj* : shining, luminous

luna *nf* **1** : moon **2** : (window) glass **3** ESPEJO : mirror **4** ~ **de miel** : honeymoon — **lunar** *adj* : lunar — ~ *nm* : mole, beauty spot

lunes *nms & pl* : Monday

lupa *nf* : magnifying glass

lúpulo *nm* : hops

lustrar *vt* : shine, polish — **lustre** *nm* **1** BRILLO : luster, shine **2** ESPLENDOR : glory — **lustroso, -sa** *adj* : lustrous, shiny

luto *nm* **1** : mourning **2 estar de** ~ : be in mourning

luxación *nf, pl* **-ciones** : dislocation

luz *nf, pl* **luces** **1** : light **2** : lighting (in a room, etc.) **3** *fam* : electricity **4 a la** ~ **de** : in light of **5 dar a** ~ : give birth **6 sacar a la** ~ : bring to light

M

m *nf* : m, 13th letter of the Spanish alphabet
macabro, -bra *adj* : macabre
macarrón *nm, pl* **-rrones 1** : macaroon **2 macarrones** *nmpl* : macaroni
maceta *nf* : flowerpot
machacar {72} *vt* : crush, grind — *vi* ~ **sobre** : go on about — **machacón, -cona** *adj, mpl* **-cones** : tiresome, boring
machete *nm* : machete — **machetear** *vt* : hack with a machete
macho *adj* **1** : male **2** *fam* : macho — ~ *nm* **1** : male **2** *fam* : he-man — **machista** *nm* : male chauvinist
machucar {72} *vt* **1** : beat, crush **2** : bruise (fruit)
macizo, -za *adj* : solid — **macizo** *nm* ~ **de flores** : flower bed
mácula *nf* : stain
madeja *nf* : skein, hank
madera *nf* **1** : wood **2** : lumber (for construction) **3** ~ **dura** : hardwood — **madero** *nm* : piece of lumber, plank
madre *nf* **1** : mother **2** ~ **política** : mother-in-law — **madrastra** *nf* : stepmother
madreselva *nf* : honeysuckle
madriguera *nf* : burrow, den
madrileño, -ña *adj* : of or from Madrid
madrina *nf* **1** : godmother **2** : bridesmaid (at a wedding)
madrugada *nf* : dawn, daybreak — **madrugador, -dora** *n* : early riser
madurar *v* **1** : mature **2** : ripen (of fruit) — **madurez** *nf, pl* **-reces 1** : maturity **2** : ripeness (of fruit) — **maduro, -ra** *adj* **1** : mature **2** : ripe (of fruit)
maestría *nf* : mastery, skill — **maestro, -tra** *adj* : masterly, skilled — ~ *n* **1** : teacher (in grammar school) **2** EXPERTO : expert, master
Mafia *nf* : Mafia
magia *nf* : magic — **mágico, -ca** *adj* : magic, magical
magisterio *nm* : teachers *pl*, teaching profession
magistrado, -da *n* : magistrate, judge
magistral *adj* **1** : masterful **2** : magisterial (of an attitude, etc.)
magnánimo, -ma *adj* : magnanimous — **magnanimidad** *nf* : magnanimity
magnate *nmf* : magnate, tycoon
magnesia *nf* : magnesia — **magnesio** *nm* : magnesium
magnético, -ca *adj* : magnetic — **magnet-ismo** *nm* : magnetism — **magnetizar** {21} *vt* : magnetize
magnetófono *nm* : tape recorder
magnificencia *nf* : magnificence — **magnífico, -ca** *adj* : magnificent
magnitud *nf* : magnitude
magnolia *nf* : magnolia
mago, -ga *n* **1** : magician **2 los Reyes Magos** : the Magi
magro, -gra *adj* **1** : lean **2** MEZQUINO : poor, meager
magullar *vt* : bruise — **magulladura** *nf* : bruise
mahometano, -na *adj* : Islamic, Muslim — ~ *n* : Muslim
maicena *nf* : cornstarch
maíz *nm* : corn
maja *nf* : pestle
majadero, -ra *adj* : foolish, silly — ~ *n* : fool
majar *vt* : crush
majestad *nf* **1** : majesty **2 Su Majestad** : His/Her Majesty — **majestuoso, -sa** *adj* : majestic
majo, -ja *adj* **1** : nice **2** GUAPO : good-looking
mal *adv* **1** : badly, poorly **2** INCORRECTAMENTE : incorrectly **3** DIFÍCILMENTE : with difficulty, hardly **4 de** ~ **en peor** : from bad to worse **5 menos** ~ : it's just as well — ~ *nm* **1** : evil **2** DAÑO : harm, damage **3** ENFERMEDAD : illness — ~ *adj* → **malo**
malabarismo *nm* : juggling — **malabarista** *nmf* : juggler
malacostumbrar *vt* : spoil, pamper — **malacostumbrado, -da** *adj* : spoiled
malaria *nf* : malaria
malasio, -sia *adj* : Malaysian
malaventura *nf* : misfortune — **malaventurado, -da** *adj* : unfortunate
malayo, -ya *adj* : Malay, Malayan
malcriado, -da *adj* : bad-mannered, spoiled
maldad *nf* **1** : evil **2** : evil deed
maldecir {11} *vt* : curse, damn — *vi* **1** : curse, swear **2** ~ **de** : speak ill of — **maldición** *nf, pl* **-ciones** : curse — **maldito, -ta** *adj fam* : damned
maleable *adj* : malleable
maleante *nmf* : crook
malecón *nm, pl* **-cones** : jetty
maleducado, -da *adj* : rude
maleficio *nm* : curse — **maléfico, -ca** *adj* : evil, harmful
malentendido *nm* : misunderstanding

malestar *nm* **1** : discomfort **2** INQUIETUD : uneasiness

maleta *nf* **1** : suitcase **2 hacer la ~** : pack one's bags — **maletero, -ra** *n* : porter — **maletero** *nm* : trunk (of an automobile) — **maletín** *nm, pl* **-tines 1** PORTAFOLIO : briefcase **2** : overnight bag

malévolo, -la *adj* : malevolent — **malevolencia** *nf* : malevolence

maleza *nf* **1** : underbrush **2** MALAS HIERBAS : weeds *pl*

malgastar *vt* : waste, squander

malhablado, -da *adj* : foul-mouthed

malhechor, -chora *n* : criminal, delinquent

malhumorado, -da *adj* : bad-tempered, cross

malicia *nf* : malice — **malicioso, -sa** *adj* : malicious

maligno, -na *adj* **1** : malignant **2** PERNICIOSO : harmful, evil

malla *nf* **1** : mesh **2 ~s** *nfpl* : tights

malo, -la *adj* (**mal** *before masculine singular nouns*) **1** : bad **2** : poor (in quality) **3** ENFERMO : unwell **4 estar de malas** : be in a bad mood — **~** *n* : villain, bad guy (in movies, etc.)

malograr *vt* : waste — **malograrse** *vr* **1** FRACASAR : fail **2** : die young — **malogro** *nm* : failure

maloliente *adj* : smelly

malpensado, -da *adj* : malicious, nasty

malsano, -na *adj* : unhealthy

malsonante *adj* : rude

malta *nf* : malt

maltratar *vt* : mistreat

maltrecho, -cha *adj* : battered

malvado, -da *adj* : evil, wicked

malvavisco *nm* : marshmallow

malversar *vt* : embezzle — **malversación** *nf, pl* **-ciones** : embezzlement

mama *nf* : teat (of an animal), breast (of a woman)

mamá *nf fam* : mom, mama

mamar *vi* **1** : suckle **2 dar de ~ a** : breastfeed — *vt* **1** : suckle, nurse **2** : learn from childhood, grow up with — **mamario, -ria** *adj* : mammary

mamarracho *nm fam* : mess, sight

mambo *nm* : mambo

mamífero, -ra *adj* : mammalian — **mamífero** *nm* : mammal

mamografía *nf* : mammogram

mampara *nf* : screen, room divider

mampostería *nf* : masonry

manada *nf* **1** : flock, herd, pack **2 en ~** : in droves

manar *vi* **1** : flow **2 ~ en** : be rich in — **manantial** *nm* **1** : spring **2** ORIGEN : source

manchar *vt* **1** : stain, spot, mark **2** : tarnish (a reputation, etc.) — **mancharse** *vr* : get dirty — **mancha** *nf* : stain

mancillar *vt* : sully, stain

manco, -ca *adj* : one-armed, one-handed

mancomunar *vt* : combine, join — **mancomunarse** *vr* : unite — **mancomunidad** *nf* : union

mandar *vt* **1** : command, order **2** ENVIAR : send **3** *Lat* : hurl, throw — *vi* **1** : be in charge **2 ¿mande?** *Lat* : yes?, pardon? — **mandadero, -ra** *nm* : messenger — **mandado** *nm* : errand — **mandamiento** *nm* **1** : order, warrant **2** : commandment (in religion)

mandarina *nf* : mandarin orange, tangerine

mandato *nm* **1** : term of office **2** ORDEN : mandate — **mandatario, -ria** *n* **1** : leader (in politics) **2** : agent (in law)

mandíbula *nf* : jaw, jawbone

mandil *nm* : apron

mando *nm* **1** : command, leadership **2 al ~ de** : in charge of **3 ~ a distancia** : remote control

mandolina *nf* : mandolin

mandón, -dona *adj, mpl* **-dones** : bossy

manecilla *nf* : hand (of a clock), pointer

manejar *vt* **1** : handle, operate **2** : manage (a business, etc.) **3** : manipulate (a person) **4** *Lat* : drive (a car) — **manejarse** *vr* **1** : manage, get by **2** *Lat* : behave — **manejo** *nm* **1** : handling, use **2** : management (of a business, etc.)

manera *nf* **1** : way, manner **2 de ~ que** : so that **3 de ninguna ~** : by no means **4 de todas ~s** : anyway

manga *nf* **1** : sleeve **2** MANGUERA : hose

mango *nm* **1** : hilt, handle **2** : mango (fruit)

mangonear *vt fam* : boss around — *vi* **1** : be bossy **2** HOLGAZANEAR : loaf, fool around

manguera *nf* : hose

maní *nm, pl* **-níes** *Lat* : peanut

manía *nf* **1** : mania, obsession **2** MODA PASAJERA : craze, fad **3** ANTIPATÍA : dislike — **maníaco, -ca** *adj* : maniacal — **~** *n* : maniac

maniatar *vt* : tie the hands of

maniático, -ca *adj* : obsessive, fussy — **~** *n* : fussy person, fanatic

manicomio *nm* : insane asylum

manicura *nf* : manicure — **manicuro, -ra** *n* : manicurist

manido, -da *adj* : stale, hackneyed

manifestar {55} *vt* **1** : demonstrate, show **2** DECLARAR : express, declare — **manifestarse** *vr* **1** : become evident **2** : demonstrate (in politics) — **manifestación** *nf, pl* **-ciones 1** : manifestation, sign **2** : demonstration (in politics) — **manifestante** *nmf* : protester, demonstrator — **manifiesto, -ta**

adj : manifest, evident — **manifiesto** *nm* : manifesto

manija *nf* : handle

manillar *nm* : handlebars *pl*

maniobra *nf* : maneuver — **maniobrar** *v* : maneuver

manipular *vt* **1** : manipulate **2** MANEJAR : handle — **manipulación** *nf, pl* -**ciones** : manipulation

maniquí *nmf, pl* -**quíes** : mannequin, model — ~ *nm* : mannequin, dummy

manirroto, -ta *adj* : extravagant — ~ *n* : spendthrift

manivela *nf* : crank

manjar *nm* : delicacy, special dish

mano *nf* **1** : hand **2** : coat (of paint, etc.) **3** **a** ~ *or* **a la** ~ : at hand, nearby **4 dar la** ~ : shake hands **5 de segunda** ~ : secondhand **6** ~ **de obra** : labor, manpower

manojo *nm* : bunch

manopla *nf* : mitten

manosear *vt* **1** : handle excessively **2** : fondle (a person)

manotazo *nm* : slap

mansalva: a ~ *adv phr* : at close range, without risk

mansarda *nf* : attic

mansedumbre *nf* **1** : gentleness **2** : tameness (of an animal)

mansión *nf, pl* -**siones** : mansion

manso, -sa *adj* **1** : gentle **2** : tame (of an animal)

manta *nf* **1** : blanket **2** *Lat* : poncho

manteca *nf* : lard, fat — **mantecoso, -sa** *adj* : greasy

mantel *nm* : tablecloth — **mantelería** *nf* : table linen

mantener {80} *vt* **1** : support **2** CONSERVAR : preserve **3** : keep up, maintain (relations, correspondence, etc.) **4** AFIRMAR : affirm — **mantenerse** *vr* **1** : support oneself **2** ~ **firme** : hold one's ground — **mantenimiento** *nm* **1** : maintenance **2** SUSTENTO : sustenance

mantequilla *nf* : butter — **mantequera** *nf* : churn — **mantequería** *nf* : dairy

mantilla *nf* : mantilla

manto *nm* : cloak

mantón *nm, pl* -**tones** : shawl

manual *adj* : manual — ~ *nm* : manual, handbook

manubrio *nm* **1** : handle, crank **2** *Lat* : handlebars *pl*

manufactura *nf* **1** : manufacture **2** FÁBRICA : factory

manuscrito *nm* : manuscript — **manuscrito, -ta** *adj* : handwritten

manutención *nf, pl* -**ciones** : maintenance

manzana *nf* **1** : apple **2** : (city) block —

manzanar *nm* : apple orchard — **manzano** *nm* : apple tree

maña *nf* **1** : skill **2** ASTUCIA : cunning, guile

mañana *adv* : tomorrow — ~ *nm* **el** ~ : the future — ~ *nf* : morning

mañoso, -sa *adj* **1** : skillful **2** *Lat* : finicky

mapa *nm* : map — **mapamundi** *nm* : map of the world

mapache *nm* : raccoon

maqueta *nf* : model, mock-up

maquillaje *nm* : makeup — **maquillarse** *vr* : put on makeup

máquina *nf* **1** : machine **2** LOCOMOTORA : locomotive **3 a toda** ~ : at full speed **4** ~ **de escribir** : typewriter — **maquinación** *nf, pl* -**ciones** : machination — **maquinal** *adj* : mechanical — **maquinaria** *nf* **1** : machinery **2** : mechanism, works *pl* (of a watch, etc.) — **maquinilla** *nf* : small machine — **maquinista** *nmf* **1** : machinist **2** : (railroad) engineer

mar *nmf* **1** : sea **2 alta** ~ : high seas *pl*

maraca *nf* : maraca

maraña *nf* **1** : thicket **2** ENREDO : tangle, mess

maratón *nm, pl* -**tones** : marathon

maravilla *nf* **1** : wonder, marvel **2** : marigold (flower) — **maravillar** *vt* : astonish — **maravillarse** *vr* : be amazed — **maravilloso, -sa** *adj* : marvelous

marca *nf* **1** : mark **2** : brand (on livestock) **3** *or* ~ **de fábrica** : trademark **4** : record (in sports) — **marcado, -da** *adj* : marked — **marcador** *nm* **1** : scoreboard **2** *Lat* : marker, felt-tipped pen

marcapasos *nms & pl* : pacemaker

marcar {72} *vt* **1** : mark **2** : brand (livestock) **3** INDICAR : indicate, show **4** : dial (a telephone, etc.) **5** : score (in sports) — *vi* **1** : score **2** : dial (on the telephone, etc.)

marchar *vi* **1** : go **2** CAMINAR : walk **3** FUNCIONAR : work, run — **marcharse** *vr* : leave, go — **marcha** *nf* **1** : march **2** PASO : pace, speed **3** : gear (of an automobile) **4 poner en** ~ : put in motion

marchitarse *vr* : wither, wilt — **marchito, -ta** *adj* : withered

marcial *adj* : martial, military

marco *nm* **1** : frame **2** : goalposts *pl* (in sports) **3** ENTORNO : setting, framework

marea *nf* : tide — **marear** *vt* **1** : make nauseous or dizzy **2** CONFUNDIR : confuse — **marearse** *vr* **1** : become nauseated or dizzy **2** CONFUNDIRSE : get confused — **mareado, -da** *adj* **1** : sick, nauseous **2** ATURDIDO : dazed, dizzy

maremoto *nm* : tidal wave

mareo *nm* **1** : nausea, seasickness **2** VÉRTIGO : dizziness

marfil *nm* : ivory
margarina *nf* : margarine
margarita *nf* : daisy
margen *nm*, *pl* **márgenes 1** : edge, border **2** : margin (of a page, etc.) — **marginado, -da** *adj* **1** : alienated **2 clases marginadas** : underclass — ～ *n* : outcast — **marginal** *adj* : marginal — **marginar** *vt* : ostracize, exclude
mariachi *nm* : mariachi musician or band
maridaje *nm* : marriage, union — **marido** *nm* : husband
marihuana *or* **mariguana** *or* **marijuana** *nf* : marijuana
marimba *nf* : marimba
marina *nf* **1** : coast **2** *or* ～ **de guerra** : navy, fleet
marinada *nf* : marinade — **marinar** *vt* : marinate
marinero, -ra *adj* **1** : sea, marine **2** : seaworthy (of a ship) — **marinero** *nm* : sailor — **marino, -na** *adj* : marine — **marino** *nm* : seaman, sailor
marioneta *nf* : puppet, marionette
mariposa *nf* **1** : butterfly **2** ～ **nocturna** : moth
mariquita *nf* : ladybug
marisco *nm* **1** : shellfish **2** ～**s** *nmpl* : seafood
marisma *nf* : salt marsh
marítimo, -ma *adj* : maritime, shipping
mármol *nm* : marble
marmota *nf* ～ **de América** : groundhog
marquesina *nf* : marquee, (glass) canopy
marrano, -na *n* **1** : pig, hog **2** *fam* : slob
marrar *vt* : miss (a target) — *vi* : fail
marrón *adj* & *nm*, *pl* **-rrones** : brown
marroquí *adj* : Moroccan
marsopa *nf* : porpoise
marsupial *nm* : marsupial
Marte *nm* : Mars
martes *nms* & *pl* : Tuesday
martillo *nm* **1** : hammer **2** ～ **neumático** : jackhammer — **martillar** *or* **martillear** *v* : hammer
mártir *nmf* : martyr — **martirio** *nm* : martyrdom — **martirizar** {21} *vt* **1** : martyr **2** ATORMENTAR : torment
marxismo *nm* : Marxism — **marxista** *adj* & *nmf* : Marxist
marzo *nm* : March
mas *conj* : but
más *adv* **1** : more **2 el/la/lo** ～ : (the) most **3** (*in negative constructions*) : (any) longer **4 ¡qué día** ～ **bonito!** : what a beautiful day! — ～ *adj* **1** : more **2** : most **3 ¿quién** ～? : who else? — ～ *prep* : plus — ～ *pron* **1 a lo** ～ : at most **2 de** ～ : extra, spare **3**

～ **o menos** : more or less **4 ¿tienes** ～? : do you have more?
masa *nf* **1** : mass, volume **2** : dough (in cooking) **3** ～**s** *nfpl* : people, masses
masacre *nf* : massacre
masaje *nm* : massage — **masajear** *vt* : massage
mascar {72} *v* : chew
máscara *nf* : mask — **mascarada** *nf* : masquerade — **mascarilla** *nf* : mask (in medecine, etc.)
mascota *nf* : mascot
masculino, -na *adj* **1** : masculine, male **2** VARONIL : manly **3** : masculine (in grammar) — **masculinidad** *nf* : masculinity
mascullar *v* : mumble
masilla *nf* : putty
masivo, -va *adj* : mass, large-scale
masón *nm*, *pl* **-sones** : Mason, Freemason — **masónico, -ca** *adj* : Masonic
masoquismo *nm* : masochism — **masoquista** *adj* : masochistic — ～ *nmf* : masochist
masticar {72} *v* : chew
mástil *nm* **1** : mast **2** ASTA : flagpole **3** : neck (of a stringed instrument)
mastín *nm*, *pl* **-tines** : mastiff
masturbarse *vr* : masturbate — **masturbación** *nf*, *pl* **-ciones** : masturbation
mata *nf* : bush, shrub
matadero *nm* : slaughterhouse
matador *nm* : matador, bullfighter
matamoscas *nms* & *pl* : flyswatter
matar *vt* **1** : kill **2** : slaughter (animals) — **matarse** *vr* **1** : be killed **2** SUICIDARSE : commit suicide — **matanza** *nf* : slaughter, killing
matasanos *nms* & *pl fam* : quack
matasellos *nms* & *pl* : postmark
mate *adj* : matte, dull — ～ *nm* **1** : maté **2 jaque** ～ : checkmate
matemáticas *nfpl* : mathematics — **matemático, -ca** *adj* : mathematical — ～ *n* : mathematician
materia *nf* **1** ASUNTO : matter **2** MATERIAL : material — **material** *adj* **1** : material **2 daños** ～**es** : property damage — ～ *nm* **1** : material **2** EQUIPO : equipment, gear — **materialismo** *nm* : materialism — **materialista** *adj* : materialistic — **materializar** {21} *vt* : bring to fruition — **materializarse** *vr* : materialize — **materialmente** *adv* : absolutely
maternal *adj* : maternal — **maternidad** *nf* **1** : motherhood **2** : maternity hospital — **materno, -na** *adj* **1** : maternal **2 lengua materna** : mother tongue
matinal *adj* : morning
matinée *or* **matiné** *nf* : matinee

matiz *nm, pl* **-tices 1** : nuance **2** : hue, shade (of colors) — **matizar** {21} *vt* **1** : blend (colors) **2** : qualify (a statement, etc.) **3** ~ **de** : tinge with
matón *nm, pl* **-tones 1** : bully **2** CRIMINAL : gangster, hoodlum
matorral *nm* : thicket
matraca *nf* **1** : rattle, noisemaker **2 dar la** ~ **a** : pester
matriarcado *nm* : matriarchy
matrícula *nf* **1** : list, roll, register **2** INSCRIPCIÓN : registration **3** : license plate (of an automobile) — **matricular** *vt* : register — **matricularse** *vr* : register, matriculate
matrimonio *nm* **1** : marriage **2** PAREJA : (married) couple — **matrimonial** *adj* : marital
matriz *nf, pl* **-trices 1** : matrix **2** : uterus, womb (in anatomy)
matrona *nf* : matron
matutino, -na *adj* : morning
maullar {8} *vi* : meow — **maullido** *nm* : meow
maxilar *nm* : jaw, jawbone
máxima *nf* : maxim
máxime *adv* : especially
máximo, -ma *adj* : maximum, highest — **máximo** *nm* **1** : maximum **2 al** ~ : to the full
maya *adj*: Mayan
mayo *nm* : May
mayonesa *nf* : mayonnaise
mayor *adj* **1** (*comparative of* **grande**) : bigger, larger, greater, older **2** (*superlative of* **grande**) : biggest, largest, greatest, oldest **3 al por** ~ : wholesale **4** ~ **de edad** : of (legal) age — ~ *nmf* **1** : major (in the military) **2** ADULTO : adult **3** ~**es** *nmfpl* : grown-ups — **mayoral** *nm* : foreman
mayordomo *nm* : butler
mayoreo *nm Lat* : wholesale
mayoría *nf* : majority
mayorista *adj* : wholesale — ~ *nmf* : wholesaler
mayormente *adv* : primarily
mayúscula *nf* : capital letter — **mayúsculo, -la** *adj* **1** : capital, uppercase **2 un fallo mayúsculo** : a terrible mistake
maza *nf* : mace (weapon)
mazapán *nm, pl* **-panes** : marzipan
mazmorra *nf* : dungeon
mazo *nm* **1** : mallet **2** MAJA : pestle
mazorca *nf* ~ **de maíz** : corncob
me *pron* **1** (*direct object*) : me **2** (*indirect object*) : to me, for me, from me **3** (*reflexive*) : myself, to myself, for myself, from myself
mecánica *nf* : mechanics — **mecánico, -ca** *adj* : mechanical — ~ *n* : mechanic

mecanismo *nm* : mechanism — **mecanización** *nf, pl* **-ciones** : mechanization — **mecanizar** {21} *vt* : mechanize
mecanografiar {85} *vt* : type — **mecanografía** *nf* : typing — **mecanógrafo, -fa** *n* : typist
mecate *nm Lat* : rope
mecedora *nf* : rocking chair
mecenas *nmfs & pl* : patron, sponsor — **mecenazgo** *nm* : patronage, sponsorship
mecer {86} *vt* **1** : rock **2** : push (on a swing) — **mecerse** *vr* : rock, swing
mecha *nf* **1** : fuse (of a bomb, etc.) **2** : wick (of a candle)
mechero *nm* **1** : burner **2** *Spain* : cigarette lighter
mechón *nm, pl* **-chones** : lock (of hair)
medalla *nf* : medal — **medallón** *nm, pl* **-llones 1** : medallion **2** : locket (jewelry)
media *nf* **1** : average **2** ~**s** *nfpl* : stockings **3 a** ~**s** : by halves, halfway
mediación *nf, pl* **-ciones** : mediation
mediado, -da *adj* **1** : half full, half empty, half over **2** : halfway through — **mediados** *nmpl* **a** ~ **de** : halfway through, in the middle of
mediador, -dora *n* : mediator
medialuna *nf* **1** : crescent **2** : croissant (pastry)
medianamente *adv* : fairly
medianero, -ra *adj* **pared medianera** : dividing wall
mediano, -na *adj* **1** : medium, average **2** MEDIOCRE : mediocre
medianoche *nf* : midnight
mediante *prep* : through, by means of
mediar *vi* **1** : be in the middle **2** INTERVENIR : mediate **3** ~ **entre** : be between
medicación *nf, pl* **-ciones** : medication — **medicamento** *nm* : medicine — **medicar** {72} *vt* : medicate — **medicarse** *vr* : take medicine — **medicina** *nf* : medicine — **medicinal** *adj* : medicinal
medición *nf, pl* **-ciones** : measurement
médico, -ca *adj* : medical — ~ *n* : doctor, physician
medida *nf* **1** : measurement, measure **2** MODERACIÓN : moderation **3** GRADO : extent, degree **4 tomar** ~**s** : take steps — **medidor** *nm Lat* : meter, gauge
medieval *adj* : medieval
medio, -dia *adj* **1** : half **2** MEDIANO : average **3 una media hora** : half an hour **4 la clase media** : the middle class — **medio** *adv* : half — ~ *nm* **1** : half **2** MANERA : means *pl*, way **3 en** ~ **de** : in the middle of **4** ~ **ambiente** : environment **5** ~**s** *nmpl* : means, resources

mediocre *adj* : mediocre, average — **mediocridad** *nf* : mediocrity
mediodía *nm* : noon, midday
medioevo *nm* : Middle Ages
medir {54} *vt* **1** : measure **2** CONSIDERAR : weigh, consider — **medirse** *vr* : be moderate
meditar *vi* : meditate, contemplate — *vt* **1** : think over, consider **2** PLANEAR : plan, work out — **meditación** *nf, pl* -**ciones** : meditation
mediterráneo, -nea *adj* : Mediterranean
medrar *vt* : flourish, thrive
medroso, -sa *adj* : fearful
médula *nf* **1** : marrow **2** ~ **espinal** : spinal cord
medusa *nf* : jellyfish
megabyte *nm* : megabyte
megáfono *nm* : megaphone
mejicano → **mexicano**
mejilla *nf* : cheek
mejillón *nm, pl* -**llones** : mussel
mejor *adv* **1** (*comparative*) : better **2** (*superlative*) : best **3 a lo** ~ : maybe, perhaps — ~ *adj* **1** (*comparative of* **bueno** *or* **bien**) : better **2** (*superlative of* **bueno** *or* **bien**) : best **3 lo** ~ : the best thing **4 tanto** ~ : so much the better — **mejora** *nf* : improvement
mejorana *nf* : marjoram
mejorar *vt* : improve — *vi* : improve, get better
mejunje *nm* : concoction, brew
melancolía *nf* : melancholy — **melancólico, -ca** *adj* : melancholic, melancholy
melaza *nf* : molasses
melena *nf* **1** : long hair **2** : mane (of a lion)
melindroso, -sa *adj* **1** : affected **2** *Lat* : finicky
mella *nf* : chip, nick — **mellado, -da** *adj* : chipped, jagged
mellizo, -za *adj & n* : twin
melocotón *nm, pl* -**tones** : peach
melodía *nf* : melody — **melódico, -ca** *adj* : melodic
melodrama *nm* : melodrama — **melodramático, -ca** *adj* : melodramatic
melón *nm, pl* -**lones** : melon
meloso, -sa *adj* **1** : sweet, honeyed **2** EMPALAGOSO : cloying
membrana *nf* : membrane
membrete *nm* : letterhead, heading
membrillo *nm* : quince
membrudo, -da *adj* : muscular, burly
memorable *adj* : memorable
memorándum *or* **memorando** *nm, pl* -**dums** *or* -**dos** **1** : memorandum **2** AGENDA : notebook
memoria *nf* **1** : memory **2** RECUERDO : remembrance **3** INFORME : report **4 de** ~ : by heart **5** ~**s** *nfpl* : memoirs — **memorizar** {21} *vt* : memorize
mena *nf* : ore
menaje *nm* : household goods *pl*, furnishings *pl*
mencionar *vt* : mention, refer to — **mención** *nf, pl* -**ciones** : mention
mendaz *adj, pl* -**daces** : lying
mendigar {52} *vi* : beg — *vt* : beg for — **mendicidad** *nf* : begging — **mendigo, -ga** *n* : beggar
mendrugo *nm* : crust (of bread)
menear *vt* **1** : move, shake **2** : sway (one's hips) **3** : wag (a tail) — **menearse** *vr* **1** : sway, shake, move **2** *fam* : hurry up
menester *nm* **ser** ~ : be necessary — **menesteroso, -sa** *adj* : needy
menguar *vt* : diminish, lessen — *vi* **1** : decline, decrease **2** : wane (of the moon) — **mengua** *nf* : decrease, decline
menopausia *nf* : menopause
menor *adj* **1** (*comparative of* **pequeño**) : smaller, lesser, younger **2** (*superlative of* **pequeño**) : smallest, least, youngest **3** : minor (in music) **4 al por** ~ : retail — ~ *nmf* : minor, juvenile
menos *adv* **1** (*comparative*) : less **2** (*superlative*) : least **3** ~ **de** : fewer than — ~ *adj* **1** (*comparative*) : less, fewer **2** (*superlative*) : least, fewest — ~ *prep* **1** : minus **2** EXCEPTO : except — ~ *pron* **1** : less, fewer **2 al** ~ *or* **por lo** ~ : at least **3 a** ~ **que** : unless — **menoscabar** *vt* **1** : lessen **2** ESTROPEAR : harm, damage — **menospreciar** *vt* **1** DESPRECIAR : scorn **2** SUBESTIMAR : undervalue — **menosprecio** *nm* : contempt
mensaje *nm* : message — **mensajero, -ra** *n* : messenger
menso, -sa *adj Lat fam* : foolish, stupid
menstruar {3} *vi* : menstruate — **menstruación** *nf* : menstruation
mensual *adj* : monthly — **mensualidad** *nf* **1** : monthly payment **2** : monthly salary
mensurable *adj* : measurable
menta *nf* **1** : mint, peppermint **2** ~ **verde** : spearmint
mental *adj* : mental — **mentalidad** *nf* : mentality
mentar {55} *vt* : mention, name
mente *nf* : mind
mentir {76} *vi* : lie — **mentira** *nf* : lie — **mentirilla** *nf* : fib — **mentiroso, -sa** *adj* : lying — ~ *n* : liar
mentís *nms & pl* : denial
mentol *nm* : menthol
mentón *nm, pl* -**tones** : chin
menú *nm, pl* -**nús** : menu

menudear *vi* : occur frequently — **menudeo** *nm Lat* : retail, retailing
menudillos *nmpl* : giblets
menudo, -da *adj* **1** : small, insignificant **2 a ~** : often
meñique *nm or* **dedo ~** : little finger, pinkie
meollo *nm* **1** : marrow **2** ESENCIA : essence, core
mercado *nm* **1** : market **2 ~ de valores** : stock market — **mercadería** *nf* : merchandise, goods *pl*
mercancía *nf* : merchandise, goods *pl* — **mercante** *nmf* : merchant, dealer — **mercantil** *adj* : commercial
mercenario, -ria *adj & n* : mercenary
mercería *nf* : notions store
mercurio *nm* : mercury
Mercurio *nm* : Mercury (planet)
merecer {53} *vt* : deserve — *vi* : be worthy — **merecedor, -dora** *adj* : deserving, worthy — **merecido** *nm* **recibir su ~** : get one's just deserts
merendar {55} *vi* : have an afternoon snack — *vt* : have as an afternoon snack — **merendero** *nm* **1** : snack bar **2** : picnic area
merengue *nm* **1** : meringue **2** : merengue (dance)
meridiano, -na *adj* **1** : midday **2** CLARO : crystal-clear — **meridiano** *nm* : meridian — **meridional** *adj* : southern
merienda *nf* : afternoon snack, tea
mérito *nm* : merit, worth — **meritorio, -ria** *adj* : deserving — **~** *n* : intern, trainee
mermar *vi* : decrease — *vt* : reduce, cut down — **merma** *nf* : decrease
mermelada *nf* : marmalade, jam
mero, -ra *adj* **1** : mere, simple **2** *Lat fam* (*used as an intensifier*) : very, real — **mero** *adv Lat fam* **1** : nearly, almost **2 aquí ~** : right here
merodear *vi* **1** : maraud **2 ~ por** : prowl about (a place)
mes *nm* : month
mesa *nf* **1** : table **2** COMITÉ : committee, board
mesarse *vr* **~ los cabellos** : tear one's hair
meseta *nf* : plateau
Mesías *nm* : Messiah
mesilla *nf* : small table
mesón *nm, pl* **-sones** : inn — **mesonero, -ra** *nm* : innkeeper
mestizo, -za *adj* **1** : of mixed ancestry **2** HÍBRIDO : hybrid — **~** *n* : person of mixed ancestry
mesura *nf* : moderation — **mesurado, -da** *adj* : moderate, restrained
meta *nf* : goal, objective
metabolismo *nm* : metabolism

metafísica *nf* : metaphysics — **metafísico, -ca** *adj* : metaphysical
metáfora *nf* : metaphor — **metafórico, -ca** *adj* : metaphoric, metaphorical
metal *nm* **1** : metal **2** : brass section (in an orchestra) — **metálico, -ca** *adj* : metallic, metal — **metalurgia** *nf* : metallurgy
metamorfosis *nfs & pl* : metamorphosis
metano *nm* : methane
metedura *nf* **~ de pata** *fam* : blunder
meteoro *nm* : meteor — **meteórico, -ca** *adj* : meteoric — **meteorito** *nm* : meteorite — **meteorología** *nf* : meteorology — **meteorólogo, -ga** *adj* : meteorological, meteorologic — **~** *n* : meteorologist
meter *vt* **1** : put (in) **2** : place (in a job, etc.) **3** ENREDAR : involve **4** CAUSAR : make, cause **5** : spread (a rumor) **6** *Lat* : strike (a blow) — **meterse** *vr* **1** : get in, enter **2 ~ en** : get involved in, meddle in **3 ~ con** *fam* : pick a fight with
meticuloso, -sa *adj* : meticulous
método *nm* : method — **metódico, -ca** *adj* : methodical — **metodología** *nf* : methodology
metomentodo *nmf fam* : busybody
metralla *nf* : shrapnel — **metralleta** *nf* : submachine gun
métrico, -ca *adj* : metric, metrical
metro *nm* **1** : meter **2** : subway (train)
metrópoli *nf or* **metrópolis** *nfs & pl* : metropolis — **metropolitano, -na** *adj* : metropolitan
mexicano, -na *adj* : Mexican — **mexicoamericano, -na** *adj* : Mexican-American
mezcla *nf* **1** : mixture **2** ARGAMASA : mortar — **mezclar** *vt* **1** : mix, blend **2** CONFUNDIR : mix up, muddle **3** INVOLUCRAR : involve — **mezclarse** *vr* **1** : get mixed up **2** : mingle (socially) — **mezcolanza** *nf* : mixture
mezclilla *nf Lat* : denim
mezquino, -na *adj* **1** : mean, petty **2** ESCASO : meager — **mezquindad** *nf* : meanness, stinginess
mezquita *nf* : mosque
mezquite *nm* : mesquite
mi *adj* : my
mí *pron* **1** : me **2 or ~ mismo, ~ misma** : myself **3 a ~ no me importa** : it doesn't matter to me
miajas → migajas
miau *nm* : meow
mica *nf* : mica
mico *nm* : (long-tailed) monkey
microbio *nm* : microbe, germ — **microbiología** *nf* : microbiology
microbús *nm, pl* **-buses** : minibus
microcosmos *nms & pl* : microcosm

microfilm *nm, pl* **-films** : microfilm
micrófono *nm* : microphone
microondas *nms & pl* : microwave (oven)
microorganismo *nm* : microorganism
microscopio *nm* : microscope — **microscópico, -ca** *adj* : microscopic
miedo *nm* **1** : fear **2 dar** ~ : be frightening — **miedoso, -sa** *adj* : fearful
miel *nf* : honey
miembro *nm* **1** : member **2** EXTREMIDAD : limb, extremity
mientras *adv or* ~ **tanto** : meanwhile, in the meantime — ~ *conj* **1** : while, as **2** ~ **que** : while, whereas **3** ~ **viva** : as long as I live
miércoles *nms & pl* : Wednesday
mies *nf* : (ripe) corn, grain
miga *nf* : crumb — **migajas** *nfpl* **1** : breadcrumbs **2** SOBRAS : leftovers
migración *nf, pl* **-ciones** : migration
migraña *nf* : migraine
migrar *vi* : migrate
mijo *nm* : millet
mil *adj & nm* : thousand
milagro *nm* : miracle — **milagroso, -sa** *adj* : miraculous
milenio *nm* : millennium
milésimo, -ma *adj* : thousandth
milicia *nf* **1** : militia **2** : military (service)
miligramo *nm* : milligram
mililitro *nm* : milliliter
milímetro *nm* : millimeter
militante *adj & nmf* : militant
militar *adj* : military — ~ *nmf* : soldier — **militarizar** {21} *vt* : militarize
milla *nf* : mile
millar *nm* : thousand
millón *nm, pl* **-llones 1** : million **2 mil millones** : billion — **millonario, -ria** *n* : millionaire — **millonésimo, -ma** *adj* : millionth
mimar *vt* : pamper, spoil
mimbre *nm* : wicker
mímica *nf* **1** : mime, sign language **2** IMITACIÓN : mimicry
mimo *nm* : pampering — ~ *nmf* : mime
mina *nf* **1** : mine **2** : lead (for pencils) — **minar** *vt* **1** : mine **2** DEBILITAR : undermine
mineral *adj* : mineral — ~ *nm* **1** : mineral **2** : ore (of a metal)
minería *nf* : mining — **minero, -ra** *adj* : mining — ~ *n* : miner
miniatura *nf* : miniature
minifalda *nf* : miniskirt
minifundio *nm* : small farm
minimizar {21} *vt* : minimize
mínimo, -ma *adj* **1** : minimum **2** MINÚSCULO : minute **3 en lo más** ~ : in the slightest — **mínimo** *nm* : minimum

minino, -na *n fam* : pussycat
ministerio *nm* : ministry — **ministro, -tra** *n* **1** : minister, secretary **2 primer ministro** : prime minister
minoría *nf* : minority
minorista *adj* : retail — ~ *nmf* : retailer
minoritario, -ria *adj* : minority
minucia *nf* : trifle, small detail — **minucioso, -sa** *adj* **1** : detailed **2** METICULOSO : thorough
minué *nm* : minuet
minúsculo, -la *adj* : minuscule, tiny
minusvalía *nf* : handicap, disability — **minusválido, -da** *adj* : disabled
minuta *nf* **1** : bill, fee **2** BORRADOR : rough draft
minuto *nm* : minute — **minutero** *nm* : minute hand
mío, mía *adj* **1** : mine **2 una amiga mía** : a friend of mine — ~ *pron* **el mío, la mía** : mine, my own
miope *adj* : nearsighted
mirar *vt* **1** : look at **2** OBSERVAR : watch **3** CONSIDERAR : consider — *vi* **1** : look **2** ~ **a** : face, overlook **3** ~ **por** : look after — **mirarse** *vr* **1** : look at oneself **2** : look at each other — **mira** *nf* **1** : sight (of a firearm or instrument) **2** INTENCIÓN : aim, objective — **mirada** *nf* : look — **mirado, -da** *adj* **1** : careful **2** CONSIDERADO : considerate **bien** ~ : well thought of — **mirador** *nm* **1** BALCÓN : balcony **2** : lookout, vantage point — **miramiento** *nm* : consideration
mirlo *nm* : blackbird
misa *nf* : Mass
miscelánea *nf* : miscellany
miserable *adj* **1** : poor **2** LASTIMOSO : miserable, wretched — **miseria** *nf* **1** : poverty **2** DESGRACIA : misfortune, misery
misericordia *nf* : mercy — **misericordioso, -sa** *adj* : merciful
mísero, -ra *adj* : wretched, miserable
misil *nm* : missile
misión *nf, pl* **-siones** : mission — **misionero, -ra** *adj & n* : missionary
mismo *adv* (*used for emphasis*) : right, exactly — **mismo, -ma** *adj* **1** : same **2** (*used for emphasis*) : very **3** : -self **4 por lo** ~ : for that reason
misoginia *nf* : misogyny — **misógino** *nm* : misogynist
misterio *nm* : mystery — **misterioso, -sa** *adj* : mysterious
mística *nf* : mysticism — **místico, -ca** *adj* : mystic, mystical — ~ *n* : mystic
mitad *nf* **1** : half **2** MEDIO : middle
mítico, -ca *adj* : mythical, mythic
mitigar {52} *vt* : mitigate
mitin *nm, pl* **mítines** : (political) meeting

mito *nm* : myth — **mitología** *nm* : mythology — **mitológico, -ca** *adj* : mythological
mixto, -ta *adj* **1** : mixed, joint **2** : coeducational (of a school)
mnemónico, -ca *adj* : mnemonic
mobiliario *nm* : furniture
mocasín *nm, pl* **-sines** : moccasin
mochila *nf* : backpack, knapsack
moción *nf, pl* **-ciones** : motion
moco *nm* **1** : mucus **2 limpiarse los ∼s** : wipe one's nose — **mocoso, -sa** *n fam* : kid, brat
moda *nf* **1** : fashion, style **2 a la ∼** *or de* **∼** : in style, fashionable **3 ∼ pasajera** : fad — **modal** *adj* : modal — **modales** *nmpl* : manners — **modalidad** *nf* : type, kind
modelar *vt* : model, mold — **modelo** *adj* : model — **∼** *nm* : model, pattern — **∼** *nmf* : model, mannequin
módem *or* **modem** [cmoδɛm] *nm* : modem
moderar *vt* **1** : moderate **2** : reduce (speed, etc.) **3** PRESIDIR : chair (a meeting) — **moderarse** *vr* : restrain oneself — **moderación** *nf, pl* **-ciones** : moderation — **moderado, -da** *adj & n* : moderate — **moderador, -dora** *n* : moderator, chairperson
moderno, -na *adj* : modern — **modernismo** *nm* : modernism — **modernizar** {21} *vt* : modernize
modesto, -ta *adj* : modest — **modestia** *nf* : modesty
modificar {72} *vt* : modify, alter — **modificación** *nf, pl* **-ciones** : alteration
modismo *nm* : idiom
modista *nmf* **1** : dressmaker **2** : (fashion) designer
modo *nm* **1** : way, manner **2** : mood (in grammar) **3** : mode (in music) **4 a ∼ de** : by way of **5 de ∼ que** : so (that) **6 de todos ∼s** : in any case, anyway
modorra *nf* : drowsiness
modular *vt* : modulate — **modulación** *nf, pl* **-ciones** : modulation
módulo *nm* : module, unit
mofa *nf* : ridicule, mockery — **mofarse** *vr* **∼ de** : make fun of
mofeta *nf* : skunk
moflete *nm fam* : fat cheek — **mofletudo, -da** *adj fam* : fat-cheeked, chubby
mohín *nm, pl* **-hines** : grimace — **mohino, -na** *adj* : sulky
moho *nm* **1** : mold, mildew **2** ÓXIDO : rust — **mohoso, -sa** *adj* **1** : moldy **2** OXIDADO : rusty
moisés *nm, pl* **-seses** : bassinet, cradle
mojar *vt* **1** : wet, moisten **2** : dunk (food) — **mojarse** *vr* : get wet — **mojado, -da** *adj* : wet, damp

mojigato, -ta *adj* : prudish — **∼** *n* : prude
mojón *nm, pl* **-jones** : boundary stone, marker
molar *nm* : molar
moldear *vt* : mold, shape — **molde** *nm* : mold, form — **moldura** *nf* : molding
mole¹ *nf* : mass, bulk
mole² *nm* **1** : Mexican chili sauce **2** : meat served with mole
molécula *nf* : molecule — **molecular** *adj* : molecular
moler {47} *vt* : grind, crush
molestar *vt* **1** : annoy, bother **2 no ∼** : do not disturb — *vi* : be a nuisance — **molestarse** *vr* **1** : bother **2** OFENDERSE : take offense — **molestia** *nf* **1** : annoyance, nuisance **2** MALESTAR : discomfort — **molesto, -ta** *adj* **1** : annoyed **2** FASTIDIOSO : annoying **3** INCÓMODO : in discomfort — **molestoso, -sa** *adj* : bothersome, annoying
molido, -da *adj* **1** : ground (of meat, etc.) **2** *fam* : worn out, exhausted
molino *nm* **1** : mill **2 ∼ de viento** : windmill — **molinero, -ra** *n* : miller — **molinillo** *nm* : grinder, mill
mollera *nf* **1** : crown (of the head) **2** *fam* : brains *pl*
molusco *nm* : mollusk
momento *nm* **1** : moment, instant **2** : (period of) time **3** : momentum (in physics) **4 de ∼** : for the moment **5 de un ∼ a otro** : any time now — **momentáneamente** *adv* : momentarily — **momentáneo, -nea** *adj* **1** : momentary **2** PASAJERO : temporary
momia *nf* : mummy
monaguillo *nm* : altar boy
monarca *nmf* : monarch — **monarquía** *nf* : monarchy
monasterio *nm* : monastery — **monástico, -ca** *adj* : monastic
mondadientes *nms & pl* : toothpick
mondar *vt* : peel
mondongo *nm* : innards *pl*, guts *pl*
moneda *nf* **1** : coin **2** : currency (of a country) — **monedero** *nm* : change purse
monetario, -ria *adj* : monetary
monitor *nm* : monitor
monja *nf* : nun — **monje** *nm* : monk
mono, -na *n* : monkey — **∼** *adj fam* : lovely, cute
monogamia *nf* : monogamy — **monógamo -ma** *adj* : monogamous
monografía *nf* : monograph
monograma *nm* : monogram
monolingüe *adj* : monolingual
monólogo *nm* : monologue
monopatín *nm, pl* **-tines** : scooter, skateboard

monopolio *nm* : monopoly — **monopolizar** {21} *vt* : monopolize
monosílabo *nm* : monosyllable — **monosilábico, -ca** *adj* : monosyllabic
monoteísmo *nm* : monotheism — **monoteísta** *adj* : monotheistic
monotonía *nf* : monotony — **monótono, -na** *adj* : monotonous
monóxido *nm* ~ **de carbono** : carbon monoxide
monstruo *nm* : monster — **monstruosidad** *nf* : monstrosity — **monstruoso, -sa** *adj* : monstrous
monta *nf* : importance, value
montaje *nm* **1** : assembly **2** : staging (in theater), editing (of films)
montaña *nf* **1** : mountain **2** ~ **rusa** : roller coaster — **montañero, -ra** *n* : mountain climber — **montañoso, -sa** *adj* : mountainous
montar *vt* **1** : mount **2** ESTABLECER : establish **3** ENSAMBLAR : assemble, put together **4** : stage (a performance) **5** : cock (a gun) — *vi* **1** ~ **a caballo** : ride horseback **2** ~ **en bicicleta** : get on a bicycle
monte *nm* **1** : mountain **2** BOSQUE : woodland **3** *or* ~ **bajo** : scrubland **4** ~ **de piedad** : pawnshop
montés *adj, pl* **-teses** : wild (of animals or plants)
montículo *nm* : mound, hillock
montón *nm, pl* **-tones 1** : heap, pile **2 un** ~ **de** *fam* : lots of
montura *nf* **1** : mount (horse) **2** SILLA : saddle **3** : frame (of glasses)
monumento *nm* : monument — **monumental** *adj fam* : monumental, huge
monzón *nm, pl* **-zones** : monsoon
moño *nm* **1** : bun (of hair) **2** *Lat* : bow (knot)
mora *nf* **1** : mulberry **2** ZARZAMORA : blackberry
morada *nf* : residence, dwelling
morado, -da *adj* : purple — **morado** *nm* : purple
moral *adj* : moral — ~ *nf* **1** : ethics, morals *pl* **2** ÁNIMO : morale — **moraleja** *nf* : moral (of a story) — **moralidad** *nf* : morality — **moralista** *adj* : moralistic — ~ *nmf* : moralist
morar *vi* : live, reside
morboso, -sa *adj* : morbid
mordaz *adj* : caustic, scathing — **mordacidad** *nf* : bite, sharpness
mordaza *nf* : gag
morder {47} *v* : bite — **mordedura** *nf* : bite (of an animal)
mordisquear *vt* : nibble (on) — **mordisco** *nm* : nibble, bite

moreno, -na *adj* **1** : dark-haired, brunette **2** : dark-skinned — ~ *n* **1** : brunette **2** : dark-skinned person
moretón *nm, pl* **-tones** : bruise
morfina *nf* : morphine
morir {46} *vi* **1** : die **2** APAGARSE : die out, go out — **morirse** *vr* **1** ~ **de** : die of **2** ~ **por** : be dying for — **moribundo, -da** *adj* : dying
moro, -ra *adj* : Moorish — ~ *n* : Moor
moroso, -sa *adj* : delinquent, in arrears — **morosidad** *nf* : delinquency (in payment)
morral *nm* : backpack
morriña *nf* : homesickness
morro *nm* : snout
morsa *nf* : walrus
morse *nm* : Morse code
mortaja *nf* : shroud
mortal *adj* **1** : mortal **2** : deadly (of a wound, an enemy, etc.) — ~ *nmf* : mortal — **mortalidad** *nf* : mortality — **mortandad** *nf* : death toll
mortero *nm* : mortar
mortífero, -ra *adj* : deadly, lethal
mortificar {72} *vt* **1** : mortify **2** ATORMENTAR : torment — **mortificarse** *vr* : be distressed
mosaico *nm* : mosaic
mosca *nf* : fly
moscada *adj* → **nuez**
mosquearse *vr fam* **1** : become suspicious **2** ENFADARSE : get annoyed
mosquito *nm* : mosquito — **mosquitero** *nm* **1** : (window) screen **2** : mosquito net
mostachón *nm, pl* **-chones** : macaroon
mostaza *nf* : mustard
mostrador *nm* : counter (in a store)
mostrar {19} *vt* : show — **mostrarse** *vr* : show oneself, appear
mota *nf* : spot, speck — **moteado, -da** *adj* : speckled, spotted
mote *nm* : nickname
motel *nm* : motel
motín *nm, pl* **-tines 1** : riot, uprising **2** : mutiny (of troops)
motivo *nm* **1** : motive, cause **2** : motif (in art, music, etc.) — **motivación** *nf, pl* **-ciones** : motivation — **motivar** *vt* **1** : cause **2** IMPULSAR : motivate
moto *nf* : motorcycle, motorbike — **motocicleta** *nf* : motorcycle — **motociclista** *nmf* : motorcyclist
motor, -triz *or* **-tora** *adj* : motor — **motor** *nm* : motor, engine — **motorista** *nmf* **1** : motorcyclist **2** *Lat* : motorist
mover {47} *vt* **1** : move, shift **2** : shake (the head) **3** PROVOCAR : provoke — **moverse** *vr* **1** : move (over) **2** APRESURARSE : get a

move on — **movedizo, -za** *adj* : movable, shifting — **movible** *adj* : movable
móvil *adj* : mobile — ~ *nm* **1** MOTIVO : motive **2** : mobile — **movilidad** *nf* : mobility — **movilizar** {21} *vt* : mobilize
movimiento *nm* **1** : movement, motion **2** ~ **sindicalista** : labor movement
mozo, -za *adj* : young — ~ *n* **1** : young man *m*, young woman *f* **2** *Lat* : waiter *m*, waitress *f*
muchacho, -cha *n* : kid, boy *m*, girl *f*
muchedumbre *nf* : crowd
mucho *adv* **1** : very much, a lot **2** : long, a long time — **mucho, -cha** *adj* **1** : a lot of, many, much **2 muchas veces** : often — ~ *pron* : a lot, many, much
mucosidad *nf* : mucus
muda *nf* **1** : molting (of animals) **2** : change (of clothing) — **mudanza** *nf* **1** : change **2** TRASLADO : move, change of residence — **mudar** *v* **1** : molt, shed **2** CAMBIAR : change — **mudarse** *vr* **1** : change (one's clothes) **2** TRASLADARSE : move (one's residence)
mudo, -da *adj* **1** : mute **2** SILENCIOSO : silent
mueble *nm* **1** : piece of furniture **2** ~**s** *nmpl* : furniture, furnishings
mueca *nf* **1** : grimace, face **2 hacer** ~**s** : makes faces
muela *nf* **1** : tooth, molar **2** ~ **de juicio** : wisdom tooth
muelle *adj* : soft — ~ *nm* **1** : wharf, jetty **2** RESORTE : spring
muérdago *nm* : mistletoe
muerte *nf* : death — **muerto, -ta** *adj* **1** : dead **2** : dull (of colors, etc.) — ~ *nm* : dead person, deceased
muesca *nf* : nick, notch
muestra *nf* **1** : sample **2** SEÑAL : sign, show
mugir {35} *vi* : moo, bellow — **mugido** *nm* : mooing, bellowing
mugre *nf* : grime, filth — **mugriento, -ta** *adj* : filthy, grimy
muguete *nm* : lily of the valley
mujer *nf* **1** : woman **2** ESPOSA : wife **3** ~ **de negocios** : businesswoman
mulato, -ta *adj* & *n* : mulatto
muleta *nf* **1** : crutch **2** APOYO : prop, support
mullido, -da *adj* : soft, spongy
mulo, -la *n* : mule
multa *nf* : fine — **multar** *vt* : fine
multicolor *adj* : multicolored

multicultural *adj* : multicultural
multimedia *adj* : multimedia
multinacional *adj* : multinational
multiplicar {72} *v* : multiply — **multiplicarse** *vr* : multiply, reproduce — **múltiple** *adj* : multiple — **multiplicación** *nf*, *pl* -**ciones** : multiplication — **múltiplo** *nm* : multiple
multitud *nf* : crowd, multitude
mundo *nm* **1** : world **2 todo el** ~ : everyone, everybody — **mundanal** *adj* : worldly — **mundano, -na** *adj* **1** : worldly, earthly **2 la vida mundana** : high society — **mundial** *adj* : world, worldwide
municiones *nfpl* : ammunition
municipal *adj* : municipal — **municipio** *nm* **1** : municipality **2** AYUNTAMIENTO : town council
muñeca *nf* **1** : doll **2** : wrist (in anatomy) — **muñeco** *nm* **1** : boy doll **2** MANIQUÍ : dummy, puppet
muñon *nm*, *pl* -**ñones** : stump (of an arm or leg)
mural *adj* & *nm* : mural — **muralla** *nf* : wall, rampart
murciélago *nm* : bat (animal)
murmullo *nm* **1** : murmur, murmuring **2** : rustling (of leaves, etc.)
murmurar *vi* **1** : murmur, whisper **2** CRITICAR : gossip
muro *nm* : wall
musa *nf* : muse
musaraña *nf* : shrew
músculo *nm* : muscle — **muscular** *adj* : muscular — **musculatura** *nf* : muscles *pl* — **musculoso, -sa** *adj* : muscular
muselina *nf* : muslin
museo *nm* : museum
musgo *nm* : moss — **musgoso, -sa** *adj* : mossy
música *nf* : music — **musical** *adj* : musical — **músico, -ca** *adj* : musical — ~ *n* : musician
musitar *vt* : mumble
muslo *nm* : thigh
musulmán, -mana *adj* & *n*, *mpl* -**manes** : Muslim
mutar *v* : mutate — **mutación** *nf*, *pl* -**ciones** : mutation — **mutante** *adj* & *nmf* : mutant
mutilar *vt* : mutilate — **mutilación** *nf*, *pl* -**ciones** : mutilation
mutuo, -tua *adj* : mutual
muy *adv* **1** : very, quite **2** DEMASIADO : too

N

n *nf* : n, 14th letter of the Spanish alphabet
nabo *nm* : turnip
nácar *nm* : mother-of-pearl
nacer {48} *vi* **1** : be born **2** : hatch (of an egg), sprout (of a plant) **3** SURGIR : arise, spring up — **nacido, -da** *adj & n* **recién ~** : newborn — **naciente** *adj* **1** : new, growing **2** : rising (of the sun) — **nacimiento** *nm* **1** : birth **2** : source (of a river) **3** ORIGEN : beginning **4** BELÉN : Nativity scene
nación *nf, pl* **-ciones** : nation, country — **nacional** *adj* : national — **~** *nmf* : national, citizen — **nacionalidad** *nf* : nationality — **nacionalismo** *nm* : nationalism — **nacionalista** *adj & nmf* : nationalist — **nacionalizar** {21} *vt* **1** : nationalize **2** : naturalize (as a citizen) — **nacionalizarse** *vr* : become naturalized
nada *pron* **1** : nothing **2 de ~** : you're welcome **3 ~ más** : nothing else, nothing more — **~** *adv* : not at all — **~** *nf* **la ~** : nothingness
nadar *v* : swim — **nadador, -dora** *n* : swimmer
nadería *nf* : small thing, trifle
nadie *pron* : nobody, no one
nado: a ~ *adv phr* : swimming
nafta *nf Lat* : gasoline
naipe *nm* : playing card
nalgas *nfpl* : buttocks, bottom
nana *nf* : lullaby
naranja *adj & nm* : orange (color) — **~** *nf* : orange (fruit) — **naranjal** *nm* : orange grove — **naranjo** *nm* : orange tree
narciso *nm* : narcissus, daffodil
narcótico, -ca *adj* : narcotic — **narcótico** *nm* : narcotic — **narcotizar** {21} *vt* : drug — **narcotraficante** *nmf* : drug trafficker — **narcotráfico** *nm* : drug trafficking
nariz *nf, pl* **-rices** **1** : nose **2** OLFATO : sense of smell **3 narices** *nfpl* : nostrils
narrar *vt* : narrate, tell — **narración** *nf, pl* **-ciones** : narration — **narrador, -dora** *n* : narrator — **narrativa** *nf* : narrative, storytelling
nasal *adj* : nasal
nata *nf Spain* : cream
natación *nf, pl* **-ciones** : swimming
natal *adj* : native, birth — **natalicio** *nm* : birthday — **natalidad** *nf* : birthrate
natillas *nfpl* : custard
natividad *nf* : birth, nativity
nativo, -va *adj & n* : native
natural *adj* **1** : natural **2** NORMAL : normal

3 ~ de : native of, from — **~** *nm* **1** : temperament **2** NATIVO : native — **naturaleza** *nf* : nature — **naturalidad** *nf* : naturalness — **naturalista** *adj* : naturalistic — **naturalización** *nf, pl* **-ciones** : naturalization — **naturalizar** {21} *vt* : naturalize — **naturalizarse** *vr* : become naturalized — **naturalmente** *adv* **1** : naturally **2** POR SUPUESTO : of course
naufragar {52} *vi* **1** : be shipwrecked **2** FRACASAR : fail — **naufragio** *nm* : shipwreck — **náufrago, -ga** *adj* : shipwrecked — **~** *n* : castaway
náusea *nf* **1** : nausea **2 dar ~s** : nauseate **3 ~s matutinas** : morning sickness — **nauseabundo, -da** *adj* : nauseating
náutico, -ca *adj* : nautical
navaja *nf* : pocketknife, penknife
naval *adj* : naval
nave *nf* **1** : ship **2** : nave (of a church) **3 ~ espacial** : spaceship
navegar {52} *v* : navigate, sail — **navegable** *adj* : navigable — **navegación** *nf, pl* **-ciones** : navigation — **navegante** *adj* : sailing, seafaring — **~** *nmf* : navigator
Navidad *nf* **1** : Christmas **2 feliz ~** : Merry Christmas — **navideño, -ña** *adj* : Christmas
naviero, -ra *adj* : shipping
nazi *adj & nmf* : Nazi — **nazismo** *nm* : Nazism
neblina *nf* : mist
nebuloso, -sa *adj* **1** : hazy, misty, foggy **2** VAGO : vague, nebulous
necedad *nf* **1** : stupidity **2 decir ~es** : talk nonsense
necesario, -ria *adj* : necessary — **necesariamente** *adv* : necessarily — **necesidad** *nf* **1** : need, necessity **2** POBREZA : poverty **3 ~es** *nfpl* : hardships — **necesitado, -da** *adj* : needy — **necesitar** *vt* : need — *vi* **~ de** : have need of
necio, -cia *adj* : silly, dumb
necrología *nf* : obituary
néctar *nm* : nectar
nectarina *nf* : nectarine
neerlandés, -desa *adj, mpl* **-deses** : Dutch — **neerlandés** *nm* : Dutch (language)
nefasto, -ta *adj* **1** : ill-fated **2** *fam* : terrible, awful
negar {49} *vt* **1** : deny **2** REHUSAR : refuse **3** : disown (a person) — **negarse** *vr* : refuse — **negación** *nf, pl* **-ciones** **1** : denial **2** : negative (in grammar) — **negativa** *nf* **1** : denial **2** RECHAZO : refusal — **negativo,**

-va *adj* : negative — **negativo** *nm* : negative (of a photograph)
negligente *adj* : negligent — **negligencia** *nf* : negligence
negociar *vt* : negotiate — *vi* : deal, do business — **negociable** *adj* : negotiable — **negociación** *nf, pl* **-ciones** : negotiation — **negociante** *nmf* : businessman *m*, businesswoman *f* — **negocio** *nm* **1** : business **2** TRANSACCIÓN : deal **3 ~s** : business, commerce
negro, -gra *adj* : black, dark — **~** *n* : dark-skinned person — **negro** *nm* : black (color) — **negrura** *nf* : blackness — **negruzco, -ca** *adj* : blackish
nene, -na *n fam* : baby, small child
nenúfar *nm* : water lily
neón *nm* : neon
neoyorquino, -na *adj* : of or from New York
nepotismo *nm* : nepotism
Neptuno *nm* : Neptune
nervio *nm* **1** : nerve **2** : sinew (in meat) **3** VIGOR : vigor, energy **4 tener ~s** : be nervous — **nerviosismo** *nf* : nervousness — **nervioso, -sa** *adj* **1** : nervous, anxious **2 sistema nervioso** : nervous system
nervudo, -da *adj* : sinewy
neto, -ta *adj* **1** : clear, distinct **2** : net (of weight, salaries, etc.)
neumático *nm* : tire
neumonía *nf* : pneumonia
neurología *nf* : neurology — **neurológico, -ca** *adj* : neurological, neurologic — **neurólogo, -ga** *n* : neurologist
neurosis *nfs & pl* : neurosis — **neurótico, -ca** *adj & n* : neurotic
neutral *adj* : neutral — **neutralidad** *nf* : neutrality — **neutralizar** {21} *vt* : neutralize — **neutro, -tra** *adj* **1** : neutral **2** : neuter (in biology and grammar)
neutrón *nm, pl* **-trones** : neutron
nevar {55} *v impers* : snow — **nevada** *nf* : snowfall — **nevado, -da** *adj* **1** : snow-covered, snowy **2** : snow-white — **nevasca** *nf* : snowstorm
nevera *nf* : refrigerator
nevisca *nf* : light snowfall, flurry
nexo *nm* : link, connection
ni *conj* **1** : neither, nor **2 ~ que** : as if **3 ~ siquiera** : not even
nicaragüense *adj* : Nicaraguan
nicho *nm* : niche
nicotina *nf* : nicotine
nidada *nf* : brood (of chicks, etc.)
nido *nm* **1** : nest **2** GUARIDA : hiding place, den
niebla *nf* : fog, mist
nieto, -ta *n* **1** : grandson *m*, granddaughter *f* **2 nietos** *nmpl* : grandchildren

nieve *nf* : snow
nigeriano, -na *adj* : Nigerian
nilón *or* **nilon** *nm, pl* **-lones** : nylon
nimio, -mia *adj* : insignificant, trivial — **nimiedad** *nf* **1** : trifle **2** INSIGNIFICANCIA : triviality
ninfa *nf* : nymph
ninguno, -na (**ningún** *before masculine singular nouns*) *adj* : no, not any — **~** *pron* **1** : neither, none **2** : no one, nobody
niña *nf* **1** : pupil (of the eye) **2 la ~ de los ojos** : the apple of one's eye
niño, -ña *n* : child, boy *m*, girl *f* — **~** *adj* **1** : young **2** INFANTIL : immature, childish — **niñero, -ra** *n* : baby-sitter, nanny — **niñez** *nf, pl* **-ñeces** : childhood
nipón, -pona *adj* : Japanese
níquel *nm* : nickel
nítido, -da *adj* : clear, sharp — **nitidez** *nf, pl* **-deces** : clarity, sharpness
nitrato *nm* : nitrate
nitrógeno *nm* : nitrogen
nivel *nm* **1** : level, height **2 ~ de vida** : standard of living — **nivelar** *vt* : level (out)
no *adv* **1** : not **2** (*in answer to a question*) : no **3 ¡como ~!** : of course! **4 ~ bien** : as soon as **5 ~ fumador** : non-smoker — **~** *nm* : no
noble *adj & nmf* : noble — **nobleza** *nf* : nobility
noche *nf* **1** : night, evening **2 buenas ~s** : good evening, good night **3 de ~** *or* **por la ~** : at night **4 hacerse de ~** : get dark — **Nochebuena** *nf* : Christmas Eve — **nochecita** *nf* : dusk — **Nochevieja** *nf* : New Year's Eve
noción *nf, pl* **-ciones 1** : notion, concept **2 nociones** *nfpl* : rudiments
nocivo, -va *adj* : harmful, noxious
nocturno, -na *adj* **1** : night **2** : nocturnal (of animals, etc.) — **nocturno** *nm* : nocturne
nogal *nm* **1** : walnut tree **2 ~ americano** : hickory
nómada *nmf* : nomad — **~** *adj* : nomadic
nomás *adv Lat* : only, just
nombrar *vt* **1** : appoint **2** CITAR : mention — **nombrado, -da** *adj* : famous, well-known — **nombramiento** *nm* : appointment, nomination — **nombre** *nm* **1** : name **2** SUSTANTIVO : noun **3** FAMA : fame, renown **4 ~ de pila** : first name
nómina *nf* : payroll
nominal *adj* : nominal
nominar *vt* : nominate — **nominación** *nf, pl* **-ciones** : nomination
nomo *nm* : gnome
non *adj* : odd, not even — **~** *nm* : odd number
nonagésimo, -ma *adj & n* : ninetieth

nopal *nm* : nopal, prickly pear
nordeste *or* **noreste** *adj* **1** : northeastern **2** : northeasterly (of wind, etc.) — ∼ *nm* : northeast
nórdico, -ca *adj* : Scandinavian
noreste → **nordeste**
noria *nf* **1** : waterwheel **2** : Ferris wheel (at a fair, etc.)
norma *nf* : rule, norm, standard — **normal** *adj* **1** : normal **2 escuela** ∼ : teacher-training college — **normalidad** *nf* : normality — **normalizar** {21} *vt* **1** : normalize **2** ESTANDARIZAR : standardize — **normalizarse** *vr* : return to normal — **normalmente** *adv* : ordinarily, generally
noroeste *adj* **1** : northwestern **2** : northwesterly (of wind, etc.) — ∼ *nm* : northwest
norte *adj* : north, northern — ∼ *nm* **1** : north **2** : north wind
norteamericano, -na *adj* : North American
norteño, -ña *adj* : northern
noruego, -ga *adj* : Norwegian — **noruego** *nm* : Norwegian (language)
nos *pron* **1** (*direct object*) : us **2** (*indirect object*) : to us, for us, from us **3** (*reflexive*) : ourselves **4** : each other, one another
nosotros, -tras *pron* **1** (*subject*) : we **2** (*object*) : us **3** *or* ∼ **mismos** : ourselves
nostalgia *nf* **1** : nostalgia **2 sentir** ∼ **por** : be homesick for — **nostálgico, -ca** *adj* : nostalgic
nota *nf* **1** : note **2** : grade, mark (in school) **3** CUENTA : bill, check — **notable** *adj* : noteworthy, notable — **notar** *vt* : notice — **notarse** *vr* : be evident, seem
notario, -ria *n* : notary (public)
noticia *nf* **1** : news item, piece of news **2** ∼s *nfpl* : news — **noticiario** *nm* : newscast — **noticiero** *nm* Lat : newscast
notificar {72} *vt* : notify — **notificación** *nf, pl* -**ciones** : notification
notorio, -ria *adj* **1** : obvious **2** CONOCIDO : well-known — **notoriedad** *nf* : fame, notoriety
novato, -ta *adj* : inexperienced — ∼ *n* : beginner, novice
novecientos, -tas *adj* : nine hundred — **novecientos** *nms & pl* : nine hundred
novedad *nf* **1** : newness, innovation **2** NOTICIAS : news **3** ∼es : novelties, latest news — **novedoso, -sa** *adj* : original, novel
novela *nf* **1** : novel **2** : soap opera (on television) — **novelesco, -ca** *adj* **1** : fictional **2** FANTÁSTICO : fabulous — **novelista** *nmf* : novelist
noveno, -na *adj* : ninth — **noveno** *nm* : ninth
noventa *adj & nm* : ninety — **noventavo,**

-**va** *adj* : ninetieth — **noventavo** *nm* : ninetieth
novia → **novio**
noviazgo *nm* : engagement
novicio, -cia *n* : novice
noviembre *nm* : November
novillo, -lla *n* : young bull *m*, heifer *f*
novio, -via *n* **1** : boyfriend *m*, girlfriend *f* **2** PROMETIDO : fiancé *m*, fiancée *f* **3** : bridegroom *m*, bride *f* (at a wedding)
novocaína *nf* : novocaine
nube *nf* : cloud — **nubarrón** *nm, pl* -**rrones** : storm cloud — **nublado, -da** *adj* **1** : cloudy **2** ENTURBIADO : clouded, dim — **nublado** *nm* : storm cloud — **nublar** *vt* **1** : cloud **2** OSCURECER : obscure — **nublarse** *vr* : get cloudy — **nuboso, -sa** *adj* : cloudy
nuca *nf* : nape, back of the neck
núcleo *nm* **1** : nucleus **2** CENTRO : center, core — **nuclear** *adj* : nuclear
nudillo *nm* : knuckle
nudismo *nm* : nudism — **nudista** *adj & nmf* : nudist
nudo *nm* **1** : knot **2** : crux, heart (of a problem, etc.) — **nudoso, -sa** *adj* : knotty, gnarled
nuera *nf* : daughter-in-law
nuestro, -tra *adj* : our — ∼ *pron* (*with definite article*) : ours, our own
nuevamente *adv* : again, anew
nueve *adj & nm* : nine
nuevo, -va *adj* **1** : new **2 de nuevo** : again, once more
nuez *nf, pl* **nueces 1** : nut **2** *or* ∼ **de nogal** : walnut **3** ∼ **de Adán** : Adam's apple **4** ∼ **moscada** : nutmeg
nulo, -la *adj* **1** *or* ∼ **y sin efecto** : null and void **2** INCAPAZ : useless, inept — **nulidad** *nf* **1** : nullity **2 es una** ∼ *fam* : he's a total loss
numerar *vt* : number — **numeración** *nf, pl* -**ciones 1** : numbering **2** NÚMEROS : numbers *pl*, numerals *pl* — **numeral** *adj* : numeral — **número** *nm* **1** : number, numeral **2** : issue (of a publication) **3 sin** ∼ : countless — **numérico, -ca** *adj* : numerical — **numeroso, -sa** *adj* : numerous
nunca *adv* **1** : never, ever **2** ∼ **más** : never again **3** ∼ **jamás** : never ever
nupcial *adj* : nuptial, wedding — **nupcias** *nfpl* : nuptials, wedding
nutria *nf* : otter
nutrir *vt* **1** ALIMENTAR : feed, nourish **2** FOMENTAR : fuel, foster — **nutrición** *nf, pl* -**ciones** : nutrition — **nutrido, -da** *adj* **1** : nourished **2** ABUNDANTE : considerable, abundant — **nutriente** *nm* : nutrient — **nutritivo, -va** *adj* : nourishing, nutritious

O

o¹ *nf* : o, 16th letter of the Spanish alphabet

o² *conj* (**u** *before words beginning with o- or ho-*) **1** : or, either **2** ~ **sea** : in other words

oasis *nms & pl* : oasis

obcecar {72} *vt* : blind (by emotions) — **obcecarse** *vr* : become stubborn

obedecer {53} *vt* : obey — *vi* **1** : obey **2** ~ **a** : respond to **3** ~ **a** : be due to — **obediencia** *nf* : obedience — **obediente** *adj* : obedient

obertura *nf* : overture

obeso, -sa *adj* : obese — **obesidad** *nf* : obesity

obispo *nm* : bishop

objetar *v* : object — **objeción** *nf, pl* **-ciones** : objection

objeto *nm* : object — **objetivo, -va** *adj* : objective — **objetivo** *nm* **1** : objective, goal **2** : lens (in photography, etc.)

objetor, -tora *n* ~ **de conciencia** : conscientious objector

oblicuo, -cua *adj* : oblique

obligar {52} *vt* : require, oblige — **obligarse** *vr* : commit oneself (to do something) — **obligación** *nf, pl* **-ciones** : obligation — **obligado, -da** *adj* **1** : obliged **2** FORZOSO : obligatory — **obligatorio, -ria** *adj* : mandatory

oblongo, -ga *adj* : oblong

oboe *nm* : oboe — ~ *nmf* : oboist

obra *nf* **1** : work, deed **2** : work (of art, literature, etc.) **3** CONSTRUCCIÓN : construction work **4** ~ **maestra** : masterpiece **5** ~**s públicas** : public works — **obrar** *vt* : work, produce — *vi* : act, behave — **obrero, -ra** *adj* **la clase obrera** : the working class — ~ *n* : worker, laborer

obsceno, -na *adj* : obscene — **obscenidad** *nf* : obscenity

obsequiar *vt* : give, present — **obsequio** *nm* : gift, present

observar *vt* **1** : observe, watch **2** ADVERTIR : notice **3** ACATAR : observe, obey **4** COMENTAR : remark — **observación** *nf, pl* **-ciones** : observation — **observador, -dora** *adj* : observant — ~ *n* : observer — **observancia** *nf* : observance — **observatorio** *nm* : observatory

obsesionar *vt* : obsess — **obsesionarse** *vr* : be obsessed — **obsesión** *nf, pl* **-siones** : obsession — **obsesivo, -va** *adj* : obsessive — **obseso, -sa** *adj* : obsessed

obsoleto, -ta *adj* : obsolete

obstaculizar {21} *vt* : hinder — **obstáculo** *nm* : obstacle

obstante: **no** ~ *conj phr* : nevertheless, however — ~ *prep phr* : in spite of, despite

obstar {21} *vi* ~ **a** *or* ~ **para** : stop, prevent

obstetricia *nf* : obstetrics — **obstetra** *nmf* : obstetrician

obstinarse *vr* : be stubborn — **obstinado, -da** *adj* **1** : obstinate, stubborn **2** TENAZ : persistent

obstruir {41} *vt* : obstruct — **obstrucción** *nf, pl* **-ciones** : obstruction

obtener {80} *vt* : obtain, get

obtuso, -sa *adj* : obtuse

obviar *vt* : get around, avoid

obvio, -via *adj* : obvious — **obviamente** *adv* : obviously, clearly

oca *nf* : goose

ocasión *nf, pl* **-siones** **1** : occasion **2** OPORTUNIDAD : opportunity **3** GANGA : bargain — **ocasional** *adj* **1** : occasional **2** ACCIDENTAL : accidental, chance — **ocasionar** *vt* : cause

ocaso *nm* **1** : sunset **2** DECADENCIA : decline

occidente *nm* **1** : west **2** **el Occidente** : the West — **occidental** *adj* : western, Western

océano *nm* : ocean — **oceanografía** *nf* : oceanography

ochenta *adj & nm* : eighty

ocho *adj & nm* : eight — **ochocientos, -tas** *adj* : eight hundred — **ochocientos** *nms & pl* : eight hundred

ocio *nm* **1** : free time, leisure **2** INACTIVIDAD : idleness — **ociosidad** *nf* : idleness, inactivity — **ocioso, -sa** *adj* **1** : idle, inactive **2** INÚTIL : useless

ocre *adj & nm* : ocher

octágono *nm* : octagon — **octagonal** *adj* : octagonal

octava *nf* : octave

octavo, -va *adj & n* : eighth

octeto *nm* : byte

octogésimo, -ma *adj & n* : eightieth

octubre *nm* : October

ocular *adj* : ocular, eye — **oculista** *nmf* : ophthalmologist

ocultar *vt* : conceal, hide — **ocultarse** *vr* : hide — **oculto, -ta** *adj* : hidden, occult

ocupar *vt* **1** : occupy **2** : hold (a position, etc.) **3** : provide work for — **ocuparse** *vr* **1** ~ **de** : concern oneself with **2** ~ **de** : take care of (children, etc.) — **ocupación** *nf, pl*

-ciones 1 : occupation **2** EMPLEO : job —
ocupado, -da *adj* **1** : busy **2** : occupied (of
a place) **3 señal de occupado** : busy signal — **ocupante** *nmf* : occupant
ocurrir *vi* : occur, happen — **ocurrirse** *vr* ~
a : occur to — **occurrencia** *nf* **1** : occurrence, event **2** SALIDA : witty remark, quip
oda *nf* : ode
odiar *vt* : hate — **odio** *nm* : hatred —
odioso, -sa *adj* : hateful
odisea *nf* : odyssey
odontología *nf* : dentistry, dental surgery —
odontólogo, -ga *n* : dentist, dental surgeon
oeste *adj* : west, western — ~ *nm* **1** : west
2 el Oeste : the West
ofender *v* : offend — **ofenderse** *vr* : take offense — **ofensa** *nf* : offense, insult — **ofensiva** *nf* : offensive — **ofensivo, -va** *adj* : offensive
oferta *nf* **1** : offer **2 de** ~ : on sale **3** ~ **y
demanda** : supply and demand
oficial *adj* : official — ~ *nmf* **1** : skilled
worker **2** : officer (in the military)
oficina *nf* : office — **oficinista** *nmf* : office
worker
oficio *nm* : trade, profession — **oficioso, -sa**
adj : unofficial
ofrecer {53} *vt* **1** : offer **2** : provide, present
(an opportunity, etc.) — **ofrecerse** *vr* : volunteer — **ofrecimiento** *nm* : offer
ofrenda *nf* : offering
oftalmología *nf* : ophthalmology — **of-
talmólogo, -ga** *n* : ophthalmologist
ofuscar {72} *vt* **1** : blind, dazzle **2** CON-
FUNDIR : confuse — **ofuscarse** *vr* ~ **con**
: be blinded by — **ofuscación** *nf, pl*
-ciones 1 : blindness **2** CONFUSIÓN : confusion
ogro *nm* : ogre
oír {50} *vi* : hear — *vt* **1** : hear **2** ESCUCHAR
: listen to **3 ¡oiga!** *or* **¡oye!** : excuse me!,
listen! — **oídas: de** ~ *adv phr* : by hearsay
— **oído** *nm* **1** : ear **2** : (sense of) hearing **3
duro de** ~ : hard of hearing
ojal *nm* : buttonhole
ojalá *interj* : I hope so!, if only!
ojear *vt* : eye, look at — **ojeada** *nf* : glimpse,
glance
ojeriza *nf* **1** : ill will **2 tener** ~ **a** : have a
grudge against
ojo *nm* **1** : eye PERSPICACIA : shrewdness
3 : span (of a bridge) **4 ¡~!** : look out!, pay
attention!
ola *nf* : wave — **oleada** *nf* : wave, surge —
oleaje *nm* : swell (of the sea)
olé *interj* : bravo!
oleada *nf* : wave, swell — **oleaje** *nm* : waves
pl, surf

óleo *nm* **1** : oil **2** CUADRO : oil painting —
oleoducto *nm* : oil pipeline
oler {51} *vt* : smell — *vi* **1** : smell **2** ~ **a**
: smell of — **olerse** *vr fam* : have a hunch
about
olfatear *vt* **1** : sniff **2** OLER : sense, sniff out
— **olfato** *nm* **1** : sense of smell **2** PERSPI-
CACIA : nose, instinct
Olimpiada *or* **Olimpíada** *nf* : Olympics *pl*,
Olympic Games *pl* — **olímpico, -ca** *adj*
: Olympic
oliva *nf* : olive — **olivo** *nm* : olive tree
olla *nf* **1** : pot **2** ~ **podrida** : (Spanish)
stew
olmo *nm* : elm
olor *nm* : smell — **oloroso, -sa** *adj* : fragrant
olvidar *vt* **1** : forget **2** DEJAR : leave (behind)
— **olvidarse** *vr* : forget — **olvidadizo, -za**
adj : forgetful — **olvido** *nm* **1** : forgetful-
ness **2** DESCUIDO : oversight
ombligo *nm* : navel
omelette *nmf Lat* : omelet
ominoso, -sa *adj* : ominous
omitir *vt* : omit — **omisión** *nf, pl* **-siones**
: omission
ómnibus *nm, pl* **-bus** *or* **-buses** : bus
omnipotente *adj* : omnipotent
omóplato *or* **omoplato** *nm* : shoulder blade
once *adj & nm* : eleven — **onceavo, -va** *adj
& n* : eleventh
onda *nf* : wave — **ondear** *vi* : ripple — **on-
dulación** *nf, pl* **-ciones** : undulation — **ondulado, -da** *adj* : wavy — **ondular** *vt*
: wave (hair) — *vi* : undulate, ripple
ónice *nmf or* **ónix** *nm* : onyx
onza *nf* : ounce
opaco, -ca *adj* **1** : opaque **2** DESLUSTRADO
: dull
ópalo *nm* : opal
opción *nf, pl* **-ciones** : option — **opcional**
adj : optional
ópera *nf* : opera
operar *vt* **1** : operate on **2** *Lat* : operate, run
(a machine) — *vi* **1** : operate **2** NEGOCIAR
: deal, do business — **operarse** *vr* **1** : have
an operation **2** OCURRIR : take place — **operación** *nf, pl* **-ciones 1** : operation **2**
TRANSACCIÓN : transaction, deal — **operacional** *adj* : operational — **operador, -dora**
n **1** : operator **2** : cameraman (for television, etc.)
opereta *nf* : operetta
opinar *vt* : think — *vi* : express an opinion —
opinión *nf, pl* **-niones** : opinion
opio *nm* : opium
oponer {60} *vt* **1** : raise, put forward (arguments, etc.) **2** ~ **resistencia** : put up a
fight — **oponerse** *vr* ~ **a** : oppose, be
against — **oponente** *nmf* : opponent

oporto *nm* : port (wine)

oportunidad *nf* : opportunity — **oportunista** *nmf* : opportunist — **oportuno, -na** *adj* **1** : opportune, timely **2** APROPIADO : suitable

opositor, -tora *n* **1** : opponent **2** : candidate (for a position) — **oposición** *nf, pl* **-ciones** : opposition

oprimir *vt* **1** : press, squeeze **2** TIRANIZAR : oppress — **opresión** *nf, pl* **-siones 1** : oppression **2** ~ **de pecho** : tightness in the chest — **opresivo, -va** *adj* : oppressive — **opresor, -sora** *n* : oppressor

optar *vi* **1** ~ **a** : apply for **2** ~ **por** : choose, opt for

óptica *nf* **1** : optics **2** : optician's (shop) — **óptico, -ca** *adj* : optical — ~ *n* : optician

optimismo *nm* : optimism — **optimista** *adj* : optimistic — ~ *nmf* : optimist

optometría *nf* : optometry — **optometrista** *nmf* : optometrist

opuesto *adj* **1** : opposite **2** CONTRADICTORIO : opposed, conflicting

opulencia *nf* : opulence — **opulento, -ta** *adj* : opulent

oración *nf, pl* **-ciones 1** : prayer **2** FRASE : sentence, clause

oráculo *nm* : oracle

orador, -dora *n* : speaker

oral *adj* : oral

orar *vi* : pray

órbita *nf* **1** : orbit (in astronomy) **2** : eye socket — **orbitar** *vi* : orbit

orden *nm, pl* **órdenes 1** : order **2** ~ **del día** : agenda (at a meeting) **3** ~ **público** : law and order — ~ *nf, pl* **órdenes 1** : order (of food) **2** ~ **religiosa** : religious order **3** ~ **de compra** : purchase order

ordenador *nm Spain* : computer

ordenar *vt* **1** : order, command **2** ARREGLAR : put in order **3** : ordain (a priest) — **ordenanza** *nm* : orderly (in the armed forces) — ~ *nf* : ordinance, regulation

ordeñar *vt* : milk

ordinal *adj & nm* : ordinal

ordinario, -ria *adj* **1** : ordinary **2** GROSERO : common, vulgar

orear *vt* : air

orégano *nm* : oregano

oreja *nf* : ear

orfanato *or* **orfelinato** *nm* : orphanage

orfebre *nmf* : goldsmith, silversmith

orgánico, -ca *adj* : organic

organigrama *nm* : flowchart

organismo *nm* **1** : organism **2** ORGANIZACIÓN : agency, organization

organista *nmf* : organist

organizar {21} *vt* : organize — **organizarse** *vr* : get organized — **organización** *nf, pl* **-ciones** : organization — **organizador, -dora** *n* : organizer

órgano *nm* : organ

orgasmo *nm* : orgasm

orgía *nf* : orgy

orgullo *nm* : pride — **orgulloso, -sa** *adj* : proud

orientación *nf, pl* **-ciones 1** : orientation **2** DIRECCIÓN : direction **3** CONSEJO : guidance

oriental *adj* **1** : eastern **2** : oriental — ~ *nmf* : Oriental

orientar *vt* **1** : orient, position **2** GUIAR : guide, direct — **orientarse** *vr* **1** : orient oneself **2** ~ **hacia** : turn towards

oriente *nm* **1** : east, East **2 el Oriente** : the Orient

orificio *nm* : orifice, opening

origen *nm, pl* **orígenes** : origin — **original** *adj & nm* : original — **originalidad** *nf* : originality — **originar** *vt* : give rise to — **originarse** *vr* : originate, arise — **originario, -ria** *adj* ~ **de** : native of

orilla *nf* **1** : border, edge **2** : bank (of a river), shore (of the sea)

orinar *vi* : urinate — **orina** *nf* : urine

oriol *nm* : oriole

oriundo, -da *adj* ~ **de** : native of

orla *nf* : border

ornamental *adj* : ornamental — **ornamento** *nm* : ornament

ornar *vt* : adorn

ornitología *nf* : ornithology

oro *nm* : gold

orquesta *nf* : orchestra — **orquestar** *vt* : orchestrate

orquídea *nf* : orchid

ortiga *nf* : nettle

ortodoxia *nf* : orthodoxy — **ortodoxo, -xa** *adj* : orthodox

ortografía *nf* : spelling

ortopedia *nf* : orthopedics — **ortopédico, -ca** *adj* : orthopedic

oruga *nf* : caterpillar

orzuelo *nm* : sty (in the eye)

os *pron pl Spain* **1** (*direct or indirect object*) : you, to you **2** (*reflexive*) : yourselves, to yourselves **3** : each other, to each other

osado, -da *adj* : bold, daring — **osadía** *nf* **1** : boldness, daring **2** DESCARO : audacity, nerve

osamenta *nf* : skeleton

osar *vi* : dare

oscilar *vi* **1** : swing, sway **2** FLUCTUAR : fluctuate — **oscilación** *nf, pl* **-ciones 1** : swinging **2** FLUCTUACIÓN : fluctuation

oscuro, -ra *adj* **1** : dark **2** : obscure (of ideas, persons, etc.) **3 a oscuras** : in the dark — **oscurecer** {53} *vt* **1** : darken **2** : confuse, cloud (the mind) **3 al ～** : at nightfall — *v impers* : get dark — **oscurecerse** *vr* : grow dark — **oscuridad** *nf* **1** : darkness **2** : obscurity (of ideas, persons, etc.)

óseo, ósea *adj* : skeletal, bony

oso, osa *n* **1** : bear **2 ～ de peluche** *or* **～ de felpa** : teddy bear

ostensible *adj* : evident, obvious

ostentar *vt* **1** : flaunt, display **2** POSEER : have, hold — **ostentación** *nf, pl* **-ciones** : ostentation — **ostentoso, -sa** *adj* : ostentatious, showy

osteopatía *n* : osteopathy — **osteópata** *nmf* : osteopath

osteoporosis *nf* : osteoporosis

ostra *nf* : oyster

ostracismo *nm* : ostracism

otear *vt* : scan, survey

otoño *nm* : autumn, fall — **otoñal** *adj* : autumn, fall

otorgar {52} *vt* **1** : grant, award **2** : draw up (a legal document)

otro, otra *adj* **1** : another, other **2 otra vez** : again — **～** *pron* **1** : another (one), other (one) **2 los otros, las otras** : the others, the rest

ovación *nf, pl* **-ciones** : ovation

óvalo *nm* : oval — **oval** *or* **ovalado, -da** *adj* : oval

ovario *nm* : ovary

oveja *nf* **1** : sheep, ewe **2 ～ negra** : black sheep

overol *nm Lat* : overalls *pl*

ovillo *nm* **1** : ball (of yarn) **2 hacerse un ～** : curl up (into a ball)

ovni *or* **OVNI** *nm* (*objeto volador no identificado*) : UFO

ovular *vi* : ovulate — **ovulación** *nf, pl* **-ciones** : ovulation

oxidar *vt* : rust — **oxidarse** *vr* : get rusty — **oxidación** *nf, pl* **-ciones** : rusting — **oxidado, -da** *adj* : rusty — **óxido** *nm* : rust

oxígeno *nm* : oxygen

oye → oír

oyente *nmf* **1** : listener **2** : auditor (student)

ozono *nm* : ozone

P

p *nf* : p, 17th letter of the Spanish alphabet

pabellón *nm, pl* **-llones 1** : pavilion **2** : block, building (in a hospital complex, etc.) **3** : summerhouse (in a garden, etc.) **4** BANDERA : flag

pabilo *nm* : wick

pacer {48} *v* : graze

paces → paz

paciencia *nf* : patience — **paciente** *adj & nmf* : patient

pacificar {72} *vt* : pacify, calm — **pacificarse** *vr* : calm down — **pacífico, -ca** *adj* : peaceful, pacific — **pacifismo** *nm* : pacifism — **pacifista** *adj & nmf* : pacifist

pacotilla *nf de* **～** : second-rate, trashy

pacto *nm* : pact, agreement — **pactar** *vt* : agree on — *vi* : come to an agreement

padecer {53} *vt* : suffer, endure — *vi* **～ de** : suffer from — **padecimiento** *nm* : suffering

padre *nm* **1** : father **2 ～s** *nmpl* : parents — **～** *adj Lat fam* : great, fantastic — **padrastro** *nm* : stepfather — **padrino** *nm* **1** : godfather **2** : best man (at a wedding)

padrón *nm, pl* **-drones** : register, roll

paella *nf* : paella

paga *nf* : pay, wages *pl* — **pagadero, -ra** *adj* : payable

pagano, -na *adj & n* : pagan, heathen

pagar {52} *vt* : pay, pay for — *vi* : pay — **pagaré** *nm* : IOU

página *nf* : page

pago *nm* : payment

país *nm* **1** : country, nation **2** REGIÓN : region, land — **paisaje** *nm* : scenery, landscape — **paisano, -na** *n* : compatriot

paja *nf* **1** : straw **2** *fam* : nonsense

pájaro *nm* **1** : bird **2 ～ carpintero** : woodpecker — **pajarera** *nf* : aviary

pajita *nf* : (drinking) straw

pala *nf* **1** : shovel, spade **2** : blade (of an oar or a rotor) **3** : paddle, racket (in sports)

palabra *nf* **1** : word **2** HABLA : speech **3 tener la ～** : have the floor — **palabrota** *nf* : swearword

palacio *nm* **1** : palace, mansion **2 ～ de justicia** : courthouse

paladar *nm* : palate — **paladear** *vt* : savor

palanca *nf* **1** : lever, crowbar **2** *fam* : leverage, influence **3 ～ de cambio** *or* **～ de velocidades** : gearshift

palangana *nf* : washbowl

palco *nm* : box (in a theater)
palestino, -na *adj* : Palestinian
paleta *nf* **1** : small shovel, trowel **2** : palette (in art) **3** : paddle (in sports, etc.)
paletilla *nf* : shoulder blade
paliar *vt* : alleviate, ease — **paliativo, -va** *adj* : palliative
pálido, -da *adj* : pale — **palidecer** {53} *vi* : turn pale — **palidez** *nf, pl* **-deces** : paleness, pallor
palillo *nm* **1** : small stick **2** *or* ~ **de dientes** : toothpick
paliza *nf* : beating
palma *nf* **1** : palm (of the hand) **2** : palm (tree or leaf) **3 batir** ~**s** : clap, applaud — **palmada** *nf* **1** : pat, slap **2** ~**s** *nfpl* : clapping
palmera *nf* : palm tree
palmo *nm* **1** : span, small amount **2** ~ **a** ~ : bit by bit
palmotear *vi* : applaud — **palmoteo** *nm* : clapping, applause
palo *nm* **1** : stick **2** MANGO : shaft, handle **3** MÁSTIL : mast **4** POSTE : pole **5** GOLPE : blow **6** : suit (of cards)
paloma *nf* : pigeon, dove — **palomilla** *nf* : moth — **palomitas** *nfpl* : popcorn
palpar *vt* : feel, touch — **palpable** *adj* : palpable
palpitar *vi* : palpitate, throb — **palpitación** *nf, pl* **-ciones** : palpitation
palta *nf Lat* : avocado
paludismo *nm* : malaria
pampa *nf* : pampa
pan *nm* **1** : bread **2** : loaf (of bread, etc.) **3** ~ **tostado** : toast
pana *nf* : corduroy
panacea *nf* : panacea
panadería *nf* : bakery, bread shop — **panadero, -ra** *n* : baker
panal *nm* : honeycomb
panameño, -ña *adj* : Panamanian
pancarta *nf* : placard, banner
pancito *nm Lat* : (bread) roll
páncreas *nms & pl* : pancreas
panda *nmf* : panda
pandemonio *nm* : pandemonium
pandero *nm* : tambourine — **pandereta** *nf* : (small) tambourine
pandilla *nf* : gang
panecillo *nm Spain* : (bread) roll
panel *nm* : panel
panfleto *nm* : pamphlet
pánico *nm* : panic
panorama *nm* : panorama — **panorámico, -ca** *adj* : panoramic
panqueque *nm Lat* : pancake
pantaletas *nfpl Lat* : panties
pantalla *nf* **1** : screen **2** : lampshade

pantalón *nm, pl* **-lones 1** *or* **pantalones** *nmpl* : pants *pl*, trousers *pl* **2 pantalones vaqueros** : jeans
pantano *nm* **1** : swamp, marsh **2** EMBALSE : reservoir — **pantanoso, -sa** *adj* : marshy, swampy
pantera *nf* : panther
pantimedias *nfpl Lat* : panty hose
pantomima *nf* : pantomime
pantorrilla *nf* : calf (of the leg)
pantufla *nf* : slipper
panza *nf* : belly, paunch — **panzón, -zona** *adj, mpl* **-zones** : potbellied
pañal *nm* : diaper
paño *nm* **1** : cloth **2** TRAPO : rag, dust cloth **3** ~ **de cocina** : dishcloth **4** ~ **higiénico** : sanitary napkin **5** ~**s menores** : underwear
pañuelo *nm* **1** : handkerchief **2** : scarf, kerchief
papa[1] *nm* : pope
papa[2] *nf Lat* **1** : potato **2** ~**s fritas** : potato chips, french fries
papá *nm fam* **1** : dad, pop **2** ~**s** *nmpl* : parents, folks
papada *nf* : double chin
papagayo *nm* : parrot
papal *adj* : papal
papalote *nm Lat* : kite
papanatas *nmfs & pl fam* : simpleton
papaya *nf* : papaya
papel *nm* **1** : paper, sheet of paper **2** : role, part (in theater, etc.) **3** ~ **de aluminio** : aluminum foil **4** ~ **higiénico** *or* ~ **de baño** : toilet paper **5** ~ **de lija** : sandpaper **6** ~ **pintado** : wallpaper — **papeleo** *nm* : paperwork, red tape — **papelera** *nf* : wastebasket — **papelería** *nf* : stationery store — **papeleta** *nf* **1** : ticket, slip **2** : ballot (paper)
paperas *nfpl* : mumps
papilla *nf* **1** : baby food, pap **2 hacer** ~ : smash to bits
paquete *nm* **1** : package, parcel **2** : pack (of cigarettes, etc.)
paquistaní *adj* : Pakistani
par *nm* **1** : pair, couple **2** : par (in golf) **3** NOBLE : peer **4 abierto de** ~ **en** ~ : wide open **5 sin** ~ : without equal — ~ *adj* : even (in number) — ~ *nf* **1** : par **2 a la** ~ **que** : at the same time as
para *prep* **1** : for **2** HACIA : towards **3** : (in order) to **4** : around, by (a time) **5** ~ **adelante** : forwards **6** ~ **atrás** : backwards **7** ~ **que** : so (that), in order that
parabienes *nmpl* : congratulations
parábola *nf* : parable
parabrisas *nms & pl* : windshield
paracaídas *nms & pl* : parachute — **para-**

caidista *nmf* **1** : parachutist **2** : paratrooper (in the military)

parachoques *nms & pl* : bumper

parada *nf* **1** : stop **2** : (act of) stopping **3** DESFILE : parade — **paradero** *nm* **1** : whereabouts **2** *Lat* : bus stop — **parado, -da** *adj* **1** : idle, stopped **2** *Lat* : standing (up) **3 bien (mal) parado** : in good (bad) shape

paradoja *nf* : paradox

parafernalia *nf* : paraphernalia

parafina *nf* : paraffin

parafrasear *vt* : paraphrase — **paráfrasis** *nfs & pl* : paraphrase

paraguas *nms & pl* : umbrella

paraguayo, -ya *adj* : Paraguayan

paraíso *nm* : paradise

paralelo, -la *adj* : parallel — **paralelo** *nm* : parallel — **paralelismo** *nm* : similarity

parálisis *nfs & pl* : paralysis — **paralítico, -ca** *adj* : paralytic — **paralizar** {21} *vt* : paralyze

parámetro *nm* : parameter

páramo *nm* : barren plateau

parangón *nm, pl* **-gones 1** : comparison **2 sin ~** : matchless

paraninfo *nm* : auditorium, hall

paranoia *nf* : paranoia — **paranoico, -ca** *adj & n* : paranoid

parapeto *nm* : parapet, rampart

parapléjico, -ca *adj & n* : paraplegic

parar *vt* **1** : stop **2** *Lat* : stand, prop — *vi* **1** : stop **2 ir a ~** : end up, wind up — **pararse** *vr* **1** : stop **2** *Lat* : stand up

pararrayos *nms & pl* : lightning rod

parásito, -ta *adj* : parasitic — **parásito** *nm* : parasite

parasol *nm* : parasol

parcela *nf* : parcel, tract (of land) — **parcelar** *vt* : parcel (up)

parche *nm* : patch

parcial *adj* **1** : partial **2 a tiempo ~** : part-time — **parcialidad** *nf* : partiality, bias

parco, -ca *adj* : sparing, frugal

pardo, -da *adj* : brownish grey

parear *vt* : pair (up)

parecer {53} *vi* **1** : seem, look **2** ASEMEJARSE A : look like, seem like **3 me parece que** : I think that, in my opinion **4 ¿qué te parece?** : what do you think? **5 según parece** : apparently — **parecerse** *vr* **~ a** : resemble — **~** *nm* **1** : opinion **2** ASPECTO : appearance **3 al ~** : apparently — **parecido, -da** *adj* **1** : similar **2 bien parecido** : good-looking — **parecido** *nm* : resemblance, similarity

pared *nf* : wall

parejo, -ja *adj* **1** : even, smooth **2** SEMEJANTE : similar — **pareja** *nf* **1** : couple, pair

2 : partner (person)

parentela *nf* : relatives *pl*, kin — **parentesco** *nm* : relationship, kinship

paréntesis *nms & pl* **1** : parenthesis **2** DIGRESIÓN : digression **3 entre ~** : by the way

paria *nmf* : outcast

paridad *nf* : equality

pariente *nmf* : relative, relation

parir *vi* : give birth, have a baby — *vt* : give birth to

parking *nm* : parking lot

parlamentar *vi* : discuss — **parlamentario, -ria** *adj* : parliamentary — **~** *n* : member of parliament — **parlamento** *nm* : parliament

parlanchín, -china *adj, mpl* **-chines** : talkative, chatty — **~** *n* : chatterbox

parlotear *vi fam* : chatter — **parloteo** *nm fam* : chatter

paro *nm* **1** : stoppage, shutdown **2** DESEMPLEO : unemployment **3** *Lat* : strike **4 ~ cardíaco** : cardiac arrest

parodia *nf* : parody — **parodiar** *vt* : parody

párpado *nm* : eyelid — **parpadear** *vi* **1** : blink **2** : flicker (of light), twinkle (of stars) — **parpadeo** *nm* **1** : blink **2** : flicker (of light), twinkling (of stars)

parque *nm* **1** : park **2 ~ de atracciones** : amusement park

parqué *nm* : parquet

parquear *vt Lat* : park

parquedad *nf* : frugality, moderation

parquímetro *nm* : parking meter

parra *nf* : grapevine

párrafo *nm* : paragraph

parranda *nf fam* : party, spree

parrilla *nf* **1** : broiler, grill **2** : grate (of a chimney, etc.) — **parrillada** *nf* : barbecue

párroco *nm* : parish priest — **parroquia** *nf* **1** : parish **2** : parish church — **parroquial** *adj* : parochial — **parroquiano, -na** *nm* **1** : parishioner **2** CLIENTE : customer

parsimonia *nf* **1** : calm **2** FRUGALIDAD : thrift — **parsimonioso, -sa** *adj* **1** : calm, unhurried **2** FRUGAL : thrifty

parte *nf* **1** : part **2** PORCIÓN : share **3** LADO : side **4** : party (in negotiations, etc.) **5 de ~ de** : on behalf of **6 ¿de ~ de quién?** : who is speaking? **7 en alguna ~** : somewhere **8 en todas ~s** : everywhere **9 tomar ~** : take part — **~** *nm* **1** : report **2 ~ meteorológico** : weather forecast

partero, -ra *n* : midwife

partición *nf, pl* **-ciones** : division, sharing

participar *vi* **1** : participate, take part **2 ~ en** : have a share in — *vt* : notify — **participación** *nf, pl* **-ciones 1** : participation **2** : share, interest (in a fund, etc.) **3** NOTICIA : notice — **participante** *adj* : participating

— ~ *nmf* : participant — **partícipe** *nmf*
: participant
participio *nm* : participle
partícula *nf* : particle
particular *adj* **1** : particular **2** PRIVADO
: private — ~ *nm* **1** : matter **2** PERSONA
: individual — **particularidad** *nf* : peculiarity — **particularizar** {21} *vt* : distinguish,
characterize — *vi* : go into details
partir *vt* **1** : split, divide **2** ROMPER : break,
crack **3** REPARTIR : share (out) — *vi* **1** : depart **2** ~ **de** : start from **3 a** ~ **de** : as of,
from — **partirse** *vr* **1** : split (open) **2** RA-
JARSE : crack — **partida** *nf* **1** : departure **2**
: entry, item (in a register, etc.) **3** JUEGO
: game **4** : group (of persons) **5 mala** ~
: dirty trick **6** ~ **de nacimiento** : birth certificate — **partidario, -ria** *n* : follower, supporter — **partido** *nm* **1** : (political) party **2**
: game, match (in sports) **3** PARTIDARIOS
: following **4 sacar** ~ **de** : make the most
of
partitura *nf* : (musical) score
parto *nm* **1** : childbirth **2 estar de** ~ : be
in labor
parvulario *nm* : nursery school
pasa *nf* **1** : raisin **2** ~ **de Corinto** : currant
pasable *adj* : passable
pasada *nf* **1** : pass, wipe, coat (of paint, etc.)
2 de ~ : in passing **3 mala** ~ : dirty trick
— **pasadizo** *nm* : corridor — **pasado, -da**
adj **1** : past **2** PODRIDO : bad, spoiled **3**
ANTICUADO : out-of-date **4 el año pasado**
: last year — **pasado** *nm* : past
pasador *nm* **1** CERROJO : bolt **2** : barrette
(for the hair)
pasaje *nm* **1** : passage **2** BILLETE : ticket,
fare **3** PASILLO : passageway **4** PASAJEROS
: passengers *pl* — **pasajero, -ra** *adj* : passing — ~ *n* : passenger
pasamanos *nms & pl* : handrail, banister
pasaporte *nm* : passport
pasar *vi* **1** : pass, go (by) **2** ENTRAR : come
in **3** SUCEDER : happen **4** TERMINARSE : be
over, end **5** ~ **de** : exceed **6 ¿qué pasa?**
: what's the matter? — *vt* **1** : pass **2**
: spend (time) **3** CRUZAR : cross **4** TOL-
ERAR : tolerate **5** SUFRIR : go through, suffer **6** : show (a movie, etc.) **7 pasarlo bien**
: have a good time **8** ~ **por alto** : overlook, omit — **pasarse** *vr* **1** : pass, go away
2 ESTROPEARSE : spoil, go bad **3** OLVI-
DARSE : slip one's mind **4** EXCEDERSE : go
too far
pasarela *nf* **1** : footbridge **2** : gangway (on
a ship)
pasatiempo *nm* : pastime, hobby
Pascua *nf* **1** : Easter (Christian feast) **2**

: Passover (Jewish feast) **3** NAVIDAD
: Christmas
pase *nm* : pass
pasear *vi* : take a walk, go for a ride — *vt* **1**
: take for a walk **2** EXHIBIR : parade, show
off — **pasearse** *vr* : go for a walk, go for a
ride — **paseo** *nm* **1** : walk, ride **2** *Lat* : outing
pasillo *nm* : passage, corridor
pasión *nf, pl* **-siones** : passion
pasivo, -va *adj* : passive — **pasivo** *nm* : liabilities *pl*
pasmar *vt* : astonish, amaze — **pasmarse** *vr*
: be astonished — **pasmado, -da** *adj*
: stunned, flabbergasted — **pasmo** *nm* : astonishment — **pasmoso, -sa** *adj* : astonishing
paso¹, -sa *adj* : dried (of fruit)
paso² *nm* **1** : step **2** HUELLA : footprint **3**
RITMO : pace **4** CRUCE : crossing **5** PASAJE
: passage, way through **6** : (mountain) pass
7 de ~ : in passing
pasta *nf* **1** : paste **2** MASA : dough **3** *or* ~s
: pasta **4** ~ **de dientes** *or* ~ **dentífrica**
: toothpaste
pastar *v* : graze
pastel *nm* **1** : cake **2** EMPANADA : pie **3**
: pastel (crayon) — **pastelería** *nf* : pastry
shop
pasteurizar {21} *vt* : pasteurize
pastilla *nf* **1** : pill, tablet **2** : bar (of chocolate, soap, etc.) **3** ~ **para la tos** : lozenge,
cough drop
pasto *nm* **1** : pasture **2** *Lat* : grass, lawn —
pastor, -tora *n* **1** : shepherd **2** : pastor (in
religion) — **pastoral** *adj* : pastoral
pata *nf* **1** : paw, leg (of an animal) **2** : foot,
leg (of furniture) **3 meter la** ~ *fam* : put
one's foot in it — **patada** *nf* **1** : kick **2**
: stamp (of the foot) — **patalear** *vi* **1** : kick
2 : stamp (one's feet)
patata *nf Spain* : potato
patear *vt* : kick — *vi* **1** : kick **2** : stamp
(one's feet)
patentar *vt* : patent — **patente** *adj* : obvious,
patent — ~ *nf* : patent
paternal *adj* : fatherly, paternal — **paternidad** *nf* **1** : fatherhood **2** : paternity (in
law) — **paterno, -na** *adj* : paternal
patético, -ca *adj* : pathetic, moving
patillas *nfpl* : sideburns
patinar *vi* **1** : skate **2** RESBALAR : slip, slide
— **patín** *nm, pl* **-tines** : skate — **patinador,
-dora** *n* : skater — **patinaje** *nm* : skating —
patinazo *nm* **1** : skid **2** *fam* : blunder —
patinete *nm* : scooter
patio *nm* **1** : courtyard, patio **2** *or* ~ **de
recreo** : playground

pato, -ta *n* **1** : duck **2 pagar el pato** *fam* : take the blame — **patito, -ta** *n* : duckling
patología *nf* : pathology — **patológico, -ca** *adj* : pathological
patraña *nf* : hoax
patria *nf* : native land
patriarca *nm* : patriarch
patrimonio *nm* **1** : inheritance **2** : (historical or cultural) heritage
patriota *adj* : patriotic — ~ *nmf* : patriot — **patriótico, -ca** *adj* : patriotic — **patriotismo** *nm* : patriotism
patrocinador, -dora *n* : sponsor — **patrocinar** *vt* : sponsor — **patrocinio** *nm* : sponsorship
patrón, -trona *n, mpl* **-trones 1** : patron **2** JEFE : boss **3** : landlord, landlady *f* (of a boarding house, etc.) — **patrón** *nm, pl* **-trones** : pattern (in sewing) — **patronato** *nm* **1** : patronage **2** FUNDACIÓN : foundation, trust
patrulla *nf* **1** : patrol **2** : (police) cruiser — **patrullar** *v* : patrol
paulatino, -na *adj* : gradual
pausa *nf* : pause, break — **pausado, -da** *adj* : slow, deliberate
pauta *nf* : guideline
pavimento *nm* : pavement — **pavimentar** *vt* : pave
pavo, -va *n* **1** : turkey **2 pavo real** : peacock
pavonearse *vr* : strut, swagger
pavor *nm* : dread, terror — **pavoroso, -sa** *adj* : terrifying
payaso, -sa *n* : clown — **payasada** *nf* : antic, buffoonery — **payasear** *vi Lat fam* : clown (around)
paz *nf, pl* **paces 1** : peace **2 dejar en ~** : leave alone **3 hacer las paces** : make up, reconcile
peaje *nm* : toll
peatón *nm, pl* **-tones** : pedestrian
peca *nf* : freckle
pecado *nm* : sin — **pecador, -dora** *adj* : sinful — ~ *n* : sinner — **pecaminoso, -sa** *adj* : sinful — **pecar** {72} *vi* : sin
pecera *nf* : fishbowl, fish tank
pecho *nm* **1** : chest **2** MAMA : breast **3** CORAZÓN : heart, courage **4 dar el ~** : breast-feed **5 tomar a ~** : take to heart — **pechuga** *nf* : breast (of fowl)
pecoso, -sa *adj* : freckled
pectoral *adj* : pectoral
peculiar *adj* **1** : particular **2** RARO : peculiar, odd — **peculiaridad** *nf* : peculiarity
pedagogía *nf* : education, pedagogy — **pedagogo, -ga** *n* : educator, teacher
pedal *nm* : pedal — **pedalear** *vi* : pedal
pedante *adj* : pedantic, pompous

pedazo *nm* **1** : piece, bit **2 hacerse ~s** : fall to pieces
pedernal *nm* : flint
pedestal *nm* : pedestal
pediatra *nmf* : pediatrician
pedigrí *nm* : pedigree
pedir {54} *vt* **1** : ask for, request **2** : order (food, merchandise, etc.) — *vi* **1** : ask **2 ~ prestado** : borrow — **pedido** *nm* **1** : order **2 hacer un ~** : place an order
pedregoso, -sa *adj* : rocky, stony
pedrería *nf* : precious stones *pl*
pegar {52} *vt* **1** : stick, glue, paste **2** : sew on (a button, etc.) **3** JUNTAR : bring together **4** GOLPEAR : hit, strike **5** PROPINAR : deal (a blow, etc.) **6** : transmit (an illness) **7 ~ un grito** : let out a scream — *vi* **1** : adhere, stick **2** GOLPEAR : hit — **pegarse** *vr* **1** : hit oneself, hit each other **2** ADHERIRSE : stick, adhere **3** CONTAGIARSE : be transmitted — **pegadizo, -za** *adj* **1** : catchy **2** CONTAGIOSO : contagious — **pegajoso, -sa** *adj* **1** : sticky **2** *Lat* : catchy — **pegamento** *nm* : glue
peinar *vt* : comb — **peinarse** *vr* : comb one's hair — **peinado** *nm* : hairstyle, hairdo — **peine** *nm* : comb — **peineta** *nf* : ornamental comb
pelado, -da *adj* **1** : shorn, hairless **2** : peeled (of fruit, etc.) **3** *fam* : bare **4** *fam* : broke, penniless
pelaje *nm* : coat (of an animal), fur
pelar *vt* **1** : cut the hair of (a person) **2** MONDAR : peel (fruit) **3** : pluck (a chicken, etc.), skin (an animal) — **pelarse** *vr* **1** : peel **2** *fam* : get a haircut
peldaño *nm* **1** : step (of stairs) **2** : rung (of a ladder)
pelear *vi* **1** : fight **2** DISCUTIR : quarrel — **pelearse** *vr* : have a fight — **pelea** *nf* **1** : fight **2** DISCUSIÓN : quarrel
peletería *nf* : fur shop
peliagudo, -da *adj* : tricky, difficult
pelícano *nm* : pelican
película *nf* : movie, film
peligro *nm* **1** : danger **2** RIESGO : risk — **peligroso, -sa** *adj* : dangerous
pelirrojo, -ja *adj* : red-haired — ~ *n* : redhead
pellejo *nm* : skin, hide
pellizcar {72} *vt* : pinch — **pellizco** *nm* : pinch
pelo *nm* **1** : hair **2** : coat, fur (of an animal) **3** : pile, nap (of fabric) **4 con ~s y señales** : in great detail **5 no tener ~ en la lengua** *fam* : not to mince words **6 tomar el ~ a algn** *fam* : pull someone's leg — **pelón, -lona** *adj fam, mpl* **-lones** : bald
pelota *nf* : ball

pelotón *nm, pl* **-tones** : squad, detachment
peltre *nm* : pewter
peluca *nf* : wig
peluche *nm* **1** : plush **2 oso de ~** : teddy bear
peludo, -da *adj* : hairy, furry
peluquería *nf* : hairdresser's, barber shop — **peluquero, -ra** *n* : barber, hairdresser
pelusa *nf* : fuzz, lint
pelvis *nfs & pl* : pelvis
pena *nf* **1** : penalty **2** TRISTEZA : sorrow **3** DOLOR : suffering, pain **4** *Lat* : embarrassment **5 a duras ~s** : with great difficulty **6 ¡qué ~!** : what a shame! **7 valer la ~** : be worthwhile
penacho *nm* **1** : crest, tuft **2** : plume (ornament)
penal *adj* : penal — **~** *nm* : prison, penitentiary — **penalidad** *nf* **1** : hardship **2** : penalty (in law) — **penalizar** {21} *vt* : penalize
penalty *nm* : penalty (in sports)
penar *vt* : punish — *vi* : suffer
pendenciero, -ra *adj* : quarrelsome
pender *vi* : hang — **pendiente** *adj* **1** : pending **2 estar ~ de** : be watching out for — **~** *nf* : slope — **~** *nm Spain* : earring
pendón *nm, pl* **-dones** : banner
péndulo *nm* : pendulum
pene *nm* : penis
penetrar *vi* **1** : penetrate **2 ~ en** : go into — *vt* **1** : penetrate **2** : pierce (one's heart, etc.) **3** ENTENDER : fathom, grasp — **penetración** *nf, pl* **-ciones** **1** : penetration **2** PERSPICACIA : insight — **penetrante** *adj* **1** : penetrating **2** : sharp (of odors, etc.), piercing (of sounds) **3** : deep (of a wound, etc.)
penicilina *nf* : penicillin
península *nf* : peninsula — **peninsular** *adj* : peninsular
penitencia *nf* **1** : penitence **2** CASTIGO : penance — **penitenciaría** *nf* : penitentiary — **penitente** *adj & nmf* : penitent
penoso, -sa *adj* **1** : painful, distressing **2** TRABAJOSO : difficult **3** *Lat* : shy
pensar {55} *vi* **1** : think **2 ~ en** : think about — *vt* **1** : think **2** CONSIDERAR : think about **3 ~ hacer algo** : intend to do sth — **pensador, -dora** *n* : thinker — **pensamiento** *nm* **1** : thought **2** : pansy (flower) — **pensativo, -va** *adj* : pensive, thoughtful
pensión *nf, pl* **-siones** **1** : boarding house **2** : (retirement) pension **3 ~ alimenticia** : alimony — **pensionista** *nmf* **1** : lodger **2** JUBILADO : retiree
pentágono *nm* : pentagon
pentagrama *nm* : staff (in music)

penúltimo, -ma *adj* : next to last, penultimate
penumbra *nf* : half-light
penuria *nf* : dearth, shortage
peña *nf* : rock, crag — **peñasco** *nm* : crag, large rock — **peñón** *nm, pl* **-ñones** : craggy rock
peón *nm, pl* **peones** **1** : laborer, peon **2** : pawn (in chess)
peonía *nf* : peony
peor *adv* **1** (*comparative of* **mal**) : worse **2** (*superlative of* **mal**) : worst — **~** *adj* **1** (*comparative of* **malo**) : worse **2** (*superlative of* **malo**) : worst
pepino *nm* : cucumber — **pepinillo** *nm* : pickle, gherkin
pepita *nf* **1** : seed, pip **2** : nugget (of gold, etc.)
pequeño, -ña *adj* : small, little — **pequeñez** *nf, pl* **-ñeces** **1** : smallness **2** NIMIEDAD : trifle
pera *nf* : pear — **peral** *nm* : pear tree
percance *nm* : mishap, setback
percatarse *vr* **~ de** : notice
percepción *nf, pl* **-ciones** : perception — **perceptible** *adj* : perceptible
percha *nf* **1** : perch (for birds) **2** : (coat) hanger **3** : coatrack (on a wall)
percibir *vt* **1** : perceive **2** : receive (a salary, etc.)
percusión *nf, pl* **-siones** : percussion
perder {56} *vt* **1** : lose **2** : miss (an opportunity, etc.) **3** DESPERDICIAR : waste (time) — *vi* : lose — **perderse** *vr* **1** : get lost **2** DESAPARECER : disappear **3** DESPERDICIARSE : be wasted — **perdedor, -dora** *n* : loser — **pérdida** *nf* **1** : loss **2** ESCAPE : leak **3 ~ de tiempo** : waste of time — **perdido, -da** *adj* **1** : lost **2 un caso perdido** *fam* : a hopeless case
perdigón *nm, pl* **-gones** : shot, pellet
perdiz *nf, pl* **-dices** : partridge
perdón *nm, pl* **-dones** : forgiveness, pardon — **perdón** *interj* : sorry! — **perdonar** *vt* **1** DISCULPAR : forgive **2** : pardon (in law)
perdurar *vi* : last, endure — **perdurable** *adj* : lasting
perecer {53} *vi* : perish, die — **perecedero, -ra** *adj* : perishable
peregrinación *nf, pl* **-ciones** *or* **peregrinaje** *nm* : pilgrimage — **peregrino, -na** *adj* **1** : migratory **2** RARO : unusual, odd — **~** *n* : pilgrim
perejil *nm* : parsley
perenne *adj & nm* : perennial
pereza *nf* : laziness — **perezoso, -sa** *adj* : lazy
perfección *nf, pl* **-ciones** : perfection — **perfeccionar** *vt* **1** : perfect **2** MEJORAR

: improve — **perfeccionista** *nmf* : perfectionist — **perfecto, -ta** *adj* : perfect
perfidia *nf* : treachery — **pérfido, -da** *adj* : treacherous
perfil *nm* **1** : profile **2** CONTORNO : outline **3** ~es *nmpl* RASGOS : features — **perfilar** *vt* : outline — **perfilarse** *vr* **1** : be outlined **2** CONCRETARSE : take shape
perforar *vt* **1** : perforate **2** : drill, bore (a hole) — **perforación** *nf, pl* **-ciones** : perforation — **perforadora** *nf* : (paper) punch
perfume *nm* : perfume, scent — **perfumar** *vt* : perfume — **perfumarse** *vr* : put perfume on
pergamino *nm* : parchment
pericia *nf* : skill
periferia *nf* : periphery, outskirts (of a city, etc.) — **periférico, -ca** *adj* : peripheral
perilla *nf* **1** : goatee **2** *Lat* : knob **3 venir de** ~s *fam* : come in handy
perímetro *nm* : perimeter
periódico, -ca *adj* : periodic — **periódico** *nm* : newspaper — **periodismo** *nm* : journalism — **periodista** *nmf* : journalist
período *or* **periodo** *nm* : period
periquito *nm* : parakeet
periscopio *nm* : periscope
perito, -ta *adj & n* : expert
perjudicar {72} *vt* : harm, damage — **perjudicial** *adj* : harmful — **perjuicio** *nm* **1** : harm, damage **2 en** ~ **de** : to the detriment of
perjurar *vi* : perjure oneself — **perjurio** *nm* : perjury
perla *nf* **1** : pearl **2 de** ~s *fam* : great, just fine
permanecer {53} *vi* : remain — **permanencia** *nf* **1** : permanence **2** : stay, staying (in a place) — **permanente** *adj* : permanent — ~ *nf* : permanent (wave)
permeable *adj* : permeable
permitir *vt* **1** : permit, allow **2 ¿me permite?** : may I? — **permitirse** *vr* : allow oneself — **permisible** *adj* : permissible, allowable — **permisivo, -va** *adj* : permissive — **permiso** *nm* **1** : permission **2** : permit, license (document) **3** : leave (in the military) **4 con** ~ : excuse me
permuta *nf* : exchange
pernicioso, -sa *adj* : pernicious, destructive
pero *conj* : but — ~ *nm* **1** : fault **2** REPARO : objection
perorar *vi* : make a speech — **perorata** *nf* : (long-winded) speech
perpendicular *adj & nf* : perpendicular
perpetrar *vt* : perpetrate
perpetuar {3} *vt* : perpetuate — **perpetuo, -tua** *adj* : perpetual

perplejo, -ja *adj* : perplexed — **perplejidad** *nf* : perplexity
perro, -rra *n* **1** : dog, bitch *f* **2 perro caliente** : hot dog — **perrera** *nf* : kennel
perseguir {75} *vt* **1** : pursue, chase **2** ACOSAR : persecute — **persecución** *nf, pl* **-ciones 1** : pursuit, chase **2** ACOSO : persecution
perseverar *vi* : persevere — **perseverancia** *nf* : perseverance
persiana *nf* : (venetian) blind
persistir *vi* : persist — **persistencia** *nf* : persistence — **persistente** *adj* : persistent
persona *nf* : person — **personaje** *nm* **1** : character (in literature, etc.) **2** : important person, celebrity — **personal** *adj* : personal — ~ *nm* : personnel, staff — **personalidad** *nf* : personality — **personificar** {72} *vi* : personify
perspectiva *nf* **1** : perspective **2** VISTA : view **3** POSIBILIDAD : prospect, outlook
perspicacia *nf* : shrewdness, insight — **perspicaz** *adj, pl* **-caces** : shrewd, discerning
persuadir *vt* : persuade — **persuadirse** *vr* : become convinced — **persuasión** *nf, pl* **-siones** : persuasion — **persuasivo, -va** *adj* : persuasive
pertenecer {53} *vi* ~ **a** : belong to — **perteneciente** *adj* ~ **a** : belonging to — **pertenencia** *nf* **1** : ownership **2** ~s *nfpl* : belongings
pertinaz *adj, pl* **-naces 1** OBSTINADO : obstinate **2** PERSISTENTE : persistent
pertinente *adj* : pertinent, relevant — **pertinencia** *nf* : relevance
perturbar *vt* : disturb — **perturbación** *nf, pl* **-ciones** : disturbance
peruano, -na *adj* : Peruvian
pervertir {76} *vt* : pervert — **perversión** *nf, pl* **-siones** : perversion — **perverso, -sa** *adj* : perverse — **pervertido, -da** *adj* : perverted, depraved — ~ *n* : pervert
pesa *nf* **1** : weight **2** ~s : weights (in sports) — **pesadez** *nf, pl* **-deces 1** : heaviness **2** *fam* : tediousness, drag
pesadilla *nf* : nightmare
pesado, -da *adj* **1** : heavy **2** LENTO : sluggish **3** MOLESTO : annoying **4** ABURRIDO : tedious **5** DURO : tough, difficult — ~ *n* *fam* : bore, pest — **pesadumbre** *nf* : grief, sorrow
pésame *nm* : condolences *pl*
pesar *vt* : weigh — *vi* **1** : weigh, be heavy **2** INFLUIR : carry weight **3 pese a** : despite — ~ *nm* **1** : sorrow, grief **2** REMORDIMIENTO : remorse **3 a** ~ **de** : in spite of
pescado *nm* : fish — **pesca** *nf* **1** : fishing **2** PECES : fish *pl*, catch **3 ir de** ~ : go fishing

— **pescadería** *nf* : fish market — **pesca-dor, -dora** *n, mpl* **-dores** : fisherman —
pescar {72} *vt* **1** : fish for **2** *fam* : catch (a cold, etc.) **3** *fam* : catch hold of, nab — *vi* : fish
pescuezo *nm* : neck (of an animal)
pese a → **pesar**
pesebre *nm* : manger
pesero *nm Lat* : minibus
peseta *nf* : peseta
pesimismo *nm* : pessimism — **pesimista** *adj* : pessimistic — ~ *nmf* : pessimist
pésimo, -ma *adj* : awful
peso *nm* **1** : weight **2** CARGA : burden **3** : peso (currency) **4** ~ **pesado** : heavy-weight
pesquero, -ra *adj* : fishing
pesquisa *nf* : inquiry
pestaña *nf* : eyelash — **pestañear** *vi* : blink — **pestañeo** *nm* : blink
peste *nm* **1** : plague **2** *fam* : stench, stink **3** *Lat fam* : cold, bug — **pesticida** *nm* : pesticide — **pestilencia** *nf* **1** : stench **2** PLAGA : pestilence
pestillo *nm* : bolt, latch
petaca *nf Lat* : suitcase
pétalo *nm* : petal
petardo *nm* : firecracker
petición *nf, pl* **-ciones** : petition, request
petirrojo *nm* : robin
petrificar {72} *vt* : petrify
petróleo *nm* : oil, petroleum — **petrolero, -ra** *adj* : oil — **petrolero** *nm* : oil tanker
petulante *adj* : insolent, arrogant
peyorativo, -va *adj* : pejorative
pez *nm, pl* **peces** **1** : fish **2** ~ **de colores** : goldfish **3** ~ **espada** : swordfish **4** ~ **gordo** *fam* : big shot
pezón *nm, pl* **-zones** : nipple
pezuña *nf* : hoof
piadoso, -sa *adj* **1** : compassionate **2** DE-VOTO : pious, devout
piano *nm* : piano — **pianista** *nmf* : pianist, piano player
piar {85} *vi* : chirp, tweet
pibe, -ba *n Lat fam* : kid, child
pica *nf* **1** : pike, lance **2** : spade (in playing cards)
picado, -da *adj* **1** : perforated **2** : minced, chopped (of meat, etc.) **3** : decayed (of teeth) **4** : choppy (of the sea) **5** *fam* : annoyed — **picada** *nf* **1** : bite, sting **2** *Lat* : sharp descent — **picadillo** *nm* : minced meat — **picadura** *nf* **1** : sting, bite **2** : (moth) hole
picante *adj* : hot, spicy
picaporte *nm* **1** : door handle **2** ALDABA : door knocker **3** PESTILLO : latch
picar {72} *vt* **1** : sting, bite **2** : peck at, nib-

ble on (food) **3** PERFORAR : prick, puncture **4** TRITURAR : chop, mince — *vi* **1** : bite, take the bait **2** ESCOCER : sting, itch **3** COMER : nibble **4** : be spicy (of food) — **pi-carse** *vr* **1** : get a cavity **2** ENFADARSE : take offense
picardía *nf* **1** : craftiness **2** TRAVESURA : prank — **picaresco, -ca** *adj* **1** : picaresque **2** TRAVIESO : roguish — **pícaro, -ra** *adj* **1** : mischievous **2** MALICIOSO : villainous — ~ *n* : rascal, scoundrel
picazón *nf, pl* **-zones** : itch
pichón, -chona *n, mpl* **-chones** : (young) pigeon
picnic *nm, pl* **-nics** : picnic
pico *nm* **1** : beak **2** CIMA : peak **3** PUNTA : (sharp) point **4** : pick, pickax (tool) **5 las siete y** ~ : a little after seven — **picotazo** *nm* : peck — **picotear** *vt* : peck — *vi fam* : nibble, pick — **picudo, -da** *adj* : pointy
pie *nm* **1** : foot (in anatomy) **2** : base, bottom, stem **3 al** ~ **de la letra** : word for word **4 dar** ~ **a** : give rise to **5 de** ~ : standing (up) **6 de** ~**s a cabeza** : from top to bottom
piedad *nf* **1** : pity, mercy **2** DEVOCIÓN : piety
piedra *nf* **1** : stone **2** : flint (of a lighter) **3** GRANIZO : hailstone **4** ~ **angular** : cornerstone **5** → **pómez**
piel *nf* **1** : skin **2** CUERO : leather **3** PELO : fur, pelt
pienso *nm* : feed, fodder
pierna *nf* : leg
pieza *nf* **1** : piece, part **2** *or* ~ **de teatro** : play **3** HABITACIÓN : room
pigmento *nm* : pigment — **pigmentación** *nf, pl* **-ciones** : pigmentation
pigmeo, -mea *adj* : pygmy
pijama *nm* : pajamas *pl*
pila *nf* **1** : battery **2** MONTÓN : pile **3** FRE-GADERO : sink **4** : basin (of a fountain, etc.)
pilar *nm* : pillar
píldora *nf* : pill
pillar *vt* **1** : catch **2** : get (a joke, etc.) — **pillaje** *nm* : pillage — **pillo, -lla** *adj* : crafty — ~ *n* : rascal, scoundrel
piloto *nmf* : pilot — **pilotar** *vt* : pilot
pimienta *nf* : pepper (condiment) — **pimiento** *nm* : pepper (fruit) — **pimentero** *nm* : pepper shaker — **pimentón** *nm, pl* **-tones** **1** : paprika **2** : cayenne pepper
pináculo *nm* : pinnacle
pincel *nm* : paintbrush
pinchar *vt* **1** : pierce, prick **2** : puncture (a tire, etc.) **3** INCITAR : goad — **pinchazo** *nm* **1** : prick **2** : puncture (of a tire, etc.)
pingüino *nm* : penguin
pino *nm* : pine (tree)

pintar *v* : paint — **pintarse** *vr* : put on makeup — **pinta** *nf* **1** : spot **2** : pint (measure) **3** *fam* : appearance — **pintada** *nf* : graffiti — **pinto, -ta** *adj* : speckled, spotted — **pintor, -tora** *n, mpl* **-tores** : painter — **pintoresco, -ca** *adj* : picturesque, quaint — **pintura** *nf* **1** : paint **2** CUADRO : painting

pinza *nf* **1** : clothespin **2** : claw, pincer (of a crab, etc.) **3** ~**s** *nfpl* : tweezers

pinzón *nm, pl* **-zones** : finch

piña *nf* **1** : pine cone **2** ANANÁS : pineapple

piñata *nf* : piñata

piñón *nm, pl* **-ñones** : pine nut

pío[1], **pía** *adj* **1** : pious **2** : piebald (of a horse)

pío[2] *nm* : peep, chirp

piojo *nm* : louse

pionero, -ra *n* : pioneer

pipa *nf* **1** : pipe (for smoking) **2** *Spain* : seed, pip

pique *nm* **1** : grudge **2** RIVALIDAD : rivalry **3 irse a** ~ : sink, founder

piqueta *nf* : pickax

piquete *nm* : picket (line) — **piquetear** *v* : picket

piragua *nf* : canoe

pirámide *nf* : pyramid

piraña *nf* : piranha

pirata *adj* : bootleg, pirated — ~ *nmf* : pirate — **piratear** *vt* **1** : bootleg, pirate **2** : hack into (a computer)

piropo *nm* : (flirtatious) compliment

pirueta *nf* : pirouette

pirulí *nm* : (cone-shaped) lollipop

pisada *nf* **1** : footstep **2** HUELLA : footprint

pisapapeles *nms & pl* : paperweight

pisar *vt* **1** : step on **2** HUMILLAR : walk all over, abuse — *vi* : step, tread

piscina *nf* **1** : swimming pool **2** : (fish) pond

piso *nm* **1** : floor, story **2** *Lat* : floor (of a room) **3** *Spain* : apartment

pisotear *vt* : trample (on)

pista *nf* **1** : trail, track **2** INDICIO : clue **3** ~ **de aterrizaje** : runway, airstrip **4** ~ **de baile** : dance floor **5** ~ **de hielo** : ice-skating rink

pistacho *nm* : pistachio

pistola *nf* **1** : pistol, gun **2** PULVERIZADOR : spray gun — **pistolera** *nf* : holster — **pistolero** *nm* : gunman

pistón *nm, pl* **-tones** : piston

pito *nm* **1** SILBATO : whistle **2** CLAXON : horn — **pitar** *vi* **1** : blow a whistle **2** : beep, honk (of a horn) — *vt* : whistle at — **pitido** *nm* **1** : whistle, whistling **2** : beep (of a horn) — **pitillo** *nm fam* : cigarette

pitón *nm, pl* **-tones** *nm* : python

pitorro *nm* : spout

pivote *nm* : pivot

piyama *nmf Lat* : pajamas *pl*

pizarra *nf* **1** : slate **2** ENCERADO : blackboard — **pizarrón** *nm, pl* **-rrones** *Lat* : blackboard

pizca *nf* **1** : pinch (of salt) **2** ÁPICE : speck, tiny bit **3** *Lat* : harvest

pizza *nf* : pizza — **pizzería** *nf* : pizzeria

placa *nf* **1** : sheet, plate **2** INSCRIPCIÓN : plaque **3** : (police) badge

placenta *nf* : placenta

placer {57} *vt* : please — ~ *nm* : pleasure — **placentero, -ra** *adj* : pleasant, agreeable

plácido, -da *adj* : placid, calm

plaga *nf* **1** : plague **2** CALAMIDAD : disaster — **plagar** {52} *vt* : plague, infest

plagiar *vt* : plagiarize — **plagio** *nm* : plagiarism

plan *nm* **1** : plan **2 en** ~ **de** : as **3 no te pongas en ese** ~ *fam* : don't be that way

plana *nf* **1** : page **2 en primera** ~ : on the front page

plancha *nf* **1** : iron (for ironing) **2** : grill (for cooking) **3** LÁMINA : sheet, plate — **planchar** *v* : iron — **planchado** *nm* : ironing

planear *vt* : plan — *vi* : glide — **planeador** *nm* : glider

planeta *nm* : planet

planicie *nf* : plain

planificar {72} *vt* : plan — **planificación** *nf, pl* **-ciones** : planning

planilla *nf Lat* : list, roster

plano, -na *adj* : flat — **plano** *nm* **1** : map, plan **2** : plane (surface) **3** NIVEL : level **4 de** ~ : flatly, outright **5 primer** ~ : foreground, close-up (in photography)

planta *nf* **1** : plant **2** PISO : floor, story **3** : sole (of the foot) — **plantación** *nf, pl* **-ciones** **1** : plantation **2** : (action of) planting — **plantar** *vt* **1** : plant **2** *fam* : deal, land — **plantarse** *vr* : stand firm

plantear *vt* **1** : expound, set forth **2** : raise (a question) **3** CAUSAR : create, pose (a problem) — **plantearse** *vr* : think about, consider

plantel *nm* **1** : staff, team **2** *Lat* : educational institution

plantilla *nf* **1** : insole **2** PATRÓN : pattern, template **3** : staff (of a business, etc.)

plasma *nm* : plasma

plástico, -ca *adj* : plastic — **plástico** *nm* : plastic

plata *nf* **1** : silver **2** *Lat fam* : money **3** ~ **de ley** : sterling silver

plataforma *nf* **1** : platform **2** ~ **petrolífera** : oil rig **3** ~ **de lanzamiento** : launching pad

plátano *nm* **1** : banana **2** : plantain

platea *nf* : orchestra, pit (in a theater)
plateado, -da *adj* **1** : silver, silvery (color) **2** : silver-plated
platicar {72} *vi* : talk, chat — **plática** *nf* : chat, conversation
platija *nf* : flatfish, flounder
platillo *nm* **1** : saucer **2** CÍMBALO : cymbal **3** *Lat* : dish, course
platino *nm* : platinum
plato *nm* **1** : plate, dish **2** : course (of a meal) **3** ~ **principal** : entrée
platónico, -ca *adj* : platonic
playa *nf* **1** : beach, seashore **2** ~ **de estacionamiento** *Lat* : parking lot
plaza *nf* **1** : square, plaza **2** : seat (in transportation) **3** PUESTO : post, position **4** MERCADO : market, marketplace **5** ~ **de toros** : bullring
plazo *nm* **1** : period, term **2** PAGO : installment **3** **a largo** ~ : long-term
plazoleta *or* **plazuela** *nf* : small square
pleamar *nf* : high tide
plebe *nf* : common people — **plebeyo, -ya** *adj & nm* : plebeian
plegar {49} *vt* : fold, bend — **plegarse** *vr* **1** : give in, yield **2** : jackknife (of a truck) — **plegable** *or* **plegadizo, -za** *adj* : folding, collapsible
plegaria *nf* : prayer
pleito *nm* **1** : lawsuit **2** *Lat* : dispute, fight
plenilunio *nm* : full moon
pleno, -na *adj* **1** : full, complete **2** **en plena forma** : in top form **3** **en pleno día** : in broad daylight — **plenitud** *nf* : fullness, abundance
pleuresía *nf* : pleurisy
pliego *nm* : sheet (of paper) — **pliegue** *nm* **1** : crease, fold **2** : pleat (in fabric)
plisar *vt* : pleat
plomería *nf Lat* : plumbing — **plomero, -ra** *n Lat* : plumber
plomo *nm* **1** : lead **2** FUSIBLE : fuse
pluma *nf* **1** : feather **2** : (fountain) pen — **plumaje** *nm* : plumage — **plumero** *nm* : feather duster — **plumilla** *nf* : nib — **plumón** *nm, pl* **-mones** : down
plural *adj & nm* : plural — **pluralidad** *nf* : plurality
pluriempleo *nm* **hacer** ~ : have more than one job
plus *nm* : bonus
plusvalía *nf* : appreciation, capital gain
plutocracia *nf* : plutocracy
Plutón *nm* : Pluto
plutonio *nm* : plutonium
pluvial *adj* : rain
poblar {19} *vt* **1** : settle, colonize **2** HABITAR : inhabit — **poblarse** *vr* : become crowded — **población** *nf, pl* **-ciones 1**

: city, town, village **2** HABITANTES : population — **poblado, -da** *adj* **1** : populated **2** : thick, bushy (of a beard, eyebrows, etc.) — **poblado** *nm* : village
pobre *adj* **1** : poor **2** **¡~ de mí!** : poor me! — ~ *nmf* **1** : poor person **2** **los** ~**s** : the poor **3** **¡pobre!** : poor thing! — **pobreza** *nf* : poverty
pocilga *nf* : pigsty
poción *nf, pl* **-ciones** *or* **pócima** *nf* : potion
poco, -ca *adj* **1** : little, not much, (a) few **2** **pocas veces** : rarely — ~ *pron* **1** : little, few **2** **hace poco** : not long ago **3** **poco a poco** : bit by bit, gradually **4** **por poco** : nearly, just about **5** **un poco** : a little, a bit — **poco** *adv* : little, not much
podar *vt* : prune
poder {58} *v aux* **1** : be able to, can **2** (*expressing possibility*) : might, may **3** (*expressing permission*) : can, may **4** **¿cómo puede ser?** : how can it be? **5** **¿puedo pasar?** : may I come in? — *vi* **1** : be possible **2** ~ **con** : cope with, manage **3** **no puedo más** : I've had enough — ~ *nm* **1** : power **2** POSESIÓN : possession — **poderío** *nm* : power — **poderoso, -sa** *adj* : powerful
podólogo, -ga *n* : chiropodist
podrido, -da *adj* : rotten
poema *nm* : poem — **poesía** *nf* **1** : poetry **2** POEMA : poem — **poeta** *nmf* : poet — **poético, -ca** *adj* : poetic
póker *nm* → **póquer**
polaco, -ca *adj* : Polish
polar *adj* : polar — **polarizar** {21} *vt* : polarize
polea *nf* : pulley
polémica *nf* : controversy — **polémico, -ca** *adj* : controversial — **polemizar** *vt* : argue
polen *nm, pl* **pólenes** : pollen
policía *nf* : police — ~ *nmf* : police officer, policeman *m*, policewoman *f* — **policíaco, -ca** *adj* **1** : police **2** **novela policíaca** : detective story
poliéster *nm* : polyester
poligamia *nf* : polygamy — **polígamo, -ma** *n* : polygamist
polígono *nm* : polygon
polilla *nf* : moth
polio *or* **poliomielitis** *nf* : polio, poliomyelitis
politécnico, -ca *adj* : polytechnic
política *nf* **1** : politics **2** POSTURA : policy — **político, -ca** *adj* **1** : political **2** **hermano político** : brother-in-law — ~ *n* : politician
póliza *nf or* ~ **de seguros** : insurance policy
polizón *nm, pl* **-zones** : stowaway
pollo, -lla *n* **1** : chicken, chick **2** : chicken

(for cooking) — **pollera** *nf Lat* : skirt — **pollería** *nf* : poultry shop — **pollito, -ta** *n* : chick

polo *nm* **1** : pole **2** : polo (sport) **3** ~ **norte** : North Pole

poltrona *nf* : easy chair

polución *nf, pl* **-ciones** : pollution

polvo *nm* **1** : powder **2** SUCIEDAD : dust **3** ~**s** *nmpl* : face powder **4 hacer** ~ *fam* : crush, shatter — **polvareda** *nf* : cloud of dust — **polvera** *nf* : compact (for powder) — **pólvora** *nf* : gunpowder — **polvoriento, -ta** *adj* : dusty

pomada *nf* : ointment

pomelo *nm* : grapefruit

pómez *nm or* **piedra** ~ *nf* : pumice

pomo *nm* : knob, doorknob

pompa *nf* **1** : (soap) bubble **2** ESPLENDOR : pomp **3** ~**s fúnebres** : funeral — **pomposo, -sa** *adj* **1** : pompous **2** ESPLÉNDIDO : splendid

pómulo *nm* : cheekbone

ponchar *vt Lat* : puncture — **ponchadura** *nf Lat* : puncture

ponche *nm* : punch (drink)

poncho *nm* : poncho

ponderar *vt* **1** : consider **2** ALABAR : speak highly of

poner {60} *vt* **1** : put **2** AGREGAR : add **3** CONTRIBUIR : contribute **4** SUPONER : suppose **5** DISPONER : arrange, set out **6** : give (a name), call **7** ENCENDER : turn on **8** ESTABLECER : set up, establish **9** : lay (eggs) — *vi* : lay eggs — **ponerse** *vr* **1** : move (into a position) **2** : put on (clothing, etc.) **3** : set (of the sun) **4** ~ **furioso** : become angry

poniente *nm* **1** OCCIDENTE : west **2** : west wind

pontífice *nm* : pontiff

pontón *nm, pl* **-tones** : pontoon

ponzoña *nf* : poison, venom

popa *nf* **1** : stern **2 a** ~ : astern

popelín *nm, pl* **-lines** : poplin

popote *nm Lat* : (drinking) straw

populacho *nm* : rabble, masses *pl*

popular *adj* **1** : popular **2** : colloquial (of language) — **popularidad** *nf* : popularity — **popularizar** {21} *vt* : popularize — **populoso, -sa** *adj* : populous

póquer *nm* : poker (card game)

por *prep* **1** : for **2** (*indicating an approximate time*) : around, during **3** (*indicating an approximate place*) : around, about **4** A TRAVÉS DE : through, along **5** A CAUSA DE : because of **6** (*indicating rate or ratio*) : per **7** *or* ~ **medio de** : by means of **8** : times (in mathematics) **9** SEGÚN : as for, according to **10 estar** ~ : be about to **11** ~ **ciento** : percent **12** ~ **favor** : please **13** ~ **lo tanto** : therefore **14 ¿por qué?** : why?

porcelana *nf* : porcelain, china

porcentaje *nm* : percentage

porción *nf, pl* **-ciones** : portion, piece

pordiosero, -ra *n* : beggar

porfiar {85} *vi* : insist — **porfiado, -da** *adj* : obstinate, persistent

pormenor *nm* : detail

pornografía *nf* : pornography — **pornográfico, -ca** *adj* : pornographic

poro *nm* : pore — **poroso, -sa** *adj* : porous

poroto *nm Lat* : bean

porque *conj* **1** : because **2** *or* **por que** : in order that — **porqué** *nm* : reason

porquería *nf* **1** SUCIEDAD : filth **2** : shoddy thing, junk

porra *nf* : nightstick, club — **porrazo** *nm* : blow, whack

portaaviones *nms & pl* : aircraft carrier

portada *nf* **1** : facade **2** : title page (of a book), cover (of a magazine)

portador, -dora *n* : bearer

portaequipajes *nms & pl* : luggage rack

portafolio *or* **portafolios** *nm, pl* **-lios 1** : portfolio **2** MALETÍN : briefcase

portal *nm* **1** : doorway **2** VESTÍBULO : hall, vestibule

portamonedas *nms & pl* : purse

portar *vt* : carry, bear — **portarse** *vr* : behave

portátil *adj* : portable

portaviones *nm* → **portaaviones**

portavoz *nmf, pl* **-voces** : spokesperson, spokesman *m*, spokeswoman *f*

portazo *nm* **dar un** ~ : slam the door

porte *nm* **1** : transport, freight **2** ASPECTO : bearing, appearance **3** ~ **pagado** : postage paid

portento *nm* : marvel, wonder — **portentoso, -sa** *adj* : marvelous

porteño, -ña *adj* : of or from Buenos Aires

portería *nf* **1** : superintendent's office **2** : goal, goalposts *pl* (in sports) — **portero, -ra** *n* **1** : goalkeeper, goalie **2** CONSERJE : janitor, superintendent

portezuela *nf* : door (of an automobile)

pórtico *nm* : portico

portilla *nf* : porthole

portugués, -guesa *adj, mpl* **-gueses** : Portuguese — **portugués** *nm* : Portuguese (language)

porvenir *nm* : future

pos: en ~ **de** *adv phr* : in pursuit of

posada *nf* : inn

posaderas *nfpl fam* : backside, bottom

posar *vi* : pose — *vt* : place, lay — **posarse** *vr* : settle, rest

posavasos *nms & pl* : coaster
posdata *nf* : postscript
pose *nf* : pose
poseer {20} *vt* : possess, own — **poseedor, -dora** *n* : possessor, owner — **poseído, -da** *adj* : possessed — **posesión** *nf, pl* **-siones** : possession — **posesionarse** *vr* ~ **de** : take possession of, take over — **posesivo, -va** *adj* : possessive
posguerra *nf* : postwar period
posibilidad *nf* : possibility — **posibilitar** *vt* : make possible — **posible** *adj* **1** : possible **2 de ser** ~ : if possible
posición *nf, pl* **-ciones** : position — **posicionar** *vt* : position — **posicionarse** *vr* : take a stand
positivo, -va *adj* : positive
poso *nm* : sediment, (coffee) grounds
posponer {60} *vt* **1** : postpone **2** RELEGAR : put behind, subordinate
postal *adj* : postal — ~ *nf* : postcard
postdata → **posdata**
poste *nm* : post, pole
póster *nm, pl* **-ters** : poster
postergar {52} *vt* **1** : pass over **2** APLAZAR : postpone
posteridad *nf* : posterity — **posterior** *adj* **1** : later, subsequent **2** TRASERO : back, rear — **posteriormente** *adv* : subsequently, later
postigo *nm* **1** : small door **2** CONTRAVENTANA : shutter
postizo, -za *adj* : artificial, false
postrarse *vr* : prostrate oneself — **postrado, -da** *adj* : prostrate
postre *nm* : dessert
postular *vt* **1** : advance, propose **2** *Lat* : nominate — **postulado** *nm* : postulate
póstumo, -ma *adj* : posthumous
postura *nf* : position, stance
potable *adj* : drinkable, potable
potaje *nm* : thick vegetable soup
potasio *nm* : potassium
pote *nm* : jar
potencia *nf* : power — **potencial** *adj & nm* : potential — **potente** *adj* : powerful
potro, -tra *n* : colt *m*, filly *f* — **potro** *nm* : horse (in gymnastics)
pozo *nm* **1** : well **2** : shaft (in a mine)
práctica *nf* **1** : practice **2 en la** ~ : in practice — **practicable** *adj* : practicable, feasible — **practicante** *adj* : practicing — ~ *nmf* : practitioner — **practicar** {72} *vt* **1** : practice **2** REALIZAR : perform, carry out — *vi* : practice — **práctico, -ca** *adj* : practical
pradera *nf* : grassland, prairie — **prado** *nm* : meadow
pragmático, -ca *adj* : pragmatic

preámbulo *nm* : preamble
precario, -ria *adj* : precarious
precaución *nf, pl* **-ciones 1** : precaution **2** PRUDENCIA : caution, care **3 con** ~ : cautiously
precaver *vt* : guard against — **precavido, -da** *adj* : prudent, cautious
preceder *v* : precede — **precedencia** *nf* : precedence, priority — **precedente** *adj* : preceding, previous — ~ *nm* : precedent
precepto *nm* : precept
preciado, -da *adj* : prized, valuable — **preciarse** *vr* ~ **de** : pride oneself on, boast about
precinto *nm* : seal
precio *nm* : price, cost — **preciosidad** *nf* **1** VALOR : value **2** : beautiful thing — **precioso, -sa** *adj* **1** HERMOSO : beautiful **2** VALIOSO : precious
precipicio *nm* : precipice
precipitar *vt* **1** : hasten, speed up **2** ARROJAR : hurl — **precipitarse** *vr* **1** APRESURARSE : rush **2** : act rashly **3** ARROJARSE : throw oneself — **precipitación** *nf, pl* **-ciones 1** : precipitation **2** PRISA : haste — **precipitadamente** *adv* : in a rush, hastily — **precipitado, -da** *adj* : hasty
preciso, -sa *adj* **1** : precise **2** NECESARIO : necessary — **precisamente** *adv* : precisely, exactly — **precisar** *vt* **1** : specify, determine **2** NECESITAR : require — **precisión** *nf, pl* **-siones 1** : precision **2** NECESIDAD : necessity
preconcebido *adj* : preconceived
precoz *adj, pl* **-coces 1** : early **2** : precocious (of children)
precursor, -sora *n* : forerunner
predecesor, -sora *n* : predecessor
predecir {11} *vt* : foretell, predict
predestinado, -da *adj* : predestined
predeterminar *vt* : predetermine
prédica *nf* : sermon
predicado *nm* : predicate
predicar {72} *v* : preach — **predicador, -dora** *n* : preacher
predicción *nf, pl* **-ciones 1** : prediction **2** PRONÓSTICO : forecast
predilección *nf, pl* **-ciones** : preference — **predilecto, -ta** *adj* : favorite
predisponer {60} *vt* : predispose — **predisposición** *nf, pl* **-ciones** : predisposition
predominar *vi* : predominate — **predominante** *adj* : predominant, prevailing — **predominio** *nm* : predominance
preeminente *adj* : preeminent
prefabricado, -da *adj* : prefabricated
prefacio *nm* : preface
preferir {76} *vt* : prefer — **preferencia** *nf* **1** : preference **2 de** ~ : preferably — **prefer-**

ente *adj* : preferential — **preferible** *adj* : preferable — **preferido, -da** *adj* : favorite

prefijo *nm* **1** : prefix **2** *Spain* : area code

pregonar *vt* : proclaim, announce

pregunta *nf* **1** : question **2 hacer ~s** : ask questions — **preguntar** *v* : ask — **preguntarse** *vr* : wonder

prehistórico, -ca *adj* : prehistoric

prejuicio *nm* : prejudice

preliminar *adj & nm* : preliminary

preludio *nm* : prelude

prematrimonial *adj* : premarital

prematuro, -ra *adj* : premature

premeditar *vt* : premeditate — **premeditación** *nf, pl* **-ciones** : premeditation

premenstrual *adj* : premenstrual

premio *nm* **1** : prize **2** RECOMPENSA : reward **3 ~ gordo** : jackpot — **premiado, -da** *adj* : prizewinning — **premiar** *vt* **1** : award a prize to **2** RECOMPENSAR : reward

premisa *nf* : premise

premonición *nf, pl* **-ciones** : premonition

premura *nf* : haste, urgency

prenatal *adj* : prenatal

prenda *nf* **1** : piece of clothing **2** GARANTÍA : pledge **3** : forfeit (in a game) — **prendar** *vt* : captivate — **prendarse** *vr* **~ de** : fall in love with

prender *vt* **1** SUJETAR : pin, fasten **2** APRESAR : capture **3** : light (a match, etc.) **4** *Lat* : turn on (a light, etc.) — *vi* **1** : take root **2** ARDER : catch, burn (of fire) — **prenderse** *vr* : catch fire — **prendedor** *nm Lat* : brooch, pin

prensa *nf* : press — **prensar** *vt* : press

preñado, -da *adj* **1** : pregnant **2 ~ de** : filled with

preocupar *vt* : worry — **preocuparse** *vr* **1** : worry **2 ~ de** : take care of — **preocupación** *nf, pl* **-ciones** : worry

preparar *vt* : prepare — **prepararse** *vr* : get ready — **preparación** *nf, pl* **-ciones** : preparation — **preparado, -da** *adj* : prepared, ready — **preparado** *nm* : preparation — **preparativo, -va** *adj* : preparatory, preliminary — **preparativos** *nmpl* : preparations —**preparatorio, -ria** *adj* : preparatory

preposición *nf, pl* **-ciones** : preposition

prepotente *adj* : arrogant, domineering

prerrogativa *nf* : prerogative

presa *nf* **1** : catch, prey **2** DIQUE : dam **3 hacer ~ en** : seize

presagiar *vt* : presage, forebode — **presagio** *nm* **1** : omen **2** PREMONICIÓN : premonition

presbítero *nm* : presbyter, priest

prescindir *vi* **~ de 1** : do without **2** OMITIR : dispense with

prescribir {33} *vt* : prescribe — **prescripción** *nf, pl* **-ciones** : prescription

presencia *nf* **1** : presence **2** ASPECTO : appearance — **presenciar** *vt* : be present at, witness

presentar *vt* **1** : present **2** OFRECER : offer, give **3** MOSTRAR : show **4** : introduce (persons) — **presentarse** *vr* **1** : show up **2** : arise, come up (of a problem, etc.) **3** : introduce oneself — **presentación** *nf, pl* **-ciones 1** : presentation **2** : introduction (of persons) **3** ASPECTO : appearance — **presentador, -dora** *n* : presenter, host (of a television program, etc.)

presente *adj* **1** : present **2 tener ~** : keep in mind — **~** *nm* **1** : present **2 entre los ~s** : among those present

presentir {76} *vt* : have a presentiment of — **presentimiento** *nm* : premonition

preservar *vt* : preserve, protect — **preservación** *nf, pl* **-ciones** : preservation — **preservativo** *nm* : condom

presidente, -ta *n* **1** : president **2** : chair, chairperson (of a meeting) — **presidencia** *nf* **1** : presidency **2** : chairmanship (of a meeting) — **presidencial** *adj* : presidential

presidio *nm* : prison — **presidiario, -ria** *n* : convict

presidir *vt* **1** : preside over, chair **2** PREDOMINAR : dominate

presión *nf, pl* **-siones 1** : pressure **2 ~ arterial** : blood pressure **3 hacer ~** : press — **presionar** *vt* **1** : press **2** COACCIONAR : put pressure on

preso, -sa *adj* : imprisoned — **~** *n* : prisoner

prestar *vt* **1** : lend, loan **2** : give (aid) **3 ~ atención** : pay attention — **prestado, -da** *adj* **1** : borrowed, on loan **2 pedir ~** : borrow — **prestamista** *nmf* : moneylender — **préstamo** *nm* : loan

prestidigitación *nf, pl* **-ciones** : sleight of hand — **prestidigitador, -dora** *n* : magician

prestigio *nm* : prestige — **prestigioso, -sa** *adj* : prestigious

presto, -ta *adj* : prompt, ready — **presto** *adv* : promptly, right away

presumir *vt* : presume — *vi* : boast, show off — **presumido, -da** *adj* : conceited, vain — **presunción** *nf, pl* **-ciones 1** : presumption **2** VANIDAD : vanity — **presunto, -ta** *adj* : presumed, alleged — **presuntuoso, -sa** *adj* : conceited

presuponer {60} *vt* : presuppose — **presupuesto** *nm* **1** : budget, estimate **2** SUPUESTO : assumption

presuroso, -sa *adj* : hasty, quick

pretender *vt* **1** : try to **2** AFIRMAR : claim **3** CORTEJAR : court, woo **4 ~ que** : expect

— **pretencioso, -sa** *adj* : pretentious —
pretendido *adj* : supposed — **pretendiente**
nmf **1** : candidate **2** : pretender (to a
throne) — ~ *nm* : suitor — **pretensión** *nf,*
pl **-siones 1** INTENCIÓN : intention, aspiration **2** : claim (to a throne, etc.) **3 preten-
siones** *nfpl* : pretensions
pretérito *nm* : past (in grammar)
pretexto *nm* : pretext, excuse
prevalecer {53} *vi* : prevail — **prevale-
ciente** *adj* : prevailing, prevalent
prevenir {87} *vt* **1** : prevent **2** AVISAR
: warn — **prevenirse** {87} *vr* ~ **contra** *or*
~ **de** : take precautions against — **prevención** *nf, pl* **-ciones 1** : prevention **2** PRE-
CAUCIÓN : precaution **3** PREJUICIO : prejudice — **prevenido, -da** *adj* **1** : prepared,
ready **2** PRECAVIDO : cautious — **preventivo, -va** *adj* : preventive
prever {88} *vt* **1** : foresee **2** PLANEAR : plan
previo, -via *adj* : previous, prior
previsible *adj* : foreseeable — **previsión** *nf,*
pl **-siones 1** : foresight **2** PREDICCIÓN
: prediction, forecast — **previsor, -sora** *adj*
: farsighted, prudent
prieto, -ta *adj* **1** CEÑIDO : tight **2** *Lat fam*
: dark-skinned
prima *nf* **1** : bonus **2** : (insurance) premium
3 → **primo**
primario, -ria *adj* **1** : primary **2 escuela
primaria** : elementary school
primate *nm* : primate
primavera *nf* **1** : spring (season) **2** : primrose (flower) — **primaveral** *adj* : spring
primero, -ra *adj* (**primer** *before masculine*
singular nouns) **1** : first **2** MEJOR : top,
leading **3** PRINCIPAL : main, basic **4 de
primera** : first-rate — ~ *n* : first (person or
thing) — **primero** *adv* **1** : first **2** MÁS BIEN
: rather, sooner
primitivo, -va *adj* : primitive
primo, -ma *n* : cousin
primogénito, -ta *adj & n* : firstborn
primor *nm* : beautiful thing
primordial *adj* : basic, fundamental
primoroso, -sa *adj* **1** : exquisite, fine **2**
HÁBIL : skillful
princesa *nf* : princess
principado *nm* : principality
principal *adj* : main, principal
príncipe *nm* : prince
principio *nm* **1** : principle **2** COMIENZO
: beginning, start **3** ORIGEN : origin **4 al** ~
: at first **5 a** ~**s de** : at the beginning of —
principiante *nmf* : beginner
pringar {52} *vt* : spatter (with grease) —
pringoso, -sa *adj* : greasy
prioridad *nf* : priority
prisa *nf* **1** : hurry, rush **2 a** ~ *or* **de** ~

: quickly **3 a toda** ~ : as fast as possible **4
darse** ~ : hurry **5 tener** ~ : be in a hurry
prisión *nf, pl* **-siones 1** : prison **2** ENCAR-
CELAMIENTO : imprisonment — **pri-
sionero, -ra** *n* : prisoner
prisma *nm* : prism — **prismáticos** *nmpl*
: binoculars
privar *vt* **1** : deprive **2** PROHIBIR : forbid **3**
Lat : knock out — **privarse** *vr* : deprive
oneself — **privación** *nf, pl* **-ciones** : depri-
vation — **privado, -da** *adj* : private — **priv-
ativo, -va** *adj* : exclusive
privilegio *nm* : privilege — **privilegiado,
-da** *adj* : privileged
pro *prep* : for, in favor of — ~ *nm* **1** : pro,
advantage **2 en** ~ **de** : for, in support of **3
los pros y los contras** : the pros and cons
proa *nf* : bow, prow
probabilidad *nf* : probability — **probable**
adj : probable, likely — **probablemente**
adv : probably
probar {19} *vt* **1** : try, test **2** : try on (clothing) **3** DEMOSTRAR : prove **4** DEGUSTAR
: taste — *vi* : try — **probarse** *vr* : try on
(clothing) — **probeta** *nf* : test tube
problema *nm* : problem — **problemático,
-ca** *adj* : problematic
proceder *vi* **1** : proceed, act **2** : be appropriate **3** ~ **de** : come from — **proceden-
cia** *nf* : origin — **procedente** *adj* ~ **de**
: coming from, originating in — **procedimiento** *nm* **1** : procedure, method **2** : proceedings *pl* (in law)
procesar *vt* **1** : prosecute **2** : process (data)
— **procesador** *nm* ~ **de textos** : word
processor — **procesamiento** *nm* : processing — **procesión** *nf, pl* **-siones** : procession — **proceso** *nm* **1** : process **2** : trial,
proceedings *pl* (in law)
proclamar *vt* : proclaim — **proclama** *nf*
: proclamation — **proclamación** *nf, pl*
-ciones : proclamation
procrear *vi* : procreate — **procreación** *nf, pl*
-ciones : procreation
procurar *vt* **1** : try, endeavor **2** CONSEGUIR
: obtain, procure — **procurador, -dora** *n*
: attorney
prodigar {52} *vt* : lavish — **prodigio** *nm*
: wonder, prodigy — **prodigioso, -sa** *adj*
: prodigious
pródigo, -ga *adj* : extravagant, prodigal
producir {61} *vt* **1** : produce **2** CAUSAR
: cause **3** : yield, bear (interest, fruit, etc.)
— **producirse** *vr* : take place — **producción** *nf, pl* **-ciones** : production — **produc-
tividad** *nf* : productivity — **productivo, -va**
adj : productive — **producto** *nm* : product
— **productor, -tora** *n* : producer
proeza *nf* : exploit

profanar *vt* : profane, desecrate — **profanación** *nf, pl* **-ciones** : desecration — **profano, -na** *adj* : profane
profecía *nf* : prophecy
proferir {76} *vt* **1** : utter **2** : hurl (insults)
profesar *vt* **1** : profess **2** : practice (a profession, etc.) — **profesión** *nf, pl* **-siones** : profession — **profesional** *adj & nmf* : professional — **profesor, -sora** *n* **1** : teacher **2** : professor (at a university, etc.) — **profesorado** *nm* **1** : teaching profession **2** PROFE-SORES : faculty
profeta *nm* : prophet — **profético, -ca** *adj* : prophetic — **profetista** *nf* : (female) prophet — **profetizar** {21} *vt* : prophesy
prófugo, -ga *adj & n* : fugitive
profundo, -da *adj* **1** HONDO : deep **2** : profound (of thoughts, etc.) — **profundamente** *adv* : deeply, profoundly — **profundidad** *nf* : depth — **profundizar** {21} *vt* : study in depth
profuso, -sa *adj* : profuse — **profusión** *nf, pl* **-siones** : profusion
progenie *nf* : progeny, offspring
programa *nm* **1** : program **2** : curriculum (in education) — **programación** *nf, pl* **-ciones** : programming — **programador, -dora** *n* : programmer — **programar** *vt* **1** : schedule **2** : program (a computer, etc.)
progreso *nm* : progress — **progresar** *vi* : (make) progress — **progresión** *nf, pl* **-ciones** : progression — **progresista** *adj & nmf* : progressive — **progresivo, -va** *adj* : progressive, gradual
prohibir {62} *vt* : prohibit, forbid — **prohibición** *nf, pl* **-ciones** : ban, prohibition — **prohibido, -da** *adj* : forbidden — **prohibitivo, -va** *adj* : prohibitive
prójimo *nm* : neighbor, fellow man
prole *nf* : offspring
proletariado *nm* : proletariat — **proletario, -ria** *adj & n* : proletarian
proliferar *vi* : proliferate — **proliferación** *nf, pl* **-ciones** : proliferation — **prolífico, -ca** *adj* : prolific
prolijo, -ja *adj* : wordy, long-winded
prólogo *nm* : prologue, foreword
prolongar {52} *vt* **1** : prolong **2** ALARGAR : lengthen — **prolongarse** *vr* : last, continue — **prolongación** *nf, pl* **-ciones** : extension
promedio *nm* : average
promesa *nf* : promise — **prometedor, -dora** *adj* : promising, hopeful — **prometer** *vt* : promise — *vi* : show promise — **prometerse** *vr* : get engaged — **prometido, -da** *adj* : engaged — **~** *n* : fiancé *m*, fiancée *f*
prominente *adj* : prominent — **prominencia** *nf* : prominence

promiscuo, -cua *adj* : promiscuous — **promiscuidad** *nf* : promiscuity
promocionar *vt* : promote — **promoción** *nf, pl* **-ciones** : promotion
promontorio *nm* : promontory
promover {47} *vt* **1** : promote **2** CAUSAR : cause — **promotor, -tora** *n* : promoter
promulgar {52} *vt* **1** : proclaim **2** : enact (a law)
pronombre *nm* : pronoun
pronosticar {72} *vt* : predict, forecast — **pronóstico** *nm* **1** : prediction, forecast **2** : (medical) prognosis
pronto, -ta *adj* **1** : quick, prompt **2** PREPARADO : ready — **pronto** *adv* **1** : soon **2** RAPIDAMENTE : quickly, promptly **3** de **~** : suddenly **4** por lo **~** : for the time being **5** tan **~** como : as soon as
pronunciar *vt* **1** : pronounce **2** : give, deliver (a speech) — **pronunciarse** *vr* **1** : declare oneself **2** SUBLEVARSE : revolt — **pronunciación** *nf, pl* **-ciones** : pronunciation
propagación *nf, pl* **-ciones** : propagation
propaganda *nf* **1** : propaganda **2** PUBLICI-DAD : advertising
propagar {52} *vt* : propagate, spread — **propagarse** *vr* : propagate
propano *nm* : propane
propasarse *vr* : go too far
propensión *nf, pl* **-siones** : inclination, propensity — **propenso, -sa** *adj* : prone, inclined
propiamente *adv* : exactly
propicio, -cia *adj* : favorable, propitious
propiedad *nf* **1** : property **2** PERTINENCIA : ownership, possession — **propietario, -ria** *n* : owner, proprietor
propina *nf* : tip
propinar *vt* : give, deal (a blow, etc.)
propio, -pia *adj* **1** : own **2** APROPIADO : proper, appropriate **3** CARACTERÍSTICO : characteristic, typical **4** MISMO : himself, herself, oneself
proponer {60} *vt* **1** : propose **2** : nominate (a person) — **proponerse** *vr* : propose, intend
proporción *nf, pl* **-ciones** : proportion — **proporcionado, -da** *adj* : proportionate — **proporcional** *adj* : proportional — **proporcionar** *vt* **1** : provide **2** AJUSTAR : adapt, proportion
proposición *nf, pl* **-ciones** : proposal, proposition
propósito *nm* **1** : purpose, intention **2** a **~** : incidentally, by the way **3** a **~** : on purpose, intentionally
propuesta *nf* **1** : proposal **2** : offer (of employment, etc.)
propulsar *vt* **1** : propel, drive **2** PROMOVER

: promote — **propulsión** *nf, pl* **-siones**
: propulsion

prorrogar {52} *vt* **1** : extend **2** APLAZAR
: postpone — **prórroga** *nf* **1** : extension, de-
ferment **2** : overtime (in sports)

prorrumpir *vi* : burst forth, break out

prosa *nf* : prose

proscribir {33} *vt* **1** : prohibit, ban **2**
DESTERRAR : exile — **proscripción** *nf, pl*
-ciones **1** : ban DESTIERRO : banishment
— **proscrito, -ta** *adj* : banned — ~ *n*
: exile, outlaw

proseguir {75} *v* : continue — **prosecu-
ción** *nf, pl* **-ciones** : continuation

prospección *nf, pl* **-ciones** : prospecting,
exploration

prospecto *nm* : prospectus

prosperar *vi* : prosper, thrive — **prosperidad** *nf* : prosperity — **próspero, -ra** *adj*
: prosperous, fluorishing

prostituir {41} *vt* : prostitute — **prostitución** *nf, pl* **-ciones** : prostitution — **prostituta** *nf* : prostitute

protagonista *nmf* : protagonist — **protagonizar** *vt* : star in

proteger {15} *vt* : protect — **protegerse** *vr*
: protect oneself — **protección** *nf, pl*
-ciones : protection — **protector, -tora** *adj*
: protective — ~ *n* : protector — **protegido, -da** *n* : protégé

proteína *nf* : protein

protestar *v* : protest — **protesta** *nf* : protest
— **protestante** *adj & nmf* : Protestant

protocolo *nm* : protocol

prototipo *nm* : prototype

protuberancia *nf* : protuberance — **protu-
berante** *adj* : protuberant

provecho *nm* **1** : benefit, advantage **2** ¡buen
~! : enjoy your meal! — **provechoso, -sa**
adj : profitable, beneficial

proveer {63} *vt* : provide, supply — **proveedor, -dora** *n* : supplier

provenir {87} *vi* ~ **de** : come from

proverbio *nm* : proverb — **proverbial** *adj*
: proverbial

providencia *nf* **1** : providence **2** PRECAU-
CIÓN : precaution — **providencial** *adj*
: providential

provincia *nf* : province — **provincial** *adj*
: provincial — **provinciano, -na** *adj*
: provincial, parochial

provisión *nf, pl* **-siones** : provision — **provisional** *adj* : provisional

provocar {72} *vt* **1** : provoke, cause **2** IRRI-
TAR : irritate — **provocación** *nf, pl* **-ciones**
: provocation — **provocativo, -va** *adj*
: provocative

próximo, -ma *adj* **1** CERCANO : near **2**
SIGUIENTE : next — **próximamente** *adv*

: shortly, soon — **proximidad** *nf* **1** : proximity **2** ~es *nfpl* : vicinity

proyectar *vt* **1** : plan **2** LANZAR : throw, hurl
3 : cast (light) **4** : show (a film) — **proyec-
ción** *nf, pl* **-ciones** : projection — **proyectil**
nm : missile — **proyecto** *nm* : plan, project
— **proyector** *nm* : projector

prudencia *nf* : prudence, care — **prudente**
adj : prudent, sensible

prueba *nf* **1** : proof, evidence **2** : test (in education, medicine, etc.) **3** : event (in sports)
4 a ~ **de agua** : waterproof

psicoanálisis *nm* : psychoanalysis — **psicoanalista** *nmf* : psychoanalyst — **psicoanalizar** {21} *vt* : psychoanalyze

psicología *nf* : psychology — **psicológico,
-ca** *adj* : psychological — **psicólogo, -ga** *n*
: psychologist

psicópata *nmf* : psychopath

psicosis *nfs & pl* : psychosis

psicoterapia *nf* : psychotherapy — **psi-
coterapeuta** *nmf* : psychotherapist

psicótico, -ca *adj & n* : psychotic

psiquiatría *nf* : psychiatry — **psiquiatra**
nmf : psychiatrist — **psiquiátrico, -ca** *adj*
: psychiatric

psíquico, -ca *adj* : psychic

púa *nf* **1** : sharp point **2** : tooth (of a comb)
3 : thorn (of a plant), quill (of a porcupine,
etc.) **4** : (guitar) pick

pubertad *nf* : puberty

publicar {72} *vt* **1** : publish **2** DIVULGAR
: divulge, disclose — **publicación** *nf, pl*
-ciones : publication

publicidad *nf* **1** : publicity **2** : advertising
(in marketing) — **publicista** *nmf* : publicist
— **publicitar** *vt* **1** : publicize **2** : advertise
(a product, etc.) — **publicitario, -ria** *adj*
: advertising

público, -ca *adj* : public — **público** *nm* **1**
: public **2** : audience (of theater, etc.), spec-
tators *pl* (of sports)

puchero *nm* **1** : (cooking) pot **2** GUISADO
: stew **3 hacer ~s** : pout

púdico, -ca *adj* : modest

pudiente *adj* : wealthy

pudín *nm, pl* **-dines** : pudding

pudor *nm* : modesty — **pudoroso, -sa** *adj*
: modest

pudrir {59} *vt* **1** : rot **2** *fam* : annoy — **pudrirse** *vr* : rot

pueblo *nm* **1** : town, village **2** NACIÓN
: people, nation

puente *nm* **1** : bridge **2 hacer** ~ : have a
long weekend **3** ~ **levadizo** : drawbridge

puerco, -ca *n* **1** : pig **2 puerco espín** : porcupine — ~ *adj* : dirty, filthy

pueril *adj* : childish

puerro *nm* : leek

puerta *nf* **1** : door, gate **2 a ~ cerrada** : behind closed doors
puerto *nm* **1** : port **2** : (mountain) pass **3** REFUGIO : haven
puertorriqueño, -ña *adj* : Puerto Rican
pues *conj* **1** : since, because **2** POR LO TANTO : so, therefore **3** (*used interjectionally*) : well, then
puesta *nf* **1 ~ a punto** : tune-up **2 ~ de sol** : sunset **3 ~ en marcha** : starting up —
puesto, -ta *adj* **1** : put, set **2** VESTIDO : dressed — **puesto** *nm* **1** : place **2** EMPLEO : position, job **3** : stand, stall (in a market) **4 ~ avanzado** : outpost — **~ que** *conj* : since, given that
púgil *nm* : boxer
pugnar *vi* : fight — **pugna** *nf* : fight, battle
pulcro, -cra *adj* : tidy, neat
pulga *nf* **1** : flea **2 tener malas ~s** : have a bad temper
pulgada *nf* : inch — **pulgar** *nm* **1** : thumb **2** : big toe
pulir *vt* **1** : polish **2** REFINAR : touch up, perfect
pulla *nf* : cutting remark, gibe
pulmón *nm, pl* **-mones** : lung — **pulmonar** *adj* : pulmonary — **pulmonía** *nf* : pneumonia
pulpa *nf* : pulp
pulpería *nf Lat* : grocery store
púlpito *nm* : pulpit
pulpo *nm* : octopus
pulsar *vt* **1** : press (a button), strike (a key) **2** : play (music) — **pulsación** *nf, pl* **-ciones 1** : beat, throb **2** : keystroke (on a typewriter, etc.)
pulsera *nf* : bracelet
pulso *nm* **1** : pulse **2** : steadiness (of hand)
pulular *vi* : swarm
pulverizar {21} *vt* **1** : pulverize, crush **2** : spray (a liquid) — **pulverizador** *nm* : atomizer, spray
puma *nf* : puma
punitivo, -va *adj* : punitive
punta *nf* **1** : tip, end **2** : point (of a needle, etc.) **3 ~ del dedo** : fingertip **4 sacar ~ a** : sharpen
puntada *nf* **1** : stitch **2 ~s** *nfpl* : seam
puntal *nm* : prop, support
puntapié *nm* : kick
puntear *vt* : pluck (a guitar)

puntería *nf* : aim, marksmanship
puntiagudo, -da *adj* : sharp, pointed
puntilla *nf* **1** : lace edging **2 de ~s** : on tiptoe
punto *nm* **1** : dot, point **2** : period (in punctuation) **3** ASUNTO : item, question **4** LUGAR : spot, place **5** MOMENTO : moment **6** : point (in a score) **7** PUNTADA : stitch **8 a las dos en ~** : at two o'clock sharp **9 dos ~s** : colon **10 hasta cierto ~** : up to a point **11 ~ de partida** : starting point **12 ~ muerto** : deadlock **13 ~ y coma** : semicolon
puntuación *nf, pl* **-ciones 1** : punctuation **2** : scoring, score (in sports)
puntual *adj* **1** : prompt, punctual **2** EXACTO : accurate, detailed — **puntualidad** *nf* **1** : punctuality **2** EXACTITUD : accuracy
puntuar {3} *vt* : punctuate — *vi* : score (in sports)
punzar {21} *vt* : prick, puncture — **punzada** *nf* **1** PINCHAZO : prick **2** : sharp pain — **punzante** *adj* **1** : sharp **2** MORDAZ : biting, caustic
puñado *nm* **1** : handful **2 a ~s** : by the handful
puñal *nm* : dagger — **puñalada** *nf* : stab
puño *nm* **1** : fist **2** : cuff (of a shirt) **3** : handle, hilt (of a sword, etc.) — **puñetazo** *nm* : punch (with the fist)
pupila *nf* : pupil (of the eye)
pupitre *nm* : desk
puré *nm* **1** : purée **2 ~ de papas** *or* **~ de patatas** *Spain* : mashed potatoes
pureza *nf* : purity
purga *nf* : purge — **purgar** {52} *vt* : purge — **purgatorio** *nm* : purgatory
purificar {72} *vt* : purify — **purificación** *nf, pl* **-ciones** : purification
puritano, -na *adj* : puritanical — **~** *n* : puritan
puro, -ra *adj* **1** : pure **2** SIMPLE : plain, simple **3** *Lat fam* : only, just — **puro** *nm* : cigar
púrpura *nf* : purple — **purpúreo, -rea** *adj* : purple
pus *nm* : pus
pusilánime *adj* : cowardly
puta *nf* : whore
putrefacción *nf, pl* **-ciones** : putrefaction, rot — **pútrido, -da** *adj* : putrid, rotten

Q

q *nf* : q, 18th letter of the Spanish alphabet

que *conj* **1** : that **2** (*in comparisons*) : than **3** (*introducing a reason or cause*) : so that, or else **4 es** ~ : the thing is that **5 yo** ~ **tú** : if I were you — ~ *pron* **1** (*referring to persons*) : who, whom **2** (*referring to things*) : that, which **3 el (la, lo, las, los)** ~ : he (she, it, they) who, whoever, the one(s) that

qué *adv* **1** : how, what **2 ¡**~ **lindo!** : how lovely! — ~ *adj* : what, which — ~ *pron* **1** : what **2 ¿**~ **crees?** : what do you think?

quebrar {55} *vt* : break — *vi* : go bankrupt — **quebrarse** *vr* : break — **quebrada** *nf* : ravine, gorge — **quebradizo, -za** *adj* : breakable, fragile — **quebrado, -da** *adj* **1** : bankrupt **2** : rough, uneven (of land, etc.) **3** ROTO : broken — **quebrado** *nm* : fraction — **quebradura** *nf* : crack, fissure — **quebrantar** *vt* **1** : break **2** DEBILITAR : weaken — **quebranto** *nm* **1** : harm, damage **2** AFLICCIÓN : grief, pain

queda *nf* → **toque**

quedar *vi* **1** PERMANECER : remain, stay **2** ESTAR : be **3** FALTAR : be left **4** : fit, look (of clothing, etc.) **5 no queda lejos** : it's not far **6** ~ **en** : agree to, agree on — **quedarse** *vr* **1** : stay **2** ~ **con** : keep

quedo, -da *adj* : quiet, still — **quedo** *adv* : softly, quietly

quehacer *nm* **1** : task **2** ~**es** *nmpl* : chores

queja *nf* : complaint — **quejarse** *vr* **1** : complain **2** GEMIR : moan, groan — **quejido** *nm* : moan, whimper — **quejoso, -sa** *adj* : complaining, whining

quemar *vt* **1** : burn **2** MALGASTAR : squander — *vi* : burn — **quemarse** *vr* **1** : burn oneself **2** : burn (up) **3** : get sunburned — **quemado, -da** *adj* **1** : burned **2** AGOTADO : burned-out **3 estar** ~ : be fed up — **quemador** *nm* : burner — **quemadura** *nf* : burn — **quemarropa: a** ~ *adj & adv phr* : point-blank

querella *nf* **1** : dispute, quarrel **2** : charge (in law)

querer {64} *vt* **1** : want **2** AMAR : love **3** ~ **decir** : mean **4 ¿quieres pasarme la leche?** : please pass the milk **5 sin** ~ : unintentionally — ~ *nm* : love — **querido, -da** *adj* : dear, beloved — ~ *n* **1** : darling **2** AMANTE : lover

queroseno *nm* : kerosene

querubín *nm*, *pl* **-bines** : cherub

queso *nm* : cheese — **quesadilla** *nf Lat* : quesadilla

quicio *nm* **1 estar fuera de** ~ : be beside oneself **2 sacar de** ~ : drive crazy

quiebra *nf* **1** : break **2** BANCARROTA : bankruptcy

quien *pron*, *pl* **quienes 1** (*subject*) : who **2** (*object*) : whom **3** (*indefinite*) : whoever, anyone, some people

quién *pron*, *pl* **quiénes 1** (*subject*) : who **2** (*object*) : whom **3 ¿de** ~ **es este lápiz?** : whose pencil is this?

quienquiera *pron*, *pl* **quienesquiera** : whoever, whomever

quieto, -ta *adj* **1** : calm, quiet **2** INMÓVIL : still — **quietud** *nf* : stillness

quijada *nf* : jaw, jawbone (of an animal)

quilate *nm* : carat, karat

quilla *nf* : keel

quimera *nf* : illusion — **quimérico, -ca** *adj* : fanciful

química *nf* : chemistry — **químico, -ca** *adj* : chemical — ~ *n* : chemist

quince *adj & nm* : fifteen — **quinceañero, -ra** *n* : fifteen-year-old, teenager — **quincena** *nf* : two-week period, fortnight — **quincenal** *adj* : semimonthly, twice a month

quincuagésimo, -ma *adj & n* : fiftieth

quinientos, -tas *adj* : five hundred — **quinientos** *nms & pl* : five hundred

quinina *nf* : quinine

quinqué *nm* : oil lamp

quinta *nf* : country house, villa

quintaesencia *nf* : quintessence

quinteto *nm* : quintet

quinto, -ta *adj & n* : fifth — **quinto** *nm* : fifth

quiosco *nm* : kiosk, newsstand

quiropráctico, -ca *n* : chiropractor

quirúrgico, -ca *adj* : surgical

quisquilloso, -sa *adj* : fastidious, fussy

quiste *nm* : cyst

quitar *vt* **1** : remove, take away **2** : take off (clothes) **3** : get rid of, relieve (pain, etc.) — **quitarse** *vr* **1** : withdraw, leave **2** : take off (one's clothes) **3** ~ **de** : give up (a habit) **4** ~ **de encima** : get rid of — **quitaesmalte** *nm* : nail-polish remover — **quitamanchas** *nms & pl* : stain remover — **quitanieves** *nm* : snowplow — **quitasol** *nm* : parasol

quizá *or* **quizás** *adv* : maybe, perhaps

R

r *nf* : r, 19th letter of the Spanish alphabet

rábano *nm* **1** : radish **2** ~ **picante** : horse-radish

rabí *nmf, pl* **-bíes** : rabbi

rabia *nf* **1** : rage, anger **2** : rabies (disease) — **rabiar** *vi* **1** : be furious **2** : be in great pain **3** ~ **por** : be dying for — **rabioso, -sa** *adj* **1** : enraged, furious **2** : rabid, having rabies

rabino, -na *n* : rabbi

rabo *nm* **1** : tail **2 el** ~ **del ojo** : the corner of one's eye

racha *nf* **1** : gust of wind **2** SERIE : series, string — **racheado, -da** *adj* : gusty

racial *adj* : racial

racimo *nm* : bunch, cluster

raciocinio *nm* : reason, reasoning

ración *nf, pl* **-ciones** **1** : share, ration **2** : helping (of food)

racional *adj* : rational — **racionalizar** {21} *vt* : rationalize

racionar *vt* : ration — **racionamiento** *nm* : rationing

racismo *nm* : racism — **racista** *adj & nmf* : racist

radar *nm* : radar

radiación *nf, pl* **-ciones** : radiation

radiactivo, -va *adj* : radioactive — **radiactividad** *nf* : radioactivity

radiador *nm* : radiator

radiante *adj* : radiant

radical *adj & nmf* : radical

radicar {72} *vi* ~ **en** : lie in, be rooted in

radio *nm* **1** : radius **2** : spoke (of a wheel) **3** : radium (element) — ~ *nmf* : radio

radioactivo, -va *adj* : radioactive — **radioactividad** *nf* : radioactivity

radiodifusión *nf, pl* **-siones** : broadcasting — **radioemisora** *nf* : radio station — **radioescucha** *nmf* : listener — **radiofónico, -ca** *adj* : radio

radiografía *nf* : X ray — **radiografiar** {85} *vt* : x-ray

radiología *nf* : radiology — **radiólogo, -ga** *n* : radiologist

raer {65} *vt* : scrape off

ráfaga *nf* **1** : gust (of wind) **2** : flash (of light)

raído, -da *adj* : worn, shabby

raíz *nf, pl* **raíces** **1** : root **2** ORIGEN : origin, source **3 echar raíces** : take root

raja *nf* **1** : crack, slit **2** RODAJA : slice — **rajar** *vt* : crack, split — **rajarse** *vr* **1** : crack, split open **2** *fam* : back out

rajatabla: a ~ *adv phr* : strictly, to the letter

ralea *nf* : sort, kind

ralentí *nm* : neutral (gear)

rallar *vt* : grate — **rallador** *nm* : grater

rama *nf* : branch — **ramaje** *nm* : branches *pl* — **ramal** *nm* : branch (of a railroad, etc.) — **ramificarse** {72} *vr* : branch (off) — **ramillete** *nm* **1** : bouquet **2** GRUPO : cluster, bunch — **ramo** *nm* **1** : branch **2** RAMILLETE : bouquet

rampa *nf* : ramp, incline

rana *nf* **1** : frog **2** ~ **toro** : bullfrog

rancho *nm* : ranch, farm — **ranchero, -ra** *n* : rancher, farmer

rancio, -cia *adj* **1** : rancid **2** : aged (of wine)

rango *nm* **1** : rank **2** : (social) standing

ranúnculo *nm* : buttercup

ranura *nf* : groove, slot

rapar *vt* **1** : shave **2** : crop (hair)

rapaz *adj, pl* **-paces** : rapacious, predatory

rápido, -da *adj* : rapid, quick — **rápidamente** *adv* : rapidly, fast — **rapidez** *nf* : speed — **rápido** *adv* : quickly, fast — ~ *nm* **1** : express train **2** ~**s** *nmpl* : rapids

rapiña *nf* **1** : plunder **2 ave de** ~ : bird of prey

rapsodia *nf* : rhapsody

raptar *vt* : kidnap — **rapto** *nm* : kidnapping — **raptor, -tora** *n* : kidnapper

raqueta *nf* : racket (in sports)

raro, -ra *adj* **1** : rare **2** EXTRAÑO : odd, strange — **raramente** *adv* : rarely, infrequently — **rareza** *nf* : rarity

ras *nm* **a** ~ **de** : level with

rascacielos *nms & pl* : skyscraper

rascar {72} *vt* **1** : scratch **2** RASPAR : scrape — **rascarse** *vr* : scratch oneself

rasgar {52} *vt* : rip, tear — **rasgarse** *vr* : rip

rasgo *nm* **1** : stroke (of a pen) **2** CARACTERÍSTICA : trait, characteristic **3** ~**s** *nmpl* FACCIONES : features

rasguear *vt* : strum

rasguñar *vt* : scratch — **rasguño** *nm* : scratch

raso, -sa *adj* **1** : level, flat **2** : low (of a flight) **3 soldado raso** : private (in the army) — **raso** *nm* : satin

raspar *vt* **1** : scrape **2** LIMAR : file down, smooth — *vi* : be rough — **raspadura** *nf* **1** : scratch **2** ~**s** *nfpl* : scrapings

rastra *nf* **1** : rake **2 a** ~**s** : unwillingly — **rastrear** *vt* : track, trace — **rastrero, -ra** *adj* **1** : creeping **2** DESPRECIABLE : despicable

— **rastrillar** *vt* : rake — **rastrillo** *nm* : rake
— **rastro** *nm* **1** : trail, track **2** SEÑAL : sign
rasurar *vt* *Lat* : shave — **rasurarse** *vr* *Lat*
: shave
rata *nf* : rat
ratear *vt* : steal — **ratero, -ra** *n* : thief
ratificar {72} *vt* : ratify — **ratificación** *nf, pl*
-ciones : ratification
rato *nm* **1** : while **2 al poco** ~ : shortly
after **3 pasar el** ~ : pass the time
ratón *nm, pl* **-tones** : mouse — **ratonera** *nf*
: mousetrap
raudal *nm* **1** : torrent **2 a** ~**es** : in abundance — **raudo, -da** *adj* : swift
raya *nf* **1** : line **2** LISTA : stripe **3** : part (in
the hair) — **rayar** *vt* : scratch — *vi* **1 al** ~
el día : at daybreak **2** ~ **en** : border on —
rayarse *vr* : get scratched
rayo *nm* **1** : ray, beam **2** : bolt of lightning
3 ~**s X** : X rays
rayón *nm* : rayon
raza *nf* **1** : (human) race **2** : breed (of animals) **3 de** ~ : thoroughbred, pedigreed
razón *nf, pl* **-zones 1** : reason **2 dar** ~ : inform **3 en** ~ **de** : because of **4 tener** ~
: be right — **razonable** *adj* : reasonable —
razonamiento *nm* : reasoning — **razonar** *v*
: reason, think
reacción *nf, pl* **-ciones** : reaction — **reaccionar** *vi* : react — **reaccionario, -ria** *adj* &
n : reactionary
reacio, -cia *adj* : resistant, stubborn
reactivar *vt* : reactivate, revive
reactor *nm* **1** : jet (airplane) **2** ~ **nuclear**
: nuclear reactor
reajustar *vt* : readjust — **reajuste** *nm* : read-
justment
real *adj* **1** : royal **2** VERDADERO : real, true
realce *nm* **1** : relief **2 dar** ~ : highlight
realeza *nf* : royalty
realidad *nf* **1** : reality **2 en** ~ : actually, in
fact
realismo *nm* : realism — **realista** *adj* : realistic — ~ *nmf* : realist
realizar {21} *vt* **1** : carry out **2** : achieve
(a goal) **3** : produce (a film or play) **4** : realize (a profit) — **realizarse** *vr* **1** : fulfill
oneself **2** : come true (of a dream, etc.) —
realización *nf, pl* **-ciones** : execution, realization
realmente *adv* : really, actually
realzar {21} *vt* : highlight, enhance
reanimar *vt* : revive
reanudar *vt* : resume, renew — **reanudarse**
vr : resume
reaparecer {53} *vi* : reappear — **reapari-
ción** *nf, pl* **-ciones** : reappearance
reavivar *vt* : revive
rebajar *vt* **1** : lower, reduce **2** HUMILLAR

: humiliate — **rebajarse** *vr* **1** : humble oneself **2** ~ **a** : stoop to — **rebaja** *nf* **1** : reduction **2** DESCUENTO : discount **3** ~**s** *nfpl*
: sales
rebanada *nf* : slice
rebaño *nm* **1** : herd **2** : flock (of sheep)
rebasar *vt* : surpass, exceed
rebatir *vt* : refute
rebelarse *vr* : rebel — **rebelde** *adj* : rebellious — ~ *nmf* : rebel — **rebeldía** *nf* : re-
belliousness — **rebelión** *nf, pl* **-liones** : rebellion
reblandecer *vt* : soften
rebobinar *vt* : rewind
rebosar *vi* **1** : overflow **2** ~ **de** : be bursting with — *vt* : overflow with
rebotar *vi* : bounce, rebound — **rebote** *nm*
1 : bounce **2 de** ~ : on the rebound
rebozar {21} *vt* : coat in batter
rebuscado, -da *adj* : pretentious
rebuznar *vi* : bray
recabar *vt* **1** : obtain, collect **2** ~ **fondos**
: raise money
recado *nm* **1** MENSAJE : message **2** *Spain*
: errand
recaer {13} *vi* **1** : relapse **2** ~ **sobre** : fall
on — **recaída** *nf* : relapse
recalcar {72} *vt* : emphasize, stress
recalcitrante *adj* : recalcitrant
recalentar {55} *vt* **1** : overheat **2** : reheat,
warm up (food) — **recalentarse** *vr* : overheat
recámara *nf* **1** : chamber (of a firearm) **2**
Lat : bedroom
recambio *nm* **1** : spare part **2** : refill (for a
pen, etc.)
recapitular *vt* : recapitulate, sum up — **reca-
pitulación** *nf, pl* **-ciones** : recapitulation
recargar {52} *vt* **1** : overload **2** : recharge
(a battery), reload (a firearm, etc.) — **recargado, -da** *adj* : overly elaborate — **recargo**
nm : surcharge
recato *nm* : modesty — **recatado, -da** *adj*
: modest, demure
recaudar *vt* : collect — **recaudación** *nf, pl*
-ciones : collection — **recaudador, -dora**
n ~ **de impuestos** : tax collector
recelar *vt* : distrust, fear — **recelo** *nm* : distrust, suspicion — **receloso, -sa** *adj* : distrustful, suspicious
recepción *nf, pl* **-ciones** : reception — **recepcionista** *nmf* : receptionist
receptáculo *nm* : receptacle
receptivo, -va *adj* : receptive — **receptor,
-tora** *n* : recipient — **receptor** *nm* : receiver
(of a radio, etc.)
recesión *nf, pl* **-siones** : recession
receso *nm* *Lat* : recess, adjournment

receta *nf* **1** : recipe **2** : prescription (in medicine)
rechazar {21} *vt* **1** : reject, refuse **2** REPELER : repel **3** : reflect (light) — **rechazo** *nm* : rejection
rechinar *vi* **1** : squeak, creak **2** : grind, gnash (one's teeth)
rechoncho, -cha *adj fam* : chubby
recibir *vt* **1** : receive **2** ACOGER : welcome — *vi* : receive visitors — **recibidor** *nm* : vestibule, entrance hall — **recibimiento** *nm* : reception, welcome — **recibo** *nm* : receipt
reciclar *vt* **1** : recycle **2** : retrain (workers) — **reciclaje** *nm* : recycling
recién *adv* **1** : newly, recently **2** ~ **casados** : newlyweds — **reciente** *adj* : recent — **recientemente** *adv* : recently
recinto *nm* **1** : enclosure **2** ÁREA : area, site
recio, -cia *adj* : tough, strong
recipiente *nm* : container, receptacle — ~ *nmf* : recipient
recíproco, -ca *adj* : reciprocal, mutual
recitar *vt* : recite — **recital** *nm* : recital
reclamar *vt* : demand, ask for — *vi* : complain — **reclamación** *nf, pl* **-ciones** **1** : claim, demand **2** QUEJA : complaint — **reclamo** *nm* **1** : lure (in hunting) **2** *Lat* : inducement, attraction
reclinar *vt* : rest, lean — **reclinarse** *vr* : recline, lean back
recluir {41} *vt* : confine, lock up — **recluirse** *vr* : shut oneself away — **reclusión** *nf, pl* **-siones** : imprisonment — **recluso, -sa** *n* : prisoner
recluta *nmf* : recruit — **reclutamiento** *nm* : recruitment — **reclutar** *vt* : recruit, enlist
recobrar *vt* : recover, regain — **recobrarse** *vr* ~ **de** : recover from
recodo *nm* : bend
recoger {15} *vt* **1** : collect, gather **2** COGER : pick up **3** LIMPIAR, ORDENAR : clean up, tidy (up) — **recogerse** *vr* : retire, withdraw — **recogedor** *nm* : dustpan — **recogido, -da** *adj* : quiet, secluded
recolección *nf, pl* **-ciones** **1** : collection **2** COSECHA : harvest
recomendar {55} *vt* : recommend — **recomendación** *nf, pl* **-ciones** : recommendation
recompensar *vt* : reward — **recompensa** *nf* : reward
reconciliar *vt* : reconcile — **reconciliarse** *vr* : be reconciled — **reconciliación** *nf, pl* **-ciones** : reconciliation
recóndito, -ta *adj* : hidden
reconfortar *vt* : comfort
reconocer {18} *vt* **1** : recognize **2** ADMITIR : admit **3** EXAMINAR : examine — **recono-**

cible *adj* : recognizable — **reconocido, -da** *adj* **1** : recognized, accepted **2** AGRADECIDO : grateful — **reconocimiento** *nm* **1** : recognition **2** AGRADECIMIENTO : gratitude **3** : (medical) examination
reconsiderar *vt* : reconsider
reconstruir {41} *vt* : reconstruct — **reconstrucción** *nf, pl* **-ciones** : reconstruction
recopilar *vt* **1** RECOGER : collect, gather **2** : compile — **recopilación** *nf, pl* **-ciones** : collection, compilation
récord *nm, pl* **-cords** : record
recordar {19} *vt* **1** ACORDARSE DE : remember **2** : remind — *vi* : remember — **recordatorio** *nm* : reminder
recorrer *vt* **1** : travel through **2** : cover (a distance) — **recorrido** *nm* **1** : journey, trip **2** TRAYECTO : route, course
recortar *vt* **1** : reduce **2** CORTAR : cut (out) **3** : trim (hair) — **recortarse** *vr* : stand out — **recorte** *nm* **1** : cut, cutting **2** ~**s de periódicos** : newspaper clippings
recostar {19} *vt* : lean, rest — **recostarse** *vr* : lie down
recoveco *nm* **1** : bend **2** RINCÓN : nook, corner
recrear *vt* **1** : recreate **2** ENTRETENER : entertain — **recrearse** *vr* : to enjoy oneself — **recreativo, -va** *adj* : recreational — **recreo** *nm* **1** : recreation, amusement **2** : recess, break (at school)
recriminar *vt* : reproach
recrudecer {53} *vi* : worsen — **recrudecerse** *vr* : intensify, get worse
rectángulo *nm* : rectangle — **rectangular** *adj* : rectangular
rectificar {72} *vt* **1** : rectify, correct **2** AJUSTAR : straighten (out) — **rectitud** *nf* **1** : straightness **2** : (moral) rectitude — **recto, -ta** *adj* **1** : straight **2** ÍNTEGRO : upright, honorable — **recto** *nm* : rectum
rector, -tora *adj* : governing, managing — ~ *n* : rector — **rectoría** *nf* : rectory
recubrir {2} *vt* : cover, coat
recuento *nm* : count, recount
recuerdo *nm* **1** : memory **2** : souvenir, remembrance (of a journey, etc.) **3** ~**s** *nmpl* SALUDOS : regards
recuperar *vt* **1** : recover, retrieve **2** ~ **el tiempo perdido** : make up for lost time — **recuperarse** *vr* ~ **de** : recover from — **recuperación** *nf, pl* **-ciones** **1** : recovery **2** ~ **de datos** : data retrieval
recurrir *vi* ~ **a** : turn to (a person), resort to (force, etc.) — **recurso** *nm* **1** : recourse, resort **2** : appeal (in law) **3** ~**s** *nmpl* : resources
red *nf* **1** : net **2** SISTEMA : network, system **3** **la Red** : the Internet

redactar *vt* : write (up), draft — **redacción** *nf, pl* **-ciones 1** : writing, drafting **2** : editing (of a newspaper, etc.) — **redactor, -tora** *n* : editor

redada *nf* **1** : (police) raid **2** : catch (in fishing)

redescubrir {2} *vt* : rediscover

redención *nf, pl* **-ciones** : redemption — **redentor, -tora** *adj* : redeeming

redil *nm* : fold, pen

rédito *nm* : interest, yield

redoblar *vt* : redouble

redomado, -da *adj* : out-and-out

redondear *vt* **1** : make round **2** : round off (a number, etc.) — **redonda** *nf* **1** : whole note (in music) **2 a la ~** : in the surrounding area — **redondel** *nm* **1** : ring, circle **2** : bullring — **redondo, -da** *adj* **1** : round **2** PERFECTO : excellent

reducir {61} *vt* : reduce — **reducirse** *vr* **~ a** : come down to, amount to — **reducción** *nf, pl* **-ciones** : reduction — **reducido, -da** *adj* **1** : reduced, limited **2** PEQUEÑO : small

redundante *adj* : redundant — **redundancia** *nf* : reduncancy

reedición *nf, pl* **-ciones** : reprint

reembolsar *vt* : refund, reimburse, repay — **reembolso** *nm* : refund, reimbursement

reemplazar {21} *vt* : replace — **reemplazo** *nm* : replacement

reencarnación *nf, pl* **-ciones** : reincarnation

reencuentro *nm* : reunion

reestructurar *vt* : restructure

refaccionar *vt* *Lat* : repair, renovate — **refacciones** *nfpl* *Lat* : repairs, renovations

referir {76} *vt* **1** : tell **2** REMITIR : refer — **referirse** *vr* **~ a** : refer to — **referencia** *nf* **1** : reference **2 hacer ~ a** : refer to — **referéndum** *nm, pl* **-dums** : referendum — **referente** *adj* **~ a** : concerning

refinar *vt* : refine — **refinado, -da** *adj* : refined — **refinamiento** *nm* : refinement — **refinería** *nf* : refinery

reflector *nm* **1** : reflector **2** : spotlight, searchlight, floodlight

reflejar *vt* : reflect — **reflejarse** *vr* : be reflected — **reflejo** *nm* **1** : reflection **2** : (physical) reflex **3 ~s** *nmpl* : highlights (in hair)

reflexionar *vi* : reflect, think — **reflexión** *nf, pl* **-xiones** : reflection, thought — **reflexivo, -va** *adj* **1** : reflective, thoughtful **2** : reflexive (in grammar)

reflujo *nm* : ebb (tide)

reforma *nf* **1** : reform **2 ~s** *nfpl* : renovations — **reformador, -dora** *n* : reformer — **reformar** *vt* **1** : reform **2** : renovate, repair (a house, etc.) — **reformarse** *vr* : mend

one's ways — **reformatorio** *nm* : reformatory

reforzar {36} *vt* : reinforce

refrán *nm, pl* **-franes** : proverb, saying

refregar {49} *vt* : scrub

refrenar *vt* **1** : rein in (a horse) **2** CONTENER : restrain — **refrenarse** *vr* : restrain oneself

refrendar *vt* : approve, endorse

refrescar {72} *vt* **1** : refresh, cool **2** : brush up on (knowledge) — *vi* : turn cooler — **refrescante** *adj* : refreshing — **refresco** *nm* : soft drink

refriega *nf* : scuffle, skirmish

refrigerar *vt* **1** : refrigerate **2** CLIMATIZAR : air-condition — **refrigeración** *nf, pl* **-ciones 1** : refrigeration **2** AIRE ACONDICIONADO : air-conditioning — **refrigerador** *nmf* *Lat* : refrigerator — **refrigerio** *nm* : refreshments *pl*

refrito, -ta *adj* : refried — **refrito** *nm* : rehash

refuerzo *nm* : reinforcement

refugiar *vt* : shelter — **refugiarse** *vr* : take refuge — **refugiado, -da** *n* : refugee — **refugio** *nm* : refuge, shelter

refulgir {35} *vi* : shine brightly

refunfuñar *vi* : grumble, groan

refutar *vt* : refute

regadera *nf* **1** : watering can **2** *Lat* : shower head, shower

regalar *vt* : give (as a gift) — **regalarse** *vr* **~ con** : treat oneself to

regaliz *nm, pl* **-lices** : licorice

regalo *nm* **1** : gift, present **2** PLACER : pleasure, delight

regañadientes: a ~ *adv phr* : reluctantly, unwillingly

regañar *vt* : scold — *vi* **1** QUEJARSE : grumble **2** *Spain* : quarrel — **regañón, -ñona** *adj, mpl* **-ñones** *fam* : grumpy, irritable

regar {49} *vt* **1** : irrigate, water **2** ESPARCIR : scatter

regatear *vt* **1** : haggle over **2** ESCATIMAR : skimp on — *vi* : bargain, haggle

regazo *nm* : lap (of a person)

regenerar *vt* : regenerate

regentar *vt* : run, manage

régimen *nm, pl* **regímenes 1** : regime **2** DIETA : diet **3 ~ de vida** : lifestyle

regimiento *nm* : regiment

regio, -gia *adj* : royal, regal

región *nf, pl* **-giones** : region, area — **regional** *adj* : regional

regir {28} *vt* **1** : rule **2** ADMINISTRAR : manage, run **3** DETERMINAR : govern, determine — *vi* : apply, be in force — **regirse** *vr* **~ por** : be guided by

registrar *vt* **1** : register **2** GRABAR : record, tape **3** : search (a house, etc.), frisk (a person) — **registrarse** *vr* **1** : register **2** : be recorded (of temperatures, etc.) — **reg-istrador, -dora** *adj* **caja registradora** : cash register — ⁓ *n* : registrar — **registro** *nm* **1** : registration **2** : register (book) **3** : registry (office) **4** : range (of a voice, etc.) **5** INSPECCIÓN : search

regla *nf* **1** : rule, regulation **2** : ruler (for measuring) **3** MENSTRUACIÓN : period — **reglamentación** *nf, pl* **-ciones 1** : regulation **2** REGLAS : rules *pl* — **reglamentar** *vt* : regulate — **reglamentario, -ria** *adj* : regulation, official — **reglamento** *nm* : regulations *pl*, rules *pl*

regocijar *vt* : gladden, delight — **regocijarse** *vr* : rejoice — **regocijo** *nm* : delight, rejoicing

regodearse *vr* : be delighted — **regodeo** *nm* : delight

regordete *adj fam* : chubby

regresar *vi* : return, come back, go back — *vt Lat* : give back — **regresión** *nf, pl* **-siones** : regression — **regresivo, -va** *adj* : regressive — **regreso** *nm* **1** : return **2** **estar de** ⁓ : be back, be home again

reguero *nm* **1** : irrigation ditch **2** SEÑAL : trail, trace **3 correr como un** ⁓ **de pólvora** : spread like wildfire

regular *adj* **1** : regular **2** MEDIANO : medium, average **3 por lo** ⁓ : in general — ⁓ *vt* : regulate, control — **regulación** *nf, pl* **-ciones** : regulation, control — **regularidad** *nf* : regularity — **regularizar** {21} *vt* : normalize, make regular

rehabilitar *vt* **1** : rehabilitate **2** : reinstate (s.o. in a position) **3** : renovate (a building, etc.) — **rehabilitación** *nf* **1** : rehabilitation **2** : reinstatement (in a position) **3** : renovation (of a building, etc.)

rehacer {40} *vt* **1** : redo **2** REPARAR : repair — **rehacerse** *vr* **1** : recover **2** ⁓ **de** : get over

rehén *nm, pl* **-henes** : hostage

rehuir {41} *vt* : avoid, shun

rehusar {8} *v* : refuse

reimprimir *vt* : reprint — **reimpresión** *nf, pl* **-siones** : reprinting, reprint

reina *nf* : queen — **reinado** *nm* : reign — **reinante** *adj* : reigning — **reinar** *vi* **1** : reign **2** PREVALECER : prevail

reincidir *vi* : backslide, relapse

reino *nm* : kingdom, realm

reintegrar *vt* **1** : reinstate **2** : refund (money), reimburse (expenses, etc.) — **reintegrarse** *vr* ⁓ **a** : return to — **reintegro** *nm* : reimbursement

reír {66} *vi* : laugh — *vt* : laugh at — **reírse** *vr* : laugh

reiterar *vt* : repeat, reiterate

reivindicar {72} *vt* **1** : claim **2** RESTAURAR : restore

reja *nf* : grille, grating — **rejilla** *nf* : grille, grate, screen

rejuvenecer {53} *vt* : rejuvenate — **rejuvenecerse** *vr* : be rejuvenated

relación *nf, pl* **-ciones 1** : relation, connection **2** COMUNICACIÓN : relationship, relations *pl* **3** RELATO : account **4** LISTA : list **5 con** ⁓ **a** *or* **en** ⁓ **a** : in relation to — **relacionar** *vt* : relate, connect — **relacionarse** *vr* ⁓ **con** : be connected to, interact with

relajar *vt* : relax — **relajarse** *vr* : relax — **relajación** *nf, pl* **-ciones** : relaxation — **relajado, -da** *adj* **1** : relaxed **2** : dissolute, lax (in behavior)

relamerse *vr* : smack one's lips, lick its chops

relámpago *nm* : flash of lightning — **relampaguear** *vi* : flash

relatar *vt* : relate, tell

relativo, -va *adj* **1** : relative **2 en lo relativo a** : with regard to — **relatividad** *nf* : relativity

relato *nm* **1** : account, report **2** CUENTO : story, tale

releer {20} *vt* : reread

relegar {52} *vt* : relegate

relevante *adj* : outstanding, important

relevar *vt* **1** : relieve, take over from **2** ⁓ **de** : exempt from — **relevo** *nm* **1** : relief, replacement **2 carrera de** ⁓**s** : relay race

relieve *nm* **1** : relief (in art, etc.) **2** IMPORTANCIA : prominence, importance **3 poner en** ⁓ : emphasize

religión *nf, pl* **-giones** : religion — **religioso, -sa** *adj* : religious — ⁓ *n* : monk *m*, nun *f*

relinchar *vi* : neigh, whinny — **relincho** *nm* : neigh, whinny

reliquia *nf* **1** : relic **2** ⁓ **de familia** : family heirloom

rellenar *vt* **1** : refill **2** : stuff, fill (in cooking) — **relleno, -na** *adj* : stuffed, filled — **relleno** *nm* : stuffing, filling

reloj *nm* **1** : clock **2** *or* ⁓ **de pulsera** : wristwatch **3** ⁓ **de arena** : hourglass **4 como un** ⁓ : like clockwork

relucir {45} *vi* **1** : glitter, shine **2 sacar a** ⁓ : bring up, mention — **reluciente** *adj* : brilliant, shining

relumbrar *vi* : shine brightly

remachar *vt* **1** : rivet **2** RECALCAR : stress, drive home — **remache** *nm* : rivet

remanente *nm* : remainder, surplus

remanso *nm* : pool

remar *vi* : row

rematar *vt* **1** : conclude, finish up **2** MATAR : finish off **3** LIQUIDAR : sell off cheaply **4**

Lat : auction — *vi* **1** : shoot (in sports) **2**
TERMINAR : end — **rematado, -da** *adj*
: utter, complete — **remate** *nm* **1** : shot (in
sports) **2** FIN : end
remedar *vt* : imitate, mimic
remediar *vt* **1** : remedy, repair **2** : solve (a
problem) **3** EVITAR : avoid — **remedio** *nm*
1 : remedy, cure **2** SOLUCIÓN : solution **3**
sin ~ : hopeless
rememorar *vi* : recall
remendar {55} *vt* : mend
remesa *nf* **1** : remittance **2** : shipment (of
merchandise)
remezón *nm, pl* **-zones** *Lat* : mild earthquake, tremor
remiendo *nm* : mend, patch
remilgado, -da *adj* **1** : prudish **2** AFECTADO
: affected — **remilgo** *nm* : primness, affectation
reminiscencia *nf* : reminiscence
remisión *nf, pl* **-siones** : remission
remiso, -sa *adj* **1** : reluctant **2** NEGLIGENTE
: remiss
remitir *vt* **1** : send, remit **2** ~ **a** : refer to,
direct to — *vi* : subside, let up — **remite** *nm*
: return address — **remitente** *nmf* : sender
(of a letter, etc.)
remo *nm* : paddle, oar
remodelar *vt* **1** : remodel **2** : restructure (an
organization)
remojar *vt* : soak, steep — **remojo** *nm* **poner
en** ~ : soak
remolacha *nf* : beet
remolcar {72} *vt* : tow, tug — **remolcador**
nm : tugboat
remolino *nm* **1** : whirlwind, whirlpool **2**
: crowd (of people) **3** : cowlick (of hair)
remolque *nm* **1** : towing, tow **2** : trailer (vehicle)
remontar *vt* **1** : overcome **2** SUBIR : go up
— **remontarse** *vr* **1** : soar **2** ~ **a** : date
from, go back to
rémora *nf* : hindrance
remorder {47} *vt* : trouble, worry — **remordimiento** *nm* : remorse
remoto, -ta *adj* : remote — **remotamente**
adv : remotely, slightly
remover {47} *vt* **1** : stir **2** : move around,
turn over (earth, embers, etc.) **3** REAVIVAR
: bring up again **4** DESPEDIR : fire, dismiss
remunerar *vt* : remunerate
renacer {48} *vi* : be reborn, revive — **renacimiento** *nm* **1** : rebirth, revival **2 el Renacimiento** : the Renaissance
renacuajo *nm* : tadpole, pollywog
rencilla *nf* : quarrel
renco, -ca *adj Lat* : lame
rencor *nm* **1** : rancor, hostility **2 guardar**

~ : hold a grudge — **rencoroso, -sa** *adj*
: resentful
rendición *nf, pl* **-ciones** : surrender — **ren-
dido, -da** *adj* **1** : submissive **2** AGOTADO
: exhausted
rendija *nf* : crack, split
rendir {54} *vt* **1** : render, give **2** PRODUCIR
: yield, produce **3** CANSAR : exhaust — *vi*
: make progress, go a long way — **rendirse**
vr : surrender, give up — **rendimiento** *nm*
1 : performance **2** : yield, return (in finance, etc.)
renegar {49} *vt* : deny — *vi* **1** QUEJARSE
: grumble **2** ~ **de** ABJURAR : renounce,
disown — **renegado, -da** *n* : renegade
renglón *nm, pl* **-glones 1** : line (of writing)
2 *Lat* : line (of products)
reno *nm* : reindeer
renombre *nm* : renown — **renombrado, -da**
adj : famous, renowned
renovar {19} *vt* **1** : renew, restore **2** : renovate (a building, etc.) — **renovación** *nf, pl*
-ciones 1 : renewal **2** : renovation (of a
building, etc.)
renquear *vi* : limp, hobble
rentar *vt* **1** : produce, yield **2** *Lat* : rent —
renta *nf* **1** : income **2** ALQUILER : rent **3**
impuesto sobre la ~ : income tax —
rentable *adj* : profitable
renunciar *vi* **1** : resign **2** ~ **a** : renounce,
relinquish — **renuncia** *nf* **1** : renunciation
2 DIMISIÓN : resignation
reñir {67} *vi* ~ **con** : argue with, fall out
with — *vt* **1** : scold **2** DISPUTAR : fight —
reñido, -da *adj* **1** : hard-fought **2** ~ **con**
: on bad terms with
reo, rea *n* **1** : accused, defendant **2** CULPA-
BLE : culprit
reojo *nm* **de** ~ : out of the corner of one's
eye
reorganizar {21} *vt* : reorganize
repantigarse {52} *vr* : sprawl out
reparar *vt* **1** : repair, fix **2** : make amends
for (an offense, etc.) — *vi* **1** ~ **en** ADVER-
TIR : take notice of **2** ~ **en** CONSIDERAR
: consider — **reparación** *nf, pl* **-ciones 1**
: reparation, amends **2** ARREGLO : repair —
reparo *nm* **1** : reservation, objection **2**
poner ~ **a** : object to
repartir *vt* **1** : allocate **2** DISTRIBUIR : distribute **3** ESPARCIR : spread — **repartición**
nf, pl **-ciones** : distribution — **repartidor,
-dora** *n* : delivery person, distributor —
reparto *nm* **1** : allocation **2** DISTRIBUCIÓN
: delivery **3** : cast (of characters)
repasar *vt* **1** : review, go over **2** ZURCIR
: mend — **repaso** *nm* **1** : review **2** : mend-
ing (of clothes)

repeler *vt* **1** : repel **2** REPUGNAR : disgust — **repelente** *adj* : repellent, repulsive

repente *nm* **1** : fit, outburst **2 de ~** : suddenly — **repentino, -na** *adj* : sudden

repercutir *vi* **1** : reverberate **2 ~ en** : have repercussions on — **repercusión** *nf, pl* **-siones** : repercussion

repertorio *nm* : repertoire

repetir {54} *vt* **1** : repeat **2** : have a second helping of (food) — **repetirse** *vr* **1** : repeat oneself **2** : recur (of an event, etc.) — **repetición** *nf, pl* **-ciones** **1** : repetition **2** : rerun, repeat (of a program, etc.) — **repetido, -da** *adj* **1** : repeated **2 repetidas veces** : repeatedly, time and again — **repetitivo, -va** *adj* : repetitive, repetitious

repicar {72} *vt* : ring — *vi* : ring out, peal — **repique** *nm* : ringing, pealing

repisa *nf* **1** : shelf, ledge **2 ~ de ventana** : windowsill

replegar {49} *vt* : fold — **replegarse** *vr* : retreat, withdraw

repleto, -ta *adj* **1** : replete, full **2 ~ de** : packed with

replicar {72} *vt* : reply, retort — *vi* : answer back — **réplica** *nf* **1** RESPUESTA : reply **2** COPIA : replica, reproduction

repliegue *nm* **1** : fold **2** : (military) withdrawal

repollo *nm* : cabbage

reponer {60} *vt* **1** : replace **2** REPLICAR : reply — **reponerse** *vr* : recover

reportar *vt* **1** : yield, bring **2** *Lat* : report — **reportaje** *nm* : article, (news) report — **reporte** *nm Lat* : report — **reportero, -ra** *n* : reporter

reposar *vi* **1** DESCANSAR : rest **2** : stand, settle (of liquids, dough, etc.) — **reposado, -da** *adj* : calm, relaxed — **reposición** *nf, pl* **-ciones** **1** : replacement **2** : rerun, repeat (of a program, etc.) — **reposo** *nm* : rest

repostar *vi* **1** : stock up on **2** : refuel (an airplane, etc.) — *vi* : fill up, refuel

reprender *vt* : reprimand, scold — **reprensible** *adj* : reprehensible

represalia *nf* **1** : reprisal **2 tomar ~s** : retaliate

represar *vt* : dam

representar *vt* **1** : represent **2** : perform (a play, etc.) **3** APARENTAR : look, appear as — **representación** *nf, pl* **-ciones** **1** : representation **2** : performance (of a play, etc.) **3 en ~ de** : on behalf of — **representante** *nmf* **1** : representative **2** ACTOR : performer — **representativo, -va** *adj* : representative

represión *nf, pl* **-siones** : repression

reprimenda *nf* : reprimand

reprimir *vt* **1** : repress **2** : suppress (a rebellion, etc.)

reprobar {19} *vt* **1** : reprove, condemn **2** *Lat* : fail (an exam, etc.)

reprochar *vt* : reproach — **reprocharse** *vr* : reproach oneself — **reproche** *nm* : reproach

reproducir {61} *vt* : reproduce — **reproducirse** *vr* **1** : breed, reproduce **2** : recur (of an event, etc.) — **reproducción** *nf, pl* **-ciones** : reproduction — **reproductor, -tora** *adj* : reproductive

reptil *nm* : reptile

república *nf* : republic — **republicano, -na** *adj & n* : republican

repudiar *vt* : repudiate

repuesto *nm* : spare (auto) part

repugnar *vt* : disgust — **repugnancia** *nf* : disgust — **repugnante** *adj* : disgusting

repujar *vt* : emboss

repulsivo, -va *adj* : repulsive

reputar *vt* : consider, deem — **reputación** *nf, pl* **-ciones** : reputation

requerir {76} *vt* **1** : require **2** : summon, send for (a person)

requesón *nm, pl* **-sones** : cottage cheese

réquiem *nm* : requiem

requisito *nm* **1** : requirement **2 ~ previo** : prerequisite

res *nf* **1** : beast, animal **2** *Lat or* **carne de ~** : beef

resabio *nm* **1** VICIO : bad habit, vice **2** DEJO : aftertaste

resaca *nf* **1** : undertow **2 tener ~** : have a hangover

resaltar *vi* **1** : stand out **2 hacer ~** : bring out, highlight — *vt* : emphasize

resarcir {83} *vt* : compensate, repay — **resarcirse** *vr* **~ de** : make up for

resbalar *vi* **1** : slip, slide **2** : skid (of an automobile) — **resbalarse** *vr* : slip, skid — **resbaladizo, -za** *adj* : slippery — **resbalón** *nm, pl* **-lones** : slip — **resbaloso, -sa** *adj Lat* : slippery

rescatar *vt* **1** : rescue, ransom **2** RECUPERAR : recover, get back — **rescate** *nm* **1** : rescue **2** : ransom (money) **3** RECUPERACIÓN : recovery

rescindir *vt* : cancel — **rescisión** *nf, pl* **-siones** : cancellation

rescoldo *nm* : embers *pl*

resecar {72} *vt* : dry (out) — **resecarse** *vr* : dry up — **reseco, -ca** *adj* : dry, dried-up

resentirse {76} *vr* **1** : suffer, be weakened **2** OFENDERSE : be offended **3 ~ de** : feel the effects of — **resentido, -da** *adj* : resentful — **resentimiento** *nm* : resentment

reseñar *vt* **1** : review **2** DESCRIBIR : describe — **reseña** *nf* **1** : review, report **2** DESCRIPCIÓN : description

reservar *vt* **1** : reserve **2** GUARDAR : keep,

save — **reservarse** *vr* **1** : save oneself **2** : keep for oneself — **reserva** *nf* **1** : reservation **2** PROVISIÓN : reserve **3 de ~** : spare, in reserve — **reservación** *nf, pl* **-ciones** : reservation — **reservado, -da** *adj* **1** : reserved **2** : confidential (of a document, etc.)

resfriar {85} *vt* : cool — **resfriarse** *vr* **1** : cool off **2** CONSTIPARSE : catch a cold — **resfriado** *nm* CATARRO : cold — **resfrío** *nm Lat* : cold

resguardar *vt* : protect — **resguardarse** *vr* : protect oneself — **resguardo** *nm* **1** : protection **2** RECIBO : receipt

residir *vi* **1** : reside, live **2 ~ en** : lie in — **residencia** *nf* **1** : residence **2** *or* **~ universitaria** : dormitory — **residencial** *adj* : residential — **residente** *adj & nmf* : resident

residuo *nm* **1** : residue **2 ~s** *nmpl* : waste — **residual** *adj* : residual

resignar *vt* : resign — **resignarse** *vr* **~ a** : resign oneself to — **resignación** *nf, pl* **-ciones** : resignation

resina *nf* **1** : resin **2 ~ epoxídica** : epoxy

resistir *vt* **1** AGUANTAR : stand, bear **2** : withstand (temptation, etc.) — *vi* : resist — **resistirse** *vr* **~ a** : be resistant to — **resistencia** *nf* **1** : resistance **2** AGUANTE : endurance, stamina — **resistente** *adj* : resistant, strong, tough

resma *nf* : ream

resollar {19} *vi* : breathe heavily, pant

resolver {89} *vt* **1** : resolve **2** DECIDIR : decide — **resolverse** *vr* : make up one's mind — **resolución** *nf, pl* **-ciones** **1** : resolution **2** DECISIÓN : decision **3** FIRMEZA : determination, resolve

resonar {19} *vi* : resound — **resonancia** *nf* **1** : resonance **2** CONSECUENCIAS : impact, repercussions *pl* — **resonante** *adj* : resonant, resounding

resoplar *vi* **1** : puff, pant **2** : snort (with annoyance)

resorte *nm* **1** MUELLE : spring **2 tocar ~s** : pull strings

respaldar *vt* : back, endorse — **respaldarse** *vr* : lean back — **respaldo** *nm* **1** : back (of a chair, etc.) **2** APOYO : support, backing

respectar *vt* : concern, relate to — **respectivo, -va** *adj* : respective — **respecto** *nm* **1 al ~** : in this respect **2 ~ a** : in regard to, concerning

respetar *vt* : respect — **respetable** *adj* : respectable — **respeto** *nm* **1** : respect **2 presentar sus ~s** : pay one's respects — **respetuoso, -sa** *adj* : respectful

respingo *nm* : start, jump

respirar *v* : breathe — **respiración** *nf, pl* **-ciones** : respiration, breathing — **respira-**

torio, -ria *adj* : respiratory — **respiro** *nm* **1** : breath **2** DESCANSO : respite, break

resplandecer {53} *vi* : shine — **resplandeciente** *adj* : shining, gleaming — **resplandor** *nm* **1** : brilliance, gleam **2** : flash (of lightning, etc.)

responder *vt* : answer, reply — *vi* **1** : answer **2** REPLICAR : answer back **3 ~ a** : respond to **4 ~ de** : answer for (something)

responsable *adj* : responsible — **responsabilidad** *nf* : responsibility

respuesta *nf* **1** : answer, reply **2** REACCIÓN : response

resquebrajar *vt* : split, crack — **resquebrajarse** *vr* : crack

resquicio *nm* **1** : crack, crevice **2** VESTIGIO : trace, glimmer

resta *nf* : subtraction

restablecer {53} *vt* : reestablish, restore — **restablecerse** *vr* : recover — **restablecimiento** *nm* : restoration, recovery

restallar *vi* : crack, crackle

restar *vt* **1** : deduct, subtract **2** DISMINUIR : minimize — *vi* : be left — **restante** *adj* **1** : remaining **2 lo ~** : the rest

restauración *nf, pl* **-ciones** : restoration

restaurante *nm* : restaurant

restaurar *vt* : restore

restituir {41} *vt* : return, restore — **restitución** *nf, pl* **-ciones** : restitution

resto *nm* **1** : rest, remainder **2 ~s** *nmpl* : leftovers **3** *or* **~s mortales** : mortal remains

restregar {49} *vt* : rub, scrub — **restregarse** *vr* : rub

restringir {35} *vt* : restrict, limit — **restricción** *nf, pl* **-ciones** : restriction, limitation — **restrictivo, -va** *adj* : restrictive

resucitar *vt* : resuscitate, revive — *vi* : come back to life

resuelto, -ta *adj* : determined, resolved

resuello *nm* : heavy breathing, panting

resultar *vi* **1** : succeed, work out **2** SALIR : turn out (to be) **3 ~ de** : be the result of **4 ~ en** : result in — **resultado** *nm* : result, outcome

resumir *v* : summarize, sum up — **resumen** *nm, pl* **-súmenes** **1** : summary **2 en ~** : in short

resurgir {35} *vi* : reappear, revive — **resurgimiento** *nm* : resurgence — **resurrección** *nf, pl* **-ciones** : resurrection

retahíla *nf* : string, series

retal *nm* : remnant

retardar *vt* **1** RETRASAR : delay **2** POSPONER : postpone

retazo *nm* **1** : remnant, scrap **2** : fragment (of a text, etc.)

retener {80} *vt* **1** : retain, keep **2** : withhold (funds, etc.) **3** DETENER : detain — **retención** *nf, pl* **-ciones 1** : retention **2** : deduction, withholding (of funds)

reticente *adj* : reluctant — **reticencia** *nf* : reluctance

retina *nf* : retina

retintín *nm, pl* **-tines 1** : tinkling, jingle **2 con ~** : sarcastically

retirar *vt* **1** : remove, take away **2** : withdraw (funds, statements, etc.) — **retirarse** *vr* **1** : retreat, withdraw **2** JUBILARSE : retire — **retirada** *nf* **1** : withdrawal **2 batirse en ~** : beat a retreat — **retirado, -da** *adj* **1** : remote, secluded **2** JUBILADO : retired — **retiro** *nm* **1** : retreat **2** JUBILACIÓN : retirement **3** *Lat* : withdrawal

reto *nm* : challenge, dare

retocar {72} *vt* : touch up

retoño *nm* : sprout, shoot

retoque *nm* **1** : retouching **2 el último ~** : the finishing touch

retorcer {14} *vt* **1** : twist, contort **2** : wring out (clothes, etc.) — **retorcerse** *vr* **1** : get twisted up **2** : squirm, writhe (in pain) — **retorcijón** *nm, pl* **-jones** : cramp, spasm — **retorcimiento** *nm* : twisting, wringing out

retórica *nf* : rhetoric — **retórico, -ca** *adj* : rhetorical

retornar *v* : return — **retorno** *nm* : return

retozar {21} *vi* : frolic, romp — **retozón, -zona** *adj* : playful, frisky

retractarse *vr* **1** : withdraw, back down **2 ~ de** : take back, retract

retraer {81} *vt* : retract — **retraerse** *vr* : withdraw — **retraído, -da** *adj* : withdrawn, shy

retrasar *vt* **1** : delay, hold up **2** APLAZAR : postpone **3** : set back (a clock) — **retrasarse** *vr* **1** : be late **2** : fall behind (in work, etc.) — **retrasado, -da** *adj* **1** : retarded **2** : in arrears (of payments) **3** : backward (of a country) **4** : slow (of a clock) — **retraso** *nm* **1** : delay **2** SUBDESARROLLO : backwardness **3 ~ mental** : mental retardation

retratar *vt* **1** : portray **2** FOTOGRAFIAR : photograph **3** DIBUJAR : paint a portrait of — **retrato** *nm* **1** : portrayal **2** DIBUJO : portrait **3** FOTOGRAFÍA : photograph

retrete *nm* : restroom, toilet

retribuir {41} *vt* **1** : pay **2** RECOMPENSAR : reward — **retribución** *nf, pl* **-ciones 1** : payment **2** RECOMPENSA : reward

retroactivo, -va *adj* : retroactive

retroceder *vi* **1** : go back, turn back **2** CEDER : back down — **retroceso** *nm* **1** : backward movement **2** : backing down

retrógrado, -da *adj & nmf* : reactionary

retrospectiva *nf* : hindsight — **retrospectivo, -va** *adj* : retrospective

retrovisor *nm* : rearview mirror

retumbar *vi* : resound, reverberate, rumble

reumatismo *nm* : rheumatism

reunir {68} *vt* **1** : unite, join **2** TENER : have, possess **3** RECOGER : gather, collect — **reunirse** *vr* : meet, gather — **reunión** *nf, pl* **-niones 1** : meeting **2** : (social) gathering, reunion

revalidar *vt* : confirm, ratify

revancha *nf* **1** : revenge **2** : rematch (in sports)

revelar *vt* **1** : reveal, disclose **2** : develop (film) — **revelación** *nf, pl* **-ciones** : revelation — **revelado** *nm* : developing (of film) — **revelador, -dora** *adj* : revealing

reventar {55} *v* : burst, blow up — **reventarse** *vr* : burst — **reventón** *nm, pl* **-tones** : blowout, flat tire

reverberar *vi* : reverberate — **reverberación** *nf, pl* **-ciones** : reverberation

reverenciar *vt* : revere — **reverencia** *nf* **1** : bow, curtsy **2** VENERACIÓN : reverence — **reverendo, -da** *adj & nmf* : reverend — **reverente** *adj* : reverent

reversa *nf Lat* : reverse (gear)

reverso *nm* **1** : back, reverse **2 el ~ de la medalla** : the complete opposite — **reversible** *adj* : reversible

revertir {76} *vi* **1** : revert **2 ~ en** : result in

revés *nm, pl* **-veses 1** : back, wrong side **2** CONTRATIEMPO : setback **3** BOFETADA : slap **4** : backhand (in sports) **5 al ~** : the other way around, upside down, inside out

revestir {54} *vt* **1** : coat, cover **2** ASUMIR : take on, assume — **revestimiento** *nm* : covering, coating

revisar *vt* **1** : examine, inspect **2** : check over, overhaul (machinery, etc.) **3** MODIFICAR : revise — **revisión** *nf, pl* **-siones 1** : revision **2** INSPECCIÓN : inspection, check — **revisor, -sora** *n* : inspector

revistar *vt* : review, inspect (troops, etc.) — **revista** *nf* **1** : magazine, journal **2** : revue (in theater) **3 pasar ~** : review, inspect

revivir *vi* : revive, come alive again — *vt* : relive

revocar {72} *vt* : revoke

revolcar {82} *vt* : knock over, knock down — **revolcarse** *vr* : roll around

revolotear *vi* : flutter, flit — **revoloteo** *nm* : fluttering, flitting

revoltijo *nm* : mess, jumble

revoltoso, -sa *adj* : rebellious

revolución *nf, pl* **-ciones** : revolution — **revolucionar** *vt* : revolutionize — **revolucionario, -ria** *adj & n* : revolutionary

revolver {89} *vt* **1** : mix, stir **2** : upset (one's

stomach) **3** DESORGANIZAR : mess up — **revolverse** *vr* **1** : toss and turn **2** VOLVERSE : turn around
revólver *nm* : revolver
revuelo *nm* : commotion
revuelta *nf* : uprising, revolt — **revuelto, -ta** *adj* **1** : choppy, rough **2** DESORDENADO : messed up **3 huevos revueltos** : scrambled eggs
rey *nm* : king
reyerta *nf* : brawl, fight
rezagarse {52} *vr* : fall behind, lag
rezar {21} *vi* **1** : pray **2** DECIR : say — *vt* : say, recite — **rezo** *nm* : prayer
rezongar {52} *vi* : gripe, grumble
rezumar *v* : ooze
ría *nf* : estuary
riachuelo *nm* : brook, stream
riada *nf* : flood
ribera *nf* : bank, shore
ribetear *vt* : border, trim — **ribete** *nm* **1** : border, trim **2** : embellishment
rico, -ca *adj* **1** : rich, wealthy **2** ABUNDANTE : abundant **3** SABROSO : rich, tasty — **∼** *n* : rich person
ridiculizar {21} *vt* : ridicule — **ridículo, -la** *adj* : ridiculous — **ridículo** *nm* **1 hacer el ∼** : make a fool of oneself **2 poner en ∼** : ridicule
riego *nm* : irrigation
riel *nm* : rail
rienda *nf* **1** : rein **2 dar ∼ suelta a** : give free rein to
riesgo *nm* : risk
rifa *nf* : raffle — **rifar** *vt* : raffle (off) — **rifarse** *vr fam* : fight over
rifle *nm* : rifle
rígido, -da *adj* **1** : rigid, stiff **2** SEVERO : harsh, strict — **rigidez** *nf, pl* **-deces 1** : rigidity, stiffness **2** SEVERIDAD : harshness, strictness
rigor *nm* **1** : rigor, harshness **2** EXACTITUD : precision **3 de ∼** : essential, obligatory — **riguroso, -sa** *adj* : rigorous
rima *nf* **1** : rhyme **2 ∼s** *nfpl* : verse, poetry — **rimar** *vi* : rhyme
rimbombante *adj* : showy, pompous
rímel *nm* : mascara
rincón *nm, pl* **-cones** : corner, nook
rinoceronte *nm* : rhinoceros
riña *nf* **1** : fight, brawl **2** DISPUTA : dispute, quarrel
riñón *nm, pl* **-ñones** : kidney
río *nm* **1** : river **2** TORRENTE : torrent, stream
riqueza *nf* **1** : wealth **2** ABUNDANCIA : richness **3 ∼s naturales** : natural resources
risa *nf* **1** : laughter, laugh **2 dar ∼ a algn** : make s.o. laugh **3 morirse de la ∼** *fam* : die laughing

risco *nm* : crag, cliff
risible *adj* : laughable
ristra *nf* : string, series
risueño, -ña *adj* : cheerful, smiling
ritmo *nm* **1** : rhythm **2** VELOCIDAD : pace, speed — **rítmico, -ca** *adj* : rhythmical
rito *nm* : rite, ritual — **ritual** *adj & nm* : ritual
rival *adj & nmf* : rival — **rivalidad** *nf* : rivalry, competition — **rivalizar** {21} *vi* **∼ con** : rival, compete with
rizar {21} *vt* **1** : curl **2** : ripple (a surface) — **rizarse** *vr* : curl — **rizado, -da** *adj* **1** : curly **2** : choppy (of water) — **rizo** *nm* **1** : curl **2** : ripple (in water) **3** : loop (in aviation)
róbalo *nm* : bass (fish)
robar *vt* **1** : steal **2** : burglarize (a house, etc.) **3** SECUESTRAR : kidnap — **robo** *nm* : robbery, theft
roble *nm* : oak
robot *nm, pl* **-bots** : robot — **robótica** *nf* : robotics
robustecer {53} *vt* : make stronger, strengthen — **robusto, -ta** *adj* : robust, sturdy
roca *nf* : rock, boulder
roce *nm* **1** : rubbing, chafing **2** RASGUÑO : graze, scratch **3 tener un ∼ con** : have a brush with
rociar {85} *vt* : spray, sprinkle — **rocío** *nm* : dew
rocoso, -sa *adj* : rocky
rodaja *nf* : slice
rodar {19} *vi* **1** : roll, roll down, roll along **2** GIRAR : turn, go around **3** : travel (of a vehicle) **4** : film (of movies, etc.) — *vt* **1** : film, shoot **2** : break in (a vehicle) — **rodaje** *nm* **1** : filming, shooting **2** : breaking in (of a vehicle)
rodear *vt* **1** : surround, encircle **2** *Lat* : round up (cattle) — **rodearse** *vr* **∼ de** : surround oneself with — **rodeo** *nm* **1** : rodeo, roundup **2** DESVÍO : detour **3 andar con ∼s** : beat around the bush
rodilla *nf* : knee
rodillo *nm* **1** : roller **2** : rolling pin (for pastry)
roer {69} *vt* **1** : gnaw **2** ATORMENTAR : eat away at, torment — **roedor** *nm* : rodent
rogar {16} *vt* : beg, request — *vi* : pray
rojo, -ja *adj* **1** : red **2 ponerse ∼** : blush — **rojo** *nm* : red — **rojez** *nf* : redness — **rojizo, -za** *adj* : reddish
rollizo, -za *adj* : plump, chubby
rollo *nm* **1** : roll, coil **2** *fam* : boring speech, lecture
romance *nm* **1** : romance **2** : Romance (language)
romano, -na *adj & n* : Roman

romántico, -ca *adj* : romantic — **romanticismo** *nm* : romanticism
romería *nf* : pilgrimage, procession
romero *nm* : rosemary
romo, -ma *adj* : blunt, dull
rompecabezas *nms & pl* : puzzle
romper {70} *vt* **1** : break **2** RASGAR : rip, tear **3** : break off (relations), break (a contract) — *vi* **1** : break (of the day, waves, etc.) **2** ~ **a** : begin to, burst out with **3** ~ **con** : break off with — **romperse** *vr* : break
ron *nm* : rum
roncar {72} *vi* : snore — **ronco, -ca** *adj* : hoarse
ronda *nf* **1** : rounds *pl*, patrol **2** : round (of drinks, etc.) — **rondar** *vt* **1** : patrol **2** : hang around (a place) **3** : be approximately (an age, a number, etc.) — *vi* **1** : be on patrol **2** MERODEAR : prowl about
ronquera *nf* : hoarseness
ronquido *nm* : snore
ronronear *vi* : purr — **ronroneo** *nm* : purr, purring
ronzar {21} *vt* : munch, crunch
roña *nf* **1** : mange **2** SUCIEDAD : dirt, filth — **roñoso, -sa** *adj* **1** : mangy **2** SUCIO : dirty **3** *fam* : stingy
ropa *nf* **1** : clothes *pl*, clothing **2** ~ **interior** : underwear — **ropaje** *nm* : robes *pl*, regalia — **ropero** *nm* : wardrobe, closet
rosa *nf* : rose (flower) — ~ *adj* : rose-colored — ~ *nm* : rose (color) — **rosado, -da** *adj* **1** : pink **2 vino rosado** : rosé — **rosado** *nm* : pink (color) — **rosal** *nm* : rosebush
rosario *nm* : rosary
rosbif *nm* : roast beef
rosca *nf* **1** : thread (of a screw) **2** ESPIRAL : ring, coil
roseta *nf* : rosette
rosquilla *nf* : doughnut
rostro *nm* : face
rotación *nf, pl* **-ciones** : rotation — **rotativo, -va** *adj* : rotary, revolving
roto, -ta *adj* : broken, torn
rotonda *nf* : traffic circle, rotary
rótula *nf* : kneecap
rótulo *nm* **1** : heading, title **2** ETIQUETA : label, sign
rotundo, -da *adj* : categorical, absolute
rotura *nf* : break, tear, fracture
rozar {21} *vt* **1** : graze, touch lightly **2** APROXIMARSE DE : touch on, border on — *vi*

: scrape, rub — **rozarse** *vr* **1** : rub, chafe **2** ~ **con** *fam* : rub elbows with — **rozadura** *nf* : scratch
rubí *nm, pl* **rubíes** : ruby
rubicundo, -da *adj* : ruddy
rubio, -bia *adj & n* : blond
rubor *nm* : flush, blush — **ruborizarse** {21} *vr* : blush
rubrica *nf* **1** : flourish (in writing) **2** TÍTULO : title, heading
rudeza *nf* : roughness, coarseness
rudimentos *nmpl* : rudiments, basics — **rudimentario, -ria** *adj* : rudimentary
rudo, -da *adj* **1** : rough, harsh **2** GROSERO : coarse, unpolished
rueda *nf* **1** : wheel **2** CORRO : circle, ring **3** RODAJA : (round) slice **4 ir sobre** ~**s** : go smoothly — **ruedo** *nm* : bullring
ruego *nm* : request
rugir {35} *vi* : roar — **rugido** *nm* : roar
rugoso, -sa *adj* **1** : rough **2** ARRUGADO : wrinkled
ruibarbo *nm* : rhubarb
ruido *nm* : noise — **ruidoso, -sa** *adj* : loud, noisy
ruina *nf* **1** : ruin, destruction **2** COLAPSO : collapse **3** ~**s** *nfpl* : ruins, remains — **ruinoso, -sa** *adj* : run-down, dilapidated
ruiseñor *nm* : nightingale
ruleta *nf* : roulette
rulo *nm* : curler, roller
rumano, -na *adj* : Romanian, Rumanian
rumba *nf* : rumba
rumbo *nm* **1** : direction, course **2** ESPLENDIDEZ : lavishness **3 con** ~ **a** : bound for, heading for **4 perder el** ~ : go off course
rumiar *vt* : mull over — *vi* : chew the cud — **rumiante** *adj & nm* : ruminant
rumor *nm* **1** : rumor **2** MURMULLO : murmur — **rumorearse** *or* **rumorarse** *vr* : be rumored — **rumoroso, -sa** *adj* : murmuring, babbling
ruptura *nf* **1** : break, rupture **2** : breach (of a contract) **3** : breaking off (of relations)
rural *adj* : rural
ruso, -sa *adj* : Russian — **ruso** *nm* : Russian (language)
rústico, -ca *adj* **1** : rural, rustic **2 en rústica** : in paperback
ruta *nf* : route
rutina *nf* : routine — **rutinario, -ria** *adj* : routine

S

s *nf* : s, 20th letter of the Spanish alphabet
sábado *nm* : Saturday
sábana *nf* : sheet
sabandija *nf* : bug
saber {71} *vt* **1** : know **2** SER CAPAZ DE : know how to, be able to **3** ENTERARSE : learn, find out **4 a ~** : namely — *vi* **1** : taste **2 ~ de** : know about — **~** *nm* : knowledge — **sabelotodo** *nmf fam* : know-it-all — **sabido, -da** *adj* : well-known — **sabiduría** *nf* **1** : wisdom **2** CONOCIMIENTO : learning, knowledge — **sabiendas: a ~** *adv phr* : knowingly — **sabio, -bia** *adj* **1** : learned **2** PRUDENTE : wise, sensible
sabor *nm* : flavor, taste — **saborear** *vt* : savor
sabotaje *nm* : sabotage — **saboteador, -dora** *n* : saboteur — **sabotear** *vt* : sabotage
sabroso, -sa *adj* : delicious, tasty
sabueso *nm* **1** : bloodhound **2** *fam* : sleuth
sacacorchos *nms & pl* : corkscrew
sacapuntas *nms & pl* : pencil sharpener
sacar {72} *vt* **1** : take out **2** OBTENER : get, obtain **3** EXTRAER : extract, withdraw **4** : bring out (a book, a product, etc.) **5** : take (photos), make (copies) **6** QUITAR : remove **7 ~ adelante** : bring up (children), carry out (a project, etc.) **8 ~ la lengua** : stick out one's tongue — *vi* : serve (in sports)
sacarina *nf* : saccharin
sacerdote, -tisa *n* : priest *m*, priestess *f* — **sacerdocio** *nm* : priesthood — **sacerdotal** *adj* : priestly
saciar *vt* : satisfy
saco *nm* **1** : bag, sack **2** : sac (in anatomy) **3** *Lat* : jacket
sacramento *nm* : sacrament — **sacramental** *adj* : sacramental
sacrificar {72} *vt* : sacrifice — **sacrificarse** *vr* : sacrifice oneself — **sacrificio** *nm* : sacrifice
sacrilegio *nm* : sacrilege — **sacrílego, -ga** *adj* : sacrilegious
sacro, -cra *adj* : sacred — **sacrosanto, -ta** *adj* : sacrosanct
sacudir *vt* **1** : shake **2** GOLPEAR : beat **3** CONMOVER : shake up, shock — **sacudirse** *vr* : shake off — **sacudida** *nf* **1** : shaking **2** : jolt (of a train, etc.), tremor (of an earthquake) **3** : (emotional) shock
sádico, -ca *adj* : sadistic — **~** *n* : sadist — **sadismo** *nm* : sadism
saeta *nf* : arrow

safari *nm* : safari
sagaz *adj, pl* **-gaces** : shrewd, sagacious — **sagacidad** *nf* : shrewdness
sagrado, -da *adj* : sacred, holy
sal *nf* : salt
sala *nf* **1** : room, hall **2** : living room (of a house) **3 ~ de espera** : waiting room
salar *vt* : salt — **salado, -da** *adj* **1** : salty **2** GRACIOSO : witty **3 agua salada** : salt water
salario *nm* : salary, wage
salchicha *nf* : sausage — **salchichón** *nf, pl* **-chones** : salami-like cold cut
saldar *vt* **1** : settle, pay off **2** VENDER : sell off — **saldo** *nm* **1** : balance (of an account) **2 ~s** *nmpl* : remainders, sale items
salero *nm* : saltshaker
salir {73} *vi* **1** : go out, come out **2** PARTIR : leave **3** APARECER : appear **4** RESULTAR : turn out **5** : rise (of the sun) **6 ~ adelante** : get by **7 ~ con** : go out with, date **8 ~ de** : come from — **salirse** *vr* **1** : leave **2** ESCAPARSE : leak out, escape **3** SOLTARSE : come off **4 ~ con la suya** : get one's own way — **salida** *nf* **1** : exit **2** : (action of) leaving, departure **3** SOLUCIÓN : way out **4** : leak (of gas, liquid, etc.) **5** OCURRENCIA : witty remark **6 ~ de emergencia** : emergency exit **7 ~ del sol** : sunrise — **saliente** *adj* **1** : departing, outgoing **2** DESTACADO : outstanding
saliva *nf* : saliva
salmo *nm* : psalm
salmón *nm, pl* **-mones** : salmon
salmuera *nf* : brine
salón *nm, pl* **-lones** **1** : lounge, sitting room **2 ~ de belleza** : beauty salon **3 ~ de clase** : classroom
salpicar {72} *vt* **1** : splash, spatter **2 ~ de** : pepper with — **salpicadera** *nf Lat* : fender — **salpicadura** *nf* : splash
salsa *nf* **1** : sauce **2** : (meat) gravy **3** : salsa (music)
saltamontes *nms & pl* : grasshopper
saltar *vi* **1** : jump, leap **2** REBOTAR : bounce **3** : come off (of a button, etc.) **4** ROMPERSE : shatter **5** ESTALLAR : explode, blow up — *vt* **1** : jump (over) **2** OMITIR : skip, miss — **saltarse** *vr* **1** : come off **2** OMITIR : skip, miss
saltear *vt* : sauté
saltimbanqui *nmf* : acrobat
salto *nm* **1** : jump, leap **2** : dive (into water) **3 ~ de agua** : waterfall — **saltón, -tona** *adj, mpl* **-tones** : bulging, protruding

salud *nf* **1** : health **2** ¡**salud!** : here's to your health! **3** ¡**salud!** *Lat* : bless you! (when someone sneezes) — **saludable** *adj* : healthy

saludar *vt* **1** : greet, say hello to **2** : salute (in the military) — **saludo** *nm* **1** : greeting **2** : (military) salute **3** ~s : best wishes, regards

salva *nf* ~ **de aplausos** : round of applause

salvación *nf, pl* **-ciones** : salvation

salvado *nm* : bran

salvador, -dora *n* : savior, rescuer

salvadoreño, -ña *adj* : (El) Salvadoran

salvaguardar *vt* : safeguard

salvaje *adj* **1** : wild **2** PRIMITIVO : savage, primitive — ~ *nmf* : savage

salvar *vt* **1** : save, rescue **2** RECORRER : cover, travel **3** SUPERAR : overcome — **salvarse** *vr* : save oneself — **salvavidas** *nms & pl* **1** : life preserver **2 bote** ~ : lifeboat

salvia *nf* : sage (plant)

salvo, -va *adj* : safe — **salvo** *prep* **1** : except (for), save **2** ~ **que** : unless

samba *nf* : samba

San → **santo**

sanar *vt* : heal, cure — *vi* : recover — **sanatorio** *nm* **1** : sanatorium **2** HOSPITAL : clinic, hospital

sanción *nf, pl* **-ciones** : sanction — **sancionar** *vt* : sanction

sandalia *nf* : sandal

sándalo *nm* : sandalwood

sandía *nf* : watermelon

sandwich [csandwitʃ, csaŋgwitʃ] *nm, pl* **-wiches** [-dwitʃes, -gwi-] : sandwich

saneamiento *nm* : sanitation

sangrar *vt* **1** : bleed **2** : indent (a paragraph) — *vi* : bleed — **sangrante** *adj* : bleeding — **sangre** *nf* **1** : blood **2 a** ~ **fría** : in cold blood — **sangriento, -ta** *adj* : bloody

sanguijuela *nf* : leech

sanguinario, -ria *adj* : bloodthirsty — **sanguíneo, -nea** *adj* : blood

sano, -na *adj* **1** : healthy **2** : (morally) wholesome **3** ENTERO : intact **4 sano y salvo** : safe and sound — **sanidad** *nf* **1** : health **2** : public health, sanitation — **sanitario, -ria** *adj* : sanitary, health — **sanitario** *nm Lat* : toilet

santiamén *nm* **en un** ~ : in no time at all

santo, -ta *adj* **1** : holy **2 Santo, Santa** (**San** *before masculine names except those beginning with D or T*) : Saint — ~ *n* : saint — **santo** *nm* **1** : saint's day **2** *Lat* : birthday — **santidad** *nf* : holiness, sanctity — **santiguarse** {10} *vr* : cross oneself — **santuario** *nm* : sanctuary

saña *nf* **1** : fury **2** BRUTALIDAD : viciousness

sapo *nm* : toad

saque *nm* : serve (in tennis, etc.), throw-in (in soccer)

saquear *vt* : sack, loot — **saqueador, -dora** *n* : looter — **saqueo** *nm* : sacking, looting

sarampión *nm* : measles *pl*

sarape *nm Lat* : serape

sarcasmo *nm* : sarcasm — **sarcástico, -ca** *adj* : sarcastic

sardina *nf* : sardine

sardónico, -ca *adj* : sardonic

sargento *nmf* : sergeant

sarpullido *nm* : rash

sartén *nmf, pl* **-tenes** : frying pan

sastre, -tra *n* : tailor — **sastrería** *nf* **1** : tailoring **2** : tailor's shop

Satanás *nm* : Satan — **satánico, -ca** *adj* : satanic

satélite *nm* : satellite

sátira *nf* : satire — **satírico, -ca** *adj* : satirical

satisfacer {74} *vt* **1** : satisfy **2** CUMPLIR : fulfill, meet **3** PAGAR : pay — **satisfacerse** *vr* **1** : be satisfied **2** VENGARSE : take revenge — **satisfacción** *nf, pl* **-ciones** : satisfaction — **satisfactorio, -ria** *adj* : satisfactory — **satisfecho, -cha** *adj* : satisfied

saturar *vt* : saturate — **saturación** *nf, pl* **-ciones** : saturation

Saturno *nm* : Saturn

sauce *nm* : willow

sauna *nmf* : sauna

savia *nf* : sap

saxofón *nm, pl* **-fones** : saxophone

sazón *nf, pl* **-zones** **1** : seasoning **2** MADUREZ : ripeness **3 a la** ~ : at that time, then **4 en** ~ : ripe, in season — **sazonar** *vt* : season

se *pron* **1** (*reflexive*) : himself, herself, itself, oneself, yourself, yourselves, themselves **2** (*indirect object*) : (to) him, (to) her, (to) you, (to) them **3** : each other, one another **4** ~ **dice que** : it is said that **5** ~ **habla inglés** : English spoken

sebo *nm* **1** : fat **2** : tallow (for candles, etc.) **3** : suet (for cooking)

secar {72} *v* : dry — **secarse** *vr* : dry (up) — **secador** *nm* : hair dryer — **secadora** *nf* : (clothes) dryer

sección *nf, pl* **-ciones** : section

seco, -ca *adj* **1** : dry **2** : dried (of fruits, etc.) **3** TAJANTE : sharp, brusque **4** *fam* : thin, skinny **5 a secas** : simply, just **6 en seco** : suddenly

secretar *vt* : secrete — **secreción** *nf, pl* **-ciones** : secretion

secretario, -ria *n* : secretary — **secretaría** *nf* : secretariat

secreto, -ta *adj* : secret — **secreto** *nm* **1**
: secret **2 en ~** : in confidence
secta *nf* : sect
sector *nm* : sector
secuaz *nmf, pl* **-cuaces** : follower, hench-
man
secuela *nf* : consequence
secuencia *nf* : sequence
secuestrar *vt* **1** : kidnap **2** : hijack (an airplane, etc.) **3** EMBARGAR : confiscate, seize
— **secuestrador, -dora** *n* **1** : kidnapper **2**
: hijacker (of an airplane, etc.) — **secuestro** *nm* **1** : kidnapping **2** : hijacking (of an
airplane, etc.) **3** : seizure (of goods)
secular *adj* : secular
secundar *vt* : support, second — **secundario, -ria** *adj* : secondary
sed *nf* **1** : thirst **2 tener ~** : be thirsty
seda *nf* : silk
sedal *nm* : fishing line
sedar *vt* : sedate — **sedante** *adj & nm*
: sedative
sede *nf* **1** : seat, headquarters **2 Santa Sede**
: Holy See
sedentario, -ria *adj* : sedentary
sedición *nf, pl* **-ciones** : sedition — **sedi-
cioso, -sa** *adj* : seditious
sediento, -ta *adj* : thirsty
sedimento *nm* : sediment
sedoso, -sa *adj* : silky, silken
seducir {61} *vt* **1** : seduce **2** ATRAER : captivate, charm — **seducción** *nf, pl* **-ciones**
: seduction — **seductor, -tora** *adj* **1** : seductive **2** ENCANTADOR : charming — **~** *n*
: seducer
segar {49} *vt* : reap — **segador, -dora** *n*
: reaper, harvester
seglar *adj* : lay, secular — **~** *nm* : layperson, layman *m*, laywoman *f*
segmento *nm* : segment
segregar {52} *vt* : segregate — **segregación** *nf, pl* **-ciones** : segregation
seguir {75} *vt* : follow — *vi* : go on, continue — **seguida: en ~** *adv phr* : right
away — **seguido** *adv* **1** : straight (ahead) **2**
Lat : often — **seguido, -da** *adj* **1** : continuous **2** CONSECUTIVO : consecutive —
seguidor, -dora *n* : follower
según *prep* : according to — **~** *adv* : it de-
pends — **~** *conj* : as, just as
segundo, -da *adj* : second — **~** *n* : second
(one) — **segundo** *nm* : second (unit of time)
seguro, -ra *adj* **1** : safe **2** FIRME : secure **3**
CIERTO : sure, certain **4** FIABLE : reliable —
seguramente *adv* : for sure, surely — **seguridad** *nf* **1** : safety **2** GARANTÍA : security **3** CERTEZA : certainty **4** CONFIANZA
: confidence — **seguro** *adv* : certainly —
~ *nm* **1** : insurance **2** : safety (device)

seis *adj & nm* : six — **seiscientos, -tas** *adj*
: six hundred — **seiscientos** *nms & pl* : six
hundred
seísmo *nm* : earthquake
selección *nf, pl* **-ciones** : selection — **seleccionar** *vt* : select, choose — **selectivo,
-va** *adj* : selective — **selecto, -ta** *adj*
: choice, select
sellar *vt* **1** : seal **2** TIMBRAR : stamp — **sello**
nm **1** : seal **2** TIMBRE : stamp **3** *or* **~ distintivo** : hallmark
selva *nf* **1** : jungle **2** BOSQUE : forest
semáforo *nm* : traffic light
semana *nf* : week — **semanal** *adj* : weekly
— **semanario** *nm* : weekly
semántica *nf* : semantics — **semántico, -ca**
adj : semantic
semblante *nm* **1** : countenance, face **2**
APARIENCIA : look
sembrar {55} *vt* **1** : sow **2 ~ de** : strew
with
semejar *vi* : resemble — **semejarse** *vr*
: look alike — **semejante** *adj* **1** : similar **2**
TAL : such — **~** *nm* : fellowman — **semejanza** *nf* : similarity
semen *nm* : semen — **semental** *nm* **1** : stud
2 caballo ~ : stallion
semestre *nm* : semester
semiconductor *nm* : semiconductor
semifinal *nf* : semifinal
semilla *nf* : seed — **semillero** *nm* **1** : nursery (for plants) **2** HERVIDERO : hotbed,
breeding ground
seminario *nm* **1** : seminary **2** CURSO : seminar, course
sémola *nf* : semolina
senado *nm* : senate — **senador, -dora** *n*
: senator
sencillo, -lla *adj* **1** : simple **2** ÚNICO : single
— **sencillez** *nf* : simplicity
senda *nf or* **sendero** *nm* : path, way
sendos, -das *adj pl* : each, both
senil *adj* : senile
seno *nm* **1** : breast, bosom **2** : sinus (in
anatomy) **3 ~ materno** : womb
sensación *nf, pl* **-ciones** : feeling, sensation
— **sensacional** *adj* : sensational — **sensacionalista** *adj* : sensationalistic, lurid
sensato, -ta *adj* : sensible — **sensatez** *nf*
: good sense
sensible *adj* **1** : sensitive **2** APRECIABLE
: considerable, significant — **sensibilidad**
nf : sensitivity — **sensitivo, -va** *or* **sensor-
ial** *adj* : sense, sensory
sensual *adj* : sensual, sensuous — **sensual-
idad** *nf* : sensuality
sentar {55} *vt* **1** : seat, sit **2** ESTABLECER
: establish, set — *vi* **1** : suit **2 ~ bien a**
: agree with (of food or drink) — **sentarse**

vr : sit (down) — **sentado, -da** *adj* **1** : sitting, seated **2 dar por sentado** : take for granted

sentencia *nf* **1** FALLO : sentence, judgment **2** MÁXIMA : saying — **sentenciar** *vt* : sentence

sentido, -da *adj* **1** : heartfelt, sincere **2** SENSIBLE : touchy, sensitive — **sentido** *nm* **1** : sense **2** CONOCIMIENTO : consciousness **3** DIRECCIÓN : direction **4 doble ~** : double entendre **5 ~ común** : common sense **6 ~ del humor** : sense of humor **7 ~ único** : one-way

sentimiento *nm* **1** : feeling, emotion **2** PESAR : regret — **sentimental** *adj* : sentimental — **sentimentalismo** *nm* : sentimentality

sentir {76} *vt* **1** : feel **2** OÍR : hear **3** LAMENTAR : be sorry for **4 lo siento** : I'm sorry — *vi* : feel — **sentirse** *vr* : feel

seña *nf* **1** : sign **2 ~s** *nfpl* DIRECCIÓN : address **3 ~s particulares** : distinguishing marks

señal *nf* **1** : signal **2** AVISO, INDICIO : sign **3** DEPÓSITO : deposit **4 dar ~es de** : show signs of **5 en ~ de** : as a token of — **señalado, -da** *adj* : notable — **señalar** *vt* **1** INDICAR : indicate, point out **2** MARCAR : mark **3** FIJAR : fix, set — **señalarse** *vr* : distinguish oneself

señor, -ñora *n* **1** : gentleman *m*, man *m*, lady *f*, woman *f* **2** : Sir *m*, Madam *f* **3** : Mr. *m*, Mrs. *f* **4 señora** : wife *f* **5 el Señor** : the Lord — **señorial** *adj* : stately — **señorita** *nf* **1** : young lady, young woman **2** : Miss

señuelo *nm* **1** : decoy **2** TRAMPA : bait, lure

separar *vt* **1** : separate **2** QUITAR : detach, remove. **3** APARTAR : move away **4** DESTITUIR : dismiss — **separarse** *vr* **1** APARTARSE : separate **2** : part company — **separación** *nf, pl* **-ciones** : separation — **separado, -da** *adj* **1** : separate **2** : separated (of persons) **3 por separado** : separately

septentrional *adj* : northern

séptico, -ca *adj* : septic

septiembre *nm* : September

séptimo, -ma *adj* : seventh — **~** *n* : seventh

sepulcro *nm* : tomb, sepulchre — **sepultar** *vt* : bury — **sepultura** *nf* **1** : burial **2** TUMBA : grave

sequedad *nf* : dryness — **sequía** *nf* : drought

séquito *nm* : retinue, entourage

ser {77} *vi* **1** : be **2 a no ~ que** : unless **3 ¿cuánto es?** : how much is it? **4 es más** : what's more **5 ~ de** : belong to **6 ~ de** : come from **7 son las diez** : it's ten o'-

clock — **~** *nm* **1** ENTE : being **2 ~ humano** : human being

serbio, -bia *adj* : Serb, Serbian

serenar *vt* : calm — **serenarse** *vr* : calm down — **serenata** *nf* : serenade — **serenidad** *nf* : serenity — **sereno, -na** *adj* **1** : serene, calm **2** : fair, clear (of weather) — **sereno** *nm* : night watchman

serie *nf* **1** : series **2 fabricación en ~** : mass production **3 fuera de ~** : extraordinary — **serial** *nm* : serial

serio, -ria *adj* **1** : serious **2** RESPONSABLE : reliable **3 en serio** : seriously — **seriedad** *nf* : seriousness

sermón *nm, pl* **-mones** : sermon — **sermonear** *vt* : lecture, reprimand

serpentear *vi* : twist, wind — **serpiente** *nf* **1** : serpent, snake **2 ~ de cascabel** : rattlesnake

serrado, -da *adj* : serrated

serrano, -na *adj* **1** : mountain **2 jamón serrano** : cured ham

serrar {55} *vt* : saw — **serrín** *nm, pl* **-rrines** : sawdust — **serrucho** *nm* : saw, handsaw

servicio *nm* **1** : service **2 ~s** *nmpl* : restroom — **servicial** *adj* : obliging, helpful — **servidor, -dora** *n* **1** : servant **2 su seguro servidor** : yours truly — **servidumbre** *nf* **1** : servitude **2** CRIADOS : help, servants *pl* — **servil** *adj* : servile

servilleta *nf* : napkin

servir {54} *vt* : serve — *vi* **1** : work, function **2** VALER : be of use — **servirse** *vr* **1** : help oneself **2 sírvase sentarse** : please have a seat

sesenta *adj & nm* : sixty

sesgo *nm* : bias, slant

sesión *nf, pl* **-siones** **1** : session **2** : showing (of a film), performance (of a play)

seso *nm* : brain — **sesudo, -da** *adj* **1** : sensible **2** *fam* : brainy

seta *nf* : mushroom

setecientos, -tas *adj* : seven hundred — **setecientos** *nms & pl* : seven hundred

setenta *adj & nm* : seventy

setiembre *nm* → septiembre

seto *nm* **1** : fence **2 ~ vivo** : hedge

seudónimo *nm* : pseudonym

severo, -ra *adj* **1** : harsh, severe **2** : strict (of a teacher, etc.) — **severidad** *nf* : severity

sexagésimo, -ma *adj & n* : sixtieth

sexo *nm* : sex — **sexismo** *nm* : sexism — **sexista** *adj & nmf* : sexist

sexteto *nm* : sextet

sexto, -ta *adj & n* : sixth

sexual *adj* : sexual — **sexualidad** *nf* : sexuality

sexy *adj, pl* **sexy** *or* **sexys** : sexy

si *conj* **1** : if **2** (*in indirect questions*) : whether **3** ~ **bien** : although **4** ~ **no** : otherwise, or else

sí¹ *adv* **1** : yes **2 creo que** ~ : I think so **3 porque** ~ *fam* : (just) because — ~ *nm* : consent

sí² *pron* **1 de por** ~ *or* **en** ~ : by itself, in itself, per se **2 fuera de** ~ : beside oneself **3 para** ~ (**mismo**) : to himself, to herself, for himself, for herself **4 entre** ~ : among themselves

sico- → **psico-**

SIDA *or* **sida** *nm* : AIDS

siderurgia *nf* : iron and steel industry

sidra *nf* : (hard) cider

siega *nf* **1** : harvesting **2** : harvest (time)

siembra *nf* **1** : sowing **2** : sowing season

siempre *adv* **1** : always **2** *Lat* : still **3 para** ~ : forever, for good **4** ~ **que** : whenever, every time **5** ~ **que** *or* ~ **y cuando** : provided that

sien *nf* : temple

sierra *nf* **1** : saw **2** CORDILLERA : mountain range **3 la** ~ : the mountains *pl*

siervo, -va *n* : slave

siesta *nf* : nap, siesta

siete *adj & nm* : seven

sífilis *nf* : syphilis

sifón *nm, pl* **-fones** : siphon

sigilo *nm* : secrecy

sigla *nf* : acronym, abbreviation

siglo *nm* **1** : century **2 hace** ~s : for ages

significar {72} *vt* **1** : mean, signify **2** EXPRESAR : express — **significación** *nf, pl* **-ciones 1** : significance, importance **2** : meaning (of a word, etc.) — **significado, -da** *adj* : well-known — **significado** *nm* : meaning — **significativo, -va** *adj* : significant

signo *nm* **1** : sign **2** ~ **de admiración** : exclamation point **3** ~ **de interrogación** : question mark

siguiente *adj* : next, following

sílaba *nf* : syllable

silbar *v* **1** : whistle **2** ABUCHEAR : hiss, boo — **silbato** *nm* : whistle — **silbido** *nm* **1** : whistle, whistling **2** ABUCHEO : hiss, booing

silenciar *vt* : silence — **silenciador** *nm* : muffler — **silencio** *nm* : silence — **silencioso, -sa** *adj* : silent, quiet

silicio *nm* : silicon

silla *nf* **1** : chair **2** *or* ~ **de montar** : saddle **3** ~ **de ruedas** : wheelchair — **sillón** *nm, pl* **-llones** : armchair, easy chair

silo *nm* : silo

silueta *nf* **1** : silhouette **2** CONTORNO : outline, shape

silvestre *adj* : wild

silvicultura *nf* : forestry

símbolo *nm* : symbol — **simbólico, -ca** *adj* : symbolic — **simbolismo** *nm* : symbolism — **simbolizar** {21} *vt* : symbolize

simetría *nf* : symmetry — **simétrico, -ca** *adj* : symmetrical, symmetric

simiente *nf* : seed

símil *nm* **1** : simile **2** COMPARACIÓN : comparison — **similar** *adj* : similar, alike

simio *nm* : ape

simpatía *nf* **1** : liking, affection **2** AMABILIDAD : friendliness — **simpático, -ca** *adj* **1** : nice, likeable **2** AMABLE : pleasant, kind — **simpatizante** *nmf* : sympathizer — **simpatizar** {21} *vi* **1** : get along, hit it off **2** ~ **con** : sympathize with

simple *adj* **1** SENCILLO : simple **2** MERO : pure, sheer **3** TONTO : simpleminded — ~ *n* : fool, simpleton — **simpleza** *nf* **1** : simpleness **2** TONTERÍA : silly thing — **simplicidad** *nf* : simplicity — **simplificar** {72} *vt* : simplify

simposio *or* **simposium** *nm* : symposium

simular *vt* **1** : simulate **2** FINGIR : feign — **simulacro** *nm* : simulation, drill

simultáneo, -nea *adj* : simultaneous

sin *prep* **1** : without **2** ~ **que** : without

sinagoga *nf* : synagogue

sincero, -ra *adj* : sincere — **sinceramente** *adv* : sincerely — **sinceridad** *nf* : sincerity

síncopa *nf* : syncopation

sincronizar {21} *vt* : synchronize

sindicato *nm* : (labor) union — **sindical** *adj* : union, labor

síndrome *nm* : syndrome

sinfín *nm* **1** : endless number **2 un** ~ **de** : no end of

sinfonía *nf* : symphony — **sinfónico, -ca** *adj* : symphonic

singular *adj* **1** : exceptional, outstanding **2** PECULIAR : peculiar **3** : singular (in grammar) — ~ *nm* : singular — **singularizar** {21} *vt* : single out — **singularizarse** *vr* : stand out

siniestro, -tra *adj* **1** : sinister **2** IZQUIERDO : left — **siniestro** *nm* : disaster

sinnúmero *nm* → **sinfín**

sino *conj* **1** : but, rather **2** EXCEPTO : except, save

sinónimo, -ma *adj* : synonymous — **sinónimo** *nm* : synonym

sinopsis *nfs & pl* : synopsis

sinrazón *nf, pl* **-zones** : wrong

síntaxis *nfs & pl* : syntax

síntesis *nfs & pl* : synthesis — **sintético, -ca** *adj* : synthetic — **sintetizar** {21} *vt* **1** : synthesize **2** RESUMIR : summarize

síntoma *nm* : symptom — **sintomático, -ca** *adj* : symptomatic

sintonía *nf* **1** : tuning in (of a radio) **2 en ~ con** : in tune with — **sintonizar** {21} *vt* : tune (in) to
sinuoso, -sa *adj* : winding
sinvergüenza *nmf* : scoundrel
sionismo *nm* : Zionism
siquiera *adv* **1** : at least **2 ni ~** : not even — **~** *conj* : even if
sirena *nf* **1** : mermaid **2** : siren (of an ambulance, etc.)
sirio, -ria *adj* : Syrian
sirviente, -ta *n* : servant, maid *f*
sisear *vi* : hiss — **siseo** *nm* : hiss
sismo *nm* : earthquake — **sísmico, -ca** *adj* : seismic
sistema *nm* **1** : system **2 por ~** : systematically — **sistemático, -ca** *adj* : systematic
sitiar *vt* : besiege
sitio *nm* **1** : place, site **2** ESPACIO : room, space **3** CERCO : siege **4 en cualquier ~** : anywhere
situar {3} *vt* : situate, place — **situarse** *vr* **1** : be located **2** ESTABLECERSE : get oneself established — **situación** *nf, pl* **-ciones** : situation, position — **situado, -da** *adj* : situated, placed
slip *nm* : briefs *pl*, underpants *pl*
smoking *nm* : tuxedo
so *prep* : under
sobaco *nm* : armpit
sobar *vt* **1** : finger, handle **2** : knead (dough) — **sobado, -da** *adj* : worn, shabby
soberanía *nf* : sovereignty — **soberano, -na** *adj & n* : sovereign
soberbia *nf* : pride, arrogance — **soberbio, -bia** *adj* : proud, arrogant
sobornar *vt* : bribe — **soborno** *nm* **1** : bribe **2** : (action of) bribery
sobrar *vi* **1** : be more than enough **2** RESTAR : be left over — **sobra** *nf* **1** : surplus **2 de ~** : to spare **3 ~s** *nfpl* : leftovers — **sobrado, -da** *adj* : more than enough — **sobrante** *adj* : remaining
sobre¹ *nm* : envelope
sobre² *prep* **1** : on, on top of **2** POR ENCIMA DE : over, above **3** ACERCA DE : about **4 ~ todo** : especially, above all
sobrecama *nmf Lat* : bedspread
sobrecargar {52} *vt* : overload, overburden
sobrecoger {15} *vt* : startle — **sobrecogerse** *vr* : be startled
sobrecubierta *nf* : dust jacket
sobredosis *nfs & pl* : overdose
sobreentender {56} *vt* : infer, understand — **sobreentenderse** *vr* : be understood
sobreestimar *vt* : overestimate
sobregiro *nm* : overdraft
sobrellevar *vt* : endure, bear
sobremesa *nf* **de ~** : after-dinner

sobrenatural *adj* : supernatural
sobrenombre *nm* : nickname
sobrentender → **sobreentender**
sobrepasar *vt* : exceed
sobreponer {60} *vt* **1** : superimpose **2** ANTEPONER : put before — **sobreponerse** *vr* **~ a** : overcome
sobresalir {73} *vi* **1** : protrude **2** DESTACARSE : stand out — **sobresaliente** *adj* : outstanding
sobresaltar *vt* : startle — **sobresaltarse** *vr* : start, jump up — **sobresalto** *nm* : fright
sobrestimar → **sobreestimar**
sobretodo *nm* : overcoat
sobrevenir {87} *vi* : happen, ensue
sobrevivencia *nf* → **supervivencia**
sobreviviente *adj & nmf* → **superviviente**
sobrevivir *vi* : survive — *vt* : outlive
sobrevolar {19} *vt* : fly over
sobriedad *nf* **1** : sobriety **2** MODERACIÓN : restraint
sobrino, -na *n* : nephew *m*, niece *f*
sobrio, -bria *adj* : sober
socarrón, -rrona *adj, mpl* **-rrones** : sarcastic
socavar *vt* : undermine
sociable *adj* : sociable — **social** *adj* : social — **socialismo** *nm* : socialism — **socialista** *adj & nmf* : socialist — **sociedad** *nf* **1** : society **2** EMPRESA : company **3 ~ anónima** : incorporated company — **socio, -cia** *n* **1** : partner **2** MIEMBRO : member — **sociología** *nf* : sociology — **sociólogo, -ga** *n* : sociologist
socorrer *vt* : help — **socorrista** *nmf* : lifeguard — **socorro** *nm* : help
soda *nf* : soda (water)
sodio *nf* : sodium
sofá *nm* : couch, sofa
sofisticación *nf, pl* **-ciones** : sophistication — **sofisticado, -da** *adj* : sophisticated
sofocar {72} *vt* **1** : suffocate, smother **2** : put out (a fire), stifle (a rebellion, etc.) — **sofocarse** *vr* **1** : suffocate **2** *fam* : get upset — **sofocante** *adj* : suffocating, stifling
sofreír {66} *vt* : sauté
soga *nf* : rope
soja *nf* → **soya**
sojuzgar *vt* : subdue, subjugate
sol *nm* **1** : sun **2 hacer ~** : be sunny
solamente *adv* : only, just
solapa *nf* **1** : lapel (of a jacket) **2** : flap (of an envelope) — **solapado, -da** *adj* : secret, underhanded
solar¹ *adj* : solar, sun
solar² *nm* : lot, site
solariego, -ga *adj* : ancestral
solaz *nm, pl* **-laces 1** : solace **2** DESCANSO : relaxation — **solazarse** {21} *vr* : relax

soldado *nm* **1** : soldier **2** ~ **raso** : private
soldar {19} *vt* : weld, solder — **soldador**
nm : soldering iron — **soldador, -dora** *n*
: welder
soleado, -da *adj* : sunny
soledad *nf* : loneliness, solitude
solemne *adj* : solemn — **solemnidad** *nf*
: solemnity
soler {78} *vi* **1** : be in the habit of **2 suele**
llegar tarde : he usually arrives late
solicitar *vt* **1** : request, solicit **2** : apply for
(a job, etc.) — **solicitante** *nmf* : applicant
— **solícito, -ta** *adj* : solicitous, obliging —
solicitud *nf* **1** : concern **2** PETICIÓN : request **3** : application (for a job, etc.)
solidaridad *nf* : solidarity
sólido, -da *adj* **1** : solid **2** : sound (of an argument, etc.) — **sólido** *nm* : solid —
solidez *nf* : solidity — **solidificar** {72} *vt*
: solidify — **solidificarse** *vr* : solidify,
harden
soliloquio *nm* : soliloquy
solista *nmf* : soloist
solitario, -ria *adj* **1** : solitary **2** AISLADO
: lonely, deserted — ~ *n* : recluse — **soli-**
taria *nf* : tapeworm — **solitario** *nm* : soli-
taire
sollozar {21} *vi* : sob — **sollozo** *nm* : sob
solo, -la *adj* **1** : alone **2** AISLADO : lonely **3**
a solas : alone, by oneself — **solo** *nm* : solo
sólo *adv* : just, only
solomillo *nm* : sirloin
solsticio *nm* : solstice
soltar {19} *vt* **1** : release **2** DEJAR CAER : let
go of, drop **3** DESATAR : unfasten, undo —
soltarse *vr* **1** : break free **2** DESATARSE
: come undone
soltero, -ra *adj* : single, unmarried — ~ *n*
1 : bachelor *m*, single woman *f* **2 apellido**
de soltera : maiden name
soltura *nf* **1** : looseness **2** : fluency (in language) **3** AGILIDAD : agility, ease
soluble *adj* : soluble
solución *nf, pl* **-ciones** : solution — **solu-**
cionar *vt* : solve, resolve
solventar *vt* **1** : settle, pay **2** RESOLVER : resolve — **solvente** *adj & nm* : solvent
sombra *nf* **1** : shadow **2** : shade (of a tree,
etc.) **3** ~**s** *nfpl* : darkness, shadows —
sombreado, -da *adj* : shady
sombrero *nm* : hat
sombrilla *nf* : parasol, umbrella
sombrío, -bría *adj* : dark, somber, gloomy
somero, -ra *adj* : superficial
someter *vt* **1** : subjugate **2** SUBORDINAR
: subordinate **3** : subject (to treatment, etc.)
4 PRESENTAR : submit, present — **some-**
terse *vr* **1** : submit, yield **2** ~ **a** : undergo
somnífero, -ra *adj* : soporific — **somnífero**

nm : sleeping pill — **somnoliento, -ta** *adj*
: drowsy, sleepy
somos → **ser**
son[1] → **ser**
son[2] *nm* **1** : sound **2 en** ~ **de** : as, in the
manner of
sonajero *nm* : (baby's) rattle
sonámbulo, -la *n* : sleepwalker
sonar {19} *vi* **1** : sound **2** : ring (as a bell)
3 : look or sound familiar **4** ~ **a** : sound
like — **sonarse** *vr or* ~ **las narices** : blow
one's nose
sonata *nf* : sonata
sondear *vt* **1** : sound, probe **2** : survey,
sound out (opinions, etc.) — **sondeo** *nm* **1**
: sounding, probing **2** ENCUESTA : survey,
poll
soneto *nm* : sonnet
sónico, -ca *adj* : sonic
sonido *nm* : sound
sonoro, -ra *adj* **1** : resonant, sonorous **2**
RUIDOSO : loud
sonreír {66} *vi* : smile — **sonreírse** *vr*
: smile — **sonriente** *adj* : smiling — **son-**
risa *nf* : smile
sonrojar *vt* : cause to blush — **sonrojarse** *vr*
: blush — **sonrojo** *nm* : blush
sonrosado, -da *adj* : rosy, pink
sonsacar {72} *vt* : wheedle (out)
soñar {19} *v* **1** : dream **2** ~ **con** : dream
about **3** ~ **despierto** : daydream —
soñador, -dora *adj* : dreamy — ~ *n*
: dreamer — **soñoliento, -ta** *adj* : sleepy,
drowsy
sopa *nf* : soup
sopesar *vt* : weigh, consider
soplar *vi* : blow — *vt* : blow out, blow off,
blow up — **soplete** *nm* : blowtorch —
soplo *nm* : puff, gust
soplón, -plona *n, pl* **-plones** *fam* : sneak
sopor *nm* : drowsiness — **soporífero, -ra**
adj : soporific
soportar *vt* **1** SOSTENER : support **2** AGUAN-
TAR : bear — **soporte** *nm* : support
soprano *nmf* : soprano
sor *nf* : Sister (in religion)
sorber *vt* **1** : sip **2** ABSORBER : absorb **3**
CHUPAR : suck up — **sorbete** *nm* : sherbet
— **sorbo** *nm* **1** : sip, swallow **2 beber a**
~**s** : sip
sordera *nf* : deafness
sórdido, -da *adj* : sordid, squalid
sordo, -da *adj* **1** : deaf **2** : muted (of a
sound) — **sordomudo, -da** *n* : deaf-mute
sorna *nf* : sarcasm
sorprender *vt* : surprise — **sorprenderse** *vr*
: be surprised — **sorprendente** *adj* : surprising — **sorpresa** *nf* : surprise
sortear *vt* **1** : raffle off, draw lots for **2**

ESQUIVAR : dodge — **sorteo** *nm* : drawing, raffle

sortija *nf* **1** : ring **2** : ringlet (of hair)

sortilegio *nm* **1** HECHIZO : spell **2** HECHICERÍA : sorcery

sosegar {49} *vt* : calm, pacify — **sosegarse** *vr* : calm down — **sosegado, -da** *adj* : calm, tranquil — **sosiego** *nm* : calm

soslayo: de ~ *adv phr* : obliquely, sideways

soso, -sa *adj* **1** : insipid, tasteless **2** ABURRIDO : dull

sospechar *vt* : suspect — **sospecha** *nf* : suspicion — **sospechoso, -sa** *adj* : suspicious — **~** *n* : suspect

sostener {80} *vt* **1** : support **2** SUJETAR : hold **3** MANTENER : sustain, maintain — **sostenerse** *vr* **1** : stand (up) **2** CONTINUAR : remain **3** SUSTENTARSE : support oneself — **sostén** *nm, pl* **-tenes 1** APOYO : support **2** SUSTENTO : sustenance **3** : brassiere, bra — **sostenido, -da** *adj* **1** : sustained **2** : sharp (in music) — **sostenido** *nm* : sharp

sótano *nm* : basement

soterrar {55} *vt* **1** : bury **2** ESCONDER : hide

soto *nm* : grove

soviético, -ca *adj* : Soviet

soy → ser

soya *nf* : soy

Sr. *nm* : Mr. — **Sra.** *nf* : Mrs., Ms. — **Srta.** *or* **Srita.** *nf* : Miss, Ms.

su *adj* **1** : his, her, its, their, one's **2** (*formal*) : your

suave *adj* **1** : soft **2** LISO : smooth **3** APACIBLE : gentle, mild — **suavidad** *nf* **1** : softness, smoothness **2** APACIBILIDAD : mildness, gentleness — **suavizar** {21} *vt* : soften, smooth

subalimentado, -da *adj* : undernourished, underfed

subalterno, -na *adj* **1** SUBORDINADO : subordinate **2** SECUNDARIO : secondary — **~** *n* : subordinate

subarrendar {55} *vt* : sublet

subasta *nf* : auction — **subastar** *vt* : auction (off)

subcampeón, -peona *n, mpl* **-peones** : runner-up

subcomité *nm* : subcommittee

subconsciente *adj & nm* : subconscious

subdesarrollado, -da *adj* : underdeveloped

subdirector, -tora *n* : assistant manager

súbdito, -ta *n* : subject

subdividir *vt* : subdivide — **subdivisión** *nf, pl* **-siones** : subdivision

subestimar *vt* : underestimate

subir *vt* **1** : climb, go up **2** LLEVAR : bring up, take up **3** AUMENTAR : raise — *vi* **1** : go up, come up **2 ~ a** : get in (a car), get on (a bus, etc.) — **subirse** *vr* **1** : climb (up) **2 ~ a** : get in (a car), get on (a bus, etc.) **3 ~ a la cabeza** : go to one's head — **subida** *nf* **1** : ascent, climb **2** AUMENTO : rise **3** PENDIENTE : slope — **subido, -da** *adj* **1** : bright, strong **2 ~ de tono** : risqué

súbito, -ta *adj* **1** : sudden **2 de súbito** : all of a sudden, suddenly

subjetivo, -va *adj* : subjective

subjuntivo, -va *adj* : subjunctive — **subjuntivo** *nm* : subjunctive (case)

sublevar *vt* : stir up, incite to rebellion — **sublevarse** *vr* : rebel — **sublevación** *nf, pl* **-ciones** : uprising, rebellion

sublime *adj* : sublime

submarino, -na *adj* : underwater — **submarino** *nm* : submarine — **submarinismo** *nm* : scuba diving

subordinar *vt* : subordinate — **subordinado, -da** *adj & n* : subordinate

subproducto *nm* : by-product

subrayar *vt* **1** : underline **2** ENFATIZAR : emphasize, stress

subrepticio, -cia *adj* : surreptitious

subsanar *vt* **1** : rectify, correct **2** : make up for (a deficiency), overcome (an obstacle)

subscribir → suscribir

subsidio *nm* : subsidy, benefit

subsiguiente *adj* : subsequent

subsistir *vi* **1** : live, subsist **2** SOBREVIVIR : survive — **subsistencia** *nf* : subsistence

substancia *nf → sustancia*

subterfugio *nm* : subterfuge

subterráneo, -nea *adj* : underground, subterranean — **subterráneo** *nm* : underground passage

subtítulo *nm* : subtitle

suburbio *nm* **1** : suburb **2** : slum (outside a city) — **suburbano, -na** *adj* : suburban

subvencionar *vt* : subsidize — **subvención** *nf, pl* **-ciones** : subsidy, grant

subvertir {76} *vt* : subvert — **subversión** *nf, pl* **-siones** : subversion — **subversivo, -va** *adj & n* : subversive

subyacente *adj* : underlying

subyugar {52} *vt* : subjugate, subdue

succión *nf, pl* **-ciones** : suction — **succionar** *vt* : suck up, draw in

sucedáneo *nm* : substitute

suceder *vi* **1** : happen, occur **2 ~ a** : follow **3 suceda lo que suceda** : come what may — **sucesión** *nf, pl* **-siones** : succession — **sucesivo, -va** *adj* : successive — **suceso** *nm* **1** : event **2** INCIDENTE : incident — **sucesor, -sora** *n* : successor

suciedad *nf* **1** : dirtiness **2** MUGRE : dirt, filth

sucinto, -ta *adj* : succinct, concise

sucio, -cia *adj* : dirty, filthy

suculento, -ta *adj* : succulent
sucumbir *vi* : succumb
sucursal *nf* : branch (of a business)
sudadera *nf* : sweatshirt — **sudado, -da** *adj*
: sweaty
sudafricano, -na *adj* : South African
sudamericano, -na *adj* : South American
sudar *vi* : sweat
sudeste → **sureste**
sudoeste → **suroeste**
sudor *nm* : sweat — **sudoroso, -sa** *adj*
: sweaty
sueco, -ca *adj* : Swedish — **sueco** *nm*
: Swedish (language)
suegro, -gra *n* **1** : father-in-law *m*, mother-
in-law *f* **2 suegros** *nmpl* : in-laws
suela *nf* : sole (of a shoe)
sueldo *nm* : salary, wage
suelo *nm* **1** : ground **2** : floor (in a house) **3**
TIERRA : soil, land
suelto, -ta *adj* : loose, free — **suelto** *nm*
: loose change
sueño *nm* **1** : dream **2 coger el ~** : get to
sleep **3 tener ~** : be sleepy
suero *nm* **1** : whey **2** : serum (in medicine)
suerte *nf* **1** : luck, fortune **2** AZAR : chance
3 DESTINO : fate **4** CLASE : sort, kind **5 por
~** : luckily **6 tener ~** : be lucky
suéter *nm* : sweater
suficiencia *nf* **1** CAPACIDAD : competence,
proficiency **2** PRESUNCIÓN : smugness —
suficiente *adj* **1** : enough, sufficient **2**
PRESUNTUOSO : smug — **suficientemente**
adv : enough
sufijo *nm* : suffix
sufragio *nm* : suffrage, vote
sufrir *vt* **1** : suffer **2** SOPORTAR : bear, stand
— *vi* : suffer — **sufrido, -da** *adj* **1** : long-
suffering **2** : sturdy, serviceable (of clothing) — **sufrimiento** *nm* : suffering
sugerir {76} *vt* : suggest — **sugerencia** *nf*
: suggestion — **sugestión** *nf, pl* **-tiones**
: suggestion — **sugestionable** *adj* : impressionable — **sugestionar** *vt* : influence
— **sugestivo, -va** *adj* **1** : suggestive **2** ES-
TIMULANTE : interesting, stimulating
suicidio *nm* : suicide — **suicida** *adj* : suicidal — **~** *nmf* : suicide (victim) — **suicidarse** *vr* : commit suicide
suite *nf* : suite
suizo, -za *adj* : Swiss
sujetar *vt* **1** : hold (on to) **2** FIJAR : fasten **3**
DOMINAR : subdue — **sujetarse** *vr* **1 ~ a**
: hold on to, cling to **2 ~ a** : abide by —
sujeción *nf, pl* **-ciones** **1** : fastening **2**
DOMINACIÓN : subjection — **sujetador** *nm*
Spain : brassiere, bra — **sujetapapeles**
nms & pl : paper clip — **sujeto, -ta** *adj* **1**

: fastened **2 ~ a** : subject to — **sujeto** *nm*
1 : individual **2** : subject (in grammar)
sulfuro *nm* : sulfur — **sulfúrico, -ca** *adj*
: sulfuric
sultán *nm, pl* **-tanes** : sultan
suma *nf* **1** : sum, total **2** : addition (in mathematics) **3 en ~** : in short — **sumamente**
adv : extremely — **sumar** *vt* **1** : add (up) **2**
TOTALIZAR : add up to, total — *vi* : add up —
sumarse *vr* **~ a** : join
sumario, -ria *adj* : concise — **sumario** *nm* **1**
: summary **2** : indictment (in law)
sumergir {35} *vt* : submerge, plunge —
sumergirse *vr* : be submerged — **sumergi-
ble** *adj* : waterproof (of a watch, etc.)
sumidero *nm* : drain
suministrar *vt* : supply, provide — **suministro** *nm* : supply, provision
sumir *vt* : plunge, immerse — **sumirse** *vr*
~ en : sink into
sumisión *nf, pl* **-siones** : submission —
sumiso, -sa *adj* : submissive
sumo, -ma *adj* **1** : highest, supreme **2 de
suma importancia** : of great importance
suntuoso, -sa *adj* : sumptuous, lavish
super *or* **súper** *nm fam* : supermarket
superabundancia *nf* : overabundance
superar *vt* **1** : surpass, outdo **2** VENCER
: overcome — **superarse** *vr* : improve oneself
superávit *nm* : surplus
superestructura *nf* : superstructure
superficie *nf* **1** : surface **2** ÁREA : area —
superficial *adj* : superficial
superfluo, -flua *adj* : superfluous
superintendente *nmf* : supervisor, superintendent
superior *adj* **1** : superior **2** : upper (of a
floor, etc.) **3 ~ a** : above, higher than —
~ *nm* : superior — **superioridad** *nf* : superiority
superlativo, -va *adj* : superlative — **superlativo** *nm* : superlative
supermercado *nm* : supermarket
superpoblado, -da *adj* : overpopulated
supersónico, -ca *adj* : supersonic
superstición *nf, pl* **-ciones** : superstition —
supersticioso, -sa *adj* : superstitious
supervisar *vt* : supervise, oversee — **supervisión** *nf, pl* **-siones** : supervision — **supervisor, -sora** *n* : supervisor
supervivencia *nf* : survival — **superviviente** *adj* : surviving — **~** *nmf* : survivor
suplantar *vt* : supplant, replace
suplemento *nm* : supplement — **suplementario, -ria** *adj* : supplementary
suplente *adj & nmf* : substitute

suplicar {72} *vt* : beg, entreat — **súplica** *nf* : plea, entreaty

suplicio *nm* : ordeal, torture

suplir *vt* **1** : make up for **2** REEMPLAZAR : replace

supo, etc. → **saber**

suponer {60} *vt* **1** : suppose, assume **2** SIGNIFICAR : mean **3** IMPLICAR : involve, entail — **suposición** *nf, pl* -**ciones** : supposition

supositorio *nm* : suppository

supremo, -ma *adj* : supreme — **supremacía** *nf* : supremacy

suprimir *vt* **1** : suppress, eliminate **2** : delete (text) — **supresión** *nf, pl* -**siones** **1** : suppression, elimination **2** : deletion (of text)

supuesto, -ta *adj* : supposed, alleged **2 por supuesto** : of course — **supuesto** *nm* : assumption — **supuestamente** *adv* : allegedly

sur *nm* **1** : south, South **2** : south wind **3 del ~** : south, southerly

surafricano, -na → **sudafricano**

suramericano, -na → **sudamericano**

surcar {72} *vt* **1** : plow (earth) **2** : cut through (air, water, etc.) — **surco** *nm* : groove, furrow, rut

sureño, -ña *adj* : southern, Southern — **~** *n* : Southerner

sureste *adj* **1** : southeast, southeastern **2** : southeasterly (of wind, etc.) — **~** *nm* : southeast, Southeast

surf *or* **surfing** *nm* : surfing

surgir {35} *vi* **1** : arise **2** APARECER : appear — **surgimiento** *nm* : rise, emergence

suroeste *adj* **1** : southwest, southwestern **2** : southwesterly (of wind, etc.) — **~** *nm* : southwest, Southwest

surtir *vt* **1** : supply, provide **2 ~ efecto** : have an effect — **surtirse** *vr* **~ de** : stock up on — **surtido, -da** *adj* **1** : assorted, varied **2** : stocked (with merchandise) — **surtido** *nm* : assortment, selection — **surtidor** *nm* : gas pump

susceptible *adj* **1** : susceptible, sensitive **2 ~ de** : capable of — **susceptibilidad** *nf* : sensitivity

suscitar *vt* : provoke, arouse

suscribir {33} *vt* **1** : sign (a formal document) **2** RATIFICAR : endorse — **suscribirse** *vr* **~ a** : subscribe to — **suscripción** *nf, pl* -**ciones** : subscription — **suscriptor, -tora** *n* : subscriber

susodicho, -cha *adj* : aforementioned

suspender *vt* **1** : suspend **2** COLGAR : hang **3** *Spain* : fail (an exam, etc.) — **suspensión** *nf, pl* -**siones** : suspension — **suspenso** *nm* **1** *Spain* : failure (in an exam, etc.) **2** *Lat* : suspense

suspicaz *adj, pl* -**caces** : suspicious

suspirar *vi* : sigh — **suspiro** *nm* : sigh

sustancia *nf* **1** : substance **2 sin ~** : shallow, lacking substance — **sustancial** *adj* : substantial, significant — **sustancioso, -sa** *adj* : substantial, solid

sustantivo *nm* : noun

sustentar *vt* **1** : support **2** ALIMENTAR : sustain, nourish **3** MANTENER : maintain — **sustentarse** *vr* : support oneself — **sustentación** *nf, pl* -**ciones** : support — **sustento** *nm* **1** : means of support, livelihood **2** ALIMENTO : sustenance

sustituir {41} *vt* : replace, substitute — **sustitución** *nf, pl* -**ciones** : replacement, substitution — **sustituto, -ta** *n* : substitute

susto *nm* : fright, scare

sustraer {81} *vt* **1** : remove, take away **2** : subtract (in mathematics) — **sustraerse** *vr* **~ a** : avoid, evade — **sustracción** *nf, pl* -**ciones** : subtraction

susurrar *vi* **1** : whisper **2** : murmur (of water) **3** : rustle (of leaves, etc.) — *vt* : whisper — **susurro** *nm* **1** : whisper **2** : murmur (of water) **3** : rustle, rustling (of leaves, etc.)

sutil *adj* **1** : delicate, fine **2** : subtle (of fragrances, differences, etc.) — **sutileza** *nf* : subtlety

sutura *nf* : suture

suyo, -ya *adj* **1** : his, her, its, one's, theirs **2** (*formal*) : yours **3 un primo suyo** : a cousin of his/hers — **~** *pron* **1** : his, hers, its (own), one's own, theirs **2** (*formal*) : yours

switch *nm Lat* : switch

T

t *nf* : t, 21st letter of the Spanish alphabet
taba *nf* : anklebone
tabaco *nm* : tobacco — **tabacalero, -ra** *adj* : tobacco
tábano *nm* : horsefly
taberna *nf* : tavern
tabicar {72} *vt* : wall up — **tabique** *nm* : thin wall, partition
tabla *nf* **1** : board, plank **2** LISTA : table, list **3** ～ **de planchar** : ironing board **4** ～**s** *nfpl* : stage, boards *pl* — **tablado** *nm* **1** : flooring **2** PLATAFORMA : platform **3** : (theater) stage — **tablero** *nm* **1** : bulletin board **2** : board (in games) **3** PIZARRA : blackboard **4** ～ **de instrumentos** : dashboard, instrument panel
tableta *nf* **1** : tablet, pill **2** : bar (of chocolate)
tablilla *nf* : slat — **tablón** *nm, pl* **-lones 1** : plank, beam **2** ～ **de anuncios** : bulletin board
tabú *adj* : taboo — **tabú** *nm, pl* **-búes** or **-bús** : taboo
tabular *vt* : tabulate
taburete *nm* : stool
tacaño, -na *adj* : stingy, miserly
tacha *nf* **1** : flaw, defect **2 sin ～** : flawless
tachar *vt* **1** : cross out, delete **2** ～ **de** : accuse of, label as
tachón *nm, pl* **-chones** : stud, hobnail — **tachuela** *nf* : tack, hobnail
tácito, -ta *adj* : tacit
taciturno, -na *adj* : taciturn
taco *nm* **1** : stopper, plug **2** *Lat* : heel (of a shoe) **3** : cue (in billiards) **4** : taco (in cooking)
tacón *nm, pl* **-cones 1** : heel (of a shoe) **2 de ～ alto** : high-heeled
táctica *nf* : tactic, tactics *pl* — **táctico, -ca** *adj* : tactical
tacto *nm* **1** : (sense of) touch, feel **2** DELICADEZA : tact
tafetán *nm, pl* **-tanes** : taffeta
tailandés, -desa *adj* : Thai
taimado, -da *adj* : crafty, sly
tajar *vt* : cut, slice — **tajada** *nf* **1** : slice **2 sacar ～** *fam* : get one's share — **tajante** *adj* : categorical — **tajo** *nm* **1** : cut, gash **2** ESCARPA : steep cliff
tal *adv* **1** : so, in such a way **2 con ～ que** : provided that, as long as **3 ¿qué ～?** : how are you?, how's it going? — ～ *adj* **1** : such, such a **2 ～ vez** : maybe, perhaps — ～ *pron* **1** : such a one, such a thing **2 ～ para cual** : two of a kind

taladrar *vt* : drill — **taladro** *nm* : drill
talante *nm* **1** HUMOR : mood **2** VOLUNTAD : willingness
talar *vt* : cut down, fell
talco *nm* : talcum powder
talego *nm* : sack
talento *nm* : talent — **talentoso, -sa** *adj* : talented
talismán *nm, pl* **-manes** : talisman, charm
talla *nf* **1** : sculpture, carving **2** ESTATURA : height **3** : size (in clothing) — **tallar** *vt* **1** : sculpt, carve **2** : measure (someone's height)
tallarín *nf, pl* **-rines** : noodle
talle *nm* **1** : waist, waistline **2** FIGURA : figure **3** : measurements *pl* (of clothing)
taller *nm* **1** : workshop **2** : studio (of an artist)
tallo *nm* : stalk, stem
talón *nm, pl* **-lones 1** : heel (of the foot) **2** : stub (of a check) — **talonario** *nm* : checkbook
taltuza *nf* : gopher
tamal *nm* : tamale
tamaño, -ña *adj* : such a, such a big — **tamaño** *nm* **1** : size **2 de ～ natural** : lifesize
tambalearse *vr* **1** : teeter, wobble **2** : stagger, totter (of persons)
también *adv* : too, as well, also
tambor *nm* : drum — **tamborilear** *vi* : drum
tamiz *nm* : sieve — **tamizar** {21} *vt* : sift
tampoco *adv* : neither, not either
tampón *nm, pl* **-pones 1** : tampon **2** : ink pad (for stamping)
tan *adv* **1** : so, so very **2 ～ pronto como** : as soon as **3 ～ sólo** : only, merely
tanda *nf* **1** TURNO : turn, shift **2** GRUPO : batch, lot, series
tangente *nf* : tangent
tangible *adj* : tangible
tango *nm* : tango
tanque *nm* : tank
tantear *vt* **1** : feel, grope **2** SOPESAR : size up, weigh — *vi* : feel one's way — **tanteador** *nm* : scoreboard — **tanteo** *nm* **1** : weighing, sizing up **2** PUNTUACIÓN : scoring (in sports)
tanto *adv* **1** : so much **2** (*in expressions of time*) : so long — ～ *nm* **1** : certain amount **2** : goal, point (in sports) **3 un ～** : somewhat, rather — **tanto, -ta** *adj* **1** : so much, so many **2** (*in comparisons*) : as much, as many **3** *fam* : however many — ～ *pron* **1**

: so much, so many **2 entre ~** : meanwhile
3 por lo ~ : therefore
tañer {79} *vt* **1** : ring (a bell) **2** : play (a musical instrument)
tapa *nf* **1** : cover, top, lid **2** *Spain* : snack
tapacubos *nms & pl* : hubcap
tapar *vt* **1** : cover, put a lid on **2** OCULTAR
: block out **3** ENCUBRIR : cover up —
tapadera *nf* **1** : cover, lid **2** : front (to hide a deception)
tapete *nm* **1** : small rug, mat **2** : cover (for a table)
tapia *nf* : (adobe) wall, garden wall — **tapiar** *vt* **1** : wall in **2** : block off (a door, etc.)
tapicería *nf* **1** : upholstery **2** TAPIZ : tapestry — **tapicero, -ra** *n* : upholsterer
tapioca *nf* : tapioca
tapiz *nm, pl* **-pices** : tapestry — **tapizar** {21} *vt* : upholster
tapón *nm, pl* **-pones** **1** : cork **2** : cap (for a bottle, etc.) **3** : plug, stopper (for a sink)
tapujo *nm* **sin ~s** : openly, outright
taquigrafía *nf* : stenography, shorthand — **taquígrafo, -fa** *n* : stenographer
taquilla *nf* **1** : box office **2** RECAUDACIÓN
: earnings *pl*, take — **taquillero, -ra** *adj* **un éxito taquillero** : a box-office hit
tarántula *nf* : tarantula
tararear *vt* : hum
tardar *vi* **1** : take a long time, be late **2 a más ~** : at the latest — *vt* : take (time) —
tardanza *nf* : lateness, delay — **tarde** *adv* **1**
: late **2 ~ o temprano** : sooner or later —
~ *nf* **1** : afternoon, evening **2 ¡buenas ~s!** : good afternoon!, good evening! **3 en la ~** *or* **por la ~** : in the afternoon, in the evening — **tardío, -día** *adj* : late, tardy —
tardo, -da *adj* : slow
tarea *nf* **1** : task, job **2** : homework (in education)
tarifa *nf* **1** : fare, rate **2** LISTA : price list **3** ARANCEL : duty, tariff
tarima *nf* : platform, stage
tarjeta *nf* **1** : card **2 ~ de crédito** : credit card **3 ~ postal** : postcard
tarro *nm* : jar, pot
tarta *nf* **1** : cake **2** TORTA : tart
tartamudear *vi* : stammer, stutter — **tartamudeo** *nm* : stutter, stammer
tartán *nm, pl* **-tanes** : tartan, plaid
tártaro *nm* : tartar
tarugo *nm* **1** : block (of wood) **2** *fam*
: blockhead, dunce
tasa *nf* **1** : rate **2** IMPUESTO : tax **3** VALORACIÓN : appraisal — **tasación** *nf, pl* **-ciones**
: appraisal — **tasar** *vt* **1** : set the price of **2** VALORAR : appraise, value
tasca *nf* : cheap bar, dive

tatuar {3} *vt* : tattoo — **tatuaje** *nm* : tattoo, tattooing
taurino, -na *adj* : bull, bullfighting — **tauromaquia** *nf* : (art of) bullfighting
taxi *nm, pl* **taxis** : taxi, taxicab — **taxista** *nmf* : taxi driver
taza *nf* **1** : cup **2** : (toilet) bowl — **tazón** *nm, pl* **-zones** : bowl
te *pron* **1** (*direct object*) : you **2** (*indirect object*) : for you, to you, from you **3** (*reflexive*) : yourself, for yourself, to yourself, from yourself
té *nm* : tea
teatro *nm* : theater — **teatral** *adj* : theatrical
techo *nm* **1** : roof **2** : ceiling (of a room) **3** LÍMITE : upper limit, ceiling — **techumbre** *nf* : roofing
tecla *nf* : key (of a musical instrument or a machine) — **teclado** *nm* : keyboard — **teclear** *vt* : type in, enter
técnica *nf* **1** : technique, skill **2** TECNOLOGÍA : technology — **técnico, -ca** *adj*
: technical — **~** *n* : technician
tecnología *nf* : technology — **tecnológico, -ca** *adj* : technological
tecolote *nm Lat* : owl
tedio *nm* : boredom — **tedioso, -sa** *adj* : tedious, boring
teja *nf* : tile — **tejado** *nm* : roof
tejer *v* **1** : knit, crochet **2** : weave (on a loom)
tejido *nm* **1** : fabric, cloth **2** : tissue (of the body)
tejón *nm, pl* **-jones** : badger
tela *nf* **1** : fabric, material **2 ~ de araña**
: spiderweb — **telar** *nm* : loom — **telaraña** *nf* : spiderweb, cobweb
tele *nf fam* : TV, television
telecomunicación *nf, pl* **-ciones** : telecommunication
teledifusión *nf, pl* **-siones** : television broadcasting
teledirigido, -da *adj* : remote-controlled
telefonear *v* : telephone, call — **telefónico, -ca** *adj* : telephone — **telefonista** *nmf*
: telephone operator — **teléfono** *nm* **1**
: telephone **2 llamar por ~** : make a phone call
telegrafiar {85} *v* : telegraph — **telegráfico, -ca** *adj* : telegraphic — **telégrafo** *nm* : telegraph
telegrama *nm* : telegram
telenovela *nf* : soap opera
telepatía *nf* : telepathy — **telepático, -ca** *adj*
: telepathic
telescopio *nm* : telescope — **telescópico, -ca** *adj* : telescopic
telespectador, -dora *n* : (television) viewer
telesquí *nm, pl* **-squís** : ski lift

televidente *nmf* : (television) viewer
televisión *nf, pl* **-siones** : television, TV — **televisar** *vt* : televise — **televisor** *nm* : television set
telón *nm, pl* **-lones** 1 : curtain (in theater) 2 ~ **de fondo** : backdrop, background
tema *nm* : theme
temblar {55} *vi* 1 : tremble, shiver 2 : shake (of a building, the ground, etc.) — **temblor** *nm* 1 : shaking, trembling 2 *or* ~ **de tierra** : tremor, earthquake — **tembloroso, -sa** *adj* : trembling, shaky
temer *vt* : fear, dread — *vi* : be afraid — **temerario, -ria** *adj* : reckless — **temeridad** *nf* 1 : recklessness 2 : rash act — **temeroso, -sa** *adj* : fearful — **temor** *nm* : fear, dread
temperamento *nm* : temperament — **temperamental** *adj* : temperamental
temperatura *nf* : temperature
tempestad *nf* : storm — **tempestuoso, -sa** *adj* : stormy
templar *vt* 1 : temper (steel) 2 : moderate (temperature) 3 : tune (a musical instrument) — **templarse** *vr* : warm up, cool down — **templado, -da** *adj* 1 : temperate, mild 2 TIBIO : lukewarm 3 VALIENTE : courageous — **templanza** *nf* 1 : moderation 2 : mildness (of weather)
templo *nm* : temple, synagogue
tempo *nm* : tempo
temporada *nf* 1 : season, time 2 PERÍODO : period, spell — **temporal** *adj* 1 : temporal 2 PROVISIONAL : temporary — ~ *nm* : storm — **temporero, -ra** *n* : temporary or seasonal worker
temporizador *nm* : timer
temprano, -na *adj* : early — **temprano** *adv* : early
tenaz *adj, pl* **-naces** : tenacious — **tenaza** *nf or* **tenazas** *nfpl* 1 : pliers 2 : tongs (for the fireplace, etc.) 3 : claw (of a crustacean)
tendedero *nm* : clothesline
tendencia *nf* : tendency, trend
tender {56} *vt* 1 : spread out, stretch out 2 : hang out (clothes) 3 : lay (cables, etc.) 4 : set (a trap) — *vi* ~ **a** : have a tendency towards — **tenderse** *vr* : stretch out, lie down
tendero, -ra *n* : shopkeeper
tendido *nm* 1 : laying (of cables, etc.) 2 : seats *pl*, stand (at a bullfight)
tendón *nm, pl* **-dones** : tendon
tenebroso, -sa *adj* 1 : gloomy, dark 2 SINIESTRO : sinister
tenedor, -dora *n* 1 : holder 2 ~ **de libros** : bookkeeper — **tenedor** *nm* : table fork — **teneduría** *nf* ~ **de libros** : bookkeeping
tener {80} *vt* 1 : have, possess 2 SUJETAR : hold 3 TOMAR : take 4 ~ **frío (hambre,**

etc.) : be cold (hungry, etc.) 5 ~ ... **años** : be ... years old 6 ~ **por** : think, consider — *v aux* 1 ~ **que** : have to, ought to 2 **tenía pensado escribirte** : I've been thinking of writing to you — **tenerse** *vr* 1 : stand up 2 ~ **por** : consider oneself
tenería *nf* : tannery
tengo → **tener**
tenia *nf* : tapeworm
teniente *nmf* : lieutenant
tenis *nms & pl* 1 : tennis 2 ~ *nmpl* : sneakers — **tenista** *nmf* : tennis player
tenor *nm* 1 : tenor 2 : tone, sense (in style)
tensar *vt* 1 : tense, make taut 2 : draw (a bow) — **tensarse** *vr* : become tense — **tensión** *nf, pl* **-siones** 1 : tension 2 ~ **arterial** : blood pressure — **tenso, -sa** *adj* : tense
tentación *nf, pl* **-ciones** : temptation
tentáculo *nm* : tentacle
tentar {55} *vt* 1 : feel, touch 2 ATRAER : tempt — **tentador, -dora** *adj* : tempting
tentativa *nf* : attempt
tentempié *nm fam* : snack
tenue *adj* 1 : tenuous 2 : faint, weak (of sounds) 3 : light, fine (of thread, rain, etc.)
teñir {67} *vt* 1 : dye 2 ~ **de** : tinge with
teología *nf* : theology — **teólogo, -ga** *n* : theologian
teorema *nm* : theorem
teoría *nf* : theory — **teórico, -ca** *adj* : theoretical
tequila *nm* : tequila
terapia *nf* 1 : therapy 2 ~ **ocupacional** : occupational therapy — **terapeuta** *nmf* : therapist — **terapéutico, -ca** *adj* : therapeutic
tercermundista *adj* : third-world
tercero, -ra *adj* (**tercer** *before masculine singular nouns*) 1 : third 2 **el Tercer Mundo** : the Third World — ~ *n* : third (in a series)
terciar *vt* : sling (sth over one's shoulders), tilt (a hat) — *vi* 1 : intervene 2 ~ **en** : take part in
tercio *nm* : third
terciopelo *nm* : velvet
terco, -ca *adj* : obstinate, stubborn
tergiversar *vt* : distort, twist
termal *adj* : thermal, hot — **termas** *nfpl* : hot springs
terminar *vt* : conclude, finish — *vi* 1 : finish 2 ACABARSE : come to an end — **terminarse** *vr* 1 : run out 2 ACABARSE : come to an end — **terminación** *nf, pl* **-ciones** : termination, conclusion — **terminal** *adj* : terminal, final — ~ *nm* (*in some regions f*) : (electric or electronic) terminal — ~ *nf* (*in some regions m*) : terminal, station —

término *nm* **1** : end **2** PLAZO : period, term **3** ~ **medio** : happy medium **4** ~**s** *nmpl* : terms — **terminología** *nf* : terminology

termita *nf* : termite

termo *nm* : thermos

termómetro *nm* : thermometer

termóstato *nm* : thermostat

ternero, -ra *n* : calf — **ternera** *nf* : veal

ternura *nf* : tenderness

terquedad *nf* : obstinacy, stubbornness

terracota *nf* : terra-cotta

terraplén *nm, pl* **-plenes** : embankment

terráqueo, -quea *adj* : earth, terrestrial

terrateniente *nmf* : landowner

terraza *nf* **1** : terrace **2** BALCÓN : balcony

terremoto *nm* : earthquake

terreno *nm* **1** : terrain **2** SUELO : earth, ground **3** SOLAR : plot, tract of land — **terreno, -na** *adj* : earthly — **terrestre** *adj* : terrestrial

terrible *adj* : terrible

terrier *nmf* : terrier

territorio *nm* : territory — **territorial** *adj* : territorial

terrón *nm, pl* **-rones** **1** : clod (of earth) **2** ~ **de azúcar** : lump of sugar

terror *nm* : terror — **terrorífico, -ca** *adj* : terrifying — **terrorismo** *nm* : terrorism — **terrorista** *adj & nmf* : terrorist

terroso, -sa *adj* : earthy

terso, -sa *adj* **1** : smooth **2** : polished, flowing (of a style) — **tersura** *nf* : smoothness

tertulia *nf* : gathering, group

tesis *nfs & pl* : thesis

tesón *nm* : persistence, tenacity

tesoro *nm* **1** : treasure **2** : thesaurus (book) **3 el Tesoro** : the Treasury — **tesorero, -ra** *n* : treasurer

testaferro *nm* : figurehead

testamento *nm* : testament, will — **testamentario, -ria** *n* : executor, executrix *f* — **testar** *vi* : draw up a will

testarudo, -da *adj* : stubborn

testículo *nm* : testicle

testificar {72} *v* : testify — **testigo** *nmf* **1** : witness **2** ~ **ocular** : eyewitness — **testimoniar** *vi* : testify — **testimonio** *nm* : testimony

tétano *or* **tétanos** *nm* : tetanus

tetera *nf* : teapot

tetilla *nf* **1** : teat, nipple (of a man) **2** : nipple (of a baby bottle) — **tetina** *nf* : nipple (of a baby bottle)

tétrico, -ca *adj* : somber, gloomy

textil *adj & nm* : textile

texto *nm* : text — **textual** *adj* **1** : textual **2** EXACTO : literal, exact

textura *nf* : texture

tez *nf, pl* **teces** : complexion

ti *pron* **1** : you **2** ~ **mismo,** ~ **misma** : yourself

tía → **tío**

tianguis *nms & pl Lat* : open-air market

tibio, -bia *adj* : lukewarm

tiburón *nm, pl* **-rones** : shark

tic *nm* : tic

tiempo *nm* **1** : time **2** ÉPOCA : age, period **3** : weather (in meteorology) **4** : halftime (in sports) **5** : tempo (in music) **6** : tense (in grammar)

tienda *nf* **1** : store, shop **2** *or* ~ **de campaña** : tent

tiene → **tener**

tienta *nf* **andar a** ~**s** : feel one's way, grope around

tierno, -na *adj* **1** : tender, fresh, young **2** CARIÑOSO : affectionate

tierra *nf* **1** : land **2** SUELO : ground, earth **3** *or* ~ **natal** : native land **4 la Tierra** : the Earth **5 por** ~ : overland **6** ~ **adentro** : inland

tieso, -sa *adj* **1** : stiff, rigid **2** ERGUIDO : erect **3** ENGREÍDO : haughty

tiesto *nm* : flowerpot

tifoideo, -dea *adj* **fiebre tifoidea** : typhoid fever

tifón *nm, pl* **-fones** : typhoon

tifus *nm* : typhus

tigre, -gresa *n* **1** : tiger, tigress *f* **2** *Lat* : jaguar

tijera *nf or* **tijeras** *nfpl* : scissors — **tijeretada** *nf* : cut, snip

tildar *vt* ~ **de** : brand as, call

tilde *nf* **1** : tilde **2** ACENTO : accent mark

tilo *nm* : linden (tree)

timar *vt* : swindle, cheat

timbre *nm* **1** : bell **2** : tone, timbre (of a voice, etc.) **3** SELLO : seal, stamp **4** *Lat* : postage stamp — **timbrar** *vt* : stamp

tímido, -da *adj* : timid, shy — **timidez** *nf* : timidity, shyness

timo *nm fam* : swindle, hoax

timón *nm, pl* **-mones** **1** : rudder **2 coger el** ~ : take the helm, take charge

tímpano *nm* **1** : eardrum **2** ~**s** *nmpl* : timpani, kettledrums

tina *nf* **1** : vat **2** BAÑERA : bathtub

tinieblas *nfpl* **1** : darkness **2 estar en** ~ **sobre** : be in the dark about

tino *nm* **1** : good judgment, sense **2** TACTO : tact

tinta *nf* **1** : ink **2 saberlo de buena** ~ : have it on good authority — **tinte** *nm* **1** : dye, coloring **2** MATIZ : overtone — **tintero** *nm* : inkwell

tintinear *vi* : jingle, tinkle, clink — **tintineo** *nm* : jingle, tinkle, clink

tinto, -ta *adj* **1** : dyed, stained **2** : red (of wine)

tintorería *nf* : dry cleaner (service)

tintura *nf* **1** : dye, tint **2** ~ **de yodo** : tincture of iodine

tiña *nf* : ringworm

tío, tía *n* : uncle *m*, aunt *f*

tiovivo *nm* : merry-go-round

típico, -ca *adj* : typical

tiple *nm* : soprano

tipo *nm* **1** : type, kind **2** FIGURA : figure (of a woman), build (of a man) **3** : rate (of interest, etc.) **4** : (printing) type, typeface — **tipo, -pa** *n fam* : guy *m*, gal *f*

tipografía *nf* : typography, printing — **tipográfico, -ca** *adj* : typographical — **tipógrafo, -fa** *n* : printer

tique *or* **tíquet** *nm* : ticket — **tiquete** *nm Lat* : ticket

tira *nf* **1** : strip, strap **2** ~ **cómica** : comic strip

tirabuzón *nf, pl* **-zones 1** : corkscrew **2** RIZO : curl, coil

tirada *nf* **1** : throw **2** DISTANCIA : distance **3** IMPRESIÓN : printing, issue — **tirador** *nm* : handle, knob — **tirador, -dora** *n* : marksman *m*, markswoman *f*

tiranía *nf* : tyranny — **tiránico, -ca** *adj* : tyrannical — **tiranizar** {21} *vt* : tyrannize — **tirano, -na** *adj* : tyrannical — ~ *n* : tyrant

tirante *adj* **1** : taut, tight **2** : tense (of a situation, etc.) — ~ *nm* **1** : (shoulder) strap **2** ~s *nmpl* : suspenders

tirar *vt* **1** : throw **2** DESECHAR : throw away **3** DERRIBAR : knock down **4** DISPARAR : shoot, fire **5** IMPRIMIR : print — *vi* **1** : pull **2** DISPARAR : shoot **3** ATRAER : attract **4** *fam* : get by, manage **5** ~ **a** : tend towards — **tirarse** *vr* **1** : throw oneself **2** *fam* : spend (time)

tiritar *vi* : shiver

tiro *nm* **1** : shot, gunshot **2** : shot, kick (in sports) **3** : team (of horses, etc.) **4 a** ~ : within range

tiroides *nmf* : thyroid (gland)

tirón *nm, pl* **-rones 1** : pull, yank **2 de un** ~ : in one go

tirotear *vt* : shoot at — **tiroteo** *nm* : shooting

tisis *nfs & pl* : tuberculosis

títere *nm* : puppet

titilar *vi* : flicker

titiritero, -ra *n* **1** : puppeteer **2** ACRÓBATA : acrobat

titubear *vi* **1** : hesitate **2** BALBUCEAR : stutter, stammer — **titubeante** *adj* : hesitant, faltering — **titubeo** *nm* : hesitation

titular *vt* : title, call — **titularse** *vr* **1** : be called, be titled **2** LICENCIARSE : receive a degree — ~ *adj* : titular, official — ~ *nm* : headline — ~ *nmf* : holder, incumbent —

título *nm* **1** : title **2** : degree, qualification (in education)

tiza *nf* : chalk

tiznar *vt* : blacken (with soot, etc.) — **tizne** *nm* : soot

toalla *nf* : towel — **toallero** *nm* : towel rack

tobillo *nm* : ankle

tobogán *nm, pl* **-ganes 1** : toboggan, sled **2** : slide (in a playground, etc.)

tocadiscos *nms & pl* : record player

tocado, -da *adj fam* : touched, not all there — **tocado** *nm* : headgear, headdress

tocador *nm* : dressing table

tocar {72} *vt* **1** : touch, feel **2** MENCIONAR : touch on, refer to **3** : play (a musical instrument) — *vi* **1** : knock, ring **2** ~ **en** : touch on, border on

tocayo, -ya *n* : namesake

tocino *nm* **1** : bacon **2** : salt pork (for cooking) — **tocineta** *nf Lat* : bacon

tocólogo, -ga *n* : obstetrician

tocón *nm, pl* **-cones** : stump (of a tree)

todavía *adv* **1** AÚN : still **2** (*in comparisons*) : even **3** ~ **no** : not yet

todo, -da *adj* **1** : all **2** CADA, CUALQUIER : every, each **3 a toda velocidad** : at top speed **4 todo el mundo** : everyone, everybody — ~ *pron* **1** : everything, all **2** **todos, -das** *pl* : everybody, everyone, all — **todo** *nm* : whole — **todopoderoso, -sa** *adj* : almighty, all-powerful

toga *nf* **1** : toga **2** : gown, robe (of a judge), etc.)

toldo *nm* : awning, canopy

tolerar *vt* : tolerate — **tolerancia** *nf* : tolerance — **tolerante** *adj* : tolerant

toma *nf* **1** : capture **2** DOSIS : dose **3** : take (in film) **4** ~ **de corriente** : wall socket, outlet **5** ~ **y daca** : give-and-take — **tomar** *vt* **1** : take **2** : have (food or drink) **3** CAPTURAR : capture, seize **4** ~ **el sol** : sunbathe **5** ~ **tierra** : land — *vi* : drink (alcohol) — **tomarse** *vr* **1** : take (time, etc.) **2** : drink, eat, have (food, drink)

tomate *nm* : tomato

tomillo *nm* : thyme

tomo *nm* : volume

ton *nm* **sin** ~ **ni son** : without rhyme or reason

tonada *nf* : tune

tonel *nm* : barrel, cask

tonelada *nf* : ton — **tonelaje** *nm* : tonnage

tónica *nf* **1** : tonic (water) **2** TENDENCIA : trend, tone — **tónico, -ca** *adj* : tonic — **tónico** *nm* : tonic (in medicine)

tono *nm* **1** : tone **2** : shade (of colors) **3** : key (in music)

tontería *nf* **1** : silly thing or remark **2** ESTU-PIDEZ : foolishness **3 decir** ~**s** : talk nonsense — **tonto, -ta** *adj* **1** : stupid, silly **2 a tontas y a locas** : haphazardly — ~ *n* : fool, idiot

topacio *nm* : topaz

toparse *vr* ~ **con** : run into, come across

tope *nm* **1** : limit, end **2** *or* ~ **de puerta** : doorstop **3** *Lat* : bump — ~ *adj* : maximum

tópico, -ca *adj* **1** : topical, external **2** MANIDO : trite — **tópico** *nm* : cliché

topo *nm* : mole (animal)

toque *nm* **1** : (light) touch **2** : ringing, peal (of a bell) **3** ~ **de queda** : curfew **4** ~ **de diana** : reveille — **toquetear** *vt* : finger, handle

tórax *nms & pl* : thorax

torbellino *nm* : whirlwind

torcer {14} *vt* **1** : twist, bend **2** : turn (a corner) **3** : wring (out) — *vi* : turn — **torcerse** *vr* **1** : twist, sprain **2** FRUSTRARSE : go wrong **3** DESVIARSE : go astray — **torcedura** *nf* **1** : twisting **2** ESGUINCE : sprain — **torcido, -da** *adj* : twisted, crooked

tordo, -da *adj* : dappled — **tordo** *nm* : thrush (bird)

torear *vt* **1** : fight (bulls) **2** ELUDIR : dodge, sidestep — *vi* : fight bulls — **toreo** *nm* : bullfighting — **torero, -ra** *n* : bullfighter

tormenta *nf* : storm — **tormento** *nm* **1** : torture **2** ANGUSTIA : torment, anguish — **tormentoso, -sa** *adj* : stormy

tornado *nm* : tornado

tornar *vt* CONVERTIR : render, turn — *vi* : go back, return — **tornarse** *vr* : become, turn into

torneo *nm* : tournament

tornillo *nm* : screw

torniquete *nm* **1** : turnstile **2** : tourniquet (in medicine)

torno *nm* **1** : winch **2** : (carpenter's) lathe **3** ~ **de alfarero** : (potter's) wheel **4** ~ **de banco** : vise **5 en** ~ **a** : around, about

toro *nm* **1** : bull **2** ~**s** *nmpl* : bullfight

toronja *nf* : grapefruit

torpe *adj* **1** : clumsy, awkward **2** ESTÚPIDO : stupid, dull

torpedear *vt* : torpedo — **torpedo** *nm* : torpedo

torpeza *nf* **1** : clumsiness, awkwardness **2** ESTUPIDEZ : slowness, stupidity

torre *nf* **1** : tower **2** : turret (on a ship, etc.) **3** : rook, castle (in chess)

torrente *nm* **1** : torrent **2** ~ **sanguíneo** : bloodstream — **torrencial** *adj* : torrential

tórrido, -da *adj* : torrid

torsión *nf, pl* **-siones** : twisting

torta *nf* **1** : torte, cake **2** *Lat* : sandwich

tortazo *nm fam* : blow, wallop

tortícolis *nfs & pl* : stiff neck

tortilla *nf* **1** : tortilla **2** *or* ~ **de huevo** : omelet

tórtola *nf* : turtledove

tortuga *nf* **1** : turtle, tortoise **2** ~ **de agua dulce** : terrapin

tortuoso, -sa *adj* : tortuous, winding

tortura *nf* : torture — **torturar** *vt* : torture

tos *nf* **1** : cough **2** ~ **ferina** : whooping cough

tosco, -ca *adj* : rough, coarse

toser *vi* : cough

tosquedad *nf* : coarseness

tostar {19} *vt* **1** : toast **2** BRONCEAR : tan — **tostarse** *vr* : get a tan — **tostada** *nf* **1** : piece of toast **2** *Lat* : tostada — **tostador** *nm* : toaster

tostón *nm, pl* **-tones** *Lat* : fried plantain chip

total *adj & nm* : total — ~ *adv* : so, after all — **totalidad** *nf* : whole — **totalitario, -ria** *adj & n* : totalitarian — **totalitarismo** *nm* : totalitarianism — **totalizar** {21} *vt* : total, add up to

tóxico, -ca *adj* : toxic, poisonous — **tóxico** *nm* : poison — **toxicomanía** *nf* : drug addiction — **toxicómano, -na** *n* : drug addict — **toxina** *nf* : toxin

tozudo, -da *adj* : stubborn

traba *nf* : obstacle, hindrance

trabajar *vi* **1** : work **2** : act, perform (in theater, etc.) — *vt* **1** : work (metal) **2** : knead (dough) **3** MEJORAR : work on, work at — **trabajador, -dora** *adj* : hard-working — ~ *n* : worker — **trabajo** *nm* **1** : work **2** EMPLEO : job **3** TAREA : task **4** ESFUERZO : effort **5 costar** ~ : be difficult **6** ~ **en equipo** : teamwork **7** ~**s** *nmpl* : hardships, difficulties — **trabajoso, -sa** *adj* : hard, laborious

trabalenguas *nms & pl* : tongue twister

trabar *vt* **1** : join, connect **2** OBSTACULIZAR : impede **3** : strike up (a conversation, etc.) **4** : thicken (sauces) — **trabarse** *vr* **1** : jam **2** ENREDARSE : become entangled **3 se le traba la lengua** : he gets tongue-tied

trabucar {72} *vt* : mix up

tracción *nf* : traction

tractor *nm* : tractor

tradición *nf, pl* **-ciones** : tradition — **tradicional** *adj* : traditional

traducir {61} *vt* : translate — **traducción** *nf, pl* **-ciones** : translation — **traductor, -tora** *n* : translator

traer {81} *vt* **1** : bring **2** CAUSAR : cause, bring about **3** CONTENER : carry, have **4** LLEVAR : wear — **traerse** *vr* **1** : bring along **2 traérselas** : be difficult

traficar {72} *vi* ～ **en** : traffic in — **traficante** *nmf* : dealer, trafficker — **tráfico** *nm* **1** : trade (of merchandise) **2** : traffic (of vehicles)

tragaluz *nf, pl* **-luces** : skylight

tragar {52} *vt* **1** : swallow **2** *fam* : put up with — *vi* : swallow — **tragarse** *vr* **1** : swallow **2** ABSORBER : absorb, swallow up

tragedia *nf* : tragedy — **trágico, -ca** *adj* : tragic

trago *nm* **1** : swallow, swig **2** *fam* : drink, liquor — **tragón, -gona** *adj fam* : greedy — ～ *nmf fam* : glutton

traicionar *vt* : betray — **traición** *nf, pl* **-ciones 1** : betrayal **2** : treason (in law) — **traidor, -dora** *adj* : traitorous, treacherous — ～ *n* : traitor

trailer *nm* : trailer

traje *nm* **1** : dress, costume **2** : (man's) suit **3** ～ **de baño** : bathing suit

trajinar *vi fam* : rush around — **trajín** *nm, pl* **-jines** *fam* : hustle and bustle

trama *nf* **1** : plot **2** : weave, weft (of fabric) — **tramar** *vt* **1** : plot, plan **2** : weave (fabric)

tramitar *vt* : negotiate — **trámite** *nm* : procedure, step

tramo *nm* **1** : stretch, section **2** : flight (of stairs)

trampa *nf* **1** : trap **2 hacer** ～**s** : cheat — **trampear** *vt* : cheat

trampilla *nf* : trapdoor

trampolín *nm, pl* **-lines 1** : diving board **2** : trampoline (in a gymnasium, etc.)

tramposo, -sa *adj* : crooked, cheating — ～ *n* : cheat, swindler

tranca *nf* **1** : cudgel, club **2** : bar (for a door or window)

trance *nm* **1** : critical juncture **2** : (hypnotic) trance **3 en** ～ **de** : in the process of

tranquilo, -la *adj* : calm, tranquil — **tranquilidad** *nf* : tranquility, peace — **tranquilizante** *nm* : tranquilizer — **tranquilizar** {21} *vt* : calm, soothe — **tranquilizarse** *vr* : calm down

trans- *see also* **tras-**

transacción *nf, pl* **-ciones** : transaction

transatlántico, -ca *adj* : transatlantic — **transatlántico** *nm* : ocean liner

transbordador *nm* **1** : ferry **2** ～ **espacial** : space shuttle — **transbordar** *vt* : transfer — *vi* : change (of trains, etc.) — **transbordo** *nm* **hacer** ～ : change (trains, etc.)

transcribir {33} *vt* : transcribe — **transcripción** *nf, pl* **-ciones** : transcription

transcurrir *vi* : elapse, pass — **transcurso** *nm* : course, progression

transeúnte *nmf* : passerby

transferir {76} *vt* : transfer — **transferencia** *nf* : transfer, transference

transformar *vt* **1** : transform, change **2** CONVERTIR : convert — **transformarse** *vr* : be transformed — **transformación** *nf, pl* **-ciones** : transformation — **transformador** *nm* : transformer

transfusión *nf, pl* **-siones** : transfusion

transgredir {1} *vt* : transgress — **transgresión** *nf* : transgression

transición *nf, pl* **-ciones** : transition

transido, -da *adj* : overcome, stricken

transigir {35} *vi* : give in, compromise

transistor *nm* : transistor

transitar *vi* : go, travel — **transitable** *adj* : passable

transitivo, -va *adj* : transitive

tránsito *nm* **1** : transit **2** TRÁFICO : traffic **3 hora de máximo** ～ : rush hour — **transitorio, -ria** *adj* : transitory

transmitir *vt* **1** : transmit **2** : broadcast (radio, TV, etc.) **3** CEDER : pass on — **transmisión** *nf, pl* **-siones 1** : broadcast **2** TRANSFERENCIA : transfer **3** : transmission (of an automobile) — **transmisor** *nm* : transmitter

transparentarse *vr* : be transparent — **transparente** *adj* : transparent

transpirar *vi* : perspire, sweat — **transpiración** *nf, pl* **-ciones** : perspiration, sweat

transponer {60} *vt* : transpose, move — **transponerse** *vr* **1** : set (of the sun, etc.) **2** DORMITAR : doze off

transportar *vt* : transport, carry — **transportarse** *vr* : get carried away — **transporte** *nm* : transport, transportation

transversal *adj* **corte** ～ : cross section

tranvía *nm* : streetcar, trolley

trapear *vt Lat* : mop

trapecio *nm* : trapeze

trapisonda *nf* : scheme, plot

trapo *nm* **1** : cloth, rag **2** ～**s** *nmpl fam* : clothes

tráquea *nf* : trachea, windpipe

traquetear *vi* : rattle around, shake — **traqueteo** *nm* : rattling

tras *prep* **1** DESPUÉS DE : after **2** DÉTRAS DE : behind

tras- *see also* **trans-**

trascender {56} *vi* **1** : leak out, become known **2** EXTENDERSE : spread **3** ～ **de** : transcend — **trascendencia** *nf* : importance — **trascendental** *adj* **1** : transcendental **2** IMPORTANTE : important

trasegar *vt* : move around

trasero, -ra *adj* : rear, back — **trasero** *nm* : buttocks *pl*

trasfondo *nm* **1** : background **2** : undercurrent (of suspicion, etc.)

trasladar *vt* **1** : transfer, move **2** POSPONER : postpone — **trasladarse** *vr* : move, relo-

cate — **traslado** *nm* **1** : transfer, move **2**
COPIA : copy
traslapar *vt* : overlap — **traslaparse** *vr*
: overlap
traslucirse {45} *vr* **1** : be translucent **2**
REVELARSE : be revealed — **traslúcido, -da**
: translucent
trasnochar *vi* : stay up all night
traspasar *vt* **1** : pierce, go through **2** EX-
CEDER : go beyond **3** ATRAVESAR : cross, go
across **4** : transfer (a business, etc.) —
traspaso *nm* : transfer, sale
traspié *nm* **1** : stumble, trip **2** ERROR : blunder
trasplantar *vt* : transplant — **trasplante** *nm*
: transplant
trasquilar *vt* : shear
traste *nm* **1** : fret (on a guitar, etc.) **2** *Lat*
: (kitchen) utensil **3 dar al ~ con** : ruin **4**
irse al ~ : fall through
trastos *nmpl fam* : pieces of junk, stuff
trastornar *vt* **1** : disturb, disrupt **2** VOLVER
LOCO : drive crazy — **trastornarse** *vr* : go
crazy — **trastornado, -da** *adj* : disturbed,
deranged — **trastorno** *nm* **1** : disturbance,
disruption · **2** : (medical or psychological)
disorder
trastrocar *vt* : change, switch around
tratable *adj* : friendly, sociable
tratar *vi* **1 ~ con** : deal with **2 ~ de** : try
to **3 ~ de** *or* **~ sobre** : be about, concern
4 ~ en : deal in — *vt* **1** : treat **2** MANEJAR
: deal with, handle — **tratarse** *vr* **~ de** : be
about, concern — **tratado** *nm* **1** : treatise **2**
CONVENIO : treaty — **tratamiento** *nm*
: treatment — **trato** *nm* **1** : treatment **2**
ACUERDO : deal, agreement **3 ~s** *nmpl*
: dealings
trauma *nm* : trauma — **traumático, -ca** *adj*
: traumatic
través *nm* **1 a ~ de** : across, through **2 de**
~ : sideways
travesaño *nm* : crosspiece
travesía *nf* : voyage, crossing (of the sea)
travesura *nf* **1** : prank **2 ~s** *nfpl* : mischief
— **travieso, -sa** *adj* : mischievous, naughty
trayecto *nm* **1** : trajectory, path **2** VIAJE
: journey **3** RUTA : route — **trayectoria** *nf*
: path, trajectory
traza *nf* **1** : design, plan **2** ASPECTO : appearance — **trazado** *nm* **1** : outline, sketch
2 DISEÑO : plan, layout — **trazar** {21} *vt* **1**
: trace, outline **2** : draw up (a plan, etc.) —
trazo *nm* : stroke, line
trébol *nm* **1** : clover, shamrock **2 ~es**
nmpl : clubs (in playing cards)
trece *adj* & *nm* : thirteen — **treceavo, -va**
adj : thirteenth — **treceavo** *nm* : thirteenth
(fraction)

trecho *nm* **1** : stretch, period **2** DISTANCIA
: distance **3 de ~ a ~** : at intervals
tregua *nf* **1** : truce **2 sin ~** : without respite
treinta *adj* & *nm* : thirty — **treintavo, -va**
adj : thirtieth — **treintavo** *nm* : thirtieth
(fraction)
tremendo, -da *adj* : tremendous, enormous
trementina *nf* : turpentine
trémulo, -la *adj* : trembling, flickering
tren *nm* **1** : train **2 ~ de aterrizaje** : landing
gear
trenza *nf* : braid, pigtail — **trenzar** {21} *vt*
: braid — **trenzarse** *vr Lat* : get involved
trepar *vi* **1** : climb **2** : creep, spread (of a
plant) — **treparse** *vr* : climb (up) — **trepa-**
dor, -dora *adj* : climbing — **trepadora** *nf* **1**
: climbing plant **2** *fam* : social climber
trepidar *vi* : shake, vibrate
tres *adj* & *nm* : three — **trescientos, -tas**
adj : three hundred — **trescientos** *nms* & *pl*
: three hundred
treta *nf* : trick
triángulo *nm* : triangle — **triangular** *adj*
: triangular
tribu *nf* : tribe — **tribal** *adj* : tribal
tribulación *nf*, *pl* **-ciones** : tribulation
tribuna *nf* **1** : dais, platform **2** : grandstand,
bleachers *pl* (in a stadium)
tribunal *nm* : court, tribunal
tributar *vt* : pay, render — *vi* : pay taxes —
tributo *nm* **1** : tribute **2** IMPUESTO : tax
triciclo *nm* : tricycle
tricolor *adj* : tricolored
tridimensional *adj* : three-dimensional
trigésimo, -ma *adj* & *n* : thirtieth
trigo *nm* : wheat
trigonometría *nf* : trigonometry
trillado, -da *adj* : trite
trillar *vt* : thresh — **trilladora** *nf* : threshing
machine
trillizo, -za *n* : triplet
trilogía *nf* : trilogy
trimestral *adj* : quarterly
trinar *vi* : warble
trinchar *vt* : carve
trinchera *nf* **1** : trench, ditch **2** IMPERME-
ABLE : trench coat
trineo *nm* : sled, sleigh
trinidad *nf* : trinity
trino *nm* : trill, warble
trío *nm* : trio
tripa *nf* **1** : gut, intestine **2 ~s** *nfpl fam*
: belly, tummy
triple *adj* & *nm* : triple — **triplicar** {72} *vt*
: triple
trípode *nm* : tripod
tripular *vt* : man — **tripulación** *nf*, *pl*
-ciones : crew — **tripulante** *nmf* : crew
member

tris *nm* **estar en un ～ de** : be within an inch of

triste *adj* **1** : sad **2** SOMBRÍO : dismal, gloomy **3** MISERABLE : sorry, miserable — **tristeza** *nf* : sadness, grief

tritón *nm, pl* **-tones** : newt

triturar *vt* : crush, grind

triunfar *vi* : triumph, win — **triunfal** *adj* : triumphal — **triunfante** *adj* : triumphant — **triunfo** *nm* : triumph, victory

trivial *adj* : trivial

triza *nf* **1** : shred, bit **2 hacer ～s** : smash to pieces

trocar {82} *vt* **1** CONVERTIR : change **2** INTERCAMBIAR : exchange

trocha *nf* : path, trail

trofeo *nm* : trophy

trombón *nm, pl* **-bones 1** : trombone **2** : trombonist (musician)

trombosis *nf* : thrombosis

trompa *nf* **1** : trunk (of an elephant), snout **2** : horn (musical instrument) **3** : tube (in anatomy)

trompeta *nf* : trumpet — **trompetista** *nmf* : trumpet player

trompo *nm* : top (toy)

tronada *nf* : thunderstorm — **tronar** {19} *vi* : thunder, rage — *vt Lat fam* : shoot — *v impers* : thunder

tronchar *vt* **1** : snap **2** TRUNCAR : cut short

tronco *nm* **1** : trunk (of a tree) **2** : torso (of a person) **3 dormir como un ～** : sleep like a log

trono *nm* : throne

tropa *nf* : troops *pl*, soldiers *pl*

tropel *nm* : mob

tropezar {29} *vi* **1** : trip, stumble **2 ～ con** : come up against, run into — **tropezón** *nm, pl* **-zones 1** : stumble **2** EQUIVOCACIÓN : mistake, slip

trópico *nm* : tropic — **tropical** *adj* : tropical

tropiezo *nm* **1** CONTRATIEMPO : snag, setback **2** EQUIVOCACIÓN : mistake, slip

trotar *vi* **1** : trot **2** *fam* : rush about — **trote** *nm* **1** : trot **2** *fam* : rush, bustle **3 al ～** : at a trot, quickly

trozo *nm* : piece, bit, chunk

trucha *nf* : trout

truco *nm* **1** : knack **2** ARDID : trick

trueno *nm* : thunder

trueque *nm* : barter, exchange

trufa *nf* : truffle

truncar {72} *vt* **1** : cut short **2** : thwart, spoil (plans, etc.)

tu *adj* : your

tú *pron* : you

tuba *nf* : tuba

tuberculosis *nf* : tuberculosis

tubo *nm* **1** : tube, pipe **2 ～ de escape** : exhaust pipe (of a vehicle) **3 ～ de desagüe** : drainpipe — **tubería** *nf* : pipes *pl*, tubing

tuerca *nf* : nut (for a screw)

tuerto, -ta *adj* : one-eyed, blind in one eye

tuétano *nm* : marrow

tufo *nm* **1** : vapor **2** *fam* : stench, stink

tugurio *nm* : hovel

tulipán *nm, pl* **-panes** : tulip

tullido, -da *adj* : crippled, paralyzed

tumba *nf* : tomb, grave

tumbar *vt* : knock down, knock over — **tumbarse** *vr* : lie down — **tumbo** *nm* **dar ～s** : jolt, bump around

tumor *nm* : tumor

tumulto *nm* **1** : commotion, tumult **2** MOTÍN : riot — **tumultuoso, -sa** *adj* : tumultuous

tuna *nf* : prickly pear

túnel *nm* : tunnel

túnica *nf* : tunic

tupé *nm* : toupee

tupido, -da *adj* : dense, thick

turba *nf* **1** : peat **2** MUCHEDUMBRE : mob, throng

turbación *nf, pl* **-ciones 1** : disturbance **2** CONFUSIÓN : confusion

turbante *nm* : turban

turbar *vt* **1** : disturb, upset **2** CONFUNDIR : confuse, bewilder

turbina *nf* : turbine

turbio, -bia *adj* **1** : cloudy, murky **2** : blurred (of vision, etc.) — **turbión** *nm, pl* **-biones** : squall

turbulencia *nf* : turbulence — **turbulento, -ta** *adj* : turbulent

turco, -ca *adj* : Turkish — **turco** *nm* : Turkish (language)

turista *nmf* : tourist — **turismo** *nm* : tourism, tourist industry — **turístico, -ca** *adj* : tourist, travel

turnarse *vr* : take turns, alternate — **turno** *nm* **1** : turn **2 ～ de noche** : night shift

turquesa *nf* : turquoise

turrón *nm, pl* **-rrones** : nougat

tutear *vt* : address as *tú*

tutela *nf* **1** : guardianship (in law) **2 bajo la ～ de** : under the protection of

tuteo *nm* : addressing as *tú*

tutor, -tora *n* **1** : guardian **2** : tutor (in education)

tuyo, -ya *adj* : yours, of yours — **～** *pron* **1 el tuyo, la tuya, lo tuyo, los tuyos, las tuyas** : yours **2 los tuyos** : your family, your friends

U

u¹ *nf* : u, 22d letter of the Spanish alphabet
u² *conj* (*used before words beginning with o- or ho-*) : or
uapití *nm* : American elk, wapiti
ubicar {72} *vt Lat* **1** COLOCAR : place, position **2** LOCALIZAR : find — **ubicarse** *vr* : be located
ubre *nf* : udder
Ud., Uds. → **usted**
ufanarse *vr* ~ **de** : boast about — **ufano, -na** *adj* **1** : proud **2** ENGREÍDO : self-satisfied
ujier *nm* : usher
úlcera *nf* : ulcer
ulterior *adj* : later, subsequent — **ulteriormente** *adv* : subsequently
últimamente *adv* : lately, recently
ultimar *vt* **1** : complete, finish **2** *Lat* : kill — **ultimátum** *nm, pl* **-tums** : ultimatum
último, -ma *adj* **1** : last **2** : latest, most recent (in time) **3** : farthest (in space) **4 por último** : finally
ultrajar *vt* : outrage, insult — **ultraje** *nm* : outrage, insult
ultramar *nm* **de** ~ *or* **en** ~ : overseas — **ultramarino, -na** *adj* : overseas — **ultramarinos** *nmpl* **tienda de** ~ : grocery store
ultranza: a ~ *adv phr* : to the extreme — **a** ~ *adj phr* : out-and-out, complete
ultrasonido *nm* : ultrasound
ultravioleta *adj* : ultraviolet
ulular *vi* **1** : hoot (of an owl) **2** : howl (of a wolf, the wind, etc.) — **ululato** *nm* : hoot (of an owl)
umbilical *adj* : umbilical
umbral *nm* : threshold
un, una *art, mpl* **unos 1** : a, an **2 unos** *or* **unas** *pl* : some, a few **3 unos** *or* **unas** *pl* : about, approximately — **un** *adj* → **uno**
unánime *adj* : unanimous — **unanimidad** *nf* : unanimity
uncir {83} *vt* : yoke
undécimo, -ma *adj & n* : eleventh
ungir {35} *vt* : anoint — **ungüento** *nm* : ointment
único, -ca *adj* **1** : only, sole **2** EXCEPCIONAL : unique — ~ *n* : only one — **únicamente** *adv* : only
unicornio *nm* : unicorn
unidad *nf* **1** : unit **2** ARMONÍA : unity — **unido, -da** *adj* **1** : united **2** : close (of friends, etc.)
unificar {72} *vt* : unify — **unificación** *nf, pl* **-ciones** : unification

uniformar *vt* **1** : standardize **2** : put into uniform — **uniformado, -da** *adj* : uniformed — **uniforme** *adj & nm* : uniform — **uniformidad** *nf* : uniformity
unilateral *adj* : unilateral
unir *vt* **1** : unite, join **2** COMBINAR : combine, mix together — **unirse** *vr* **1** : join together **2** ~ **a** : join — **unión** *nf, pl* **uniones 1** : union **2** JUNTURA : joint, coupling
unísono *nm* **al** ~ : in unison
unitario, -ria *adj* : unitary
universal *adj* : universal
universidad *nf* : university, college — **universitario, -ria** *adj* : university, college
universo *nm* : universe
uno, una (**un** *before masculine singular nouns*) *adj* : one — ~ *pron* **1** : one **2 unos, unas** *pl* : some **3 uno(s) a otro(s)** : one another, each other **4 uno y otro** : both — **uno** *nm* : one (number)
untar *vt* **1** : smear, grease **2** *fam* : bribe — **untuoso, -sa** *adj* : greasy, sticky
uña *nf* **1** : nail, fingernail **2** : claw (of a cat, etc.), hoof (of a horse, etc.)
uranio *nm* : uranium
Urano *nm* : Uranus
urbano, -na *adj* : urban, city — **urbanidad** *nf* : politeness, courtesy — **urbanización** *nf, pl* **-ciones** : housing development — **urbanizar** *vt* : develop, urbanize — **urbe** *nf* : large city
urdir *vt* **1** : warp **2** PLANEAR : plot — **urdimbre** *nf* : warp (of a fabric)
urgir {35} *v impers* : be urgent, be pressing — **urgencia** *nf* **1** : urgency **2** EMERGENCIA : emergency — **urgente** *adj* : urgent
urinario, -ria *adj* : urinary — **urinario** *nm* : urinal (place)
urna *nf* **1** : urn **2** : ballot box (for voting)
urraca *nf* : magpie
uruguayo, -ya *adj* : Uruguayan
usar *vt* **1** : use **2** LLEVAR : wear — **usarse 1** EMPLEARSE : be used **2** : be worn, be in fashion — **usado, -da** *adj* **1** : used **2** GASTADO : worn, worn-out — **usanza** *nf* : custom, usage — **uso** *nm* **1** : use **2** DESGASTE : wear and tear **3** USANZA : custom, usage
usted *pron* **1** (*used in formal address; often written as* **Ud.** *or* **Vd.**) : you **2** ~**es** *pl* (*often written as* **Uds.** *or* **Vds.**) : you (all)
usual *adj* : usual
usuario, -ria *n* : user
usura *nf* : usury — **usurero, -ra** *n* : usurer

usurpar *vt* : usurp
utensilio *nm* : utensil, tool
útero *nm* : uterus, womb
utilizar {21} *vt* : use, utilize — **útil** *adj* : useful — **útiles** *nmpl* : implements, tools —

utilidad *nf* : utility, usefulness — **utilitario, -ria** *adj* : utilitarian — **utilización** *nf, pl* **-ciones** : utilization, use
uva *nf* : grape

V

v *nf* : v, 23d letter of the Spanish alphabet
va → **ir**
vaca *nf* : cow
vacaciones *nfpl* **1** : vacation **2 estar de** ～ : be on vacation **3 irse de** ～ : go on vacation
vacante *adj* : vacant — ～ *nf* : vacancy
vaciar {85} *vt* **1** : empty (out) **2** AHUECAR : hollow out **3** : cast, mold (a statue, etc.)
vacilar *vi* **1** : hesitate, waver **2** : flicker (of light) **3** TAMBALEARSE : be unsteady, wobble **4** *fam* : joke, fool around — **vacilación** *nf, pl* **-ciones** : hesitation — **vacilante** *adj* **1** : hesitant **2** OSCILANTE : unsteady
vacío, -cía *adj* : empty — **vacío** *nm* **1** : void **2** : vacuum (in physics) **3** HUECO : space, gap
vacuna *nf* : vaccine — **vacunación** *nf, pl* **-ciones** : vaccination — **vacunar** *vt* : vaccinate
vacuno, -na *adj* : bovine
vadear *vt* : ford — **vado** *nm* : ford
vagabundear *vi* : wander — **vagabundo, -da** *adj* **1** : vagrant **2** : stray (of a dog, etc.) — ～ *n* : hobo, bum — **vagancia** *nf* **1** : vagrancy **2** PEREZA : laziness, idleness — **vagar** {52} *vi* : roam, wander
vagina *nf* : vagina
vago, -ga *adj* **1** : vague **2** PEREZOSO : lazy, idle — ～ *n* : idler, loafer
vagón *nm, pl* **-gones** : car (of a train)
vahído *nm* : dizzy spell
vaho *nm* **1** : breath **2** VAPOR : vapor, steam
vaina *nf* **1** : sheath, scabbard **2** : pod (in botany) **3** *Lat fam* : bother, pain
vainilla *nf* : vanilla
vaivén *nm, pl* **-venes 1** : swinging, swaying **2** : coming and going (of people, etc.) **3 vaivenes** *nmpl* : ups and downs
vajilla *nf* : dishes *pl*
vale *nm* **1** : voucher **2** PAGARÉ : IOU — **valedero, -ra** *adj* : valid
valentía *nf* : courage, bravery
valer {84} *vt* **1** : be worth **2** COSTAR : cost **3** GANAR : gain, earn **4** EQUIVALER A : be

equal to — *vi* **1** : have value, cost **2** SER VÁLIDO : be valid, count **3** SERVIR : be of use **4 hacerse** ～ : assert oneself **5 más vale** : it's better — **valerse** *vr* **1** ～ **de** : take advantage of **2** ～ **solo** *or* ～ **por sí mismo** : look after oneself
valeroso, -sa *adj* : courageous
valga, etc. → **valer**
valía *nf* : worth
validar *vt* : validate — **validez** *nf* : validity — **válido, -da** *adj* : valid
valiente *adj* **1** : brave **2** (*used ironically*) : fine, great
valija *nf* : case, valise
valioso, -sa *adj* : valuable
valla *nf* **1** : fence **2** : hurdle (in sports) — **vallar** *vt* : put a fence around
valle *nm* : valley
valor *nm* **1** : value, worth **2** VALENTÍA : courage, valor **3 objetos de** ～ : valuables **4 sin** ～ : worthless **5** ～**es** *nmpl* : values, principles **6** ～**es** *nmpl* : securities, bonds — **valoración** *nf, pl* **-ciones** : valuation — **valorar** *vt* : evaluate, assess
vals *nm* : waltz
válvula *nf* : valve
vamos → **ir**
vampiro *nm* : vampire
van → **ir**
vanagloriarse *vr* : boast, brag
vándalo *nm* : vandal — **vandalismo** : vandalism
vanguardia *nf* **1** : vanguard **2** : avant-garde (in art, music, etc.) **3 a la** ～ : at/in the forefront
vanidad *nf* : vanity — **vanidoso, -sa** *adj* : vain, conceited
vano, -na *adj* **1** INÚTIL : vain, useless **2** SUPERFICIAL : empty, hollow **3 en vano** : in vain
vapor *nm* **1** : steam, vapor **2 al** ～ : steamed — **vaporizador** *nm* : vaporizer — **vaporizar** {21} *vt* : vaporize
vaquero, -ra *n* : cowboy *m*, cowgirl *f* — **vaqueros** *nmpl* : jeans

vara nf **1** : stick, rod **2** : staff (of office)

varado, -da adj : stranded

variar {85} vt **1** : vary **2** CAMBIAR : change, alter — vi : vary, change — **variable** adj & nf : variable — **variación** nf, pl **-ciones** : variation — **variado, -da** adj : varied — **variante** nf : variant

varicela nf : chicken pox

varicoso, -sa adj : varicose

variedad nf : variety

varilla nf : rod, stick

vario, -ria adj **1** : varied **2** ∼s pl : several

varita nf : wand

variz nf, pl **-rices** or **várices** : varicose vein

varón nm, pl **-rones 1** : man, male **2** NIÑO : boy — **varonil** adj : manly

vas → **ir**

vasco, -ca adj : Basque — **vasco** nm : Basque (language)

vasija nf : container, vessel

vaso nm **1** : glass **2** : vessel (in anatomy)

vástago nm **1** : offspring, descendent **2** BROTE : shoot **3** VARILLA : rod

vasto, -ta adj : vast

vaticinar vt : prophesy, predict — **vaticinio** nm : prophecy

vatio nm : watt

vaya, etc. → **ir**

Vd., Vds. → **usted**

ve, etc. → **ir, ver**

vecinal adj : local

vecino, -na n **1** : neighbor **2** HABITANTE : resident, inhabitant — ∼ adj : neighboring — **vecindad** nf : neighborhood, vicinity — **vecindario** nm **1** : neighborhood **2** VECINOS : community, residents pl

vedar vt : prohibit — **veda** nf **1** : prohibition, ban **2** : closed season (for hunting and fishing) — **vedado** nm : preserve (for game, etc.)

vega nf : fertile lowland

vegetal nm : vegetable, plant — ∼ adj : vegetable — **vegetación** nf, pl **-ciones** : vegetation — **vegetar** vi : vegetate — **vegetariano, -na** adj & n : vegetarian

vehemente adj : vehement

vehículo nm : vehicle

veinte adj & nm : twenty — **veinteavo, -va** adj : twentieth — **veinteavo** nm : twentieth — **veintena** nf : group of twenty, score

vejar vt : mistreat, humiliate — **vejación** nf, pl **-ciones** : humiliation

vejez nf : old age

vejiga nf **1** : bladder **2** AMPOLLA : blister

vela nf **1** : candle **2** : sail (of a ship) **3** VIGILIA : vigil **4 pasar la noche en** ∼ : have a sleepless night

velada nf : evening (party)

velar vt **1** : hold a wake over **2** CUIDAR : watch over **3** : blur (a photograph) **4** OCULTAR : veil, mask — vi **1** : stay awake **2** ∼ **por** : watch over — **velado, -da** adj **1** : veiled, hidden **2** : blurred (of a photograph)

velero nm : sailing ship

veleta nf : weather vane

vello nm **1** : body hair **2** PELUSA : down, fuzz — **vellón** nm, pl **-llones** : fleece — **velloso, -sa** adj : downy, fluffy — **velludo, -da** adj : hairy

velo nm : veil

veloz adj, pl **-loces** : fast, quick — **velocidad** nf **1** : speed, velocity **2** MARCHA : gear (of an automobile) — **velocímetro** nm : speedometer

vena nf **1** : vein **2** : grain (of wood) **3** DISPOSICIÓN : mood **4 tener** ∼ **de** : have a talent for

venado nm **1** : deer **2** : venison (in cooking)

vencer {86} vt **1** : beat, defeat **2** SUPERAR : overcome — vi **1** : win **2** CADUCAR : expire — **vencerse** vr : collapse, give way — **vencedor, -dora** adj : winning — ∼ n : winner — **vencido, -da** adj **1** : beaten, defeated **2** CADUCADO : expired **3** : due, payable (in finance) **4 darse por** ∼ : give up — **vencimiento** nm **1** : expiration **2** : maturity (of a loan)

venda nf : bandage — **vendaje** nm : bandage, dressing — **vendar** vt **1** : bandage **2** ∼ **los ojos** : blindfold

vendaval nm : gale

vender vt : sell — **venderse** vr **1** : be sold **2 se vende** : for sale — **vendedor, -dora** n **1** : seller **2** : salesman m, saleswoman f (in a store)

vendimia nf : grape harvest

vendrá, etc. → **venir**

veneno nm **1** : poison **2** : venom (of a snake, etc.) — **venenoso, -sa** adj : poisonous

venerar vt : venerate, revere — **venerable** adj : venerable — **veneración** nf, pl **-ciones** : veneration, reverence

venéreo, -rea adj : venereal

venezolano, -na adj : Venezuelan

venga → **venir**

vengar {52} vt : avenge — **vengarse** vr : get even, take revenge — **venganza** nf : vengeance, revenge — **vengativo, -va** adj : vindictive, vengeful

venia nf **1** : permission **2** : pardon (in law)

venial adj : venial, petty

venir {87} vi **1** : come **2** LLEGAR : arrive **3** HALLARSE : be, appear **4** QUEDAR : fit **5 que viene** : coming, next **6** ∼ **a ser** : turn out to be **7** ∼ **bien** : be suitable — **venirse** vr **1** : come **2** ∼ **abajo** : fall apart, collapse — **venida** *nf* **1** : arrival, coming **2** REGRESO : return — **venidero, -ra** *adj* : coming

venta *nf* **1** : sale, selling **2 en ~** : for sale

ventaja *nf* : advantage — **ventajoso, -sa** *adj* : advantageous

ventana *nf* **1** : window **2 ~ de la nariz** : nostril — **ventanilla** *nf* **1** : window (of a vehicle or airplane) **2** : ticket window, box office (of a theater, etc.)

ventilar *vt* : ventilate, air (out) — **ventilación** *nf, pl* **-ciones** : ventilation — **ventilador** *nm* : fan, ventilator

ventisca *nf* : blizzard — **ventisquero** *nm* : snowdrift

ventoso, -sa *adj* : windy — **ventosidad** *nf* : wind, flatulence

ventrílocuo, -cua *n* : ventriloquist

ventura *nf* **1** : fortune, luck **2** SATISFACCIÓN : happiness **3 a la ~** : at random — **venturoso, -sa** *adj* : fortunate, happy

ver {88} *vt* **1** : see **2** : watch (television, etc.) — *vi* **1** : see **2 a ~ or vamos a ~** : let's see **3 no tener nada que ~ con** : have nothing to do with **4 ya veremos** : we'll see — **verse** *vr* **1** : see oneself **2** HALLARSE : find oneself **3** ENCONTRARSE : see each other, meet

vera *nf* **1** : side, edge **2** : bank (of a river)

veracidad *nf* : truthfulness

verano *nm* : summer — **veraneante** *nmf* : summer vacationer — **veranear** *vi* : spend the summer — **veraniego, -ga** *adj* : summer

veras *nfpl* **de ~** : really

veraz *adj, pl* **-races** : truthful

verbal *adj* : verbal

verbena *nf* : festival, fair

verbo *nm* : verb — **verboso, -sa** *adj* : verbose

verdad *nf* **1** : truth **2 de ~** : really, truly **3** **¿verdad?** : right?, isn't that so? — **verdaderamente** *adv* : really, truly — **verdadero, -dera** *adj* : true, real

verde *adj* **1** : green **2** : dirty, risqué (of a joke, etc.) — **~** *nm* : green — **verdor** *nm* : greenness

verdugo *nm* **1** : executioner, hangman **2** : cruel person, tyrant

verdura *nf* : vegetable(s), green(s)

vereda *nf* **1** : path, trail **2** *Lat* : sidewalk

veredicto *nm* : verdict

vergüenza *nf* **1** : shame **2** TIMIDEZ : bashfulness, shyness — **vergonzoso, -sa** *adj* **1** : shameful **2** TÍMIDO : bashful, shy

verídico, -ca *adj* : true, truthful

verificar {72} *vt* **1** : verify, confirm **2** EXAMINAR : test, check out — **verificarse** *vr* **1** : take place **2** : come true (of a prophecy,

etc.) — **verificación** *nf, pl* **-ciones** : verification

verja *nf* **1** : (iron) gate **2** : rails *pl* (of a fence) **3** ENREJADO : grating, grille

vermut *nm, pl* **-muts** : vermouth

vernáculo, -la *adj* : vernacular

verosímil *adj* **1** : probable, likely **2** CREÍBLE : credible

verraco *nm* : boar

verruga *nf* : wart

versar *vi* **~ sobre** : deal with, be about — **versado, -da** *adj* **~ en** : versed in

versátil *adj* **1** : versatile **2** VOLUBLE : fickle

versión *nf, pl* **-siones** **1** : version **2** TRADUCCIÓN : translation

verso *nm* **1** : poem, verse **2** : line (of poetry)

vértebra *nf* : vertebra

verter {56} *vt* **1** : pour (out) **2** DERRAMAR : spill **3** TIRAR : dump — *vi* : flow — **vertedero** *nm* **1** : dump, landfill **2** DESAGÜE : drain, outlet

vertical *adj & nf* : vertical

vértice *nm* : vertex, apex

vertiente *nf* : slope

vértigo *nm* : vertigo, dizziness — **vertiginoso, -sa** *adj* : dizzy

vesícula *nf* **1** : blister **2 ~ biliar** : gallbladder

vestíbulo *nm* : vestibule, hall, foyer

vestido *nm* **1** : dress **2** ROPA : clothing, clothes *pl*

vestigio *nm* : vestige, trace

vestir {54} *vt* **1** : dress, clothe **2** LLEVAR : wear — *vi* : dress — **vestirse** *vr* : get dressed — **vestimenta** *nf* : clothing — **vestuario** *nm* **1** : wardrobe, clothes *pl* **2** : dressing room (in a theater), locker room (in sports)

veta *nf* **1** : vein, seam **2** : grain (of wood)

vetar *vt* : veto

veteado, -da *adj* : streaked, veined

veterano, -na *adj & n* : veteran

veterinaria *nf* : veterinary medicine — **veterinario, -ria** *adj* : veterinary — **~** *n* : veterinarian

veto *nm* : veto

vetusto, -ta *adj* : ancient

vez *nf, pl* **veces** **1** : time **2** TURNO : turn **3** **a la ~** : at the same time **4 a veces** : sometimes **5 de una ~** : all at once **6 de una ~ para siempre** : once and for all **7 de ~ en cuando** : from time to time **8 dos veces** : twice **9 en ~ de** : instead of **10 una ~** : once

vía *nf* **1** : way, road, route **2** MEDIO : means **3** : track, line (of a railroad) **4** : (anatomical) tract **5 en ~ de** : in the process of — **~** *prep* : via

viable *adj* : viable, feasible — **viabilidad** *nf* : viability

viaducto *nm* : viaduct

viajar *vi* : travel — **viajante** *nmf* : traveling salesperson — **viaje** *nm* : trip, journey — **viajero, -ra** *adj* : traveling — ~ *n* **1** : traveler **2** PASAJERO : passenger

vial *adj* : road, traffic

víbora *nf* : viper

vibrar *vi* : vibrate — **vibración** *nf, pl* **-ciones** : vibration — **vibrante** *adj* : vibrant

vicario, -ria *n* : vicar

vicepresidente, -ta *n* : vice president

viceversa *adv* : vice versa

vicio *nm* **1** : vice **2** MALA COSTUMBRE : bad habit **3** DEFECTO : defect — **viciado, -da** *adj* **1** : corrupt **2** : stuffy, stale (of air, etc.) — **viciar** *vt* **1** : corrupt **2** ESTROPEAR : spoil, pollute — **vicioso, -sa** *adj* : depraved, corrupt

vicisitud *nf* : vicissitude

víctima *nf* : victim

victoria *nf* : victory — **victorioso, -sa** *adj* : victorious

vid *nf* : vine, grapevine

vida *nf* **1** : life **2** DURACIÓN : lifetime **3 de por** ~ : for life **4 estar con** ~ : be alive

video *or* **vídeo** *nm* **1** : video **2** : VCR, videocassette recorder

vidrio *nm* : glass — **vidriado** *nm* : glaze — **vidriar** *vt* : glaze — **vidriera** *nf* **1** : stained-glass window **2** : glass door **3** *Lat* : shopwindow — **vidrioso, -sa** *adj* **1** : delicate (of a subject, etc.) **2 ojos vidriosos** : glassy eyes

vieira *nf* : scallop

viejo, -ja *adj* : old — ~ *n* **1** : old man *m*, old woman *f* **2 hacerse** ~ : get old

viene, etc. → **venir**

viento *nm* : wind

vientre *nm* **1** : abdomen, belly **2** MATRIZ : womb **3** INTESTINO : bowels *pl*

viernes *nms & pl* **1** : Friday **2 Viernes Santo** : Good Friday

vietnamita *adj & nm* : Vietnamese

viga *nf* : beam, girder

vigencia *nf* **1** : validity **2 entrar en** ~ : go into effect — **vigente** *adj* : valid, in force

vigésimo, -ma *adj & n* : twentieth

vigía *nmf* : lookout

vigilar *vt* : look after, watch over — *vi* : keep watch — **vigilancia** *nf* **1** : vigilance **2 bajo** ~ : under surveillance — **vigilante** *adj* : vigilant — ~ *nmf* : watchman, guard

vigilia *nf* **1** : wakefulness **2** : vigil (in religion)

vigor *nm* **1** : vigor **2 entrar en** ~ : go into effect — **vigorizante** *adj* : invigorating — **vigoroso, -sa** *adj* : vigorous

VIH *nm* : HIV

vil *adj* : vile, despicable — **vileza** *nf* **1** : vileness **2** : despicable act — **vilipendiar** *vt* : revile

villa *nf* **1** : town, village **2** : villa (house)

villancico *nm* : (Christmas) carol

villano, -na *n* : villain

vilo *nm* **en** ~ : suspended, in the air

vinagre *nm* : vinegar — **vinagrera** *nf* : cruet — **vinagreta** *nf* : vinaigrette

vincular *vt* : tie, link — **vínculo** *nm* : link, tie, bond

vindicar *vt* **1** : vindicate **2** VENGAR : avenge

vino¹, etc. → **venir**

vino² *nm* : wine

viña *nf or* **viñedo** *nm* : vineyard

vio, etc. → **ver**

viola *nf* : viola

violar *vt* **1** : violate (a law, etc.) **2** : rape (a person) — **violación** *nf, pl* **-ciones 1** : violation, offense **2** : rape (of a person)

violencia *nf* : violence, force — **violentar** *vt* **1** : force **2** : break into (a house, etc.) — **violentarse** *vr* **1** : force oneself **2** AVERGONZARSE : be embarrassed — **violento, -ta** *adj* **1** : violent **2** INCÓMODO : awkward, embarrassing

violeta *adj & nm* : violet (color) — ~ *nf* : violet (flower)

violín *nm, pl* **-lines** : violin — **violinista** *nmf* : violinist — **violoncelista** *or* **violonchelista** *nmf* : cellist — **violoncelo** *or* **violonchelo** *nm* : cello, violoncello

virar *vi* : turn, change direction — **viraje** *nm* **1** : turn, swerve **2** CAMBIO : change

virgen *adj & nmf, pl* **vírgenes** : virgin — **virginal** *adj* : virginal — **virginidad** *nf* : virginity

viril *adj* : virile — **virilidad** *nf* : virility

virtual *adj* : virtual

virtud *nf* **1** : virtue **2 en** ~ **de** : by virtue of — **virtuoso, -sa** *adj* : virtuous — ~ *n* : virtuoso

viruela *nf* **1** : smallpox **2 picado de** ~**s** : pockmarked

virulento, -ta *adj* : virulent

virus *nms & pl* : virus

visa *nf Lat* : visa — **visado** *nm Spain* : visa

vísceras *nfpl* : entrails — **visceral** *adj* : visceral

viscoso, -sa *adj* : viscous — **viscosidad** *nf* : viscosity

visera *nf* : visor

visible *adj* : visible — **visibilidad** *nf* : visibility

visión *nf, pl* **-siones 1** : eyesight **2** APARICIÓN : vision, illusion **3** PUNTO DE VISTA : view, perspective — **visionario, -ria** *adj & n* : visionary

visitar *vt* : visit — **visita** *nf* **1** : visit **2 tener**
~ : have company — **visitante** *adj* : visit-
ing — **~** *nmf* : visitor
vislumbrar *vt* : make out, discern — **vislum-**
bre *nf* **1** : glimpse, sign **2** RESPLANDOR
: glimmer, gleam
viso *nm* **1** : sheen **2 tener ~s de** : seem,
show signs of
visón *nm*, *pl* **-sones** : mink
víspera *nf* : eve, day before
vista *nf* **1** : vision, eyesight **2** MIRADA
: look, gaze **3** PANORAMA : view, vista **4**
: hearing (in court) **5 a primera ~** *or* **a**
simple ~ : at first sight **6 hacer la ~**
gorda : turn a blind eye **7 perder de ~**
: lose sight of — **vistazo** *nm* **1** : glance **2**
echar un ~ : have a look
visto, -ta *adj* **1** : clear, obvious **2** COMÚN
: commonly seen **3 estar bien ~** : be ap-
proved of **4 estar mal ~** : be frowned
upon **5 nunca ~** : unheard-of **6 por lo**
visto : apparently **7 visto que** : since,
given that — **visto** *nm* **~ bueno** : approval
— **~** *pp* → **ver**
vistoso, -sa *adj* : colorful, bright
visual *adj* : visual — **visualizar** {21} *vt* : visualize
vital *adj* : vital — **vitalicio, -cia** *adj* : life, for
life — **vitalidad** *nf* : vitality
vitamina *nf* : vitamin
viticultor, -tora *n* : winegrower — **viticul-**
tura *nf* : wine growing
vitorear *vt* : cheer, acclaim
vítreo, -trea *adj* : glassy
vitrina *nf* **1** : showcase, display case **2** *Lat*
: shopwindow
vituperar *vt* : censure — **vituperio** *nm* : censure
viudo, -da *n* : widower *m*, widow *f* — **~** *adj*
: widowed — **viudez** *nf* : widowerhood,
widowhood
viva *nm* **dar ~s** : cheer
vivacidad *nf* : vivacity, liveliness
vivamente *adv* **1** : vividly **2** PROFUNDA-
MENTE : deeply, acutely
vivaz *adj*, *pl* **-vaces 1** : lively, vivacious **2**
AGUDO : vivid, sharp
víveres *nmpl* : provisions, supplies
vivero *nm* **1** : nursery (for plants) **2** : (fish)
hatchery, (oyster) bed
viveza *nf* **1** : liveliness **2** : vividness (of colors, descriptions, etc.) **3** ASTUCIA : sharpness (of mind) — **vívido, -da** *adj* : vivid
vividor, -dora *n* : freeloader
vivienda *nf* **1** : housing **2** MORADA
: dwelling
viviente *adj* : living
vivificar {72} *vt* : enliven
vivir *vi* **1** : live, be alive **2 ~ de** : live on —

vt : experience, live (through) — **~** *nm* **1**
: life, lifestyle **2 de mal ~** : disreputable
— **vivo, -va** *adj* **1** : alive **2** INTENSO : intense, bright **3** ANIMADO : lively **4** ASTUTO
: sharp, quick **5 en vivo** : live
vocablo *nm* : word — **vocabulario** *nm* : vocabulary
vocación *nf*, *pl* **-ciones** : vocation — **voca-**
cional *adj* : vocational
vocal *adj* : vocal — **~** *nmf* : member (of a
committee, etc.) — **~** *nf* : vowel — **vocal-**
ista *nmf* : singer, vocalist
vocear *v* : shout — **vocerío** *nm* : shouting
vociferar *vi* : shout
vodka *nmf* : vodka
volar {19} *vi* **1** : fly **2** : blow away (of pa-
pers, etc.) **3** *fam* : disappear **4 irse**
volando : rush off — *vt* : blow up —
volador, -dora *adj* : flying — **volandas: en**
~ *adv phr* : in the air — **volante** *adj* : flying — **~** *nm* **1** : steering wheel **2** : shut-
tlecock (in badminton) **3** : flounce (of fabric) **4** *Lat* : flier, circular
volátil *adj* : volatile
volcán *nm*, *pl* **-canes** : volcano — **vol-**
cánico, -ca *adj* : volcanic
volcar {82} *vt* **1** : upset, knock over **2** VA-
CIAR : empty out — *vi* : overturn — **vol-**
carse *vr* **1** : overturn, tip over **2 ~ en**
: throw oneself into
voleibol *nm* : volleyball
voltaje *nm* : voltage
voltear *vt* : turn over, turn upside down —
voltearse *vr* *Lat* : turn (around) —
voltereta *nf* : somersault
voltio *nm* : volt
voluble *adj* : fickle
volumen *nm*, *pl* **-lúmenes** : volume — **volu-**
minoso, -sa *adj* : voluminous
voluntad *nf* **1** : will **2** DESEO : wish **3** IN-
TENCIÓN : intention **4 a ~** : at will **5**
buena ~ : goodwill **6 mala ~** : ill will **7**
fuerza de ~ : willpower — **voluntario,**
-ria *adj* : voluntary — **~** *n* : volunteer —
voluntarioso, -sa *adj* **1** : willing **2** TERCO
: stubborn, willful
voluptuoso, -sa *adj* : voluptuous
volver {89} *vi* **1** : return, come or go back **2**
~ a : return to, do again **3 ~ en sí** : come
to — *vt* **1** : turn, turn over, turn inside out **2**
CONVERTIR EN : turn (into) **3 ~ loco**
: drive crazy — **volverse** *vr* **1** : turn
(around) **2** HACERSE : become
vomitar *vi* : vomit — *vt* **1** : vomit **2** : spew
(out) — **vómito** *nm* **1** : (action of) vomiting
2 : vomit
voraz *adj*, *pl* **-races** : voracious
vos *pron* *Lat* : you
vosotros, -tras *pron* *Spain* : you, yourselves

votar *vi* : vote — *vt* : vote for — **votación** *nf,*
pl **-ciones** : vote, voting — **votante** *nmf*
: voter — **voto** *nm* **1** : vote **2** : vow (in religion)
voy → **ir**
voz *nf, pl* **voces 1** : voice **2** GRITO : shout,
yell **3** VOCABLO : word, term **4** RUMOR
: rumor **5 dar voces** : shout **6 en ~ alta**
: loudly **7 en ~ baja** : softly
vuelco *nm* : upset, overturning
vuelo *nm* **1** : flight **2** : (action of) flying **3**
: flare (of clothing) **4 al ~** : on the wing
vuelta *nf* **1** : turn **2** REVOLUCIÓN : circle, revolution **3** CURVA : bend, curve **4** REGRESO
: return **5** : round, lap (in sports) **6** PASEO
: walk, drive, ride **7** REVÉS : back, other side
8 *Spain* : change **9 dar ~s** : spin **10 estar**
de ~ : be back — **vuelto** *nm Lat* : change
vuestro, -tra *adj Spain* : your, of yours — **~**
pron Spain (*with definite article*) : yours
vulgar *adj* **1** : vulgar **2** CORRIENTE : common — **vulgaridad** *nf* **1** : vulgarity **2** BA-
NALIDAD : banality — **vulgo** *nm* **el ~** : the
masses, common people
vulnerable *adj* : vulnerable — **vulnerabili-**
dad *nf* : vulnerability

WXYZ

w *nf* : w, 24th letter of the Spanish alphabet
wáter *nm Spain* : toilet
whisky *nm, pl* **-skys** *or* **-skies** : whiskey
x *nf* : x, 25th letter of the Spanish alphabet
xenofobia *nf* : xenophobia
xilófono *nm* : xylophone
y¹ *nf* : y, 26th letter of the Spanish alphabet
y² *conj* : and
ya *adv* **1** : already **2** AHORA : (right) now **3**
MÁS TARDE : later, soon **4 ~ no** : no longer
5 ~ que : now that, since, inasmuch as
yacer {90} *vi* : lie (on or in the ground) —
yacimiento *nm* : bed, deposit
yanqui *adj & nmf* : Yankee
yate *nm* : yacht
yegua *nf* : mare
yelmo *nm* : helmet
yema *nf* **1** : bud, shoot **2** : yolk (of an egg)
3 *or* **~ del dedo** : fingertip
yerba *nf* **1** *or* **~ mate** : maté **2** → **hierba**
yermo, -ma *adj* : barren, deserted — **yermo**
nm : wasteland
yerno *nm* : son-in-law
yerro *nm* : blunder, mistake
yerto, -ta *adj* : stiff
yesca *nf* : tinder
yeso *nm* **1** : gypsum **2** : plaster (for art,
construction)
yo *pron* **1** (*subject*) : I **2** (*object*) : me **3 soy**
~ : it is I, it's me — **~** *nm* : ego, self
yodo *nm* : iodine
yoga *nm* : yoga
yogurt *or* **yogur** *nm* : yogurt
yuca *nf* : yucca
yugo *nm* : yoke (of oxen)
yugoslavo, -va *adj* : Yugoslavian
yugular *adj* : jugular

yunque *nm* : anvil
yunta *nf* : yoke
yuxtaponer {60} *vt* : juxtapose — **yuxta-**
posición *nf, pl* **-ciones** : juxtaposition
z *nf* : z, 27th letter of the Spanish alphabet
zacate *nm Lat* : grass
zafar *vt Lat* : loosen, untie — **zafarse** *vr* **1**
: come undone **2** : get free of (an obligation, etc.)
zafio, -fia *adj* : coarse
zafiro *nm* : sapphire
zaga *nf* **a la ~** *or* **en ~** : behind, in the rear
zaguán *nm, pl* **-guanes** : (entrance) hall
zaherir {76} *vt* : hurt (s.o.'s feelings)
zaino, -na *adj* : chestnut (color)
zalamería *nf* : flattery — **zalamero, -ra** *adj*
: flattering — **~** *n* : flatterer
zambullirse {38} *vr* : dive, plunge — **zam-**
bullida *nf* : dive, plunge
zanahoria *nf* : carrot
zancada *nf* : stride, step — **zancadilla** *nf* **1**
: trip, stumble **2 hacer una ~ a algn** : trip
s.o. up
zancos *nmpl* : stilts
zancudo *nm Lat* : mosquito
zángano, -na *n fam* : lazy person, slacker —
zángano *nm* : drone (bee)
zanja *nf* : ditch, trench — **zanjar** *vt* : settle,
resolve
zapallo *nm Lat* : pumpkin — **zapallito** *nm*
Lat : zucchini
zapapico *nm* : pickax
zapato *nm* : shoe — **zapatería** *nf* : shoe store
— **zapatero, -ra** *n* : shoemaker, cobbler —
zapatilla *nf* **1** : slipper **2** : sneaker (for
sports, etc.)
zar *nm* : czar

zarandear *vt* **1** : sift **2** SACUDIR : shake
zarcillo *nm* : earring
zarpa *nf* : paw
zarpar *vi* : set sail, raise anchor
zarza *nf* : bramble — **zarzamora** *nf* : blackberry
zigzag *nm, pl* **-zags** *or* **-zagues** : zigzag — **zigzaguear** *vi* : zigzag
zinc *nm* : zinc
zíper *nm Lat* : zipper
zircón *nm, pl* **-cones** : zircon
zócalo *nm* **1** : base (of a column, etc.) **2** : baseboard (of a wall) **3** *Lat* : main square, plaza
zodíaco *nm* : zodiac
zona *nf* : zone, area
zoo *nm* : zoo — **zoología** *nf* : zoology — **zoológico, -ca** *adj* : zoological — **zoológico** *nm* : zoo — **zoólogo, -ga** *n* : zoologist
zopilote *nm Lat* : buzzard
zoquete *nmf fam* : oaf, blockhead
zorrillo *nm Lat* : skunk
zorro, -rra *n* : fox, vixen *f* — **~** *adj* : foxy, sly
zozobra *nf* : anxiety, worry — **zozobrar** *vi* : capsize
zueco *nm* : clog (shoe)
zumbar *vi* : buzz — *vt fam* : hit, beat — **zumbido** *nm* : buzzing
zumo *nf* : juice
zurcir {83} *vt* : darn, mend
zurdo, -da *adj* : left-handed — **~** *n* : left-handed person — **zurda** *nf* : left hand
zutano, -na → fulano

English-Spanish
Dictionary

A

a¹ *n, pl* **a's** *or* **as** : a *f*, primera letra del alfabeto inglés

a² *art* (**an** *before vowel or silent h*) **1** : un *m*, una *f* **2** PER : por, a la, al

aback *adv* **be taken** ~ : quedarse desconcertado

abacus *n, pl* **abaci** *or* **abacuses** : ábaco *m*

abandon *vt* **1** DESERT : abandonar **2** GIVE UP : renunciar a — ~ *n* : desenfreno *m* — **abandonment** *n* : abandono *m*

abashed *adj* : avergonzado

abate *vi* **abated; abating** : amainar, disminuir

abattoir *n* : matadero *m*

abbey *n, pl* **-beys** : abadía *f* — **abbot** *n* : abad *m*

abbreviate *vt* **-ated; -ating** : abreviar — **abbreviation** *n* : abreviatura *f*, abreviación *f*

abdicate *v* **-cated; -cating** : abdicar — **abdication** *n* : abdicación *f*

abdomen *n* : abdomen *m*, vientre *m* — **abdominal** *adj* : abdominal

abduct *vt* : secuestrar — **abduction** *n* : secuestro *m*

aberration *n* : aberración *f*

abet *vt* **abetted; abetting** *or* **aid and** ~ : ser cómplice de

abeyance *n* : desuso *m*

abhor *vt* **-horred; -horring** : aborrecer

abide *v* **abode** *or* **abided; abiding** *vt* : soportar, tolerar — *vi* **1** DWELL : morar **2** ~ **by** : atenerse a

ability *n, pl* **-ties** **1** CAPABILITY : aptitud *f*, capacidad *f* **2** SKILL : habilidad *f*

abject *adj* : miserable, desdichado

ablaze *adj* : en llamas

able *adj* **abler; ablest** **1** CAPABLE : capaz, hábil **2** COMPETENT : competente

abnormal *adj* : anormal — **abnormality** *n, pl* **-ties** : anormalidad *f*

aboard *adv* : a bordo — ~ *prep* : a bordo de

abode *n* : morada *f*, domicilio *m*

abolish *vt* : abolir, suprimir — **abolition** *n* : abolición *f*

abominable *adj* : abominable, aborrecible — **abomination** *n* : abominación *f*

aborigine *n* : aborigen *mf*

abort *vt* : abortar — **abortion** *n* : aborto *m* — **abortive** *adj* UNSUCCESSFUL : malogrado

abound *vi* ~ **in** : abundar en

about *adv* **1** APPROXIMATELY : aproximadamente, más o menos **2** AROUND : alrededor **3** **be** ~ **to** : estar a punto de **4** **be up and** ~ : estar levantado — ~ *prep* **1** AROUND : alrededor de **2** CONCERNING : acerca de, sobre

above *adv* : arriba — ~ *prep* **1** : encima de **2** ~ **all** : sobre todo — **aboveboard** *adj* : honrado

abrasive *adj* **1** : abrasivo **2** BRUSQUE : brusco, mordaz

abreast *adv* **1** : al lado **2** **keep** ~ **of** : mantenerse al corriente de

abridge *vt* **abridged; abridging** : abreviar

abroad *adv* **1** : en el extranjero **2** WIDELY : por todas partes **3** **go** ~ : ir al extranjero

abrupt *adj* **1** SUDDEN : repentino **2** BRUSQUE : brusco

abscess *n* : absceso *m*

absence *n* **1** : ausencia *f* **2** LACK : falta *f*, carencia *f* — **absent** *adj* : ausente — **absentee** *n* : ausente *mf* — **absentminded** *adj* : distraído, despistado

absolute *adj* : absoluto — **absolutely** *adv* : absolutamente

absolve *vt* **-solved; -solving** : absolver

absorb *vt* : absorber — **absorbent** *adj* : absorbente — **absorption** *n* : absorción *f*

abstain *vi* ~ **from** : abstenerse de — **abstinence** *n* : abstinencia *f*

abstract *adj* : abstracto — ~ *vt* : extraer — ~ *n* : resumen *m* — **abstraction** *n* : abstracción *f*

absurd *adj* : absurdo — **absurdity** *n, pl* **-ties** : absurdo *m*

abundant *adj* : abundante — **abundance** *n* : abundancia *f*

abuse *vt* **abused; abusing** **1** MISUSE : abusar de **2** MISTREAT : maltratar **3** REVILE : insultar — ~ *n* **1** : abuso *m* **2** INSULTS : insultos *mpl* — **abusive** *adj* : injurioso

abut *vi* **abutted; abutting** ~ **on** : colindar con

abyss *n* : abismo *m* — **abysmal** *adj* : atroz, pésimo

academy *n, pl* **-mies** : academia *f* — **academic** *adj* **1** : académico **2** THEORETICAL : teórico

accelerate *v* **-ated; -ating** : acelerar — **acceleration** *n* : aceleración *f*

accent *vt* : acentuar — ~ *n* : acento *m* — **accentuate** *vt* **-ated; -ating** : acentuar, subrayar

accept *vt* : aceptar — **acceptable** *adj* : aceptable — **acceptance** *n* **1** : aceptación *f* **2** APPROVAL : aprobación *f*

access *n* : acceso *m* — **accessible** *adj* : accesible, asequible

accessory *n*, *pl* **-ries** **1** : accesorio *m* **2** ACCOMPLICE : cómplice *mf*

accident *n* **1** MISHAP : accidente *m* **2** CHANCE : casualidad *f* — **accidental** *adj* : accidental — **accidentally** *adv* **1** BY CHANCE : por casualidad **2** UNINTENTIONALLY : sin querer

acclaim *vt* : aclamar — ~ *n* : aclamación *f*

acclimatize *vt* **-tized; -tizing** : aclimatar

accommodate *vt* **-dated; -dating** **1** ADAPT : acomodar, adaptar **2** SATISFY : complacer, satisfacer **3** HOLD : tener cabida para — **accomodation** *n* **1** : adaptación *f* **2** ~**s** *npl* LODGING : alojamiento *m*

accompany *vt* **-nied; -nying** : acompañar

accomplice *n* : cómplice *mf*

accomplish *vt* : realizar, llevar a cabo — **accomplishment** *n* **1** COMPLETION : realización *f* **2** ACHIEVEMENT : logro *m*, éxito *m*

accord *n* **1** AGREEMENT : acuerdo *m* **2** of one's own ~ : voluntariamente — **accordance** *n* in ~ with : conforme a, de acuerdo con — **accordingly** *adv* : en consecuencia — **according to** *prep* : según

accordion *n* : acordeón *m*

accost *vt* : abordar

account *n* **1** : cuenta *f* **2** REPORT : relato *m*, informe *m* **3** WORTH : importancia *f* **4** on ~ of : a causa de, debido a **5** on no ~ : de ninguna manera — ~ *vi* — **for** : dar cuenta de, explicar — **accountable** *adj* : responsable — **accountant** *n* : contador *m*, -dora *f Lat*; contable *mf Spain* — **accounting** *n* : contabilidad *f*

accrue *vi* **-crued; -cruing** : acumularse

accumulate *v* **-lated; -lating** *vt* : acumular — *vi* : acumularse — **accumulation** *n* : acumulación *f*

accurate *adj* : exacto, preciso — **accuracy** *n* : exactitud *f*, precisión *f*

accuse *vt* **-cused; -cusing** : acusar — **accusation** *n* : acusación *f*

accustomed *adj* **1** : acostumbrado **2** become ~ to : acostumbrarse a

ace *n* : as *m*

ache *vi* **ached; aching** : doler — ~ *n* : dolor *m*

achieve *vt* **achieved; achieving** : lograr, realizar — **achievement** *n* : logro *m*, éxito *m*

acid *adj* : ácido — ~ *n* : ácido *m*

acknowledge *vt* **-edged; -edging** **1** ADMIT : admitir **2** RECOGNIZE : reconocer **3** ~ receipt of : acusar recibo de — **acknowledgment** *n* **1** : reconocimiento *m* **2** THANKS : agradecimiento *m* **3** ~ of receipt : acuse *m* de recibo

acne *n* : acné *m*

acorn *n* : bellota *f*

acoustic *or* **acoustical** *adj* : acústico — **acoustics** *ns* & *pl* : acústica *f*

acquaint *vt* **1** ~ **s.o. with** : poner a algn al corriente de **2** be ~**ed with** : conocer a (una persona), saber (un hecho) — **acquaintance** *n* **1** : conocimiento *m* **2** : conocido *m*, -da *f* (persona)

acquire *vt* **-quired; -quiring** : adquirir — **acquisition** *n* : adquisición *f*

acquit *vt* **-quitted; -quitting** : absolver

acre *n* : acre *m* — **acreage** *n* : superficie *f* en acres

acrid *adj* : acre

acrobat *n* : acróbata *mf* — **acrobatic** *adj* : acrobático

acronym *n* : siglas *fpl*

across *adv* **1** : de un lado a otro **2** CROSSWISE : a través **3** go ~ : atravesar — ~ *prep* **1** : a través de **2** ~ **the street** : al otro lado de la calle

acrylic *n* : acrílico *m*

act *vi* **1** : actuar **2** PRETEND : fingir **3** FUNCTION : funcionar **4** ~ **as** : servir de — *vt* : interpretar (un papel) — ~ *n* **1** ACTION : acto *m*, acción *f* **2** DECREE : ley *f* **3** : acto *m* (en una obra de teatro), número *m* (en un espectáculo) — **acting** *adj* : interino

action *n* **1** : acción *f* **2** LAWSUIT : demanda *f* **3** take ~ : tomar medidas

activate *vt* **-vated; -vating** : activar

active *adj* **1** : activo **2** LIVELY : enérgico **3** ~ **volcano** : volcán *m* en actividad — **activity** *n*, *pl* **-ties** : actividad *f*

actor *n* : actor *m* — **actress** *n* : actriz *f*

actual *adj* : real, verdadero — **actually** *adv* : realmente, en realidad

acupuncture *n* : acupuntura *f*

acute *adj* **acuter; acutest** **1** : agudo **2** PERCEPTIVE : perspicaz

ad → **advertisement**

adamant *adj* : inflexible

adapt *vt* : adaptar — *vi* : adaptarse — **adaptable** *adj* : adaptable — **adaptation** *n* : adaptación *f* — **adapter** *n* : adaptador *m*

add *vt* **1** : añadir **2** *or* ~ **up** : sumar — *vi* : sumar

addict *n* **1** : adicto *m*, -ta *f* **2** *or* **drug** ~ : drogadicto *m*, -ta *f*; toxicómano *m*, -na *f* — **addiction** *n* : dependencia *f*

addition *n* **1** : suma *f* (en matemáticas) **2** ADDING : adición *f* **3** in ~ : además — **additional** *adj* : adicional — **additive** *n* : aditivo *m*

address *vt* **1** : dirigirse a (una persona) **2** : ponerle la dirección a (una carta) **3** : tratar (un asunto) — ~ *n* **1** : dirección *f*, domicilio *m* **2** SPEECH : discurso *m*

adept *adj* : experto, hábil

adequate *adj* : adecuado, suficiente

adhere *vi* **-hered; -hering 1** STICK : adherirse **2** ~ **to** : observar — **adherence** *n* **1** : adhesión *f* **2** : observancia *f* (de una ley, etc.) — **adhesive** *adj* : adhesivo — ~ *n* : adhesivo *m*

adjacent *adj* : adyacente, contiguo

adjective *n* : adjetivo *m*

adjoining *adj* : contiguo, vecino

adjourn *vt* : aplazar, suspender — *vi* : suspenderse

adjust *vt* : ajustar, arreglar — *vi* : adaptarse — **adjustable** *adj* : ajustable — **adjustment** *n* : ajuste *m* (a una máquina, etc.), adaptación *f* (de una persona)

ad–lib *v* **-libbed; -libbing** : improvisar

administer *vt* : administrar — **administration** *n* : administración *f* — **administrative** *adj* : administrativo — **administrator** *n* : administrador *m*, -dora *f*

admirable *adj* : admirable

admiral *n* : almirante *m*

admire *vt* **-mired; -miring** : admirar — **admiration** *n* : admiración *f* — **admirer** *n* : admirador *m*, -dora *f*

admit *vt* **-mitted; -mitting 1** : admitir, dejar entrar **2** ACKNOWLEDGE : reconocer — **admission** *n* **1** ADMITTANCE : entrada *f*, admisión *f* **2** ACKNOWLEDGMENT : reconocimiento *m* — **admittance** *n* : admisión *f*, entrada *f*

admonish *vt* : amonestar, reprender

ado *n* **1** : alboroto *m*, bulla *f* **2 without further** ~ : sin más (preámbulos)

adolescent *n* : adolescente *mf* — **adolescence** *n* : adolescencia *f*

adopt *vt* : adoptar — **adoption** *n* : adopción *f*

adore *vt* **adored; adoring 1** : adorar **2** LIKE, LOVE : encantarle (algo a uno) — **adorable** *adj* : adorable — **adoration** *n* : adoración *f*

adorn *vt* : adornar — **adornment** *n* : adorno *m*

adrift *adj* & *adv* : a la deriva

adroit *adj* : diestro, hábil

adult *adj* : adulto — ~ *n* : adulto *m*, -ta *f*

adultery *n*, *pl* **-teries** : adulterio *m*

advance *v* **-vanced; -vancing** *vt* : adelantar — *vi* : avanzar, adelantarse — ~ *n* **1** : avance *m* **2** PROGRESS : adelanto *m* **3 in** ~ : por adelantado — **advancement** *n* : adelanto *m*, progreso *m*

advantage *n* **1** : ventaja *f* **2 take** ~ **of** : aprovecharse de — **advantageous** *adj* : ventajoso

advent *n* **1** ARRIVAL : llegada *f* **2 Advent** : Adviento *m*

adventure *n* : aventura *f* — **adventurous** *adj* **1** : intrépido **2** RISKY : arriesgado

adverb *n* : adverbio *m*

adversary *n*, *pl* **-saries** : adversario *m*, -ria *f*

adverse *adj* : adverso, desfavorable — **adversity** *n*, *pl* **-ties** : adversidad *f*

advertise *v* **-tised; -tising** *vt* : anunciar — *vi* : hacer publicidad — **advertisement** *n* : anuncio *m* — **advertiser** *n* : anunciante *mf* — **advertising** *n* : publicidad *f*

advice *n* : consejo *m*

advise *vt* **-vised; -vising 1** COUNSEL : aconsejar, asesorar **2** RECOMMEND : recomendar **3** INFORM : informar — **advisable** *adj* : aconsejable — **adviser** *n* : consejero *m*, -ra *f*; asesor *m*, -sora *f* — **advisory** *adj* : consultivo

advocate *vt* **-cated; -cating** : recomendar — ~ *n* : defensor *m*, -sora *f*

aerial *adj* : aéreo — ~ *n* : antena *f*

aerobics *ns* & *pl* : aeróbic *m*

aerodynamic *adj* : aerodinámico

aerosol *n* : aerosol *m*

aesthetic *adj* : estético

afar *adv* : lejos

affable *adj* : afable

affair *n* **1** : asunto *m*, cuestión *f* **2** *or* **love** ~ : amorío *m*, aventura *f*

affect *vt* **1** : afectar **2** FEIGN : fingir — **affection** *n* : afecto *m*, cariño *m* — **affectionate** *adj* : afectuoso, cariñoso

affinity *n*, *pl* **-ties** : afinidad *f*

affirm *vt* : afirmar — **affirmative** *adj* : afirmativo

affix *vt* : fijar, pegar

afflict *vt* : afligir — **affliction** *n* : aflicción *f*

affluent *adj* : próspero, adinerado

afford *vt* **1** : tener los recursos para, permitirse (el lujo de) **2** PROVIDE : brindar

affront *n* : afrenta *f*

afloat *adv* & *adj* : a flote

afoot *adj* : en marcha

afraid *adj* **1 be** ~ : tener miedo **2 I'm** ~ **not** : me temo que no

African *adj* : africano

after *adv* **1** AFTERWARD : después **2** BEHIND : detrás, atrás — ~ *conj* : después de (que) — ~ *prep* **1** : después de **2** ~ **all** : después de todo **3 it's ten** ~ **five** : son las cinco y diez

aftereffect *n* : efecto *m* secundario

aftermath *n* : consecuencias *fpl*

afternoon *n* : tarde *f*

afterward *or* **afterwards** *adv* : después, más tarde

again *adv* **1** : otra vez, de nuevo **2** ~ **and** ~ : una y otra vez **3 then** ~ : por otra parte

against *prep* : contra, en contra de

age *n* **1** : edad *f* **2** ERA : era *f*, época *f* **3 be** ~ **of** ~ : ser mayor de edad **4 for** ~**s** : hace

siglos **5 old** ⌒ : vejez *f* — ⌒ *vi* **aged;
aging** : envejecer — **aged** *adj* **1** OLD : anciano, viejo **2 children** ⌒ **10 to 17** : niños de 10 a 17 años
agency *n, pl* **-cies** : agencia *f*
agenda *n* : orden *m* del día
agent *n* : agente *mf*, representante *mf*
aggravate *vt* **-vated; -vating 1** WORSEN : agravar, empeorar **2** ANNOY : irritar
aggregate *adj* : total, global — ⌒ *n* : total *m*
aggression *n* : agresión *f* — **aggressive** *adj* : agresivo — **aggressor** *n* : agresor *m*, -sora *f*
aghast *adj* : horrorizado
agile *adj* : ágil — **agility** *n, pl* **-ties** : agilidad *f*
agitate *v* **-tated; -tating** *vt* **1** SHAKE : agitar **2** TROUBLE : inquietar — **agitation** *n* : agitación *f*, inquietud *f*
agnostic *n* : agnóstico *m*, -ca *f*
ago *adv* **1** : hace **2 long** ⌒ : hace mucho tiempo
agony *n, pl* **-nies 1** PAIN : dolor *m* **2** ANGUISH : angustia *f* — **agonize** *vi* **-nized; -nizing** : atormentarse — **agonizing** *adj* : angustioso
agree *v* **agreed; agreeing** *vt* **1** : acordar **2** ⌒ **that** : estar de acuerdo de que — *vi* **1** : estar de acuerdo **2** CORRESPOND : concordar **3** ⌒ **to** : acceder a **4 this climate** ⌒**s with me** : este clima me sienta bien — **agreeable** *adj* **1** PLEASING : agradable **2** WILLING : dispuesto — **agreement** *n* : acuerdo *m*
agriculture *n* : agricultura *f* — **agricultural** *adj* : agrícola
aground *adv* **run** ⌒ : encallar
ahead *adv* **1** IN FRONT : delante, adelante **2** BEFOREHAND : por adelantado **3** LEADING : a la delantera **4 get** ⌒ : adelantar — **ahead of** *prep* **1** : delante de, antes de **2 get** ⌒ **of** : adelantarse a
aid *vt* : ayudar — ⌒ *n* : ayuda *f*, asistencia *f*
AIDS *n* : SIDA *m*, sida *m*
ail *vi* : estar enfermo — **ailment** *n* : enfermedad *f*
aim *vt* : apuntar (un arma), dirigir (una observación) — *vi* **1** : apuntar **2** ASPIRE : aspirar — ⌒ *n* **1** : puntería *f* **2** GOAL : propósito *m*, objetivo *m* — **aimless** *adj* : sin objetivo
air *vt or* ⌒ **out** : airear **2** EXPRESS : expresar **3** BROADCAST : emitir — ⌒ *n* **1** : aire *m* **2 be on the** ⌒ : estar en el aire — **air-conditioning** *n* : aire acondicionado — **air conditioned** *n* : climatizado — **aircraft** *ns & pl* **1** : avión *m*, aeronave *f* **2** ⌒ **carrier** : portaaviones *m* — **air force** *n*

: fuerza *f* aérea — **airline** *n* : aerolínea *f*, línea *f* aérea — **airliner** *n* : avión *m* de pasajeros — **airmail** *n* : correo *m* aéreo — **airplane** *n* : avión *m* — **airport** *n* : aeropuerto *m* — **airstrip** *n* : pista *f* de aterrizaje — **airtight** *adj* : hermético — **airy** *adj* **airier; -est** : aireado, bien ventilado
aisle *n* **1** : pasillo *m* **2** : nave *f* lateral (de una iglesia)
ajar *adj* : entreabierto
akin *adj* ⌒ **to** : semejante a
alarm *n* **1** : alarma *f* **2** ANXIETY : inquietud *f* — *vt* : alarmar, asustar — **alarm clock** *n* : despertador *m*
alas *interj* : ¡ay!
album *n* : álbum *m*
alcohol *n* : alcohol *m* — **alcoholic** *adj* : alcohólico — ⌒ *n* : alcohólico *m*, -ca *f* — **alcoholism** *n* : alcoholismo *m*
alcove *n* : nicho *m*, hueco *m*
ale *n* : cerveza *f*
alert *adj* **1** WATCHFUL : alerta, atento **2** LIVELY : vivo — ⌒ *n* : alerta *f* — ⌒ *vt* : alertar, poner sobre aviso
alfalfa *n* : alfalfa *f*
alga *n, pl* **-gae** : alga *f*
algebra *n* : álgebra *f*
alias *adv* : alias — ⌒ *n* : alias *m*
alibi *n* : coartada *f*
alien *adj* : extranjero — ⌒ *n* **1** FOREIGNER : extranjero *m*, -ra *f* **2** EXTRATERRESTRIAL : extraterrestre *mf*
alienate *vt* **-ated; -ating** : enajenar — **alienation** *n* : enajenación *f*
alight *vi* **1** LAND : posarse **2** ⌒ **from** : apearse de
align *vt* : alinear — **alignment** *n* : alineación *f*
alike *adv* : igual, del mismo modo — ⌒ *adj* : parecido
alimony *n, pl* **-nies** : pensión *f* alimenticia
alive *adj* **1** LIVING : vivo, viviente **2** LIVELY : animado, activo
all *adv* **1** COMPLETELY : todo, completamente **2** ⌒ **the better** : tanto mejor **3** ⌒ **the more** : aún más, todavía más — ⌒ *adj* : todo — ⌒ *pron* **1** : todo, -da **2** ⌒ **in** ⌒ : en general **3 not at** ⌒ : de ninguna manera — **all-around** *adj* VERSATILE : completo
allay *vt* **1** ALLEVIATE : aliviar **2** CALM : aquietar
allege *vt* **-leged; -leging** : alegar — **allegation** *n* : alegato *m*, acusación *f* — **alleged** *adj* : presunto — **allegedly** *adv* : supuestamente
allegiance *n* : lealtad *f*
allegory *n, pl* **-ries** : alegoría *f* — **allegorical** *adj* : alegórico

allergy *n, pl* **-gies** : alergia *f* — **allergic** *adj*
: alérgico
alleviate *vt* **-ated; -ating** : aliviar
alley *n, pl* **-leys** : callejón *m*
alliance *n* : alianza *f*
alligator *n* : caimán *m*
allocate *vt* **-cated; -cating** : asignar — **allocation** *n* : asignación *f*, reparto *m*
allot *vt* **-lotted; -lotting** : asignar — **allot-
ment** *n* : reparto *m*, asignación *f*
allow *vt* **1** PERMIT : permitir **2** GRANT : dar,
conceder **3** ADMIT : admitir **4** CONCEDE
: reconocer — *vi* ∼ **for** : tener en cuenta —
allowance *n* **1** : pensión *f*, subsidio *m* **2**
make ∼**s for** : tener en cuenta, disculpar
alloy *n* : aleación *f*
all right *adv* **1** YES : sí, de acuerdo **2** WELL
: bien **3** DEFINITELY : bien, sin duda — ∼
adj : bien, bueno
allude *vi* **-luded; -luding** : aludir
allure *vt* **-lured; -luring** : atraer — **alluring**
adj : atrayente, seductor
allusion *n* : alusión *f*
ally *vi* **-lied; -lying** ∼ **oneself with** : aliarse
con — ∼ *n* : aliado *m*, -da *f*
almanac *n* : almanaque *m*
almighty *adj* : omnipotente, todopoderoso
almond *n* : almendra *f*
almost *adv* : casi
alms *ns & pl* : limosna *f*
alone *adv* : sólo, solamente, únicamente —
∼ *adj* : solo
along *adv* **1** FORWARD : adelante **2** ∼ **with**
: con, junto con **3 all** ∼ : desde el principio
— ∼ *prep* : por, a lo largo de — **alongside**
adv : al costado — *or* ∼ **of** *prep* : al
lado de
aloof *adj* : distante, reservado
aloud *adv* : en voz alta
alphabet *n* : alfabeto *m* — **alphabetical** *or*
alphabetic *adj* : alfabético
already *adv* : ya
also *adv* : también, además
altar *n* : altar *m*
alter *vt* : alterar, modificar — **alteration** *n*
: alteración *f*, modificación *f*
alternate *adj* : alterno — ∼ *v* **-nated; -nat-
ing** : alternar — **alternating current** *n*
: corriente *f* alterna — **alternative** *adj* : al-
ternativo — ∼ *n* : alternativa *f*
although *conj* : aunque
altitude *n* : altitud *f*
altogether *adv* **1** COMPLETELY : completamente, del todo **2** ON THE WHOLE : en
suma, en general
aluminum *n* : aluminio *m*
always *adv* **1** : siempre **2** FOREVER : para
siempre
am → **be**

amass *vt* : amasar, acumular
amateur *adj* : amateur — ∼ *n* : amateur *mf;*
aficionado *m*, -da *f*
amaze *vt* **amazed; amazing** : asombrar —
amazement *n* : asombro *m* — **amazing** *adj*
: asombroso
ambassador *n* : embajador *m*, -dora *f*
amber *n* : ámbar *m*
ambiguous *adj* : ambiguo — **ambiguity** *n,
pl* **-ties** : ambigüedad *f*
ambition *n* : ambición *f* — **ambitious** *adj*
: ambicioso
ambivalence *n* : ambivalencia *f* — **ambiva-
lent** *adj* : ambivalente
amble *vi or* ∼ **along** : andar sin prisa
ambulance *n* : ambulancia *f*
ambush *vt* : emboscar — ∼ *n* : emboscada *f*
amen *interj* : amén
amenable *adj* ∼ **to** : receptivo a
amend *vt* : enmendar — **amendment** *n* : enmienda *f* — **amends** *ns & pl* **make** ∼ **for**
: reparar
amenities *npl* : servicios *mpl*, comodidades
fpl
American *adj* : americano
amethyst *n* : amatista *f*
amiable *adj* : amable, agradable
amicable *adj* : amigable, amistoso
amid *or* **amidst** *prep* : en medio de, entre
amiss *adv* **1** : mal **2 take sth** ∼ : tomar
algo a mal — ∼ *adj* **1** WRONG : malo **2**
something is ∼ : algo anda mal
ammonia *n* : amoníaco *m*
ammunition *n* : municiones *fpl*
amnesia *n* : amnesia *f*
amnesty *n, pl* **-ties** : amnistía *f*
among *prep* : entre
amorous *adj* : amoroso
amount *vi* **1** ∼ **to** : equivaler a **2** ∼ **to**
TOTAL : sumar, ascender a — ∼ *n* : canti-
dad *f*
amphibian *n* : anfibio *m* — **amphibious** *adj*
: anfibio
amphitheater *n* : anfiteatro *m*
ample *adj* **-pler; -plest 1** SPACIOUS : amplio, extenso **2** ABUNDANT : abundante
amplify *vt* **-fied; -fying** : amplificar — **amplifier** *n* : amplificador *m*
amputate *vt* **-tated; -tating** : amputar —
amputation *n* : amputación *f*
amuse *vt* **amused; amusing 1** : hacer reír,
divertir **2** ENTERTAIN : entretener —
amusement *n* : diversión *f* — **amusing** *adj*
: divertido
an → **a²**
analogy *n, pl* **-gies** : analogía *f* — **analogous** *adj* : análogo
analysis *n, pl* **-yses** : análisis *m* — **analytic**

or **analytical** *adj* : analítico — **analyze** *vt*
-**lyzed; -lyzing** : analizar
anarchy *n* : anarquía *f*
anatomy *n, pl* -**mies** : anatomía *f* —
anatomic *or* **anatomical** *adj* : anatómico
ancestor *n* : antepasado *m*, -da *f* — **ancestral** *adj* : ancestral — **ancestry** *n* **1** DE-
SCENT : linaje *m*, abolengo *m* **2** ANCESTORS
: antepasados *mpl*, -das *fpl*
anchor *n* **1** : ancla *f* **2** : presentador *m*, -dora
f (en televisión) — ～ *vt* **1** : anclar **2** FAS-
TEN : sujetar — *vi* : anclar
anchovy *n, pl* -**vies** *or* -**vy** : anchoa *f*
ancient *adj* : antiguo, viejo
and *conj* **1** : y (e *before words beginning
with i- or hi-*) **2 come** ～ **see** : ven a ver **3**
more ～ **more** : cada vez más **4 try** ～ **finish it soon** : trata de terminarlo pronto
anecdote *n* : anécdota *f*
anemia *n* : anemia *f* — **anemic** *adj* : anémico
anesthesia *n* : anestesia *f* — **anesthetic** *adj*
: anestésico — ～ *n* : anestésico *m*
anew *adv* : de nuevo, nuevamente
angel *n* : ángel *m* — **angelic** *or* **angelical**
adj : angélico
anger *vt* : enojar, enfadar — ～ *n* : ira *f*,
enojo *m*, enfado *m*
angle *n* **1** : ángulo *m* **2** POINT OF VIEW : perspectiva *f*, punto *m* de vista — **angler** *n*
: pescador *m*, -dora *f*
Anglo–Saxon *adj* : anglosajón
angry *adj* -**grier; -est** : enojado, enfadado
anguish *n* : angustia *f*
angular *adj* **1** : angular **2** ～ **features** : rasgos *mpl* angulosos
animal *n* : animal *m*
animate *adj* : animado — ～ *vt* -**mated;
-mating** : animar — **animated** *adj* **1** : animado **2** ～ **cartoon** : dibujos *mpl* animados — **animation** *n* : animación *f*
animosity *n, pl* -**ties** : animosidad *f*
anise *n* : anís *m*
ankle *n* : tobillo *m*
annals *npl* : anales *mpl*
annex *vt* : anexar — ～ *n* : anexo *m*
annihilate *vt* -**lated; -lating** : aniquilar —
annihilation *n* : aniquilación *f*
anniversary *n, pl* -**ries** : aniversario *m*
annotate *vt* -**tated; -tating** : anotar — **annotation** *n* : anotación *f*
announce *vt* -**nounced; -nouncing** : anunciar — **announcement** *n* : anuncio *m* —
announcer *n* : locutor *m*, -tora *f*
annoy *vt* : fastidiar, molestar — **annoyance**
n : fastidio *m*, molestia *f* — **annoying** *adj*
: molesto, fastidioso
annual *adj* : anual — ～ *n* : anuario *m*
annuity *n, pl* -**ties** : anualidad *f*

annul *vt* **annulled; annulling** : anular — **annulment** *n* : anulación *f*
anoint *vt* : ungir
anomaly *n, pl* -**lies** : anomalía *f*
anonymous *adj* : anónimo — **anonymity** *n*
: anonimato *m*
another *adj* **1** : otro **2 in** ～ **minute** : en un
minuto más — ～ *pron* : otro, otra
answer *n* **1** REPLY : respuesta *f*, contestación
f **2** SOLUTION : solución *f* — ～ *vt* **1** : contestar a, responder a **2** ～ **the door** : abrir
la puerta — *vi* : contestar, responder
ant *n* : hormiga *f*
antagonize *vt* -**nized; -nizing** : provocar la
enemistad de — **antagonism** *n* : antagonismo *m*
antarctic *adj* : antártico
antelope *n, pl* -**lope** *or* -**lopes** : antílope *m*
antenna *n, pl* -**nae** *or* -**nas** : antena *f*
anthem *n* : himno *m*
anthology *n, pl* -**gies** : antología *f*
anthropology *n* : antropología *f*
antibiotic *adj* : antibiótico — ～ *n* : antibiótico *m*
antibody *n, pl* -**bodies** : anticuerpo *m*
anticipate *vt* -**pated; -pating 1** FORESEE
: anticipar, prever **2** EXPECT : esperar — **anticipation** *n* : anticipación *f*, expectación *f*
antics *npl* : payasadas *fpl*
antidote *n* : antídoto *m*
antifreeze *n* : anticongelante *m*
antipathy *n, pl* -**thies** : antipatía *f*
antiquated *adj* : anticuado
antique *adj* : antiguo — ～ *n* : antigüedad *f*
— **antiquity** *n, pl* -**ties** : antigüedad *f*
anti–Semitic *adj* : antisemita
antiseptic *adj* : antiséptico — ～ *n* : antiséptico *m*
antisocial *adj* **1** : antisocial **2** UNSOCIABLE
: poco sociable
antithesis *n, pl* -**eses** : antítesis *f*
antlers *npl* : cornamenta *f*
antonym *n* : antónimo *m*
anus *n* : ano *m*
anvil *n* : yunque *m*
anxiety *n, pl* -**eties 1** APPREHENSION : inquietud *f*, ansiedad *f* **2** EAGERNESS : anhelo
m — **anxious** *adj* **1** WORRIED : inquieto,
preocupado **2** EAGER : ansioso — **anx-
iously** *adv* : con ansiedad
any *adv* **1** SOMEWHAT : algo, un poco **2 it's
not** ～ **good** : no sirve para nada **3 we
can't wait** ～ **longer** : no podemos esperar
más — ～ *adj* **1** : alguno **2** (*in negative
constructions*) : ningún **3** WHATEVER
: cualquier **4 in** ～ **case** : en todo caso —
～ *pron* **1** : alguno, -na **2** : ninguno, -na **3
do you want** ～ **more rice?** : ¿quieres más
arroz?

anybody → **anyone**

anyhow *adv* **1** : de todas formas **2** HAPHAZARDLY : de cualquier modo

anymore *adv* **not** ～ : ya no

anyone *pron* **1** SOMEONE : alguien **2** WHOEVER : quienquiera **3** **I don't see** ～ : no veo a nadie

anyplace → **anywhere**

anything *pron* **1** SOMETHING : algo, alguna cosa **2** (*in negative constructions*) : nada **3** WHATEVER : cualquier cosa, lo que sea

anytime *adv* : en cualquier momento

anyway → **anyhow**

anywhere *adv* **1** : en cualquier parte, dondequiera **2** (*used in questions*) : en algún sitio **3** **I can't find it** ～ : no lo encuentro por ninguna parte

apart *adv* **1** : aparte **2** ～ **from** : excepto, aparte de **3** **fall** ～ : deshacerse, hacerse pedazos **4** **live** ～ : vivir separados **5** **take** ～ : desmontar, desmantelar

apartment *n* : apartamento *m*

apathy *n* : apatía *f* — **apathetic** *adj* : apático, indiferente

ape *n* : simio *m*

aperture *n* : abertura *f*

apex *n, pl* **apexes** *or* **apices** : ápice *m*, cumbre *f*

apiece *adv* : cada uno

aplomb *n* : aplomo *m*

apology *n, pl* **-gies** : disculpa *f* — **apologetic** *adj* : lleno de disculpas — **apologize** *vi* **-gized; -gizing** : disculparse, pedir perdón

apostle *n* : apóstol *m*

apostrophe *n* : apóstrofo *m*

appall *vt* : horrorizar — **appalling** *adj* : horroroso

apparatus *n, pl* **-tuses** *or* **-tus** : aparato *m*

apparel *n* : ropa *f*

apparent *adj* **1** OBVIOUS : claro, evidente **2** SEEMING : aparente — **apparently** *adv* : al parecer, por lo visto

apparition *n* : aparición *f*

appeal *vi* **1** ～ **for** : solicitar **2** ～ **to** : apelar a (la bondad de algn, etc.) **3** ～ **to** ATTRACT : atraer a — ～ *n* **1** : apelación *f* (en derecho) **2** REQUEST : llamamiento *m* **3** ATTRACTION : atractivo *m* — **appealing** *adj* : atractivo

appear *vi* **1** : aparecer **2** : comparecer (ante un tribunal), actuar (en el teatro) **3** SEEM : parecer — **appearance** *n* **1** : aparición *f* **2** LOOK : apariencia *f*, aspecto *m*

appease *vt* **-peased; -peasing** : apaciguar, aplacar

appendix *n, pl* **-dixes** *or* **-dices** : apéndice *m* — **appendicitis** *n* : apendicitis *f*

appetite *n* : apetito *m* — **appetizer** *n* : aperitivo *m* — **appetizing** *adj* : apetitoso

applaud *v* : aplaudir — **applause** *n* : aplauso *m*

apple *n* : manzana *f*

appliance *n* : aparato *m*

apply *v* **-plied; -plying** *vt* **1** : aplicar **2** ～ **oneself** : aplicarse — *vi* **1** : aplicarse **2** ～ **for** : solicitar, pedir — **applicable** *adj* : aplicable — **applicant** *n* : solicitante *mf*; candidato *m*, -ta *f* — **application** *n* **1** : aplicación *f* **2** : solicitud *f* (para un empleo, etc.)

appoint *vt* **1** NAME : nombrar **2** FIX, SET : fijar, señalar — **appointment** *n* **1** APPOINTING : nombramiento *m* **2** ENGAGEMENT : cita *f*

apportion *vt* : distribuir, repartir

appraise *vt* **-praised; -praising** : evaluar, valorar — **appraisal** *n* : evaluación *f*

appreciate *v* **-ated; -ating** *vt* **1** VALUE : apreciar **2** UNDERSTAND : darse cuenta de **3** **I** ～ **your help** : te agradezco tu ayuda — *vi* : aumentar en valor — **appreciation** *n* **1** GRATITUDE : agradecimiento *m* **2** VALUING : apreciación *f*, valoración *f* — **appreciative** *adj* **1** : apreciativo **2** GRATEFUL : agradecido

apprehend *vt* **1** ARREST : aprehender, detener **2** DREAD : temer **3** COMPREHEND : comprender — **apprehension** *n* **1** ARREST : detención *f*, aprehensión *f* **2** ANXIETY : aprensión *f*, temor *m* — **apprehensive** *adj* : aprensivo, inquieto

apprentice *n* : aprendiz *m*, -diza *f*

approach *vt* **1** NEAR : acercarse a **2** : dirigirse a (algn), abordar (un problema, etc.) — *vi* : acercarse — ～ *n* **1** NEARING : acercamiento *m* **2** POSITION : enfoque *m* **3** ACCESS : acceso *m* — **approachable** *adj* : accesible, asequible

appropriate *vt* **-ated; -ating** : apropiarse de — ～ *adj* : apropiado

approve *vt* **-proved; -proving** : aprobar — **approval** *n* : aprobación *f*

approximate *adj* : aproximado — ～ *vt* **-mated; -mating** : aproximarse a — **approximately** *adv* : aproximadamente

apricot *n* : albaricoque *m*, chabacano *m* *Lat*

April *n* : abril *m*

apron *n* : delantal *m*

apropos *adv* : a propósito

apt *adj* **1** FITTING : apto, apropiado **2** LIABLE : propenso — **aptitude** *n* : aptitud *f*

aquarium *n, pl* **-iums** *or* **-ia** : acuario *m*

aquatic *adj* : acuático

aqueduct *n* : acueducto *m*

Arab *adj* : árabe — **Arabic** *adj* : árabe — ～ *n* : árabe *m* (idioma)

arbitrary *adj* : arbitrario

arbitrate *v* **-trated; -trating** : arbitrar — **arbitration** *n* : arbitraje *m*

arc *n* : arco *m*

arcade *n* **1** : arcada *f* **2 shopping** ~ : galería *f* comercial

arch *n* : arco *m* — ~ *vt* : arquear — *vi* : arquearse

archaeology *or* **archeology** *n* : arqueología *f* — **archaeological** *adj* : arque- ológico — **archaeologist** *n* : arqueólogo *m*, -ga *f*

archaic *adj* : arcaico

archbishop *n* : arzobispo *m*

archery *n* : tiro *m* al arco

archipelago *n*, *pl* **-goes** *or* **-gos** : archipiélago *m*

architecture *n* : arquitectura *f* — **architect** *n* : arquitecto *m*, -ta *f* — **architectural** *adj* : arquitectónico

archives *npl* : archivo *m*

archway *n* : arco *m* (de entrada)

arctic *adj* : ártico

ardent *adj* : ardiente, fervoroso — **ardor** *n* : ardor *m*, fervor *m*

arduous *adj* : arduo

are → **be**

area *n* **1** REGION : área *f*, zona *f* **2** FIELD : campo *m* **3** ~ **code** : código *m* de la zona *Lat*, prefijo *m* *Spain*

arena *n* : arena *f*, ruedo *m*

aren't (*contraction of* **are not**) → **be**

Argentine *or* **Argentinean** *or* **Argentinian** *adj* : argentino

argue *v* **-gued; -guing** *vi* **1** QUARREL : discutir **2** ~ **against** : argumentar contra — *vt* : argumentar, sostener — **argument** *n* **1** QUARREL : disputa *f*, discusión *f* **2** REASONING : argumentos *mpl*

arid *adj* : árido — **aridity** *n* : aridez *f*

arise *vi* **arose; arisen; arising 1** : levantarse **2** ~ **from** : surgir de

aristocracy *n*, *pl* **-cies** : aristocracia *f* — **aristocrat** *n* : aristócrata *mf* — **aristocratic** *adj* : aristocrático

arithmetic *n* : aritmética *f*

ark *n* : arca *f*

arm *n* **1** : brazo *m* **2** WEAPON : arma *f* — ~ *vt* : armar — **armament** *n* : armamento *m* — **armchair** *n* : sillón *m* — **armed** *adj* **1** ~ **forces** : fuerzas *fpl* armadas **2** ~ **robbery** : robo *m* a mano armada

armistice *n* : armisticio *m*

armor *or Brit* **armour** *n* : armadura *f* — **armored** *or Brit* **armoured** *adj* : blindado, acorazado — **armory** *or Brit* **armoury** *n* : arsenal *m*

armpit *n* : axila *f*, sobaco *m*

army *n*, *pl* **-mies** : ejército *m*

aroma *n* : aroma *m* — **aromatic** *adj* : aromático

around *adv* **1** : de circunferencia **2** NEARBY : por ahí **3** APPROXIMATELY : más o menos, aproximadamente **4 all** ~ : por todos lados, todo alrededor **5 turn** ~ : voltearse — ~ *prep* **1** SURROUNDING : alrededor de **2** THROUGHOUT : por **3** NEAR : cerca de **4** ~ **the corner** : a la vuelta de la esquina

arouse *vt* **aroused; arousing 1** AWAKE : despertar **2** EXCITE : excitar

arrange *vt* **-ranged; -ranging** : arreglar, poner en orden — **arrangement** *n* **1** ORDER : arreglo *m* **2** ~**s** *npl* : preparativos *mpl*

array *n* : selección *f*, surtido *m*

arrears *npl* **1** : atrasos *mpl* **2 be in** ~ : estar atrasado en pagos

arrest *vt* : detener — ~ *n* **1** : arresto *m*, detención *f* **2 under** ~ : detenido

arrive *vi* **-rived; -riving** : llegar — **arrival** *n* : llegada *f*

arrogance *n* : arrogancia *f* — **arrogant** *adj* : arrogante

arrow *n* : flecha *f*

arsenal *n* : arsenal *m*

arsenic *n* : arsénico *m*

arson *n* : incendio *m* premeditado

art *n* **1** : arte *m* **2** ~**s** *npl* : letras *fpl* (en educación) **3 fine** ~**s** : bellas artes *fpl*

artefact *Brit* → **artifact**

artery *n*, *pl* **-teries** : arteria *f*

artful *adj* : astuto, taimado

arthritis *n*, *pl* **-tides** : artritis *f* — **arthritic** *adj* : artrítico

artichoke *n* : alcachofa *f*

article *n* : artículo *m*

articulate *vt* **-lated; -lating** : articular — ~ *adj* **be** ~ : expresarse bien

artifact *or Brit* **artefact** *n* : artefacto *m*

artificial *adj* : artificial

artillery *n*, *pl* **-leries** : artillería *f*

artisan *n* : artesano *m*, -na *f*

artist *n* : artista *mf* — **artistic** *adj* : artístico

as *adv* **1** : tan, tanto **2** ~ **much** : tanto como **3** ~ **tall** ~ : tan alto como **4** ~ **well** : también — ~ *conj* **1** WHILE : mientras **2** (*referring to manner*) : como **3** SINCE : ya que **4** THOUGH : por más que — ~ *prep* **1** : de **2** LIKE : como — ~ *pron* : que

asbestos *n* : asbesto *m*, amianto *m*

ascend *vi* : ascender, subir — *vt* : subir (a) — **ascent** *n* : ascensión *f*, subida *f*

ascertain *vt* : averiguar, determinar

ascribe *vt* **-cribed; -cribing** : atribuir

as for *prep* : en cuanto a

ash[1] *n* : ceniza *f*

ash[2] *n* : fresno *m* (árbol)

ashamed *adj* : avergonzado, apenado *Lat*

ashore *adv* **1** : en tierra **2 go** ~ : desembarcar

ashtray *n* : cenicero *m*

Asian *adj* : asiático

aside *adv* **1** : a un lado **2** APART : aparte **3** set ~ : guardar — **aside from** *prep* **1** BESIDES : además de **2** EXCEPT : aparte de, menos

as if *conj* : como si

ask *vt* **1** : preguntar **2** REQUEST : pedir **3** INVITE : invitar — *vi* : preguntar

askance *adv* **look** ~ : mirar de soslayo

askew *adj* : torcido, ladeado

asleep *adj* **1** : dormido **2 fall** ~ : dormirse, quedarse dormido

as of *prep* : desde, a partir de

asparagus *n* : espárrago *m*

aspect *n* : aspecto *m*

asphalt *n* : asfalto *m*

asphyxiate *v* **-ated; -ating** *vt* : asfixiar — **asphyxiation** *n* : asfixia *f*

aspire *vi* **-pired; -piring** : aspirar — **aspiration** *n* : aspiración *f*

aspirin *n, pl* **aspirin** *or* **aspirins** : aspirina *f*

ass *n* **1** : asno *m* **2** IDIOT : imbécil *mf,* idiota *mf*

assail *vt* : atacar, asaltar — **assailant** *n* : asaltante *mf,* atacante *mf*

assassin *n* : asesino *m,* -na *f* — **assassinate** *vt* **-nated; -nating** : ascsinar — **assassination** *n* : asesinato *m*

assault *n* **1** : ataque *m,* asalto *m* **2** : agresión *f* (contra algn) — ~ *vt* : atacar, asaltar

assemble *v* **-bled; -bling** *vt* **1** GATHER : reunir, juntar **2** CONSTRUCT : montar — *vi* : reunirse — **assembly** *n, pl* **-blies 1** MEETING : reunión *f,* asamblea *f* **2** CONSTRUCTING : montaje *m*

assent *vi* : asentir, consentir — ~ *n* : asentimiento *m*

assert *vt* **1** : afirmar **2** ~ **oneself** : hacerse valer — **assertion** *n* : afirmación *f* — **assertive** *adj* : firme, enérgico

assess *vt* : evaluar, valorar — **assessment** *n* : evaluación *f,* valoración *f*

asset *n* **1** : ventaja *f,* recurso *m* **2** ~**s** *npl* : bienes *mpl,* activo *m*

assiduous *adj* : asiduo

assign *vt* **1** APPOINT : designar, nombrar **2** ALLOT : asignar — **assignment** *n* **1** TASK : misión *f* **2** HOMEWORK : tarea *f* **3** ASSIGNING : asignación *f*

assimilate *vt* **-lated; -lating** : asimilar

assist *vt* : ayudar — **assistance** *n* : ayuda *f* — **assistant** *n* : ayudante *mf*

associate *v* **-ated; -ating** *vt* : asociar — *vi* : asociarse — ~ *n* : asociado *m,* -da *f;* socio *m,* -cia *f* — **association** *n* : asociación *f*

as soon as *conj* : tan pronto como

assorted *adj* : surtido — **assortment** *n* : surtido *m,* variedad *f*

assume *vt* **-sumed; -suming 1** SUPPOSE : suponer **2** UNDERTAKE : asumir **3** TAKE ON : adquirir, tomar — **assumption** *n* : suposición *f*

assure *vt* **-sured; -suring** : asegurar — **assurance** *n* **1** CERTAINTY : certeza *f,* garantía *f* **2** CONFIDENCE : confianza *f,* seguridad *f* (de sí mismo)

asterisk *n* : asterisco *m*

asthma *n* : asma *m*

as though → as if

as to *prep* : sobre, acerca de

astonish *vt* : asombrar — **astonishing** *adj* : asombroso — **astonishment** *n* : asombro *m*

astound *vt* : asombrar, pasmar — **astounding** *adj* : asombroso, pasmoso

astray *adv* **1 go** ~ : extraviarse **2 lead** ~ : llevar por mal camino

astrology *n* : astrología *f*

astronaut *n* : astronauta *mf*

astronomy *n, pl* **-mies** : astronomía *f* — **astronomer** *n* : astrónomo *m,* -ma *f* — **astronomical** *adj* : astronómico

astute *adj* : astuto, sagaz — **astuteness** *n* : astucia *f*

as well as *conj* : tanto como — ~ *prep* : además de, aparte de

asylum *n* **1** : asilo *m* **2 insane** ~ : manicomio *m*

at *prep* **1** : a **2** ~ **home** : en casa **3** ~ **night** : en la noche, por la noche **4** ~ **two o'clock** : a las dos **5 be angry** ~ : estar enojado con **6 laugh** ~ : reírse de — **at all** *adv* **not** ~ : en absoluto, nada

ate → eat

atheist *n* : ateo *m,* atea *f* — **atheism** *n* : ateísmo *m*

athlete *n* : atleta *mf* — **athletic** *adj* : atlético — **athletics** *ns & pl* : atletismo *m*

atlas *n* : atlas *m*

atmosphere *n* **1** : atmósfera *f* **2** AMBIENCE : ambiente *m* — **atmospheric** *adj* : atmosférico

atom *n* : átomo *m* — **atomic** *adj* : atómico

atomizer *n* : atomizador *m*

atone *vt* **atoned; atoning** ~ **for** : expiar

atrocity *n, pl* **-ties** : atrocidad *f* — **atrocious** *adj* : atroz

atrophy *vi* **-phied; -phying** : atrofiarse

attach *vt* **1** : sujetar, atar **2** : adjuntar (un documento, etc.) **3** ~ **importance to** : atribuir importancia a **4 become** ~**ed to s.o.** : encariñarse con algn — **attachment** *n* **1** ACCESSORY : accesorio *m* **2** FONDNESS : cariño *m*

attack *v* : atacar — ~ *n* : ataque *m* — **attacker** *n* : agresor *m,* -sora *f*

attain vt : lograr, alcanzar — **attainment** n : logro m

attempt vt : intentar — ~ n : intento m

attend vt : asistir a — vi 1 : asistir 2 ~ **to** : ocuparse de — **attendance** n 1 : asistencia f 2 TURNOUT : concurrencia f — **attendant** n : encargado m, -da f; asistente mf

attention n 1 : atención f 2 **pay** ~ : prestar atención, hacer caso — **attentive** adj : atento

attest vt : atestiguar

attic n : desván m

attire n : atavío m

attitude n 1 : actitud f 2 POSTURE : postura f

attorney n, pl -**neys** : abogado m, -da f

attract vt : atraer — **attraction** n 1 : atracción f 2 APPEAL : atractivo m — **attractive** adj : atractivo, atrayente

attribute n : atributo m — ~ vt -**tributed**; -**tributing** : atribuir, imputar

auburn adj : castaño rojizo

auction n : subasta f — ~ vt or ~ **off** : subastar

audacious adj : audaz — **audacity** n, pl -**ties** : audacia f, atrevimiento m

audible adj : audible

audience n 1 INTERVIEW : audiencia f 2 PUBLIC : público m

audiovisual adj : audiovisual

audition n : audición f

auditor n 1 : auditor m, -tora f (de finanzas) 2 STUDENT : oyente mf

auditorium n, pl -**riums** or -**ria** : auditorio m

augment vt : aumentar

augur vi ~ **well** : ser de buen agüero

August n : agosto m

aunt n : tía f

aura n : aura f

auspices npl : auspicios mpl

auspicious adj : propicio, prometedor

austere adj : austero — **austerity** n, pl -**ties** : austeridad f

Australian adj : australiano

authentic adj : auténtico

author n : autor m, -tora f

authority n, pl -**ties** : autoridad f — **authoritarian** adj : autoritario — **authoritative** adj 1 RELIABLE : autorizado 2 DICTATORIAL : autoritario — **authorization** n : autorización f — **authorize** vt -**rized**; -**rizing** : autorizar

autobiography n, pl -**phies** : autobiografía f — **autobiographical** adj : autobiográfico

autograph n : autógrafo m — ~ vt : autografiar

automatic adj : automático — **automate** vt -**mated**; -**mating** : automatizar — **automation** n : automatización f

automobile n : automóvil m

autonomy n, pl -**mies** : autonomía f — **autonomous** adj : autónomo

autopsy n, pl -**sies** : autopsia f

autumn n : otoño m

auxiliary adj : auxiliar — ~ n, pl -**ries** : auxiliar mf

avail vt ~ **oneself of** : aprovecharse de — ~ n **to no** ~ : en vano — **available** adj : disponible — **availability** n, pl -**ties** : disponibilidad f

avalanche n : avalancha f

avarice n : avaricia f

avenge vt **avenged**; **avenging** : vengar

avenue n 1 : avenida f 2 MEANS : vía f

average n : promedio m — ~ adj 1 MEAN : medio 2 ORDINARY : regular, ordinario — ~ vt -**aged**; -**aging** 1 : hacer un promedio de 2 or ~ **out** : calcular el promedio de

averse adj **be** ~ **to** : sentir aversión por — **aversion** n : aversión f

avert vt 1 AVOID : evitar, prevenir 2 ~ **one's eyes** : apartar los ojos

aviation n : aviación f — **aviator** n : aviador m, -dora f

avid adj : ávido — **avidly** adv : con avidez

avocado n, pl -**dos** : aguacate m

avoid vt : evitar — **avoidable** adj : evitable

await vt : esperar

awake v **awoke**; **awoken** or **awaked**; **awaking** : despertar — ~ adj : despierto — **awaken** v → **awake**

award vt 1 : otorgar, conceder (un premio, etc.) 2 : adjudicar (daños y perjuicios) — ~ n 1 PRIZE : premio m 2 : adjudicación f

aware adj **be** ~ **of** : estar consciente de — **awareness** n : conciencia f

away adv 1 (referring to distance) : de aquí, de distancia 2 **far** ~ : lejos 3 **give** ~ : regalar 4 **go** ~ : irse 5 **right** ~ : en seguida 6 **take** ~ : quitar — ~ adj 1 ABSENT : ausente 2 ~ **game** : partido m fuera de casa

awe n : temor m reverencial — **awesome** adj : imponente, formidable

awful adj 1 : terrible, espantoso 2 **an** ~ **lot** : muchísimo — **awfully** adv : terriblemente

awhile adv : un rato

awkward adj 1 CLUMSY : torpe 2 EMBARRASSING : embarazoso, delicado 3 DIFFICULT : difícil — **awkwardly** adv 1 : con dificultad 2 CLUMSILY : de manera torpe

awning n : toldo m

awry adj 1 ASKEW : torcido 2 **go** ~ : salir mal

ax or **axe** n : hacha f

axiom n : axioma m

axis n, pl **axes** : eje m

axle n : eje m

B

b *n, pl* **b's** *or* **bs** : b, segunda letra del alfabeto inglés

babble *vi* **-bled; -bling 1** : balbucear **2** MURMUR : murmurar — ～ *n* : balbuceo *m* (de bebé), murmullo *m* (de voces, de un arroyo)

baboon *n* : babuino *m*

baby *n, pl* **-bies** : bebé *m;* niño *m,* -ña *f* — **baby** *vt* **-bied; -bying** : mimar, consentir — **babyish** *adj* : infantil — **baby–sit** *vi* **-sat; -sitting** : cuidar a los niños

bachelor *n* **1** : soltero *m* **2** GRADUATE : licenciado *m,* -da *f*

back *n* **1** : espalda *f* **2** REVERSE : reverso *m,* dorso *m,* revés *m* **3** REAR : fondo *m,* parte *f* trasera **4** : defensa *mf* (en deportes) — ～ *adv* **1** : atrás **2 be** ～ : estar de vuelta **3 go** ～ : volver **4 two years** ～ : hace dos años — ～ *adj* **1** REAR : de atrás, trasero **2** OVERDUE : atrasado — ～ *vt* **1** SUPPORT : apoyar **2** *or* ～ **up** : darle marcha atrás a (un vehículo) — *vi* **1** ～ **down** : volverse atrás **2** ～ **up** : retroceder — **backache** *n* : dolor *m* de espalda — **backbone** *n* : columna *f* vertebral — **backfire** *vi* **-fired; -firing** : petardear — **background** *n* **1** : fondo *m* (de un cuadro, etc.), antecedentes *mpl* (de una situación) **2** EXPERIENCE : formación *f* — **backhand** *adv* : de revés, con el revés — **backhanded** *adj* : indirecto — **backing** *n* : apoyo *m,* respaldo *m* — **backlash** *n* : reacción *f* violenta — **backlog** *n* : atrasos *mpl* — **backpack** *n* : mochila *f* — **backstage** *adv & adj* : entre bastidores — **backtrack** *vi* : dar marcha atrás — **backup** *n* **1** SUPPORT : respaldo *m,* apoyo *m* **2** : copia *f* de seguridad (para computadoras) — **backward** *or* **backwards** *adv* **1** : hacia atrás **2 do it** ～ : hacerlo al revés **3 fall** ～ : caer de espaldas **4 bend over** ～s : hacer todo lo posible — **backward** *adj* **1** : hacia atrás **2** RETARDED : retrasado **3** SHY : tímido **4** UNDERDEVELOPED : atrasado

bacon *n* : tocino *m,* tocineta *f Lat,* bacon *m Spain*

bacteria : bacterias *fpl*

bad *adj* **worse; worst 1** : malo **2** ROTTEN : podrido **3** SEVERE : grave **4 from** ～ **to worse** : de mal en peor **5 too** ～! : ¡qué lástima! — ～ *adv* → **badly**

badge *n* : insignia *f,* chapa *f*

badger *n* : tejón *m* — ～ *vt* : acosar

badly *adv* **1** : mal **2** SEVERELY : gravemente **3 want** ～ : desear mucho

baffle *vi* **-fled; -fling** : desconcertar

bag *n* **1** : bolsa *f,* saco *m* **2** HANDBAG : bolso *m,* cartera *f Lat* **3** SUITCASE : maleta *f* — ～ *vt* **bagged; bagging** : ensacar, poner en una bolsa

baggage *n* : equipaje *m*

baggy *adj* **-gier; -est** : holgado

bail *n* : fianza *f* — ～ *vt* **1** : achicar (agua de un bote) **2** ～ **out** RELEASE : poner en libertad bajo fianza **3** ～ **out** EXTRICATE : sacar de apuros

bailiff *n* : alguacil *mf*

bait *vt* **1** : cebar **2** HARASS : acosar — ～ *n* : cebo *m,* carnada *f*

bake *v* **baked; baking** *vt* : cocer al horno — *vi* : cocerse (al horno) — **baker** *n* : panadero *m,* -ra *f* — **bakery** *n, pl* **-ries** : panadería *f*

balance *n* **1** SCALES : balanza *f* **2** COUNTERBALANCE : contrapeso *m* **3** EQUILIBRIUM : equilibrio *m* **4** REMAINDER : resto *m* **5** *or* **bank** ～ : saldo *m* — ～ *v* **-anced; -ancing** *vt* **1** : hacer el balance de (una cuenta) **2** EQUALIZE : equilibrar **3** WEIGH : sopesar — *vi* **1** : sostenerse en equilibrio **2** : cuadrar (dícese de una cuenta)

balcony *n, pl* **-nies 1** : balcón *m* **2** : galería *f* (de un teatro)

bald *adj* **1** : calvo **2** WORN : pelado **3 the** ～ **truth** : la pura verdad

bale *n* : bala *f,* fardo *m*

baleful *adj* : siniestro

balk *vi* ～ **at** : resistarse a

ball *n* **1** : pelota *f,* bola *f,* balón *m* **2** DANCE : baile *m* **3** ～ **of string** : ovillo *m* de cuerda

ballad *n* : balada *f*

ballast *n* : lastre *m*

ball bearing *n* : cojinete *m* de bola

ballerina *n* : bailarina *f*

ballet *n* : ballet *m*

ballistic *adj* : balístico

balloon *n* : globo *m*

ballot *n* **1** : papeleta *f* (de voto) **2** VOTING : votación *f*

ballpoint pen *n* : bolígrafo *m*

ballroom *n* : sala *f* de baile

balm *n* : bálsamo *m* — **balmy** *adj* **balmier; -est** : templado, agradable

baloney *n* NONSENSE : tonterías *fpl*

bamboo *n* : bambú *m*

bamboozle *vt* **-zled; -zling** : engañar, embaucar

ban *vt* **banned; banning** : prohibir — ～ *n* : prohibición *f*

banal *adj* : banal

banana *n* : plátano *m*, banana *f Lat*, banano *m Lat*

band *n* **1** STRIP : banda *f* **2** GROUP : banda *f*, grupo *m*, conjunto *m* — ∼ *vi* ∼ **together** : unirse, juntarse

bandage *n* : vendaje *m*, venda *f* — ∼ *vt* **-daged; -daging** : vendar

bandit *n* : bandido *m*, -da *f*

bandy *vt* **-died; -dying** ∼ **about** : circular, repetir

bang *vt* **1** STRIKE : golpear **2** SLAM : cerrar de un golpe — *vi* **1** SLAM : cerrarse de un golpe **2** ∼ **on** : golpear — ∼ *n* **1** BLOW : golpe *m* **2** NOISE : estrépito *m* **3** SLAM : portazo *m*

bangle *n* : brazalete *m*, pulsera *f*

bangs *npl* : flequillo *m*

banish *vt* : desterrar

banister *n* : pasamanos *m*, barandal *m*

bank *n* **1** : banco *m* **2** : orilla *f*, ribera *f* (de un río) **3** EMBANKMENT : terraplén *m* — ∼ *vt* : depositar — *vi* **1** : ladearse (dícese de un avión) **2** : tener una cuenta (en un banco) **3** ∼ **on** : contar con — **banker** *n* : banquero *m*, -ra *f* — **banking** *n* : banca *f*

bankrupt *adj* : en bancarrota, en quiebra — **bankruptcy** *n*, *pl* **-cies** : quiebra *f*, bancarrota *f*

banner *n* : bandera *f*, pancarta *f*

banquet *n* : banquete *m*

banter *n* : bromas *fpl* — ∼ *vi* : hacer bromas

baptize *vt* **-tized; -tizing** : bautizar — **baptism** *n* : bautismo *m*

bar *n* **1** : barra *f* **2** BARRIER : barrera *f*, obstáculo *m* **3** COUNTER : mostrador *m*, barra *f* **4** TAVERN : bar *m* **5 behind** ∼**s** : entre rejas **6** ∼ **of soap** : pastilla *f* de jabón — ∼ *vt* **barred; barring 1** OBSTRUCT : obstruir, bloquear **2** EXCLUDE : excluir **3** PROHIBIT : prohibir — ∼ *prep* **1** : excepto **2** ∼ **none** : sin excepción

barbarian *n* : bárbaro *m*, -ra *f*

barbecue *vt* **-cued; -cuing** : asar a la parrilla — ∼ *n* : barbacoa *f*

barbed wire *n* : alambre *m* de púas

barber *n* : barbero *m*, -ra *f*

bare *adj* **1** : desnudo **2** EMPTY : vacío **3** MINIMUM : mero, esencial — **barefaced** *adj* : descarado — **barefoot** *or* **barefooted** *adv* & *adj* : descalzo — **barely** *adv* : apenas, por poco

bargain *n* **1** AGREEMENT : acuerdo *m* **2** BUY : ganga *f* — ∼ *vi* **1** : regatear, negociar **2** ∼ **for** : contar con

barge *n* : barcaza *f* — ∼ *vi* **barged; barging** ∼ **in** : entrometerse, interrumpir

baritone *n* : barítono *m*

bark[1] *vi* : ladrar — ∼ *n* : ladrido *m* (de un perro)

bark[2] *n* : corteza *f* (de un árbol)

barley *n* : cebada *f*

barn *n* : granero *m* — **barnyard** *n* : corral *m*

barometer *n* : barómetro *m*

baron *n* : barón *m* — **baroness** *n* : baronesa *f*

barracks *ns* & *pl* : cuartel *m*

barrage *n* **1** : descarga *f* (de artillería) **2** : aluvión *m* (de preguntas, etc.)

barrel *n* **1** : barril *m*, tonel *m* **2** : cañón *m* (de un arma de fuego)

barren *adj* : estéril

barricade *vt* **-caded; -cading** : cerrar con barricadas — ∼ *n* : barricada *f*

barrier *n* : barrera *f*

barring *prep* : salvo

barrio *n* : barrio *m*

bartender *n* : camarero *m*, -ra *f*

barter *vt* : cambiar, trocar — ∼ *n* : trueque *m*

base *n*, *pl* **bases** : base *f* — ∼ *vt* **based; basing** : basar, fundamentar — ∼ *adj* **baser; basest** : vil

baseball *n* : beisbol *m*, béisbol *m*

basement *n* : sótano *m*

bash *vt* : golpear violentamente — ∼ *n* **1** BLOW : golpe *m* **2** PARTY: fiesta *f*

bashful *adj* : tímido, vergonzoso

basic *adj* : básico, fundamental — **basically** *adv* : fundamentalmente

basil *n* : albahaca *f*

basin *n* **1** WASHBOWL : palangana *f*, lavabo *m* **2** : cuenca *f* (de un río)

basis *n*, *pl* **bases** : base *f*

bask *vi* ∼ **in the sun** : tostarse al sol

basket *n* : cesta *f*, cesto *m* — **basketball** *n* : baloncesto *m*, basquetbol *m Lat*

bass[1] *n*, *pl* **bass** *or* **basses** : róbalo *m* (pesca)

bass[2] *n* : bajo *m* (tono, voz, instrumento)

bassoon *n* : fagot *m*

bastard *n* : bastardo *m*, -da *f*

baste *vt* **basted; basting 1** STITCH : hilvanar **2** : bañar (carne)

bat[1] *n* : murciélago *m* (animal)

bat[2] *n* : bate *m* — ∼ *vt* **batted; batting** : batear

batch *n* : hornada *f* (de pasteles, etc.), lote *m* (de mercancías), montón *m* (de trabajo), grupo *m* (de personas)

bath *n*, *pl* **baths 1** : baño *m* **2** BATHROOM : baño *m*, cuarto *m* de baño **3 take a** ∼ : bañarse — **bathe** *v* **bathed; bathing** *vt* : bañar, lavar — *vi* : bañarse — **bathrobe** *n* : bata *f* (de baño) — **bathroom** *n* : baño *m*, cuarto *m* de baño — **bathtub** *n* : bañera *f*, tina *f* (de baño)

baton *n* : batuta *f*

battalion *n* : batallón *m*

batter *vt* **1** BEAT : golpear **2** MISTREAT : maltratar — **~** *n* **1** : masa *f* para rebozar **2** HITTER : bateador *m*, -dora *f*

battery *n, pl* **-teries** : batería *f*, pila *f* (de electricidad)

battle *n* **1** : batalla *f* **2** STRUGGLE : lucha *f* — **~** *vi* **-tled; -tling** : luchar — **battlefield** *n* : campo *m* de batalla — **battleship** *n* : acorazado *m*

bawl *vi* : llorar a gritos

bay¹ *n* INLET : bahía *f*

bay² *n or* **~ leaf** : laurel *m*

bay³ *vi* : aullar — **~** *n* : aullido *m*

bayonet *n* : bayoneta *f*

bay window *n* : ventana *f* en saliente

bazaar *n* **1** : bazar *m* **2** SALE : venta *f* benéfica

be *v* **was , were; been; being; am , is , are** *vi* **1** : ser **2** (*expressing location*) : estar **3** (*expressing existence*) : ser, existir **4** (*expressing a state of being*) : estar, tener — *v impers* **1** (*indicating time*) : ser **2** (*indicating a condition*) : hacer, estar — *v aux* **1** (*expressing occurrence*) : ser **2** (*expressing possibility*) : poderse **3** (*expressing obligation*) : deber **4** (*expressing progression*) : estar

beach *n* : playa *f*

beacon *n* : faro *m*

bead *n* **1** : cuenta *f* **2** DROP : gota *f* **3** **~s** *npl* NECKLACE : collar *m*

beak *n* : pico *m*

beam *n* **1** : viga *f* (de madera, etc.) **2** RAY : rayo *m* — **~** *vi* SHINE : brillar — *vt* BROADCAST : transmitir, emitir

bean *n* **1** : habichuela *f*, frijol *m* **2** **coffee ~** : grano *m* **3** **string ~** : judía *f*

bear¹ *n, pl* **bears** *or* **bear** : oso *m*, osa *f*

bear² *v* **bore; borne; bearing** *vt* **1** CARRY : portar **2** ENDURE : soportar — *vi* **~ right/left** : doble a la derecha/a la izquierda — **bearable** *adj* : soportable

beard *n* : barba *f*

bearer *n* : portador *m*, -dora *f*

bearing *n* **1** MANNER : comportamiento *m* **2** SIGNIFICANCE : relación *f*, importancia *f* **3** **get one's ~s** : orientarse

beast *n* : bestia *f*

beat *v* **beat; beaten** *or* **beat; beating** *vt* **1** HIT : golpear **2** : batir (huevos, etc.) **3** DEFEAT : derrotar — *vi* : latir (dícese del corazón) — **~** *n* **1** : golpe *m* **2** : latido *m* (del corazón) **3** RHYTHM : ritmo *m*, tiempo *m* — **beating** *n* **1** : paliza *f* **2** DEFEAT : derrota *f*

beauty *n, pl* **-ties** : belleza *f* — **beautiful** *adj* : hermoso, lindo — **beautifully** *adv* WON-

DERFULLY : maravillosamente — **beautify** *vt* **-fied; -fying** : embellecer

beaver *n* : castor *m*

because *conj* : porque — **because of** *prep* : por, a causa de, debido a

beckon *vt* : llamar, hacer señas a — *vi* : hacer una seña

become *v* **-came; -come; -coming** *vi* : hacerse, ponerse — *vt* SUIT : favorecer — **becoming** *adj* **1** SUITABLE : apropiado **2** FLATTERING : favorecedor

bed *n* **1** : cama *f* **2** : cauce *m* (de un río), fondo *m* (del mar) **3** : macizo *m* (de flores) **4** **go to ~** : irse a la cama — **bedclothes** *npl* : ropa *f* de cama

bedlam *n* : confusión *f*, caos *m*

bedraggled *adj* : desaliñado, sucio

bedridden *adj* : postrado en cama

bedroom *n* : dormitorio *m*, recámara *f* *Lat*

bedspread *n* : colcha *f*

bedtime *n* : hora *f* de acostarse

bee *n* : abeja *f*

beech *n, pl* **beeches** *or* **beech** : haya *f*

beef *n* : carne *f* de vaca, carne *f* de res *Lat* — **beefsteak** *n* : bistec *m*

beehive *n* : colmena *f*

beeline *n* **make a ~ for** : irse derecho a

beep *n* : pitido *m* — **~** *v* : pitar

beer *n* : cerveza *f*

beet *n* : remolacha *f*

beetle *n* : escarabajo *m*

before *adv* **1** : antes **2** **the month ~** : el mes anterior — **~** *prep* **1** (*in space*) : delante de, ante **2** (*in time*) : antes de — **~** *conj* : antes de que — **beforehand** *adv* : antes

befriend *vt* : hacerse amigo de

beg *v* **begged; begging** *vt* **1** : pedir, mendigar **2** ENTREAT : suplicar — *vi* : mendigar, pedir limosna — **beggar** *n* : mendigo *m*, -ga *f*

begin *v* **-gan; -gun; -ginning** : empezar, comenzar — **beginner** *n* : principiante *mf* — **beginning** *n* : principio *m*, comienzo *m*

begrudge *vt* **-grudged; -grudging** **1** : dar de mala gana **2** ENVY : envidiar

behalf *n* **on ~ of** : de parte de, en nombre de

behave *vi* **-haved; -having** : comportarse, portarse — **behavior** *n* : comportamiento *m*, conducta *f*

behind *adv* **1** : detrás **2** **fall ~** : atrasarse — **~** *prep* **1** : atrás de, detrás de **2** **be ~ schedule** : ir retrasado **3** **her friends are ~ her** : tiene el apoyo de sus amigos

behold *vt* **-held; -holding** : contemplar

beige *adj & nm* : beige

being *n* **1** : ser *m* **2** **come into ~** : nacer

belated *adj* : tardío

belch *vi* : eructar — **~** *n* : eructo *m*
Belgian *adj* : belga
belie *vt* **-lied; -lying** : contradecir, desmentir
belief *n* **1** TRUST : confianza *f* **2** CONVICTION : creencia *f*, convicción *f* **3** FAITH : fe *f* — **believable** *adj* : creíble — **believe** *v* **-lieved; -lieving** : creer — **believer** *n* : creyente *mf*
belittle *vt* **-littled; -littling** : menospreciar
Belizean *adj* : beliceño *m*, -ña *f*
bell *n* **1** : campana *f* **2** : timbre *m* (de teléfono, de la puerta, etc.)
belligerent *adj* : beligerante
bellow *vi* : bramar, mugir — *vt or* **~** **out** : gritar
bellows *ns & pl* : fuelle *m*
belly *n, pl* **-lies** : vientre *m*
belong *vi* **1** **~ to** : pertenecer a, ser propiedad de **2** **~ to** : ser miembro de (un club, etc.) **3 where does it ~** : ¿dónde va? — **belongings** *npl* : pertenencias *fpl*, efectos *mpl* personales
beloved *adj* : querido, amado — **~** *n* : querido *m*, -da *f*
below *adv* : abajo — **~** *prep* **1** : abajo de, debajo de **2** **~ average** : por debajo del promedio **3** **~ zero** : bajo cero
belt *n* **1** : cinturón *m* **2** BAND, STRAP : cinta *f*, correa *f* **3** AREA : frente *m*, zona *f* — **~** *vt* **1** : ceñir con un cinturón **2** THRASH : darle una paliza a
bench *n* **1** : banco *m* **2** WORKBENCH : mesa *f* de trabajo **3** COURT : tribunal *m*
bend *v* **bent; bending** *vt* : doblar, torcer — *vi* **1** : torcerse **2** **~ over** : inclinarse — **~** *n* : curva *f*, ángulo *m*
beneath *adv* : abajo, debajo — **~** *prep* : bajo, debajo de
benediction *n* : bendición *f*
benefactor *n* : benefactor *m*, -tora *f*
benefit *n* **1** ADVANTAGE : ventaja *f*, provecho *m* **2** AID : asistencia *f*, beneficio *m* — **~** *vt* : beneficiar — *vi* : beneficiarse — **beneficial** *adj* : beneficioso — **beneficiary** *n, pl* **-ries** : beneficiario *m*, -ria *f*
benevolent *adj* : benévolo
benign *adj* **1** KIND : benévolo, amable **2** : benigno (en medicina)
bent *adj* **1** : encorvado **2** **be ~ on** : estar empeñado en — **~** *n* : aptitud *f*, inclinación *f*
bequeath *vt* : legar — **bequest** *n* : legado *m*
berate *vt* **-rated; -rating** : reprender, regañar
bereaved *adj* : desconsolado, a luto
beret *n* : boina *f*
berry *n, pl* **-ries** : baya *f*
berserk *adj* **1** : enloquecido **2** **go ~** : volverse loco

berth *n* **1** MOORING : atracadero *m* **2** BUNK : litera *f*
beseech *vt* **-sought** *or* **-seeched; -seeching** : suplicar, implorar
beset *vt* **-set; -setting 1** HARASS : acosar **2** SURROUND : rodear
beside *prep* **1** : al lado de, junto a **2** **be ~ oneself** : estar fuera de sí — **besides** *adv* : además — **~** *prep* **1** : además de **2** EXCEPT : excepto
besiege *vt* **-sieged; -sieging** : asediar
best *adj* (*superlative of* **good**) : mejor — **~** *adv* (*superlative of* **well**) : mejor — **~** *n* **1 at ~** : a lo más **2 do one's ~** : hacer todo lo posible **3 the ~** : lo mejor — **best man** *n* : padrino *m* (de boda)
bestow *vt* : otorgar, conceder
bet *n* : apuesta *f* — **~** *v* **bet; betting** *vt* : apostar — *vi* **~ on sth** : apostarle a algo
betray *vt* : traicionar — **betrayal** *n* : traición *f*
better *adj* (*comparative of* **good**) **1** : mejor **2 get ~** : mejorar — **~** *adv* (*comparative of* **well**) **1** : mejor **2 all the ~** : tanto mejor — **~** *n* **1 the ~** : el mejor, la mejor **2 get the ~ of** : vencer a — **~** *vt* **1** IMPROVE : mejorar **2** SURPASS : superar
between *prep* : entre — **~** *adv or* **in ~** : en medio
beverage *n* : bebida *f*
beware *vi* **~ of** : tener cuidado con
bewilder *vt* : desconcertar — **bewilderment** *n* : desconcierto *m*
bewitch *vt* : hechizar, encantar
beyond *adv* : más allá, más lejos (en el espacio), más adelante (en el tiempo) — **~** *prep* : más allá de
bias *n* **1** PREJUDICE : prejuicio *m* **2** TENDENCY : inclinación *f*, tendencia *f* — **biased** *adj* : parcial
bib *n* : babero *m* (para niños)
Bible *n* : Biblia *f* — **biblical** *adj* : bíblico
bibliography *n, pl* **-phies** : bibliografía *f*
bicarbonate of soda *n* : bicarbonato *m* de soda
biceps *ns & pl* : bíceps *m*
bicker *vi* : reñir
bicycle *n* : bicicleta *f* — **~** *vi* **-cled; -cling** : ir en bicicleta
bid *vt* **bade** *or* **bid; bidden** *or* **bid; bidding** **1** OFFER : ofrecer **2** **~ farewell** : decir adiós — **~** *n* **1** OFFER : oferta *f* **2** ATTEMPT : intento *m*, tentativa *f*
bide *vt* **bode** *or* **bided; bided; biding ~ one's time** : esperar el momento oportuno
bifocals *npl* : anteojos *mpl* bifocales
big *adj* **bigger; biggest** : grande
bigamy *n* : bigamía *f*

bigot *n* : intolerante *mf* — **bigotry** *n, pl*
-tries : intolerancia *f*, fanatismo *m*
bike *n* **1** BICYCLE : bici *f fam* **2** MOTORCY-
CLE : moto *f*
bikini *n* : bikini *m*
bile *n* : bilis *f*
bilingual *adj* : bilingüe
bill *n* **1** BEAK : pico *m* **2** INVOICE : cuenta *f*,
factura *f* **3** BANKNOTE : billete *m* **4** LAW
: proyecto *m* de ley, ley *f* — ~ *vt* : pasarle
la cuenta a — **billboard** *n* : cartelera *f* —
billfold *n* : billetera *f*, cartera *f*
billiards *n* : billar *m*
billion *n, pl* **billions** *or* **billion** : mil millones
mpl
billow *vi* : ondular, hincharse
billy goat *n* : macho *m* cabrío
bin *n* : cubo *m*, cajón *m*
binary *adj* : binario *m*
bind *vt* **bound; binding 1** TIE : atar **2** OBLI-
GATE : obligar **3** UNITE : unir **4** BANDAGE
: vendar **5** : encuadernar (un libro) —
binder *n* FOLDER : carpeta *f* — **binding** *n*
: encuadernación *f* (de libros)
binge *n* : juerga *f fam*
bingo *n, pl* **-gos** : bingo *m*
binoculars *npl* : binoculares *mpl*, gemelos
mpl
biochemistry *n* : bioquímica *f*
biography *n, pl* **-phies** : biografía *f* — **biographer** *n* : biógrafo *m*, -fa *f* — **biographical**
adj : biográfico
biology *n* : biología *f* — **biological** *adj* : biológico — **biologist** *n* : biólogo *m*, -ga *f*
birch *n* : abedul *m*
bird *n* : pájaro *m* (pequeño), ave *f* (grande)
birth *n* **1** : nacimiento *m*, parto *m* **2 give ~
to** : dar a luz a — **birthday** *n* : cumpleaños
m — **birthmark** *n* : mancha *f* de nacimiento
— **birthplace** *n* : lugar *m* de nacimiento —
birthrate *n* : índice *m* de natalidad
biscuit *n* : bizcocho *m*
bisect *vt* : bisecar
bisexual *adj* : bisexual
bishop *n* : obispo *m*
bison *ns & pl* : bisonte *m*
bit¹ *n* : bocado *m* (de una brida)
bit² **1** : trozo *m*, pedazo *m* **2** : bit *m* (de información) **3 a ~** : un poco
bitch *n* : perra *f* — ~ *vi* COMPLAIN : quejarse, reclamar
bite *v* **bit; bitten; biting** *vt* **1** : morder **2**
STING : picar — *vi* : morder — *n* **1** : picadura *f* (de un insecto), mordedura *f* (de un
animal) **2** SNACK : bocado *m* — **biting** *adj*
1 PENETRATING : cortante, penetrante **2**
CAUSTIC : mordaz
bitter *adj* **1** : amargo **2 it's ~ cold** : hace

un frío glacial **3 to the ~ end** : hasta el
final — **bitterness** *n* : amargura *f*
bizarre *adj* : extraño
black *adj* : negro — ~ *n* **1** : negro *m* (color)
2 : negro *m*, -gra *f* (persona) — **black-
and-blue** *adj* : amoratado — **blackberry** *n,
pl* **-ries** : mora *f* — **blackbird** *n* : mirlo *m* —
blackboard *n* : pizarra *f*, pizarrón *m* *Lat* —
blacken *vt* : ennegrecer — **blackmail** *n*
: chantaje *m* — ~ *vt* : chantajear — **black
market** *n* : mercado *m* negro — **blackout** *n*
1 : apagón *m* (de poder eléctrico) **2** FAINT
: desmayo *m* — **blacksmith** *n* : herrero *m* —
blacktop *n* : asfalto *m*
bladder *n* : vejiga *f*
blade *n* **1** : hoja *f* (de un cuchillo), cuchilla *f*
(de un patín) **2** : pala *f* (de un remo, una
hélice, etc.) **3 ~ of grass** : brizna *f* (de hierba)
blame *vt* **blamed; blaming** : culpar, echar la
culpa a — ~ *n* : culpa *f* — **blameless** *adj*
: inocente
bland *adj* : soso, insulso
blank *adj* **1** : en blanco (dícese de un papel),
liso (dícese de una pared) **2** EMPTY : vacío
— ~ *n* : espacio *m* en blanco
blanket *n* **1** : manta *f*, cobija *f* *Lat* **2 ~ of
snow** : manto *m* de nieve — ~ *vt* : cubrir
blare *vi* **blared; blaring** : resonar
blasphemy *n, pl* **-mies** : blasfemia *f*
blast *n* **1** GUST : ráfaga *f* **2** EXPLOSION : explosión *f* **3** : toque *m* (de trompeta, etc.) —
~ *vt* BLOW UP : volar — **blast-off** *n* : despegue *m*
blatant *adj* : descarado
blaze *n* **1** FIRE : fuego *m* **2** BRIGHTNESS : resplandor *m*, brillantez *f* **3 ~ of anger** : arranque *m* de cólera — ~ *v* **blazed; blazing**
vi : arder, brillar — *vt* ~ **a trail** : abrir un
camino
blazer *n* : chaqueta *f* deportiva
bleach *vt* : blanquear, decolorar — ~ *n*
: lejía *f*, blanqueador *m* *Lat*
bleachers *ns & pl* : gradas *fpl*
bleak *adj* **1** DESOLATE : desolado **2**
GLOOMY : triste, sombrío
bleary-eyed *adj* : con los ojos nublados
bleat *vi* : balar — ~ *n* : balido *m*
bleed *v* **bled; bleeding** : sangrar
blemish *vt* : manchar, marcar — ~ *n* : mancha *f*, marca *f*
blend *vt* : mezclar, combinar — ~ *n* : mezcla *f*, combinación *f* — **blender** *n*
: licuadora *f*
bless *vt* **blessed; blessing** : bendecir —
blessed *or* **blest** *adj* : bendito — **blessing**
n : bendición *f*
blew → **blow**
blind *adj* : ciego — ~ *vt* **1** : cegar, dejar

ciego **2** DAZZLE : deslumbrar — ～ *n* **1** : persiana *f* (para una ventana) **2 the** ～ : los ciegos — **blindfold** *vt* : vendar los ojos — ～ *n* : venda *f* (para los ojos) — **blindly** *adv* : ciegamente — **blindness** *n* : ceguera *f*

blink *vi* **1** : parpadear **2** FLICKER : brillar intermitentemente — ～ *n* : parpadeo *m* — **blinker** *n* : intermitente *m*, direccional *f Lat*

bliss *n* : dicha *f*, felicidad *f* (absoluta) — **blissful** *adj* : feliz

blister *n* : ampolla *f* — ～ *vi* : ampollarse

blitz *n* : bombardeo *m* aéreo

blizzard *n* : ventisca *f* (de nieve)

bloated *adj* : hinchado

blob *n* **1** DROP : gota *f* **2** SPOT : mancha *f*

block *n* **1** : bloque *m* **2** OBSTRUCTION : obstrucción *f* **3** : manzana *f*, cuadra *f Lat* (de edificios) **4** *or* **building** ～ : cubo *m* de construcción — ～ *vt* : obstruir, bloquear — **blockade** *n* : bloqueo *m* — **blockage** *n* : obstrucción *f*

blond *or* **blonde** *adj* : rubio — ～ *n* : rubio *m*, -bia *f*

blood *n* : sangre *f* — **bloodhound** *n* : sabueso *m* — **blood pressure** *n* : tensión *f* (arterial) — **bloodshed** *n* : derramamiento *m* de sangre — **bloodshot** *adj* : inyectado de sangre — **bloodstained** *adj* : manchado de sangre — **bloodstream** *n* : sangre *f*, torrente *m* sanguíneo — **bloody** *adj* **bloodier; -est** : ensangrentado, sangriento

bloom *n* **1** : flor *f* **2 in full** ～ : en plena floración — ～ *vi* : florecer

blossom *n* : flor *f* — ～ *vi* : florecer

blot *n* **1** : borrón *m* (de tinta, etc.) **2** BLEMISH : mancha *f* — ～ *vt* **blotted; blotting 1** : emborronar **2** DRY : secar

blotch *n* : mancha *f*, borrón *m* — **blotchy** *adj* **blotchier; -est** : lleno de manchas

blouse *n* : blusa *f*

blow *v* **blew; blown; blowing** *vi* **1** : soplar **2** SOUND : sonar **3** *or* ～ **out** : fundirse (dícese de un fusible eléctrico), reventarse (dícese de una llanta) — *vt* **1** : soplar **2** SOUND : tocar, sonar **3** BUNGLE : echar a perder — ～ *n* : golpe *m* — **blowout** *n* : reventón *m* — **blow up** *vi* : estallar, hacer explosión — *vt* **1** EXPLODE : volar **2** INFLATE : inflar

blubber *n* : esperma *f* de ballena

bludgeon *vt* : aporrear

blue *adj* **bluer; bluest 1** : azul **2** MELANCHOLY : triste — ～ *n* : azul *m* — **blueberry** *n, pl* **-ries** : arándano *m* — **bluebird** *n* : azulejo *m* — **blue cheese** *n* : queso *m* azul — **blueprint** *n* PLAN : proyecto *m* — **blues** *npl* **1** SADNESS : tristeza *f* **2** : blues *m* (en música)

bluff *vi* : hacer un farol — ～ *n* : farol *m*

blunder *vi* : meter la pata *fam* — ～ *n* : metedura *f* de pata *fam*

blunt *adj* **1** DULL : desafilado **2** DIRECT : directo, franco

blur *n* : imágen *f* borrosa — ～ *vt* **blurred; blurring** : hacer borroso

blurb *n* : nota *f* publicitaria

blurt *vt or* ～ **out** : espetar

blush *n* : rubor *m* — ～ *vi* : ruborizarse

blustery *adj* : borrascoso, tempestuoso

boar *n* : cerdo *m* macho

board *n* **1** PLANK : tabla *f*, tablón *m* **2** COMMITTEE : junta *f*, consejo *m* **3** : tablero *m* (de juegos) **4 room and** ～ : comida y alojamiento — ～ *vt* **1** : subir a bordo de (una nave, un avión, etc.), subir a (un tren) **2** LODGE : hospedar **3** ～ **up** : cerrar con tablas — **boarder** *n* : huésped *mf*

boast *n* : jactancia *f* — ～ *vi* : alardear, jactarse — **boastful** *adj* : jactancioso

boat *n* : barco *m* (grande), barca *f* (pequeña)

bob *vi* **bobbed; bobbing** *or* ～ **up and down** : subir y bajar

bobbin *n* : bobina *f*, carrete *m*

bobby pin *n* : horquilla *f*

body *n, pl* **bodies 1** : cuerpo *m* **2** CORPSE : cadáver *m* **3** : carrocería (de un automóvil, etc.) **4** COLLECTION : conjunto *m* **5** ～ **of water** : masa *f* de agua — **bodily** *adj* : corporal — **bodyguard** *n* : guardaespaldas *mf*

bog *n* : ciénaga *f* — ～ *vt* **bogged; bogging** *or* ～ **down** : empantanarse

bogus *adj* : falso

boil *v* : hervir — **boiler** *n* : caldera *f*

bold *adj* **1** DARING : audaz **2** IMPUDENT : descarado — **boldness** *n* : audacia *f*

Bolivian *adj* : boliviano *m*, -na *f*

bologna *n* : salchicha *f* ahumada

bolster *vt* **-stered; -stering** *or* ～ **up** : reforzar

bolt *n* **1** LOCK : cerrojo *m* **2** SCREW : tornillo *m* **3** ～ **of lightning** : relámpago *m*, rayo *m* — ～ *vt* **1** FASTEN : atornillar **2** LOCK : echar el cerrojo a — *vi* FLEE : salir corriendo

bomb *n* : bomba *f* — ～ *vt* : bombardear — **bombard** *vt* : bombardear — **bombardment** *n* : bombardeo *m* — **bomber** *n* : bombardero *m*

bond *n* **1** TIE : vínculo *m*, lazo *m* **2** SURETY : fianza *f* **3** : bono *m* (en finanzas) — ～ *vi* STICK : adherirse

bondage *n* : esclavitud *f*

bone *n* : hueso *m* — ～ *vt* **boned; boning** : deshuesar

bonfire *n* : hoguera *f*

bonus *n* **1** PAY : prima *f* **2** BENEFIT : beneficio *m* adicional

bony *adj* **bonier; -est** **1** : huesudo **2** : lleno de espinas (dícese de pescados)

boo *n, pl* **boos** : abucheo *m* — ~ *vt* : abuchear

book *n* **1** : libro *m* **2** NOTEBOOK : libreta *f*, cuaderno *m* — ~ *vt* : reservar — **bookcase** *n* : estantería *f* — **bookkeeping** *n* : teneduría *f* de libros, contabilidad *f* — **booklet** *n* : folleto *m* — **bookmark** *n* : marcador *m* de libros — **bookseller** *n* : librero *m*, -ra *f* — **bookshelf** *n, pl* **-shelves** : estante *m* — **bookstore** *n* : librería *f*

boom *vi* **1** : tronar, resonar **2** PROSPER : estar en auge, prosperar — ~ *n* **1** : bramido *m*, estruendo *m* **2** : auge *m* (económico)

boon *n* : ayuda *f*, beneficio *m*

boost *vt* **1** LIFT : levantar **2** INCREASE : aumentar — ~ *n* **1** INCREASE : aumento *m* **2** ENCOURAGEMENT : estímulo *m*

boot *n* : bota *f*, botín *m* — ~ *vt* **1** : dar una patada a **2** *or* ~ **up** : cargar (un ordenador)

booth *n, pl* **booths** : cabina *f* (de teléfono, de votar), caseta *f* (de información)

booty *n, pl* **-ties** : botín *m*

booze *n* : trago *m*, bebida *f* (alcohólica)

border *n* **1** EDGE : borde *m*, orilla *f* **2** TRIM : ribete *m* **3** FRONTIER : frontera *f*

bore¹ *vt* **bored; boring** DRILL : taladrar

bore² *vt* TIRE : aburrir — ~ *n* : pesado *m*, -da *fam* *f* (persona), lata *f* *fam* (cosa, situación) — **boredom** *n* : aburrimiento *m* — **boring** *adj* : aburrido, pesado

born *adj* **1** : nacido **2** be ~ : nacer

borough *n* : distrito *m* municipal

borrow *vt* : pedir prestado, tomar prestado

Bosnian *adj* : bosnio *m*, -nia *f*

bosom *n* BREAST : pecho *m*, seno *m* — ~ *adj* ~ **friend** : amigo *m* íntimo

boss *n* : jefe *m*, -fa *f*; patrón *m*, -trona *f* — ~ *vt* SUPERVISE : dirigir — **bossy** *adj* **bossier; -est** : autoritario

botany *n* : botánica *f* — **botanical** *adj* : botánico

botch *vt* : hacer una chapuza de, estropear

both *adj* : ambos, los dos, las dos — ~ *pron* : ambos *m*, -bas *f*; los dos, las dos

bother *vt* **1** TROUBLE : preocupar **2** PESTER : molestar, fastidiar — *vi* ~ **to** : molestarse en — ~ *n* : molestia *f*

bottle *n* **1** : botella *f*, frasco *m* **2** *or* **baby** ~ : biberón *m* — ~ *vt* **bottled; bottling** : embotellar — **bottleneck** *n* : embotellamiento *m*

bottom *n* **1** : fondo *m* (de una caja, del mar, etc.), pie *m* (de una escalera, una montaña, etc.), final *m* (de una lista) **2** BUTTOCKS : nalgas *fpl*, trasero *m* — ~ *adj* : más bajo, inferior, de abajo — **bottomless** *adj* : sin fondo

bough *n* : rama *f*

bought → **buy**

bouillon *n* : caldo *m*

boulder *n* : canto *m* rodado

boulevard *n* : bulevar *m*

bounce *v* **bounced; bouncing** *vt* : hacer rebotar — *vi* : rebotar — ~ *n* : rebote *m*

bound¹ *adj* be ~ **for** : ir rumbo a

bound² *adj* **1** OBLIGED : obligado **2** DETERMINED : decidido **3** be ~ **to** : tener que

bound³ *n* out of ~s : (en) zona prohibida — **boundary** *n, pl* **-aries** : límite *m* — **boundless** *adj* : sin límites

bouquet *n* : ramo *m*

bourgeois *adj* : burgués

bout *n* **1** : combate *m* (en deportes) **2** : ataque *m* (de una enfermedad) **3** : período *m* (de actividad)

bow¹ *vi* : inclinarse — *vt* ~ **one's head** : inclinar la cabeza — ~ *n* : reverencia *f*, inclinación *f*

bow² *n* **1** : arco *m* **2** tie a ~ : hacer un lazo

bow³ *n* : proa *f* (de un barco)

bowels *npl* **1** : intestinos *mpl* **2** DEPTHS : entrañas *fpl*

bowl¹ *n* : tazón *m*, cuenco *m*

bowl² *vi* : jugar a los bolos — **bowling** *n* : bolos *mpl*

box¹ *vi* FIGHT : boxear — **boxer** *n* : boxeador *m*, -dora *f* — **boxing** *n* : boxeo *m*

box² *n* **1** : caja *f*, cajón *m* **2** : palco *m* (en el teatro) — ~ *vt* : empaquetar — **box office** *n* : taquilla *f*, boletería *f* *Lat*

boy *n* : niño *m*, chico *m*

boycott *vt* : boicotear — ~ *n* : boicot *m*

boyfriend *n* : novio *m*

bra → **brassiere**

brace *n* **1** SUPPORT : abrazadera *f* **2** ~s *npl* : aparatos *mpl* (para dientes) — ~ *vi* ~ **oneself for** : prepararse para

bracelet *n* : brazalete *m*

bracket *n* **1** SUPPORT : soporte *m* **2** : corchete *m* (marca de puntuación) **3** CATEGORY : categoría *f* — ~ *vt* **1** : poner entre corchetes **2** CATEGORIZE : catalogar

brag *vi* **bragged; bragging** : jactarse

braid *vt* : trenzar — ~ *n* : trenza *f*

braille *n* : braille *m*

brain *n* **1** : cerebro *m* **2** ~s *npl* : inteligencia *f* — **brainstorm** *n* : idea *f* genial — **brainwash** *vt* : lavar el cerebro — **brainy** *adj* **brainier; -est** : inteligente, listo

brake *n* : freno *m* — ~ *v* **braked; braking** : frenar

bramble *n* : zarza *f*

bran *n* : salvado *m*

branch *n* **1** : rama *f* (de una planta) **2** DIVISION : ramal *m* (de un camino, etc.), sucursal *f* (de una empresa), agencia *f* (del gobierno) — ～ *vi or* ～ **off** : ramificarse, bifurcarse

brand *n* **1** : marca *f* (de ganado) **2** *or* ～ **name** : marca *f* de fábrica — ～ *vt* **1** : marcar (ganado) **2** LABEL : tachar, tildar

brandish *vt* : blandir

brand–new *adj* : flamante

brandy *n, pl* **-dies** : brandy *m*, coñac *m*

brass *n* **1** : latón *m* **2** : metales *mpl* (de una orquesta)

brassiere *n* : sostén *m*, brasier *m Lat*

brat *n* : mocoso *m*, -sa *f fam*

bravado *n, pl* **-does** *or* **-dos** : bravuconadas *fpl*

brave *adj* **braver; bravest** : valiente, valeroso — ～ *vt* **braved; braving** : afrontar, hacer frente a — ～ *n* : guerrero *m* indio — **bravery** *n* : valor *m*, valentía *f*

brawl *n* : pelea *f*, reyerta *f*

brawn *n* : músculos *mpl* — **brawny** *adj* **brawnier; -est** : musculoso

bray *vi* : rebuznar

brazen *adj* : descarado

Brazilian *adj* : brasileño *m*, -ña *f*

breach *n* **1** VIOLATION : infracción *f*, violación *f* **2** GAP : brecha *f*

bread *n* **1** : pan *m* **2** ～ **crumbs** : migajas *fpl*

breadth *n* : anchura *f*

break *v* **broke; broken; breaking** *vt* **1** : romper, quebrar **2** VIOLATE : infringir, violar **3** INTERRUPT : interrumpir **4** SURPASS : batir (un récord, etc.) **5** ～ **a habit** : quitarse una costumbre **6** ～ **the news** : dar la noticia — *vi* **1** : romperse, quebrarse **2** ～ **away** : escapar **3** ～ **down** : estropearse (dícese de una máquina), fallar (dícese de un sistema, etc.) **4** ～ **into** : entrar en **5** ～ **off** : interrumpirse **6** ～ **out of** : escaparse de **7** ～ **up** SEPARATE : separarse — ～ *n* **1** : ruptura *f*, fractura *f* **2** GAP : interrupción *f*, claro *m* (entre las nubes) **3 lucky** ～ : golpe *m* de suerte **4 take a** ～ : tomar(se) un descanso — **breakable** *adj* : quebradizo, frágil — **breakdown** *n* **1** : avería *f* (de máquinas), interrupción *f* (de comunicaciones), fracaso *m* (de negociaciones) **2** *or* **nervous** ～ : crisis *f* nerviosa

breakfast *n* : desayuno *m*

breast *n* **1** : seno *m* (de una mujer) **2** CHEST : pecho *m* — **breast–feed** *vt* **-fed; -feeding** : amamantar

breath *n* : aliento *m*, respiración *f* — **breathe** *v* **breathed; breathing** : respirar — **breathless** *adj* : sin aliento, jadeante — **breathtaking** *adj* : impresionante

breed *v* **bred; breeding** *vt* **1** : criar (animales) **2** ENGENDER : engendrar, producir — *vi* : reproducirse — ～ *n* **1** : raza *f* **2** CLASS : clase *f*, tipo *m*

breeze *n* : brisa *f* — **breezy** *adj* **breezier; -est 1** WINDY : ventoso **2** NONCHALANT : despreocupado

brevity *n, pl* **-ties** : brevedad *f*

brew *vt* : hacer (cerveza, etc.), preparar (té) — *vi* **1** : fabricar cerveza **2** : amenazar (dícese de una tormenta) — **brewery** *n, pl* **-eries** : cervecería *f*

bribe *n* : soborno *m* — ～ *vt* **bribed; bribing** : sobornar — **bribery** *n, pl* **-eries** : soborno *m*

brick *n* : ladrillo *m* — **bricklayer** *n* : albañil *mf*

bride *n* : novia *f* — **bridal** *adj* : nupcial, de novia — **bridegroom** *n* : novio *m* — **bridesmaid** *n* : dama *f* de honor

bridge *n* **1** : puente *m* **2** : caballete *m* (de la nariz) **3** : bridge *m* (juego de naipes) — ～ *vt* **bridged; bridging 1** : tender un puente sobre **2** ～ **the gap** : salvar las diferencias

bridle *n* : brida *f* — ～ *vt* **-dled; -dling** : embridar

brief *adj* : breve — ～ *n* **1** : resumen *m*, sumario *m* **2** ～ **s** *npl* UNDERPANTS : calzoncillos *mpl* — ～ *vt* : dar órdenes a, instruir — **briefcase** *n* : portafolio *m*, maletín *m* — **briefly** *adv* : brevemente

bright *adj* **1** : brillante, claro **2** CHEERFUL : alegre, animado **3** INTELLIGENT : listo, inteligente — **brighten** *vi* **1** : hacerse más brillante **2** *or* ～ **up** : animarse, alegrarse — *vt* **1** ILLUMINATE : iluminar **2** ENLIVEN : alegrar, animar

brilliant *adj* : brillante — **brilliance** *n* **1** BRIGHTNESS : resplandor *m*, brillantez *f* **2** INTELLIGENCE : inteligencia *f*

brim *n* **1** : borde *m* (de una taza, etc.) **2** : ala *f* (de un sombrero) — ～ *vi* **brimmed; brimming** *or* ～ **over** : desbordarse, rebosar

brine *n* : salmuera *f*

bring *vt* **brought; bringing 1** : traer **2** ～ **about** : ocasionar **3** ～ **around** PERSUADE : convencer **4** ～ **back** : devolver **5** ～ **down** : derribar **6** ～ **on** CAUSE : provocar **7** ～ **out** : sacar **8** ～ **to an end** : terminar (con) **9** ～ **up** REAR : criar **10** ～ **up** MENTION : sacar

brink *n* : borde *m*

brisk *adj* **1** FAST : rápido **2** LIVELY : enérgico

bristle *n* : cerda *f* (de un animal), pelo *m* (de una planta) — ～ *vi* **-tled; -tling** : erizarse

British *adj* : británico

brittle *adj* **-tler; -tlest** : frágil, quebradizo

broach *vt* : abordar

broad *adj* **1** WIDE : ancho **2** GENERAL : general **3 in** ～ **daylight** : en pleno día

broadcast *vt* **-cast; -casting** : emitir — ~ *n* : emisión *f*

broaden *vt* : ampliar, ensanchar — *vi* : ensancharse — **broadly** *adv* : en general — **broad–minded** *adj* : de miras amplias, tolerante

broccoli *n* : brócoli *m*, brécol *m*

brochure *n* : folleto *m*

broil *vt* : asar a la parrilla

broke → **break** — ~ *adj* : pelado *fam* — **broken** *adj* : roto, quebrado — **broken-hearted** *adj* : desconsolado, con el corazón destrozado

broker *n* : corredor *m*, -dora *f*

bronchitis *n* : bronquitis *f*

bronze *n* : bronce *m*

brooch *n* : broche *m*

brood *n* : nidada *f* (de pájaros), camada *f* (de mamíferos) — ~ *vi* **1** INCUBATE : empollar **2** ~ **about** : dar vueltas a, pensar demasiado en

brook *n* : arroyo *m*

broom *n* : escoba *f* — **broomstick** *n* : palo *m* de escoba

broth *n*, *pl* **broths** : caldo *m*

brothel *n* : burdel *m*

brother *n* : hermano *m* — **brotherhood** *n* : fraternidad *f* — **brother–in–law** *n*, *pl* **brothers–in–law:** cuñado *m* — **brotherly** *adj* : fraternal

brought → **bring**

brow *n* **1** EYEBROW : ceja *f* **2** FOREHEAD : frente *f* **3** : cima *f* (de una colina)

brown *adj* : marrón, castaño (dícese del pelo), moreno (dícese de la piel) — ~ *n* : marrón *m* — ~ *vt* : dorar (en cocinar)

browse *vi* **browsed; browsing** : mirar, echar un vistazo

bruise *vt* **bruised; bruising 1** : contusionar, magullar (a una persona) **2** : machucar (frutas) — ~ *n* : cardenal *m*, magulladura *f*

brunch *n* : brunch *m*

brunet *or* **brunette** *adj* : moreno — ~ *n* : moreno *m*, -na *f*

brunt *n* **bear the** ~ **of** : aguantar el mayor impacto de

brush *n* **1** : cepillo *m*, pincel *m* (de artista), brocha *f* (de pintor) **2** UNDERBRUSH : maleza *f* — ~ *vt* **1** : cepillar **2** GRAZE : rozar **3** ~ **aside** : rechazar **4** ~ **off** DISREGARD : hacer caso omiso de — *vi* ~ **up on** : repasar — **brush–off** *n* **give the** ~ **to** : dar calabazas a

brusque *adj* : brusco

brutal *adj* : brutal — **brutality** *n*, *pl* **-ties** : brutalidad *f*

brute *adj* : bruto — ~ *n* : bestia *f*; bruto *m*, -ta *f*

bubble *n* : burbuja *f* — ~ *vi* **-bled; -bling** : burbujear

buck *n*, *pl* **buck** *or* **bucks 1** : animal *m* macho, ciervo *m* (macho) **2** DOLLAR : dólar *m* — ~ *vi* **1** : corcovear (dícese de un caballo) **2** ~ **up** : animarse, levantar el ánimo — *vt* OPPOSE : oponerse a, ir en contra de

bucket *n* : cubo *m*

buckle *n* : hebilla *f* — ~ *v* **-led; -ling** *vt* **1** FASTEN : abrochar **2** BEND : combar, torcer — *vi* **1** : combarse, torcerse **2** : doblarse (dícese de las rodillas)

bud *n* **1** : brote *m* **2** *or* **flower** ~ : capullo *m* — ~ *vi* **budded; budding** : brotar, hacer brotes

Buddhism *n* : budismo *m* — **Buddhist** *adj* : budista — ~ *n* : budista *mf*

buddy *n*, *pl* **-dies** : compañero *m*, -ra *f*

budge *vi* **budged; budging 1** MOVE : moverse **2** YIELD : ceder

budget *n* : presupuesto *m* — ~ *vi* : presupuestar — **budgetary** *adj* : presupuestario

buff *n* **1** : beige *m*, color *m* de ante **2** ENTHUSIAST : aficionado *m*, -da *f* — ~ *adj* : beige — ~ *vt* POLISH : pulir

buffalo *n*, *pl* **-lo** *or* **-loes** : búfalo *m*

buffet *n* **1** : bufé *m* (comida) **2** SIDEBOARD : aparador *m*

bug *n* **1** INSECT : bicho *m*, insecto *m* **2** FLAW : defecto *m* **3** GERM : microbio *m* **4** MICROPHONE : micrófono *m* (oculto) — ~ *vt* **bugged; bugging 1** PESTER : fastidiar, molestar **2** : ocultar micrófonos en (una habitación, etc.)

buggy *n*, *pl* **-gies 1** CARRIAGE : calesa *f* **2** *or* **baby** ~ : cochecito *m* (para niños)

bugle *n* : clarín *m*, corneta *f*

build *v* **built; building** *vt* **1** : construir **2** DEVELOP : desarrollar — *vi* **1** *or* ~ **up** INTENSIFY : aumentar, intensificar **2** *or* ~ **up** ACCUMULATE : acumularse — ~ *n* PHYSIQUE : físico *m*, complexión *f* — **builder** *n* : constructor *m*, -tora *f* — **building** *n* **1** STRUCTURE : edificio *m* **2** CONSTRUCTION : construcción *f* — **built–in** *adj* : empotrado

bulb *n* **1** : bulbo *m* (de una planta) **2** LIGHTBULB : bombilla *f*

bulge *vi* **bulged; bulging** : sobresalir — ~ *n* : bulto *m*, protuberancia *f*

bulk *n* **1** VOLUME : volumen *m*, bulto *m* **2** **in** ~ : en grandes cantidades — **bulky** *adj* **bulkier; -est** : voluminoso

bull *n* **1** : toro *m* **2** MALE : macho *m*

bulldog *n* : buldog *m*

bulldozer *n* : bulldozer *m*

bullet *n* : bala *f*

bulletin *n* : boletín *m* — **bulletin board** *n* : tablón *m* de anuncios

bulletproof *adj* : a prueba de balas
bullfight *n* : corrida *f* (de toros) — **bullfighter** *n* : torero *m*, -ra *f*; matador *m*
bullion *n* : oro *m* en lingotes, plata *f* en lingotes
bull's–eye *n, pl* **bull's–eyes** : diana *f*
bully *n, pl* **-lies** : matón *m* — ~ *vt* **-lied; -lying** : intimidar
bum *n* : vagabundo *m*, -da *f*
bumblebee *n* : abejorro *m*
bump *n* **1** BULGE : bulto *m*, protuberancia *f* **2** IMPACT : golpe *m* **3** JOLT : sacudida *f* — ~ *vt* : chocar contra — *vi* ~ **into** MEET : encontrarse con — **bumper** *n* : parachoques *mpl* — ~ *adj* : extraordinario, récord — **bumpy** *adj* **bumpier; -est 1** : desigual, lleno de baches (dícese de un camino) **2 a** ~ **flight** : un vuelo agitado
bun *n* : bollo *m*
bunch *n* **1** : grupo *m* (de personas), racimo *m* (de frutas, etc.), ramo *m* (de flores), manojo *m* (de llaves) — ~ *vi or* ~ **up** : amontarse, agruparse
bundle *n* **1** : lío *m*, bulto *m*, atado *m*, haz *m* (de palos) **2** PARCEL : paquete *m* **3** ~ **of nerves** : manojo *m* de nervios — ~ *vt* **-dled; -dling** *or* ~ **up** : liar, atar
bungalow *n* : casa *f* de un solo piso
bungle *vt* **-gled; -gling** : echar a perder
bunion *n* : juanete *m*
bunk *n or* **bunk bed** : litera *f*
bunny *n, pl* **-nies** : conejo *m*, -ja *f*
buoy *n* : boya *f* — ~ *vt or* ~ **up** HEARTEN : animar, levantar el ánimo a — **buoyant** *adj* **1** : boyante, flotante **2** LIGHTHEARTED : alegre, optimista
burden *n* : carga *f* — ~ *vt* ~ **s.o. with** : cargar a algn con — **burdensome** *adj* : oneroso
bureau *n* **1** : cómoda *f* (mueble) **2** : departamento *m* (del gobierno) **3** AGENCY : agencia *f* — **bureaucracy** *n, pl* **-cies** : burocracia *f* — **bureaucrat** *n* : burócrata *mf* — **bureaucratic** *adj* : burocrático
burglar *n* : ladrón *m*, -drona *f* — **burglarize** *vt* **-ized; -izing** : robar — **burglary** *n, pl* **-glaries** : robo *m*
burgundy *n, pl* **-dies** : borgoña *m*, vino *m* de Borgoña
burial *n* : entierro *m*
burly *adj* **-lier; -liest** : fornido
burn *v* **burned** *or* **burnt; burning** *vt* **1** : quemar **2** *or* ~ **down** : incendiar **3** ~ **up** : consumir — *vi* **1** : arder (dícese de un fuego), quemarse (dícese de la comida, etc.) **2** : estar encendido (dícese de una luz) **3** ~ **out** : apagarse — ~ *n* : quemadura *f* — **burner** *n* : quemador *m*
burnish *vt* : pulir

burp *vi* : eructar — ~ *n* : eructo *m*
burro *n, pl* **-os** : burro *m*
burrow *n* : madriguera *f* — ~ *vi* **1** : cavar **2** ~ **into** : hurgar en
bursar *n* : tesorero *m*, -ra *f*
burst *v* **burst** *or* **bursted; bursting** *vi* : reventarse — ~ *vt* : reventar — ~ *n* **1** EXPLOSION : estallido *m*, explosión *f* **2** OUTBURST : arranque *m*, arrebato *m* **3** ~ **of laughter** : carcajada *f*
bury *vt* **buried; burying 1** INTER : enterrar **2** HIDE : esconder
bus *n, pl* **buses** *or* **busses** : autobús *m*, bus *m* — ~ *v* **bused** *or* **bussed; busing** *or* **bussing** *vt* : transportar en autobús — *vi* : viajar en autobús
bush *n* SHRUB : arbusto *m*, mata *f*
bushel *n* : medida *f* de áridos igual a 35.24 litros
bushy *adj* **bushier; -est** : poblado, espeso
busily *adv* : afanosamente
business *n* **1** COMMERCE : negocios *mpl*, comercio *m* **2** COMPANY : empresa *f*, negocio *m* **3 it's none of your** ~ : no es asunto tuyo — **businessman** *n, pl* **-men** : empresario *m*, hombre *m* de negocios — **businesswoman** *n, pl* **-women** : empresaria *f*, mujer *f* de negocios
bust¹ *vt* BREAK : romper
bust² *n* **1** : busto *m* (en la escultura) **2** BREASTS : pecho *m*, senos *mpl*
bustle *vi* **-tled; -tling** *or* ~ **about** : ir y venir, ajetrearse — ~ *n or* **hustle and** ~ : bullicio *m*, ajetreo *m*
busy *adj* **busier; -est 1** : ocupado **2** BUSTLING : concurrido
but *conj* **1** : pero **2 not one** ~ **two** : no uno sino dos — ~ *prep* : excepto, menos
butcher *n* : carnicero *m*, -ra *f* — ~ *vt* **1** : matar **2** BOTCH : hacer una carnicería de
butler *n* : mayordomo *m*
butt *vt* : embestir (con los cuernos), darle un cabezazo a — *vi* ~ **in** : interrumpir — ~ *n* **1** BUTTING : embestida *f* (de cuernos) **2** TARGET : blanco *m* **3** : extremo *m*, culata *f* (de un rifle), colilla *f* (de un cigarrillo)
butter *n* : mantequilla *f* — ~ *vt* : untar con mantequilla
buttercup *n* : ranúnculo *m*
butterfly *n, pl* **-flies** : mariposa *f*
buttocks *npl* : nalgas *fpl*
button *n* : botón *m* — ~ *vt* : abotonar — *vi or* ~ **up** : abotonarse — **buttonhole** *n* : ojal *m* — ~ *vt* **-holed; -holing** : acorralar
buy *vt* **bought; buying** : comprar — ~ *n* : compra *f* — **buyer** *n* : comprador *m*, -dora *f*
buzz *vi* : zumbar — ~ *n* : zumbido *m*
buzzard *n* : buitre *m*

buzzer *n* : timbre *m*
by *prep* **1** NEAR : cerca de **2** VIA : por **3**
PAST : por, por delante de **4** DURING : de,
durante **5** (*in expressions of time*) : para **6**
(*indicating cause or agent*) : por, de, a —
~ *adv* **1** ~ **and** ~ : poco después **2** ~
and large : en general **3 go** ~ : pasar **4**
stop ~ : pasar por casa

bygone *adj* : pasado — ~ *n* **let** ~**s be**
~**s** : lo pasado, pasado está
bypass *n* : carretera *f* de circunvalación —
~ *vt* : evitar
by–product *n* : subproducto *m*
bystander *n* : espectador *m*, -dora *f*
byte *n* : byte *m*, octeto *m*
byword *n* **be a** ~ **for** : estar sinónimo de

C

c *n*, *pl* **c's** *or* **cs** : c, tercera letra del alfabeto
inglés
cab *n* **1** : taxi *m* **2** : cabina *f* (de un camión,
etc.)
cabbage *n* : col *f*, repollo *m*
cabin *n* **1** : cabaña *f* **2** : cabina *f* (de un
avión, etc.), camarote *m* (de un barco)
cabinet *n* **1** CUPBOARD : armario *m* **2** : gabinete *m* (del gobierno) **3** *or* **medicine** ~
: botiquín *m*
cable *n* : cable *m* — **cable television** *n*
: televisión *f* por cable
cackle *vi* **-led; -ling 1** CLUCK : cacarear **2**
LAUGH : reírse a carcajadas
cactus *n*, *pl* **cacti** *or* **-tuses** : cactus *m*
cadence *n* : cadencia *f*, ritmo *m*
cadet *n* : cadete *mf*
café *n* : café *m*, cafetería *f* — **cafeteria** *n*
: restaurante *m* autoservicio, cantina *f*
caffeine *n* : cafeína *f*
cage *n* : jaula *f* — ~ *vt* **caged; caging** : enjaular
cajole *vt* **-joled; -joling** : engatusar
cake *n* **1** : pastel *m*, torta *f* **2** : pastilla *f* (de
jabón) **3 take the** ~ : ser el colmo —
caked *adj* ~ **with** : cubierto de
calamity *n*, *pl* **-ties** : calamidad *f*
calcium *n* : calcio *m*
calculate *v* **-lated; -lating** : calcular — **calculating** *adj* : calculador — **calculation** *n*
: cálculo *m* — **calculator** *n* : calculadora *f*
calendar *n* : calendario *m*
calf[1] *n*, *pl* **calves 1** : becerro *m*, -rra *f*;
ternero *m*, -ra *f* (de vacunos) **2** : cría *f* (de
otros mamíferos)
calf[2] *n*, *pl* **calves** : pantorrilla *f* (de la pierna)
caliber *or* **calibre** *n* : calibre *m*
call *vi* **1** : llamar **2** VISIT : pasar, hacer (una)
visita **3** ~ **for** : requerir — *vt* **1** : llamar **2**
~ **off** : cancelar — ~ *n* **1** : llamada *f* **2**
SHOUT : grito *m* **3** VISIT : visita *f* **4** DEMAND
: petición *f* — **calling** *n* : vocación *f*

callous *adj* : insensible, cruel
calm *n* : calma *f*, tranquilidad *f* — ~ *vt* : calmar — *vi* *or* ~ **down** : calmarse — ~ *adj*
: tranquilo, en calma — **calmly** *adv* : con
calma
calorie *n* : caloría *f*
came → **come**
camel *n* : camello *m*
camera *n* : cámara *f*
camouflage *n* : camuflaje *m* — ~ *vt*
-flaged; -flaging : camuflar
camp *n* **1** : campamento *m* **2** FACTION
: bando *m* — ~ *vi* : acampar, ir de camping
campaign *n* : campaña *f* — ~ *vi* : hacer
(una) campaña
camping *n* : camping *m*
campus *n* : ciudad *f* universitaria
can[1] *v aux*, *past* **could**; *present s & pl* **can 1**
(*expressing possibility or permission*)
: poder **2** (*expressing knowledge or ability*)
: saber **3 that cannot be!** : ¡no puede ser!
can[2] *n* : lata *f* — ~ *vt* **canned; canning**
: enlatar
Canadian *adj* : canadiense
canal *n* : canal *m*
canary *n*, *pl* **-naries** : canario *m*
cancel *vt* **-celed** *or* **-celled; -celing** *or*
-celling : cancelar — **cancellation** *n* : cancelación *f*
cancer *n* : cáncer *m* — **cancerous** *adj* : canceroso
candelabra *n*, *pl* **-bra** *or* **-bras** : candelabro
m
candid *adj* : franco
candidate *n* : candidato *m*, -ta *f* — **candidacy** *n*, *pl* **-cies** : candidatura *f*
candle *n* : vela *f* — **candlestick** *n* : candelero *m*
candor *or Brit* **candour** *n* : franqueza *f*
candy *n*, *pl* **-dies** : dulce *m*, caramelo *m*
cane *n* **1** : bastón *m* (para andar), vara *f*
(para castigar) **2** REED : caña *f*, mimbre *m*

— ~ *vt* **caned; caning 1** : tapizar con mimbre **2** FLOG : azotar

canine *n or* ~ **tooth** : colmillo *m*, diente *m* canino — ~ *adj* : canino

canister *n* : lata *f*, bote *m Spain*

cannibal *n* : caníbal *mf*

cannon *n, pl* **-nons** *or* **-non** : cañón *m*

cannot (can not) → **can¹**

canny *adj* **cannier; -est** : astuto

canoe *n* : canoa *f*, piragua *f* — ~ *vt* **-noed; -noeing** : ir en canoa

canon *n* : canon *m* — **canonize** *vt* **-ized; -izing** : canonizar

can opener *n* : abrelatas *m*

canopy *n, pl* **-pies** : dosel *m*

can't (*contraction of* **can not**) → **can¹**

cantaloupe *n* : melón *m*, cantalupo *m*

cantankerous *adj* : irritable, irascible

canteen *n* **1** FLASK : cantimplora *f* **2** CAFETERIA : cantina *f*

canter *vi* : ir a medio galope — ~ *n* : medio galope *m*

canvas *n* **1** : lona *f* (tela) **2** : lienzo *m* (de pintar)

canvass *vt* **1** : solicitar votos de, hacer campaña entre **2** POLL : sondear — ~ *n* **1** : solicitación *f* (de votos) **2** POLL : sondeo *m*

canyon *n* : cañón *m*

cap *n* **1** : gorra *f*, gorro *m* **2** TOP : tapa *f*, tapón *m* (de botellas) **3** LIMIT : tope *m* — ~ *vt* **capped; capping 1** COVER : tapar, cubrir **2** OUTDO : superar

capable *adj* : capaz, competente — **capability** *n, pl* **-ties** : capacidad *f*

capacity *n, pl* **-ties 1** : capacidad *f* **2** ROLE : calidad *f*

cape¹ *n* : cabo *m* (en geografía)

cape² *n* CLOAK : capa *f*

caper¹ *n* : alcaparra *f*

caper² *n* PRANK : broma *f*, travesura *f*

capital *adj* **1** : capital **2** : mayúsculo (dícese de las letras) — ~ *n* **1** *or* ~ **city** : capital *f* **2** WEALTH : capital *m* **3** *or* ~ **letter** : mayúscula *f* — **capitalism** *n* : capitalismo *m* — **capitalist** *or* **capitalistic** *adj* : capitalista — **capitalize** *vt* **-ized; -izing 1** FINANCE : capitalizar **2** : escribir con mayúscula — *vi* ~ **on** : sacar partido de

capitol *n* : capitolio *m*

capitulate *vi* **-lated; -lating** : capitular

capsize *v* **-sized; -sizing** *vt* : hacer volcar — *vi* : zozobrar, volcar(se)

capsule *n* : cápsula *f*

captain *n* : capitán *m*, -tana *f*

caption *n* **1** : leyenda *f* (al pie de una ilustración) **2** SUBTITLE : subtítulo *m*

captivate *vt* **-vated; -vating** : cautivar, encantar

captive *adj* : cautivo — ~ *n* : cautivo *m*, -va *f* — **captivity** *n* : cautiverio *m*

capture *n* : captura *f*, apresamiento *m* — ~ *vt* **-tured; -turing 1** SEIZE : capturar, apresar **2** ~ **one's interest** : captar el interés de uno

car *n* **1** : automóvil *m*, coche *m*, carro *m Lat* **2** *or* **railroad** ~ : vagón *m*

carafe *n* : garrafa *f*

caramel *n* : caramelo *m*, azúcar *f* quemada

carat *n* : quilate *m*

caravan *n* : caravana *f*

carbohydrate *n* : carbohidrato *m*, hidrato *m* de carbono

carbon *n* : carbono *m* — **carbon copy** *n* : copia *f*, duplicado *m*

carburetor *n* : carburador *m*

carcass *n* : cuerpo *m* (de un animal muerto)

card *n* **1** : tarjeta *f* **2** *or* **playing** ~ : carta *f*, naipe *m* — **cardboard** *n* : cartón *m*

cardiac *adj* : cardíaco

cardigan *n* : cárdigan *m*

cardinal *n* : cardenal *m* — ~ *adj* : cardinal, fundamental

care *n* **1** : cuidado *m* **2** WORRY : preocupación **3** **take** ~ **of** : cuidar (de) — ~ *vi* **cared; caring 1** : preocuparse, inquietarse **2** ~ **for** TEND : cuidar (de), atender **3** ~ **for** LIKE : querer **4 I don't** ~ : no me importa

career *n* : carrera *f* — ~ *vi* : ir a toda velocidad

carefree *adj* : despreocupado

careful *adj* : cuidadoso — **carefully** *adv* : con cuidado, cuidadosamente — **careless** *adj* : descuidado — **carelessness** *n* : descuido *m*

caress *n* : caricia *f* — ~ *vt* : acariciar

cargo *n, pl* **-goes** *or* **-gos** : cargamento *m*, carga *f*

caricature *n* : caricatura *f* — ~ *vt* **-tured; -turing** : caricaturizar

caring *adj* : solícito, afectuoso

carnage *n* : matanza *f*, carnicería *f*

carnal *adj* : carnal

carnation *n* : clavel *m*

carnival *n* : carnaval *m*

carol *n* : villancico *m*

carp *vi* ~ **at** : quejarse de

carpenter *n* : carpintero *m*, -ra *f* — **carpentry** *n* : carpintería *f*

carpet *n* : alfombra *f*

carriage *n* **1** : transporte *m* (de mercancías) **2** BEARING : porte *m* **3** *or* **baby** ~ : cochecito *m* **4** *or* **horse– drawn** ~ : carruaje *m*, coche *m*

carrier *n* **1** : transportista *mf*, empresa *f* de transportes **2** : portador *m*, -dora *f* (de una enfermedad)

carrot *n* : zanahoria *f*
carry *v* **-ried; -rying** *vt* **1** : llevar **2** TRANS-
PORT : transportar **3** STOCK : vender **4** EN-
TAIL : acarrear, implicar **5** ～ **oneself**
: portarse — *vi* : oírse (dícese de sonidos) —
carry away *vt* **get carried away** : exaltarse,
entusiasmarse — **carry on** *vt* CONDUCT : realizar — *vi* **1** : portarse inapropiadamente
2 CONTINUE : seguir, continuar — **carry out**
vt **1** PERFORM : llevar a cabo, realizar **2**
FULFILL : cumplir
cart *n* : carreta *f*, carro *m* — ～ *vt or* ～
around : acarrear
cartilage *n* : cartílago *m*
carton *n* : caja *f* (de cartón)
cartoon *n* **1** : caricatura *f* **2** COMIC STRIP
: historieta *f* **3** *or* **animated** ～ : dibujos
mpl animados
cartridge *n* : cartucho *m*
carve *vt* **carved; carving 1** : tallar, esculpir
2 : trinchar (carne)
case *n* **1** : caso *m* **2** BOX : caja *f* **3 in any** ～
: en todo caso **4 in** ～ **of** : en caso de **5 just**
in ～ : por si acaso
cash *n* : efectivo *m*, dinero *m* en efectivo —
～ *vt* : convertir en efectivo, cobrar
cashew *n* : anacardo *m*
cashier *n* : cajero *m*, -ra *f*
cashmere *n* : cachemira *f*
cash register *n* : caja *f* registradora
casino *n*, *pl* **-nos** : casino *m*
cask *n* : barril *m*
casket *n* : ataúd *m*
casserole *n* **1** *or* ～ **dish** : cazuela *f* **2**
: guiso *m* (comida)
cassette *n* : cassette *mf*
cast *vt* **cast; casting 1** THROW : arrojar,
lanzar **2** : depositar (un voto) **3** : repartir
(papeles dramáticos) **4** MOLD : fundir — ～
n **1** : elenco *m*, reparto *m* (de actores) **2** *or*
plaster ～ : molde *m* de yeso, escayola *f*
castanets *npl* : castañuelas *fpl*
castaway *n* : náufrago *m*, -ga *f*
cast iron *n* : hierro *m* fundido
castle *n* **1** : castillo *m* **2** : torre *f* (en ajedrez)
castrate *vt* **-trated; -trating** : castrar
casual *adj* **1** CHANCE : casual, fortuito **2** IN-
DIFFERENT : despreocupado **3** INFORMAL
: informal — **casually** *adv* **1** : de manera
despreocupada **2** INFORMALLY : informal-
mente
casualty *n*, *pl* **-ties 1** : accidente *m* **2** VIC-
TIM : víctima *f*; herido *m*, -da *f* **3 casual-
ties** *npl* : bajas *fpl* (militares)
cat *n* : gato *m*, -ta *f*
catalog *or* **catalogue** *n* : catálogo *m* — ～
vt **-loged** *or* **-logued; -loging** *or* **-loguing**
: catalogar
catapult *n* : catapulta *f*

cataract *n* : catarata *f*
catastrophe *n* : catástrofe *f* — **catastrophic**
adj : catastrófico
catch *v* **caught; catching** *vt* **1** CAPTURE,
TRAP : capturar, atrapar **2** SURPRISE : sorprender **3** GRASP : agarrar, captar **4** SNAG
: enganchar **5** : tomar (un tren, etc.) **6** ～ **a
cold** : resfriarse — *vi* **1** SNAG : engancharse
2 ～ **fire** : prender fuego — **catching** *adj*
: contagioso — **catchy** *adj* **catchier; -est**
: pegadizo, pegajoso *Lat*
category *n*, *pl* **-ries** : categoría *f* — **categorical** *adj* : categórico
cater *vi* **1** : proveer comida **2** ～ **to** : atender a — **caterer** *n* : proveedor *m*, -dora *f* de
comida
caterpillar *n* : oruga *f*
catfish *n* : bagre *m*
cathedral *n* : catedral *f*
catholic *adj* **1** : universal **2 Catholic**
: católico — **catholicism** *n* : catolicismo *m*
cattle *npl* : ganado *m* (vacuno)
caught → **catch**
cauldron *n* : caldera *f*
cauliflower *n* : coliflor *f*
cause *n* **1** : causa *f* **2** REASON : motivo *m* —
～ *vt* **caused; causing** : causar
caustic *adj* : cáustico
caution *n* **1** WARNING : advertencia *f* **2**
CARE : precaución *f*, cautela *f* — ～ *vt* : advertir — **cautious** *adj* : cauteloso, precavido — **cautiously** *adv* : con precaución
cavalier *adj* : arrogante, desdeñoso
cavalry *n*, *pl* **-ries** : caballería *f*
cave *n* : cueva *f* — ～ *vi* **caved; caving** *or*
～ **in** : hundirse
cavern *n* : caverna *f*
cavity *n*, *pl* **-ties 1** : cavidad *f* **2** : caries *f*
(dental)
cavort *vi* : brincar
CD *n* : CD *m*, disco *m* compacto
cease *v* **ceased; ceasing** *vt* : dejar de — *vi*
: cesar — **cease-fire** *n* : alto *m* el fuego —
ceaseless *adj* : incesante
cedar *n* : cedro *m*
ceiling *n* : techo *m*
celebrate *v* **-brated; -brating** *vt* : celebrar —
vi : divertirse — **celebrated** *adj* : célebre —
celebration *n* **1** : celebración *f* **2** FESTIV-
ITY : fiesta *f* — **celebrity** *n*, *pl* **-ties** : celebridad *f*
celery *n*, *pl* **-eries** : apio *m*
cell *n* **1** : célula *f* **2** : celda *f* (en una cárcel,
etc.)
cellar *n* **1** BASEMENT : sótano *m* **2** : bodega
f (de vinos)
cello *n*, *pl* **-los** : violoncelo *m*
cellular *adj* : celular
cement *n* : cemento *m* — ～ *vt* : cementar

cemetery *n*, *pl* **-teries** : cementerio *m*
censor *vt* : censurar — **censorship** *n* : censura *f* — **censure** *n* : censura *f* — ~ *vt* **-sured; -suring** : censurar, criticar
census *n* : censo *m*
cent *n* : centavo *m*
centennial *n* : centenario *m*
center *or Brit* **centre** *n* : centro *m* — ~ *v* **centered** *or Brit* **centred; centering** *or Brit* **centring** *vt* : centrar — *vi* ~ **on** : centrarse en
centigrade *adj* : centígrado
centimeter *n* : centímetro *m*
centipede *n* : ciempiés *m*
central *adj* **1** : central **2 a** ~ **location** : un lugar céntrico — **centralize** *vt* **-ized; -izing** : centralizar
centre → **center**
century *n*, *pl* **-ries** : siglo *m*
ceramics *npl* : cerámica *f*
cereal *n* : cereal *m*
ceremony *n*, *pl* **-nies** : ceremonia *f* — **ceremonial** *adj* : ceremonial
certain *adj* **1** : cierto **2 be** ~ **of** : estar seguro de **3 for** ~ : seguro, con toda seguridad **4 make** ~ **of** : asegurarse de — **certainly** *adv* : desde luego, por supuesto — **certainty** *n*, *pl* **-ties** : certeza *f*, seguridad *f*
certify *vt* **-fied; -fying** : certificar — **certificate** *n* : certificado *m*, partida *f*, acta *f*
chafe *v* **chafed; chafing** *vi* : rozarse — *vt* : rozar
chain *n* **1** : cadena *f* **2** ~ **of events** : serie *f* de acontecimientos — ~ *vt* : encadenar
chair *n* **1** : silla *f* **2** : cátedra *f* (en una universidad) — ~ *vt* : presidir — **chairman** *n*, *pl* **-men** : presidente *m* — **chairperson** *n* : presidente *m*, -ta *f*
chalk *n* : tiza *f*, gis *m Lat*
challenge *vt* **-lenged; -lenging 1** DISPUTE : disputar, poner en duda **2** DARE : desafiar — ~ *n* : reto *m*, desafío *m* — **challenging** *adj* : estimulante
chamber *n* : cámara *f* — **chambermaid** *n* : camarera *f*
champagne *n* : champaña *m*, champán *m*
champion *n* : campeón *m*, -peona *f* — ~ *vt* : defender — **championship** *n* : campeonato *m*
chance *n* **1** LUCK : azar *m*, suerte *f* **2** OPPORTUNITY : oportunidad *f* **3** LIKELIHOOD : probabilidad *f* **4 by** ~ : por casualidad **5 take a** ~ : arriesgarse — ~ *vt* **chanced; chancing** RISK : arriesgar — ~ *adj* : fortuito
chandelier *n* : araña *f* (de luces)
change *v* **changed; changing** *vt* **1** : cambiar **2** SWITCH : cambiar de — *vi* **1** : cambiar **2** *or* ~ **clothes** : cambiarse (de ropa)

— ~ *n* : cambio *m* — **changeable** *adj* : cambiable
channel *n* **1** : canal *m* **2** : cauce *m* (de un río) **3** MEANS : vía *f*, medio *m*
chant *v* : cantar — ~ *n* : canto *m*
chaos *n* : caos *m* — **chaotic** *adj* : caótico
chap¹ *vi* **chapped; chapping** : agrietarse
chap² *n* : tipo *m fam*
chapel *n* : capilla *f*
chaperon *or* **chaperone** *n* : acompañante *mf*
chaplain *n* : capellán *m*
chapter *n* : capítulo *m*
char *vt* **charred; charring** : carbonizar
character *n* **1** : carácter *m* **2** : personaje *m* (en una novela, etc.) — **characteristic** *adj* : característico — ~ *n* : característica *f* — **characterize** *vt* **-ized; -izing** : caracterizar
charcoal *n* : carbón *m*
charge *n* **1** : carga *f* (eléctrica) **2** COST : precio *m* **3** BURDEN : carga *f*, peso *m* **4** ACCUSATION : cargo *m*, acusación *f* **5 in** ~ **of** : encargado de **6 take** ~ **of** : hacerse cargo de — ~ *v* **charged; charging** *vt* **1** : cargar **2** ENTRUST : encargar **3** COMMAND : ordenar, mandar **4** ACCUSE : acusar — *vi* **1** : cargar **2** ~ **too much** : cobrar demasiado
charisma *n* : carisma *m* — **charismatic** *adj* : carismático
charity *n*, *pl* **-ties 1** : organización *f* benéfica **2** GOODWILL : caridad *f*
charlatan *n* : charlatán *m*, -tana *f*
charm *n* **1** : encanto *m* **2** SPELL : hechizo *m* — ~ *vt* : encantar, cautivar — **charming** *adj* : encantador
chart *n* **1** MAP : carta *f* **2** DIAGRAM : gráfico *m*, tabla *f* — ~ *vt* : trazar un mapa de
charter *n* : carta *f* — ~ *vt* : alquilar, fletar
chase *n* : persecución *f* — ~ *vt* **chased; chasing 1** PURSUE : perseguir **2** *or* ~ **away** : ahuyentar
chasm *n* : abismo *m*
chaste *adj* **chaster; -est** : casto — **chastity** *n* : castidad *f*
chat *vi* **chatted; chatting** : charlar — ~ *n* : charla *f* — **chatter** *vi* **1** : parlotear *fam* **2** : castañetear (dícese de los dientes) — ~ *n* : parloteo *m*, cháchara *f* — **chatterbox** *n* : parlanchín *m*, -china *f* — **chatty** *adj* **chattier; chattiest 1** : parlanchín **2** INFORMAL : familiar
chauffeur *n* : chofer *mf*
chauvinist *or* **chauvinistic** *adj* : chauvinista, patriotero
cheap *adj* **1** INEXPENSIVE : barato **2** SHODDY : de baja calidad — ~ *adv* : barato — **cheapen** *vt* : rebajar — **cheaply** *adv* : barato, a precio bajo
cheat *vt* : defraudar, estafar — *vi* **1** : hacer

trampa(s) **2 ~ on s.o.** : engañar a algn —
~ *or* **cheater** *n* : tramposo *m*, -sa *f*
check *n* **1** RESTRAINT : freno *m* **2** INSPEC-
TION : inspección *f*, comprobación *f* **3**
DRAFT : cheque *m* **4** BILL : cuenta *f* **5**
: jaque *m* (en ajedrez) **6** : tela *f* a cuadros —
~ *vt* **1** RESTRAIN : frenar, contener **2** IN-
SPECT : revisar **3** VERIFY : comprobar **4**
: dar jaque (en ajedrez) **5 ~ in** : enregis-
trarse (en un hotel) **6 ~ out** : irse (de un
hotel) **7 ~ out** VERIFY : verificar, comprobar
checkers *n* : damas *fpl*
checkmate *n* : jaque *m* mate
checkpoint *n* : puesto *m* de control
checkup *n* : chequeo *m*, examen *m* médico
cheek *n* : mejilla *f*
cheer *n* **1** CHEERFULNESS : alegría *f* **2** AP-
PLAUSE : aclamación *f* **3 ~s!** : ¡salud! —
~ *vt* **1** GLADDEN : alegrar **2** APPLAUD,
SHOUT : aclamar, aplaudir — **cheerful** *adj*
: alegre
cheese *n* : queso *m*
cheetah *n* : guepardo *m*
chef *n* : chef *m*
chemical *adj* : químico — ~ *n* : sustancia *f*
química — **chemist** *n* : químico *m*, -ca *f* —
chemistry *n*, *pl* **-tries** : química *f*
cheque *Brit* → **check**
cherish *vt* **1** : querer, apreciar **2** HARBOR
: abrigar (un recuerdo, una esperanza, etc.)
cherry *n*, *pl* **-ries** : cereza *f*
chess *n* : ajedrez *m*
chest *n* **1** BOX : cofre *m* **2** : pecho *m* (del
cuerpo) **3** *or* ~ **of drawers** : cómoda *f*
chestnut *n* : castaña *f*
chew *vt* : masticar, mascar — **chewing gum**
n : chicle *m*
chic *adj* : elegante
chick *n* : polluelo *m*, -la *f* — **chicken** *n*
: pollo *m* — **chicken pox** *n* : varicela *f*
chicory *n*, *pl* **-ries** **1** : endivia *f* (para ensal-
adas) **2** : achicoria *f* (aditivo de café)
chief *adj* : principal — ~ *n* : jefe *m*, -fa *f* —
chiefly *adv* : principalmente
child *n*, *pl* **children** **1** : niño *m*, -ña *f* **2** OFF-
SPRING : hijo *m*, -ja *f* — **childbirth** *n* : parto
m — **childhood** *n* : infancia *f*, niñez *f* —
childish *adj* : infantil — **childlike** *adj* : infantil, inocente — **childproof** *adj* : a prueba
de niños
Chilean *adj* : chileno
chili *or* **chile** *or* **chilli** *n*, *pl* **chilies** *or* **chiles**
or **chillies** **1** *or* ~ **pepper** : chile *m* **2**
: chile *m* con carne
chill *n* **1** CHILLINESS : frío *m* **2 catch a ~**
: resfriarse **3 there's a ~ in the air** : hace
fresco — ~ *adj* : frío — ~ *v* : enfriar —
chilly *adj* **chillier; -est** : fresco, frío

chime *vi* **chimed; chiming** : repicar, sonar
— ~ *n* : carillón *m*
chimney *n*, *pl* **-neys** : chimenea *f*
chimpanzee *n* : chimpancé *m*
chin *n* : barbilla *f*
china *n* : porcelana *f*, loza *f*
Chinese *adj* : chino — ~ *n* : chino *m* (idioma)
chink *n* : grieta *f*
chip *n* **1** : astilla *f* (de madera o vidrio), lasca
f (de piedra) **2** : ficha *f* (de póker, etc.) **3**
NICK : desportilladura *f* **4** *or* **computer** ~
: chip *m* **5** → **potato chips** — ~ *v*
chipped; chipping *vt* : desportillar — *vi* **1**
: desportillarse **2 ~ in** : contribuir
chipmunk *n* : ardilla *f* listada
chiropodist *n* : podólogo *m*, -ga *f*
chiropractor *n* : quiropráctico *m*, -ca *f*
chirp *vi* : piar, gorjear
chisel *n* : cincel *m* (para piedras, etc.), for-
món *m*, escoplo *m* (para madera) — ~ *vt*
-eled *or* **-elled; -eling** *or* **-elling** : cincelar,
tallar
chit *n* : nota *f*
chitchat *n* : cháchara *f fam*
chivalrous *adj* : caballeroso — **chivalry** *n*,
pl **-ries** : caballerosidad *f*
chive *n* : cebollino *m*
chlorine *n* : cloro *m*
chock–full *adj* : repleto, atestado
chocolate *n* : chocolate *m*
choice *n* **1** : elección *f*, selección *f* **2** PREF-
ERENCE : preferencia *f* — ~ *adj* **choicer;**
-est : selecto
choir *n* : coro *m*
choke *v* **choked; choking** *vt* **1** : asfixiar, estrangular **2** BLOCK : atascar — *vi* : asfixiarse, atragantarse (con comida) — ~ *n* : estárter *m* (de un motor)
choose *v* **chose; chosen; choosing** *vt* **1**
SELECT : escoger, elegir **2** DECIDE : decidir
— *vi* : escoger — **choosy** *or* **choosey** *adj*
choosier; -est : exigente
chop *vt* **chopped; chopping** **1** : cortar,
picar (carne, etc.) **2 ~ down** : talar — ~
n : chuleta *f* (de cerdo, etc.) — **choppy** *adj*
-pier; -est : picado, agitado
chopsticks *npl* : palillos *mpl*
chord *n* : acorde *m* (en música)
chore *n* **1** : tarea *f* **2 household ~s** : faenas *fpl* domésticas
choreography *n*, *pl* **-phies** : coreografía *f*
chortle *vi* **-tled; -tling** : reírse (con satisfacción o júbilo)
chorus **1** : coro *m* (grupo de personas) **2**
REFRAIN : estribillo *m*
chose, chosen → **choose**
christen *vt* : bautizar — **christening** *n* : bautizo *m*

Christian *n* : cristiano *m*, -na *f* — ~ *adj* : cristiano — **Christianity** *n* : cristianismo *m*

Christmas *n* : Navidad *f*

chrome *n* : cromo *m*

chronic *adj* : crónico

chronicle *n* : crónica *f*

chronology *n*, *pl* **-gies** : cronología *f* — **chronological** *adj* : cronológico

chrysanthemum *n* : crisantemo *m*

chubby *adj* **-bier; -est** : regordete *fam*, rechoncho *fam*

chuck *vt* : tirar, arrojar

chuckle *vi* **-led; -ling** : reírse (entre dientes) — ~ *n* : risa *f* ahogada

chum *n* : amigo *m*, -ga *f*; compinche *mf fam* — **chummy** *adj* **-mier; -est** : muy amigable

chunk *n* : trozo *m*, pedazo *m*

church *n* : iglesia *f*

churn *n* : mantequera *f* — ~ *vt* **1** : agitar **2** ~ **out** : producir en grandes cantidades

chute *n* **1** : vertedor *m* **2** SLIDE : tobogán *m*

cider *n* : sidra *f*

cigar *n* : puro *m* — **cigarette** *n* : cigarrillo *m*, cigarro *m*

cinch *n* **it's a** ~ : es pan comido

cinema *n* : cine *m*

cinnamon *n* : canela *f*

cipher *n* **1** ZERO : cero *m* **2** CODE : cifra *f*

circa *prep* : hacia

circle *n* : círculo *m* — ~ *v* **-cled; -cling** *vt* **1** : dar vueltas alrededor de **2** : trazar un círculo alrededor de (un número, etc.) — *vi* : dar vueltas

circuit *n* : circuito *m* — **circuitous** *adj* : tortuoso

circular *adj* : circular — ~ *n* LEAFLET : circular *f*

circulate *v* **-lated; -lating** *vt* : hacer circular — *vi* : circular — **circulation** *n* **1** : circulación *f* **2** : tirada *f* (de una publicación)

circumcise *vt* **-cised; -cising** : circuncidar — **circumcision** *n* : circuncisión *f*

circumference *n* : circunferencia *f*

circumspect *adj* : circunspecto, prudente

circumstance *n* **1** : circunstancia *f* **2 under no** ~**s** : bajo ningún concepto

circus *n* : circo *m*

cistern *n* : cisterna *f*

cite *vt* **cited; citing** : citar — **citation** *n* : citación *f*

citizen *n* : ciudadano *m*, -na *f* — **citizenship** *n* : ciudadanía *f*

citrus *n*, *pl* **-rus** *or* **-ruses** *or* ~ **fruit** : cítrico *m*

city *n*, *pl* **cities** : ciudad *f*

civic *adj* : cívico — **civics** *ns & pl* : civismo *m*

civil *adj* : civil — **civilian** *n* : civil *mf* — **civility** *n*, *pl* **-ties** : cortesía *f* — **civilization** *n* : civilización *f* — **civilize** *vt* **-lized; -lizing** : civilizar

clad *adj* ~ **in** : vestido de

claim *vt* **1** DEMAND : reclamar **2** MAINTAIN : afirmar, sostener **3** ~ **responsibility** : atribuirse la responsabilidad — ~ *n* **1** DEMAND : demanda *f*, reclamación *f* **2** ASSERTION : afirmación *f*

clam *n* : almeja *f*

clamber *vi* : trepar (con torpeza)

clammy *adj* **-mier; -est** : húmedo y algo frío

clamor *n* : clamor *m* — ~ *vi* : clamar

clamp *n* : abrazadera *f* — ~ *vt* : sujetar con abrazaderas — *vi* ~ **down on** : reprimir

clan *n* : clan *m*

clandestine *adj* : clandestino

clang *n* : ruido *m* metálico

clap *v* **clapped; clapping** *vt* **1** : aplaudir **2** ~ **one's hands** : dar palmadas — *vi* : aplaudir — ~ *n* : palmada *f*

clarify *vt* **-fied; -fying** : aclarar — **clarification** *n* : clarificación *f*

clarinet *n* : clarinete *m*

clarity *n* : claridad *f*

clash *vi* **1** : chocar, enfrentarse **2** CONFLICT : estar en conflicto — ~ *n* **1** CRASH : choque *m* **2** CONFLICT : conflicto *m*

clasp *n* : broche *m*, cierre *m* — ~ *vt* **1** : abrazar (a una persona), agarrar (una cosa) **2** FASTEN : abrochar

class *n* : clase *f*

classic *or* **classical** *adj* : clásico — **classic** *n* : clásico *m*

classify *vt* **-fied; -fying** : clasificar — **classification** *n* : clasificación *f* — **classified** *adj* RESTRICTED : secreto

classmate *n* : compañero *m*, -ra *f* de clase

classroom *n* : aula *f*, salón *m* de clase

clatter *vi* : hacer ruido — ~ *n* : estrépito *m*

clause *n* : cláusula *f*

claustrophobia *n* : claustrofobia *f*

claw *n* : garra *f*, uña *f* (de un gato), pinza *f* (de un crustáceo) — ~ *v* : arañar

clay *n* : arcilla *f*

clean *adj* **1** : limpio **2** UNADULTERATED : puro **3** SPOTLESS : impecable — ~ *vt* : limpiar — ~ *adv* : limpio — **cleaner** *n* **1** : limpiador *m*, -dora *f* **2** DRY CLEANER : tintorería *f* — **cleanliness** *n* : limpieza *f* — **cleanse** *vt* **cleansed; cleansing** : limpiar, purificar

clear *adj* **1** : claro **2** TRANSPARENT : transparente **3** UNOBSTRUCTED : despejado, libre — ~ *vt* **1** : despejar (una superficie), desatascar (un tubo, etc.) **2** EXONERATE : absolver **3** : saltar por encima de (un obstáculo) **4** ~ **the table** : levantar la mesa **5** ~ **up** RESOLVE : aclarar, resolver — *vi* **1** ~ **up** BRIGHTEN : despejarse (dícese del tiempo, etc.) **2** ~ **up** VANISH : desaparecer (dícese de una infección, etc.) — ~ *adv* **1 make oneself** ~ : explicarse **2 stand** ~ **!** : ¡aléjate! — **clearance** *n* . **1** SPACE : espacio *m* (libre) **2** AUTHORIZATION : autorización *f* **3** ~ **sale** : liquidación *f* — **clearing** *n* : claro *m* — **clearly** *adv* **1** DISTINCTLY : claramente **2** OBVIOUSLY : obviamente

cleaver *n* : cuchillo *m* de carnicero

clef *n* : clave *f*

cleft *n* : hendidura *f*, grieta *f*

clement *adj* : clemente — **clemency** *n* : clemencia *f*

clench *vt* : apretar

clergy *n*, *pl* **-gies** : clero *m* — **clergyman** *n*, *pl* **-men** : clérigo *m* — **clerical** *adj* **1** : clerical **2** ~ **work** : trabajo *m* de oficina

clerk *n* **1** : oficinista *mf*; empleado *m*, -da *f* de oficina **2** SALESPERSON : dependiente *m*, -ta *f*

clever *adj* **1** SKILLFUL : ingenioso, hábil **2** SMART : listo, inteligente — **cleverly** *adv* : ingeniosamente — **cleverness** *n* **1** SKILL : ingenio *m* **2** INTELLIGENCE : inteligencia *f*

cliché *n* : cliché *m*

click *vt* : chasquear — *vi* **1** : chasquear **2** GET ALONG : llevarse bien — ~ *n* : chasquido *m*

client *n* : cliente *m*, -ta *f* — **clientele** *n* : clientela *f*

cliff *n* : acantilado *m*

climate *n* : clima *m*

climax *n* : clímax *m*, punto *m* culminante

climb *vt* : escalar, subir a, trepar a — *vi* **1** RISE : subir **2** *or* ~ **up** : subirse, treparse — ~ *n* : subida *f*

clinch *vt* : cerrar (un acuerdo, etc.)

cling *vi* **clung; clinging** : adherirse, pegarse

clinic *n* : clínica *f* — **clinical** *adj* : clínico

clink *vi* : tintinear

clip *vt* **clipped; clipping 1** CUT : cortar, recortar **2** FASTEN : sujetar (con un clip) — ~ *n* **1** FASTENER : clip *m* **2 at a good** ~ : a buen trote **3** → **paper clip** — **clippers** *npl* **1** : maquinilla *f* para cortar el pelo **2** *or* **nail** ~ : cortauñas *m*

cloak *n* : capa *f*

clock 1 : reloj *m* (de pared) **2 around the** ~ : las veinticuatro horas — **clockwise** *adv & adj* : en el sentido de las agujas del reloj — **clockwork** *n* **1** : mecanismo *m* de relojería **2 like** ~ : con precisión

clog *n* : zueco *m* — *v* **clogged; clogging** *vt* : atascar, obstruir — *vi or* ~ **up** : atascarse

cloister *n* : claustro *m*

close[1] *v* **closed; closing** *vt* : cerrar — *vi* **1** : cerrarse **2** TERMINATE : terminar **3** ~ **in** : acercarse — ~ *n* : final *m*

close[2] *adj* **closer; closest 1** NEAR : cercano, próximo **2** INTIMATE : íntimo **3** STRICT : estricto **4** STUFFY : sofocante **5 a** ~ **game** : un juego reñido — ~ *adv* : cerca, de cerca — **closely** *adv* : cerca, de cerca — **closeness** *n* **1** NEARNESS : cercanía *f* **2** INTIMACY : intimidad *f*

closet *n* : armario *m*, clóset *m* *Lat*

closure *n* : cierre *m*

clot *n* : coágulo *m* — ~ *v* **clotted; clotting** *vt* : coagular, cuajar — *vi* : coagularse

cloth *n*, *pl* **cloths 1** FABRIC : tela *f* **2** RAG : trapo *m*

clothe *vt* **clothed** *or* **clad; clothing** : vestir — **clothes** *npl* **1** : ropa *f* **2 put on one's** ~ : vestirse — **clothespin** *n* : pinza *f* (para la ropa) — **clothing** *n* : ropa *f*

cloud *n* : nube *f* — ~ *vt* : nublar — *vi or* ~ **over** : nublarse — **cloudy** *adj* **cloudier; -est** : nublado

clout *n* **1** BLOW : golpe *m*, tortazo *m* *fam* **2** INFLUENCE : influencia *f*

clove *n* **1** : clavo *m* **2** : diente *m* (de ajo)

clover *n* : trébol *m*

clown *n* : payaso *m*, -sa *f* — ~ *or* ~ **around** *vi* : payasear

cloying *adj* : empalagoso

club *n* **1** : garrote *m*, porra *f* **2** ASSOCIATION : club *m* **3** ~ **s** *mpl* : tréboles *mpl* (en los naipes) — ~ *vt* **clubbed; clubbing** : aporrear

cluck *vi* : cloquear

clue *n* **1** : pista *f*, indicio *m* **2 I haven't got a** ~ : no tengo la menor idea

clump *n* : grupo *m* (de arbustos)

clumsy *adj* **-sier; -est** : torpe — **clumsiness** *n* : torpeza *f*

cluster *n* : grupo *m*, racimo *m* (de uvas, etc.) — ~ *vi* : agruparse

clutch *vt* : agarrar, asir — *vi* ~ **at** : tratar de agarrarse de — ~ *n* : embrague *m*, clutch *m* *Lat* (de un automóvil)

clutter *vt* : llenar desordenadamente — ~ *n* : desorden *m*, revoltijo *m*

coach 1 CARRIAGE : carruaje *m*, carroza *f* **2** : vagón *m* de pasajeros (de un tren) **3** BUS : autobús *m* **4** : pasaje *m* aéreo de segunda clase **5** TRAINER : entrenador *m*, -dora *f* — *vt* : entrenar (un atleta), dar clases particulares a (un alumno)

coagulate *v* **-lated; -lating** *vt* : coagular — *vi* : coagularse

coal *n* : carbón *m*

coalition *n* : coalición *f*

coarse *adj* **coarser; -est 1** : tosco, basto **2** CRUDE, VULGAR : grosero, ordinario — **coarseness** *n* : aspereza *f*, tosquedad *f*

coast *n* : costa *f* — *vi* : ir en punto muerto (dícese de un automóvil), deslizarse (dícese de una bicicleta) — **coastal** *adj* : costero

coaster *n* : posavasos *m*
coast guard *n* : guardacostas *mpl*
coastline *n* : litoral *m*
coat *n* **1** : abrigo *m* **2** : pelaje *m* (de un animal) **3** : mano *f* (de pintura) — ～ *vt* : cubrir, revestir — **coating** *n* : capa *f* — **coat of arms** *n* : escudo *m* de armas
coax *vt* : engatusar
cob → **corncob**
cobblestone *n* : adoquín *m*
cobweb *n* : telaraña *f*
cocaine *n* : cocaína *f*
cock *n* **1** ROOSTER : gallo *m* **2** FAUCET : grifo *m* **3** : martillo *m* (de un arma de fuego) — ～ *vt* **1** : amartillar (un arma de fuego) **2** ～ **one's head** : ladear la cabeza — **cockeyed** *adj* **1** ASKEW : ladeado **2** ABSURD : absurdo
cockpit *n* : cabina *f*
cockroach *n* : cucaracha *f*
cocktail *n* : coctel *m*, cóctel *m*
cocky *adj* **cockier; -est** : engreído, arrogante
cocoa *n* **1** : cacao *m* **2** : chocolate *m* (bebida)
coconut *n* : coco *m*
cocoon *n* : capullo *m*
cod *ns & pl* : bacalao *m*
coddle *vt* **-dled; -dling** : mimar
code *n* : código *m*
coeducational *adj* : mixto
coerce *vt* **-erced; -ercing** : coaccionar, forzar — **coercion** *n* : coacción *f*
coffee *n* : café *m* — **coffeepot** *n* : cafetera *f*
coffer *n* : cofre *m*
coffin *n* : ataúd *m*, féretro *m*
cog *n* : diente *m* (de una rueda)
cogent *adj* : convincente, persuasivo
cognac *n* : coñac *m*
cogwheel *n* : rueda *f* dentada
coherent *adj* : coherente
coil *vt* : enrollar — *vi* : enrollarse — ～ *n* **1** ROLL : rollo *m* **2** : tirabuzón *m* (de pelo), espiral *f* (de humo)
coin *n* : moneda *f* — ～ *vt* : acuñar
coincide *vi* **-cided; -ciding** : coincidir — **coincidence** *n* : coincidencia *f*, casualidad *f* — **coincidental** *adj* : casual, fortuito
coke *n* : coque *m* (combustible)
colander *n* : colador *m*
cold *adj* **1** : frío **2 be** ～ : tener frío **3 it's** ～ **today** : hace frío hoy — ～ *n* **1** : frío *m* **2** : resfriado *m* (en medicina) **3 catch a** ～ : resfriarse
coleslaw *n* : ensalada *f* de col
colic *n* : cólico *m*
collaborate *vi* **-rated; -rating** : colaborar — **collaboration** *n* : colaboración *f* — **collaborator** *n* : colaborador *m*, -dora *f*

collapse *vi* **-lapsed; -lapsing 1** : derrumbarse, hundirse **2** : sufrir un colapso (físico o mental) — ～ *n* **1** FALL : derrumbamiento *m* **2** BREAKDOWN : colapso *m* — **collapsible** *adj* : plegable
collar *n* : cuello *m* (de camisa, etc.), collar *m* (para animales) — **collarbone** *n* : clavícula *f*
colleague *n* : colega *mf*
collect *vt* **1** GATHER : reunir **2** : coleccionar, juntar (timbres, etc.) **3** : recaudar (fondos, etc.) — *vi* **1** ACCUMULATE : acumularse, juntarse **2** CONGREGATE : congregarse, reunirse — ～ *adv* **call** ～ : llamar a cobro revertido, llamar por cobrar *Lat* — **collection** *n* **1** : colección *f* **2** : colecta *f* (de contribuciones) — **collective** *adj* : colectivo — **collector** *n* **1** : coleccionista *mf* **2** : cobrador *m*, -dora *f* (de deudas)
college *n* **1** : instituto *m* (a nivel universitario) **2** : colegio *m* (electoral, etc.)
collide *vi* **-lided; -liding** : chocar, colisionar — **collision** *n* : choque *m*, colisión *f*
colloquial *adj* : coloquial, familiar
cologne *n* : colonia *f*
Colombian *adj* : colombiano
colon[1] *n*, *pl* **colons** *or* **cola** : colon *m* (en anatomía)
colon[2] *n*, *pl* **colons** : dos puntos *mpl* (signo de puntuación)
colonel *n* : coronel *m*
colony *n*, *pl* **-nies** : colonia *f* — **colonial** *adj* : colonial — **colonize** *vt* **-nized; -nizing** : colonizar
color *or Brit* **colour** *n* : color *m* — ～ *vt* : colorear, pintar — *vi* BLUSH : sonrojarse — **color–blind** *or Brit* **colour-blind** *adj* : daltónico — **colored** *or Brit* **coloured** *adj* : de color — **colorful** *or Brit* **colourful** *adj* **1** : de vivos colores **2** PICTURESQUE : pintoresco — **colorless** *or Brit* **colourless** *adj* : incoloro
colossal *adj* : colosal
colt *n* : potro *m*
column *n* : columna *f* — **columnist** *n* : columnista *mf*
coma *n* : coma *m*
comb *n* **1** : peine *m* **2** : cresta *f* (de un gallo) — ～ *vt* : peinar
combat *n* : combate *m* — ～ *vt* **-bated** *or* **-batted; -bating** *or* **-batting** : combatir — **combatant** *n* : combatiente *mf*
combine *v* **-bined; -bining** *vt* : combinar — *vi* : combinarse — ～ *n* HARVESTER : cosechadora *f* — **combination** *n* : combinación *f*
combustion *n* : combustión *f*
come *vi* **came; come; coming 1** : venir **2** ARRIVE : llegar **3** ～ **about** : suceder **4** ～

back : regresar, volver 5 ～ **from** : venir de, provenir de 6 ～ **in** : entrar 7 ～ **out** : salir 8 ～ **to** REVIVE : volver en sí 9 ～ **on!** : ¡ándale! 10 ～ **up** OCCUR : surgir 11 **how** ～? : ¿por qué? — **comeback** *n* 1 RETURN : retorno *m* 2 RETORT : réplica *f*
comedy *n*, *pl* **-dies** : comedia *f* — **comedian** *n* : cómico *m*, -ca *f*
comet *n* : cometa *m*
comfort *vt* : consolar — ～ *n* 1 : comodidad *f* 2 SOLACE : consuelo *m* — **comfortable** *adj* : cómodo
comic *or* **comical** *adj* : cómico — ～ *n* 1 COMEDIAN : cómico *m*, -ca *f* 2 *or* ～ **book** : revista *f* de historietas, cómic *m* — **comic strip** *n* : tira *f* cómica, historieta *f*
coming *adj* : próximo, que viene
comma *n* : coma *f*
command *vt* 1 ORDER : ordenar, mandar 2 : estar al mando de (un barco, etc.) 3 ～ **respect** : inspirar (el) respeto — *vi* : dar órdenes — ～ *n* 1 ORDER : orden *f* 2 LEADERSHIP : mando *m* 3 MASTERY : maestría *f*, dominio *m* — **commander** *n* : comandante *mf* — **commandment** *n* : mandamiento *m*
commemorate *vt* **-rated; -rating** : conmemorar — **commemoration** *n* : conmemoración *f*
commence *v* **-menced; -mencing** : comenzar, empezar — **commencement** *n* 1 BEGINNING : comienzo *m* 2 GRADUATION : ceremonia *f* de graduación
commend *vt* 1 ENTRUST : encomendar 2 PRAISE : alabar — **commendable** *adj* : loable
comment *n* : comentario *m*, observación *f* — ～ *vi* : hacer comentarios — **commentary** *n*, *pl* **-taries** : comentario *m* — **commentator** *n* : comentarista *mf*
commerce *n* : comercio *m* — **commercial** *adj* : comercial — ～ *n* : anuncio *m*, aviso *m* *Lat* — **commercialize** *vt* **-ized; -izing** : comercializar
commiserate *vi* **-ated; -ating** : compadecerse
commission *n* : comisión *f* — ～ *vt* : encargar (una obra de arte) — **commissioner** *n* : comisario *m*, -ria *f*
commit *vt* **-mitted; -mitting** 1 ENTRUST : confiar 2 : cometer (un crimen) 3 : internar (a algn en un hospital) 4 ～ **oneself** : comprometerse 5 ～ **to memory** : aprender de memoria — **commitment** *n* : compromiso *m*
committee *n* : comité *m*, comisión *f*
commodity *n*, *pl* **-ties** : artículo *m* de comercio, producto *m*
common *adj* 1 : común 2 ORDINARY : ordinario, común y corriente — ～ *n* **in** ～ : en

común — **commonly** *adv* : comúnmente — **commonplace** *adj* : común, banal — **common sense** *n* : sentido *m* común
commotion *n* : alboroto *m*, jaleo *m*
commune[1] *n* : comuna *f* — **communal** *adj* : comunal
commune[2] *vi* **-muned; -muning** ～ **with** : comunicarse con
communicate *v* **-cated; -cating** *vt* : comunicar — *vi* : comunicarse — **communicable** *adj* : transmisible — **communication** *n* : comunicación *f* — **communicative** *adj* : comunicativo
communion *n* : comunión *f*
Communism *n* : comunismo *m* — **Communist** *adj* : comunista — ～ *n* : comunista *mf*
community *n*, *pl* **-ties** : comunidad *f*
commute *v* **-muted; -muting** *vt* : conmutar, reducir (una sentencia) — *vi* : viajar de la residencia al trabajo
compact *adj* : compacto — ～ *n* 1 *or* ～ **car** : auto *m* compacto 2 *or* **powder** ～ : polvera *f* — **compact disc** *n* : disco *m* compacto
companion *n* : compañero *m*, -ra *f* — **companionship** *n* : compañerismo *m*
company *n*, *pl* **-nies** 1 : compañía *f* 2 GUESTS : visita *f*
compare *v* **-pared; -paring** *vt* : comparar — *vi* ～ **with** : poderse comparar con — **comparable** *adj* : comparable — **comparative** *adj* : comparativo, relativo — **comparison** *n* : comparación *f*
compartment *n* : compartimento *m*
compass *n* 1 : compás *m* 2 **points of the** ～ : puntos *mpl* cardinales
compassion *n* : compasión *f* — **compassionate** *adj* : compasivo
compatible *adj* : compatible, afín — **compatibility** *n* : compatibilidad *f*
compel *vt* **-pelled; -pelling** : obligar — **compelling** *adj* : convincente
compensate *v* **-sated; -sating** *vi* ～ **for** : compensar — *vt* : indemnizar, compensar — **compensation** *n* : compensación *f*, indemnización *f*
compete *vi* **-peted; -peting** : competir — **competent** *adj* : competente — **competition** *n* 1 : competencia *f* 2 CONTEST : concurso *m* — **competitor** *n* : competidor *m*, -dora *f*
compile *vt* **-piled; -piling** : compilar, recopilar
complacency *n* : satisfacción *f* consigo mismo — **complacent** *adj* : satisfecho de sí mismo
complain *vi* : quejarse — **complaint** *n* 1 : queja *f* 2 AILMENT : enfermedad *f*
complement *n* : complemento *m* — ～ *vt*

: complementar — **complementary** *adj*
: complementario

complete *adj* **-pleter; -est 1** WHOLE : completo, entero **2** FINISHED : terminado **3** TOTAL : total — ~ *vt* **-pleted; -pleting** : completar — **completion** *n* : conclusión *f*

complex *adj* : complejo — ~ *n* : complejo *m*

complexion *n* : cutis *m*, tez *f*

complexity *n, pl* **-ties** : complejidad *f*

compliance *n* **1** : acatamiento *m* **2 in** ~ **with** : conforme a — **compliant** *adj* : sumiso

complicate *vt* **-cated; -cating** : complicar — **complicated** *adj* : complicado — **complication** *n* : complicación *f*

compliment *n* **1** : cumplido *m* **2** ~**s** *npl* : saludos *mpl* — ~ *vt* : felicitar — **complimentary** *adj* **1** FLATTERING : halagador, halagüeño **2** FREE : de cortesía, gratis

comply *vi* **-plied; -plying** ~ **with** : cumplir, obedecer

component *n* : componente *m*

compose *vt* **-posed; -posing 1** : componer **2** ~ **oneself** : serenarse — **composer** *n* : compositor *m*, -tora *f* — **composition** *n* **1** : composición *f* **2** ESSAY : ensayo *m* — **composure** *n* : calma *f*

compound[1] *vt* **1** COMPOSE : componer **2** : agravar (un problema, etc.) — ~ *adj* : compuesto — ~ *n* : compuesto *m*

compound[2] *n* ENCLOSURE : recinto *m*

comprehend *vt* : comprender — **comprehension** *n* : comprensión *f* — **comprehensive** *adj* **1** INCLUSIVE : inclusivo **2** BROAD : amplio

compress *vt* : comprimir — **compression** *n* : compresión *f*

comprise *vt* **-prised; -prising** : comprender

compromise *n* : acuerdo *m*, arreglo *m* — ~ *v* **-mised; -mising** *vi* : llegar a un acuerdo — *vt* : comprometer

compulsion *n* **1** COERCION : coacción *f* **2** URGE : impulso *m* — **compulsive** *adj* : compulsivo — **compulsory** *adj* : obligatorio

compute *vt* **-puted; -puting** : computar — **computer** *n* : computadora *f*, computador *m*, ordenador *m* *Spain* — **computerize** *vt* **-ized; -izing** : informatizar

comrade *n* : camarada *mf*

con *vt* **conned; conning** : estafar — ~ *n* **1** SWINDLE : estafa *f* **2 the pros and** ~**s** : los pros y los contras

concave *adj* : cóncavo

conceal *vt* : ocultar

concede *vt* **-ceded; -ceding** : conceder, admitir

conceit *n* : vanidad *f* — **conceited** *adj* : engreído

conceive *v* **-ceived; -ceiving** *vt* : concebir — *vi* ~ **of** : concebir — **conceivable** *adj* : concebible

concentrate *v* **-trated; -trating** *vt* : concentrar — *vi* : concentrarse — **concentration** *n* : concentración *f*

concept *n* : concepto *m* — **conception** *n* : concepción *f*

concern *vt* **1** : concernir **2** ~ **oneself about** : preocuparse por — ~ *n* **1** AFFAIR : asunto *m* **2** WORRY : preocupación *f* **3** BUSINESS : negocio *m* — **concerned** *adj* **1** ANXIOUS : ansioso **2 as far as I'm** ~ : en cuanto a mí — **concerning** *prep* : con respecto a

concert *n* : concierto *m* — **concerted** *adj* : concertado

concession *n* : concesión *f*

concise *adj* : conciso

conclude *v* **-cluded; -cluding** : concluir — **conclusion** *n* : conclusión *f* — **conclusive** *adj* : concluyente

concoct *vt* **1** PREPARE : confeccionar **2** DEVISE : inventarse, tramar — **concoction** *n* : mezcla *f*, brebaje *m*

concourse *n* : vestíbulo *m*, salón *m*

concrete *adj* : concreto — ~ *n* : hormigón *m*, concreto *m* *Lat*

concur *vi* **concurred; concurring** AGREE : estar de acuerdo

concussion *n* : conmoción *f* cerebral

condemn *vt* : condenar — **condemnation** *n* : condenación *f*

condense *v* **-densed; -densing** *vt* : condensar — *vi* : condensarse — **condensation** *n* : condensación *f*

condescending *adj* : condescendiente

condiment *n* : condimento *m*

condition *n* **1** : condición *f* **2 in good** ~ : en buen estado — **conditional** *adj* : condicional

condolences *npl* : pésame *m*

condom *n* : condón *m*

condominium *n, pl* **-ums** : condominio *m* *Lat*

condone *vt* **-doned; -doning** : aprobar

conducive *adj* : propicio, favorable

conduct *n* : conducta *f* — ~ *vt* **1** DIRECT, GUIDE : conducir, dirigir **2** CARRY OUT : llevar a cabo **3** ~ **oneself** : conducirse, comportarse — **conductor** *n* : revisor *m*, -sora *f* (en un tren); cobrador *m*, -dora *f* (en un autobús); director *m*, -tora *f* (de una orquesta)

cone *n* **1** : cono *m* **2** *or* **ice– cream** ~ : cucurucho *m*, barquillo *m* *Lat*

confection *n* : dulce *m*

confederation *n* : confederación *f*

confer *v* **-ferred; -ferring** *vt* : conferir, otorgar — *vi* ~ **with** : consultar — **conference** *n* : conferencia *f*

confess *vt* : confesar — *vi* **1** : confesarse **2** ~ **to** : confesar, admitir — **confession** *n* : confesión *f*

confetti *n* : confeti *m*

confide *v* **-fided; -fiding** : confiar — **confidence** *n* **1** TRUST : confianza *f* **2** SELF-ASSURANCE : confianza *f* en sí mismo **3** SECRET : confidencia *f* — **confident** *adj* **1** SURE : seguro **2** SELF-ASSURED : confiado, seguro de sí mismo — **confidential** *adj* : confidencial

confine *vt* **-fined; -fining 1** LIMIT : confinar, limitar **2** IMPRISON : encerrar — **confines** *npl* : confines *mpl*

confirm *vt* : confirmar — **confirmation** *n* : confirmación *f* — **confirmed** *adj* : inveterado

confiscate *vt* **-cated; -cating** : confiscar

conflict *n* : conflicto *m* — ~ *vi* : estar en conflicto, oponerse

conform *vi* **1** COMPLY : ajustarse **2** ~ **with** : corresponder a — **conformity** *n, pl* **-ties** : conformidad *f*

confound *vt* : confundir, desconcertar

confront *vt* : afrontar, encarar — **confrontation** *n* : confrontación *f*

confuse *vt* **-fused; -fusing** : confundir — **confusing** *adj* : confuso, desconcertante — **confusion** *n* : confusión *f*, desconcierto *m*

congeal *vi* : coagularse

congenial *adj* : agradable

congested *adj* : congestionado — **congestion** *n* : congestión *f*

congratulate *vt* **-lated; -lating** : felicitar — **congratulations** *npl* : felicitaciones *fpl*

congregate *vi* **-gated; -gating** : congregarse — **congregation** *n* : feligreses *mpl* (en religión)

congress *n* : congreso *m* — **congressional** *adj* : del congreso — **congressman** *n, pl* **-men** : congresista *mf*

conjecture *n* : conjetura *f*, presunción *f* — ~ *v* **-tured; -turing** *vt* : conjeturar — *vi* : hacer conjeturas

conjugal *adj* : conyugal

conjugate *vt* **-gated; -gating** : conjugar — **conjugation** *n* : conjugación *f*

conjunction *n* **1** : conjunción *f* **2 in** ~ **with** : en combinación con

conjure *v* **-jured; -juring** *vi* : hacer juegos de manos — ~ *v* **tor** or ~ **up** : evocar

connect *v* : conectarse — *vt* **1** JOIN : conectar, juntar **2** ASSOCIATE : asociar — **connection** *n* **1** : conexión *f* **2** : enlace *m* (con un tren, etc.) **3** ~**s** *npl* : relaciones *fpl* (personas)

connoisseur *n* : conocedor *m*, -dora *f*

connote *vt* **-noted; -noting** : connotar, implicar

conquer *vt* : conquistar — **conqueror** *n* : conquistador *m*, -dora *f* — **conquest** *n* : conquista *f*

conscience *n* : conciencia *f* — **conscientious** *adj* : concienzudo

conscious *adj* **1** AWARE : consciente **2** INTENTIONAL : intencional — **consciously** *adv* : deliberadamente — **consciousness** *n* **1** AWARENESS : consciencia *f* **2 lose** ~ : perder el conocimiento

consecrate *vt* **-crated; -crating** : consagrar — **consecration** *n* : consagración *f*

consecutive *adj* : consecutivo, sucesivo

consensus *n* : consenso *m*

consent *vi* : consentir — ~ *n* : consentimiento *m*

consequence *n* **1** : consecuencia *f* **2 of no** ~ : sin importancia — **consequent** *adj* : consiguiente — **consequently** *adv* : por consiguiente

conserve *vt* **-served; -serving** : conservar, preservar — **conservation** *n* : conservación *f* — **conservative** *adj* **1** : conservador **2** CAUTIOUS : moderado, prudente — ~ *n* : conservador *m*, -dora *f* — **conservatory** *n, pl* **-ries** : conservatorio *m*

consider *vt* **1** : considerar **2 all things considered** : teniéndolo todo en cuenta — **considerable** *adj* : considerable — **considerate** *adj* : considerado — **consideration** *n* **1** : consideración *f* **2 take into** ~ : tener en cuenta — **considering** *prep* : teniendo en cuenta

consign *vt* **1** : relegar **2** SEND : enviar — **consignment** *n* : envío *m*

consist *vi* **1** ~ **in** : consistir en **2** ~ **of** : constar de, componerse de — **consistency** *n, pl* **-cies 1** TEXTURE : consistencia *f* **2** COHERENCE : coherencia *f* **3** UNIFORMITY : regularidad *f* — **consistent** *adj* **1** UNCHANGING : constante, regular **2** ~ **with** : consecuente con

console *vt* **-soled; -soling** : consolar — **consolation** *n* **1** : consuelo *m* **2** ~ **prize** : premio *m* de consolación

consolidate *vt* **-dated; -dating** : consolidar — **consolidation** *n* : consolidación *f*

consonant *n* : consonante *f*

conspicuous *adj* **1** OBVIOUS : visible, evidente **2** STRIKING : llamativo — **conspicuously** *adv* : de manera llama- tiva

conspire *vi* **-spired; -spiring** : conspirar — **conspiracy** *n, pl* **-cies** : conspiración *f*

constant *adj* : constante — **constantly** *adv* : constantemente

constellation *n* : constelación *f*

constipated adj : estreñido — **constipation** n : estreñimiento m
constituent n **1** COMPONENT : componente m **2** VOTER : elector m, -tora f; votante mf
constitute vt **-tuted; -tuting** : constituir — **constitution** n : constitución f — **constitutional** adj : constitucional
constraint n : restricción f, limitación f
construct vt : construir — **construction** n : construcción f — **constructive** adj : constructivo
construe vt **-strued; -struing** : interpretar
consul n : cónsul mf — **consulate** n : consulado m
consult v : consultar — **consultant** n : asesor m, -sora f; consultor m, -tora f — **consultation** n : consulta f
consume vt **-sumed; -suming** : consumir — **consumer** n : consumidor m, -dora f — **consumption** n : consumo m
contact n : contacto m — ~ vt : ponerse en contacto con — **contact lens** n : lente mf (de contacto)
contagious adj : contagioso
contain vt **1** : contener **2** ~ **oneself** : contenerse — **container** n : recipiente m, envase m
contaminate vt **-nated; -nating** : contaminar — **contamination** n : contaminación f
contemplate v **-plated; -plating** vt **1** : contemplar **2** CONSIDER : considerar, pensar en — vi : reflexionar — **contemplation** n : contemplación f
contemporary adj : contemporáneo — ~ n, pl **-raries** : contemporáneo m, -nea f
contempt n : desprecio m — **contemptible** adj : despreciable — **contemptuous** adj : desdeñoso
contend vi **1** COMPETE : contender, competir **2** ~ **with** : enfrentarse a — vt : sostener, afirmar — **contender** n : contendiente mf
content[1] n **1** : contenido m **2 table of** ~**s** : índice m de materias
content[2] adj : contento — ~ vt ~ **oneself with** : contentarse con — **contented** adj : satisfecho, contento
contention n **1** DISPUTE : disputa f **2** OPINION : argumento m, opinión f
contentment n : satisfacción f
contest vt : disputar — ~ n **1** STRUGGLE : contienda f **2** COMPETITION : concurso m, competencia f — **contestant** n : concursante mf, contendiente mf
context n : contexto m
continent n : continente m — **continental** adj : continental
contingency n, pl **-cies** : contingencia f
continue v **-tinued; -tinuing** : continuar — **continual** adj : continuo, constante — **con-**

tinuation n : continuación f — **continuity** n, pl **-ties** : continuidad f — **continuous** adj : continuo
contort vt : retorcer — **contortion** n : contorsión f
contour n **1** : contorno m **2** or ~ **line** : curva f de nivel
contraband n : contrabando m
contraception n : anticoncepción f — **contraceptive** adj : anticonceptivo — ~ n : anticonceptivo m
contract n : contrato m — ~ vt : contraer — vi : contraerse — **contraction** n : contracción f — **contractor** n : contratista mf
contradiction n : contradicción f — **contradict** vt : contradecir — **contradictory** adj : contradictorio
contraption n : artilugio m, artefacto m
contrary n, pl **-traries 1** : contrario **2 on the** ~ : al contrario — ~ adj **1** : contrario, opuesto **2** ~ **to** : en contra de
contrast v : contrastar — ~ n : contraste m
contribute v **-uted; -uting** : contribuir — **contribution** n : contribución f — **contributor** n **1** : contribuyente mf **2** : colaborador m, -dora f (en periodismo)
contrite adj : arrepentido
contrive vt **-trived; -triving 1** DEVISE : idear **2** ~ **to do sth** : lograr hacer algo
control vt **-trolled; -trolling** : controlar — ~ n **1** : control m **2** ~**s** npl : mandos mpl
controversy n, pl **-sies** : controversia f — **controversial** adj : polémico
convalescence n : convalecencia f — **convalescent** adj : convaleciente — ~ n : convaleciente mf
convene v **-vened; -vening** vt : convocar — vi : reunirse
convenience n : conveniencia f, comodidad f — **convenient** adj : conveniente
convent n : convento m
convention n : convención f — **conventional** adj : convencional
converge vi **-verged; -verging** : converger, convergir
converse[1] vi **-versed; -versing** : conversar — **conversation** n : conversación f — **conversational** adj : familiar
converse[2] adj : contrario, opuesto — **conversely** adv : a la inversa
conversion n : conversión f — **convert** vt : convertir — vi : convertirse — **convertible** adj : convertible — ~ n : descapotable m, convertible m Lat
convex adj : convexo
convey vt **1** TRANSPORT : llevar, transportar **2** TRANSMIT : comunicar
convict vt : declarar culpable a — ~ n : presidiario m, -ria f — **conviction** n **1** : con-

dena *f* (de un acusado) **2** BELIEF : convicción *f*

convince *vt* **-vinced; -vincing** : convencer — **convincing** *adj* : convincente

convoke *vt* **-voked; -voking** : convocar

convoluted *adj* : complicado

convulsion *n* : convulsión *f* — **convulsive** *adj* : convulsivo

cook *n* : cocinero *m*, -ra *f* — ~ *vi* : cocinar, guisar — *vt* : preparar (comida) — **cookbook** *n* : libro *m* de cocina

cookie *or* **cooky** *n, pl* **-ies** : galleta *f* (dulce)

cooking *n* : cocina *f*

cool *adj* **1** : fresco **2** CALM : tranquilo **3** UNFRIENDLY : frío — ~ *vt* : enfriar — *vi* : enfriarse — ~ *n* **1** : fresco *m* **2** COMPOSURE : calma *f* — **cooler** *n* : nevera *f* portátil — **coolness** *n* : frescura *f*

coop *n* : gallinero *m* — ~ *vt or* ~ **up** : encerrar

cooperate *vi* **-ated; -ating** : cooperar — **cooperation** *n* : cooperación *f* — **cooperative** *adj* : cooperativo

coordinate *v* **-nated; -nating** *vt* : coordinar — **coordination** *n* : coordinación *f*

cop *n* **1** : poli *mf fam* **2 the** ~**s** : la poli *fam*

cope *vi* **coped; coping 1** : arreglárselas **2** ~ **with** : hacer frente a, poder con

copier *n* : fotocopiadora *f*

copious *adj* : copioso

copper *n* : cobre *m*

copy *n, pl* **copies 1** : copia *f* **2** : ejemplar *m* (de un libro), número *m* (de una revista) — ~ *vt* **copied; copying 1** DUPLICATE : hacer una copia de **2** IMITATE : copiar — **copyright** *n* : derechos *mpl* de autor

coral *n* : coral *m*

cord *n* **1** : cuerda *f* **2** *or* **electric** ~ : cable *m* (eléctrico)

cordial *adj* : cordial

corduroy *n* : pana *f*

core *n* **1** : corazón *m* (de una fruta) **2** CENTER : núcleo *m*, centro *m*

cork *n* : corcho *m* — **corkscrew** *n* : sacacorchos *m*

corn *n* **1** : grano *m* **2** *or* **Indian** ~ : maíz *m* **3** : callo *m* (del pie) — **corncob** *n* : mazorca *f*

corner *n* : ángulo *m*, rincón *m* (en una habitación), esquina *f* (de una intersección) — ~ *vt* **1** TRAP : acorralar **2** MONOPOLIZE : acaparar (un mercado) — **cornerstone** *n* : piedra *f* angular

cornmeal *n* : harina *f* de maíz — **cornstarch** *n* : maicena *f*

corny *adj* : cursi, sentimental

coronary *n, pl* **-naries** : trombosis *f* coronaria

coronation *n* : coronación *f*

corporal *n* : cabo *m*

corporation *n* : sociedad *f* anónima, compañía *f* — **corporate** *adj* : corporativo

corps *n, pl* **corps** : cuerpo *m*

corpse *n* : cadáver *m*

corpulent *adj* : obeso, gordo

corpuscle *n* : glóbulo *m*

corral *n* : corral *m* — ~ *vt* **-ralled; -ralling** : acorralar

correct *vt* : corregir — ~ *adj* : correcto — **correction** *n* : corrección *f*

correlation *n* : correlación *f*

correspond *vi* **1** WRITE : corresponderse **2** ~ **to** : corresponder a — **correspondence** *n* : correspondencia *f*

corridor *n* : pasillo *m*

corroborate *vt* **-rated; -rating** : corroborar

corrode *v* **-roded; -roding** *vt* : corroer — *vi* : corroerse — **corrosion** *n* : corrosión *f* — **corrosive** *adj* : corrosivo

corrugated *adj* : ondulado

corrupt *vt* : corromper — ~ *adj* : corrupto, corrompido — **corruption** *n* : corrupción *f*

corset *n* : corsé *m*

cosmetic *n* : cosmético *m* — ~ *adj* : cosmético

cosmic *adj* : cósmico

cosmopolitan *adj* : cosmopolita

cosmos *n* : cosmos *m*

cost *n* : costo *m*, coste *m* — ~ *vi* **cost; costing 1** : costar **2 how much does it** ~? : ¿cuánto cuesta?, ¿cuánto vale?

Costa Rican *adj* : costarricense

costly *adj* : costoso

costume *n* **1** OUTFIT : traje *m* **2** DISGUISE : disfraz *m*

cot *n* : catre *m*

cottage *n* : casita *f* (de campo) — **cottage cheese** *n* : requesón *m*

cotton *n* : algodón *m*

couch *n* : sofá *m*

cough *vi* : toser — ~ *n* : tos *f*

could → **can**[1]

council *n* **1** : concejo *m* **2** *or* **city** ~ : ayuntamiento *m* — **councillor** *or* **councilor** *n* : concejal *m*, -jala *f*

counsel *n* **1** ADVICE : consejo *m* **2** LAWYER : abogado *m*, -da *f* — ~ *vt* **-seled** *or* **-selled; -seling** *or* **-selling** : aconsejar — **counselor** *or* **counsellor** *n* : consejero *m*, -ra *f*

count[1] *vt* : contar — *vi* **1** : contar **2** ~ **on** : contar con **3 that doesn't** ~ : eso no vale — ~ *n* **1** : recuento *m* **2 keep** ~ **of** : llevar la cuenta de

count[2] *n* : conde *m* (noble)

counter[1] *n* **1** : mostrador *m* (de un negocio) **2** TOKEN : ficha *f* (de un juego)

counter[2] *vt* : oponerse a — *vi* : contraatacar

— ~ *adv* ~ **to** : contrario a — **counteract**
vt : contrarrestar — **counterattack** *n* : contraataque *m* — **counterbalance** *n* : con- tra-
peso *m* — **counterclockwise** *adv & adj* : en
sentido opuesto a las agujas del reloj —
counterfeit *vt* : falsificar — ~ *adj* : falsificado — ~ *n* : falsificación *f* — **counterpart** *n* : homólogo *m* (de una persona),
equivalente *m* (de una cosa) — **counterproductive** *adj* : contraproducente
countess *n* : condesa *f*
countless *adj* : incontable, innumerable
country *n*, *pl* **-tries** **1** NATION : país *m* **2**
COUNTRYSIDE : campo *m* — ~ *adj*
: campestre, rural — **countryman** *n*, *pl*
-men *or* **fellow** ~ : compatriota *mf* —
countryside *n* : campo *m*, campiña *f*
county *n*, *pl* **-ties** : condado *m*
coup *n*, *pl* **coups** *or* ~ **d'etat** : golpe *m* (de
estado)
couple *n* **1** : pareja *f* (de personas) **2 a** ~ **of**
: un par de — ~ *vt* **-pled; -pling** : acoplar,
unir
coupon *n* : cupón *m*
courage *n* : valor *m* — **courageous** *adj* : valiente
courier *n* : mensajero *m*, -ra *f*
course *n* **1** : curso *m* **2** : plato *m* (de una
cena) **3** *or* **golf** ~ : campo *m* de golf **4 in
the** ~ **of** : en el transcurso de **5 of** ~
: desde luego, por supuesto
court *n* **1** : corte *f* (de un rey, etc.) **2** : cancha *f*, pista *f* (en deportes) **3** TRIBUNAL
: corte *f*, tribunal *m* — ~ *vt* : cortejar
courteous *adj* : cortés — **courtesy** *n*, *pl*
-sies : cortesía *f*
courthouse *n* : palacio *m* de justicia, juzgado *m* — **courtroom** *n* : sala *f* (de un tribunal)
courtship *n* : cortejo *m*, noviazgo *m*
courtyard *n* : patio *m*
cousin *n* : primo *m*, -ma *f*
cove *n* : ensenada *f*, cala *f*
covenant *n* : pacto *m*, convenio *m*
cover *vt* **1** : cubrir **2** *or* ~ **up** : encubrir,
ocultar **3** TREAT : tratar — ~ *n* **1** : cubierta
f **2** SHELTER : abrigo *m*, refugio *m* **3** LID
: tapa *f* **4** : cubierta *f* (de un libro), portada *f*
(de una revista) **5** ~**s** *npl* BEDCLOTHES
: mantas *fpl*, cobijas *fpl* *Lat* **6 take** ~
: ponerse a cubierto **7 under** ~ **of** : al amparo de — **coverage** *n* : cobertura *f* —
covert *adj* : encubierto — **cover–up** *n* : encubrimiento *m*
covet *vt* : codiciar — **covetous** *adj* : codicioso
cow *n* : vaca *f* — ~ *vt* : intimidar, acobardar
coward *n* : cobarde *mf* — **cowardice** *n* : cobardía *f* — **cowardly** *adj* : cobarde

cowboy *n* : vaquero *m*
cower *vi* : encogerse (de miedo)
coy *adj* : tímido y coqueto
coyote *n*, *pl* **coyotes** *or* **coyote** : coyote *m*
cozy *adj* **-zier; -est** : acogedor
crab *n* : cangrejo *m*, jaiba *f* *Lat*
crack *vt* **1** SPLIT : rajar, partir **2** : cascar
(nueces, huevos) **3** : chasquear (un látigo,
etc.) **4** ~ **down on** : tomar medidas enér-
gicas contra — *vi* **1** SPLIT : rajarse, agrietarse **2** : chasquear (dícese de un látigo) **3**
~ **up** : sufrir una crisis nerviosa — ~ *n* **1**
CRACKING : chasquido *m*, crujido *m* **2**
CREVICE : raja *f*, grieta *f* **3 have a** ~ **at**
: intentar
cracker *n* : galleta *f* (de soda, etc.)
crackle *vi* **-led; -ling** : crepitar, chisporrotear
— ~ *n* : crujido *m*, chisporroteo *m*
cradle *n* : cuna *f* — ~ *vt* **-dled; -dling** : acunar
craft *n* **1** TRADE : oficio *m* **2** CUNNING : astucia *f* **3** → **craftsmanship** **4** *pl usually*
craft BOAT : embarcación *f* — **craftsman** *n*,
pl **-men** : artesano *m*, -na *f* — **craftsmanship** *n* : artesanía *f*, destreza *f* — **crafty** *adj*
craftier; -est : astuto, taimado
crag *n* : peñasco *m*
cram *v* **crammed; cramming** *vt* **1** STUFF
: embutir **2** ~ **with** : atiborrar de — *vi* : estudiar a última hora
cramp *n* **1** : calambre *m*, espasmo *m* (de los
músculos) **2** ~**s** *npl* : retorcijones *mpl*
cranberry *n*, *pl* **-berries** : arándano *m* (rojo y
agrio)
crane *n* **1** : grulla *f* (ave) **2** : grúa *f*
(máquina) — ~ *vt* **craned; craning** : estirar (el cuello)
crank *n* **1** : manivela *f* **2** ECCENTRIC : excéntrico *m*, -ca *f* — **cranky** *adj* **crankier; -
est** : malhumorado
crash *vi* **1** : caerse con estrépito **2** COLLIDE
: estrellarse, chocar — *vt* : estrellar — ~ *n*
1 DIN : estrépito *m* **2** COLLISION : choque *m*
crass *adj* : burdo, grosero
crate *n* : cajón *m* (de madera)
crater *n* : cráter *m*
crave *vt* **craved; craving** : ansiar — **craving**
n : ansia *f*
crawl *vi* : arrastrarse, gatear (dícese de un
bebé) — ~ *n* **at a** ~ : a paso lento
crayon *n* : lápiz *m* de cera
craze *n* : moda *f* pasajera, manía *f*
crazy *adj* **-zier; -est** **1** : loco **2 go** ~ : volverse loco — **craziness** *n* : locura *f*
creak *vi* : chirriar, crujir — ~ *n* : chirrido *m*,
crujido *m*
cream *n* : crema *f*, nata *f* *Spain* — **cream
cheese** *n* : queso *m* crema — **creamy** *adj*
creamier; -est : cremoso

crease *n* : pliegue *m*, raya *f* (del pantalón) — **~** *vt* **creased; creasing** : plegar, poner una raya en (el pantalón)
create *vt* **-ated; -ating** : crear — **creation** *n* : creación *f* — **creative** *adj* : creativo — **creator** *n* : creador *m*, -dora *f*
creature *n* : criatura *f*, animal *m*
credence *n* **lend ~ to** : dar crédito a
credentials *npl* : credenciales *fpl*
credible *adj* : creíble — **credibility** *n* : credibilidad *f*
credit *n* **1** : crédito *m* **2** RECOGNITION : reconocimiento *m* **3 be a ~ to** : ser el orgullo de — **~** *vt* **1** BELIEVE : creer **2** : abonar (en una cuenta) **3 ~ s.o. with sth** : atribuir algo a algn — **credit card** *n* : tarjeta *f* de crédito
credulous *adj* : crédulo
creed *n* : credo *m*
creek *n* : arroyo *m*, riachuelo *m*
creep *vi* **crept; creeping 1** CRAWL : arrastrarse **2** SLINK : ir a hurtadillas — **~** *n* **1** CRAWL : paso *m* lento **2 the ~s** : escalofríos *mpl* — **creeping** *adj* **~ plant** : planta *f* trepadora
cremate *vt* **-mated; -mating** : incinerar
crescent *n* : media luna *f*
cress *n* : berro *m*
crest *n* : cresta *f* — **crestfallen** *adj* : alicaído
crevice *n* : grieta *f*
crew *n* **1** : tripulación *f* (de una nave) **2** TEAM : equipo *m*
crib *n* : cuna *f* (de un bebé)
cricket *n* **1** : grillo *m* (insecto) **2** : críquet *m* (juego)
crime *n* : crimen *m* — **criminal** *adj* : criminal — **~** *n* : criminal *mf*
crimp *vt* : rizar
crimson *n* : carmesí *m*
cringe *vi* **cringed; cringing** : encogerse
crinkle *vt* **-kled; -kling** : arrugar
cripple *vt* **-pled; -pling 1** DISABLE : lisiar, dejar inválido **2** INCAPACITATE : inutilizar, paralizar
crisis *n*, *pl* **crises** : crisis *f*
crisp *adj* **1** CRUNCHY : crujiente **2** : frío y vigorizante (dícese del aire) — **crispy** *adj* **crispier; -est** : crujiente
crisscross *vt* : entrecruzar
criterion *n*, *pl* **-ria** : criterio *m*
critic *n* : crítico *m*, -ca *f* — **critical** *adj* : crítico — **criticism** *n* : crítica *f* — **criticize** *vt* **-cized; -cizing** : criticar
croak *vi* : croar
crock *n* : vasija *f* de barro — **crockery** *n* : vajilla *f*, loza *f*
crocodile *n* : cocodrilo *m*
crony *n*, *pl* **-nies** : amigote *m fam*
crook *n* **1** STAFF : cayado *m* **2** THIEF : ratero *m*, -ra *f*; ladrón *m*, -drona *f* **3** BEND : pliegue *m* — **crooked** *adj* **1** BENT : torcido, chueco *Lat* **2** DISHONEST : deshonesto
crop *n* **1** WHIP : fusta *f* **2** HARVEST : cosecha *f* **3** : cultivo *m* (de maíz, tabaco, etc.) — **~** *v* **cropped; cropping** *vt* TRIM : recortar, cortar — *vi* **~ up** : surgir
cross *n* **1** : cruz *f* **2** HYBRID : cruce *m* — **~** *vt* **1** : cruzar, atravesar **2** CROSSBREED : cruzar **3** *or* **~ out** : tachar — **~** *adj* **1** : que atraviesa **2** ANGRY : enojado — **crossbreed** *vt* **-bred; -breeding** : cruzar — **cross-examine** *vt* : interrogar — **cross-eyed** *adj* : bizco — **cross fire** *n* : fuego *m* cruzado — **crossing** *n* **1** INTERSECTION : cruce *m*, paso *m* **2** VOYAGE : travesía *f* (del mar) — **cross-reference** *n* : referencia *f* — **crossroads** *n* : cruce *m* — **cross section** *n* **1** : corte *m* transversal **2** SAMPLE : muestra *f* representativa — **crosswalk** *n* : cruce *m* peatonal, paso *m* de peatones — **crossword puzzle** *n* : crucigrama *m*
crotch *n* : entrepierna *f*
crouch *vi* : agacharse
crouton *n* : crutón *m*
crow *n* : cuervo *m* — **~** *vi* **crowed** *or Brit* **crew; crowing** : cacarear
crowbar *n* : palanca *f*
crowd *vi* : amontonarse — *vt* : atestar, llenar — **~** *n* : multitud *f*, muchedumbre *f*
crown *n* **1** : corona *f* **2** : cima *f* (de una colina) — **~** *vt* : coronar
crucial *adj* : crucial
crucify *vt* **-fied; -fying** : crucificar — **crucifix** *n* : crucifijo *m* — **crucifixion** *n* : crucifixión *f*
crude *adj* **cruder; -est 1** RAW : crudo **2** VULGAR : grosero **3** ROUGH : tosco, rudo
cruel *adj* **-eler** *or* **-eller; -elest** *or* **-ellest** : cruel — **cruelty** *n*, *pl* **-ties** : crueldad *f*
cruet *n* : vinagrera *f*
cruise *vi* **cruised; cruising 1** : hacer un crucero **2** : ir a velocidad de crucero — **~** *n* : crucero *m* — **cruiser** *n* **1** WARSHIP : crucero *m* **2** : patrulla *f* (de policía)
crumb *n* : miga *f*, migaja *f*
crumble *v* **-bled; -bling** *vt* : desmenuzar — *vi* : desmenuzarse, desmoronarse
crumple *vt* **-pled; -pling** : arrugar
crunch *vt* : ronzar (con los dientes), hacer crujir (con los pies, etc.) — **crunchy** *adj* **crunchier; -est** : crujiente
crusade *n* : cruzada *f*
crush *vt* : aplastar, apachurrar *Lat* — **~** *n* **have a ~ on** : estar chiflado por
crust *n* : corteza *f*
crutch *n* : muleta *f*
crux *n* : quid *m*

cry *vi* **cried; crying** 1 SHOUT : gritar 2 WEEP : llorar — ~ *n, pl* **cries** : grito *m*
crypt *n* : cripta *f*
crystal *n* : cristal *m*
cub *n* : cachorro *m*, -rra *f*
Cuban *adj* : cubano
cube *n* : cubo *m* — **cubic** *adj* : cúbico
cubicle *n* : cubículo *m*
cuckoo *n* : cuco *m*, cuclillo *m*
cucumber *n* : pepino *m*
cuddle *v* **-dled; -dling** *vi* : acurrucarse, abrazarse — *vt* : abrazar
cudgel *n* : porra *f* — ~ *vt* **-geled** *or* **-gelled; -geling** *or* **-gelling** : aporrear
cue[1] *n* SIGNAL : señal *f*
cue[2] *n* : taco *m* (de billar)
cuff[1] *n* 1 : puño *m* (de una camisa) 2 ~s *npl* → **handcuffs**
cuff[2] *vt* : bofetear — ~ *n* SLAP : bofetada *f*
cuisine *n* : cocina *f*
culinary *adj* : culinario
cull *vt* : seleccionar, entresacar
culminate *vi* **-nated; -nating** : culminar — **culmination** *n* : culminación *f*
culprit *n* : culpable *mf*
cult *n* : culto *m*
cultivate *vt* **-vated; -vating** : cultivar — **cultivation** *n* : cultivo *m*
culture *n* 1 : cultura *f* 2 : cultivo *m* (en biología) — **cultural** *adj* : cultural — **cultured** *adj* : culto
cumbersome *adj* : torpe (y pesado), difícil de manejar
cumulative *adj* : acumulativo
cunning *adj* : astuto, taimado — ~ *n* : astucia *f*
cup *n* 1 : taza *f* 2 TROPHY : copa *f*
cupboard *n* : alacena *f*, armario *m*
curator *n* : conservador *m*, -dora *f*; director *m*, -tora *f*
curb *n* 1 RESTRAINT : freno *m* 2 : borde *m* de la acera — ~ *vt* : refrenar
curdle *v* **-dled; -dling** *vi* : cuajarse — *vt* : cuajar
cure *n* : cura *f*, remedio *m* — ~ *vt* **cured; curing** : curar
curfew *n* : toque *m* de queda
curious *adj* : curioso — **curio** *n, pl* **-rios** : curiosidad *f* — **curiosity** *n, pl* **-ties** : curiosidad *f*
curl *vt* 1 : rizar 2 COIL : enrollar, enroscar — *vi* 1 : rizarse 2 ~ **up** : acurrucarse — ~ *n* : rizo *m* — **curler** *n* : rulo *m* — **curly** *adj* **curlier; -est** : rizado

currant *n* 1 : grosella *f* (fruta) 2 RAISIN : pasa *f* de Corinto
currency *n, pl* **-cies** 1 MONEY : moneda *f* 2 **gain** ~ : ganar aceptación
current *adj* 1 PRESENT : actual 2 PREVALENT : corriente — ~ *n* : corriente *f*
curriculum *n, pl* **-la** : plan *m* de estudios
curry *n, pl* **-ries** : curry *m*
curse *n* : maldición *f* — ~ *v* **cursed; cursing** : maldecir
cursor *n* : cursor *m*
cursory *adj* : superficial
curt *adj* : corto, seco
curtail *vt* : acortar
curtain *n* : cortina *f* (de una ventana), telón *m* (en un teatro)
curtsy *vi* **-sied** *or* **-seyed; -sying** *or* **-seying** : hacer una reverencia — ~ *n* : reverencia *f*
curve *v* **curved; curving** *vi* : hacer una curva — *vt* : encorvar — ~ *n* : curva *f*
cushion *n* : cojín *m* — ~ *vt* : amortiguar
custard *n* : natillas *fpl*
custody *n, pl* **-dies** 1 : custodia *f* 2 **be in** ~ : estar detenido — **custodian** *n* : custodio *m*, -dia *f*; guardián, -diana *f*
custom *n* : costumbre *f* — **customary** *adj* : habitual, acostumbrado — **customer** *n* : cliente *m*, -ta *f* — **customs** *npl* : aduana *f*
cut *v* **cut; cutting** *vt* 1 : cortar 2 REDUCE : reducir, rebajar 3 ~ **oneself** : cortarse 4 ~ **up** : cortar en pedazos — *vi* 1 : cortar 2 ~ **in** : interrumpir — ~ *n* 1 : corte *m* 2 REDUCTION : rebaja *f*, reducción *f*
cute *adj* **cuter; -est** : mono *fam*, lindo
cutlery *n* : cubiertos *mpl*
cutlet *n* : chuleta *f*
cutting *adj* : cortante, mordaz
cyanide *n* : cianuro *m*
cycle *n* 1 : ciclo *m* 2 BICYCLE : bicicleta *f* — ~ *vi* **-cled; -cling** : ir en bicicleta — **cyclic** *or* **cyclical** *adj* : cíclico — **cyclist** *n* : ciclista *mf*
cyclone *n* : ciclón *m*
cylinder *n* : cilindro *m* — **cylindrical** *adj* : cilíndrico
cymbal *n* : platillo *m*, címbalo *m*
cynic *n* : cínico *m*, -ca *f* — **cynical** *adj* : cínico — **cynicism** *n* : cinismo *m*
cypress *n* : ciprés *m*
cyst *n* : quiste *m*
czar *n* : zar *m*
Czech *adj* : checo — ~ *n* : checo *m* (idioma)

D

d *n, pl* **d's** *or* **ds** : d *f,* cuarta letra del alfabeto inglés

dab *n* : toque *m* — ~ *vt* **dabbed; dabbing** : dar toques ligeros a, aplicar suavemente

dabble *vi* **-bled; -bling** ~ **in** : interesarse superficialmente en — **dabbler** *n* : aficionado *m,* -da *f*

dad *n* : papá *m fam* — **daddy** *n, pl* **-dies** : papá *m fam*

daffodil *n* : narciso *m*

dagger *n* : daga *f,* puñal *m*

daily *adj* : diario — ~ *adv* : diariamente

dainty *adj* **-tier; -est** : delicado

dairy *n, pl* **-ies** **1** : lechería *f* (tienda) **2** *or* ~ **farm** : granja *f* lechera

daisy *n, pl* **-sies** : margarita *f*

dam *n* : presa *f* — ~ *vt* **dammed; damming** : represar

damage *n* **1** : daño *m,* perjuicio *m* **2** ~**s** *npl* : daños y perjuicios *mpl* — ~ *vt* **-aged; -aging** : dañar

damn *vt* **1** CONDEMN : condenar **2** CURSE : maldecir — ~ *n* **not give a** ~ : no importarse un comino *fam* — ~ *or* **damned** *adj* : maldito *fam*

damp *adj* : húmedo — **dampen** *vt* **1** MOISTEN : humedecer **2** DISCOURAGE : desalentar, desanimar — **dampness** *n* : humedad *f*

dance *v* **danced; dancing** : bailar — ~ *n* : baile *m* — **dancer** *n* : bailarín *m,* -rina *f*

dandelion *n* : diente *m* de león

dandruff *n* : caspa *f*

dandy *adj* **-dier; -est** : de primera, excelente

danger *n* : peligro *m* — **dangerous** *adj* : peligroso

dangle *v* **-gled; -gling** *vi* HANG : colgar, pender — *vt* : hacer oscilar

Danish *adj* : danés — ~ *n* : danés *m* (idioma)

dank *adj* : frío y húmedo

dare *v* **dared; daring** *vt* : desafiar — *vi* : osar — ~ *n* : desafío *m* — **daredevil** *n* : persona *f* temeraria — **daring** *adj* : atrevido, audaz — ~ *n* : audacia *f*

dark *adj* **1** : oscuro **2** : moreno (dícese del pelo o de la piel) **3** GLOOMY : sombrío **4** **get** ~ : hacerse de noche — **darken** *vt* : oscurecer — *vi* : oscurecerse — **darkness** *n* : oscuridad *f*

darling *n* BELOVED : querido *m,* -da *f* — ~ *adj* : querido

darn *vt* : zurcir — ~ *adj* : maldito *fam*

dart *n* **1** : dardo *m* **2** ~**s** *npl* : juego *m* de dardos — ~ *vi* : precipitarse

dash *vt* **1** SMASH : romper **2** HURL : lanzar **3** ~ **off** : hacer (algo) rápidamente — *vi* : lanzarse, irse corriendo — ~ *n* **1** : guión *m* largo (signo de puntuación) **2** PINCH : poquito *m,* pizca *f* **3** RACE : carrera *f* — **dashboard** *n* : tablero *m* de instrumentos — **dashing** *adj* : gallardo, apuesto

data *ns & pl* : datos *mpl* — **database** *n* : base *f* de datos

date[1] *n* : dátil *m* (fruta)

date[2] *n* **1** : fecha *f* **2** APPOINTMENT : cita *f* — ~ *v* **dated; dating** *vt* **1** : fechar (una carta, etc.) **2** : salir con (algn) — *vi* ~ **from** : datar de — **dated** *adj* : pasado de moda

daub *vt* : embadurnar

daughter *n* : hija *f* — **daughter–in–law** *n, pl* **daughters–in–law** : nuera *f*

daunt *vt* : intimidar

dawdle *vi* **-dled; -dling** : entretenerse, perder tiempo

dawn *vi* **1** : amanecer **2 it** ~**ed on him that** : cayó en la cuenta de que — ~ *n* : amanecer *m*

day *n* **1** : día *m* **2** *or* **working** ~ : jornada *f* **3 the** ~ **before** : el día anterior **4 the** ~ **before yesterday** : anteayer **5 the** ~ **after** : el día siguiente **6 the** ~ **after tomorrow** : pasada mañana — **daybreak** *n* : amanecer *m* — **daydream** *n* : ensueño *m* — ~ *vi* : soñar despierto — **daylight** *n* : luz *f* del día — **daytime** *n* : día *m*

daze *vt* **dazed; dazing** : aturdir — ~ *n* **in a** ~ : aturdido

dazzle *vt* **-zled; -zling** : deslumbrar

dead *adj* **1** LIFELESS : muerto **2** NUMB : entumecido — ~ *n* **1 in the** ~ **of night** : en plena noche **2 the** ~ : los muertos — ~ *adv* ABSOLUTELY : absolutamente — **deaden** *vt* **1** : atenuar (dolores) **2** MUFFLE : amortiguar — **dead end** *n* : callejón *m* sin salida — **deadline** *n* : fecha *f* límite — **deadlock** *n* : punto *m* muerto — **deadly** *adj* **-lier; -est 1** : mortal, letal **2** ACCURATE : certero, preciso

deaf *adj* : sordo — **deafen** *vt* : ensordecer — **deafness** *n* : sordera *f*

deal *n* **1** TRANSACTION : trato *m,* transacción *f* **2** : reparto *m* (de naipes) **3 a good** ~ : mucho — ~ *v* **dealt; dealing** *vt* **1** : dar **2** : repartir, dar (naipes) **3** ~ **a blow** : asestar un golpe — *vi* **1** : dar, repartir (en juegos de naipes) **2** ~ **in** : comerciar en **3** ~ **with** CONCERN : tratar de **4** ~ **with s.o.** : tratar con algn — **dealer** *n* : comerciante *mf* — **dealings** *npl* : trato *m*, relaciones *fpl*

dean *n* : decano *m*, -na *f*

dear *adj* : querido — ～ *n* : querido *m*, -da *f* — **dearly** *adv* 1 : mucho 2 pay ～ : pagar caro

death *n* : muerte *f*

debar *vt* : excluir

debate *n* : debate *m*, discusión *f* — ～ *vt* -bated; -bating : debatir, discutir

debit *vt* : adeudar, cargar — ～ *n* : débito *m*, debe *m*

debris *n*, *pl* -bris : escombros *mpl*

debt *n* : deuda *f* — **debtor** *n* : deudor *m*, -dora *f*

debunk *vt* : desmentir

debut *n* : debut *m* — ～ *vi* : debutar

decade *n* : década *f*

decadence *n* : decadencia *f* — **decadent** *adj* : decadente

decal *n* : calcomanía *f*

decanter *n* : licorera *f*

decapitate *vt* -tated; -tating : decapitar

decay *vi* 1 DECOMPOSE : descomponerse 2 DETERIORATE : deteriorarse 3 : cariarse (dícese de los dientes) — ～ *n* 1 : descomposición *f* 2 : deterioro *m* (de un edificio, etc.) 3 : caries *f* (de los dientes)

deceased *adj* : difunto — ～ *n* the ～ : el difunto, la difunta

deceive *vt* -ceived; -ceiving : engañar — **deceit** *n* : engaño *m* — **deceitful** *adj* : engañoso

December *n* : diciembre *m*

decent *adj* 1 : decente 2 KIND : bueno, amable — **decency** *n*, *pl* -cies : decencia *f*

deception *n* : engaño *m* — **deceptive** *adj* : engañoso

decide *v* -cided; -ciding *vt* : decidir — *vi* : decidirse — **decided** *adj* 1 UNQUESTIONABLE : indudable 2 RESOLUTE : decidido — **decidedly** *adv* 1 DEFINITELY : decididamente 2 RESOLUTELY : con decisión

decimal *adj* : decimal — ～ *n* : número *m* decimal — **decimal point** *n* : coma *f* decimal

decipher *vt* : descifrar

decision *n* : decisión *f* — **decisive** *adj* 1 RESOLUTE : decidido 2 CONCLUSIVE : decisivo

deck *n* 1 : cubierta *f* (de un barco) 2 *or* ～ **of cards** : baraja *f* (de naipes) 3 TERRACE : entarimado *m*

declare *vt* -clared; -claring : declarar — **declaration** *n* : declaración *f*

decline *v* -clined; -clining *vt* REFUSE : declinar, rehusar — *vi* DECREASE : disminuir — ～ *n* 1 DETERIORATION : decadencia *f*, deterioro *m* 2 DECREASE : disminución *f*

decode *vt* -coded; -coding : descodificar

decompose *vt* -posed; -posing : descomponer — *vi* : descomponerse

decongestant *n* : descongestionante *m*

decorate *vt* -rated; -rating : decorar — **decor** *or* **décor** *n* : decoración *f* — **decoration** *n* : decoración *f* — **decorator** *n* : decorador *m*, -dora *f*

decoy *n* : señuelo *m*

decrease *v* -creased; -creasing : disminuir — ～ *n* : disminución *f*

decree *n* : decreto *m* — ～ *vt* -creed; -creeing : decretar

decrepit *adj* 1 FEEBLE : decrépito 2 DILAPIDATED : ruinoso

dedicate *vt* -cated; -cating 1 : dedicar 2 ～ **oneself to** : consagrarse a — **dedication** *n* 1 DEVOTION : dedicación *f* 2 INSCRIPTION : dedicatoria *f*

deduce *vt* -duced; -ducing : deducir — **deduct** *vt* : deducir — **deduction** *n* : deducción *f*

deed *n* : acción *f*, hecho *m*

deem *vt* : considerar, juzgar

deep *adj* : hondo, profundo — ～ *adv* 1 DEEPLY : profundamente 2 ～ **down** : en el fondo 3 **dig** ～ : cavar hondo — **deepen** *vt* : ahondar — *vi* : hacerse más profundo — **deeply** *adv* : hondo, profundamente

deer *ns* & *pl* : ciervo *m*

deface *vt* -faced; -facing : desfigurar

default *n* **by** ～ : en rebeldía — ～ *vi* 1 ～ **on** : no pagar (una deuda) 2 : no presentarse (en deportes)

defeat *vt* 1 BEAT : vencer, derrotar 2 FRUSTRATE : frustrar — ～ *n* : derrota *f*

defect *n* : defecto *m* — ～ *vi* : desertar — **defective** *adj* : defectuoso

defend *vt* : defender — **defendant** *n* : acusado *m*, -da *f* — **defense** *or Brit* **defence** *n* : defensa *f* — **defenseless** *or Brit* **defenceless** *adj* : indefenso — **defensive** *adj* : defensivo — ～ *n* **on the** ～ : a la defensiva

defer *v* -ferred; -ferring *vt* : diferir, aplazar — *vi* ～ **to** : deferir a — **deference** *n* : deferencia *f* — **deferential** *adj* : deferente

defiance *n* 1 : desafío *m* 2 **in** ～ **of** : a despecho de — **defiant** *adj* : desafiante

deficiency *n*, *pl* -cies : deficiencia *f* — **deficient** *adj* : deficiente

deficit *n* : déficit *m*

defile *vt* -filed; -filing 1 DIRTY : ensuciar 2 DESECRATE : profanar

define *vt* -fined; -fining : definir — **definite** *adj* 1 : definido 2 CERTAIN : seguro, incuestionable — **definition** *n* : definición *f* — **definitive** *adj* : definitivo

deflate *v* -flated; -flating *vt* : desinflar (una llanta, etc.) — *vi* : desinflarse

deploy

deflect vt : desviar — vi : desviarse
deform vt : deformar — **deformity** n, pl **-ties**
 : deformidad f
defraud vt : defraudar
defrost vt : descongelar — vi : descongelarse
deft adj : hábil, diestro
defy vt **-fied; -fying 1** CHALLENGE : desafiar
 2 RESIST : resistir
degenerate vi : degenerar — ~ adj : degenerado
degrade vt **-graded; -grading** : degradar —
 degrading adj : degradante
degree n **1** : grado m **2** or **academic** ~
 : título m
dehydrate vt **-drated; -drating** : deshidratar
deign vi ~ **to** : dignarse (a)
deity n, pl **-ties** : deidad f
dejected adj : abatido — **dejection** n : abatimiento m
delay n : retraso m — ~ vt **1** POSTPONE
 : aplazar **2** HOLD UP : retrasar — vi : demorar
delectable adj : delicioso
delegate n : delegado m, **-da** f — ~ v
 -gated; -gating : delegar — **delegation** n
 : delegación f
delete vt **-leted; -leting** : borrar
deliberate v **-ated; -ating** vt : deliberar
 sobre — vi : deliberar — ~ adj : deliberado
 — **deliberately** adv INTENTIONALLY : a
 propósito — **deliberation** n : deliberación f
delicacy n, pl **-cies 1** : delicadeza f **2** FOOD
 : manjar m, exquisitez f — **delicate** adj
 : delicado
delicatessen n : charcutería f
delicious adj : delicioso
delight n : placer m, deleite m — ~ vt
 : deleitar, encantar — vi ~ **in** : deleitarse
 con — **delightful** adj : delicioso, encantador
delinquent adj : delincuente — ~ n : delincuente mf
delirious adj : delirante — **delirium** n
 : delirio m
deliver vt **1** DISTRIBUTE : entregar, repartir
 2 FREE : liberar **3** : asistir en el parto de (un
 niño) **4** : pronunciar (un discurso, etc.) **5**
 DEAL : asestar (un golpe, etc.) — **delivery**
 n, pl **-eries 1** DISTRIBUTION : entrega f,
 reparto m **2** LIBERATION : liberación f **3**
 CHILDBIRTH : parto m, alumbramiento m
delude vt **-luded; -luding 1** : engañar **2** ~
 oneself : engañarse
deluge n : diluvio m
delusion n : ilusión f
deluxe adj : de lujo
delve vi **delved; delving 1** : escarbar **2** ~
 into PROBE : investigar
demand n **1** REQUEST : petición f **2** CLAIM

 : reclamación f, exigencia f **3** → **supply** —
 ~ vt : exigir — **demanding** adj : exigente
demean vt ~ **oneself** : rebajarse
demeanor n : comportamiento m
demented adj : demente, loco
demise n : fallecimiento m
democracy n, pl **-cies** : democracia f — **democrat** n : demócrata mf — **democratic**
 adj : democrático
demolish vt : demoler — **demolition** n : demolición f
demon n : demonio m
demonstrate v **-strated; -strating** vt
 : demostrar — vi RALLY : manifestarse —
 demonstration n **1** : demostración f **2**
 RALLY : manifestación f
demoralize vt **-ized; -izing** : desmoralizar
demote vt **-moted; -moting** : bajar de categoría
demure adj : recatado
den n LAIR : guarida f
denial n **1** : negación f, rechazo m **2** RE-
 FUSAL : denegación f
denim n : tela f vaquera, mezclilla f Lat
denomination n **1** : confesión f (religiosa)
 2 : valor m (de una moneda)
denounce vt **-nounced; -nouncing** : denunciar
dense adj **denser; -est 1** THICK : denso **2**
 STUPID : estúpido — **density** n, pl **-ties**
 : densidad f
dent vt : abollar — ~ n : abolladura f
dental adj : dental — **dental floss** n : hilo m
 dental — **dentist** n : dentista mf — **dentures** npl : dentadura f postiza
deny vt **-nied; -nying 1** : negar **2** REFUSE
 : denegar
deodorant n : desodorante m
depart vi **1** : salir **2** ~ **from** : apartarse de
 (la verdad, etc.)
department n : sección f (de una tienda,
 etc.), departamento m (de una empresa,
 etc.), ministerio m (del gobierno) — **department store** n : grandes almacenes mpl
departure n **1** : salida f **2** DEVIATION
 : desviación f
depend vi **1** ~ **on** : depender de **2** ~ **on**
 s.o. : contar con algn **3** that ~**s** : eso depende — **dependable** adj : digno de confianza — **dependence** n : dependencia f —
 dependent adj : dependiente
depict vt **1** PORTRAY : representar **2** DE-
 SCRIBE : describir
deplete vt **-pleted; -pleting** : agotar, reducir
deplore vt **-plored; -ploring** : deplorar,
 lamentar — **deplorable** adj : lamentable
deploy vt : desplegar

deport

deport *vt* : deportar, expulsar (de un país) — **deportation** *n* : deportación *f*

depose *vt* **-posed; -posing** : deponer

deposit *vt* **-ited; -iting** : depositar — $\sim$ *n* **1** : depósito *m* **2** DOWN PAYMENT : entrega *f* inicial

depot *n* **1** WAREHOUSE : almacén *m*, depósito *m* **2** STATION : terminal *mf*

depreciate *vi* **-ated; -ating** : depreciarse — **depreciation** *n* : depreciación *f*

depress *vt* **1** : deprimir **2** PRESS : apretar — **depressed** *adj* : abatido, deprimido — **depressing** *adj* : deprimente — **depression** *n* : depresión *f*

deprive *vt* **-prived; -priving** : privar

depth *n, pl* **depths 1** : profundidad *f* **2 in the $\sim$s of night** : en lo más profundo de la noche

deputy *n, pl* **-ties** : suplente *mf*; sustituto *m*, -ta *f*

derail *vt* : hacer descarrilar

deranged *adj* : trastornado

derelict *adj* : abandonado

deride *vt* **-rided; -riding** : burlarse de — **derision** *n* : mofa *f*

derive *vi* **-rived; -riving** : derivar — **derivation** *n* : derivación *f*

derogatory *adj* : despectivo

descend *v* : descender, bajar — **descendant** *n* : descendiente *mf* — **descent** *n* **1** : descenso *m* **2** LINEAGE : descendencia *f*

describe *vt* **-scribed; -scribing** : describir — **description** *n* : descripción *f* — **descriptive** *adj* : descriptivo

desecrate *vt* **-crated; -crating** : profanar

desert *n* : desierto *m* — $\sim$ *adj* $\sim$ **island** : isla *f* desierta — $\sim$ *vt* : abandonar — *vi* : desertar — **deserter** *n* : desertor *m*, -tora *f*

deserve *vt* **-served; -serving** : merecer

design *vt* **1** DEVISE : diseñar **2** PLAN : proyectar — $\sim$ *n* **1** : diseño *m* **2** PLAN : plan *m*, proyecto *m*

designate *vt* **-nated; -nating** : nombrar, designar

designer *n* : diseñador *m*, -dora *f*

desire *vt* **-sired; -siring** : desear — $\sim$ *n* : deseo *m* — **desirable** *adj* : deseable

desk *n* : escritorio *m*, pupitre *m* (en la escuela)

desolate *adj* : desolado

despair *vi* : desesperar — $\sim$ *n* : desesperación *f*

desperate *adj* : desesperado — **desperation** *n* : desesperación *f*

despise *vt* **-spised; -spising** : despreciar — **despicable** *adj* : despreciable

despite *prep* : a pesar de

despondent *adj* : desanimado

dessert *n* : postre *m*

destination *n* : destino *m* — **destined** *adj* **1** : destinado **2** $\sim$ **for** : con destino a — **destiny** *n, pl* **-nies** : destino *m*

destitute *adj* : indigente

destroy *vt* : destruir — **destruction** *n* : destrucción *f* — **destructive** *adj* : destructivo

detach *vt* : separar — **detached** *adj* **1** : separado **2** IMPARTIAL : objetivo

detail *n* **1** : detalle *m* **2 go into** $\sim$: entrar en detalles — $\sim$ *vt* : detallar — **detailed** *adj* : detallado

detain *vt* **1** : detener (un prisionero) **2** DELAY : entretener

detect *vt* : detectar — **detection** *n* : detección *f*, descubrimiento *m* — **detective** *n* : detective *mf*

detention *n* : detención *m*

deter *vt* **-terred; -terring** : disuadir

detergent *n* : detergente *m*

deteriorate *vi* **-rated; -rating** : deteriorarse — **deterioration** *n* : deterioro *m*

determine *vt* **-mined; -mining** : determinar — **determined** *adj* RESOLUTE : decidido — **determination** *n* : determinación *f*

deterrent *n* : medida *f* disuasiva

detest *vt* : detestar — **detestable** *adj* : odioso

detonate *v* **-nated; -nating** *vt* : hacer detonar — *vi* EXPLODE : detonar, estallar — **detonation** *n* : detonación *f*

detour *n* **1** : desviación *f* **2 make a** $\sim$: dar un rodeo — $\sim$ *vi* : desviarse

detract *vi* $\sim$ **from** : aminorar, restar importancia a

detrimental *adj* : perjudicial

devalue *vt* **-ued; -uing** : devaluar

devastate *vt* **-tated; -tating** : devastar — **devastating** *adj* : devastador — **devastation** *n* : devastación *f*

develop *vt* **1** : desarrollar **2** $\sim$ **an illness** : contraer una enfermedad — *vi* **1** GROW : desarrollarse **2** HAPPEN : aparecer — **development** *n* : desarrollo *m*

deviate *v* **-ated; -ating** *vi* : desviarse — **deviation** *n* : desviación *f*

device *n* : dispositivo *m*, mecanismo *m*

devil *n* : diablo *m*, demonio *m* — **devilish** *adj* : diabólico

devious *adj* **1** CRAFTY : taimado **2** WINDING : tortuoso

devise *vt* **-vised; -vising** : idear, concebir

devoid *adj* $\sim$ **of** : desprovisto de

devote *vt* **-voted; -voting** : consagrar, dedicar — **devoted** *adj* : leal — **devotee** *n* : devoto *m*, -ta *f* — **devotion** *n* **1** : devoción *f*, dedicación *f* **2** : oración *f* (en religión)

devour *vt* : devorar

devout *adj* : devoto

dew *n* : rocío *m*

dexterity *n, pl* **-ties** : destreza *f*
diabetes *n* : diabetes *f* — **diabetic** *adj* : diabético — ~ *n* : diabético *m*, -ca *f*
diabolic *or* **diabolical** *adj* : diabólico
diagnosis *n, pl* **-noses** : diagnóstico *m* — **diagnose** *vt* **-nosed; -nosing** : diagnosticar — **diagnostic** *adj* : diagnóstico
diagonal *adj* : diagonal, en diagonal — ~ *n* : diagonal *f*
diagram *n* : diagrama *m*
dial *n* : esfera *f* (de un reloj), dial *m* (de un radio, etc.) — ~ *v* **dialed** *or* **dialled; dialing** *or* **dialling** : marcar
dialect *n* : dialecto *m*
dialogue *n* : diálogo *m*
diameter *n* : diámetro *m*
diamond *n* **1** : diamante *m* **2** : rombo *m* (forma) **3** *or* **baseball** ~ : cuadro *m*, diamante *m*
diaper *n* : pañal *m*
diaphragm *n* : diafragma *m*
diarrhea *n* : diarrea *f*
diary *n, pl* **-ries**: diario *m*
dice *ns & pl* : dados *mpl* (juego)
dictate *vt* **-tated; -tating** : dictar — **dictation** *n* : dictado *m* — **dictator** *n* : dictador *m*, -dora *f* — **dictatorship** *n* : dictadura *f*
dictionary *n, pl* **-naries** : diccionario *m*
did → **do**
die[1] *vi* **died; dying 1** : morir **2** ~ **down** : amainar, disminuir **3** ~ **out** : extinguirse **4 be dying for** : morirse por
die[2] *n* **1** *pl* **dice** : dado *m* (para jugar) **2** *pl* **dies** MOLD : molde *m*
diesel *n* : diesel *m*
diet *n* **1** FOOD : alimentación *f* **2 go on a** ~ : ponerse a régimen — ~ *vi* : estar a régimen
differ *vi* **-ferred; -ferring 1** : diferir, ser distinto **2** DISAGREE : no estar de acuerdo — **difference** *n* : diferencia *f* — **different** *adj* : distinto, diferente — **differentiate** *v* **-ated; -ating** *vt* : diferenciar — *vi* : distinguir — **differently** *adv* : de otra manera
difficult *adj* : difícil — **difficulty** *n, pl* **-ties** : dificultad *f*
diffident *adj* : tímido, que falta confianza
dig *v* **dug; digging** *vt* **1** : cavar **2** ~ **up** : desenterrar — *vi* : cavar — ~ *n* **1** GIBE : pulla *f* **2** EXCAVATION : excavación *f*
digest *n* : resumen *m* — ~ *vt* **1** : digerir **2** SUMMARIZE : resumir — **digestible** *adj* : digerible — **digestion** *n* : digestión *f* — **digestive** *adj* : digestivo
digit *n* **1** NUMERAL : dígito *m*, número *m* **2** FINGER, TOE : dedo *m* — **digital** *adj* : digital
dignity *n, pl* **-ties** : dignidad *f* — **dignified** *adj* : digno, decoroso

digress *vi* : desviarse del tema, divagar — **digression** *n* : digresión *f*
dike *n* : dique *m*
dilapidated *adj* : ruinoso
dilate *v* **-lated; -lating** *vt* : dilatar — *vi* : dilatarse
dilemma *n* : dilema *m*
diligence *n* : diligencia *f* — **diligent** *adj* : diligente
dilute *vt* **-luted; -luting** : diluir
dim *v* **dimmed; dimming** *vt* : atenuar — *vi* : irse atenuando — ~ *adj* **dimmer; dimmest 1** DARK : oscuro **2** FAINT : débil, tenue
dime *n* : moneda *f* de diez centavos
dimension *n* : dimensión *f*
diminish *v* : disminuir
diminutive *adj* : diminuto
dimple *n* : hoyuelo *m*
din *n* : estrépito *m*
dine *vi* **dined; dining** : cenar — **diner** *n* **1** : comensal *mf* (persona) **2** : cafetería *f* (restaurante)
dingy *adj* **-gier; -est** : sucio, deslucido
dinner *n* : cena *f*, comida *f*
dinosaur *n* : dinosaurio *m*
dint *n* **by** ~ **of** : a fuerza de
dip *v* **dipped; dipping** *vt* : mojar — *vi* : bajar, descender — ~ *n* **1** DROP : descenso *m*, caída *f* **2** SWIM : chapuzón *m* **3** SAUCE : salsa *f*
diploma *n, pl* **-mas** : diploma *m*
diplomacy *n* : diplomacia *f* — **diplomat** *n* : diplomático *m*, -ca *f* — **diplomatic** *adj* : diplomático
dire *adj* **direr; direst 1** : grave, terrible **2** EXTREME : extremo
direct *vt* **1** : dirigir **2** ORDER : mandar — ~ *adj* **1** STRAIGHT : directo **2** FRANK : franco — ~ *adv* : directamente — **direct current** *n* : corriente *f* continua — **direction** *n* **1** : dirección *f* **2 ask** ~**s** : pedir indicaciones — **directly** *adv* **1** STRAIGHT : directamente **2** IMMEDIATELY : en seguida — **director** *n* **1** : director *m*, -tora *f* **2 board of** ~**s** : directorio *m* — **directory** *n, pl* **-ries** : guía *f* (telefónica)
dirt *n* **1** : suciedad *f* **2** SOIL : tierra *f* — **dirty** *adj* **dirtier; -est 1** : sucio **2** INDECENT : obsceno, cochino *fam*
disability *n, pl* **-ties** : minusvalía *f*, invalidez *f* — **disable** *vt* **-abled; -abling** : incapacitar — **disabled** *adj* : minusválido
disadvantage *n* : desventaja *f*
disagree *vi* **1** : no estar de acuerdo (con algn) **2** CONFLICT : no coincidir — **disagreeable** *adj* : desagradable — **disagreement** *n* **1** : desacuerdo *m* **2** ARGUMENT : discusión *f*

disappear *vi* : desaparecer — **disappearance** *n* : desaparición *f*

disappoint *vt* : decepcionar, desilusionar — **disappointment** *n* : decepción *f*, desilusión *f*

disapprove *vi* **-proved; -proving** ~ **of** : desaprobar — **disapproval** *n* : desaprobación *f*

disarm *vt* : desarmar — **disarmament** *n* : desarme *m*

disarray *n* : desorden *m*

disaster *n* : desastre *m* — **disastrous** *adj* : desastroso

disbelief *n* : incredulidad *f*

disc → **disk**

discard *vt* : desechar, deshacerse de

discern *vt* : percibir, discernir — **discernible** *adj* : perceptible

discharge *vt* **-charged; -charging 1** UNLOAD : descargar **2** RELEASE : liberar, poner en libertad **3** DISMISS : despedir **4** CARRY OUT : cumplir con (una obligación) — ~ *n* **1** : descarga *f* (de electricidad), emisión *f* (de humo, etc.) **2** DISMISSAL : despido *m* **3** RELEASE : alta *f* (de un paciente), puesta *f* en libertad (de un preso) **4** : supuración *f* (en medicina)

disciple *n* : discípulo *m*, -la *f*

discipline *n* **1** : disciplina *f* **2** PUNISHMENT : castigo *m* — ~ *vt* **-plined; -plining 1** CONTROL : disciplinar **2** PUNISH : castigar

disclaim *vt* : negar

disclose *vt* **-closed; -closing** : revelar — **disclosure** *n* : revelación *f*

discomfort *n* **1** : incomodidad *f* **2** PAIN : malestar *m* **3** UNEASINESS : inquietud *f*

disconcert *vt* : desconcertar

disconnect *vt* : desconectar

disconsolate *adj* : desconsolado

discontented *adj* : descontento

discontinue *vt* **-ued; -uing** : suspender, descontinuar

discount *n* : descuento *m*, rebaja *f* — ~ *vt* **1** : descontar (precios) **2** DISREGARD : descartar

discourage *vt* **-aged; -aging** : desalentar, desanimar — **discouragement** *n* : desánimo *m*, desaliento *m*

discover *vt* : descubrir — **discovery** *n, pl* **-ries** : descubrimiento *m*

discredit *vt* : desacreditar — ~ *n* : descrédito *m*

discreet *adj* : discreto

discrepancy *n, pl* **-cies** : discrepancia *f*

discretion *n* : discreción *f*

discriminate *vi* **-nated; -nating 1** ~ **against** : discriminar **2** ~ **between** : distinguir entre — **discrimination** *n* **1** PREJUDICE : discriminación *f* **2** DISCERNMENT : discernimiento *m*

discuss *vt* : hablar de, discutir — **discussion** *n* : discusión *f*

disdain *n* : desdén *m* — ~ *vt* : desdeñar

disease *n* : enfermedad *f* — **diseased** *adj* : enfermo

disembark *vi* : desembarcar

disengage *vt* **-gaged; -gaging 1** RELEASE : soltar **2** ~ **the clutch** : desembragar

disentangle *vt* **-gled; -gling** : desenredar

disfavor *n* : desaprobación *f*

disfigure *vt* **-ured; -uring** : desfigurar

disgrace *vt* **-graced; -gracing** : deshonrar — ~ *n* **1** DISHONOR : deshonra *f* **2** SHAME : vergüenza *f* — **disgraceful** *adj* : vergonzoso, deshonroso

disgruntled *adj* : descontento

disguise *vt* **-guised; -guising** : disfrazar — ~ *n* : disfraz *m*

disgust *n* : asco *m*, repugnancia *f* — ~ *vt* : asquear — **disgusting** *adj* : asqueroso

dish *n* **1** : plato *m* **2** *or* **serving** ~ : fuente *f* **3 wash the** ~**es** : lavar los platos — ~ *vt or* ~ **up** : servir — **dishcloth** *n* : paño *m* de cocina (para secar), trapo *m* de fregar (para lavar)

dishearten *vt* : desanimar

disheveled *or* **dishevelled** *adj* : desaliñado, despeinado (dícese del pelo)

dishonest *adj* : deshonesto — **dishonesty** *n, pl* **-ties** : falta *f* de honradez

dishonor *n* : deshonra *f* — ~ *vt* : deshonrar — **dishonorable** *adj* : deshonroso

dishwasher *n* : lavaplatos *m*, lavavajillas *m*

disillusion *vt* : desilusionar — **disillusionment** *n* : desilusión *f*

disinfect *vt* : desinfectar — **disinfectant** *n* : desinfectante *m*

disintegrate *vi* **-grated; -grating** : desintegrarse

disinterested *adj* : desinteresado

disk *or* **disc** *n* : disco *m*

dislike *n* : aversión *f*, antipatía *f* — ~ *vt* **-liked; -liking 1** : tener aversión a **2 I** ~ **dancing** : no me gusta bailar

dislocate *vt* **-cated; -cating** : dislocar

dislodge *vt* **-lodged; -lodging** : sacar, desalojar

disloyal *adj* : desleal — **disloyalty** *n, pl* **-ties** : deslealtad *f*

dismal *adj* : sombrío, deprimente

dismantle *vt* **-tled; -tling** : desmontar, desarmar

dismay *vt* : consternar — ~ *n* : consternación *f*

dismiss *vt* **1** DISCHARGE : despedir, destituir **2** REJECT : descartar, rechazar — **dismissal** *n* **1** : despido *m* (de un empleado), destitución *f* (de un funcionario) **2** REJECTION : rechazo *m*

dismount *vi* : desmontar
disobey *v* : desobedecer — **disobedience** *n* : desobediencia *f* — **disobedient** *adj* : desobediente
disorder *n* **1** : desorden *m* **2** AILMENT : afección *f*, problema *m* — **disorderly** *adj* : desordenado
disorganize *vt* -**nized; -nizing** : desorganizar
disown *vt* : renegar de
dispassionate *adj* : desapasionado
dispatch *vt* : despachar, enviar
dispel *vt* -**pelled; -pelling** : disipar
dispensation *n* EXEMPTION : exención *m*, dispensa *f*
dispense *v* -**pensed; -pensing** *vt* : repartir, distribuir — *vi* ～ **with** : prescindir de
disperse *v* -**persed; -persing** *vt* : dispersar — *vi* : dispersarse
displace *vt* -**placed; -placing 1** : desplazar **2** REPLACE : reemplazar
display *vt* **1** EXHIBIT : exponer, exhibir **2** ～ **anger** : manifestar la ira — ～ *n* : muestra *f*, exposición *f*
displease *vt* -**pleased; -pleasing** : desagradar — **displeasure** *n* : desagrado *m*
dispose *v* -**posed; -posing** *vt* : disponer — *vi* ～ **of** : deshacerse de — **disposable** *adj* : desechable — **disposal** *n* **1** REMOVAL : eliminación *f* **2 have at one's** ～ : tener a su disposición — **disposition** *n* **1** ARRANGEMENT : disposición *f* **2** TEMPERA-MENT : temperamento *m*, carácter *m*
disprove *vt* -**proved; -proving** : refutar
dispute *v* -**puted; -puting** *vt* QUESTION : cuestionar — *vi* ARGUE : discutir — ～ *n* : disputa *f*, conflicto *m*
disqualification *n* : descalificación *f* — **disqualify** *vt* -**fied; -fying** : descalificar
disregard *vt* : ignorar, hacer caso omiso de — ～ *n* : indiferencia *f*
disrepair *n* : mal estado *m*
disreputable *adj* : de mala fama
disrespect *n* : falta *f* de respeto — **disrespectful** *adj* : irrespetuoso
disrupt *vt* : trastornar, perturbar — **disruption** *n* : trastorno *m*
dissatisfaction *n* : descontento *m* — **dissatisfied** *adj* : descontento
dissect *vt* : disecar
disseminate *vt* -**nated; -nating** : diseminar, difundir
dissent *vi* : disentir — ～ *n* : disentimiento *m*
dissertation THESIS : tesis *f*
disservice *n* **do a** ～ **to** : no hacer justicia a
dissident *n* : disidente *mf*
dissimilar *adj* : distinto

dissipate *vt* -**pated; -pating 1** DISPEL : disipar **2** SQUANDER : desperdiciar
dissolve *v* -**solved; -solving** *vt* : disolver — *vi* : disolverse
dissuade *vt* -**suaded; -suading** : disuadir
distance *n* **1** : distancia *f* **2 in the** ～ : a lo lejos — **distant** *adj* : distante
distaste *n* : desagrado *m* — **distasteful** *adj* : desagradable
distend *vt* : dilatar — *vi* : dilatarse
distill *or Brit* **distil** *vt* -**tilled; -tilling** : destilar
distinct *adj* **1** DIFFERENT : distinto **2** CLEAR : claro — **distinction** *n* : distinción *f* — **distinctive** *adj* : distintivo
distinguish *vt* : distinguir — **distinguished** *adj* : distinguido
distort *vt* : deformar, distorsionar — **distortion** *n* : deformación *f*
distract *vt* : distraer — **distraction** *n* : distracción *f*
distraught *adj* : muy afligido
distress *n* **1** : angustia *f*, aflicción *f* **2 in** ～ : en peligro — ～ *vt* : afligir — **distressing** *adj* : penoso
distribute *vt* -**uted; -uting** : distribuir, repartir — **distribution** *n* : distribución *f* — **distributor** *n* : distribuidor *m*, -dora *f*
district *n* **1** REGION : región *f*, zona *f*, barrio *m* (de una ciudad) **2** : distrito *m* (zona política)
distrust *n* : desconfianza *f* — ～ *vt* : desconfiar de
disturb *vt* **1** BOTHER : molestar, perturbar **2** WORRY : inquietar — **disturbance** *n* **1** COMMOTION : alboroto *m*, disturbio *m* **2** IN-TERRUPTION : interrupción *f*
disuse *n* **fall into** ～ : caer en desuso
ditch *n* : zanja *f*, cuneta *f* — ～ *vt* DISCARD : deshacerse de, botar
ditto *n, pl* -**tos 1** : ídem *m* **2** ～ **marks** : comillas *fpl*
dive *vi* **dived** *or* **dove; dived; diving 1** : zambullirse, tirarse al agua **2** DESCEND : bajar en picada (dícese de un avión, etc.) — ～ *n* **1** : zambullida *f*, clavado *m* *Lat* **2** DESCENT : descenso *m* en picada — **diver** *n* : saltador *m*, -dora *f*
diverge *vi* -**verged; -verging** : divergir
diverse *adj* : diverso — **diversify** *v* -**fied; -fying** *vt* : diversificar — *vi* : diversificarse
diversion *n* **1** : desviación *f* **2** AMUSEMENT : diversión *f*, distracción *f*
diversity *n, pl* -**ties** : diversidad *f*
divert *vt* **1** : desviar **2** DISTRACT : distraer **3** AMUSE : divertir
divide *v* -**vided; -viding** *vt* : dividir — *vi* : dividirse
dividend *n* : dividendo *m*

divine *adj* **-viner; -est** : divino — **divinity** *n*, *pl* **-ties** : divinidad *f*

division *n* : división *f*

divorce *n* : divorcio *m* — ~ *v* **-vorced; -vorcing** *vt* : divorciar — *vi* : divorciarse — **divorcée** *n* : divorciada *f*

divulge *vt* **-vulged; -vulging** : revelar, divulgar

dizzy *adj* **dizzier; -est 1** : mareado **2 a** ~ **speed** : una velocidad vertiginosa — **dizziness** *n* : mareo *m*, vértigo *m*

DNA *n* : AND *m*

do *v* **did; done; doing; does** *vt* **1** : hacer **2** PREPARE : preparar — *vi* **1** BEHAVE : hacer **2** FARE : estar, ir, andar **3** SUFFICE : ser suficiente **4** ~ **away with** : abolir, eliminar **5 how are you doing?** : ¿cómo estás? — *v aux* **1** (*used in interrogative sentences*) **do you know her?** : ¿la conoces? **2** (*used in negative statements*) **I don't know** : yo no se **3** (*used as a substitute verb to avoid repetition*) **do you speak English? yes, I do** : ¿habla inglés? sí

dock *n* **1** : muelle *m* — ~ *vt* : descontar dinero de (un sueldo) — *vi* ANCHOR : fondear, atracar

doctor *n* **1** : doctor *m*, -tora *f* (en derecho, etc.) **2** PHYSICIAN : médico *m*, -ca; doctor *m*, -tora *f* — ~ *vt* ALTER : alterar, falsificar

doctrine *n* : doctrina *f*

document *n* : documento *m* — ~ *vt* : documentar — **documentary** *n*, *pl* **-ries** : documental *m*

dodge *n* : artimaña *f*, truco *m* — ~ *v* **dodged; dodging** *vt* : esquivar, eludir — *vi* : echarse a un lado

doe *n*, *pl* **does** *or* **doe** : gama *f*, cierva *f*

does → **do**

dog *n* : perro *m*, -rra *f* — ~ *vt* **dogged; dogging** : perseguir — **dogged** *adj* : tenaz

dogma *n* : dogma *m* — **dogmatic** *adj* : dogmático

doily *n*, *pl* **-lies** : tapete *m*

doings *npl* : actividades *fpl*

doldrums *npl* **be in the** ~ : estar abatido

dole *n* : subsidio *m* de desempleo — ~ *vt* **doled; doling** *or* ~ **out** : repartir

doleful *adj* : triste, lúgubre

doll *n* : muñeco *m*, -ca *f*

dollar *n* : dólar *m*

dolphin *n* : delfín *m*

domain *n* **1** TERRITORY : dominio *m* **2** FIELD : campo *m*, esfera *f*

dome *n* : cúpula *f*

domestic *adj* **1** : doméstico **2** INTERNAL : nacional — ~ *n* SERVANT : empleado *m* doméstico, empleada *f* doméstica — **domesticate** *vt* **-cated; -cating** : domesticar

domination *n* : dominación *f* — **dominant**

adj : dominante — **dominate** *v* **-nated; -nating** : dominar — **domineer** *vi* : dominar, tiranizar

dominos *n* : dominó *m* (juego)

donate *vt* **-nated; -nating** : donar, hacer un donativo de — **donation** *n* : donativo *m*

done → **do** — ~ *adj* **1** FINISHED : terminado, hecho **2** COOKED : cocido

donkey *n*, *pl* **-keys** : burro *m*

donor *n* : donante *mf*

don't (*contraction of* **do not**) → **do**

doodle *v* **-dled; -dling** : garabatear — ~ *n* : garabato *m*

doom *n* : perdición *f*, fatalidad *f* — ~ *vt* : condenar

door *n* **1** : puerta *f* **2** ENTRANCE : entrada *f* — **doorbell** *n* : timbre *m* — **doorknob** *n* : pomo *m* — **doorman** *n*, *pl* **-men** : portero *m* — **doormat** *n* : felpudo *m* — **doorstep** *n* : umbral *m* — **doorway** *n* : entrada *f*, portal *m*

dope *n* **1** DRUG : droga *f* **2** IDIOT : idiota *mf* — ~ *vt* **doped; doping** : drogar

dormant *adj* : inactivo, latente

dormitory *n*, *pl* **-ries** : dormitorio *m*

dose *n* : dosis *f* — **dosage** *n* : dosis *f*

dot *n* **1** : punto *m* **2 on the** ~ : en punto

dote *vi* **doted; doting** ~ **on** : adorar

double *adj* : doble — ~ *v* **-bled; -bling** : doblar — *vi* : doblarse — ~ *adv* : (el) doble — ~ *n* : doble *mf* — **double bass** *n* : contrabajo *m* — **double-cross** *vt* : traicionar — **doubly** *adv* : doblemente

doubt *vt* **1** : dudar **2** DISTRUST : desconfiar de, dudar de — ~ *n* : duda *f* — **doubtful** *adj* : dudoso — **doubtless** *adv* : sin duda

dough *n* : masa *f* — **doughnut** *n* : rosquilla *f*, dona *f* *Lat*

douse *vt* **doused; dousing 1** DRENCH : empapar, mojar **2** EXTINGUISH : apagar

dove¹ → **dive**

dove² *n* : paloma *f*

dowdy *adj* **dowdier; -est** : poco elegante

down *adv* **1** DOWNWARD : hacia abajo **2 come/go** ~ : bajar **3** ~ **here** : aquí abajo **4 fall** ~ : caer **5 lie** ~ : acostarse **6 sit** ~ : sentarse — ~ *prep* **1** ALONG : a lo largo de **2** THROUGH : a través de **3** ~ **the hill** : cuesta abajo — ~ *adj* **1** DESCENDING : de bajada **2** DOWNCAST : abatido — ~ *n* : plumón *m* — **downcast** *adj* : triste, abatido — **downfall** *n* : ruina *f* — **downhearted** *adj* : desanimado — **downhill** *adv* & *adj* : cuesta abajo — **down payment** *n* : entrega *f* inicial — **downpour** *n* : chaparrón *m* — **downright** *adv* : absolutamente — ~ *adj* : absoluto, categórico — **downstairs** *adv* : abajo — ~ *adj* : de abajo — **downstream** *adv* : río abajo — **down-**

to–earth adj : realista — **downtown** n
: centro m (de la ciudad) — ~ adv : al centro, en el centro — ~ adj : del centro —
downward or **downwards** adv & adj
: hacia abajo
dowry n, pl -ries : dote f
doze vi **dozed; dozing** : dormitar
dozen n, pl **dozens** or **dozen** : docena f
drab adj **drabber; drabbest** : monótono,
apagado
draft n 1 : corriente f de aire 2 or **rough** ~
: borrador m 3 : conscripción f (militar) 4
or ~ **beer** : cerveza f de barril — ~ vt 1
SKETCH : hacer el borrador de 2 CONSCRIPT
: reclutar — **drafty** adj **draftier; -est** : con
corrientes de aire
drag v **dragged; dragging** vt 1 : arrastrar 2
DREDGE : dragar — vi : arrastrar(se) — ~ n
1 RESISTANCE : resistencia f (aerodinámica)
2 BORE : pesadez f, plomo m fam
dragon n : dragón m — **dragonfly** n, pl
-flies : libélula f
drain vt 1 EMPTY : vaciar, drenar 2 EX-
HAUST : agotar — vi 1 : escurrir(se) (se dice
de los platos) 2 or ~ **away** : desaparecer
poco a poco — ~ n 1 : desagüe m 2
SEWER : alcantarilla f 3 DEPLETION : agotamiento m — **drainage** n : drenaje m —
drainpipe n : tubo m de desagüe
drama n : drama m — **dramatic** adj
: dramático — **dramatist** n : dramaturgo m,
-ga f — **dramatize** vt -**tized; -tizing**
: dramatizar
drank → **drink**
drape vt **draped; draping** 1 COVER : cubrir
(con tela) 2 HANG : drapear — **drapes** npl
CURTAINS : cortinas fpl
drastic adj : drástico
draught → **draft**
draw v **drew ; drawn ; drawing** vt 1 PULL
: tirar de 2 ATTRACT : atraer 3 SKETCH
: dibujar, trazar 4 : sacar (una espada, etc.)
5 ~ **a conclusion** : llegar a una conclusión
6 ~ **up** DRAFT : redactar — vi 1 SKETCH
: dibujar 2 ~ **near** : acercarse — ~ n 1
DRAWING : sorteo m 2 TIE : empate m 3 AT-
TRACTION : atracción f — **drawback** n
: desventaja f — **drawer** n : gaveta f, cajón
m (en un mueble) — **drawing** n 1 LOTTERY
: sorteo m 2 SKETCH : dibujo m
drawl n : habla f lenta y con vocales prolon-
gadas
dread vt : temer — ~ n : pavor m, temor m
— **dreadful** adj : espantoso, terrible
dream n : sueño m — ~ v **dreamed** or
dreamt; dreaming vi : soñar — vt 1 : soñar
2 ~ **up** : idear — **dreamer** n : soñador m,
-dora f — **dreamy** adj **dreamier; -est**
: soñador

dreary adj -rier; -est : sombrío, deprimente
dredge vt **dredged; dredging** : dragar —
~ n : draga f
dregs npl : heces fpl
drench vt : empapar
dress vt 1 : vestir 2 : preparar (pollo o
pescado), aliñar (ensalada) — vi 1 : vestirse
2 ~ **up** : ponerse elegante — ~ n 1
CLOTHING : ropa f 2 : vestido m (de mujer)
— **dresser** n : cómoda f con espejo —
dressing n 1 : aliño m (de ensalada), relleno m (de pollo) 2 BANDAGE : vendaje m
— **dressmaker** n : modista mf — **dressy**
adj **dressier; -est** : elegante
drew → **draw**
dribble vi -bled; -bling 1 DRIP : gotear 2
DROOL : babear 3 : driblar (en basquetbol)
— ~ n 1 TRICKLE : goteo m, hilo m 2
DROOL : baba f
drier, driest → **dry**
drift n 1 MOVEMENT : movimiento m 2
HEAP : montón m (de arena, etc.), ventisquero m (de nieve) 3 MEANING : sentido m
— ~ vi 1 : ir a la deriva 2 ACCUMULATE
: amontonarse
drill n 1 : taladro m 2 : ejercicio m (en educación), simulacro m (de incendio, etc.) —
~ vt 1 : perforar, taladrar 2 TRAIN : instruir por repetición — vi ~ **for** : perforar
en busca de
drink v **drank; drunk** or **drank; drinking**
: beber — ~ n : bebida f
drip vi **dripped; dripping** : gotear — ~ n 1
DROP : gota f 2 DRIPPING : goteo m
drive v **drove; driven; driving** vt 1 : manejar 2 IMPEL : impulsar 3 ~ **crazy** : volver
loco 4 ~ **s.o. to (do sth)** : llevar a algn a
(hacer algo) — vi : manejar, conducir — ~
n 1 : paseo m (en coche) 2 CAMPAIGN
: campaña f 3 VIGOR : energía f 4 NEED
: instinto m
drivel n : tonterías fpl
driver n : conductor m, -tora f; chofer m
driveway n : camino m de entrada
drizzle n : llovizna f — ~ vi -zled; -zling
: lloviznar
drone n 1 BEE : zángano m 2 HUM
: zumbido m — ~ vi **droned; droning** 1
BUZZ : zumbar 2 or ~ **on** : hablar con monotonía
drool vi : babear — ~ n : baba f
droop vi : inclinarse (dícese de la cabeza),
encorvarse (dícese de los escombros), marchitarse (dícese de las flores)
drop n 1 : gota f (de líquido) 2 DECLINE,
FALL : caída f — ~ v **dropped; dropping**
vt 1 : dejar caer 2 LOWER : bajar 3 ABAN-
DON : abandonar, dejar 4 ~ **off** LEAVE

: dejar — *vi* **1** FALL : caer(se) **2** DECREASE
: bajar, descender **3** ～ **by** *or* ～ **in** : pasar
drought *n* : sequía *f*
drove → **drive**
droves *n* **in** ～ : en manada
drown *vt* : ahogar — *vi* : ahogarse
drowsy *adj* **drowsier; -est** : somnoliento
drudgery *n, pl* **-eries** : trabajo *m* pesado
drug *n* **1** MEDICATION : medicamento *m* **2**
NARCOTIC : droga *f*, estupefaciente *m* — ～
vt **drugged; drugging** : drogar — **drug-**
store *n* : farmacia *f*
drum *n* **1** : tambor *m* **2** *or* **oil** ～ : bidón *m*
(de petróleo) — ～ *v* **drummed; drumming**
vi : tocar el tambor — *vt* : tamborilear con
(los dedos, etc.) — **drumstick** *n* **1** : palillo
m (de tambor) **2** : muslo *m* (de pollo)
drunk → **drink** — ～ *adj* : borracho — ～ *or*
drunkard *n* : borracho *m*, -cha *f* — **drunken**
adj : borracho, ebrio
dry *adj* **drier; driest** : seco — ～ *v* **dried;**
drying *vt* : secar — *vi* : secarse —
dry–clean *vt* : limpiar en seco — **dry**
cleaner *n* : tintorería *f* (servicio) — **dry**
cleaning *n* : limpieza *f* en seco — **dryer** *n*
: secadora *f* — **dryness** *n* : sequedad *f*,
aridez *f*
dual *adj* : doble
dub *vt* **dubbed; dubbing 1** CALL : apodar **2**
: doblar (una película)
dubious *adj* **1** UNCERTAIN : dudoso **2**
QUESTIONABLE : sospechoso
duchess *n* : duquesa *f*
duck *n, pl* **duck** *or* **ducks** : pato *m*, -ta *f* —
～ *vt* **1** LOWER : agachar, bajar **2** EVADE
: eludir, esquivar — *vi* : agacharse — **duck-**
ling *n* : patito *m*, -ta *f*
duct *n* : conducto *m*
due *adj* **1** PAYABLE : pagadero **2** APPROPRI-
ATE : debido, apropiado **3** EXPECTED : es-
perado **4** ～ **to** : debido a — ～ *n* **1 give**
s.o. their ～ : hacer justicia a algn **2** ～**s**
npl : cuota *f* — ～ *adv* ～ **east** : justo al este
duel *n* : duelo *m*
duet *n* : dúo *m*
dug → **dig**
duke *n* : duque *m*
dull *adj* **1** STUPID : torpe **2** BLUNT : desafilado **3** BORING : aburrido **4** LACKLUSTER
: apagado — ～ *vt* : entorpecer (los senti-
dos), aliviar (el dolor)
dumb *adj* **1** MUTE : mudo **2** STUPID : estúpido

dumbfound *or* **dumfound** *vt* : dejar sin
habla
dummy *n, pl* **-mies 1** SHAM : imitación *f* **2**
MANNEQUIN : maniquí *m* **3** IDIOT : tonto *m*,
-ta *f*
dump *vt* : descargar, verter — ～ *n* **1** : vertedero *m*, tiradero *m* *Lat* **2 down in the** ～**s**
: triste, deprimido
dumpling *n* : bola *f* de masa hervida
dumpy *adj* **dumpier; -est** : regordete
dunce *n* : burro *m*, -rra *f* *fam*
dune *n* : duna *f*
dung *n* **1** : excreméntos *mpl* **2** MANURE : estiércol *m*
dungarees *npl* JEANS : vaqueros *mpl*, jeans
mpl
dungeon *n* : calabozo *m*
dunk *vt* : mojar
duo *n, pl* **duos** : dúo *m*
dupe *vt* **duped; duping** : engañar — ～ *n*
: inocentón *m*, -tona *f*
duplex *n* : casa *f* de dos viviendas, dúplex *m*
duplicate *adj* : duplicado — ～ *vt* **-cated;**
-cating : duplicar, hacer copias de — ～ *n*
: duplicado *m*, copia *f*
durable *adj* : duradero
duration *n* : duración *f*
duress *n* : coacción *f*
during *prep* : durante
dusk *n* : anochecer *m*, crepúsculo *m*
dust *n* : polvo *m* — ～ *vt* **1** : quitar el polvo
a **2** SPRINKLE : espolvorear — **dustpan** *n*
: recogedor *m* — **dusty** *adj* **dustier; -est**
: polvoriento
Dutch *adj* : holandés — ～ *n* **1** : holandés *m*
(idioma) **2 the** ～ : los holandeses
duty *n, pl* **-ties 1** OBLIGATION : deber *m* **2**
TAX : impuesto *m* **3 on** ～ : de servicio —
dutiful *adj* : obediente
dwarf *n, pl* **dwarfs** *or* **dwarves** : enano *m*,
-na *f* — ～ *vt* : hacer parecer pequeño
dwell *vi* **dwelled** *or* **dwelt; dwelling 1** RE-
SIDE : morar, vivir **2** ～ **on** : pensar demasiado en — **dweller** *n* : habitante *mf* —
dwelling *n* : morada *f*, vivienda *f*
dwindle *vi* **-dled; -dling** : disminuir
dye *n* : tinte *m* — ～ *vt* **dyed; dyeing** : teñir
dying → **die**[1]
dynamic *adj* : dinámico
dynamite *n* : dinamita *f*
dynamo *n, pl* **-mos** : dínamo *m*
dynasty *n, pl* **-ties** : dinastía *f*
dysentery *n, pl* **-teries** : disentería *f*

E

e *n, pl* **e's** *or* **es** : e *f*, quinta letra del alfabeto inglés

each *adj* : cada — ~ *pron* **1** : cada uno *m*, cada una *f* **2** ~ **other** : el uno al otro **3 they hate** ~ **other** : se odian — ~ *adv* : cada uno, por persona

eager *adj* **1** ENTHUSIASTIC : entusiasta **2** IMPATIENT : impaciente — **eagerness** *n* : entusiasmo *m*, impaciencia *f*

eagle *n* : águila *f*

ear *n* **1** : oreja *f* **2** ~ **of corn** : mazorca *f*, choclo *m Lat* — **eardrum** *n* : tímpano *m*

earl *n* : conde *m*

earlobe *n* : lóbulo *m* de la oreja

early *adv* **earlier; -est 1** : temprano **2 as** ~ **as possible** : lo más pronto posible **3 ten minutes** ~ : diez minutos de adelanto — ~ *adj* **earlier; -est 1** FIRST : primero **2** ANCIENT : primitivo, antiguo **3 an** ~ **death** : una muerte prematura **4 be** ~ : llegar temprano **5 in the** ~ **spring** : a principios de la primavera

earmark *vt* : destinar

earn *vt* **1** : ganar **2** DESERVE : merecer

earnest *adj* : serio — ~ *n* **in** ~ : en serio

earnings *npl* **1** WAGES : ingresos *mpl* **2** PROFITS : ganancias *fpl*

earphone *n* : audífono *m*

earring *n* : pendiente *m*, arete *m Lat*

earshot *n* **within** ~ : al alcance del oído

earth *n* : tierra *f* — **earthenware** *n* : loza *f* — **earthly** *adj* : terrenal — **earthquake** *n* : terremoto *m* — **earthworm** *n* : lombriz *f* (de tierra) — **earthy** *adj* **earthier; -est 1** : terroso **2** COARSE, CRUDE : grosero

ease *n* **1** FACILITY : facilidad *f* **2** COMFORT : comodidad *f* **3 feel at** ~ : sentir cómodo — ~ *v* **easing** *vt* **1** ALLEVIATE : aliviar, calmar **2** FACILITATE : facilitar — *vi* **1** : calmarse **2** ~ **up** : disminuir

easel *n* : caballete *m*

easily *adv* **1** : fácilmente, con facilidad **2** UNQUESTIONABLY : con mucho, de lejos *Lat*

east *adv* : al este — ~ *adj* : este, del este — ~ *n* **1** : este *m* **2 the East** : el Oriente

Easter *n* : Pascua *f*

easterly *adv & adj* : del este

eastern *adj* **1** : del este **2 Eastern** : oriental, del este

easy *adj* **easier; -est 1** : fácil **2** RELAXED : relajado — **easygoing** *adj* : tolerante, relajado

eat *v* **ate; eaten; eating** *vt* : comer — *vi* **1** : comer **2** ~ **into** CORRODE : corroer **3** ~ **into** DEPLETE : comerse — **eatable** *adj* : comestible

eaves *npl* : alero *m* — **eavesdrop** *vi* **-dropped; -dropping** : escuchar a escondidas

ebb *n* : reflujo *m* — ~ *vi* **1** : bajar (dícese de la marea) **2** DECLINE : decaer

ebony *n, pl* **-nies** : ébano *m*

eccentric *adj* : excéntrico — ~ *n* : excéntrico *m*, -ca *f* — **eccentricity** *n, pl* **-ties** : excentricidad *f*

echo *n, pl* **echoes** : eco *m* — ~ *v* **echoed; echoing** *vt* : repetir — *vi* : hacer eco, resonar

eclipse *n* : eclipse *m* — ~ *vt* **eclipsed; eclipsing** : eclipsar

ecology *n, pl* **-gies** : ecología *f* — **ecological** *adj* : ecológico

economy *n, pl* **-mies** : economía *f* — **economic** *or* **economical** *adj* : económico — **economics** *n* : economía *f* — **economist** *n* : economista *mf* — **economize** *v* **-mized; -mizing** : economizar

ecstasy *n, pl* **-sies** : éxtasis *m* — **ecstatic** *adj* : extático

Ecuadoran *or* **Ecuadorean** *or* **Ecuadorian** *adj* : ecuatoriano

edge *n* **1** BORDER : borde *m* **2** : filo *m* (de un cuchillo) **3** ADVANTAGE : ventaja *f* — ~ *v* **edged; edging** *vt* : bordear, ribetear — *vi* : avanzar poco a poco — **edgewise** *adv* : de lado — **edgy** *adj* **edgier; -est** : nervioso

edible *adj* : comestible

edit *vt* **1** : editar, redactar, corregir **2** ~ **out** : suprimir, cortar — **edition** *n* : edición *f* — **editor** *n* : director *m*, -tora *f* (de un periódico); redactor *m*, -tora *f* (de un libro) — **editorial** *n* : editorial *m*

educate *vt* **-cated; -cating 1** TEACH : educar, instruir **2** INFORM : informar — **education** *n* : educación *f* — **educational** *adj* **1** : educativo, instructivo **2** TEACHING : docente — **educator** *n* : educador *m*, -dora *f*

eel *n* : anguila *f*

eerie *adj* **-rier; -est** : extraño e inquietante, misterioso

effect *n* **1** : efecto *m* **2 go into** ~ : entrar en vigor — ~ *vt* : efectuar, llevar a cabo — **effective** *adj* **1** : eficaz **2** ACTUAL : efectivo, vigente — **effectiveness** *n* : eficacia *f*

effeminate *adj* : afeminado

effervescent *adj* : efervescente

efficient *adj* : eficiente — **efficiency** *n, pl* **-cies** : eficiencia *f*

effort *n* **1** : esfuerzo *m* **2 it's not worth the**
~ : no vale la pena — **effortless** *adj* : fácil,
sin esfuerzo
egg *n* : huevo *m* — ~ *vt* ~ **on** : incitar —
eggplant *n* : berenjena *f* — **eggshell** *n*
: cascarón *m*
ego *n*, *pl* **egos 1** SELF : ego *m*, yo *m* **2** SELF-
ESTEEM : amor *m* propio — **egotism** *n*
: egotismo *m* — **egotist** *n* : egotista *mf* —
egotistic *or* **egotistical** *adj* : egotista
eiderdown *n* **1** DOWN : plumón *m* **2** COM-
FORTER : edredón *m*
eight *n* : ocho *m* — ~ *adj* : ocho — **eight
hundred** *n* : ochocientos *m*
eighteen *n* : dieciocho *m* — ~ *adj* : dieciocho — **eighteenth** *adj* : decimoctavo — ~
n **1** : decimoctavo *m*, -va *f* (en una serie) **2**
: dieciochoavo *m*, dieciochoava parte *f*
eighth *n* **1** : octavo *m*, -va *f* (en una serie) **2**
: octavo *m*, octava parte *f* — ~ *adj* : octavo
eighty *n*, *pl* **eighties** : ochenta *m* — ~ *adj*
: ochenta
either *adj* **1** : cualquiera (de los dos) **2** (*in
negative constructions*) : ninguno (de los
dos) **3** EACH : cada — ~ *pron* **1**
: cualquiera *mf* (de los dos) **2** (*in negative
constructions*) : ninguno *m*, -na *f* (de los
dos) **3** *or* ~ **one** : algún *m*, alguna *f* — ~
conj **1** : o **2** (*in negative constructions*) : ni
eject *vt* : expulsar, expeler
eke *vt* **eked; eking** *or* ~ **out** : ganar a duras
penas
elaborate *adj* **1** DETAILED : detallado **2**
COMPLEX : complicado — ~ *v* **-rated; -rat-
ing** *vt* : elaborar — *vi* : entrar en detalles
elapse *vi* **elapsed; elapsing** : transcurrir
elastic *adj* : elástico — ~ *n* **1** : elástico *m*
2 RUBBER BAND : goma *f* (elástica) — **elasticity** *n*, *pl* **-ties** : elasticidad *f*
elated *adj* : regocijado
elbow *n* : codo *m*
elder *adj* : mayor — ~ *n* **1** : mayor *mf* **2**
: anciano *m*, -na *f* (de un tribu, etc.) — **elderly** *adj* : mayor, anciano
elect *vt* : elegir — ~ *adj* : electo — **election**
n : elección *f* — **electoral** *adj* : electoral —
electorate *n* : electorado *m*
electricity *n*, *pl* **-ties** : electricidad *f* — **electric** *or* **electrical** *adj* : eléctrico — **electrician** *n* : electricista *mf* — **electrify** *vt* **-fied;
-fying** : electrificar — **electrocute** *vt*
-cuted; -cuting : electrocutar
electron *n* : electrón *m* — **electronic** *adj*
: electrónico — **electronic mail** *n* : correo *m*
electrónico — **electronics** *n* : electrónica *f*
elegant *adj* : elegante — **elegance** *n* : elegancia *f*
element *n* **1** : elemento *m* **2** ~**s** *npl* BASICS
: elementos *mpl*, rudimentos *mpl* — **ele-**

mentary *adj* : elemental — **elementary
school** *n* : escuela *f* primaria
elephant *n* : elefante *m*, -ta *f*
elevate *vt* **-vated; -vating** : elevar — **elevator** *n* : ascensor *m*
eleven *n* : once *m* — ~ *adj* : once —
eleventh *adj* : undécimo — ~ *n* **1**
: undécimo *m*, -ma *f* (en una serie) **2** : onceavo *m*, onceava parte *f*
elf *n*, *pl* **elves** : duende *m*
elicit *vt* : provocar
eligible *adj* : elegible
eliminate *vt* **-nated; -nating** : eliminar —
elimination *n* : eliminación *f*
elite *n* : elite *f*
elk *n* : alce *m* (de Europa), uapití *m* (de
América)
elliptical *or* **elliptic** *adj* : elíptico
elm *n* : olmo *m*
elongate *vt* **-gated; -gating** : alargar
elope *vi* **eloped; eloping** : fugarse —
elopement *n* : fuga *f*
eloquence *n* : elocuencia *f* — **eloquent** *adj*
: elocuente
else *adv* **1 how** ~ **?** : ¿de qué otro modo?
2 where ~ **?** : ¿en qué otro sitio? **3 or** ~
: si no, de lo contrario — ~ *adj* **1 everyone** ~ : todos los demás **2 nobody** ~
: ningún otro, nadie más **3 nothing** ~
: nada más **4 what** ~ **?** : ¿qué más? —
elsewhere *adv* : en otra parte
elude *vt* **eluded; eluding** : eludir, esquivar
— **elusive** *adj* : esquivo
elves → **elf**
emaciated *adj* : esquálido, demacrado
E–mail → **electronic mail**
emanate *vi* **-nated; -nating** : emanar
emancipate *vt* **-pated; -pating** : emancipar
— **emancipation** *n* : emancipación *f*
embalm *vt* : embalsamar
embankment *n* : terraplén *m*, dique *m* (de un
río)
embargo *n*, *pl* **-goes** : embargo *m*
embark *vt* : embarcar — *vi* **1** : embarcarse **2**
~ **upon** : emprender — **embarkation** *n*
: embarque *m*, embarco *m*
embarrass *vt* : avergonzar — **embarrassing** *adj* : embarazoso — **embarrassment** *n*
: vergüenza *f*
embassy *n*, *pl* **-sies** : embajada *f*
embed *vt* **-bedded; -bedding** : incrustar, enterrar
embellish *vt* : adornar, embellecer — **embellishment** *n* : adorno *m*
embers *npl* : ascuas *fpl*
embezzle *vt* **-zled; -zling** : desfalcar,
malversar — **embezzlement** *n* : desfalco *m*,
malversación *f*
emblem *n* : emblema *m*

embody *vt* **-bodied; -bodying** : encarnar, personificar

emboss *vt* : repujar, grabar en relieve

embrace *v* **-braced; -bracing** *vt* : abrazar — *vi* : abrazarse — **~** *n* : abrazo *m*

embroider *vt* : bordar — **embroidery** *n, pl* **-deries** : bordado *m*

embryo *n, pl* **embryos** : embrión *m*

emerald *n* : esmeralda *f*

emerge *vi* **emerged; emerging** : salir, aparecer — **emergence** *n* : aparición *f*

emergency *n, pl* **-cies 1** : emergencia *f* **2 ~ exit** : salida *f* de emergencia **3 ~ room** : sala *f* de urgencias, sala *f* de guardia

emery *n, pl* **-eries 1** : esmeril *m* **2 ~ board** : lima *f* de uñas

emigrant *n* : emigrante *mf* — **emigrate** *vi* **-grated; -grating** : emigrar — **emigration** *n* : emigración *f*

eminence *n* : eminencia *f* — **eminent** *adj* : eminente

emission *n* : emisión *f* — **emit** *vt* **emitted; emitting** : emitir

emotion *n* : emoción *f* — **emotional** *adj* **1** : emocional **2** MOVING : emotivo

emperor *n* : emperador *m*

emphasis *n, pl* **-phases** : énfasis *m* — **emphasize** *vt* **-sized; -sizing** : subrayar, hacer hincapié en — **emphatic** *adj* : enérgico, categórico

empire *n* : imperio *m*

employ *vt* : emplear — **employee** *n* : empleado *m*, -da *f* — **employer** *n* : patrón *m*, -trona *f*; empleador *m*, -dora *f* — **employment** *n* : trabajo *m*, empleo *m*

empower *vt* : autorizar

empress *n* : emperatriz *f*

empty *adj* **emptier; -est 1** : vacío **2** MEANINGLESS : vano — **~** *v* **-tied; -tying** *vt* : vaciar — *vi* : vaciarse — **emptiness** *n* : vacío *m*

emulate *vt* **-lated; -lating** : emular

enable *vt* **-abled; -abling** : hacer posible, permitar

enact *vt* **1** : promulgar (un ley o un decreto) **2** PERFORM : representar

enamel *n* : esmalte *m*

encampment *n* : campamento *m*

encase *vt* **-cased; -casing** : encerrar, revestir

enchant *vt* : encantar — **enchanting** *adj* : encantador — **enchantment** *n* : encanto *m*

encircle *vt* **-cled; -cling** : rodear

enclose *vt* **-closed; -closing 1** SURROUND : encerrar, cercar **2** INCLUDE : adjuntar (a una carta) — **enclosure** *n* **1** AREA : recinto *m* **2** : anexo *m* (con una carta)

encompass *vt* **1** ENCIRCLE : cercar **2** INCLUDE : abarcar

encore *n* : bis *m*

encounter *vt* : encontrar — **~** *n* : encuentro *m*

encourage *vt* **-aged; -aging 1** : animar, alentar **2** FOSTER : promover, fomentar — **encouragement** *n* **1** : aliento *m* **2** PROMOTION : fomento *m*

encroach *vi* **~ on** : invadir, usurpar, quitar (el tiempo)

encyclopedia *n* : enciclopedia *f*

end *n* **1** : fin **2** EXTREMITY : extremo *m*, punta *f* **3 come to an ~** : llegar a su fin **4 in the ~** : por fin — **~** *vt* : terminar, poner fin a — *vi* : terminar(se)

endanger *vt* : poner en peligro

endearing *adj* : simpático

endeavor *or Brit* **endeavour** *vt* **~ to** : esforzarse por — **~** *n* : esfuerzo *m*

ending *n* : final *m*, desenlace *m*

endive *n* : endibia *f*, endivia *f*

endless *adj* **1** INTERMINABLE : interminable **2** INNUMERABLE : innumerable **3 ~ possibilities** : posibilidades *fpl* infinitas

endorse *vt* **-dorsed; -dorsing 1** SIGN : endosar **2** APPROVE : aprobar — **endorsement** *n* APPROVAL : aprobación *f*

endow *vt* : dotar

endure *v* **-dured; -during** *vt* : soportar, aguantar — *vi* LAST : durar — **endurance** *n* : resistencia *f*

enemy *n, pl* **-mies** : enemigo *m*, -ga *f*

energy *n, pl* **-gies** : energía *f* — **energetic** *adj* : enérgico

enforce *vt* **-forced; -forcing 1** : hacer cumplir (un ley, etc.) **2** IMPOSE : imponer — **enforced** *adj* : forzoso — **enforcement** *n* : imposición *f* del cumplimiento

engage *v* **-gaged; -gaging** *vt* **1** : captar, atraer (la atención, etc.) **2 ~ the clutch** : embragar — *vi* **~ in** : dedicarse a, entrar en — **engagement** *n* **1** APPOINTMENT : cita *f*, hora *f* **2** BETROTHAL : compromiso *m* — **engaging** *adj* : atractivo

engine *n* **1** : motor *m* **2** LOCOMOTIVE : locomotora *f* — **engineer** *n* **1** : ingeniero *m*, -ra *f* **2** : maquinista *mf* (de locomotoras) — **~** *vt* **1** CONSTRUCT : construir **2** CONTRIVE : tramar — **engineering** *n* : ingeniería *f*

English *adj* : inglés — **~** *n* : inglés *m* (idioma) — **Englishman** *n* : inglés *m* — **Englishwoman** *n* : inglesa *f*

engrave *vt* **-graved; -graving** : grabar — **engraving** *n* : grabado *m*

engross *vt* : absorber

engulf *vt* : envolver

enhance *vt* **-hanced; -hancing** : aumentar, mejorar

enjoy *vt* **1** : disfrutar, gozar de **2 ~ one-**

self : divertirse — **enjoyable** *adj* : agradable — **enjoyment** *n* : placer *m*

enlarge *v* **-larged; -larging** *vt* : agrandar, ampliar — *vi* **1** : agrandarse **2** ~ **upon** : extenderse sobre — **enlargement** *n* : ampliación *f*

enlighten *vt* : aclarar, iluminar

enlist *vt* **1** ENROLL : alistar **2** OBTAIN : conseguir — *vi* : alistarse

enliven *vt* : animar

enmity *n, pl* **-ties** : enemistad *f*

enormous *adj* : enorme

enough *adj* : bastante, suficiente — ~ *adv* : bastante — ~ *pron* **1** : (lo) suficiente, (lo) bastante **2 it's not** ~ : no basta **3 I've had** ~ ! : ¡estoy harto!

enquire , enquiry → **inquire, inquiry**

enrage *vt* **-raged; -raging** : enfurecer

enrich *vt* : enriquecer

enroll *or* **enrol** *v* **-rolled; -rolling** *vt* : matricular, inscribir — *vi* : matricularse, inscribirse

ensemble *n* : conjunto *m*

ensign *n* **1** FLAG : enseña *f* **2** : alférez *mf* (de fragata)

enslave *vt* **-slaved; -slaving** : esclavizar

ensue *vi* **-sued; -suing** : seguir, resultar

ensure *vt* **-sured; -suring** : asegurar

entail *vt* : suponer, conllevar

entangle *vt* **-gled; -gling** : enredar — **entanglement** *n* : enredo *m*

enter *vt* **1** : entrar en **2** RECORD : inscribir — *vi* **1** : entrar **2** ~ **into** : firmar (un acuerdo), entablar (negociaciones, etc.)

enterprise *n* **1** : empresa *f* **2** INITIATIVE : iniciativa *f* — **enterprising** *adj* : emprendedor

entertain *vt* **1** AMUSE : entretener, divertir **2** CONSIDER : considerar **3** ~ **guests** : recibir invitados — **entertainment** *n* : entretenimiento *m*, diversión *f*

enthrall *or* **enthral** *vt* **-thralled; -thralling** : cautivar, embelesar

enthusiasm *n* : entusiasmo *m* — **enthusiast** *n* : entusiasta *mf* — **enthusiastic** *adj* : entusiasta

entice *vt* **-ticed; -ticing** : atraer, tentar

entire *adj* : entero, completo — **entirely** *adv* : completamente — **entirety** *n, pl* **-ties** : totalidad *f*

entitle *vt* **-tled; -tling** **1** NAME : titular **2** AUTHORIZE : dar derecho a — **entitlement** *n* : derecho *m*

entity *n, pl* **-ties** : entidad *f*

entrails *npl* : entrañas *fpl*, vísceras *fpl*

entrance¹ *vt* **-tranced; -trancing** : encantar, fascinar

entrance² *n* : entrada *f* — **entrant** *n* : participante *mf*

entreat *vt* : suplicar

entrée *or* **entree** *n* : plato *m* principal

entrepreneur *n* : empresario *m*, -ria *f*

entrust *vt* : confiar

entry *n, pl* **-tries** **1** ENTRANCE : entrada *f* **2** NOTATION : entrada *f*, anotación *f*

enumerate *vt* **-ated; -ating** : enumerar

enunciate *vt* **-ated; -ating** **1** STATE : enunciar **2** PRONOUNCE : articular

envelop *vt* : envolver — **envelope** *n* : sobre *m*

envious *adj* : envidioso — **enviously** *adv* : con envidia

environment *n* : medio *m* ambiente — **environmental** *adj* : ambiental — **environmentalist** *n* : ecologista *mf*

envision *vt* : prever, imaginar

envoy *n* : enviado *m*, -da *f*

envy *n, pl* **envies** : envidia *f* — ~ *vt* **-vied; -vying** : envidiar

enzyme *n* : enzima *f*

epic *adj* : épico — ~ *n* : epopeya *f*

epidemic *n* : epidemia *f* — ~ *adj* : epidémico

epilepsy *n, pl* **-sies** : epilepsia *f* — **epileptic** *adj* : epiléptico — ~ *n* : epiléptico *m*, -ca *f*

episode *n* : episodio *m*

epitaph *n* : epitafio *m*

epitome *n* : personificación *f* — **epitomize** *vt* **-mized; -mizing** : ser la personificación de, personificar

epoch *n* : época *f*

equal *adj* **1** SAME : igual **2 be** ~ **to** : estar a la altura de (una tarea, etc.) — ~ *n* : igual *mf* — ~ *vt* **equaled** *or* **equalled; equaling** *or* **equalling** **1** : igualar **2** : ser igual a (en matemáticas) — **equality** *n, pl* **-ties** : igualdad *f* — **equalize** *vt* **-ized; -izing** : igualar — **equally** *adv* **1** : igualmente **2** ~ **important** : igual de importante

equate *vt* **equated; equating** ~ **with** : equiparar con — **equation** *n* : ecuación *f*

equator *n* : ecuador *m*

equilibrium *n, pl* **-riums** *or* **-ria** : equilibrio *m*

equinox *n* : equinoccio *m*

equip *vt* **equipped; equipping** : equipar — **equipment** *n* : equipo *m*

equity *n, pl* **-ties** **1** FAIRNESS : equidad *f* **2 equities** *npl* STOCKS : acciones *fpl* ordinarias

equivalent *adj* : equivalente — ~ *n* : equivalente *m*

era *n* : era *f*, época *f*

eradicate *vt* **-cated; -cating** : erradicar

erase *vt* **erased; erasing** : borrar — **eraser** *n* : goma *f* de borrar, borrador *m*

erect *adj* : erguido — ~ *vt* : erigir, levantar

— **erection** *n* **1** BUILDING : construcción *f*
2 : erección *f* (en fisiología)
erode *vt* **eroded; eroding** : erosionar (el
suelo), corroer (metales) — **erosion** *n*
: erosión *f*, corrosión *f*
erotic *adj* : erótico
err *vi* : equivocarse, errar
errand *n* : mandado *m*, recado *m Spain*
erratic *adj* : errático, irregular
error *n* : error *m* — **erroneous** *adj* : erróneo
erupt *vi* **1** : hacer erupción (dícese de un
volcán) **2** : estallar (dícese de la cólera, la
violencia, etc.) — **eruption** *n* : erupción *f*
escalate *vi* **-lated; -lating** : intensificarse
escalator *n* : escalera *f* mecánica
escapade *n* : aventura *f*
escape *v* **-caped; -caping** *vt* : escapar a,
evitar — *vi* : escaparse, fugarse — ~ *n* **1**
: fuga *f* **2** ~ **from reality** : evasión *f* de la
realidad — **escapee** *n* : fugitivo *m*, -va *f*
escort *n* **1** GUARD : escolta *f* **2** COMPANION
: acompañante *mf* — ~ *vt* **1** : escoltar **2**
ACCOMPANY : acompañar
Eskimo *adj* : esquimal
especially *adv* : especialmente
espionage *n* : espionaje *m*
espresso *n, pl* **-sos** : café *m* exprés
essay *n* : ensayo *m* (literario), composición *f*
(académica)
essence *n* : esencia *f* — **essential** *adj* : esencial — ~ *n* **1** : elemento *m* esencial **2**
the ~**s** : lo indispensable
establish *vt* : establecer — **establishment** *n*
: establecimiento *m*
estate *n* **1** POSSESSIONS : bienes *mpl* **2**
LAND, PROPERTY : finca *f*
esteem *n* : estima *f* — ~ *vt* : estimar
esthetic → **aesthetic**
estimate *vt* **-mated; -mating** : calcular, estimar — ~ *n* **1** : cálculo *m* (aproximado) **2**
or ~ **of costs** : presupuesto *m* — **estima-
tion** *n* **1** JUDGMENT : juicio *m* **2** ESTEEM
: estima *f*
estuary *n, pl* **-aries** : estuario *m*, ría *f*
eternal *adj* : eterno — **eternity** *n, pl* **-ties**
: eternidad *f*
ether *n* : éter *m*
ethical *adj* : ético — **ethics** *ns & pl* : ética *f*,
moralidad *f*
ethnic *adj* : étnico
etiquette *n* : etiqueta *f*
Eucharist *n* : Eucaristía *f*
eulogy *n, pl* **-gies** : elogio *m*, panegírico *m*
euphemism *n* : eufemismo *m*
euphoria *n* : euforia *f*
European *adj* : europeo
evacuate *vt* **-ated; -ating** : evacuar — **evacuation** *n* : evacuación *f*
evade *vt* **evaded; evading** : evadir, eludir

evaluate *vt* **-ated; -ating** : evaluar
evaporate *vi* **-rated; -rating** : evaporarse
evasion *n* : evasión *f* — **evasive** *adj* : evasivo
eve *n* : víspera *f*
even *adj* **1** REGULAR, STEADY : regular, constante **2** LEVEL : plano, llano **3** SMOOTH
: liso **4** EQUAL : igual **5** ~ **number**
: número *m* par **6 get** ~ **with** : desquitarse
con — ~ *adv* **1** : hasta, incluso **2** ~ **better** : aún mejor, todavía mejor **3** ~ **if**
: aunque **4** ~ **so** : aun así — ~ *vt* : igualar
— *vi or* ~ **out** : nivelarse
evening *n* : tarde *f*, noche *f*
event *n* **1** : acontecimiento *m*, suceso *m* **2**
: prueba *f* (en deportes) **3 in the** ~ **of** : en
caso de — **eventful** *adj* : lleno de incidentes
eventual *adj* : final — **eventuality** *n, pl* **-ties**
: eventualidad *f* — **eventually** *adv* : al fin,
finalmente
ever *adv* **1** ALWAYS : siempre **2** ~ **since**
: desde entonces **3 hardly** ~ : casi nunca
4 have you ~ **done it?** : ¿lo has hecho alguna vez?
evergreen *n* : planta *f* de hoja perenne
everlasting *adj* : eterno
every *adj* **1** EACH : cada **2** ~ **month**
: todos los meses **3** ~ **other day** : cada dos
días — **everybody** *pron* : todos *mpl*, -das
fpl; todo el mundo — **everyday** *adj* : cotidiano, de todos los días — **everyone** →
everybody — **everything** *pron* : todo —
everywhere *adv* : en todas partes, por todas
partes
evict *vt* : desahuciar, desalojar — **eviction** *n*
: desahucio *m*
evidence *n* **1** PROOF : pruebas *fpl* **2** TESTI-
MONY : testimonio *m*, declaración *f* — **evident** *adj* : evidente — **evidently** *adv* **1** OB-
VIOUSLY : obviamente **2** APPARENTLY
: evidentemente, al parecer
evil *adj* **eviler** *or* **eviller; evilest** *or* **evillest**
: malvado, malo — ~ *n* : mal *m*, maldad *f*
evoke *vt* **evoked; evoking** : evocar
evolution *n* : evolución *f*, desarrollo *m* —
evolve *vi* **evolved; evolving** : evolucionar,
desarrollarse
exact *adj* : exacto, preciso — ~ *vt* : exigir
— **exacting** *adj* : exigente — **exactly** *adv*
: exactamente
exaggerate *v* **-ated; -ating** : exagerar — **exaggeration** *n* : exageración *f*
examine *vt* **-ined; -ining** **1** : examinar **2** IN-
SPECT : revisar **3** QUESTION : interrogar —
exam *n* : examen *m* — **examination** *n* : examen *m*
example *n* : ejemplo *m*
exasperate *vt* **-ated; -ating** : exasperar —
exasperation *n* : exasperación *f*

excavate *vt* **-vated; -vating** : excavar — **excavation** *n* : excavación *f*

exceed *vt* : exceder, sobrepasar — **exceedingly** *adv* : extremadamente

excel *v* **-celled; -celling** *vi* : sobresalir — *vt* SURPASS : superar — **excellence** *n* : excelencia *f* — **excellent** *adj* : excelente

except *prep or* ~ **for** : excepto, menos, salvo — ~ *vt* : exceptuar — **exception** *n* : excepción *f* — **exceptional** *adj* : excepcional

excerpt *n* : extracto *m*

excess *n* : exceso *m* — ~ *adj* : excesivo, de sobra — **excessive** *adj* : excesivo

exchange *n* **1** : intercambio *m* **2** : cambio *m* (en finanzas) — ~ *vt* **-changed; -changing** : cambiar, intercambiar

excise *n* ~ **tax** : impuesto *m* interno, impuesto *m* sobre el consumo

excite *vt* **-cited; -citing** : excitar, emocionar — **excited** *adj* : excitado, entusiasmado — **excitement** *n* : entusiasmo *m*, emoción *f*

exclaim *v* : exclamar — **exclamation** *n* : exclamación *f* — **exclamation point** *n* : signo *m* de admiración

exclude *vt* **-cluded; -cluding** : excluir — **excluding** *prep* : excepto, con excepción de — **exclusion** *n* : exclusión *f* — **exclusive** *adj* : exclusivo

excrement *n* : excremento *m*

excruciating *adj* : insoportable, atroz

excursion *n* : excursión *f*

excuse *vt* **-cused; -cusing 1** : perdonar **2** ~ **me** : perdóne, perdón — ~ *n* : excusa *f*

execute *vt* **-cuted; -cuting** : ejecutar — **execution** *n* : ejecución *f* — **executioner** *n* : verdugo *m*

executive *adj* : ejecutivo — ~ *n* **1** MANAGER : ejecutivo *m*, -va *f* **2** *or* ~ **branch** : poder *m* ejecutivo

exemplify *vt* **-fied; -fying** : ejemplificar — **exemplary** *adj* : ejemplar

exempt *adj* : exento — ~ *vt* : dispensar — **exemption** *n* : exención *f*

exercise *n* : ejercicio *m* — ~ *v* **-cised; -cising** *vt* USE : ejercer, hacer uso de — *vi* : hacer ejercicio

exert *vt* **1** : ejercer **2** ~ **oneself** : esforzarse — **exertion** *n* : esfuerzo *m*

exhale *v* **-haled; -haling** : exhalar

exhaust *vt* : agotar — ~ *n* **1** *or* ~ **fumes** : gases *mpl* de escape **2** *or* ~ **pipe** : tubo *m* de escape — **exhaustion** *n* : agotamiento *m* — **exhaustive** *adj* : exhaustivo

exhibit *vt* **1** DISPLAY : exponer **2** SHOW : mostrar — ~ *n* **1** : objeto *m* expuesto **2** EXHIBITION : exposición *f* — **exhibition** *n* : exposición *f*

exhilarate *vt* **-rated; -rating** : alegrar — **exhilaration** *n* : regocijo *m*

exile *n* **1** : exilio *m* **2** OUTCAST : exiliado *m*, -da *f* — ~ *vt* **exiled; exiling** : exiliar

exist *vi* : existir — **existence** *n* : existencia *f* — **existing** *adj* : existente

exit *n* : salida *f* — ~ *vi* : salir

exodus *n* : éxodo *m*

exonerate *vt* **-ated; -ating** : exonerar, disculpar

exorbitant *adj* : exorbitante, excesivo

exotic *adj* : exótico

expand *vt* **1** : ampliar, extender **2** : dilatar (metales, etc.) — *vi* **1** : ampliarse, extenderse **2** : dilatarse (dícese de metales, etc.) — **expanse** *n* : extensión *f* — **expansion** *n* : expansión *f*

expatriate *n* : expatriado *m*, -da *f* — ~ *adj* : expatriado

expect *vt* **1** : esperar **2** REQUIRE : contar con — *vi* **be expecting** : estar embarazada — **expectancy** *n*, *pl* **-cies** : esperanza *f* — **expectant** *adj* **1** : expectante **2** ~ **mother** : futura madre *f* — **expectation** *n* : esperanza *f*

expedient *adj* : conveniente — ~ *n* : expediente *m*, recurso *m*

expedition *n* : expedición *f*

expel *vt* **-pelled; -pelling** : expulsar (a una persona), expeler (humo, etc.)

expend *vt* : gastar — **expendable** *adj* : prescindible — **expenditure** *n* : gasto *m* — **expense** *n* **1** : gasto *m* **2** ~ **s** *npl* : gastos *mpl*, expensas *fpl* **3 at the** ~ **of** : a expensas de — **expensive** *adj* : caro

experience *n* : experiencia *f* — ~ *vt* **-enced; -encing** : experimentar — **experienced** *adj* : experimentado — **experiment** *n* : experimento *m* — ~ *vi* : experimentar — **experimental** *adj* : experimental

expert *adj* : experto — ~ *n* : experto *m*, -ta *f* — **expertise** *n* : pericia *f*, competencia *f*

expire *vi* **-pired; -piring 1** : caducar, vencer **2** DIE : expirar, morir — **expiration** *n* : vencimiento *m*, caducidad *f*

explain *vt* : explicar — **explanation** *n* : explicación *f* — **explanatory** *adj* : explicativo

explicit *adj* : explícito

explode *v* **-ploded; -ploding** *vt* : hacer explotar — *vi* : explotar, estallar

exploit *n* : hazaña *f*, proeza *f* — ~ *vt* : explotar — **exploitation** *n* : explotación *f*

exploration *n* : exploración *f* — **explore** *vt* **-plored; -ploring** : explorar — **explorer** *n* : explorador *m*, -dora *f*

explosion *n* : explosión *f* — **explosive** *adj* : explosivo — ~ *n* : explosivo *m*

export *vt* : exportar — ~ *n* : exportación *f*

expose *vt* **-posed; -posing 1** : exponer **2**

REVEAL : descubrir, revelar — **exposed** adj : expuesto, al descubierto — **exposure** n : exposición f

express adj **1** SPECIFIC : expreso, específico **2** FAST : expreso, rápido — ~ adv : por correo urgente — ~ n or ~ **train** : expreso m — ~ vt : expresar — **expression** n : expresión f — **expressive** adj : expresivo — **expressly** adv : expresamente — **expressway** n : autopista f

expulsion n : expulsión f

exquisite adj : exquisito

extend vt **1** STRETCH : extender **2** LENGTHEN : prolongar **3** ENLARGE : ampliar **4** ~ **one's hand** : tender la mano — vi : extenderse — **extension** n **1** : extensión f **2** LENGTHENING : prolongación f **3** ANNEX : ampliación f, anexo m **4** ~ **cord** : alargador m — **extensive** adj : extenso — **extent** n **1** SIZE : extensión f **2** DEGREE : alcance m, grado m **3 to a certain** ~ : hasta cierto punto

extenuating adj ~ **circumstances** : circunstancias fpl atenuantes

exterior adj : exterior — ~ n : exterior m

exterminate vt **-nated; -nating** : exterminar — **extermination** n : exterminación f

external adj : externo — **externally** adv : exteriormente

extinct adj : extinto — **extinction** n : extinción f

extinguish vt : extinguir, apagar — **extinguisher** n : extintor m

extol vt **-tolled; -tolling** : ensalzar, alabar

extort vt : arrancar (algo a algn) por la fuerza — **extortion** n : extorsión f

extra adj : suplementario, de más — ~ n : extra m — ~ adv **1** : extra, más **2** ~ **special** : super especial

extract vt : extraer, sacar — ~ n : extracto m — **extraction** n : extracción f

extracurricular adj : extracurricular

extradite vt **-dited; -diting** : extraditar

extraordinary adj : extraordinario

extraterrestrial adj : extraterrestre — ~ n : extraterrestre mf

extravagant adj **1** WASTEFUL : despilfarrador, derrochador **2** EXAGGERATED : extravagante, exagerado — **extravagance** n **1** WASTEFULNESS : derroche m, despilfarro m **2** LUXURY : lujo m **3** EXAGGERATION : extravagancia f

extreme adj : extremo — ~ n : extremo m — **extremely** adv : extremadamente — **extremity** n, pl **-ties** : extremidad f

extricate vt **-cated; -cating** : librar, (lograr) sacar

extrovert n : extrovertido m, -da f — **extroverted** adj : extrovertido

exuberant adj **1** JOYOUS : eufórico **2** LUSH : exuberante — **exuberance** n **1** JOYOUSNESS : euforia f **2** VIGOR : exuberancia f

exult vi : exultar

eye n **1** : ojo m **2** VISION : visión f, vista f **3** GLANCE : mirada f — ~ vt **eyed; eyeing** or **eying** : mirar — **eyeball** n : globo m ocular — **eyebrow** n : ceja f — **eyeglasses** npl : anteojos mpl, lentes mpl — **eyelash** n : pestaña f — **eyelid** n : párpado m — **eyesight** n : vista f, visión f — **eyesore** n : monstruosidad f — **eyewitness** n : testigo mf ocular

F

f n, pl **f's** or **fs** : f, sexta letra del alfabeto inglés

fable n : fábula f

fabric n : tela f, tejido m

fabulous adj : fabuloso

facade n : fachada f

face n **1** : cara f, rostro m (de una persona) **2** APPEARANCE : fisonomía f, aspecto m **3** : cara f (de una moneda), fachada f (de un edificio) **4** ~ **value** : valor m nominal **5 in the** ~ **of** : en medio de, ante **6 lose** ~ : desprestigiarse **7 make** ~**s** : hacer muecas — ~ **faced; facing** vt **1** : estar frente a **2** CONFRONT : enfrentarse a **3** OVERLOOK : dar a — vi ~ **to the north** : mirar hacia el norte — **facedown** adv : boca abajo — **faceless** adj : anónimo — **face–lift** n : estiramiento m facial

facet n : faceta f

face–to–face adv & adj : cara a cara

facial adj : de la cara, facial — ~ n : limpieza f de cutis

facetious adj : gracioso, burlón

facility n, pl **-ties 1** EASE : facilidad f **2** CENTER : centro m **3 facilities** npl : comodidades fpl, servicios mpl

facsimile *n* : facsímile *m*, facsímil *m*
fact *n* **1** : hecho *m* **2 in** ⁓ : en realidad, de hecho
faction *n* : facción *f*, bando *m*
factor *n* : factor *m*
factory *n, pl* **-ries** : fábrica *f*
factual *adj* : basado en hechos
faculty *n, pl* **-ties** : facultad *f*
fad *n* : moda *f* pasajera, manía *f*
fade *v* **faded; fading** *vi* **1** WITHER : marchitarse **2** DISCOLOR : desteñirse, decolorarse **3** DIM : apagarse **4** VANISH : desvanecerse — *vt* : desteñir
fail *vi* **1** : fracasar (dícese de una empresa, un matrimonio, etc.) **2** BREAK DOWN : fallar **3** ⁓ **in** : faltar a, no cumplir con **4** FLUNK : suspender *Spain*, ser reprobado *Lat* **5** ⁓ **to do sth** : no hacer algo — *vt* **1** DISAPPOINT : fallar **2** FLUNK : suspender *Spain*, reprobar *Lat* — ⁓ *n* **without** ⁓ : sin falta — **failing** *n* : defecto *m* — **failure** *n* **1** : fracaso *m* **2** BREAKDOWN : falla *f*
faint *adj* **1** WEAK : débil **2** INDISTINCT : tenue, indistinto **3 feel** ⁓ : estar mareado — ⁓ *vi* : desmayarse — ⁓ *n* : desmayo *m* — **fainthearted** *adj* : cobarde, pusilánime — **faintly** *adv* **1** WEAKLY : débilmente **2** SLIGHTLY : ligeramente, levemente
fair[1] *n* : feria *f*
fair[2] *adj* **1** BEAUTIFUL : bello, hermoso **2** : bueno (dícese del tiempo) **3** JUST : justo **4** : rubio (dícese del pelo), blanco (dícese de la tez) **5** ADEQUATE : adecuado — ⁓ *adv* **play** ⁓ : jugar limpio — **fairly** *adv* **1** JUSTLY : justamente **2** QUITE : bastante — **fairness** *n* : justicia *f*
fairy *n, pl* **fairies 1** : hada *f* **2** ⁓ **tale** : cuento *m* de hadas
faith *n, pl* **faiths** : fe *f* — **faithful** *adj* : fiel — **faithfully** *adv* : fielmente — **faithfulness** *n* : fidelidad *f*
fake *v* **faked; faking** *vt* **1** FALSIFY : falsificar, falsear **2** FEIGN : fingir — *vi* PRETEND : fingir — ⁓ *adj* : falso — ⁓ *n* **1** IMITATION : falsificación *f* **2** IMPOSTOR : impostor *m*, -tora *f*
falcon *n* : halcón *m*
fall *vi* **fell; fallen; falling 1** : caer, bajar (dícese de los precios), descender (dícese de la temperatura) **2** ⁓ **asleep** : dormirse **3** ⁓ **back** : retirarse **4** ⁓ **back on** : recurrir a **5** ⁓ **down** : caerse **6** ⁓ **in love** : enamorarse **7** ⁓ **out** QUARREL : pelearse **8** ⁓ **through** : fracasar — ⁓ *n* **1** : caída *f*, bajada *f* (de precios), descenso *m* (de temperatura) **2** AUTUMN : otoño *m* **3** ⁓**s** *npl* WATERFALL : cascada *f*, catarata *f*
fallacy *n, pl* **-cies** : concepto *m* erróneo
fallible *adj* : falible

fallow *adj* **lie** ⁓ : estar en barbecho
false *adj* **falser; falsest 1** : falso **2** ⁓ **alarm** : falsa alarma *f* **3** ⁓ **teeth** : dentadura *f* postiza — **falsehood** *n* : mentira — **falseness** *n* : falsedad *f* — **falsify** *vt* **-fied; fying** : falsificar, falsear
falter *vi* **-tered; -tering 1** STUMBLE : tambalearse **2** WAVER : vacilar
fame *n* : fama *f*
familiar *adj* **1** : familiar **2 be** ⁓ **with** : estar familiarizado con — **familiarity** *n, pl* **-ties** : familiaridad *f* — **familiarize** *vt* **-ized; -izing** ⁓ **oneself** : familiarizarse
family *n, pl* **-lies** : familia *f*
famine *n* : hambre *f*, hambruna *f*
famished *adj* : famélico
famous *adj* : famoso
fan *n* **1** : ventilador *m*, abanico *m* **2** : aficionado *m*, -da *f* (a un pasatiempo); admirador *m*, -dora *f* (de una persona) — ⁓ *vt* **fanned; fanning** : abanicar (a una persona), avivar (un fuego)
fanatic *or* **fanatical** *adj* : fanático — ⁓ *n* : fanático *m*, -ca *f* — **fanaticism** *n* : fanatismo *m*
fancy *vt* **-cied; -cying 1** IMAGINE : imaginarse **2** DESIRE : apetecerle (algo a uno) — ⁓ *adj* **-cier; -est 1** ELABORATE : elaborado **2** LUXURIOUS : lujoso, elegante — ⁓ *n, pl* **-cies 1** WHIM : capricho *m* **2** IMAGINATION : imaginación *f* **3 take a** ⁓ **to** : aficionarse a (una cosa), tomar cariño a (una persona) — **fanciful** *adj* **1** CAPRICIOUS : caprichoso **2** IMAGINATIVE : imaginativo
fanfare *n* : fanfarria *f*
fang *n* : colmillo *m* (de un animal), diente *m* (de una serpiente)
fantasy *n, pl* **-sies** : fantasía *f* — **fantasize** *vi* **-sized; -sizing** : fantasear — **fantastic** *adj* : fantástico
far *adv* **farther** *or* **further; farthest** *or* **furthest 1** : lejos **2** MUCH : muy, mucho **3 as** ⁓ **as** : hasta (un lugar), con respecto a (un tema) **4 by** ⁓ : con mucho **5** ⁓ **and wide** : por todas partes **6** ⁓ **away** : a lo lejos **7** ⁓ **from it!** : ¡todo lo contrario! **8 so** ⁓ : hasta ahora, todavía — ⁓ *adj* **farther** *or* **further; farthest** *or* **furthest 1** REMOTE : lejano **2** EXTREME : extremo — **faraway** *adj* : remoto, lejano
farce *n* : farsa *f*
fare *vi* **fared; faring** : irle a uno — ⁓ *n* **1** : precio *m* del pasaje **2** FOOD : comida *f*
farewell *n* : despedida *f* — ⁓ *adj* : de despedida
far-fetched *adj* : improbable, exagerado
farm *n* : granja *f*, hacienda *f* — ⁓ *vt* : cultivar (la tierra), criar (animales) — *vi* : ser agricultor — **farmer** *n* : agricultor *m*, -tora *f*;

granjero *m*, -jera *f* — **farmhand** *n* : peón *m* — **farmhouse** *n* : granja *f*, casa *f* de hacienda — **farming** *n* : agricultura *f*, cultivo *m* (de plantas), crianza *f* (de animales) — **farmyard** *n* : corral *m*

far–off *adj* : lejano

far–reaching *adj* : de gran alcance

farsighted *adj* **1** : hipermétrope **2** PRUDENT : previsor

farther *adv* **1** : más lejos **2** MORE : más — *adj* : más lejano — **farthest** *adv* **1** : lo más lejos **2** MOST : más — *adj* : más lejano

fascinate *vt* **-nated; -nating** : fascinar — **fascination** *n* : fascinación *f*

fascism *n* : fascismo *m* — **fascist** *adj* : fascista — ～ *n* : fascista *mf*

fashion *n* **1** MANNER : manera *f* **2** STYLE : moda *f* **3 out of** ～ : pasada de moda — **fashionable** *adj* : de moda

fast[1] *vi* : ayunar — ～ *n* : ayuno *m*

fast[2] *adj* **1** SWIFT : rápido **2** SECURE : firme, seguro **3** : adelantado (dícese de un reloj) **4** ～ **friends** : amigos *mpl* leales — ～ *adv* **1** SECURELY : firmemente **2** SWIFTLY : rápidamente **3** ～ **asleep** : profundamente dormido

fasten *vt* : sujetar (papeles, etc.), abrochar (una blusa, etc.), cerrar (una maleta, etc.) — *vi* : abrocharse, cerrar — **fastener** *n* : cierre *m*

fat *adj* **fatter; fattest** **1** : gordo **2** THICK : grueso — ～ *n* : grasa *f*

fatal *adj* **1** : mortal **2** FATEFUL : fatal, fatídico — **fatality** *n*, *pl* **-ties** : víctima *f* mortal

fate *n* **1** : destino *m* **2** LOT : suerte *f* — **fateful** *adj* : fatídico

father *n* : padre *m* — ～ *vt* : engendrar — **fatherhood** *n* : paternidad *f* — **father–in–law** *n*, *pl* **fathers–in–law** : suegro *m* — **fatherly** *adj* : paternal

fathom *vt* : comprender

fatigue *n* : fatiga *f* — ～ *vt* **-tigued; -tiguing** : fatigar

fatten *vt* : engordar — **fattening** *adj* : que engorda

fatty *adj* **fattier; -est** : graso

faucet *n* : llave *f Lat*, grifo *m Spain*

fault *n* **1** FLAW : defecto *m* **2** RESPONSIBILITY : culpa *f* **3** : falla *f* (geológica) — *vt* : encontrar defectos a — **faultless** *adj* : impecable — **faulty** *adj* **faultier; -est** : defectuoso

fauna *n* : fauna *f*

favor *or Brit* **favour** *n* **1** : favor *m* **2 in** ～ **of** : a favor de — ～ *vt* **1** : favorecer **2** SUPPORT : estar a favor de **3** PREFER : preferir — **favorable** *or Brit* **favourable** *adj* : favorable — **favorite** *or Brit* **favourite** *n* : favorito *m*,

-ta *f* — ～ *adj* : favorito — **favoritism** *or Brit* **favouritism** *n* : favoritismo *m*

fawn[1] *vi* ～ **over** : adular

fawn[2] *n* : cervato *m*

fax *n* : fax *m* — ～ *vt* : faxear, enviar por fax

fear *v* : temer — ～ *n* **1** : miedo *m*, temor *m* **2 for** ～ **of** : por temor a — **fearful** *adj* **1** FRIGHTENING : espantoso **2** AFRAID : temeroso

feasible *adj* : viable, factible

feast *n* **1** BANQUET : banquete *m*, festín *m* **2** FESTIVAL : fiesta *f* — ～ *vi* **1** : banquetear **2** ～ **upon** : darse un festín de

feat *n* : hazaña *f*

feather *n* : pluma *f*

feature *n* **1** : rasgo *m* (de la cara) **2** CHARACTERISTIC : característica *f* **3** : artículo *m* (en un periódico) **4** ～ **film** : largometraje *m* — *v* **-tured; -turing** *vt* **1** PRESENT : presentar **2** EMPHASIZE : destacar — *vi* : figurar

February *n* : febrero *m*

feces *npl* : excremento *mpl*

federal *adj* : federal — **federation** *n* : federación *f*

fed up *adj* : harto

fee *n* **1** : honorarios *mpl* **2 entrance** ～ : entrada *f*

feeble *adj* **-bler; -blest** **1** : débil **2 a** ～ **excuse** : una pobre excusa

feed *v* **fed; feeding** *vt* **1** : dar de comer a, alimentar **2** SUPPLY : alimentar — *vi* : comer, alimentarse — ～ *n* : pienso *m*

feel *v* **felt; feeling** *vt* **1** : sentir (una sensación, etc.) **2** TOUCH : tocar, palpar **3** BELIEVE : creer — *vi* **1** : sentirse (bien, cansado, etc.) **2** SEEM : parecer **3** ～ **hot/thirsty** : tener calor/sed **4** ～ **like doing** : tener ganas de hacer — ～ *n* : tacto *m*, sensación *f* — **feeling** *n* **1** SENSATION : sensación *f* **2** EMOTION : sentimiento *m* **3** OPINION : opinión *f* **4 hurt s.o.'s** ～**s** : herir los sentimientos de algn

feet → **foot**

feign *vt* : fingir

feline *adj* : felino — ～ *n* : felino *m*, -na *f*

fell[1] → **fall**

fell[2] *vt* : talar (un árbol)

fellow *n* **1** COMPANION : compañero *m*, -ra *f* **2** MEMBER : socio *m*, -cia *f* **3** MAN : tipo *m* — **fellowship** *n* **1** : compañerismo *m* **2** ASSOCIATION : fraternidad *f* **3** GRANT : beca *f*

felon *n* : criminal *mf* — **felony** *n*, *pl* **-nies** : delito *m* grave

felt[1] → **feel**

felt[2] *n* : fieltro *m*

female *adj* : femenino — ～ *n* **1** : hembra *f* (animal) **2** WOMAN : mujer *f*

feminine *adj* : femenino — **femininity** *n* : femineidad *f* — **feminism** *n* : feminismo *m*

— **feminist** *adj* : feminista — ～ *n* : feminista *mf*

fence *n* : cerca *f*, valla *f*, cerco *m Lat* — ～ *v* **fenced; fencing** *vt or* ～ **in** : vallar, cercar — *vi* : hacer esgrima — **fencing** *n* : esgrima *m* (deporte)

fend *vt* ～ **off** : rechazar (un enemigo), eludir (una pregunta) — *vi* ～ **for oneself** : valerse por sí mismo

fender *n* : guardabarros *mpl*

fennel *n* : hinojo *m*

ferment *v* : fermentar — **fermentation** *n* : fermentación *f*

fern *n* : helecho *m*

ferocious *adj* : feroz — **ferocity** *n* : ferocidad *f*

ferret *n* : hurón *m* — ～ *vt* ～ **out** : descubrir

Ferris wheel *n* : noria *f*

ferry *vt* **-ried; -rying** : transportar — ～ *n, pl* **-ries** : ferry *m*

fertile *adj* : fértil — **fertility** *n* : fertilidad *f* — **fertilize** *vt* **-ized; -izing** : fecundar (un huevo), abonar (el suelo) — **fertilizer** *n* : fertilizante *m*, abono *m*

fervent *adj* : ferviente — **fervor** *or Brit* **fervour** *n* : fervor *m*

fester *vi* : enconarse

festival *n* **1** : fiesta *f* **2 film** ～ : festival *m* de cine — **festive** *adj* : festivo — **festivity** *n, pl* **-ties** : festividad *f*

fetch *vt* **1** : ir a buscar **2** : venderse por (un precio)

fête *n* : fiesta *f*

fetid *adj* : fétido

fetish *n* : fetiche *m*

fetters *npl* : grillos *mpl* — **fetter** *vt* : encadenar

fetus *n* : feto *m*

feud *n* : enemistad *f* (entre familiares) — ～ *vi* : pelear

feudal *adj* : feudal — **feudalism** *n* : feudalismo *m*

fever *n* : fiebre *f* — **feverish** *adj* : febril

few *adj* **1** : pocos **2 a** ～ **times** : varias veces — ～ *pron* **1** : pocos **2 a** ～ : algunos, unos cuantos **3 quite a** ～ : muchos — **fewer** *adj & pron* : menos

fiancé, fiancée *n* : prometido *m*, -da *f*; novio *m*, -via *f*

fiasco *n, pl* **-coes** : fiasco *m*

fib *n* : mentirilla *f* — ～ *vi* **fibbed; fibbing** : decir mentirillas

fiber *or* **fibre** *n* : fibra *f* — **fiberglass** *n* : fibra *f* de vidrio — **fibrous** *adj* : fibroso

fickle *adj* : inconstante

fiction *n* : ficción *f* — **fictional** *or* **fictitious** *adj* : ficticio

fiddle *n* : violín *m* — ～ *vi* **-dled; -dling 1** : tocar el violín **2** ～ **with** : juguetear con

fidelity *n, pl* **-ties** : fidelidad *f*

fidget *vi* **1** : estarse inquieto, moverse **2** ～ **with** : juguetear con — **fidgety** *adj* : inquieto, nervioso

field *n* : campo *m* — ～ *vt* : interceptar (una pelota), sortear (una pregunta) — **field glasses** *n* : binoculares *mpl*, gemelos *mpl* — **field trip** *n* : viaje *m* de estudio

fiend *n* **1** : demonio *m* **2** FANATIC : fanático *m*, -ca *f* — **fiendish** *adj* : diabólico

fierce *adj* **fiercer; -est 1** : feroz **2** INTENSE : fuerte (dícese del viento), acalorado (dícese de un debate) — **fierceness** *n* : ferocidad *f*

fiery *adj* **fierier; -est 1** BURNING : llameante **2** SPIRITED : ardiente, fogoso — **fieriness** *n* : pasión *f*, ardor *m*

fifteen *n* : quince *m* — ～ *adj* : quince — **fifteenth** *adj* : decimoquinto — ～ *n* **1** : decimoquinto *m*, -ta *f* (en una serie) **2** : quinceavo *m* (en matemáticas)

fifth *n* **1** : quinto *m*, -ta *f* (en una serie) **2** : quinto *m* (en matemáticas) — ～ *adj* : quinto

fiftieth *adj* : quincuagésimo — ～ *n* **1** : quincuagésimo *m*, -ma *f* (en una serie) **2** : cincuentavo *m* (en matemáticas)

fifty *n, pl* **-ties** : cincuenta *m* — ～ *adj* : cincuenta — **fifty–fifty** *adv* : a medias, mitad y mitad — ～ *adj* **a** ～ **chance** : un cincuenta por ciento de posibilidades

fig *n* : higo *m*

fight *v* **fought; fighting** *vi* **1** BATTLE : luchar **2** QUARREL : pelear **3** ～ **back** : defenderse — *vt* : luchar contra — ～ *n* **1** STRUGGLE : lucha *f* **2** QUARREL : pelea *f* — **fighter** *n* **1** : luchador *m*, -dora *f* **2** *or* ～ **plane** : avión *m* de caza

figment *n* ～ **of the imagination** : producto *m* de la imaginación

figurative *adj* : figurado

figure *n* **1** NUMBER : número *m*, cifra *f* **2** PERSON, SHAPE : figura *f* **3** ～ **of speech** : figura *f* retórica **4 watch one's** ～ : cuidar la línea — *v* **-ured; -uring** *vt* : calcular — *vi* **1** : figurar **2 that** ～**s!** : ¡no me extraña! — **figurehead** *n* : testaferro *m* — **figure out** *vt* **1** UNDERSTAND : entender **2** RESOLVE : resolver

file¹ *n* : lima *f* (instrumento) — ～ *vt* **filed; filing** : limar

file² *vt* **filed; filing 1** : archivar (documentos) **2** ～ **charges** : presentar cargos — ～ *n* : archivo *m*

file³ *n* LINE : fila *f* — ～ *vi* ～ **in/out** : entrar/salir en fila

fill *vt* **1** : llenar, rellenar **2** : cumplir con (un requisito) **3** : tapar (un agujero), empastar (un diente) — *vi* **1** ～ **in for** : reemplazar **2**

or ~ **up** : llenarse — ~ *n* **1 eat one's** ~ : comer lo suficiente **2 have one's** ~ **of** : estar harto de

fillet *n* : filete *m*

filling *n* **1** : relleno *m* **2** : empaste *m* (de dientes) **3** ~ **station** → **service station**

filly *n, pl* **-lies** : potra *f*

film *n* : película *f* — ~ *vt* : filmar

filter *n* : filtro *m* — ~ *vt* : filtrar

filth *n* : mugre *f* — **filthy** *adj* **filthier; -est 1** : mugriento **2** OBSCENE : obsceno

fin *n* : aleta *f*

final *adj* **1** LAST : último **2** DEFINITIVE : definitivo **3** ULTIMATE : final — ~ *n* **1** : final *f* (en deportes) **2** ~**s** *npl* : exámenes *mpl* finales — **finalist** *n* : finalista *mf* — **finalize** *vt* **-ized; -izing** : finalizar — **finally** *adv* : finalmente

finance *n* **1** : finanzas *fpl* **2** ~**s** *npl* : recursos *mpl* financieros — ~ *vt* **-nanced; -nancing** : financiar — **financial** *adj* : financiero — **financially** *adv* : económicamente

find *vt* **found; finding 1** LOCATE : encontrar **2** REALIZE : darse cuenta de **3** ~ **guilty** : declarar culpable **4** *or* ~ **out** : descubrir — *vi* ~ **out** : enterarse — ~ *n* : hallazgo *m* — **finding** *n* **1** FIND : hallazgo *m* **2** ~**s** *npl* : conclusiones *fpl*

fine¹ *n* : multa *f* — ~ *vt* **fined; fining** : multar

fine² *adj* **finer; -est 1** DELICATE : fino **2** EXCELLENT : excelente **3** SUBTLE : sutil **4** : bueno (dícese del tiempo) **5** ~ **print** : letra *f* menuda **6 it's** ~ **with me** : me parece bien — ~ *adv* OK : bien — **fine arts** *npl* : bellas artes *fpl* — **finely** *adv* **1** EXCELLENTLY : excelentemente **2** PRECISELY : con precisión **3** MINUTELY : fino, menudo

finger *n* : dedo *m* — ~ *vt* : tocar, toquetear — **fingernail** *n* : uña *f* — **fingerprint** *n* : huella *f* digital — **fingertip** *n* : punta *f* del dedo

finicky *adj* : maniático, mañoso *Lat*

finish *v* : acabar, terminar — ~ *n* **1** END : fin *m*, final *m* **2** *or* ~ **line** : meta *f* **3** SURFACE : acabado *m*

finite *adj* : finito

fir *n* : abeto *m*

fire *n* **1** : fuego *m* **2** CONFLAGRATION : incendio *m* **3 catch** ~ : incendiarse (dícese de bosques, etc.), prenderse (dícese de fósforos, etc.) **4 on** ~ : en llamas **5 open** ~ **on** : abrir fuego sobre — ~ *vt* **fired; firing 1** DISMISS : despedir **2** SHOOT : disparar — *vi* : disparar — **fire alarm** *n* : alarma *f* contra incendios — **firearm** *n* : arma *f* de fuego — **firecracker** *n* : petardo *m* — **fire engine** *n* : carro *m* de bomberos *Lat*, coche *m* de

bomberos *Spain* — **fire escape** *n* : escalera *f* de incendios — **fire extinguisher** *n* : extintor *m* (de incendios) — **firefighter** *n* : bombero *m*, -ra *f* — **firefly** *n, pl* **-flies** : luciérnaga *f* — **firehouse** → **fire station** — **fireman** *n, pl* **-men** → **firefighter** — **fireplace** *n* : hogar *m*, chimenea *f* — **fireproof** *adj* : ignífugo — **fireside** *n* : hogar *m* — **fire station** *n* : estación *f* de bomberos *Lat*, parque *m* de bomberos *Spain* —— **firewood** *n* : leña *f* — **fireworks** *npl* : fuegos *mpl* artificiales

firm¹ *n* : empresa *f*

firm² *adj* : firme — **firmly** *adv* : firmemente — **firmness** *n* : firmeza *f*

first *adj* **1** : primero **2 at** ~ **sight** : a primera vista **3 for the** ~ **time** : por primera vez — ~ *adv* **1** : primero **2** ~ **and foremost** : ante todo **3** ~ **of all** : en primer lugar — ~ *n* **1** : primero *m*, -ra *f* **2 at** ~ : al principio — **first aid** *n* : primeros auxilios *mpl* — **first-class** *adv* : en primera — ~ *adj* : de primera *f* — **firsthand** *adv* : directamente — ~ *adj* : de primera mano — **firstly** *adv* : en primer lugar — **first name** *n* : nombre *m* de pila — **first-rate** *adj* → **first-class**

fiscal *adj* : fiscal

fish *n, pl* **fish** *or* **fishes** : pez *m* (vivo), pescado *m* (para comer) — ~ *vi* **1** : pescar **2** ~ **for** SEEK : buscar **3 go** ~**ing** : ir de pesca — **fisherman** *n, pl* **-men** : pescador *m*, -dora *f* — **fishhook** *n* : anzuelo *m* — **fishing** *n* : pesca *f* — **fishing pole** *n* : caña *f* de pescar — **fish market** *n* : pescadería *f* — **fishy** *adj* **fishier; -est 1** : a pescado (dícese de sabores, etc.) **2** SUSPICIOUS : sospechoso

fist *n* : puño *m*

fit¹ *n* **1** : ataque *m* **2 he had a** ~ : le dio un ataque

fit² *adj* **fitter; fittest 1** SUITABLE : apropiado **2** HEALTHY : en forma **3 be** ~ **for** : ser apto para — ~ *v* **fitted; fitting** *vt* **1** : encajar en (un hueco, etc.) **2** *(relating to clothing)* : quedar bien a **3** SUIT : ser apropiado para **4** MATCH : coincidir con **5** *or* ~ **out** : equipar — *vi* **1** : caber (en una caja, etc.), encajar (en un hueco, etc.) **2** *or* ~ **in** BELONG : encajar **3 this dress doesn't** ~ : este vestido no me queda bien — ~ *n* **it's a good fit** : me queda bien — **fitful** *adj* : irregular — **fitness** *n* **1** HEALTH : salud *f* **2** SUITABILITY : idoneidad *f* — **fitting** *adj* : apropiado

five *n* : cinco *m* — ~ *adj* : cinco — **five hundred** *n* : quinientos *m* — ~ *adj* : quinientos

fix *vt* **1** ATTACH : fijar, sujetar **2** REPAIR : arreglar **3** PREPARE : preparar — **~** *n* PREDICAMENT : aprieto *m*, apuro *m* — **fixed** *adj* : fijo — **fixture** *n* : instalación *f*

fizz *vi* : burbujear — **~** *n* : efervescencia *f*

fizzle *vi* **-zled; -zling** *or* **~ out** : quedar en nada

flabbergasted *adj* : estupefacto, pasmado

flabby *adj* **-bier; -est** : fofo

flaccid *adj* : fláccido

flag[1] *vi* WEAKEN : flaquear

flag[2] *n* : bandera *f* — **~** *vt* **flagged; flagging** *or* **~ down** : hacer señales de parada a — **flagpole** *n* : asta *f*

flagrant *adj* : flagrante

flair *n* : don *m*, facilidad *f*

flake *n* : copo *m* (de nieve), escama *f* (de pintura, de la piel) — **~** *vi* **flaked; flaking** : pelarse

flamboyant *adj* : extravagante

flame *n* **1** : llama *f* **2 burst into ~s** : estallar en llamas **3 go up in ~s** : incendiarse

flamingo *n*, *pl* **-gos** : flamenco *m*

flammable *adj* : inflamable

flank *n* : ijado *m* (de un animal), flanco *m* (militar) — **~** *vt* : flanquear

flannel *n* : franela *f*

flap *n* : solapa *f* (de un sobre, un libro, etc.), tapa *f* (de un recipiente) — **~** *v* **flapped; flapping** *vi* : agitarse — *vt* : batir, agitar

flapjack → **pancake**

flare *vi* **flared; flaring 1 ~ up** BLAZE : llamear **2 ~ up** EXPLODE, ERUPT : estallar, explotar — **~** *n* **1** BLAZE : llamarada *f* **2** SIGNAL : (luz *f* de) bengala *f*

flash *vi* **1** : brillar, destellar **2 ~ past** : pasar como un rayo — *vt* **1** : dirigir (una luz) **2** SHOW : mostrar **3 ~ a smile** : sonreír — **~** *n* **1** : destello *m* **2 ~ of lightning** : relámpago *m* **3 in a ~** : de repente — **flashlight** *n* : linterna *f* — **flashy** *adj* **flashier; -est** : ostentoso

flask *n* : frasco *m*

flat *adj* **flatter; flattest 1** LEVEL : plano, llano **2** DOWNRIGHT : categórico **3** FIXED : fijo **4** MONOTONOUS : monótono **5** : bemol (en la música) **6 ~ tire** : neumático *m* desinflado — **~** *n* **1** : bemol *m* (en la música) **2** *Brit* APARTMENT : apartamento *m*, departamento *m* *Lat* **3** PUNCTURE : pinchazo *m* — **~** *adv* **1 ~ broke** : pelado **2 in one hour ~** : en una hora justa — **flatly** *adv* : categóricamente — **flat–out** *adj* **1** : frenético **2** DOWNRIGHT : categórico — **flatten** *vt* **1** LEVEL : aplanar, allanar **2** KNOCK DOWN : arrasar

flatter *vt* **1** : halagar **2** BECOME : favorecer — **flatterer** *n* : adulador *m*, -dora *f* — **flattering** *adj* **1** : halagador **2** BECOMING : favorecedor — **flattery** *n*, *pl* **-ries** : halagos *mpl*

flaunt *vt* : hacer alarde de

flavor *or Brit* **flavour** *n* : gusto *m*, sabor *m* — **~** *vt* : sazonar — **flavorful** *or Brit* **flavourful** *adj* : sabroso — **flavoring** *or Brit* **flavouring** *n* : condimento *m*, sazón *f*

flaw *n* : defecto *m* — **flawless** *adj* : perfecto

flax *n* : lino *m*

flea *n* : pulga *f*

fleck *n* **1** PARTICLE : mota *f* **2** SPOT : pinta *f*

flee *v* **fled; fleeing** *vi* : huir — *vt* : huir de

fleece *n* : vellón *m* — **~** *vt* **fleeced; fleecing 1** SHEAR : esquilar **2** DEFRAUD : desplumar

fleet *n* : flota *f*

fleeting *adj* : fugaz

Flemish *adj* : flamenco

flesh *n* **1** : carne *f* **2** PULP : pulpa *f* **3 in the ~** : en persona — **fleshy** *adj* **fleshier; -est 1** : gordo **2** PULPY : carnoso

flew → **fly**

flex *vt* : flexionar — **flexibility** *n*, *pl* **-ties** : flexibilidad *f* — **flexible** *adj* : flexible

flick *n* : golpecito *m* — **~** *vt* : dar un golpecito a — *vi* **~ through** : hojear

flicker *vi* : parpadear — **~** *n* **1** : parpadeo *m* **2 ~ of hope** : un rayo de esperanza

flier *n* **1** AVIATOR : aviador *m*, -dora *f* **2** *or* **flyer** LEAFLET : folleto *m*, volante *m* *Lat*

flight[1] *n* **1** : vuelo *m* **2** TRAJECTORY : trayectoria *f* **3 ~ of stairs** : tramo *m*

flight[2] *n* ESCAPE : huida *f*

flimsy *adj* **flimsier; -est 1** LIGHT : ligero **2** SHAKY : poco sólido **3 a ~ excuse** : una excusa floja

flinch *vi* **~ from** : encogerse ante

fling *vt* **flung; flinging 1** : arrojar **2 ~ open** : abrir de un golpe — **~** *n* **1** AFFAIR : aventura *f* **2 have a ~ at** : intentar

flint *n* : pedernal *m*

flip *v* **flipped; flipping** *vt* **1** *or* **~ over** : dar la vuelta a **2 ~ a coin** : echarlo a cara o cruz — *vi* **1** *or* **~ over** : volcarse **2 ~ through** : hojear — **~** *n* SOMERSAULT : voltereta *f*

flippant *adj* : ligero, frívolo

flipper *n* : aleta *f*

flirt *vi* : coquetear — **~** *n* : coqueto *m*, -ta *f* — **flirtatious** *adj* : coqueto

flit *vi* **flitted; flitting** : revolotear

float *n* **1** : flotador *m* **2** : carroza *f* (en un desfile) — **~** *vi* : flotar — *vt* : hacer flotar

flock *n* : rebaño *m* (de ovejas), bandada *f* (de pájaros) — **~** *vi* : congregarse

flog *vt* **flogged; flogging** : azotar

flood *n* **1** : inundación *f* **2** : torrente *m* (de palabras, de lágrimas, etc.) — **~** *vt* : inundar — **floodlight** *n* : foco *m*

floor *n* **1** : suelo *m*, piso *m* *Lat* **2** STORY : piso *m* **3 dance ~** : pista *f* de baile **4**

ground ~ : planta *f* baja — ~ *vt* **1** KNOCK
DOWN : derribar **2** NONPLUS : desconcertar
— **floorboard** *n* : tabla *f* del suelo
flop *vi* **flopped; flopping 1** FLAP : agitarse
2 COLLAPSE : dejarse caer **3** FAIL : fracasar
— ~ *n* FAILURE : fracaso *m* — **floppy** *adj*
-pier; -est : flojo, flexible — **floppy disk** *n*
: diskette *m*, disquete *m*
flora *n* : flora *f* — **floral** *adj* : floral — **florid**
adj **1** FLOWERY : florido **2** RUDDY : rojizo
— **florist** *n* : florista *mf*
floss *n* → **dental floss**
flounder[1] *n, pl* **flounder** *or* **flounders**
: platija *f*
flounder[2] *vi* **1** *or* ~ **about** : resbalarse,
revolcarse **2** : titubear (en un discurso)
flour *n* : harina *f*
flourish *vi* : florecer — *vt* BRANDISH
: blandir — ~ *n* : floritura *f* — **flourishing**
adj : floreciente
flout *vt* : desacatar, burlarse de
flow *vi* : fluir, correr — ~ *n* **1** : flujo *m*, circulación *f* **2** : corriente *f* (de información,
etc.)
flower *n* : flor *f* — ~ *vi* : florecer — **flowered** *adj* : floreado — **flowerpot** *n* : maceta
f — **flowery** *adj* : florido
flown → **fly**
flu *n* : gripe *f*
fluctuate *vi* **-ated; -ating** : fluctuar — **fluctuation** *n* : fluctuación *f*
fluency *n* : fluidez *f* — **fluent** *adj* **1** : fluido
2 be ~ **in** : hablar con fluidez — **fluently**
adv : con fluidez
fluff *n* : pelusa *f* — **fluffy** *adj* **fluffier; -est**
: de pelusa, velloso
fluid *adj* : fluido — ~ *n* : fluido *m*
flung → **fling**
flunk *vt* : reprobar *Lat*, suspender *Spain* — *vi*
: ser reprobado *Lat*, suspender *Spain*
fluorescence *n* : fluorescencia *f* — **fluorescent** *adj* : fluorescente
flurry *n, pl* **-ries 1** GUST : ráfaga *f* **2** *or*
snow ~ : nevisca *f* **3** ~ **of questions**
: aluvión *m* de preguntas
flush *vi* BLUSH : ruborizarse, sonrojarse — *vt*
~ **the toilet** : tirar de la cadena, jalarle a la
cadena *Lat* — ~ *n* BLUSH : rubor *m*, sonrojo *m* — ~ *adj* ~ **with** : a nivel con, a ras
de — ~ *adv* : al mismo nivel, a ras
fluster *vt* : poner nervioso
flute *n* : flauta *f*
flutter *vi* **1** FLIT : revolotear **2** WAVE : ondear **3** *or* ~ **about** : ir y venir — ~ *n* **1**
: revoloteo *m* (de alas) **2** STIR : revuelo *m*
flux *n* **be in a state of** ~ : cambiar continu-
amente
fly[1] *v* **flew; flown; flying** *vi* **1** : volar **2**
TRAVEL : ir en avión **3** WAVE : ondear **4**

RUSH : correr **5** ~ **by** : pasar volando — *vt*
1 PILOT : pilotar **2** : hacer volar (una
cometa), enarbolar (una bandera) — ~ *n*,
pl **flies** : bragueta *f* (de un pantalón)
fly[2] *n, pl* **flies** : mosca *f* (insecto)
flyer → **flier**
flying saucer *n* : platillo *m* volador *Lat*,
platillo *m* volante *Spain*
flyswatter *n* : matamoscas *m*
foal *n* : potro *m*, -tra *f*
foam *n* : espuma *f* — ~ *vi* : hacer espuma
— **foamy** *adj* **foamier; -est** : espumoso
focus *n, pl* **-ci 1** : foco *m* **2 be in** ~ : estar
enfocado **3** ~ **of attention** : centro *m* de
atención — ~ *v* **-cused** *or* **-cussed; -cus-
ing** *or* **-cussing** *vt* **1** : enfocar **2** : centrar
(la atención, etc.) — *vi* ~ **on** : enfocar (con
los ojos), concentrarse en (con la mente)
fodder *n* : forraje *m*
foe *n* : enemigo *m*, -ga *f*
fog *n* : niebla *f* — ~ *v* **fogged; fogging** *vt*
: empañar — *vi* *or* ~ **up** : empañarse —
foggy *adj* **foggier; -est** : nebuloso —
foghorn *n* : sirena *f* de niebla
foil[1] *vt* : frustrar
foil[2] *n* *or* **aluminum** ~ : papel *m* de aluminio
fold[1] *n* **1** : redil *m* (para ovejas) **2 return to
the** ~ : volver al redil
fold[2] *vt* **1** : doblar, plegar **2** ~ **one's arms**
: cruzar los brazos — *vi* **1** *or* ~ **up**
: doblarse, plegarse **2** FAIL : fracasar — ~
n : pliegue *m* — **folder** *n* : carpeta *f*
foliage *n* : follaje *m*
folk *n, pl* **folk** *or* **folks 1** : gente *f* **2** ~**s** *npl*
PARENTS : padres *mpl* — ~ *adj* **1** : popular
2 ~ **dance** : danza *f* folklórica — **folklore**
n : folklore *m*
follow *vt* **1** : seguir **2** UNDERSTAND : entender **3** ~ **up** : seguir — *vi* **1** : seguir **2** UN-
DERSTAND : entender **3** ~ **up on** : seguir
con — **follower** *n* : seguidor *m*, -dora *f* —
following *adj* : siguiente — ~ *n*
: seguidores *mpl* — ~ *prep* : después de
folly *n, pl* **-lies** : locura *f*
fond *adj* **1** : cariñoso **2 be** ~ **of sth** : ser
aficionado a algo **3 be** ~ **of s.o.** : tener
cariño a algn
fondle *vt* **-dled; -dling** : acariciar
fondness *n* **1** LOVE : cariño *m* **2** LIKING
: afición *f*
food *n* : comida *f*, alimento *m* — **foodstuffs**
npl : comestibles *mpl*
fool *n* **1** : idiota *mf* **2** JESTER : bufón *m*,
-fona *f* — ~ *vi* **1** JOKE : bromear **2** ~
around : perder el tiempo — *vt* TRICK : engañar — **foolhardy** *adj* : temerario — **foolish** *adj* : tonto — **foolishness** *n* : tontería *f*
— **foolproof** *adj* : infalible

foot *n, pl* **feet** : pie *m* — **footage** *n* : secuencias *fpl* (cinemáticas) — **football** *n* : fútbol *m* americano — **footbridge** *n* : pasarela *f,* puente *m* peatonal — **foothills** *npl* : estribaciones *fpl* — **foothold** *n* : punto *m* de apoyo — **footing** *n* **1** BALANCE : equilibrio *m* **2 on equal ~** : en igualdad — **footlights** *npl* : candilejas *fpl* — **footnote** *n* : nota *f* al pie de la página — **footpath** *n* : sendero *m* — **footprint** *n* : huella *f* — **footstep** *n* : paso *m* — **footstool** *n* : escabel *m* — **footwear** *n* : calzado *m*

for *prep* **1** (*indicating purpose, etc.*) : para **2** (*indicating motivation, etc.*) : por **3** (*indicating duration*) : durante **4 we walked ~ 3 miles** : andamos 3 millas **5** AS FOR : con respecto a — **~** *conj* : puesto que, porque

forage *n* : forraje *m* — **~** *vi* **-aged; -aging 1** : forrajear **2 ~ for** : buscar

foray *n* : incursión *f*

forbid *vt* **-bade** *or* **-bad; -bidden; -bidding** : prohibir — **forbidding** *adj* : intimidante, severo

force *n* **1** : fuerza *f* **2 by ~** : por la fuerza **3 in ~** : en vigor, en vigencia **4 armed ~s** : fuerzas *fpl* armadas — **~** *vt* **forced; forcing 1** : forzar **2** OBLIGATE : obligar — **forced** *adj* : forzado, forzoso — **forceful** *adj* : fuerte, energético

forceps *ns & pl* : fórceps *m*

forcibly *adv* : por la fuerza

ford *n* : vado *m* — **~** *vt* : vadear

fore *n* **come to the ~** : empezar a destacarse

forearm *n* : antebrazo *m*

foreboding *n* : premonición *f,* presentimiento *m*

forecast *vt* **-cast; -casting** : predecir, pronosticar — **~** *n* : predicción *f,* pronóstico *m*

forefathers *n* : antepasados *mpl*

forefinger *n* : índice *m,* dedo *m* índice

forefront *n* **at/in the ~** : a la vanguardia

forego → **forgo**

foregone *adj* **~ conclusion** : resultado *m* inevitable

foreground *n* : primer plano *m*

forehead *n* : frente *f*

foreign *adj* **1** : extranjero **2 ~ trade** : comercio *m* exterior — **foreigner** *n* : extranjero *m,* -ra *f*

foreman *n, pl* **-men** : capataz *mf*

foremost *adj* : principal — **~** *adv* **first and ~** : ante todo

forensic *adj* : forense

forerunner *n* : precursor *m,* -sora *f*

foresee *vt* **-saw; -seen; -seeing** : prever — **foreseeable** *adj* : previsible

foreshadow *vt* : presagiar

foresight *n* : previsión *f*

forest *n* : bosque *m* — **forestry** *n* : silvicultura *f*

foretaste *n* : anticipo *m*

foretell *vt* **-told; -telling** : predecir

forethought *n* : reflexión *f* previa

forever *adv* **1** ETERNALLY : para siempre **2** CONTINUALLY : siempre, constantemente

forewarn *vt* : advertir, prevenir

foreword *n* : prólogo *m*

forfeit *n* **1** PENALTY : pena *f* **2** : prenda *f* (en un juego) — **~** *vt* : perder

forge *n* : forja *f* — **~** *v* **forged; forging** *vt* **1** : forjar (metal, etc.) **2** COUNTERFEIT : falsificar — *vi* **~ ahead** : avanzar, seguir adelante — **forger** *n* : falsificador *m,* -dora *f* — **forgery** *n, pl* **-eries** : falsificación *f*

forget *v* **-got; -gotten** *or* **-got; -getting** *vt* : olvidar, olvidarse de — *vi* **1** : olvidarse **2 I forgot** : se me olvidó — **forgetful** *adj* : olvidadizo

forgive *vt* **-gave; -given; -giving** : perdonar — **forgiveness** *n* : perdón *m*

forgo *or* **forego** *vt* **-went; -gone; -going** : privarse de, renunciar a

fork *n* **1** : tenedor *m* **2** PITCHFORK : horca *f* **3** : bifurcación *f* (de un camino, etc.) — *vi* : ramificarse, bifurcarse — *vt* **~ over** : desembolsar

forlorn *adj* : triste

form *n* **1** : forma *f* **2** DOCUMENT : formulario *m* **3** KIND : tipo *m* — **~** *vt* **1** : formar **2 ~ a habit** : adquirir un hábito — *vi* : formarse

formal *adj* : formal — **~** *n* **1** BALL : baile *m* (formal) **2** *or* **~ dress** : traje *m* de etiqueta — **formality** *n, pl* **-ties** : formalidad *f*

format *n* : formato *m* — **~** *vt* **-matted; -matting** : formatear

formation *n* **1** : formación *f* **2** SHAPE : forma *f*

former *adj* **1** PREVIOUS : antiguo, anterior **2** : primero (de dos) — **formerly** *adv* : anteriormente, antes

formidable *adj* : formidable

formula *n, pl* **-las** *or* **-lae 1** : fórmula *f* **2** *or* **baby ~** : preparado *m* para biberón

forsake *vt* **-sook; -saken; -saking** : abandonar

fort *n* : fuerte *m*

forth *adv* **1 and so ~** : etcétera **2 back and ~** : back **3 from this day ~** : de hoy en adelante — **forthcoming** *adj* **1** COMING : próximo **2** OPEN : comunicativo — **forthright** *adj* : directo, franco

fortieth *adj* : cuadragésimo — **~** *n* **1** : cuadragésimo *m,* -ma *f* (en una serie) **2** : cuarentavo *m,* cuarentava parte *f*

fortify *vt* **-fied; -fying** : fortificar — **fortification** *n* : fortificación *f*

fortitude *n* : fortaleza *f*

fortnight *n* : quince días *mpl*, quincena *f*

fortress *n* : fortaleza *f*

fortunate *adj* : afortunado — **fortunately** *adv* : afortunadamente — **fortune** *n* : fortuna *f* — **fortune–teller** *n* : adivino *m*, -na *f*

forty *n*, *pl* **forties** : cuarenta *m* — ~ *adj* : cuarenta

forum *n*, *pl* **-rums** : foro *m*

forward *adj* **1** : hacia adelante (en dirección), delantero (en posición) **2** BRASH : descarado — ~ *adv* **1** : (hacia) adelante **2 from this day** ~ : de aquí en adelante — ~ *vt* : remitir, enviar — ~ *n* : delantero *m*, -ra *f* (en deportes) — **forwards** *adv* → **forward**

fossil *n* : fósil *m*

foster *adj* : adoptivo — ~ *vt* : promover, fomentar

fought → **fight**

foul *adj* **1** REPULSIVE : asqueroso **2** ~ **language** : palabrotas *fpl* **3** ~ **play** : actos *mpl* criminales **4** ~ **weather** : mal tiempo *m* — ~ *n* : falta *f* (en deportes) — ~ *vi* : cometer faltas (en deportes) — ~ *vt* : ensuciar

found[1] → **find**

found[2] *vt* : fundar, establecer — **foundation** *n* **1** : fundación *f* **2** BASIS : fundamento *m* **3** : cimientos *mpl* (de un edificio)

founder[1] *n* : fundador *m*, -dora *f*

founder[2] *vi* SINK : hundirse

fountain *n* : fuente *f*

four *n* : cuatro *m* — ~ *adj* : cuatro — **fourfold** *adj* : cuadruple — **four hundred** *adj* : cuatrocientos — ~ *n* : cuatrocientos *m*

fourteen *n* : catorce *m* — ~ *adj* : catorce — **fourteenth** *adj* : decimocuarto — ~ *n* **1** : decimocuarto *m*, -ta *f* (en una serie) **2** : catorceavo *m*, catorceava parte *f*

fourth *n* **1** : cuarto *m*, -ta *f* (en una serie) **2** : cuarto *m*, cuarta parte *f* — ~ *adj* : cuarto

fowl *n*, *pl* **fowl** *or* **fowls** : ave *f*

fox *n*, *pl* **foxes** : zorro *m*, -ra *f* — ~ *vt* TRICK : engañar — **foxy** *adj* **foxier; -est** SHREWD : astuto

foyer *n* : vestíbulo *m*

fraction *n* : fracción *f*

fracture *n* : fractura *f* — ~ *vt* **-tured; -turing** : fracturar

fragile *adj* : frágil

fragment *n* : fragmento *m*

fragrant *adj* : fragante — **fragrance** *n* : fragancia *f*, aroma *m*

frail *adj* : débil, delicado

frame *vt* **framed; framing 1** ENCLOSE : enmarcar **2** COMPOSE, DRAFT : formular **3** INCRIMINATE : incriminar — ~ *n* **1** : armazón *mf* (de un edificio, etc.) **2** : marco *m* (de un cuadro, una puerta, etc.) **3** *or* ~**s** *npl* : montura *f* (para anteojos) **4** ~ **of mind** : estado *m* de ánimo — **framework** *n* : armazón *f*

franc *n* : franco *m*

frank *adj* : franco — **frankly** *adv* : francamente — **frankness** *n* : franqueza *f*

frantic *adj* : frenético

fraternal *adj* : fraterno, fraternal — **fraternity** *n*, *pl* **-ties** : fraternidad *f* — **fraternize** *vi* **-nized; -nizing** : confraternizar

fraud *n* **1** DECEIT : fraude *m* **2** IMPOSTOR : impostor *m*, -tora *f* — **fraudulent** *adj* : fraudulento

fraught *adj* ~ **with** : lleno de, cargado de

fray[1] *n* **1 join the** ~ : salir a la palestra **2 return to the** ~ : volver a la carga

fray[2] *vt* : crispar (los nervios) — *vi* : deshilacharse

freak *n* **1** ODDITY : fenómeno *m* **2** ENTHUSIAST : entusiasta *mf* — **freakish** *adj* : anormal

freckle *n* : peca *f*

free *adj* **freer; freest 1** : libre **2** *or* ~ **of charge** : gratuito, gratis **3** LOOSE : suelto — ~ *vt* **freed; freeing 1** : liberar, poner en libertad **2** RELEASE, UNFASTEN : soltar, desatar — ~ *adv* *or* **for** ~ : gratis — **freedom** *n* : libertad *f* — **freelance** *adj* : por cuenta propia — **freely** *adv* **1** : libremente **2** LAVISHLY : con generosidad — **freeway** *n* : autopista *f* — **free will** *n* **1** : libre albedrío *m* **2 of one's own** ~ : por su propia voluntad

freeze *v* **froze; frozen; freezing** *vi* **1** : congelarse, helarse **2** STOP : quedarse inmóvil — *vt* : helar (agua, etc.), congelar (alimentos, precios, etc.) — **freeze–dry** *vt* **-dried; -drying** : liofilizar — **freezer** *n* : congelador *m* — **freezing** *adj* **1** CHILLY : helado **2 it's freezing!** : ¡hace un frío espantoso!

freight *n* **1** SHIPPING : porte *m*, flete *m* Lat **2** CARGO : carga *f*

French *adj* : francés — ~ *n* **1** : francés *m* (idioma) **2 the** ~ *npl* : los franceses — **Frenchman** *n* : francés *m* — **Frenchwoman** *n* : francesa *f* — **french fries** *npl* : papas *fpl* fritas

frenetic *adj* : frenético

frenzy *n*, *pl* **-zies** : frenesí *m* — **frenzied** *adj* : frenético

frequent *vt* : frecuentar — ~ *adj* : frecuente — **frequency** *n*, *pl* **-cies** : frecuencia *f* — **frequently** *adv* : a menudo, frecuentemente

fresco *n*, *pl* **-coes** : fresco *m*

fresh *adj* **1** : fresco **2** IMPUDENT : descarado **3** CLEAN : limpio **4** NEW : nuevo **5** ~ **water** : agua *m* dulce — **freshen** *vt* : refres-

car — *vi* ~ **up** : arreglarse — **freshly** *adv* : recién — **freshman** *n, pl* **-men** : estudiante *mf* de primer año — **freshness** *n* : frescura *f*
fret *vi* **fretted; fretting** : preocuparse — **fretful** *adj* : nervioso, irritable
friar *n* : fraile *m*
friction *n* : fricción *f*
Friday *n* : viernes *m*
friend *n* : amigo *m*, -ga *f* — **friendliness** *n* : simpatía *f* — **friendly** *adj* **-lier; -est** : simpático, amable — **friendship** *n* : amistad *f*
frigate *n* : fragata *f*
fright *n* : miedo *m*, susto *m* — **frighten** *vt* : asustar, espantar — **frightened** *adj* **1** : asustado, temeroso **2 be** ~ **of** : tener miedo de — **frightening** *adj* : espantoso — **frightful** *adj* : espantoso, terrible
frigid *adj* : frío, glacial
frill *n* **1** RUFFLE : volante *m* **2** LUXURY : lujo *m*
fringe *n* **1** : fleco *m* **2** EDGE : periferia *f*, margen *m* **3** ~ **benefits** : incentivos *mpl*, extras *mpl*
frisk *vt* SEARCH : cachear, registrar — **frisky** *adj* **friskier; -est** : retozón, juguetón
fritter *n* : buñuelo *m* — ~ *vt or* ~ **away** : malgastar (dinero), desperdiciar (tiempo)
frivolous *adj* : frívolo — **frivolity** *n, pl* **-ties** : frivolidad *f*
frizzy *adj* **frizzier; -est** : rizado, crespo
fro *adv* **to and** ~ → **to**
frock *n* : vestido *m*
frog *n* **1** : rana *f* **2 have a** ~ **in one's throat** : tener carraspera
frolic *vi* **-icked; -icking** : retozar
from *prep* **1** : de **2** (*indicating a starting point*) : desde **3** (*indicating a cause*) : de, por **4** ~ **now on** : a partir de ahora
front *n* **1** : parte *f* delantera **2** : delantera *f* (de un vestido, etc.), fachada *f* (de un edificio), frente *m* (militar) **3 cold** ~ : frente *m* frío **4 in** ~ **of** : delante de, adelante de *Lat* — ~ *vi or* ~ **on** : dar a, estar orientado a — ~ *adj* **1** : delantero, de adelante **2 the** ~ **row** : la primera fila
frontier *n* : frontera *f*
frost *n* **1** : helada *f* **2** : escarcha *f* (en una superficie) — ~ *vt* ICE : bañar (pasteles) — **frostbite** *n* : congelación *f* — **frosting** *n* ICING : baño *m* — **frosty** *adj* **frostier; -est** **1** : cubierto de escarcha **2** CHILLY : helado, frío
froth *n, pl* **froths** : espuma *f* — **frothy** *adj* **frothier; -est** : espumoso
frown *vi* **1** : fruncir el ceño, fruncir el entrecejo **2** ~ **at** : mirar con ceño **3** ~ **upon** : desaprobar — ~ *n* : ceño *m* (fruncido)
froze, frozen → **freeze**

frugal *adj* : frugal
fruit *n* **1** : fruta *f* **2** PRODUCT, RESULT : fruto *m* — **fruitcake** *n* : pastel *m* de frutas — **fruitful** *adj* : fructífero — **fruition** *n* **come to** ~ : realizarse — **fruitless** *adj* : infructuoso — **fruity** *adj* **fruitier; -est** : (con sabor) a fruta
frustrate *vt* **-trated; -trating** : frustrar — **frustrating** *adj* : frustrante — **frustration** *n* : frustración *f*
fry *vt* **fried; frying** : freír — ~ *n, pl* **fries 1 small** ~ : gente *f* de poca monta **2 fries** *npl* → **french fries** — **frying pan** *n* : sartén *mf*
fudge *n* : dulce *m* blando de chocolate y leche
fuel *n* : combustible *m* — ~ *vt* **-eled** *or* **-elled; -eling** *or* **-elling 1** : alimentar (un horno), abastecer de combustible (un avión) **2** STIMULATE : estimular
fugitive *n* : fugitivo *m*, -va *f*
fulfill *or* **fulfil** *vt* **-filled; -filling 1** : cumplir con (una obligación), desarrollar (potencial) **2** FILL, MEET : cumplir — **fulfillment** *n* **1** ACCOMPLISHMENT : cumplimiento *m* **2** SATISFACTION : satisfacción *f*
full *adj* **1** FILLED : lleno **2** COMPLETE : complete, detallado **3** : redondo (dícese de la cara), amplio (dícese de ropa) **4 at** ~ **speed** : a toda velocidad **5 in** ~ **bloom** : en plena flor — ~ *adv* **1** DIRECTLY : de lleno **2 know** ~ **well** : saber muy bien — ~ *n* **1 pay in** ~ : pagar en su totalidad **2 to the** ~ : al máximo — **full–fledged** *adj* : hecho y derecho — **fully** *adv* **1** COMPLETELY : completamente **2** AT LEAST : al menos, por lo menos
fumble *vi* **-bled; -bling 1** RUMMAGE : hurgar **2** ~ **with** : manejar con torpeza
fume *vi* **fumed; fuming 1** SMOKE : echar humo, humear **2** RAGE : estar furioso — **fumes** *npl* : gases *mpl*
fumigate *vt* **-gated; -gating** : fumigar
fun *n* **1** AMUSEMENT : diversión *f* **2 have** ~ : divertirse **3 make** ~ **of** : reírse de, burlarse de — ~ *adj* : divertido
function *n* **1** : función *f* **2** GATHERING : recepción *f*, reunión *f* social — ~ *vi* : funcionar — **functional** *adj* : funcional
fund *n* **1** : fondo *m* **2** ~**s** *npl* RESOURCES : fondos *mpl* — ~ *vt* : financiar
fundamental *adj* : fundamental — **fundamentals** *npl* : fundamentos *mpl*
funeral *adj* : funeral, fúnebre — ~ *n* : funeral *m*, funerales *mpl* — **funeral home** *or* **funeral parlor** *n* : funeraria *f*
fungus *n, pl* **fungi** : hongo *m*
funnel *n* **1** : embudo *m* **2** SMOKESTACK : chimenea *f*

funny *adj* **funnier; -est 1** : divertido, gracioso **2** STRANGE : extraño, raro — **funnies** *npl* : tiras *fpl* cómicas
fur *n* **1** : pelaje *m*, pelo *m* (de un animal) **2** *or* ~ **coat** : (prenda *f* de) piel *f* — ~ *adj* : de piel
furious *adj* : furioso
furnace *n* : horno *m*
furnish *vt* **1** SUPPLY : proveer **2** : amueblar (una casa, etc.) — **furnishings** *npl* : muebles *mpl*, mobiliario *m* — **furniture** *n* : muebles *mpl*, mobiliario *m*
furrow *n* : surco *m*
furry *adj* **furrier; -est** : peludo (dícese de un animal), de peluche (dícese de un juguete, etc.)
further *adv* **1** FARTHER : más lejos **2** MOREOVER : además **3** MORE : más — ~ *vt* : promover, fomentar — ~ *adj* **1** FARTHER : más lejano **2** ADDITIONAL : adicional, más **3 until** ~ **notice** : hasta nuevo aviso — **furthermore** *adv* : además — **furthest** → **farthest**
fumble *vi* **-bled; -bling 1** RUMMAGE : hurgar **2** ~ **with** : manejar con torpeza
fume *vi* **fumed; fuming 1** SMOKE : echar humo, humear **2** RAGE : estar furioso — **fumes** *npl* : gases *mpl*
fumigate *vt* **-gated; -gating** : fumigar
fun *n* **1** AMUSEMENT : diversión *f* **2 have** ~ : divertirse **3 make** ~ **of** : reírse de, burlarse de — ~ *adj* : divertido
function *n* **1** : función *f* **2** GATHERING : recepción *f*, reunión *f* social — ~ *vi* : funcionar — **functional** *adj* : funcional
fund *n* **1** : fondo *m* **2** ~**s** *npl* RESOURCES : fondos *mpl* — ~ *vt* : financiar
fundamental *adj* : fundamental — **fundamentals** *npl* : fundamentos *mpl*
funeral *adj* : funeral, fúnebre — ~ *n* : funeral *m*, funerales *mpl* — **funeral home** *or* **funeral parlor** *n* : funeraria *f*
fungus *n, pl* **fungi** : hongo *m*
funnel *n* **1** : embudo *m* **2** SMOKESTACK : chimenea *f*

funny *adj* **funnier; -est 1** : divertido, gracioso **2** STRANGE : extraño, raro — **funnies** *npl* : tiras *fpl* cómicas
fur *n* **1** : pelaje *m*, pelo *m* (de un animal) **2** *or* ~ **coat** : (prenda *f* de) piel *f* — ~ *adj* : de piel
furious *adj* : furioso
furnace *n* : horno *m*
furnish *vt* **1** SUPPLY : proveer **2** : amueblar (una casa, etc.) — **furnishings** *npl* : muebles *mpl*, mobiliario *m* — **furniture** *n* : muebles *mpl*, mobiliario *m*
furrow *n* : surco *m*
furry *adj* **furrier; -est** : peludo (dícese de un animal), de peluche (dícese de un juguete, etc.)
further *adv* **1** FARTHER : más lejos **2** MOREOVER : además **3** MORE : más — ~ *vt* : promover, fomentar — ~ *adj* **1** FARTHER : más lejano **2** ADDITIONAL : adicional, más **3 until** ~ **notice** : hasta nuevo aviso — **furthermore** *adv* : además — **furthest** → **farthest**
furtive *adj* : furtivo
fury *n, pl* **-ries** : furia *f*
fuse[1] *or* **fuze** *n* : mecha *f* (de una bomba, etc.)
fuse[2] *v* **fused; fusing** *vt* **1** MELT : fundir **2** UNITE : fusionar — *vi* : fundirse, fusionarse — ~ *n* **1** : fusible *m* **2 blow a** ~ : fundir un fusible — **fusion** *n* : fusión *f*
fuss *n* **1** : jaleo *m*, alboroto *m* **2 make a** ~ : armar un escándalo — ~ *vi* **1** WORRY : preocuparse **2** COMPLAIN : quejarse — **fussy** *adj* **fussier; -est 1** IRRITABLE : irritable **2** ELABORATE : recargado **3** FINICKY : quisquilloso
futile *adj* : inútil, vano — **futility** *n, pl* **-ties** : inutilidad *f*
future *adj* : futuro — ~ *n* : futuro *m*
fuze → **fuse**[1]
fuzz *n* : pelusa *f* — **fuzzy** *adj* **fuzzier; -est 1** FURRY : con pelusa, peludo **2** BLURRY : borroso **3** VAGUE : confuso

G

g *n*, *pl* **g's** *or* **gs** : g *f*, séptima letra del alfabeto inglés
gab *vi* **gabbed; gabbing** : charlar, cotorrear *fam* — ~ *n* CHATTER : charla *f*
gable *n* : aguilón *m*
gadget *n* : artilugio *m*
gag *v* **gagged; gagging** *vt* : amordazar — *vi* CHOKE : atragantarse — ~ *n* **1** : mordaza *f* **2** JOKE : chiste *m*
gage → **gauge**
gaiety *n*, *pl* **-eties** : alegría *f* — **gaily** *adv* : alegremente
gain *n* **1** PROFIT : ganancia *f* **2** INCREASE : aumento *m* — ~ *vt* **1** OBTAIN : ganar, adquirir **2** ~ **weight** : aumentar de peso — *vi* **1** PROFIT : beneficiarse **2** : adelantar(se) (dícese de un reloj) — **gainful** *adj* : lucrativo
gait *n* : modo *m* de andar
gala *n* : fiesta *f*
galaxy *n*, *pl* **-axies** : galaxia *f*
gale *n* **1** : vendaval *f* **2** ~**s of laughter** : carcajadas *fpl*
gall *n* **have the** ~ **to** : tener el descaro de
gallant *adj* **1** BRAVE : valiente **2** CHIVALROUS : galante
gallbladder *n* : vesícula *f* biliar
gallery *n*, *pl* **-leries** : galería *f*
gallon *n* : galón *m*
gallop *vi* : galopar — ~ *n* : galope *m*
gallows *n*, *pl* **-lows** *or* **-lowses** : horca *f*
gallstone *n* : cálculo *m* biliar
galore *adj* : en abundancia
galoshes *n* : galochas *fpl*, chanclos *mpl*
galvanize *vt* **-nized; -nizing** : galvanizar
gamble *v* **-bled; -bling** *vi* : jugar — *vt* : jugarse — ~ *n* **1** BET : apuesta *f* **2** RISK : riesga *f* — **gambler** *n* : jugador *m*, -dora *f*
game *n* **1** : juego *m* **2** MATCH : partido *m* **3** *or* ~ **animals** : caza *f* — ~ *adj* READY : listo, dispuesto
gamut *n* : gama *f*
gang *n* : banda *f*, pandilla *f* — ~ *vi* ~ **up on** : unirse contra
gangplank *n* : pasarela *f*
gangrene *n* : gangrena *f*
gangster *n* : gángster *mf*
gangway *n* → **gangplank**
gap *n* **1** OPENING : espacio *m* **2** INTERVAL : intervalo *m* **3** DISPARITY : brecha *f*, distancia *f* **4** DEFICIENCY : laguna *f*
gape *vi* **gaped; gaping 1** OPEN : estar abierto **2** STARE : mirar boquiabierto
garage *n* : garaje *m* — ~ *vt* **-raged; -raging** : dejar en un garaje

garb *n* : vestido *m*
garbage *n* : basura *f* — **garbage can** *n* : cubo *m* de la basura
garble *vt* **-bled; -bling** : tergiversar — **garbled** *adj* : confuso, incomprensible
garden *n* : jardín *m* — ~ *vi* : trabajar en el jardín — **gardener** *n* : jardinero *m*, -ra *f* — **gardening** *n* : jardinería *f*
gargle *vi* **-gled; -gling** : hacer gárgaras
garish *adj* : chillón
garland *n* : guirnalda *f*
garlic *n* : ajo *m*
garment *n* : prenda *f*
garnish *vt* : guarnecer — ~ *n* : adorno *m*, guarnición *f*
garret *n* : buhardilla *f*
garrison *n* : guarnición *f*
garrulous *adj* : charlatán, parlanchín
garter *n* : liga *f*
gas *n*, *pl* **gases 1** : gas *m* **2** GASOLINE : gasolina *f* — ~ *v* **gassed; gassing** *vt* : asfixiar con gas — *vi* ~ **up** : llenar el tanque con gasolina
gash *n* : tajo *m* — ~ *vt* : hacer un tajo en, cortar
gasket *n* : junta *f*
gasoline *n* : gasolina *f*
gasp *vi* **1** : dar un grito ahogado **2** PANT : jadear — ~ *n* : grito *m* ahogado
gas station *n* : gasolinera *f*
gastric *adj* : gástrico
gastronomy *n* : gastronomía *f*
gate *n* **1** DOOR : puerta *f* **2** BARRIER : barrera *f* — **gateway** *n* : puerta *f*
gather *vt* **1** ASSEMBLE : reunir **2** COLLECT : recoger **3** CONCLUDE : deducir **4** : fruncir (una tela) **5** ~ **speed** : acelerar — *vi* : reunirse (dícese de personas), acumularse (dícese de cosas) — **gathering** *n* : reunión *f*
gaudy *adj* **gaudier; -est** : chillón, llamativo
gauge *n* **1** INDICATOR : indicador *m* **2** CALIBER : calibre *m* — ~ *vt* **gauged; gauging 1** MEASURE : medir **2** ESTIMATE : calcular, evaluar
gaunt *adj* : demacrado, descarnado
gauze *n* : gasa *f*
gave → **give**
gawky *adj* **gawkier; -est** : desgarbado
gay *adj* **1** : alegre **2** HOMOSEXUAL : gay, homosexual
gaze *vi* **gazed; gazing** : mirar (fijamente) — ~ *n* : mirada *f*
gazelle *n* : gacela *f*
gazette *n* : gaceta *f*

gear n **1** EQUIPMENT : equipo m **2** POSSES-
SIONS : efectos mpl personales **3** : marcha f
(de un vehículo) **4** or ~ **wheel** : rueda f
dentada — ~ vt : orientar, adaptar — vi ~
up : prepararse — **gearshift** n : palanca f de
cambio, palanca f de velocidades Lat
geese → **goose**
gelatin n : gelatina f
gem n : gema f, piedra f preciosa — **gem-
stone** n : piedra f preciosa
gender n **1** SEX : sexo m **2** : género m (en la
gramática)
gene n : gen m, gene m
genealogy n, pl **-gies** : genealogía f
general adj : general — ~ n **1** : general mf
(militar) **2 in** ~ : en general, por lo general
— **generalize** v **-ized; -izing** : generalizar
— **generally** adv : generalmente, en general
— **general practitioner** n : médico m, -ca f
de cabecera
generate vt **-ated; -ating** : generar — **generation** n : generación f — **generator** n
: generador m
generous adj **1** : generoso **2** AMPLE : abundante — **generosity** n, pl **-ties** : generosidad f
genetic adj : genético — **genetics** n
: genética f
genial adj : afable, simpático
genital adj : genital — **genitals** npl : genitales mpl
genius n : genio m
genocide n : genocidio m
genteel adj : refinado
gentle adj **-tler; -tlest 1** MILD : suave, dulce
2 LIGHT : ligero **3 a** ~ **hint** : una indirecta
discreta — **gentleman** n, pl **-men 1** MAN
: caballero m, señor m **2 a perfect** ~ : un
perfecto caballero — **gentleness** n : delicadeza f, ternura f
genuine adj **1** AUTHENTIC : verdadero,
auténtico **2** SINCERE : sincero
geography n, pl **-phies** : geografía f — **geographic** or **geographical** adj : geográfico
geology n : geología f — **geologic** or **geological** adj : geológico
geometry n, pl **-tries** : geometría f — **geometric** or **geometrical** adj : geométrico
geranium n : geranio m
geriatric adj : geriátrico — **geriatrics** n
: geriatría f
germ n **1** : germen m **2** MICROBE : microbio
m
German adj : alemán — ~ n : alemán m
(idioma)
germinate v **-nated; -nating** vi : germinar —
vt : hacer germinar
gestation n : gestación f

gesture n : gesto m — ~ vi **-tured; -turing**
1 : hacer gestos **2** ~ **to** : hacer señas a
get v **got; got** or **gotten; getting** vt **1** OB-
TAIN : conseguir, obtener **2** RECEIVE
: recibir **3** EARN : ganar **4** FETCH : traer **5**
CATCH : coger, agarrar Lat **6** UNDERSTAND
: entender **7** PREPARE : preparar **8** ~
one's hair cut : cortarse el pelo **9** ~ **s.o.
to do sth** : lograr que uno haga algo **10
have got** : tener **11 have got to** : tener que
— vi **1** BECOME : ponerse, hacerse **2** GO,
MOVE : ir **3** PROGRESS : avanzar **4** ~
ahead : progresar **5** ~ **at** MEAN : querer
decir **6** ~ **away** : escaparse **7** ~ **away
with** : salir impune de **8** ~ **back at**
: desquitarse con **9** ~ **by** : arreglárselas
10 ~ **home** : llegar a casa **11** ~ **out**
: salir **12** ~ **over** : reponerse de, consolarse de **13** ~ **together** : reunirse **14** ~
up : levantarse — **getaway** n : fuga f, huida
f — **get–together** n : reunión f
geyser n : géiser m
ghastly adj **-lier; -est** : horrible, espantoso
ghetto n, pl **-tos** or **-toes** : gueto m
ghost n : fantasma f, espectro m — **ghostly**
adv : fantasmal
giant n : gigante m, -ta f — ~ adj : gigantesco
gibberish n : galimatías m, jerigonza f
gibe vi **gibed; gibing** ~ **at** : mofarse de —
~ n : pulla f, mofa f
giblets npl : menudillos mpl
giddy adj **-dier; -est** : mareado, vertiginoso
— **giddiness** n : vértigo m
gift n **1** PRESENT : regalo m **2** TALENT : don
m — **gifted** adj : talentoso, de talento
gigantic adj : gigantesco
giggle vi **-gled; -gling** : reírse tontamente —
~ n : risa f tonta
gild vt **gilded** or **gilt ; gilding** : dorar
gill n : agalla f, branquia f
gilt adj : dorado
gimmick n : truco m, ardid m
gin n : ginebra f
ginger n : jengibre m — **ginger ale** n : refresco m de jengibre — **gingerbread** n
: pan m de jengibre — **gingerly** adv : con
cuidado, cautelosamente
giraffe n : jirafa f
girder n : viga f
girdle n CORSET : faja f
girl n : niña f, muchacha f, chica f — **girlfriend** n : novia f, amiga f
girth n : circunferencia f
gist n **get the** ~ **of** : comprender lo esencial
de
give v **gave; given; giving** vt **1** : dar **2** IN-
DICATE : señalar **3** PRESENT : presentar **4**
~ **away** : regalar **5** ~ **back** : devolver **6**

~ **out** : repartir **7** ~ **up smoking** : dejar
de fumar — *vi* **1** YIELD : ceder **2** COLLAPSE
: romperse **3** ~ **out** : agotarse **4** ~ **up**
: rendirse — ~ *n* : elasticidad *f* — **given**
adj **1** SPECIFIED : determinado **2** INCLINED
: dado, inclinado — **given name** *n* : nombre
m de pila

glacier *n* : glaciar *m*

glad *adj* **gladder; gladdest 1** : alegre, contento **2 be** ~ : alegrarse **3** ~ **to meet
you!** : ¡mucho gusto! — **gladden** *vt* : alegrar -— **gladly** *adv* : con mucho gusto —
gladness *n* : alegría *f*, gozo *m*

glade *n* : claro *m*

glamor *or* **glamour** *n* : atractivo *m*, encanto
m — **glamorous** *adj* : atractivo

glance *vi* **glanced; glancing 1** ~ **at**
: mirar, dar un vistazo a **2** ~ **off** : rebotar
en — ~ *n* : mirada *f*, vistazo *m*

gland *n* : glándula *f*

glare *vi* **glared; glaring 1** : brillar, relumbrar **2** ~ **at** : lanzar una mirada feroz a —
~ *n* **1** : luz *f* deslumbrante **2** STARE : mirada *f* feroz — **glaring** *adj* **1** BRIGHT
: deslumbrante **2** FLAGRANT : flagrante

glass *n* **1** : vidrio *m*, cristal *m* **2 a** ~ **of
milk** : un vaso de leche **3** ~**es** *npl* SPECTA-
CLES : anteojos *mpl*, lentes *fpl* — ~ *adj* : de
vidrio — **glassware** *n* : cristalería *f* —
glassy *adj* **glassier; -est 1** : vítreo **2** ~
eyes : ojos *mpl* vidriosos

glaze *vt* **glazed; glazing 1** : poner vidrios a
(una ventana, etc.) **2** : vidriar (cerámica) **3**
ICE : glasear — ~ *n* **1** : vidriado *m*, barniz
m (de cerámica) **2** ICING : glaseado *m*

gleam *n* **1** : destello *m* **2 a** ~ **of hope** : un
rayo de esperanza — ~ *vi* : destellar, relu-
cir

glee *n* : alegría *f* — **gleeful** *adj* : lleno de alegría

glib *adj* **glibber; glibbest 1** : de mucha
labia **2 a** ~ **reply** : una respuesta simplista
— **glibly** *adv* : con mucha labia

glide *vi* **glided; gliding** : deslizarse (en una
superficie), planear (en el aire) — **glider** *n*
: planeador *m*

glimmer *vi* : brillar con luz trémula — ~ *n*
: luz *f* trémula, luz *f* tenue

glimpse *vt* **glimpsed; glimpsing** : vislumbrar — ~ *n* : vislumbre

glint *vi* : destellar — ~ *n* : destello *m*

glisten *vi* : brillar

glitter *vi* : relucir, brillar

gloat *vi* ~ **over** : regodearse con

globe *n* : globo *m* — **global** *adj* : global,
mundial

gloom *n* **1** DARKNESS : oscuridad *f* **2** SAD-
NESS : tristeza *f* — **gloomy** *adj* **gloomier;
-est 1** DARK : sombrío, tenebroso **2** DIS-

MAL : deprimente, lúgubre **3** PESSIMISTIC
: pesimista

glory *n*, *pl* **-ries** : gloria *f* — **glorify** *vt* **-fied;
-fying** : glorificar — **glorious** *adj* : glo-
rioso, espléndido

gloss *n* : lustre *m*, brillo *m* — ~ *vt* ~ **over**
: minimizar (la importancia de algo)

glossary *n*, *pl* **-ries** : glosario *m*

glossy *adj* **glossier; -est** : lustroso, brillante

glove *n* : guante *m*

glow *vi* **1** : brillar, resplandecer **2** ~ **with
health** : rebosar de salud — ~ *n* : resplandor *m*, brillo *m*

glue *n* : pegamento *m*, cola *f* — ~ *vt* **glued;
gluing** *or* **glueing** : pegar

glum *adj* **glummer; glummest** : sombrío,
triste

glut *n* : superabundancia *f*, exceso *m*

glutton *n* : glotón *m*, -tona *f* — **gluttonous**
adj : glotón — **gluttony** *n*, *pl* **-tonies** : glotonería *f*

gnarled *adj* : nudoso

gnash *vt* ~ **one's teeth** : hacer rechinar los
dientes

gnat *n* : jején *m*

gnaw *vt* : roer

go *v* **went; gone; going; goes** *vi* **1** : ir **2**
LEAVE : irse, salir **3** EXTEND : ir, extenderse
4 SELL : venderse **5** FUNCTION : funcionar,
marchar **6** DISAPPEAR : desaparecer **7** ~
back on one's word : faltar a su palabra **8**
~ **crazy** : volverse loco **9** ~ **for** LIKE
: gustar **10** ~ **off** EXPLODE : estallar **11**
~ **with** MATCH : armonizar con **12** ~
without : pasar sin — *v aux* **be going to** : ir
a — ~ *n*, *pl* **goes 1 be on the** ~ : no
parar **2 have a** ~ **at** : intentar

goad *vt* : aguijonear (un animal), incitar (a
una persona)

goal *n* **1** AIM : meta *m*, objetivo *m* **2** : gol *m*
(en deportes) — **goalkeeper** *or* **goalie** *n*
: portero *m*, -ra *f*; arquero *m*, -ra *f*

goat *n* : cabra *f*

goatee *n* : barbita *f* de chivo

gobble *vt* **-bled; -bling** *or* ~ **up** : engullir

goblet *n* : copa *f*

goblin *n* : duende *m*

god *n* **1** : dios *m* **2 God** : Dios *m* — **goddess** *n* : diosa *f* — **godchild** *n*, *pl* **-children**
: ahijado *m*, -da *f* — **godfather** *n* : padrino
m — **godmother** *n* : madrina *f* — **godpar-
ents** *npl* : padrinos *mpl* — **godsend** *n*
: bendición *f* (del cielo)

goes → **go**

goggles *npl* : gafas *fpl* (protectoras), anteojos *mpl*

goings–on *npl* : sucesos *mpl*

gold *n* : oro *m* — **golden** *adj* **1** : (hecho) de
oro **2** : dorado, de color oro — **goldfish** *n*

: pez *m* de colores — **goldsmith** *n* : orfebre *mf*

golf *n* : golf *m* — ~ *vi* : jugar (al) golf — **golf ball** *n* : pelota *f* de golf — **golf course** *n* : campo *m* de golf — **golfer** *n* : golfista *mf*

gone *adj* **1** : ido, pasado **2** DEAD : muerto **3** LOST : desaparecido

good *adj* **better; best 1** : bueno **2** KIND : amable **3** ~ **afternoon (evening)** : buenas tardes **4 be** ~ **at** : tener facilidad para **5 feel** ~ : sentirse bien **6** ~ **for a cold** : beneficioso para los resfriados **7 have a** ~ **time** : divertirse **8** ~ **morning** : buenos días **9** ~ **night** : buenas noches — ~ *n* **1** : bien *m* **2** GOODNESS : bondad *f* **3** ~**s** *npl* PROPERTY : bienes *mpl* **4** ~**s** *npl* WARES : mercancías *fpl*, mercaderías *fpl* **5 for** ~ : para siempre — ~ *adv* : bien — **good–bye** *or* **good–by** *n* : adiós *m* — **Good Friday** *n* : Viernes *m* Santo — **good–looking** *adj* : bello, guapo — **goodness** *n* **1** : bondad *f* **2 thank** ~ **!** : ¡gracias a Dios!, ¡menos mal! — **goodwill** *n* : buena voluntad *f* — **goody** *n*, *pl* **goodies** : golosina *f*

gooey *adj* **gooier; gooiest** : pegajoso

goof *n* : pifia *f fam* — ~ *vi* **1** *or* ~ **up** : cometer un error **2** ~ **around** : hacer tonterías

goose *n*, *pl* **geese** : ganso *m*, -sa *f*; oca *f* — **goose bumps** *or* **goose pimples** *npl* : carne *f* de gallina

gopher *n* : taltuza *f*

gore¹ *n* BLOOD : sangre *f*

gore² *vt* **gored; goring** : cornear

gorge *n* RAVINE : cañon *m* — ~ *vt* **gorged; gorging** ~ **oneself** : hartarse

gorgeous *adj* : magnífico, espléndido

gorilla *n* : gorila *m*

gory *adj* **gorier; -est** : sangriento

gospel *n* **1** : evangelio *m* **2 the Gospel** : el Evangelio

gossip *n* **1** : chismoso *m*, -sa *f* (persona) **2** RUMOR : chisme *m* — ~ *vi* : chismear, contar chismes — **gossipy** *adj* : chismoso

got → **get**

Gothic *adj* : gótico

gotten → **get**

gourmet *n* : gastrónomo *m*, -ma *f*

gout *n* : gota *f*

govern *v* : gobernar — **governess** *n* : institutriz *f* — **government** *n* : gobierno *m* — **governor** *n* : gobernador *m*, -dora *f*

gown *n* **1** : vestido *m* **2** : toga *f* (de magistrados, etc.)

grab *v* **grabbed; grabbing** *vt* : agarrar, arrebatar

grace *n* **1** : gracia *f* **2 say** ~ : bendecir la mesa — ~ *vt* **graced; gracing 1** HONOR

: honrar **2** ADORN : adornar — **graceful** *adj* : lleno de gracia, grácil — **gracious** *adj* : cortés, gentil

grade *n* **1** QUALITY : calidad *f* **2** RANK : grado *m*, rango *m* (militar) **3** YEAR : grado *m*, año *m* (a la escuela) **4** MARK : nota *f* **5** SLOPE : cuesta *f* — ~ *vt* **graded; grading 1** CLASSIFY : clasificar **2** MARK : calificar (exámenes, etc.) — **grade school** → **elementary school**

gradual *adj* : gradual — **gradually** *adv* : gradualmente, poco a poco

graduate *n* : licenciado *m*, -da *f* (de la universidad), bachiller *mf* (de la escuela secundaria) — ~ *v* **-ated; -ating** *vi* : graduarse, licenciarse — *vt* CALIBRATE : graduar — **graduation** *n* : graduación *f*

graffiti *npl* : graffiti *mpl*

graft *n* : injerto *m* — ~ *vt* : injertar

grain *n* **1** : grano *m* **2** CEREALS : cereales *mpl* **3** : veta *f*, vena *f* (de madera)

gram *n* : gramo *m*

grammar *n* : gramática *f* — **grammar school** → **elementary school**

grand *adj* **1** : magnífico, espléndido **2** FABULOUS, GREAT : fabuloso, estupendo — **grandchild** *n*, *pl* **-children** : nieto *m*, -ta *f* — **granddaughter** *n* : nicta *f* — **grandeur** *n* : grandiosidad *f* — **grandfather** *n* : abuelo *m* — **grandiose** *adj* : grandioso — **grandmother** *n* : abuela *f* — **grandparents** *npl* : abuelos *mpl* — **grandson** *n* : nieto *m* — **grandstand** *n* : tribuna *f*

granite *n* : granito *m*

grant *vt* **1** : conceder **2** ADMIT : reconocer, admitir **3 take for granted** : dar (algo) por sentado — ~ *n* **1** SUBSIDY : subvención *f* **2** SCHOLARSHIP : beca *f*

grape *n* : uva *f*

grapefruit *n* : toronja *f*, pomelo *m*

grapevine *n* **1** : vid *f*, parra *f* **2 I heard it through the** ~ : me lo dijo un pajarito *fam*

graph *n* : gráfica *f*, gráfico *m* — **graphic** *adj* : gráfico

grapple *vi* **-pled; -pling** ~ **with** : forcejear con (una persona), luchar con (un problema)

grasp *vt* **1** : agarrar **2** UNDERSTAND : comprender, captar — ~ *n* **1** : agarre *m* **2** UNDERSTANDING : comprensión *f* **3** REACH : alcance *m*

grass *n* **1** : hierba *f* (planta) **2** LAWN : césped *m*, pasto *m* *Lat* — **grasshopper** *n* : saltamontes *m* — **grassy** *adj* **grassier; -est** : cubierto de hierba

grate¹ *v* **grated; -ing** *vt* **1** : rallar (en cocina) **2** ~ **one's teeth** : hacer rechinar los dientes — *vi* RASP : chirriar

grate² *n* GRATING : reja *f*, rejilla *f*

grateful adj : agradecido — **gratefully** adv : con agradecimiento — **gratefulness** n : gratitud f, agradecimiento m

grater n : rallador m

gratify vt -fied; -fying 1 PLEASE : complacer 2 SATISFY : satisfacer

grating n : reja f, rejilla f

gratitude n : gratitud f

gratuitous adj : gratuito

grave¹ n : tumba f, sepultura f

grave² adj graver; -est : grave

gravel n : grava f, gravilla f

gravestone n : lápida f — **graveyard** n : cementerio m

gravity n, pl -ties : gravedad f

gravy n, pl -vies : salsa f (preparada con jugo de carne)

gray adj 1 : gris 2 ~ **hair** : pelo m canoso — ~ n : gris m — ~ vi or **turn** ~ : encanecer, ponerse gris

graze¹ vi grazed; grazing : pastar, pacer

graze² vt 1 TOUCH : rozar 2 SCRATCH : rasguñarse

grease n : grasa f — ~ vt greased; greasing : engrasar — **greasy** adj greasier; -est 1 : grasiento 2 OILY : graso, grasoso

great adj 1 : grande 2 FANTASTIC : estupendo, fabuloso — **great–grandchild** n, pl -children : bisnieto m, -ta f — **great–grandfather** n : bisabuelo m — **great–grandmother** n : bisabuela f — **greatly** adv 1 MUCH : mucho 2 VERY : muy — **greatness** n : grandeza f

greed n 1 : codicia f, avaricia f 2 GLUTTONY : glotonería f — **greedily** adv : con avaricia — **greedy** adj greedier; -est 1 : codicioso, avaro 2 GLUTTONOUS : glotón

Greek adj : griego — ~ n : griego m (idioma)

green adj 1 : verde 2 INEXPERIENCED : novato — ~ n 1 : verde m (color) 2 ~s npl : verduras fpl — **greenery** n, pl -eries : vegetación f — **greenhouse** n : invernadero m

greet vt 1 : saludar 2 WELCOME : recibir — **greeting** n 1 : saludo m 2 ~s npl REGARDS : saludos mpl, recuerdos mpl

gregarious adj : sociable

grenade n : granada f

grew → **grow**

grey → **gray**

greyhound n : galgo m

grid n 1 GRATING : rejilla f 2 NETWORK : red f 3 : cuadriculado m (de un mapa)

griddle n : plancha f

grief n : dolor m, pesar m — **grievance** n : queja f — **grieve** v grieved; grieving vt : entristecer — vi ~ **for** : llorar (a), lamentar — **grievous** adj : grave, doloroso

grill vt 1 : asar a la parrilla 2 INTERROGATE : interrogar — ~ n : parrilla f (para cocinar) — **grille** or **grill** GRATING n : reja f, rejilla f

grim adj grimmer; grimmest 1 STERN : severo 2 GLOOMY : sombrío

grimace n : mueca f — ~ vi -maced; -macing : hacer muecas

grime n : mugre f, suciedad f — **grimy** adj grimier; -est : mugriento, sucio

grin vi grinned; grinning : sonreír (abiertamente) — ~ n : sonrisa f (abierta)

grind v ground; grinding vt 1 : moler (el café, etc.) 2 SHARPEN : afilar 3 ~ **one's teeth** : rechinar los dientes — vi : rechinar — ~ n **the daily** ~ : la rutina diaria — **grinder** n : molinillo m

grip vt gripped; gripping 1 : agarrar, asir 2 INTEREST : captar el interés de — ~ n 1 GRASP : agarre m 2 CONTROL : control m, dominio m 3 HANDLE : empuñadura f 4 **come to** ~s **with** : llegar a entender de

gripe vi griped; griping : quejarse — ~ n : queja f

grisly adj -lier; -est : espeluznante, horrible

gristle n : cartílago m

grit n 1 : arena f, grava f 2 GUTS : agallas fpl fam 3 ~s npl : sémola f de maíz — ~ vt gritted; gritting ~ **one's teeth** : acorazarse

groan vi : gemir — ~ n : gemido m

grocery n, pl -ceries 1 or ~ **store** : tienda f de comestibles, tienda f de abarrotes Lat 2 **groceries** npl : comestibles mpl, abarrotes mpl Lat — **grocer** n : tendero m, -ra f

groggy adj -gier; -est : atontado, grogui fam

groin n : ingle f

groom n BRIDEGROOM : novio m — ~ vt 1 : almohazar (un animal) 2 PREPARE : preparar

groove n : ranura f, surco m

grope vi groped; groping 1 : andar a tientas 2 ~ **for:** buscar a tientas

gross adj 1 SERIOUS : grave 2 OBESE : obeso 3 TOTAL : bruto 4 VULGAR : grosero, basto — ~ n 1 or ~ **income** : ingresos mpl brutos 2 pl ~ : gruesa f (12 docenas) — **grossly** adv 1 EXTREMELY : enormemente 2 CRUDELY : groseramente

grotesque adj : grotesco

grouch n : gruñón m, -ñona f fam — **grouchy** adj grouchier; -est : gruñon fam

ground¹ → **grind**

ground² n 1 : suelo m, tierra f 2 or ~s LAND : terreno m 3 ~s REASON : razón f, motivos mpl 4 ~s DREGS : pozo m (de café) — ~ vt 1 BASE : fundar, basar 2 : conectar a tierra (un aparato eléctrico) 3 : restringir (un avión o un piloto) a la tierra — **groundhog** n : marmota f (de América)

— **groundless** *adj* : infundado — **ground-
work** *n* : trabajo *m* preparatorio
group *n* : grupo *m* — ⁓ *vt* : agrupar — *vi or*
⁓ **together** : agruparse
grove *n* : arboleda *f*
grovel *vi* **-eled** *or* **-elled; -eling** *or* **-elling**
: arrastrarse, humillarse
grow *v* **grew; grown; growing** *vi* **1** : crecer
2 INCREASE : aumentar **3** BECOME : volverse, ponerse **4** ⁓ **dark** : oscurecerse **5**
⁓ **up** : hacerse mayor — *vt* **1** CULTIVATE
: cultivar **2** : dejarse crecer (el pelo, etc.) —
grower *n* : cultivador *m*, -dora *f*
growl *vi* : gruñir — ⁓ *n* : gruñido *m*
grown–up *adj* : mayor — ⁓ *n* : persona *f*
mayor
growth *n* **1** : crecimiento *m* **2** INCREASE
: aumento *m* **3** DEVELOPMENT : desarrollo
m **4** TUMOR : tumor *m*
grub *n* **1** LARVA : larva *f* **2** FOOD : comida *f*
grubby *adj* **grubbier; -est** : mugriento, sucio
grudge *vt* **grudged; grudging** : dar de mala
gana — ⁓ *n* **hold a** ⁓ : guardar rencor
grueling *or* **gruelling** *adj* : extenuante, agotador
gruesome *adj* : horripilante
gruff *adj* **1** BRUSQUE : brusco **2** HOARSE
: bronco
grumble *vi* **-bled; -bling** : refunfuñar, rezongar
grumpy *adj* **grumpier; -est** : malhumorado,
gruñón *fam*
grunt *vi* : gruñir — ⁓ *n* : gruñido *m*
guarantee *n* : garantía *f* — ⁓ *vt* **-teed; -tee-
ing** : garantizar
guard *n* **1** : guardia *f* **2** PRECAUTION : protección *f* — ⁓ *vt* : proteger, vigilar — *vi* ⁓
against : protegerse contra — **guardian** *n*
1 : tutor *m*, -tora *f* (de niños) **2** PROTECTOR
: guardián *m*, -diana *f*
guava *n* : guayaba *f*
guerrilla *or* **guerilla** *n* **1** : guerrillero *m*, -ra *f*
2 ⁓ **warfare** : guerra *f* de guerrillas
guess *vt* **1** : adivinar **2** SUPPOSE : suponer,
creer — *vi* ⁓ **at** : adivinar — ⁓ *n* : conjetura *f*, suposición *f*
guest *n* **1** : invitado *m*, -da *f* **2** : huésped *mf*
(a un hotel)
guide *n* : guía *mf* (persona), guía *f* (libro,
etc.) — ⁓ *vt* **guided; guiding** : guiar —
guidance *n* : orientación *f* — **guidebook** *n*
: guía *f* — **guideline** *n* : pauta *f*, directriz *f*
guild *n* : gremio *m*

guile *n* : astucia *f*
guilt *n* : culpa *f*, culpabilidad *f* — **guilty** *adj*
guiltier; -est : culpable
guinea pig *n* : conejillo *m* de Indias, cobaya
f
guise *n* : apariencia *f*
guitar *n* : guitarra *f*
gulf *n* **1** : golfo *m* **2** ABYSS : abismo *m*
gull *n* : gaviota *f*
gullet *n* **1** THROAT : garganta *f* **2** ESOPHAGUS
: esófago *m*
gullible *adj* : crédulo
gully *n*, *pl* **-lies** : barranco *m*
gulp *vt or* ⁓ **down** : tragarse, engullir — *vi*
: tragar saliva — ⁓ *n* : trago *m*
gum[1] *n* : encía *f* (de la boca)
gum[2] *n* **1** : resina *f* (de plantas) **2** CHEWING
GUM : goma *f* de mascar, chicle *m*
gumption *n* : iniciativa *f*, agallas *fpl fam*
gun *n* **1** FIREARM : arma *f* de fuego **2** *or*
spray ⁓ : pistola *f* **3** → **cannon, pistol,
revolver, rifle** — ⁓ *vt* **gunned; gunning
1** *or* ⁓ **down** : matar a tiros, asesinar **2** ⁓
the engine : acelerar (el motor) — **gun-
boat** *n* : cañonero *m* — **gunfire** *n* : disparos
mpl — **gunman** *n*, *pl* **-men** : pistolero *m*,
gatillero *m Lat* — **gunpowder** *n* : pólvora *f*
— **gunshot** *n* : disparo *m*, tiro *m*
gurgle *vi* **-gled; -gling 1** : borbotar, gorgotear **2** : gorjear (dícese de un niño)
gush *vi* **1** SPOUT : salir a chorros **2** ⁓ **with
praise** : deshacerse en elogios
gust *n* : ráfaga *f*
gusto *n*, *pl* **gustoes** : entusiasmo *m*
gusty *adj* **gustier; -est** : racheado, ventoso
gut *n* **1** : intestino *m* **2** ⁓**s** *npl* INNARDS
: tripas *fpl* **3** ⁓**s** *npl* COURAGE : agallas *fpl
fam* — ⁓ *vt* **gutted; gutting 1** EVISCER-
ATE : destripar (un pollo, etc.), limpiar (un
pescado) **2** : destruir el interior de (un edificio)
gutter *n* : canaleta *f* (de un techo), cuneta *f*
(de una calle)
guy *n* : tipo *m fam*
guzzle *vt* **-zled; -zling** : chupar *fam*, tragar
gym *or* **gymnasium** *n*, *pl* **-siums** *or* **-sia**
: gimnasio *m* — **gymnast** *n* : gimnasta *mf*
— **gymnastics** *ns & pl* : gimnasia *f*
gynecology *n* : ginecología *f* — **gynecologist** *n* : ginecólogo *m*, -ga *f*
gyp *vt* **gypped; gypping** : estafar, timar
Gypsy *n*, *pl* **-sies** : gitano *m*, -na *f*
gyrate *vi* **-rated; -rating** : girar

H

h *n, pl* **h's** *or* **hs** : h *f*, octava letra del alfabeto inglés

habit *n* **1** CUSTOM : hábito *m*, costumbre *f* **2** : hábito *m* (religioso)

habitat *n* : hábitat *m*

habitual *adj* **1** CUSTOMARY : habitual **2** INVETERATE : empedernido

hack¹ *n* **1** : caballo *m* de alquiler **2** *or* ~ **writer** : escritorzuelo *m*, -la *f*

hack² *vt* : cortar — *vi or* ~ **into** : piratear (un sistema informático)

hackneyed *adj* : manido, trillado

hacksaw *n* : sierra *f* para metales

had → **have**

haddock *ns & pl* : eglefino *m*

hadn't (*contraction of* **had not**) → **have**

hag *n* : bruja *f*

haggard *adj* : demacrado

haggle *vi* **-gled; -gling** : regatear

hail¹ *vt* **1** GREET : saludar **2** : llamar (un taxi)

hail² *n* : granizo *m* (en meteorología) — ~ *vi* : granizar — **hailstone** *n* : piedra *f* de granizo

hair *n* **1** : pelo *m*, cabello *m* **2** : vello *m* (en las piernas, etc.) — **hairbrush** *n* : cepillo *m* (para el pelo) — **haircut** *n* **1** : corte *m* de pelo **2 get a** ~ : cortarse el pelo — **hairdo** *n, pl* **-dos** : peinado *m* — **hairdresser** *n* : peluquero *m*, -ra *f* — **hairless** *adj* : sin pelo, calvo — **hairpin** *n* : horquilla *f* — **hair–raising** *adj* : espeluznante — **hairstyle** → **hairdo** — **hair spray** *n* : laca *f* (para el pelo) — **hairy** *adj* **hairier; -est** : peludo, velludo

hale *adj* : saludable, robusto

half *n, pl* **halves 1** : mitad *f* **2** *or* **halftime** : tiempo *m* (en deportes) **3 in** ~ : por la mitad — ~ *adj* **1** : medio **2** ~ **an hour** : una media hora — ~ *adv* : medio — **half brother** *n* : medio hermano *m*, hermanastro *m* — **halfhearted** *adj* : sin ánimo, poco entusiasta — **half sister** *n* : media hermana *f*, hermanastra *f* — **halfway** *adv* : a medio camino — ~ *adj* : medio

halibut *ns & pl* : halibut *m*

hall *n* **1** HALLWAY : corredor *m*, pasillo *m* **2** AUDITORIUM : sala *f* **3** LOBBY : vestíbulo *m* **4** DORMITORY : residencia *f* universitaria

hallmark *n* : sello *m* (distintivo)

Halloween *n* : víspera *f* de Todos los Santos

hallucination *n* : alucinación *f*

hallway *n* **1** ENTRANCE : entrada *f* **2** CORRIDOR : corredor *m*, pasillo *m*

halo *n, pl* **-los** *or* **-loes** : aureola *f*, halo *m*

halt *n* **1 call a** ~ **to** : poner fin a **2 come to a** ~ : pararse — ~ *vi* : pararse — *vt* : parar

halve *vt* **halved; halving 1** DIVIDE : partir por la mitad **2** REDUCE : reducir a la mitad — **halves** → **half**

ham *n* : jamón *m*

hamburger *or* **hamburg** *n* **1** : carne *f* molida **2** *or* ~ **patty** : hamburguesa *f*

hammer *n* : martillo *m* — ~ *v* : martillar, martillear

hammock *n* : hamaca *f*

hamper¹ *vt* : obstaculizar, dificultar

hamper² *n* : cesto *m*, canasta *f* (para ropa sucia)

hamster *n* : hámster *m*

hand *n* **1** : mano *f* **2** : manecilla *f*, aguja *f* (de un reloj, etc.) **3** HANDWRITING : letra *f*, escritura *f* **4** WORKER : obrero *m*, -ra *f* **5 by** ~ : a mano **6 lend a** ~ : echar una mano **7 on** ~ : a mano, disponible **8 on the other** ~ : por otro lado — ~ *vt* **1** : pasar, dar **2** ~ **out** : distribuir **3** ~ **over** : entregar — **handbag** *n* : cartera *f* Lat, bolso *m* Spain — **handbook** *n* : manual *m* — **handcuffs** *npl* : esposas *fpl* — **handful** *n* : puñado *m* — **handgun** *n* : pistola *f*, revólver *m*

handicap *n* **1** : minusvalía *f* (física) **2** : hándicap *m* (en deportes) — ~ *vt* **-capped; -capping 1** : asignar un handicap a (en deportes) **2** HAMPER : obstaculizar — **handicapped** *adj* : minusválido

handicrafts *npl* : artesanía(s) *f(pl)*

handiwork *n* : trabajo *m* (manual)

handkerchief *n, pl* **-chiefs** : pañuelo *m*

handle *n* : asa *m* (de una taza, etc.), mango *m* (de un utensilio), pomo *m* (de una puerta), tirador *m* (de un cajón) — ~ *vt* **-dled; -dling 1** TOUCH : tocar **2** MANAGE : tratar, manejar — **handlebars** *npl* : manillar *m*, manubrio *m* Lat

handmade *adj* : hecho a mano

handout *n* **1** ALMS : dádiva *f*, limosna *f* **2** LEAFLET : folleto *m*

handrail *n* : pasamanos *m*

handshake *n* : apretón *m* de manos

handsome *adj* **-somer; -est 1** ATTRACTIVE : apuesto, guapo **2** GENEROUS : generoso **3** SIZABLE : considerable

handwriting *n* : letra *f*, escritura *f* — **handwritten** *adj* : escrito a mano

handy *adj* **handier; -est 1** NEARBY : a mano **2** USEFUL : práctico, útil **3** DEFT : habilidoso — **handyman** *n, pl* **-men** : hombre *m* habilidoso

hang *v* **hung; hanging** *vt* **1** : colgar **2** (*past tense often* **hanged**) EXECUTE : ahorcar **3** ～ **one's head** : bajar la cabeza — *vi* **1** : colgar, pender **2** : caer (dícese de la ropa, etc.) **3** ～ **up on s.o.** : colgar a algn — ～ *n* **1** DRAPE : caída *f* **2 get the** ～ **of** : agarrar la onda de

hangar *n* : hangar *m*

hanger *n* : percha *f*, gancho *m* (para ropa) *Lat*

hangover *n* : resaca *f*

hanker *vi* ～ **for** : tener ansias de — **hankering** *n* : ansia *f*, anhelo *m*

haphazard *adj* : casual, fortuito

happen *vi* **1** : pasar, suceder, ocurrir **2** ～ **to do sth** : hacer algo por casualidad **3 it so happens that...** : da la casualidad de que... — **happening** *n* : suceso *m*, acontecimiento *m*

happy *adj* **-pier; -est 1** : feliz **2 be** ～ : alegrarse **3 be** ～ **with** : estar contento con **4 be** ～ **to do sth** : hacer algo con mucho gusto — **happily** *adv* : alegremente — **happiness** *n* : felicidad *f* — **happy–go–lucky** *adj* : despreocupado

harass *vt* : acosar — **harassment** *n* : acoso *m*

harbor *or Brit* **harbour** *n* : puerto *m* — *vt* **1** SHELTER : albergar **2** ～ **a grudge against** : guardar rencor a

hard *adj* **1** : duro **2** DIFFICULT : difícil **3 be a** ～ **worker** : ser muy trabajador **4** ～ **liquor** : bebidas *fpl* fuertes **5** ～ **water** : agua *f* dura — ～ *adv* **1** FORCEFULLY : fuerte **2 work** ～ : trabajar duro **3 take sth** ～ : tomarse algo muy mal — **harden** *vt* : endurecer — **hardheaded** *adj* : testarudo, terco — **hard–hearted** *adj* : duro de corazón — **hardly** *adv* **1** : apenas **2** ～ **ever** : casi nunca — **hardness** *n* **1** : dureza *f* **2** DIFFICULTY : dificultad *f* — **hardship** *n* : dificultad *f* — **hardware** *n* **1** : ferretería *f* **2** : hardware *m* (en informática) — **hardworking** *adj* : trabajador

hardy *adj* **-dier; -est** : fuerte (dícese de personas), resistente (dícese de las plantas)

hare *n, pl* **hare** *or* **hares** : liebre *f*

harm *n* : daño *m* — ～ *vt* : hacer daño a (una persona), dañar (una cosa), perjudicar (la reputación de algn, etc.) — **harmful** *adj* : perjudicial — **harmless** *adj* : inofensivo

harmonica *n* : armónica *f*

harmony *n, pl* **-nies** : armonía *f* — **harmonious** *adj* : armonioso — **harmonize** *v* **-nized; -nizing** : armonizar

harness *n* : arnés *m* — ～ *vt* **1** : enjaezar **2** UTILIZE : utilizar

harp *n* : arpa *m* — ～ *vi* ～ **on** : insistir sobre

harpoon *n* : arpón *m*

harpsichord *n* : clavicémbalo *m*

harsh *adj* **1** ROUGH : áspero **2** SEVERE : duro, severo **3** : fuerte (dícese de una luz), discordante (dícese de sonidos) — **harshness** *n* : severidad *f*

harvest *n* : cosecha *f* — ～ *v* : cosechar

has → **have**

hash *vt* **1** CHOP : picar **2** ～ **over** DISCUSS : discutir — ～ *n* : picadillo *m* (comida)

hasn't (*contraction of* **has not**) → **has**

hassle *n* : problemas *mpl*, lío *m* — ～ *vt* **-sled; -sling** : fastidiar

haste *n* **1** : prisa *f*, apuro *m Lat* **2 make** ～ : darse prisa, apurarse *Lat* — **hasten** *vt* : acelerar — *vi* : apresurarse, apurarse *Lat* — **hasty** *adj* **hastier; -est** : precipitado

hat *n* : sombrero *m*

hatch *n* : escotilla *f* — ～ *vt* **1** : empollar (huevos) **2** CONCOCT : tramar — *vi* : salir del cascarón

hatchet *n* : hacha *f*

hate *n* : odio *m* — ～ *vt* **hated; hating** : odiar, aborrecer — **hateful** *adj* : odioso, aborrecible — **hatred** *n* : odio *m*

haughty *adj* **-tier; -est** : altanero, altivo

haul *vt* : arrastrar, jalar *Lat* — ～ *n* **1** CATCH : redada *f* (de peces) **2** LOOT : botín *m* **3 a long** ～ : un trayecto largo

haunch *n* : cadera *f* (de una persona), anca *f* (de un animal)

haunt *vt* **1** : frecuentar, rondar **2** TROUBLE : inquietar — ～ *n* : sitio *m* predilecto — **haunted** *adj* : embrujado

have *v* **had; having; has** *vt* **1** : tener **2** CONSUME : comer, tomar **3** ALLOW : permitir **4** : dar (una fiesta, etc.), convocar (una reunión) **5** ～ **one's hair cut** : cortarse el pelo **6** ～ **sth done** : mandar hacer algo — *v aux* **1** : haber **2** ～ **just done sth** : acabar de hacer algo **4 you've finished, haven't you?** : has terminado, ¿no?

haven *n* : refugio *m*

havoc *n* : estragos *mpl*

hawk[1] *n* : halcón *m*

hawk[2] *vt* : pregonar (mercancías)

hay *n* : heno *m* — **hay fever** *n* : fiebre *f* del heno — **haystack** *n* : almiar *m* — **haywire** *adj* **go** ～ : estropearse

hazard *n* : peligro *m*, riesgo *m* — ～ *vt* : arriesgar, aventurar — **hazardous** *adj* : arriesgado, peligroso

haze *n* : bruma *f*, neblina *f*

hazel *n* : color *m* avellana — **hazelnut** *n* : avellana *f*

hazy *adj* **hazier; -est** : nebuloso

he *pron* : él

head *n* **1** : cabeza *f* **2** END, TOP : cabeza *f* (de un clavo, etc.), cabecera *f* (de una mesa) **3** LEADER : jefe *m*, -fa *f* **4 be out of one's ~** : estar loco **5 come to a ~** : llegar a un punto crítico **6 ~s or tails** : cara o cruz **7 per ~** : por cabeza — **~** *adj* MAIN : principal — **~** *vt* : encabezar — *vi* : dirigirse — **headache** *n* : dolor *m* de cabeza — **headband** *n* : cinta *f* del pelo — **headdress** *n* : tocado *m* — **headfirst** *adv* : de cabeza — **heading** *n* : encabezamiento *m*, título *m* — **headland** *n* : cabo *m* — **headlight** *n* : faro *m* — **headline** *n* : titular *m* — **headlong** *adv* **1** HEADFIRST : de cabeza **2** HASTILY : precipitadamente — **headmaster** *n* : director *m* — **headmistress** *n* : directora *f* — **head-on** *adv* & *adj* : de frente — **headphones** *npl* : auriculares *mpl*, audífonos *mpl Lat* — **headquarters** *ns* & *pl* : oficina *f* central (de una compañía), cuartel *m* general (de los militares) — **head start** *n* : ventaja *f* — **headstrong** *adj* : testarudo, obstinado — **headwaiter** *n* : jefe *m*, -fa *f* de comedor — **headway** *n* **1** : progreso *m* **2 make ~** : avanzar — **heady** *adj* **headier; -est** : embriagador

heal *vt* : curar — *vi* : cicatrizar

health *n* : salud *f* — **healthy** *adj* **healthier; -est** : sano, saludable

heap *n* : montón *m* — **~** *vt* : amontonar

hear *v* **heard; hearing** *vt* : oír — *vi* **1** : oír **2 ~ about** : enterarse de **3 ~ from** : tener noticias de — **hearing** *n* **1** : oído *m* **2** : vista *f* (en un tribunal) — **hearing aid** *n* : audífono *m* — **hearsay** *n* : rumores *mpl*

hearse *n* : coche *m* fúnebre

heart *n* **1** : corazón *m* **2 at ~** : en el fondo **3 by ~** : de memoria **4 lose ~** : descorazonarse **5 take ~** : animarse — **heartache** *n* : pena *f*, dolor *m* — **heart attack** *n* : infarto *m*, ataque *m* al corazón — **heartbeat** *n* : latido *m* (del corazón) — **heartbreak** *n* : congoja *f*, angustia *f* — **heartbroken** *adj* : desconsolado — **heartburn** *n* : acidez *f* estomacal

hearth *n* : hogar *m*

heartily *adv* : de buena gana

heartless *adj* : de mal corazón, cruel

hearty *adj* **heartier; -est** **1** : cordial, caluroso **2** : abundante (dícese de una comida)

heat *vt* : calentar — *vi* or **~ up** : calentarse — **~** *n* **1** : calor *m* **2** HEATING : calefacción *f* — **heated** *adj* : acalorado — **heater** *n* : calentador *m*

heath *n* : brezal *m*

heathen *adj* : pagano — **~** *n, pl* **-thens or -then** : pagano *m*, -na *f*

heather *n* : brezo *m*

heave *v* **heaved** *or* **hove; heaving** *vt* **1** LIFT : levantar (con esfuerzo) **2** HURL : lanzar, tirar **3 ~ a sigh** : suspirar — **~** *vi or* **~ up** : levantarse

heaven *n* : cielo *m* — **heavenly** *adj* **1** : celestial **2 ~ body** : cuerpo *m* celeste

heavy *adj* **heavier; -est** **1** : pesado **2** INTENSE : fuerte **3 ~ sigh** : suspiro *m* profundo **4 ~ traffic** : tráfico *m* denso — **heavily** *adv* **1** : pesadamente **2** EXCESSIVELY : mucho — **heaviness** *n* : peso *m*, pesadez *f* — **heavyweight** *n* : peso *m* pesado

Hebrew *adj* : hebreo — **~** *n* : hebreo *m* (idioma)

heckle *vt* **-led; -ling** : interrumpir (a un orador) con preguntas molestas

hectic *adj* : agitado, ajetreado

he'd (*contraction of* **he had** *or* **he would**) → **have, would**

hedge *n* : seto *m* vivo — **~** *v* **hedged; hedging** *vt* **~ one's bets** : cubrirse — *vi* : contestar con evasivas — **hedgehog** *n* : erizo *m*

heed *vt* : prestar atención a, hacer caso de — **~ take ~** : tener cuidado — **heedless** *adj* **be ~ of** : hacer caso omiso de

heel *n* : talón *m* (del pie), tacón *m* (de un zapato)

hefty *adj* **heftier; -est** : robusto y pesado

heifer *n* : novilla *f*

height *n* **1** : estatura *f* (de una persona), altura *f* (de un objeto) **2** PEAK : cumbre *f* **3 the ~ of folly** : el colmo de la locura **4 what is your ~?** : ¿cuánto mides? — **heighten** *vt* : aumentar, intensificar

heir *n* : heredero *m*, -ra *f* — **heiress** *n* : heredera *f* — **heirloom** *n* : reliquia *f* de familia

held → **hold**

helicopter *n* : helicóptero *m*

hell *n* : infierno *m* — **hellish** *adj* : infernal

he'll (*contraction of* **he shall** *or* **he will**) → **shall, will**

hello *interj* : ¡hola!

helm *n* : timón *m*

helmet *n* : casco *m*

help *vt* **1** : ayudar **2 ~ oneself** : servirse **3 I can't ~ it** : no lo puedo remediar — **~** *n* **1** : ayuda *f* **2** STAFF : personal *m* **3 help!** : ¡socorro!, ¡auxilio! — **helper** *n* : ayudante *mf* — **helpful** *adj* **1** OBLIGING : servicial, amable **2** USEFUL : útil — **helping** *n* : porción *f* — **helpless** *adj* **1** POWERLESS : incapaz **2** DEFENSELESS : indefenso

hem *n* : dobladillo *m* — **~** *vt* **hemmed; hemming ~ in** : encerrar

hemisphere *n* : hemisferio *m*

hemorrhage *n* : hemorragia *f*

hemorrhoids *npl* : hemorroides *fpl*, almorranas *fpl*
hemp *n* : cáñamo *m*
hen *n* : gallina *f*
hence *adv* **1** : de aquí, de ahí **2** THEREFORE : por lo tanto **3 ten years ~** : de aquí a 10 años **— henceforth** *adv* : de ahora en adelante
henpeck *vt* : dominar (al marido)
hepatitis *n, pl* **-titides** : hepatitis *f*
her *adj* : su, sus **— ~** *pron* **1** (*used as direct object*) : la **2** (*used as indirect object*) : le, se **3** (*used as object of a preposition*) : ella
herald *vt* : anunciar
herb *n* : hierba *f*
herd *n* : manada *f* **— ~** *vt* : conducir (en manada) **—** *vi or* **~ together** : reunir
here *adv* **1** : aquí, acá **2 ~ you are!** : ¡toma! **— hereabouts** *or* **hereabout** *adv* : por aquí (cerca) **— hereafter** *adv* : en el futuro **— hereby** *adv* : por este medio
hereditary *adj* : hereditario **— heredity** *n* : herencia *f*
heresy *n, pl* **-sies** : herejía *f*
herewith *adv* : adjunto
heritage *n* **1** : herencia *f* **2** : patrimonio *m* (nacional)
hermit *n* : ermitaño *m*, -ña *f*
hernia *n, pl* **-nias** *or* **-niae** : hernia *f*
hero *n, pl* **-roes** : héroe *m* **— heroic** *adj* : heroico **— heroine** *n* : heroína *f* **— heroism** *n* : heroísmo *m*
heron *n* : garza *f*
herring *n, pl* **-ring** *or* **-rings** : arenque *m*
hers *pron* **1** : (el) suyo, (la) suya, (los) suyos, (las) suyas **2 some friends of ~** : unos amigos suyos, unos amigos de ella **— herself** *pron* **1** (*used reflexively*) : se **2** (*used emphatically*) : ella misma
he's (*contraction of* **he is** *or* **he has**) → **be, have**
hesitant *adj* : titubeante, vacilante **— hesitate** *vi* **-tated; -tating** : vacilar, titubear **— hesitation** *n* : vacilación *f*, titubeo *m*
heterosexual *adj* : heterosexual **— ~** *n* : heterosexual *mf*
hexagon *n* : hexágono *m*
hey *interj* : ¡eh!, ¡oye!
heyday *n* : auge *m*, apogeo *m*
hi *interj* : ¡hola!
hibernate *vi* **-nated; -nating** : hibernar
hiccup *n* **have the ~s** : tener hipo **— ~** *vi* **-cuped; -cuping** : tener hipo
hide[1] *n* : piel *f*, cuero *m*
hide[2] *v* **hid; hidden** *or* **hid; hiding** *vt* **1** : esconder **2** : ocultar (motivos, etc.) **—** *vi* : esconderse **— hide–and–seek** *n* : escondite *m*, escondidas *fpl Lat*
hideous *adj* : horrible, espantoso

hideout *n* : escondite *m*, guarida *f*
hierarchy *n, pl* **-chies** : jerarquía *f* **— hierarchical** *adj* : jerárquico
high *adj* **1** : alto **2** INTOXICATED : borracho, drogado **3 a ~ voice** : una voz aguda **4 it's two feet ~** : tiene dos pies de alto **5 ~ winds** : fuertes vientos *mpl* **— ~** *adv* : alto **— ~** *n* : récord *m*, máximo *m* **— higher** *adj* **1** : superior **2 ~ education** : enseñanza *f* superior **— highlight** *n* : punto *m* culminante **— highly** *adv* **1** VERY : muy, sumamente **2 think ~ of** : tener en mucho a **— Highness** *n* **His/Her ~** : Su Alteza *f* **— high school** *n* : escuela *f* superior, escuela *f* secundaria **— high–strung** *adj* : nervioso, excitable **— highway** *n* : carretera *f*
hijack *vt* : secuestrar **— hijacker** *n* : secuestrador *m*, -dora *f* **— hijacking** *n* : secuestro *m*
hike *v* **hiked; hiking** *vi* : ir de caminata **—** *vt or* **~ up** RAISE : subir **— ~** *n* : caminata *f*, excursión *f* **— hiker** *n* : excursionista *mf*
hilarious *adj* : muy divertido **— hilarity** *n* : hilaridad *f*
hill *n* **1** : colina *f*, cerro *m* **2** SLOPE : cuesta *f* **— hillside** *n* : ladera *f*, cuesta *f* **— hilly** *adj* **hillier; -est** : accidentado
hilt *n* : puño *m*
him *pron* **1** (*used as direct object*) : lo **2** (*used as indirect object*) : le, se **3** (*used as object of a preposition*) : él **— himself** *pron* **1** (*used reflexively*) : se **2** (*used emphatically*) : él mismo
hind *adj* : trasero, posterior
hinder *vt* : dificultar, estorbar **— hindrance** *n* : obstáculo *m*
hindsight *n* **in ~** : en retrospectiva
Hindu *adj* : hindú
hinge *n* : bisagra *f*, gozne *m* **— ~** *vi* **hinged; hinging ~ on** : depender de
hint *n* **1** : indirecta *f* **2** TIP : consejo *m* **3** TRACE : asomo *m*, toque *m* **— ~** *vt* : dar a entender **—** *vi* **~ at** : insinuar
hip *n* : cadera *f*
hippopotamus *n, pl* **-muses** *or* **-mi** : hipopótamo *m*
hire *n* **1** : alquiler *m* **2 for ~** : se alquila **— ~** *vt* **hired; hiring 1** EMPLOY : contratar, emplear **2** RENT : alquilar
his *adj* : su, sus, de él **— ~** *pron* **1** : (el) suyo, (la) suya, (los) suyos, (las) suyas **2 some friends of ~** : unos amigos suyos, unos amigos de él
Hispanic *adj* : hispano, hispánico
hiss *vi* : silbar **— ~** *n* : silbido *m*
history *n, pl* **-ries 1** : historia *f* **2** BACKGROUND : historial *m* **— historian** *n* : historiador *m*, -dora *f* **— historic** *or* **historical** *adj* : histórico

hit *v* **hit; hitting** *vt* **1** : golpear, pegar **2** : dar (con un proyectil) **3** AFFECT : afectar **4** REACH : alcanzar **5 the car ~ a tree** : el coche chocó contra un árbol — *vi* : pegar — ~ *n* **1** : golpe *m* **2** SUCCESS : éxito *m*

hitch *vt* **1** ATTACH : enganchar **2** *or* ~ **up** RAISE : subirse **3** ~ **a ride** : hacer autostop — ~ *n* PROBLEM : problema *m* — **hitchhike** *vi* **-hiked; -hiking** : hacer autostop — **hitchhiker** *n* : autostopista *mf*

hitherto *adv* : hasta ahora

HIV *n* : VIH *m*, virus *m* del sida

hive *n* : colmena *f*

hives *ns & pl* : urticaria *f*

hoard *n* : tesoro *m* (de dinero), reserva *f* (de provisiones) — ~ *vt* : acumular

hoarse *adj* **hoarser; -est** : ronco

hoax *n* : engaño *m*

hobble *vi* **-bled; -bling** : cojear

hobby *n, pl* **-bies** : pasatiempo *m*

hobo *n, pl* **-boes** : vagabundo *m*, -da *f*

hockey *n* : hockey *m*

hoe *n* : azada *f* — ~ *vt* **hoed; hoeing** : azadonar

hog *n* : cerdo *m* — ~ *vt* **hogged; hogging** MONOPOLIZE : acaparar

hoist *vt* **1** : izar (una vela, etc.) **2** LIFT : levantar — ~ *n* : grúa *f*

hold[1] *n* : bodega *f* (en un barco o un avión)

hold[2] *v* **held; holding** *vt* **1** GRIP : agarrar **2** POSSESS : tener **3** SUPPORT : sostener **4** : celebrar (una reunión, etc.), mantener (una conversación) **5** CONTAIN : contener **6** CONSIDER : considerar **7** *or* ~ **back** : detener **8** ~ **hands** : agarrarse de la mano **9** ~ **up** ROB : atracar **10** ~ **up** DELAY : retrasar — *vi* **1** LAST : durar, continuar **2** APPLY : ser válido — ~ *n* **1** GRIP : agarre *m* **2 get ~ of** : conseguir **3 get ~ of oneself** : controlarse — **holder** *n* : tenedor *m*, -dora *f* — **holdup** *n* **1** ROBBERY : atraco *m* **2** DELAY : retraso *m*, demora *f*

hole *n* : agujero *m*, hoyo *m*

holiday *n* **1** : día *m* feriado, fiesta *f* **2** *Brit* VACATION : vacaciones *fpl*

holiness *n* : santidad *f*

holler *vi* : gritar — ~ *n* : grito *m*

hollow *n* **1** : hueco *m* **2** VALLEY : hondonada *f* — ~ *adj* **-lower; -est** **1** : hueco **2** FALSE : vacío, falso — ~ *vt or* ~ **out** : ahuecar

holly *n, pl* **-lies** : acebo *m*

holocaust *n* : holocausto *m*

holster *n* : pistolera *f*

holy *adj* **-lier; -est** : santo, sagrado

homage *n* : homenaje *m*

home *n* **1** : casa *f* **2** FAMILY : hogar *m* **3** INSTITUTION : residencia *f*, asilo *m* **4 at ~ and abroad** : dentro y fuera del país — ~ *adv* **go ~** : ir a casa — **homeland** *n* : patria

f — **homeless** *adj* : sin hogar — **homely** *adj* **-lier; -est** **1** DOMESTIC : casero **2** UGLY : feo — **homemade** *adj* : casero, hecho en casa — **homemaker** *n* : ama *f* de casa — **home run** *n* : jonrón *m* — **homesick** *adj* **be ~** : echar de menos a la familia — **homeward** *adj* : de vuelta, de regreso — **homework** *n* : tarea *f*, deberes *mpl* — **homey** *adj* **homier; -est** : hogareño, acogedor

homicide *n* : homicidio *m*

homogeneous *adj* : homogéneo

homosexual *adj* : homosexual — ~ *n* : homosexual *mf* — **homosexuality** *n* : homosexualidad *f*

honest *adj* **1** : honrado **2** FRANK : sincero — **honestly** *adv* : sinceramente — **honesty** *n, pl* **-ties** : honradez *f*

honey *n, pl* **-eys** : miel *f* — **honeycomb** *n* : panal *m* — **honeymoon** *n* : luna *f* de miel

honk *vi* : tocar la bocina — ~ *n* : bocinazo *m*

honor *or Brit* **honour** *n* : honor *m* — ~ *vt* **1** : honrar **2** : aceptar (un cheque, etc.), cumplir con (una promesa) — **honorable** *or Brit* **honourable** *adj* : honorable, honroso — **honorary** *adj* : honorario

hood *n* **1** : capucha *f* (de un abrigo, etc.) **2** : capó *m* (de un automóvil)

hoodlum *n* : matón *m*

hoodwink *vt* : engañar

hoof *n, pl* **hooves** *or* **hoofs** : pezuña *f* (de una vaca, etc.), casco *m* (de un caballo)

hook *n* **1** : gancho *m* **2** *or* ~ **and eye** : corchete *m* **3** → **fishhook** **4 off the ~** : descolgado — ~ *vt* : enganchar — *vi* : engancharse

hoop *n* : aro *m*

hooray → **hurrah**

hoot *vi* **1** : ulular (dícese de un búho) **2** ~ **with laughter** : reírse a carcajadas — ~ *n* **1** : ululato *m* (de un búho) **2 I don't give a ~** : me importa un comino

hop[1] *vi* **hopped; hopping** : saltar a la pata coja — ~ *n* : salto *m* a la pata coja

hop[2] *n* ~**s** : lúpulo *m* (planta)

hope *v* **hoped; hoping** *vi* : esperar — *vt* : esperar que — ~ *n* : esperanza *f* — **hopeful** *adj* : esperanzado — **hopefully** *adv* **1** : con esperanza **2** ~ **it will help** : se espera que ayude — **hopeless** *adj* : desesperado — **hopelessly** *adv* : desesperadamente

horde *n* : horda *f*

horizon *n* : horizonte *m* — **horizontal** *adj* : horizontal

hormone *n* : hormona *f*

horn *n* **1** : cuerno *m* (de un animal) **2** : trompa *f* (instrumento musical) **3** : bocina *f*, claxon *m* (de un vehículo)

hornet *n* : avispón *m*

horoscope *n* : horóscopo *m*

horror *n* : horror *m* — **horrendous** *adj* : horrendo — **horrible** *adj* : horrible — **horrid** *adj* : horroroso, horrible — **horrify** *vt* **-fied; -fying** : horrorizar

hors d'oeuvre *n, pl* hors d'oeuvres : entremés *m*

horse *n* 1 : caballo *m* — **horseback** *n* on ～ : a caballo — **horsefly** *n, pl* **-flies** : tábano *m* — **horseman** *n, pl* **-men** : jinete *m* — **horseplay** *n* : payasadas *fpl* — **horsepower** *n* : caballo *m* de fuerza — **horseradish** *n* : rábano *m* picante — **horseshoe** *n* : herradura *f* — **horsewoman** *n, pl* **-women** : jinete *f*

horticulture *n* : horticultura *f*

hose *n* 1 *pl* hoses : manguera *f*, manga *f* 2 hose *pl* STOCKINGS : medias *fpl* — ～ *vt* hosed; hosing : regar (con manguera) — hosiery *n* : calcetería *f*

hospice *n* : hospicio *m*.

hospital *n* : hospital *m* — **hospitable** *adj* : hospitalario — **hospitality** *n, pl* **-ties** : hospitalidad *f* — **hospitalize** *vt* **-ized; -izing** : hospitalizar

host[1] *n* a ～ of : toda una serie de

host[2] *n* 1 : anfitrión *m*, -triona *f* 2 : presentador *m*, -dora *f* (de televisión, etc.) — ～ *vt* : presentar (un programa de televisión, etc.)

host[3] *n* EUCHARIST : hostia *f*, Eucaristía *f*

hostage *n* : rehén *m*

hostel *n or* youth ～ : albergue *m* juvenil

hostess *n* : anfitriona *f*

hostile *adj* : hostil — **hostility** *n, pl* **-ties** : hostilidad *f*

hot *adj* hotter; hottest 1 : caliente, caluroso (dícese del tiempo), cálido (dícese del clima) 2 SPICY : picante 3 feel ～ : tener calor 4 have a ～ temper : tener mal genio 5 ～ news : noticias *fpl* de última hora 6 it's ～ today : hace calor

hot dog *n* : perro *m* caliente

hotel *n* : hotel *m*

hotheaded *adj* : exaltado

hound *n* : perro *m* (de caza) — ～ *vt* : acosar, perseguir

hour *n* : hora *f* — **hourglass** *n* : reloj *m* de arena — **hourly** *adv & adj* : cada hora, por hora

house *n, pl* houses 1 : casa *f* 2 : cámara *f* (del gobierno) 3 publishing ～ : editorial *f* — ～ *vt* housed; housing : albergar — **houseboat** *n* : casa *f* flotante — **housefly** *n, pl* **-flies** : mosca *f* común — **household** *adj* 1 : doméstico 2 ～ name : nombre *m* muy conocido — ～ *n* : casa *f* — **housekeeper** *n* : ama *f* de llaves — **housekeeping** *n* : gobierno *m* de la casa — **housewarming** *n* : fiesta *f* de estreno de una casa

— **housewife** *n, pl* **-wives** : ama *f* de casa — **housework** *n* : faenas *fpl* domésticas —

housing *n* 1 : viviendas *fpl* 2 CASE : caja *f* protectora

hove → heave

hovel *n* : casucha *f*, tugurio *m*

hover *vi* 1 : cernerse 2 ～ about : rondar

how *adv* 1 : cómo 2 (*used in exclamations*) : qué 3 ～ are you? : ¿cómo está Ud.? 4 ～ come : por qué 5 ～ much : cuánto 6 ～ do you do? : mucho gusto 7 ～ old are you? : ¿cuántos años tienes? — ～ *conj* : como

however *conj* 1 : de cualquier manera que 2 ～ you like : como quieras — ～ *adv* 1 NEVERTHELESS : sin embargo, no obstante 2 ～ difficult it is : por difícil que sea 3 ～ hard I try : por más que me esfuerce

howl *vi* : aullar — ～ *n* : aullido *m*

hub *n* 1 CENTER : centro *m* 2 : cubo *m* (de una rueda)

hubbub *n* : alboroto *m*, jaleo *m*

hubcap *n* : tapacubos *m*

huddle *vi* **-dled; -dling** *or* ～ together : apiñarse

hue *n* : color *m*, tono *m*

huff *n* be in a ～ : estar enojado

hug *vt* hugged; hugging : abrazar — ～ *n* : abrazo *m*

huge *adj* huger; hugest : inmenso, enorme

hull *n* : casco *m* (de un barco, etc.)

hum *v* hummed; humming *vi* 1 : tararear 2 BUZZ : zumbar — *vt* : tararear (una melodía) — ～ *n* : zumbido *m*

human *adj* : humano — ～ *n* : (ser *m*) humano *m* — **humane** *adj* : humano, humanitario — **humanitarian** *adj* : humanitario — **humanity** *n, pl* **-ties** : humanidad *f*

humble *vt* **-bled; -bling** 1 : humillar 2 ～ oneself : humillarse — ～ *adj* **-bler; -blest** : humilde

humdrum *adj* : monótono, rutinario

humid *adj* : húmedo — **humidity** *n, pl* **-ties** : humedad *f*

humiliate *vt* **-ated; -ating** : humillar — **humiliating** *adj* : humillante — **humiliation** *n* : humillación *f* — **humility** *n* : humildad *f*

humor *or Brit* humour *n* : humor *m* — ～ *vt* : seguir la corriente a, complacer — **humorous** *adj* : humorístico, cómico

hump *n* : joroba *f*

hunch *vi or* ～ over : encorvarse — ～ *n* : presentimiento *m*

hundred *adj* : cien, ciento — ～ *n, pl* **-dreds** *or* **-dred** : ciento *m* — **hundredth** *adj* : centésimo — ～ *n* 1 : centésimo *m*, -ma *f* (en una serie) 2 : centésimo *m* (en matemáticas)

hung → hang

Hungarian *adj* : húngaro — ~ *n* : húngaro *m* (idioma)

hunger *n* : hambre *m* — ~ *vi* **1** : tener hambre **2** ~ **for** : ansiar, anhelar — **hungry** *adj* **-grier; -est 1** : hambriento **2 be** ~ : tener hambre

hunk *n* : pedazo *m* (grande)

hunt *vt* **1** : cazar **2** ~ **for** : buscar — ~ *n* **1** : caza *f*, cacería *f* **2** SEARCH : búsqueda *f*, busca *f* — **hunter** *n* : cazador *m*, -dora *f* — **hunting** *n* **1** : caza *f* **2 go** ~ : ir de caza

hurdle *n* **1** : valla *f* (en deportes) **2** OBSTA-CLE : obstáculo *m*

hurl *vt* : lanzar, arrojar

hurrah *interj* : ¡hurra!

hurricane *n* : huracán *m*

hurry *n* : prisa *f*, apuro *f Lat* — *v* **-ried; -rying** *vi* : darse prisa, apurarse *Lat* — *vt* : apurar, dar prisa a — **hurried** *adj* : apresurado — **hurriedly** *adv* : apresuradamente, de prisa

hurt *v* **hurt; hurting** *vt* **1** INJURE : hacer daño a, lastimar **2** OFFEND : ofender, herir — *vi* **1** : doler **2 my foot** ~**s** : me duele el pie — ~ *n* **1** INJURY : herida *f* **2** DISTRESS : dolor *m*, pena *f* — **hurtful** *adj* : hiriente, doloroso

hurtle *vi* **-tled; -tling** : lanzarse, precipitarse

husband *n* : esposo *m*, marido *m*

hush *vt* : hacer callar, acallar — ~ *n* : silencio *m*

husk *n* : cáscara *f*

husky[1] *adj* **-kier; -est** HOARSE : ronco

husky[2] *n, pl* **-kies** : perro *m*, -rra *f* esquimal

husky[3] *adj* BURLY : fornido

hustle *v* **-tled; -tling** *vt* : dar prisa a, apurar *Lat* — *vi* : darse prisa, apurarse *Lat* — ~ *n* ~ **and bustle** : ajetreo *m*, bullicio *m*

hut *n* : cabaña *f*

hutch *n or* **rabbit** ~ : conejera *f*

hyacinth *n* : jacinto *m*

hybrid *n* : híbrido *m* — ~ *adj* : híbrido

hydrant *n or* **fire** ~ : boca *f* de incendios

hydraulic *adj* : hidráulico

hydroelectric *adj* : hidroeléctrico

hydrogen *n* : hidrógeno *m*

hyena *n* : hiena *f*

hygiene *n* : higiene *f* — **hygienic** *adj* : higiénico

hymn *n* : himno *m*

hyperactive *adj* : hiperactivo

hyphen *n* : guión *m*

hypnosis *n, pl* **-noses** : hipnosis *f* — **hypnotic** *adj* : hipnótico — **hypnotism** *n* : hipnotismo *m* — **hypnotize** *vt* **-tized; -tizing** : hipnotizar

hypochondriac *n* : hipocondríaco *m*, -ca *f*

hypocrisy *n, pl* **-sies** : hipocresía *f* — **hypocrite** *n* : hipócrita *mf* — **hypocritical** *adj* : hipócrita

hypothesis *n, pl* **-eses** : hipótesis *f* — **hypothetical** *adj* : hipotético

hysteria *n* : histeria *f*, histerismo *m* — **hysterical** *adj* : histérico

I

i *n, pl* **i's** *or* **is** : i *f*, novena letra del alfabeto inglés

I *pron* : yo

ice *n* : hielo *m* — ~ *v* **iced; icing** *vt* **1** FREEZE : congelar **2** CHILL : enfriar **3** : bañar (pasteles, etc.) — ~ *vi or* ~ **up** : helarse, congelarse — **iceberg** *n* : iceberg *m* — **icebox** → **refrigerator** — **ice-cold** *adj* : helado — **ice cream** *n* : helado *m* — **ice cube** *n* : cubito *m* de hielo — **ice-skate** *vi* **-skated; -skating** : patinar — **ice skate** *n* : patín *m* de cuchilla — **icicle** *n* : carámbano *m* — **icing** *n* : baño *m*

icon *n* : icono *m*

icy *adj* **icier; -est 1** : cubierto de hielo (dícese de pavimento, etc.) **2** FREEZING : helado

I'd (*contraction of* **I should** *or* **I would**) → **should, would**

idea *n* : idea *f*

ideal *adj* : ideal — ~ *n* : ideal *m* — **idealist** *n* : idealista *mf* — **idealistic** *adj* : idealista — **idealize** *vt* **-ized; -izing** : idealizar

identity *n, pl* **-ties** : identidad *f* — **identical** *adj* : idéntico — **identify** *v* **-fied; -fying** *vt* : identificar — *vi* ~ **with** : identificarse con — **identification** *n* **1** : identificación *f* **2** ~ **card** : carnet *m*, carné *m*

ideology *n, pl* **-gies** : ideología *f* — **ideological** *adj* : ideológico

idiocy *n, pl* **-cies** : idiotez *f*

idiom *n* EXPRESSION : modismo *m* — **idiomatic** *adj* : idiomático

idiosyncrasy *n, pl* **-sies** : idiosincrasia *f*

idiot *n* : idiota *mf* — **idiotic** *adj* : idiota

idle *adj* **idler; idlest 1** LAZY : haragán, holgazán **2** INACTIVE : parado (dícese de una máquina) **3** UNEMPLOYED : desocupado **4** VAIN : frívolo, vano **5 out of ~ curiosity** : por pura curiosidad — **~** *v* **idled; idling** *vi* : andar al ralentí (dícese de un motor) — *vt* **~ away the hours** : pasar el rato — **idleness** *n* : ociosidad *f*

idol *n* : ídolo *m* — **idolize** *vt* **-ized; -izing** : idolatrar

idyllic *adj* : idílico

if *conj* **1** : si **2** THOUGH : aunque, si bien **3 ~ so** : si es así

igloo *n, pl* **-loos** : iglú *m*

ignite *v* **-nited; -niting** *vt* : encender — *vi* : encenderse — **ignition** *n* **1** : ignición *f* **2** *or* **~ switch** : encendido *m*

ignore *vt* **-nored; -noring** : ignorar, no hacer caso de — **ignorance** *n* : ignorancia *f* — **ignorant** *adj* **1** : ignorante **2 be ~ of** : desconocer, ignorar

ilk *n* : tipo *m*, clase *f*

ill *adj* **worse; worst 1** SICK : enfermo **2** BAD : malo — *adv* **worse; worst** : mal — **ill–advised** *adj* : imprudente — **ill at ease** *adj* : incómodo

I'll (*contraction of* **I shall** *or* **I will**) → **shall, will**

illegal *adj* : ilegal

illegible *adj* : ilegible

illegitimate *adj* : ilegítimo — **illegitimacy** *n* : ilegitimidad *f*

illicit *adj* : ilícito

illiterate *adj* : analfabeto — **illiteracy** *n, pl* **-cies** : analfabetismo *m*

ill–mannered *adj* : descortés, maleducado

ill–natured *adj* : de mal genio

illness *n* : enfermedad *f*

illogical *adj* : ilógico

ill–treat *vt* : maltratar

illuminate *vt* **-nated; -nating** : iluminar — **illumination** *n* : iluminación *f*

illusion *n* : ilusión *f* — **illusory** *adj* : ilusorio

illustrate *v* **-trated; -trating** : ilustrar — **illustration** *n* **1** : ilustración *f* **2** EXAMPLE : ejemplo *m* — **illustrative** *adj* : ilustrativo

illustrious *adj* : ilustre, glorioso

ill will *n* : animadversión *f*, mala voluntad *f*

I'm (*contraction of* **I am**) → **be**

image *n* : imagen *f* — **imaginary** *adj* : imaginario — **imagination** *n* : imaginación *f* — **imaginative** *adj* : imaginativo — **imagine** *vt* **-ined; -ining** : imaginar(se)

imbalance *n* : desequilibrio *m*

imbecile *n* : imbécil *mf*

imbue *vt* **-bued; -buing** : imbuir

imitation *n* : imitación *f* — **~** *adj* : de imitación, artificial — **imitate** *vt* **-tated; -tating** : imitar, remedar — **imitator** *n* : imitador *m*, -dora *f*

immaculate *adj* : inmaculado

immaterial *adj* : irrelevante, sin importancia

immature *adj* : inmaduro — **immaturity** *n, pl* **-ties** : inmadurez *f*

immediate *adj* : inmediato — **immediately** *adv* : inmediatamente

immense *adj* : inmenso — **immensity** *n, pl* **-ties** : inmensidad *f*

immerse *vt* **-mersed; -mersing** : sumergir — **immersion** *n* : inmersión *f*

immigrate *vi* **-grated; -grating** : inmigrar — **immigrant** *n* : inmigrante *mf* — **immigration** *n* : inmigración *f*

imminent *adj* : inminente — **imminence** *n* : inminencia *f*

immobile *adj* : inmóvil — **immobilize** *vt* **-lized; -lizing** : inmovilizar

immoral *adj* : inmoral — **immorality** *n, pl* **-ties** : inmoralidad *f*

immortal *adj* : inmortal — **~** *n* : inmortal *mf* — **immortality** *n* : inmortalidad *f*

immune *adj* : inmune — **immunity** *n, pl* **-ties** : inmunidad *f* — **immunization** *n* : inmunización *f* — **immunize** *vt* **-nized; -nizing** : inmunizar

imp *n* RASCAL : diablillo *m*

impact *n* : impacto *m*

impair *vt* : dañar, perjudicar

impart *vt* : impartir (información), conferir (una calidad, etc.)

impartial *adj* : imparcial — **impartiality** *n, pl* **-ties** : imparcialidad *f*

impassable *adj* : intransitable

impasse *n* : impasse *m*

impassioned *adj* : apasionado

impassive *adj* : impasible

impatience *n* : impaciencia *f* — **impatient** *adj* : impaciente — **impatiently** *adv* : con impaciencia

impeccable *adj* : impecable

impede *vt* **-peded; -peding** : dificultar — **impediment** *n* : impedimento *m*, obstáculo *m*

impel *vt* **-pelled; -pelling** : impeler

impending *adj* : inminente

impenetrable *adj* : impenetrable

imperative *adj* **1** COMMANDING : imperativo **2** NECESSARY : imprescindible — **~** *n* : imperativo *m*

imperceptible *adj* : imperceptible

imperfection *n* : imperfección *f* — **imperfect** *adj* : imperfecto — **~** *n or* **~ tense** : imperfecto *m*

imperial *adj* : imperial — **imperialism** *n* : imperialismo *m* — **imperious** *adj* : imperioso

impersonal *adj* : impersonal

impersonate

impersonate *vt* **-ated; -ating** : hacerse pasar por, imitar — **impersonation** *n* : imitación *f* — **impersonator** *n* : imitador *m*, -dora *f*

impertinent *adj* : impertinente — **impertinence** *n* : impertinencia *f*

impervious *adj* ~ **to** : impermeable a

impetuous *adj* : impetuoso, impulsivo

impetus *n* : ímpetu *m*, impulso *m*

impinge *vi* **-pinged; -pinging** ~ **on** : afectara, incidir en

impish *adj* : pícaro, travieso

implant *vt* : implantar

implausible *adj* : inverosímil

implement *n* : instrumento *m*, implemento *m* *Lat* — ~ *vt* : poner en práctica

implicate *vt* **-cated; -cating** : implicar — **implication** *n* **1** INVOLVEMENT : implicación *f* **2** CONSEQUENCE : consecuencia *f* **3 by** ~ : de forma indirecta

implicit *adj* **1** : implícito **2** UNQUESTIONING : absoluto, incondicional

implore *vt* **-plored; -ploring** : implorar, suplicar

imply *vt* **-plied; -plying 1** HINT : insinuar **2** ENTAIL : implicar

impolite *adj* : descortés, maleducado

import *vt* : importar (mercancías) — **important** *adj* : importante — **importance** *n* : importancia *f* — **importation** *n* : importación *f* — **importer** *n* : importador *m*, -dora *f*

impose *v* **-posed; -posing** *vt* : imponer — *vi* ~ **on** : importunar, molestar — **imposing** *adj* : imponente — **imposition** *n* **1** ENFORCEMENT : imposición *f* **2 be an** ~ **on** : molestar

impossible *adj* : imposible — **impossibility** *n, pl* **-ties** : imposibilidad *f*

impostor *or* **imposter** *n* : impostor *m*, -tora *f*

impotent *adj* : impotente — **impotence** *n* : impotencia *f*

impound *vt* : incautar, embargar

impoverished *adj* : empobrecido

impracticable *adj* : impracticable

impractical *adj* : poco práctico

imprecise *adj* : impreciso — **imprecision** *n* : imprecisión *f*

impregnable *adj* : impenetrable

impregnate *vt* **-nated; -nating 1** : impregnar **2** FERTILIZE : fecundar

impress *vt* **1** : causar una buena impresión a **2** AFFECT : impresionar **3** ~ **sth on s.o.** : recalcar algo a algn — *vi* : impresionar — **impression** *n* : impresión *f* — **impressionable** *adj* : impresionable — **impressive** *adj* : impresionante

imprint *vt* : imprimir — ~ *n* MARK : impresión *f*, huella *f*

imprison *vt* : encarcelar — **imprisonment** *n* : encarcelamiento *m*

improbable *adj* : improbable — **improbability** *n, pl* **-ties** : improbabilidad *f*

impromptu *adj* : improvisado

improper *adj* **1** UNSEEMLY : indecoroso **2** INCORRECT : impropio — **impropriety** *n, pl* **-eties** : inconveniencia *f*

improve *v* **-proved; -proving** : mejorar — **improvement** *n* : mejora *f*

improvise *v* **-vised; -vising** : improvisar — **improvisation** *n* : improvisación *f*

impudent *adj* : insolente — **impudence** *n* : insolencia *f*

impulse *n* **1** : impulso *m* **2 on** ~ : sin reflexionar — **impulsive** *adj* : impulsivo — **impulsiveness** *n* : impulsividad *f*

impunity *n* **1** : impunidad *f* **2 with** ~ : impunemente

impure *adj* : impuro — **impurity** *n, pl* **-ties** : impureza *f*

in *prep* **1** : en **2** DURING : por, en *Lat* **3** WITHIN : dentro de **4 dressed** ~ **red** : vestido de rojo **5** ~ **the rain** : bajo la lluvia **6** ~ **the sun** : al sol **7** ~ **this way** : de esta manera **8 the best** ~ **the world** : el mejor del mundo **9 written** ~ **ink/French** : escrito con tinta/en francés — *adv* **1** INSIDE : dentro, adentro **2 be** ~ : estar (en casa) **3 be** ~ **on** : participar en **4 come in!** : ¡entre!, ¡pase! **5 he's** ~ **for a shock** : se va a llevar un shock — ~ *adj* : de moda

inability *n, pl* **-ties** : incapacidad *f*

inaccessible *adj* : inaccesible

inaccurate *n* : inexacto

inactive *n* : inactivo — **inactivity** *n, pl* **-ties** : inactividad *f*

inadequate *adj* : insuficiente

inadvertently *adv* : sin querer

inadvisable *adj* : desaconsejable

inane *adj* **inaner; -est** : estúpido, tonto

inanimate *adj* : inanimado

inapplicable *adj* : inaplicable

inappropriate *adj* : impropio, inoportuno

inarticulate *adj* : incapaz de expresarse

inasmuch as *conj* : ya que, puesto que

inattentive *adj* : poco atento

inaudible *adj* : inaudible

inaugural *adj* **1** : inaugural **2** ~ **address** : discurso *m* de investidura — **inaugurate** *vt* **-rated; -rating 1** : investir (a un presidente, etc.) **2** BEGIN : inaugurar — **inauguration** *n* : investidura *f* (de una persona), inauguración *f* (de un edificio, etc.)

inborn *adj* : innato

inbred *adj* INNATE : innato

incalculable *adj* : incalculable

incapable *adj* : incapaz — **incapacitate** *vt* **-tated; -tating** : incapacitar — **incapacity** *n, pl* **-ties** : incapacidad *f*

incarcerate *vt* **-ated; -ating** : encarcelar

incarnate *adj* : encarnado — **incarnation** *n* : encarnación *f*

incendiary *adj* : incendiario

incense[1] *n* : incienso *m*

incense[2] *vt* **-censed; -censing** : indignar, enfurecer

incentive *n* : incentivo *m*

inception *n* : comienzo *m*, principio *m*

incessant *adj* : incesante

incest *n* : incesto *m* — **incestuous** *adj* : incestuoso

inch *n* : pulgada *f* — ～ *v* : avanzar poco a poco

incident *n* : incidente *m* — **incidence** *n* : índice *m* (de crímenes, etc.) — **incidental** *adj* **1** MINOR : incidental **2** CHANCE : casual — **incidentally** *adv* : a propósito

incinerate *vt* **-ated; -ating** : incinerar — **incinerator** *n* : incinerador *m*

incision *n* : incisión *f*

incite *vt* **-cited; -citing** : incitar, instigar

incline *v* **-clined; -clining** *vt* **1** BEND : inclinar **2** be ～ed to : inclinarse a, tender a — ～ *vi* : inclinarse — ～ *n* : pendiente *f* — **inclination** *n* **1** : inclinación *f* **2** DESIRE : deseo *m*, ganas *fpl*

include *vt* **-cluded; -cluding** : incluir — **inclusion** *n* : inclusión *f* — **inclusive** *adj* : inclusivo

incognito *adv & adj* : de incógnito

incoherent *adj* : incoherente — **incoherence** *n* : incoherencia *f*

income *n* : ingresos *mpl* — **income tax** *n* : impuesto *m* sobre la renta

incomparable *adj* : incomparable

incompatible *adj* : incompatible

incompetent *adj* : incompetente — **incompetence** *n* : incompetencia *f*

incomplete *adj* : incompleto

incomprehensible *adj* : incomprensible

inconceivable *adj* : inconcebible

inconclusive *adj* : no concluyente

incongruous *adj* : incongruente

inconsiderate *adj* : desconsiderado

inconsistent *adj* **1** : inconsecuente **2** be ～ with : no concordar con — **inconsistency** *n, pl* **-cies** : inconsecuencia *f*

inconspicuous *adj* : que no llama la atención

inconvenient *adj* : incómodo, inconveniente — **inconvenience** *n* **1** BOTHER : incomodidad *f*, molestia *f* **2** DRAWBACK : inconveniente *m* — ～ *vt* **-nienced; -niencing** *vt* : importunar, molestar

incorporate *vt* **-rated; -rating** : incorporar

incorrect *adj* : incorrecto

increase *n* : aumento *m* — ～ *v* **-creased; -creasing** : aumentar — **increasingly** *adv* : cada vez más

incredible *adj* : increíble

incredulous *adj* : incrédulo

incriminate *vt* **-nated; -nating** : incriminar

incubator *n* : incubadora *f*

incumbent *n* : titular *mf*

incur *vt* **incurred; incurring** : provocar (al enojo, etc.), incurrir en (gastos)

incurable *adj* : incurable

indebted *adj* **1** : endeudado **2** be ～ to s.o. : estar en deuda con algn

indecent *adj* : indecente — **indecency** *n, pl* **-cies** : indecencia *f*

indecisive *adj* : indeciso

indeed *adv* **1** TRULY : verdaderamente, sin duda **2** IN FACT : en efecto **3** ～? : ¿de veras?

indefinite *adj* **1** : indefinido **2** VAGUE : impreciso — **indefinitely** *adv* : indefinidamente

indelible *adj* : indeleble

indent *vt* : sangrar (un párrafo) — **indentation** *n* DENT, NOTCH : mella *f*

independent *adj* : independiente — **independence** *n* : independencia *f*

indescribable *adj* : indescriptible

indestructible *adj* : indestructible

index *n, pl* **-dexes** *or* **-dices** : índice *m* — ～ *vt* : incluir en un índice — **index finger** *n* : dedo *m* índice

Indian *adj* : indio *m*, -dia *f*

indication *n* : indicio *m*, señal *f* — **indicate** *vt* **-cated; -cating** : indicar — **indicative** *adj* : indicativo — **indicator** *n* : indicador *m*

indict *vt* : acusar (de un crimen) — **indictment** *n* : acusación *f*

indifferent *adj* **1** : indiferente **2** MEDIOCRE : mediocre — **indifference** *n* : indiferencia *f*

indigenous *adj* : indígena

indigestion *n* : indigestión *f* — **indigestible** *adj* : indigesto

indignation *n* : indignación *f* — **indignant** *adj* : indignado — **indignity** *n, pl* **-ties** : indignidad *f*

indigo *n, pl* **-gos** *or* **-goes** : añil *m*

indirect *adj* : indirecto

indiscreet *adj* : indiscreto — **indiscretion** *n* : indiscreción *f*

indiscriminate *adj* : indiscriminado

indispensable *adj* : indispensable, imprescindible

indisputable *adj* : indiscutible

indistinct *adj* : indistinto

individual *adj* **1** : individual **2** PARTICULAR : particular — ～ *n* : individuo *m* — **individuality** *n, pl* **-ties** : individualidad *f* — **individually** *adv* : individualmente

indoctrinate *vt* **-nated; -nating** : adoctrinar — **indoctrination** *n* : adoctrinamiento *m*

indoor *adj* **1** : (de) interior **2** ~ **plant** : planta *f* de interior **3** ~ **pool** : piscina *f* cubierta **4** ~ **sports** : deportes *mpl* bajo techo — **indoors** *adv* : adentro, dentro

induce *vt* **-duced; -ducing 1** : inducir **2** CAUSE : provocar — **inducement** *n* : incentivo *m*

indulge *v* **-dulged; -dulging** *vt* **1** GRATIFY : satisfacer **2** PAMPER : consentir — *vi* ~ **in** : permitirse — **indulgence** *n* **1** : indulgencia *f* **2** SATISFYING : satisfacción *f* — **indulgent** *adj* : indulgente

industry *n, pl* **-tries 1** : industria *f* **2** DILIGENCE : diligencia *f* — **industrial** *adj* : industrial — **industrialize** *vt* **-ized; -izing** : industrializar — **industrious** *adj* : diligente, trabajador

inebriated *adj* : ebrio, embriagado

inedible *adj* : no comestible

ineffective *adj* **1** : ineficaz **2** INCOMPETENT : incompetente — **ineffectual** *adj* : inútil, ineficaz

inefficient *adj* **1** : ineficiente **2** INCOMPETENT : incompetente — **inefficiency** *n, pl* **-cies** : ineficiencia *f*

ineligible *adj* : ineligible

inept *adj* **1** : inepto **2** ~ **at** : incapaz para

inequality *n, pl* **-ties** : desigualdad *f*

inert *adj* : inerte — **inertia** *n* : inercia *f*

inescapable *adj* : ineludible

inevitable *adj* : inevitable — **inevitably** *adv* : inevitablemente

inexcusable *adj* : inexcusable

inexpensive *adj* : barato, económico

inexperienced *adj* : inexperto

inexplicable *adj* : inexplicable

infallible *adj* : infalible

infamous *adj* : infame

infancy *n, pl* **-cies** : infancia *f* — **infant** *n* : bebé *m*; niño *m*, -ña *f* — **infantile** *adj* : infantil

infantry *n, pl* **-tries** : infantería *f*

infatuated *adj* **be** ~ **with** : estar encaprichado con — **infatuation** *n* : encaprichamiento *m*

infect *vt* : infectar — **infection** *n* : infección *f* — **infectious** *adj* : contagioso

infer *vt* **inferred; inferring** : deducir, inferir — **inference** *n* : deducción *f*

inferior *adj* : inferior — ~ *n* : inferior *mf* — **inferiority** *n, pl* **-ties** : inferioridad *f*

infernal *adj* : infernal — **inferno** *n, pl* **-nos** : infierno *m*

infertile *adj* : estéril — **infertility** *n* : esterilidad *f*

infest *vt* : infestar

infidelity *n, pl* **-ties** : infidelidad *f*

infiltrate *v* **-trated; -trating** *vt* : infiltrar — *vi* : infiltrarse

infinite *adj* : infinito

infinitive *n* : infinitivo *m*

infinity *n, pl* **-ties 1** : infinito *m* **2 an** ~ **of** : una infinidad de

infirm *adj* : enfermizo, endeble — **infirmary** *n, pl* **-ries** : enfermería *f* — **infirmity** *n, pl* **-ties 1** FRAILTY : endeblez *f* **2** AILMENT : enfermedad *f*

inflame *vt* **-flamed; -flaming** : inflamar — **inflammable** *adj* : inflamable — **inflammation** *n* : inflamación *f* — **inflammatory** *adj* : inflamatorio

inflate *vt* **-flated; -flating** : inflar — **inflation** *n* : inflación *f* — **inflationary** *adj* : inflacionario, inflacionista

inflexible *adj* : inflexible

inflict *vt* : infligir

influence *n* **1** : influencia *f* **2 under the** ~ : embriagado — ~ *vt* **-enced; -encing** : influir en, influenciar — **influential** *adj* : influyente

influenza *n* : gripe *f*, influenza *f*

influx *n* : afluencia *f*

inform *vt* **1** : informar **2 keep me** ~**ed** : manténme al corriente — *vi* ~ **on** : delatar, denunciar

informal *adj* **1** : informal **2** : familiar (dícese del lenguaje) — **informality** *n, pl* **-ties** : falta *f* de ceremonia — **informally** *adv* : de manera informal

information *n* : información *f* — **informative** *adj* : informativo — **informer** *n* : informante *mf*

infrared *adj* : infrarrojo

infrastructure *n* : infraestructura *f*

infrequent *adj* : infrecuente — **infrequently** *adv* : raramente

infringe *v* **-fringed; -fringing** *vt* : infringir — *vi* ~ **on** : violar — **infringement** *n* : violación *f*

infuriate *vt* **-ated; -ating** : enfurecer, poner furioso — **infuriating** *adj* : exasperante

infuse *vt* **-fused; -fusing** : infundir — **infusion** *n* : infusión *f*

ingenious *adj* : ingenioso — **ingenuity** *n, pl* **-ities** : ingenio

ingenuous *adj* : ingenuo

ingest *vt* : ingerir

ingot *n* : lingote *m*

ingrained *adj* : arraigado

ingratiate *vt* **-ated; -ating** ~ **oneself with** : congraciarse con

ingratitude *n* : ingratitud *f*

ingredient *n* : ingrediente *m*

ingrown *adj* ~ **nail** : uña *f* encarnada

inhabit *vt* : habitar — **inhabitant** *n* : habitante *mf*

inhale *v* **-haled; -haling** *vt* : inhalar, aspirar — *vi* : inspirar

inherent *adj* : inherente — **inherently** *adv* : intrínsecamente

inherit *vt* : heredar — **inheritance** *n* : herencia *f*

inhibit *vt* IMPEDE : inhibir — **inhibition** *n* : inhibición *f*

inhuman *adj* : inhumano — **inhumane** *adj* : inhumano — **inhumanity** *n, pl* -ties : inhumanidad *f*

initial *adj* : inicial — *n* : inicial *f* — *vt* -tialed *or* -tialled; -tialing *or* -tialling : poner las iniciales a

initiate *vt* -ated; -ating **1** BEGIN : iniciar **2** ~ s.o. into sth : iniciar a algn en algo — **initiation** *n* : iniciación *f* — **initiative** *n* : iniciativa *f*

inject *vt* : inyectar — **injection** *n* : inyección *f*

injure *vt* -jured; -juring **1** : herir **2** ~ oneself : hacerse daño — **injurious** *adj* : perjudicial — **injury** *n, pl* -ries **1** : herida *f* **2** HARM : perjuicio *m*

injustice *n* : injusticia *f*

ink *n* : tinta *f* — **inkwell** *n* : tintero *m*

inland *adj* : interior — ~ *adv* : hacia el interior, tierra adentro

in-laws *npl* : suegros *mpl*

inlet *n* : ensenada *f*, cala *f*

inmate *n* **1** PATIENT : paciente *mf* **2** PRISONER : preso *m*, -sa *f*

inn *n* : posada *f*, hostería *f*

innards *npl* : entrañas *fpl*, tripas *fpl fam*

innate *adj* : innato

inner *adj* : interior, interno — **innermost** *adj* : más íntimo, más profundo

inning *n* : entrada *f*

innocent *adj* : inocente — ~ *n* : inocente *mf* — **innocence** *n* : inocencia *f*

innocuous *adj* : inocuo

innovate *vi* -vated; -vating : innovar — **innovation** *n* : innovación *f* — **innovative** *adj* : innovador — **innovator** *n* : innovador *m*, -dora *f*

innuendo *n, pl* -dos *or* -does : insinuación *f*, indirecta *f*

innumerable *adj* : innumerable

inoculate *vt* -lated; -lating : inocular — **inoculation** *n* : inoculación *f*

inoffensive *adj* : inofensivo

inpatient *n* : paciente *mf* hospitalizado

input *n* **1** : contribución *f* **2** : entrada *f* (de datos) — ~ *vt* -putted *or* -put; -putting : entrar (datos, etc.)

inquire *v* -quired; -quiring *vt* : preguntar — *vi* **1** ~ about : informarse sobre **2** ~ into : investigar — **inquiry** *n, pl* -ries **1** QUESTION : pregunta *f* **2** INVESTIGATION : investigación *f* — **inquisition** *n* : inquisición *f* — **inquisitive** *adj* : curioso

insane *adj* : loco — **insanity** *n, pl* -ties : locura *f*

insatiable *adj* : insaciable

inscribe *vt* -scribed; -scribing : inscribir — **inscription** *n* : inscripción *f*

inscrutable *adj* : inescrutable

insect *n* : insecto *m* — **insecticide** *n* : insecticida *m*

insecure *adj* : inseguro, poco seguro — **insecurity** *n, pl* -ties : inseguridad *f*

insensitive *adj* : insensible — **insensitivity** *n, pl* -ties : insensibilidad *f*

inseparable *adj* : inseparable

insert *vt* : insertar (texto), introducir (una moneda, etc.)

inside *n* **1** : interior *m* **2** ~ out : al revés — *adv* : dentro, adentro — ~ *adj* : interior — ~ *prep* **1** *or* ~ of : dentro de **2** ~ an hour : en menos de una hora

insidious *adj* : insidioso

insight *n* : perspicacia *f*

insignia *or* **insigne** *n, pl* -nia *or* -nias : insignia *f*, enseña *f*

insignificant *adj* : insignificante

insincere *adj* : insincero

insinuate *vt* -ated; -ating : insinuar — **insinuation** *n* : insinuación *f*

insipid *adj* : insípido

insist *v* : insistir — **insistent** *adj* : insistente

insofar as *conj* : en la medida en que

insole *n* : plantilla *f*

insolent *adj* : insolente — **insolence** *n* : insolencia *f*

insolvent *adj* : insolvente

insomnia *n* : insomnio *m*

inspect *vt* : inspeccionar, revisar — **inspection** *n* : inspección *f* — **inspector** *n* : inspector *m*, -tora *f*

inspire *vt* -spired; -spiring : inspirar — **inspiration** *n* : inspiración *f* — **inspirational** *adj* : inspirador

instability *n, pl* -ties : inestabilidad *f*

install *vt* -stalled; -stalling : instalar — **installation** *n* : instalación *f* — **installment** *n* **1** PAYMENT : plazo *m*, cuota *f* **2** : entrega *f* (de una publicación o telenovela)

instance *n* **1** : ejemplo *m* **2** for ~ : por ejemplo **3** in this ~ : en este caso

instant *n* : instante *m* — ~ *adj* **1** IMMEDIATE : inmediato **2** ~ coffee : café *m* instantáneo — **instantaneous** *adj* : instantáneo — **instantly** *adv* : al instante, instantáneamente

instead *adv* **1** : en cambio **2** I went ~ : fui en su lugar — **instead of** *prep* : en vez de, en lugar de

instep *n* : empeine *m*

instigate *vt* -gated; -gating : instigar a —

instigation *n* : instigación *f* — **instigator** *n* : instigador *m*, -dora *f*

instill *or Brit* **instil** *vt* **-stilled; -stilling** : inculcar, infundir

instinct *n* : instinto *m* — **instinctive** *or* **instinctual** *adj* : instintivo

institute *vt* **-tuted; -tuting 1** : instituir **2** INITIATE : iniciar — ～ *n* : instituto *m* — **institution** *n* : institución *f*

instruct *vt* **1** : instruir **2** COMMAND : mandar — **instruction** *n* : instrucción *f* — **instructor** *n* : instructor *m*, -tora *f*

instrument *n* : instrumento *m* — **instrumental** *adj* **1** : instrumental **2 be ～ in** : jugar un papel fundamental en

insubordinate *adj* : insubordinado — **insubordination** *n* : insubordinación *f*

insufferable *adj* : insoportable

insufficient *adj* : insuficiente

insular *adj* **1** : insular **2** NARROW-MINDED : estrecho de miras

insulate *vt* **-lated; -lating** : aislar — **insulation** *n* : aislamiento *m*

insulin *n* : insulina *f*

insult *vt* : insultar — ～ *n* : insulto *m* — **insulting** *adj* : insultante, ofensivo

insure *vt* **-sured; -suring** : asegurar — **insurance** *n* : seguro *m*

insurmountable *adj* : insuperable

intact *adj* : intacto

intake *n* : consumo *m* (de alimentos), entrada *f* (de aire, etc.)

intangible *adj* : intangible

integral *adj* : integral

integrate *v* **-grated; -grating** *vt* : integrar — *vi* : integrarse

integrity *n* : integridad *f*

intellect *n* : intelecto *m* — **intellectual** *adj* : intelectual — ～ *n* : intelectual *mf* — **intelligence** *n* : inteligencia *f* — **intelligent** *adj* : inteligente — **intelligible** *adj* : inteligible

intend *vt* **1 be ～ed for** : ser para **2 ～ to do** : pensar hacer, tener la intención de hacer — **intended** *adj* : intencionado, deliberado

intense *adj* : intenso — **intensely** *adv* : sumamente, profundamente — **intensify** *v* **-fied; -fying** *vt* : intensificar — *vi* : intensificarse — **intensity** *n, pl* **-ties** : intensidad *f* — **intensive** *adj* : intensivo

intent *n* : intención *f* — ～ *adj* **1** : atento, concentrado **2 ～ on doing** : resuelto a hacer — **intention** *n* : intención *f* — **intentional** *adj* : intencional, deliberado — **intently** *adv* : atentamente, fijamente

interact *vi* **1** : interactuar **2 ～ with** : relacionarse con — **interaction** *n* : interacción *f* — **interactive** *adj* : interactivo

intercede *vi* **-ceded; -ceding** : interceder

intercept *vt* : interceptar

interchange *vt* **-changed; -changing** : intercambiar — ～ *n* **1** : intercambio *m* **2** JUNCTION : enlace *m* — **interchangeable** *adj* : intercambiable

intercourse *n* : relaciones *fpl* (sexuales)

interest *n* : interés *m* — ～ *vt* : interesar — **interested** *adj* : interesado — **interesting** *adj* : interesante

interface *n* : interfaz *mf* (de una computadora)

interfere *vi* **-fered; -fering 1 ～ in** : entrometerse en, interferir en **2 ～ with** DISRUPT : afectar (una actividad, etc.) — **interference** *n* **1** : interferencia *f* **2** : intromisión *f* (en el radio, etc.)

interim *n* **1** : interín *m* **2 in the ～** : mientras tanto — ～ *adj* : interino, provisional

interior *adj* : interior — ～ *n* : interior *m*

interjection *n* : interjección *f*

interlock *vt* : engranar

interloper *n* : intruso *m*, -sa *f*

interlude *n* **1** : intervalo *m* **2** : interludio *m* (en música, etc.)

intermediate *adj* : intermedio — **intermediary** *n, pl* **-aries** : intermediario *m*, -ria *f*

interminable *adj* : interminable

intermission *n* : intervalo *m*, intermedio *m*

intermittent *adj* : intermitente

intern[1] *vt* : confinar

intern[2] *vi* : hacer las prácticas — ～ *n* : interno *m*, -na *f*

internal *adj* : interno

international *adj* : internacional

interpret *vt* : interpretar — **interpretation** *n* : interpretación *f* — **interpreter** *n* : intérprete *mf*

interrogate *vt* **-gated; -gating** : interrogar — **interrogation** *n* QUESTIONING : interrogatorio *m* — **interrogative** *adj* : interrogativo

interrupt *v* : interrumpir — **interruption** *n* : interrupción *f*

intersect *vt* : cruzar (dícese de calles), cortar (dícese de líneas) — *vi* : cruzarse, cortarse — **intersection** *n* : cruce *m*, intersección *f*

intersperse *vt* **-spersed; -spersing** : intercalar

interstate *n or* **～ highway** : carretera *f* interestatal

intertwine *vi* **-twined; -twining** : entrelazarse

interval *n* : intervalo *m*

intervene *vi* **-vened; -vening 1** : intervenir **2** ELAPSE : transcurrir, pasar — **intervention** *n* : intervención *f*

interview *n* : entrevista *f* — ～ *vt* : entrevistar — **interviewer** *n* : entrevistador *m*, -dora *f*

intestine *n* : intestino *m* — **intestinal** *adj*
: intestinal
intimate[1] *vt* -mated; -mating : insinuar, dar
a entender
intimate[2] *adj* : íntimo — **intimacy** *n, pl*
-cies : intimidad *f*
intimidate *vt* -dated; -dating : intimidar —
intimidation *n* : intimidación *f*
into *prep* **1** : en, a **2 bump** ⁓ : darse contra **3** (*used in mathematics*) **3** ⁓ **12** : 12
dividido por 3
intolerable *adj* : intolerable — **intolerance**
n : intolerancia *f* — **intolerant** *adj* : intolerante
intoxicate *vt* -cated; -cating : embriagar —
intoxicated *adj* **1** : embriagado **2** ⁓ **with**
: ebrio de
intransitive *adj* : intransitivo
intravenous *adj* : intravenoso
intrepid *adj* : intrépido
intricate *adj* : complicado, intrincado — **in-
tricacy** *n, pl* -cies : complejidad *f*
intrigue *n* : intriga *f* — ⁓ *v* -trigued; -trigu-
ing : intrigar — **intriguing** *adj* : intrigante
intrinsic *adj* : intrínseco
introduce *vt* -duced; -ducing **1** : introducir
2 : presentar (a una persona) — **introduction** *n* **1** : introducción *f* **2** : presentación *f*
(de una persona) — **introductory** *adj* : introductorio
introvert *n* : introvertido *m*, -da *f* — **introverted** *adj* : introvertido
intrude *vi* -truded; -truding **1** : entrometerse **2** ⁓ **on s.o.** : molestar a algn — **intruder** *n* : intruso *m*, -sa *f* — **intrusion** *n*
: intrusión *f* — **intrusive** *adj* : intruso
intuition *n* : intuición *f* — **intuitive** *adj* : intuitivo
inundate *vt* -dated; -dating : inundar
invade *vt* -vaded; -vading : invadir
invalid[1] *adj* : inválido
invalid[2] *n* : inválido *m*, -da *f*
invaluable *adj* : inestimable, invalorable *Lat*
invariable *adj* : invariable
invasion *n* : invasión *f*
invent *vt* : inventar — **invention** *n* : invención *f* — **inventive** *adj* : inventivo — **inventor** *n* : inventor *m*, -tora *f*
inventory *n, pl* -ries : inventario *m*
invert *vt* : invertir
invertebrate *adj* : invertebrado — ⁓ *n* : invertebrado *m*
invest *vt* : invertir
investigate *v* -gated; -gating : investigar —
investigation *n* : investigación *f* — **investigator** *n* : investigador *m*, -dora *f*
investment *n* : inversión *f* — **investor** *n* : inversor *m*, -sora *f*
inveterate *adj* : inveterado

invigorating *adj* : vigorizante
invincible *adj* : invencible
invisible *adj* : invisible
invitation *n* : invitación *f* — **invite** *vt* -vited;
-viting **1** : invitar **2** SEEK : buscar (problemas, etc.) — **inviting** *adj* : atrayente
invoice *n* : factura *f*
invoke *vt* -voked; -voking : invocar
involuntary *adj* : involuntario
involve *vt* -volved; -volving **1** CONCERN
: concernir, afectar **2** ENTAIL : suponer —
involved *adj* **1** COMPLEX : complicado **2**
CONCERNED : afectado — **involvement** *n*
: participación *f*
invulnerable *adj* : invulnerable
inward *adj* INNER : interior, interno — ⁓ *or*
inwards *adv* : hacia adentro, hacia el interior
iodine *n* : yodo *m*, tintura *f* de yodo
ion *n* : ion *m*
iota *n* : pizca *f*, ápice *m*
IOU *n* : pagaré *m*, vale *m*
Iranian *adj* : iraní
Iraqi *adj* : iraquí
ire *n* : ira *f* — **irate** *adj* : furioso
iris *n, pl* **irises** *or* **irides 1** : iris *m* (del ojo)
2 : lirio *m* (planta)
Irish *adj* : irlandés
irksome *adj* : irritante, fastidioso
iron *n* **1** : hierro *m*, fierro *m Lat* (metal) **2**
: plancha *f* (para la ropa) — ⁓ *v* : planchar
ironic *or* **ironical** *adj* : irónico
ironing board *n* : tabla *f* (de planchar)
irony *n, pl* -nies : ironía *f*
irrational *adj* : irracional
irreconcilable *adj* : irreconciliable
irrefutable *adj* : irrefutable
irregular *adj* : irregular — **irregularity** *n, pl*
-ties : irregularidad *f*
irrelevant *adj* : irrelevante
irreparable *adj* : irreparable
irreplaceable *adj* : irreemplazable
irresistible *adj* : irresistible
irresolute *adj* : irresoluto
irrespective of *prep* : sin tener en cuenta
irresponsible *adj* : irresponsable — **irresponsibility** *n, pl* -ties : irresponsabilidad *f*
irreverent *adj* : irreverente
irreversible *adj* : irreversible, irrevocable
irrigate *vt* -gated; -gating : irrigar, regar —
irrigation *n* : irrigación *f*, riego *m*
irritate *vt* -tated; -tating : irritar — **irritable**
adj : irritable — **irritably** *adv* : con irritación — **irritating** *adj* : irritante — **irritation** *n* : irritación *f*
is → **be**
Islam *n* : el Islam — **Islamic** *adj* : islámico
island *n* : isla *f* — **isle** *n* : isla *f*

isolate *vt* **-lated; -lating** : aislar — **isolation** *n* : aislamiento *m*
Israeli *adj* : israelí
issue *n* **1** MATTER : asunto *m*, cuestión *f* **2** : número *m* (de una revista, etc.) **3 make an ~ of** : insistir demasiado sobre **4 take ~ with** : disentir de — **~** *v* **-sued; -suing** *vi* **~ from** : surgir de — *vt* **1** : emitir (sellos, etc.), distribuir (provisiones, etc.) **2** PUBLISH : publicar
isthmus *n* : istmo *m*
it *pron* **1** (*as subject*) : él, ella **2** (*as indirect object*) : le, se **3** (*as direct object*) : lo, la **4** (*as object of a preposition*) : él, ella **5 it's raining** : está lloviendo **6 it's 8 o'clock** : son las ocho **7 it's hot out** : hace calor **8 ~ is necessary** : es necesario **9 who is ~?** : ¿quién es? **10 it's me** : soy yo
Italian *adj* : italiano — **~** *n* : italiano *m* (idioma)
italics *n* : cursiva *f*
itch *vi* **1** : picar **2 be ~ing to** : morirse por

— **~** *n* : picazón *f* — **itchy** *adj* **itchier; -est** : que pica
it'd (*contraction of* **it had** *or* **it would**) → **have, would**
item *n* **1** : artículo *m* **2** : punto *m* (en una agenda) **3 ~ of clothing** : prenda *f* de vestir **4 news ~** : noticia *f* — **itemize** *vt* **-ized; -izing** : detallar, enumerar
itinerant *adj* : ambulante
itinerary *n, pl* **-aries** : itinerario *m*
it'll (*contraction of* **it shall** *or* **it will**) → **shall, will**
its *adj* : su, sus
it's (*contraction of* **it is** *or* **it has**) → **be, have**
itself *pron* **1** (*used reflexively*) : se **2** (*used for emphasis*) : (él) mismo, (ella) misma, sí (mismo) **3 by ~** : solo
I've (*contraction of* **I have**) → **have**
ivory *n, pl* **-ries** : marfil *m*
ivy *n, pl* **ivies** : hiedra *f*

J

j *n, pl* **j's** *or* **js** : j *f*, décima letra del alfabeto inglés
jab *vt* **jabbed; jabbing 1** PIERCE : pinchar **2** POKE : golpear (con la punta de algo) — **~** *n* **1** PRICK : pinchazo *m* **2** POKE : golpe *m* abrupto
jabber *vi* : farfullar
jack *n* **1** : gato *m* (mecanismo) **2** : sota *f* (de naipes) — **~** *vt or* **~ up 1** : levantar (con un gato) **2** INCREASE : subir
jackal *n* : chacal *m*
jackass *n* : asno *m*, burro *m*
jacket *n* **1** : chaqueta *f* **2** : sobrecubierta *f* (de un libro), carátula *f* (de un disco)
jackhammer *n* : martillo *m* neumático
jackknife *n* : navaja *f* — **~** *vi* **-knifed; -knifing** : plegarse (dícese de un camión)
jack–o'–lantern *n* : linterna *f* hecha de una calabaza
jackpot *n* : premio *m* gordo
jaded *adj* **1** TIRED : agotado **2** BORED : hastiado
jagged *adj* : dentado
jail *n* : cárcel *f* — **~** *vt* : encarcelar — **jailer** *or* **jailor** *n* : carcelero *m*, -ra *f*
jalapeño *n* : jalapeño *m* *Lat*
jam¹ *v* **jammed; jamming** *vt* **1** CRAM : apiñar, embutir **2** BLOCK : atascar, atorar

— *vi* : atascarse, atrancarse — **~** *n* **1** *or* **traffic ~** : embotellamiento *m* (de tráfico) **2** FIX : lío *m*, aprieto *m*
jam² *n* PRESERVES : mermelada *f*
jangle *v* **-gled; -gling** *vi* : hacer un ruido metálico — *vt* : hacer sonar — **~** *n* : ruido *m* metálico
janitor *n* : portero *m*, -ra *f;* conserje *mf*
January *n* : enero *m*
Japanese *adj* : japonés — **~** *n* : japonés *m* (idioma)
jar¹ *v* **jarred; jarring** *vi* **1** GRATE : chirriar **2** CLASH : desentonar **3 ~ on** IRRITATE : crispar, enervar (a algn) — *vt* JOLT : sacudir — **~** *n* : sacudida *f*
jar² *n* : tarro *m*
jargon *n* : jerga *f*
jaundice *n* : ictericia *f*
jaunt *n* : excursión *f*
jaunty *adj* **-tier; -est** : garboso, desenvuelto
jaw *n* : mandíbula *f* (de una persona), quijada *f* (de un animal) — **jawbone** *n* : mandíbula *f*, quijada *f*
jay *n* : arrendajo *m*
jazz *n* : jazz *m* — **~** *vt or* **~ up** : animar, alegrar — **jazzy** *adj* **jazzier; -est** FLASHY : llamativo

jealous *adj* : celoso — **jealousy** *n* : celos *mpl*, envidia *f*

jeans *npl* : jeans *mpl*, vaqueros *mpl*

jeer *vt* **1** BOO : abuchear **2** MOCK : mofarse de — *vi* ~ **at** : mofarse de — ~ *n* : mofa *f*

jell *vi* : cuajar

jelly *n*, *pl* **-lies** : jalea *f* — **jellyfish** *n* : medusa *f*

jeopardy *n* : peligro *m*, riesgo *m* — **jeopardize** *vt* **-dized; -dizing** : arriesgar, poner en peligro

jerk *n* **1** JOLT : sacudida *f* brusca **2** FOOL : idiota *mf* — ~ *vt* : sacudir — *vi* JOLT : dar sacudidas

jersey *n*, *pl* **-seys** : jersey *m*

jest *n* : broma *f* — ~ *vi* : bromear — **jester** *n* : bufón *m*

Jesus *n* : Jesús *m*

jet *n* **1** STREAM : chorro *m* **2** *or* ~ **airplane** : avión *m* a reacción, reactor *m* — **jet–propelled** *adj* : a reacción

jettison *vt* **1** : echar al mar **2** DISCARD : deshacerse de

jetty *n*, *pl* **-ties** : desembarcadero *m*, muelle *m*

jewel *n* **1** : joya *f* **2** GEM : piedra *f* preciosa — **jeweler** *or* **jeweller** *n* : joyero *m*, -ra *f* — **jewelry** *n* : joyas *fpl*, alhajas *fpl*

Jewish *adj* : judío

jibe *vi* **jibed; jibing** AGREE : concordar

jiffy *n*, *pl* **-fies** : santiamén *m*, segundo *m*

jig *n* : giga *f*

jiggle *vt* **-gled; -gling** : sacudir, zarandear — ~ *n* : sacudida *f*

jigsaw *n* **1** : sierra *f* de vaivén **2** *or* ~ **puzzle** : rompecabezas *m*

jilt *vt* : dejar plantado

jingle *v* **-gled; -gling** *vi* : tintinear — *vt* : hacer sonar — ~ *n* TINKLE : tintineo *m*

jinx *n* CURSE : maldición *f*

jitters *npl* **have the** ~ : estar nervioso — **jittery** *adj* : nervioso

job *n* **1** EMPLOYMENT : empleo *m*, trabajo *m* **2** TASK : trabajo *m*

jockey *n*, *pl* **-eys** : jockey *mf*

jog *v* **jogged; jogging** *vt* ~ **s.o.'s memory** : refrescar la memoria a algn — *vi* : hacer footing — **jogging** *n* : footing *m*

join *vt* **1** UNITE : unir, juntar **2** MEET : reunirse con **3** : hacerse socio de (una organización, etc.) — *vi* **1** *or* ~ **together** : unirse **2** : hacerse socio de (una organización, etc.)

joint *n* **1** : articulación *f* (en anatomía) **2** JUNCTURE : juntura *f*, unión *f* — ~ *adj* : conjunto — **jointly** *adv* : conjuntamente

joke *n* : chiste *m*, broma *f* — ~ *vi* **joked; joking** : bromear — **joker** *n* **1** : bromista *mf* **2** : comodín *m* (en los naipes)

jolly *adj* **-lier; -est** : alegre, jovial

jolt *vt* : sacudir — ~ *n* **1** : sacudida *f* brusca **2** SHOCK : golpe *m* (emocional)

jostle *v* **-tled; -tling** *vt* : empujar, dar empujones — *vi* : empujarse

jot *vt* **jotted; jotting** *or* ~ **down** : anotar, apuntar

journal *n* **1** DIARY : diario *m* **2** PERIODICAL : revista *f* — **journalism** *n* : periodismo *m* — **journalist** *n* : periodista *mf*

journey *n*, *pl* **-neys** : viaje *m* — ~ *vi* **-neyed; -neying** : viajar

jovial *adj* : jovial

joy *n* : alegría *f* — **joyful** *adj* : alegre, feliz — **joyous** *adj* : jubiloso, alegre

jubilant *adj* : jubiloso — **jubilee** *n* : aniversario *m* especial

Judaism *n* : judaísmo *m*

judge *vt* **judged; judging** : juzgar — ~ *n* : juez *mf* — **judgment** *or* **judgement** *n* **1** RULING : fallo *m*, sentencia *f* **2** VIEW : juicio *m*

judicial *adj* : judicial — **judicious** *adj* : juicioso

jug *n* : jarra *f*

juggle *vi* **-gled; -gling** : hacer juegos malabares — **juggler** *n* : malabarista *mf*

jugular vein *n* : vena *f* yugular

juice *n* : jugo *m* — **juicy** *adj* **juicier; -est** : jugoso

jukebox *n* : máquina *f* de discos

July *n* : julio *m*

jumble *vt* **-bled; -bling** : mezclar — ~ *n* : revoltijo *m*

jumbo *adj* : gigante

jump *vi* **1** LEAP : saltar **2** START : sobresaltarse **3** RISE : subir de un golpe **4** ~ **at** : no dejar escapar (una oportunidad, etc.) — *vt* : saltar — ~ *n* **1** LEAP : salto *m* **2** INCREASE : aumento *m* — **jumper** *n* **1** : saltador *m*, -dora *f* (en deportes) **2** : jumper *m* (vestido) — **jumpy** *adj* **jumpier; -est** : nervioso

junction *n* **1** JOINING : unión *f* **2** : cruce *m* (de calles), empalme *m* (de un ferrocarril) — **juncture** *n* : coyuntura *f*

June *n* : junio *m*

jungle *n* : selva *f*

junior *adj* **1** YOUNGER : más joven **2** SUBORDINATE : subalterno — ~ *n* **1** : persona *f* de menor edad **2** SUBORDINATE : subalterno *m*, -na *f* **3** : estudiante *mf* de penúltimo año

junk *n* : trastos *mpl* (viejos) — ~ *vt* : echar a la basura

junta *n* : junta *f* (militar)

jurisdiction *n* : jurisdicción *f*

jury *n*, *pl* **-ries** : jurado *m* — **juror** *n* : jurado *mf*

just *adj* : justo — ~ *adv* **1** BARELY : apenas **2** EXACTLY : exactamente **3** ONLY : sólo, solamente **4** ~ **now** : ahora mismo **5** **she has** ~ **left** : acaba de salir **6** **we were** ~ **leaving** : justo íbamos a salir

justice *n* **1** : justicia *f,* **2** JUDGE : juez *mf*

justify *vt* **-fied; -fying** : justificar — **justification** *n* : justificación *f*

jut *vi* **jutted; jutting** *or* ~ **out** : sobresalir

juvenile *adj* **1** YOUNG : juvenil **2** CHILDISH : infantil — ~ *n* : menor *mf*

juxtapose *vt* **-posed; -posing** : yuxtaponer

K

k *n, pl* **k's** *or* **ks** : k *f,* undécima letra del alfabeto inglés

kaleidoscope *n* : calidoscopio *m*

kangaroo *n, pl* **-roos** : canguro *m*

karat *n* : quilate *m*

karate *n* : karate *m*

keel *n* : quilla *f* — ~ *vi or* ~ **over** : volcarse (dícese de un barco), desplomarse (dícese de una persona)

keen *adj* **1** SHARP : afilado **2** PENETRATING : cortante, penetrante **3** ENTHUSIASTIC : entusiasta **4** ~ **eyesight** : visión *f* aguda

keep *v* **kept; keeping** *vt* **1** : guardar **2** : cumplir (una promesa), acudir a (una cita) **3** DETAIN : hacer quedar, detener **4** PREVENT : impedir **5** ~ **up** : mantener — *vi* **1** REMAIN : mantenerse **2** LAST : conservarse **3** *or* ~ **on** CONTINUE : no dejar — ~ *n* **1** **earn one's** ~ : ganarse el pan **2 for** ~**s** : para siempre — **keeper** *n* : guarda *mf* — **keeping** *n* **1** CARE : cuidado *m* **2 in** ~ **with** : de acuerdo con — **keepsake** *n* : recuerdo *m*

keg *n* : barril *m*

kennel *n* : caseta *f* para perros, perrera *f*

kept → **keep**

kerchief *n* : pañuelo *m*

kernel *n* **1** : almendra *f* **2** CORE : meollo *m*

kerosene *or* **kerosine** *n* : queroseno *m*

ketchup *n* : salsa *f* de tomate

kettle *n* : hervidor *m,* tetera *f* (para hervir)

key *n* **1** : llave *f* **2** : tecla *f* (de un piano o una máquina) — ~ *vt* **be keyed up** : estar nervioso — ~ *adj* : clave — **keyboard** *n* : teclado *m* — **keyhole** *n* : ojo *m* (de la cerradura) — **keynote** *n* : tónica *f* — **key ring** *n* : llavero *m*

khaki *adj* : caqui

kick *vt* **1** : dar una patada a **2** ~ **out** : echar a patadas — *vi* **1** : dar patadas (dícese de una persona), cocear (dícese de un animal) **2** RECOIL : dar un culatazo — ~ *n* **1** : patada *f,* coz *f* (de un animal) **2** RECOIL : culatazo *m* **3** PLEASURE, THRILL : placer *m*

kid *n* **1** GOAT : chivo *m,* -va *f;* cabrito *m* **2** CHILD : niño *m,* -ña *f* — ~ *v* **kidded; kidding** *vi or* ~ **around** : bromear — *vt* TEASE : tomar el pelo a — **kidnap** *vt* **-napped** *or* **-naped; -napping** *or* **-naping** : secuestrar, raptar

kidney *n, pl* **-neys** : riñón *m*

kidney bean *n* : frijol *m*

kill *vt* **1** : matar **2** DESTROY : acabar con **3** ~ **time** : matar el tiempo — ~ *n* **1** KILLING : matanza *f* **2** PREY : presa *f* — **killer** *n* : asesino *m,* -na *f* — **killing** *n* **1** : matanza *f* **2** MURDER : asesinato *m*

kiln *n* : horno *m*

kilo *n, pl* **-los** : kilo *m* — **kilogram** *n* : kilogramo *m* — **kilometer** *n* : kilómetro *m* — **kilowatt** *n* : kilovatio *m*

kin *n* : parientes *mpl*

kind *n* : tipo *m,* clase *f* — ~ *adj* : amable

kindergarten *n* : jardín *m* infantil, jardín *m* de niños *Lat*

kindhearted *adj* : de buen corazón

kindle *vt* **-dled; -dling** **1** : encender (un fuego) **2** AROUSE : despertar

kindly *adj* **-lier; -est** : bondadoso, amable — ~ *adv* **1** : amablemente **2 take** ~ **to** : aceptar de buena gana **3 we** ~ **ask you not smoke** : les rogamos que no fumen — **kindness** *n* : bondad *f* — **kind of** *adv* SOMEWHAT : un tanto, algo

kindred *adj* **1** : emparentado **2** ~ **spirit** : alma *f* gemela

king *n* : rey *m* — **kingdom** *n* : reino *m*

kink *n* **1** TWIST : vuelta *f,* curva *f* **2** FLAW : problema *m*

kinship *n* : parentesco *m*

kiss *vt* : besar — *vi* : besarse — ~ *n* : beso *m*

kit *n* **1** : juego *m,* kit *m* **2 first–aid** ~ : botiquín *m* **3 tool** ~ : caja *f* de herramientas

kitchen *n* : cocina *f*

kite *n* : cometa *f,* papalote *m Lat*

kitten *n* : gatito *m,* -ta *f* — **kitty** *n, pl* **-ties** FUND : fondo *m* común

knack *n* : maña *f*, facilidad *f*

knapsack *n* : mochila *f*

knead *vt* **1** : amasar, sobar **2** MASSAGE : masajear

knee *n* : rodilla *f* — **kneecap** *n* : rótula *f*

kneel *vi* **knelt** *or* **kneeled; kneeling** : arrodillarse

knew → **know**

knickknack *n* : chuchería *f*

knife *n*, *pl* **knives** : cuchillo *m* — ~ *vt* **knifed; knifing** : acuchillar

knight *n* **1** : caballero *m* **2** : caballo *m* (en ajedrez) — **knighthood** *n* : título *m* de Sir

knit *v* **knit** *or* **knitted; knitting** *v* : tejer — ~ *n* : prenda *f* tejida

knob *n* : tirador *m*, botón *m*, perilla *f Lat*

knock *vt* **1** : golpear **2** CRITICIZE : criticar **3** ~ **down** : derribar, echar al suelo — *vi* **1** : dar un golpe, llamar (a la puerta) **2** COL-LIDE : darse, chocar — ~ *n* : golpe *m*, llamada *f* (a la puerta)

knot *n* : nudo *m* — ~ *vt* **knotted; knotting** : anudar — **knotty** *adj* **-tier; -est 1** : nudoso **2** : enredado (dícese de un problema)

know *v* **knew; known; knowing** *vt* **1** : saber **2** : conocer (a una persona, un lugar) **3** ~ **how to** : saber — *vi* : saber — **knowing** *adj* : cómplice — **knowingly** *adv* **1** : de manera cómplice **2** DELIBERATELY : a sabiendas — **know–it–all** *n* : sabelotodo *mf fam* — **knowledge** *n* **1** : conocimiento *m* **2** LEARNING : conocimientos *mpl*, saber *m* — **knowledgeable** *adj* : informado, entendido

knuckle *n* : nudillo *m*

Koran *n* **the Koran** : el Corán *m*

Korean *adj* : coreano *m*, -na *f* — ~ *n* : coreano *m* (idioma)

kosher *adj* : aprobado por la ley judía

L

l *n*, *pl* **l's** *or* **ls** : l *f*, duodécima letra del alfabeto inglés

lab → **laboratory**

label *n* **1** TAG : etiqueta *f* **2** BRAND : marca *f* — ~ *vt* **-beled** *or* **-belled; -beling** *or* **-belling** : etiquetar

labor *n* **1** : trabajo *m* **2** WORKERS : mano *f* de obra **3 in** ~ : de parto — ~ *vi* **1** : trabajar **2** STRUGGLE : avanzar penosamente — *vt* BELABOR : insistir en (un punto)

laboratory *n*, *pl* **-ries** : laboratorio *m*

laborer *n* : trabajador *m*, -dora *f*

laborious *adj* : laborioso

lace *n* **1** : encaje *m* **2** SHOELACE : cordón *m* (de zapatos), agujeta *f Lat* — ~ *vt* **laced; lacing 1** TIE : atar **2 be laced with** : echar licor a (una bebida, etc.)

lacerate *vt* **-ated; -ating** : lacerar

lack *vt* : carecer de, no tener — *vi* **be lacking** : faltar — ~ *n* : falta *f*, carencia *f*

lackadaisical *adj* : apático, indolente

lackluster *adj* : sin brillo, apagado

laconic *adj* : lacónico

lacquer *n* : laca *f*

lacrosse *n* : lacrosse *f*

lacy *adj* **lacier; -est** : como de encaje

lad *n* : muchacho *m*, niño *m*

ladder *n* : escalera *f*

laden *adj* : cargado

ladle *n* : cucharón *m* — ~ *vt* **-dled; -dling** : servir con cucharón

lady *n*, *pl* **-dies** : señora *f*, dama *f* — **ladybug** *n* : mariquita *f* — **ladylike** *adj* : elegante, como señora

lag *n* **1** DELAY : retraso *m* **2** INTERVAL : intervalo *m* — ~ *vi* **lagged; lagging** : quedarse atrás, rezagarse

lager *n* : cerveza *f* rubia

lagoon *n* : laguna *f*

laid *pp* → **lay¹**

lain *pp* → **lie¹**

lair *n* : guarida *f*

lake *n* : lago *m*

lamb *n* : cordero *m*

lame *adj* **lamer; lamest 1** : cojo, renco **2 a** ~ **excuse** : una excusa poco convincente

lament *vt* **1** MOURN : llorar **2** DEPLORE : lamentar — ~ *n* : lamento *m* — **lamentable** *adj* : lamentable

laminate *vt* **-nated; -nating** : laminar

lamp *n* : lámpara *f* — **lamppost** *n* : farol *m* — **lampshade** *n* : pantalla *f*

lance *n* : lanza *f* — ~ *vt* **lanced; lancing** : abrir con lanceta (en medecina)

land *n* **1** : tierra *f* **2** COUNTRY : país *m* **3** *or* **plot of** ~ : terreno *m* — ~ *vt* **1** : desembarcar (pasajeros de un barco), hacer aterrizar (un avión) **2** CATCH : sacar (un pez) del agua **3** SECURE : conseguir (empleo, etc.) — *vi* **1** : aterrizar (dícese de un avión) **2** FALL : caer — **landing** *n* **1** : aterrizaje *m* (de aviones) **2** : desembarco *m* (de barcos)

3 : descanso *m* (de una escalera) — **land-lady** *n, pl* **-dies** : casera *f* — **landlord** *n* : casero *m* — **landmark** *n* **1** : punto *m* de referencia **2** MONUMENT : monumento *m* histórico — **landowner** *n* : hacendado *m,* -da *f;* terrateniente *mf* — **landscape** *n* : paisaje *m* — ∼ *vt* **-scaped; -scaping** : ajardinar — **landslide** *n* **1** : desprendimiento *m* de tierras **2** *or* ∼ **victory** : victoria *f* arrolladora

lane *n* **1** : carril *m* (de una carretera) **2** PATH, ROAD : camino *m*

language *n* **1** : idioma *m*, lengua *f* **2** SPEECH : lenguaje *m*

languid *adj* : lánguido — **languish** *vi* : languidecer

lanky *adj* **lankier; -est** : delgado, larguirucho *fam*

lantern *n* : linterna *f*

lap *n* **1** : regazo *m* (de una persona) **2** : vuelta *f* (en deportes) — ∼ *v* **lapped; lapping** *vt or* ∼ **up** : beber a lengüetadas — *vi* ∼ **against** : lamer

lapel *n* : solapa *f*

lapse *n* **1** : lapsus *m*, falla *f* (de memoria, etc.) **2** INTERVAL : lapso *m*, intervalo *m* — ∼ *vi* **lapsed; lapsing 1** EXPIRE : caducar **2** ELAPSE : transcurrir, pasar **3** ∼ **into** : caer en

laptop *adj* : portátil

larceny *n, pl* **-nies** : robo *m*

lard *n* : manteca *f* de cerdo

large *adj* **larger; largest 1** : grande **2** **at** ∼ : en libertad **3** **by and** ∼ : por lo general — **largely** *adv* : en gran parte

lark *n* **1** : alondra *f* (pájaro) **2** **for a** ∼ : por divertirse

larva *n, pl* **-vae** : larva *f*

larynx *n, pl* **-rynges** *or* **-ynxes** : laringe *f* — **laryngitis** *n* : laringitis *f*

lasagna *n* : lasaña *f*

laser *n* : láser *m*

lash *vt* **1** WHIP : azotar **2** BIND : amarrar — *vi* ∼ **out at** : arremeter contra — ∼ *n* **1** BLOW : latigazo *m* (con un látigo) **2** EYELASH : pestaña *f*

lass *or* **lassie** *n* : muchacha *f*, chica *f*

lasso *n, pl* **-sos** *or* **-soes** : lazo *m*

last *vi* : durar — ∼ *n* **1** : último *m,* -ma *f* **2** **at** ∼ : por fin, finalmente — ∼ *adv* **1** : por última vez, en último lugar **2** **arrive** ∼ : llegar el último — ∼ *adj* **1** : último **2** ∼ **year** : el año pasado — **lastly** *adv* : por último, finalmente

latch *n* : picaporte *m*, pestillo *m*

late *adj* **later; latest 1** : tarde **2** : avanzado (dícese de la hora) **3** DECEASED : difunto **4** RECENT : reciente — ∼ *adv* **later; latest** : tarde — **lately** *adv* : recientemente, últi-mamente — **lateness** *n* **1** : retraso *m* **2** : lo avanzado (de la hora)

latent *adj* : latente

lateral *adj* : lateral

latest *n* **at the** ∼ : a más tardar

lathe *n* : torno *m*

lather *n* : espuma *f* — ∼ *vt* : enjabonar — *vi* : hacer espuma

Latin–American *adj* : latinoamericano

latitude *n* : latitud *f*

latter *adj* **1** : último **2** SECOND : segundo — ∼ *pron* **the** ∼ : éste, ésta, éstos *pl,* éstas *pl*

lattice *n* : enrejado *m*

laugh *vi* : reír(se) — ∼ *n* : risa *f* — **laughable** *adj* : risible, ridículo — **laughter** *n* : risa *f,* risas *fpl*

launch *vt* : lanzar — ∼ *n* : lanzamiento *m*

launder *vt* **1** : lavar y planchar (ropa) **2** : blanquear, lavar (dinero) — **laundry** *n, pl* **-dries 1** : ropa *f* sucia **2** : lavandería *f* (servicio) **3** **do the** ∼ : lavar la ropa

lava *n* : lava *f*

lavatory *n, pl* **-ries** BATHROOM : baño *m,* cuarto *m* de baño

lavender *n* : lavanda *f*

lavish *adj* **1** EXTRAVAGANT : pródigo **2** ABUNDANT : abundante **3** LUXURIOUS : lujoso — ∼ *vt* : prodigar

law *n* **1** : ley *f* **2** : derecho *m* (profesión, etc.) **3** **practice** ∼ : ejercer la abogacía — **lawful** *adj* : legal, legítimo

lawn *n* : césped *m* — **lawn mower** *n* : cortadora *f* de césped

lawsuit *n* : pleito *m*

lawyer *n* : abogado *m,* -da *f*

lax *adj* : poco estricto, relajado

laxative *n* : laxante *m*

lay[1] *vt* **laid; laying 1** PLACE, PUT : poner, colocar **2** ∼ **eggs** : poner huevos **3** ∼ **off** : dispedir (un empleado) **4** ∼ **out** PRESENT : presentar, exponer **5** ∼ **out** DESIGN : diseñar (el trazado de)

lay[2] *pp* → **lie**[1]

lay[3] *adj* **1** SECULAR : laico **2** NONPROFESSIONAL : lego, profano

layer *n* : capa *f*

layman *n, pl* **-men** : lego *m,* laico *m* (en religión)

layout *n* ARRANGEMENT : disposición *f*

lazy *adj* **-zier; -est** : perezoso — **laziness** *n* : pereza *f*

lead[1] *vt* **led; leading 1** GUIDE : conducir **2** DIRECT : dirigir **3** HEAD : encabezar, ir al frente de — *vi* **1** : llevar, conducir (a algo) — ∼ *n* **1** : delantera *f* **2** **follow s.o.'s** ∼ : seguir el ejemplo de algn

lead[2] *n* **1** : plomo *m* (metal) **2** GRAPHITE : mina *f* — **leaden** *adj* **1** : de plomo **2** HEAVY : pesado

leader *n* : jefe *m*, -fa *f* — **leadership** *n* : mando *m*, dirección *f*

leaf *n, pl* **leaves 1** : hoja *f* **2 turn over a new** ~ : hacer borrón y cuenta nueva — ~ *vi* ~ **through** : hojear (un libro, etc.) — **leaflet** *n* : folleto *m*

league *n* **1** : liga *f* **2 be in** ~ **with** : estar confabulado con

leak *vt* **1** : dejar escapar (un líquido o un gas) **2** : filtrar (información) — *vi* **1** : gotear, escaparse (dícese de un líquido o un gas) **2** : filtrarse (dícese de información) — ~ *n* **1** : agujero *m* (de un cubo, etc.), gotera *f* (de un techo) **2** : fuga *f*, escape *m* (de un líquido o un gas) **3** : filtración *f* (de información) — **leaky** *adj* **leakier; -est** : que hace agua

lean[1] *v* **leaned** *or Brit* **leant; leaning** *vi* **1** BEND : inclinarse **2** ~ **against** : apoyarse contra — *vt* : apoyar

lean[2] *adj* **1** THIN : delgado **2** : sin grasa (dícese de la carne)

leaning *n* : inclinación *f*

leanness *n* : delgadez *f* (de una persona), lo magro (de la carne)

leap *vi* **leapt** *or* **leaped; leaping** : saltar, brincar — ~ *n* : salto *m*, brinco *m* — **leap year** *n* : año *m* bisiesto

learn *v* **learned; learning** : aprender — **learned** *adj* : sabio, erudito — **learner** *n* : principiante *mf*, estudiante *mf* — **learning** *n* : erudición *f*, saber *m*

lease *n* : contrato *m* de arrendamiento — ~ *vt* **leased; leasing** : arrendar

leash *n* : correa *f*

least *adj* **1** : menor **2** SLIGHTEST : más mínimo — ~ *n* **1 at** ~ : por lo menos **2 the** ~ : lo menos **3 to say the** ~ : por no decir más — ~ *adv* : menos

leather *n* : cuero *m*

leave *v* **left; leaving** *vt* **1** : dejar **2** : salir(se) de (un lugar) **3** ~ **out** : omitir — *vi* DEPART : irse — ~ *n* **1** *or* ~ **of absence** : permiso *m*, licencia *f* **2 take one's** ~ : despedirse

leaves → **leaf**

lecture *n* **1** TALK : conferencia *f* **2** REPRIMAND : sermón *m*, reprimenda *f* — ~ *v* **-tured; -turing** *vt* : sermonear — *vi* : dar clase, dar una conferencia

led *pp* → **lead**[1]

ledge *n* : antepecho *m* (de una ventana), saliente *m* (de una montaña)

leech *n* : sanguijuela *f*

leek *n* : puerro *m*

leer *vi* : lanzar una mirada lasciva — ~ *n* : mirada *f* lasciva

leery *adj* : receloso

leeway *n* : libertad *f* de acción, margen *m*

left[1] → **leave**

left[2] *adj* : izquierdo — ~ *adv* : a la

izquierda — ~ *n* : izquierda *f* — **left–handed** *adj* : zurdo

leftovers *npl* : restos *mpl*, sobras *fpl*

leg *n* **1** : pierna *f* (de una persona, de ropa), pata *f* (de un animal, de muebles) **2** : etapa *f* (de un viaje)

legacy *n, pl* **-cies** : legado *m*

legal *adj* **1** LAWFUL : legítimo, legal **2** JUDICIAL : legal, jurídico — **legality** *n, pl* **-ties** : legalidad *f* — **legalize** *vt* **-ized; -izing** : legalizar

legend *n* : leyenda *f* — **legendary** *adj* : lengendario

legible *adj* : legible

legion *n* : legión *f*

legislate *vi* **-lated; -lating** : legislar — **legislation** *n* : legislación *f* — **legislative** *adj* : legislativo, legislador — **legislature** *n* : asamblea *f* legislativa

legitimate *adj* : legítimo — **legitimacy** *n* : legitimidad *f*

leisure *n* **1** : ocio *m*, tiempo *m* libre **2 at your** ~ : cuando te venga bien — **leisurely** *adj* & *adv* : lento, sin prisas

lemon *n* : limón *m* — **lemonade** *n* : limonada *f*

lend *vt* **lent; lending** : prestar

length *n* **1** : largo *m* **2** DURATION : duración *f* **3 at** ~ FINALLY : por fin **4 at** ~ : EXTENSIVELY : extensamente **5 go to any** ~**s** : hacer todo lo posible — **lengthen** *vt* **1** : alargar **2** PROLONG : prolongar — *vi* : alargarse — **lengthways** *or* **lengthwise** *adv* : a lo largo — **lengthy** *adj* **lengthier; -est** : largo

lenient *adj* : indulgente — **leniency** *n, pl* **-cies** : indulgencia *f*

lens *n* **1** : cristalino *m* (del ojo) **2** : lente *mf* (de un instrumento) **3** → **contact lens**

Lent *n* : Cuaresma *f*

lentil *n* : lenteja *f*

leopard *n* : leopardo *m*

leotard *n* : leotardo *m*, malla *f*

lesbian *n* : lesbiana *f*

less *adv* (*comparative of* **little**) : menos — ~ *adj* (*comparative of* **little**) : menos — *pron* : menos — ~ *prep* MINUS : menos — **lessen** *v* : disminuir — **lesser** *adj* : menor

lesson *n* **1** CLASS : clase *f*, curso *m* **2 learn one's** ~ : aprender la lección

lest *conj* ~ **we forget** : para que no olvidemos

let *vt* **let; letting 1** ALLOW : dejar, permitir **2** RENT : alquilar **3** ~**'s go!** : ¡vamos!, ¡vámonos! **4** ~ **down** DISAPPOINT : fallar **5** ~ **in** : dejar entrar **6** ~ **off** FORGIVE : perdonar **7** ~ **up** ABATE : amainar, disminuir

letdown *n* : chasco *m*, decepción *f*

lethal *adj* : letal

lethargic

lethargic *adj* : letárgico

let's (*contraction of* **let us**) → **let**

letter *n* **1** : carta *f* **2** : letra *f* (del alfabeto)

lettuce *n* : lechuga *f*

letup *n* : pausa *f*, descanso *m*

leukemia *n* : leucemia *f*

level *n* **1** : nivel *m* **2 be on the ~** : ser honrado — **~** *vt* **-eled** *or* **-elled; -eling** *or* **-elling 1** : nivelar **2** AIM : apuntar **3** RAZE : arrasar — **~** *adj* **1** FLAT : llano, plano **2** : nivel (de altura) — **levelheaded** *adj* : sensato, equilibrado

lever *n* : palanca *f* — **leverage** *n* **1** : apalancamiento *m* (en física) **2** INFLUENCE : influencia *f*

levity *n* : ligereza *f*

levy *n, pl* **levies** : impuesto *m* — **~** *vt* **levied; levying** : imponer, exigir (un impuesto)

lewd *adj* : lascivo

lexicon *n, pl* **-ica** *or* **-icons** : léxico *m*, lexicón *m*

liable *adj* **1** : responsable **2** LIKELY : probable **3** SUSCEPTIBLE : propenso — **liability** *n, pl* **-ties 1** RESPONSIBILITY : responsabilidad *f* **2** DRAWBACK : desventaja *f* **3 liabilities** *npl* DEBTS : deudas *fpl*, pasivo *m*

liaison *n* **1** : enlace *m* **2** AFFAIR : amorío *m*

liar *n* : mentiroso *m*, -sa *f*

libel *n* : libelo *m*, difamación *f* — **~** *vt* **-beled** *or* **-belled; -beling** *or* **-belling** : difamar

liberal *adj* : liberal — **~** *n* : liberal *mf*

liberate *vt* **-ated; -ating** : liberar — **liberation** *n* : liberación *f*

liberty *n, pl* **-ties** : libertad *f*

library *n, pl* **-braries** : biblioteca *f* — **librarian** *n* : bibliotecario *m*, -ria *f*

lice → **louse**

license *or* **licence** *n* **1** PERMIT : licencia *f* **2** FREEDOM : libertad *f* **3** AUTHORIZATION : permiso *m* — **~** *vt* **licensed; licensing** : autorizar

lick *vt* **1** : lamer **2** DEFEAT : dar una paliza a *fam* — **~** *n* : lamida *f*

licorice *n* : regaliz *m*

lid *n* **1** : tapa *f* **2** EYELID : párpado *m*

lie¹ *vi* **lay; lain; lying 1** *or* **~ down** : acostarse, echarse **2** BE : estar, encontrarse

lie² *vi* **lied; lying** : mentir — **~** *n* : mentira *f*

lieutenant *n* : teniente *mf*

life *n, pl* **lives** : vida *f* — **lifeboat** *n* : bote *m* salvavidas — **lifeguard** *n* : socorrista *mf* — **lifeless** *adj* : sin vida — **lifelike** *adj* : natural, realista — **lifelong** *adj* : de toda la vida — **life preserver** *n* : salvavidas *m* — **lifestyle** *n* : estilo *m* de vida — **lifetime** *n* : vida *f*

lift *vt* **1** RAISE : levantar **2** STEAL : robar —

vi **1** CLEAR UP : despejarse **2** *or* **~ off** : despegar (dícese de un avión, etc.) — **~** *n* **1** LIFTING : levantamiento *m* **2 give s.o. a ~** : llevar en coche a algn — **liftoff** *n* : despegue *m*

light¹ *n* **1** : luz *f* **2** LAMP : lámpara *f* **3** HEADLIGHT : faro *m* **4 do you have a ~?** : ¿tienes fuego? — **~** *adj* **1** BRIGHT : bien iluminado **2** : claro (dícese de los colores), rubio (dícese del pelo) — **~** *v* **lit** *or* **lighted; lighting** *vt* **1** : encender (un fuego) **2** ILLUMINATE : iluminar — *vi or* **~ up** : iluminarse — **lightbulb** *n* : bombilla *f*, bombillo *m* *Lat* — **lighten** *vt* BRIGHTEN : iluminar — **lighter** *n* : encendedor *m* — **lighthouse** *n* : faro *m* — **lighting** *n* : alumbrado *m* — **lightning** *n* : relámpago *m*, rayo *m* — **light–year** *n* : año *m* luz

light² *adj* : ligero — **lighten** *vt* : aligerar — **lightly** *adv* **1** : suavemente **2 let off ~** : tratar con indulgencia — **lightness** *n* : ligereza *f* — **lightweight** *adj* : ligero

like¹ *v* **liked; liking** *vt* **1** : gustarle (a uno) **2** WANT : querer — *vi* **if you ~** : si quieres — **likes** *npl* : preferencias *fpl*, gustos *mpl* — **likable** *or* **likeable** *adj* : simpático

like² *adj* SIMILAR : parecido — **~** *prep* : como — **~** *conj* **1** AS : como **2** AS IF : como si — **likelihood** *n* : probabilidad *f* — **likely** *adj* **-lier; -est** : probable — **liken** *vt* : comparar — **likeness** *n* : semejanza *f*, parecido *m* — **likewise** *adv* **1** : lo mismo **2** ALSO : también

liking *n* : afición *f* (por una cosa), simpatía *f* (por una persona)

lilac *n* : lila *f*

lily *n, pl* **lilies** : lirio *m*, azucena *f* — **lily of the valley** *n* : lirio *m* de los valles

lima bean *n* : frijol *m* de media luna

limb *n* **1** : miembro *m* (en anatomía) **2** : rama *f* (de un árbol)

limber *vi or* **~ up** : calentarse, hacer ejercicios preliminares — **~** *adj* : ágil

limbo *n, pl* **-bos** : limbo *m*

lime *n* : lima *f*, limón *m* verde *Lat*

limelight *n* **be in the ~** : estar en el candelero

limerick *n* : poema *m* jocoso de cinco versos

limestone *n* : (piedra *f*) caliza *f*

limit *n* : límite *m* — **~** *vt* : limitar, restringir — **limitation** *n* : limitación *f*, restricción *f* — **limited** *adj* : limitado

limousine *n* : limusina *f*

limp¹ *vi* : cojear — **~** *n* : cojera *f*

limp² *adj* : flojo, fláccido

line *n* **1** : línea *f* **2** ROPE : cuerda *f* **3** ROW : fila *f* **4** QUEUE : cola *f* **5** WRINKLE : arruga *f* **6 drop a ~** : mándar unas líneas — **~** *v* **lined; lining** *vt* **1** : forrar (un vestido, etc.),

cubrir (las paredes, etc.) **2** MARK : rayar, trazar líneas en **3** BORDER : bordear — *vi* **~ up** : ponerse in fila, hacer cola
lineage *n* : linaje *m*
linear *adj* : lineal
linen *n* : lino *m*
liner *n* **1** LINING : forro *m* **2** SHIP : buque *m*, transatlántico *m*
lineup *n* **1** *or* **police ~** : fila *f* de sospechosos **2** : alineación *f* (en deportes)
linger *vi* **1** : quedarse, entretenerse **2** PERSIST : persistir
lingerie *n* : ropa *f* íntima femenina, lencería *f*
lingo *n, pl* **-goes** JARGON : jerga *f*
linguistics *n* : lingüística *f* — **linguist** *n* : lingüista *mf* — **linguistic** *adj* : lingüístico
lining *n* : forro *m*
link *n* **1** : eslabón *m* (de una cadena) **2** BOND : lazo *m* **3** CONNECTION : conexión *f* — **~** *vt* : enlazar, conectar — *vi* **~ up** : unirse, conectar
linoleum *n* : linóleo *m*
lint *n* : pelusa *f*
lion *n* : león *m* — **lioness** *n* : leona *f*
lip *n* **1** : labio *m* **2** EDGE : borde *m* — **lipstick** *n* : lápiz *m* de labios
liqueur *n* : licor *m*
liquid *adj* : líquido — **~** *n* : líquido *m* — **liquidate** *vt* **-dated; -dating** : liquidar — **liquidation** *n* : liquidación *f*
liquor *n* : bebidas *fpl* alcohólicas
lisp *vi* : cecear — **~** *n* : ceceo *m*
list[1] *n* : lista *f* — **~** *vt* **1** ENUMERATE : hacer una lista de, enumerar **2** INCLUDE : incluir (en una lista)
list[2] *vi* : escorar (dícese de un barco)
listen *vi* **1** : escuchar **2** **~ to** HEED : hacer caso de **3** **~ to reason** : atender a razones — **listener** *n* : oyente *mf*
listless *adj* : apático
lit *pp* → **light**
litany *n, pl* **-nies** : letanía *f*
liter *n* : litro *m*
literacy *n* : alfabetismo *m*
literal *adj* : literal — **literally** *adv* : literalmente, al pie de la letra
literate *adj* : alfabetizado
literature *n* : literatura *f* — **literary** *adj* : literario
lithe *adj* : ágil y grácil
litigation *n* : litigio *m*
litre → **liter**
litter *n* **1** RUBBISH : basura *f* **2** : camada *f* (de animales) **3** *or* **kitty ~** : arena *f* higiénica — **~** *vt* : tirar basura en, ensuciar — *vi* : tirar basura
little *adj* **littler** *or* **less** *or* **lesser; littlest** *or* **least 1** SMALL : pequeño **2 a ~** SOME : un poco de **3 he speaks ~ English** : habla

poco inglés — **~** *adv* **less; least** : poco — **~** *pron* **1** : poco *m*, -ca *f* **2 ~ by ~** : poco a poco
liturgy *n, pl* **-gies** : liturgia *f* — **liturgical** *adj* : litúrgico
live *vi* **lived; living 1** : vivir **2** RESIDE : residir **3 ~ on** : vivir de — *vt* : vivir, llevar (una vida) — **~** *adj* **1** : vivo **2** : con corriente (dícese de cables eléctricos) **3** : en vivo, en directo (dícese de programas de televisión, etc.) — **livelihood** *n* : sustento *m*, medio *m* de vida — **lively** *adj* **-lier; -est** : animado, alegre — **liven** *vt or* **~ up** : animar — *vi* : animarse
liver *n* : hígado *m*
livestock *n* : ganado *m*
livid *adj* **1** : lívido **2** ENRAGED : furioso
living *adj* : vivo — **~** *n* **make a ~** : ganarse la vida — **living room** *n* : living *m*, sala *f* (de estar)
lizard *n* : lagarto *m*
llama *n* : llama *f*
load *n* **1** CARGO : carga *f* **2** BURDEN : carga *f*, peso *m* **3 ~s of** : un montón de — **~** *vt* : cargar
loaf[1] *n, pl* **loaves** : pan *m*, barra *f* (de pan)
loaf[2] *vi* : holgazanear — **loafer** *n* **1** : holgazán *m*, -zana *f* **2** : mocasín *m* (zapato)
loan *n* : préstamo *m* — **~** *vt* : prestar
loathe *vt* **loathed; loathing** : odiar — **loathsome** *adj* : odioso
lobby *n, pl* **-bies 1** : vestíbulo *m* **2** *or* **political ~** : grupo *m* de presión, lobby *m* — **~** *v* **-bied; -bying** *vt* : ejercer presión sobre
lobe *n* : lóbulo *m*
lobster *n* : langosta *f*
local *adj* : local — **~** *n* **the ~s** : los vecinos del lugar — **locale** *n* : escenario *m* — **locality** *n, pl* **-ties** : localidad *f*
locate *vt* **-cated; -cating 1** SITUATE : situar, ubicar **2** FIND : localizar — **location** *n* : situación *f*, lugar *m*
lock[1] *n* : mechón *m* (de pelo)
lock[2] *n* **1** : cerradura *f* (de una puerta, etc.) **2** : esclusa *f* (de un canal) — **~** *vt* **1** : cerrar (con llave) **2** *or* **~ up** CONFINE : encerrar — *vi* **1** : cerrarse con llave **2** : bloquearse (dícese de una rueda, etc.) — **locker** *n* : armario *m* — **locket** *n* : medallón *m* — **locksmith** *n* : cerrajero *m*, -ra *f*
locomotive *n* : locomotora *f*
locust *n* : langosta *f*, chapulín *m* Lat
lodge *v* **lodged; lodging** *vt* **1** HOUSE : hospedar, alojar **2** FILE : presentar — *vi* : hospedarse, alojarse — **~** *n* : pabellón *m* — **lodger** *n* : huésped *m*, -peda *f* — **lodging** *n* **1** : alojamiento *m* **2 ~s** *npl* : habitaciones *fpl*

loft n 1 : desván m (en una casa) 2 HAYLOFT : pajar m — **lofty** adj **loftier; -est** 1 : noble, elevado 2 HAUGHTY : altanero

log n 1 : tronco m, leño m 2 RECORD : diario m — ~ vi **logged; logging** 1 : talar (árboles) 2 RECORD : registrar, anotar 3 ~ **on** : entrar (en el sistema) 4 ~ **off** : salir (del sistema) — **logger** n : leñador m, -dora f

logic n : lógica f — **logical** adj : lógico — **logistics** ns & pl : logística f

logo n, pl **logos** : logotipo m

loin n : lomo m

loiter vi : vagar, holgazanear

lollipop or **lollypop** n : pirulí m, chupete m Lat

lone adj : solitario — **loneliness** n : soledad f — **lonely** adj **-lier; -est** : solitario, solo — **loner** n : solitario m, -ria f — **lonesome** adj : solo, solitario

long[1] adj **longer; longest** : largo — ~ adv 1 : mucho tiempo 2 **all day** ~ : todo el día 3 **as** ~ **as** : mientras 4 **no** ~**er** : ya no 5 **so** ~! : ¡hasta luego!, ¡adiós! — ~ n 1 **before** ~ : dentro de poco 2 **the** ~ **and the short** : lo esencial

long[2] vi ~ **for** : anhelar, desear

longevity n : longevidad f

longing n : ansia f, anhelo m

longitude n : longitud f

look vi 1 : mirar 2 SEEM : parecer 3 ~ **after** : cuidar (de) 4 ~ **for** EXPECT : esperar 5 ~ **for** SEEK : buscar 6 ~ **into** : investigar 7 ~ **out** : tener cuidado 8 ~ **over** EXAMINE : revisar 9 ~ **up to** : respetar — vt : mirar — ~ n 1 : mirada f 2 APPEARANCE : aspecto m, aire m — **lookout** n 1 : puesto m de observación 2 WATCHMAN : vigía mf 3 **be on the** ~ **for** : estar al acecho de

loom[1] n : telar m

loom[2] vi 1 APPEAR : aparecer, surgir 2 APPROACH : ser inminente

loop n : lazada f, lazo m — ~ vt : hacer lazadas con — **loophole** n : escapatoria f

loose adj **looser; -est** 1 MOVABLE : flojo, suelto 2 SLACK : flojo 3 ROOMY : holgado 4 APPROXIMATE : libre, aproximado 5 FREE : suelto 6 IMMORAL : relajado — **loosely** adv 1 : sin apretar 2 ROUGHLY : aproximadamente — **loosen** vt : aflojar

loot n : botín m — ~ vt : saquear, robar — **looter** n : saqueador m, -dora f — **looting** n : saqueo m

lop vt **lopped; lopping** : cortar, podar

lopsided adj : torcido, chueco Lat

lord n 1 : señor m, noble m 2 **the Lord** : el Señor

lore n : saber m popular, tradición f

lose v **lost; losing** vt 1 : perder 2 ~ **one's way** : perderse 3 ~ **time** : atrasarse (dícese de un reloj) — vi : perder — **loser** n : perdedor m, -dora f — **loss** n 1 : pérdida f 2 DEFEAT : derrota f 3 **be at a** ~ **for words** : no encontrar palabras — **lost** adj 1 : perdido 2 **get** ~ : perderse

lot n 1 FATE : suerte f 2 PLOT : solar m 3 **a** ~ **of** or ~**s of** : mucho, un montón de

lotion n : loción f

lottery n, pl **-teries** : lotería f

loud adj 1 : alto, fuerte 2 NOISY : ruidoso 3 FLASHY : llamativo — ~ adv 1 : fuerte 2 **out** ~ : en voz alta — **loudly** adv : en voz alta — **loudspeaker** n : altavoz m

lounge vi **lounged; lounging** 1 : repantigarse 2 or ~ **about** : holgazanear — ~ n : salón m

louse n, pl **lice** : piojo m — **lousy** adj **lousier; -est** 1 : piojoso 2 BAD : pésimo, muy malo

love n 1 : amor m 2 **fall in** ~ : enamorarse — ~ v **loved; loving** : querer, amar — **lovable** adj : adorable, amoroso Lat — **lovely** adj **-lier; -est** : lindo, precioso — **lover** n : amante mf — **loving** adj : cariñoso

low adj **lower; -est** 1 : bajo 2 SCARCE : escaso 3 DEPRESSED : deprimido — ~ adv 1 : bajo 2 **turn the lights down** ~ : bajar las luces — ~ n 1 : punto m bajo 2 or ~ **gear** : primera velocidad f — **lower** adj : inferior, más bajo — vt : bajar — **lowly** adj **-lier; -est** : humilde

loyal adj : leal, fiel — **loyalty** n, pl **-ties** : lealtad f

lozenge n : pastilla f

lubricate vt **-cated; -cating** : lubricar — **lubricant** n : lubricante m — **lubrication** n : lubricación f

lucid adj : lúcido — **lucidity** n : lucidez f

luck n 1 : suerte f 2 **good** ~! : ¡buena suerte! — **luckily** adv : afortunadamente — **lucky** adj **luckier; -est** 1 : afortunado 2 ~ **charm** : amuleto m (de la suerte)

lucrative adj : lucrativo

ludicrous adj : ridículo, absurdo

lug vt **lugged; lugging** : arrastrar

luggage n : equipaje m

lukewarm adj : tibio

lull vt 1 CALM : calmar 2 ~ **to sleep** : adormecer — ~ n : período m de calma, pausa f

lullaby n, pl **-bies** : canción f de cuna, nana f

lumber n : madera f — **lumberjack** n : leñador m, -dora f

luminous adj : luminoso

lump n 1 CHUNK, PIECE : pedazo m, trozo m 2 SWELLING : bulto m 3 : grumo m (en un líquido) — ~ vt or ~ **together** : juntar, agrupar — **lumpy** *adj* **lumpier; -est** : grumoso (dícese de una salsa), lleno de bultos (dícese de un colchón)

lunacy *n*, *pl* **-cies** : locura *f*

lunar *adj* : lunar

lunatic *n* : loco *m*, -ca *f*

lunch *n* : almuerzo *m*, comida *f* — ~ *vi* : almorzar, comer — **luncheon** *n* : comida *f*, almuerzo *m*

lung *n* : pulmón *m*

lunge *vi* **lunged; lunging 1** : lanzarse **2** ~ **at** : arremeter contra

lurch[1] *vi* **1** STAGGER : tambalearse **2** : dar bandazos (dícese de un vehículo)

lurch[2] *n* **leave in a** ~ : dejar en la estacada

lure *n* **1** BAIT : señuelo *m* **2** ATTRACTION : atractivo *m* — ~ *vt* **lured; luring** : atraer

lurid *adj* **1** GRUESOME : espeluznante **2** SENSATIONAL : sensacionalista **3** GAUDY : chillón

lurk *vi* : estar al acecho

luscious *adj* : delicioso, exquisito

lush *adj* : exuberante, suntuoso

lust *n* **1** : lujuria *f* **2** CRAVING : ansia *f*, anhelo *m* — ~ *vi* ~ **after** : desear (a una persona), codiciar (riquezas, etc.)

luster *or* **lustre** *n* : lustre *m*

lusty *adj* **lustier; -est** : fuerte, vigoroso

luxurious *adj* : lujoso — **luxury** *n*, *pl* **-ries** : lujo *m*

lye *n* : lejía *f*

lying → **lie**

lynch *vt* : linchar

lynx *n* : lince *m*

lyric *or* **lyrical** *adj* : lírico — **lyrics** *npl* : letra *f* (de una canción)

M

m *n*, *pl* **m's** *or* **ms** : m *f*, decimotercera letra del alfabeto inglés

ma'am → **madam**

macabre *adj* : macabro

macaroni *n* : macarrones *mpl*

mace *n* **1** : maza *f* (arma o símbolo) **2** : macis *f* (especia)

machete *n* : machete *m*

machine *n* : máquina *f* — **machinery** *n*, *pl* **-eries 1** : maquinaria *f* **2** WORKS : mecanismo *m* — **machine gun** *n* : ametralladora *f*

mad *adj* **madder; maddest 1** INSANE : loco **2** FOOLISH : insensato **3** ANGRY : furioso

madam *n*, *pl* **mesdames** : señora *f*

madden *vt* : enfurecer

made → **make**

madly *adv* : como un loco, locamente — **madman** *n*, *pl* **-men** : loco *m* — **madness** *n* : locura *f*

Mafia *n* : Mafia *f*

magazine *n* **1** PERIODICAL : revista *f* **2** : recámara *f* (de un arma de fuego)

maggot *n* : gusano *m*

magic *n* : magia *f* — ~ *or* **magical** *adj* : mágico — **magician** *n* : mago *m*, -ga *f*

magistrate *n* : magistrado *m*, -da *f*

magnanimous *adj* : magnánimo

magnate *n* : magnate *mf*

magnet *n* : imán *m* — **magnetic** *adj* : magnético — **magnetism** *n* : magnetismo *m* — **magnetize** *vt* **-tized; -tizing** : magnetizar

magnificent *adj* : magnífico — **magnificence** *n* : magnificencia *f*

magnify *vt* **-fied; -fying 1** ENLARGE : ampliar **2** EXAGGERATE : exagerar — **magnifying glass** *n* : lupa *f*

magnitude *n* : magnitud *f*

magnolia *n* : magnolia *f*

mahogany *n*, *pl* **-nies** : caoba *f*

maid *n* : sirvienta *f*, criada *f*, muchacha *f* — **maiden** *adj* FIRST : inaugural — **maiden name** *n* : nombre *m* de soltera

mail *n* **1** : correo *m* **2** LETTERS : correspondencia *f* — ~ *vt* : enviar por correo — **mailbox** *n* : buzón *m* — **mailman** *n*, *pl* **-men** : cartero *m*

maim *vt* : mutilar

main *n* : tubería *f* principal (de agua o gas), cable *m* principal (de un circuito) — ~ *adj* : principal — **mainframe** *n* : computadora *f* central — **mainland** *n* : continente *m* — **mainly** *adv* : principalmente — **mainstay** *n* : sostén *m* (principal) — **mainstream** *n* : corriente *f* principal — ~ *adj* : dominante, convencional

maintain *vt* : mantener — **maintenance** *n* : mantenimiento *m*

maize *n* : maíz *m*

majestic *adj* : majestuoso — **majesty** *n*, *pl* **-ties** : majestad *f*

major *adj* **1** : muy importante, principal **2** : mayor (en música) — ~ *n* **1** : mayor *mf*, comandante *mf* (en las fuerzas armadas) **2**

: especialidad *f* (universitaria) — ~ *vi* -**jored**; -**joring** : especializarse — **majority** *n, pl* -**ties** : mayoría *f*

make *v* **made**; **making** *vt* **1** : hacer **2** MANUFACTURE : fabricar **3** CONSTITUTE : constituir **4** PREPARE : preparar **5** RENDER : poner **6** COMPEL : obligar **7** ~ **a decision** : tomar una decisión **8** ~ **a living** : ganar la vida — *vi* **1** ~ **do** : arreglárselas **2** ~ **for** : dirigirse a **3** ~ **good** SUCCEED : tener éxito — ~ *n* BRAND : marca *f* — **make–believe** *n* : fantasía *f* — ~ *adj* : imaginario — **make out** *vt* **1** : hacer (un cheque, etc.) **2** DISCERN : distinguir **3** UNDERSTAND : comprender — *vi* **how did you** ~? : ¿qué tal te fue? — **maker** *n* MANUFACTURER : fabricante *mf* — **makeshift** *adj* : improvisado — **makeup** *n* **1** COMPOSITION : composición *f* **2** COSMETICS : maquillaje *m* — **make up** *vt* **1** PREPARE : preparar **2** INVENT : inventar **3** CONSTITUTE : formar — *vi* RECONCILE : hacer las paces

maladjusted *adj* : inadaptado
malaria *n* : malaria *f*, paludismo *m*
male *n* : macho *m* (de animales o plantas), varón *m* (de personas) — ~ *adj* **1** : macho **2** MASCULINE : masculino
malevolent *adj* : malévolo
malfunction *vi* : funcionar mal — ~ *n* : mal funcionamiento *m*
malice *n* : mala intención *f*, rencor *m* — **malicious** *adj* : malicioso
malign *adj* : maligno — ~ *vt* : calumniar
malignant *adj* : maligno
mall *n or* **shopping** ~ : centro *m* comercial
malleable *adj* : maleable
mallet *n* : mazo *m*
malnutrition *n* : desnutrición *f*
malpractice *n* : mala práctica *f*, negligencia *f*
malt *n* : malta *f*
mama *or* **mamma** *n* : mamá *f*
mammal *n* : mamífero *m*
mammogram *n* : mamografía *f*
mammoth *adj* : gigantesco
man *n, pl* **men** : hombre *m* — ~ *vt* **manned**; **manning** : tripular (un barco o avión), encargarse de (un servicio)
manage *v* -**aged**; -**aging** *vt* **1** HANDLE : manejar **2** DIRECT : administrar, dirigir — *vi* COPE : arreglárselas — **manageable** *adj* : manejable — **management** *n* : dirección *f* — **manager** *n* : director *m*, -tora *f*; gerente *mf* — **managerial** *adj* : directivo
mandarin *n or* **orange** : mandarina *f*
mandate *n* : mandato *m* — **mandatory** *adj* : obligatorio
mane *n* : crin *f* (de un caballo), melena *f* (de un león)

maneuver *n* : maniobra *f* — ~ *v* -**vered**; -**vering** : maniobrar
mangle *vt* -**gled**; -**gling** : destrozar
mango *n, pl* -**goes** : mango *m*
mangy *adj* **mangier**; -**est** : sarnoso
manhandle *vi* -**dled**; -**dling** : maltratar
manhole *n* : boca *f* de alcantarilla
manhood *n* **1** : madurez *f* (de un hombre) **2** VIRILITY : virilidad *f*
mania *n* : manía *f* — **maniac** *n* : maníaco *m*, -ca *f*
manicure *n* : manicura *f* — ~ *vt* -**cured**; -**curing** : hacer la manicura a
manifest *adj* : manifiesto, patente — ~ *vt* : manifestar — **manifesto** *n, pl* -**tos** *or* -**toes** : manifiesto *m*
manipulate *vt* -**lated**; -**lating** : manipular — **manipulation** *n* : manipulación *f*
mankind *n* : género *m* humano, humanidad *f*
manly *adj* -**lier**; -**est** : viril — **manliness** *n* : virilidad *f*
man–made *adj* : artificial
mannequin *n* : maniquí *m*
manner *n* **1** : manera *f* **2** KIND : clase *f* **3** ~**s** *npl* ETIQUETTE : modales *mpl*, educación *f* — **mannerism** *n* : peculiaridad *f* (de una persona)
manoeuvre *Brit* → **maneuver**
manor *n* : casa *f* solariega
manpower *n* : mano *f* de obra
mansion *n* : mansión *f*
manslaughter *n* : homicidio *m* sin premeditación
mantel *or* **mantelpiece** *n* : repisa *f* de la chimenea
manual *adj* : manual — ~ *n* : manual *m*
manufacture *n* : fabricación *f* — ~ *vt* -**tured**; -**turing** : fabricar — **manufacturer** *n* : fabricante *mf*
manure *n* : estiércol *m*
manuscript *n* : manuscrito *m*
many *adj* **more**; **most 1** : muchos **2 as** ~ : tantos **3 how** ~ : cuántos **4 too** ~ : demasiados — ~ *pron* : muchos *pl*, -chas *pl*
map *n* : mapa *m* — ~ *vt* **mapped**; **mapping 1** : trazar el mapa de **2** *or* ~ **out** : planear, proyectar
maple *n* : arce *m*
mar *vt* **marred**; **marring** : estropear
marathon *n* : maratón *m*
marble *n* **1** : mármol *m* **2** ~**s** *npl* : canicas *fpl* (para jugar)
march *n* : marcha *f* — ~ *vi* : marchar, desfilar
March *n* : marzo *m*
mare *n* : yegua *f*
margarine *n* : margarina *f*
margin *n* : margen *m* — **marginal** *adj* : marginal

marigold *n* : caléndula *f*
marijuana *n* : marihuana *f*
marinate *vt* **-nated; -nating** : marinar
marine *adj* : marino — ～ *n* : soldado *m* de
marina
marionette *n* : marioneta *f*
marital *adj* **1** : matrimonial **2** ～ **status**
: estado *m* civil
maritime *adj* : marítimo
mark *n* **1** : marca *f* **2** STAIN : mancha *f* **3** IM-
PRINT : huella *f* **4** TARGET : blanco *m* **5**
GRADE : nota *f* — ～ *vt* **1** : marcar **2** STAIN
: manchar **3** POINT OUT : señalar **4** : calificar (un examen, etc.) **5** COMMEMORATE
: conmemorar **6** CARACTERIZE : caracterizar **7** ～ **off** : delimitar — **marked** *adj*
: marcado, notable — **markedly** *adv* : notablemente — **marker** *n* : marcador *m*
market *n* : mercado *m* — ～ *vt* : vender,
comercializar — **marketable** *adj* : vendible
— **marketplace** *n* : mercado *m*
marksman *n*, *pl* **-men** : tirador *m* — **marksmanship** *n* : puntería *f*
marmalade *n* : mermelada *f*
maroon[1] *vt* : abandonar, aislar
maroon[2] *n* : rojo *m* oscuro
marquee *n* CANOPY : marquesina *f*
marriage *n* **1** : matrimonio *m* **2** WEDDING
: casamiento *m*, boda *f* — **married** *adj* **1**
: casado **2 get** ～ : casarse
marrow *n* : médula *f*, tuétano *m*
marry *v* **-ried; -rying** *vt* **1** : casar **2** WED
: casarse con — *vi* : casarse
Mars *n* : Marte *m*
marsh *n* **1** : pantano *m* **2** *or* **salt** ～
: marisma *f*
marshal *n* : mariscal *m* (en el ejército); jefe
m, -fa *f* (de policía, de bomberos, etc.) — ～
vt **-shaled** *or* **-shalled; -shaling** *or*
-shalling : poner en orden (los pensamien-
tos, etc.), reunir (las tropas)
marshmallow *n* : malvavisco *m*
marshy *adj* **marshier; -est** : pantanoso
mart *n* : mercado *m*
martial *adj* : marcial
martyr *n* : mártir *mf* — ～ *vt* : martirizar
marvel *n* : maravilla *f* — ～ *vi* **-veled** *or*
-velled; -veling *or* **-velling** : maravillarse
— **marvelous** *or* **marvellous** *adj* : maravilloso
mascara *n* : rímel *m*
mascot *n* : mascota *f*
masculine *adj* : masculino — **masculinity** *n*
: masculinidad *f*
mash *vt* **1** CRUSH : aplastar, majar **2** PUREE
: hacer puré de — **mashed potatoes** *npl*
: puré *m* de patatas, puré *m* de papas *Lat*
mask *n* : máscara *f* — ～ *vt* : enmascarar
masochism *n* : masoquismo *m* — **maso-**

chist *n* : masoquista *mf* — **masochistic** *adj*
: masoquista
mason *n* : albañil *mf* — **masonry** *n*, *pl* **-ries**
: albañilería *f*
masquerade *n* : mascarada *f* — ～ *vi* **-aded;
-ading** ～ **as** : disfrazarse de, hacerse pasar
por
mass *n* **1** : masa *f* **2** MULTITUDE : cantidad *f*
3 the ～**es** : las masas
Mass *n* : misa *f*
massacre *n* : masacre *f* — ～ *vt* **-cred;
-cring** : masacrar
massage *n* : masaje *m* — ～ *vt* **-saged;
-saging** : dar masaje a, masajear —
masseur *n* : masajista *m* — **masseuse** *n*
: masajista *f*
massive *adj* **1** BULKY, SOLID : macizo **2**
HUGE : enorme, masivo
mast *n* : mástil *m*
master *n* **1** : amo *m*, señor *m* (de la casa) **2**
EXPERT : maestro *m*, -tra *f* **3** ～**'s degree**
: maestría *f* — ～ *vt* : dominar — **masterful**
adj : magistral — **masterpiece** *n* : obra *f*
maestra — **mastery** *n* : maestría *f*
masturbate *v* **-bated; -bating** *vi* : masturbarse — **masturbation** *n* : masturbación *f*
mat *n* **1** DOORMAT : felpudo *m* **2** RUG : estera *f*
matador *n* : matador *m*
match *n* **1** EQUAL : igual *mf* **2** : fósforo *m*,
cerilla *f* (para encender) **3** GAME : partido
m, combate *m* (en boxeo) **4 be a good** ～
: hacer buena pareja — ～ *vt* **1** *or* ～ **up**
: emparejar **2** EQUAL : igualar **3** : combinar
con, hacer juego con (ropa, colores, etc.) —
vi : concordar, coincidir
mate *n* **1** COMPANION : compañero *m*, -ra *f*;
amigo *m*, -ga *f* **2** : macho *m*, hembra *f* (de
animales) — ～ *vi* **mated; mating**
: aparearse
material *adj* **1** : material **2** IMPORTANT : importante — ～ *n* **1** : material *m* **2** CLOTH
: tela *f*, tejido *m* — **materialistic** *adj* : materialista — **materialize** *vi* **-ized; -izing**
: aparecer
maternal *adj* : maternal — **maternity** *n*, *pl*
-ties : maternidad *f* — ～ *adj* **1** : de maternidad **2** ～ **clothes** : ropa *f* de futura mamá
math → **mathematics**
mathematics *ns* & *pl* : matemáticas *fpl* —
mathematical *adj* : matemático — **mathematician** *n* : matemático *m*, -ca *f*
matinee *or* **matinée** *n* : matiné(e) *f*, fonción
f de tarde
matrimony *n* : matrimonio *m* — **matrimonial** *adj* : matrimonial
matrix *n*, *pl* **-trices** *or* **-trixes** : matriz *f*
matte *adj* : mate
matter *n* **1** SUBSTANCE : materia *f* **2** QUES-

TION : asunto *m*, cuestión *f* **3 as a ~ of fact** : en efecto, en realidad **4 for that ~** : de hecho **5 to make ~s worse** : para colmo de males **6 what's the ~?** : ¿qué pasa? — **~** *vi* : importar

mattress *n* : colchón *m*

mature *adj* **-turer; -est** : maduro — **~** *vi* **-tured; -turing** : madurar — **maturity** *n* : madurez *f*

maul *vt* : maltratar, aporrear

mauve *n* : malva *m*

maxim *n* : máxima *f*

maximum *n*, *pl* **-ma** *or* **-mums** : máximo *m* — **~** *adj* : máximo — **maximize** *vt* **-mized; -mizing** : llevar al máximo

may *v aux*, *past* **might**; *present s & pl* **may 1** : poder **2 come what ~** : pase lo que pase **3 it ~ happen** : puede pasar **4 ~ the best man win** : que gane el mejor

May *n* : mayo *m*

maybe *adv* : quizás, tal vez

mayhem *n* : alboroto *m*

mayonnaise *n* : mayonesa *f*

mayor *n* : alcalde *m*, **-desa** *f*

maze *n* : laberinto *m*

me *pron* **1** : me **2 for ~** : para mí **3 give it to ~!** : ¡dámelo! **4 it's ~** : soy yo **5 with ~** : conmigo

meadow *n* : prado *m*, pradera *f*

meager *or* **meagre** *adj* : escaso

meal *n* **1** : comida *f* **2** : harina *f* (de maíz, etc.) — **mealtime** *n* : hora *f* de comer

mean¹ *vt* **meant**; **meaning 1** SIGNIFY : querer decir **2** INTEND : querer, tener la intención de **3 be meant for** : estar destinado a **4 he didn't ~ it** : no lo dijo en serio

mean² *adj* **1** UNKIND : malo **2** STINGY : mezquino, tacaño **3** HUMBLE : humilde

mean³ *adj* AVERAGE : medio — **~** *n* : promedio *m*

meander *vi* **-dered; -dering 1** WIND : serpentear **2** WANDER : vagar

meaning *n* : significado *m*, sentido *m* — **meaningful** *adj* : significativo — **meaningless** *adj* : sin sentido

meanness *n* **1** UNKINDNESS : maldad *f* **2** STINGINESS : mezquindad *f*

means *n* **1** : medio *m* **2 by all ~** : por supuesto **3 by ~ of** : por medio de **4 by no ~** : de ninguna manera

meantime *n* **1** : interín *m* **2 in the ~** : mientras tanto — **~** *adv* → **meanwhile**

meanwhile *adv* : mientras tanto — **~** *n* → **meantime**

measles *npl* : sarampión *m*

measly *adj* **-slier; -est** : miserable, mísero

measure *n* : medida *f* — **~** *v* **-sured; -suring** : medir — **measurable** *adj* : mensura-

ble — **measurement** *n* : medida *f* — **measure up** *vi* **~ to** : estar a la altura de

meat *n* : carne *f* — **meatball** *n* : albóndiga *f* — **meaty** *adj* **meatier; -est 1** : carnoso **2** SUBSTANTIAL : sustancioso

mechanic *n* : mecánico *m*, **-ca** *f* — **mechanical** *adj* : mecánico — **mechanics** *ns & pl* **1** : mecánica *f* **2** WORKINGS : mecanismo *m* — **mechanism** *n* : mecanismo *m* — **mechanize** *vt* **-nized; -nizing** : mecanizar

medal *n* : medalla *f* — **medallion** *n* : medallón *m*

meddle *vi* **-dled; -dling** : entrometerse

media *or* **mass ~** *npl* : medios *mpl* de comunicación

median *adj* : medio

mediate *vi* **-ated; -ating** : mediar — **mediation** *n* : mediación *f* — **mediator** *n* : mediador *m*, **-dora** *f*

medical *adj* : médico — **medicated** *adj* : medicinal — **medication** *n* : medicamento *m* — **medicinal** *adj* : medicinal — **medicine** *n* **1** : medicina *f* **2** MEDICATION : medicina *f*, medicamento *m*

medieval *or* **mediaeval** *adj* : medieval

mediocre *adj* : mediocre — **mediocrity** *n*, *pl* **-ties** : mediocridad *f*

meditate *vi* **-tated; -tating** : meditar — **meditation** *n* : meditación *f*

medium *n*, *pl* **-diums** *or* **-dia 1** MEANS : medio *m* **2** MEAN : punto *m* medio, término *m* medio **3** → **media** — **~** *adj* : mediano

medley *n*, *pl* **-leys 1** : mezcla *f* **2** : popurrí *m* (de canciones)

meek *adj* : dócil

meet *v* **met**; **meeting** *vt* **1** ENCOUNTER : encontrarse con **2** SATISFY : satisfacer **3 pleased to ~ you** : encantado de conocerlo — *vi* **1** : encontrarse **2** ASSEMBLE : reunirse **3** BE INTRODUCED : conocerse — **~** *n* : encuentro *m* — **meeting** *n* : reunión *f*

megabyte *n* : megabyte *m*

megaphone *n* : megáfono *m*

melancholy *n*, *pl* **-cholies** : melancolía *f* — **~** *adj* : melancólico, triste

mellow *adj* **1** : suave, dulce **2** CALM : apacible **3** : maduro (dícese de frutas), añejo (dícese de vinos) — **~** *vt* : suavizar, endulzar — *vi* : suavizarse

melody *n*, *pl* **-dies** : melodía *f*

melon *n* : melón *m*

melt *vi* : derretirse, fundirse — *vt* : derretir

member *n* : miembro *m* — **membership** *n* **1** : calidad *f* de miembro **2** MEMBERS : miembros *mpl*

membrane *n* : membrana *f*

memory *n*, *pl* **-ries 1** : memoria *f* **2** RECOLLECTION : recuerdo *m* — **memento** *n*, *pl* **-tos**

or **-toes** : recuerdo *m* — **memo** *n, pl* **memos**
or **memorandum** *n, pl* **-dums** *or* **-da** : memorándum *m* — **memoirs** *npl* : memorias *fpl*
— **memorable** *adj* : memorable — **memorial** *adj* : conmemorativo — ~ *n* : monumento *m* (conmemorativo) — **memorize** *vt*
-rized; -rizing : aprender de memoria
men → **man**
menace *n* : amenaza *f* — ~ *vt* **-aced; -acing**
: amenazar — **menacing** *adj* : amenazador
mend *vt* **1** : reparar, arreglar **2** DARN : zurcir — *vi* HEAL : curarse
menial *adj* : servil, bajo
meningitis *n, pl* **-gitides** : meningitis *f*
menopause *n* : menopausia *f*
menstruate *vi* **-ated; -ating** : menstruar —
menstruation *n* : menstruación *f*
mental *adj* : mental — **mentality** *n, pl* **-ties**
: mentalidad *f*
mention *n* : mención *f* — **mention** *vt* **1**
: mencionar **2 don't ~ it!** : ¡de nada!, ¡no hay de qué!
menu *n* : menú *m*
meow *n* : maullido *m*, miau *m* — ~ *vi*
: maullar
mercenary *n, pl* **-naries** : mercenario *m*, -ria
f — ~ *adj* : mercenario
merchant *n* : comerciante *mf* — **merchandise** *n* : mercancía *f*, mercadería *f*
merciful *adj* : misericordioso, compasivo —
merciless *adj* : despiadado
mercury *n, pl* **-ries** : mercurio *m*
Mercury *n* : Mercurio *m*
mercy *n, pl* **-cies 1** : misericordia *f*, compasión *f* **2 at the ~ of** : a merced de
mere *adj, superlative* **merest** : mero, simple
— **merely** *adv* : simplemente
merge *v* **merged; merging** *vi* : unirse, fusionarse (dícese de las compañías), confluir (dícese de los ríos, las calles, etc.) — *vt*
: unir, fusionar, combinar — **merger** *n*
: unión *f*, fusión *f*
merit *n* : mérito *m* — ~ *vt* : merecer
mermaid *n* : sirena *f*
merry *adj* **-rier; -est** : alegre — **merry–go–round** *n* : tiovivo *m*
mesa *n* : mesa *f*
mesh *n* : malla *f*
mesmerize *vt* **-ized; -izing** : hipnotizar
mess *n* **1** : desorden *m* **2** MUDDLE : lío *m* **3**
: rancho *m* (militar) — ~ *vt* **1** *or* ~ **up**
SOIL : ensuciar **2** ~ **up** DISARRANGE : desordenar **3** ~ **up** BUNGLE : echar a perder
— *vi* **1** ~ **around** PUTTER : entretenerse **2**
~ **with** PROVOKE : meterse con
message *n* : mensaje *m* — **messenger** *n*
: mensajero *m*, -ra *f*
messy *adj* **messier; -est** : desordenado, sucio

met → **meet**
metabolism *n* : metabolismo *m*
metal *n* : metal *m* — **metallic** *adj* : metálico
metamorphosis *n, pl* **-phoses** : metamorfosis *f*
metaphor *n* : metáfora *f*
meteor *n* : meteoro *m* — **meteorological**
adj : meteorológico — **meteorologist** *n*
: meteorólogo *m*, -ga *f* — **meteorology** *n*
: meteorología *f*
meter *or Brit* **metre** *n* **1** : metro *m* **2** : contador *m* (de electricidad, etc.)
method *n* : método *m* — **methodical** *adj*
: metódico
meticulous *adj* : meticuloso
metric *or* **metrical** *adj* : métrico
metropolis *n* : metrópoli *f* — **metropolitan**
adj : metropolitano
Mexican *adj* : mexicano
mice → **mouse**
microbe *n* : microbio *m*
microfilm *n* : microfilm *m*
microphone *n* : micrófono *m*
microscope *n* : microscopio *m* — **microscopic** *adj* : microscópico
microwave *n or* ~ **oven** : microondas *m*
mid *adj* **1** ~ **morning** : a media mañana **2**
in ~**-August** : a mediados de agosto **3**
she is in her mid thirties : tiene alrededor de 35 años — **midair** *n* **in** ~ : en el aire —
midday *n* : mediodía *m*
middle *adj* : de en medio, del medio — ~ *n*
1 : medio *m*, centro *m* **2 in the ~ of** : en medio de (un espacio), a mitad de (una actividad) **3 in the ~ of the month** : a mediados del mes — **middle–aged** *adj* : de mediana edad — **Middle Ages** *npl* : Edad *f*
Media — **middle class** *n* : clase *f* media —
middleman *n, pl* **-men** : intermediario *m*, -ria *f*
midget *n* : enano *m*, -na *f*
midnight *n* : medianoche *f*
midriff *n* : diafragma *m*
midst *n* **1 in the ~ of** : en medio de **2 in our ~** : entre nosotros
midsummer *n* : pleno verano *m*
midway *adv* : a mitad de camino, a medio camino
midwife *n, pl* **-wives** : comadrona *f*
midwinter *n* : pleno invierno *m*
miff *vt* : ofender
might[1] (*used to express permission or possibility or as a polite alternative to* **may**) →
may
might[2] *n* : fuerza *f*, poder *m* — **mighty** *adj*
mightier; -est 1 : fuerte, poderoso **2**
GREAT : enorme — ~ *adv* : muy
migraine *n* : jaqueca *f*, migraña *f*

migrate *vi* **-grated; -grating** : emigrar —
migrant *n* : trabajador *m*, -dora *f* ambulante
mild *adj* **1** GENTLE : suave **2** LIGHT : leve **3**
a ∼ **climate** : una clima templada
mildew *n* : moho *m*
mildly *adv* : ligeramente, suavemente —
mildness *n* : apacibilidad *f* (de personas),
suavedad *f* (de sabores, etc.)
mile *n* : milla *f* — **mileage** *n* : distancia *f*
recorrida (en millas), kilometraje *m* —
milestone *n* : hito *m*
military *adj* : militar — ∼ *n* **the** ∼ : las
fuerzas armadas — **militant** *adj* : militante
— ∼ *n* : militante *mf* — **militia** *n* : milicia
f
milk *n* : leche *f* — ∼ *vt* **1** : ordeñar (una
vaca, etc.) **2** EXPLOIT : explotar — **milky**
adj **milkier; -est** : lechoso — **Milky Way** *n*
the ∼ : la Vía Láctea
mill *n* **1** : molino *m* **2** FACTORY : fábrica *f* **3**
GRINDER : molinillo *m* — ∼ *vt* : moler — *vi*
or ∼ **about** : arremolinarse
millennium *n, pl* **-nia** *or* **-niums** : milenio *m*
miller *n* : molinero *m*, -ra *f*
milligram *n* : miligramo *m* — **millimeter** *or*
Brit **millimetre** *n* : milímetro *m*
million *n, pl* **millions** *or* **million 1** : millón
m **2** a ∼ **people** : un millón de personas —
∼ *adj* a ∼ : un millón de — **millionaire** *n*
: millonario *m*, -ria *f* — **millionth** *adj* : millonésimo
mime *n* **1** : mimo *mf* **2** PANTOMIME : pantomima *f* — ∼ *v* **mimed; miming** *vt* : imitar — *vi* : hacer la mímica — **mimic** *vt*
-icked; -icking : imitar, remedar — ∼ *n*
: imitador *m*, -dora *f* — **mimicry** *n, pl* **-ries**
: imitación *f*
mince *v* **minced; mincing** *vt* **1** : picar,
moler **2 not to** ∼ **one's words** : no tener
pelos en la lengua
mind *n* **1** : mente *f* **2** INTELLECT : capacidad
f intelectual **3** OPINION : opinión *f* **4** REA-
SON : razón *f* **5 have a** ∼ **to** : tener intención de — ∼ *vt* **1** TEND : cuidar **2** OBEY
: obedecer **3** WATCH : tener cuidado con **4 I
don't** ∼ **the heat** : no me molesta el calor
— *vi* **1** OBEY : obedecer **2 I don't** ∼ : no
me importa, me es igual — **mindful** *adj*
: atento — **mindless** *adj* **1** SENSELESS : estúpido, sin sentido **2** DULL : aburrido
mine[1] *pron* **1** : (el) mío, (la) mía, (los) míos,
(las) mías **2 a friend of** ∼ : un amigo mío
mine[2] *n* : mina *f* — ∼ *vt* **mined; mining 1**
: extraer (oro, etc.) **2** : minar (con artefactos
explosivos) — **minefield** *n* : campo *m* de
minas — **miner** *n* : minero *m*, -ra *f*
mineral *n* : mineral *m*
mingle *v* **-gled; -gling** *vt* : mezclar — *vi* **1**
: mezclarse **2** : circular (a una fiesta, etc.)

miniature *n* : miniatura *f* — ∼ *adj* : en
miniatura
minimal *adj* : mínimo — **minimize** *vt*
-mized; -mizing : minimizar — **minimum**
adj : mínimo — ∼ *n, pl* **-ma** *or* **-mums**
: mínimo *m*
mining *n* : minería *f*
minister *n* **1** : pastor *m*, -tora *f* (de una iglesia) **2** : ministro *m*, -tra *f* (en política) — ∼
vi ∼ **to** : cuidar (de), atender a — **ministerial** *adj* : ministerial — **ministry** *n, pl* **-tries**
: ministerio *m*
mink *n, pl* **mink** *or* **minks** : visón *m*
minnow *n, pl* **-nows** : pececillo *m* de agua
dulce
minor *adj* **1** : menor **2** INSIGNIFICANT : sin
importancia — ∼ *n* **1** : menor *mf* (de edad)
2 : asignatura *f* secundaria (de estudios) —
minority *n, pl* **-ties** : minoría *f*
mint[1] *n* **1** : menta *f* (planta) **2** : pastilla *f* de
menta (dulce)
mint[2] *n* **1 the U.S. Mint** : la casa de la moneda de los EE.UU. **2 be worth a** ∼ : valer
un dineral — ∼ *vt* : acuñar — ∼ *adj* **in** ∼
condition : como nuevo
minus *prep* **1** : menos **2** WITHOUT : sin —
∼ *n or* ∼ **sign** : signo *m* de menos
minuscule *adj* : minúsculo
minute[1] *n* **1** : minuto *m* **2** MOMENT : momento *m* **3** ∼**s** *npl* : actas *fpl* (de una reunión)
minute[2] *adj* **-nuter; -est 1** TINY : diminuto,
minúsculo **2** DETAILED : minucioso
miracle *n* : milagro *m* — **miraculous** *adj*
: milagroso
mirage *n* : espejismo *m*
mire *n* : lodo *m*, fango *m*
mirror *n* : espejo *m* — ∼ *vt* : reflejar
mirth *n* : alegría *f*, risas *fpl*
misapprehension *n* : malentendido *m*
misbehave *vi* **-haved; -having** : portarse
mal — **misbehavior** *n* : mala conducta *f*
miscalculate *v* **-lated; -lating** : calcular mal
miscarriage *n* **1** : aborto *m* **2** ∼ **of justice**
: error *m* judicial
miscellaneous *adj* : diverso, vario
mischief *n* : travesuras *fpl* — **mischievous**
adj : travieso
misconception *n* : concepto *m* erróneo
misconduct *n* : mala conducta *f*
misdeed *n* : fechoría *f*
misdemeanor *n* : delito *m* menor
miser *n* : avaro *m*, -ra *f*; tacaño *m*, -ña *f*
miserable *adj* **1** UNHAPPY : triste **2**
WRETCHED : miserable **3** ∼ **weather**
: tiempo *m* malo
miserly *adj* : mezquino
misery *n, pl* **-eries 1** : sufrimiento *m* **2**
WRETCHEDNESS : miseria *f*

misfire *vi* **-fired; -firing** : fallar
misfit *n* : inadaptado *m*, -da *f*
misfortune *n* : desgracia *f*
misgiving *n* : duda *f*
misguided *adj* : descaminado, equivocado
mishap *n* : contratiempo *m*
misinform *vt* : informar mal
misinterpret *vt* : interpretar mal
misjudge *vt* **-judged; -judging** : juzgar mal
mislay *vt* **-laid; -laying** : extraviar, perder
mislead *vt* **-led; -leading** : engañar — **misleading** *adj* : engañoso
misnomer *n* : nombre *m* inapropiado
misplace *vt* **-placed; -placing** : extraviar, perder
misprint *n* : errata *f*, error *m* de imprenta
miss *vt* **1** : errar, faltar **2** OVERLOOK : pasar por alto **3** : perder (una oportunidad, un vuelo, etc.) **4** AVOID : evitar **5** OMIT : saltarse **6 I ~ you** : te echo de menos — **~** *n* **1** : fallo *m* (de un tiro, etc.) **2** FAILURE : fracaso *m*
Miss *n* : señorita *f*
missile *n* **1** : misil *m* **2** PROJECTILE : proyectil *m*
missing *adj* : perdido, desaparecido
mission *n* : misión *f* — **missionary** *n*, *pl* **-aries** : misionero *m*, -ra *f*
misspell *vt* : escribir mal
mist *n* : neblina *f*, bruma *f*
mistake *vt* **mistook; mistaken; -taking 1** MISINTERPRET : entender mal **2** CONFUSE : confundir — **~** *n* **1** : error *m* **2 make a ~** : equivocarse — **mistaken** *adj* : equivocado
mister *n* : señor *m*
mistletoe *n* : muérdago *m*
mistreat *vt* : maltratar
mistress *n* **1** : dueña *f*, señora *f* (de una casa) **2** LOVER : amante *f*
mistrust *n* : desconfianza *f* — **~** *vt* : desconfiar de
misty *adj* **mistier; -est** : neblinoso, nebuloso
misunderstand *vt* **-stood; -standing** : entender mal — **misunderstanding** *n* : malentendido *m*
misuse *vt* **-used; -using 1** : emplear mal **2** MISTREAT : maltratar — **~** *n* : mal empleo *m*, abuso *m*
mitigate *vt* **-gated; -gating** : mitigar
mitt *n* : manopla *f*, guante *m* (de béisbol) — **mitten** *n* : manopla *f*, mitón *m*
mix *vt* **1** : mezclar **2 ~ up** : confundir — *vi* : mezclarse — **~** *n* : mezcla *f* — **mixture** *n* : mezcla *f* — **mix–up** *n* : confusión *f*, lío *m* *fam*
moan *n* : gemido *m* — **~** *vi* : gemir
mob *n* : muchedumbre *f* — **~** *vt* **mobbed; mobbing** : acosar
mobile *adj* : móvil — **~** *n* : móvil *m* — **mo-**

bile home *n* : caravana *f* — **mobility** *n* : movilidad *f* — **mobilize** *vt* **-lized; -lizing** : movilizar
moccasin *n* : mocasín *m*
mock *vt* : burlarse de, mofarse de — **~** *adj* : falso — **mockery** *n*, *pl* **-eries** : burla *f* — **mock–up** *n* : maqueta *f*
mode *n* **1** : modo *m* **2** FASHION : moda *f*
model *n* **1** : modelo *m* **2** MOCK-UP : maqueta *f* **3** : modelo *mf* (persona) — **~** *v* **-eled** *or* **-elled; -eling** *or* **-elling** *vt* **1** SHAPE : modelar **2** WEAR : lucir — *vi* : trabajar de modelo — **~** *adj* : modelo
modem *n* : módem *m*
moderate *adj* : moderado — **~** *n* : moderado *m*, -da *f* — **~** *v* **-ated; -ating** *vt* : moderar — *vi* : moderarse — **moderation** *n* : moderación *f* — **moderator** *n* : moderador *m*, -dora *f*
modern *adj* : moderno — **modernize** *vt* **-ized; -izing** : modernizar
modest *adj* : modesto — **modesty** *n* : modestia *f*
modify *vt* **-fied; -fying** : modificar
moist *adj* : húmedo — **moisten** *vt* : humedecer — **moisture** *n* : humedad *f* — **moisturizer** *n* : crema *f* hidratante
molar *n* : muela *f*
molasses *n* : melaza *f*
mold[1] *n* FORM : molde *m* — **~** *vt* : moldear, formar
mold[2] *n* FUNGUS : moho *m* — **moldy** *adj* **moldier; -est** : mohoso
mole[1] *n* : lunar *m* (en la piel)
mole[2] *n* : topo *m* (animal)
molecule *n* : molécula *f*
molest *vt* **1** HARASS : importunar **2** : abusar (sexualmente)
molten *adj* : fundido
mom *n* : mamá *f*
moment *n* : momento *m* — **momentarily** *adv* **1** : momentáneamente **2** SOON : dentro de poco, pronto — **momentary** *adj* : momentáneo
momentous *adj* : muy importante
momentum *n*, *pl* **-ta** *or* **-tums 1** : momento *m* (en física) **2** IMPETUS : ímpetu *m*
monarch *n* : monarca *mf* — **monarchy** *n*, *pl* **-chies** : monarquía *f*
monastery *n*, *pl* **-teries** : monasterio *m*
Monday *n* : lunes *m*
money *n*, *pl* **-eys** *or* **-ies** : dinero *m* — **monetary** *adj* : monetario — **money order** *n* : giro *m* postal
mongrel *n* : perro *m* mestizo
monitor *n* : monitor *m* (de una computadora, etc.) — **~** *vt* : controlar
monk *n* : monje *m*

monkey *n, pl* **-keys** : mono *m*, -na *f* — **monkey wrench** *n* : llave *f* inglesa
monogram *n* : monograma *m*
monologue *n* : monólogo *m*
monopoly *n, pl* **-lies** : monopolio *m* — **monopolize** *vt* **-lized; -lizing** : monopolizar
monotonous *adj* : monótono — **monotony** *n* : monotonía *f*
monster *n* : monstruo *m* — **monstrosity** *n, pl* **-ties** : monstruosidad *f* — **monstrous** *adj* 1 : monstruoso 2 HUGE : gigantesco
month *n* : mes *m* — **monthly** *adv* : mensualmente — ~ *adj* : mensual
monument *n* : monumento *m* — **monumental** *adj* : monumental
moo *vi* : mugir — ~ *n* : mugido *m*
mood *n* : humor *m* — **moody** *adj* **moodier; -est** 1 GLOOMY : melancólico, deprimido 2 IRRITABLE : malhumorado 3 TEMPERAMENTAL : de humor variable
moon *n* : luna *f* — **moonlight** *n* : luz *f* de la luna
moor¹ *n* : brezal *m*, páramo *m*
moor² *vt* : amarrar — **mooring** *n* DOCK : atracadero *m*
moose *ns & pl* : alce *m*
moot *adj* : discutible
mop *n* 1 : trapeador *m Lat*, fregona *f Spain* 2 ~ **of hair** : pelambrera *f* — ~ *vt* **mopped; mopping** : trapear *Lat*, pasar la fregona a *Spain*
mope *vi* **moped; moping** : andar deprimido
moped *n* : ciclomotor *m*
moral *adj* : moral — ~ *n* 1 : moraleja *f* (de un cuento, etc.) 2 ~**s** *npl* : moral *f*, moralidad *f* — **morale** *n* : moral *f* — **morality** *n, pl* **-ties** : moralidad *f*
morbid *adj* : morboso
more *adj* : más — ~ *adv* 1 : más 2 ~ **and** ~ : cada vez más 3 ~ **or less** : más o menos 4 **once** ~ : una vez más — ~ *n* : más *m* — ~ *pron* : más — **moreover** *adv* : además
morgue *n* : depósito *m* de cadáveres
morning *n* 1 : mañana *f* 2 **good** ~! : ¡buenos días! 3 **in the** ~ : por la mañana
moron *n* : estúpido *m*, -da *f*; imbécil *mf*
morose *adj* : malhumorado
morphine *n* : morfina *f*
morsel *n* 1 BITE : bocado *m* 2 FRAGMENT : pedazo *m*
mortal *adj* : mortal — ~ *n* : mortal *mf* — **mortality** *n* : mortalidad *f*
mortar *n* : mortero *m*
mortgage *n* : hipoteca *f* — ~ *vt* **-gaged; -gaging** : hipotecar
mortify *vt* **-fied; -fying** 1 : mortificar 2 HUMILIATE : avergonzar
mosaic *n* : mosaico *m*

Moslem → **Muslim**
mosque *n* : mezquita *f*
mosquito *n, pl* **-toes** : mosquito *m*, zancudo *m Lat*
moss *n* : musgo *m*
most *adj* 1 : la mayoría de, la mayor parte de 2 **(the)** ~ : más — ~ *adv* : más — ~ *n* : más *m*, máximo *m* — ~ *pron* : la mayoría, la mayor parte — **mostly** *adv* 1 MAINLY : en su mayor parte, principalmente 2 USUALLY : normalmente
motel *n* : motel *m*
moth *n* : palomilla *f*, polilla *f*
mother *n* : madre *f* — ~ *vt* 1 : cuidar de 2 SPOIL : mimar — **motherhood** *n* : maternidad *f* — **mother–in–law** *n, pl* **mothers–in–law** : suegra *f* — **motherly** *adj* : maternal — **mother–of–pearl** *n* : nácar *m*
motif *n* : motivo *m*
motion *n* 1 : movimiento *m* 2 PROPOSAL : moción *f* 3 **set in** ~ : poner en marcha — ~ *vi* ~ **to s.o.** : hacer una señal a algn — **motionless** *adj* : inmóvil — **motion picture** *n* : película *f*
motive *n* : motivo *m* — **motivate** *vt* **-vated; -vating** : motivar — **motivation** *n* : motivación *f*
motor *n* : motor *m* — **motorbike** *n* : motocicleta *f* (pequeña), moto *f* — **motorboat** *n* : lancha *f* motora — **motorcycle** *n* : motocicleta *f* — **motorcyclist** *n* : motociclista *mf* — **motorist** *n* : automovilista *mf*, motorista *mf Lat*
motto *n, pl* **-toes** : lema *m*
mould → **mold**
mound *n* 1 PILE : montón *m* 2 HILL : montículo *m*
mount¹ *n* 1 HORSE : montura *f* 2 SUPPORT : soporte *m* — ~ *vt* : montar (un caballo, etc.), subir (una escalera) — *vi* INCREASE : aumentar
mount² *n* HILL : monte *m* — **mountain** *n* : montaña *f* — **mountainous** *adj* : montañoso
mourn *vt* : llorar (por) — *vi* : lamentarse — **mourner** *n* : doliente *mf* — **mournful** *adj* : triste — **mourning** *n* : luto *m*
mouse *n, pl* **mice** : ratón *m* — **mousetrap** *n* : ratonera *f*
moustache → **mustache**
mouth *n* : boca *f* (de una persona o un animal), desembocadura *f* (de un río) — **mouthful** *n* : bocado *m* — **mouthpiece** *n* : boquilla *f* (de un instrumento musical)
move *v* **moved; moving** *vi* 1 GO : ir 2 RELOCATE : mudarse 3 STIR : moverse 4 ACT : tomar medidas — *vt* 1 : mover 2 AFFECT : conmover 3 TRANSPORT : transportar,

trasladar **4** PROPOSE : proponer — ～ *n* **1** MOVEMENT : movimiento *m* **2** RELOCATION : mudanza *f* **3** STEP : medida *f* — **movable** *or* **moveable** *adj* : movible, móvil — **movement** *n* : movimiento *m*

movie *n* **1** : película *f* **2** ～**s** *npl* : cine *m*

mow *vt* **mowed**; **mowed** *or* **mown** ; **mowing** : cortar (la hierba) — **mower** → **lawn mower**

Mr. *n, pl* **Messrs.** : señor *m*

Mrs. *n, pl* **Mesdames** : señora *f*

Ms. *n* : señora *f*, señorita *f*

much *adj* **more**; **most** : mucho — ～ *adv* **more**; **most** **1** : mucho **2 as** ～ **as** : tanto como **3 how** ～**?** : ¿cuánto? **4 too** ～ : demasiado — ～ *pron* : mucho, -cha

muck *n* **1** DIRT : mugre *f*, suciedad *f* **2** MANURE : estiércol *m*

mucus *n* : mucosidad *f*

mud *n* : barro *m*, lodo *m*

muddle *v* **-dled**; **-dling** *vt* **1** CONFUSE : confundir **2** JUMBLE : desordenar — *vi* ～ **through** : arreglárselas — ～ *n* : confusión *f*, lío *m fam*

muddy *adj* **-dier**; **-est** : fangoso, lleno de barro

muffin *n* : mollete *m*

muffle *vt* **-fled**; **-fling** : amortiguar (un sonido) — **muffler** *n* **1** SCARF : bufanda *f* **2** : silenciador *m*, mofle *m Lat* (de un automóvil)

mug *n* CUP : tazón *m* — ～ *vt* : asaltar, atracar — **mugger** *n* : atracador *m*, -dora *f*

muggy *adj* **-gier**; **-est** : bochornoso

mule *n* : mula *f*

mull *vt or* ～ **over** : reflexionar sobre

multicolored *adj* : multicolor

multimedia *adj* : multimedia

multinational *adj* : multinacional

multiple *adj* : múltiple — ～ *n* : múltiplo *m* — **multiplication** *n* : multiplicación *f* — **multiply** *v* **-plied**; **-plying** *vt* : multiplicar — *vi* : multiplicarse

multitude *n* : multitud *f*

mum *adj* **keep** ～ : guardar silencio

mumble *v* **-bled**; **-bling** *vt* : mascullar — *vi* : hablar entre dientes

mummy *n, pl* **-mies** : momia *f*

mumps *ns & pl* : paperas *fpl*

munch *v* : mascar, masticar

mundane *adj* : rutinario, ordinario

municipal *adj* : municipal — **municipality** *n, pl* **-ties** : municipio *m*

munitions *npl* : municiónes *fpl*

mural *n* : mural *m*

murder *n* : asesinato *m*, homicidio *m* — ～ *vt* : asesinar, matar — *vi* : matar — **murderer** *n* : asesino *m*, -na *f*; homicida *mf* — **murderous** *adj* : asesino, homicida

murky *adj* **-kier**; **-est** : turbio, oscuro

murmur *n* : murmullo *m* — **murmur** *v* : murmurar

muscle *n* : músculo *m* — ～ *vi* **-cled**; **-cling** *or* ～ **in** : meterse por la fuerza en — **muscular** *adj* **1** : muscular **2** STRONG : musculoso

muse1 *n* : musa *f*

muse2 *vi* **mused**; **musing** : meditar

museum *n* : museo *m*

mushroom *n* **1** : hongo *m*, seta *f* **2** : champiñón *m* (en la cocina) — ～ *vi* GROW : crecer rápidamente, multiplicarse

mushy *adj* **mushier**; **-est** **1** SOFT : blando **2** MAWKISH : sensiblero

music *n* : música *f* — **musical** *adj* : musical — ～ *n* : comedia *f* musical — **musician** *n* : músico *m*, -ca *f*

Muslim *adj* : musulmán — ～ *n* : musulmán *m*, -mana *f*

muslin *n* : muselina *f*

mussel *n* : mejillón *m*

must *v aux* **1** : deber, tener que **2 you** ～ **come** : tienes que venir **3 you** ～ **be tired** : debes (de) estar cansado — ～ *n* : necesidad *f*

mustache *n* : bigote *m*, bigotes *mpl*

mustang *n* : mustang *m*

mustard *vt* : mostaza *f*

muster *vt* **1** : reunir **2** *or* ～ **up** : armarse de, cobrar (valor, fuerzas, etc.)

musty *adj* **mustier**; **-est** : que huele a cerrado

mute *adj* **muter**; **mutest** : mudo — ～ *n* : mudo *m*, -da *f*

mutilate *vt* **-lated**; **-lating** : mutilar

mutiny *n, pl* **-nies** : motín *m* — ～ *vi* **-nied**; **-nying** : amotinarse

mutter *vi* : murmurar

mutton *n* : carne *f* de carnero

mutual *adj* **1** : mutuo **2** COMMON : común — **mutually** *adv* : mutuamente

muzzle *n* **1** SNOUT : hocico *m* **2** : bozal *m* (para un perro, etc.) **3** : boca *f* (de un arma de fuego) — ～ *vt* **-zled**; **-zling** : poner un bozal a (un animal)

my *adj* : mi

myopia *n* : miopía *f* — **myopic** *adj* : miope

myself *pron* **1** (*reflexive*) : me **2** (*emphatic*) : yo mismo **3 by** ～ : solo

mystery *n, pl* **-teries** : misterio *m* — **mysterious** *adj* : misterioso

mystic *adj or* **mystical** : místico

mystify *vt* **-fied**; **-fying** : dejar perplejo, confundir

mystique *n* : aura *f* de misterio

myth *n* : mito *m* — **mythical** *adj* : mítico

N

n *n, pl* **n's** *or* **ns** : n *f*, decimocuarta letra del alfabeto inglés

nab *vt* **nabbed; nabbing 1** ARREST : pescar *fam* **2** GRAB : agarrar

nag *v* **nagged; nagging** *vi* COMPLAIN : quejarse — *vt* **1** ANNOY : fastidiar, dar la lata a **2** SCOLD : regañar — **nagging** *adj* : persistente

nail *n* **1** : clavo *m* **2** : uña *f* (de un dedo) — ~ *vt or* ~ **down** : clavar — **nail file** *n* : lima *f* de uñas

naive *or* **naïve** *adj* **-iver; -est** : ingenuo — **naïveté** *n* : ingenuidad *f*

naked *adj* **1** : desnudo **2 the** ~ **truth** : la pura verdad **3 to the** ~ **eye** : a simple vista

name *n* **1** : nombre *m* **2** REPUTATION : fama *f* **3 what is your** ~**?** : ¿cómo se llama? **4** → **first name, surname** — ~ *vt* **named; naming 1** : poner nombre a **2** APPOINT : nombrar **3** ~ **a price** : fijar un precio — **nameless** *adj* : anónimo — **namely** *adv* : a saber — **namesake** *n* : tocayo *m*, -ya *f*

nap[1] *vi* **napped; napping** : echarse una siesta — ~ *n* : siesta *f*

nap[2] *n* : pelo *m* (de una tela)

nape *n or* ~ **of the neck** : nuca *f*

napkin *n* **1** : servilleta *f* **2** → **sanitary napkin**

narcotic *n* : narcótico *m*, estupefaciente *m*

narrate *vt* **-rated; -rating** : narrar — **narration** *n* : narración *f* — **narrative** *n* : narración *f* — **narrator** *n* : narrador *m*, -dora *f*

narrow *adj* **1** : estrecho, angosto **2** RESTRICTED : limitado — ~ *vi* : estrecharse — *vt* **1** : estrechar **2** *or* ~ **down** : limitar — **narrowly** *adv* : por poco — **narrow-minded** *adj* : de miras estrechas

nasal *adj* : nasal

nasty *adj* **-tier; -est 1** MEAN : malo, cruel **2** UNPLEASANT : desagradable **3** REPUGNANT : asqueroso — **nastiness** *n* : maldad *f*

nation *n* : nación *f* — **national** *adj* : nacional — **nationalism** *n* : nacionalismo *m* — **nationality** *n, pl* **-ties** : nacionalidad *f* — **nationalize** *vt* **-ized; -izing** : nacionalizar — **nationwide** *adj* : por todo el país

native *adj* **1** : natal (dícese de un país, etc.) **2** INNATE : innato **3** ~ **language** : lengua *f* materna — ~ *n* **1** : nativo *m*, -va *f* **2 be a** ~ **of** : ser natural de — **Native American** : indio *m* americano, india *f* americana — **nativity** *n, pl* **-ties the Nativity** : la Navidad

nature *n* **1** : naturaleza *f* **2** KIND : índole *f*,

clase *f* **3** DISPOSITION : carácter *m*, natural *m* — **natural** *adj* : natural — **naturalize** *vt* **-ized; -izing** : naturalizar — **naturally** *adv* : naturalmente

naught *n* **1** NOTHING : nada *f* **2** ZERO : cero *m*

naughty *adj* **-tier; -est 1** : travieso, pícaro **2** RISQUÉ : picante

nausea *n* : náuseas *fpl* — **nauseating** *adj* : nauseabundo — **nauseous** *adj* **1 feel** ~ : sentir náuseas **2** SICKENING : nauseabundo

nautical *adj* : náutico

naval *adj* : naval

nave *n* : nave *f* (de una iglesia)

navel *n* : ombligo *m*

navigate *v* **-gated; -gating** *vi* : navegar — *vt* **1** : gobernar (un barco), pilotar (un avión) **2** : navegar por (un río, etc.) — **navigable** *adj* : navegable — **navigation** *n* : navegación *f* — **navigator** *n* : navegante *mf*

navy *n, pl* **-vies 1** : marina *f* de guerra **2** *or* ~ **blue** : azul *m* marino

near *adv* : cerca — ~ *prep* : cerca de — ~ *adj* : cercano, próximo — ~ *vt* : acercarse a — **nearby** *adv* : cerca — ~ *adj* : cercano — **nearly** *adv* : casi — **nearsighted** *adj* : miope, corto de vista

neat *adj* **1** TIDY : muy arreglado **2** CLEVER : hábil, ingenioso — **neatly** *adv* **1** : ordenadamente **2** CLEVERLY : hábilmente — **neatness** *n* : pulcritud *f*, orden *m*

nebulous *adj* : nebuloso

necessary *adj* : necesario — **necessarily** *adv* : necesariamente — **necessitate** *vt* **-tated; -tating** : exigir, requerir — **necessity** *n, pl* **-ties 1** : necesidad *f* **2 necessities** *npl* : cosas *fpl* indispensables

neck *n* **1** : cuello *m* (de una persona o una botella), pescuezo *m* (de un animal) **2** COLLAR : cuello *m* — **necklace** *n* : collar *m* — **necktie** *n* : corbata *f*

nectar *n* : néctar *m*

nectarine *n* : nectarina *f*

need *n* **1** : necesidad *f* **2 if** ~ **be** : si hace falta — ~ *vt* **1** : necesitar, exigir **2** ~ **to** : tener que — *v aux* : tener que

needle *n* : aguja *f* — ~ *vt* **-dled; -dling** : pinchar

needless *adj* **1** : innecesario **2** ~ **to say** : de más está decir

needlework *n* : bordado *m*

needn't (*contraction of* **need not**) → **need**

needy needier; -est *adj* : necesitado

negative *adj* : negativo — ~ *n* **1** : negación *f* (en gramática) **2** : negativo *m* (en fotografía)

neglect *vt* : descuidar — ~ *n* : descuido *m*, abandono *m*

negligee *n* : negligé *m*

negligence *n* : negligencia *f*, descuido *m* — **negligent** *adj* : negligente, descuidado

negligible *adj* : insignificante

negotiate *v* -ated; -ating : negociar — **negotiable** *adj* : negociable — **negotiation** *n* : negociación *f* — **negotiator** *n* : negociador *m*, -dora *f*

Negro *n*, *pl* -groes *sometimes considered offensive* : negro *m*, -gra *f*

neigh *vi* : relinchar — ~ *n* : relincho *m*

neighbor *or Brit* **neighbour** *n* : vecino *m*, -na *f* — **neighborhood** *or Brit* **neighbourhood** *n* **1** : barrio *m*, vecindario *m* **2 in the ~ of** : alrededor de — **neighborly** *or Brit* **neighbourly** *adv* : amable

neither *conj* **1** ~...**nor** : ni...ni **2** ~ **am/do I** : yo tampoco — ~ *pron* : ninguno, -na — ~ *adj* : ninguno (de los dos)

neon *n* : neón *m*

nephew *n* : sobrino *m*

Neptune *n* : Neptuno *m*

nerve *n* **1** : nervio *m* **2** COURAGE : coraje *m* **3** GALL : descaro *m* **4** ~s *npl* JITTERS : nervios *mpl* — **nervous** *adj* : nervioso — **nervousness** *n* : nerviosismo *m* — **nervy** *adj* **nervier; -est** : descarado

nest *n* : nido *m* — ~ *vi* : anidar

nestle *vi* -tled; -tling : acurrucarse

net[1] *n* : red *f* — ~ *vt* **netted; netting** : pescar, atrapar (con una red)

net[2] *adj* : neto — ~ *vt* **netted; netting** YIELD : producir neto

nettle *n* : ortiga *f*

network *n* : red *f*

neurology *n* : neurología *f*

neurosis *n*, *pl* -roses : neurosis *f* — **neurotic** *adj* : neurótico

neuter *adj* : neutro — ~ *vt* : castrar

neutral *n* : punto *m* muerto (de un automóvil) — ~ *adj* **1** : neutral **2** : neutro (en electrotecnia o química) — **neutrality** *n* : neutralidad *f* — **neutralize** *vt* -ized; -izing : neutralizar

neutron *n* : neutrón *m*

never *adv* **1** : nunca, jamás **2** NOT : no **3** ~ **again** : nunca más **4** ~ **mind** : no importa — **nevermore** *adv* : nunca jamás — **nevertheless** *adv* : sin embargo, no obstante

new *adj* : nuevo — **newborn** *adj* : recién nacido — **newcomer** *n* : recién llegado *m*, -da *f* — **newly** *adv* : recién, recientemente — **newlywed** *n* : recién casado *m*, -da *f* — **news** *n* : noticias *fpl* — **newscast** *n* : noticiario *m*, noticiero *m Lat* — **newscaster** *n* : presentador *m*, -dora *f* (de un noticiario) — **newsletter** *n* : boletín *m* informativo — **newspaper** *n* : periódico *m*, diario *m* — **newsstand** *n* : puesto *m* de periódicos

newt *n* : tritón *m*

New Year's Day *n* : día *m* del Año Nuevo

next *adj* **1** : próximo **2** FOLLOWING : siguiente — ~ *adv* **1** : la próxima vez **2** AFTERWARD : después, luego **3** NOW : ahora — **next–door** *adj* : de al lado — **next to** *adv* ALMOST : casi — ~ *prep* BESIDE : al lado de

nib *n* : plumilla *f*

nibble *vt* -bled; -bling : mordisquear

Nicaraguan *adj* : nicaragüense

nice *adj* **nicer; nicest 1** PLEASANT : agradable, bueno **2** KIND : amable — **nicely** *adv* **1** WELL : bien **2** KINDLY : amablemente — **niceness** *n* : amabilidad *f* — **niceties** *npl* : detalles *mpl*, sutilezas *fpl*

niche *n* **1** : nicho *m* **2 find one's ~** : hacerse su hueco

nick *n* **1** : corte *m* pequeño, muesca *f* **2 in the ~ of time** : justo a tiempo — ~ *vt* : hacer una muesca en

nickel *n* **1** : níquel *m* (metal) **2** : moneda *f* de cinco centavos

nickname *n* : apodo *m*, sobrenombre *m* — ~ *vt* -named; -naming : apodar

nicotine *n* : nicotina *f*

niece *n* : sobrina *f*

niggling *adj* **1** PETTY : insignificante **2** PERSISTENT : constante

night *n* **1** : noche *f* **2 at ~** : de noche **3 last ~** : anoche **4 tomorrow ~** : mañana por la noche — **nightclub** *n* : club *m* nocturno — **nightfall** *n* : anochecer *m* — **nightgown** *n* : camisón *m* (de noche) — **nightly** *adj* : de todas las noches — ~ *adv* : cada noche — **nightmare** *n* : pesadilla *f* — **nighttime** *n* : noche *f*

nil *n* NOTHING : nada *f*

nimble *adj* -bler; -blest : ágil

nine *adj* : nueve — ~ *n* : nueve *m* — **nine hundred** *adj* : novecientos — ~ *n* : novecientos *m* — **nineteen** *adj* : diecinueve — ~ *n* : diecinueve *m* — **nineteenth** *adj* : decimonoveno, decimonono — ~ *n* **1** : decimonoveno *m*, -na *f*; decimonono *m*, -na *f* (en una serie) **2** : diecinueveavo *m* (en matemáticas) — **ninetieth** *adj* : nonagésimo — ~ *n* **1** : nonagésimo *m*, -ma *f* (en una serie) **2** : noventavo *m* (en matemáticas) — **ninety** *adj* : noventa — ~ *n*, *pl* -ties : noventa *m* — **ninth** *adj* : noveno — ~ *n* **1** : noveno *m*, -na *f* (en una serie) **2** : noveno *m* (en matemáticas)

nip *vt* **nipped; nipping 1** PINCH : pellizcar **2** BITE : mordisquear **3** ~ **in the bud** : cortar de raíz — ~ *n* **1** PINCH : pellizco *m* **2** NIBBLE : mordisco *m*

nipple *n* **1** : pezón *m* (de una mujer) **2** : tetilla *f* (de un hombre o un biberón)

nitrogen *n* : nitrógen *m*

nitwit *n* : idiota *mf*

no *adv* : no — ~ *adj* **1** : ninguno **2 I have** ~ **money** : no tengo dinero **3 it's** ~ **trouble** : no es ningún problema **4** ~ **smoking** : prohibido fumar — ~ *n, pl* **noes** *or* **nos** : no *m*

noble *adj* **-bler; -blest** : noble — ~ *n* : noble *mf* — **nobility** *n* : nobleza *f*

nobody *pron* : nadie

nocturnal *adj* : nocturno

nod *v* **nodded; nodding** *vi* **1** *or* ~ **yes** : asentir con la cabeza **2** ~ **off** : dormirse — *vt* ~ **one's head** : asentir con la cabeza — ~ *n* : señal *m* con la cabeza

noes → **no**

noise *n* : ruido *m* — **noisily** *adv* : ruidosamente — **noisy** *adj* **noisier; -est** : ruidoso

nomad *n* : nómada *mf* — **nomadic** *adj* : nómada

nominal *adj* : nominal

nominate *vt* **-nated; -nating 1** : proponer, postular *Lat* **2** APPOINT : nombrar — **nomination** *n* **1** : propuesta *f*, postulación *f Lat* **2** APPOINTMENT : nombramiento *m*

nonalcoholic *adj* : no alcohólico

nonchalant *adj* : despreocupado

noncommissioned officer *n* : suboficial *mf*

noncommittal *adj* : evasivo

nondescript *adj* : anodino, soso

none *pron* **1** : ninguno, ninguna **2 there are** ~ **left** : no hay más — *adv* **1 be** ~ **the worse** : no sufrir daño alguno **2** ~ **too happy** : nada contento **3** ~ **too soon** : a buena hora

nonentity *n, pl* **-ties** : persona *f* insignificante

nonetheless *adv* : sin embargo, no obstante

nonexistent *adj* : inexistente

nonfat *adj* : sin grasa

nonfiction *n* : no ficción *f*

nonprofit *adj* : sin fines lucrativos

nonsense *n* : tonterías *fpl*, disparates *mpl* — **nonsensical** *adj* : absurdo

nonsmoker *n* : no fumador *m*, -dora *f*

nonstop *adj* : directo — ~ *adv* : sin parar

noodle *n* : fideo *m*

nook *n* : rincón *m*

noon *n* : mediodía *m*

no one *pron* : nadie

noose *n* **1** : dogal *m*, soga *f* **2** LASSO : lazo *m*

nor *conj* **1 neither...** ~ : ni...ni **2** ~ **I** : yo tampoco

norm *n* **1** : norma *f* **2 the** ~ : lo normal — **normal** *adj* : normal — **normality** *n* : normalidad *f* — **normally** *adv* : normalmente

north *adv* : al norte — ~ *adj* : norte, del norte — ~ *n* **1** : norte *m* **2 the North** : el Norte — **North American** *adj* : norteamericano — **northeast** *adv* : hacia el nordeste — ~ *adj* : nordeste, del nordeste — ~ *n* : nordeste *m*, noreste *m* — **northeastern** *adj* : nordeste, del nordeste — **northerly** *adj* : del norte — **northern** *adj* : del norte, norteño — **northwest** *adv* : hacia el noroeste — ~ *adj* : noroeste, del noroeste — ~ *n* : noroeste *m* — **northwestern** *adj* : noroeste, del noroeste

Norwegian *adj* : noruego

nose *n* **1** : nariz *f* (de una persona), hocico *m* (de un animal) **2 blow one's** ~ : sonarse las narices — ~ *vi* **nosed; nosing** *or* ~ **around** : meter las narices — **nosebleed** *n* : hemorragia *f* nasal — **nosedive** *n* : descenso *m* en picada

nostalgia *n* : nostalgia *f* — **nostalgic** *adj* : nostálgico

nostril *n* : ventana *f* de la nariz

nosy *or* **nosey** *adj* **nosier; -est** : entrometido

not *adv* **1** : no **2 he's** ~ **tired** : no esta cansado **3 I hope** ~ : espero que no **4** ~ **... anything** : no...nada

notable *adj* : notable — ~ *n* : personaje *m* — **notably** *adv* : notablemente

notary public *n, pl* **notaries public** *or* **notary publics** : notario *m*, -ria *f*

notation *n* : anotación *f*

notch *n* : muesca *f*, corte *m* — ~ *vt* : hacer un corte en

note *vt* **noted; noting 1** NOTICE : observar, notar **2** RECORD : anotar — ~ *n* **1** : nota *f* **2 of** ~ : destacado **3 take** ~ **of** : prestar atención a **4 take** ~**s** : apuntar — **notebook** *n* : libreta *f*, cuaderno *m* — **noted** *adj* : renombrado, célebre — **noteworthy** *adj* : notable

nothing *pron* **1** : nada **2 be** ~ **but** : no ser más que **3 for** ~ FREE : gratis — ~ *n* **1** ZERO : zero *m* **2** TRIFLE : nimiedad *f*

notice *n* **1** SIGN : letrero *m*, aviso *m* **2 at a moment's** ~ : sin previo aviso **3 be given one's** ~ : ser despedido **4 take** ~ **of** : prestar atención a — ~ *vt* **-ticed; -ticing** : notar — **noticeable** *adj* : perceptible, evidente

notify *vt* **-fied; -fying** : notificar, avisar — **notification** *n* : notificación *f*, aviso *m*

notion *n* **1** : noción *f*, idea *f* **2** ~**s** *npl* : artículos *mpl* de mercería

notorious *adj* : de mala fama — **notoriety** *n* : mala fama *f*, notoriedad *f*

notwithstanding *prep* : a pesar de, no obstante — ~ *adv* : sin embargo — ~ *conj* : a pesar de que

nougat *n* : turrón *m*

nought → **naught**

noun *n* : nombre *m*, sustantivo *m*

nourish *vt* : nutrir — **nourishing** *adj* : nutritivo — **nourishment** *n* : alimento *m*

novel *adj* : original, novedoso — ~ *n* : novela *f* — **novelist** *n* : novelista *mf* — **novelty** *n, pl* **-ties** : novedad *f*

November *n* : noviembre *m*

novice *n* : novato *m*, -ta *f*; principiante *mf*

now *adv* **1** : ahora **2** THEN : entonces **3 from ~ on** : de ahora en adelante **4 ~ and then** : de vez en cuando **5 right ~** : ahora mismo — ~ *conj or* **~ that** : ahora que, ya que — **~ n 1 a year from ~** : dentro de un año **2 by ~** : ya **3 until ~** : hasta ahora —

nowadays *adv* : hoy en día

nowhere *adv* **1** (*indicating location*) : por ninguna parte, por ningún lado **2** (*indicating motion*) : a ninguna parte, a ningún lado **3 I'm ~ near finished** : aún me falta mucho para terminar **4 it's ~ near here** : queda bastante lejos de aquí — ~ *n* : ninguna parte *f*

nozzle *n* : boca *f* (de una manguera, etc.)

nuance *n* : matiz *m*

nucleus *n, pl* **-clei** : núcleo *m* — **nuclear** *adj* : nuclear

nude *adj* **nuder; nudest** : desnudo — ~ *n* : desnudo *m*

nudge *vt* **nudged; nudging** : dar un codazo a — ~ *n* : toque *m* (con el codo)

nudity *n* : desnudez *f*

nugget *n* : pepita *f* (de oro, etc.)

nuisance *n* **1** ANNOYANCE : fastidio *m*, molestia *f* **2** PEST : pesado *m*, -da *f fam*

null *adj* **~ and void** : nulo y sin efecto

numb *adj* **1** : entumecido, dormido **2 ~ with fear** : paralizado de miedo — ~ *vt* : entumecer, adormecer

number *n* **1** : número *m* **2 a ~ of** : varios — ~ *vt* **1** : numerar **2** INCLUDE : contar, incluir **3** TOTAL : ascender a

numeral *n* : número *m* — **numeric** *or* **numerical** *adj* : numérico — **numerous** *adj* : numeroso

nun *n* : monja *f*

nuptial *adj* : nupcial

nurse *n* **1** : enfermero *m*, -ra *f* **2** → **nursemaid** — ~ *vt* **nursed; nursing 1** : cuidar (de), atender **2** SUCKLE : amamantar — **nursemaid** *n* : niñera *f* — **nursery** *n, pl* **-eries 1** : cuarto *m* de los niños **2 or day ~** : guardería *f* **3** : vivero *m* (de plantas) — **nursing home** *n* : asilo *m* de ancianos

nurture *vt* **-tured; -turing 1** NOURISH : nutrir **2** EDUCATE : criar, educar **3** FOSTER : alimentar

nut *n* **1** : nuez *f* **2** LUNATIC : loco *m*, -ca *f* **3** ENTHUSIAST : fanático *m*, -ca *f* **4 ~s and bolts** : tuercas y tornillos — **nutcracker** *n* : cascanueces *m*

nutmeg *n* : nuez *f* moscada

nutrient *n* : nutriente *m*

nutrition *n* : nutrición *f* — **nutritional** *adj* : nutritivo — **nutritious** *adj* : nutritivo

nuts *adj* : loco

nutshell *n* **1** : cáscara *f* de nuez **2 in a ~** : en pocas palabras

nutty *adj* **-tier; -tiest** : loco

nuzzle *v* **-zled; -zling** *vi* : acurrucarse — *vt* : acariciar con el hocico

nylon *n* **1** : nilón *m* **2 ~s** *npl* : medias *fpl* de nilón

nymph *n* : ninfa *f*

O

o *n, pl* **o's** *or* **os 1** : o *f*, decimoquinta letra del alfabeto inglés **2** ZERO : cero *m*

O → **oh**

oaf *n* : zoquete *m*

oak *n, pl* **oaks** *or* **oak** : roble *m*

oar *n* : remo *m*

oasis *n, pl* **oases** : oasis *m*

oath *n, pl* **oaths 1** : juramento *m* **2** SWEARWORD : palabrota *f*

oats *npl* : avena *f* — **oatmeal** *n* : harina *f* de avena

obedient *adj* : obediente — **obedience** *n* : obediencia *f*

obese *adj* : obeso — **obesity** *n* : obesidad *f*

obey *v* **obeyed; obeying** : obedecer

obituary *n, pl* **-aries** : obituario *m*

object *n* **1** : objeto *m* **2** AIM : objetivo *m* **3** : complemento *m* (en gramática) — ~ *vt* : objetar — *vi* **~ to** : oponerse a — **objection** *n* : objeción *f* — **objectionable** *adj* : desagradable — **objective** *adj* : objetivo — ~ *n* : objetivo *m*

oblige *vt* **obliged; obliging 1** : obligar **2 be much ~d** : estar muy agradecido **3 ~ s.ɔ.** : hacer un favor a algn — **obligation** *n* : obligación *f* — **obligatory** *adj* : obligatorio — **obliging** *adj* : atento, servicial

oblique *adj* **1** SLANTING : oblicuo **2** INDIRECT : indirecto

obliterate *vt* **-ated; -ating 1** ERASE : borrar **2** DESTROY : arrasar

oblivion *n* : olvido *m* — **oblivious** *adj* : inconsciente

oblong *adj* : oblongo — **~** *n* : rectángulo *m*

obnoxious *adj* : odioso

oboe *n* : oboe *m*

obscene *adj* : obsceno — **obscenity** *n, pl* **-ties** : obscenidad *f*

obscurity *n, pl* **-ties** : oscuridad *f* — **obscure** *adj* : oscuro — **~** *vt* **-scured; -scuring 1** DARKEN : oscurecer **2** HIDE : ocultar

observe *v* **-served; -serving** *vt* : observar — *vi* WATCH : mirar — **observance** *n* **1** : observancia *f* **2 religious ~s** : prácticas *fpl* religiosas — **observant** *adj* : observador — **observation** *n* : observación *f* — **observatory** *n, pl* **-ries** : observatorio *m*

obsess *vt* : obsesionar — **obsession** *n* : obsesión *f* — **obsessive** *adj* : obsesivo

obsolete *adj* : obsoleto, desusado

obstacle *n* : obstáculo *m*

obstetrics *n* : obstetricia *f*

obstinate *adj* : obstinado

obstruct *vt* **1** BLOCK : obstruir **2** HINDER : obstaculizar — **obstruction** *n* : obstrucción *f*

obtain *vt* : obtener, conseguir — **obtainable** *adj* : asequible

obtrusive *adj* : entrometido (dícese de las personas), demasiado prominente (dícese de las cosas)

obtuse *adj* : obtuso

obvious *adj* : obvio, evidente — **obviously** *adv* **1** CLEARLY : obviamente **2** OF COURSE : claro, por supuesto

occasion *n* **1** : ocasión *f* **2 on ~** : de vez en cuando — **~** *vt* : ocasionar — **occasional** *adj* : poco frecuente, ocasional — **occasionally** *adv* : de vez en cuando

occult *adj* : oculto

occupy *vt* **-pied; -pying 1** : ocupar **2 ~ oneself** : entretenerse — **occupancy** *n, pl* **-cies** : ocupación *f* — **occupant** *n* : ocupante *mf* — **occupation** *n* : ocupación *f* — **occupational** *adj* : profesional

occur *vi* **occurred; occurring 1** : ocurrir **2** APPEAR : encontrarse **3 ~ to s.o.** : ocurrirse a algn — **occurrence** *n* **1** EVENT : acontecimiento *m*, suceso *m* **2** INCIDENCE : incidencia *f*

ocean *n* : océano *m*

ocher *or* **ochre** *n* : ocre *m*

o'clock *adv* **1 at 6 ~** : a las seis **2 it's one ~** : es la una **3 it's ten ~** : son las diez

octagon *n* : octágono *m* — **octagonal** *adj* : octagonal

octave *n* : octava *f*

October *n* : octubre *m*

octopus *n, pl* **-puses** *or* **-pi** : pulpo *m*

oculist *n* : oculista *mf*

odd *adj* **1** STRANGE : extraño, raro **2** : sin pareja (dícese de un calcetín, etc.) **3 forty ~ years** : cuarenta y tantos años **4 ~ jobs** : algunos trabajos *mpl* **5 ~ number** : número *m* impar — **oddity** *n, pl* **-ties** : rareza *f* — **oddly** *adv* : de manera extraña — **odds** *npl* **1** CHANCES : probabilidades *fpl* **2 at ~** : en desacuerdo **3 five to one ~** : cinco contra uno (en apuestas) — **odds and ends** *npl* : cosas *fpl* sueltas

ode *n* : oda *f*

odious *adj* : odioso

odor *or Brit* **odour** *n* : olor *m* — **odorless** *or Brit* **odourless** *adj* : inodoro

of *prep* **1** : de **2 five minutes ~ ten** : las diez menos cinco **3 the eighth ~ April** : el ocho de abril

off *adv* **1 be ~** LEAVE : irse **2 cut ~** : cortar **3 day ~** : día *m* de descanso **4 fall ~** : caerse **5 doze ~** : dormirse **6 far ~** : lejos **7 ~ and on** : de vez en cuando **8 shut ~** : apagar **9 ten miles ~** : a diez millas de aquí — **~** *prep* **1** : de **2 be ~ duty** : estar libre **3 ~ center** : descentrado — **~** *adj* **1** CANCELED : cancelado **2** OUT : apagado **3 an ~ chance** : una posibilidad remota

offend *vt* : ofender — **offender** *n* : delincuente *mf* — **offense** *or* **offence** *n* **1** AFFRONT : afrenta *f* **2** ASSAULT : ataque *m* **3** : ofensiva *f* (en deportes) **4** CRIME : delito *m* **5 take ~** : ofenderse — **offensive** *adj* : ofensivo — **~** *n* : ofensiva *f*

offer *vt* : ofrecer — **~** *n* : oferta *f* — **offering** *n* : ofrenda *f*

offhand *adv* : de improviso, en este momento — **~** *adj* : improvisado

office *n* **1** : oficina *f* **2** POSITION : cargo *m* **3 run for ~** : presentarse como candidato — **officer** *n* **1** : oficial *mf* **2 or police ~** : agente *mf* (de policía) — **official** *n* : funcionario *m*, -ria *f* — **~** *adj* : oficial

offing *n* **in the ~** : en perspectiva

offset *vt* **-set; -setting** : compensar

offshore *adv* : a una distancia de la costa

offspring *ns & pl* : prole *f*, progenie *f*

often *adv* **1** : muchas veces, a menudo, con frecuencia **2 every so ~** : de vez en cuando

ogle *vt* **ogled; ogling** : comerse con los ojos

ogre *n* : ogro *m*

oh *interj* **1** : ¡oh!, ¡ah! **2** ~ **no!** : ¡ay no! **3** ~ **really?** : ¿de veras?

oil *n* **1** : aceite *m* **2** PETROLEUM : petróleo *m* **3** *or* ~ **painting** : óleo *m* — ~ *vt* : lubricar — **oilskin** *n* : hule *m* — **oily** *adj* **oilier; -est** : aceitoso, grasiento

ointment *n* : ungüento *m*, pomada *f*

OK *or* **okay** *adv* **1** : muy bien **2** ~**!** : ¡de acuerdo!, ¡bueno! — ~ *adj* **1** ALL RIGHT : bien **2 it's** ~ **with me** : por mí no hay problema — ~ *n* : visto *m* bueno — ~ *vt* **OK'd** *or* **okayed; OK'ing** *or* **okaying** : dar el visto bueno a

okra *n* : quingombó *m*

old *adj* **1** : viejo **2** FORMER : antiguo **3 any** ~ : cualquier **4 be ten years** ~ : tener diez años (de edad) **5** ~ **age** : vejez *f* **6** ~ **man** : anciano *m* **7** ~ **woman** : anciana *f* — ~ *n* **the** ~ : los viejos, los ancianos — **old–fashioned** *adj* : anticuado

olive *n* **1** : aceituna *f* (fruta) **2** *or* ~ **green** : verde *m* oliva

Olympic *adj* : olímpico — **Olympics** *npl* **the** ~ : las Olimpiadas, las Olimpíadas

omelet *or* **omelette** *n* : omelette *mf Lat*, tortilla *f* francesa *Spain*

omen *n* : agüero *m* — **ominous** *adj* : ominoso, de mal agüero

omit *vt* **omitted; omitting** : omitir — **omission** *n* : omisión *f*

omnipotent *adj* : omnipotente

on *prep* **1** : en **2** ABOUT : sobre **3** ~ **foot** : a pie **4** ~ **Monday** : el lunes **5** ~ **the right** : a la derecha **6** ~ **vacation** : de vacaciones **7 talk** ~ **the phone** : hablar por teléfono — ~ *adv* **1 and so** ~ : etcétera **2 from that moment** ~ : a partir de ese momento **3 keep** ~ : seguir **4 later** ~ : más tarde **5** ~ **and** ~ : sin parar **6 put** ~ : ponerse (ropa), poner (música, etc.) **7 turn** ~ : encender (una luz, etc.), abrir (una llave) — ~ *adj* **1** : encendido (dícese de luces, etc.), abierto (dícese de llaves) **2 be** ~ **to** : estar enterado de

once *adv* **1** : una vez **2** FORMERLY : antes — ~ *n* **1 at** ~ TOGETHER : al mismo tiempo **2 at** ~ IMMEDIATELY : inmediatamente — ~ *conj* : una vez que

oncoming *adj* : que viene

one *adj* **1** : un, uno **2** ONLY : único **3** *or* ~ **and the same** : el mismo — ~ *n* **1** : uno *m* (número) **2** ~ **by** ~ : uno a uno — ~ *pron* **1** : uno, una **2** ~ **another** : el uno al otro **3** ~ **never knows** : nunca se sabe **4 that** ~ : aquél, aquella **5 which** ~**?** : ¿cuál? — **oneself** *pron* **1** (*used reflexively*) : se **2** (*used after prepositions*) : sí mismo, sí misma **3** (*used emphatically*)

: uno mismo, una misma **4 by** ~ : solo —

one–sided *adj* **1** UNEQUAL : desigual **2** BIASED : parcial — **one–way** *adj* **1** : de sentido único (dícese de una calle) **2** ~ **ticket** : boleto *m* de ida

ongoing *adj* : en curso, corriente

onion *n* : cebolla *f*

only *adj* : único — ~ *adv* **1** : sólo, solamente **2 if** ~ : ojalá, por lo menos — ~ *conj* BUT : pero

onset *n* : comienzo *m*, llegada *f*

onslaught *n* : ataque *m*, arremetida *f*

onto *prep* : sobre

onus *n* : responsabilidad *f*

onward *adv* & *adj* : hacia adelante

onyx *n* : ónix *m*

ooze *v* **oozed; oozing** : rezumar

opal *n* : ópalo *m*

opaque *adj* : opaco

open *adj* **1** : abierto **2** AVAILABLE : vacante, libre **3 an** ~ **question** : una cuestión pendiente — ~ *vt* : abrir — *vi* **1** : abrirse **2** BEGIN : comenzar — ~ *n* **in the** ~ **1** OUTDOORS : al aire libre **2** KNOWN : sacado a la luz — **open–air** *adj* : al aire libre — **opener** *n* **1** : abridor *m* **2** *or* **bottle** ~ : abrebotellas *m* **3** *or* **can** ~ : abrelatas *m* — **opening** *n* **1** : abertura *f* **2** BEGINNING : comienzo *m*, apertura *f* **3** OPPORTUNITY : opportunidad *f* — **openly** *adv* : abiertamente

opera *n* : ópera *f*

operate *v* **-ated; -ating** *vi* **1** FUNCTION : funcionar **2** ~ **on s.o.** : operar a algn — *vt* **1** : hacer funcionar (una máquina) **2** MANAGE : dirigir, manejar — **operation** *n* **1** : operación *f* **2** FUNCTIONING : funcionamiento *m* — **operational** *adj* : operacional — **operative** *adj* : en vigor — **operator** *n* **1** : operador *m*, -dora *f* **2** *or* **machine** ~ : operario *m*, -ria *f*

opinion *n* : opinión *f* — **opinionated** *adj* : dogmático

opium *n* : opio *m*

opossum *n* : zarigüeya *f*, oposum *m*

opponent *n* : adversario *m*, -ria *f*; contrincante *mf* (en deportes)

opportunity *n*, *pl* **-ties** : oportunidad *f* — **opportune** *adj* : oportuno — **opportunist** *n* : oportunista *mf*

oppose *vt* **-posed; -posing** : oponerse a — **opposed** *adj* ~ **to** : en contra de

opposite *adj* **1** FACING : de enfrente **2** CONTRARY : opuesto — ~ *n* **the** ~ : lo contrario, lo opuesto — ~ *adv* : enfrente — ~ *prep* : enfrente de, frente a — **opposition** *n* **1** : oposición *f* **2 in** ~ **to** : en contra de

oppress *vt* : oprimir — **oppression** *n* : opresión *f* — **oppressive** *adj* **1** : opresivo

2 STIFLING : agobiante — **oppressor** *n*
: opresor *m*, -sora *f*
opt *vi* ~ **for** : optar por
optic *or* **optical** *adj* : óptico — **optician** *n*
: óptico *m*, -ca *f*
optimism *n* : optimismo *m* — **optimist** *n*
: optimista *mf* — **optimistic** *adj* : optimista
optimum *n, pl* **-ma** : lo óptimo, lo ideal
option *n* **1** : opción *f* **2 have no** ~ : no
tener más remedio — **optional** *adj* : facultativo, opcional
opulence *n* : opulencia *f* — **opulent** *adj*
: opulento
or *conj* **1** (*indicating an alternative*) : o (u
before o- *or* ho-) **2** (*following a negative*)
: ni **3** ~ **else** : si no
oracle *n* : oráculo *m*
oral *adj* : oral
orange *n* **1** : naranja *f* (fruta) **2** : naranja *m*
(color)
orator *n* : orador *m*, -dora *f*
orbit *n* : órbita *f* — ~ *vt* : girar alrededor de
— *vi* : orbitar
orchard *n* : huerto *m*
orchestra *n* : orquesta *f*
orchid *n* : orquídea *f*
ordain *vt* **1** : ordenar (un sacerdote, etc.) **2**
DECREE : decretar
ordeal *n* : prueba *f* dura
order *vt* **1** : ordenar **2** : pedir (mercancías,
etc.) — *vi* : hacer un pedido — ~ *n* **1**
ARRANGEMENT : orden *m* **2** COMMAND
: orden *f* **3** REQUEST : pedido *m* **4** : orden *f*
(religiosa) **5 in** ~ **that** : para que **6 in** ~
to : para **7 out of** ~ : averiado, descompuesto *Lat* — **orderly** *adj* : ordenado — ~
n, pl **-lies 1** : ordenanza *m* (en el ejército) **2**
: camillero *m* (en un hospital)
ordinary *adj* **1** : normal, corriente **2** MEDI-
OCRE : ordinario — **ordinarily** *adv* : generalmente
ore *n* : mena *f*
oregano *n* : orégano *m*
organ *n* : órgano *m* — **organic** *adj*
: orgánico — **organism** *n* : organismo *m* —
organist *n* : organista *mf* — **organize** *vt*
-nized; -nizing : organizar — **organization**
n : organización *f* — **organizer** *n* : organizador *m*, -dora *f*
orgasm *n* : orgasmo *m*
orgy *n, pl* **-gies** : orgía *f*
Orient **in the** ~ : el Oriente — **orient** *vt*
: orientar — **oriental** *adj* : del Oriente, oriental — **orientation** *n* : orientación *f*
orifice *n* : orificio *m*
origin *n* : origen *m* — **original** *n* : original *m*
— ~ *adj* : original — **originality** *n* : originalidad *f* — **originally** *adv* : originaria-
mente — **originate** *v* **-nated; -nating** *vt*

: originar — *vi* **1** : originarse **2** ~ **from**
: provenir de — **originator** *n* : creador *m*,
-dora *f*
ornament *n* : adorno *m* — ~ *vt* : adornar —
ornamental *adj* : ornamental, de adorno —
ornate *adj* : elaborado, adornado
ornithology *n, pl* **-gies** : ornitología *f*
orphan *n* : huérfano *m*, -na *f* — ~ *vt* : dejar
huérfano — **orphanage** *n* : orfelinato *m*, orfanato *m*
orthodox *adj* : ortodoxo — **orthodoxy** *n, pl*
-doxies : ortodoxia *f*
orthopedic *adj* : ortopédico
oscillation *n* : oscilación *f* — **oscillate** *vi*
-lated; -lating : oscilar
ostensible *adj* : aparente, ostensible
ostentation *n* : ostentación *f* — **ostentatious** *adj* : ostentoso
osteopath *n* : osteópata *f*
ostracism *n* : ostracismo *m* — **ostracize** *vt*
-cized; -cizing : aislar
ostrich *n* : avestruz *m*
other *adj* **1** : otro **2 every** ~ **day** : cada dos
días **3 on the** ~ **hand** : por otra parte, por
otro lado — ~ *pron* **1** : otro, otra **2 the**
~**s** : los otros, las otras, los demás, las
demás — **other than** *prep* : aparte de, fuera
de — **otherwise** *adv* **1** : eso aparte, por lo
demás **2** DIFFERENTLY : de otro modo **3** OR
ELSE : si no
otter *n* : nutria *f*
ought *v aux* **1** : deber **2 you** ~ **to have
done it** : deberías haberlo hecho
ounce *n* : onza *f*
our *adj* : nuestro — **ours** *pron* **1** : (el) nuestro, (la) nuestra, (los) nuestros, (las) nues-
tras **2 a friend of** ~ : un amigo nuestro —
ourselves *pron* **1** (*used reflexively*) : nos **2**
(*used after prepositions*) : nosotros, nosotras **3** (*used for emphasis*) : nosotros mismos, nosotras mismas
oust *vt* : desbancar
out *adv* **1** OUTSIDE : fuera, afuera **2 cry** ~
: gritar **3 eat** ~ : comer afuera **4 go** ~
: salir **5 look** ~ : mirar para afuera **6 run**
~ **of** : agotar **7 turn** ~ : apagar (una luz)
8 take ~ REMOVE : sacar — ~ *prep* → **out
of** — ~ *adj* **1** ABSENT : ausente **2** UN-
FASHIONABLE : fuera de moda **3** EXTIN-
GUISHED : apagado **4 the sun is** ~ : hace
sol
outboard motor *n* : motor *m* fuera de borde
outbreak *n* : brote *m* (de una enfermedad),
comienzo *m* (de guerra)
outburst *n* : arranque *m*, arrebato *m*
outcast *n* : paria *mf*
outcome *n* : resultado *m*
outcry *n, pl* **-cries** : protesta *f*
outdated *adj* : anticuado

outdo *vt* **-did**; **-done**; **-doing**; **-does** : superar

outdoor *adj* : al aire libre — **outdoors** *adv* : al aire libre

outer *adj* : exterior — **outer space** *n* : espacio *m* exterior

outfit *n* **1** EQUIPMENT : equipo *m* **2** CLOTHES : conjunto *m* — ~ *vt* **-fitted**; **-fitting** EQUIP : equipar

outgoing *adj* **1** SOCIABLE : extrovertido **2** ~ **mail** : correo *m* (para enviar) **3** ~ **president** : presidente *m*, -ta *f* saliente

outgrow *vt* **-grew**; **-grown**; **-growing** : crecer más que

outing *n* : excursión *f*

outlandish *adj* : estrafalario

outlast *vt* : durar más que

outlaw *n* : forajido *m*, -da *f* — ~ *vt* : declarar ilegal

outlay *n* : desembolso *m*

outlet *n* **1** EXIT : salida *f* **2** RELEASE : desahogo *m* **3** *or* **electrical** ~ : toma *f* de corriente **4** *or* **retail** ~ : tienda *f* al por menor

outline *n* **1** CONTOUR : contorno *m* **2** SKETCH : bosquejo *m*, boceto *m* **3** SUMMARY : esquema *m* — ~ *vt* **-lined**; **-lining** **1** SKETCH : bosquejar **2** EXPLAIN : delinear, esbozar

outlive *vt* **-lived**; **-living** : sobrevivir a

outlook *n* **1** PROSPECTS : perspectivas *fpl* **2** VIEWPOINT : punto *m* de vista

outlying *adj* : alejado, distante

outmoded *adj* : pasado de moda, anticuado

outnumber *vt* : superar en número a

out of *prep* **1** FROM : de **2** THROUGH : por **3** WITHOUT : sin **4** ~ **curiosity** : por curiosidad **5** ~ **control** : fuera de control **6** one ~ **four** : uno de cada cuatro — **out–of–date** *adj* : anticuado — **out–of–door** *or* **out–of–doors** *adj* → **outdoor**

outpatient *n* : paciente *m* externo

outpost *n* : puesto *m* avanzado

output *n* **1** : producción *f*, rendimiento *m* **2** : salida *f* (informática) — ~ *vt* **-putted** *or* **-put**; **-putting** : producir

outrage *n* **1** : atrocidad *f*, escándalo *m* **2** ANGER : ira *f*, indignación *f* — ~ *vt* **-raged**; **-raging** : ultrajar — **outrageous** *adj* : escandaloso

outright *adv* **1** COMPLETELY : por completo **2** INSTANTLY : en el acto — ~ *adj* : completo, absoluto

outset *n* : comienzo *m*, principio *m*

outside *n* **1** : exterior *m* **2** from the ~ : desde fuera, desde afuera — ~ *adj* **1** : exterior, externo **2** an ~ **chance** : una posibilidad remota — ~ *adv* : fuera, afuera — ~ *prep or* ~ **of** : fuera de — **outsider** *n* : forastero *m*, -ra *f*

outskirts *npl* : afueras *fpl*, alrededores *mpl*

outspoken *adj* : franco, directo

outstanding *adj* **1** UNPAID : pendiente **2** EXCELLENT : excepcional

outstretched *adj* : extendido

outstrip *vt* **-stripped** *or* **-stript**; **-stripping** : aventajar

outward *adj* **1** : hacia afuera **2** EXTERNAL : externo, external — ~ *or* **outwards** *adv* : hacia afuera — **outwardly** *adv* APPARENTLY : aparentemente

outweigh *vt* : pesar más que

outwit *vt* **-witted**; **-witting** : ser más listo que

oval *n* : óvalo *m* — ~ *adj* : ovalado

ovary *n*, *pl* **-ries** : ovario *m*

ovation *n* : ovación *f*

oven *n* : horno *m*

over *adv* **1** ABOVE : por encima **2** AGAIN : otra vez, de nuevo **3** MORE : más **4** all ~ : por todas partes **5** ask ~ : invitar **6** cross ~ : cruzar **7** fall ~ : caerse **8** ~ **and** ~ : una y otra vez **9** ~ **here** : aquí **10** ~ **there** : allí — ~ *prep* **1** ABOVE, UPON : encima de, sobre **2** ACROSS : por encima de, sobre **3** DURING : en, durante **4** fight ~ : pelearse por **5** ~ **$5** : más de $5 **6** ~ **the phone** : por teléfono — ~ *adj* : terminado, acabado

overall *adv* GENERALLY : en general — *adj* : total, en conjunto — **overalls** *npl* : overol *m* Lat

overbearing *adj* : dominante, imperioso

overboard *adv* fall ~ : caer al agua

overburden *vt* : sobrecargar

overcast *adj* : nublado

overcharge *vt* **-charged**; **-charging** : cobrar demasiado

overcoat *n* : abrigo *m*

overcome *v* **-came**; **-come**; **-coming** *vt* **1** CONQUER : vencer **2** OVERWHELM : agobiar — *vi* : vencer

overcook *vt* : cocer demasiado

overcrowded *adj* : abarrotado de gente

overdo *vt* **-did**; **-done**; **-doing**; **-does** **1** : hacer demasiado **2** EXAGGERATE : exagerar **3** → **overcook**

overdose *n* : sobredosis *f*

overdraw *vt* **-drew**; **-drawn**; **-drawing** : girar en descubierto — **overdraft** *n* : sobregiro *m*, descubierto *m*

overdue *adj* : fuera de plazo (dícese de pagos, libros, etc.)

overeat *vi* **-ate**; **-eaten**; **-eating** : comer demasiado

overestimate *vt* **-mated**; **-mating** : sobreestimar

overflow *vt* : desbordar — *vi* : desbordarse — ~ *n* : desbordamiento *m* (de un río)

overgrown *adj* : cubierto (de malas hierbas, etc.)

overhand *adv* : por encima de la cabeza

overhang *v* **-hung; -hanging** : sobresalir

overhaul *vt* : revisar (un motor, etc.)

overhead *adv* : por encima — ~ *adj* : de arriba — ~ *n* : gastos *mpl* generales

overhear *vt* **-heard; -hearing** : oír por casualidad

overheat *vt* : calentar demasiado — *vi* : recalentarse

overjoyed *adj* : encantado

overland *adv & adj* : por tierra

overlap *v* **-lapped; -lapping** *vt* : traslapar — *vi* : traslaparse

overload *vt* : sobrecargar

overlook *vt* **1** : dar a (un jardín, el mar, etc.) **2** MISS : pasar por alto

overly *adv* : demasiado

overnight *adv* **1** : por la noche **2** SUDDENLY : de la noche a la mañana — ~ *adj* **1** : de noche **2** SUDDEN : repentino

overpass *n* : paso *m* elevado

overpopulated *adj* : superpoblado

overpower *vt* **1** SUBDUE : dominar **2** OVERWHELM : agobiar, abrumar

overrated *adj* : sobreestimado

override *vt* **-rode; -ridden; -riding 1** : predominar sobre **2** : anular (una decisión, etc.)

overrule *vt* **-ruled; -ruling** : anular (una decisión), rechazar (una protesta)

overrun *vt* **-ran; -running 1** INVADE : invadir **2** EXCEED : exceder

overseas *adv* : en el extranjero — ~ *adj* : extranjero, exterior

oversee *vt* **-saw; -seen; -seeing** : supervisar

overshadow *vt* : eclipsar

oversight *n* : descuido *m*

oversleep *vi* **-slept; -sleeping** : quedarse dormido

overstep *vt* **-stepped; -stepping** : sobrepasar

overt *adj* : manifiesto

overtake *vt* **-took; -taken; -taking 1** PASS : adelantar **2** SURPASS : superar

overthrow *vt* **-threw; -thrown; -throwing** : derrocar

overtime *n* **1** : horas *fpl* extras (de trabajo) **2** : prórroga *f* (en deportes)

overtone *n* SUGGESTION : tinte *m*, insinuación *f*

overture *n* : obertura *f* (en música)

overturn *vt* **1** : dar la vuelta a **2** NULLIFY : anular — *vi* : volcar

overweight *adj* : demasiado gordo

overwhelm *vt* **1** : abrumar, agobiar **2** : aplastar (a un enemigo) — **overwhelming** *adj* : abrumador, apabullante

overwork *vt* : hacer trabajar demasiado — *vi* : trabajar demasiado

overwrought *adj* : alterado, sobreexitado

owe *vt* **owed; owing** : deber — **owing to** *prep* : debido a

owl *n* : búho *m*

own *adj* : propio — ~ *vt* : poseer, tener — *vi* ~ **up** : confesar — ~ *pron* **1 my (your, his/her/their, our)** ~ : el mío, la mía; el tuyo, la tuya; el suyo, la suya; el nuestro, la nuestra **2 be on one's** ~ : estar solo **3 to each his** ~ : cada uno a lo suyo — **owner** *n* : propietario *m*, -ria *f* — **ownership** *n* : propiedad *f*

ox *n*, *pl* **oxen** : buey *m*

oxygen *n* : oxígeno *m*

oyster *n* : ostra *f*

ozone *n* : ozono *m*

P

p *n*, *pl* **p's** *or* **ps** : p *f*, decimosexta letra del alfabeto inglés

pace *n* **1** STEP : paso *m* **2** RATE : ritmo *m* **3 keep** ~ **with** : andar al mismo paso que — ~ *vi* **paced; pacing** *or* ~ **up and down** : caminar de arriba para abajo

pacify *vt* **-fied; -fying** : apaciguar — **pacifier** *n* : chupete *m* — **pacifist** *n* : pacifista *mf*

pack *n* **1** BUNDLE : fardo *m* **2** BACKPACK : mochila *f* **3** PACKAGE : paquete *m* **4** : baraja *f* (de naipes) **5** : manada *f* (de lobos, etc.), jauría *f* (de perros) — ~ *vt* **1**

PACKAGE : empaquetar **2** FILL : llenar **3** : hacer (una maleta) — *vi* : hacer las maletas — **package** *vt* **-aged; -aging** : empaquetar — ~ *n* : paquete *m* — **packet** *n* : paquete *m*

pact *n* : pacto *m*, acuerdo *m*

pad *n* **1** CUSHION : almohadilla *f* **2** TABLET : bloc *m* (de papel) **3** *or* **ink** ~ : tampón *m* **4 launching** ~ : plataforma *f* (de lanzamiento) — ~ *vt* **padded; padding** : rellenar — **padding** *n* **1** : relleno *m* **2** : paja *f* (en un discurso, etc.)

paddle *n* **1** : canalete *m* (de una canoa) **2** : pala *f*, paleta *f* (en deportes) — ~ *vt* **-dled; -dling** : hacer avanzar (una canoa) con canalete

padlock *n* : candado *m* — ~ *vt* : cerrar con candado

pagan *n* : pagano *m*, -na *f* — ~ *adj* : pagano

page¹ *vt* **paged; paging** : llamar por altavoz

page² *n* : página *f* (de un libro, etc.)

pageant *n* : espectáculo *m* — **pageantry** *n* : pompa *f*, boato *m*

paid → **pay**

pail *n* : cubo *m Spain*, cubeta *f Lat*

pain *n* **1** : dolor *m* **2** : pena *f* (mental) **3** ~**s** *npl* EFFORT : esfuerzos *mpl* — ~ *vt* : doler — **painful** *adj* : doloroso — **painkiller** *n* : analgésico *m* — **painless** *adj* : indoloro, sin dolor — **painstaking** *adj* : meticuloso, esmerado

paint *v* : pintar — ~ *n* : pintura *f* — **paintbrush** *n* : pincel *m* (de un artista), brocha *f* (para pintar casas, etc.) — **painter** *n* : pintor *m*, -tora *f* — **painting** *n* : pintura *f*

pair *n* **1** : par *m* **2** COUPLE : pareja *f* — ~ *vt* : emparejar

pajamas *npl* : pijama *m*, piyama *mf Lat*

Pakistani *adj* : paquistaní

pal *n* : amigo *m*, -ga *f*

palace *n* : palacio *m*

palate *n* : paladar *m* — **palatable** *adj* : sabroso

pale *adj* **paler; palest 1** PALLID : pálido **2** : claro (dícese de los colores, etc.) — ~ *vi* **paled; paling** : palidecer — **paleness** *n* : palidez *f*

Palestinian *adj* : palestino

palette *n* : paleta *f*

pallbearer *n* : portador *m*, -dora *f* del féretro

pallid *adj* : pálido — **pallor** *n* : palidez *f*

palm¹ *n* : palma *f* (de la mano)

palm² *or* ~ **tree** : palmera *f* — **Palm Sunday** *n* : Domingo *m* de Ramos

palpitate *vi* **-tated; -tating** : palpitar — **palpitation** *n* : palpitación *f*

paltry *adj* **-trier; -est** : mísero, mezquino

pamper *vt* : mimar

pamphlet *n* : panfleto *m*, folleto *m*

pan *n* **1** SAUCEPAN : cacerola *f* **2** FRYING PAN : sartén *mf* — ~ *vt* **panned; panning** CRITICIZE : poner por los suelos

pancake *n* : crepe *mf*, panqueque *m Lat*

panda *n* : panda *mf*

pandemonium *n* : pandemonio *m*

pander *vi* ~ **to** : complacer a

pane *n* : cristal *m*, vidrio *m*

panel *n* **1** : panel *m* **2** GROUP : jurado *m* **3** *or* **instrument** ~ : tablero *m* (de instrumentos) — ~ *vt* **-eled** *or* **-elled; -eling** *or*

-elling : adornar con paneles — **paneling** *n* : paneles *mpl*

pang *n* : punzada *f*

panic *n* : pánico *m* — ~ *v* **-icked; -icking** *vt* : llenar del pánico — *vi* : ser presa del pánico — **panicky** *adj* : presa de pánico

panorama *n* : panorama *m* — **panoramic** *adj* : panorámico

pansy *n*, *pl* **-sies** : pensamiento *m*

pant *vi* : jadear, resoplar

panther *n* : pantera *f*

panties *npl* : bragas *fpl Spain*, calzones *mpl Lat*

pantomime *n* : pantomima *f*

pantry *n*, *pl* **-tries** : despensa *f*

pants *npl* TROUSERS : pantalón *m*, pantalones *mpl*

papa *n* : papá *m fam*

papal *adj* : papal

papaya *n* : papaya *f*

paper *n* **1** : papel *m* **2** DOCUMENT : documento *m* **3** NEWSPAPER : periódico *m* — ~ *vt* WALLPAPER : empapelar — ~ *adj* : de papel — **paperback** *n* : libro *m* en rústica — **paper clip** *n* : clip *m*, sujetapapeles *m* — **paperweight** *n* : pisapapeles *m* — **paperwork** *n* : papeleo *m*

paprika *n* : pimentón *m*

par *n* **1** : par *m* (en golf) **2 below** ~ : debajo de la par **3 on a** ~ **with** : al nivel de

parable *n* : parábola *f*

parachute *n* : paracaídas *m* — ~ *vi* **-chuted; -chuting** : lanzarse en paracaídas

parade *n* **1** : desfile *m* **2** DISPLAY : alarde *m* — ~ *v* **-raded; -rading** *vi* MARCH : desfilar — *vt* DISPLAY : hacer alarde de

paradise *n* : paraíso *m*

paradox *n* : paradoja *f* — **paradoxical** *adj* : paradójico

paraffin *n* : parafina *f*

paragraph *n* : párrafo *m*

Paraguayan *adj* : paraguayo

parakeet *n* : periquito *m*

parallel *adj* : paralelo — ~ *n* **1** : paralelo *m* (en geografía) **2** SIMILARITY : paralelismo *m*, semejanza *f* — ~ *vt* : ser paralelo a

paralysis *n*, *pl* **-yses** : parálisis *f* — **paralyze** *or Brit* **paralise** *vt* **-lyzed** *or Brit* **-lised; -lyzing** *or Brit* **-lising** : paralizar

parameter *n* : parámetro *m*

paramount *adj* **of** ~ **importance** : de suma importancia

paranoia *n* : paranoia *f* — **paranoid** *adj* : paranoico

paraphernalia *ns & pl* : parafernalia *f*

paraphrase *n* : paráfrasis *f* — ~ *vt* **-phrased; -phrasing** : parafrasear

paraplegic *n* : parapléjico *m*, -ca *f*

parasite *n* : parásito *m*

paratrooper *n* : paracaidista *mf* (militar)
parcel *n* : paquete *m*
parch *vt* : resecar
parchment *n* : pergamino *m*
pardon *n* **1** : perdón *m* **2** REPRIEVE : indulto *m* **3 I beg your ~** : perdone Ud., disculpe Ud. *Lat* — **~** *vt* **1** : perdonar **2** REPRIEVE : indultar (a un delincuente)
parent *n* **1** : madre *f*, padre *m* **2 ~s** *npl* : padres *mpl* — **parental** *adj* : de los padres
parenthesis *n*, *pl* **-theses** : paréntesis *m*
parish *n* : parroquia *f* — **parishioner** *n* : feligrés *m*, -gresa *f*
parity *n*, *pl* **-ties** : igualdad *f*
park *n* : parque *m* — **~** *v* : estacionar, parquear *Lat*
parka *n* : parka *f*
parking *n* : estacionamiento *m*
parliament *n* : parlamento *m* — **parliamentary** *adj* : parlamentario
parlor *or Brit* **parlour** *n* : salón *m*
parochial *adj* **1** : parroquial **2** PROVINCIAL : de miras estrechas
parody *n*, *pl* **-dies** : parodia *f* — **~** *vt* **-died; -dying** : parodiar
parole *n* : libertad *f* condicional
parrot *n* : loro *m*, papagayo *m*
parry *vt* **-ried; -rying 1** : parar (un golpe) **2** EVADE : eludir (una pregunta, etc.)
parsley *n* : perejil *m*
parsnip *n* : chirivía *f*
parson *n* : clérigo *m*
part *n* **1** : parte *f* **2** PIECE : pieza *f* **3** ROLE : papel *m* **4** : raya *f* (del pelo) — **~** *vi* **1** *or* **~ company** : separarse **2 ~ with** : deshacerse de — *vt* SEPARATE : separar
partake *vi* **-took; -taken; -taking ~ in** : participar en
partial *adj* **1** : parcial **2 be ~ to** : ser aficionado a
participate *vi* **-pated; -pating** : participar — **participant** *n* : participante *mf*
participle *n* : participio *m*
particle *n* : partícula *f*
particular *adj* **1** : particular **2** FUSSY : exigente — **~** *n* **1 in ~** : en particular, en especial **2 ~s** *npl* DETAILS : detalles *mpl* — **particularly** *adv* : especialmente
partisan *n* : partidario *m*, -ria *f*
partition *n* **1** DISTRIBUTION : partición *f* **2** DIVIDER : tabique *m* — **~** *vt* : dividir
partly *adv* : en parte
partner *n* **1** : pareja *f* (en un juego, etc.) **2** *or* **business ~** : socio *m*, -cia *f* — **partnership** *n* : asociación *f*
party *n*, *pl* **-ties 1** : partido *m* (político) **2** GATHERING : fiesta *f* **3** GROUP : grupo *m*
pass *vi* **1** : pasar **2** CEASE : pasarse **3** : aprobar (en un examen) **4** *or* **~ away** DIE

: morir **5 ~ for** : pasar por **6 ~ out** FAINT : desmayarse — *vt* **1** : pasar **2** *or* **~ in front of** : pasar por **3** OVERTAKE : adelantar **4** : aprobar (un examen, una ley, etc.) **5 ~ down** : transmitir — **~** *n* **1** PERMIT : pase *m*, permiso *m* **2** : pase *m* (en deportes) **3** *or* **mountain ~** : paso *m* de montaña — **passable** *adj* **1** ADEQUATE : adecuado **2** : transitable (dícese de un camino, etc.) — **passage** *n* **1** : paso *m* **2** CORRIDOR : pasillo *m* (dentro de un edificio), pasaje *m* (entre edificios) **3** VOYAGE : travesía *f* (por el mar) — **passageway** *n* : pasillo *m*, corredor *m*
passenger *n* : pasajero *m*, -ra *f*
passerby *n*, *pl* **passersby** : transeúnte *mf*
passion *n* : pasión *f* — **passionate** *adj* : apasionado
passive *adj* : pasivo
Passover *n* : Pascua *f* (en el judaísmo)
passport *n* : pasaporte *m*
password *n* : contraseña *f*
past *adj* **1** : pasado **2** FORMER : anterior **3 the ~ few months** : los últimos meses — **~** *prep* **1** IN FRONT OF : por delante de **2** BEYOND : más allá de **3 half ~ two** : las dos y media — **~** *n* : pasado *m* — **~** *adv* : por delante
pasta *n* : pasta *f*
paste *n* **1** : pasta *f* **2** GLUE : engrudo *m* — **~** *vt* **pasted; pasting** : pegar
pastel *n* : pastel *m* — **~** *adj* : pastel
pasteurize *vt* **-ized; -izing** : pasteurizar
pastime *n* : pasatiempo *m*
pastor *n* : pastor *m*, -tora *f*
pastry *n*, *pl* **-ries** : pasteles *mpl*
pasture *n* : pasto *m*
pasty *adj* **pastier; -est 1** DOUGHY : pastoso **2** PALLID : pálido
pat *n* **1** : palmadita *f* **2 a ~ of butter** : una porción de mantequilla — **~** *vt* **patted; patting** : dar palmaditas a — **~** *adv* **have down ~** : saberse de memoria — **~** *adj* GLIB : fácil
patch *n* **1** : parche *m*, remiendo *m* (para la ropa) **2** SPOT : mancha *f*, trozo *m* **3** PLOT : parcela *f* (de tierra) — **~** *vt* **1** MEND : remendar **2 ~ up** : arreglar — **patchy** *adj* **patchier; -est 1** : desigual **2** INCOMPLETE : parcial, incompleto
patent *adj* **1** *or* **patented** : patentado **2** OBVIOUS : patente, evidente — **~** *n* : patente *f* — **~** *vt* : patentar
paternal *adj* **1** FATHERLY : paternal **2 ~ grandmother** : abuela *f* paterna — **paternity** *n* : paternidad *f*
path *n* **1** TRACK, TRAIL : camino *m*, sendero *m* **2** COURSE : trayectoria *f*
pathetic *adj* : patético

pathology *n, pl* **-gies** : patología *f*
pathway *n* : camino *m*, sendero *m*
patience *n* : paciencia *f* — **patient** *adj* : paciente — ～ *n* : paciente *mf* — **patiently** *adv* : con paciencia
patio *n, pl* **-tios** : patio *m*
patriot *n* : patriota *mf* — **patriotic** *adj* : patriótico
patrol *n* : patrulla *f* — ～ *v* **-trolled; -trolling** : patrullar
patron *n* **1** SPONSOR : patrocinador *m*, -dora *f* **2** CUSTOMER : cliente *m*, -ta *f* — **patronage** *n* **1** SPONSORSHIP : patrocinio *m* **2** CLIENTELE : clientela *f* — **patronize** *vt* **-ized; -izing 1** : ser cliente de (una tienda, etc.) **2** : tratar (a algn) con condescencia
patter *n* : tamborileo *m* (de la lluvia), correteo *m* (de los pies)
pattern *n* **1** MODEL : modelo *m* **2** DESIGN : diseño *m* **3** STANDARD : pauta *f*, modo *m* **4** : patrón *m* (en costura) — ～ *vt* : basar (en un modelo)
paunch *n* : panza *f*
pause *n* : pausa *f* — ～ *vi* **paused; pausing** : hacer una pausa
pave *vt* **paved; paving** : pavimentar — **pavement** *n* : pavimento *m*
pavilion *n* : pabellón *m*
paw *n* **1** : pata *f* **2** : garra *f* (de un gato) — ～ *vt* : tocar con la pata
pawn[1] *n* : peón *m* (en ajedrez)
pawn[2] *vt* : empeñar — **pawnbroker** *n* : prestamista *mf* — **pawnshop** *n* : casa *f* de empeños
pay *v* **paid; paying** *vt* **1** : pagar **2** ～ **attention** : prestar atención **3** ～ **back** : devolver **4** ～ **one's respects** : presentar uno sus respetos **5** ～ **a visit** : hacer una visita — *vi* **1** : pagar **2 crime doesn't** ～ : no hay crimen sin castigo — ～ *n* : paga *f* — **payable** *adj* : pagadero — **paycheck** *n* : cheque *m* del sueldo — **payment** *n* **1** : pago *m* **2** INSTALLMENT : plazo *m*, cuota *f Lat* — **payroll** *n* : nómina *f*
PC *n, pl* **PCs** *or* **PC's** : PC *mf*, computadora *f* personal
pea *n* : guisante *m*, arveja *f Lat*
peace *n* : paz *f* — **peaceful** *adj* **1** : pacífico **2** CALM : tranquilo
peach *n* : melocotón *m*, durazno *m Lat*
peacock *n* : pavo *m* real
peak *n* **1** SUMMIT : cumbre *f*, cima *f*, pico *m* (de una montaña) **2** APEX : nivel *m* máximo — ～ *adj* : máximo — ～ *vi* : alcanzar su nivel máximo
peal *n* **1** : repique *m* **2** ～**s of laughter** : carcajadas *fpl*
peanut *n* : cacajuete *m*, maní *m Lat*
pear *n* : pera *f*

pearl *n* : perla *f*
peasant *n* : campesino *m*, -na *f*
peat *n* : turba *f*
pebble *n* : guijarro *m*
pecan *n* : pacana *f*, nuez *f Lat*
peck *vt* : picar, picotear — ～ *n* **1** : picotazo *m* (de un pájaro) **2** KISS : besito *m*
peculiar *adj* **1** DISTINCTIVE : peculiar, característico **2** STRANGE : extraño, raro — **peculiarity** *n, pl* **-ties 1** : peculiaridad *f* **2** ODDITY : rareza *f*
pedal *n* : pedal *m* — ～ *vi* **-aled** *or* **-alled; -aling** *or* **-alling** : pedalear
pedantic *adj* : pedante
peddle *vt* **-dled; -dling** : vender en las calles — **peddler** *n* : vendedor *m*, -dora *f* ambulante
pedestal *n* : pedestal *m*
pedestrian *n* : peatón *m*, -tona *f* — ～ *adj* ～ **crossing** : paso *m* de peatones
pediatrics *ns & pl* : pediatría *f* — **pediatrician** *n* : pediatra *mf*
pedigree *n* : pedigrí *m* (de un animal), linaje *m* (de una persona)
peek *vi* : mirar a hurtadillas — ～ *n* : miradita *f* (furtiva)
peel *vt* : pelar (fruta, etc.) — *vi* : pelarse (dícese de la piel), desconcharse (dícese de la pintura) — ～ *n* : piel *f*, cáscara *f*
peep[1] *vi* CHEEP : piar — ～ *n* : pío *m* (de un pajarito)
peep[2] *vi* **1** PEEK : mirar a hurtadillas **2** *or* ～ **out** : asomar — ～ *n* GLANCE : mirada *f* (furtiva)
peer[1] *n* : par *mf*
peer[2] *vi* : mirar (con atención)
peeve *vt* : irritar — **peevish** *adj* : malhumorado
peg *n* **1** : clavija *f* **2** HOOK : gancho *m*
pelican *n* : pelícano *m*
pellet *n* **1** : bolita *f* **2** SHOT : perdigón *m*
pelt[1] *n* : piel *f* (de un animal)
pelt[2] *vt* : lanzar (algo a algn)
pelvis *n, pl* **-vises** *or* **-ves** : pelvis *f* — **pelvic** *adj* : pélvico
pen[1] *vt* **penned; penning** ENCLOSE : encerrar — ～ *n* : corral *m*, redil *m*
pen[2] *n* **1** *or* **ballpoint** ～ : bolígrafo *m* **2** *or* **fountain** ～ : pluma *f*
penal *adj* : penal — **penalize** *vt* **-ized; -izing** : penalizar — **penalty** *n, pl* **-ties 1** : pena *f*, castigo *m* **2** : penalty *m* (en deportes)
penance *n* : penitencia *f*
pencil *n* : lápiz *m* — **pencil sharpener** *n* : sacapuntas *m*
pendant *n* : colgante *m*
pending *adj* : pendiente — ～ *prep* : en espera de
penetrate *v* **-trated; -trating** : penetrar —

penetrating *adj* : penetrante — **penetration** *n* : penetración *f*
penguin *n* : pingüino *m*
penicillin *n* : penicilina *f*
peninsula *n* : península *f*
penis *n, pl* **-nes** *or* **-nises** : pene *m*
penitentiary *n, pl* **-ries** : penitenciaría *f*
pen name *n* : seudónimo *m*
pennant *n* : banderín *m*
penny *n, pl* **-nies** *or* **pence** : centavo *m* (de los Estados Unidos), penique *m* (del Reino Unido) — **penniless** *adj* : sin un centavo
pension *n* : pensión *m*, jubilación *f*
pensive *adj* : pensativo
pentagon *n* : pentágono *m*
penthouse *n* : ático *m*
pent–up *adj* : reprimado
people *ns & pl* **1 people** *npl* : gente *f*, personas *fpl* **2** *pl* **~s** : pueblo *m*
pep *n* : energía *f*, vigor *m* — **~** *vt or* **~ up** : animar
pepper *n* **1** : pimienta *f* (condimento) **2** : pimiento *m* (fruta) — **peppermint** *n* : menta *f*
per *prep* **1** : por **2** ACCORDING TO : según **3** **~ day** : al día **4 miles ~ hour** : millas *fpl* por hora
perceive *vt* **-ceived; -ceiving** : percibir
percent *adv* : por ciento — **percentage** *n* : porcentaje *m*
perception *n* : percepción *f* — **perceptive** *adj* : perspicaz
perch[1] *n* : percha *f* (para los pájaros) — **~** *vi* : posarse
perch[2] *n* : perca *f* (pez)
percolate *vi* **-lated; -lating** : filtrarse — **percolator** *n* : cafetera *f* de filtro
percussion *n* : percusión *f*
perennial *adj* : perenne — **~** *n* : planta *f* perenne
perfect *adj* : perfecto — **~** *vt* : perfeccionar — **perfection** *n* : perfección *f* — **perfectionist** *n* : perfeccionista *mf*
perforate *vt* **-rated; -rating** : perforar
perform *vt* **1** CARRY OUT : realizar, hacer **2** : representar (una obra teatral), interpretar (una obra musical) — *vi* **1** FUNCTION : funcionar **2** ACT : actuar — **performance** *n* **1** : realización *f* **2** INTERPRETATION : interpretación *f* **3** PRESENTATION : representación *f* — **performer** *n* : actor *m*, -triz *f*; intérprete *mf* (de música)
perfume *n* : perfume *m*
perhaps *adv* : tal vez, quizá, quizás
peril *n* : peligro *m* — **perilous** *adj* : peligroso
perimeter *n* : perímetro *m*
period *n* **1** : período *m* (de tiempo) **2** : punto *m* (en puntuación) **3** ERA : época *f*

— **periodic** *adj* : periódico — **periodical** *n* : revista *f*
peripheral *adj* : periférico
perish *vi* : perecer — **perishable** *adj* : perecedero — **perishables** *npl* : productos *mpl* perecederos
perjury *n* : perjurio *m*
perk *vi* **~ up** : animarse, reanimarse — **~** *n* : extra *m* — **perky** *adj* **perkier; -est** : alegre
permanence *n* : permanencia *f* — **permanent** *adj* : permanente — **~** *n* : permanente *f*
permeate *v* **-ated; -ating** : penetrar
permission *n* : permiso *m* — **permissible** *adj* : permisible — **permissive** *adj* : permisivo — **permit** *vt* **-mitted; -mitting** : permitir — **~** *n* : permiso *m*
peroxide *n* : peróxido *m*
perpendicular *adj* : perpendicular
perpetrate *vt* **-trated; -trating** : cometer — **perpetrator** *n* : autor *m*, -tora *f* (de un delito)
perpetual *adj* : perpetuo
perplex *vt* : dejar perplejo — **perplexing** *adj* : desconcertante — **perplexity** *n, pl* **-ties** : perplejidad *f*
persecute *vt* **-cuted; -cuting** : perseguir — **persecution** *n* : persecución *f*
persevere *vi* **-vered; -vering** : perseverar — **perseverance** *n* : perseverancia *f*
persist *vi* : persistir — **persistence** *n* : persistencia *f* — **persistent** *adj* : persistente
person *n* : persona *f* — **personal** *adj* : personal — **personality** *n, pl* **-ties** : personalidad *f* — **personally** *adv* : personalmente, en persona — **personnel** *n* : personal *m*
perspective *n* : perspectiva *f*
perspiration *n* : transpiración *f* — **perspire** *vi* **-spired; -spiring** : transpirar
persuade *vt* **-suaded; -suading** : persuadir — **persuasion** *n* : persuasión *f*
pertain *vi* **~ to** : estar relacionado con — **pertinent** *adj* : pertinente
perturb *vt* : perturbar
Peruvian *adj* : peruano
pervade *vt* **-vaded; -vading** : penetrar — **pervasive** *adj* : penetrante
perverse *adj* **1** CORRUPT : perverso **2** STUBBORN : obstinado — **pervert** *n* : pervertido *m*, -da *f*
peso *n, pl* **-sos** : peso *m*
pessimism *n* : pesimismo *m* — **pessimist** *n* : pesimista *mf* — **pessimistic** *adj* : pesimista
pest *n* **1** : insecto *m* nocivo, animal *m* nocivo **2** : peste *f fam* (persona)
pester *vt* **-tered; -tering** : molestar
pesticide *n* : pesticida *m*

pet *n* **1** : animal *m* doméstico **2** FAVORITE : favorito *m*, -ta *f* — ~ *vt* **petted; petting** : acariciar

petal *n* : pétalo *m*

petite *adj* : chiquita

petition *n* : petición *f* — ~ *vt* : dirigir una petición a

petrify *vt* **-fied; -fying** : petrificar

petroleum *n* : petróleo *m*

petticoat *n* : enagua *f*, fondo *m Lat*

petty *adj* **-tier; -est 1** UNIMPORTANT : insignificante, nimio **2** MEAN : mezquino — **pettiness** *n* : mezquindad *f*

petulant *adj* : irritable, de mal genio

pew *n* : banco *m* (de iglesia)

pewter *n* : peltre *m*

phallic *adj* : fálico

phantom *n* : fantasma *m*

pharmacy *n*, *pl* **-cies** : farmacia *f* — **pharmacist** *n* : farmacéutico *m*, -ca *f*

phase *n* : fase *f* — ~ *vt* **phased; phasing 1** ~ **in** : introducir progresivamente **2** ~ **out** : retirar progresivamente

phenomenon *n*, *pl* **-na** *or* **-nons** : fenómeno *m* — **phenomenal** *adj* : fenomenal

philanthropy *n*, *pl* **-pies** : filantropía *f* — **philanthropist** *n* : filántropo *m*, -pa *f*

philosophy *n*, *pl* **-phies** : filosofía *f* — **philosopher** *n* : filósofo *m*, -fa *f*

phlegm *n* : flema *f*

phobia *n* : fobia *f*

phone → **telephone**

phonetic *adj* : fonético

phony *or* **phoney** *adj* **-nier; -est** : falso — ~ *n*, *pl* **-nies** : farsante *mf*

phosphorus *n* : fósforo *m*

photo *n*, *pl* **-tos** : foto *f* — **photocopier** *n* : fotocopiadora *f* — **photocopy** *n*, *pl* **-copies** : fotocopia *f* — ~ *vt* **-copied; -copying** : fotocopiar — **photograph** *n* : fotografía *f*, foto *f* — ~ *vt* : fotografiar — **photographer** *n* : fotógrafo *m*, -fa *f* — **photographic** *adj* : fotográfico — **photography** *n* : fotografía *f*

phrase *n* : frase *f* — ~ *vt* **phrased; phrasing** : expresar

physical *adj* : físico — ~ *n* : reconocimiento *m* médico

physician *n* : médico *m*, -ca *f*

physics *ns* & *pl* : física *f* — **physicist** *n* : físico *m*, -ca *f*

physiology *n* : fisiología *f*

physique *n* : físico *m*

piano *n*, *pl* **-anos** : piano *m* — **pianist** *n* : pianista *mf*

pick *vt* **1** CHOOSE : escoger **2** GATHER : recoger **3** REMOVE : quitar (poco a poco) **4** ~ **a fight** : buscar camorra — *vi* **1** ~ **and choose** : ser exigente **2** ~ **on** : me-

terse con — ~ *n* **1** CHOICE : selección *f* **2** *or* **pickax** : pico *m* **3 the** ~ **of** : lo mejor de

picket *n* **1** STAKE : estaca *f* **2** *or* ~ **line** : piquete *m* — ~ *v* : piquetear

pickle *n* **1** : pepinillo *m* (encurtido) **2** JAM : lío *m fam*, apuro *m* — ~ *vt* **-led; -ling** : encurtir

pickpocket *n* : carterista *mf*

pickup *n* **1** IMPROVEMENT : mejora *f* **2** *or* ~ **truck** : camioneta *f* — **pick up** *vt* **1** LIFT : levantar **2** TIDY : arreglar, ordenar — *vi* IMPROVE : mejorar

picnic *n* **1** : picnic *m* — ~ *vi* **-nicked; -nicking** : ir de picnic

picture *n* **1** PAINTING : cuadro *m* **2** DRAWING : dibujo *m* **3** PHOTO : fotografía *f* **4** IMAGE : imagen *f* **5** MOVIE : película *f* — ~ *vt* **-tured; -turing 1** DEPICT : representar **2** IMAGINE : imaginarse — **picturesque** *adj* : pintoresco

pie *n* : pastel *m* (con fruta o carne), empanada *f* (con carne)

piece *n* **1** : pieza *f* **2** FRAGMENT : trozo *m*, pedazo *m* **3 a** ~ **of advice** : un consejo — ~ *vt* **pieced; piecing** *or* ~ **together** : juntar, componer — **piecemeal** *adv* : poco a poco — ~ *adj* : poco sistemático

pier *n* : muelle *m*

pierce *vt* **pierced; piercing** : perforar — **piercing** *adj* : penetrante

piety *n*, *pl* **-eties** : piedad *f*

pig *n* : cerdo *m*, -da *f*; puerco *m*, -ca *f*

pigeon *n* : paloma *f* — **pigeonhole** *n* : casilla *f*

piggyback *adv* & *adj* : a cuestas

pigment *n* : pigmento *m*

pigpen *n* : pocilga *f*

pigtail *n* : coleta *f*, trenza *f*

pile¹ *n* HEAP : montón *m*, pila *f* — ~ *v* **piled; piling** *vt* : amontonar, apilar — *vi* ~ **up** : amontonarse, acumularse

pile² *n* NAP : pelo *m* (de telas)

pilfer *vt* : robar, hurtar

pilgrim *n* : peregrino *m*, -na *f* — **pilgrimage** *n* : peregrinación *f*

pill *n* : pastilla *f*, píldora *f*

pillage *n* : saqueo *m* — ~ *vt* **-laged; -laging** : saquear

pillar *n* : pilar *m*, columna *f*

pillow *n* : almohada *f* — **pillowcase** *n* : funda *f* (de almohada)

pilot *n* : piloto *mf* — ~ *vt* : pilotar, pilotear — **pilot light** *n* : piloto *m*

pimp *n* : proxeneta *m*

pimple *n* : grano *m*

pin *n* **1** : alfiler *m* **2** BROOCH : broche *m* **3** *or* **bowling** ~ : bolo *m* — ~ *vt* **pinned; pinning 1** FASTEN : prender, sujetar (con alfileres) **2** *or* ~ **down** : inmovilizar

pincers *npl* : tenazas *fpl*
pinch *vt* **1** : pellizcar **2** STEAL : robar — *vi* : apretar — **~** *n* **1** : pellizco *m* **2** BIT : pizca *f* **3 in a ~** : en caso necesario
pine¹ *n* : pino *m* (árbol)
pine² *vi* **pined; pining 1** LANGUISH : languidecer **2 ~ for** : suspirar por
pineapple *n* : piña *f*, ananás *m*
pink *n* : rosa *m*, rosado *m* — **~** *adj* : rosa, rosado
pinnacle *n* : pináculo *m*
pinpoint *vt* : localizar, precisar
pint *n* : pinta *f*
pioneer *n* : pionero *m*, -ra *f*
pious *adj* : piadoso
pipe *n* **1** : tubo *m*, caño *m* **2** : pipa *f* (para fumar) — **pipeline** *n* **1** : conducto *m*, oleoducto *m* (para petróleo)
piquant *adj* : picante
pique *n* : resentimiento *m*
pirate *n* : pirata *mf*
pistachio *n, pl* **-chios** : pistacho *m*
pistol *n* : pistola *f*
piston *n* : pistón *m*
pit *n* **1** HOLE : hoyo *m*, fosa *f* **2** MINE : mina *f* **3** : hueso *m* (de una fruta) **4 ~ of the stomach** : boca *f* del estómago — **~** *vt* **pitted; pitting 1** : marcar de hoyos **2** : deshuesar (una fruta) **3 ~ against** : enfrentar a
pitch *vt* **1** : armar (una tienda) **2** THROW : lanzar — *vi* **1 or ~ forward** : caerse **2** LURCH : cabecear (dícese de un barco o un avión) — **~** *n* **1** DEGREE, LEVEL : grado *m*, punto *m* **2** TONE : tono *m* **3** THROW : lanzamiento *m* **4 or sales ~** : presentación *f* (de un vendedor)
pitcher *n* **1** JUG : jarro *m* **2** : lanzador *m*, -dora *f* (en béisbol, etc.)
pitchfork *n* : horquilla *f*, horca *f*
pitfall *n* : riesgo *m*, dificultad *f*
pith *n* **1** : médula *f* (de un hueso, etc.) **2** CORE : meollo *m* — **pithy** *adj* **pithier; -est** : conciso y sustancioso
pity *n, pl* **pities 1** COMPASSION : compasión *f* **2 what a ~!** : ¡qué lástima! — **~** *vt* **pitied; pitying** : compadecerse de — **pitiful** *adj* : lastimoso — **pitiless** *adj* : despiadado
pivot *n* : pivote *m* — **~** *vi* **1** : girar sobre un eje **2 ~ on** : depender de
pizza *n* : pizza *f*
placard *n* POSTER : cartel *m*, póster *m*
placate *vt* **-cated; -cating** : apaciguar
place *n* **1** : sitio *m*, lugar *m* **2** SEAT : asiento *m* **3** POSITION : puesto *m* **4** ROLE : papel *m* **5 take ~** : tener lugar **6 take the ~ of** : sustituir a — **~** *vt* **placed; placing 1** PUT, SET : poner, colocar **2** IDENTIFY : iden-

tificar, recordar **3 ~ an order** : hacer un pedido — **placement** *n* : colocación *f*
placid *adj* : plácido, tranquilo
plagiarism *n* : plagio *m* — **plagiarize** *vt* **-rized; -rizing** : plagiar
plague *n* **1** : plaga *f* (de insectos, etc.) **2** : peste *f* (en medicina)
plaid *n* : tela *f* escocesa — **~** *adj* : escocés
plain *adj* **1** SIMPLE : sencillo **2** CLEAR : claro, evidente **3** CANDID : franco **4** HOMELY : poco atractivo **5 in ~ sight** : a la vista (de todos) — **~** *n* : llanura *f*, planicie *f* — **plainly** *adv* **1** CLEARLY : claramente **2** FRANKLY : francamente **3** SIMPLY : sencillamente
plaintiff *n* : demandante *mf*
plan *n* **1** : plan *m*, proyecto *m* **2** DIAGRAM : plano *m* — **~** *v* **planned; planning** *vt* **1** : planear, proyectar **2** INTEND : tener planeado — *vi* : hacer planes
plane¹ *n* **1** LEVEL : plano *m*, nivel *m* **2** AIRPLANE : avión *m*
plane² *n or* **carpenter's ~** : cepillo *m*
planet *n* : planeta *f*
plank *n* : tabla *f*
planning *n* : planificación *f*
plant *vt* : plantar (flores, árboles), sembrar (semillas) — **~** *n* **1** : planta *f* **2** FACTORY : fábrica *f*
plantain *n* : plátano *m* (grande)
plantation *n* : plantación *f*
plaque *n* : placa *f*
plaster *n* : yeso *m* — **~** *vt* **1** : enyesar **2** COVER : cubrir — **plaster cast** *n* : escayola *f*
plastic *adj* **1** : de plástico **2** FLEXIBLE : plástico, flexible **3 ~ surgery** : cirugía *f* plástica — **~** *n* : plástico *m*
plate *n* **1** SHEET : placa *f* **2** DISH : plato *m* **3** ILLUSTRATION : lámina *f* — **~** *vt* **plated; plating** : chapar (en metal)
plateau *n, pl* **-teaus** *or* **-teaux** : meseta *f*
platform *n* **1** : plataforma *f* **2** : andén *m* (de una estación de ferrocarril) **3 or political ~** : programa *m* electoral
platinum *n* : platino *m*
platitude *n* : lugar *m* común
platoon *n* : sección *f* (en el ejército)
platter *n* : fuente *f*
plausible *adj* : creíble, verosímil
play *n* **1** : juego *m* **2** DRAMA : obra *f* de teatro — *vi* **1** : jugar **2 ~ in a band** : tocar en un grupo — *vt* **1** : jugar (deportes, etc.), jugar a (juegos) **2** : tocar (música o un instrumento) **3 ~ the role of** : representar el papel de — **player** *n* **1** : jugador *m*, -dora *f* **2** ACTOR : actor *m*, actriz *f* **3** MUSICIAN : músico *m*, -ca *f* — **playful** *adj* : juguetón — **playground** *n* : patio *m* de recreo — **playing card** *n* : naipe *m*, carta *f* — **play-**

mate *n* : compañero *m*, -ra *f* de juego —
play–off *n* : desempate *m* — **playpen** *n*
: corral *m* (para niños) — **plaything** *n*
: juguete *m* — **playwright** *n* : dramaturgo *m*,
-ga *f*
plea *n* **1** : acto *m* de declararse (en derecho)
2 APPEAL : ruego *m*, súplica *f* — **plead** *v*
pleaded *or* **pled; pleading** *vi* **1** ~ **for** : suplicar **2** ~ **guilty** : declararse culpable **3**
~ **not guilty** : negar la acusación — *vt* **1**
: alegar, pretextar **2** ~ **a case** : defender
un caso
pleasant *adj* : agradable, grato — **please** *v*
pleased; pleasing *vt* **1** GRATIFY : complacer **2** SATISFY : satisfacer — *vi* **1**
: agradar **2 do as you** ~ : haz lo que
quieras — ~ *adv* : por favor — **pleased**
adj : contento — **pleasing** *adj* : agradable
— **pleasure** *n* : placer *m*, gusto *m*
pleat *vt* : plisar — ~ *n* : pliegue *m*
pledge *n* **1** SECURITY : prenda *f* **2** PROMISE
: promesa *f* — ~ *vt* **pledged; pledging 1**
PAWN : empeñar **2** PROMISE : prometer
plenty *n* **1** : abundancia *f* **2** ~ **of time**
: tiempo *m* de sobra — **plentiful** *adj* : abundante
pliable *adj* : flexible
pliers *npl* : alicates *mpl*
plight *n* : situación *f* difícil
plod *vi* **plodded; plodding 1** : caminar con
paso pesado **2** DRUDGE : trabajar laboriosa-
mente
plot *n* **1** LOT : parcela *f* **2** : argumento *m* (de
una novela, etc.) **3** CONSPIRACY : complot
m, intriga *f* — ~ *v* **plotted; plotting** *vt*
: tramar (un plan), trazar (una gráfica, etc.)
— *vi* CONSPIRE : conspirar
plow *or* **plough** *n* **1** : arado *m* **2** → **snowplow** — ~ *v* : arar
ploy *n* : estratagema *f*
pluck *vt* **1** : arrancar **2** : desplumar (un
pollo, etc.) **3** : recoger (flores) **4** ~ **one's
eyebrows** : depilarse las cejas
plug *n* **1** STOPPER : tapón *m* **2** : enchufe *m*
(eléctrico) — ~ *vt* **plugged; plugging 1**
BLOCK : tapar **2** ADVERTISE : dar publicidad
a **3** ~ **in** : enchufar
plum *n* : ciruela *f*
plumb *adj* : a plomo, vertical — **plumber** *n*
: fontanero *m*, -ra *f;* plomero *m*, -ra *f Lat* —
plumbing *n* **1** : fontanería *f*, plomería *f Lat*
2 PIPES : cañerías *fpl*
plume *n* : pluma *f*
plummet *vi* : caer en picado
plump *adj* : rechoncho *fam*
plunder *vi* : saquear, robar — ~ *n* : botín *m*
plunge *v* **plunged; plunging** *vt* **1** IMMERSE
: sumergir **2** THRUST : hundir — *vi* **1** : zambullirse (en el agua) **2** DESCEND : descender

en picada — ~ *n* **1** DIVE : zambullida *f* **2**
DROP : descenso *m* abrupto
plural *adj* : plural — ~ *n* : plural *m*
plus *adj* : positivo — ~ *n* **1** *or* ~ **sign**
: signo *m* (de) más **2** ADVANTAGE : ventaja *f*
— ~ *prep* : más — ~ *conj* : y, además
plush *n* : felpa *f* — ~ *adj* **1** : de felpa **2**
LUXURIOUS : lujoso
plutonium *n* : plutonio *m*
ply *vt* **plied; plying 1** : ejercer (un oficio) **2**
~ **with questions** : acosar con preguntas
plywood *n* : contrachapado *m*
pneumatic *adj* : neumático
pneumonia *n* : pulmonía *f*
poach¹ *vt* : cocer a fuego lento
poach² *vt or* ~ **game** : cazar ilegalmente
— **poacher** *n* : cazador *m* furtivo, cazadora
f furtiva
pocket *n* : bolsillo *m* — ~ *vt* : meterse en el
bolsillo — **pocketbook** *n* : cartera *f*, bolsa *f*
Lat — **pocketknife** *n*, *pl* **-knives** : navaja *f*
pod *n* : vaina *f*
poem *n* : poema *m* — **poet** *n* : poeta *mf* —
poetic *or* **poetical** *adj* : poético — **poetry** *n*
: poesía *f*
poignant *adj* : conmovedor
point *n* **1** : punto *m* **2** PURPOSE : sentido *m* **3**
TIP : punta *f* **4** FEATURE : cualidad *f* **5 be beside the** ~ : no venir al caso **6 there's no**
~ **...** : no sirve de nada... — ~ *vt* **1** AIM
: apuntar **2** *or* ~ **out** : señalar, indicar — *vi*
~ **at** : señalar (con el dedo) — **point–blank**
adv : a quemarropa — **pointer** *n* **1** NEEDLE
: aguja *f* **2** : perro *m* de muestra **3** TIP : consejo *m* — **pointless** *adj* : inútil — **point of
view** *n* : perspectiva *f*, punto *m* de vista
poise *n* **1** : elegancia *f* **2** COMPOSURE
: aplomo *m*
poison *n* : veneno *m* — ~ *vt* : envenenar —
poisonous *adj* : venenoso (dícese de una
culebra, etc.), tóxico (dícese de una sustancia)
poke *vt* **poked; poking 1** JAB : golpear (con
la punta de algo), dar **2** THRUST : introducir,
asomar — ~ *n* : golpe *m* abrupto (con la
punta de algo)
poker¹ *n* : atizador *m* (para el fuego)
poker² *n* : póquer *m* (juego de naipes)
polar *adj* : polar — **polar bear** *n* : oso *m*
blanco — **polarize** *vt* **-ized; -izing** : polarizar
pole¹ *n* : palo *m*, poste *m*
pole² *n* : polo *m* (en geografía)
police *vt* **-liced; -licing** : mantener el orden
en — ~ *ns & pl* **the** ~ : la policía — **policeman** *n*, *pl* **-men** : policía *m* — **police officer** *n* : policía *mf*, agente *mf* de policía —
policewoman *n*, *pl* **-women** : (mujer *f*)
policía *f*

policy *n, pl* **-cies 1** : política *f* **2** *or* **insur-ance** ～ : póliza *f* de seguros

polio *or* **poliomyelitis** *n* : polio *f*, poliomielitis *f*

polish *vt* **1** : pulir **2** : limpiar (zapatos), encerar (un suelo) — ～ *n* **1** LUSTER : brillo *m*, lustre *m* **2** : betún *m* (para zapatos), cera *f* (para suelos y muebles), esmalte *m* (para las uñas)

Polish *adj* : polaco — ～ *n* : polaco *m* (idioma)

polite *adj* **-liter; -est** : cortés — **politeness** *n* : cortesía *f*

political *adj* : político — **politician** *n* : político *m*, -ca *f* — **politics** *ns & pl* : política *f*

polka *n* : polka *f* — **polka dot** *n* : lunar *m*

poll *n* **1** : encuesta *f*, sondeo *m* **2 the** ～**s** : las urnas — ～ *vt* **1** : obtener (votos) **2** CANVASS : encuestar, sondear

pollen *n* : polen *m*

pollute *vt* **-luted; -luting** : contaminar — **pollution** *n* : contaminación *f*

polyester *n* : poliéster *m*

polygon *n* : polígono *m*

pomegranate *n* : granada *f*

pomp *n* : pompa *f* — **pompous** *adj* : pomposo

pond *n* : charca *f* (natural), estanque *m* (artificial)

ponder *vt* : considerar — *vi* ～ **over** : reflexionar sobre

pony *n, pl* **-nies** : poni *m* — **ponytail** *n* : cola *f* de caballo

poodle *n* : caniche *m*

pool *n* **1** PUDDLE : charco *m* **2** : fondo *m* común (de recursos) **3** BILLIARDS : billar *m* **4** *or* **swimming** ～ : piscina *f* — ～ *vt* : hacer un fondo común de

poor *adj* **1** : pobre **2** INFERIOR : malo **3 the** ～ : los pobres — **poorly** *adv* : mal

pop[1] *v* **popped; popping** *vt* **1** : hacer reventar **2** ～ **sth into** : meter algo en — *vi* **1** BURST : reventarse, estallar **2** ～ **in** : entrar (un momento) **3** ～ **out** : saltar (dícese de los ojos) **4** ～ **up** APPEAR : aparecer — ～ *n* **1** : ruido *m* seco **2** → **soda pop**

pop[2] *n or* ～ **music** : música *f* popular

popcorn *n* : palomitas *fpl*

pope *n* : papa *m*

poplar *n* : álamo *m*

poppy *n, pl* **-pies** : amapola *f*

popular *adj* : popular — **popularity** *n* : popularidad *f* — **popularize** *vt* **-ized; -izing** : popularizar

populate *vt* **-lated; -lating** : poblar — **population** *n* : población *f*

porcelain *n* : porcelana *f*

porch *n* : porche *m*

porcupine *n* : puerco *m* espín

pore[1] *vi* **pored; poring** ～ **over** : estudiar esmeradamente

pore[2] *n* : poro *m*

pork *n* : carne *f* de cerdo

pornography *n* : pornografía *f* — **pornographic** *adj* : pornográfico

porous *adj* : poroso

porpoise *n* : marsopa *f*

porridge *n* : avena *f* (cocida), gachas *fpl* (de avena)

port[1] *n* HARBOR : puerto *m*

port[2] *n or* ～ **side** : babor *m*

port[3] *n* : oporto *m* (vino)

portable *adj* : portátil

portent *n* : presagio *m*

porter *n* : maletero *m*, mozo *m* (de estación)

portfolio *n, pl* **-lios** : cartera *f*

porthole *n* : portilla *f*

portion *n* : porción *f*

portrait *n* : retrato *m*

portray *vt* **1** : representar, retratar **2** : interpretar (un personaje)

Portuguese *adj* : portugués — ～ *n* : portugués *m* (idioma)

pose *v* **posed; posing** *vt* : plantear (una pregunta, etc.), representar (una amenaza) — *vi* **1** : posar **2** ～ **as** : hacerse pasar por — ～ *n* : pose *f*

posh *adj* : elegante, de lujo

position *n* **1** : posición *f* **2** JOB : puesto *m* — ～ *vt* : colocar, situar

positive *adj* **1** : positivo **2** CERTAIN : seguro

possess *vt* : poseer — **possession** *n* **1** : posesión *f* **2** ～**s** *npl* BELONGINGS : bienes *mpl* — **possessive** *adj* : posesivo

possible *adj* : posible — **possibility** *n, pl* **-ties** : posibilidad *f* — **possibly** *adv* : posiblemente

post[1] *n* POLE : poste *m*, palo *m*

post[2] *n* POSITION : puesto *m*

post[3] *n* MAIL : cartas *fpl* — ～ *vt* **1** : echar al correo **2 keep** ～**ed** : tener al corriente — **postage** *n* : franqueo *m* — **postal** *adj* : postal — **postcard** *n* : tarjeta *f* postal

poster *n* : cartel *m*

posterity *n* : posteridad *f*

posthumous *adj* : póstumo

postman → **mailman** — **post office** *n* : oficina *f* de correos

postpone *vt* **-poned; -poning** : aplazar — **postponement** *n* : aplazamiento *m*

postscript *n* : posdata *f*

posture *n* : postura *f*

postwar *adj* : de (la) posguerra

pot *n* **1** : olla *f* (de cocina) **2** FLOWERPOT : maceta *f* **3** ～**s and pans** : cacharros *mpl*

potassium *n* : potasio *m*

potato *n, pl* **-toes** : patata *f*, papa *f Lat*

potent *adj* **1** POWERFUL : poderoso **2** EFFECTIVE : eficaz

potential *adj* : potencial — ~ *n* : potencial *m*

pothole *n* : bache *m*

potion *n* : poción *f*

pottery *n*, *pl* **-teries** : cerámica *f*

pouch *n* **1** BAG : bolsa *f* pequeña **2** : bolsa *f* (de un animal)

poultry *n* : aves *fpl* de corral

pounce *vi* **pounced; pouncing** : abalanzarse

pound[1] *n* : libra *f* (unidad de dinero o de peso)

pound[2] *n or* **dog** ~ : perrera *f*

pound[3] *vt* **1** CRUSH : machacar **2** HIT : golpear — *vi* : palpitar (dícese del corazón)

pour *vt* : verter — *vi* **1** FLOW : fluir, salir **2** **it's** ~**ing** : está lloviendo a cántaros

pout *vi* : hacer pucheros — ~ *n* : puchero *m*

poverty *n* : pobreza *f*

powder *vt* **1** : empolvar **2** CRUSH : pulverizar — ~ *n* **1** : polvo *m* **2** *or* **face** ~ : polvos *mpl* — **powdery** *adj* : polvoriento

power *n* **1** CONTROL : poder *m* **2** ABILITY : capacidad *f* **3** STRENGTH : fuerza *f* **4** : potencia *f* (política) **5** ENERGY : energía *f* **6** ELECTRICITY : electricidad *f* — ~ *vt* : impulsar — **powerful** *adj* : poderoso — **powerless** *adj* : impotente

practical *adj* : práctico — **practically** *adv* : casi, prácticamente

practice *or* **practise** *v* **-ticed** *or* **-tised; -ticing** *or* **-tising** *vt* **1** : practicar **2** : ejercer (una profesión) — *vi* : practicar — **practice** *n* **1** : práctica *f* **2** CUSTOM : costumbre *f* **3** : ejercicio *m* (de una profesión) **4 be out of** ~ : no estar en forma — **practitioner** *n* **1** : profesional *mf* **2 general** ~ : médico *m*, -ca *f* de medicina general

pragmatic *adj* : pragmático

prairie *n* : pradera *f*

praise *vt* **praised; praising** : elogiar, alabar — ~ *n* : elogio *m*, alabanza *f* — **praiseworthy** *adj* : loable

prance *vi* **pranced; prancing** : hacer cabriolas

prank *n* : travesura *f*

prawn *n* : gamba *f*

pray *vi* **1** : rezar **2** ~ **for** : rogar — **prayer** *n* : oración *f*

preach *v* : predicar — **preacher** *n* MINISTER : pastor *m*, -tora *f*

precarious *adj* : precario

precaution *n* : precaución *f*

precede *vt* **-ceded; -ceding** : preceder a — **precedence** *n* : precedencia *f* — **precedent** *n* : precedente *m*

precinct *n* **1** DISTRICT : distrito *m* **2** ~**s** *npl* : recinto *m*

precious *adj* : precioso

precipice *n* : precipicio *m*

precipitate *vt* **-tated; -tating** : precipitar — **precipitation** *n* **1** HASTE : precipitación *f* **2** : precipitaciones *fpl* (en meteorología)

precise *adj* : preciso — **precisely** *adv* : precisamente — **precision** *n* : precisión *f*

preclude *vt* **-cluded; -cluding** **1** PREVENT : impedir **2** EXCLUDE : excluir

precocious *adj* : precoz

preconceived *adj* : preconcebido

predator *n* : depredador *m*

predecessor *n* : antecesor *m*, -sora *f*; predecesor *m*, -sora *f*

predicament *n* : apuro *m*

predict *vt* : pronosticar, predecir — **predictable** *adj* : previsible — **prediction** *n* : pronóstico *m*, predicción *f*

predispose *vt* **-posed; -posing** : predisponer

predominant *adj* : predominante

preeminent *adj* : preeminente

preempt *vt* : adelantarse a (un ataque, etc.)

preen *vt* **1** : arreglarse (las plumas) **2** ~ **oneself** : acicalarse

prefabricated *adj* : prefabricado

preface *n* : prefacio *m*, prólogo *m*

prefer *vt* **-ferred; -ferring** : preferir — **preferable** *adj* : preferible — **preference** *n* : preferencia *f* — **preferential** *adj* : preferente

prefix *n* : prefijo *m*

pregnancy *n*, *pl* **-cies** : embarazo *m* — **pregnant** *adj* : embarazada

prehistoric *or* **prehistorical** *adj* : prehistórico

prejudice *n* **1** BIAS : prejuicio *m* **2** HARM : perjuicio *m* — ~ *vt* **-diced; -dicing** **1** BIAS : predisponer **2** HARM : perjudicar — **prejudiced** *adj* : parcial

preliminary *adj* : preliminar

prelude *n* : preludio *m*

premarital *adj* : prematrimonial

premature *adj* : prematuro

premeditated *adj* : premeditado

premier *adj* : principal — ~ *n* PRIME MINISTER : primer ministro *m*, primera ministra *f*

premiere *n* : estreno *m*

premise *n* **1** : premisa *f* (de un argumento) **2** ~**s** *npl* : recinto *m*, local *m*

premium *n* **1** : premio *m* **2** *or* **insurance** ~ : prima *f* (de seguro)

preoccupied *adj* : preocupado

prepare *v* **-pared; -paring** *vt* : preparar — *vi* : prepararse — **preparation** *n* **1** : preparación *f* **2** ~**s** *npl* ARRANGEMENTS : preparativos *mpl* — **preparatory** *adj* : preparatorio

prepay *vt* **-paid; -paying** : pagar por adelantado

preposition *n* : preposición *f*
preposterous *adj* : absurdo, ridículo
prerequisite *n* : requisito *m* previo
prerogative *n* : prerrogativa *f*
prescribe *vt* **-scribed; -scribing 1** : prescribir **2** : recetar (en medicina) — **prescription** *n* : receta *f*
presence *n* : presencia *f*
present¹ *adj* **1** CURRENT : actual **2 be ~ at** : estar presente en — **~** *n* **1** : presente *m* **2 at ~** : actualmente
present² *n* GIFT : regalo *m* — **~** *vt* **1** INTRODUCE : presentar **2** GIVE : entregar — **presentation** *n* **1** : presentación *f* **2** *or* **~ ceremony** : ceremonia *f* de entrega
presently *adv* **1** SOON : dentro de poco **2** NOW : actualmente
preserve *vt* **-served; -serving 1** : conservar **2** MAINTAIN : mantener — **~** *n* **1** JAM : confitura *f* **2** *or* **game ~** : coto *m* de caza — **preservation** *n* : preservación *f*, conservación *f* — **preservative** *n* : conservante *m*
president *n* : presidente *m*, -ta *f* — **presidency** *n*, *pl* **-cies** : presidencia *f* — **presidential** *adj* : presidencial
press *n* : prensa *f* — **~** *vt* **1** : apretar **2** IRON : planchar — *vi* **1** : apretar **2** URGE : presionar — **pressing** *adj* : urgente — **pressure** *n* : presión *f* — **~** *vt* **-sured; -suring** : presionar, apremiar
prestige *n* : prestigio *m* — **prestigious** *adj* : prestigioso
presume *vt* **-sumed; -suming** : presumir — **presumably** *adv* : es de suponer, supuestamente — **presumption** *n* : presunción *f* — **presumptuous** *adj* : presuntuoso
pretend *vt* **1** CLAIM : pretender **2** FEIGN : fingir — *vi* : fingir — **pretense** *or* **pretence** *n* **1** CLAIM : pretensión *f* **2 under false ~s** : con pretextos falsos — **pretentious** *adj* : pretencioso
pretext *n* : pretexto *m*
pretty *adj* **-tier; -est** : lindo, bonito — **~** *adv* FAIRLY : bastante
pretzel *n* : galleta *f* salada
prevail *vi* **1** TRIUMPH : prevalecer **2** PREDOMINATE : predominar **3 ~ upon** : persuadir — **prevalent** *adj* : extendido
prevent *vt* : impedir — **prevention** *n* : prevención *f* — **preventive** *adj* : preventivo
preview *n* : preestreno *m*
previous *adj* : previo, anterior — **previously** *adv* : anteriormente
prey *n*, *pl* **preys** : presa *f* — **prey on** *vt* **1** : alimentarse de **2 ~ on one's mind** : atormentar a algn
price *n* : precio *m* — **~** *vt* **priced; pricing** : poner un precio a — **priceless** *adj* : inestimable

prick *n* : pinchazo *m* — **~** *vt* **1** : pinchar **2 ~ up one's ears** : levantar las orejas — **prickly** *adj* : espinoso
pride *n* : orgullo *m* — **~** *vt* **prided; priding ~ oneself on** : enorgullecerse de
priest *n* : sacerdote *m* — **priesthood** *n* : sacerdocio *m*
prim *adj* **primmer; primmest** : remilgado
primary *adj* **1** FIRST : primario **2** PRINCIPAL : principal — **primarily** *adv* : principalmente
prime¹ *vt* **primed; priming 1** : cebar (un arma de fuego, etc.) **2** PREPARE : preparar
prime² *n* **the ~ of one's life** : la flor de la vida — **~** *adj* **1** MAIN : principal, primero **2** EXCELLENT : excelente — **prime minister** *n* : primero ministro *m*, primera ministra *f*
primer¹ *n* : base *f* (de pintura)
primer² *n* READER : cartilla *f*
primitive *adj* : primitivo
primrose *n* : primavera *f*
prince *n* : príncipe *m* — **princess** *n* : princesa *f*
principal *adj* : principal — **~** *n* : director *m*, -tora *f* (de un colegio)
principle *n* : principio *m*
print *n* **1** MARK : huella *f* **2** LETTERING : letra *f* **3** ENGRAVING : grabado *m* **4** : estampado *m* (de tela) **5** : copia *f* (en fotografía) **6 out of ~** : agotado — **~** *vt* : imprimir (libros, etc.) — *vi* : escribir con letra de molde — **printer** *n* **1** : impresor *m*, -sora *f* (persona) **2** : impresora *f* (máquina) — **printing** *n* **1** : impresión *f* **2** : imprenta *f* (profesión) **3** LETTERING : letras *fpl* de molde
prior *adj* **1** : previo **2 ~ to** : antes de — **priority** *n*, *pl* **-ties** : prioridad *f*
prison *n* : prisión *f*, cárcel *f* — **prisoner** *n* **1** : preso *m*, -sa *f* **2 ~ of war** : prisionero *m*, -ra *f* de guerra
privacy *n*, *pl* **-cies** : intimidad *f* — **private** *adj* **1** : privado **2** SECRET : secreto — **~** *n* : soldado *m* raso — **privately** *adv* : en privado
privilege *n* : privilegio *m* — **privileged** *adj* : privilegiado
prize *n* : premio *m* — **~** *adj* : premiado — **~** *vt* **prized; prizing** : valorar, apreciar — **prizefighter** *n* : boxeador *m*, -dora *f* profesional — **prizewinning** *adj* : premiado
pro *n* **1** → **professional 2 the ~s and cons** : los pros y los contras
probability *n*, *pl* **-ties** : probabilidad *f* — **probable** *adj* : probable — **probably** *adv* : probablemente
probation *n* **1** : período *m* de prueba (de un empleado, etc.) **2** : libertad *f* condicional (de un preso)

probe *n* **1** : sonda *f* (en medicina, etc.) **2** INVESTIGATION : investigación *f* — ~ *vt* **probed; probing 1** : sondar **2** INVESTIGATE : investigar
problem *n* : problema *m*
procedure *n* : procedimiento *m*
proceed *vi* **1** ACT : proceder **2** CONTINUE : continuar **3** ADVANCE : avanzar — **proceedings** *npl* **1** EVENTS : actos *mpl* **2** : proceso *m* (en derecho) — **proceeds** *npl* : ganancias *fpl*
process *n, pl* **-cesses 1** : proceso *m* **2 in the ~ of** : en vías de — ~ *vt* : procesar — **procession** *n* : desfile *m*
proclaim *vt* : proclamar — **proclamation** *n* : proclamación *f*
procrastinate *vi* **-nated; -nating** : demorar, aplazar
procure *vt* **-cured; -curing** : obtener
prod *vt* **prodded; prodding** : pinchar, aguijonear
prodigal *adj* : pródigo
prodigy *n, pl* **-gies** : prodigio *m*
produce *vt* **-duced; -ducing 1** : producir **2** CAUSE : causar **3** SHOW : presentar, mostrar **4** : poner en escena (una obra de teatro) — ~ *n* : productos *mpl* agrícolas — **producer** *n* : productor *m*, -tora *f* — **product** *n* : producto *m* — **productive** *adj* : productivo
profane *adj* **1** : profano **2** IRREVERENT : blasfemo — **profanity** *n, pl* **-ties** : blasfemia *f*
profess *vt* : profesar — **profession** *n* : profesión *f* — **professional** *adj* : profesional — ~ *n* : profesional *mf* — **professor** *n* : profesor *m*, -sora *f*
proficiency *n* : competencia *f* — **proficient** *adj* : competente
profile *n* **1** : perfil *m* **2 keep a low ~** : no llamar la atención
profit *n* : beneficio *m*, ganancia *f* — ~ *vi* : sacar provecho (de), beneficiarse (de) — **profitable** *adj* : provechoso
profound *adj* : profundo
profuse *adj* : profuso — **profusion** *n* : profusión *f*
prognosis *n, pl* **-noses** : pronóstico *m*
program *n* : programa *m* — ~ *vt* **-grammed** *or* **-gramed; -gramming** *or* **-graming** : programar
progress *n* **1** : progreso *m* **2** ADVANCE : avance *m* — ~ *vi* : progresar, avanzar — **progressive** *adj* **1** : progresista (dícese de la política, etc.) **2** INCREASING : progresiva
prohibit *vt* : prohibir — **prohibition** *n* : prohibición *f*
project *n* : proyecto *m* — ~ *vt* : proyectar — *vi* PROTRUDE : sobresalir — **projectile** *n* : proyectil *m* — **projection** *n* **1** : proyec-

ción *f* **2** PROTRUSION : saliente *m* — **projector** *n* : proyector *m*
proliferate *vi* **-ated; -ating** : proliferar — **proliferation** *n* : proliferación *f* — **prolific** *adj* : prolífico
prologue *n* : prólogo *m*
prolong *vt* : prolongar
prom *n* : baile *m* formal (en un colegio)
prominent *adj* : prominente — **prominence** *n* **1** : prominencia *f* **2** IMPORTANCE : eminencia *f*
promiscuous *adj* : promiscuo
promise *n* : promesa *f* — ~ *v* **-ised; -ising** : prometer — **promising** *adj* : prometedor
promote *vt* **-moted; -moting 1** : ascender (a un alumno o un empleado) **2** FURTHER : promover, fomentar **3** ADVERTISE : promocionar — **promoter** *n* : promotor *m*, -tora *f*; empresario *m*, -ria *f* (en deportes) — **promotion** *n* **1** : ascenso *m* (de un alumno o un empleado) **2** ADVERTISING : publicidad *f*, propaganda *f*
prompt *vt* **1** INCITE : provocar (una cosa), inducir (a una persona) **2** : apuntar (a un actor, etc.) — ~ *adj* **1** : rápido **2** PUNCTUAL : puntual
prone *adj* **1** : boca abajo, decúbito prono **2 be ~ to** : ser propenso a
prong *n* : punta *f*, diente *m*
pronoun *n* : pronombre *m*
pronounce *vt* **-nounced; -nouncing** : pronunciar — **pronouncement** *n* : declaración *f* — **pronunciation** *n* : pronunciación *f*
proof *n* : prueba *f* — ~ *adj* ~ **against** : a prueba de — **proofread** *vt* **-read; -reading** : corregir
prop *n* **1** SUPPORT : puntal *m*, apoyo *m* **2** : accesorio *m* (en teatro) — ~ *vt* **propped; propping 1 ~ against** : apoyar contra **2 ~ up** SUPPORT : apoyar
propaganda *n* : propaganda *f*
propagate *v* **-gated; -gating** *vt* : propagar — *vi* : propagarse
propel *vt* **-pelled; -pelling** : propulsar — **propeller** *n* : hélice *f*
propensity *n, pl* **-ties** : propensión *f*
proper *adj* **1** SUITABLE : apropiado **2** REAL : verdadero **3** CORRECT : correcto **4** GENTEEL : cortés **5 ~ name** : nombre *m* propio — **properly** *adv* : correctamente
property *n, pl* **-ties 1** : propiedad *f* **2** BUILDING : inmueble *m* **3** LAND, LOT : parcela *f*
prophet *n* : profeta *m*, profetisa *f* — **prophecy** *n, pl* **-cies** : profecía *f* — **prophesy** *v* **-sied; -sying** *vt* : profetizar — *vi* : hacer profecías — **prophetic** *adj* : profético
proportion *n* **1** : proporción *f* **2** SHARE : parte *f* — **proportional** *adj* : proporcional — **proportionate** *adj* : proporcional

proposal *n* : propuesta *f*
propose *v* **-posed; -posing** *vt* **1** SUGGEST : proponer **2** ~ **to do sth** : pensar hacer algo — *vi* : proponer matrimonio — **proposition** *n* : proposición *f*
proprietor *n* : propietario *m*, -ria *f*
propriety *n, pl* **-eties** : decencia *f*, decoro *m*
propulsion *n* : propulsión *f*
prose *n* : prosa *f*
prosecute *vt* **-cuted; -cuting** : procesar — **prosecution** *n* **1** : procesamiento *m* **2 the** ~ : la acusación — **prosecutor** *n* : acusador *m*, -dora *f*
prospect *n* **1** : perspectiva *f* **2** POSSIBILITY : posibilidad *f* — **prospective** *adj* : futuro, posible
prosper *vi* : prosperar — **prosperity** *n* : prosperidad *f* — **prosperous** *adj* : próspero
prostitute *n* : prostituta *f* — **prostitution** *n* : prostitución *f*
prostrate *adj* : postrado
protagonist *n* : protagonista *mf*
protect *vt* : proteger — **protection** *n* : protección *f* — **protective** *adj* : protector — **protector** *n* : protector *m*, -tora *f*
protégé *n* : protegido *m*, -da *f*
protein *n* : proteína *f*
protest *n* : protesta *f* — ~ *vt* : protestar — *vi* ~ **against** : protestar contra — **Protestant** *n* : protestante *mf* — **protester** *or* **protestor** *n* : manifestante *mf*
protocol *n* : protocolo *m*
prototype *n* : prototipo *m*
protract *vt* : prolongar
protrude *vi* **-truded; -truding** : sobresalir
proud *adj* : orgulloso
prove *v* **proved; proved** *or* **proven; proving** *vt* : probar — *vi* : resultar
proverb *n* : proverbio *m*, refrán *m* — **proverbial** *adj* : proverbial
provide *v* **-vided; -viding** *vt* : proveer — *vi* ~ **for** SUPPORT : mantener — **provided** *or* ~ **that** *conj* : con tal (de) que, siempre que — **providence** *n* : providencia *f*
province *n* **1** : provincia *f* **2** SPHERE : campo *m*, competencia *f* — **provincial** *adj* : provinciano
provision *n* **1** : provisión *f*, suministro *m* **2** STIPULATION : condición *f* **3** ~**s** *npl* : víveres *mpl* — **provisional** *adj* : provisional — **proviso** *n, pl* **-sos** *or* **-soes** : condición *f*
provoke *vt* **-voked; -voking** : provocar — **provocation** *n* : provocación *f* — **provocative** *adj* : provocador, provocativo
prow *n* : proa *f*
prowess *n* **1** BRAVERY : valor *m* **2** SKILL : habilidad *f*

prowl *vi* : merodear, rondar — *vt* : merodear por — **prowler** *n* : merodeador *m*, -dora *f*
proximity *n* : proximidad *f* — **proxy** *n, pl* **proxies by** ~ : por poder
prude *n* : mojigato *m*, -ta *f*
prudence *n* : prudencia *f* — **prudent** *adj* : prudente
prune[1] *n* : ciruela *f* pasa
prune[2] *vt* **pruned; pruning** : podar (arbustos, etc.)
pry *v* **pried; prying** *vi* ~ **into** : entrometerse en — *vt* *or* ~ **open** : abrir (a la fuerza)
psalm *n* : salmo *m*
pseudonym *n* : seudónimo *m*
psychiatry *n* : psiquiatría *f* — **psychiatric** *adj* : psiquiátrico — **psychiatrist** *n* : psiquiatra *mf*
psychic *adj* : psíquico
psychoanalysis *n, pl* **-yses** : psicoanálisis *m* — **psychoanalyst** *n* : psicoanalista *mf* — **psychoanalyze** *vt* **-lyzed; -lyzing** : psicoanalizar
psychology *n, pl* **-gies** : psicología *f* — **psychological** *adj* : psicológico — **psychologist** *n* : psicólogo *m*, -ga *f*
psychopath *n* : psicópata *mf*
psychotherapy *n, pl* **-pies** : psicoterapia *f*
psychotic *adj* : psicótico
puberty *n* : pubertad *f*
pubic *adj* : púbico
public *adj* : público — ~ *n* : público *m* — **publication** *n* : publicación *f* — **publicity** *n* : publicidad *f* — **publicize** *vt* **-cized; -cizing** : publicitar, divulgar
publish *vt* : publicar — **publisher** *n* **1** : editor *m*, -tora *f* (persona) **2** : casa *f* editorial (negocio)
pucker *vt* : fruncir, arrugar — *vi* : arrugarse
pudding *n* : budín *m*, pudín *m*
puddle *n* : charco *m*
pudgy *adj* **pudgier; -est** : rechoncho *fam*
Puerto Rican *adj* : puertorriqueño
puff *vi* **1** BLOW : soplar **2** PANT : resoplar **3** ~ **up** SWELL : hincharse — *vt* ~ **out** : hinchar — ~ *n* **1** : bocanada *f* (de humo) **2** : chupada *f* (a un cigarrillo) **3** *or* **cream** ~ : pastelito *m* de crema **4** *or* **powder** ~ : borla *f* — **puffy** *adj* **puffier; -est** : hinchado
pull *vt* **1** : tirar de **2** EXTRACT : sacar **3** TEAR : desgarrarse (un músculo, etc.) **4** ~ **off** REMOVE : quitar **5** ~ **oneself together** : calmarse **6** ~ **up** : levantar, subir — *vi* **1** : tirar **2** ~ **through** RECOVER : reponerse **3** ~ **together** COOPERATE : reunir **4** ~ **up** STOP : parar — ~ *n* **1** : tirón *m* **2** INFLUENCE : influencia *f* — **pulley** *n, pl* **-leys** : polea *f* — **pullover** *n* : suéter *m*

pulp *n* **1** : pulpa *f* (de frutas, etc.) **2** *or* **wood**
~ : pasta *f* de papel
pulpit *n* : púlpito *m*
pulsate *vi* **-sated; -sating** : palpitar —
pulse *n* : pulso *m*
pulverize *vt* **-ized; -izing** : pulverizar
pummel *vt* **-meled; -meling** : aporrear
pump[1] *n* : bomba *f* — ~ *vt* **1** : bombear **2**
~ **up** : inflar
pump[2] *n* SHOE : zapato *m* de tacón
pumpernickel *n* : pan *m* negro de centeno
pumpkin *n* : calabaza *f*, zapallo *m* *Lat*
pun *n* : juego *m* de palabras — ~ *vi*
punned; punning : hacer juegos de palabras
punch[1] *vt* **1** : dar un puñetazo a **2** PERFO-
RATE : perforar (papeles, etc.), picar (un boleto) — ~ *n* **1** : golpe *m*, puñetazo *m* **2** *or*
paper ~ : perforadora *f*
punch[2] *n* : ponche *m* (bebida)
punctual *adj* : puntual — **punctuality** *n*
: puntualidad *f*
punctuate *vt* **-ated; -ating** : puntuar —
punctuation *n* : puntuación *f*
puncture *n* : pinchazo *m*, ponchadura *f* *Lat*
— ~ *vt* **-tured; -turing** : pinchar, ponchar
Lat
pungent *adj* : acre
punish *vt* : castigar — **punishment** *n* : castigo *m* — **punitive** *adj* : punitivo
puny *adj* **-nier; -est** : enclenque
pup *n* : cachorro *m*, -rra *f* (de un perro); cría
f (de otros animales)
pupil[1] *n* : alumno *m*, -na *f* (de colegio)
pupil[2] *n* : pupila *f* (del ojo)
puppet *n* : títere *m*
puppy *n*, *pl* **-pies** : cachorro *m*, -rra *f*
purchase *vt* **-chased; -chasing** : comprar
— ~ *n* : compra *f*
pure *adj* **purer; purest** : puro
puree *n* : puré *m*
purely *adv* : puramente
purgatory *n*, *pl* **-ries** : purgatorio *m* —
purge *vt* **purged; purging** : purgar — ~ *n*
: purga *f*
purify *vt* **-fied; -fying** : purificar — **purification** *n* : purificación *f*

purity *n* : pureza *f*
purple *n* : morado *m*
purport *vt* ~ **to be** : pretender ser
purpose *n* **1** : propósito *m* **2** RESOLUTION
: determinación *f* **3** **on** ~ : a propósito —
purposeful *adj* : resuelto — **purposely** *adv*
: a propósito
purr *n* : ronroneo *m* — ~ *vi* : ronronear
purse *n* **1** *or* **change** ~ : monedero *m* **2**
HANDBAG : cartera *f*, bolso *m* *Spain*, bolsa *f*
Lat — ~ *vt* **pursed; pursing** : fruncir
pursue *vt* **-sued; -suing** **1** CHASE : perseguir
2 SEEK : buscar — **pursuer** *n* : perseguidor
m, -dora *f* — **pursuit** *n* **1** CHASE : persecución *f* **2** SEARCH : búsqueda *f* **3** OCCUPA-
TION : actividad *f*
pus *n* : pus *m*
push *vt* **1** SHOVE : empujar **2** PRESS : apri-
etar **3** URGE : presionar **4** ~ **around**
BULLY : mangonear — *vi* **1** : empujar **2** ~
for : presionar para — ~ *n* **1** SHOVE : empujón *m* **2** DRIVE : dinamismo *m* **3** EFFORT
: esfuerzo *m* — **pushy** *adj* **pushier; -est**
: mandón, prepotente
pussy *n*, *pl* **pussies** : gatito *m*, -ta *f*; minino
m, -na *f*
put *v* **put; putting** *vt* **1** : poner **2** INSERT
: meter **3** EXPRESS : decir **4** ~ **one's mind**
to sth : proponerse hacer algo — *vi* ~ **up**
with : aguantar — **put away** *vt* **1** STORE
: guardar **2** *or* ~ **aside** : dejar a un lado —
put down *vt* **1** SUPPRESS : aplastar, sofocar
2 ATTRIBUTE : atribuir — **put off** *vt* DEFER
: aplazar, posponer — **put on** *vt* **1** ASSUME
: adoptar **2** PRESENT : presentar (una obra
de teatro, etc.) **3** WEAR : ponerse — **put out**
vt INCONVENIENCE : incomodar — **put up** *vt*
1 BUILD : construir **2** LODGE : alojar **3** PRO-
VIDE : poner (dinero)
putrefy *vi* **-fied; -fying** : pudrirse
putty *n*, *pl* **-ties** : masilla *f*
puzzle *v* **-zled; -zling** *vt* **1** : confundir, dejar
perplejo — *vi* ~ **over** : tratar de descifrar
— ~ *n* **1** : rompecabezas *m* **2** MYSTERY
: enigma *m*
pylon *n* : pilón *m*
pyramid *n* : pirámide *f*
python *n* : pitón *f*

Q

q *n, pl* **q's** *or* **qs** : q *f*, decimoséptima letra del alfabeto inglés

quack¹ *vi* : graznar (dícese del pato) — ～ *n* : graznido *m*

quack² *n* CHARLATAN : charlatán *m*, -tana *f*

quadruple *v* **-pled; -pling** *vt* : cuadruplicar — *vi* : cuadruplicarse

quagmire *n* : atolladero *m*

quail *n, pl* **quail** *or* **quails** : codorniz *f*

quaint *adj* **1** ODD : curioso **2** PICTURESQUE : pintoresco

quake *vi* **quaked; quaking** : temblar — ～ *n* → **earthquake**

qualify *v* **-fied; -fying** *vt* **1** LIMIT : matizar **2** : calificar (en gramática) **3** EQUIP : habilitar — *vi* **1** : titularse (de abogado, etc.) **2** : clasificarse (en deportes) — **qualification** *n* **1** REQUIREMENT : requisito *m* **2** ～**s** *npl* ABILITY : capacidad *f* **3** **without** ～ : sin reservas — **qualified** *adj* : capacitado

quality *n, pl* **-ties 1** : calidad *f* **2** PROPERTY : cualidad *f*

qualm *n* **1** DOUBT : duda *f* **2** **have no** ～**s about** : no tener ningún escrúpulo en

quandary *n, pl* **-ries** : dilema *m*

quantity *n, pl* **-ties** : cantidad *f*

quarantine *n* : cuarentena *f* — ～ *vt* **-tined; -tining** : poner en cuarentena

quarrel *n* : pelea *f*, riña *f* — ～ *vi* **-reled** *or* **-relled; -reling** *or* **-relling** : pelearse, reñir — **quarrelsome** *adj* : pendenciero

quarry¹ *n, pl* **quarries** PREY : presa *f*

quarry² *n, pl* **quarries** EXCAVATION : cantera *f*

quart *n* : cuarto *m* de galón

quarter *n* **1** : cuarto *m* (en matemáticas) **2** : moneda *f* de 25 centavos **3** DISTRICT : barrio *m* **4** ～ **after three** : las tres y cuarto **5** ～**s** *npl* LODGING : alojamiento *m* — ～ *vt* **1** : dividir en cuatro partes **2** : acuartelar (tropas) — **quarterly** *adv* : cada tres meses — ～ *adj* : trimestral — ～ *n, pl* **-lies** : publicación *f* trimestral

quartet *n* : cuarteto *m*

quartz *n* : cuarzo *m*

quash *vt* **1** ANNUL : anular **2** SUPPRESS : aplastar, sofocar

quaver *vi* : temblar

quay *n* : muelle *m*

queasy *adj* **-sier; -est** : mareado

queen *n* : reina *f*

queer *adj* ODD : extraño

quell *vt* SUPPRESS : sofocar, aplastar

quench *vt* **1** EXTINGUISH : apagar **2** ～ **one's thirst** : quitar la sed

query *n, pl* **-ries** : pregunta *f* — ～ *vt* **-ried; -rying 1** ASK : preguntar **2** QUESTION : cuestionar

quest *n* : búsqueda *f*

question *n* **1** QUERY : pregunta *f* **2** ISSUE : cuestión *f* **3** **be out of the** ～ : ser indiscutible **4** **call into** ～ : poner en duda **5** **without** ～ : sin duda — ～ *vt* **1** ASK : preguntar **2** DOUBT : cuestionar **3** INTERROGATE : interrogar — *vi* : preguntar — **questionable** *adj* : discutible — **question mark** *n* : signo *m* de interrogación — **questionnaire** *n* : cuestionario *m*

queue *n* : cola *f* — ～ *vi* **queued; queuing** *or* **queueing** : hacer cola

quibble *vi* **-bled; -bling** : discutir, quejarse por nimiedades

quick *adj* **1** : rápido **2** CLEVER : agudo — ～ *n* **to the** ～ : en lo vivo — ～ *adv* : rápidamente — **quicken** *vt* : acelerar — **quickly** *adv* : rápidamente — **quicksand** *n* : arena *f* movediza — **quick-tempered** *adj* : irascible — **quick-witted** *adj* : agudo

quiet *n* **1** : silencio *m* **2** CALM : tranquilidad *f* — ～ *adj* **1** : silencioso **2** CALM : tranquilo **3** RESERVED : callado **4** : discreto (dícese de colores, etc.) — ～ *vt* **1** SILENCE : hacer callar **2** CALM : calmar — *vi* *or* ～ **down** : calmarse — **quietly** *adv* **1** : silenciosamente **2** CALMLY : tranquilamente

quilt *n* : edredón *m*

quintet *n* : quinteto *m*

quip *n* : ocurrencia *f*, salida *f* — ～ *vt* **quipped; quipping** : decir bromeando

quirk *n* : peculiaridad *f*

quit *v* **quit; quitting** *vt* **1** LEAVE : dejar, abandonar **2** ～ **doing** : dejar de hacer — *vi* **1** STOP : parar **2** RESIGN : dimitir, renunciar

quite *adv* **1** COMPLETELY : completamente **2** RATHER : bastante

quits *adj* **call it** ～ : quedar en paz

quiver *vi* : temblar

quiz *n, pl* **quizzes** TEST : prueba *f* — ～ *vt* **quizzed; quizzing** : interrogar

quota *n* : cuota *f*, cupo *m*

quotation *n* **1** : cita *f* **2** ESTIMATE : presupuesto *m* — **quotation marks** *npl* : comillas *fpl* — **quote** *vt* **quoted; quoting 1** CITE : citar **2** : cotizar (en finanzas) — ～ *n* **1** → **quotation 2** ～**s** *npl* → **quotation marks**

quotient *n* : cociente *m*

R

r *n*, *pl* **r's** *or* **rs** : r *f*, decimoctava letra del alfabeto inglés
rabbi *n* : rabino *m*, -na *f*
rabbit *n*, *pl* **-bit** *or* **-bits** : conejo *m*, -ja *f*
rabble *n* : chusma *f*, populacho *m*
rabies *ns* & *pl* : rabia *f* — **rabid** *adj* 1 : rabioso 2 FANATIC : fanático
raccoon *n*, *pl* **-coon** *or* **-coons** : mapache *m*
race¹ *n* 1 : raza *f* 2 **human** ~ : género *m* humano
race² *n* : carrera *f* (competitiva) — ~ *vi* **raced; racing** 1 : correr (en una carrera) 2 RUSH : ir corriendo — **racehorse** *n* : caballo *m* de carreras — **racetrack** *n* : pista *f* (de carreras)
racial *adj* : racial — **racism** *n* : racismo *m* — **racist** *n* : racista *mf*
rack *n* 1 SHELF : estante *m* 2 **luggage** ~ : portaequipajes *m* — ~ *vt* 1 ~**ed with** : atormentado por 2 ~ **one's brains** : devanarse los sesos
racket¹ *n* : raqueta *f* (en deportes)
racket² *n* 1 DIN : alboroto *m*, bulla *f* 2 SWINDLE : estafa *f*
racy *adj* **racier; -est** : subido de tono, picante
radar *n* : radar *m*
radiant *adj* : radiante — **radiance** *n* : resplandor *m* — **radiate** *v* **-ated; -ating** *vt* : irradiar — *vi* 1 : irradiar 2 *or* ~ **out** : extenderse (desde un centro) — **radiation** *n* : radiación *f* — **radiator** *n* : radiador *m*
radical *adj* : radical — ~ *n* : radical *mf*
radii → **radius**
radio *n*, *pl* **-dios** : radio *mf* (aparato), radio *f* (medio) — ~ *vt* : transmitir por radio — **radioactive** *adj* : radioactivo, radiactivo
radish *n* : rábano *m*
radius *n*, *pl* **radii** : radio *m*
raffle *vt* **-fled; -fling** : rifar — ~ *n* : rifa *f*
raft *n* : balsa *f*
rafter *n* : cabrio *m*
rag *n* 1 : trapo *m* 2 ~**s** *npl* TATTERS : harapos *mpl*, andrajos *mpl*
rage *n* 1 : cólera *f*, rabia *f* 2 **be all the** ~ : hacer furor — ~ *vi* **raged; raging** 1 : estar furioso 2 : bramar (dícese del viento, etc.)
ragged *adj* 1 UNEVEN : irregular 2 TATTERED : andrajoso, harapiento
raid *n* 1 : invasión *f* (militar) 2 : asalto *m* (por delincuentes), redada *f* (por la policía) — ~ *vt* 1 INVADE : invadir 2 ROB : asaltar 3 : hacer una redada en (dícese de la policía) — **raider** *n* ATTACKER : asaltante *mf*

rail¹ *vi* ~ **at s.o.** : recriminar a algn
rail² *n* 1 BAR : barra *f* 2 HANDRAIL : pasamanos *m* 3 TRACK : riel *m* 4 **by** ~ : por ferrocarril — **railing** *n* 1 : baranda *f* (de un balcón), pasamanos *m* (de una escalera) 2 RAILS : reja *f* — **railroad** *n* : ferrocarril *m* — **railway** → **railroad**
rain *n* : lluvia *f* — ~ *vi* : llover — **rainbow** *n* : arco *m* iris — **raincoat** *n* : impermeable *m* — **rainfall** *n* : precipitación *f* — **rainy** *adj* **rainier; -est** : lluvioso
raise *vt* **raised; raising** 1 : levantar 2 COLLECT : recaudar 3 REAR : criar 4 GROW : cultivar 5 INCREASE : aumentar 6 : sacar (objeciones, etc.) — ~ *n* : aumento *m*
raisin *n* : pasa *f*
rake *n* : rastrillo *m* — ~ *vt* **raked; raking** : rastrillar
rally *v* **-lied; -lying** *vi* 1 : unirse, reunirse 2 RECOVER : recuperarse — *vt* : conseguir (apoyo), unir a (la gente) — ~ *n*, *pl* **-lies** : reunión *f*, mitin *m*
ram *n* : carnero *m* (animal) — ~ *vt* **rammed; ramming** 1 CRAM : meter con fuerza 2 *or* ~ **into** : chocar contra
RAM *n* : RAM *f*
ramble *vi* **-bled; -bling** 1 WANDER : pasear 2 *or* ~ **on** : divagar — ~ *n* : paseo *m*, excursión *f*
ramp *n* : rampa *f*
rampage *vi* **-paged; -paging** : andar arrasando todo — ~ *n* : frenesí *m* (de violencia)
rampant *adj* : desenfrenado
rampart *n* : muralla *f*
ramshackle *adj* : destartalado
ran → **run**
ranch *n* : hacienda *f* — **rancher** *n* : hacendado *m*, -da *f*
rancid *adj* : rancio
rancor *n* : rencor *m*
random *adj* 1 : aleatorio 2 **at** ~ : al azar
rang → **ring**
range *n* 1 GRASSLAND : pradera *f* 2 STOVE : cocina *f* 3 VARIETY : gama *f* 4 SCOPE : amplitud *f* 5 *or* **mountain** ~ : cordillera *f* — ~ *vi* **ranged; ranging** 1 EXTEND : extenderse 2 ~ **from...to...** : variar entre...y... — **ranger** *n* *or* **forest** ~ : guardabosque *mf*
rank¹ *adj* 1 SMELLY : fétido 2 OUTRIGHT : completo
rank² *n* 1 ROW : fila *f* 2 : rango *m* (militar) 3 ~**s** *npl* : soldados *mpl* rasos 4 **the** ~

and file : las bases — ⁓ *vt* RATE : clasificar — *vi* : clasificarse

rankle *vi* **-kled; -kling** : causar rencor, doler

ransack *vt* 1 SEARCH : registrar 2 LOOT : saquear

ransom *n* : rescate *m* — ⁓ *vt* : rescatar

rant *vi or* ⁓ **and rave** : despotricar

rap[1] *n* KNOCK : golpecito *m* — ⁓ *v* **rapped; rapping** : golpear

rap[2] *n or* ⁓ **music** : rap *m*

rapacious *adj* : rapaz

rape *vt* **raped; raping** : violar — ⁓ *n* : violación *f*

rapid *adj* : rápido — **rapids** *npl* : rápidos *mpl*

rapist *n* : violador *m*, -dora *f*

rapport *n* **have a good** ⁓ : entenderse bien

rapt *adj* : absorto, embelesado

rapture *n* : éxtasis *m*

rare *adj* **rarer; rarest** 1 FINE : excepcional 2 UNCOMMON : raro 3 : poco cocido (dícese de la carne) — **rarely** *adv* : raramente — **rarity** *n, pl* **-ties** : rareza *f*

rascal *n* : pillo *m*, -lla *f*; pícaro *m*, -ra *f*

rash[1] *adj* : imprudente, precipitado

rash[2] *n* : sarpullido *m*, erupción *f*

rasp *vt* SCRAPE : raspar — ⁓ *n* : escofina *f*

raspberry *n, pl* **-ries** : frambuesa *f*

rat *n* : rata *f*

rate *n* 1 PACE : velocidad *f*, ritmo *m* 2 : tipo *m*, tasa *m* (de interés, etc.) 3 PRICE : tarifa *f* 4 **at any** ⁓ : de todos modos 5 **birth** ⁓ : índice *m* de natalidad — ⁓ *vt* **rated; rating** 1 REGARD : considerar 2 DESERVE : merecer

rather *adv* 1 FAIRLY : bastante 2 **I'd** ⁓… : prefiero… 3 *or* ⁓ : o mejor dicho

ratify *vt* **-fied; -fying** : ratificar — **ratification** *n* : ratificación *f*

rating *n* 1 : clasificación *f* 2 ⁓**s** *npl* : índice *m* de audiencia

ratio *n, pl* **-tios** : proporción *f*

ration *n* 1 : ración *f* 2 ⁓**s** *npl* PROVISIONS : víveres *mpl* — ⁓ *vt* **rationed; rationing** : racionar

rational *adj* : racional — **rationale** *n* : lógica *f*, razones *fpl* — **rationalize** *vt* **-ized; -izing** : racionalizar

rattle *v* **-tled; -tling** *vi* : traquetear — *vt* 1 SHAKE : agitar 2 UPSET : desconcertar 3 ⁓ **off** : decir de corrido — ⁓ *n* 1 : traqueteo *m* 2 *or* **baby's** ⁓ : sonajero *m* — **rattlesnake** *n* : serpiente *f* de cascabel

raucous *adj* 1 HOARSE : ronco 2 BOISTEROUS : bullicioso

ravage *vt* **-aged; -aging** : estragar, asolar — **ravages** *npl* : estragos *mpl*

rave *vi* **raved; raving** 1 : delirar 2 ⁓ **about** : hablar con entusiasmo sobre

raven *n* : cuervo *m*

ravenous *adj* 1 HUNGRY : hambriento 2 VORACIOUS : voraz

ravine *n* : barranco *m*

ravishing *adj* : encantador

raw *adj* **rawer; rawest** 1 UNCOOKED : crudo 2 INEXPERIENCED : inexperto 3 CHAFED : en carne viva 4 : frío y húmedo (dícese del tiempo) 5 ⁓ **deal** : trato *m* injusto 6 ⁓ **materials** : materias *fpl* primas

ray *n* : rayo *m*

rayon *n* : rayón *m*

raze *vt* **razed; razing** : arrasar

razor *n* : maquinilla *f* de afeitar — **razor blade** *n* : hoja *f* de afeitar

reach *vt* 1 : alcanzar 2 *or* ⁓ **out** : extender 3 : llegar a (un acuerdo, un límite, etc.) 4 CONTACT : contactar — *vi* 1 : extenderse 2 ⁓ **for** : tratar de agarrar — ⁓ *n* 1 : alcance *m* 2 **within** ⁓ : al alcance

react *vi* : reaccionar — **reaction** *n* : reacción *f* — **reactionary** *adj* : reaccionario — ⁓ *n, pl* **-ries** : reaccionario *m*, -ria *f* — **reactor** *n* : reactor *m*

read *v* **read; reading** *vt* 1 : leer 2 INTERPRET : interpretar 3 SAY : decir 4 INDICATE : marcar — *vi* 1 : leer 2 **it** ⁓**s as follows** : dice lo siguiente — **readable** *adj* : legible — **reader** *n* : lector *m*, -tora *f*

readily *adv* 1 WILLINGLY : de buena gana 2 EASILY : fácilmente

reading *n* : lectura *f*

readjust *vt* : reajustar — *vi* : volverse a adaptar

ready *adj* **readier; -est** 1 : listo, preparado 2 WILLING : dispuesto 3 AVAILABLE : disponible 4 **get** ⁓ : prepararse — ⁓ *vt* **readied; readying** : preparar

real *adj* 1 : verdadero, real 2 GENUINE : auténtico — ⁓ *adv* VERY : muy — **real estate** *n* : propiedad *f* inmobiliaria, bienes *mpl* raíces — **realism** *n* : realismo *m* — **realist** *n* : realista *mf* — **realistic** *adj* : realista — **reality** *n, pl* **-ties** : realidad *f*

realize *vt* **-ized; -izing** 1 : darse cuenta de 2 ACHIEVE : realizar — **realization** *n* 1 : comprensión *f* 2 FULFILLMENT : realización *f*

really *adv* : verdaderamente

realm *n* 1 KINGDOM : reino *m* 2 SPHERE : esfera *f*

ream *n* : resma *f* (de papel)

reap *v* : cosechar

reappear *vi* : reaparecer

rear[1] *vt* 1 RAISE : levantar 2 : criar (niños, etc.) — *vi or* ⁓ **up** : encabritarse

rear[2] *n* 1 BACK : parte *f* de atrás 2 BUTTOCKS : trasero *m fam* — ⁓ *adj* : trasero, posterior

rearrange *vt* **-ranged; -ranging** : reorganizar, cambiar

reason *n* : razón *f* — ∼ *vt* THINK : pensar — *vi* : razonar — **reasonable** *adj* : razonable — **reasoning** *n* : razonamiento *m*

reassure *vt* **-sured; -suring** : tranquilizar — **reassurance** *n* : (palabras *fpl* de) consuelo *m*

rebate *n* : reembolso *m*

rebel *n* : rebelde *mf* — ∼ *vi* **-belled; -belling** : rebelarse — **rebellion** *n* : rebelión *f* — **rebellious** *adj* : rebelde

rebirth *n* : renacimiento *m*

rebound *vi* : rebotar — ∼ *n* : rebote *m*

rebuff *vt* : rechazar — ∼ *n* : desaire *m*

rebuild *vt* **-built; -building** : reconstruir

rebuke *vt* **-buked; -buking** : reprender — ∼ *n* : reprimenda *f*

rebut *vt* **-butted; -butting** : rebatir — **rebuttal** *n* : refutación *f*

recall *vt* **1** : llamar (al servicio, etc.) **2** REMEMBER : recordar **3** REVOKE : revocar — ∼ *n* **1** : retirada *f* **2** MEMORY : memoria *f*

recant *vi* : retractarse

recapitulate *v* **-lated; -lating** : recapitular

recapture *vt* **-tured; -turing 1** : recobrar **2** RELIVE : revivir

recede *vi* **-ceded; -ceding** : retirarse

receipt *n* **1** : recibo *m* **2** ∼**s** *npl* : ingresos *mpl*

receive *vt* **-ceived; -ceiving** : recibir — **receiver** *n* **1** : receptor *m* (de radio, etc.) **2** *or* **telephone** ∼ : auricular *m*

recent *adj* : reciente — **recently** *adv* : recientemente

receptacle *n* : receptáculo *m*, recipiente *m*

reception *n* : recepción *f* — **receptionist** *n* : recepcionista *mf* — **receptive** *adj* : receptivo

recess *n* **1** ALCOVE : hueco *m* **2** : recreo *m* (escolar) **3** ADJOURNMENT : suspensión *f* de actividades *Spain*, receso *m* *Lat* — **recession** *n* : recesión *f*

recharge *vt* **-charged; -charging** : recargar — **rechargeable** *adj* : recargable

recipe *n* : receta *f*

recipient *n* : recipiente *mf*

reciprocal *adj* : recíproco

recite *vt* **-cited; -citing 1** : recitar (un poema, etc.) **2** LIST : enumerar — **recital** *n* : recital *m*

reckless *adj* : imprudente — **recklessness** *n* : imprudencia *f*

reckon *vt* **1** COMPUTE : calcular **2** CONSIDER : considerar — **reckoning** *n* : cálculos *mpl*

reclaim *vt* **1** : reclamar **2** RECOVER : recuperar

recline *vi* **-clined; -clining** : reclinarse — re-

clining *adj* : reclinable (dícese de un asiento, etc.)

recluse *n* : solitario *m*, -ria *f*

recognition *n* : reconocimiento *m* — **recognizable** *adj* : reconocible — **recognize** *vt* **-nized; -nizing** : reconocer

recoil *vi* : retroceder — ∼ *n* : culatazo *m* (de un arma de fuego)

recollect *v* : recordar — **recollection** *n* : recuerdo *m*

recommend *vt* : recomendar — **recommendation** *n* : recomendación *f*

reconcile *v* **-ciled; -ciling** *vt* **1** : reconciliar (personas), conciliar (datos, etc.) **2** ∼ **oneself to** : resignarse a — *vi* MAKE UP : reconciliarse — **reconciliation** *n* : reconciliación *f*

reconnaissance *n* : reconocimiento *m* (militar)

reconsider *vt* : reconsiderar

reconstruct *vt* : reconstruir

record *vt* **1** WRITE DOWN : anotar, apuntar **2** REGISTER : registrar **3** : grabar (música, etc.) — ∼ *n* **1** DOCUMENT : documento *m* **2** REGISTER : registro *m* **3** HISTORY : historial *m* **4** : disco *m* (de música, etc.) **5** **criminal** ∼ : antecedentes *mpl* penales **6** **world** ∼ : récord *m* mundial — **recorder** *n* **1** : flauta *f* dulce **2** *or* **tape** ∼ : grabadora *f* — **recording** *n* : disco *m* — **record player** *n* : tocadiscos *m*

recount[1] *vt* NARRATE : narrar, relatar

recount[2] *vt* : volver a contar (votos, etc.) ∼ — *n* : recuento *m*

recourse *n* **1** : recurso *m* **2** **have** ∼ **to** : recurrir a

recover *vt* : recobrar — *vi* RECUPERATE : recuperarse — **recovery** *n*, *pl* **-eries** : recuperación *f*

recreation *n* : recreo *m* — **recreational** *adj* : de recreo

recruit *vt* : reclutar — ∼ *n* : recluta *mf* — **recruitment** *n* : reclutamiento *m*

rectangle *n* : rectángulo *m* — **rectangular** *adj* : rectangular

rectify *vt* **-fied; -fying** : rectificar

rector *n* **1** : parroco *m* (clérigo) **2** : rector *m*, -tora *f* (de una universidad) — **rectory** *n*, *pl* **-ries** : rectoría *f*

rectum *n*, *pl* **-tums** *or* **-ta** : recto *m*

recuperate *v* **-ated; -ating** *vt* : recuperar — *vi* : recuperarse — **recuperation** *n* : recuperación *f*

recur *vi* **-curred; -curring** : repetirse — **recurrence** *n* : repetición *f* — **recurrent** *adj* : que se repite

recycle *vt* **-cled; -cling** : reciclar

red *adj* : rojo — ∼ *n* : rojo *m* — **redden** *vt*

: enrojecer — *vi* : enrojecerse — **reddish** *adj* : rojizo

redecorate *vt* **-rated; -rating** : pintar de nuevo

redeem *vt* **1** SAVE : salvar, rescatar **2** : desempeñar (de un monte de piedad) **3** : canjear (cupones, etc.) — **redemption** *n* : redención *f*

red–handed *adv or adj* : con las manos en la masa

redhead *n* : pelirrojo *m*, -ja *f*

red–hot *adj* : al rojo vivo

redness *n* : rojez *f*

redo *vt* **-did; -done; -doing** : hacer de nuevo

redouble *vt* **-bled; -bling** : redoblar

red tape *n* : papeleo *m*

reduce *v* **-duced; -ducing** *vt* : reducir — *vi* SLIM : adelgazar — **reduction** *n* : reducción *f*

redundant *adj* : redundante

reed *n* **1** : caña *f* **2** : lengüeta *f* (de un instrumento)

reef *n* : arrecife *m*

reek *vi* : apestar

reel *n* : carrete *m* (de hilo, etc.) — ~ *vt* **1** ~ **in** : enrollar (un sedal), sacar (un pez) del agua **2** ~ **off** : enumerar — *vi* **1** SPIN : dar vueltas **2** STAGGER : tambalearse

reestablish *vt* : restablecer

refer *v* **-ferred; -ferring** *vt* **1** DIRECT : enviar, mandar **2** SUBMIT : remitir — *vi* ~ **to 1** MENTION : referirse a **2** CONSULT : consultar

referee *n* : árbitro *m*, -tra *f* — ~ *v* **-eed; -eeing** : arbitrar

reference *n* **1** : referencia *f* **2** CONSULTATION : consulta *f* **3** *or* ~ **book** : libro *m* de consulta **4 in** ~ **to** : con referencia a

refill *vt* : rellenar — ~ *n* : recambio *m*

refine *vt* **-fined; -fining** : refinar — **refined** *adj* : refinado — **refinement** *n* : refinamiento *m* — **refinery** *n, pl* **-eries** : refinería *f*

reflect *vt* : reflejar — *vi* **1** : reflejarse **2** ~ **badly on** : desacreditar **3** ~ **upon** : reflexionar sobre — **reflection** *n* **1** : reflexión *f* **2** IMAGE : reflejo *m* — **reflector** *n* : reflector *m*

reflex *n* : reflejo *m*

reflexive *adj* : reflexivo

reform *vt* : reformar — *vi* : reformarse — ~ *n* : reforma *f* — **reformer** *n* : reformador *m*, -dora *f*

refrain¹ *vi* ~ **from** : abstenerse de

refrain² *n* : estribillo *m* (en música)

refresh *vt* : refrescar — **refreshments** *npl* : refrigerio *m*

refrigerate *vt* **-ated; -ating** : refrigerar — **refrigeration** *n* : refrigeración *f* — **refrigera-**

tor *n* : nevera *f*, refrigerador *m Lat*, frigorífico *m Spain*

refuel *v* **-eled** *or* **-elled; -eling** *or* **-elling** *vt* : llenar de carburante — *vi* : repostar

refuge *n* : refugio *m* — **refugee** *n* : refugiado *m*, -da *f*

refund *vt* : reembolsar — ~ *n* : reembolso *m*

refurbish *vt* : renovar, restaurar

refuse¹ *v* **-fused; -fusing** *vt* **1** : rehusar, rechazar **2** ~ **to do sth** : negarse a hacer algo — *vi* : negarse — **refusal** *n* : negativa *f*

refuse² *n* : residuos *mpl*, desperdicios *mpl*

refute *vt* **-futed; -futing** : refutar

regain *vt* : recuperar, recobrar

regal *adj* : regio, majestuoso — **regalia** *n* : ropaje *m*, insignias *fpl*

regard *n* **1** : consideración *f* **2** ESTEEM : estima *f* **3 in this** ~ : en este sentido **4** ~**s** *npl* : saludos *mpl* **5 with** ~ **to** : respecto a — ~ *vt* **1** : mirar (con recelo, etc.) **2** HEED : tener en cuenta **3** ESTEEM : estimar **4 as** ~**s** : en lo que se refiere a **5** ~ **as** : considerar — **regarding** *prep* : respecto a — **regardless** *adv* : a pesar de todo — **regardless of** *prep* **1** : sin tener en cuenta **2** IN SPITE OF : a pesar de

regent *n* : regente *mf*

regime *n* : régimen *m* — **regimen** *n* : régimen *m*

regiment *n* : regimiento *m*

region *n* : región *f* — **regional** *adj* : regional

register *n* : registro *m* — ~ *vt* **1** : registrar (a personas), matricular (vehículos) **2** SHOW : marcar, manifestar **3** : certificar (correo) — *vi* ENROLL : inscribirse, matricularse — **registrar** *n* : registrador *m*, -dora *f* oficial — **registration** *n* **1** : inscripción *f*, matriculación *f* **2** *or* ~ **number** : número *m* de matrícula — **registry** *n, pl* **-tries** : registro *m*

regret *vt* **-gretted; -gretting** : lamentar — ~ *n* **1** REMORSE : arrepentimiento *m* **2** SORROW : pesar *m* — **regrettable** *adj* : lamentable

regular *adj* **1** : regular **2** CUSTOMARY : habitual — ~ *n* : cliente *mf* habitual — **regularity** *n, pl* **-ties** : regularidad *f* — **regularly** *adv* : regularmente — **regulate** *vt* **-lated; -lating** : regular — **regulation** *n* **1** CONTROL : regulación *f* **2** RULE : regla *f*

rehabilitate *vt* **-tated; -tating** : rehabilitar — **rehabilitation** *n* : rehabilitación *f*

rehearse *v* **-hearsed; -hearsing** : ensayar — **rehearsal** *n* : ensayo *m*

reign *n* : reinado *m* — ~ *vi* : reinar

reimburse *vt* **-bursed; -bursing** : reembolsar — **reimbursement** *n* : reembolso *m*

rein *n* : rienda *f*

reincarnation *n* : reencarnación *f*
reindeer *n* : reno *m*
reinforce *vt* **-forced; -forcing** : reforzar — **reinforcement** *n* : refuerzo *m*
reinstate *vt* **-stated; -stating 1** : restablecer **2** : restituir (a algn en su cargo)
reiterate *vt* **-ated; -ating** : reiterar
reject *vt* : rechazar — **rejection** *n* : rechazo *m*
rejoice *vi* **-joiced; -joicing** : regocijarse
rejuvenate *vt* **-nated; -nating** : rejuvenecer
rekindle *vt* **-dled; -dling** : reavivar
relapse *n* : recaída *f* — ～ *vi* **-lapsed; -lapsing** : recaer
relate *v* **-lated; -lating** *vt* **1** TELL : relatar **2** ASSOCIATE : relacionar — *vi* ～ **to 1** CONCERN : estar relacionado con **2** UNDERSTAND : identificarse con **3** : relacionarse con (socialmente) — **related** *adj* ～ **to** : emparentado con — **relation** *n* **1** CONNECTION : relación *f* **2** RELATIVE : pariente *mf* **3** **in** ～ **to** : en relación con **4** ～**s** *npl* : relaciones *fpl* — **relationship** *n* **1** : relación *f* **2** KINSHIP : parentesco *m* — **relative** *n* : pariente *mf* — ～ *adj* : relativo — **relatively** *adv* : relativamente
relax *vt* : relajar — *vi* : relajarse — **relaxation** *n* **1** : relajación *f* **2** RECREATION : esparcimiento *m*
relay *n* **1** : relevo *m* **2** *or* ～ **race** : carrera *f* de relevos — ～ *vt* **-layed; -laying** : transmitir
release *vt* **-leased; -leasing 1** FREE : liberar, poner en libertad **2** : soltar (un freno, etc.) **3** EMIT : despedir **4** : sacar (un libro, etc.), estrenar (una película) — ～ *n* **1** : liberación *f* **2** : estreno *m* (de una película), publicación *f* (de un libro) **3** : fuga *f* (de gases)
relegate *vt* **-gated; -gating** : relegar
relent *vi* : ceder — **relentless** *adj* : implacable
relevant *adj* : pertinente — **relevance** *n* : pertinencia *f*
reliable *adj* : fiable (dícese de personas), fidedigno (dícese de información, etc.) — **reliability** *n*, *pl* **-ties** : fiabilidad *f* (de una cosa), responsabilidad *f* (de una persona) — **reliance** *n* **1** : dependencia *f* **2** TRUST : confianza *f* — **reliant** *adj* : dependiente
relic *n* : reliquia *f*
relief *n* **1** : alivio *m* **2** AID : ayuda *f* **3** : relieve *m* (en la escultura) **4** REPLACEMENT : relevo *m* — **relieve** *vt* **-lieved; -lieving 1** : aliviar **2** REPLACE : relevar (a algn) **3** ～ **s.o. of** : liberar a algn de
religion *n* : religión *f* — **religious** *adj* : religioso
relinquish *vt* : renunciar a, abandonar
relish *n* **1** : salsa *f* (condimento) **2** **with** ～ : con gusto — ～ *vt* : saborear

relocate *vt* **-cated; -cating** : trasladar — *vi* : trasladarse — **relocation** *n* : traslado *m*
reluctance *n* : reticencia *f*, desgana *f* — **reluctant** *adj* : reacio, reticente — **reluctantly** *adv* : a regañadientes
rely *vi* **-lied; -lying** ～ **on 1** DEPEND ON : depender de **2** TRUST : confiar (en)
remain *vi* **1** : quedar **2** STAY : quedarse **3** CONTINUE : seguir, continuar — **remainder** *n* : resto *m* — **remains** *npl* : restos *mpl*
remark *n* : comentario *m*, observación *f* — ～ *vt* : observar — *vi* ～ **on** : observar — **remarkable** *adj* : extraordinario, notable
remedy *n*, *pl* **-dies** : remedio *m* — ～ *vt* **-died; -dying** : remediar — **remedial** *adj* : correctivo
remember *vt* **1** : acordarse de, recordar **2** ～ **to** : acordarse de — *vi* : acordarse, recordar — **remembrance** *n* : recuerdo *m*
remind *vt* : recordar — **reminder** *n* : recordatorio *m*
reminiscence *n* : recuerdo *m*, reminiscencia *f* — **reminisce** *vi* **-nisced; -niscing** : rememorar los viejos tiempos — **reminiscent** *adj* **be** ～ **of** : recordar
remiss *adj* : negligente, remiso
remit *vt* **-mitted; -mitting 1** PARDON : perdonar **2** : enviar (dinero) — **remission** *n* : remisión *f*
remnant *n* **1** : resto *m* **2** TRACE : vestigio *m*
remorse *n* : remordimiento *m* — **remorseful** *adj* : arrepentido
remote *adj* **-moter; -est 1** : remoto **2** ALOOF : distante **3** ～ **from** : apartado de, alejado de — **remote control** *n* : control *m* remoto — **remotely** *adv* SLIGHTLY : remotamente
remove *vt* **-moved; -moving 1** : quitar (una tapa, etc.), quitarse (ropa) **2** EXTRACT : sacar **3** DISMISS : destituir **4** ELIMINATE : eliminar — **removable** *adj* : separable, de quita y pon — **removal** *n* **1** : eliminación *f* **2** EXTRACTION : extracción *f*
remunerate *vt* **-ated; -ating** : remunerar
render *vt* **1** : rendir (homenaje), prestar (ayuda) **2** MAKE : hacer **3** TRANSLATE : traducir
rendezvous *ns & pl* : cita *f*
rendition *n* : interpretación *f*
renegade *n* : renegado *m*, -da *f*
renew *vt* **1** : renovar **2** RESUME : reanudar — **renewal** *n* : renovación *f*
renounce *vt* **-nounced; -nouncing** : renunciar a
renovate *vt* **-vated; -vating** : renovar — **renovation** *n* : renovación *f*
renown *n* : renombre *m* — **renowned** *adj* : célebre, renombrado
rent *n* **1** : alquiler *m*, arrendamiento *m*, renta

f **2 for** ~ : se alquila — ~ *vt* : alquilar —
rental *n* : alquiler *m* — ~ *adj* : de alquiler
— **renter** *n* : arrendatario *m*, -ria *f*
renunciation *n* : renuncia *f*
reopen *vt* : volver a abrir
reorganize *vt* **-nized; -nizing** : reorganizar
— **reorganization** *n* : reorganización *f*
repair *vt* : reparar, arreglar — ~ *n* **1**
: reparación *f*, arreglo *m* **2 in bad** ~ : en
mal estado
repay *vt* **-paid; -paying 1** : devolver
(dinero), pagar (una deuda) **2** : corresponder a (un favor, etc.)
repeal *vt* : abrogar, revocar — ~ *n* : abro-
gación *f*, revocación *f*
repeat *vt* : repetir — ~ *n* : repetición *f* — **repeatedly** *adv* : repetidas veces
repel *vt* **-pelled; -pelling** : repeler — **repellent** *n* : repelente *m*
repent *vi* : arrepentirse — **repentance** *n* : arrepentimiento *m*
repercussion *n* : repercusión *f*
repertoire *n* : repertorio *m*
repetition *n* : repetición *f* — **repetitious** *adj*
: repetitivo — **repetitive** *adj* : repetitivo
replace *vt* **-placed; -placing 1** : reponer **2**
SUBSTITUTE : reemplazar, sustituir **3** EX-
CHANGE : cambiar — **replacement** *n* **1**
: sustitución *f* **2** : sustituto *m*, -ta *f* (persona)
3 or ~ **part** : repuesto *m*
replenish *vt* **1** : reponer **2** REFILL : rellenar
replete *adj* ~ **with** : repleto de
replica *n* : réplica *f*
reply *vi* **-plied; -plying** : contestar, responder — ~ *n, pl* **-plies** : respuesta *f*
report *n* **1** : informe *m* **2** RUMOR : rumor *m*
3 or news ~ : reportaje *m* **4 weather** ~
: boletín *m* meteorológico — ~ *vt* **1** RE-
LATE : anunciar **2** ~ **a crime** : denunciar
un delito **3 or** ~ **on** : informar sobre — *vi*
1 : informar **2** ~ **for duty** : presentarse —
report card *n* : boletín *m* de calificaciones
— **reportedly** *adv* : según se dice — **reporter** *n* : periodista *mf*; reportero *m*, -ra *f*
repose *vi* **-posed; -posing** : reposar — ~ *n*
: reposo *m*
reprehensible *adj* : reprensible
represent *vt* **1** : representar **2** PORTRAY
: presentar — **representation** *n* : representación *f* — **representative** *adj* : representativo — ~ *n* : representante *mf*
repress *vt* : reprimir — **repression** *n*
: represión *f*
reprieve *n* : indulto *m*
reprimand *n* : reprimenda *f* — ~ *vt*
: reprender
reprint *vt* : reimprimir — ~ *n* : reedición *f*
reprisal *n* : represalia *f*
reproach *n* **1** : reproche *m* **2 beyond** ~

: irreprochable — ~ *vt* : reprochar — **re-
proachful** *adj* : de reproche
reproduce *v* **-duced; -ducing** *vt* : reproducir — *vi* : reproducirse — **reproduction** *n*
: reproducción *f* — **reproductive** *adj* : reproductor
reproof *n* : reprobación *f*
reptile *n* : reptil *m*
republic *n* : república *f* — **republican** *n* : republicano *m*, -na *f* — ~ *adj* : republicano
repudiate *vt* **-ated; -ating** : repudiar
repugnant *adj* : repugnante, asqueroso —
repugnance *n* : repugnancia *f*
repulse *vt* **-pulsed; -pulsing** : repeler, rechazar — **repulsive** *adj* : repulsivo
reputation *n* : reputación *f* — **reputable** *adj*
: de confianza, acreditado — **reputed** *adj*
: supuesto
request *n* : petición *f* — ~ *vt* : pedir
requiem *n* : réquiem *m*
require *vt* **-quired; -quiring 1** CALL FOR
: requerir **2** NEED : necesitar — **requirement** *n* **1** NEED : necesidad *f* **2** DEMAND
: requisito *m* — **requisite** *adj* : necesario
resale *n* : reventa *f*
rescind *vt* : rescindir (un contrato), revocar
(una ley, etc.)
rescue *vt* **-cued; -cuing** : rescatar, salvar —
~ *n* : rescate *m* — **rescuer** *n* : salvador *m*,
-dora *f*
research *n* : investigación *f* — ~ *vt* : investigar — **researcher** *n* : investigador *m*,
-dora *f*
resemble *vt* **-sembled; -sembling** : parecerse a — **resemblance** *n* : parecido *m*
resent *vt* : resentirse de, ofenderse por — **resentful** *adj* : resentido — **resentment** *n*
: resentimiento *m*
reserve *vt* **-served; -serving** : reservar —
~ *n* **1** : reserva *f* **2** ~**s** *npl* : reservas *fpl*
(militares) — **reservation** *n* : reserva *f* —
reserved *adj* : reservado — **reservoir** *n*
: embalse *m*
reset *vt* **-set; -setting** : volver a poner (un
reloj, etc.)
residence *n* : residencia *f* — **reside** *vi*
-sided; -siding : residir — **resident** *adj*
: residente — ~ *n* : residente *mf* — **residential** *adj* : residencial
residue *n* : residuo *m*
resign *vt* **1** QUIT : dimitir **2** ~ **oneself to**
: resignarse a — **resignation** *n* **1** : dimisión
f **2** ACCEPTANCE : resignación *f*
resilient *adj* **1** : resistente (dícese de personas) **2** ELASTIC : elástico — **resilience** *n*
1 : resistencia *f* **2** ELASTICITY : elasticidad *f*
resin *n* : resina *f*
resist *vt* : resistir — *vi* : resistirse — **resist-**

ance *n* : resistencia *f* — **resistant** *adj* : resistente

resolve *vt* **-solved; -solving** : resolver — ~ *n* : resolución *f* — **resolution** *n* 1 : resolución *f* 2 DECISION, INTENTION : propósito *m* — **resolute** *adj* : resuelto

resonance *n* : resonancia *f* — **resonant** *adj* : resonante

resort *n* 1 RECOURSE : recurso *m* 2 *or* **tourist** ~ : centro *m* turístico — ~ *vi* ~ **to** : recurrir a

resounding *adj* 1 RESONANT : resonante 2 ABSOLUTE : rotundo

resource *n* : recurso *m* — **resourceful** *adj* : ingenioso

respect *n* 1 ESTEEM : respeto *m* 2 **in some** ~**s** : en algún sentido 3 **pay one's** ~**s** : presentar uno sus respetos 4 **with** ~ **to** : (con) respecto a — ~ *vt* : respetar — **respectable** *adj* : respetable — **respectful** *adj* : respetuoso — **respective** *adj* : respectivo — **respectively** *adv* : respectivamente

respiration *n* : respiración *f* — **respiratory** *adj* : respiratorio

respite *n* : respiro *m*

response *n* : respuesta *f* — **respond** *vi* : responder — **responsibility** *n, pl* **-ties** : responsabilidad *f* — **responsible** *adj* : responsable — **responsive** *adj* : sensible, receptivo

rest[1] *n* 1 : descanso *m* 2 SUPPORT : apoyo *m* 3 : silencio *m* (en música) — ~ *vi* 1 : descansar 2 LEAN : apoyarse 3 ~ **on** DEPEND ON : depender de — *vt* 1 RELAX : descansar 2 LEAN : apoyar

rest[2] *n* REMAINDER : resto *m*

restaurant *n* : restaurante *m*

restful *adj* : tranquilo, apacible

restitution *n* : restitución *f*

restless *adj* : inquieto, agitado

restore *vt* **-stored; -storing** 1 RETURN : devolver 2 REESTABLISH : restablecer 3 REPAIR : restaurar — **restoration** *n* 1 : restablecimiento *m* 2 REPAIR : restauración *f*

restrain *vt* 1 : contener 2 ~ **oneself** : contenerse — **restrained** *adj* : comedido, moderado — **restraint** *n* 1 : restricción *f* 2 SELF-CONTROL : moderación *f*, control *m* de sí mismo

restriction *n* : restricción *f* — **restrict** *vt* : restringir — **restricted** *adj* : restringido — **restrictive** *adj* : restrictivo

result *vi* : resultar — ~ *n* 1 : resultado *m* 2 **as a** ~ **of** : como consecuencia de

resume *v* **-sumed; -suming** *vt* : reanudar — *vi* : reanudarse

résumé *or* **resume** *or* **resumé** *n* : currículum *m* (vitae)

resumption *n* : reanudación *f*

resurgence *n* : resurgimiento *m*

resurrection *n* : resurrección *f* — **resurrect** *vt* : resucitar

resuscitate *vt* **-tated; -tating** : resucitar

retail *vt* : vender al por menor — ~ *n* : venta *f* al por menor — ~ *adj* : detallista, minorista — ~ *adv* : al detalle, al por menor — **retailer** *n* : detallista *mf*, minorista *mf*

retain *vt* : retener

retaliate *vi* **-ated; -ating** : tomar represalias — **retaliation** *n* : represalias *fpl*

retard *vt* : retardar, retrasar — **retarded** *adj* : retrasado

retention *n* : retención *f*

reticence *n* : reticencia *f* — **reticent** *adj* : reticente

retina *n, pl* **-nas** *or* **-nae** : retina *f*

retinue *n* : séquito *m*

retire *vi* **-tired; -tiring** 1 WITHDRAW : retirarse 2 : jubilarse, retirarse (de un trabajo) 3 : acostarse (en la cama) — **retirement** *n* : jubilación *f* — **retiring** *adj* SHY : retraído

retort *vt* : replicar — ~ *n* : réplica *f*

retrace *vt* **-traced; -tracing** ~ **one's steps** : volver sobre sus pasos

retract *vt* 1 WITHDRAW : retirar 2 : retraer (garras, etc.) — *vi* : retractarse

retrain *vt* : reciclar

retreat *n* 1 : retirada *f* 2 REFUGE : refugio *m* — ~ *vi* : retirarse

retribution *n* : castigo *m*

retrieve *vt* **-trieved; -trieving** 1 : cobrar, recuperar 2 RESCUE : salvar — **retrieval** *n* : recuperación *f* — **retriever** *n* : perro *m* cobrador

retroactive *adj* : retroactivo

retrospect *n* **in** ~ : mirando hacia atrás — **retrospective** *adj* : retrospectivo

return *vi* 1 : volver, regresar 2 REAPPEAR : reaparecer — *vt* 1 : devolver 2 YIELD : producir — ~ *n* 1 : regreso *m*, vuelta *f* 2 : devolución *f* (de algo prestado) 3 YIELD : rendimiento *m* 4 **in** ~ **for** : a cambio de 5 *or* **tax** ~ : declaración *f* de impuestos — ~ *adj* : de vuelta

reunite *vt* **-nited; -niting** : reunir — **reunion** *n* : reunión *f*

revamp *vt* : renovar

reveal *vt* 1 : revelar 2 SHOW : dejar ver

revel *vi* **-eled** *or* **-elled; -eling** *or* **-elling** ~ **in** : deleitarse en

revelation *n* : revelación *f*

revelry *n, pl* **-ries** : jolgorio *m*, regocijos *mpl*

revenge *vt* **-venged; -venging** : vengar — ~ *n* 1 : venganza *f* 2 **take** ~ **on** : vengarse de

revenue *n* : ingresos *mpl*

reverberate *vi* **-ated; -ating** : retumbar, resonar

reverence *n* : reverencia *f*, veneración *f* — **revere** *vt* **-vered; -vering** : venerar — **reverend** *adj* : reverendo — **reverent** *adj* : reverente

reverie *n*, *pl* **-eries** : ensueño *m*

reverse *adj* : inverso, contrario — ∼ *v* **-versed; -versing** *vt* **1** : invertir **2** : cambiar (una política), revocar (una decisión) **3** : dar marcha atrás a (un automóvil) — *vi* : invertirse — ∼ *n* **1** BACK : dorso *m*, revés *m* **2** *or* ∼ **gear** : marcha *f* atrás **3 the** ∼ : lo contrario — **reversible** *adj* : reversible — **reversal** *n* **1** : inversión *f* **2** CHANGE : cambio *m* total **3** SETBACK : revés *m* — **revert** *vi* : revertir

review *n* **1** : revisión *f* **2** OVERVIEW : resumen *m* **3** CRITIQUE : reseña *f*, crítica *f* **4** : repaso *m* (para un examen) — ∼ *vt* **1** EXAMINE : examinar **2** : repasar (una lección) **3** CRITIQUE : reseñar — **reviewer** *n* : crítico *m*, -ca *f*

revile *vt* **-viled; -viling** : injuriar

revise *vt* **-vised; -vising** **1** : modificar (una política, etc.) **2** : revisar, corregir (una publicación) — **revision** *n* : corrección *f*, modificación *f*

revive *v* **-vived; -viving** *vt* **1** : reanimar, reactivar **2** : resucitar (a una persona) **3** RESTORE : restablecer — *vi* **1** : reanimarse, reactivarse **2** COME TO : volver en sí — **revival** *n* : reanimación *f*, reactivación *f*

revoke *vt* **-voked; -voking** : revocar

revolt *vi* : rebelarse, sublevarse — *vt* : dar asco a — ∼ *n* : revuelta *f*, sublevación *f* — **revolting** *adj* : asqueroso

revolution *n* : revolución *f* — **revolutionary** *adj* : revolucionario — ∼ *n*, *pl* **-aries** : revolucionario *m*, -ria *f* — **revolutionize** *vt* **-ized; -izing** : revolucionar

revolve *v* **-volved; -volving** *vt* : hacer girar — *vi* : girar

revolver *n* : revólver *m*

revue *n* : revista *f* (teatral)

revulsion *n* : repugnancia *f*

reward *vt* : recompensar — ∼ *n* : recompensa *f*

rewrite *vt* **-wrote; -written; -writing** : volver a escribir

rhetoric *n* : retórica *f* — **rhetorical** *adj* : retórico

rheumatism *n* : reumatismo *m* — **rheumatic** *adj* : reumático

rhino *n*, *pl* **-no** *or* **-nos** → **rhinoceros** — **rhinoceros** *n*, *pl* **-noceroses** *or* **-noceros** *or* **-noceri** : rinoceronte *m*

rhubarb *n* : ruibarbo *m*

rhyme *n* **1** : rima *f* **2** VERSE : verso *m* (en rima) — ∼ *vi* **rhymed; rhyming** : rimar

rhythm *n* : ritmo *m* — **rhythmic** *or* **rhythmical** *adj* : rítmico

rib *n* : costilla *f* — ∼ *vt* TEASE : tomar el pelo a

ribbon *n* : cinta *f*

rice *n* : arroz *m*

rich *adj* **1** : rico **2** ∼ **foods** : comidas *fpl* pesadas — **riches** *npl* : riquezas *fpl* — **richness** *n* : riqueza *f*

rickety *adj* : desvencijado, destartalado

ricochet *n* : rebote *m* — ∼ *vi* **-cheted** *or* **-chetted; -cheting** *or* **-chetting** : rebotar

rid *vt* **rid; ridding** **1** : librar **2 get** ∼ **of** : deshacerse de — **riddance** *n* **good** ∼**!** : ¡adiós y buen viaje!

riddle[1] *n* : acertijo *m*, adivinanza *f*

riddle[2] *vt* **-dled; -dling** **1** : acribillar **2 riddled with** : lleno de

ride *v* **rode; ridden; riding** *vt* **1** : montar (a caballo, en bicicleta), ir (en autobús, etc.) **2** TRAVERSE : recorrer — *vi* **1** *or* ∼ **horseback** : montar a caballo **2** : ir (en auto, etc.) — ∼ *n* **1** : paseo *m*, vuelta *f* **2** : aparato *m* (en un parque de diversiones) — **rider** *n* **1** : jinete *mf* (a caballo) **2** CYCLIST : ciclista *mf*, motociclista *mf*

ridge *n* : cadena *f* (de montañas)

ridiculous *adj* : ridículo — **ridicule** *n* : burlas *fpl* — ∼ *vt* **-culed; -culing** : ridiculizar

rife *adj* **1** : extendido **2 be** ∼ **with** : estar plagado de

rifle[1] *vi* **-fled; -fling** ∼ **through** : revolver

rifle[2] *n* : rifle *m*, fusil *m*

rift *n* **1** : grieta *f* **2** : ruptura *f* (entre personas)

rig[1] *vt* : amañar (una elección)

rig[2] *vt* **rigged; rigging** **1** : aparejar (un barco) **2** EQUIP : equipar **3** *or* ∼ **out** DRESS : vestir **4** *or* ∼ **up** CONSTRUCT : construir — ∼ *n* **1** : aparejo *m* (de un barco) **2** *or* **oil** ∼ : plataforma *f* petrolífera — **rigging** *n* : aparejo *m*

right *adj* **1** JUST : bueno, justo **2** CORRECT : correcto **3** APPROPRIATE : apropiado, adecuado **4** STRAIGHT : recto **5 be** ∼ : tener razón **6** → **right–hand** — ∼ *n* **1** GOOD : bien *m* **2** ENTITLEMENT : derecho *m* **3 on the** ∼ : a la derecha **4** *or* ∼ **side** : derecha *f* — ∼ *adv* **1** WELL : bien **2** PRECISELY : justo **3** DIRECTLY : derecho **4** IMMEDIATELY : inmediatamente **5** COMPLETELY : completamente **6** *or* **to the** ∼ : a la derecha — ∼ *vt* **1** STRAIGHTEN : enderezar **2** ∼ **a wrong** : reparar un daño — **right angle** *n* : ángulo *m* recto — **righteous** *adj* : recto, honrado — **rightful** *adj* : legítimo — **right–hand** *adj* : derecho — **right–handed** *adj* : diestro — **rightly** *adv* **1** : justamente **2** CORRECTLY : correctamente — **right–wing** *adj* : derechista

rigid *adj* : rígido

rigor *or Brit* **rigour** *n* : rigor *m* — **rigorous** *adj* : riguroso

rim *n* **1** EDGE : borde *m* **2** : llanta *f* (de una rueda) **3** : montura *f* (de anteojos)

rind *n* : corteza *f*

ring[1] *v* **rang**; **rung**; **ringing** *vi* **1** : sonar (dícese de un timbre, etc.) **2** RESOUND : resonar — *vt* : tocar (un timbre, etc.) — ~ *n* **1** : toque *m* (de un timbre, etc.) **2** CALL : llamada *f* (por teléfono)

ring[2] *n* **1** : anillo *m*, sortija *f* **2** BAND, HOOP : aro *m* **3** CIRCLE : círculo *m* **4** *or* **boxing** ~ : cuadrilátero *m* **5** NETWORK : red *f* — ~ *vt* : cercar, rodear — **ringleader** *n* : cabecilla *mf*

ringlet *n* : rizo *m*, bucle *m*

rink *n* : pista *f* (de patinaje)

rinse *vt* **rinsed**; **rinsing** : enjuagar — ~ *n* : enjuague *m*

riot *n* : disturbio *m* — ~ *vi* : causar disturbios — **rioter** *n* : alborotador *m*, -dora *f*

rip *v* **ripped**; **ripping** *vt* **1** : rasgar, desgarrar **2** ~ **off** : arrancar — *vi* : rasgarse — ~ *n* : rasgón *m*, desgarrón *m*

ripe *adj* **riper**; **ripest** **1** : maduro **2** ~ **for** : listo por — **ripen** *v* : madurar — **ripeness** *n* : madurez *f*

rip–off *n* : timo *m fam*

ripple *v* **-pled**; **-pling** *vi* : rizarse (dícese de agua) — *vt* : rizar — ~ *n* : onda *f*, rizo *m*

rise *vi* **rose**; **risen**; **rising** **1** GET UP : levantarse **2** : salir (dícese del sol, etc.) **3** ASCEND : subir **4** INCREASE : aumentar **5** ~ **up** REBEL : sublevarse — ~ *n* **1** ASCENT : subida *f* **2** INCREASE : aumento *m* **3** SLOPE : cuesta *f* — **riser** *n* **1** early ~ : madrugador *m*, -dora *f* **2** late ~ : dormilón *m*, -lona *f*

risk *n* : riesgo *m* — ~ *vt* : arriesgar — **risky** *adj* **riskier**; **-est** : arriesgado, riesgoso *Lat*

rite *n* : rito *m* — **ritual** *adj* : ritual — ~ *n* : ritual *m*

rival *n* : rival *mf* — ~ *adj* : rival — ~ *vt* **-valed** *or* **-valled**; **-valing** *or* **-valling** : rivalizar con — **rivalry** *n*, *pl* **-ries** : rivalidad *f*

river *n* : río *m*

rivet *n* : remache *m* — ~ *vt* **1** : remachar **2** FIX : fijar (los ojos, etc.) **3 be ~ed by** : estar fascinado con

roach → **cockroach**

road *n* **1** : carretera *f* **2** STREET : calle *f* **3** PATH : camino *m* — **roadblock** *n* : control *m* — **roadside** *n* : borde *m* de la carretera — **roadway** *n* : carretera *f*

roam *vi* : vagar — *vt* : vagar por

roar *vi* **1** : rugir **2** ~ **with laughter** : reírse a carcajadas — *vt* : decir a gritos — ~ *n* : rugido *m* (de un animal), estruendo *m* (de un avión, etc.)

roast *vt* : asar (carne, etc.), tostar (café, etc.) — *vi* : asarse — ~ *n* : asado *m* — ~ *adj* : asado — **roast beef** *n* : rosbif *m*

rob *v* **robbed**; **robbing** *vt* **1** : robar **2** ~ **of** : privar de — *vi* : robar — **robber** *n* : ladrón *m*, -drona *f* — **robbery** *n*, *pl* **-beries** : robo *m*

robe *n* **1** : toga *f* (de un magistrado, etc.) **2** → **bathrobe**

robin *n* : petirrojo *m*

robot *n* : robot *m*

robust *adj* : robusto

rock[1] *vt* **1** : acunar (a un niño), mecer (una cuna) **2** SHAKE : sacudir — *vi* : mecerse — ~ *n or* **music** : música *f* rock

rock[2] *n* **1** : roca *f* (sustancia) **2** BOULDER : peña *f*, peñasco *m* **3** STONE : piedra *f*

rocket *n* : cohete *m*

rocking chair *n* : mecedora *f*

rocky *adj* **rockier**; **-est** **1** : rocoso **2** SHAKY : tambaleante

rod *n* **1** : varilla *f* **2** *or* **fishing** ~ : caña *f* de pescar

rode → **ride**

rodent *n* : roedor *m*

rodeo *n*, *pl* **-deos** : rodeo *m*

roe *n* : hueva *f*

rogue *n* : pícaro *m*, -ra *f*

role *n* : papel *m*

roll *n* **1** : rollo *m* (de película, etc.) **2** LIST : lista *f* **3** : redoble *m* (de un tambor) **4** SWAYING : balanceo *m* **5** BUN : pancito *m Lat*, panecillo *m Spain* — ~ *vt* **1** : hacer rodar **2** *or* ~ **out** : estirar (masa) **3** ~ **up** : enrollar (papel, etc.), arremangar (una manga) — *vi* **1** : rodar **2** SWAY : balancearse **3** ~ **around** : revolcarse **4** ~ **over** : darse la vuelta — **roller** *n* **1** : rodillo *m* **2** CURLER : rulo *m* — **roller coaster** *n* : montaña *f* rusa — **roller–skate** *vi* **-skated**; **-skating** : patinar (sobre ruedas) — **roller skate** *n* : patín *m* (de ruedas)

Roman *adj* : romano — **Roman Catholic** *adj* : católico

romance *n* **1** : novela *f* romántica **2** AFFAIR : romance *m*

Romanian *adj* : rumano — ~ *n* : rumano *m* (idioma)

romantic *adj* : romántico

romp *n* : retozo *m* — ~ *vi* : retozar

roof *n*, *pl* **roofs** **1** : tejado *m*, techo *m* **2** ~ **of the mouth** : paladar *m* — **roofing** *n* : techumbre *f* — **rooftop** *n* : tejado *m*, techo *m*

rook[1] *n* : grajo *m* (ave)

rook[2] *n* : torre *f* (en ajedrez)

rookie *n* : novato *m*, -ta *f*

room *n* **1** : cuarto *m*, habitación *f* **2** BEDROOM : dormitorio *m* **3** SPACE : espacio *m* **4**

OPPORTUNITY : posibilidad *f* — **roommate** *n* : compañero *m*, -ra *f* de cuarto — **roomy** *adj* **roomier; -est** : espacioso

roost *n* : percha *f* — ~ *vi* : posarse — **rooster** *n* : gallo *m*

root[1] *n* : raíz *f* — ~ *vt* ~ **out** : extirpar

root[2] *vi* ~ **around in** : hurgar en

root[3] *vi* ~ **for** SUPPORT : alentar

rope *n* : cuerda *f* — ~ *vt* **roped; roping 1** : atar (con cuerda) **2** ~ **off** : acordonar

rosary *n*, *pl* **-ries** : rosario *m*

rose[1] → **rise**

rose[2] *n* : rosa *f* (flor), rosa *m* (color) — ~ *adj* : rosa — **rosebush** *n* : rosal *m*

rosemary *n*, *pl* **-maries** : romero *m*

Rosh Hashanah *n* : el Año Nuevo judío

roster *n* : lista *f*

rostrum *n*, *pl* **-tra** *or* **-trums** : tribuna *f*

rosy *adj* **rosier; -est 1** : sonrosado **2** PROMISING : halagüeño

rot *v* **rotted; rotting** *vi* : pudrirse — *vt* : pudrir — ~ *n* : putrefacción *f*

rotary *adj* : rotativo — ~ *n* : rotonda *f*, glorieta *f Spain*

rotate *v* **-tated; -tating** *vi* : girar — *vt* **1** : girar **2** ALTERNATE : alternar — **rotation** *n* : rotación *f*

rote *n* **by** ~ : de memoria

rotor *n* : rotor *m*

rotten *adj* **1** : podrido **2** BAD : malo

rouge *n* : colorete *m*

rough *adj* **1** COARSE : áspero **2** RUGGED : accidentado **3** CHOPPY : agitado **4** DIFFICULT : duro **5** FORCEFUL : brusco **6** APPROXIMATE : aproximado **7** UNREFINED : tosco **8** ~ **draft** : borrador *m* — *vt* **1** → **roughen 2** ~ **up** BEAT : dar una paliza a — **roughage** *n* : fibra *f* — **roughen** *vt* : poner áspero — *vi* : ponerse áspero — **roughly** *adv* **1** : bruscamente **2** ABOUT : aproximadamente — **roughness** *n* COARSENESS : aspereza *f*

roulette *n* : ruleta *f*

round *adj* : redondo — ~ *adv* → **around** — ~ *n* **1** : círculo *m* **2** : ronda *f* (de bebidas, negociaciones, etc.) **3** : asalto *m* (en boxeo), vuelta *f* (en juegos) **4** ~ **of applause** : aplauso *m* **5** ~**s** *npl* : visitas *fpl* (de un médico), rondas *fpl* (de un policía, etc.) — ~ *vt* **1** TURN : doblar **2** ~ **off** : redondear **3** ~ **off** *or* ~ **out** COMPLETE : rematar **4** ~ **up** GATHER : reunir (personas), rodear (ganado) — ~ *prep* → **around** — **roundabout** *adj* : indirecto — **round–trip** *n* : viaje *m* de ida y vuelta — **roundup** *n* : rodeo *m* (de animales), redada *f* (de delincuentes, etc.)

rouse *vt* **roused; rousing 1** AWAKEN : despertar **2** EXCITE : excitar

rout *n* : derrota *f* aplastante — ~ *vt* : derrotar

route *n* **1** : ruta *f* **2** *or* **delivery** ~ : recorrido *m*

routine *n* : rutina *f* — ~ *adj* : rutinario

rove *v* **roved; roving** *vi* : errar, vagar — *vt* : errar por

row[1] *vt* **1** : llevar a remo **2** ~ **a boat** : remar — *vi* : remar

row[2] *n* **1** : fila *f* (de gente o asientos), hilera *f* (de casas, etc.) **2 in a** ~ SUCCESSIVELY : seguido

row[3] *n* **1** RACKET : bulla *f* **2** QUARREL : pelea *f*

rowboat *n* : bote *m* de remos

rowdy *adj* **-dier; -est** : escandaloso, alborotador — ~ *n*, *pl* **-dies** : alborotador *m*, -dora *f*

royal *adj* : real — **royalty** *n*, *pl* **-ties 1** : realeza *f* **2 royalties** *npl* : derechos *mpl* de autor

rub *v* **rubbed; rubbing** *vt* **1** : frotar **2** CHAFE : rozar **3** ~ **in** : aplicar frotando — *vi* **1** ~ **against** : rozar **2** ~ **off** : salir (al frotar) — ~ *n* : frotamiento *m*

rubber *n* **1** : goma *f*, caucho *m* **2** ~**s** *npl* : chanclos *mpl* — **rubber band** *n* : goma *f* (elástica) — **rubber stamp** *n* : sello *m* (de goma) — **rubbery** *adj* : gomoso

rubbish *n* **1** : basura *f* **2** NONSENSE : tonterías *fpl*

rubble *n* : escombros *mpl*

ruby *n*, *pl* **-bies** : rubí *m*

rudder *n* : timón *m*

ruddy *adj* **-dier; -est** : rubicundo

rude *adj* **ruder; rudest 1** IMPOLITE : grosero, mal educado **2** ABRUPT : brusco — **rudely** *adv* : groseramente — **rudeness** *n* : mala educación *f*

rudiment *n* : rudimento *m* — **rudimentary** *adj* : rudimentario

rue *vt* **rued; ruing** : lamentar — **rueful** *adj* : triste, arrepentido

ruffle *vt* **-fled; -fling 1** : despeinar (pelo), erizar (plumas) **2** VEX : alterar, contrariar — ~ *n* : volante *m* (de un vestido, etc.)

rug *n* : alfombra *f*, tapete *m*

rugged *adj* **1** : escabroso (dícese del terreno), escarpado (dícese de montañas) **2** HARSH : duro **3** STURDY : fuerte

ruin *n* : ruina *f* — ~ *vt* : arruinar

rule *n* **1** : regla *f* **2** CONTROL : dominio *m* **3 as a** ~ : por lo general — ~ *v* **ruled; ruling** *vt* **1** GOVERN : gobernar **2** : fallar (dícese de un juez) **3** ~ **out** : descartar — *vi* : gobernar, reinar — **ruler** *n* **1** : gobernante *mf*; soberano *m*, -na *f* **2** : regla *f* (para medir) — **ruling** *n* VERDICT : fallo *m*

rum *n* : ron *m*

Rumanian → **Romanian**

rumble *vi* -bled; -bling **1** : retumbar **2** : hacer ruidos (dícese del estómago) — ~ *n* : retumbo *m*, estruendo *m*

rummage *vi* -maged; -maging : hurgar

rumor *n* : rumor *m* — ~ *vt* **be** ~**ed** : rumorearse

rump *n* **1** : grupa *f* (de un animal) **2** ~ **steak** : filete *m* de cadera

rumpus *n* : lío *m*, jaleo *m fam*

run *v* ran; run; running *vi* **1** : correr **2** FUNCTION : funcionar **3** LAST : durar **4** : desteñir (dícese de colores) **5** EXTEND : correr, extenderse **6** : presentarse (como candidato) **7** ~ **away** : huir **8** ~ **into** ENCOUNTER : tropezar con **9** ~ **into** HIT : chocar contra **10** ~ **late** : ir retrasado **11** ~ **out of** : quedarse sin **12** ~ **over** : atropellar — *vt* **1** : correr **2** OPERATE : hacer funcionar **3** : hacer correr (agua) **4** MANAGE : dirigir **5** ~ **a fever** : tener fiebre — ~ *n* **1** : carrera *f* **2** TRIP : viaje *m*, paseo *m* (en coche) **3** SERIES : serie *f* **4 in the long** ~ : a la larga **5 in the short** ~ : a corto plazo — **runaway** *n* : fugitivo *m*, -va *f* — ~ *adj* : fugitivo — **rundown** *n* : resumen *m* — **run–down** *adj* **1** : destartalado **2** EXHAUSTED : agotado

rung¹ → **ring¹**

rung² *n* : peldaño *m* (de una escalera, etc.)

runner *n* **1** : corredor *m*, -dora *f* **2** : patín *m* (de un trineo), riel *m* (de un cajón, etc.) —

runner–up *n, pl* **runners–up** : subcampeón *m*, -peona *f* — **running** *adj* **1** FLOWING : corriente **2** CONTINUOUS : continuo **3** CONSECUTIVE : seguido

runt *n* : animal *m* más pequeño (de una camada)

runway *n* : pista *f* de aterrizaje

rupture *n* : ruptura *f* — ~ *v* -tured; -turing *vt* : romper — *vi* : reventar

rural *adj* : rural

ruse *n* : ardid *m*

rush¹ *n* : junco *m* (planta)

rush² *vi* : ir de prisa — *vt* **1** : apresurar, apurar **2** ATTACK : asaltar **3** : llevar rápidamente (al hospital, etc.) — ~ *n* **1** : prisa *f*, apuro *m* **2** : ráfaga *f* (de aire), torrente *m* (de agua) — ~ *adj* : urgente — **rush hour** *n* : hora *f* punta

russet *n* : color *m* rojizo

Russian *adj* : ruso — ~ *n* : ruso *m* (idioma)

rust *n* : herrumbre *f*, óxido *m* — ~ *vi* : oxidarse — *vt* : oxidar

rustic *adj* : rústico

rustle *v* -tled; -tling *vt* **1** : hacer susurrar **2** : robar (ganado) — *vi* : susurrar — ~ *n* : susurro *m*

rusty *adj* **rustier; -est** : oxidado

rut *n* **1** : surco *m* **2 be in a** ~ : ser esclavo de la rutina

ruthless *adj* : despiadado, cruel

rye *n* : centeno *m*

S

s *n, pl* **s's** *or* **ss** : s *f*, decimonovena letra del alfabeto inglés

Sabbath *n* **1** : sábado *m* (día santo judío) **2** : domingo *m* (día santo cristiano)

sabotage *n* : sabotaje *m* — ~ *vt* -taged; -taging : sabotear

saccharin *n* : sacarina *f*

sack *n* : saco *m* — ~ *vt* **1** FIRE : despedir **2** PLUNDER : saquear

sacrament *n* : sacramento *m*

sacred *adj* : sagrado

sacrifice *n* : sacrificio *m* — ~ *vt* -ficed; -ficing : sacrificar

sacrilege *n* : sacrilegio *m* — **sacrilegious** *adj* : sacrílego

sad *adj* **sadder; saddest** : triste — **sadden** *vt* : entristecer

saddle *n* : silla *f* (de montar) — ~ *vt* -dled;

-dling **1** : ensillar (un caballo, etc.) **2** ~ **s.o. with sth** : cargar a algn con algo

sadistic *adj* : sádico

sadness *n* : tristeza *f*

safari *n* : safari *m*

safe *adj* **safer; safest** **1** : seguro **2** UNHARMED : ileso **3** CAREFUL : prudente **4** ~ **and sound** : sano y salvo — ~ *n* : caja *f* fuerte — **safeguard** *n* : salvaguarda *f* — ~ *vt* : salvaguardar — **safely** *adv* **1** : sin peligro **2 arrive** ~ : llegar sin novedad — **safety** *n, pl* **-ties** : seguridad *f* — **safety belt** *n* : cinturón *m* de seguridad — **safety pin** *n* : imperdible *m*

saffron *n* : azafrán *m*

sag *vi* **sagged; sagging** **1** : combarse **2** GIVE : aflojarse **3** FLAG : flaquear

saga *n* : saga *f*

sage[1] *n* : salvia *f* (planta)
sage[2] *adj* **sager; -est** : sabio — ~ *n* : sabio *m*, -bia *f*
said → **say**
sail *n* **1** : vela *f* (de un barco) **2 go for a** ~ : salir a navegar **3 set** ~ : zarpar — ~ *vi* : navegar — *vt* : gobernar (un barco), navegar (el mar) — **sailboat** *n* : velero *m* — **sailor** *n* : marinero *m*
saint *n* : santo *m*, -ta *f* — **saintly** *adj* **saintlier; -est** : santo
sake *n* **1 for goodness' **~! : ¡por Dios! **2 for the** ~ **of** : por (el bien de)
salad *n* : ensalada *f*
salamander *n* : salamandra *f*
salami *m*
salary *n, pl* **-ries** : sueldo *m*
sale *n* **1** : venta *f* **2 for** ~ : se vende **3 on** ~ : de rebaja — **salesman** *n, pl* **-men** : vendedor *m*, dependiente *m* — **saleswoman** *n, pl* **-women** : vendedora *f*, dependienta *f*
salient *adj* : saliente
saliva *n* : saliva *f*
sallow *adj* : amarillento, cetrino
salmon *ns & pl* : salmón *m*
salon *n* → **beauty salon**
saloon *n* : bar *m*
salsa *n* : salsa *f* mexicana, salsa *f* picante
salt *n* : sal *f* — ~ *vt* : salar — **saltwater** *adj* : de agua salada — **salty** *adj* **saltier; -est** : salado
salute *v* **-luted; -luting** *vt* : saludar — *vi* : hacer un saludo — ~ *n* : saludo *m*
salvage *n* : salvamento *m* — ~ *vt* **-vaged; -vaging** : salvar
salvation *n* : salvación *f*
salve *n* : ungüento *m*
same *adj* **1** : mismo **2 be the** ~ **(as)** : ser igual (que) **3 the** ~ **thing (as)** : la misma cosa (que) — ~ *pron* **1 all the** ~ : igual **2 the** ~ : lo mismo — ~ *adv* **the** ~ : igual
sample *n* : muestra *f* — ~ *vt* **-pled; -pling** : probar
sanatorium *n, pl* **-riums** *or* **-ria** : sanatorio *m*
sanctify *vt* **-fied; -fying** : santificar
sanction *n* : sanción *f* — ~ *vt* : sancionar
sanctity *n, pl* **-ties** : santidad *f*
sanctuary *n, pl* **-aries** : santuario *m*
sand *n* : arena *f* — ~ *vt* : lijar (madera)
sandal *n* : sandalia *f*
sandpaper *n* : papel *m* de lija — ~ *vt* : lijar
sandwich *n* : sandwich *m*, bocadillo *m Spain* — ~ *vt* ~ **between** : meter entre
sandy *adj* **sandier; -est** : arenoso
sane *adj* **saner; sanest 1** : cuerdo **2** SENSIBLE : sensato
sang → **sing**

sanitarium *n, pl* **-iums** *or* **-ia** → **sanatorium**
sanitary *adj* **1** : sanitario **2** HYGIENIC : higiénico — **sanitary napkin** *n* : compresa *f* (higiénica) — **sanitation** *n* : sanidad *f*
sanity *n* : cordura *f*
sank → **sink**
Santa Claus *n* : Papá *m* Noel
sap[1] *n* **1** : savia *f* (de una planta) **2** SUCKER : inocentón *m*, -tona *f*
sap[2] *vt* **sapped; sapping** : minar (la fuerza, etc.)
sapphire *n* : zafiro *m*
sarcasm *n* : sarcasmo *m* — **sarcastic** *adj* : sarcástico
sardine *n* : sardina *f*
sash *n* : faja *f* (de un vestido), fajín *m* (de un uniforme)
sat → **sit**
satanic *adj* : satánico
satchel *n* : cartera *f*
satellite *n* : satélite *m*
satin *n* : raso *m*
satire *n* : sátira *f* — **satiric** *or* **satirical** *adj* : satírico
satisfaction *n* : satisfacción *f* — **satisfactory** *adj* : satisfactorio — **satisfy** *v* **-fied; -fying** *vt* **1** : satisfacer **2** CONVINCE : convencer — **satisfying** *adj* : satisfactorio
saturate *vt* **-rated; -rating 1** : saturar **2** DRENCH : empapar — **saturation** *n* : saturación *f*
Saturday *n* : sábado *m*
Saturn *n* : Saturno *m*
sauce *n* : salsa *f* — **saucepan** *n* : cacerola *f* — **saucer** *n* : platillo *m* — **saucy** *adj* **saucier; -est** IMPUDENT : descarado
sauna *n* : sauna *mf*
saunter *vi* : pasear
sausage *n* : salchicha *f*
sauté *vt* **-téed** *or* **-téd; -téing** : saltear, sofreír
savage *adj* : salvaje, feroz — ~ *n* : salvaje *mf* — **savagery** *n, pl* **-ries** : ferocidad *f*
save *vt* **saved; saving 1** RESCUE : salvar **2** RESERVE : guardar **3** : ahorrar (dinero, tiempo, etc.) — ~ *prep* EXCEPT : salvo
savior *n* : salvador *m*, -dora *f*
savor *vt* : saborear — **savory** *adj* : sabroso
saw[1] → **see**
saw[2] *n* : sierra *f* — ~ *vt* **sawed; sawed** *or* **sawn; sawing** : serrar — **sawdust** *n* : serrín *m*, aserrín *m*
saxophone *n* : saxofón *m*
say *v* **said; saying; says** *vt* **1** : decir **2** INDICATE : marcar (dícese de relojes, etc.) — *vi* **1** : decir **2 that is to** ~ : es decir — ~ *n, pl* **says 1 have no** ~ : no tener ni voz ni voto **2 have one's** ~ : dar su opinión — **saying** *n* : refrán *m*

scab *n* **1** : costra *f* (en una herida) **2** STRIKE-
BREAKER : esquirol *mf*
scaffold *n* : andamio *m* (en construcción)
scald *vt* : escaldar
scale¹ *n* : balanza *f* (para pesar)
scale² *n* : escama *f* (de un pez, etc.) — ~ *vt*
scaled; scaling : escamar
scale³ *vt* **scaled; scaling 1** CLIMB : escalar
2 ~ **down** : reducir — ~ *n* : escala *f* (musical, salarial, etc.)
scallion *n* : cebolleta *f*
scallop *n* : vieira *f*
scalp *n* : cuero *m* cabelludo
scam *n* : estafa *f*, timo *m fam*
scamper *vi* ~ **away** : irse corriendo
scan *vt* **scanned; scanning 1** : escandir
(versos) **2** EXAMINE : escudriñar **3** SKIM
: echar un vistazo a **4** : escanear (en informática)
scandal *n* **1** : escándalo *m* **2** GOSSIP : habla-
durías *fpl* — **scandalous** *adj* : escandaloso
Scandinavian *adj* : escandinavo
scant *adj* : escaso
scapegoat *n* : chivo *m* expiatorio
scar *n* : cicatriz *f* — ~ *v* **scarred; scarring**
vt : dejar una cicatriz en — *vi* : cicatrizar
scarce *adj* **scarcer, -est** : escaso —
scarcely *adv* : apenas — **scarcity** *n, pl*
-ties : escasez *f*
scare *vt* **scared; scaring 1** : asustar **2 be**
~**d of** : tener miedo a — ~ *n* **1** FRIGHT
: susto *m* **2** ALARM : pánico *m* — **scarecrow** *n* : espantapájaros *m*, espantajo *m*
scarf *n, pl* **scarves** *or* **scarfs 1** : bufanda *f*
2 KERCHIEF : pañuelo *m*
scarlet *adj* : escarlata — **scarlet fever** *n* : escarlatina *f*
scary *adj* **scarier; -est** : que da miedo
scathing *adj* : mordaz
scatter *vt* **1** STREW : esparcir **2** DISPERSE
: dispersar — *vi* : dispersarse
scavenger *n* : carroñero *m*, -ra *f* (animal)
scenario *n, pl* **-ios 1** : guión *m* (cinemático)
2 the worst-case ~ : el peor de los casos
scene *n* **1** : escena *f* **2 behind the** ~**s**
: entre bastidores **3 make a** ~ : armar un
escándalo — **scenery** *n, pl* **-eries 1** : decorado *m* **2** LANDSCAPE : paisaje *m* — **scenic**
adj : pintoresco
scent *n* **1** : aroma *m* **2** PERFUME : perfume
m **3** TRAIL : rastro *m* — **scented** *adj* : per-
fumado
sceptic → **skeptic**
schedule *n* **1** : programa *m* **2** TIMETABLE
: horario *m* **3 behind** ~ : atrasado, con retraso **4 on** ~ : según lo previsto — ~ *vt*
-uled; -uling : planear, programar
scheme *n* **1** PLAN : plan *m* **2** PLOT : intriga

f **3** DESIGN : esquema *f* — ~ *vi* **schemed;
scheming** : intrigar
schism *n* : cisma *m*
schizophrenia *n* : esquizofrenia *f* — **schizophrenic** *adj* : esquizofrénico
scholar *n* : erudito *m*, -ta *f* — **scholarly** *adj*
: erudito — **scholarship** *n* **1** : erudición *f* **2**
GRANT : beca *f*
school¹ *n* : banco *m* (de peces)
school² *n* **1** : escuela *f* **2** COLLEGE : universidad *f* **3** DEPARTMENT : facultad *f* — ~ *vt*
: instruir — **schoolboy** *n* : colegial *m* —
schoolgirl *n* : colegiala *f* — **schoolteacher**
n → **teacher**
science *n* : ciencia *f* — **scientific** *adj* : científico — **scientist** *n* : científico *m*, -ca *f*
scissors *npl* : tijeras *fpl*
scoff *vi* ~ **at** : burlarse de, mofarse de
scold *vt* : regañar
scoop *n* **1** : pala *f* **2** : noticia *f* exclusiva (en
periodismo) — ~ *vt* **1** : sacar (con pala) **2**
~ **out** : ahuecar **3** ~ **up** : recoger
scoot *vi* : ir rápidamente — **scooter** *n* **1**
: patinete *m* **2** *or* **motor** ~ : escúter *m*
scope *n* **1** RANGE : alcance *m* **2** OPPORTU-
NITY : posibilidades *fpl*
scorch *vt* : chamuscar
score *n, pl* **scores 1** : tanteo *m* (en deportes)
2 RATING : puntuación *f* **3** : partitura *f* (musical) **4** *or pl* **score** TWENTY : veintena *f* **5**
keep ~ : llevar la cuenta **6 on that** ~ : en
ese sentido — ~ *v* **scored; scoring** *vt* **1**
: marcar, anotarse *Lat* (un tanto) **2** : sacar
(una nota) — *vi* : marcar (en deportes)
scorn *n* : desdén *m* — ~ *vt* : desdeñar —
scornful *adj* : desdeñoso
scorpion *n* : alacrán *m*, escorpión *m*
Scot *n* : escocés *m*, -cesa *f* — **Scotch** *adj* →
Scottish — ~ *n or* ~ **whiskey** : whisky
m escocés — **Scottish** *adj* : escocés
scoundrel *n* : sinvergüenza *mf*
scour *vt* **1** SCRUB : fregar **2** SEARCH : registrar
scourge *n* : azote *m*
scout *n* : explorador *m*, -dora *f*
scowl *vi* : fruncir el ceño — ~ *n* : ceño *m*
fruncido
scram *vi* **scrammed; scramming** : largarse
scramble *v* **-bled; -bling** *vi* **1** CLAMBER
: trepar **2** ~ **for** : pelearse por — *vt*
: mezclar — ~ *n* : rebatiña *f*, pelea *f* —
scrambled eggs *npl* : huevos *mpl* revueltos
scrap¹ *n* **1** PIECE : pedazo *m* **2** *or* ~ **metal**
: chatarra *f* **3** ~ **s** *npl* : sobras — ~ *vt*
scrapped; scrapping : desechar
scrap² *n* FIGHT : pelea *f*
scrapbook *n* : álbum *m* de recortes
scrape *v* **scraped; scraping** *vt* **1** : rascar **2**
: rasparse (la rodilla, etc.) **3** *or* ~ **off** : ras-

par **4** ~ **together** : reunir — *vi* **1** RUB
: rozar **2** ~ **by** : arreglárselas — ~ *n* **1**
: rasguño *m* **2** PREDICAMENT : apuro *m*
scratch *vt* **1** CLAW : arañar **2** MARK : rayar
3 : rascarse (la cabeza, etc.) **4** ~ **out**
: tachar — ~ *n* **1** : arañazo *m* **2** MARK
: rayón *m* **3** **start from** ~ : empezar desde
cero
scrawl *v* : garabatear — ~ *n* : garabato *m*
scrawny *adj* **scrawnier; -est** : escuálido
scream *vi* : gritar, chillar — ~ *n* : grito *m*,
chillido *m*
screech *n* **1** : chillido *m* (de personas) **2**
: chirrido *m* (de frenos, etc.) — ~ *vi* **1**
: chillar **2** : chirriar (dícese de los frenos,
etc.)
screen *n* **1** : pantalla *f* **2** PARTITION : mampara *f* **3** *or* **window** ~ : mosquitero *m* —
~ *vt* **1** SHIELD : proteger **2** HIDE : ocultar
3 : seleccionar (candidatos, etc.)
screw *n* : tornillo *m* — ~ *vt* **1** : atornillar **2**
~ **up** RUIN : fastidiar — **screwdriver** *n*
: destornillador *m*
scribble *v* **-bled; -bling** : garabatear — ~ *n*
: garabato *m*
script *n* **1** HANDWRITING : escritura *f* **2**
: guión *m* (de cine, etc.) — **scripture** *n* **1**
: escritos *mpl* sagrados **2 the Scriptures**
npl : las Escrituras *fpl*
scroll *n* : rollo *m* (de pergamino, etc.)
scrounge *v* **scrounged; scrounging** *vt*
: gorrear *fam* — *vi* ~ **around for sth**
: andar buscando algo
scrub[1] *n* UNDERBRUSH : maleza *f*
scrub[2] *vt* **scrubbed; scrubbing** SCOUR
: fregar — ~ *n* : fregado *m*
scruff *n* **by the** ~ **of the neck** : por el pescuezo
scruple *n* : escrúpulo *m* — **scrupulous** *adj*
: escrupuloso
scrutiny *n, pl* **-nies** : análisis *m* cuidadoso —
scrutinize *vt* **-nized; -nizing** : escudriñar
scuff *vt* : raspar, rayar
scuffle *n* : refriega *f*
sculpture *n* : escultura *f* — **sculpt** *v* : esculpir — **sculptor** *n* : escultor *m*, -tora *f*
scum 1 FROTH : espuma *f* **2** : escoria *f*
(dícese de personas)
scurry *vi* **-ried; -rying** : corretear
scuttle[1] *n* : cubo *m* (para carbón)
scuttle[2] *vt* **-tled; -tling** : hundir (un barco)
scuttle[3] *vi* SCAMPER : corretear
sea *n* **1** : mar *mf* **2 at** ~ : en el mar — ~
adj : del mar — **seafarer** *n* : marinero *m* —
seafood *n* : mariscos *mpl* — **seagull** *n*
: gaviota *f*
seal[1] *n* : foca *f* (animal)
seal[2] *n* **1** STAMP : sello *m* **2** CLOSURE
: cierre *m* (hermético) — ~ *vt* : sellar

seam *n* **1** : costura *f* **2** VEIN : veta *f*
seaman *n, pl* **-men** : marinero *m*
seamy *adj* **seamier; -est** : sórdido
seaplane *n* : hidroavión *m*
seaport *n* : puerto *m* marítimo
search *vt* : registrar — *vi* ~ **for** : buscar —
~ *n* **1** : registro *m* **2** HUNT : búsqueda *f* —
searchlight *n* : reflector *m*
seashell *n* : concha *f* (marina) — **seashore**
n : orilla *f* del mar — **seasick** *adj* **1**
: mareado **2 be** ~ : marearse — **seasickness** *n* : mareo *m*
season *n* **1** : estación *f* (del año) **2** : temporada *f* (en deportes, etc.) — ~ *vt* **1** FLAVOR
: sazonar **2** : secar (madera) — **seasonal**
adj : estacional — **seasoned** *adj* EXPERI-
ENCED : veterano — **seasoning** *n* : condimento *m*
seat *n* **1** : asiento *m* **2** : fondillos *mpl* (de un
pantalón) **3** BUTTOCKS : trasero *m* **4** CEN-
TER : sede *f* — ~ *vt* **1 be** ~**ed** : sentarse
2 the bus ~**s 30** : el autobús tiene cabida
para 30 — **seat belt** *n* : cinturón *m* de seguridad
seaweed *n* : alga *f* marina
secede *vi* **-ceded; -ceding** : separarse (de
una nación, etc.)
secluded *adj* : aislado — **seclusion** *n* : aislamiento *m*
second *adj* : segundo — ~ *or* **secondly**
adv : en segundo lugar — ~ *n* **1** : segundo
m, -da *f* **2** MOMENT : segundo *m* **3 have**
~**s** : repetir (una comida) — ~ *vt* : secundar — **secondary** *adj* : secundario —
secondhand *adj* : de segunda mano —
second–rate *adj* : mediocre
secret *adj* : secreto — ~ *n* : secreto *m* —
secrecy *n, pl* **-cies** : secreto *m*
secretary *n, pl* **-taries 1** : secretario *m*, -ria
f **2** : ministro *m*, -tra *f* (del gobierno)
secretion *n* : secreción *f* — **secrete** *vt*
-creted; -creting : secretar
secretive *adj* : reservado — **secretly** *adv*
: en secreto
sect *n* : secta *f*
section *n* : sección *f*, parte *f*
sector *n* : sector *m*
secular *adj* : secular
security *n, pl* **-ties 1** : seguridad *f* **2** GUAR-
ANTEE : garantía *f* **3 securities** *npl* : valores *mpl* — **secure** *adj* **-curer; -est** : seguro
— ~ *vt* **-cured; -curing 1** FASTEN : asegurar **2** GET : conseguir
sedan *n* : sedán *m*
sedate *adj* : sosegado
sedative *adj* : sedante — ~ *n* : sedante *m*
sedentary *adj* : sedentario
sediment *n* : sedimento *m*
seduce *vt* **-duced; -ducing** : seducir — **se-**

duction *n* : seducción *f* — **seductive** *adj*
: seductor
see *v* **saw; seen; seeing** *vt* **1** : ver **2** UN-
DERSTAND : entender **3** ESCORT : acom-
pañar **4** ~ **s.o. off** : despedirse de algn **5**
~ **sth through** : llevar algo a cabo **6** ~
you later! : ¡hasta luego! — *vi* **1** : ver **2**
UNDERSTAND : entender **3 let's** ~ : vamos
a ver **4** ~ **to** : ocuparse de
seed *n, pl* **seed** *or* **seeds** **1** : semilla *f* **2**
SOURCE : germen *m* — **seedy** *adj* **seedier;**
-est SQUALID : sórdido
seek *v* **sought; seeking** *vt* **1** *or* ~ **out**
: buscar **2** REQUEST : pedir **3** ~ **to** : tratar
de — *vi* SEARCH : buscar
seem *vi* : parecer
seep *vi* : filtrarse
seesaw *n* : balancín *m*
seethe *vi* **seethed; seething** : rabiar, estar
furioso
segment *n* : segmento *m*
segregate *vt* **-gated; -gating** : segregar —
segregation *n* : segregación *f*
seize *v* **seized; seizing** *vt* **1** GRASP : agarrar
2 CAPTURE : tomar **3** : aprovechar (una
oportunidad) — *vi or* ~ **up** : agarrotarse —
seizure *n* **1** CAPTURE : toma *f* **2** : ataque *m*
(en medicina)
seldom *adv* : pocas veces, raramente
select *adj* : selecto — ~ *vt* : seleccionar —
selection *n* : selección *f* — **selective** *adj*
: selectivo
self *n, pl* **selves** **1** : ser *m* **2 her better** ~
: su lado bueno — **self–addressed** *adj*
: con la dirección del remitente — **self–as-**
sured *adj* : seguro de sí mismo — **self–**
centered *adj* : egocéntrico — **self–confi-**
dence *n* : confianza *f* en sí mismo — **self–**
confident *adj* : seguro de sí mismo — **self–**
conscious *adj* : cohibido — **self–control** *n*
: dominio *m* de sí mismo — **self–defense** *n*
: defensa *f* propia — **self–employed** *adj*
: que trabaja por cuenta propia — **self–es-**
teem *n* : amor *m* propio — **self–evident** *adj*
: evidente — **self–help** *n* : autoayuda *f* —
self– important *adj* : presumido — **self–in-**
terest *n* : interés *m* personal — **selfish** *adj*
: egoísta — **selfishness** *n* : egoísmo *m* —
selfless *adj* : desinteresado — **self–pity** *n,*
pl **-ties** : autocompasión *f* — **self–portrait** *n*
: autorretrato *m* — **self– respect** *n* : amor *m*
propio — **self–righteous** *adj* : santurrón —
self–service *adj* : de autoservicio — **self–**
sufficient *adj* : autosuficiente — **self–**
taught *adj* : autodidacta
sell *v* **sold; selling** *vt* : vender — *vi* : venderse — **seller** *n* : vendedor *m,* -dora *f*
selves → **self**
semantics *ns & pl* : semántica *f*

semblance *n* : apariencia *f*
semester *n* : semestre *m*
semicolon *n* : punto y coma *m*
semifinal *n* : semifinal *f*
seminary *n, pl* **-naries** : seminario *m* —
seminar *n* : seminario *m*
senate *n* : senado *m* — **senator** *n* : senador
m, -dora *f*
send *vt* **sent; sending** **1** : mandar, enviar **2**
~ **away for** : pedir **3** ~ **back** : devolver
(mercancías, etc.) **4** ~ **for** : mandar a buscar — **sender** *n* : remitente *mf*
senile *adj* : senil — **senility** *n* : senilidad *f*
senior *n* **1** SUPERIOR : superior *m* **2** : estudiante *mf* de último año (en educación) **3** *or*
~ **citizen** : persona *f* mayor **4 be s.o.'s** ~
: ser mayor que algn — ~ *adj* **1** : superior
(en rango) **2** ELDER : mayor — **seniority** *n*
: antigüedad *f*
sensation *n* : sensación *f* — **sensational**
adj : sensacional
sense *n* **1** : sentido *m* **2** FEELING : sensación *f* **3** COMMON SENSE : sentido *m*
común **4 make** ~ : tener sentido — ~ *vt*
sensed; sensing : sentir — **senseless** *adj*
1 : sin sentido **2** UNCONSCIOUS : inconsciente — **sensible** *adj* : sensato, práctico
— **sensibility** *n, pl* **-ties** : sensibilidad *f* —
sensitive *adj* **1** : sensible **2** TOUCHY : susceptible — **sensitivity** *n, pl* **-ties** : sensibilidad *f* — **sensual** *adj* : sensual — **sensu-**
ous *adj* : sensual
sent → **send**
sentence *n* **1** : frase *f* **2** JUDGMENT : sentencia *f* — ~ *vt* **-tenced; -tencing** : sentenciar
sentiment *n* **1** : sentimiento *m* **2** BELIEF
: opinión *f* — **sentimental** *adj* : sentimental
— **sentimentality** *n, pl* **-ties** : sentimentalismo *m*
sentry *n, pl* **-tries** : centinela *m*
separation *n* : separación *f* — **separate** *v*
-rated; -rating *vt* **1** : separar **2** DISTINGUISH
: distinguir — *vi* : separarse — ~ *adj* **1**
: separado **2** DETACHED : aparte **3** DISTINCT
: distinto — **separately** *adv* : por separado
September *n* : septiembre *m,* setiembre *m*
sequel *n* **1** : continuación *f* **2** CONSE-
QUENCE : secuela *f*
sequence *n* **1** ORDER : orden *m* **2** : secuencia *f* (de números o escenas)
Serb *or* **Serbian** *adj* : serbio
serene *adj* : sereno — **serenity** *n* : serenidad
f
sergeant *n* : sargento *mf*
serial *adj* : seriado — ~ *n* : serial *m* — **se-**
ries *n, pl* **series** : serie *f*
serious *adj* : serio — **seriously** *adv* **1** : se-
riamente **2** GRAVELY : gravemente **3 take**
~ : tomar en serio

sermon *n* : sermón *m*
serpent *n* : serpiente *f*
servant *n* : criado *m*, -da *f*
serve *v* **served; serving** *vi* **1** : servir **2** : sacar (en deportes) **3** ~ **as** : servir de — *vt* **1** : servir **2** ~ **time** : cumplir una condena — **server** *n* **1** WAITER : camarero *m*, -ra *f* **2** : servidor *m* (en informática)
service *n* **1** : servicio *m* **2** CEREMONY : oficio *m* **3** MAINTENANCE : revisión *f* **4 armed** ~**s** : fuerzas *fpl* armadas — ~ *vt* **-viced; -vicing** : revisar (un vehículo, etc.) — **serviceman** *n*, *pl* **-men** : militar *m* — **service station** *n* : estación *f* de servicio — **serving** *n* : porción *f*, ración *f*
session *n* : sesión *f*
set *n* **1** : juego *m* (de platos, etc.) **2** : set *m* (en tenis, etc.) **3** *or* **stage** ~ : decorado *m* **4 television** ~ : aparato *m* de televisión — ~ *v* **set; setting** *vt* **1** *or* ~ **down** : poner **2** : poner en hora (un reloj) **3** FIX : fijar (una fecha, etc.) **4** ~ **fire to** : prender fuego a **5** ~ **free** : poner en libertad **6** ~ **off** : hacer sonar (una alarma), hacer estallar (una bomba) **7** ~ **out to (do sth)** : proponerse (hacer algo) **8** ~ **up** ASSEMBLE : montar, armar **9** ~ **up** ESTABLISH : establecer — *vi* **1** : cuajarse (dícese de la gelatina, etc.), fraguar (dícese del cemento) **2** : ponerse (dícese del sol, etc.) **3** ~ **in** BEGIN : empezar **4** ~ **off** *or* ~ **out** : salir (de viaje) — ~ *adj* **1** FIXED : fijo **2** READY : listo, preparado — **setback** *n* : revés *m* — **setting** *n* **1** : posición *f* (de un control) **2** MOUNTING : engaste *m* (de joyas) **3** SCENE : escenario *m*
settle *v* **settled; settling** *vi* **1** : asentarse (dícese de polvo, colonos, etc.) **2** ~ **down** RELAX : calmarse **3** ~ **for** : conformarse con **4** ~ **in** : instalarse — *vt* **1** DECIDE : fijar, decidir **2** RESOLVE : resolver **3** PAY : pagar **4** CALM : calmar **5** COLONIZE : colonizar — **settlement** *n* **1** PAYMENT : pago *m* **2** COLONY : colonia *f*, poblado *m* **3** AGREEMENT : acuerdo *m* — **settler** *n* : colono *m*, -na *f*
seven *adj* : siete — ~ *n* : siete *m* — **seven hundred** *adj* : setecientos — ~ *n* : setecientos *m* — **seventeen** *adj* : diecisiete — ~ *n* : diecisiete *m* — **seventeenth** *adj* : decimoséptimo — ~ *n* **1** : decimoséptimo *m*, -ma *f* (en una serie) **2** : diecisieteavo *m* (en matemáticas) — **seventh** *adj* : séptimo — ~ *n* **1** : séptimo *m*, -ma *f* (en una serie) **2** : séptimo *m* (en matemáticas) — **seventieth** *adj* : septuagésimo — ~ *n* **1** : septuagésimo *m*, -ma *f* (en una serie) **2** : setentavo *m* (en matemáticas) — **seventy** *adj* : setenta — ~ *n*, *pl* **-ties** : setenta *m*

sever *vt* **-ered; -ering** : cortar, romper
several *adj* : varios — ~ *pron* : varios, varias
severance *n* : ruptura *f*
severe *adj* **severer; -est 1** : severo **2** SERIOUS : grave — **severely** *adv* **1** : severamente **2** SERIOUSLY : gravemente — **severity** *n* **1** : severidad *f* **2** SERIOUSNESS : gravedad *f*
sew *v* **sewed; sewn** *or* **sewed; sewing** : coser
sewer *n* : cloaca *f* — **sewage** *n* : aguas *fpl* negras
sewing *n* : costura *f*
sex *n* **1** : sexo *m* **2** INTERCOURSE : relaciones *fpl* sexuales — **sexism** *n* : sexismo *m* — **sexist** *adj* : sexista — **sexual** *adj* : sexual — **sexuality** *n* : sexualidad *f* — **sexy** *adj* **sexier; -est** : sexy
shabby *adj* **shabbier; -est 1** WORN : gastado **2** UNFAIR : malo, injusto
shack *n* : choza *f*
shackle *n* : grillete *m*
shade *n* **1** : sombra *f* **2** : tono *m* (de un color) **3** NUANCE : matiz *m* **4** *or* **lampshade** : pantalla *f* **5** *or* **window** ~ : persiana *f* — ~ *vt* **shaded; shading** : proteger de la luz — **shadow** *n* : sombra *f* — **shadowy** *adj* INDISTINCT : vago — **shady** *adj* **shadier; -est 1** : sombreado **2** DISREPUTABLE : sospechoso
shaft *n* **1** : asta *f* (de una flecha, etc.) **2** HANDLE : mango *m* **3** AXLE : eje *m* **4** : rayo *m* (de luz) **5** *or* **mine** ~ : pozo *m*
shaggy *adj* **shaggier; -est** : peludo
shake *v* **shook; shaken; shaking** *vt* **1** : sacudir **2** MIX : agitar **3** ~ **hands with s.o.** : dar la mano a algn **4** ~ **one's head** : negar con la cabeza **5** ~ **up** UPSET : afectar — *vi* : temblar — ~ *n* **1** : sacudida *f* **2** → **handshake** — **shaker** *n* **1 salt** ~ : salero *m* **2 pepper** ~ : pimentero *m* — **shaky** *adj* **shakier; -est 1** : tembloroso **2** UNSTABLE : poco firme
shall *v aux*, *past* **should**; *pres sing & pl* **shall 1** (*expressing volition or futurity*) → **will 2** (*expressing possibility or obligation*) → **should 3** ~ **we go?** : ¿nos vamos?
shallow *adj* **1** : poco profundo **2** SUPERFICIAL : superficial
sham *n* : farsa *f* — ~ *v* **shammed; shamming** : fingir
shambles *ns & pl* : caos *m*, desorden *m*
shame *n* **1** : vergüenza *f* **2 what a** ~! : ¡qué lástima! — ~ *vt* **shamed; shaming** : avergonzar — **shameful** *adj* : vergonzoso — **shameless** *adj* : desvergonzado
shampoo *vt* : lavar (el pelo) — ~ *n*, *pl* **-poos** : champú *m*

shamrock *n* : trébol *m*

shan't (*contraction of* **shall not**) → **shall**

shape *v* **shaped; shaping** *vt* **1** : formar **2** DETERMINE : determinar **3 be** ~**d like** : tener forma de — *vi or* ~ **up** : tomar forma — ~ *n* **1** : forma *f* **2 get in** ~ : ponerse en forma — **shapeless** *adj* : informe

share *n* **1** : porción *f* **2** : acción *f* (en una compañía) — ~ *v* **shared; sharing** *vt* **1** : compartir **2** DIVIDE : dividir — *vi* : compartir — **shareholder** *n* : accionista *mf*

shark *n* : tiburón *m*

sharp *adj* **1** : afilado **2** POINTY : puntiagudo **3** ACUTE : agudo **4** HARSH : duro, severo **5** CLEAR : nítido **6** : sostenido (en música) **7 a** ~ **curve** : una curva cerrada — ~ *adv* **at two o'clock** ~ : a las dos en punto — ~ *n* : sostenido (en música) — **sharpen** *vt* : afilar (un cuchillo, etc.), sacar punta a (un lápiz) — **sharpener** *n* **1** *or* **knife** ~ : afilador *m* **2** *or* **pencil** ~ : sacapuntas *m* — **sharply** *adv* : bruscamente

shatter *vt* **1** : hacer añicos **2** DEVASTATE : destrozar — *vi* : hacerse añicos

shave *v* **shaved; shaved** *or* **shaven; shaving** *vt* **1** : afeitar **2** SLICE : cortar — *vi* : afeitarse — ~ *n* : afeitada *f* — **shaver** *n* : máquina *f* de afeitar

shawl *n* : chal *m*

she *pron* : ella

sheaf *n, pl* **sheaves 1** : gavilla *f* **2** : fajo *m* (de papeles)

shear *vt* **sheared; sheared** *or* **shorn; shearing** : esquilar — **shears** *npl* : tijeras *fpl* (grandes)

sheath *n, pl* **sheaths** : funda *f*, vaina *f*

shed¹ *v* **shed; shedding** *vt* **1** : derramar (lágrimas, etc.) **2** : mudar (de piel, etc.), quitarse (ropa) **3** ~ **light on** : aclarar

shed² *n* : cobertizo *m*

she'd (*contraction of* **she had** *or* **she would**) → **have, would**

sheen *n* : brillo *m*, lustre *m*

sheep *n, pl* **sheep** : oveja *f* — **sheepish** *adj* : avergonzado

sheer *adj* **1** THIN : transparente **2** PURE : puro **3** STEEP : escarpado

sheet *n* **1** : sábana *f* (de la cama) **2** : hoja *f* (de papel) **3** : capa *f* (de hielo, etc.) **4** PLATE : placa *f*, lámina *f*

shelf *n, pl* **shelves** : estante *m*

shell *n* **1** : concha *f* **2** : caparazón *m* (de un crustáceo, etc.) **3** : cáscara *f* (de un huevo, etc.) **4** : armazón *mf* (de un edificio, etc.) **5** POD : vaína *f* **6** MISSILE : proyectil *m* — ~ *vt* **1** : pelar (nueces, etc.) **2** BOMBARD : bombardear

she'll (*contraction of* **she shall** *or* **she will**) → **shall, will**

shellfish *n* : marisco *m*

shelter *n* **1** : refugio *m* **2 take** ~ : refugiarse — ~ *vt* **1** PROTECT : proteger **2** HARBOR : albergar

shelve *vt* **shelved; shelving** DEFER : dar carpetazo a

shepherd *n* : pastor *m* — ~ *vt* GUIDE : conducir, guiar

sherbet *n* : sorbete *m*

sheriff *n* : sheriff *mf*

sherry *n, pl* **-ries** : jerez *m*

she's (*contraction of* **she is** *or* **she has**) → **be, have**

shield *n* : escudo *m* — ~ *vt* : proteger

shier, shiest → **shy**

shift *vt* **1** MOVE : mover **2** SWITCH : transferir — *vi* **1** CHANGE : cambiar **2** MOVE : moverse **3** *or* ~ **gears** : cambiar de velocidad — ~ *n* **1** CHANGE : cambio *m* **2** : turno *m* (de trabajo) — **shiftless** *adj* : holgazán — **shifty** *adj* **shiftier; -est** : sospechoso

shimmer *vi* : brillar, relucir

shin *n* : espinilla *f*

shine *v* **shone** *or* **shined; shining** *vi* : brillar — *vt* **1** : alumbrar (una luz) **2** POLISH : sacar brillo a — ~ *n* : brillo *m*

shingle *n* : teja *f* plana y delgada (en construcción) — ~ *vt* **-gled; -gling** : techar — **shingles** *npl* : herpes *m*

shiny *adj* **shinier; -est** : brillante

ship *n* **1** : barco *m*, buque *m* **2** → **spaceship** — ~ *vt* **shipped; shipping** : transportar, enviar (por barco) — **shipbuilding** *n* : construcción *f* naval — **shipment** *n* : envío *m* — **shipping** *n* **1** : transporte *m* **2** SHIPS : barcos *mpl* — **shipshape** *adj* : ordenado — **shipwreck** *n* : naufragio *m* — ~ *vt* **be** ~**ed** : naufragar — **shipyard** *n* : astillero *m*

shirk *vt* : esquivar

shirt *n* : camisa *f*

shiver *vi* : temblar (del frío, etc.) — ~ *n* : escalofrío *m*

shoal *n* : banco *m*

shock *n* **1** IMPACT : choque *m* **2** SURPRISE, UPSET : golpe *m* emocional **3** : shock *m* (en medicina) **4** *or* **electric** ~ : descarga *f* (eléctrica) — ~ *vt* : escandalizar — **shock absorber** *n* : amortiguador *m* — **shocking** *adj* : escandaloso

shoddy *adj* **shoddier; -est** : de mala calidad

shoe *n* : zapato *m* — ~ *vt* **shod; shoeing** : herrar (un caballo) — **shoelace** *n* : cordón *m* (de zapato) — **shoemaker** *n* : zapatero *m*, **-ra** *f*

shone → **shine**

shook → **shake**

shoot *v* **shot; shooting** *vt* **1** : disparar **2** : echar (una mirada) **3** PHOTOGRAPH : foto-

grafiar **4** FILM : rodar — *vi* **1** : disparar **2**
~ by : pasar como una bala — **~** *n* : brote
m, retoño *m* (de una planta) — **shooting
star** *n* : estrella *f* fugaz
shop *n* **1** : tienda *f* **2** WORKSHOP : taller *m*
— **~** *vi* **shopped; shopping 1** : hacer
compras **2 go shopping** : ir de compras —
shopkeeper *n* : tendero *m*, -ra *f* — **shoplift**
vi : hurtar mercancía (en tiendas) — **shop-
lifter** *n* : ladrón *m*, -drona *f* (que roba en
tiendas) — **shopper** *n* : comprador *m*, -dora
f
shore *n* : orilla *f*
shorn → **shear**
short *adj* **1** : corto **2** : bajo (de estatura) **3**
CURT : brusco **4 a ~ time ago** : hace poco
5 be ~ of : estar corto de — **~** *adv* **1 stop
~** : parar en seco **2 fall ~** : quedarse corto
— **shortage** *n* : escasez *f*, carencia *f* —
shortcake *n* : tarta *f* de fruta — **shortcom-
ing** *n* : defecto *m* — **shortcut** *n* : atajo *m* —
shorten *vt* : acortar — **shorthand** *n*
: taquigrafía *f* — **short–lived** *adj* : efímero
— **shortly** *adv* : dentro de poco — **shortness** *n* **1** : lo corto (de una cosa), baja estatura *f* (de una persona) **2 ~ of breath**
: falta *f* de aliento — **shorts** *npl* : shorts
mpl, pantalones *mpl* cortos — **short-
sighted** → **nearsighted**
shot *n* **1** : disparo *m*, tiro *m* **2** : tiro *m* (en
deportes) **3** ATTEMPT : intento *m* **4** PHOTO-
GRAPH : foto *f* **5** INJECTION : inyección *f* **6**
: trago *m* (de licor) — **shotgun** *n* : escopeta
f
should *past of* **shall 1 if she ~ call** : si
llama **2 I ~ have gone** : debería haber ido
3 they ~ arrive soon : deben llegar pronto
4 what ~ we do? : ¿qué hacemos?
shoulder *n* **1** : hombro *m* **2** : arcén *m* (de
una carretera) — **~** *vt* : cargar con (la responsabilidad, etc.) — **shoulder blade** *n*
: omóplato *m*
shouldn't (*contraction of* **should not**) →
should
shout *v* : gritar — **~** *n* : grito *m*
shove *v* **shoved; shoving** : empujar — **~** *n*
: empujón *m*
shovel *n* : pala *f* — **~** *vt* **-veled** *or* **-velled;
-veling** *or* **-velling 1** : mover (tierra, etc.)
con una pala **2** DIG : cavar (con una pala)
show *v* **showed; shown** *or* **showed; showing** *vt* **1** : mostrar **2** TEACH : enseñar **3**
PROVE : demostrar **4** ESCORT : acompañar
5 : proyectar (una película), dar (un programa de televisión) **6 ~ off** : hacer alarde
de — *vi* **1** : notarse, verse **2 ~ off** : lucirse
3 ~ up ARRIVE : aparecer — **~** *n* **1**
: demostración *f* **2** EXHIBITION : exposición
f **3** : espectáculo *m* (teatral), programa *m*

(de televisión, etc.) — **showdown** *n* : confrontación *f*
shower *n* **1** : ducha *f* **2** : chaparrón *m* (en
meteorología) **3** PARTY : fiesta *f* — **~** *vt* **1**
SPRAY : regar **2 ~ s.o. with** : colmar a algn
de — *vi* **1** : ducharse **2** RAIN : llover
showy *adj* **showier; -est** : llamativo, ostentoso
shrank → **shrink**
shrapnel *ns & pl* : metralla *f*
shred *n* **1** : tira *f* (de tela, etc.) **2** IOTA : pizca
f — **~** *vt* **shredded; shredding 1** : hacer
tiras **2** GRATE : rallar
shrewd *adj* : astuto
shriek *vi* : chillar — **~** *n* : chillido *m*, alarido *m*
shrill *adj* : agudo, estridente
shrimp *n* : camarón *m*
shrine *n* **1** TOMB : sepulcro *m* **2** SANCTU-
ARY : santuario *m*
shrink *v* **shrank; shrunk** *or* **shrunken;
shrinking** *vt* : encoger — *vi* **1** : encogerse
(dícese de ropa), reducirse (dícese de
números, etc.) **2** *or* **~ back** : retroceder
shrivel *vi* **-veled** *or* **-velled; -veling** *or* **-vel-
ling** *or* **~ up** : arrugarse, marchitarse
shroud *n* **1** : sudario *m*, mortaja *f* **2** VEIL
: velo *m* — **~** *vt* : envolver
shrub *n* : arbusto *m*, mata *f*
shrug *v* **shrugged; shrugging** : encogerse
de hombros
shrunk → **shrink**
shudder *vi* : estremecerse — **~** *n* : estremecimiento *m*
shuffle *v* **-fled; -fling** *vt* : barajar (naipes),
revolver (papeles, etc.) — *vi* : caminar ar-
rastrando los pies
shun *vi* **shunned; shunning** : evitar, esquivar
shut *v* **shut; shutting** *vt* **1** CLOSE : cerrar **2**
~ off → **turn off 3 ~ up** CONFINE : encer-
rar — *vi* **1** *or* **~ down** : cerrarse **2 ~ up!**
: ¡cállate! — **shutter** *n* **1** *or* **window ~**
: contraventana *f* **2** : obturador *m* (de una
cámara)
shuttle *n* **1** : lanzadera *f* (para tejer) **2** *or* **~
bus** : autobús *m* (de corto recorrido) **3** →
space shuttle — **~** *v* **-tled; -tling** *vt*
: transportar — *vi* : ir y venir
shy *adj* **shier** *or* **shyer; shiest** *or* **shyest**
: tímido — **~** *vi* **shied; shying** *or* **~ away**
: retroceder — **shyness** *n* : timidez *f*
sibling *n* : hermano *m*, hermana *f*
sick *adj* **1** : enfermo **2 be ~** VOMIT : vomitar **3 be ~ of** : estar harto de **4 feel ~**
: tener náuseas — **sicken** *vt* DISGUST : dar
asco a — **sickening** *adj* : nauseabundo
sickle *n* : hoz *f*
sickly *adj* **sicklier; -est 1** UNHEALTHY : en-

fermizo **2** → **sickening** — **sickness** *n* : enfermedad *f*
side *n* **1** : lado *m* **2** : costado *m* (de una persona), ijada *f* (de un animal) **3** : parte *f* (en una disputa, etc.) **4** ~ **by** ~ : uno al lado de otro **5 take** ~**s** : tomar partido — ~ *vi* ~ **with** : ponerse de parte de — **sideboard** *n* : aparador *m* — **sideburns** *npl* : patillas *fpl* — **side effect** *n* : efecto *m* secundario — **sideline** *n* : línea *f* de banda (en deportes) — **sidestep** *vt* -**stepped**; -**stepping** : eludir, esquivar — **sidetrack** *vt* **get** ~**ed** : distraerse — **sidewalk** *n* : acera *f* — **sideways** *adj* & *adv* : de lado — **siding** *n* : revestimiento *m* exterior
siege *n* : sitio *m*
sieve *n* : tamiz *m*, cedazo *m*
sift *vt* **1** : cerner, tamizar **2** *or* ~ **through** : pasar por el tamiz
sigh *vi* : suspirar — ~ *n* : suspiro *m*
sight *n* **1** : vista *f* **2** SPECTACLE : espectáculo *m* **3** : lugar *m* de interés (turístico) **4 catch** ~ **of** : avistar — ~ *vt* : avistar — **sightseer** *n* : turista *mf*
sign *n* **1** : signo *m* **2** NOTICE : letrero *m* **3** GESTURE : seña *f*, señal *f* — ~ *vt* : firmar (un cheque, etc.) — *vi* **1** : firmar **2** ~ **up** ENROLL : inscribirse
signal *n* : señal *f* — ~ *v* -**naled** *or* -**nalled**; -**naling** *or* -**nalling** *vt* **1** : hacer señas a **2** INDICATE : señalar — *vi* **1** : hacer señas **2** : señalizar (en un vehículo)
signature *n* : firma *f*
significance *n* **1** : significado *m* **2** IMPORTANCE : importancia *f* — **significant** *adj* : importante — **signify** *vt* -**fied**; -**fying** : significar
sign language *n* : lenguaje *m* gestual — **signpost** *n* : poste *m* indicador
silence *n* : silencio *m* — ~ *vt* -**lenced**; -**lencing** : silenciar — **silent** *adj* **1** : silencioso **2** MUM : callado **3** : mudo (dícese de películas y letras)
silhouette *n* : silueta *f* — ~ *vt* -**etted**; -**etting be** ~**d against** : perfilarse contra
silicon *n* : silicio *m*
silk *n* : seda *f* — **silky** *adj* **silkier**; -**est** : sedoso
sill *n* : alféizar *m* (de una ventana), umbral *m* (de una puerta)
silly *adj* **sillier**; -**est** : tonto, estúpido
silt *n* : cieno *m*
silver *n* **1** : plata *f* **2** → **silverware** — ~ *adj* : de plata — **silverware** *n* : plata *f* — **silvery** *adj* : plateado
similar *adj* : similar, parecido — **similarity** *n*, *pl* -**ties** : semejanza *f*, parecido *m*
simmer *v* : hervir a fuego lento

simple *adj* **simpler**; -**plest** **1** : simple **2** EASY : sencillo — **simplicity** *n* : simplicidad *f*, sencillez *f* — **simplify** *vt* -**fied**; -**fying** : simplificar — **simply** *adv* **1** : sencillamente **2** ABSOLUTELY : realmente
simulate *vt* -**lated**; -**lating** : simular
simultaneous *adj* : simultáneo
sin *n* : pecado *m* — ~ *vi* **sinned**; **sinning** : pecar
since *adv* **1** *or* ~ **then** : desde entonces **2 long** ~ : hace mucho — ~ *conj* **1** : desde que **2** BECAUSE : ya que, como **3 it's been years** ~... : hace años que... — ~ *prep* : desde
sincere *adj* -**cerer**; -**est** : sincero — **sincerely** *adv* : sinceramente — **sincerity** *n* : sinceridad *f*
sinful *adj* : pecador (dícese de las personas), pecaminoso (dícese de las acciones)
sing *v* **sang** *or* **sung**; **sung**; **singing** : cantar
singe *vt* **singed**; **singeing** : chamuscar
singer *n* : cantante *mf*
single *adj* **1** : solo, único **2** UNMARRIED : soltero **3 every** ~ **day** : cada día, todos los días — ~ *n* **1** : soltero *m*, -ra *f* **2** *or* ~ **room** : habitación *f* individual — ~ *vt* -**gled**; -**gling** ~ **out 1** SELECT : escoger **2** DISTINGUISH : señalar — **single–handed** *adj* : sin ayuda, solo
singular *adj* : singular — ~ *n* : singular *m*
sinister *adj* : siniestro
sink *v* **sank** *or* **sunk**; **sunk**; **sinking** *vi* **1** : hundirse (en un líquido) **2** DROP : bajar, caer — *vt* **1** : hundir **2** ~ **sth into** : clavar algo en — ~ *n* **1** *or* **kitchen** ~ : fregadero *m* **2** *or* **bathroom** ~ : lavabo *m*, lavamanos *m*
sinner *n* : pecador *m*, -dora *f*
sip *vt* **sipped**; **sipping** *vt* : sorber — *vi* : beber a sorbos — ~ *n* : sorbo *m*
siphon *n* : sifón *m* — ~ *vt* : sacar con sifón
sir *n* **1** (*in titles*) : sir *m* **2** (*as a form of address*) : señor *m* **3 Dear Sir** : Estimado señor
siren *n* : sirena *f*
sirloin *n* : solomillo *m*
sissy *n*, *pl* -**sies** : mariquita *mf fam*
sister *n* : hermana *f* — **sister–in–law** *n*, *pl* **sisters–in–law** : cuñada *f*
sit *v* **sat**; **sitting** *vi* **1** *or* ~ **down** : sentarse **2** LIE : estar (ubicado) **3** MEET : estar en sesión **4** *or* ~ **up** : incorporarse — *vt* : sentar
site *n* **1** : sitio *m*, lugar *m* **2** LOT : solar *m*
sitting room → **living room**
sitter → **baby–sitter**
situated *adj* : ubicado, situado — **situation** *n* : situación *f*

six *adj* : seis — ～ *n* : seis *m* — **six hundred** *adj* : seiscientos — ～ *n* : seiscientos *m* — **sixteen** *adj* : dieciséis — ～ *n* : dieciséis *m* — **sixteenth** *adj* : decimosexto — ～ *n* **1** : decimosexto *m*, -ta *f* (en una serie) **2** : dieciseisavo *m*, dieciseisava parte *f* — **sixth** *adj* : sexto — ～ *n* **1** : sexto *m*, -ta *f* (en una serie) **2** : sexto *m* (en matemáticas) — **sixtieth** *adj* : sexagésimo — ～ *n* **1** : sexagésimo *m*, -ma *f* (en una serie) **2** : sesentavo *m* (en matemáticas) — **sixty** *adj* : sesenta — ～ *n, pl* **-ties** : sesenta *m*

size *n* **1** : tamaño *m*, talla *f* (de ropa), número *m* (de zapatos) **2** EXTENT : magnitud *f* — ～ *vt* **sized; sizing** ～ **up** : evaluar — **sizable** *or* **sizeable** *adj* : considerable

sizzle *vi* **-zled; -zling** : chisporrotear

skate[1] *n* : raya *f* (pez)

skate[2] *n* : patín *m* — ～ *vi* **skated; skating** : patinar — **skateboard** *n* : monopatín *m* — **skater** *n* : patinador *m*, -dora *f*

skeleton *n* : esqueleto *m*

skeptic *n* : escéptico *m*, -ca *f* — **skeptical** *adj* : escéptico — **skepticism** *n* : escepticismo *m*

sketch *n* **1** : esbozo *m*, bosquejo *m* **2** SKIT : sketch *m* — ～ *vt* : bosquejar — *vi* : hacer bosquejos — **sketchy** *adj* **sketchier; -est** : incompleto

skewer *n* : brocheta *f*, broqueta *f*

ski *n, pl* **skis** : esquí *m* — ～ *vi* **skied; skiing** : esquiar

skid *n* : derrape *m*, patinazo *m* — ～ *vi* **skidded; skidding** : derrapar, patinar

skier *n* : esquiador *m*, -dora *f*

skill *n* **1** : habilidad *f*, destreza *f* **2** TECHNIQUE : técnica *f* — **skilled** *adj* : hábil

skillet *n* : sartén *mf*

skillful *adj* : hábil, diestro

skim *vt* **skimmed; skimming 1** : espumar (sopa, etc.), descremar (leche) **2** : pasar rozando (una superficie) **3** *or* ～ **through** : echar un vistazo a — ～ *adj* : descremado

skimp *vi* ～ **on** : escatimar — **skimpy** *adj* **skimpier; -est 1** : exiguo, escaso **2** : brevísimo (dícese de ropa)

skin *n* : piel *f* — ～ *vt* **skinned; skinning** : despellejar — **skin diving** *n* : buceo *m*, submarinismo *m* — **skinny** *adj* **skinnier; -est** : flaco

skip *v* **skipped; skipping** *vi* : ir brincando — *vt* OMIT : saltarse — ～ *n* : brinco *m*, salto *m*

skipper *n* : capitán *m*, -tana *f*

skirmish *n* : escaramuza *f*

skirt *n* : falda *f* — ～ *vt* **1** BORDER : bordear **2** EVADE : eludir

skull *n* : cráneo *m* (de una persona viva), calavera *f* (de un esqueleto)

skunk *n* : mofeta *f*, zorrillo *m* *Lat*

sky *n, pl* **skies** : cielo *m* — **skylight** *n* : claraboya *f*, tragaluz *m* — **skyline** *n* : horizonte *m* — **skyscraper** *n* : rascacielos *m*

slab *n* : bloque *m* (de piedra, etc.)

slack *adj* **1** LOOSE : flojo **2** CARELESS : descuidado — ～ *n* **1 take up the** ～ : tensar (una cuerda, etc.) **2** ～**s** *npl* : pantalones *mpl* — **slacken** *vt* : aflojar — *vi* : aflojarse

slain → **slay**

slam *n* : golpe *m*, portazo *m* (de una puerta) — ～ *v* **slammed; slamming** *vt* **1** *or* ～ **down** : tirar, plantar **2** *or* ～ **shut** : cerrar de golpe **3** ～ **the door** : dar un portazo — *vi* **1** : cerrarse de golpe **2** ～ **into** : chocar contra

slander *vt* : calumniar, difamar — ～ *n* : calumnia *f*, difamación *f*

slang *n* : argot *m*

slant *n* : inclinación *f* — ～ *vi* : inclinarse

slap *vt* **slapped; slapping 1** : dar una bofetada a **2** ～ **s.o. on the back** : dar una palmada en la espalda a algn — ～ *n* : bofetada *f*, cachetada *f* *Lat*

slash *vt* **1** : hacer un tajo en **2** : rebajar (precios) drásticamente — ～ *n* : tajo *m*

slat *n* : tablilla *f*

slate *n* : pizarra *f*

slaughter *n* : matanza *f* — ～ *vt* **1** : matar (animales) **2** MASSACRE : masacrar — **slaughterhouse** *n* : matadero *m*

slave *n* : esclavo *m*, -va *f* — ～ *vi* **slaved; slaving** : trabajar como un burro — **slavery** *n* : esclavitud *f*

Slavic *adj* : eslavo

slay *vt* **slew; slain; slaying** : asesinar

sleazy *adj* **sleazier; -est** : sórdido

sled *n* : trineo *m*

sledgehammer *n* : almádena *f*

sleek *adj* : liso y brillante

sleep *n* **1** : sueño *m* **2 go to** ～ : dormirse — ～ *vi* **slept; sleeping** : dormir — **sleeper** *n* **be a light** ～ : tener el sueño ligero — **sleepless** *adj* **have a** ～ **night** : pasar la noche en blanco — **sleepwalker** *n* : sonámbulo *m*, -la *f* — **sleepy** *adj* **sleepier; -est 1** : somnoliento, soñoliento **2 be** ～ : tener sueño

sleet *n* : aguanieve *f* — ～ *vi* : caer aguanieve

sleeve *n* : manga *f* — **sleeveless** *adj* : sin mangas

sleigh *n* : trineo *m*

slender *adj* : delgado

slew → **slay**

slice *vt* **sliced; slicing** : cortar — ～ *n* : trozo *m*, rebanada *f* (de pan, etc.), tajada *f* (de carne)

slick *adj* SLIPPERY : resbaladizo, resbaloso *Lat*

slide *v* **slid; sliding** *vi* : deslizarse — *vt* : deslizar — ~ *n* **1** : deslizamiento *m* **2** : tobogán *m* (para niños) **3** : diapositiva *f* (fotográfica) **4** DECLINE : descenso *m*

slier, sliest → **sly**

slight *adj* **1** : ligero, leve **2** SLENDER : delgado — ~ *vt* : desairar — **slightly** *adv* : ligeramente, un poco

slim *adj* **slimmer; slimmest 1** : delgado **2** a ~ **chance** : escasas posibilidades *fpl* — ~ *v* **slimmed; slimming** : adelgazar

slime *n* **1** : baba *f* (de un caracol, etc.) **2** MUD : limo *m* — **slimy** *adj* **slimier; -est** : viscoso

sling *vt* **slung; slinging 1** THROW : lanzar **2** HANG : colgar — ~ *n* **1** : honda *f* **2** : cabestrillo *m* (en medicina) — **slingshot** *n* : tirachinas *m*

slink *vi* **slunk; slinking** : andar furtivamente

slip[1] *v* **slipped; slipping** *vi* **1** SLIDE : resbalarse **2 let sth** ~ : dejar escapar algo **3** ~ **away** : escabullirse **4** ~ **up** : equivocarse — *vt* **1** : deslizar **2** ~ **into** : ponerse (una prenda) **3 it slipped my mind** : se me olvidó — ~ *n* **1** MISTAKE : error *m*, desliz *m* **2** ~ **of the tongue** : lapsus *m* **3** PETTICOAT : enagua *f*

slip[2] *n* ~ **of paper** : papelito *m*

slipper *n* : zapatilla *f*, pantufla *f*

slippery *adj* **slipperier; -est** : resbaladizo, resbaloso *Lat*

slit *n* **1** OPENING : rendija *f* **2** CUT : corte *m*, raja *f* — ~ *vt* **slit; slitting** : cortar

slither *vi* : deslizarse

sliver *n* : astilla *f*

slogan *n* : eslogan *m*

slop *v* **slopped; slopping** *vt* : derramar — *vi* : derramarse

slope *vi* **sloped; sloping** : inclinarse — ~ *n* : pendiente *f*, declive *m*

sloppy *adj* **sloppier; -est 1** CARELESS : descuidado **2** UNKEMPT : desaliñado

slot *n* : ranura *f*

sloth *n* : pereza *f*

slouch *vi* : andar con los hombros caídos (en una silla)

slovenly *adj* : desaliñado

slow *adj* **1** : lento **2 be** ~ : estar atrasado (dícese de un reloj) — ~ *adv* → **slowly** — ~ *vt* : retrasar, retardar — *vi or* ~ **down** : ir más despacio — **slowly** *adv* : lentamente, despacio — **slowness** *n* : lentitud *f*

sludge *n* SEWAGE : aguas *fpl* negras

slug[1] *n* **1** : babosa *f* (molusco) **2** BULLET : bala *f* **3** TOKEN : ficha *f*

slug[2] *vt* **slugged; slugging** : pegar un porrazo a

sluggish *adj* : lento

slum *n* : barrio *m* bajo

slumber *vi* : dormir — ~ *n* : sueño *m*

slump *vi* **1** DROP : bajar **2** COLLAPSE : dejarse caer **3** → **slouch** — ~ *n* : bajón *m*

slung → **sling**

slunk → **slink**

slur[1] *n* ASPERSION : calumnia *f*, difamación *f*

slur[2] *vt* **slurred; slurring** : arrastrar (las palabras)

slurp *v* : beber haciendo ruido — ~ *n* : sorbo *m* (ruidoso)

slush *n* : nieve *f* medio derretida

sly *adj* **slier; sliest 1** : astuto, taimado **2 on the** ~ : a escondidas

smack[1] *vi* ~ **of** : oler a

smack[2] *vt* **1** : pegar una bofetada a **2** KISS : besar **3** ~ **one's lips** : relamerse — ~ *n* **1** SLAP : bofetada *f* **2** KISS : beso *m* — ~ *adv* : justo, exactamente

small *adj* **1** : pequeño, chico — **smallpox** *n* : viruela *f*

smart *adj* **1** : listo, inteligente **2** STYLISH : elegante — ~ *vi* STING : escocer — **smartly** *adv* : elegantemente

smash *n* **1** BLOW : golpe *m* **2** COLLISION : choque *m* **3** BANG, CRASH : estrépito *m* — ~ *vt* **1** BREAK : romper **2** DESTROY : aplastar — *vi* **1** SHATTER : hacerse pedazos **2** ~ **into** : estrellarse contra

smattering *n* : nociones *fpl*

smear *n* : mancha *f* — ~ *vt* **1** : embadurnar (de pinta, etc.), untar (de aceite, etc.) **2** SMUDGE : manchar

smell *v* **smelled** *or* **smelt; smelling** : oler — ~ *n* **1** : (sentido *m* del) olfato *m* **2** ODOR : olor *m* — **smelly** *adj* **smellier; -est** : maloliente

smelt *vt* : fundir

smile *vi* **smiled; smiling** : sonreír — ~ *n* : sonrisa *f*

smirk *vi* : sonreír con suficiencia — ~ *n* : sonrisa *f* satisfecha

smitten *adj* **be** ~ **with** : estar enamorado de

smith → **blacksmith**

smock *n* : blusón *m*, bata *f*

smog *n* : smog *m*

smoke *n* : humo *m* — ~ *v* **smoked; smoking** *vi* **1** : humear (dícese de fuegos, etc.) **2** : fumar (dícese de personas) — *vt* **1** : ahumar (carne, etc.) **2** : fumar (cigarillos) — **smoker** *n* : fumador *m*, -dora *f* — **smokestack** *n* : chimenea *f* — **smoky** *adj* **smokier; -est 1** : lleno de humo **2** : a humo (dícese de sabores, etc.)

smolder *vi* : arder (sin llama)

smooth *adj* **1** : liso (dícese de superficies), suave (dícese de movimientos), tranquilo (dícese del mar) **2** : sin grumos (dícese de salsas, etc.) — ~ *vt* : alisar — **smoothly** *adv* : suavemente — **smoothness** *n* : suavidad *f*

smother *vt* : asfixiar (a algn), sofocar (llamas, etc.)

smudge *v* **smudged; smudging** *vt* : emborronar — *vi* : correrse — ~ *n* : mancha *f*, borrón *m*

smug *adj* **smugger; smuggest** : suficiente

smuggle *vt* **-gled; -gling** : pasar de contrabando — **smuggler** *n* : contrabandista *mf*

snack *n* : refrigerio *m*, tentempié *m fam*

snag *n* : problema *m* — ~ *v* **snagged; snagging** *vt* : enganchar — *vi* : engancharse

snail *n* : caracol *m*

snake *n* : culebra *f*, serpiente *f*

snap *v* **snapped; snapping** *vi* **1** BREAK : romperse **2** : intentar morder (dícese de un perro, etc.) **3** ~ **at** : contestar bruscamente a — *vt* **1** BREAK : romper **2** ~ **one's fingers** : chasquear los dedos **3** ~ **open/shut** : abrir/cerrar de golpe — ~ *n* **1** : chasquido *m* **2** FASTENER : broche *m* (de presión) **3 be a** ~ : ser facilísimo — **snappy** *adj* **snappier; -est 1** FAST : rápido **2** STYLISH : elegante — **snapshot** *n* : instantánea *f*

snare *n* : trampa *f* — ~ *vt* **snared; snaring** : atrapar

snarl[1] *vi* TANGLE : enmarañar, enredar — ~ *n* : enredo *m*, maraña *f*

snarl[2] *vi* GROWL : gruñir — *n* : gruñido *m*

snatch *vt* : arrebatar

sneak *vi* : ir a hurtadillas — *vt* : hacer furtivamente — ~ *n* : soplón *m*, -plona *f fam* — **sneakers** *npl* : tenis *mpl*, zapatillas *fpl* — **sneaky** *adj* **sneakier; -est** : solapado

sneer *vi* : sonreír con desprecio — ~ *n* : sonrisa *f* de desprecio

sneeze *vi* **sneezed; sneezing** : estornudar — ~ *n* : estornudo *m*

snide *adj* : sarcástico

sniff *vi* : oler — *vt* **1** : oler **2** → **sniffle** — ~ *n* : aspiración *f* por la nariz — **sniffle** *vi* **-fled; -fling** : sorberse la nariz — **sniffles** *npl* **have the** ~ : estar resfriado

snip *n* : tijeretada *f* — ~ *vt* **snipped; snipping** : cortar (con tijeras)

snivel *vi* **-veled** *or* **-velled; -veling** *or* **-velling** : lloriquear

snob *n* : esnob *mf* — **snobbish** *adj* : esnob

snoop *vi* : husmear — ~ *n* : fisgón *m*, -gona *f*

snooze *vi* **snoozed; snoozing** : dormitar — ~ *n* : siestecita *f*, siestita *f*

snore *vi* **snored; snoring** : roncar — ~ *n* : ronquido *m*

snort *vi* : bufar — ~ *n* : bufido *m*

snout *n* : hocico *m*, morro *m*

snow *n* : nieve *f* — ~ *vi* : nevar — **snowfall** *n* : nevada *f* — **snowflake** *n* : copo *m* de nieve — **snowman** *n* : muñeco *m* de nieve — **snowplow** *n* : quitanieves *m* — **snow-**

shoe *n* : raqueta *f* (para nieve) — **snowstorm** *n* : tormenta *f* de nieve — **snowy** *adj* **snowier; -est 1 a** ~ **day** : un día nevoso **2** ~ **mountains** : montañas *fpl* nevadas

snub *vt* **snubbed; snubbing** : desairar — ~ *n* : desaire *m*

snuff *vt or* ~ **out** : apagar

snug *adj* **snugger; snuggest 1** : cómodo **2** TIGHT : ajustado — **snuggle** *vi* **-gled; -gling** : acurrucarse

so *adv* **1** LIKEWISE : también **2** THUS : así **3** THEREFORE : por lo tanto **4** *or* ~ **much** : tanto **5** *or* ~ **very** : tan **6 and** ~ **on** : etcétera **7 I think** ~ : creo que sí **8 I told you** ~ : te lo dije — ~ *conj* **1** THEREFORE : así que **2** *or* ~ **that** : para que **3** ~ **what?** : ¿y qué? — ~ *adj* TRUE : cierto — ~ *pron* **or** ~ : más o menos

soak *vi* : estar en remojo — *vt* **1** : poner en remojo **2** ~ **up** : absorber — ~ *n* : remojo *m*

soap *n* : jabón *m* — ~ *vt or* ~ **up** : enjabonar — **soapy** **soapier; -est** *adj* : jabonoso

soar *vi* **1** : planear **2** SKYROCKET : dispararse

sob *vi* **sobbed; sobbing** : sollozar — ~ *n* : sollozo *m*

sober *adj* **1** : sobrio **2** SERIOUS : serio — **sobriety** *n* **1** : sobriedad *f* **2** SERIOUSNESS : seriedad *f*

so-called *adj* : supuesto, presunto

soccer *n* : futbol *m*, fútbol *m*

social *adj* : social — ~ *n* : reunión *f* social — **sociable** *adj* : sociable — **socialism** *n* : socialismo *m* — **socialist** *n* : socialista *mf* — ~ *adj* : socialista — **socialize** *v* **-ized; -izing** *vt* : socializar — *vi* ~ **with** : alternar con — **society** *n, pl* **-eties** : sociedad *f* — **sociology** *n* : sociología *f*

sock[1] *n, pl* **socks** *or* **sox** : calcetín *m*

sock[2] *vt* : pegar, golpear — ~ *n* PUNCH : puñetazo *m*

socket *n* **1** *or* **electric** ~ : enchufe *m*, toma *f* de corriente **2** *or* **eye** ~ : órbita *f*, cuenca *f* **3** : glena *f* (de una articulación)

soda *n* **1** *or* ~ **pop** : refresco *m*, gaseosa *f* **2** *or* ~ **water** : soda *f*

sodium *n* : sodio *m*

sofa *n* : sofá *m*

soft *adj* **1** : blando **2** SMOOTH : suave — **softball** *n* : softbol *m* — **soft drink** *n* : refresco *m* — **soften** *vt* **1** : ablandar **2** EASE, SMOOTH : suavizar — *vi* **1** : ablandarse **2** EASE : suavizarse — **softly** *adv* : suavemente — **software** *n* : software *m*

soggy *adj* **soggier; -est** : empapado

soil *vt* : ensuciar — ~ *n* DIRT : tierra *f*

solace *n* : consuelo *m*

solar *adj* : solar

sold → **sell**

solder *n* : soldadura *f* — ~ *vt* : soldar

soldier *n* : soldado *mf*

sole[1] *n* : lenguado *m* (pez)

sole[2] *n* : planta *f* (del pie), suela *f* (de un zapato)

sole[3] *adj* : único — **solely** *adv* : únicamente, sólo

solemn *adj* : solemne — **solemnity** *n, pl* **-ties** : solemnidad *f*

solicit *vt* : solicitar

solid *adj* **1** : sólido **2** UNBROKEN : continuo **3** ~ **gold** : oro *m* macizo **4 two** ~ **hours** : dos horas seguidas — ~ *n* : sólido *m* — **solidarity** *n* : solidaridad *f* — **solidify** *v* **-fied; -fying** *vt* : solidificar — *vi* : solidificarse — **solidity** *n, pl* **-ties** : solidez *f*

solitary *adj* : solitario — **solitude** *n* : soledad *f*

solo *n, pl* **solos** : solo *m* — **soloist** *n* : solista *mf*

solution *n* : solución *f* — **soluble** *adj* : soluble — **solve** *vt* **solved; solving** : resolver — **solvent** *n* : solvente *m*

somber *adj* : sombrío

some *adj* **1** (*of unspecified identity*) : un **2** (*of an unspecified amount*) : algo de, un poco de **3** (*of an unspecified number*) : unos **4** CERTAIN : algunos **5 that was** ~ **game!** : ¡fue un partidazo! — ~ *pron* **1** SEVERAL : algunos, unos **2** PART : un poco, algo — ~ *adv* ~ **twenty people** : unas veinte personas — **somebody** *pron* : alguien — **someday** *adv* : algún día — **somehow** *adv* **1** : de algún modo **2** ~ **or other** : de alguna manera u otra — **someone** *pron* : alguien

somersault *n* : voltereta *f*, salto *m* mortal

something *pron* **1** : algo **2** ~ **else** : otra cosa — **sometime** *adv* **1** : algún día, en algún momento **2** ~ **next month** : (durante) el mes que viene — **sometimes** *adv* : a veces — **somewhat** *adv* : algo — **somewhere** *adv* **1** : en alguna parte, en algún lado **2** ~ **around** : alrededor de **3** ~ **else** → **elsewhere**

son *n* : hijo *m*

song *n* : canción *f*

son–in–law *n, pl* **sons–in– law** : yerno *m*

sonnet *n* : soneto *m*

soon *adv* **1** : pronto **2** SHORTLY : dentro de poco **3 as** ~ **as** : en cuanto **4 as** ~ **as possible** : lo más pronto posible **5** ~ **after** : poco después **6** ~**er or later** : tarde o temprano **7 the** ~**er the better** : cuanto antes mejor

soot *n* : hollín *m*

soothe *vt* **soothed; soothing 1** CALM : calmar **2** RELIEVE : aliviar

sop *vt* **sopped; sopping** ~ **up** : absorber

sophistication *n* : sofisticación *f* — **sophisticated** *adj* : sofisticado

sophomore *n* : estudiante *mf* de segundo año

soprano *n, pl* **-nos** : soprano *mf*

sorcerer *n* : hechicero *m*, brujo *m* — **sorcery** *n* : hechicería *f*, brujería *f*

sordid *adj* : sórdido

sore *adj* **sorer; sorest 1** : dolorido **2** ANGRY : enfadado **3** ~ **throat** : dolor *m* de garganta **4 I have a** ~ **throat** : me duele la garganta — ~ *n* : llaga *f* — **sorely** *adv* : muchísimo — **soreness** *n* : dolor *m*

sorrow *n* : pesar *m*, pena *f* — **sorry** *adj* **sorrier; -est 1** PITIFUL : lamentable **2 feel** ~ **for** : compadecer **3 I'm** ~ : lo siento

sort *n* **1** : tipo *m*, clase *f* **2 a** ~ **of** : una especie de — ~ *vt* : clasificar — **sort of** *adv* **1** SOMEWHAT : algo **2** MORE OR LESS : más o menos

SOS *n* : SOS *m*

so–so *adj & adv* : así así *fam*

soufflé *n* : suflé *m*

sought → **seek**

soul *n* : alma *f*

sound[1] *adj* **1** HEALTHY : sano **2** FIRM : sólido **3** SENSIBLE : lógico **4 a** ~ **sleep** : un sueño profundo **5 safe and** ~ : sano y salvo

sound[2] *n* : sonido *m* — *vt* : hacer sonar, tocar (una trompeta, etc.) — *vi* **1** : sonar **2** SEEM : parecer

sound[3] *n* CHANNEL : brazo *m* de mar — ~ *vt* **1** : sondar (en navegación) **2** *or* ~ **out** : sondear

soundly *adv* **1** SOLIDLY : sólidamente **2** DEEPLY : profundamente

soundproof *adj* : insonorizado

soup *n* : sopa *f*

sour *adj* **1** : agrio **2** ~ **milk** : leche *f* cortada — ~ *vt* : agriar

source *n* : fuente *f*, origen *m*

south *adv* : al sur — ~ *adj* : (del) sur — ~ *n* : sur *m* — **South African** *adj* : sudafricano — **South American** *adj* : sudamericano — **southeast** *adv* : hacia el sureste — ~ *adj* : (del) sureste — ~ *n* : sureste *m*, sudeste *m* — **southeastern** *adj* → **southeast** — **southerly** *adv & adj* : del sur — **southern** *adj* : del sur, meridional — **southwest** *adv* : hacia el suroeste — ~ *adj* : (del) suroeste — ~ *n* : suroeste *m*, sudoeste *m* — **southwestern** *adj* → **southwest**

souvenir *n* : recuerdo *m*

sovereign *n* : soberano *m*, -na *f* — ~ *adj* : soberano — **sovereignty** *n, pl* **-ties** : soberanía *f*

Soviet *adj* : soviético
sow[1] *n* : cerda *f*
sow[2] *vt* **sowed; sown** *or* **sowed; sowing** : sembrar
sox → **sock**
soybean *n* : soya *f*, soja *f*
spa *n* : balneario *m*
space *n* **1** : espacio *m* **2** ROOM, SPOT : sitio *m*, lugar *m* — ~ *vt* **spaced; spacing** : espaciar — **spaceship** *n* : nave *f* espacial — **space shuttle** *n* : transbordador *m* espacial — **spacious** *adj* : espacioso, amplio
spade[1] *n* SHOVEL : pala *f*
spade[2] *n* : pica *f* (naipe)
spaghetti *n* : espaguetis *mpl*
span *n* **1** PERIOD : espacio *m* **2** : luz *f* (entre dos soportes) — ~ *vt* **spanned; spanning** **1** : abarcar (un período) **2** CROSS : extenderse sobre
Spaniard *n* : español *m*, -ñola *f*
spaniel *n* : spaniel *m*
Spanish *adj* : español — ~ *n* : español *m* (idioma)
spank *vt* : dar palmadas a (en las nalgas)
spar *vi* **sparred; sparring** : entrenarse (en boxeo)
spare *vt* **spared; sparing** **1** PARDON : perdonar **2** SAVE : ahorrar **3 can you ~ a dollar?** : ¿me das un dólar? **4 I can't ~ the time** : no tengo tiempo **5 ~ no expense** : no reparar en gastos **6 to ~** : de sobra — ~ *adj* **1** : de repuesto **2** EXCESS : de más **3** LEAN : delgado — ~ *n or* ~ **part** : repuesto *m* — **spare time** *n* : tiempo *m* libre — **sparing** *adj* : parco, económico
spark *n* : chispa *f* — ~ *vi* : chispear, echar chispas — *vt* : despertar (interés), provocar (crítica) — **sparkle** *vi* **-kled; -kling** : destellar, centellear — ~ *n* : destello *m*, centelleo *m* — **spark plug** *n* : bujía *f*
sparrow *n* : gorrión *m*
sparse *adj* **sparser; -est** : escaso
spasm *n* : espasmo *m*
spat[1] → **spit**
spat[2] *n* QUARREL : disputa *f*, pelea *f*
spatter *vt* : salpicar
spawn *vi* : desovar — *vt* : engendrar, producir — ~ *n* : hueva *f*
speak *v* **spoke; spoken; speaking** *vi* **1** : hablar **2 ~ out against** : denunciar **3 ~ up** : hablar más alto **4 ~ up for** : defender — *vt* **1** : decir **2** : hablar (un idioma) — **speaker** *n* **1** ORATOR : orador *m*, -dora *f* **2** : hablante *mf* (de un idioma) **3** LOUDSPEAKER : altavoz *m*
spear *n* : lanza *f* — **spearhead** *n* : punta *f* de lanza — ~ *vt* : encabezar — **spearmint** *n* : menta *f* verde
special *adj* : especial — **specialist** *n* : espe-

cialista *mf* — **specialization** *n* : especialización *f* — **specialize** *vi* **-ized; -izing** : especializarse — **specially** *adv* : especialmente — **specialty** *n*, *pl* **-ties** : especialidad *f*
species *ns & pl* : especie *f*
specify *vt* **-fied; -fying** : especificar — **specific** *adj* : específico — **specifically** *adv* **1** : específicamente **2** EXPLICITLY : expresamente — **specification** *n* : especificación *f*
specimen *n* : espécimen *m*
speck *n* **1** SPOT : mancha *f* **2** BIT : mota *f* — **speckled** *adj* : moteado
spectacle *n* **1** : espectáculo *m* **2 ~s** *npl* GLASSES : gafas *fpl*, lentes *fpl*, anteojos *mpl* — **spectacular** *adj* : espectacular — **spectator** *n* : espectador *m*, -dora *f*
specter *or* **spectre** *n* : espectro *m*
spectrum *n*, *pl* **-tra** *or* **-trums** **1** : espectro *m* **2** RANGE : gama *f*
speculation *n* : especulación *f*
speech *n* **1** : habla *f* **2** ADDRESS : discurso *m* — **speechless** *adj* : mudo
speed *n* **1** : rapidez *f* **2** VELOCITY : velocidad *f* — ~ *v* **sped** *or* **speeded; speeding** *vi* **1** : conducir a exceso de velocidad **2 ~ off** : irse a toda velocidad **3 ~ up** : acelerarse — *vt or* ~ **up** : acelerar — **speed limit** *n* : velocidad *f* máxima — **speedometer** *n* : velocímetro *m* — **speedy** *adj* **speedier, -est** : rápido
spell[1] *vt* **1** : escribir (las letras de) **2** *or* ~ **out** : deletrear **3** MEAN : significar
spell[2] *n* ENCHANTMENT : hechizo *m*
spell[3] *n* : período *m* (de tiempo)
spellbound *adj* : embelesado
spelling *n* : ortografía *f*
spend *vt* **spent; spending** **1** : gastar (dinero) **2** : pasar (las vacaciones, etc.) **3 ~ time on** : dedicar tiempo a
sperm *n*, *pl* **sperm** *or* **sperms** : esperma *mf*
spew *vt* : vomitar, arrojar (lava, etc.)
sphere *n* : esfera *f* — **spherical** *adj* : esférico
spice *n* : especia *f* — ~ *vt* **spiced; spicing** : condimentar, sazonar — **spicy** *adj* **spicier; -est** : picante
spider *n* : araña *f*
spigot *n* : grifo *m Spain,* llave *f Lat*
spike *n* **1** : clavo *m* (grande) **2** POINT : punta *f* — **spiky** *adj* : puntiagudo
spill *vt* : derramar — *vi* : derramarse
spin *v* **spun; spinning** *vi* : girar — *vt* **1** : hilar (lana, etc.) **2** TWIRL : hacer girar — ~ *n* **1** : vuelta *f*, giro *m* **2 go for a ~** : dar una vuelta (en auto)
spinach *n* : espinacas *fpl*
spinal cord *n* : médula *f* espinal

spindle *n* : huso *m* (para hilar) — **spindly** *adj* : larguirucho *fam*

spine *n* **1** : columna *f* vertebral **2** QUILL : púa *f* **3** THORN : espina *f* **4** : lomo *m* (de un libro)

spinster *n* : soltera *f*

spiral *adj* : de espiral, en espiral — ~ *n* : espiral *f* — ~ *vi* **-raled** *or* **-ralled; -raling** *or* **-ralling** : ir en espiral

spire *n* : aguja *f*

spirit *n* **1** : espíritu *m* **2 in good** ~**s** : animado **3** ~**s** *npl* : licores *mpl* — **spirited** *adj* : animado — **spiritual** *adj* : espiritual — **spirituality** *n, pl* **-ties** : espiritualidad *f*

spit[1] *n* ROTISSERIE : asador *m*

spit[2] *v* **spit** *or* **spat; spitting** : escupir — *n* SALIVA : saliva *f*

spite *n* **1** : rencor *m* **2 in** ~ **of** : a pesar de — ~ *vt* **spited; spiting** : fastidiar — **spiteful** *adj* : rencoroso

spittle *n* : saliva *f*

splash *vt* : salpicar — *vi* **1** : salpicar **2** *or* ~ **about** : chapotear — ~ *n* **1** : salpicadura *f* **2** : mancha *f* (de color, etc.)

splatter → **spatter**

spleen *n* : bazo *m* (órgano)

splendor *n* : esplendor *m* — **splendid** *adj* : espléndido

splint *n* : tablilla *f*

splinter *n* : astilla *f* — *vi* : astillarse

split *v* **split; splitting** *vt* **1** : partir **2** BURST : reventar **3** *or* ~ **up** : dividir — *vi* **1** : partirse, rajarse **2** *or* ~ **up** : dividirse — ~ *n* **1** CRACK : rajadura *f* **2** *or* ~ **seam** : descosido *m* **3** DIVISION : división *f*

splurge *vi* **splurged; splurging** : derrochar dinero

spoil *vt* **spoiled** *or* **spoilt; spoiling 1** RUIN : estropear **2** PAMPER : consentir, mimar — **spoils** *npl* : botín *m*

spoke[1] → **speak**

spoke[2] *n* : rayo *m* (de una rueda)

spoken → **speak**

spokesman *n, pl* **-men** : portavoz *mf* — **spokeswoman** *n, pl* **-women** : portavoz *f*

sponge *n* : esponja *f* — ~ *vt* **sponged; sponging** : limpiar con una esponja — **spongy** *adj* **spongier; -est** : esponjoso

sponsor *n* : patrocinador *m*, **-dora** *f* — ~ *vt* : patrocinar — **sponsorship** *n* : patrocinio *m*

spontaneity *n* : espontaneidad *f* — **spontaneous** *adj* : espontáneo

spooky *adj* **spookier; -est** : espeluznante

spool *n* : carrete *m*

spoon *n* : cuchara *f* — **spoonful** *n* : cucharada *f*

sporadic *adj* : esporádico

spore *n* : espora *f*

sport *n* **1** : deporte *m* **2 be a good** ~ : tener espíritu deportivo — **sportsman** *n, pl* **-men** : deportista *m* — **sportswoman** *n, pl* **-women** : deportista *f* — **sporty** *adj* **sportier; -est** : deportivo

spot *n* **1** : mancha *f* **2** DOT : punto *m* **3** PLACE : lugar *m*, sitio *m* **4 in a tight** ~ : en apuros **5 on the** ~ INSTANTLY : en ese mismo momento — ~ *vt* **spotted; spotting 1** STAIN : manchar **2** DETECT, NOTICE : ver, descubrir — **spotless** *adj* : impecable — **spotlight** *n* **1** : foco *m*, reflector *m* **2 be in the** ~ : ser el centro de atención — **spotty** *adj* **spottier; -est** : irregular

spouse *n* : cónyuge *mf*

spout *vi* : salir a chorros — ~ *n* **1** : pico *m* (de una jarra, etc.) **2** STREAM : chorro *m*

sprain *n* : esguince *m* — ~ *vt* : sufrir un esguince en

sprawl *vi* **1** : repantigarse (en un sillón, etc.) **2** EXTEND : extenderse — ~ *n* : extensión *f*

spray[1] *n* BOUQUET : ramillete *m*

spray[2] *n* **1** MIST : rocío *m* **2** *or* **aerosol** ~ : spray *m* **3** *or* ~ **bottle** : atomizador *m* — ~ *vt* : rociar (una superficie), pulverizar (un líquido)

spread *v* **spread; spreading** *vt* **1** : propagar (enfermedades), difundir (noticias, etc.) **2** *or* ~ **out** : extender **3** : untar (con mantequilla, etc.) — *vi* **1** : propagarse, difundirse **2** *or* ~ **out** : extenderse — ~ *n* **1** : propagación *f*, difusión *f* **2** PASTE : pasta *f* (para untar) — **spreadsheet** *n* : hoja *f* de cálculo

spree *n* **go on a** ~ : ir de juerga *fam*

sprig *n* : ramito *m*

sprightly *adj* **sprightlier; -est** : vivo

spring *v* **sprang** *or* **sprung; sprung; springing** *vi* **1** : saltar **2** ~ **from** : surgir de **3** ~ **up** : surgir — *vt* **1** ACTIVATE : accionar **2** ~ **a leak** : hacer agua **3** ~ **sth on s.o.** : sorprender a algn con algo — ~ *n* **1** : manantial *m* (de aguas) **2** : primavera *f* (estación) **3** LEAP : salto *m* **4** RESILIENCE : elasticidad *f* **5** : resorte *m* (mecanismo) **6** *or* **bedspring** : muelle *m* — **springboard** *n* : trampolín *m* — **springtime** *n* : primavera *f* — **springy** *adj* **springier; -est** : mullido

sprinkle *vt* **-kled; -kling 1** : salpicar, rociar **2** DUST : espolvorear — ~ *n* : llovizna *f* — **sprinkler** *n* : aspersor *m*

sprint *vi* **1** : correr **2** : esprintar (en deportes) — ~ *n* : esprint *m* (en deportes)

sprout *vi* : brotar — ~ *n* : brote *m*

spruce[1] *vt* **spruced; sprucing** ~ **up** : arreglar

spruce[2] *n* : picea *f* (árbol)

spry *adj* **sprier** *or* **spryer; spriest** *or* **spryest** : ágil, activo

spun → **spin**

spur *n* **1** : espuela *f* **2** STIMULUS : acicate *m* **3** on the ~ of the moment : sin pensarlo — ~ *vt* **spurred; spurring** *or* ~ **on 1** : espolear (un caballo) **2** MOTIVATE : motivar

spurn *vt* : desdeñar, rechazar

spurt[1] *vi* : salir a chorros — ~ *n* : chorro *m*

spurt[2] *n* **1** : arranque *m* (de energía, etc.) **2 work in** ~**s** : trabajar por rachas

spy *v* **spied; spying** *vt* : ver, divisar — *vi* ~ **on s.o.** : espiar a algn — ~ *n* : espía *mf*

squabble *n* : riña *f*, pelea *f* — ~ *vi* **-bled; -bling** : reñir, pelearse

squad *n* : pelotón *m* (militar), brigada *f* (de policías)

squadron *n* : escuadrón *m* (de soldados), escuadra *f* (de aviones o naves)

squalid *adj* : miserable

squall *n* : turbión *m*

squalor *n* : miseria *f*

squander *vt* : derrochar (dinero, etc.), desperdiciar (oportunidades, etc.)

square *n* **1** : cuadrado *m* **2** : plaza *f* (de una ciudad) — ~ *adj* **squarer; -est 1** : cuadrado **2** HONEST : justo **3** EVEN : en paz **4 a** ~ **meal** : una comida decente — ~ *vt* **squared; squaring 1** : elevar al cuadrado (un número) **2** : saldar (una cuenta) — **square root** *n* : raíz *f* cuadrada

squash[1] *vt* **1** : aplastar **2** : acallar (protestas, etc.) — ~ *n* : squash *m* (deporte)

squash[2] *n, pl* **squashes** *or* **squash** : calabaza *f* (vegetal)

squat *vi* **squatted; squatting 1** *or* ~ **down** : ponerse en cuclillas **2** : ocupar un lugar sin derecho — ~ *adj* **squatter; squattest** : achaparrado

squawk *n* : graznido *m* — ~ *vi* : graznar

squeak *vi* **1** : chillar **2** CREAK : chirriar — ~ *n* **1** : chillido *m* **2** CREAK : chirrido *m* — **squeaky** *adj* **squeakier; -est** : chirriante

squeal *vi* **1** : chillar (dícese de personas, etc.), chirriar (dícese de frenos, etc.) **2** PROTEST : quejarse — ~ *n* : chillido *m* (de una persona), chirrido *m* (de frenos, etc.)

squeamish *adj* : impresionable, delicado

squeeze *vt* **squeezed; squeezing 1** : apretar **2** : exprimir (frutas, etc.) **3** : extraer (jugo, etc.) — ~ *n* : apretón *m*

squid *n, pl* **squid** *or* **squids** : calamar *m*

squint *vi* : entrecerrar los ojos — ~ *n* : estrabismo *m*

squirm *vi* : retorcerse

squirrel *n* : ardilla *f*

squirt *vt* : lanzar un chorro de — *vi* : salir a chorros — ~ *n* : chorrito *m*

stab *n* **1** : puñalada *f* **2** ~ **of pain** : pinchazo *m* **3 take a** ~ **at** : intentar — ~ *vt* **stabbed; stabbing 1** KNIFE : apuñalar **2** STICK : clavar

stable *n* **1** : establo *m* (para ganado) **2** *or* **horse** ~ : caballeriza *f* — ~ *adj* **-bler; -blest** : estable — **stability** *n, pl* **-ties** : estabilidad *f* — **stabilize** *vt* **-lized; -lizing** : estabilizar

stack *n* : montón *m*, pila *f* — ~ *vt* : amontonar, apilar

stadium *n, pl* **-dia** *or* **-diums** : estadio *m*

staff *n, pl* **staffs** *or* **staves 1** : bastón *m* **2** *pl* **staffs** PERSONNEL : personal *m* **3** *pl* **staffs** : pentagrama *m* (en música) — ~ *vt* : proveer de personal

stag *n, pl* **stags** *or* **stag** : ciervo *m*, venado *m* — ~ *adj* : sólo para hombres — ~ *adv* **go** ~ : ir solo

stage *n* **1** : escenario *m* (de un teatro) **2** PHASE : etapa *f* **3 the** ~ : el teatro — ~ *vt* **staged; staging 1** : poner en escena **2** ARRANGE : montar — **stagecoach** *n* : diligencia *f*

stagger *vi* : tambalearse — *vt* **1** : escalonar (turnos, etc.) **2 be** ~**ed by** : quedarse estupefacto por — ~ *n* : tambaleo *m* — **staggering** *adj* : asombroso

stagnant *adj* : estancado — **stagnate** *vi* **-nated; -nating** : estancarse

stain *vt* **1** : manchar **2** : teñir (madera) — ~ *n* **1** : mancha *f* **2** DYE : tinte *m*, tintura *f* — **stainless steel** *n* : acero *m* inoxidable

stair *n* **1** STEP : escalón *m*, peldaño *m* **2** ~**s** *npl* : escalera(s) *f(pl)* — **staircase** *n* : escalera(s) *f(pl)* — **stairway** *n* : escalera(s) *f(pl)*

stake *n* **1** POST : estaca *f* **2** BET : apuesta *f* **3** INTEREST : intereses *mpl* **4 be at** ~ : estar en juego — ~ *vt* **staked; staking 1** : estacar **2** BET : jugarse **3** ~ **a claim to** : reclamar

stale *adj* **staler; stalest 1** : duro (dícese del pan) **2** OLD : viejo **3** STUFFY : viciado

stalk[1] *n* : tallo *m* (de una planta)

stalk[2] *vt* : acechar — *vi or* ~ **off** : irse con altivez

stall[1] *n* **1** : compartimiento *m* (de un establo) **2** STAND : puesto *m* — ~ *vt* : parar (un motor) — *vi* : pararse

stall[2] *vt* DELAY : entretener — *vi* : andar con rodeos

stallion *n* : caballo *m* semental

stalwart *adj* **1** STRONG : fornido **2** ~ **supporter** : partidario *m* leal

stamina *n* : resistencia *f*

stammer *vi* : tartamudear — ~ *n* : tartamudeo *m*

stamp *n* **1** SEAL : sello *m* **2** DIE : cuño *m* **3** *or* **postage** ~ : sello *m*, estampilla *f Lat*, timbre *m Lat* — ~ *vt* **1** : franquear (una carta) **2** IMPRINT : sellar **3** MINT : acuñar **4** ~ **one's foot** : dar una patada (en el suelo)

stampede *n* : estampida *f* — ~ *vi* **-peded; -peding** : salir en estampida

stance *n* : postura *f*

stand *v* **stood; standing** *vi* **1** : estar de pie, estar parado *Lat* **2** BE : estar **3** CONTINUE : seguir vigente **4** LIE, REST : reposar **5** ~ **aside** *or* ~ **back** : apartarse **6** ~ **out** : sobresalir **7** *or* ~ **up** : ponerse de pie, pararse *Lat* — *vt* **1** PLACE : poner, colocar **2** ENDURE : soportar **3** ~ **a chance** : tener una posibilidad — **stand by** *vt* **1** : mantener (una promesa, etc.) **2** SUPPORT : apoyar — **stand for** *vt* **1** MEAN : significar **2** PERMIT : permitir — **stand up** *vi* **1** ~ **for** : defender **2** ~ **up to** : resistir a — ~ *n* **1** RESISTANCE : resistencia *f* **2** STALL : puesto *m* **3** BASE : base *f* **4** POSITION : posición *f* **5** ~**s** *npl* : tribuna *f*

standard *n* **1** : norma *f* **2** BANNER : estandarte *m* **3** CRITERION : criterio *m* **4** ~ **of living** : nivel *m* de vida — ~ *adj* : estándar — **standardize** *vt* **-ized; -izing** : estandarizar

standing *n* **1** RANK : posición *f* **2** DURATION : duración *f*

standpoint *n* : punto *m* de vista

standstill *n* **1** **be at a** ~ : estar paralizado **2** **come to a** ~ : pararse

stank → **stink**

stanza *n* : estrofa *f*

staple[1] *n* : producto *m* principal — ~ *adj* : principal, básico

staple[2] *n* : grapa *f* (para papeles) — ~ *vt* **-pled; -pling** : grapar, engrapar *Lat* — **stapler** *n* : grapadora *f*, engrapadora *f Lat*

star *n* : estrella *f* — ~ *v* **starred; starring** *vt* FEATURE : estar protagonizado por — *vi* ~ **in** : protagonizar

starboard *n* : estribor *m*

starch *vt* : almidonar — ~ *n* **1** : almidón *m* **2** : fécula *f* (comida)

stardom *n* : estrellato *m*

stare *vi* **stared; staring** : mirar fijamente — ~ *n* : mirada *f* fija

starfish *n* : estrella *f* de mar

stark *adj* **1** PLAIN : austero **2** HARSH : severo, duro **3** SHARP : marcado — ~ *adv* **1** : completamente **2** ~ **naked** : en cueros (vivos)

starlight *n* : luz *f* de las estrellas

starling *n* : estornino *m*

starry *adj* **starrier; -est** : estrellado

start *vi* **1** : empezar, comenzar **2** SET OUT : salir **3** JUMP : sobresaltarse **4** *or* ~ **up** : arrancar — *vt* **1** : empezar, comenzar **2** CAUSE : provocar **3** *or* ~ **up** ESTABLISH : montar **4** *or* ~ **up** : arrancar (un motor, etc.) — ~ *n* **1** : principio *m* **2** **get an early** ~ : salir temprano **3** **give s.o. a** ~ : asus-

tar a algn — **starter** *n* : motor *m* de arranque (de un vehículo)

startle *vt* **-tled; -tling** : asustar

starve *v* **starved; starving** *vi* : morirse de hambre — *vt* : privar de comida — **starvation** *n* : inanición *f*, hambre *f*

stash *vt* : esconder

state *n* **1** : estado *m* **2 the States** : los Estados Unidos — ~ *vt* **stated; stating 1** SAY : decir **2** REPORT : exponer — **stately** *adj* **statelier; -est** : majestuoso — **statement** *n* **1** : declaración *f* **2** *or* **bank** ~ : estado *m* de cuenta — **statesman** *n*, *pl* **-men** : estadista *mf*

static *adj* : estático — ~ *n* : estática *f*

station *n* **1** : estación *f* (de trenes, etc.) **2** RANK : condición *f* (social) **3** : canal *m* (de televisión), emisora *f* (de radio) **4** → **fire station, police station** — *vt* : apostar, estacionar — **stationary** *adj* : estacionario

stationery *n* : papel *m* y sobres *mpl* (para cartas)

station wagon *n* : camioneta *f* (familiar)

statistic *n* : estadística *f* — **statistical** *adj* : estadístico

statue *n* : estatua *f*

stature *n* : estatura *f*, talla *f*

status *n* **1** : situación *f* **2** *or* **social** ~ : estatus *m* **3 marital** ~ : estado *m* civil

statute *n* : estatuto *m*

staunch *adj* : leal

stave *vt* **staved** *or* **stove; staving 1** ~ **in** : romper **2** ~ **off** : evitar

staves → **staff**

stay[1] *vi* **1** REMAIN : quedarse, permanecer **2** LODGE : alojarse **3** ~ **awake** : mantenerse despierto **4** ~ **in** : quedarse en casa — *vt* : suspender (una ejecución, etc.) — ~ *n* **1** : estancia *f*, estadía *f Lat* **2** SUSPENSION : suspensión *f*

stay[2] *n* SUPPORT : soporte *m*

stead *n* **1 in s.o.'s** ~ : en lugar de algn **2 stand s.o. in good** ~ : ser muy útil a algn — **steadfast** *adj* **1** FIRM : firme **2** LOYAL : leal, fiel — **steadily** *adv* **1** : progresivamente **2** INCESSANTLY : sin parar **3** FIXEDLY : fijamente — **steady** *adj* **steadier; -est 1** FIRM, SURE : firme, seguro **2** FIXED : fijo **3** DEPENDABLE : responsable **4** CONSTANT : constante — ~ *vt* **steadied; steadying 1** : mantener firme **2** : calmar (los nervios)

steak *n* : bistec *m*, filete *m*

steal *v* **stole; stolen; stealing** *vt* : robar — *vi* **1** : robar **2** ~ **away** : escabullirse

stealth *n* : sigilo *m* — **stealthy** *adj* **stealthier; -est** : furtivo, sigiloso

steam *n* **1** : vapor *m* **2 let off** ~ : desahogarse — ~ *vi* : echar vapor — *vt* **1** : cocer al vapor **2 ~ up** : empañar — **steam engine** *n* : motor *m* de vapor — **steamship** *n* : (barco *m* de) vapor *m* — **steamy** *adj* **steamier; -est 1** : lleno de vapor **2** PASSIONATE : tórrido

steel *n* : acero *m* — **~** *vt* **~ oneself** : armarse de valor — **~** *adj* : de acero

steep¹ *adj* **1** : empinado **2** CONSIDERABLE : considerable **3** : muy alto (dícese de precios)

steep² *vt* : dejar (té, etc.) en infusión

steeple *n* : aguja *f*, campanario *m*

steer¹ *n* : buey *m*

steer² *vt* : dirigir (un auto, etc.), pilotear (un barco) — **steering wheel** *n* : volante

stem¹ *n* : tallo *m* (de una planta), pie *m* (de una copa) — **~** *vi* **~ from** : provenir de

stem² *vt* **stemmed; stemming** : contener, detener

stench *n* : hedor *m*, mal olor *m*

stencil *n* : plantilla *f* (para marcar)

step *n* **1** : paso *m* **2** RUNG, STAIR : escalón *m* **3 ~ by ~ s** : paso por paso **4 take ~s** : tomar medidas **5 watch your ~** : mira por dónde caminas — **~** *vi* **stepped; stepping 1** : dar un paso **2 ~ back** : retroceder **3 ~ down** RESIGN : retirarse **4 ~ in** : intervenir **5 ~ out** : salir (por un momento) **6 ~ this way** : pase por aquí — **step up** *vt* INCREASE : aumentar

stepbrother *n* : hermanastro *m* — **stepdaughter** *n* : hijastra *f* — **stepfather** *n* : padrastro *m*

stepladder *n* : escalera *f* de tijera

stepmother *n* : madrastra *f* — **stepsister** *n* : hermanastra *f* — **stepson** *n* : hijastro *m*

stereo *n*, *pl* **stereos** : estéreo *m* — **~** *adj* : estéreo

stereotype *vt* **-typed; -typing** : estereotipar — **~** *n* : estereotipo *m*

sterile *adj* : estéril — **sterility** *n* : esterilidad *f* — **sterilization** *n* : esterilización *f* — **sterilize** *vt* **-ized; -izing** : esterilizar

sterling *adj* : excelente — **sterling silver** *n* : plata *f* de ley

stern¹ *adj* : severo, adusto

stern² *n* : popa *f*

stethoscope *n* : estetoscopio *m*

stew *n* : estofado *m*, guiso *m* — **~** *vt* : estofar, guisar — *vi* **1** : cocer **2** FRET : preocuparse

steward *n* **1** : administrador *m*, -dora *f* **2** : auxiliar *m* de vuelo (en un avión) **3** : camarero *m* (en un barco) — **stewardess** *n* **1** : auxiliar *f* de vuelo, azafata *f* (en un avión) **2** : camarera *f* (en un barco)

stick¹ *n* **1** : palo *m* **2** TWIG : ramita *f* (suelta) **3** WALKING STICK : bastón *m*

stick² *v* **stuck; sticking** *vt* **1** : pegar **2** STAB

: clavar **3** PUT : poner **4 ~ out** : sacar (la lengua, etc.) — *vi* **1** : pegarse **2** JAM : atascarse **3 ~ around** : quedarse **4 ~ out** PROTRUDE : sobresalir **5 ~ out** SHOW : asomar **6 ~ up** : sobresalir **7 ~ up for** : defender — **sticker** *n* : etiqueta *f* adhesiva — **stickler** *n* **be a ~ for** : insistir mucho en — **sticky** *adj* **stickier; -est** : pegajoso

stiff *adj* **1** RIGID : rígido, tieso **2** STILTED : forzado **3** STRONG : fuerte **4** DIFFICULT : difícil **5** : entumecido (dícese de músculos) — **stiffen** *vt* : fortalecer, hacer más duro — *vi* **1** HARDEN : endurecerse **2** : entumecerse (dícese de músculos) — **stiffness** *n* : rigidez *f*

stifle *vt* **-fled; -fling** : sofocar

stigmatize *vt* **-tized; -tizing** : estigmatizar

still *adj* **1** : inmóvil **2** SILENT : callado — **~** *adv* **1** : todavía, aún **2** NEVERTHELESS : de todos modos, aún así **3 sit ~!** : ¡quédate quieto! — **~** *n* : quietud *f*, calma *f* — **stillborn** *adj* : nacido muerto — **stillness** *n* : calma *f*, silencio *m*

stilt *n* : zanco *m* — **stilted** *adj* : forzado

stimulate *vt* **-lated; -lating** : estimular — **stimulant** *n* : estimulante *m* — **stimulation** *n* : estimulación *f* — **stimulus** *n*, *pl* **-li** : estímulo *m*

sting *v* **stung; stinging** : picar — **~** *n* : picadura *f* — **stinger** *n* : aguijón *m*

stingy *adj* **stingier; -est** : tacaño — **stinginess** *n* : tacañería *f*

stink *vi* **stank** *or* **stunk; stunk; stinking** : apestar, oler mal — **~** *n* : hedor *m*, peste *f fam*

stint *vi* **~ on** : escatimar — **~** *n* : período *m*

stipulate *vt* **-lated; -lating** : estipular

stir *v* **stirred; stirring** *vt* **1** : remover, revolver **2** MOVE : mover **3** INCITE : incitar **4** *or* **~ up** : despertar (memorias, etc.), provocar (ira, etc.) — *vi* : moverse, agitarse — **~** *n* COMMOTION : revuelo *m*

stirrup *n* : estribo *m*

stitch *n* **1** : puntada *f* **2** PAIN : punzada *f* (en el costado) — **~** *v* : coser

stock *n* **1** INVENTORY : existencias *fpl* **2** SECURITIES : acciones *fpl* **3** ANCESTRY : linaje *m*, estirpe *f* **4** BROTH : caldo *m* **5 out of ~** : agotado **6 take ~ of** : evaluar — **~** *vt* : surtir, abastecer — *vi* **~ up on** : abastecerse de — **stockbroker** *n* : corredor *m*, -dora *f* de bolsa

stocking *n* : media *f*

stock market *n* : bolsa *f* — **stockpile** *n* : reservas *fpl* — **~** *vt* **-piled; -piling** : almacenar — **stocky** *adj* **stockier; -est** : robusto, fornido

stodgy *adj* **stodgier; -est 1** DULL : pesado **2** OLD-FASHIONED : anticuado

stoic *n* : estoico *m*, -ca *f* — ~ *or* **stoical** *adj* : estoico — **stoicism** *n* : estoicismo *m*

stoke *vt* **stoked; stoking** : echar carbón o leña a

stole[1] → **steal**

stole[2] *n* : estola *f*

stolen → **steal**

stomach *n* : estómago *m* — ~ *vt* : aguantar, soportar — **stomachache** *n* : dolor *m* de estómago

stone *n* **1** : piedra *f* **2** : hueso *m* (de una fruta) — ~ *vt* **stoned; stoning** : apedrear — **stony** *adj* **stonier; -est 1** : pedregoso **2 a ~ silence** : un silencio sepulcral

stood → **stand**

stool *n* : taburete *m*

stoop *vi* **1** : agacharse **2 ~ to** : rebajarse a — ~ *n* **have a ~** : ser encorvado

stop *v* **stopped; stopping** *vt* **1** PLUG : tapar **2** PREVENT : impedir **3** HALT : parar, detener **4** CEASE : dejar de — *vi* **1** : detenerse, parar **2** CEASE : cesar, dejar **3 ~ by** : visitar — ~ *n* **1** : parada *f*, alto *m* **2 come to a ~** : pararse, detenerse **3 put a ~ to** : poner fin a — **stopgap** *n* : arreglo *m* provisorio — **stoplight** *n* : semáforo *m* — **stoppage** *n or* **work ~** : paro *m* — **stopper** *n* : tapón *m*

store *vt* **stored; storing** : guardar (comida, etc.), almacenar (datos, mercancías, etc.) — ~ *n* **1** SUPPLY : reserva *f* **2** SHOP : tienda *f* — **storage** *n* : almacenamiento *m* — **storehouse** *n* : almacén *m* — **storekeeper** *n* : tendero *m*, -ra *f* — **storeroom** *n* : almacén *m*

stork *n* : cigüeña *f*

storm *n* : tormenta *f*, tempestad *f* — ~ *vi* **1** RAGE : ponerse furioso **2 ~ in/out** : entrar/salir furioso — *vt* ATTACK : asaltar — **stormy** *adj* **stormier; -est** : tormentoso

story[1] *n, pl* **stories** TALE : cuento *m* **2** ACCOUNT : historia *f* **3** RUMOR : rumor *m*

story[2] *n* FLOOR : piso *m*, planta *f*

stout *adj* **1** BRAVE : valiente **2** RESOLUTE : tenaz **3** STURDY : fuerte **4** FAT : corpulento

stove[1] *n* **1** : estufa *f* (para calentar) **2** RANGE : cocina *f*

stove[2] → **stave**

stow *vt* **1** : guardar **2** LOAD : cargar — *vi* ~ **away** : viajar de polizón — **stowaway** *n* : polizón *m*

straddle *vt* **-dled; -dling** : sentarse a horcajadas sobre

straggle *vi* **-gled; -gling** : rezagarse, quedarse atrás — **straggler** *n* : rezagado *m*, -da *f*

straight *adj* **1** : recto, derecho **2** : lacio (dícese del pelo) **3** HONEST : franco **4** TIDY : arreglado — ~ *adv* **1** DIRECTLY : derecho **2** EXACTLY : justo **3** CLEARLY : con claridad **4** FRANKLY : con franqueza — **straightaway** *adv* : inmediatamente — **straighten** *vt* **1** : enderezar **2 ~ up** : arreglar — **straightforward** *adj* **1** FRANK : franco **2** CLEAR : claro, sencillo

strain[1] *n* **1** LINEAGE : linaje *m* **2** STREAK : veta *f* **3** VARIETY : variedad *f* **4 ~s** *npl* : acordes *mpl* (de música)

strain[2] *vt* **1** : forzar (la vista o la voz) **2** FILTER : colar **3** : tensar (relaciones, etc.) **4 ~ a muscle** : sufrir un esguince **5 ~ oneself** : hacerse daño — *vi* : esforzarse (por) — ~ *n* **1** STRESS : tensión *f* **2** SPRAIN : esguince *m* — **strainer** *n* : colador *m*

strait *n* **1** : estrecho *m* **2 in dire ~s** : en grandes apuros

strand[1] *vt* **be ~ed** : quedar(se) varado

strand[2] *n* **1** : hebra *f* **2 a ~ of hair** : un pelo

strange *adj* **stranger; -est 1** : extraño, raro **2** UNFAMILIAR : desconocido — **strangely** *adv* : de manera extraña — **strangeness** *n* **1** : rareza *f* **2** UNFAMILIARITY : lo desconocido — **stranger** *n* : desconocido *m*, -da *f*

strangle *vt* **-gled; -gling** : estrangular

strap *n* **1** : correa *f* **2 *or* shoulder ~** : tirante *m* — ~ *vt* **strapped; strapping** : sujetar con una correa — **strapless** *n* : sin tirantes — **strapping** *adj* : robusto, fornido

strategy *n, pl* **-gies** : estrategia *f* — **strategic** *adj* : estratégico

straw *n* **1** : paja *f* **2 *or* drinking ~** : pajita *f* **3 the last ~** : el colmo

strawberry *n, pl* **-ries** : fresa *f*

stray *n* : animal *m* perdido — ~ *vi* **1** : perderse, extraviarse **2** : apartarse (de un grupo, etc.) **3** DEVIATE : desviarse — ~ *adj* : perdido

streak *n* **1** : raya *f* **2** VEIN : veta *f* **3 ~ of luck** : racha *f* de suerte — *vi* ~ **by** : pasar como una flecha

stream *n* **1** : arroyo *m*, riachuelo *m* **2** FLOW : chorro *m*, corriente *f* — ~ *vi* : correr — **streamer** *n* **1** PENNANT : banderín *m* **2** : serpentina *f* (de papel) — **streamlined** *adj* **1** : aerodinámico **2** EFFICIENT : eficiente

street *n* : calle *f* — **streetcar** *n* : tranvía *m* — **streetlight** *n* : farol *m*

strength *n* **1** : fuerza *f* **2** FORTITUDE : fortaleza *f* **3** TOUGHNESS : resistencia *f*, solidez *f* **4** INTENSITY : intensidad *f* **5 ~s and weaknesses** : virtudes y defectos — **strengthen** *vt* **1** : fortalecer **2** REINFORCE : reforzar **3** INTENSIFY : intensificar

strenuous *adj* **1** : enérgico **2** ARDUOUS : duro, riguroso

stress *n* **1** : tensión *f* **2** EMPHASIS : énfasis *m* **3** : acento *m* (en lingüística) — ~ *vt* **1**

EMPHASIZE : enfatizar **2** *or* ~ **out** : estresar — **stressful** *adj* : estresante

stretch *vt* **1** : estirar (músculos, elástico, etc.) **2** EXTEND : extender **3** ~ **the truth** : forzar la verdad — *vi* **1** : estirarse **2** EXTEND : extenderse — ~ *n* **1** : extensión *f* **2** ELASTICITY : elasticidad *f* **3** EXPANSE : tramo *m* **4** : período *m* (de tiempo) — **stretcher** *n* : camilla *f*

strew *vt* **strewed; strewed** *or* **strewn; strewing** : esparcir (semillas, etc.), desparramar (papeles, etc.)

stricken *adj* ~ **with** : aquejado de (una enfermedad), afligido por (tristeza, etc.)

strict *adj* : estricto — **strictly** *adv* ~ **speaking** : en rigor

stride *vi* **strode; stridden; striding** : ir dando zancadas — ~ *n* **1** : zancada *f* **2 make great** ~**s** : hacer grandes progresos

strident *adj* : estridente

strife *n* : conflictos *mpl*

strike *v* **struck; struck; striking** *vt* **1** HIT : golpear **2** *or* ~ **against** : chocar contra **3** *or* ~ **out** DELETE : tachar **4** : dar (la hora) **5** IMPRESS : impresionar **6** : descubrir (oro o petróleo) **7 it** ~**s me as...** : me parece... **8** ~ **up** START : entablar — *vi* **1** : golpear **2** ATTACK : atacar **3** : declararse en huelga **4** : sobrevenir (dícese de una enfermedad, etc.) — ~ *n* **1** BLOW : golpe *m* **2** : huelga *f*, paro *m Lat* (de trabajadores) **3** ATTACK : ataque *m* — **strikebreaker** *n* : esquirol *mf* — **striker** *n* : huelguista *mf* — **striking** *adj* : notable, llamativo

string *n* **1** : cordel *m* **2** : sarta *f* (de perlas, insultos, etc.), serie *f* (de eventos, etc.) **3** ~**s** *npl* : cuerdas *fpl* (en música) — ~ *vt* **strung; stringing 1** : ensartar **2** *or* ~ **up** : colgar — **string bean** *n* : habichuela *f* verde

stringent *adj* : estricto, severo

strip[1] *v* **stripped; stripping** *vt* **1** REMOVE : quitar **2** UNDRESS : desnudar **3** ~ **s.o. of sth** : despojar a algn de algo — *vi* UNDRESS : desnudarse

strip[2] *n* : tira *f*

stripe *n* : raya *f*, lista *f* — **striped** *adj* : a rayas, rayado

strive *vi* **strove; striven** *or* **strived; striving 1** ~ **for** : luchar por **2** ~ **to** : esforzarse por

strode → **stride**

stroke *vt* **stroked; stroking** : acariciar — ~ *n* **1** : golpe *m* **2** : derrame *m* cerebral (en medicina)

stroll *vi* : pasearse — ~ *n* : paseo *m* — **stroller** *n* : cochecito *m* (para niños)

strong *adj* : fuerte — **stronghold** *n* : bastión *m* — **strongly** *adv* **1** DEEPLY : profunda-

mente **2** WHOLEHEARTEDLY : totalmente **3** VIGOROUSLY : enérgicamente

strove → **strive**

struck → **strike**

structure *n* : estructura *f* — **structural** *adj* : estructural

struggle *vi* **-gled; -gling 1** : forcejear **2** STRIVE : luchar — ~ *n* : lucha *f*

strum *vt* **strummed; strumming** : rasguear

strung → **string**

strut *vi* **strutted; strutting** : pavonearse — ~ *n* : puntal *m* (en construcción)

stub *n* : colilla *f* (de un cigarrillo), cabo *m* (de un lápiz, etc.), talón *m* (de un cheque) — ~ *vt* **stubbed; stubbing** ~ **one's toe** : darse en el dedo

stubble *n* : barba *f* de varios días

stubborn *adj* **1** : terco, obstinado **2** PERSISTENT : tenaz

stucco *n, pl* **stuccos** *or* **stuccoes** : estuco *m*

stuck → **stick** — **stuck–up** *adj* : engreído, creído *fam*

stud[1] *n* : semental *m* (animal)

stud[2] *n* **1** NAIL, TACK : tachuela *f*, tachón *m* **2** *or* ~ **earring** : arete *m Lat*, pendiente *m Spain* **3** : montante *m* (en construcción)

student *n* : estudiante *mf*; alumno *m*, -na *f* (de un colegio) — **studio** *n, pl* **studios** : estudio *m* — **study** *n, pl* **studies** : estudio *m* — ~ *v* **studied; studying** : estudiar — **studious** *adj* : estudioso

stuff *n* **1** : cosas *fpl* **2** MATTER, SUBSTANCE : cosa *f* **3 know one's** ~ : ser experto — ~ *vt* **1** FILL : rellenar **2** CRAM : meter — **stuffing** *n* : relleno *m* — **stuffy** *adj* **stuffier; -est 1** STODGY : pesado, aburrido **2** : tapado (dícese de la nariz) **3** ~ **rooms** : salas *fpl* mal ventiladas

stumble *vi* **-bled; -bling 1** : tropezar **2** ~ **across** *or* **upon** : tropezar con

stump *n* **1** : muñón *m* (de una pierna, etc.) **2** *or* **tree** ~ : tocón *m* — ~ *vt* : dejar perplejo

stun *vt* **stunned; stunning 1** : aturdir (con un golpe) **2** ASTONISH : dejar atónito

stung → **sting**

stunk → **stink**

stunning *adj* **1** : increíble, sensacional **2** STRIKING : imponente

stunt[1] *vt* : atrofiar

stunt[2] *n* : proeza *f* (acrobática)

stupendous *adj* : estupendo

stupid *adj* **1** : estúpido **2** SILLY : tonto, bobo — **stupidity** *n* : tontería *f*, estupidez *f*

sturdy *adj* **sturdier; -est 1** : fuerte, resistente **2** ROBUST : robusto

stutter *vi* : tartamudear — ~ *n* : tartamudeo *m*

sty *n* **1** *pl* **sties** PIGPEN : pocilga *f* **2** *pl* **sties** *or* **styes** : orzuelo *m* (en el ojo)
style *n* **1** : estilo *m* **2** FASHION : moda *f* **3 be in** ~ : estar de moda — ~ *vt* **styled; styling** : peinar (pelo), diseñar (vestidos, etc.) — **stylish** *adj* : elegante, chic — **stylist** *n* : estilista *mf*
suave *adj* : refinado y afable
sub¹ *vi* **subbed; subbing** → **substitute** — ~ *n* → **substitute**
sub² *n* → **submarine**
subconscious *adj* : subconsciente — ~ *n* : subconsciente *m*
subdivide *vt* **-vided; -viding** : subdividir — **subdivision** *n* : subdivisión *f*
subdue *vt* **-dued; -duing 1** CONQUER : sojuzgar **2** CONTROL : dominar **3** SOFTEN : atenuar — **subdued** *adj* : apagado
subject *n* **1** : sujeto *m* **2** : súbdito *m*, -ta *f* (de un gobierno) **3** TOPIC : tema *m* — ~ *adj* **1** : sometido **2** ~ **to** : sujeto a — ~ *vt* ~ **to** : someter a — **subjective** *adj* : subjetivo
subjunctive *n* : subjuntivo *m* — **subjunctive** *adj* : subjuntivo
sublime *adj* : sublime
submarine *adj* : submarino — ~ *n* : submarino *m*
submerge *v* **-merged; -merging** *vt* : sumergir — *vi* : sumergirse
submit *v* **-mitted; -mitting** *vi* **1** YIELD : rendirse **2** ~ **to** : someterse a — *vt* : presentar — **submission** *n* **1** : sumisión *f* **2** PRESENTATION : presentación *f* — **submissive** *adj* : sumiso
subordinate *adj* : subordinado — ~ *n* : subordinado *m*, -da *f* — ~ *vt* **-nated; -nating** : subordinar
subpoena *n* : citación *f*
subscribe *vi* **-scribed; -scribing** ~ **to** : suscribirse a (una revista, etc.), suscribir (una opinión, etc.) — **subscriber** *n* : suscriptor *m*, -tora *f* (de una revista, etc.); abonado *m*, -da *f* (de un servicio) — **subscription** *n* : suscripción *f*
subsequent *adj* **1** : subsiguiente **2** ~ **to** : posterior a — **subsequently** *adv* : posteriormente
subservient *adj* : servil
subside *vi* **-sided; -siding 1** SINK : hundirse **2** : amainar (dícese de tormentas, pasiones, etc.), remitir (dícese de fiebres, etc.)
subsidiary *adj* : secundario — ~ *n*, *pl* **-ries** : filial *f*
subsidy *n*, *pl* **-dies** : subvención *f* — **subsidize** *vt* **-dized; -dizing** : subvencionar
subsistence *n* : subsistencia *f* — **subsist** *vi* : subsistir
substance *n* : sustancia *f*
substandard *adj* : inferior

substantial *adj* **1** CONSIDERABLE : considerable **2** STURDY : sólido **3** : sustancioso (dícese de una comida, etc.) — **substantially** *adv* : considerablemente
substitute *n* : sustituto *m*, -ta *f* (de una persona); sucedáneo *m* (de una cosa) — ~ *vt* **-tuted; -tuting** : sustituir — **substitution** *n* : sustitución *f*
subterranean *adj* : subterráneo
subtitle *n* : subtítulo *m*
subtle *adj* **-tler; -tlest** : sutil — **subtlety** *n*, *pl* **-ties** : sutileza *f*
subtraction *n* : resta *f* — **subtract** *vt* : restar
suburb *n* **1** : barrio *m* residencial, suburbio *m* **2 the** ~**s** : las afueras — **suburban** *adj* : de las afueras (de una ciudad)
subversion *n* : subversión *f* — **subversive** *adj* : subversivo
subway *n* : metro *m*
succeed *vt* : suceder a — *vi* : tener éxito (dícese de personas), dar resultado (dícese de planes, etc.) — **success** *n* : éxito *m* — **successful** *adj* : de éxito, exitoso *Lat* — **successfully** *adv* : con éxito
succession *n* **1** : sucesión *f* **2 in** ~ : sucesivamente, seguidos — **successive** *adj* : sucesivo — **successor** *n* : sucesor *m*, -sora *f*
succinct *adj* : sucinto
succulent *adj* : suculento
succumb *vi* : sucumbir
such *adj* **1** : tal **2** ~ **as** : como **3** ~ **a pity!** : ¡qué lástima! — ~ *pron* **1** : tal **2 and** ~ : y cosas por el estilo **3 as** ~ : como tal — ~ *adv* **1** VERY : muy **2** ~ **a nice man!** : ¡qué hombre tan simpático! **3** ~ **that** : de tal manera que
suck *vt* **1** *or* ~ **on** : chupar **2** *or* ~ **up** : sorber (bebidas), aspirar (con una máquina) — **sucker** *n* **1** SHOOT : chupón *m* **2** FOOL : imbécil *mf* — **suckle** *vt* **-led; -ling** : amamantar — **suction** *n* : succión *f*
sudden *adj* **1** : repentino **2 all of a** ~ : de repente — **suddenly** *adv* : de repente
suds *npl* : espuma *f* (de jabón)
sue *vt* **sued; suing** : demandar (por)
suede *n* : ante *m*, gamuza *f*
suet *n* : sebo *m*
suffer *vi* : sufrir — *vt* **1** : sufrir **2** BEAR : tolerar — **suffering** *n* : sufrimiento *m*
suffice *vi* **-ficed; -ficing** : bastar — **sufficient** *adj* : suficiente — **sufficiently** *adv* : (lo) suficientemente
suffix *n* : sufijo *m*
suffocate *v* **-cated; -cating** *vt* : asfixiar — *vi* : asfixiarse — **suffocation** *n* : asfixia *f*
suffrage *n* : sufragio *m*
sugar *n* : azúcar *mf* — **sugarcane** *n* : caña *f* de azúcar — **sugary** *adj* : azucarado

suggestion n **1** : sugerencia f **2** TRACE : indicio m — **suggest** vt **1** : sugerir **2** INDICATE : indicar

suicide n **1** : suicidio m (acto) **2** : suicida mf (persona) — **suicidal** adj : suicida

suit n **1** LAWSUIT : pleito m **2** : traje m (ropa) **3** : palo m (de naipes) — ~ vt **1** ADAPT : adaptar **2** BEFIT : ser apropiado para **3** ~ **s.o.** : convenir a algn (dícese de fechas, etc.), quedar bien a algn (dícese de ropa) — **suitable** adj : apropiado — **suitcase** n : maleta f, valija f Lat

suite n **1** : suite f (de habitaciones) **2** : juego m (de muebles)

suitor n : pretendiente m

sulfur n : azufre m

sulk vi : enfurruñarse fam — **sulky** adj **sulkier; -est** : malhumorado

sullen adj : hosco

sultry adj **sultrier; -est 1** : bochornoso **2** SENSUAL : sensual

sum n : suma f — ~ vt **summed; summing** ~ **up** : resumir — **summarize** v **-rized; -rizing** : resumir — **summary** n, pl **-ries** : resumen m

summer n : verano m

summit n : cumbre f

summon vt **1** : llamar (a algn), convocar (una reunión) **2** : citar (en derecho) — **summons** n, pl **summonses** SUBPOENA : citación f

sumptuous adj : suntuoso

sun n : sol m — **sunbathe** vi **-bathed; -bathing** : tomar el sol — **sunbeam** n : rayo m de sol — **sunburn** n : quemadura f de sol

Sunday n : domingo m

sundry adj : varios, diversos

sunflower n : girasol m

sung → **sing**

sunglasses npl : gafas fpl de sol, lentes mpl de sol

sunk → **sink** — **sunken** adj : hundido

sunlight n : (luz f del) sol m — **sunny** adj **-nier; -est** : soleado — **sunrise** n : salida f del sol — **sunset** n : puesta f del sol — **sunshine** n : sol m, luz f del sol — **suntan** n : bronceado m

super adj : súper fam

superb adj : magnífico, espléndido

superficial adj : superficial

superfluous adj : superfluo

superimpose vt **-posed; -posing** : sobreponer

superintendent n **1** : superintendente mf (de policía) **2** or **building** ~ : portero m, -ra f **3** or **school** ~ : director m, -tora f (de un colegio)

superior adj : superior — ~ n : superior m — **superiority** n, pl **-ties** : superioridad f

superlative adj **1** : superlativo (en gramática) **2** EXCELLENT : excepcional — ~ n : superlativo m

supermarket n : supermercado m

supernatural adj : sobrenatural

superpower n : superpotencia f

supersede vt **-seded; -seding** : reemplazar, suplantar

supersonic adj : supersónico

superstition n : superstición f — **superstitious** adj : supersticioso

supervisor n : supervisor m, -sora f — **supervise** vt **-vised; -vising** : supervisar — **supervision** n : supervisión f — **supervisory** adj : de supervisor

supper n : cena f, comida f

supplant vt : suplantar

supple adj **-pler; -plest** : flexible

supplement n : suplemento m — ~ vt : complementar — **supplementary** adj : suplementario

supply vt **-plied; -plying 1** : suministrar **2** ~ **with** : proveer de — ~ n, pl **-plies 1** : suministro m, provisión f **2** ~ **and demand** : oferta y demanda **3 supplies** npl PROVISIONS : provisiones fpl, víveres mpl — **supplier** n : proveedor m, -dora f

support vt **1** BACK : apoyar **2** : mantener (una familia, etc.) **3** PROP UP : sostener — ~ n **1** : apoyo m (moral), ayuda f (económica) **2** PROP : soporte m — **supporter** n : partidario m, -ria f

suppose vt **-posed; -posing 1** : suponer **2 be** ~ **d to (do sth)** : tener que (hacer algo) — **supposedly** adv : supuestamente

suppress vt **1** : reprimir **2** : suprimir (noticias, etc.) — **suppression** n **1** : represión f **2** : supresión f (de información)

supreme adj : supremo — **supremacy** n, pl **-cies** : supremacía f

sure adj **surer; -est 1** : seguro **2 make** ~ **that** : asegurarse de que — ~ adv **1** OF COURSE : por supuesto, claro **2 it** ~ **is hot!** : ¡qué calor! — **surely** adv : seguramente

surfing n : surf m, surfing m

surface n : superficie f — ~ v **-faced; -facing** vi : salir a la superficie — vt : revestir

surfeit n : exceso m

surfing n : surf m, surfing m

surge vi **surged; surging 1** SWELL : hincharse (dícese del mar) **2** SWARM : moverse en tropel — ~ n **1** : oleaje m (del mar), oleada f (de gente) **2** INCREASE : aumento m (súbito)

surgeon n : cirujano m, -na f — **surgery** n, pl **-geries** : cirugía f — **surgical** adj : quirúrgico

surly *adj* **surlier; -est** : hosco, arisco

surmount *vt* : superar

surname *n* : apellido *m*

surpass *vt* : superar

surplus *n* : excedente *m*

surprise *n* **1** : sorpresa *f* **2 take by** ~ : sorprender — ~ *vt* **-prised; -prising** : sorprender — **surprising** *adj* : sorprendente

surrender *vt* : entregar, rendir — *vi* : rendirse — ~ *n* : rendición *m* (de una ciudad, etc.), entrega *f* (de posesiones)

surrogate *n* : sustituto *m*

surround *vt* : rodear — **surroundings** *npl* : ambiente *m*

surveillance *n* : vigilancia *f*

survey *vt* **-veyed; -veying 1** : medir (un solar) **2** INSPECT : inspeccionar **3** POLL : sondear — ~ *n, pl* **-veys 1** INSPECTION : inspección *f* **2** : medición *f* (de un solar) **3** POLL : encuesta *f*, sondeo *m* — **surveyor** *n* : agrimensor *m*, -sora *f*

survive *v* **-vived; -viving** *vi* : sobrevivir — *vt* : sobrevivir a — **survival** *n* : supervivencia *f* — **survivor** *n* : superviviente *mf*

susceptible *adj* ~ **to** : propenso a — **susceptibility** *n, pl* **-ties** : propensión *f* (a enfermedades, etc.)

suspect *adj* : sospechoso — ~ *n* : sospechoso *m*, -sa *f* — ~ *vt* : sospechar (algo), sospechar de (algn)

suspend *vt* : suspender — **suspense** *n* **1** : incertidumbre *m* **2** : suspenso *m* *Lat*, suspense *m* *Spain* (en el cine, etc.) — **suspension** *n* : suspensión *f*

suspicion *n* : sospecha *f* — **suspicious** *adj* **1** QUESTIONABLE : sospechoso **2** DISTRUSTFUL : suspicaz

sustain *vt* **1** : sostener **2** SUFFER : sufrir

swagger *vi* : pavonearse

swallow[1] *v* : tragar — ~ *n* : trago *m*

swallow[2] *n* : golondrina *f* (pájaro)

swamp → **swim**

swamp *n* : pantano *m*, ciénaga *f* — ~ *vt* : inundar — **swampy** *adj* **swampier; -est** : pantanoso, cenagoso

swan *n* : cisne *f*

swap *vt* **swapped; swapping 1** : intercambiar **2** ~ **sth for sth** : cambiar algo por algo **3** ~ **sth with s.o.** : cambiar algo a algn — ~ *n* : cambio *m*

swarm *n* : enjambre *m* — ~ *vi* : enjambrar

swat *vt* **swatted; swatting** : aplastar (un insecto)

sway *n* **1** : balanceo *m* **2** INFLUENCE : influjo *m* — ~ *vi* : balancearse — *vt* : influir en

swear *v* **swore; sworn; swearing** *vi* **1** : jurar **2** CURSE : decir palabrotas — *vt* : jurar — **swearword** *n* : palabrota *f*

sweat *vi* **sweat** *or* **sweated; sweating** : sudar — ~ *n* : sudor *m* — **sweater** *n* : suéter *m* — **sweatshirt** *n* : sudadera *f* — **sweaty** *adj* **sweatier; -est** : sudado

Swedish *adj* : sueco — ~ *n* : sueco *m* (idioma)

sweep *v* **swept; sweeping** *vt* **1** : barrer **2** ~ **aside** : apartar **3** ~ **through** : extenderse por — *vi* : barrer — ~ *n* **1** : barrido *m* **2** : movimiento *m* circular (de la mano, etc.) **3** SCOPE : alcance *m* — **sweeping** *adj* **1** WIDE : amplio **2** EXTENSIVE : extenso — **sweepstakes** *ns & pl* : lotería *f*

sweet *adj* **1** : dulce **2** PLEASANT : agradable — ~ *n* : dulce *m* — **sweeten** *vt* : endulzar — **sweetener** *n* : endulzante *m* — **sweetheart** *n* **1** : novio *m*, -via *f* **2** (*used as a form of address*) : cariño *m* — **sweetness** *n* : dulzura *f* — **sweet potato** *n* : batata *f*, boniato *m*

swell *vi* **swelled; swelled** *or* **swollen; swelling 1** *or* ~ **up** : hincharse **2** INCREASE : aumentar, crecer — ~ *n* : oleaje *m* (del mar) — **swelling** *n* : hinchazón *f*

sweltering *adj* : sofocante

swept → **sweep**

swerve *vi* **swerved; swerving** : virar bruscamente

swift *adj* : rápido — **swiftly** *adv* : rápidamente

swig *n* : trago *m* — ~ *vi* **swigged; swigging** : beber a tragos

swim *vi* **swam; swum; swimming 1** : nadar **2** REEL : dar vueltas — ~ *n* **1** : baño *m* **2 go for a** ~ : ir a nadar — **swimmer** *n* : nadador *m*, -dora *f*

swindle *vt* **-dled; -dling** : estafar, timar — ~ *n* : estafa *f*, timo *m* *fam*

swine *ns & pl* : cerdo *m*, -da *f*

swing *v* **swung; swinging** *vt* **1** : balancear, hacer oscilar **2** MANAGE : arreglar — *vi* **1** : balancearse, oscilar **2** SWIVEL : girar — ~ *n* **1** : vaivén *m*, balanceo *m* **2** SHIFT : cambio *m* **3** : columpio *m* (para niños) **4 in full** ~ : en pleno proceso

swipe *v* **swiped; swiping** *vt* STEAL : birlar *fam*, robar — *vi* ~ **at** : intentar pegar

swirl *vi* : arremolinarse — ~ *n* **1** EDDY : remolino *m* **2** SPIRAL : espiral *f*

swish *vt* : agitar (haciendo un sonido) — *vi* **1** RUSTLE : hacer frufrú **2** ~ **by** : pasar silbando

Swiss *adj* : suizo

switch *n* **1** WHIP : vara *f* **2** CHANGE : cambio *m* **3** : interruptor *m*, llave *f* (de la luz, etc.) — ~ *vt* **1** CHANGE : cambiar de **2** EXCHANGE : intercambiar **3** ~ **on** : encender, prender *Lat* **4** ~ **off** : apagar — *vi* **1** : sacudir (la cola, etc.) **2** CHANGE : cambiar

3 SWAP : intercambiarse — **switchboard** n : centralita f, conmutador m Lat

swivel vi **-veled** or **-velled; -veling** or **-velling** : girar (sobre un pivote)

swollen → **swell**

swoon vi : desvanecerse

swoop vi ~ **down on** : abatirse sobre — ~ n : descenso m en picada

sword n : espada f

swordfish n : pez m espada

swore, sworn → **swear**

swum → **swim**

swung → **swing**

syllable n : sílaba f

syllabus n, pl **-bi** or **-buses** : programa m (de estudios)

symbol n : símbolo m — **symbolic** adj : simbólico — **symbolism** n : simbolismo m — **symbolize** vt **-ized; -izing** : simbolizar

symmetry n, pl **-tries** : simetría f — **symmetrical** adj : simétrico

sympathy n, pl **-thies 1** COMPASSION : compasión f **2** UNDERSTANDING : comprensión f **3** CONDOLENCES : pésame m **4 sympathies** npl LOYALTY : simpatías fpl — **sympathize** vi **-thized; -thizing 1** ~ **with** PITY : com-

padecerse de **2** ~ **with** UNDERSTAND : comprender — **sympathetic** adj **1** COMPASSIONATE : compasivo **2** UNDERSTANDING : comprensivo

symphony n, pl **-nies** : sinfonía f

symposium n, pl **-sia** or **-siums** : simposio m

symptom n : síntoma m — **symptomatic** adj : sintomático

synagogue n : sinagoga f

synchronize vt **-nized; -nizing** : sincronizar

syndrome n : síndrome m

synonym n : sinónimo m — **synonymous** adj : sinónimo

synopsis n, pl **-opses** : sinopsis f

syntax n : sintaxis f

synthesis n, pl **-theses** : síntesis f — **synthesize** vt **-sized; -sizing** : sintetizar — **synthetic** adj : sintético

syphilis n : sífilis f

Syrian adj : sirio

syringe n : jeringa f, jeringuilla f

syrup n : jarabe m

system n **1** : sistema m **2** BODY : organismo m **3 digestive** ~ : aparato m digestivo — **systematic** adj : sistemático

T

t n, pl **t's** or **ts** : t f, vigésima letra del alfabeto inglés

tab n **1** TAG : etiqueta f **2** FLAP : lengüeta f **3** ACCOUNT : cuenta f **4 keep** ~**s on** : vigilar

table n **1** : mesa f **2** LIST : tabla f **3** ~ **of contents** : índice m de materias — **tablecloth** n : mantel m — **tablespoon** n **1** : cuchara f grande **2** : cucharada f (cantidad)

tablet n **1** PAD : bloc m **2** PILL : pastilla f **3** or **stone** ~ : lápida f

tabloid n : tabloide m

taboo adj : tabú — ~ n : tabú m

tacit adj : tácito

taciturn adj : taciturno

tack vt **1** : fijar con tachuelas **2** ~ **on** ADD : añadir — ~ n **1** : tachuela f **2 change** ~ : cambiar de rumbo

tackle n **1** GEAR : aparejo m **2** : placaje m, tacle m Lat (acción) — ~ vt **-led; -ling 1** : placar, taclear Lat **2** CONFRONT : abordar

tacky adj **tackier; -est 1** : pegajoso **2** GAUDY : de mal gusto

tact n : tacto m — **tactful** adj : diplomático, discreto

tactical adj : táctico — **tactic** n : táctica f — **tactics** ns & pl : táctica f

tactless adj : indiscreto

tadpole n : renacuajo m

tag[1] n LABEL : etiqueta f — ~ v **tagged; tagging** vt : etiquetar — vi ~ **along with s.o.** : acompañar a algn

tag[2] vt : tocar (en varios juegos)

tail n **1** : cola f **2** ~**s** npl : cruz f (de una moneda) — ~ vt FOLLOW : seguir

tailor n : sastre m, -tra f — ~ vt **1** : confeccionar (ropa) **2** ADAPT : adaptar

taint vt : contaminar

take v **took; taken; taking** vt **1** : tomar **2** BRING : llevar **3** REMOVE : sacar **4** BEAR : soportar, aguantar **5** ACCEPT : aceptar **6 I** ~ **it that...** : supongo que... **7** ~ **a bath** : bañarse **8** ~ **a walk** : dar un paseo **9** ~ **back** : retirar (palabras, etc.) **10** ~ **in** ALTER : achicar **11** ~ **in** GRASP : entender **12** ~ **in** TRICK : engañar **13** ~ **off** REMOVE : quitar, quitarse (ropa) **14** ~ **on**

: asumir (una responsabilidad, etc.) **15 ~ out** : sacar **16 ~ over** : tomar el poder de **17 ~ place** : tener lugar **18 ~ up** SHORTEN : acortar **19 ~ up** OCCUPY : ocupar — *vi* **1** : prender (dícese de una vacuna, etc.) **2 ~ off** : despegar (dícese de aviones, etc.) **3 ~ over** : asumir el mando — **~** *n* **1** PROCEEDS : ingresos *mpl* **2** : toma *f* (en el cine) — **takeoff** *n* : despegue *m* (de un avión, etc.) — **takeover** *n* : toma *f* (de poder, etc.), adquisición *f* (de una empresa)

talcum powder *n* : polvos *mpl* de talco

tale *n* : cuento *m*

talent *n* : talento *m* — **talented** *adj* : talentoso

talk *vi* **1** : hablar **2 ~ about** : hablar de **3 ~ to/with** : hablar con — *vt* **1** SPEAK : hablar **2 ~ over** : hablar de, discutir — **~** *n* **1** CHAT : conversación *f* **2** SPEECH : charla *f* — **talkative** *adj* : hablador

tall *adj* **1** : alto **2 how ~ are you?** : ¿cuánto mides?

tally *n*, *pl* **-lies** : cuenta *f* — **~** *v* **-lied; -lying** *vt* RECKON : calcular — *vi* MATCH : concordar, cuadrar

talon *n* : garra *f*

tambourine *n* : pandereta *f*

tame *adj* **tamer; -est** **1** : domesticado **2** DOCILE : manso **3** DULL : insípido, soso — **~** *vt* **tamed; taming** : domar

tamper *vi* **~ with** : forzar (una cerradura), amañar (documentos, etc.)

tampon *n* : tampón *m*

tan *v* **tanned; tanning** *vt* : curtir (cuero) — *vi* : broncearse — **~** *n* **1** SUNTAN : bronceado *m* **2** : (color *m*) café *m* con leche

tang *n* : sabor *m* fuerte

tangent *n* : tangente *f*

tangerine *n* : mandarina *f*

tangible *adj* : tangible

tangle *v* **-gled; -gling** *vt* : enredar — *vi* : enredarse — **~** *n* : enredo *m*

tango *n*, *pl* **-gos** : tango *m*

tank *n* **1** : tanque *m*, depósito *m* **2** : tanque *m* (militar) — **tanker** *n* **1** : buque *m* tanque **2** *or* **~ truck** : camión *m* cisterna

tantalizing *adj* : tentador

tantrum *n* **throw a ~** : hacer un berrinche

tap¹ *n* FAUCET : llave *f*, grifo *m Spain* — **~** *vt* **tapped; tapping** **1** : sacar (un líquido, etc.), sangrar (un árbol) **2** : intervenir (un teléfono)

tap² *vt* **tapped; tapping** STRIKE : tocar, dar un golpecito en — **~** *n* : golpecito *m*, toque *m*

tape *n* : cinta *f* — **~** *vt* **taped; taping 1** : pegar con cinta **2** RECORD : grabar — **tape measure** *n* : cinta *f* métrica

taper *n* : vela *f* (larga) — **~** *vi* **1** NARROW : estrecharse **2** *or* **~ off** : disminuir

tapestry *n*, *pl* **-tries** : tapiz *m*

tar *n* : alquitrán *m* — **~** *vt* **tarred; tarring** : alquitranar

tarantula *n* : tarántula *f*

target *n* **1** : blanco *m* **2** GOAL : objetivo *m*

tariff *n* : tarifa *f*, arancel *m*

tarnish *vt* **1** : deslustrar **2** : empañar (una reputación, etc.) — *vi* : deslustrarse

tart¹ *adj* SOUR : ácido, agrio

tart² *n* : pastel *m*

tartan *n* : tartán *m*

task *n* : tarea *f*

tassel *n* : borla *f*

taste *v* **tasted; tasting** *vt* TRY : probar — *vi* **1** : saber **2 ~ like** : saber a — **~** *n* **1** FLAVOR : gusto *m*, sabor *m* **2 have a ~ of** : probar **3 in good/bad ~** : de buen/mal gusto — **tasteful** *adj* : de buen gusto — **tasteless** *adj* **1** : sin sabor **2** COARSE : de mal gusto — **tasty** *adj* **tastier; -est** : sabroso

tatters *npl* : harapos *mpl* — **tattered** *adj* : harapiento

tattle *vi* **-tled; -tling ~ on s.o.** : acusar a algn

tattoo *vt* : tatuar — **~** *n* : tatuaje *m*

taught → **teach**

taunt *n* : pulla *f*, burla *f* — **~** *vt* : mofarse de, burlarse de

taut *adj* : tirante, tenso

tavern *n* : taberna *f*

tax *vt* **1** : gravar **2** STRAIN : poner a prueba — **~** *n* **1** : impuesto *m* **2** BURDEN : carga *f* — **taxable** *adj* : imponible — **taxation** *n* : impuestos *mpl* — **tax– exempt** *adj* : libre de impuestos

taxi *n*, *pl* **taxis** : taxi *m* — **~** *vi* **taxied; taxiing** *or* **taxying; taxis** *or* **taxies** : rodar por la pista (dícese de un avión)

taxpayer *n* : contribuyente *mf*

tea *n* : té *m*

teach *v* **taught; teaching** *vt* : enseñar, dar clases de (una asignatura) — *vi* : dar clases — **teacher** *n* : profesor *m*, -sora *f;* maestro *m*, -tra *f* (de niños pequeños) — **teaching** *n* : enseñanza *f*

teacup *n* : taza *f* de té

team *n* : equipo *m* — **~** *vi or* **~ up** : asociarse — **teammate** *n* : compañero *m*, -ra *f* de equipo — **teamwork** *n* : trabajo *m* de equipo

teapot *n* : tetera *f*

tear¹ *v* **tore; torn; tearing** *vt* **1** : romper, rasgar **2 ~ apart** : destrozar **3 ~ down** : derribar **4 ~ off** *or* **~ out** : arrancar **5 ~ up** : romper (papel, etc.) — *vi* **1** : romperse, rasgarse **2** RUSH : ir a toda velocidad — **~** *n* : desgarro *m*, rasgón *m*

tear[2] *n* : lágrima *f* — **tearful** *adj* : lloroso
tease *vt* **teased; teasing 1** : tomar el pelo a, burlarse de **2** ANNOY : fastidiar
teaspoon *n* **1** : cucharita *f* **2** : cucharadita *f* (cantidad)
technical *adj* : técnico — **technicality** *n, pl* **-ties** : detalle *m* técnico — **technically** *adv* : técnicamente — **technician** *n* : técnico *m*, -ca *f*
technique *n* : técnica *f*
technological *adj* : tecnológico — **technology** *n, pl* **-gies** : tecnología *f*
teddy bear *n* : oso *m* de peluche
tedious *adj* : tedioso, aburrido — **tedium** *n* : tedio *m*
tee *n* : tee *m* (en deportes)
teem *vi* **1** POUR : llover a cántaros **2 be ~ing with** : estar repleto de
teenage *or* **teenaged** *adj* : adolescente — **teenager** *n* : adolescente *mf* — **teens** *npl* : adolescencia *f*
teepee → **tepee**
teeter *vi* : tambalearse
teeth → **tooth** — **teethe** *vi* **teethed; teething** : echar los dientes
telecommunication *n* : telecomunicación *f*
telegram *n* : telegrama *m*
telegraph *n* : telégrafo *m* — **~** *v* : telegrafiar
telephone *n* : teléfono *m* — **~** *v* **-phoned; -phoning** : llamar por teléfono
telescope *n* : telescopio *m*
televise *vt* **-vised; -vising** : televisar — **television** *n* : televisión *f*
tell *v* **told; telling** *vt* **1** : decir **2** RELATE : contar **3** DISTINGUISH : distinguir **4 ~ s.o. off** : regañar a algn — *vi* **1** : decir **2** KNOW : saber **3** SHOW : tener efecto **4 ~ on s.o.** : acusar a algn — **teller** *n or* **bank ~** : cajero *m*, -ra *f*
temp *n* : empleado *m*, -da *f* temporal
temper *vt* MODERATE : temperar — **~** *n* **1** MOOD : humor *m* **2 have a bad ~** : tener mal genio **3 lose one's ~** : perder los estribos — **temperament** *n* : temperamento *m* — **temperamental** *adj* : temperamental — **temperate** *adj* **1** : moderado **2 ~ zone** : zona *f* templada
temperature *n* **1** : temperatura *f* **2 have a ~** : tener fiebre
tempest *n* : tempestad *f*
temple *n* **1** : templo *m* **2** : sien *f* (en anatomía)
tempo *n, pl* **-pi** *or* **-pos 1** : tempo *m* **2** PACE : ritmo *m*
temporarily *adv* : temporalmente — **temporary** *adj* : temporal
tempt *vt* : tentar — **temptation** *n* : tentación *f*
ten *adj* : diez — **~** *n* : diez *m*

tenacity *n* : tenacidad *f* — **tenacious** *adj* : tenaz
tenant *n* : inquilino *m*, -na *f*; arrendatario *m*, -ria *f*
tend[1] *vt* MIND : cuidar
tend[2] *vi* **~ to** : tender a — **tendency** *n, pl* **-cies** : tendencia *f*
tender[1] *adj* **1** : tierno **2** PAINFUL : dolorido
tender[2] *vt* : presentar — **~** *n* **1** : oferta *f* **2 legal ~** : moneda *f* de curso legal
tenderloin *n* : lomo *f* (de cerdo o vaca)
tenderness *n* : ternura *f*
tendon *n* : tendón *m*
tenet *n* : principio *m*
tennis *n* : tenis *m*
tenor *n* : tenor *m*
tense[1] *n* : tiempo *m* (de un verbo)
tense[2] *v* **tensed; tensing** *vt* : tensar — *vi* : tensarse — **~** *adj* **tenser; tensest** : tenso — **tension** *n* : tensión *f*
tent *n* : tienda *f* de campaña
tentacle *n* : tentáculo *m*
tentative *adj* **1** HESITANT : vacilante **2** PROVISIONAL : provisional
tenth *adj* : décimo — **~** *n* **1** : décimo *m*, -ma *f* (en una serie) **2** : décimo *m* (en matemáticas)
tenuous *adj* : tenue, endeble
tepid *adj* : tibio
term *n* **1** WORD : término *m* **2** PERIOD : período *m* **3 be on good ~s** : tener buenas relaciones **4 in ~s of** : con respecto a — **~** *vt* : calificar de
terminal *adj* : terminal — **~** *n* **1** : terminal *m* **2** *or* **bus ~** : terminal *f*
terminate *v* **-nated; -nating** *vi* : terminar(se) — *vt* : poner fin a — **termination** *n* : terminación *f*
termite *n* : termita *f*
terrace *n* : terraza *f*
terrain *n* : terreno *m*
terrestrial *adj* : terrestre
terrible *adj* : espantoso, terrible — **terribly** *adv* : terriblemente
terrier *n* : terrier *mf*
terrific *adj* **1** HUGE : tremendo **2** EXCELLENT : estupendo
terrify *vt* **-fied; -fying** : aterrar, aterrorizar — **terrifying** *adj* : aterrador
territory *n, pl* **-ries** : territorio *m* — **territorial** *adj* : territorial
terror *n* : terror *m* — **terrorism** *n* : terrorismo *m* — **terrorist** *n* : terrorista *mf* — **terrorize** *vt* **-ized; -izing** : aterrorizar
terse *adj* **terser; tersest** : seco, lacónico
test *n* **1** TRIAL : prueba *f* **2** EXAM : examen *m*, prueba *f* **3** : análisis *m* (en medicina) — **~** *vt* **1** TRY : probar **2** QUIZ : examinar **3**

: analizar (la sangre, etc.), examinar (los ojos, etc.)

testament *n* **1** WILL : testamento *m* **2 the Old/New Testament** : el Antiguo/Nuevo Testamento

testicle *n* : testículo *m*

testify *v* **-fied; -fying** : testificar

testimony *n, pl* **-nies** : testimonio *m*

test tube *n* : probeta *f*, tubo *m* de ensayo

tetanus *n* : tétano *m*

tether *vt* : atar

text *n* : texto *m* — **textbook** *n* : libro *m* de texto

textile *n* : textil *m*

texture *n* : textura *f*

than *conj & prep* : que, de (con cantidades)

thank *vt* **1** : agradecer, dar (las) gracias a **2** ~ **you!** : ¡gracias! — **thankful** *adj* : agradecido — **thankfully** *adv* **1** : con agradecimiento **2** FORTUNATELY : gracias a Dios — **thanks** *npl* **1** : agradecimiento *m* **2** ~**!** : ¡gracias!

Thanksgiving *n* : día *m* de Acción de Gracias

that *pron, pl* **those 1** : ése, ésa, eso **2** (*more distant*) : aquél, aquélla, aquello **3 is** ~ **you?** : ¿eres tú? **4 like** ~ : así **5** ~ **is...** : es decir... **6 those who...** : los que... — ~ *conj* : que — ~ *adj, pl* **those 1** : ese, esa **2** (*more distant*) : aquel, aquella **3** ~ **one** : ése, ésa — ~ *adv* : tan

thatched *adj* : con techo de paja

thaw *vt* : descongelar (alimentos), derretir (hielo) — *vi* **1** : descongelarse **2** MELT : derretirse — ~ *n* : deshielo *m*

the *art* **1** : el, la, los, las **2** PER : por — ~ *adv* **1** ~ **sooner** ~ **better** : cuanto más pronto, mejor **2 I like this one** ~ **best** : éste es el que más me gusta

theater *or* **theatre** *n* : teatro *m* — **theatrical** *adj* : teatral

theft *n* : robo *m*, hurto *m*

their *adj* : su, sus, de ellos, de ellas — **theirs** *pron* **1** : (el) suyo, (la) suya, (los) suyos, (las) suyas **2 some friends of** ~ : unos amigos suyos, unos amigos de ellos

them *pron* **1** (*used as direct object*) : los, las **2** (*used as indirect object*) : les, se **3** (*used as object of a preposition*) : ellos, ellas

theme *n* **1** : tema *m* **2** ESSAY : trabajo *m* (escrito)

themselves *pron* **1** (*used reflexively*) : se **2** (*used emphatically*) : ellos mismos, ellas mismas **3** (*used after a preposition*) : sí (mismos), sí (mismas)

then *adv* **1** : entonces **2** NEXT : luego, después **3** BESIDES : además — ~ *adj* : entonces

thence *adv* : de ahí (en adelante)

theology *n, pl* **-gies** : teología *f* — **theological** *adj* : teológico

theorem *n* : teorema *m* — **theoretical** *adj* : teórico — **theory** *n, pl* **-ries** : teoría *f*

therapeutic *adj* : terapéutico — **therapist** *n* : terapeuta *mf* — **therapy** *n, pl* **-pies** : terapia *f*

there *adv* **1** *or* **over** ~ : allí, allá **2** *or* **right** ~ : ahí **3 in** ~ : ahí (dentro) **4** ~**, it's done!** : ¡listo! **5 up/down** ~ : ahí arriba/abajo **6 who's** ~**?** : ¿quién es? — ~ *pron* **1** ~ **is/are** : hay **2** ~ **are three of us** : somos tres — **thereabouts** *or* **thereabout** *adv or* ~ : por ahí — **thereafter** *adv* : después — **thereby** *adv* : así — **therefore** *adv* : por lo tanto

thermal *adj* : térmico

thermometer *n* : termómetro *m*

thermos *n* : termo *m*

thermostat *n* : termostato *m*

thesaurus *n, pl* **-sauri** *or* **-sauruses** : diccionario *m* de sinónimos

these → **this**

thesis *n, pl* **theses** : tesis *f*

they *pron* **1** : ellos, ellas **2 where are** ~**?** : ¿dónde están? **3 as** ~ **say** : como dicen — **they'd** (*contraction of* **they had** *or* **they would**) → **have, would** — **they'll** (*contraction of* **they shall** *or* **they will**) → **shall, will** — **they're** (*contraction of* **they are**) → **be** — **they've** (*contraction of* **they have**) → **have**

thick *adj* **1** : grueso **2** DENSE : espeso **3 a** ~ **accent** : un acento marcado **4 it's two inches** ~ : tiene dos pulgadas de grosor — ~ *n* **in the** ~ **of** : en medio de — **thicken** *vt* : espesar — *vi* : espesarse — **thicket** *n* : matorral *m* — **thickness** *n* : grosor *m*, espesor *m*

thief *n, pl* **thieves** : ladrón *m*, -drona *f*

thigh *n* : muslo *m*

thimble *n* : dedal *m*

thin *adj* **thinner; -est 1** : delgado **2** : ralo (dícese del pelo) **3** WATERY : claro, aguado **4** FINE : fino — ~ *v* **thinned; thinning** *vt* DILUTE : diluir — *vi* : ralear (dícese del pelo)

thing *n* **1** : cosa *f* **2 for one** ~ : en primer lugar **3 how are** ~**s?** : ¿qué tal? **4 it's a good** ~ **that...** : menos mal que... **5 the important** ~ **is...** : lo importante es...

think *v* **thought; thinking** *vt* **1** : pensar **2** BELIEVE : creer **3** ~ **up** : idear — *vi* **1** : pensar **2** ~ **about** *or* ~ **of** CONSIDER : pensar en **3** ~ **of** REMEMBER : acordarse de **4 what do you** ~ **of it?** : ¿qué te parece? — **thinker** *n* : pensador *m*, -dora *f*

third *adj* : tercero — ~ *or* **thirdly** *adv* : en tercer lugar — ~ *n* **1** : tercero *m*, -ra *f* (en

una serie) **2** : tercero *m* (en matemáticas) —
Third World *n* : Tercer Mundo *m*
thirst *n* : sed *f* — **thirsty** *adj* **thirstier; -est 1**
: sediento **2 be ~** : tener sed
thirteen *adj* : trece — **~** *n* : trece *m* — **thirteenth** *adj* : décimo tercero — **~** *n* **1** : decimotercero *m*, -ra *f* (en una serie) **2** : treceavo *m* (en matemáticas)
thirty *adj* : treinta — **~** *n, pl* **thirties**
: treinta *m* — **thirtieth** *adj* : trigésimo — **~**
n **1** : trigésimo *m*, -ma *f* (en una serie) **2**
: treintavo *m* (en matemáticas)
this *pron, pl* **these 1** : éste, ésta, esto **2 like
~** : así — **~** *adj, pl* **these 1** : este, esta **2
~ one** : éste, ésta **3 ~ way** : por aquí —
~ *adv* **~ big** : así de grande
thistle *n* : cardo *m*
thong *n* **1** : correa *f* **2** SANDAL : chancla *f*
thorn *n* : espina *f* — **thorny** *adj* : espinoso
thorough *adj* **1** : meticuloso **2** COMPLETE
: completo — **thoroughly** *adv* **1** : a fondo
2 COMPLETELY : completamente — **thoroughbred** *adj* : de pura sangre — **thor-
oughfare** *n* : vía *f* pública
those → **that**
though *conj* : aunque — **~** *adv* **1** : sin embargo **2 as ~** : como si
thought → **think** — **~** *n* **1** : pensamiento *m*
2 IDEA : idea *f* — **thoughtful** *adj* **1** : pensativo **2** KIND : amable — **thoughtless** *adj*
1 CARELESS : descuidado **2** RUDE : desconsiderado
thousand *adj* : mil — **~** *n, pl* **-sands** *or*
-sand : mil *m* — **thousandth** *adj* : milésimo
— **~** *n* **1** : milésimo *m*, -ma *f* (en una serie)
2 : milésimo *m* (en matemáticas)
thrash *vt* : dar una paliza a — *vi or* **~
around** : agitarse, revolcarse
thread *n* **1** : hilo *m* **2** : rosca *f* (de un
tornillo) — **~** *vt* : enhilar (una aguja), ensartar (cuentas) — **threadbare** *adj* : raído
threat *n* : amenaza *f* — **threaten** *v* : amenazar — **threatening** *adj* : amenazador
three *adj* : tres — **~** *n* : tres *m* — **three hundred** *adj* : trescientos — **~** *n* : trescientos *m*
threshold *n* : umbral *m*
threw → **throw**
thrift *n* : frugalidad *f* — **thrifty** *adj* **thriftier;
-est** : económico, frugal
thrill *vt* : emocionar — **~** *n* : emoción *f* —
thriller *n* : película *f* de suspense *Spain*,
película *f* de suspenso *Lat* — **thrilling** *adj*
: emocionante
thrive *vi* **throve** *or* **thrived; thriven 1**
FLOURISH : florecer **2** PROSPER : prosperar
throat *n* : garganta *f*
throb *vi* **throbbed; throbbing 1** PULSATE
: palpitar **2** VIBRATE : vibrar **3 ~ with
pain** : tener un dolor punzante

throes *npl* **1** PANGS : agonía *f* **2 in the ~ of**
: en medio de
throne *n* : trono *m*
throng *n* : muchedumbre *f*, multitud *f*
throttle *vt* **-tled; -tling** : estrangular — **~** *n*
: válvula *f* reguladora
through *prep* **1** : por, a través de **2** BETWEEN
: entre **3** BECAUSE OF : a causa de **4** DURING
: durante **5** → **throughout 6 Monday ~
Friday** : de lunes a viernes — **~** *adv* **1** : de
un lado a otro (en el espacio), de principio a
fin (en el tiempo) **2** COMPLETELY : completamente — **~** *adj* **1 be ~** : haber terminado **2 ~ traffic** : tráfico *m* de paso —
throughout *prep* : por todo (un lugar), a lo
largo de (un período de tiempo)
throw *v* **threw; thrown; throwing** *vt* **1**
: tirar, lanzar **2** : proyectar (una sombra) **3**
CONFUSE : desconcertar **4 ~ a party** : dar
una fiesta **5 ~ away** *or* **~ out** : tirar,
botar *Lat* — *vi* **~ up** VOMIT : vomitar — **~**
n : tiro *m*, lanzamiento *m*
thrush *n* : tordo *m*, zorzal *m*
thrust *vt* **thrust; thrusting 1** : empujar (bruscamente) **2** PLUNGE : clavar **3 ~ upon**
: imponer a — **~** *n* **1** : empujón *m* **2** : es-
tocada *f* (en esgrima)
thud *n* : ruido *m* sordo
thug *n* : matón *m*
thumb *n* : (dedo *m*) pulgar *m* — **~** *vt or* **~
through** : hojear — **thumbnail** *n* : uña *f* del
pulgar — **thumbtack** *n* : tachuela *f*, chinche
f Lat
thump *vt* : golpear — *vi* : latir con fuerza
(dícese del corazón) — **~** *n* : ruido *m* sordo
thunder *n* : truenos *mpl* — **~** *vi* : tronar —
vt SHOUT : bramar — **thunderbolt** *n* : rayo
m — **thunderous** *adj* : atronador — **thunderstorm** *n* : tormenta *f* eléctrica
Thursday *n* : jueves *m*
thus *adv* **1** : así **2** THEREFORE : por lo tanto
thwart *vt* : frustrar
thyme *n* : tomillo *m*
thyroid *n* : tiroides *mf*
tiara *n* : diadema *f*
tic *n* : tic *m* (nervioso)
tick[1] *n* : garrapata *f* (insecto)
tick[2] *n* **1** : tictac *m* (sonido) **2** CHECK
: marca *f* — **~** *vi* : hacer tictac — *vt* **1** *or*
~ off CHECK : marcar **2 ~ off** ANNOY
: fastidiar
ticket *n* **1** : pasaje *m* (de avión), billete *m*
Spain (de tren, avión, etc.), boleto *m Lat* (de
tren o autobús) **2** : entrada *f* (al teatro, etc.)
3 FINE : multa *f*
tickle *v* **-led; -ling** *vt* **1** : hacer cosquillas a **2**
AMUSE : divertir — *vi* : picar — **~** *n*
: cosquilleo *m* — **ticklish** *adj* **1** : cosquil-
loso **2** TRICKY : delicado

tidal wave *n* : maremoto *m*
tidbit *n* MORSEL : golosina *f*
tide *n* : marea *f* — ~ *vt* **tided; tiding** ~
over : ayudar a superar un apuro
tidy *adj* **-dier; -est** : ordenado, arreglado —
~ *vt* **-died; -dying** *or* ~ **up** : ordenar, arreglar
tie *n* **1** : atadura *f*, cordón *m* **2** BOND : lazo *m*
3 : empate *m* (en deportes) **4** NECKTIE : corbata *f* — ~ *v* **tied; tying** *or* **tieing** *vt* **1**
: atar, amarrar *Lat* **2** ~ **a knot** : hacer un
nudo — *vi* : empatar (en deportes)
tier *n* : nivel *m*, piso (de un pastel), grada *f*
(de un estadio)
tiger *n* : tigre *m*
tight *adj* **1** : apretado **2** SNUG : ajustado,
ceñido **3** TAUT : tirante **4** STINGY : agarrado
5 SCARCE : escaso **6 a** ~ **seal** : un cierre
hermético **7 a** ~ **spot** : un aprieto — ~
adv **closed** ~ : bien cerrado — **tighten** *vt*
1 : apretar **2** TENSE : tensar **3** : hacer más
estricto (reglas, etc.) — **tightly** *adv* : bien,
fuerte — **tightrope** *n* : cuerda *f* floja —
tights *npl* : leotardo *m*, mallas *fpl*
tile *n* **1** : azulejo *m*, baldosa *f* (de piso) **2** *or*
roofing ~ : teja *f* — ~ *vt* **tiled; tiling 1**
: revestir de azulejos, embaldosar (un piso)
2 : tejar (un techo)
till¹ *prep & conj* → **until**
till² *vt* : cultivar
till³ *n* : caja *f* (registradora)
tilt *n* **1** : inclinación *f* **2 at full** ~ : a toda
velocidad — ~ *vt* : inclinar — *vi* : inclinarse
timber *n* **1** : madera *f* (para construcción) **2**
BEAM : viga *f*
timbre *n* : timbre *m*
time *n* **1** : tiempo *m* **2** AGE : época *f* **3** : compás *m* (en música) **4 at** ~s : a veces **5 at**
this ~ : en este momento **6 for the** ~
being : por el momento **7 from** ~ **to** ~
: de vez en cuando **8 have a good** ~
: pasarlo bien **9 many** ~s : muchas veces
10 on ~ : a tiempo **11** ~ **after** ~ : una y
otra vez **12 what** ~ **is it?** : ¿qué hora es?
— ~ *vt* **timed; timing** : tomar el tiempo a
(algn), cronometrar (una carrera, etc.) —
timeless *adj* : eterno — **timely** *adj* **-lier;**
-est : oportuno — **timer** *n* : temporizador *m*,
avisador *m* (de cocina) — **times** *prep* **3** ~
4 is 12 : 3 por 4 son 12 — **timetable** *n* : horario *m*
timid *adj* : tímido
tin *n* **1** : estaño *m* **2** CAN : lata *f*, bote *m*
Spain — **tinfoil** *n* : papel *m* (de) aluminio
tinge *vt* **tinged; tingeing** *or* **tinging** : matizar — ~ *n* **1** TINT : matiz *m* **2** TOUCH
: dejo *m*

tingle *vi* **-gled; -gling** : sentir (un) hormigueo — ~ *n* : hormigueo *m*
tinker *vi* ~ **with** : intentar arreglar (con pequeños ajustes)
tinkle *vi* **-kled; -kling** : tintinear — ~ *n*
: tintineo *m*
tint *n* : tinte *m* — ~ *vt* : teñir
tiny *adj* **-nier; -est** : diminuto, minúsculo
tip¹ *v* **tipped; tipping** *vt* **1** TILT : inclinar **2**
or ~ **over** : volcar — *vi* : inclinarse
tip² *n* END : punta *f*
tip³ *n* ADVICE : consejo *m* — ~ *vt* ~ **off**
: avisar
tip⁴ *vt* : dar una propina a — ~ *n* GRATUITY
: propina *f*
tipsy *adj* **-sier; -est** : achispado
tiptoe *n* **on** ~ : de puntillas — ~ *vi* **-toed;**
-toeing : caminar de puntillas
tip-top *adj* : excelente
tire¹ *n* : neumático *m*, llanta *f* *Lat*
tire² *v* **tired; tiring** *vt* : cansar — *vi* : cansarse
— **tired** *adj* **1** ~ **of** : cansado de, harto de
2 ~ **out** : agotado — **tireless** *adj* : incansable — **tiresome** *adj* : pesado
tissue *n* **1** : pañuelo *m* de papel **2** : tejido *m*
(en biología)
title *n* : título *m* — ~ *vt* **-tled; -tling** : titular
to *prep* **1** : a **2** TOWARD : hacia **3** IN ORDER
TO : para **4** UP TO : hasta **5 a quarter** ~
seven : las siete menos cuarto **6 be nice**
~ **them** : trátalos bien **7 ten** ~ **the box**
: diez por caja **8 the mate** ~ **this shoe** : el
compañero de este zapato **9 two** ~ **four**
years old : entre dos y cuatro años de edad
10 want ~ **do** : querer hacer — ~ *adv* **1**
come ~ : volver en sí **2** ~ **and fro** : de un
lado a otro
toad *n* : sapo *m*
toast *vt* **1** : tostar (pan, etc.) **2** : brindar por
(una persona) — ~ *n* **1** : pan *m* tostado,
tostadas *fpl* **2** DRINK : brindis *m* — **toaster**
n : tostador *m*
tobacco *n*, *pl* **-cos** : tabaco *m*
toboggan *n* : tobogán *m*
today *adv* : hoy — ~ *n* : hoy *m*
toddler *n* : niño *m* pequeño, niña *f* pequeña
(que comienza a caminar)
toe *n* : dedo *m* (del pie) — **toenail** *n* : uña *f*
(del pie)
together *adv* **1** : juntos **2** ~ **with** : junto
con
toil *n* : trabajo *m* duro — ~ *vi* : trabajar duro
toilet *n* **1** BATHROOM : baño *m*, servicio *m* **2**
: inodoro *m* (instalación) — **toilet paper** *n*
: papel *m* higiénico — **toiletries** *npl*
: artículos *mpl* de tocador
token *n* **1** SIGN : muestra *f* **2** MEMENTO : recuerdo *m* **3** : ficha *f* (para un tren, etc.)
told → **tell**

tolerable *adj* : tolerable — **tolerance** *n* : tolerancia *f* — **tolerant** *adj* : tolerante — **tolerate** *vt* **-ated; -ating** : tolerar

toll[1] *n* **1** : peaje *m* **2 death ~** : número *m* de muertos **3 take a ~ on** : afectar

toll[2] *vi* RING : tocar, doblar — **~** *n* : tañido *m*

tomato *n, pl* **-toes** : tomate *m*

tomb *n* : tumba *f*, sepulcro *m* — **tombstone** *n* : lápida *f*

tome *n* : tomo *m*

tomorrow *adv* : mañana — **~** *n* : mañana *m*

ton *n* : tonelada *f*

tone *n* : tono *m* — **~** *vt* **toned; toning** *or* **~ down** : atenuar

tongs *npl* : tenazas *fpl*

tongue *n* : lengua *f*

tonic *n* **1** : tónico *m* **2** *or* **~ water** : tónica *f*

tonight *adv* : esta noche — **~** *n* : esta noche *f*

tonsil *n* : amígdala *f*

too *adv* **1** ALSO : también **2** EXCESSIVELY : demasiado

took → **take**

tool *n* : herramienta *f* — **toolbox** : caja *f* de herramientas

toot *vt* : sonar (un claxon, etc.) — **~** *n* **1** WHISTLE : pitido *m* **2** HONK : bocinazo *m*

tooth *n, pl* **teeth** : diente *m* — **toothache** *n* : dolor *m* de muelas — **toothbrush** *n* : cepillo *m* de dientes — **toothpaste** *n* : pasta *f* de dientes, pasta *f* dentífrica

top[1] *n* **1** : parte *f* superior **2** SUMMIT : cima *f*, cumbre *f* **3** COVER : tapa *f*, cubierta *f* **4 on ~ of** : encima de — **~** *vt* **topped; topping 1** COVER : rematar (un edificio, etc.), bañar (un pastel, etc.) **2** SURPASS : superar **3 ~ off** : llenar — **~** *adj* **1** : de arriba, superior **2** BEST : mejor **3 a ~ executive** : un alto ejecutivo

top[2] *n* : trompo *m* (juguete)

topic *n* : tema *m* — **topical** *adj* : de interés actual

topmost *adj* : más alto

topple *v* **-pled; -pling** *vi* : caerse — *vt* **1** OVERTURN : volcar **2** OVERTHROW : derrocar

torch *n* : antorcha *f*

tore → **tear**[1]

torment *n* : tormento *m* — **~** *vt* : atormentar

torn → **tear**[1]

tornado *n, pl* **-does** *or* **-dos** : tornado *m*

torpedo *n, pl* **-does** : torpedo *m* — **~** *vt* : torpedear

torrent *n* : torrente *m*

torrid *adj* : tórrido

torso *n, pl* **-sos** *or* **-si** : torso *m*

tortilla *n* : tortilla *f*

tortoise *n* : tortuga *f* (terrestre) — **tortoiseshell** *n* : carey *m*, concha *f*

tortuous *adj* : tortuoso

torture *n* : tortura *f* — **~** *vt* **-tured; -turing** : torturar

toss *vt* **1** : tirar, lanzar **2** : mezclar (una ensalada) — *vi* **~ and turn** : dar vueltas — **~** *n* : lanzamiento *m*

tot *n* : pequeño *m*, -ña *f*

total *adj* : total — **~** *n* : total *m* — **~** *vt* **-taled** *or* **-talled; -taling** *or* **-talling 1** : ascender a **2** *or* **~ up** : totalizar, sumar

totalitarian *adj* : totalitario

tote *vt* **toted; toting** : llevar

totter *vi* : tambalearse

touch *vt* **1** : tocar **2** MOVE : conmover **3** AFFECT : afectar **4 ~ up** : retocar — *vi* : tocarse — **~** *n* **1** : tacto *m* (sentido) **2** HINT : toque *m* **3** BIT : pizca *f* **4 keep in ~** : mantenerse en contacto **5 lose one's ~** : perder la habilidad — **touchdown** *n* : touchdown *m* — **touchy** *adj* **touchier; -est 1** : delicado **2 be ~ about** : picarse a la mención de

tough *adj* **1** : duro **2** STRONG : fuerte **3** STRICT : severo **4** DIFFICULT : difícil — **toughen** *vt or* **~ up** : endurecer — *vi* : endurecerse — **toughness** *n* : dureza *f*

tour *n* **1** : viaje *m* (por un país, etc.), visita *f* (a un museo, etc.) **2** : gira *f* (de un equipo, etc.) — **~** *vi* **1** TRAVEL : viajar **2** : hacer una gira (dícese de equipos, etc.) — *vt* : viajar por, recorrer — **tourist** *n* : turista *mf*

tournament *n* : torneo *m*

tousle *vt* **-sled; -sling** : despeinar

tout *vt* : promocionar

tow *vt* : remolcar — **~** *n* : remolque *m*

toward *or* **towards** *prep* : hacia

towel *n* : toalla *f*

tower[2] *n* : torre *f* — **~** *vi* **~ over** : descollar sobre — **towering** *adj* : altísimo

town *n* **1** VILLAGE : pueblo *m* **2** CITY : ciudad *f* — **township** *n* : municipio *m*

tow truck *n* : grúa *f*

toxic *adj* : tóxico

toy *n* : juguete *m* — **~** *vi* **~ with** : juguetear con

trace *n* **1** SIGN : rastro *m*, señal *f* **2** HINT : dejo *m* — **~** *vt* **traced; tracing 1** : calcar (un dibujo, etc.) **2** DRAW : trazar **3** FIND : localizar

track *n* **1** : pista *f* **2** PATH : sendero *m* **3** *or* **railroad ~** : vía *f* (férrea) **4 keep ~ of** : llevar la cuenta de — **~** *vt* TRAIL : seguir la pista de

tract[1] *n* **1** EXPANSE : extensión *f* **2** : tracto *m* (en anatomía)

tract[2] *n* PAMPHLET : folleto *m*

traction *n* : tracción *f*

tractor *n* **1** : tractor *m* **2** *or* ~ **-trailer** : camión *m* (con remolque)

trade *n* **1** PROFESSION : oficio *m* **2** COMMERCE : comercio *m* **3** INDUSTRY : industria *f* **4** EXCHANGE : cambio *m* — ~ *v* **traded; trading** *vi* : comerciar — *vt* ~ **sth with s.o.** : cambiar algo a algn — **trademark** *n* : marca *f* registrada

tradition *n* : tradición *f* — **traditional** *adj* : tradicional

traffic *n* : tráfico *m* — ~ *vi* **trafficked; trafficking** ~ **in** : traficar con — **traffic light** *n* : semáforo *m*

tragedy *n, pl* **-dies** : tragedia *f* — **tragic** *adj* : trágico

trail *vi* **1** DRAG : arrastrar **2** LAG : rezagarse **3** ~ **off** : apagarse — *vt* **1** DRAG : arrastrar **2** PURSUE : seguir la pista de — ~ *n* **1** : rastro *m*, huellas *fpl* **2** PATH : sendero *m* — **trailer** *n* **1** : remolque *m* **2** : caravana *f* (vivienda)

train *n* **1** : tren *m* **2** : cola *f* (de un vestido) **3** SERIES : serie *f* **4** ~ **of thought** : hilo *m* (de las ideas) — ~ *vt* **1** : adiestrar, entrenar (atletas, etc.) **2** AIM : apuntar — *vi* : prepararse, entrenarse (en deportes, etc.) — **trainer** *n* : entrenador *m*, -dora *f*

trait *n* : rasgo *m*

traitor *n* : traidor *m*, -dora *f*

tramp *vi* : caminar (pesadamente) — ~ *n* VAGRANT : vagabundo *m*, -da *f*

trample *vt* **-pled; -pling** : pisotear

trampoline *n* : trampolín *m*

trance *n* : trance *m*

tranquillity *or* **tranquility** *n* : tranquilidad *f* — **tranquil** *adj* : tranquilo — **tranquilize** *vt* **-ized; -izing** : tranquilizar — **tranquilizer** *n* : tranquilizante *m*

transaction *n* : transacción *f*

transatlantic *adj* : transatlántico

transcend *vt* **1** : ir más allá de **2** OVERCOME : superar

transcribe *vt* **-scribed; -scribing** : transcribir — **transcript** *n* : transcripción *f*

transfer *v* **-ferred; -ferring** *vt* **1** : transferir (fondos, etc.) **2** : trasladar (a un empleado, etc.) — *vi* **1** : cambiarse (de escuelas, etc.) **2** : hacer transbordo (entre trenes, etc.) — ~ *n* **1** : transferencia *f* (de fondos, etc.), traslado *m* (de una persona) **2** : boleto *m* (para hacer transbordo) **3** DECAL : calcomanía *f*

transform *vt* : transformar — **transformation** *n* : transformación *f*

transfusion *n* : transfusión *f*

transgression *n* : transgresión *f* — **transgress** *vt* : transgredir

transient *adj* : pasajero

transit *n* **1** : tránsito *m* **2** TRANSPORTATION : transporte *m* — **transition** *n* : transición *f* — **transitive** *adj* : transitivo — **transitory** *adj* : transitorio

translate *vt* **-lated; -lating** : traducir — **translation** *n* : traducción *f* — **translator** *n* : traductor *m*, -tora *f*

translucent *adj* : translúcido

transmit *vt* **-mitted; -mitting** : transmitir — **transmission** *n* : transmisión *f* — **transmitter** *n* : transmisor *m*

transparent *adj* : transparente — **transparency** *n, pl* **-cies** : transparencia *f*

transpire *vi* **-spired; -spiring** **1** TURN OUT : resultar **2** HAPPEN : suceder

transplant *vt* : trasplantar — ~ *n* : trasplante *m*

transport *vt* : transportar — ~ *n* : transporte *m* — **transportation** *n* : transporte *m*

transpose *vt* **-posed; -posing** **1** : trasponer **2** : transportar (en música)

trap *n* : trampa *f* — ~ *vt* **trapped; trapping** : atrapar — **trapdoor** *n* : trampilla *f*

trapeze *n* : trapecio *m*

trappings *npl* : adornos *mpl*, atavíos *mpl*

trash *n* : basura *f*

trauma *n* : trauma *m* — **traumatic** *adj* : traumático

travel *vi* **-eled** *or* **-elled; -eling** *or* **-elling** **1** : viajar **2** MOVE : desplazarse — ~ *n* : viajes *mpl* — **traveler** *or* **traveller** *n* : viajero *m*, -ra *f*

traverse *vt* **-versed; -versing** : atravesar

travesty *n, pl* **-ties** : parodia *f*

trawl *vi* : pescar (con red de arrastre) — **trawler** *n* : barco *m* de pesca

tray *n* : bandeja *f*

treachery *n, pl* **-eries** : traición *f* — **treacherous** *adj* **1** : traidor **2** DANGEROUS : peligroso

tread *v* **trod; trodden** *or* **trod; treading** *vt* **1** *or* ~ **on** : pisar **2** ~ **water** : flotar — *vi* **1** STEP : pisar **2** WALK : caminar — ~ *n* **1** STEP : paso *m* **2** : banda *f* de rodadura (de un neumático) — **treadmill** *n* : rueda *f* de andar

treason *n* : traición *f* (a la patria)

treasure *n* : tesoro *m* — ~ *vt* **-sured; -suring** : apreciar — **treasurer** *n* : tesorero *m*, -ra *f* — **treasury** *n, pl* **-suries** : erario *m*, tesoro *m*

treat *vt* **1** : tratar **2** CONSIDER : considerar **3** ~ **s.o. to (dinner, etc.)** : invitar a algn (a cenar, etc.) — ~ *n* **1** : gusto *m*, placer *m* **2** **it's my** ~ : invito yo

treatise *n* : tratado *m*

treatment *n* : tratamiento *m*

treaty *n, pl* **-ties** : tratado *m*

treble *adj* **1** TRIPLE : triple **2** : de tiple (en música) — ~ *vt* **-bled; -bling** : triplicar — **treble clef** : clave *f* de sol

tree _n_ : árbol _m_

trek _vi_ **trekked; trekking** : viajar (con dificultad) — ~ _n_ : viaje _m_ difícil

trellis _n_ : enrejado _m_

tremble _vi_ **-bled; -bling** : temblar

tremendous _adj_ : tremendo

tremor _n_ : temblor _m_

trench _n_ **1** : zanja _f_ **2** : trinchera _f_ (militar)

trend _n_ **1** : tendencia _f_ **2** FASHION : moda _f_ — **trendy** _adj_ **trendier; -est** : de moda

trepidation _n_ : inquietud _f_

trespass _vi_ : entrar ilegalmente (en propiedad ajena)

trial _n_ **1** : juicio _m_, proceso _m_ **2** TEST : prueba _f_ **3** ORDEAL : dura prueba _f_ — ~ _adj_ : de prueba

triangle _n_ : triángulo _m_ — **triangular** _adj_ : triangular

tribe _n_ : tribu _f_ — **tribal** _adj_ : tribal

tribulation _n_ : tribulación _f_

tribunal _n_ : tribunal _m_

tribute _n_ : tributo _m_ — **tributary** _n_, _pl_ **-taries** : afluente _m_

trick _n_ **1** : trampa _f_ **2** PRANK : broma _f_ **3** KNACK, FEAT : truco _m_ **4** : baza _f_ (en naipes) — ~ _vt_ : engañar — **trickery** _n_ : engaño _m_

trickle _vi_ **-led; -ling** : gotear — ~ _n_ : goteo _m_

tricky _adj_ **trickier; -est 1** SLY : astuto, taimado **2** DIFFICULT : difícil

tricycle _n_ : triciclo _m_

trifle _n_ **1** TRIVIALITY : nimiedad _f_ **2 a** ~ : un poco — ~ _vi_ **-fled; -fling** ~ **with** : jugar con — **trifling** _adj_ : insignificante

trigger _n_ : gatillo _m_ — ~ _vt_ : causar, provocar

trill _n_ : trino _m_ — ~ _vi_ : trinar

trillion _n_ : billón _m_

trilogy _n_, _pl_ **-gies** : trilogía _f_

trim _vt_ **trimmed; trimming 1** : recortar **2** ADORN : adornar — ~ _adj_ **trimmer; trimmest 1** SLIM : esbelto **2** NEAT : arreglado — ~ _n_ **1** : recorte _m_ **2** DECORATION : adornos _mpl_ **3 in** ~ : en buena forma — **trimming** _npl_ **1** : adornos _mpl_ **2** GARNISH : guarnición _f_

Trinity _n_ : Trinidad _f_

trinket _n_ : chuchería _f_

trio _n_, _pl_ **trios** : trío _m_

trip _v_ **tripped; tripping** _vi_ **1** : caminar (a paso ligero) **2** STUMBLE : tropezar **3** ~ **up** : equivocarse — _vt_ **1** ACTIVATE : activar **2** ~ **s.o.** : hacer una zancadilla a algn **3** ~ **s.o. up** : hacer equivocar a algn — ~ _n_ **1** : viaje _m_ **2** STUMBLE : traspié _m_

tripe _n_ **1** : mondongo _m_, callos _mpl_ **2** NONSENSE : tonterías _fpl_

triple _vt_ **-pled; -pling** : triplicar — ~ _n_

: triple _m_ — ~ _adj_ : triple — **triplet** _n_ : trillizo _m_, -za _f_ — **triplicate** _n_ : triplicado _m_

tripod _n_ : trípode _m_

trite _adj_ **triter; tritest** : trillado

triumph _n_ : triunfo _m_ — ~ _vi_ : triunfar — **triumphal** _adj_ : triunfal — **triumphant** _adj_ : triunfante

trivial _adj_ : trivial — **trivia** _ns_ & _pl_ : trivialidades _fpl_ — **triviality** _n_, _pl_ **-ties** : trivialidad _f_

trod, trodden → **tread**

trolley _n_, _pl_ **-leys** : tranvía _m_

trombone _n_ : trombón _m_

troop _n_ **1** : escuadrón _m_ (de caballería), compañía _f_ (de soldados) **2** ~**s** _npl_ : tropas _fpl_ — ~ _vi_ ~ **in/out** : entrar/salir en tropel — **trooper** _n_ **1** : soldado _m_ **2** _or_ **state** ~ : policía _mf_ estatal

trophy _n_, _pl_ **-phies** : trofeo _m_

tropic _n_ **1** : trópico _m_ **2 the** ~**s** : el trópico — ~ _or_ **tropical** _adj_ : tropical

trot _n_ : trote _m_ — ~ _vi_ **trotted; trotting** : trotar

trouble _v_ **-bled; -bling** _vt_ **1** WORRY : preocupar **2** BOTHER : molestar — _vi_ : molestarse — ~ _n_ **1** PROBLEMS : problemas _mpl_ **2** EFFORT : molestia _f_ **3 be in** ~ : estar en apuros **4 get in** ~ : meterse en problemas **5 I had** ~ **doing it** : me costó hacerlo — **troublemaker** _n_ : alborotador _m_, -dora _f_ — **troublesome** _adj_ : problemático

trough _n_, _pl_ **troughs 1** : depresión _f_ **2** _or_ **feeding** ~ : comedero _m_ **3** _or_ **drinking** ~ : bebedero _m_

troupe _n_ : compañía _f_ (de teatro)

trousers _npl_ : pantalón _m_, pantalones _mpl_

trout _n_, _pl_ **trout** : trucha _f_

trowel _n_ : paleta _f_ (de albañil), desplantador _m_ (de jardinero)

truant _n_ : alumno _m_, -na _f_ que falta a clase

truce _n_ : tregua _f_

truck _vt_ : transportar en camión — ~ _n_ **1** : camión _m_ **2** CART : carro _m_ — **trucker** _n_ : camionero _m_, -ra _f_

trudge _vi_ **trudged; trudging** : caminar a paso pesado

true _adj_ **truer; truest 1** : verdadero **2** LOYAL : fiel **3** GENUINE : auténtico **4 be** ~ : ser cierto, ser verdad

truffle _n_ : trufa _f_

truly _adv_ : verdaderamente

trump _n_ : triunfo _m_ (en naipes)

trumpet _n_ : trompeta _f_

trunk _n_ **1** STEM, TORSO : tronco _m_ **2** : trompa _f_ (de un elefante) **3** : baúl _m_ (equipaje) **4** : maletero _m_ (de un auto) **5** ~**s** _npl_ : traje _m_ de baño (de hombre)

truss _n_ **1** FRAMEWORK : armazón _m_ **2** : braguero _m_ (en medicina)

trust n **1** CONFIDENCE : confianza f **2** HOPE : esperanza f **3** CREDIT : crédito m **4** : trust m (en finanzas) **5 in** ～ : en fideicomiso — ～ vi **1** : confiar **2** HOPE : esperar — vt **1** : confiar en, fiarse de (en frases negativas) **2** ～ **s.o. with sth** : confiar algo a algn — **trustee** n : fideicomisario m, -ria f — **trustworthy** adj : digno de confianza

truth n, pl **truths** : verdad f — **truthful** adj : sincero, veraz

try v **tried; trying** vt **1** ATTEMPT : tratar (de), intentar **2** : juzgar (un caso, etc.) **3** TEST : poner a prueba **4** or ～ **out** : probar **5** ～ **on** : probarse (ropa) — vi : hacer un esfuerzo — ～ n, pl **tries** : intento m — **trying** adj **1** ANNOYING : irritante, pesado **2** DIFFICULT : duro — **tryout** n : prueba f

tsar → **czar**

T–shirt n : camiseta f

tub n **1** : cuba f, tina f **2** CONTAINER : envase m **3** BATHTUB : bañera f

tuba n : tuba f

tube n **1** : tubo m **2** or **inner** ～ : cámara f **3 the** ～ : la tele

tuberculosis n, pl **-loses** : tuberculosis f

tubing n : tubería f — **tubular** adj : tubular

tuck vt **1** : meter **2** ～ **away** : guardar **3** ～ **in** : meter por dentro (una blusa, etc.) **4** ～ **s.o. in** : arropar a algn — ～ n : jareta f

Tuesday n : martes m

tuft n : mechón m (de pelo), penacho m (de plumas)

tug vt **tugged; tugging** or ～ **at** : tirar de, jalar de — ～ n : tirón m, jalón m — **tugboat** n : remolcador m — **tug–of–war** n, pl **tugs–of–war** : tira y afloja m

tuition n **1** : enseñanza f **2** or ～ **fees** : matrícula f

tulip n : tulipán m

tumble vi **-bled; -bling** : caerse — ～ n : caída f — **tumbler** n : vaso m (sin pie)

tummy n, pl **-mies** : barriga f, panza f

tumor n : tumor m

tumult n : tumulto m — **tumultuous** adj : tumultuoso

tuna n, pl **-na** or **-nas** : atún m

tune n **1** MELODY : melodía f **2** SONG : tonada f **3 in** ～ : afinado **4 out of** ～ : desafinado — ～ v **tuned; tuning** vt : afinar — vi ～ **in** : sintonizar — **tuner** n **1** : afinador m, -dora f (de pianos, etc.) **2** : sintonizador m (de un receptor)

tunic n : túnica f

tunnel n : túnel m — ～ vi **-neled** or **-nelled; -neling** or **-nelling** : hacer un túnel

turban n : turbante m

turbine n : turbina f

turbulent adj : turbulento — **turbulence** n : turbulencia f

turf n **1** GRASS : césped m **2** SOD : tepe m

turgid adj : ampuloso (dícese de prosa, etc.)

turkey n, pl **-keys** : pavo m

turmoil n : confusión f

turn vt **1** : hacer girar (una rueda, etc.), volver (la cabeza, una página, etc.) **2** : dar la vuelta a (una esquina) **3** SPRAIN : torcer **4** ～ **down** REFUSE : rechazar **5** ～ **down** LOWER : bajar **6** ～ **in** : entregar **7** ～ **off** : cerrar (una llave), apagar (la luz, etc.) **8** ～ **on** : abrir (una llave), encender, prender Lat (la luz, etc.) **9** ～ **out** EXPEL : echar **10** ～ **out** PRODUCE : producir **11** ～ **out** → **turn off 12** ～ **over** FLIP : dar la vuelta a, voltear Lat **13** ～ **over** TRANSFER : entregar **14** ～ **s.o.'s stomach** : revolver el estómago a algn **15** ～ **sth into sth** : convertir algo en algo **16** ～ **up** RAISE : subir — vi **1** ROTATE : girar, dar vueltas **2** BECOME : ponerse **3** SOUR : agriarse **4** RESORT : recurrir **5** or ～ **around** : darse la vuelta, volverse **6** ～ **into** : convertirse en **7** ～ **left** : doblar a la izquierda **8** ～ **out** COME : acudir **9** ～ **out** RESULT : resultar **10** ～ **up** APPEAR : aparecer — ～ n **1** : vuelta f **2** CHANGE : cambio m **3** CURVE : curva f **4 do a good** ～ : hacer un favor **5 whose** ～ **is it?** : ¿a quién le toca?

turnip n : nabo m

turnout n : concurrencia f — **turnover** n **1** : tartaleta f (postre) **2** : volumen m (de ventas) **3** : movimiento f (de personal) — **turnpike** n : carretera f de peaje — **turntable** n : plato m giratorio

turpentine n : trementina f

turquoise n : turquesa f

turret n **1** : torrecilla f **2** : torreta f (de un tanque, etc.)

turtle n : tortuga f (marina) — **turtleneck** n : cuello m de tortuga

tusk n : colmillo m

tussle n : pelea f — ～ vi **-sled; -sling** : pelearse

tutor n : profesor m, -sora f particular — ～ vt : dar clases particulares a

tuxedo n, pl **-dos** or **-does** : esmoquin m, smoking m

TV → **television**

twang n **1** : tañido m **2** : acento m nasal (de la voz)

tweak vt : pellizcar — ～ n : pellizco m

tweed n : tweed m

tweet n : gorjeo m, pío m — ～ vi : piar

tweezers npl : pinzas fpl

twelve adj : doce — ～ n : doce m — **twelfth** adj : duodécimo — ～ n **1** : duodécimo m, -ma f (en una serie) **2** : doceavo m (en matemáticas)

twenty adj : veinte — ～ n, pl **-ties** : veinte

m — **twentieth** *adj* : vigésimo — ~ *n* **1** : vigésimo *m*, -ma *f* (en una serie) **2** : veinteavo *m* (en matemáticas)

twice *adv* **1** : dos veces **2** ~ **as much/ many as** : el doble de (algo), el doble que (algn)

twig *n* : ramita *f*

twilight *n* : crepúsculo *m*

twin *n* : gemelo *m*, -la *f;* mellizo *m*, -za *f* — ~ *adj* : gemelo, mellizo

twine *n* : cordel *m*, bramante *m Spain*

twinge *n* : punzada *f*

twinkle *vi* **-kled; -kling 1** : centellear **2** : brillar (dícese de los ojos) — ~ *n* : centelleo *m*, brillo *m* (de los ojos)

twirl *vt* : girar, dar vueltas a — *vi* : girar, dar vueltas — ~ *n* : giro *m*, vuelta *f*

twist *vt* **1** : retorcer **2** TURN : girar **3** SPRAIN : torcerse **4** : tergiversar (palabras) — *vi* **1** : retorcerse **2** COIL : enrollarse **3** : serpentear (entre montañas, etc.) — ~ *n* **1** BEND : vuelta *f* **2** TURN : giro *m* **3** ~ **of**

lemon : rodajita *f* de limón — **twister** → **tornado**

twitch *vi* : moverse (espasmódicamente) — ~ *n* **nervous** ~ : tic *m* nervioso

two *adj* : dos — ~ *n, pl* **twos** : dos *m* — **twofold** *adj* : doble — ~ *adv* : al doble — **two hundred** *adj* : doscientos — ~ *n* : doscientos *m*

tycoon *n* : magnate *mf*

tying → **tie**

type *n* : tipo *m* — ~ *v* **typed; typing** : escribir a máquina — **typewritten** *adj* : escrito a máquina — **typewriter** *n* : máquina *f* de escribir

typhoon *n* : tifón *m*

typical *adj* : típico, característico — **typify** *vt* **-fied; -fying** : tipificar

typist *n* : mecanógrafo *m*, -fa *f*

typography *n* : tipografía *f*

tyranny *n, pl* **-nies** : tiranía *f* — **tyrant** *n* : tirano *m*, -na *f*

tzar → **czar**

U

u *n, pl* **u's** *or* **us** : u *f,* vigésima primera letra del alfabeto inglés

udder *n* : ubre *f*

UFO (*unidentified flying object*) *n, pl* **UFO's** *or* **UFOs** : ovni *m*, OVNI *m*

ugly *adj* **uglier; -est** : feo — **ugliness** *n* : fealdad *f*

ulcer *n* : úlcera *f*

ulterior *adj* ~ **motive** : segunda intención *f*

ultimate *adj* **1** FINAL : final, último **2** UTMOST : máximo **3** FUNDAMENTAL : fundamental — **ultimately** *adv* **1** FINALLY : por último, finalmente **2** EVENTUALLY : a la larga

ultimatum *n, pl* **-tums** *or* **-ta** : ultimátum *m*

ultraviolet *adj* : ultravioleta

umbilical cord *n* : cordón *m* umbilical

umbrella *n* : paraguas *m*

umpire *n* : árbitro *m*, -tra *f* — ~ *vt* **-pired; -piring** : arbitrar

umpteenth *adj* : enésimo

unable *adj* **1** : incapaz **2** be ~ **to** : no poder

unabridged *adj* : íntegro

unacceptable *adj* : inaceptable

unaccountable *adj* : inexplicable

unaccustomed *adj* be ~ **to** : no estar acostumbrado a

unadulterated *adj* : puro

unaffected *adj* **1** : no afectado **2** NATURAL : sin afectación, natural

unafraid *adj* : sin miedo

unaided *adj* : sin ayuda

unanimous *adj* : unánime

unannounced *adj* : sin dar aviso

unarmed *adj* : desarmado

unassuming *adj* : modesto, sin pretensions

unattached *adj* **1** : suelto **2** UNMARRIED : soltero

unattractive *adj* : poco atractivo

unauthorized *adj* : no autorizado

unavailable *adj* : no disponible

unavoidable *adj* : inevitable

unaware *adj* **1** : inconsciente **2** be ~ **of** : ignorar — **unawares** *adv* **catch s.o.** ~ : agarrar a algn desprevenido

unbalanced *adj* : desequilibrado

unbearable *adj* : inaguantable, insoportable

unbelievable *adj* : increíble

unbending *adj* : inflexible

unbiased *adj* : imparcial

unborn *adj* : aún no nacido

unbreakable *adj* : irrompible

unbridled *adj* : desenfrenado

unbroken *adj* **1** INTACT : intacto **2** CONTINUOUS : continuo

unbutton *vt* : desabrochar, desabotonar

uncalled–for *adj* : inapropiado, innecesario

uncanny *adj* **-nier; -est** : extraño, misterioso

unceasing *adj* : incesante

unceremonious *adj* **1** INFORMAL : poco ceremonioso **2** ABRUPT : brusco

uncertain *adj* **1** : incierto **2 in no ~ terms** : de forma vehemente — **uncertainty** *n, pl* **-ties** : incertidumbre *f*

unchanged *adj* : igual, sin alterar — **unchanging** *adj* : inmutable

uncivilized *adj* : incivilizado

uncle *n* : tío *m*

unclear *adj* : poco claro

uncomfortable *adj* **1** : incómodo **2** DISCONCERTING : inquietante, desagradable

uncommon *adj* : raro

uncompromising *adj* : intransigente

unconcerned *adj* : indiferente

unconditional *adj* : incondicional

unconscious *adj* : inconsciente

unconstitutional *adj* : inconstitucional

uncontrollable *adj* : incontrolable

unconventional *adj* : poco convencional

uncouth *adj* : grosero

uncover *vt* **1** : destapar **2** REVEAL : descubrir

undecided *adj* : indeciso

undeniable *adj* : innegable

under *adv* **1** : debajo **2** LESS : menos **3** *or* **~ anesthetic** : bajo los efectos de la anestesia — **~** *prep* **1** BELOW, BENEATH : debajo de, abajo de **2 ~ 20 minutes** : menos de 20 minutos **3 ~ the circumstances** : dadas las circunstancias

underage *adj* : menor de edad

underclothes → **underwear**

undercover *adj* : secreto

undercurrent *n* : tendencia *f* oculta

underdeveloped *adj* : subdesarrollado

underestimate *vt* **-mated; -mating** : subestimar

underfoot *adv* : bajo los pies

undergo *vt* **-went; -gone; -going** : sufrir, experimentar

undergraduate *n* : estudiante *m* universitario, estudiante *f* universitaria

underground *adv* **1** : bajo tierra **2 go ~** : pasar a la clandestinidad — **~** *adj* **1** : subterráneo **2** SECRET : secreto, clandestino — **~** *n* : movimiento *m* clandestino

undergrowth *n* : maleza *f*

underhanded *adj* SLY : solapado

underline *vt* **-lined; -lining** : subrayar

underlying *adj* : subyacente

undermine *vt* **-mined; -mining** : socavar, minar

underneath *adv* : debajo, abajo — **~** *prep* : debajo de, abajo de *Lat*

underpants *npl* : calzoncillos *mpl*, calzones *mpl Lat*

underpass *n* : paso *m* inferior

underprivileged *adj* : desfavorecido

underrate *vt* **-rated; -rating** : subestimar

undershirt *n* : camiseta *f*

understand *v* **-stood** ; **-standing** : comprender, entender — **understandable** *adj* : comprensible — **understanding** *adj* : comprensivo, compasivo — **~** *n* **1** : comprensión *f* **2** AGREEMENT : acuerdo *m*

understatement *n* **that's an ~** : decir sólo eso es quedarse corto

understudy *n, pl* **-dies** : sobresaliente *mf* (en el teatro)

undertake *vt* **-took; -taken; -taking** : emprender (una tarea), encargarse de (una responsabilidad) — **undertaker** *n* : director *m*, -tora *f* de una funeraria — **undertaking** *n* : empresa *f*, tarea *f*

undertone *n* **1** : voz *f* baja **2** SUGGESTION : matiz *m*

undertow *n* : resaca *f*

underwater *adj* : submarino — **~** *adv* : debajo (del agua)

under way *adv* **get ~** : ponerse en marcha

underwear *n* : ropa *f* interior

underwent → **undergo**

underworld *n* **the ~** CRIMINALS : la hampa, los bajos fondos

underwriter *n* : asegurador *m*, -dora *f*

undesirable *adj* : indeseable

undeveloped *adj* : sin desarrollar

undignified *adj* : indecoroso

undisputed *adj* : indiscutible

undo *vt* **-did; -done; -doing 1** UNFASTEN : deshacer, desatar **2** : reparar (daños, etc.)

undoubtedly *adv* : indudablemente

undress *vt* : desnudar — *vi* : desnudarse

undue *adj* : indebido, excesivo

undulate *vi* **-lated; -lating** : ondular

unduly *adv* : excesivamente

undying *adj* : eterno

unearth *vt* : desenterrar

unearthly *adj* **-lier; -est** : sobrenatural, de otro mundo

uneasy *adj* **-easier; -est 1** AWKWARD : incómodo **2** WORRIED : inquieto **3** RESTLESS : agitado — **uneasily** *adv* : inquietamente — **uneasiness** *n* : inquietud *f*

uneducated *adj* : inculto

unemployed *adj* : desempleado — **unemployment** *n* : desempleo *m*

unerring *adj* : infalible

unethical *adj* : poco ético

uneven *adj* **1** : desigual **2** : impar (dícese de un número)

unexpected *adj* : inesperado

unfailing *adj* **1** CONSTANT : constante **2** IN-EXHAUSTIBLE : inagotable

unfair *adj* : injusto — **unfairly** *adv* : injustamente — **unfairness** *n* : injusticia *f*

unfaithful *adj* : infiel — **unfaithfulness** *n* : infidelidad *f*

unfamiliar *adj* **1** : desconocido **2 be ~ with** : desconocer

unfasten *vt* **1** : desabrochar (ropa, etc.) **2** UNDO : desatar (una cuerda, etc.)

unfavorable *adj* : desfavorable

unfeeling *adj* : insensible

unfinished *adj* : sin terminar

unfit *adj* **1** UNSUITABLE : impropio **2** UN-SUITED : no apto, incapaz

unfold *vt* **1** : desplegar, desdoblar **2** REVEAL : revelar (un plan, etc.) — *vi* **1** : extenderse, desplegarse **2** DEVELOP : desarrollarse

unforeseen *adj* : imprevisto

unforgettable *adj* : inolvidable

unforgivable *adj* : imperdonable

unfortunate *adj* **1** UNLUCKY : desgraciado, desafortunado **2** INAPPROPRIATE : inoportuno — **unfortunately** *adv* : desgraciadamente

unfounded *adj* : infundado

unfriendly *adj* -lier; -est : poco amistoso

unfurl *vt* : desplegar

unfurnished *adj* : desamueblado

ungainly *adj* : desgarbado

ungodly *adj* **1** : impío **2 an ~ hour** : una hora intempestiva

ungrateful *adj* : desagradecido

unhappy *adj* -pier; -est **1** SAD : infeliz, triste **2** UNFORTUNATE : desafortunado — **unhappily** *adv* **1** SADLY : tristemente **2** UNFORTU-NATELY : desgraciadamente — **unhappiness** *n* : tristeza *f*

unharmed *adj* : salvo, ileso

unhealthy *adj* -thier; -est **1** : malsano **2** SICKLY : enfermizo

unheard–of *adj* : sin precedente, insólito

unhook *vt* : desenganchar

unhurt *adj* : ileso

unicorn *n* : unicornio *m*

unification *n* : unificación *f*

uniform *adj* : uniforme — **~** *n* : uniforme *m* — **uniformity** *n*, *pl* -ties : uniformidad *f*

unify *vt* -fied; -fying : unificar

unilateral *adj* : unilateral

unimaginable *adj* : inconcebible

unimportant *adj* : insignificante

uninhabited *adj* : deshabitado, despoblado

uninjured *adj* : ileso

unintentional *adj* : involuntario

union *n* **1** : unión *f* **2** *or* **labor ~** : sindicato *m*, gremio *m Lat*

unique *adj* : único — **uniquely** *adv* EXCEP-TIONALLY : excepcionalmente

unison *n* **in ~** : al unísono

unit *n* **1** : unidad *f* **2** : módulo *m* (de un mobiliario)

unite *v* **united; uniting** *vt* : unir — *vi* : unirse — **unity** *n*, *pl* -ties **1** : unidad *f* **2** HAR-MONY : acuerdo *m*

universe *n* : universo *m* — **universal** *adj* : universal

university *n*, *pl* -ties : universidad *f*

unjust *adj* : injusto — **unjustified** *adj* : injustificado

unkempt *adj* **1** : descuidado, desaseado **2** : despeinado (dícese del pelo)

unkind *adj* : poco amable, cruel — **unkindness** *n* : falta *f* de amabilidad, crueldad *f*

unknown *adj* : desconocido

unlawful *adj* : ilegal

unless *conj* : a menos que, a no ser que

unlike *adj* : diferente — **~** *prep* : a diferencia de — **unlikelihood** *n* : improbabilidad *f* — **unlikely** *adj* -lier; -est : improbable

unlimited *adj* : ilimitado

unload *v* : descargar

unlock *vt* : abrir (con llave)

unlucky *adj* -luckier; -est **1** UNFORTUNATE : desgraciado **2** : de mala suerte (dícese de un número, etc.)

unmarried *adj* : soltero

unmask *vt* : desenmascarar

unmistakable *adj* : inconfundible

unnatural *adj* **1** : anormal **2** AFFECTED : afectado, forzado

unnecessary *adj* : innecesario — **unnecessarily** *adv* : innecesariamente

unnerving *adj* : desconcertante

unnoticed *adj* : inadvertido

unobtainable *adj* : inasequible

unobtrusive *adj* : discreto

unofficial *adj* : no oficial

unorthodox *adj* : poco ortodoxo

unpack *vt* **1** : desempaquetar, desempacar *Lat* (un paquete, etc.) **2** : deshacer (una maleta) — *vi* : deshacer las maletas

unparalleled *adj* : sin igual

unpleasant *adj* : desagradable

unplug *vt* -plugged; -plugging : desconectar, desenchufar

unpopular *adj* : poco popular

unprecedented *adj* : sin precedente

unpredictable *adj* : imprevisible

unprepared *adj* **1** : no preparado **2** UN-READY : deprevenido

unqualified *adj* **1** : no calificado, sin título **2** COMPLETE : absoluto

unquestionable *adj* : indiscutible — **unquestioning** *adj* : incondicional

unravel *v* -eled *or* -elled; -eling *or* -elling *vt* : desenmarañar — *vi* : deshacerse

unreal *adj* : irreal — **unrealistic** *adj* : poco realista

unreasonable *adj* **1** : irrazonable **2** EXCESSIVE : excesivo

unrecognizable *adj* : irreconocible

unrelated *adj* : no relacionado

unrelenting *adj* : implacable

unreliable *adj* : que no es de fiar

unrepentant *adj* : impenitente

unrest *n* **1** : inquietud *f*, malestar *m* **2** *or* **political** ~ : disturbios *mpl*

unripe *adj* : verde, no maduro

unrivaled *or* **unrivalled** *adj* : incomparable, sin par

unroll *vt* : desenrollar — *vi* : desenrollarse

unruly *adj* : indisciplinado

unsafe *adj* : inseguro

unsaid *adj* : sin decir

unsanitary *adj* : antihigiénico

unsatisfactory *adj* : insatisfactorio

unscathed *adj* : ileso

unscrew *vt* : destornillar

unscrupulous *adj* : sin escrúpulos

unseemly *adj* **-lier; -est** : indecoroso

unseen *adj* **1** : no visto **2** UNNOTICED : inadvertido

unselfish *adj* : desinteresado

unsettle *vt* **-tled; -tling** DISTURB : perturbar — **unsettled** *adj* **1** CHANGEABLE : inestable **2** DISTURBED : agitado, inquieto **3** : variable (dícese del tiempo)

unsightly *adj* : feo

unskilled *adj* : no calificado — **unskillful** *adj* : torpe, poco hábil

unsociable *adj* : poco sociable

unsound *adj* **1** : defectuoso, erróneo **2 of ~ mind** : demente

unspeakable *adj* **1** : indecible **2** TERRIBLE : atroz

unstable *adj* : inestable

unsteady *adj* **1** : inestable **2** SHAKY : tembloroso

unsuccessful *adj* **1** : fracasado **2 be ~** : no tener éxito

unsuitable *adj* **1** : inadecuado **2** INCONVENIENT : inconveniente

unsure *adj* : inseguro

unsuspecting *adj* : confiado

unsympathetic *adj* : indiferente

unthinkable *adj* : inconcebible

untidy *adj* : desordenado (dícese de una sala, etc.), desaliñado (dícese de una persona)

untie *vt* **-tied; -tying** *or* **-tieing** : desatar

until *prep* : hasta — ~ *conj* : hasta que

untimely *adj* **1** PREMATURE : prematuro **2** INOPPORTUNE : inoportuno

untold *adj* : incalculable

untoward *adj* **1** ADVERSE : adverso **2** IMPROPER : indecoroso

untroubled *adj* **1** : tranquilo **2 be ~ by** : no estar afectado por

untrue *adj* : falso

unused *adj* **1** NEW : nuevo **2 be ~ to** : no estar acostumbrado a

unusual *adj* : poco común, insólito — **unusually** *adv* : excepcionalmente

unveil *vt* : descubrir, revelar

unwanted *adj* : superfluo (dícese de un objeto), no deseado (dícese de un niño, etc.)

unwarranted *adj* : injustificado

unwelcome *adj* : inoportuno, molesto

unwell *adj* **be ~** : sentirse mal

unwieldy *adj* : difícil de manejar

unwilling *adj* : poco dispuesto — **unwillingly** *adv* : de mala gana

unwind *v* **-wound; -winding** *vt* : desenrollar — *vi* **1** : desenrollarse **2** RELAX : relajarse

unwise *adj* : imprudente

unworthy *adj* **be ~ of** : no ser digno de

unwrap *vt* **-wrapped; -wrapping** : desenvolver

up *adv* **1** ABOVE : arriba **2** UPWARDS : hacia arriba **3 ten miles farther ~** : diez millas más adelante **4 ~ here/there** : aquí/allí arriba **5 ~ north** : en el norte **6 ~ until** : hasta — ~ *adj* **1** AWAKE : levantado **2** FINISHED : terminado **3 be ~ against** : enfrentarse con **4 be ~ on** : estar al corriente de **5 it's ~ to you** : depende de tí **6 prices are ~** : los precios han aumentado **7 the sun is ~** : ha salido el sol **8 what's ~?** : ¿qué pasa? — ~ *prep* **1 go ~ the river** : ir río arriba **2 go ~ the stairs** : subir la escalera **3 ~ the coast** : a lo largo de la costa — ~ *v* **upped; upping; ups** *vt* : aumentar — *vi* **she ~ and left** : agarró y se fue

upbringing *n* : educación *f*

upcoming *adj* : próximo

update *vt* **-dated; -dating** : poner al día, actualizar — ~ *n* : puesta *f* al día

upgrade *vt* **-graded; -grading** : elevar la categoría de (un puesto, etc.), mejorar (una facilidad, etc.)

upheaval *n* : trastorno *m*

uphill *adv* : cuesta arriba — ~ *adj* **1** : en subida **2 be an ~ battle** : ser muy difícil

uphold *vt* **-held; -holding** : sostener, apoyar

upholstery *n, pl* **-steries** : tapicería *f*

upkeep *n* : mantenimiento *m*

upon *prep* **1** : en, sobre **2 ~ leaving** : al salir

upper *adj* : superior — ~ *n* : parte *f* superior (del calzado, etc.)

uppercase *adj* : mayúsculo

upper class *n* : clase *f* alta

upper hand *n* : ventaja *f*, dominio *m*

uppermost *adj* : más alto

upright *adj* **1** VERTICAL : vertical **2** ERECT : derecho **3** JUST : recto, honesto — ～ *n* : montante *m*, poste *m*

uprising *n* : insurrección *f*, revuelta *f*

uproar *n* COMMOTION : alboroto *m*

uproot *vt* : desarraigar

upset *vt* **-set; -setting 1** OVERTURN : volcar **2** DISTRESS : alterar, inquietar **3** DISRUPT : trastornar — ～ *adj* **1** DISTRESSED : alterado **2 have an ～ stomach** : estar mal del estómago — ～ *n* : trastorno *m*

upshot *n* : resultado *m* final

upside down *adv* **1** : al revés **2 turn ～** : volver — **upside– down** *adj* : al revés

upstairs *adv* : arriba — ～ *adj* : de arriba — ～ *ns & pl* : piso *m* de arriba

upstart *n* : advenedizo *m*, -za *f*

upstream *adv* : río arriba

upswing *n* **be on the ～** : estar mejorándose

up–to–date *adj* **1** : corriente, al día **2** MODERN : moderno

uptown *adv* : hacia la parte alta de la ciudad, hacia el distrito residencial

upturn *n* : mejora *f*, auge *m* (económico)

upward *or* **upwards** *adv* : hacia arriba — **upward** *adj* : ascendente, hacia arriba

uranium *n* : uranio *m*

urban *adj* : urbano

urbane *adj* : urbano, cortés

urge *vt* **urged; urging 1** PRESS : instar, exhortar **2 ～ on** : animar — ～ *n* : impulso *m*, ganas *fpl* — **urgency** *n*, *pl* **-cies** : urgencia *f* — **urgent** *adj* **1** : urgente **2 be ～** : urgir

urine *n* : orina *f* — **urinate** *vi* **-nated; -nating** : orinar

urn *n* : urna *f*

Uruguayan *adj* : uruguayo

us *pron* **1** (*as direct or indirect object*) : nos **2** (*as object of a preposition*) : nosotros, nosotras **3 both of ～** : nosotros dos **4 it's ～!** : ¡somos nosotros!

usage *n* : uso *m*

use *v* **used; using** *vt* **1** : usar **2** CONSUME : consumir, tomar (drogas, etc.) **3 ～ up** : agotar, consumir — *vi* **1 she ～d to dance** : acostumbraba bailar **2 winters ～d to be colder** : los inviernos solían ser más fríos — ～ *n* **1** : uso *m* **2 have no ～ for** : no necesitar **3 have the ～ of** : poder usar, tener acceso a **4 it's no ～!** : ¡es inútil! — **used** *adj* **1** SECONDHAND : usado **2 be ～ to** : estar acostumbrado a — **useful** *adj* : útil, práctico — **usefulness** *n* : utilidad *f* — **useless** *adj* : inútil — **user** *n* : usuario *m*, -ria *f*

usher *vt* **1** : acompañar, conducir **2 ～ in** : hacer entrar — ～ *n* : acomodador *m*, -dora *f*

usual *adj* **1** : habitual, usual **2 as ～** : como de costumbre — **usually** *adv* : usualmente

usurp *vt* : usurpar

utensil *n* : utensilio *m*

uterus *n*, *pl* **uteri** : útero *m*, matriz *f*

utility *n*, *pl* **-ties 1** : utilidad *f* **2** *or* **public ～** : empresa *f* de servicio público

utilize *vt* **-lized; -lizing** : utilizar

utmost *adj* **1** FARTHEST : extremo **2 of the ～ importance** : de suma importancia — ～ *n* **do one's ～** : hacer todo lo posible

utopia *n* : utopía *f* — **utopian** *adj* : utópico

utter¹ *adj* : absoluto, completo

utter² *vt* : decir, pronunciar (palabras) — **utterance** *n* : declaración *f*, expresión *f*

utterly *adv* : completamente, totalmente

V

v *n*, *pl* **v's** *or* **vs** : v *f*, vigésima segunda letra del alfabeto inglés

vacant *adj* **1** AVAILABLE : libre **2** UNOCCUPIED : desocupado **3** : vacante (dícese de un puesto) **4** : ausente (dícese de una mirada) — **vacancy** *n*, *pl* **-cies 1** : (puesto *m*) vacante *f* **2** : habitación *f* libre (en un hotel, etc.)

vacate *vt* **-cated; -cating** : desalojar, desocupar

vacation *n* : vacaciones *fpl*

vaccination *n* : vacunación *f* — **vaccinate** *vt*

-nated; -nating : vacunar — **vaccine** *n* : vacuna *f*

vacuum *n*, *pl* **vacuums** *or* **vacua** : vacío *m* — ～ *vt* : pasar la aspiradora por — **vacuum cleaner** *n* : aspiradora *f*

vagina *n*, *pl* **-nae** *or* **-nas** : vagina *f*

vagrant *n* : vagabundo *m*, -da *f*

vague *adj* **vaguer; -est** : vago, indistinto

vain *adj* **1** CONCEITED : vanidoso **2 in ～** : en vano

valentine *n* : tarjeta *f* del día de San Valentín

valiant *adj* : valiente, valeroso

valid *adj* : válido — **validate** *vt* **-dated; -dating** : validar — **validity** *n* : validez *f*
valley *n, pl* **-leys** : valle *m*
valor *n* : valor *m*, valentía *f*
value *n* : valor *m* — ~ *vt* **-ued; -uing** : valorar — **valuable** *adj* : valioso — **valuables** *npl* : objetos *mpl* de valor
valve *n* : válvula *f*
vampire *n* : vampiro *m*
van *n* : furgoneta *f*, camioneta *f*
vandal *n* : vándalo *m* — **vandalism** *n* : vandalismo *m* — **vandalize** *vt* : destrozar, destruir
vane *n or* **weather** ~ : veleta *f*
vanguard *n* : vanguardia *f*
vanilla *n* : vainilla *f*
vanish *vi* : desaparecer
vanity *n, pl* **-ties 1** : vanidad *f* **2** *or* ~ **table** : tocador *m*
vantage point *n* : posición *f* ventajosa
vapor *n* : vapor *m*
variable *adj* : variable — ~ *n* : variable *f* — **variance** *n* **at** ~ **with** : en desacuerdo con — **variant** *n* : variante *f* — **variation** *n* : variación *f* — **varied** *adj* : variado — **variegated** *adj* : abigarrado, multicolor — **variety** *n, pl* **-ties 1** : variedad *f* **2** ASSORTMENT : surtido *m* **3** SORT : clase *f* — **various** *adj* : varios, diversos
varnish *n* : barniz *f* — ~ *vt* : barnizar
vary *v* **varied; varying** : variar
vase *n* **1** : jarrón *m* **2** *or* **flower** ~ : florero *m*
vast *adj* : vasto, enorme — **vastness** *n* : inmensidad *f*
vat *n* : cuba *f*
vault[1] *vi* LEAP : saltar — ~ *n* : salto *m*
vault[2] *n* **1** DOME : bóveda *f* **2** *or* **bank** ~ : cámara *f* acorazada, bóveda *f* de seguridad *Lat* **3** CRYPT : cripta *f*
VCR (*videocassette recorder*) *n* : video *m*
veal *n* : (carne *f* de) ternera *f*
veer *vi* : virar
vegetable *adj* : vegetal — ~ *n* **1** : vegetal *m* (planta) **2** ~**s** *npl* : verduras *fpl* — **vegetarian** *n* : vegetariano *mf* — **vegetation** *n* : vegetación *f*
vehemence *n* : vehemencia *f* — **vehement** *adj* : vehemente
vehicle *n* : vehículo *m*
veil *n* : velo *m* — ~ *vt* **1** : cubrir con un velo **2** CONCEAL : velar
vein *n* **1** : vena *f* **2** : veta *f* (de un mineral, etc.)
velocity *n, pl* **-ties** : velocidad *f*
velvet *n* : terciopelo *m* — **velvety** *adj* : aterciopelado
vending machine *vt* : máquina *f* expendedora

vendor *n* : vendedor *m*, -dora *f*
veneer *n* **1** : chapa *f* **2** FACADE : apariencia *f*
venerable *adj* : venerable — **venerate** *vt* **-ated; -ating** : venerar — **veneration** *n* : veneración *f*
venereal *adj* : venéreo
venetian blind *n* : persiana *f* veneciana
Venezuelan *adj* : venezolano
vengeance *n* **1** : venganza *f* **2 take** ~ **on** : vengarse de — **vengeful** *adj* : vengativo
venison *n* : (carne *f* de) venado *m*
venom *n* : veneno *m* — **venomous** *adj* : venenoso
vent *vt* : desahogar — ~ *n* **1** *or* **air** ~ : rejilla *f* de ventilación **2** OUTLET : desahogo *m* — **ventilate** *vt* **-lated; -lating** : ventilar — **ventilation** *n* : ventilación *f* — **ventilator** *n* : ventilador *m*
ventriloquist *n* : ventrílocuo *m*, -cua *f*
venture *v* **-tured; -turing** *vt* **1** RISK : arriesgar **2** : aventurar (una opinión, etc.) — *vi* : atreverse — ~ *n or* **business** ~ : empresa *f*
venue *n* : lugar *m*
Venus *n* : Venus *m*
veranda *or* **verandah** *n* : veranda *f*
verb *n* : verbo *m* — **verbal** *adj* : verbal — **verbatim** *adv* : palabra por palabra — ~ *adj* : literal — **verbose** *adj* : verboso
verdict *n* **1** : veredicto *m* **2** OPINION : opinión *f*
verge *n* **1** : borde *m* **2 on the** ~ **of** : a punto de (hacer algo), al borde de (algo) — ~ *vi* **verged; verging** ~ **on** : rayar en
verify *vt* **-fied; -fying** : verificar — **verification** *n* : verificación *f*
vermin *ns & pl* : alimañas *fpl*
vermouth *n* : vermut *m*
versatile *adj* : versátil — **versatility** *n* : versatilidad *f*
verse *n* **1** LINE : verso *m* **2** POETRY : poesía *f* **3** : versículo *m* (en la Biblia) — **versed** *adj* **be well** ~ **in** : ser muy versado en
version *n* : versión *f*
versus *prep* : versus
vertebra *n, pl* **-brae** *or* **-bras** : vértebra *f*
vertical *adj* : vertical — ~ *n* : vertical *f*
vertigo *n, pl* **-goes** *or* **-gos** : vértigo *m*
verve *n* : brío *m*
very *adv* **1** : muy **2 at the** ~ **least** : por lo menos **3 the** ~ **same thing** : la misma cosa **4** ~ **much** : mucho **5** ~ **well** : muy bien — ~ *adj* **verier; -est 1** PRECISE, SAME : mismo **2** MERE : solo, mero **3 the** ~ **thing** : justo lo que hacía falta
vessel *n* **1** CONTAINER : recipiente *m* **2** SHIP : nave *f*, buque *m* **3** *or* **blood** ~ : vaso *m* sanguíneo

vest *n* **1** : chaleco *m* **2** *Brit* UNDERSHIRT : camiseta *f*
vestibule *n* : vestíbulo *m*
vestige *n* : vestigio *m*
vet *n* **1** → **veterinarian** **2** → **veteran**
veteran *n* : veterano *m*, -na *f*
veterinarian *n* : veterinario *m*, -ria *f* — **veterinary** *adj* : veterinario
veto *n, pl* **-toes** : veto *m* — ∼ *vt* : vetar
vex *vt* ANNOY : irritar
via *prep* : por, vía
viable *adj* : viable
viaduct *n* : viaducto *m*
vial *n* : frasco *m*
vibrant *adj* : vibrante — **vibrate** *vi* **-brated; -brating** : vibrar — **vibration** *n* : vibración *f*
vicar *n* : vicario *m*, -ria *f*
vicarious *adj* : indirecto
vice *n* : vicio *m*
vice president *n* : vicepresidente *m*, -ta *f*
vice versa *adv* : viceversa
vicinity *n, pl* **-ties** **1** : inmediaciones *fpl* **2 in the** ∼ **of** ABOUT : alrededor de
vicious *adj* **1** SAVAGE : feroz **2** MALICIOUS : malicioso
victim *n* : víctima *f*
victor *n* : vencedor *m*, -dora *f*
victory *n, pl* **-ries** : victoria *f* — **victorious** *adj* : victorioso
video *n* : video *m*, vídeo *m* *Spain* — ∼ *adj* : de video — **videocassette** *n* : videocasete *m* — **videotape** *n* : videocinta *f* — ∼ *vt* **-taped; -taping** : videograbar
vie *vi* **vied; vying** : competir
Vietnamese *adj* : vietnamita
view *n* **1** : vista *f* **2** OPINION : opinión *f* **3 come into** ∼ : aparecer **4 in** ∼ **of** : en vista de (que) — ∼ *vt* **1** : ver **2** CONSIDER : considerar — **viewer** *n or* **television** ∼ : televidente *mf* — **viewpoint** *n* : punto *m* de vista
vigil *n* : vela *f* — **vigilance** *n* : vigilancia *f* — **vigilant** *adj* : vigilante
vigor *or Brit* **vigour** *n* : vigor *m* — **vigorous** *adj* **1** : enérgico **2** ROBUST : vigoroso
Viking *n* : vikingo *m*, -ga *f*
vile *adj* **viler; vilest** **1** : vil **2** REVOLTING : asqueroso **3** TERRIBLE : horrible
villa *n* : casa *f* de campo
village *n* : pueblo *m* (grande), aldea *f* (pequeña) — **villager** *n* : vecino *m*, -na *f* (de un pueblo); aldeano *m*, -na *f* (de una aldea)
villain *n* : villano *m*, -na *f*
vindicate *vt* **-cated; -cating** **1** : vindicar **2** JUSTIFY : justificar
vindictive *adj* : vengativo
vine *n* **1** : enredadera *f* **2** GRAPEVINE : vid *f*
vinegar *n* : vinagre *m*
vineyard *n* : viña *f*, viñedo *m*

vintage *n* **1** : cosecha *f* (de vino) **2** ERA : época *f* — ∼ *adj* **1** : añejo (dícese de un vino) **2** CLASSIC : de época
vinyl *n* : vinilo *m*
viola *n* : viola *f*
violate *vt* **-lated; -lating** : violar — **violation** *n* : violación *f*
violence *n* : violencia *f* — **violent** *adj* : violento
violet *n* : violeta *f* (flor), violeta *m* (color)
violin *n* : violín *m* — **violinist** *n* : violinista *mf* — **violoncello** → **cello**
VIP *n, pl* **VIPs** : VIP *mf*
viper *n* : víbora *f*
virgin *n* : virgen *mf* — ∼ *adj* **1** : virgen (dícese de la lana, etc.) **2** CHASTE : virginal — **virginity** *n* : virginidad *f*
virile *adj* : viril — **virility** *n* : virilidad *f*
virtual *adj* : virtual — **virtually** *adv* : prácticamente
virtue *n* **1** : virtud *f* **2 by** ∼ **of** : en virtud de
virtuoso *n, pl* **-sos** *or* **-si** : virtuoso *m*, -sa *f*
virtuous *adj* : virtuoso
virulent *adj* : virulento
virus *n* : virus *m*
visa *n* : visado *m*, visa *f Lat*
vis-à-vis *prep* : con respecto a
viscous *adj* : viscoso
vise *n* : torno *m* de banco
visible *adj* **1** : visible **2** NOTICEABLE : evidente — **visibility** *n, pl* **-ties** : visibilidad *f*
vision *n* **1** : visión *f* **2 have** ∼**s of** : imaginarse — **visionary** *adj* : visionario — ∼ *n, pl* **-ries** : visionario *m*, -ria *f*
visit *vt* : visitar — *vi* **1** : hacer una visita **2 be** ∼**ing** : estar de visita — ∼ *n* : visita *f* — **visitor** *n* **1** : visitante *mf* **2** GUEST : visita *f*
visor *n* : visera *f*
vista *n* : vista *f*
visual *adj* : visual — **visualize** *vt* **-ized; -izing** : visualizar
vital *adj* **1** : vital **2** CRUCIAL : esencial — **vitality** *n, pl* **-ties** : vitalidad *f*, energía *f*
vitamin *n* : vitamina *f*
vivacious *adj* : vivaz, animado
vivid *adj* : vivo (dícese de colores), vívido (dícese de sueños, etc.)
vocabulary *n, pl* **-laries** : vocabulario *m*
vocal *adj* **1** : vocal **2** OUTSPOKEN : vociferante — **vocal cords** *npl* : cuerdas *fpl* vocales — **vocalist** *n* : cantante *mf*, vocalista *mf*
vocation *n* : vocación *f* — **vocational** *adj* : profesional
vociferous *adj* : vociferante, ruidoso
vodka *n* : vodka *m*
vogue *n* **1** : moda *f*, boga *f* **2 be in** ∼ : estar de moda, estar en boga

voice *n* : voz *f* — ~ *vt* **voiced; voicing** : expresar
void *adj* **1** INVALID : nulo **2** ~ **of** : falto de — ~ *n* : vacío *m* — ~ *vt* : anular
volatile *adj* : volátil — **volatility** *n* : volatilidad *f*
volcano *n, pl* **-noes** *or* **-nos** : volcán *m* — **volcanic** *adj* : volcánico
volition *n* **of one's own** ~ : por voluntad propia
volley *n, pl* **-leys 1** : descarga *f* (de tiros) **2** : torrente *m* (de insultos, etc.) **3** : volea *f* (en deportes) — **volleyball** *n* : voleibol *m*
volt *n* : voltio *m* — **voltage** *n* : voltaje *m*
voluble *adj* : locuaz
volume *n* : volumen *m* — **voluminous** *adj* : voluminoso
voluntary *adj* : voluntario — **volunteer** *n* : voluntario *m*, -ria *f* — ~ *vt* : ofrecer — *vi* ~ **to** : ofrecerse a

voluptuous *adj* : voluptuoso
vomit *n* : vómito *m* — ~ *v* : vomitar
voracious *adj* : voraz
vote *n* **1** : voto *m* **2** SUFFRAGE : derecho *m* al voto — ~ *vi* **voted; voting** : votar — **voter** *n* : votante *mf* — **voting** *n* : votación *f*
vouch *vi* ~ **for** : responder de (algo), responder por (algn) — **voucher** *n* : vale *m*
vow *n* : voto *m* — ~ *vt* : jurar
vowel *n* : vocal *m*
voyage *n* : viaje *m*
vulgar *adj* **1** COMMON : ordinario **2** CRUDE : grosero, vulgar — **vulgarity** *n, pl* **-ties** : vulgaridad *f*
vulnerable *adj* : vulnerable — **vulnerability** *n, pl* **-ties** : vulnerabilidad *f*
vulture *n* : buitre *m*
vying → **vie**

W

w *n, pl* **w's** *or* **ws** : w *f*, vigésima tercera letra del alfabeto inglés
wad *n* : taco *m* (de papel, etc.), fajo *m* (de billetes)
waddle *vi* **-dled; -dling** : andar como un pato
wade *v* **waded; wading** *vi* : caminar por el agua — *vt or* ~ **across** : vadear
wafer *n* : barquillo *m*
waffle *n* : gofre *m* *Spain*, wafle *m* *Lat*
waft *vt* : llevar por el aire — *vi* : flotar
wag *v* **wagged; wagging** *vt* : menear — *vi* : menearse
wage *n or* **wages** *npl* : salario *m* — ~ *vt* **waged; waging** ~ **war** : hacer la guerra
wager *n* : apuesta *f* — ~ *v* : apostar
wagon *n* **1** CART : carrito *m* **2** → **station wagon**
waif *n* : niño *m* abandonado
wail *vi* : lamentarse — ~ *n* : lamento *m*
waist *n* : cintura *f* — **waistline** *n* : cintura *f*
wait *vi* : esperar — *vt* **1** AWAIT : esperar **2** ~ **tables** : servir a la mesa — ~ *n* **1** : espera *f* **2 lie in** ~ : estar al acecho — **waiter** *n* : camarero *m*, mozo *m* *Lat* — **waiting room** *n* : sala *f* de espera — **waitress** *n* : camarera *f*, moza *f* *Lat*
waive *vt* **waived; waiving** : renunciar a — **waiver** *n* : renuncia *f*
wake[1] *v* **woke; woken** *or* **waked; waking**

vi or ~ **up** : despertarse — *vt* : despertar — ~ *n* : velatorio *m* (de un difunto)
wake[2] *n* **1** : estela *f* (de un barco) **2 in the** ~ **of** : tras, como consecuencia de
waken *vt* : despertar — *vi* : despertarse
walk *vi* **1** : caminar, andar **2** STROLL : pasear **3 too far to** ~ : demasiado lejos para ir a pie — *vt* **1** : caminar por **2** : sacar a pasear (a un perro) — ~ *n* **1** : paseo *m* **2** PATH : camino *m* **3** GAIT : andar *m* — **walker** *n* **1** : paseante *mf* **2** HIKER : excursionista *mf* — **walking stick** *n* : bastón *m* — **walkout** *n* STRIKE : huelga *f* — **walk out** *vi* **1** STRIKE : declararse en huelga **2** LEAVE : salir, irse **3** ~ **on** : abandonar
wall *n* : muro *m* (exterior), pared *f* (interior), muralla *f* (de una ciudad)
wallet *n* : billetera *f*, cartera *f*
wallflower *n* **be a** ~ : comer pavo
wallop *vt* : pegar fuerte — ~ *n* : golpe *m* fuerte
wallow *vi* : revolcarse
wallpaper *n* : papel *m* pintado — ~ *vt* : empapelar
walnut *n* : nuez *f*
walrus *n, pl* **-rus** *or* **-ruses** : morsa *f*
waltz *n* : vals *m* — ~ *vi* : valsar
wan *adj* **wanner; -est** : pálido
wand *n* : varita *f* (mágica)
wander *vi* **1** : vagar, pasear **2** STRAY : diva-

gar — — *vt* : pasear por — **wanderer** *n*
: vagabundo *m*, -da *f* — **wanderlust** *n*
: pasión *f* por viajar
wane *vi* **waned; waning** : menguar — ～ *n*
be on the ～ : estar disminuyendo
want *vt* **1** DESIRE : querer **2** NEED : necesitar **3** LACK : carecer de — ～ *n* **1** NEED
: necesidad *f* **2** LACK : falta *f* **3** DESIRE
: deseo *m* — **wanting** *adj* **be** ～ : carecer
wanton *adj* **1** LEWD : lascivo **2** ～ **cruelty**
: crueldad *f* despiadada
war *n* : guerra *f*
ward *n* **1** : sala *f* (de un hospital, etc.) **2**
: distrito *m* electoral **3** : pupilo *m*, -la *f* (de
un tutor, etc.) — ～ *vt* ～ **off** : protegerse
contra — **warden** *n* **1** : guardián *m*, -diana *f*
2 *or* **game** ～ : guardabosque *mf* **3** *or*
prison ～ : alcaide *m*
wardrobe *n* **1** CLOSET : armario *m* **2**
CLOTHES : vestuario *m*
warehouse *n* : almacén *m*, bodega *f Lat* —
wares *npl* : mercancías *fpl*
warfare *n* : guerra *f*
warily *adv* : cautelosamente
warlike *adj* : belicoso
warm *adj* **1** : caliente **2** LUKEWARM : tibio
3 CARING : cariñoso **4 I feel** ～ : tengo
calor **5** ～ **clothes** : ropa *f* de abrigo — ～
vt or ～ **up** : calentar — *vi* **1** *or* ～ **up** : calentarse **2** ～ **to** : tomar simpatía a (algn),
entusiasmarse con (algo) — **warm-**
blooded *adj* : de sangre caliente — **warm-**
hearted *adj* : cariñoso — **warmly** *adv* **1**
: calurosamente **2 dress** ～ : abrigarse —
warmth *n* **1** : calor *m* **2** AFFECTION : cariño
m, afecto *m*
warn *vt* : advertir, avisar— **warning** *n* : advertencia *f*, aviso *m*
warp *vt* **1** : alabear (madera, etc.) **2** DISTORT
: deformar — *vi* : alabearse
warrant *n* **1** : autorización *f* **2 arrest** ～
: orden *f* judicial — ～ *vt* : justificar — **war-**
ranty *n*, *pl* **-ties** : garantía *f*
warrior *n* : guerrero *m*, -ra *f*
warship *n* : buque *m* de guerra
wart *n* : verruga *f*
wartime *n* : tiempo *m* de guerra
wary *adj* **warier; -est** : cauteloso
was → **be**
wash *vt* **1** : lavar(se) **2** CARRY : arrastrar **3**
～ **away** : llevarse **4** ～ **over** : bañar — *vi*
: lavarse — ～ *n* **1** : lavado *m* **2** LAUNDRY
: ropa *f* sucia — **washable** *adj* : lavable —
washcloth *n* : toallita *f* (para lavarse) —
washed–out *adj* **1** : desvaído (dícese de
colores) **2** EXHAUSTED : agotado —
washer *n* **1** → **washing machine 2** : aran-
dela *f* (de una llave, etc.) — **washing ma-**
chine *n* : máquina *f* de lavar, lavadora *f* —

washroom *n* : servicios *mpl* (públicos),
baño *m*
wasn't (*contraction of* **was not**) → **be**
wasp *n* : avispa *f*
waste *v* **wasted; wasting** *vt* **1** : desperdiciar, derrochar, malgastar **2** ～ **time**
: perder tiempo — *vi or* ～ **away** : consumirse — ～ *adj* : de desecho — ～ *n* **1**
: derroche *m*, desperdicio *m* **2** RUBBISH
: desechos *mpl* **3 a** ～ **of time** : una pérdida
de tiempo — **wastebasket** *n* : papelera *f* —
wasteful *adj* : derrochador — **wasteland** *n*
: yermo *m*
watch *vi* **1** : mirar **2** *or* **keep** ～ : velar **3**
～ **out!** : ¡ten cuidado!, ¡ojo! — *vt* **1** : mirar
2 *or* ～ **over** : vigilar, cuidar **3** ～ **what**
you do : ten cuidado con lo que haces — ～
n **1** reloj *m* **2** SURVEILLANCE : vigilancia *f* **3**
LOOKOUT : guardia *mf* — **watchdog** *n*
: perro *m* guardián — **watchful** *adj* : vigilante — **watchman** *n*, *pl* **-men** : vigilante *m*,
guarda *m* — **watchword** *n* : santo *m* y seña
water *n* : agua *f* — ～ *vt* **1** : regar (el jardín,
etc.) **2** ～ **down** DILUTE : diluir, aguar — *vi*
1 : lagrimar (dícese de los ojos) **2 my**
mouth is ～**ing** : se me hace agua la boca
— **watercolor** *n* : acuarela *f* — **watercress**
n : berro *m* — **waterfall** *n* : cascada *f*, salto
m de agua — **water lily** *n* : nenúfar *m* — **wa-**
terlogged *adj* : lleno de agua, empapado —
watermelon *n* : sandía *f* — **waterpower** *n*
: energía *f* hidráulica — **waterproof** *adj*
: impermeable — **watershed** *n* **1** : cuenca *f*
(de un río) **2** : momento *m* crítico — **water-**
skiing *n* : esquí *m* acuático — **watertight**
adj : hermético — **waterway** *n* : vía *f* navegable — **waterworks** *npl* : central *f* de
abastecimiento de agua — **watery** *adj* **1**
: acuoso **2** DILUTED : aguado, diluido **3**
WASHED-OUT : desvaído (dícese de colores)
watt *n* : vatio *m* — **wattage** *n* : vataje *m*
wave *v* **waved; waving** *vi* **1** : saludar con la
mano **2** : flotar (dícese de una bandera) —
vt **1** SHAKE : agitar **2** CURL : ondular **3** SIG-
NAL : hacer señas a (con la mano) — ～ *n* **1**
: ola *f* (de agua) **2** CURL : onda *f* **3** : onda *f*
(en física) **4** : señal *f* (con la mano) **5**
SURGE : oleada *f* — **wavelength** *n* : longitud *f* de onda
waver *vi* : vacilar
wax[1] *vi* : crecer (dícese de la luna)
wax[2] *n* : cera *f* (para pisos, etc.) — ～ *vt*
: encerar — **waxy** *adj* **waxier; -est** : ceroso
way *n* **1** : camino *m* **2** MEANS : manera *f*,
modo *m* **3 by the** ～ : a propósito, por
cierto **4 by** ～ **of** : vía, pasando por **5**
come a long ～ : hacer grandes progresos
6 get in the ～ : meterse en el camino **7 get**
one's own ～ : salirse uno con la suya **8**

mend one's ~s : dejar las malas costumbres **9 out of the ~** REMOTE : remoto, recóndito **10 which ~ did he go? :** ¿por dónde fue?

we *pron* : nosotros, nosotras

weak *adj* **1** : débil **2** DILUTED : aguado **3 a ~ excuse** : una excusa poco convincente — **weaken** *vt* : debilitar — *vi* : debilitarse — **weakling** *n* : debilucho *m*, -cha *f* — **weakly** *adv* : débilmente — **~** *adj* **weaklier; -est** : enfermizo — **weakness** *n* **1** : debilidad *f* **2** FLAW : flaqueza *f*, punto *m* débil

wealth *n* : riqueza *f* — **wealthy** *adj* **wealthier; -est** : rico

wean *vt* : destetar

weapon *n* : arma *f*

wear *v* **wore; worn; wearing** *vt* **1** : llevar (ropa, etc.), calzar (zapatos) **2** *or* **~ away** : desgastar **3 ~ oneself out** : agotarse **4 ~ out** : gastar — *vi* **1** LAST : durar **2 ~ off** : desaparecer **3 ~ out** : gastarse — **~** *n* **1** USE : uso *m* **2** CLOTHING : ropa *f* **3 be the worse for ~** : estar deteriorado — **wear and tear** *n* : desgaste *m*

weary *adj* **-rier; -est** : cansado — **~** *v* **-ried; -rying** *vt* : cansar — *vi* : cansarse — **weariness** *n* : cansancio *m* — **wearisome** *adj* : cansado

weasel *n* : comadreja *f*

weather *n* : tiempo *m* — **~** *vt* **1** WEAR : erosionar, desgastar **2** ENDURE, OVERCOME : superar — **weather-beaten** *adj* : curtido — **weatherman** *n, pl* **-men** : meteorólogo *m*, -ga *f* — **weather vane** *n* : valeta *f*

weave *v* **wove** *or* **weaved; woven** *or* **weaved; weaving** *vt* **1** : tejer (tela) **2** INTERLACE : entretejer **3 ~ one's way** : abrirse camino — *vi* : tejer — **~** *n* : tejido *m* — **weaver** *n* : tejedor *m*, -dora *f*

web *n* **1** : telaraña *f* (de araña) **2** : membrana *f* interdigital (de aves) **3** NETWORK : red *f*

wed *v* **wedded; wedding** *vt* : casarse con — *vi* : casarse

we'd (*contraction of* **we had, we should,** *or* **we would**) → **have, should, would**

wedding *n* : boda *f*, casamiento *m*

wedge *n* **1** : cuña *f* **2** PIECE : porción *f*, trozo *m* — **~** *vt* **wedged; wedging 1** : apretar (con una cuña) **2** CRAM : meter

Wednesday *n* : miércoles *m*

wee *adj* **1** : pequeñito **2 in the ~ hours :** a las altas horas

weed *n* : mala hierba *f* — **~** *vt* **1** : desherbar **2 ~ out** : eliminar

week *n* : semana *f* — **weekday** *n* : día *m* laborable — **weekend** *n* : fin *m* de semana — **weekly** *adv* : semanalmente — **~** *adj* : semanal — **~** *n, pl* **-lies** : semanario *m*

weep *v* **wept; weeping** : llorar — **weeping willow** *n* : sauce *m* llorón — **weepy** *adj* **weepier; -est** : lloroso

weigh *vt* **1** : pesar **2** CONSIDER : sopesar **3 ~ down** : sobrecargar (con una carga), abrumar (con preocupaciones, etc.) — *vi* : pesar

weight *n* **1** : peso *m* **2 gain ~** : engordar **3 lose ~** : adelgazar — **weighty** *adj* **weightier; -est 1** HEAVY : pesado **2** IMPORTANT : importante, de peso

weird *adj* **1** : misterioso **2** STRANGE : extraño

welcome *vt* **-comed; -coming** : dar la bienvenida a, recibir — **~** *adj* : bienvenido **2 you're ~** : de nada — **~** *n* : bienvenida *f*, acojida *f*

weld *v* : soldar

welfare *n* **1** WELL-BEING : bienestar *m* **2** AID : asistencia *f* social

well¹ *adv* **better; best 1** : bien **2** CONSIDERABLY : bastante **3 as ~** : también **4 as ~ as** : además de — **~** *adj* : bien — **~** *interj* **1** (*used to introduce a remark*) : bueno **2** (*used to express surprise*) : ¡vaya!

well² *n* : pozo *m* — **~** *vi or* **~ up** : brotar, manar

we'll (*contraction of* **we shall** *or* **we will**) → **shall, will**

well-being *n* : bienestar *m* — **well-bred** *adj* : fino, bien educado — **well-done** *adj* **1** : bien hecho **2** : bien cocido (dícese de la carne, etc.) — **well-known** *adj* : famoso, bien conocido — **well-meaning** *adj* : bien-intencionado — **well-off** *adj* : acomodado — **well-rounded** *adj* : completo — **well-to-do** *adj* : próspero, adinerado

Welsh *adj* : galés — **~** *n* **1** : galés *m* (idioma) **2 the ~** : los galeses

went → **go**

wept → **weep**

were → **be**

we're (*contraction of* **we are**) → **be**

weren't (*contraction of* **were not**) → **be**

west *adv* : al oeste — **~** *adj* : oeste, del oeste — **~** *n* **1** : oeste *m* **2 the West** : el Oeste, el Occidente — **westerly** *adv & adj* : del oeste — **western** *adj* **1** : del oeste **2 Western** : occidental — **Westerner** *n* : habitante *mf* del oeste — **westward** *adv & adj* : hacia el oeste

wet *adj* **wetter; wettest 1** : mojado **2** RAINY : lluvioso **3 ~ paint** : pintura *f* fresca — **~** *vt* **wet** *or* **wetted; wetting** : mojar, humedecer

we've (*contraction of* **we have**) → **have**

whack *vt* : golpear fuertemente — **~** *n* : golpe *m* fuerte

whale *n, pl* **whales** *or* **whale** : ballena *f*

wharf *n, pl* **wharves** : muelle *m*, embarcadero *m*

what *adj* **1** (*used in questions and exclamations*) : qué **2** WHATEVER : cualquier — ~ *pron* **1** (*used in questions*) : qué **2** (*used in indirect statements*) : lo que, que **3** ~ **does it cost?** : ¿cuánto cuesta? **4** ~ **for?** : ¿por qué? **5** ~ **if** : y si — **whatever** *adj* **1** : cualquier **2 there's no chance** ~ : no hay ninguna posibilidad **3 nothing** ~ : nada en absoluto — ~ *pron* **1** ANYTHING : lo que **2** (*used in questions*) : qué **3** ~ **it may be** : sea lo que sea — **whatsoever** *adj & pron* → **whatever**

wheat *n* : trigo *m*

wheedle *vt* **-dled; -dling** : engatusar

wheel *n* **1** : rueda *f* **2** *or* **steering** ~ : volante *m* (de automóviles, etc.), timón *m* (de barcos) — ~ *vt* : empujar (algo sobre ruedas) — *vi or* ~ **around** : darse la vuelta — **wheelbarrow** *n* : carretilla *f* — **wheelchair** *n* : silla *f* de ruedas

wheeze *vi* **wheezed; wheezing** : resollar — ~ *n* : resuello *m*

when *adv* : cuándo — ~ *conj* **1** : cuando **2 the days** ~ **I clean the house** : los días (en) que limpio la casa — ~ *pron* : cuándo — **whenever** *adv* : cuando sea — ~ *conj* **1** : cada vez que **2** ~ **you like** : cuando quieras

where *adv* **1** : dónde **2** ~ **are you going?** : ¿adónde vas? — ~ *conj & pron* : donde — **whereabouts** *adv* : (por) dónde — ~ *ns & pl* : paradero *m* — **wherever** *adv* **1** : en cualquier parte **2** WHERE : dónde, adónde — ~ *conj* : dondequiera que

whet *vt* **whetted; whetting** **1** : afilar **2** ~ **the appetite** : estimular el apetito

whether *conj* **1** : si **2 we doubt** ~ **he'll show up** : dudamos que aparezca **3** ~ **you like it or not** : tanto si quieras como si no

which *adj* **1** : qué, cuál **2 in** ~ **case** : en cuyo caso — ~ *pron* **1** (*used in questions*) : cuál **2** (*used in relative clauses*) : que, el (la) cual — **whichever** *adj* : cualquier — ~ *pron* : el (la) que, cualquiera que

whiff *n* **1** PUFF : soplo *m* **2** SMELL : olorcillo *m*

while *n* **1** : rato *m* **2 be worth one's** ~ : valer la pena **3 in a** ~ : dentro de poco — ~ *conj* **1** : mientras **2** WHEREAS : mientras que **3** ALTHOUGH : aunque — ~ *vt* **whiled; whiling** ~ **away the time** : matar el tiempo

whim *n* : capricho *m*, antojo *m*

whimper *vi* : lloriquear — ~ *n* : quejido *m*

whimsical *adj* : caprichoso, fantasioso

whine *vi* **whined; whining** **1** : gimotear **2** COMPLAIN : quejarse — ~ *n* : quejido *m*, gemido *m*

whip *v* **whipped; whipping** *vt* **1** : azotar **2** BEAT : batir (huevos, crema, etc.) **3** ~ **up** AROUSE : avivar, despertar — *vi* FLAP : agitarse — ~ *n* : látigo *m*

whir *vi* **whirred; whirring** : zumbar — ~ *n* : zumbido *m*

whirl *vi* **1** : dar vueltas, girar **2** *or* ~ **about** : arremolinarse — ~ *n* **1** : giro *m* **2** SWIRL : torbellino *m* — **whirlpool** *n* : remolino *m* — **whirlwind** *n* : torbellino *m*

whisk *vt* **1** : batir **2** ~ **away** : llevarse — ~ *n or* **egg** ~ : batidor *m* — **whisk broom** *n* : escobilla *f*

whisker *n* **1** : pelo *m* (de la barba) **2** ~**s** *npl* : bigotes *mpl* (de animales)

whiskey *or* **whisky** *n, pl* **-keys** *or* **-kies** : whisky *m*

whisper *vi* : cuchichear, susurrar — *vt* : susurrar — ~ *n* : susurro *m*

whistle *v* **-tled; -tling** *vi* **1** : silbar, chiflar *Lat* **2** : pitar (dícese de un tren, etc.) — *vt* : silbar — ~ *n* **1** : silbido *m*, chiflido *m* (sonido) **2** : silbato *m*, pito *m* (instrumento)

white *adj* **whiter; -est** : blanco — ~ *n* **1** : blanco *m* (color) **2** : clara *f* (de huevos) **3** *or* ~ **person** : blanco *m*, -ca *f* — **white–collar** *adj* **1** : de oficina **2** ~ **worker** : oficinista *mf* — **whiten** *vt* : blanquear — **whiteness** *n* : blancura *f* — **whitewash** *vt* **1** : enjalbegar **2** CONCEAL : encubrir (un escándalo, etc.) — ~ *n* **1** : jalbegue *m*, lechada *f* **2** COVER-UP : encubrimiento *m*

whittle *vt* **-tled; -tling** **1** : tallar (madera) **2** *or* ~ **down** : reducir

whiz *or* **whizz** *vi* **whizzed; whizzing** **1** BUZZ : zumbar **2** ~ **by** : pasar muy rápido — ~ *or* **whizz** *n, pl* **whizzes** : zumbido *m* — **whiz kid** *n* : joven *m* prometedor

who *pron* **1** (*used in direct and indirect questions*) : quién **2** (*used in relative clauses*) : que, quien — **whodunit** *n* : novela *f* policíaca — **whoever** *pron* **1** : quienquiera que, quien **2** (*used in questions*) : quién

whole *adj* **1** : entero **2** INTACT : intacto **3 a** ~ **lot** : muchísimo — ~ *n* **1** : todo *m* **2 as a** ~ : en conjunto **3 on the** ~ : en general — **wholehearted** *adj* : sincero — **wholesale** *n* : venta *f* al por mayor — ~ *adj* **1** : al por mayor **2** ~ **slaughter** : matanza *f* sistemática — ~ *adv* : al por mayor — **wholesaler** *n* : mayorista *mf* — **wholesome** *adj* : sano — **whole wheat** *adj* : de trigo integral — **wholly** *adv* : completamente

whom *pron* **1** (*used in direct questions*) : a quién **2** (*used in indirect questions*) : de quién, con quién, en quién **3** (*used in relative clauses*) : que, a quien

whooping cough *n* : tos *f* ferina

whore *n* : puta *f*

whose *adj* **1** (*used in questions*) : de quién **2** (*used in relative clauses*) : cuyo — ～ *pron* : de quién

why *adv* : por qué — ～ *n*, *pl* **whys** : porqué *m* — ～ *conj* : por qué — ～ *interj* (*used to express surprise*) : ¡vaya!, ¡mira!

wick *n* : mecha *f*

wicked *adj* **1** : malo, malvado **2** MISCHIEVOUS : travieso **3** TERRIBLE : terrible, horrible — **wickedness** *n* : maldad *f*

wicker *n* : mimbre *m* — ～ *adj* : de mimbre

wide *adj* **wider; widest 1** : ancho **2** VAST : amplio, extenso **3** *or* ～ **of the mark** : desviado — ～ *adv* **1** ～ **apart** : muy separados **2 far and** ～ : por todas partes **3** ～ **open** : abierto de par en par — **wide-awake** *adj* : (completamente) despierto — **widely** *adv* : extensivamente — **widespread** *adj* : extendido

widow *n* : viuda *f* — ～ *vt* : dejar viuda — **widower** *n* : viudo *m*

width *n* : ancho *m*, anchura *f*

wield *vt* **1** : usar, manejar **2** EXERT : ejercer

wiener → frankfurter

wife *n*, *pl* **wives** : esposa *f*, mujer *f*

wig *n* : peluca *f*

wiggle *v* **-gled; -gling** *vt* : menear, contonear — *vi* : menearse — ～ *n* : meneo *m*

wigwam *n* : wigwam *m*

wild *adj* **1** : salvaje **2** DESOLATE : agreste **3** UNRULY : desenfrenado **4** RANDOM : al azar **5** FRANTIC : frenético **6** OUTRAGEOUS : extravagante — ～ *adv* **1** → **wildly 2 run** ～ : volver al estado silvestre (dícese de las plantas), desmandarse (dícese de los niños) — **wildcat** *n* : gato *m* montés — **wilderness** *n* : yermo *m*, desierto *m* — **wildfire** *n* **1** : fuego *m* descontrolado **2 spread like** ～ : propagarse como un reguero de pólvora — **wildflower** *n* : flor *f* silvestre — **wildlife** *n* : fauna *f* — **wildly** *adv* **1** FRANTICALLY : frenéticamente **2** EXTREMELY : locamente

will[1] *v past* **would;** *pres sing & pl* **will** *vi* WISH : querer — *v aux* **1 tomorrow we** ～ **go shopping** : mañana iremos de compras **2 he** ～ **get angry over nothing** : se pone furioso por cualquier cosa **3 I** ～ **go despite them** : iré a pesar de ellos **4 I won't do it** : no lo haré **5 that** ～ **be the mailman** : eso ha de ser el cartero **6 the couch** ～ **hold three people** : en el sofá cabrán tres personas **7 accidents** ～ **happen** : los accidentes ocurrirán **8 you** ～ **do as I say** : harás lo que digo

will[2] *n* **1** : voluntad *f* **2** TESTAMENT : testamento *m* **3 free** ～ : libre albedrío *m* — **willful** *or* **wilful** *adj* **1** OBSTINATE : terco **2** INTENTIONAL : intencionado — **willing** *adj*

1 : complaciente **2 be** ～ **to** : estar dispuesto a — **willingly** *adv* : con gusto — **willingness** *n* : buena voluntad *f*

willow *n* : sauce *m*

willpower *n* : fuerza *f* de voluntad

wilt *vi* : marchitarse

wily *adj* **wilier; -est** : artero, astuto

win *v* **won; winning** *vi* : ganar — *vt* **1** : ganar, conseguir **2** ～ **over** : ganarse a — ～ *n* : triunfo *m*, victoria *f*

wince *vi* **winced; wincing** : hacer una mueca de dolor — ～ *n* : mueca *f* de dolor

winch *n* : torno *m*

wind[1] *n* **1** : viento *m* **2** BREATH : aliento *m* **3** FLATULENCE : flatulencia *f* **4 get** ～ **of** : enterarse de

wind[2] *v* **wound; winding** *vi* : serpentear — *vt* **1** COIL : enrollar **2** ～ **a clock** : dar cuerda a un reloj

windfall *n* : beneficio *m* imprevisto

winding *adj* : tortuoso

wind instrument *n* : instrumento *m* de viento

windmill *n* : molino *m* de viento

window *n* : ventana *f* (de un edificio o una computadora), ventanilla *f* (de un vehículo), vitrina *f* (de una tienda) — **windowpane** *n* : vidrio *m* — **windowsill** *n* : repisa *f* de la ventana

windpipe *n* : tráquea *f*

windshield *n* **1** : parabrisas *m* **2** ～ **wiper** : limpiaparabrisas *m*

window-shop *vi* **-shopped; -shopping** : mirar las vitrinas

wind up *vt* : terminar, concluir — *vi* : terminar, acabar — **windup** *n* : conclusión *f*

windy *adj* **windier; -est 1** : ventoso **2 it's** ～ : hace viento

wine *n* : vino *m* — **wine cellar** *n* : bodega *f*

wing *n* **1** : ala *f* **2 under s.o.'s** ～ : bajo el cargo de algn — **winged** *adj* : alado

wink *vi* : guiñar — ～ *n* **1** : guiño *m* **2 not sleep a** ～ : no pegar el ojo

winner *n* : ganador *m*, -dora *f* — **winning** *adj* **1** : ganador **2** CHARMING : encantador — **winnings** *npl* : ganancias *fpl*

winter *n* : invierno *m* — ～ *adj* : invernal, de invierno — **wintergreen** *n* : gaulteria *f* — **wintertime** *n* : invierno *m* — **wintry** *adj* **wintrier; -est** : invernal, de invierno

wipe *vt* **wiped; wiping 1** : limpiar **2** ～ **away** : enjugar (lágrimas), borrar (una memoria) **3** ～ **out** : aniquilar, destruir — ～ *n* : pasada *f* (con un trapo, etc.)

wire *n* **1** : alambre *m* **2** : cable *m* (eléctrico o telefónico) **3** TELEGRAM : telegrama *m* — ～ *vt* **-wired; wiring 1** : instalar el cableado en (una casa, etc.) **2** BIND : atar con alambre **3** TELEGRAPH : enviar un telegrama a — **wireless** *adj* : inalámbrico

wisdom

— **wiring** n : cableado m — **wiry** adj **wirier; -est 1** : hirsuto, tieso (dícese del pelo) **2** : esbelto y musculoso (dícese del cuerpo)

wisdom n : sabiduría f — **wisdom tooth** n : muela f de juicio

wise adj **wiser; wisest 1** : sabio **2** SENSIBLE : prudente — **wisecrack** n : broma f, chiste m — **wisely** adv : sabiamente

wish vt **1** : desear **2** ~ **s.o. well** : desear lo mejor a algn — vi **1** : pedir (como deseo) **2 as you** ~ : como quieras — ~ n **1** : deseo m **2 best** ~**es** : muchos recuerdos — **wishbone** n : espoleta f — **wishful** adj **1** : deseoso **2** ~ **thinking** : ilusiones fpl

wishy–washy adj : insípido, soso

wisp n **1** : mechón m (de pelo) **2** : voluta f (de humo)

wistful adj : melancólico

wit n **1** CLEVERNESS : ingenio m **2** HUMOR : agudeza f **3 at one's** ~**'s end** : desesperado **4 scared out of one's** ~**s** : muerto de miedo

witch n : bruja f — **witchcraft** n : brujería f, hechicería f

with prep **1** : con **2 I'm going** ~ **you** : voy contigo **3 it varies** ~ **the season** : varía según la estación **4 the girl** ~ **red hair** : la muchacha de pelo rojo **5** ~ **all his work, the business failed** : a pesar de su trabajo, el negocio fracasó

withdraw v **-drew; -drawn; -drawing** vt : retirar — vi : apartarse — **withdrawal** n **1** : retirada f **2** : abandono (de drogas, etc.) — **withdrawn** adj : introvertido

wither vi : marchitarse

withhold vt **-held; -holding** : retener (fondos), negar (permiso, etc.)

within adv : dentro — ~ prep **1** : dentro de **2** (in expressions of distance) : a menos de **3** (in expressions of time) : dentro de, en menos de **4** ~ **reach** : al alcance de la mano

without adv **do** ~ : pasar sin algo — ~ prep : sin

withstand vt **-stood; -standing 1** BEAR : aguantar **2** RESIST : resistir

witness n **1** : testigo mf **2** EVIDENCE : testimonio m **3 bear** ~ : atestiguar — ~ vt **1** SEE : ser testigo de **2** : atestiguar (una firma, etc.)

witticism n : agudeza f, ocurrencia f

witty adj **-tier; -est** : ingenioso, ocurrente

wives → **wife**

wizard n **1** : mago m, brujo m **2 a math** ~ : un genio de matemáticas

wizened adj : arrugado

wobble vi **-bled; -bling 1** : tambalearse **2** : temblar (dícese de la voz, etc.) — **wobbly** adj : cojo

woe n **1** : aflicción f **2** ~**s** npl TROUBLES : penas fpl — **woeful** adj : triste

woke, woken → **wake**

wolf n, pl **wolves** : lobo m, -ba f — ~ vt or ~ **down** : engullir

woman n, pl **women** : mujer f — **womanly** adj : femenino

womb n : útero m, matriz f

won → **win**

wonder n **1** MARVEL : maravilla f **2** AMAZEMENT : asombro m — ~ v : preguntarse — **wonderful** adj : maravilloso, estupendo

won't (contraction of will not) → **will**

woo vt **1** COURT : cortejar **2** : buscar el apoyo de (clientes, votantes, etc.)

wood n **1** : madera f (materia) **2** FIREWOOD : leña f **3** or ~**s** npl FOREST : bosque m — ~ adj : de madera — **woodchuck** n : marmota f de América — **wooded** adj : arbolado, boscoso — **wooden** adj : de madera — **woodpecker** n : pájaro m carpintero — **woodshed** n : leñera f — **woodwind** n : instrumento m de viento de madera — **woodwork** n : carpintería f

wool n : lana f — **woolen** or **woollen** adj : de lana — ~ n **1** : lana f (tela) **2** ~**s** npl : prendas fpl de lana — **woolly** adj **-lier; -est** : lanudo

word n **1** : palabra f **2** NEWS : noticias fpl **3** ~**s** npl : letra f (de una canción, etc.) **4** **have** ~**s with** : reñir con **5 just say the** ~ : no tienes que decirlo **6 keep one's** ~ : cumplir su palabra — ~ vt : expresar — **word processing** n : procesamiento m de textos — **word processor** n : procesador m de textos — **wordy** adj **wordier; -est** : prolijo

wore → **wear**

work n **1** LABOR : trabajo m **2** EMPLOYMENT : trabajo m, empleo m **3** : obra f (de arte, etc.) **4** ~**s** npl FACTORY : fábrica f **5** ~**s** npl MECHANISM : mecanismo m — ~ v **worked** or **wrought; working** vt **1** : hacer trabajar (a una persona) **2** : manejar, operar (una máquina, etc.) — vi **1** : trabajar **2** FUNCTION : funcionar **3** : surtir efecto (dícese de una droga), resultar (dícese de una idea, etc.) — **worked up** adj : nervioso — **worker** n : trabajador m, -dora f; obrero m, -ra f — **working** adj **1** : que trabaja (dícese de personas), de trabajo (dícese de la ropa, etc.) **2 be in** ~ **order** : funcionar bien — **working class** n : clase f obrera — **workingman** n, pl **-men** : obrero m — **workman** n, pl **-men 1** : obrero m **2** ARTISAN : artesano m — **workmanship** n : artesanía f, destreza f — **workout** n : ejercicios mpl (físicos) — **work out** vt **1** DEVELOP : elaborar **2** SOLVE : resolver — vi **1** TURN

OUT : resultar **2** SUCCEED : lograr, salir bien **3** EXERCISE : hacer ejercicio — **workshop** *n* : taller *m* — **work up** *vt* **1** EXCITE : ponerse como loco **2** GENERATE : desarrollar

world *n* : mundo *m* **2 think the ~ of s.o.** : tener a algn en alta estima — ~ *adj* : mundial, del mundo — **worldly** *adj* : mundano — **worldwide** *adv* : en todo el mundo — ~ *adj* : global, mundial

worm *n* **1** : gusano *m*, lombriz *f* **2 ~s** *npl* : lombrices *fpl* (parásitos)

worn → **wear** — **worn–out** *adj* **1** USED : gastado **2** TIRED : agotado

worry *v* **-ried; -rying** *vt* : preocupar, inquietar — *vi* : preocuparse, inquietarse — ~ *n, pl* **-ries** : preocupación *f* — **worried** *adj* : preocupado — **worrisome** *adj* : inquietante

worse *adv* (*comparative of* **bad** *or of* **ill**) : peor — ~ *adj* (*comparative of* **bad** *or of* **ill**) **1** : peor **2 from bad to ~** : de mal en peor **3 get ~** : empeorar — ~ *n* **1 the ~** : el (la) peor, lo peor **2 take a turn for the ~** : ponerse peor — **worsen** *v* : empeorar

worship *v* **-shiped** *or* **-shipped; -shiping** *or* **-shipping** *vt* : adorar — *vi* : practicar una religión — ~ *n* : adoración *f*, culto *m* — **worshiper** *or* **worshipper** *n* : adorador *m*, -dora *f*

worst *adv* (*superlative of* **ill** *or of* **bad** *or* **badly**) : peor — ~ *adj* (*superlative of* **bad** *or of* **ill**) : peor — ~ *n* **the ~** : lo peor, el (la) peor

worth *n* **1** : valor *m* (monetario) **2** MERIT : mérito *m*, valía *f* **3 ten dollars' ~ of gas** : diez dólares de gasolina — ~ *prep* **1 it's ~ $10** : vale $ 10 **2 it's ~ doing** : vale la pena hacerlo — **worthless** *adj* **1** : sin valor **2** USELESS : inútil — **worthwhile** *adj* : que vale la pena — **worthy** *adj* **-thier; -est** : digno

would *past of* **will 1 he ~ often take his children to the park** : solía llevar a sus hijos al parque **2 I ~ go if I had the money** : iría yo si tuviera el dinero **3 I ~ rather go alone** : preferiría ir sola **4 she ~ have won if she hadn't tripped** : habría ganado si no hubiera tropezado **5 ~ you kindly help me with this?** : ¿tendría la bondad de ayudarme con esto? — **would–be** *adj* **a ~ poet** : un aspirante a poeta — **wouldn't** (*contraction of* **would not**) → **would**

wound[1] *n* : herida *f* — ~ *vt* : herir

wound[2] → **wind**

wove, woven → **weave**

wrangle *vi* **-gled; -gling** : reñir — ~ *n* : riña *f*, disputa *f*

wrap *vt* **wrapped; wrapping 1** : envolver **2**

~ **up** FINISH : dar fin a — ~ *n* **1** : prenda *f* que envuelve (como un chal) **2** WRAPPER : envoltura *f* — **wrapper** *n* : envoltura *f*, envoltorio *m* — **wrapping** *n* : envoltura *f*, envoltorio *m*

wrath *n* : ira *f*, cólera *f* — **wrathful** *adj* : iracundo

wreath *n, pl* **wreaths** : corona *f* (de flores, etc.)

wreck *n* **1** WRECKAGE : restos *mpl* **2** RUIN : ruina *f*, desastre *m* **3 be a nervous ~** : tener los nervios destrozados — ~ *vt* : destrozar (un automóvil), naufragar (un barco) — **wreckage** *n* : restos *mpl* (de un buque naufragado, etc.), ruinas *fpl* (de un edificio)

wren *n* : chochín *m*

wrench *vt* **1** PULL : arrancar (de un tirón) **2** SPRAIN, TWIST : torcerse — ~ *n* **1** TUG : tirón *m*, jalón *m* **2** SPRAIN : torcedura *f* **3** *or* **monkey ~** : llave *f* inglesa

wrestle *vi* **-tled; -tling** : luchar — **wrestler** *n* : luchador *m*, -dora *f* — **wrestling** *n* : lucha *f*

wretch *n* : desgraciado *m*, -da *f* — **wretched** *adj* **1** : miserable **2 ~ weather** : tiempo *m* espantoso

wriggle *vi* **-gled; -gling** : retorcerse, mencarse

wring *vt* **wrung; wringing 1** *or* ~ **out** : escurrir (el lavado, etc.) **2** TWIST : retorcer **3** EXTRACT : arrancar (información, etc.)

wrinkle *n* : arruga *f* — ~ *v* **-kled; -kling** *vt* : arrugar — *vi* : arrugarse

wrist *n* : muñeca *f* — **wristwatch** *n* : reloj *m* de pulsera

writ *n* : orden *f* (judicial)

write *v* **wrote; written; writing** : escribir — **write down** *vt* : apuntar, anotar — **write off** *vt* CANCEL : cancelar — **writer** *n* : escritor *m*, -tora *f*

writhe *vi* **writhed; writhing** : retorcerse

writing *n* : escritura *f*

wrong *n* **1** INJUSTICE : injusticia *f*, mal *m* **2** : agravio *m* (en derecho) **3 be in the ~** : haber hecho mal — ~ *adj* **wronger; wrongest 1** : malo **2** UNSUITABLE : inadecuado, inapropiado **3** INCORRECT : incorrecto, equivocado **4 be ~** : no tener razón — ~ *adv* : mal, incorrectamente — ~ *vt* **wronged; wronging** : ofender, ser injusto con — **wrongful** *adj* **1** UNJUST : injusto **2** UNLAWFUL : ilegal — **wrongly** *adv* **1** UNJUSTLY : injustamente **2** INCORRECTLY : mal

wrote → **write**

wrought iron *n* : hierro *m* forjado

wrung → **wring**

wry *adj* **wrier; wriest** : irónico, sardónico (dícese del humor)

XYZ

x *n, pl* **x's** *or* **xs** : x *f,* vigésima cuarta letra del alfabeto inglés

xenophobia *n* : xenofobia *f*

Xmas *n* : Navidad *f*

X ray *n* **1** : rayo *m* X **2** *or* ~ **photograph** : radiografía *f* — **x-ray** *vt* : radiografiar

xylophone *n* : xilófono *m*

y *n, pl* **y's** *or* **ys** : y *f,* vigésima quinta letra del alfabeto inglés

yacht *n* : yate *m*

yam *n* **1** : ñame *m* **2** SWEET POTATO : batata *f,* boniato *m*

yank *vt* : tirar de, jalar *Lat* — ~ *n* : tirón *m,* jalón *m Lat*

Yankee *n* : yanqui *mf*

yap *vi* **yapped; yapping** : ladrar — ~ *n* : ladrido *m*

yard *n* **1** : yarda *f* (medida) **2** COURTYARD : patio *m* **3** : jardín *m* (de una casa) — **yardstick** *n* **1** : vara *f* (de medir) **2** CRITERION : criterio *m*

yarn *n* **1** : hilado *m* **2** TALE : historia *f,* cuento *m*

yawn *vi* : bostezar — ~ *n* : bostezo *m*

year *n* **1** : año *m* **2 she's ten ~s old** : tiene diez años **3 I haven't seen them in ~s** : hace siglos que no los veo — **yearbook** *n* : anuario *m* — **yearling** *n* : animal *m* menor de dos años — **yearly** *adv* **1** : anualmente **2 three times** ~ : tres veces al año — ~ *adj* : anual

yearn *vi* : anhelar — **yearning** *n* : anhelo *m,* ansia *f*

yeast *n* : levadura *f*

yell *vi* : gritar, chillar — *vt* : gritar — ~ *n* : grito *m,* chillido *m*

yellow *adj* : amarillo — ~ *n* : amarillo *m* — **yellowish** *adj* : amarillento

yelp *n* : gañido *m* — ~ *vi* : dar un gañido

yes *adv* **1** : sí **2 say** ~ : decir que sí — ~ *n* : sí *m*

yesterday *adv* : ayer — ~ *n* **1** : ayer *m* **2 the day before** ~ : anteayer

yet *adv* **1** : aún, todavía **2 has he come** ~? : ¿ya ha venido? **3 not** ~ : todavía no **4** ~ **more problems** : más problemas aún **5** NEVERTHELESS : sin embargo — ~ *conj* : pero

yield *vt* **1** PRODUCE : producir **2** ~ **the right of way** : ceder el paso — *vi* : ceder — ~ *n* : rendimiento *m,* rédito *m* (en finanzas)

yoga *n* : yoga *m*

yogurt *n* : yogur *m,* yogurt *m*

yoke *n* : yugo *m*

yolk *n* : yema *f* (de un huevo)

you *pron* **1** (*used as subject—familiar*) : tú; vos (*in some Latin American countries*); ustedes *pl;* vosotros, vosotras *pl Spain* **2** (*used as subject—formal*) : usted, ustedes *pl* **3** (*used as indirect object—familiar*) : te, les *pl* (se *before lo, la, los, las*), os *pl Spain* **4** (*used as indirect object—formal*) : lo (*Spain sometimes* le), la; los (*Spain sometimes* les), las *pl* **5** (*used after a preposition—familiar*) : ti; vos (*in some Latin American countries*); ustedes *pl;* vosotros, vosotras *pl Spain* **6** (*used after a preposition—formal*) : usted, ustedes *pl* **7 with** ~ (*familiar*) : contigo; con ustedes *pl;* con vosotros, con vosotras *pl Spain* **8 with** ~ (*formal*) : con usted, con ustedes *pl* **9** ~ **never know** : nunca se sabe — **you'd** (*contraction of* **you had** *or* **you would**) → **have, would** — **you'll** (*contraction of* **you shall** *or* **you will**) → **shall, will**

young *adj* **younger; youngest 1** : joven **2 my** ~**er brother** : mi hermano menor **3 she is the** ~**est** : es la más pequeña **4 the** ~ : los jóvenes — ~ *npl* : jóvenes *mfpl* (de los humanos), crías *fpl* (de los animales) — **youngster** *n* : chico *m,* -ca *f;* joven *mf*

your *adj* **1** (*familiar singular*) : tu **2** (*familiar plural*) su, vuestro *Spain* **3** (*formal*) : su **4 on** ~ **left** : a la izquierda

you're (*contraction of* **you are**) → **be**

yours *pron* **1** (*belonging to one person—familiar*) : (el) tuyo, (la) tuya, (los) tuyos, (las) tuyas **2** (*belonging to more than one person—familiar*) : (el) suyo, (la) suya, (los) suyos, (las) suyas; (el) vuestro, (la) vuestra, (los) vuestros, (las) vuestras *Spain* **3** (*formal*) : (el) suyo, (la) suya, (los) suyos, (las) suyas

yourself *pron, pl* **yourselves 1** (*used reflexively—familiar*) : te, se *pl,* os *pl Spain* **2** (*used reflexively—formal*) : se **3** (*used for emphasis*) : tú mismo, tú misma; usted mismo, usted misma; ustedes mismos, ustedes mismas *pl;* vosotros mismos, vosotras mismas *pl Spain*

youth *n, pl* **youths 1** : juventud *f* **2** BOY : joven *m* **3 today's** ~ : los jóvenes de hoy — **youthful** *adj* **1** : juvenil, de juventud **2** YOUNG : joven

you've (*contraction of* **you have**) → **have**

yowl *vi* : aullar — ~ *n* : aullido *m*

yucca *n* : yuca *f*

Yugoslavian *adj* : yugoslavo

yule *n* CHRISTMAS : Navidad *f* — **yuletide** *n* : Navidades *fpl*

z *n, pl* **z's** *or* **zs** : z *f*, vigésima sexta letra del alfabeto inglés

zany *adj* **-nier; -est** : alocado, disparatado

zeal *n* : fervor *m*, celo *m* — **zealous** *adj* : entusiasta

zebra *n* : cebra *f*

zenith *n* **1** : cenit *m* (en astronomía) **2** PEAK : apogeo *m*

zero *n, pl* **-ros** : cero *m*

zest *n* **1** : gusto *m* **2** FLAVOR : sazón *f*

zigzag *n* : zigzag *m* — ～ *vi* **-zagged; -zag-ging** : zigzaguear

zinc *n* : cinc *m*, zinc *m*

zip *v* **zipped; zipping** *vt or* ～ **up** : cerrar la cremallera de, cerrar el cierre de *Lat* — *vi* SPEED : pasarse volando — **zip code** *n* : código *m* postal — **zipper** *n* : cremallera *f*, cierre *m Lat*

zodiac *n* : zodíaco *m*

zone *n* : zona *f*

zoo *n, pl* **zoos** : zoológico *m*, zoo *m* — **zool-ogy** *n* : zoología *f*

zoom *vi* : zumbar, ir volando — ～ *n* **1** : zumbido *m* **2** *or* ～ **lens** : zoom *m*

zucchini *n, pl* **-ni** *or* **-nis** : calabacín *m*, cal-abacita *f Lat*

Common Spanish Abbreviations

SPANISH ABBREVIATION AND EXPANSION		ENGLISH EQUIVALENT	
abr.	abril	**Apr.**	April
A.C., a.C.	antes de Cristo	**BC**	before Christ
a. de J.C.	antes de Jesucristo	**BC**	before Christ
admon., admón.	administración	—	administration
a/f	a favor	—	in favor
ago.	agosto	**Aug.**	August
Apdo.	apartado (de correos)	—	P.O. box
aprox.	aproximadamente	**approx.**	approximately
Aptdo.	apartado (de correos)	—	P.O. box
Arq.	arquitecto	**arch.**	architect
A.T.	Antiguo Testamento	**O.T.**	Old Testament
atte.	atentamente	—	sincerely
atto., atta.	atento, atenta	—	kind, courteous
av., avda.	avenida	**ave.**	avenue
a/v.	a vista	—	on receipt
BID	Banco Interamericano de Desarrollo	**IDB**	Interamerican Development Bank
Bo	banco	—	bank
BM	Banco Mundial	—	World Bank
c/, C/	calle	**st.**	street
C	centígrado, Celsius	**C**	centigrade, Celsius
C.	compañía	**Co.**	company
CA	corriente alterna	**AC**	alternating current
cap.	capítulo	**ch., chap.**	chapter
c/c	cuenta corriente	—	current account, checking account
c.c.	centímetros cúbicos	**cu. cm**	cubic centimeters
CC	corriente continua	**DC**	direct current
c/d	con descuento	—	with discount
Cd.	ciudad	—	city
CE	Comunidad Europea	**EC**	European Community
CEE	Comunidad Económica Europea	**EEC**	European Economic Community
cf.	confróntese	**cf.**	compare
cg.	centígramo	**cg**	centigram
CGT	Confederación General de Trabajadores _o_ del Trabajo	—	confederation of workers, workers' union
CI	coeficiente intelectual _o_ de inteligencia	**IQ**	intelligence quotient
Cía.	compañía	**Co.**	company
cm.	centímetro	**cm**	centimeter
Cnel.	coronel	**Col.**	colonel
col.	columna	**col.**	column
Col. _Mex_	colonia	—	residential area
Com.	comandante	**Cmdr.**	commander
comp.	compárese	**comp.**	compare
Cor.	coronel	**Col.**	colonel
C.P.	código postal	—	zip code
CSF, c.s.f.	coste, seguro y flete	**c.i.f.**	cost, insurance, and freight
cta.	cuenta	**ac., acct.**	account
cte.	corriente	**cur.**	current

SPANISH ABBREVIATION AND EXPANSION		ENGLISH EQUIVALENT	
c/u	cada uno, cada una	ea.	each
CV	caballo de vapor	hp	horsepower
D.	Don	—	—
Da., D.ª	Doña	—	—
d.C.	después de Cristo	AD	anno Domini (in the year of our Lord)
dcha.	derecha	—	right
d. de J.C.	después de Jesucristo	AD	anno Domini (in the year of our lord)
dep.	departamento	dept.	department
DF, D.F.	Distrito Federal	—	Federal District
dic.	diciembre	Dec.	December
dir.	director, directora	dir.	director
dir.	dirección	—	address
Dña.	Doña	—	—
do.	domingo	Sun.	Sunday
dpto.	departamento	dept.	department
Dr.	doctor	Dr.	doctor
Dra.	doctora	Dr.	doctor
dto.	descuento	—	discount
E, E.	Este, este	E	East, east
Ed.	editorial	—	publishing house
Ed., ed.	edición	ed.	edition
edif.	edificio	bldg.	building
edo.	estado	st.	state
EEUU, EE.UU.	Estados Unidos	US, U.S.	United States
ej.	por ejemplo	e.g.	for example
E.M.	esclerosis multiple	MS	multiple sclerosis
ene.	enero	Jan.	January
etc.	etcétera	etc.	et cetera
ext.	extensión	ext.	extension
F	Fahrenheit	F	Fahrenheit
f.a.b.	franco a bordo	f.o.b.	free on board
FC	ferrocarril	RR	railroad
feb.	febrero	Feb.	February
FF AA, FF.AA.	Fuerzas Armadas	—	armed forces
FMI	Fondo Monetario Internacional	IMF	International Monetary Fund
g.	gramo	g., gm, gr.	gram
G.P.	giro postal	M.O.	money order
gr.	gramo	g., gm, gr.	gram
Gral.	general	Gen.	general
h.	hora	hr.	hour
Hnos.	hermanos	Bros.	brothers
I + D, I & D, I y D	investigación y desarrollo	R & D	research and development
i.e.	esto es, es decir	i.e.	that is
incl.	inclusive	incl.	inclusive, inclusively
Ing.	ingeniero, ingeniera	eng.	engineer
IPC	indice de precios al consumo	CPI	consumer price index
IVA	impuesto al valor agregado	VAT	value-added tax
izq.	izquierda	l.	left
juev.	jueves	Thurs.	Thursday
jul.	julio	Jul.	July

SPANISH ABBREVIATION AND EXPANSION		ENGLISH EQUIVALENT	
jun.	junio	**Jun.**	June
kg.	kilogramo	**kg**	kilogram
km.	kilómetro	**km**	kilometer
km/h	kilómetros por hora	**kph**	kilometers per hour
kv, kV	kilovatio	**kw, kW**	kilowatt
l.	litro	**l, lit.**	liter
Lic.	licenciado, licenciada	—	—
Ltda.	limitada	**Ltd.**	limited
lun.	lunes	**Mon.**	Monday
m	masculino	**m**	masculine
m	metro	**m**	meter
m	minuto	**m**	minute
mar.	marzo	**Mar.**	March
mart.	martes	**Tues.**	Tuesday
mg.	miligramo	**mg**	milligram
miérc.	miércoles	**Wed.**	Wednesday
min	minuto	**min.**	minute
mm.	milímetro	**mm**	millimeter
M-N, m/n	moneda nacional	—	national currency
Mons.	monseñor	**Msgr.**	monsignor
Mtra.	maestra	—	teacher
Mtro.	maestro	—	teacher
N, N.	Norte, norte	**N, no.**	North, north
n/o	nuestro	—	our
n.º	número	**no.**	number
N. de (la) R.	nota de (la) redacción	—	editor's note
NE	nordeste	**NE**	northeast
NN.UU.	Naciones Unidas	**UN**	United Nations
NO	noroeste	**NW**	northwest
nov.	noviembre	**Nov.**	November
N.T.	Nuevo Testamento	**N.T.**	New Testament
ntra., ntro.	nuestra, nuestro	—	our
NU	Naciones Unidas	**UN**	United Nations
núm.	número	**num.**	number
O, O.	Oeste, oeste	**W**	West, west
oct.	octubre	**Oct.**	October
OEA, O.E.A.	Organización de Estados Americanos	**OAS**	Organization of American States
OMS	Organización Mundial de la Salud	**WHO**	World Health Organization
ONG	organización no gubernamental	**NGO**	non-governmental organization
ONU	Organización de las Naciones Unidas	**UN**	United Nations
OTAN	Organización del Tratado del Atlántico Norte	**NATO**	North Atlantic Treaty Organization
p.	página	**p.**	page
P, P.	padre	**Fr.**	father
pág.	página	**pg.**	page
pat.	patente	**pat.**	patent
PCL	pantalla de cristal líquido	**LCD**	liquid crystal display
P.D.	post data	**P.S.**	postscript
p. ej.	por ejemplo	**e.g.**	for example
PNB	Producto Nacional Bruto	**GNP**	gross national product
pº	paseo	**Ave.**	avenue
p.p.	porte pagado	**ppd.**	postpaid

SPANISH ABBREVIATION AND EXPANSION		ENGLISH EQUIVALENT	
PP, p.p.	por poder, por poderes	p.p.	by proxy
prom.	promedio	av., avg.	average
ptas., pts.	pesetas	—	—
q.e.p.d.	que en paz descanse	R.I.P.	may he/she rest in peace
R, R/	remite	—	sender
RAE	Real Academia Española	—	—
ref., ref.ª	referencia	ref.	reference
rep.	república	rep.	republic
r.p.m.	revoluciones por minuto	rpm.	revolutions per minute
rte.	remite, remitente	—	sender
s.	siglo	c., cent.	century
s/	su, sus	—	his, her, your, their
S, S.	Sur, sur	S, so.	South, south
S.	san, santo	St.	saint
S.A.	sociedad anónima	Inc.	incorporated (company)
sáb.	sábado	Sat.	Saturday
s/c	su cuenta	—	your account
SE	sudeste, sureste	SE	southeast
seg.	segundo, segundos	sec.	second, seconds
sep., sept.	septiembre	Sept.	September
s.e.u.o.	salvo error u omisión	—	errors and omissions excepted
Sgto.	sargento	Sgt.	sergeant
S.L.	sociedad limitada	Ltd.	limited (corporation)
S.M.	Su Majestad	HM	His Majesty, Her Majesty
s/n	sin número	—	no (street) number
s.n.m.	sobre el nivel de mar	a.s.l.	above sea level
SO	sudoeste/suroeste	SW	southwest
S.R.C.	se ruega contestación	R.S.V.P.	please reply
ss.	siguientes	—	the following ones
SS, S.S.	Su Santidad	H.H.	His Holiness
Sta.	santa	St.	Saint
Sto.	santo	St.	saint
t, t.	tonelada	t., tn	ton
TAE	tasa anual efectiva	APR	annual percentage rate
tb.	también	—	also
tel., Tel.	teléfono	tel.	telephone
Tm.	tonelada métrica	MT	metric ton
Tn.	tonelada	t., tn	ton
trad.	traducido	tr., trans., transl.	translated
UE	Unión Europea	EU	European Union
Univ.	universidad	Univ., U.	university
UPC	unidad procesadora central	CPU	central processing unit
Urb.	urbanización	—	residential area
v	versus	v., vs.	versus
v	verso	v., ver., vs.	verse
v.	véase	vid.	see
Vda.	viuda	—	widow
v.g., v.gr.	verbigracia	e.g.	for example
vier., viern.	viernes	Fri.	Friday
V.M.	Vuestra Majestad	—	Your Majesty
VºBº, Vº.B.º	visto bueno	—	OK, approved
vol, vol.	volumen	vol.	volume
vra., vro.	vuestra, vuestro	—	your

Spanish Numbers

Cardinal Numbers

1	uno	28	veintiocho
2	dos	29	veintinueve
3	tres	30	treinta
4	cuatro	31	treinta y uno
5	cinco	40	cuarenta
6	seis	50	cincuenta
7	siete	60	sesenta
8	ocho	70	setenta
9	nueve	80	ochenta
10	diez	90	noventa
11	once	100	cien
12	doce	101	ciento uno
13	trece	200	doscientos
14	catorce	300	trescientos
15	quince	400	cuatrocientos
16	dieciséis	500	quinientos
17	diecisiete	600	seiscientos
18	dieciocho	700	setecientos
19	diecinueve	800	ochocientos
20	veinte	900	novecientos
21	veintiuno	1,000	mil
22	veintidós	1,001	mil uno
23	veintitrés	2,000	dos mil
24	veinticuatro	100,000	cien mil
25	veinticinco	1,000,000	un millón
26	veintiséis	1,000,000,000	mil millones
27	veintisiete	1,000,000,000,000	un billón

Ordinal Numbers

1st	primero, -ra	17th	decimoséptimo, -ma
2nd	segundo, -da	18th	decimoctavo, -va
3rd	tercero, -ra	19th	decimonoveno, -na; *or*
4th	cuarto, -ta		decimonono, -na
5th	quinto, -ta	20th	vigésimo, -ma
6th	sexto, -ta	21st	vigésimoprimero,
7th	séptimo, -ta		vigésimaprimera
8th	octavo, -ta	30th	trigésimo, -ma
9th	noveno, -na	40th	cuadragésimo, -ma
10th	décimo, -ma	50th	quincuagésimo, -ma
11th	undécimo, -ca	60th	sexagésimo, -ma
12th	duodécimo, -ma	70th	septuagésimo, -ma
13th	decimotercero, -ra	80th	octogésimo, -ma
14th	decimocuarto, -ta	90th	nonagésimo, -ma
15th	decimoquinto, -ta	100th	centésimo, -ma
16th	decimosexto, -ta	1,000th	milésimo, -ma

English Numbers

Cardinal Numbers

1	one	20	twenty
2	two	21	twenty-one
3	three	30	thirty
4	four	40	forty
5	five	50	fifty
6	six	60	sixty
7	seven	70	seventy
8	eight	80	eighty
9	nine	90	ninety
10	ten	100	one hundred
11	eleven	101	one hundred and one
12	twelve	200	two hundred
13	thirteen	1,000	one thousand
14	fourteen	1,001	one thousand and one
15	fifteen	2,000	two thousand
16	sixteen	100,000	one hundred thousand
17	seventeen	1,000,000	one million
18	eighteen	1,000,000,000	one billion
19	nineteen	1,000,000,000,000	one trillion

Ordinal Numbers

1st	first	16th	sixteenth
2nd	second	17th	seventeenth
3rd	third	18th	eighteenth
4th	fourth	19th	nineteenth
5th	fifth	20th	twentieth
6th	sixth	21st	twenty-first
7th	seventh	30th	thirtieth
8th	eighth	40th	fortieth
9th	ninth	50th	fiftieth
10th	tenth	60th	sixtieth
11th	eleventh	70th	seventieth
12th	twelfth	80th	eightieth
13th	thirteenth	90th	ninetieth
14th	fourteenth	100th	hundredth
15th	fifteenth	1,000th	thousandth